AF606896

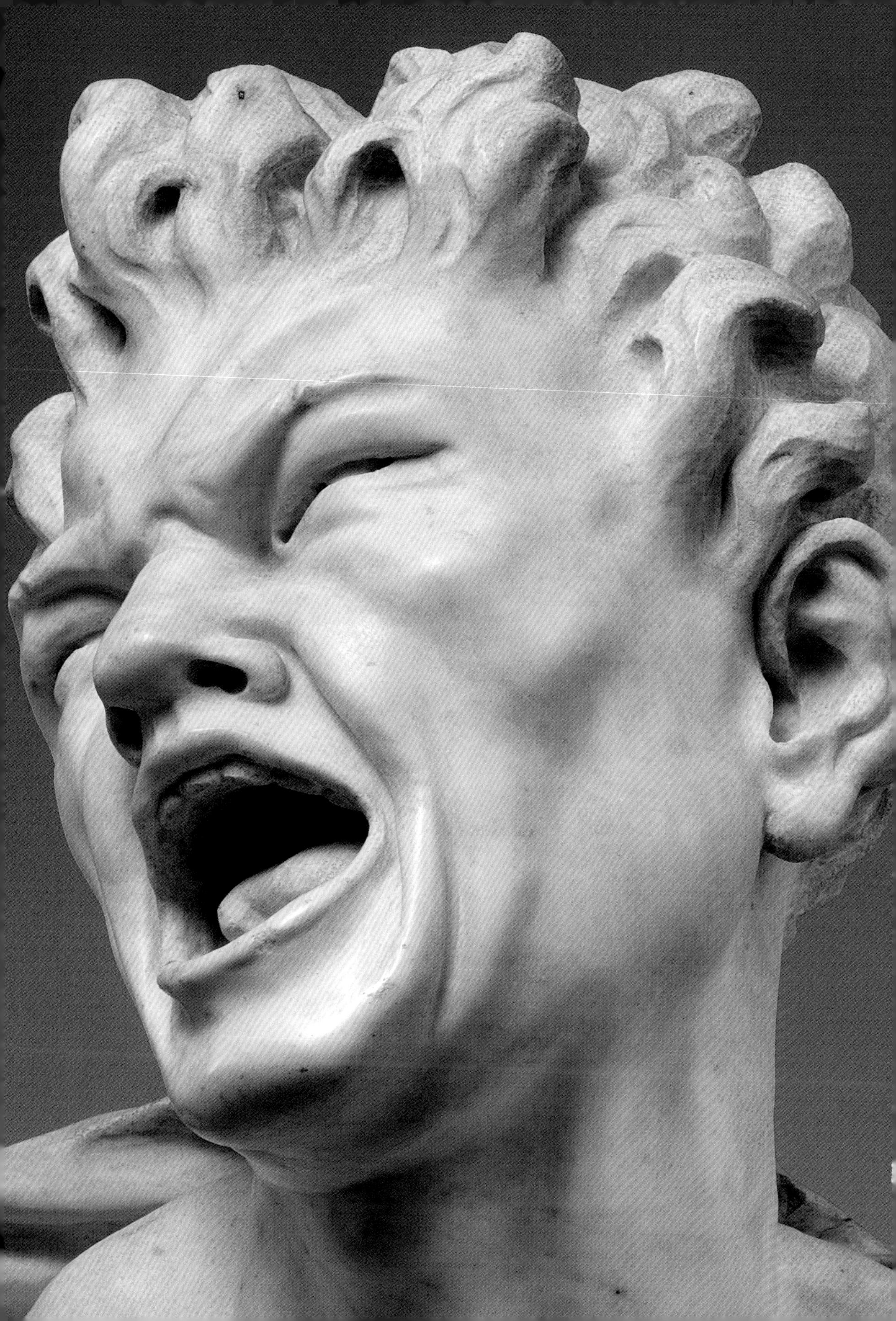

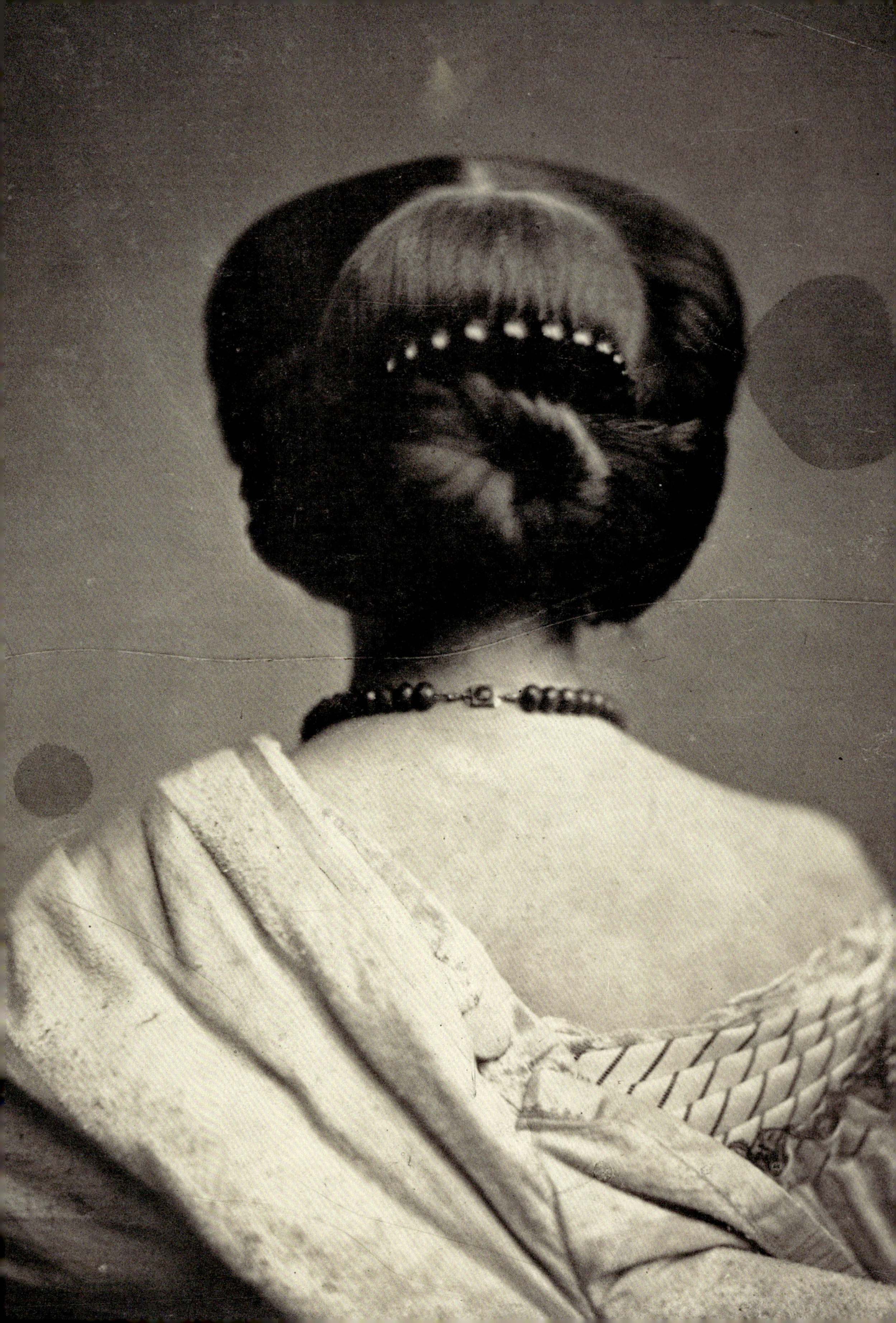

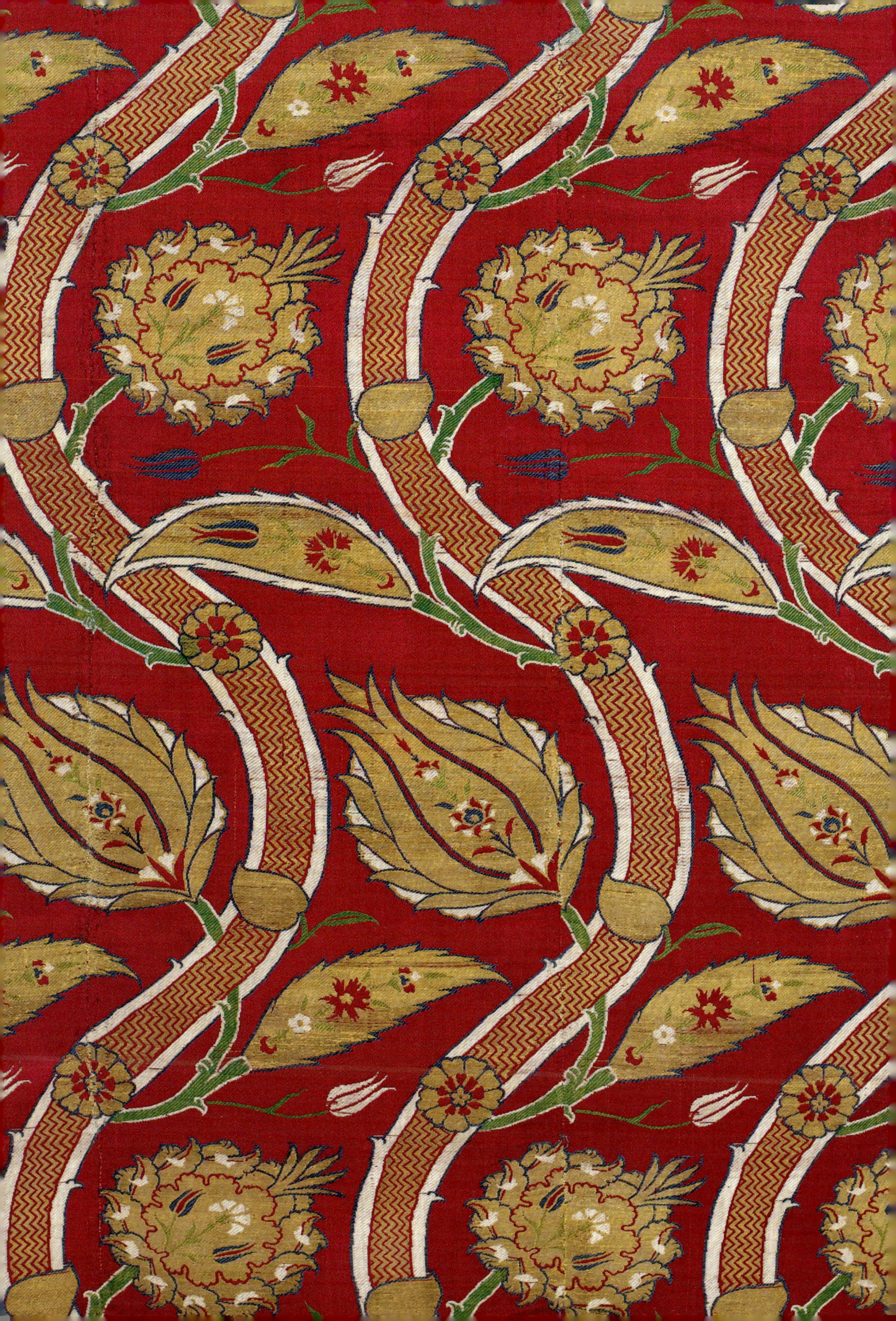

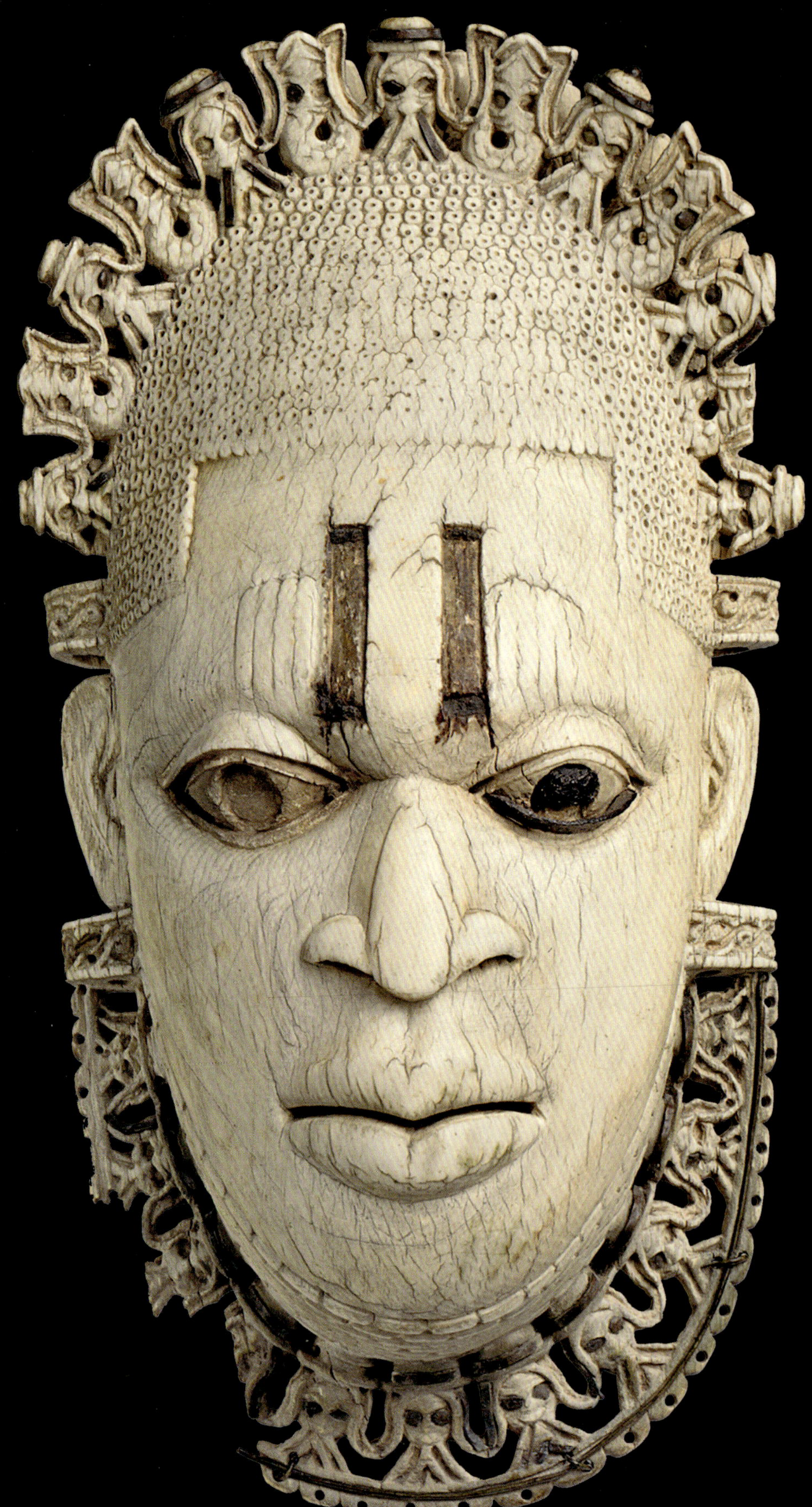

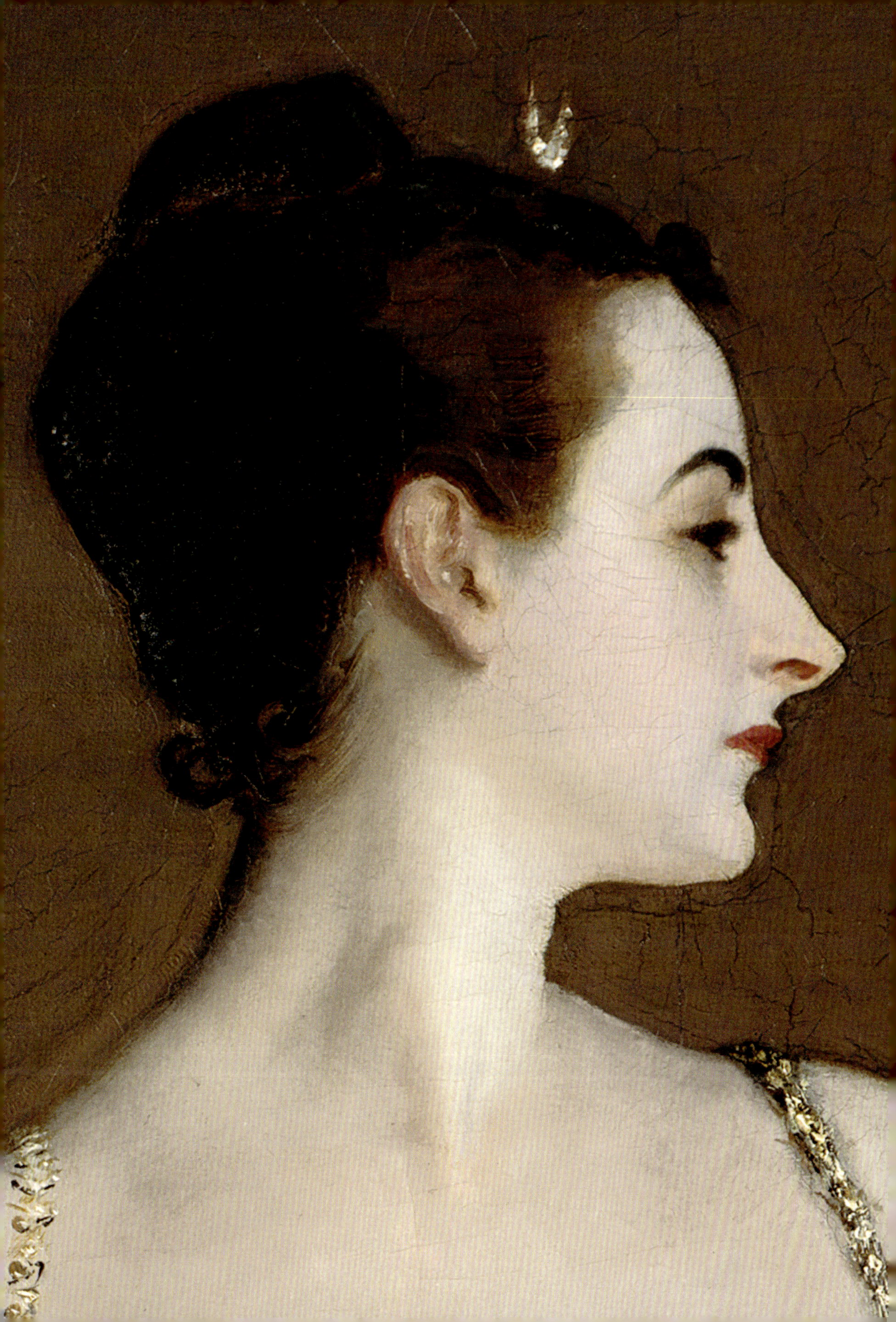

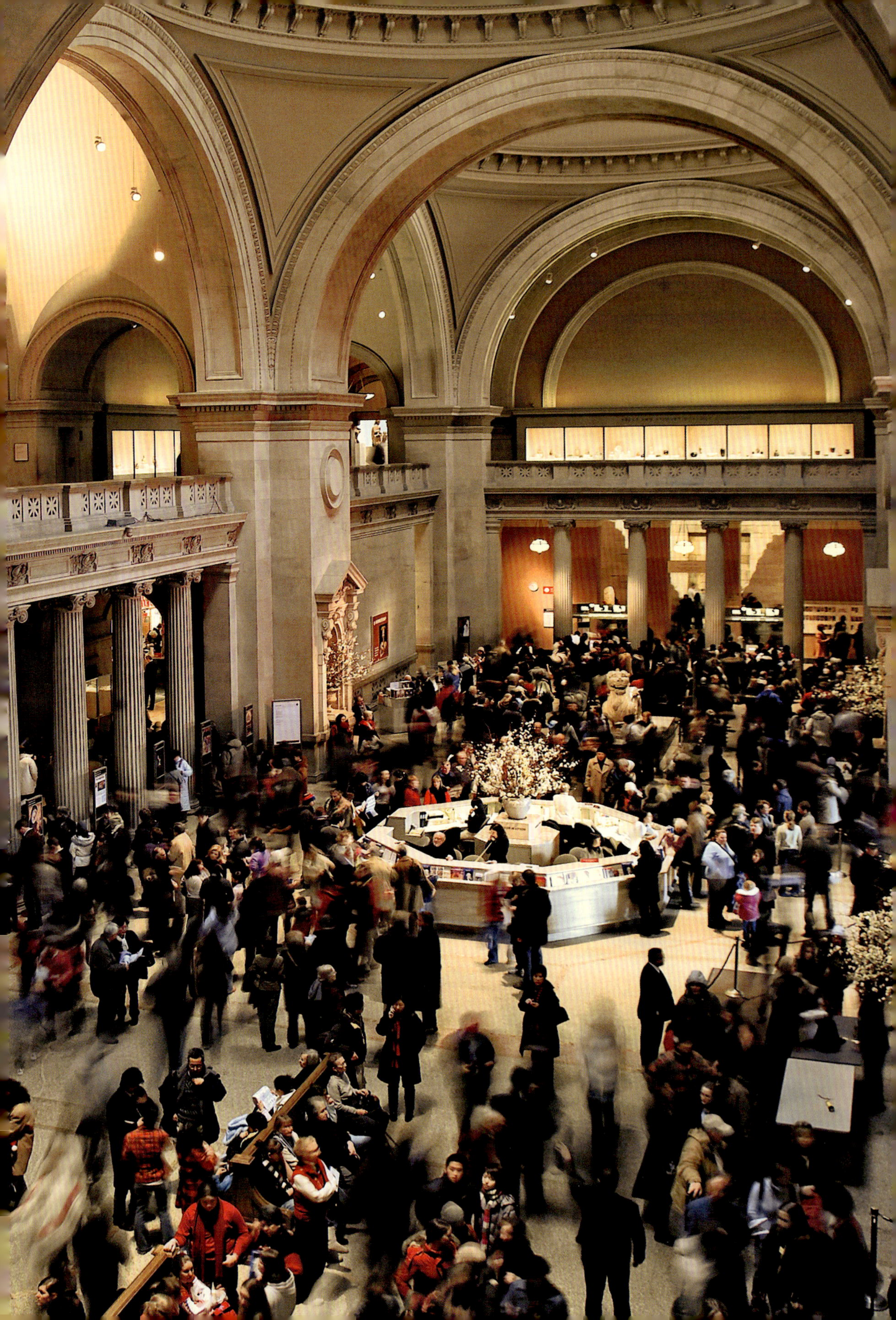

دليل متحف المتروبوليتان للفنون

مقدمة بقلم طوماس ب. كامبل

THOMAS P. CAMPBELL

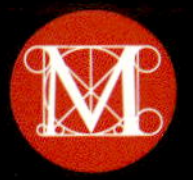

متحف المتروبوليتان للفنون، نيويورك

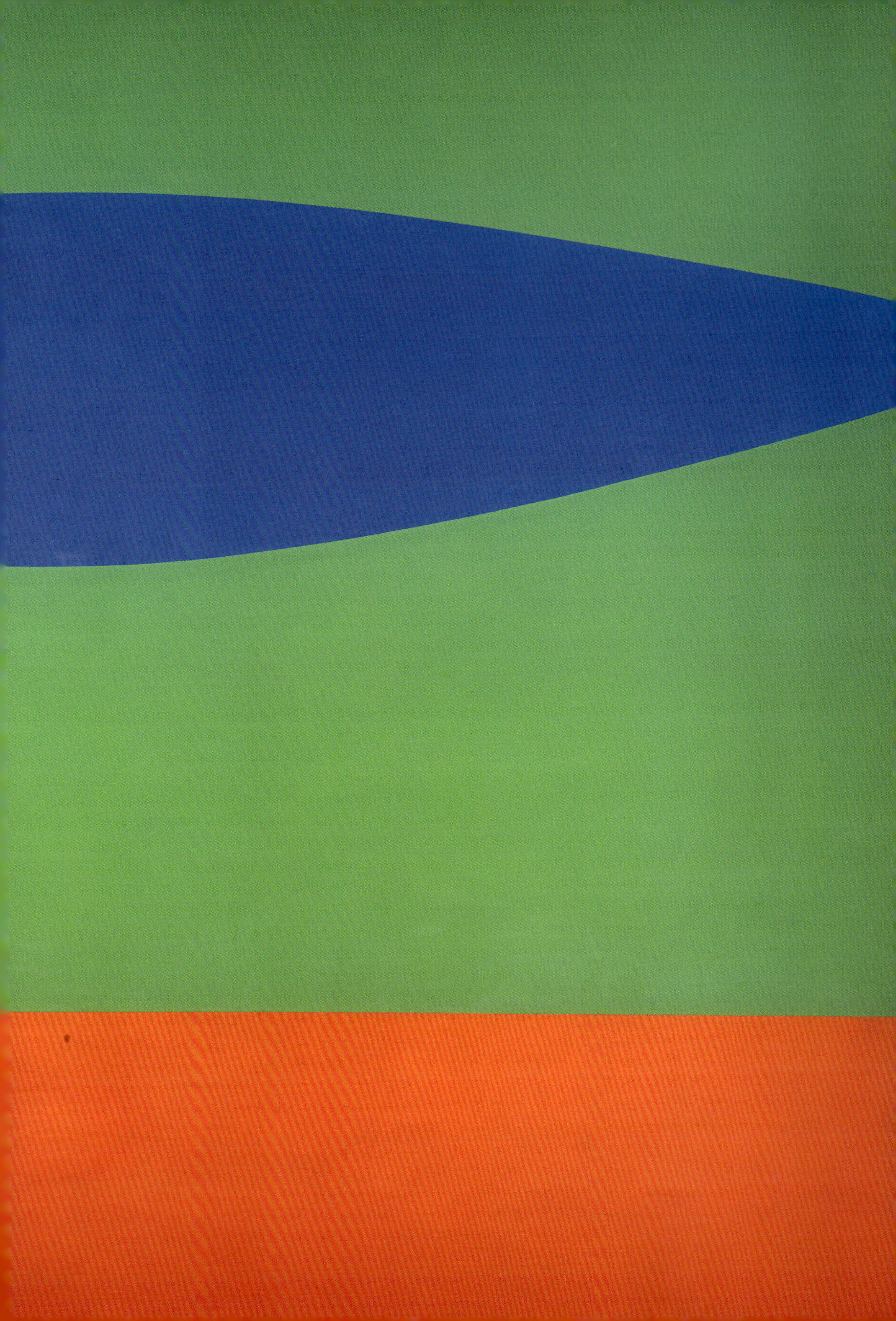

المحتويات

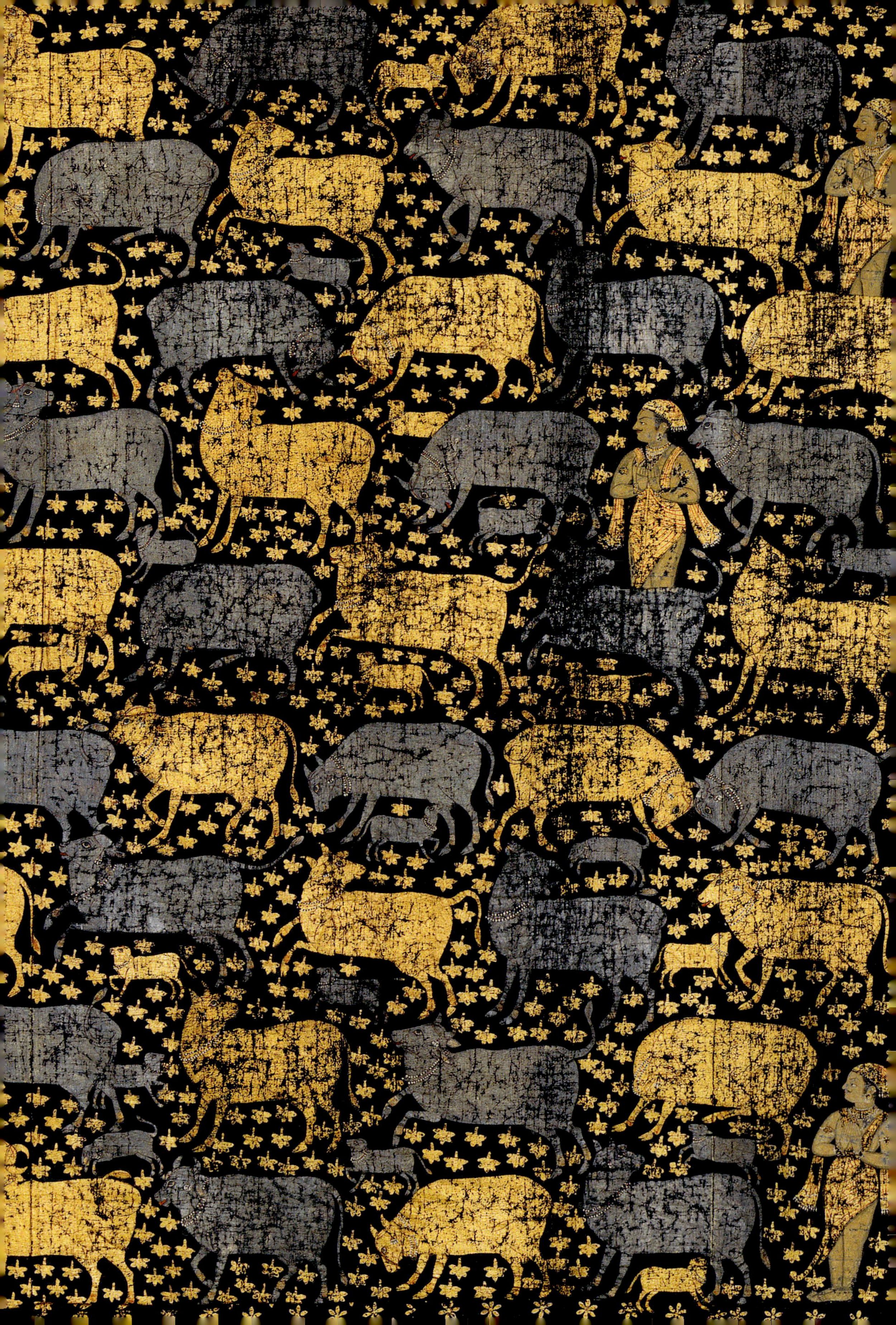

كلمة المدير

مرّت ثلاثون سنة تقريبًا منذ أن أصدر متحف المتروبوليتان دليلاً لمجموعاته، وقد سعيتُ بكلّ سرور منذ أن أصبحتُ مديرًا للمتحف سنة 2009م إلى استكمال هذه المهمة التي طال أمدها. وفي الوقت الذي نُفكّر فيه مليّا في التجارب التي يعيشها الزائرون لأروقتنا، يبدو ملائمًا إصدار مؤلّف يُبرز أهمّ المعروضات لاستخدامه قبل الزيارة وبعدها على السواء.

وبالنظر إلى اتساع المتحف وعمقه التاريخي والفني، لم تكن المهمّة هيّنة. وقد تعاون أمناء المتحف من مجمل أقسامنا السبعة عشر لتحديد الأعمال الفنية التي من شأنها أن تُمثّل نطاق المجموعة على أفضل نحو مُقنع. وتكفّلت بتنسيق هذه الجهود غوان روجنسكي الناشرة المشاركة والمديرة العامة للإصدارات مع أندريا باير أمينة متحف مجموعة الرسوم الإيطالية في قسم الرسوم الأوروبية. وعملنا معًا لتحويل جبال من المواد إلى مسودة نهائية متكاملة. وتعكس النتيجة تميّز فريقنا التحريري وموهبة مُصمّم الكتاب ستيفن شونفلدر.

وأعتقد أنّ أكثر الأشياء وضوحًا في هذه الصفحات الجودة الاستثنائية للمجموعة الموسوعية للمتحف وتنوّعها. إنّ متحف المتروبوليتان متحف العالم حقًّا، ويُمثّل ما يربو على خمسة آلاف سنة من الثقافة البصرية من كلّ أرجاء المعمورة. ويظلّ الهدف النهائيّ طبعًا جلبكم إلى أروقتنا كي تعيشوا مباشرة تجربة هذه التحف الفنية. وأنا متأكد تمامًا أنّ هذا الكتاب سوف يثير فيكم هذه الرغبة.

طوماس ب. كامبل
المدير، متحف المتروبوليتان للفنون

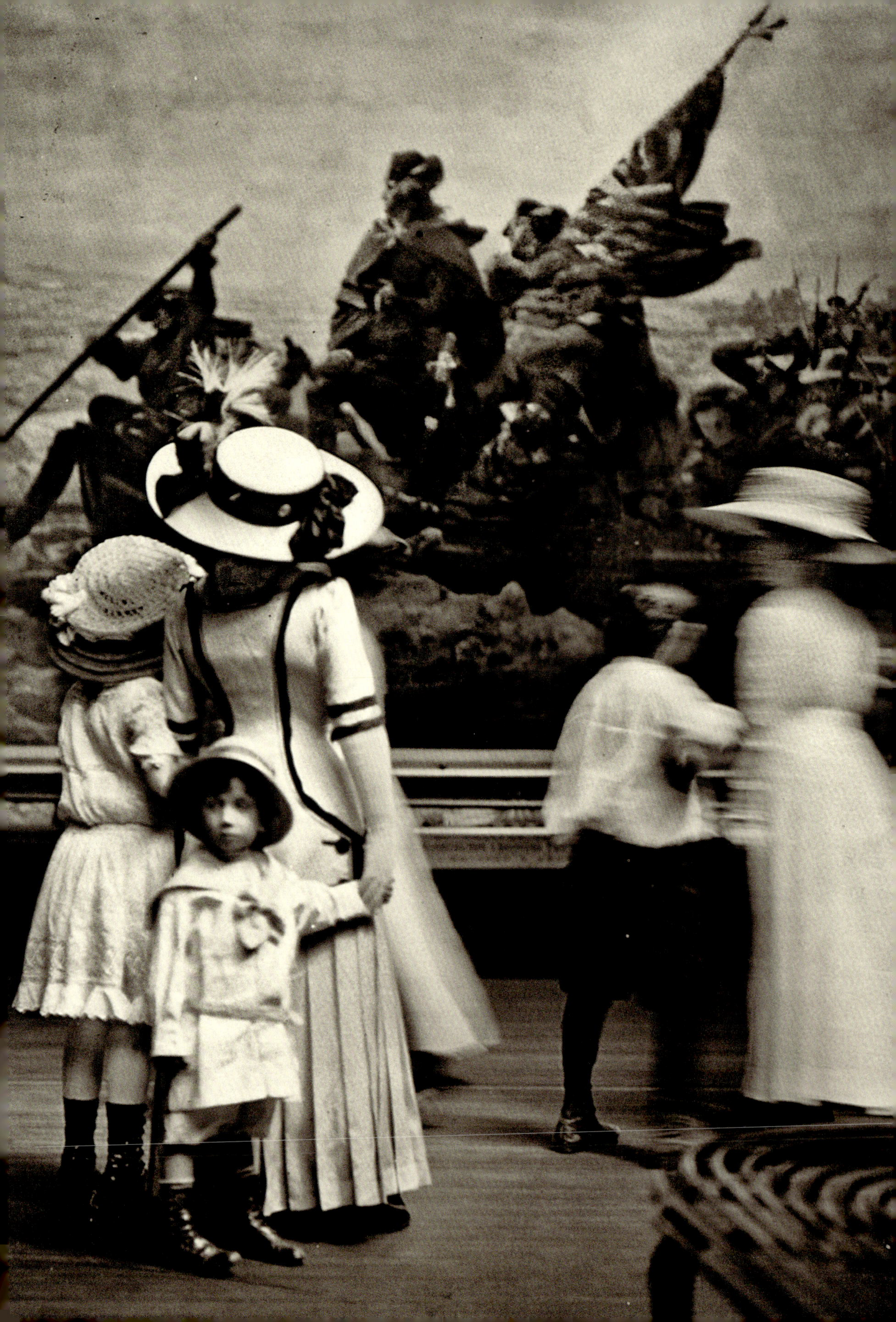

المقدمة
طوماس ب. كامبل

قبل أن يمتلك متحف المتروبوليتان للفنون في نيويورك أيّ قطعة فنية كان فكرة: افتراض اجتماعي وأخلاقي أساسي بأنّ الفنّ من شأنه أن يرتقيَ في الواقع بكلّ من يصل إليه. يزداد بفضل الفنّ التفكير الفردي ويتقدم التصنيع ويتحقق مزيدٌ من الخير.

ويبدو من المهمّ الانتباه إلى هذه المبادئ الضمنية في مستهلّ كتاب يحتفي بثراء مجموعات المتروبوليتان لأنّ الذهول ينتاب المرء عندما يتفكّر في أنّ ما كان لا شيء حرفيًّا أضحى بعد مرور قرن ونصف ما يمكن أن نسميه أكبر متحف موسوعيّ للفن في العالم.

ينبع مفهوم المتحف الموسوعي أو «الكوني» من النماذج الأوروبية التي تأسست خلال عصر التنوير. يتمثّل تفويضنا في متحف المتروبوليتان في تجميع أعظم الإنجازات الفنية للبشرية الممتدة إلى كل الثقافات وكل العصور التاريخية بما فيها قطع تعود إلى حدّ الألفية الثامنة قبل الميلاد. ويجري تسليط الضوء على هذه المجموعات في المعارض الدائمة المُكرّسة لأقسامنا الفنية السبعة عشر كما في المعارض المؤقتة التي تُركّز على محاور أو فترات تاريخية أو فنانين بعينهم. إنّ وجود هذه الدائرة من المواد ضمن متحف واحد يخلق حوارًا استثنائيًّا بين تواريخ وتقاليد تبدو متباينة ويتيح لزائرينا إمكانية حقيقية لعبور العالم خلال زيارة واحدة.

وتاريخ المتحف تاريخ أمريكيّ بامتياز من عدة أوجه. وهو حكاية طموح ومسؤولية مدنية وكرم شديد: فكرة ظهرت للوجود خلال مأدبة غداء – 4 يوليو 1866م في باريس – في ظل المتاحف الأوروبية التي حددت مصيرها قرون من الرعاية الملكية. في ذلك اليوم صرّح رجل قانون أمريكيّ بارز، جون جاي، أنّ الولايات المتحدة تحتاج إلى متحف للفنون خاص بها. وتعهّد بالمشروع أربعة من زملائه الأمريكيين كانوا حاضرين وقتئذ، وبعد أربع سنوات كان متحف المتروبوليتان للفنون واقعًا ملموسًا.

ومنذ تأسيسه سنة 1870م كان المتحف مُكرَّسًا لفكرة التثقيف الجماهيري. وفي هذا الصدد، كانت رسالة المتحف واضحة لا لبس فيها وأعلنت أنّ المتروبوليتان سيكون «مقرّه في مدينة نيويورك ليعمل على تأسيس متحف ومكتبة للفن وصيانتها ويُشجّع ويُطوّر دراسة الفنون الجميلة والتطبيقات الفنية في مجال التصنيع وفي الحياة العملية كما يعمل على تقدّم المعارف العامة حول المواضيع ذات الصلة، ولتحقيق هذه الغاية يهتمّ المتروبوليتان بتقديم التعليم والتثقيف للجمهور العريض.

زوّار متحف المتروبوليتان للفنون سنة 1910م أمام لوحة إيمانويل لوتزه التي أنجزها سنة 1851م: «واشنطن يعبر نهر الدّيلاوار». انظر كذلك ص. 364

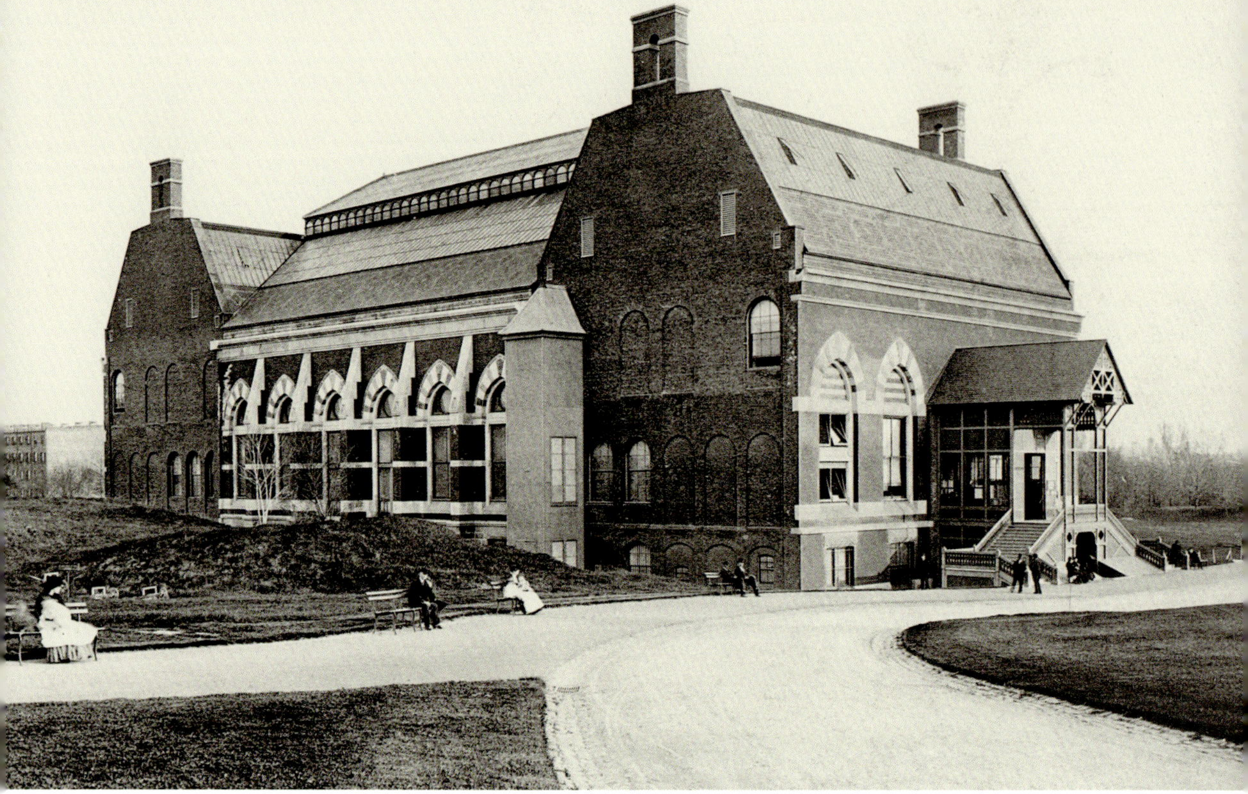

الصورة 1: متحف المتروبوليتان للفنون خلال ثمانينات القرن التاسع عشر م.

وفي حفل افتتاح البناية في منتزه سنترال بارك سنة 1880م، نذر أمين المتحف وقتئذٍ جوزيف ك. شواطي المتحف ليكون «في خدمة المصلحة الحيوية والعملية لملايين العمّال» (الصورة 1). غير أنّ المتحف في فتراته الأولى لم يكن قادرًا على بلوغ الهدف المرسوم بما أنّ أوقات فتحه للعموم كانت تُناسب الطبقة الراقية وتتطابق بالضبط مع أوقات عمل الجماهير العاملة. (الصورة 2) ونتيجة لذلك، كانت أعداد زائري المتروبوليتان في عهده الأول محدودة مثل أعداد رجال الأعمال الأثرياء الذين أسّسوه. وتصف إديت وارتون في روايتها "سنّ البراءة" المتحف عند نهاية القرن التاسع عشر الميلادي بالعبارات التالية: "مهترئ في وحدته ومهجور". وإذ يجلس نيولند آرشر مع الكونتيسة أولنسكا في فضاء المتروبوليتان الشاسع والفارغ، يقول مستسلمًا: "آه حسنًا، أفترض أنه سيصبح ذات يوم متحفًا عظيمًا."

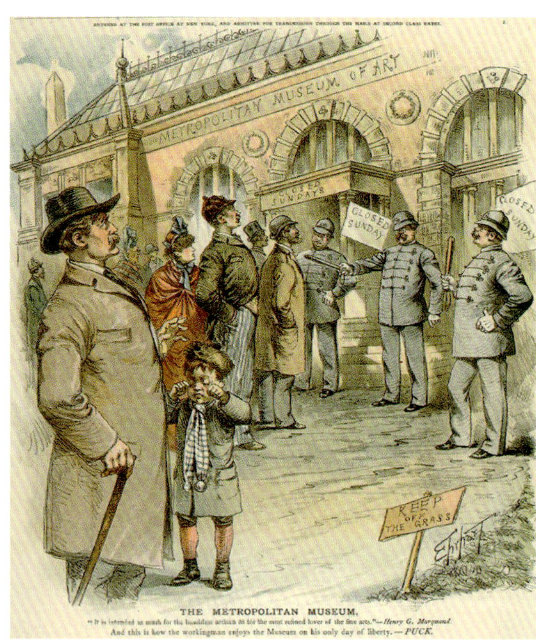

الصورة 2: رسم نُشر في مجلة (باك) يوم 2 يناير 1889م مع التعليق التالي: "هكذا يستمتع الرجل العامل بالمتحف خلال يوم فراغه الوحيد"

وبالفعل، كانت الأمور بصدد التغيّر. وفي عام 1889م، بعد سنوات من النقاش، بدأ متحف المتروبوليتان في فتح أبوابه للجمهور أيام الأحد، وفي سنة 1911م كان التقرير السنوي يُعلن باعتزاز أنّ المتحف "لم يعُد يجتذب الطبقات الراقية وحدها". شهد القرن العشرون ازديادًا مطّردًا في أعداد زائري المتحف ومجموعاته على السواء. استُقبل التلاميذ والطلاّب وأقبلت أعداد غفيرة من الجماهير لزيارة المعارض المهمة على غرار "احتفالية هدسن وفلتن" سنة 1909م و"فنانون من أجل النصر" سنة 1942م وإعارة لوحة مونا ليزا سنة 1963م و"كنوز توت عنخ آمون" سنة 1978م. ازدادت أعداد الزائرين بانتظام مع اتساع مكانة متحف المتروبوليتان في المجال العام، ويزور المتحف اليوم أكثر من خمسة ملايين شخص سنويًا.

والجدير بالذكر أنّ رسالة المتحف في التثقيف الجماهيري من خلال تقديم الفن للشعب لم تكن لها صلة مباشرة بالأعمال الفنية الأصلية. وفي المراحل التكوينية للمتحف عندما ترسخت فكرة أنّ المتحف لن يتمكّن أبدًا من اقتناء أعمال أصلية، بُذلت جهود كبيرة لتجميع النماذج بالمرسبة الطباعية الكهربائية والنسخ الجصية لروائع التحف الفنية في العالم (الصورة 3). وقد عُرضت النسخ الجصية – التي فاق عددها 26.000 قطعة – في البهو المخصص اليوم لمنحوتات العصر الوسيط وفي الجناحَين المتاخمَين له والمخصّصَين اليوم بالأساس لقاعات العصر الأوروبي.

لكنّ كلّ شيء تغيّر سنة 1902م. شُهر جاكوب س. رودجرز بوصفه رجل أعمال غريب الأطوار كان يُصنّع القاطرات في باترسون بولاية نيو جيرسي وعُرف بنزعته إلى تجاهل المجتمع وإلى جنون العظمة أكثر مما عُرف محبًّا للمتاحف. وقد أوصى للمتروبوليتان بمبلغ 5 ملايين دولار يُخصّصها المتحف حصريًّا لاقتناء التّحف الفنية. حوّلت هذه الهدية متحف المتروبوليتان من مؤسسة

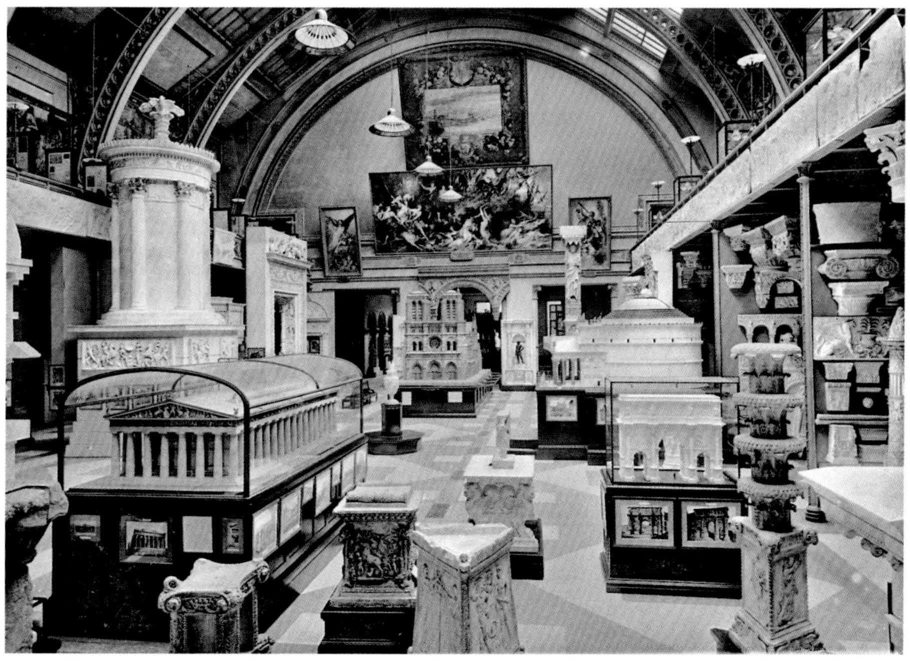

الصورة 3: البهو الرئيسي لمتحف المتروبوليتان الذي عُرضت فيه النُّسخ الجصية، 1907م

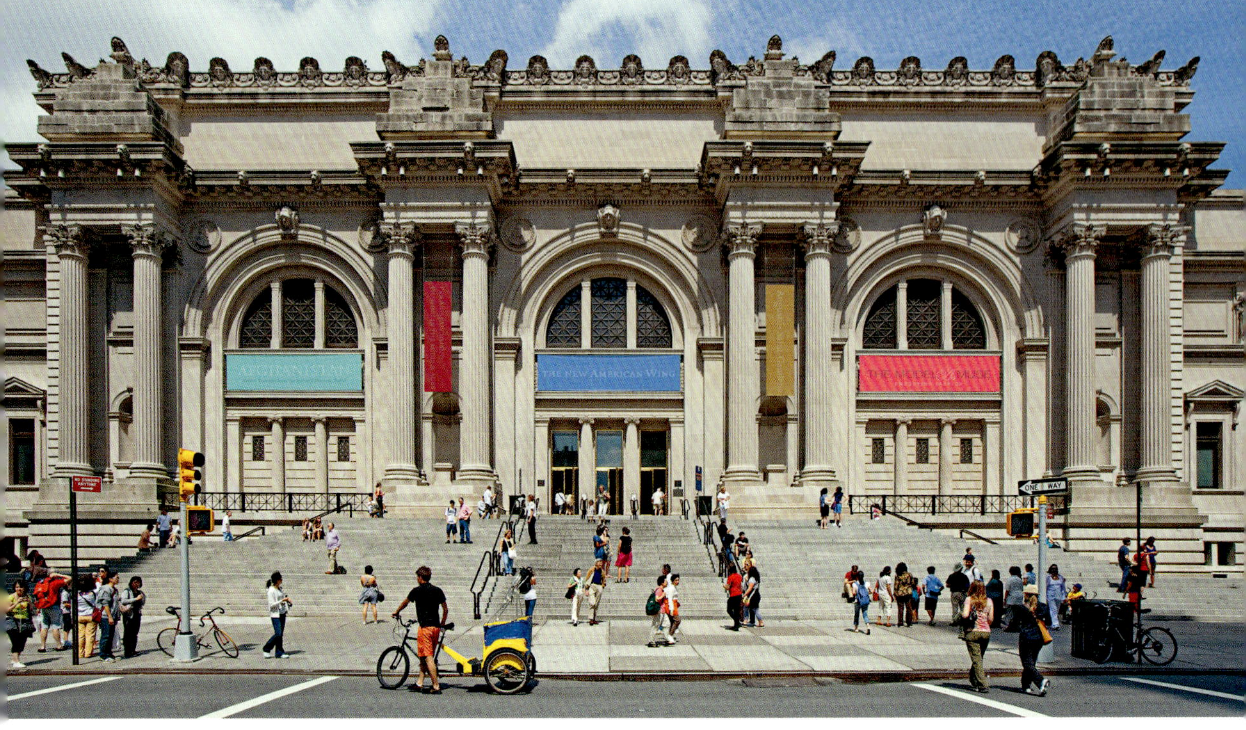

الصورة 4: واجهة الجناح الأوسط لمتحف المتروبوليتان

تعاني ضائقة مالية إلى قوة فاعلة في سوق الفن، وأتاحت له إمكانية شراء تحف فنية أصلية. وفي العشرين سنة التي تلت إنشاء صندوق رودجرز اقتنى متحف المتروبوليتان لوحة بروغل "الحصّادون" والرسوم الجدارية الممتازة من عصر بومباي الإيطالي من بوسكوريالي ولوحة جيلبرت ستيوارت "جورج واشنطن" والقائمة تطول من الروائع الفنية التي جرى اقتناءها بفضل هذا الإسهام الذي غيّر كل شيء.

لم يكن متحف المتروبوليتان لوحده يشتري الروائع الفنية في بداية القرن العشرين، انطلق كبار جامعي التحف مثل ج. ب. مورغان وبنجامين ألتمان ولويزين وهـ. أ. هافماير في تأسيس تقليد يتمثل في جمع تحف استثنائية وإهدائها بكل سخاء، وهو تقليد حافظت عليه أجيال متلاحقة من المتبرعين لفائدة المتحف. وكما سوف تَرَون على امتداد هذا الكتاب، تتكوّن أسس عديد أقسام المتحف من هدايا تعود أصولها إلى مجموعات فنية خاصة من أعظم المجموعات عبر التاريخ. ويتواصل هذا الإرث لحد اليوم كما يتواصل الالتزام القوي للمتحف من أجل تحسين المجموعات عبر اقتناء أعمال فنية إضافية. ومثلما هي حال المتحف، عرفت البناية بدورها تطورات عبر الزمن. وهكذا، فإنّ الهيكل البسيط المبني سنة 1880م في الضاحية الريفية لحديقة سنترال بارك يمتدّ اليوم على مساحة تفوق ست مئة وخمسين ألف متر مربّع على الشارع الخامس الصاخب (الصورة 4). والواجهة نيوكلاسيكية التي نشاهدها اليوم صممها ريتشارد موريس هنت وشُيِّدت خلال السنوات الأولى للقرن العشرين الميلادي بينما يعود تصميم الجناحَين الشمالي والجنوبي (1911 و 1913م) لماكيم، وميد، ووايت. لكن الهيئة النهائية للبناية في سنترال بارك لم تكتمل إلاّ في مئوية المتحف سنة 1970م، ومنذ ذلك الحين أصبح نموّ أروقتنا يحصل بالضرورة من الداخل.

وما لم يتغير على امتداد تاريخ متحف المتروبوليتان هو التزامنا تجاه العلم والمعرفة. إنّ أعمالنا العلمية تشكّل أساس كل ما نقوم به – العروض والبرامج التربوية والإصدارات وموقع المتحف على الشبكة. ودون فهم مجموعاتنا وتأويلها، لن نكون سوى مخزن للكنوز التي

ائتُمنّا على الحفاظ عليها. كما أنّ التزامنا تجاه أعمال التنقيب الأثري أدّى دورًا كبيرًا جدًّا في مجال دراسة العالم القديم، وذلك منذ أولى الحفريات التي قام بها المتحف سنة 1906م، ومن بين آلاف الكتب التي نشرناها، يُعدّ كثير منها المرجع الفصل في مجاله.

ويأتي هذا الإصدار بدوره في وقت أصبحت فيه أعداد الذين يصلون إلى مجموعات المتروبوليتان – وطلبات المعلومات المتعلقة بها – أكثر من أيّ وقت مضى. يصل ملايين الأشخاص من كل أرجاء العالم إلى هذه الأعمال الفنية من خلال موقعنا على الشبكة، وهو ما يلهمهم ويدعوهم إلى رؤية التحف مباشرة هنا في المتحف. وبالفعل، يتحدث الفن إلينا – كأفراد وكحضارة في آن واحد – بقوة من داخل أروقة متحف المتروبوليتان. ويُعدّ هذا التواصل مع المجموعات السبب الرئيسي الذي تأسس من أجلِه المتروبوليتان: متحف أسسه المواطنون "من أجل" المواطنين. كان ذلك المفهوم طموحًا جنونيًّا عندما تأسس المتحف، غير أنّ هذه الفكرة – قطع فنية يجمعها الخواص، ليس الكنيسة ولا البلاطات الملكية بل متبرعون يريدون أن يتقاسموها مع الجمهور – عاشت على نحو رائع مع مرور الزمن دون أن تفقد رجاحتها.

إنّ رسالة المتروبوليتان الأصلية المتمثلة في تربية الجماهير وإلهامها عبر عرض أعظم الإنجازات الفنية للبشرية ما زالت تشكّل ركيزة رؤيتنا حول ما يطمح أن يكون المتحف. ومن شأن نجاحنا أن يساعد على تعزيز فهمنا "لكل" الفنون والثقافات، وأن يشجّع بدوره نظرة للعالم الذي نعيش فيه تتسم بمزيد من الشمول. لا أستطيع أن أتصوّر رؤية أكثر أهمية لمستقبلنا.

ملاحظة للقرّاء

يُعدّ تنظيم كتاب حول مجموعة شاسعة مثل مجموعة المتروبوليتان تحدّيًا لا مثيل له. وكما سوف تشاهدون، قسّمنا المؤلَّف إلى خمسة أجزاء لتيسير التجوال عبر أقسام المتحف السبعة عشر. وإنّنا نقرّ أنّ هذه الهيكلة المفيدة للقارئ خلقت في الوقت نفسه بعض الترتيبات الغريبة على غرار رسم أمريكيّ في القسم المخصص "لأوروبا" وصدرة من عصر النهضة في صفحات "العصر الحديث". إنّ هذه التناقضات نادرة لكن لا يمكن تلافيها، وإننا نرجو أن تتمتعوا رغم ذلك بمحاور الكتاب الواسعة.

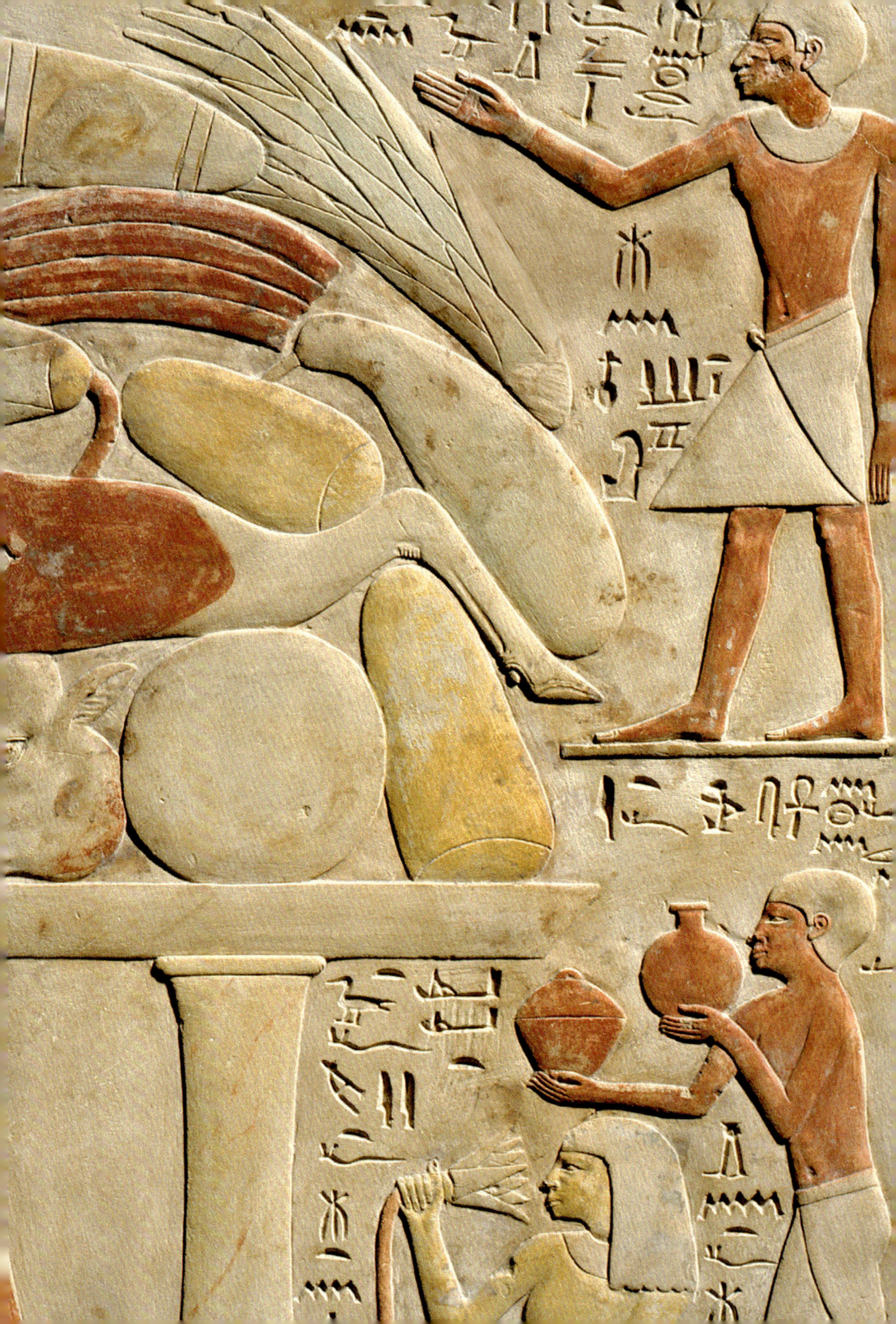

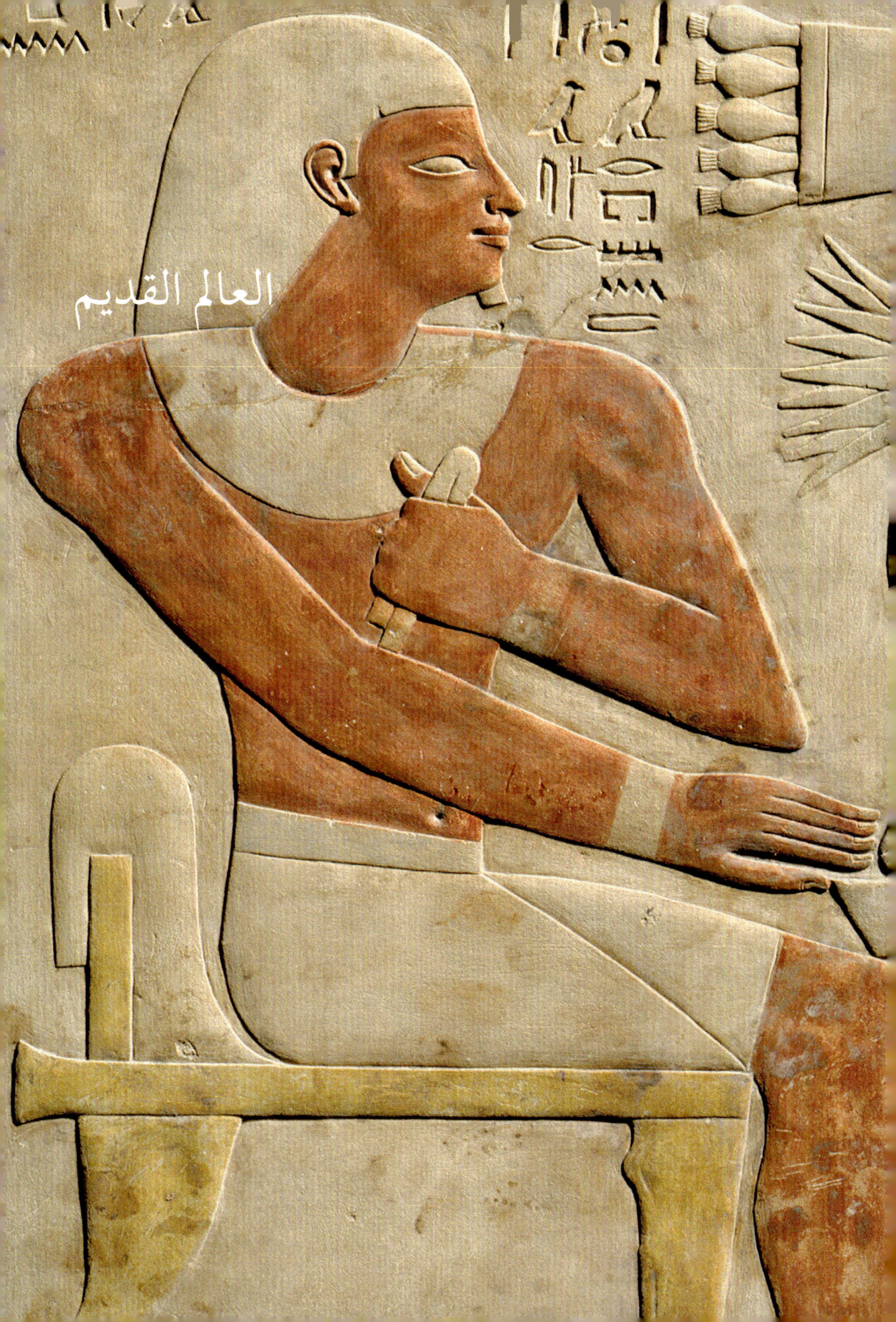

فنّ الشرق الأدنى القديم

تشمل مجموعة فنون الشرق الأدنى القديم ما يزيد على سبعة آلاف قطعة تمتد زمنيًا من الألفية الثامنة قبل الميلاد إلى الفترة التي تلت مباشرة الفتوحات الإسلامية في القرن السابع الميلادي. وتأتي هذه القِطع من منطقة شاسعة تتركز حول بلاد ما بين النهرَين أي ما بين دجلة والفرات وتمتدّ شمالاً إلى القوقاز وسباسب أوراسيا، وجنوبًا إلى شبه الجزيرة العربية، وغربًا إلى الأناضول وسوريا وبلاد الشام التي يحدها البحر الأبيض المتوسط، وشرقًا إلى إيران وغرب آسيا الوسطى مع امتدادات تصل إلى حوض وادي السند. صُنِّعت هذه القطع في تشكيلة عريضة جدًا من الأشكال والأساليب والمواد وهي تعكس ثقافات الشعوب والمدن والممالك والإمبراطوريات التي ازدهرت في المنطقة طَوال آلاف السنين. وتُعرض هذه الأعمال بعيدة المدى ضمن سياقات تضيء معانيها الضمنية وارتباطاتها بفنون الثقافات المجاورة على السواء. وتتصدّر الرواقَ مجموعةٌ استثنائية من النحوت النافرة الآشورية من قصر آشورناصربال الثاني (حكم ما بين 883–859 ق.م. تقريبًا) في نمرود في العراق الحديثة. ودخلت أولى القطع من الشرق الأدنى القديم – نحوت حجرية آشورية، لوحات مسمارية، طوابع وأختام اسطوانية – المتحف في نهايات القرن التاسع عشر الميلادي، وانضافت إليها هدايا واقتناءات وقطع أخرى كذلك حصل عليها المتحف إثر مشاركاته في الحفريات الأثرية في منطقة الشرق الأدنى. كما أثرت العرضَ الدائم كذلك الإعاراتُ السخية طويلة المدى لأعمال ظهرت في الحفريات وقادمة من مجموعات متحفية أخرى.

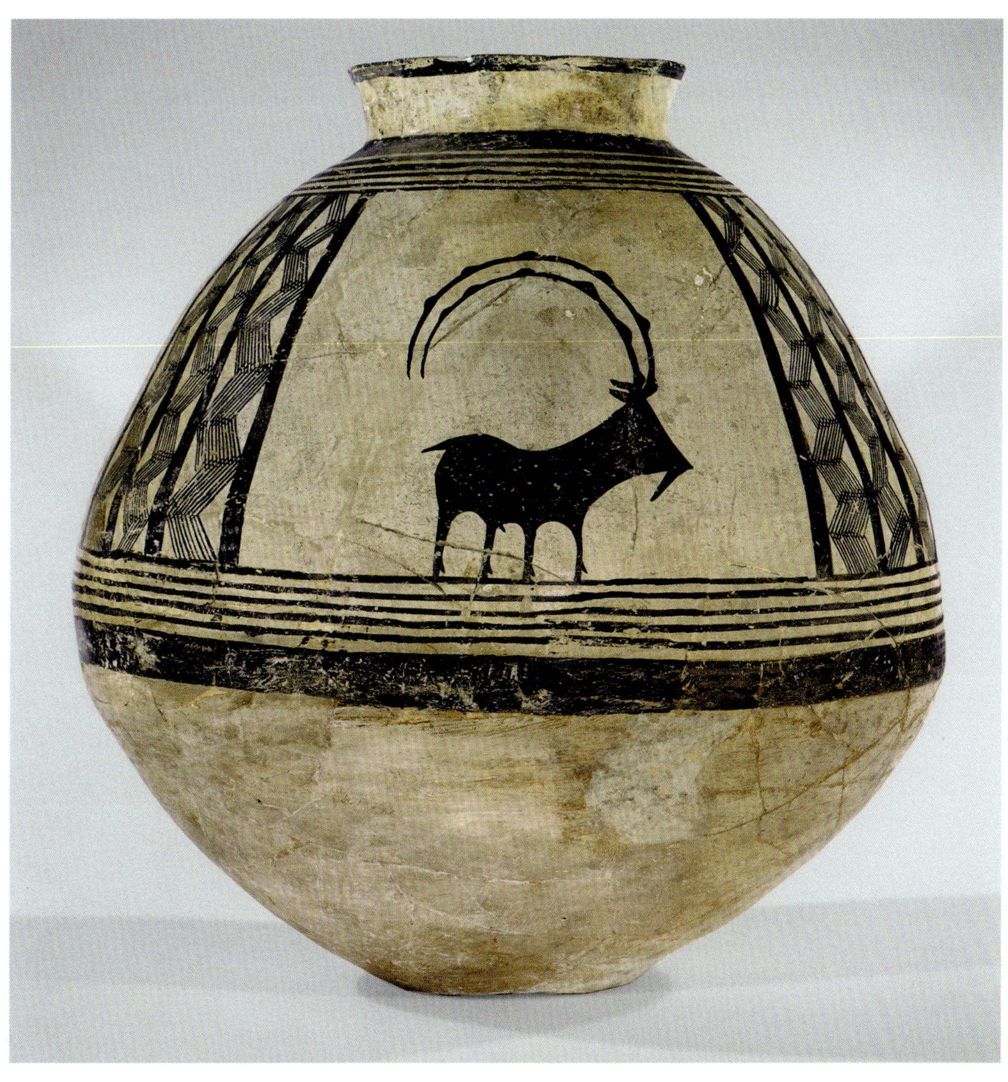

جرة للتخزين مزخرفة برسوم لتيوس الجبال

إيران، العصر النحاسي، حوالي 3800 إلى 3700 ق. م.
خزف مطلي، الارتفاع: 35 سم
اقتناء، وصية جوزيف بوليتزر 1959م (59.52)

يمثّل هذا الإناء البيضوي إحدى روائع صناعة الفخار في العصور المبكّرة، وهو يشمل تصميمًا منمنمًا دون أن يكون ساكنًا. يُظهر تيس الجبل جنبه بينما يقف في أعلى ستة أشرطة تحيط بالدائرة الأوسع لقطر الجرة الكبيرة وتبرز عرض استدارتها. ونجد صدى الشكل الدائري للجرة في انحناءات قرنَي التيس المضخّمة عمدًا وكذلك في الفضاءات المنحنية بين قوائم الحيوان. وتتناوب الخطوط العمودية والمتعرّجة على جانبَي التيس. ويوحي التأثير الفنّي العام بالحركة والحيوية بطريقة راقية.

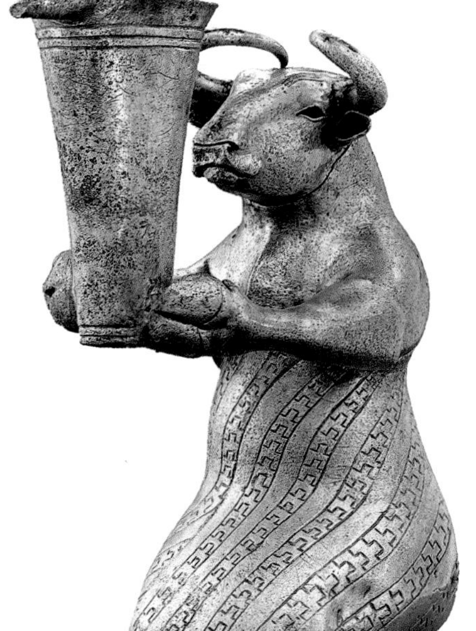

ثور على ركبتَيه يمسك إناءً منبجس الفوهة

إيران، العصر العيلامي الأول، حوالي 3100 إلى 2900 ق. م.
فضة، الارتفاع: 16.8 سم
اقتناء، وصية جوزيف بوليتزر، 1966م (66.173)

هذا الثور الفضي الصغير المرتدي لباسًا مزخرفًا بموتيف متدرّج والحامل إناءً منبجس الفوهة يتّسم بمزيج غريب من السمات البشرية والحيوانية. وقد ظهرت في الفنّ الإيراني المبكّر تمثيلات حيوانات تتخذ وضعيات بشرية، وهي رموز لقوى الطبيعة ربما أو شخصيات أسطورية أو خرافية. وبما أنّ هذه القطعة تحتوي على عدة حصيات داخل الجسم الخاوي فقد تكون استُخدمت لإحداث صوت أو ضجيج خلال احتفالية. وُجدت آثار قماش ملتصقة بالقطعة، وهو ما يوحي بالدفن المتعمد الذي قد يكون جزءًا من طقوس معينة.

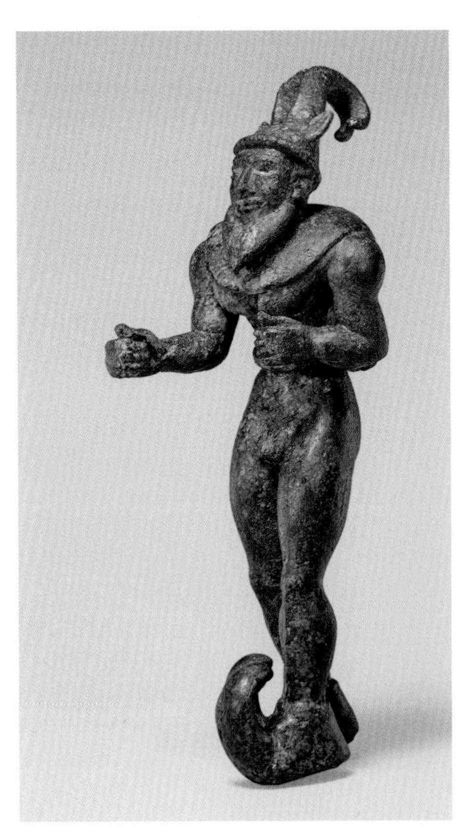

رجل أقرن منتصب القامة

إيران أو بلاد ما بين النهرَين، العصر العيلامي الأول، حوالي 3100 إلى 2900 ق. م.
خليط معدني نحاسي، الارتفاع: 17.5 سم
اقتناء، هبة ليلى أشيزون والاس، 2007م (2007.80)

يوحي هذا التمثال المصبوب في قالب الشمع في بدايات النحت المعدني بحيوية وعظمة استثنائيتَين في حجم مُصغّر. وهو قطعة من زوج متشابه لشخصية رجل يتدفق نشاطًا وينتعل الحذاء طويل الرقبة ومعقّف المقدّمة الذي كان منتشرًا لدى سكّان المناطق المرتفعة في إيران وبلاد ما بين النهرَين. ومما يزيد في هذا الانطباع بالقوة قرنَا تيس الجبل على رأسه وجسم الطائر الجارح وأجنحته التي تلفّ كتفَيه. وتتميّز فنون العصر العيلامي الأول الإيرانية بهذا المزيج من الأشكال البشرية والحيوان ية التي تمثّل عالم ما وراء الطبيعة وتُعبّر ربما عن معتقدات شامانية.

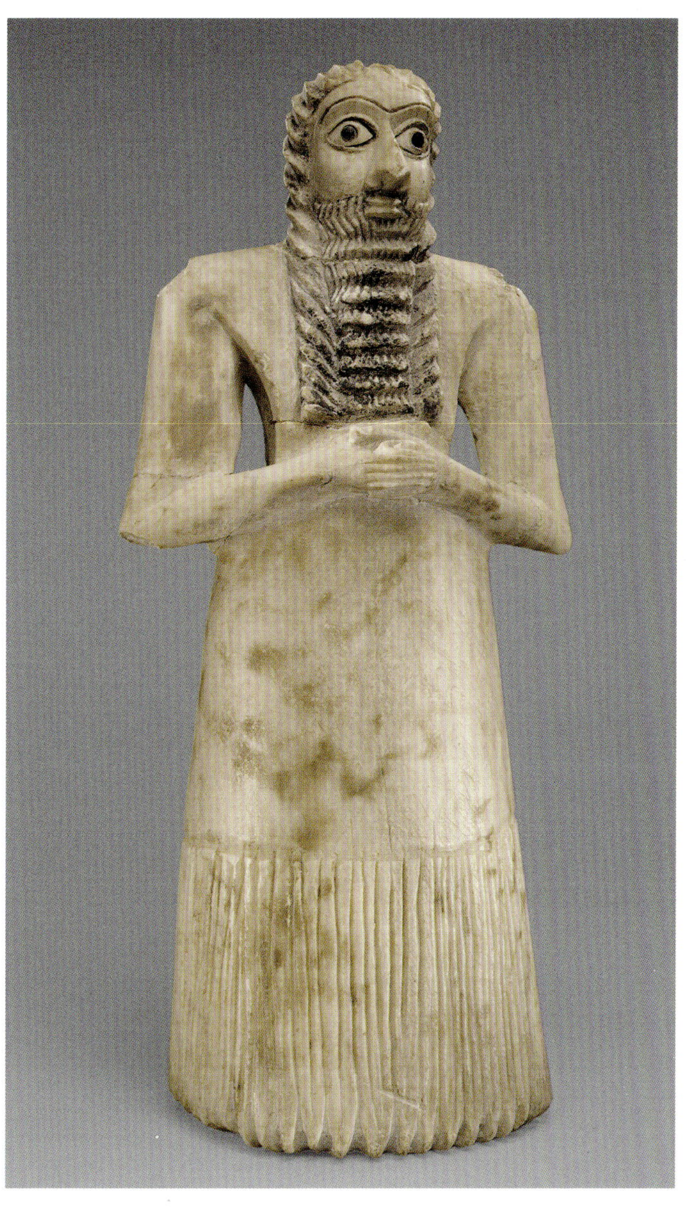

تمثال رجل منتصب القامة

بلاد ما بين النهرَين، من حفريات أشنونة السومرية
(تل أسمر حاليًا)، العصر المبكّر للسلالة الأولى والثانية.
حوالي 2900–2600 ق. م.
جبس، صدف، كلس أسود، قار
الارتفاع: 29.5 سم
رصيد فليتشر، 1940م (40.156)

عُثر على هذا التمثال بيدَيه المشبوكتَين وعينَيه المحملقتَين في معبد، وكان مردومًا وفق طقس ديني مع أحد عشرة تمثالاً آخر. ويُعتقد أنّ التماثيل الاثني عشر كانت تُمثّل في الأصل متعبّدين في صلاة مسترسلة أمام معبودهم. وتظهر في سمات الرأس العريض عينان جاحظتان مرصّعتان بالصدف والكلس الأسود. وتنسدل على جانبَي اللحية المربّعة ضفيرتان منمنمتان بينما تظهر على شعر الرأس واللحية بقايا الطلاء بمادة القار. ويُعدّ التمثال أنموذجًا للأسلوب الهندسي التجريدي لبعض المنحوتات السومرية التي كانت موجودة جنبًا إلى جنب مع أعمال أخرى تتسم بمزيد من الواقعية خلال العصر المبكّر للسلالة.

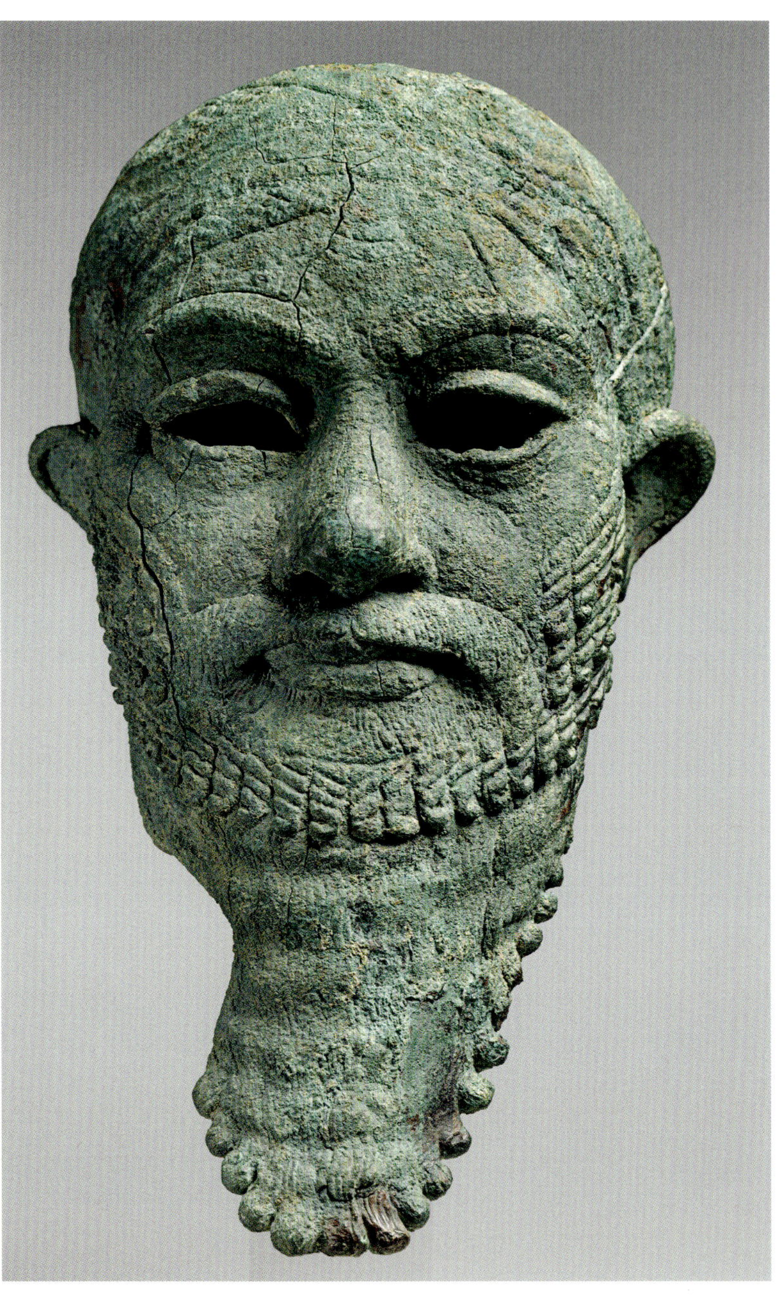

رأس حاكم

إيران أو بلاد ما بين النهرَين، العصر البرونزي المبكّر،
حوالي 2300–2000 ق. م.
سبائك النحاس، الارتفاع: 34.3 سم
رصيد رودجرز، 1947م (47.100.80)

ما زال الغموض يلف هُوية الشخص الذي يشير إليه التمثال ومكان صُنعه. ومع ذلك فإنّ مهارة الصنعة والتقانة المستحدثة واستخدام سبائك النحاس باهظة التكلفة، كلّ ذلك يوحي أنّه يمثّل ملكًا أو وجيهًا من الوجهاء. والأرجح أنّ الفضاء الداكن الأجوف للعينَين كان مرصّعًا في الأصل بمواد مُغايرة لباقي الرأس كما جرت الأعراف في فنون الشرق الأدنى القديم. وعلى الرغم من تآكل السطح النحاسي، يمكن مشاهدة موتيفات اللحية المهذّبة بأناقة والشارب المشذوب بعناية والخطوط المنحنية والمائلة للعمامة التي تغطّي الرأس.

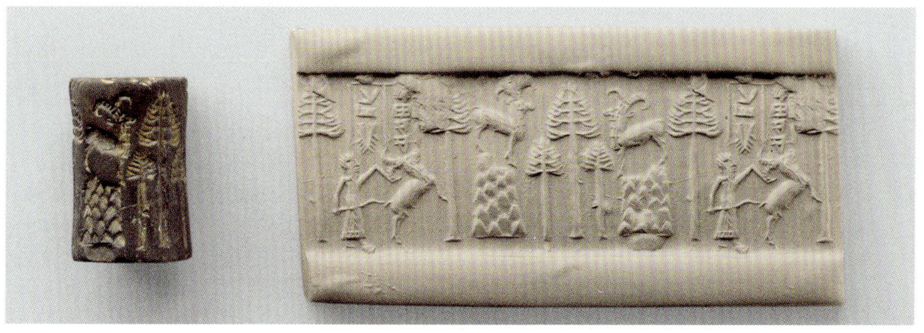

عندما توسّعت الأيقنة المستخدمة من حرفيّي الأختام لتشمل تشكيلة جديدة من الصور الأسطورية والإنشائية والسردية.

ختم اسطواني وطباعته الحديثة: مشهد صيد

بلاد ما بين النهرين، العصر الأكدي المتأخر، حوالي 2200–2100 ق. م.
الشرت صخر صواني، الارتفاع: 2.8 سم
وصية و. جيدني بيتي، 1941م (41.160.192)

يتألف المشهد على هذا الختم الاسطواني من جمعَين أساسيَّين يشكّلان تصميمًا مسترسلاً يُوحّده إطار المنظر المنمنم. في المجموعة الأولى، تُحيط شجرتان باسقتان بصيّاد يُمسك بقرن تيس جبلي. وتظهر فوق الصياد كتابة مسمارية تُعرّف بصاحب الختم، وهو بالو-إيلي الذي يعمل في البلاط ومهنته حامل الكأس. وفي المجموعة الأخرى يقف تيسان قبالة بعضهما فوق جَبلَين يحيطان بثلاث شجرات. صُنع هذا الختم خلال الحقبة الأكدية

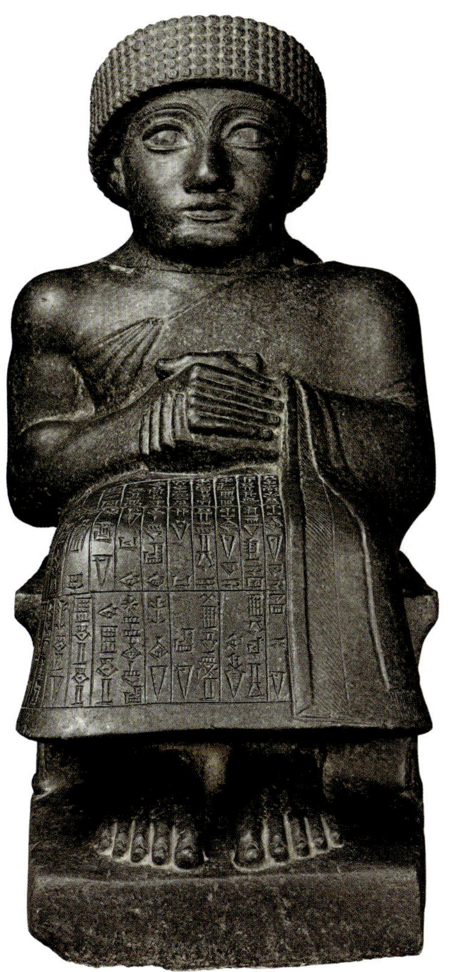

تمثال كوديا

بلاد ما بين النهرَين، على الأرجح جيرسو (تل تيلوه حاليًا)
العصر السومري الجديد، حوالي 2090 ق. م.
حجر ديوريت، الارتفاع: 44 سم
رصيد هاريس بريسباين ديك، 1959م (1959.2)

حكم الملك كوديا لكش السومرية، وهي مدينة دولة كانت تشمل مدينة جيرسو القديمة التي يأتي منها على الأرجح هذا التمثال. وتذكر الأعمدة المستطيلة من الكتابة المسمارية على ثوبه: "يعيش كوديا الذي شيّد هذا البيت طويلاً". والمُرجّح أنّ هذا التمثال كان معروضًا في معبد بغرض تمثيل الحاكم حيًّا إلى الأبد وليكون النص المكتوب استرحامًا مباشرًا لآلهة لكش. أمّا تعابير الوجه الصارمة واليدان المضمومتان فتُبلّغ شعورًا بالتقوى والهدوء يتناسب تمامًا مع وظيفة التمثال.

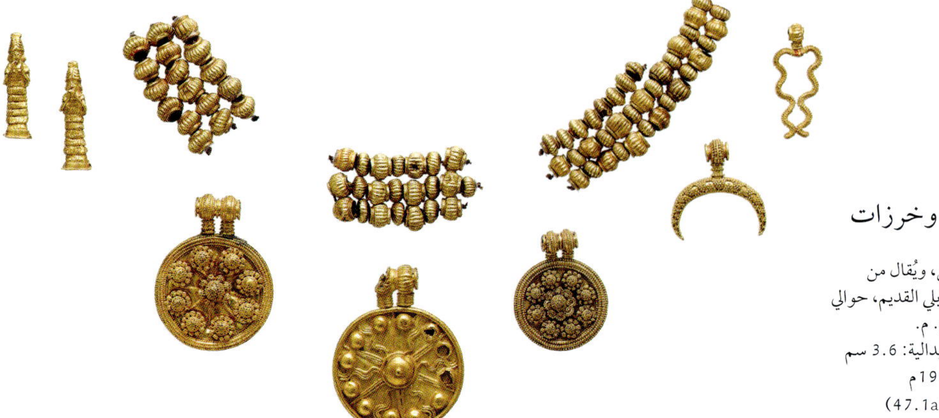

حلية متدلية وخرزات

(تفاصيل)
بلاد ما بين النهرَين، ويُقال من دلبات. العصر البابلي القديم، حوالي 1800–1600 ق. م.
ذهب. قطر أكبر ميدالية: 3.6 سم
رصيد فليتشر، 1947م
(47.1a2، .1a4 –.1a9، .1a11، .1a12، 1b-i).

تُعدّ هذه الحليّ من بين أهمّ النماذج لصياغة الذهب القديمة من بلاد ما بين النهرَين. وبناءً على تنوّع الأساليب واختلاف سبائك الذهب وتباين درجات المهارة في الصنعة، يجدر النظر إلى المجموعة بوصفها جمع من العناصر الفردية وليس عقدًا متناسقًا. يمثّل كل حليّ متدلٍّ إلهًا أو رمز إله يُفترض منه أن يُقدّم تعويذة من الشر. ومن الممكن أنّ الآلهة والآلهات الممثّلة في الميداليات والمتدليات كان يُعتقد أنها موجودة سحريًّا في الأشكال ذاتها.

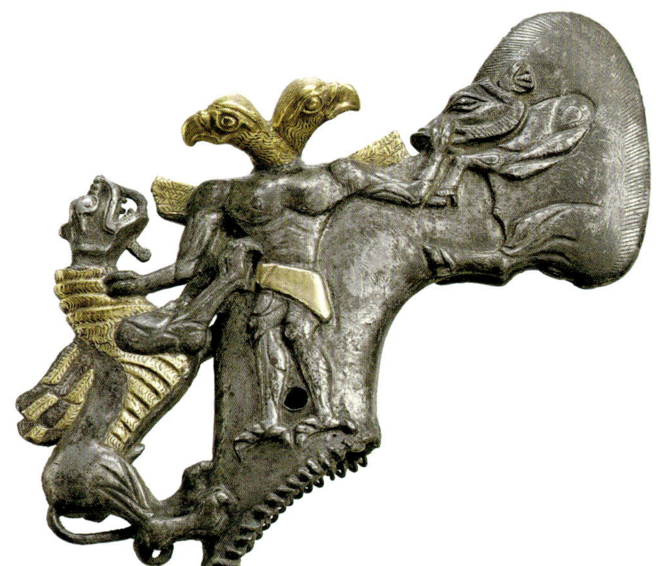

زُجّ فأس بثقب لتثبيت المقبض

باختر–مرو (آسيا الوسطى)
العصر البرونزي، حوالي 2000 ق. م.
فضة ورقاقة ذهب، الطول: 15 سم
اقتناء، رصيد هاريس بريسباين ديك وهدايا مؤسسة جايمس ن. سبير وشيمل، 1982م (1982.5)

زجّ فأس مصبوب ببراعة في الفضة ومُغشّى برقاقة من ذهب، يمثّل عفريتًا برأس طائر يُصارع خنزيرًا وتنّينًا. وقد جرى ليّ شكل الخنزير ليمثّل بجسمه المُلتوي بخشونة نصل الفأس (أعلى اليمين). ويظهر أسفل النصل ثقب التثبيت لشد المقبض. وتشير المواد الثمينة أن الفأس كانت له وظيفة شعائرية بدلاً من الوظيفة العملية. تطوّرت ثقافة حضرية مزدهرة في هذه المنطقة من آسيا الوسطى [التي سماها علماء الآثار الروس باختر–مرو] خلال نهاية الألفية الثالثة وبداية الألفية الثانية ق. م.، وكانت قائمة جزئيًّا على المبادلات التجارية بالسلع الفاخرة والبضائع النفعية مع حضارات إيران وبلاد ما بين النهرين والأناضول.

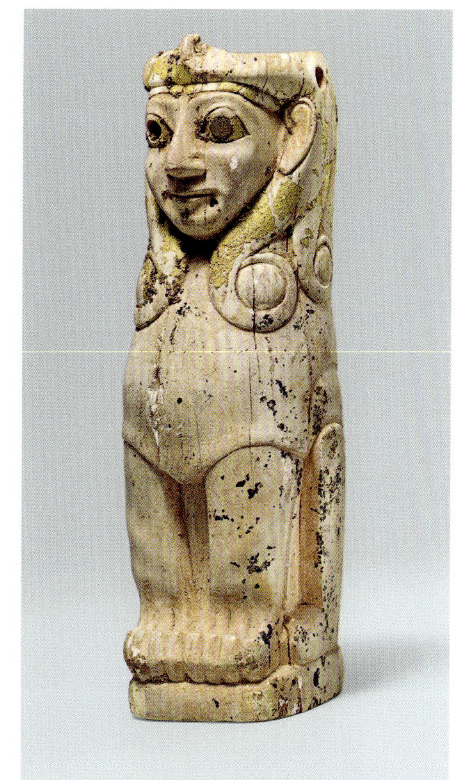

دعامة قطعة أثاث

الأناضول، على الأرجح من عاصمحويوك
عصر المستعمرة الأشورية القديمة،
حوالي 1800–1700 ق. م.
عاج (وحيد القرن)، رقاقة ذهب. الارتفاع: 12.7 سم
هبة جورج د. برات، 1932م (32.161.46)

هذا السفنكس العاجي إحدى الدعامات الأربع لقطعة أثاث صغيرة. ويتّخذ جسمه شكلاً أسديًّا بينما اقتُبست خصلات شعره اللولبية من خصلات الإلهة المصرية القديمة حتحور. ويدلّ ظهور السمات والموتيفات المصرية في فنون الأناضول على التفاعل الثقافي في بداية الألفية الثانية ق. م. ويُعتقد أنّ دعامات الأثاث هذه تأتي من إحدى المستعمرات التجارية في منطقة وسط الأناضول التي تأسست في هذه الحقبة على أيدي التجار الأشوريين القادمين من شمال بلاد الرافدَين.

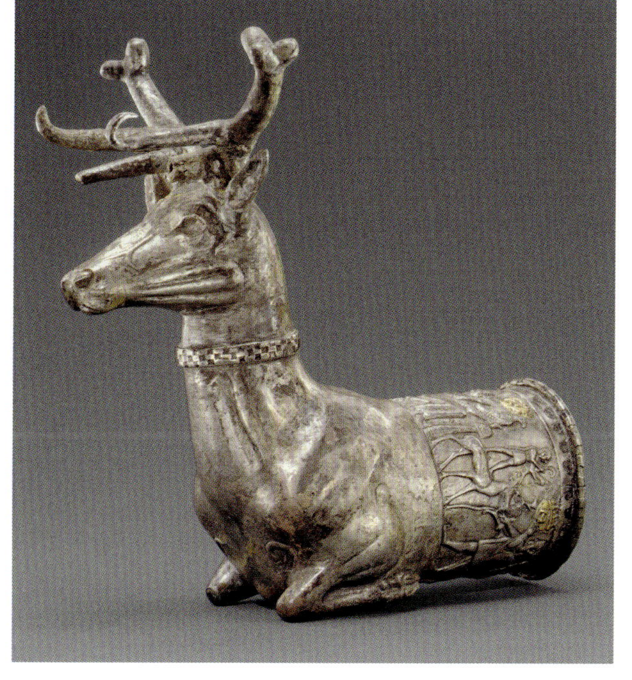

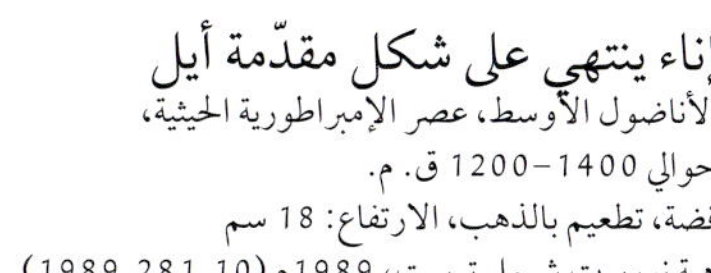

إناء ينتهي على شكل مقدّمة أيل

الأناضول الأوسط، عصر الإمبراطورية الحيثية،
حوالي 1400–1200 ق. م.
فضة، تطعيم بالذهب، الارتفاع: 18 سم
هبة نوربرت شيمل ترست، 1989م (1989.281.10)

الكؤوس التي تنتهي على شكل مقدّمة حيوان شكل قديم جدًا من الأواني في الشرق الأدنى. وهذا الأيل الأقرن مُنجز بجمال وفق المدرسة الطبيعية المُميزة للفن الحيثي. وقد جرى طرق جسم الإناء ليتشكّل على هذا النحو باستخدام دزّينة على أقل تقدير من الرقائق الفضية المنفصلة. ويحيط بالحافة شريط مُصنّع بالتقنية النافرة يمثّل شخوصًا في احتفالية شعائرية أو دينية، ولعله احتفال بصيد ثمين. وتشمل قائمة الأشياء المستخدمة في الممارسات الشعائرية الحيثية أوانيَ ذات شكل حيواني مثل هذا الإناء.

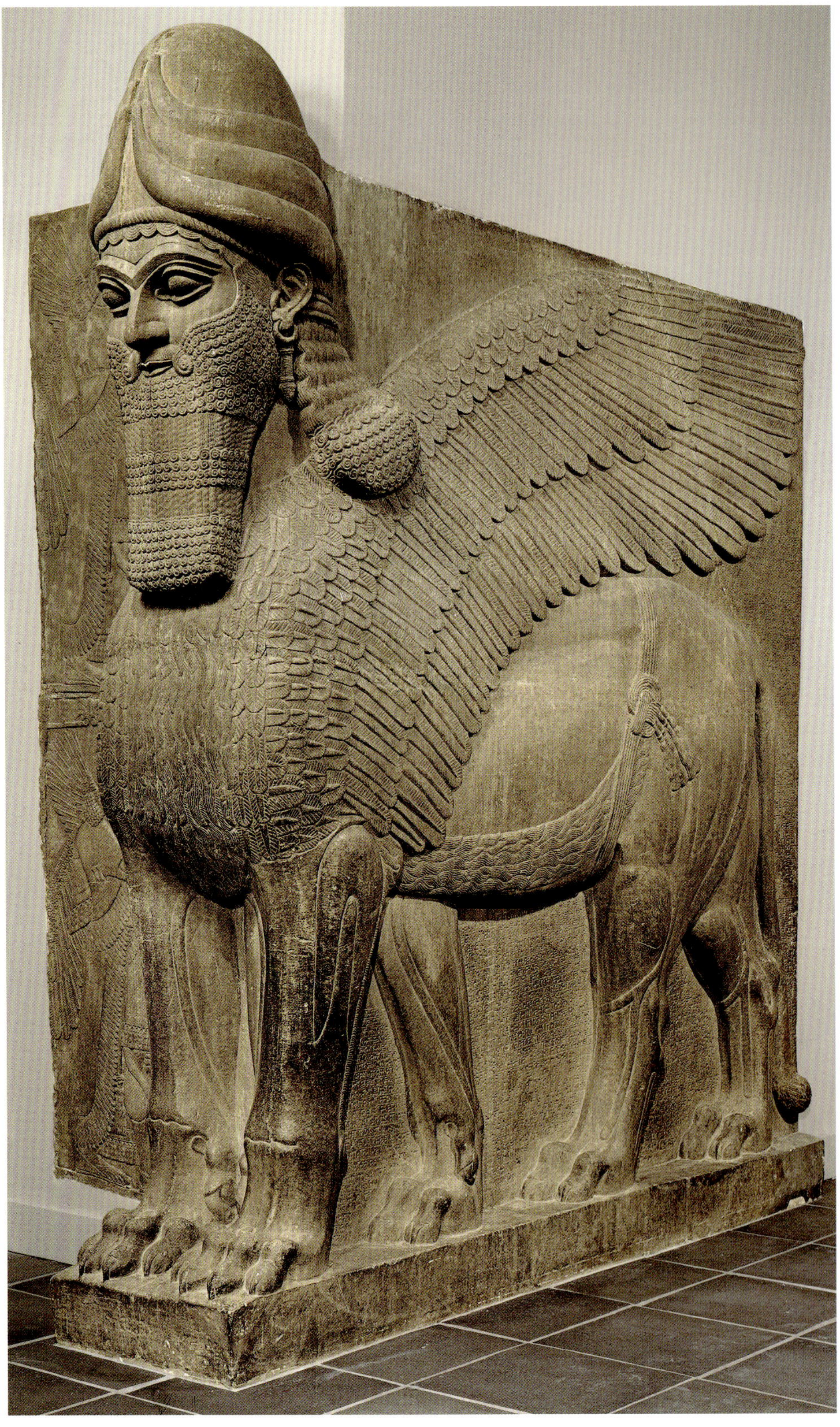

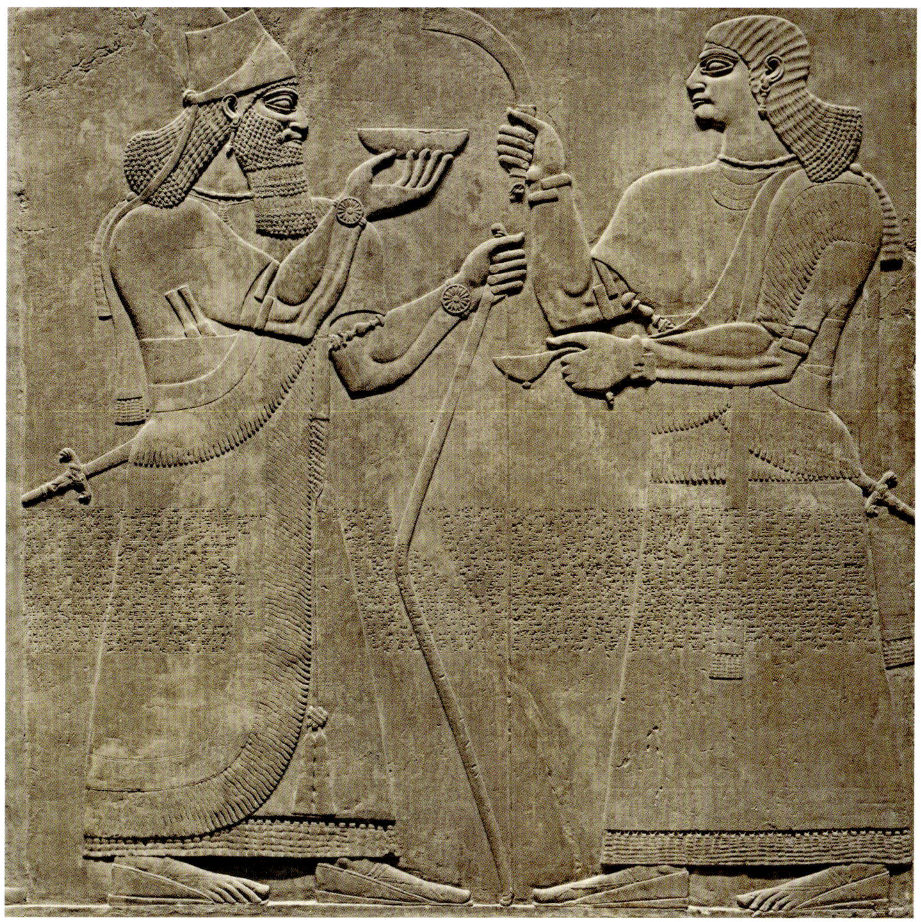

أسد مجنّح له رأس إنسان

بلاد ما بين النهرَين، مستخرج من حفريات كالح (نمرود حاليًا)، العصر الأشوري الجديد، حُكم آشور ناصربال الثاني، حوالي 883–859 ق. م.
مرمر جبسي، الارتفاع: 3.1 م
هبة جون د. روكفيلر الأصغر، 1932م (32.143.2)

كان هذا الأسد المجنّح في قصر آشور ناصربال الثاني في نمرود، وهو من التماثيل الصخرية الضخمة للوحوش المجنّحة التي كانت تُنصب عند البوابات وفي المداخل لحماية الملك من الشر وليكون لها وقع على الداخلين. وتُكلل رؤوسها القلنسوة القرناء المميزة للآلهة على امتداد الشرق الأدنى القديم. وهذا الأسد له خمس قوائم كي يبدو ثابتًا جيدًا عندما يُنظر إليه من الأمام، لكن يتّضح من مظهره الجانبي أنه يتقدّم خطوة إلى الأمام. وهكذا، يبدو الأسد مكتمل المظهر من أي زاوية نظر ليعرض قواه الخارقة والواقية من كلتا الزاويتَين.

نحت نافر لآشور ناصربال الثاني

بلاد ما بين النهرَين، مستخرج من حفريات كالح (نمرود حاليًا)، العصر الأشوري الجديد، حُكم آشور ناصربال الثاني، حوالي 883–859 ق. م.
مرمر جبسي، الارتفاع: 234.3 سم
هبة جون د. روكفيلر الأصغر، 1932م (32.143.4)

كانت غُرف القصر في نمرود مزدانة ببلاطات صخرية عريضة منقوشة بالنحت النافر قليل السمك وكذلك بجدران وسقوف مطلية بألوان زاهية وبتماثيل منحوتة تحرس البوابات. ونشاهد هنا الملك آشور ناصربال الثاني يرتدي عمامة مخروطية الشكل لها قمة صغيرة تشير إلى مرتبته. يُمسك بيده اليسرى قوسًا يرمز إلى سلطته وبيده اليمنى صحفة قربانية صغيرة. أما الخادم الماثل أمام الملك فيُحرّك الهواء حوله بمروحة ويمسك مغرفة لإعادة تعبئة الصحفة الملكية. وتعكس الهيئة الوقورة للشخصَين الصفة الشعائرية للمشهد.

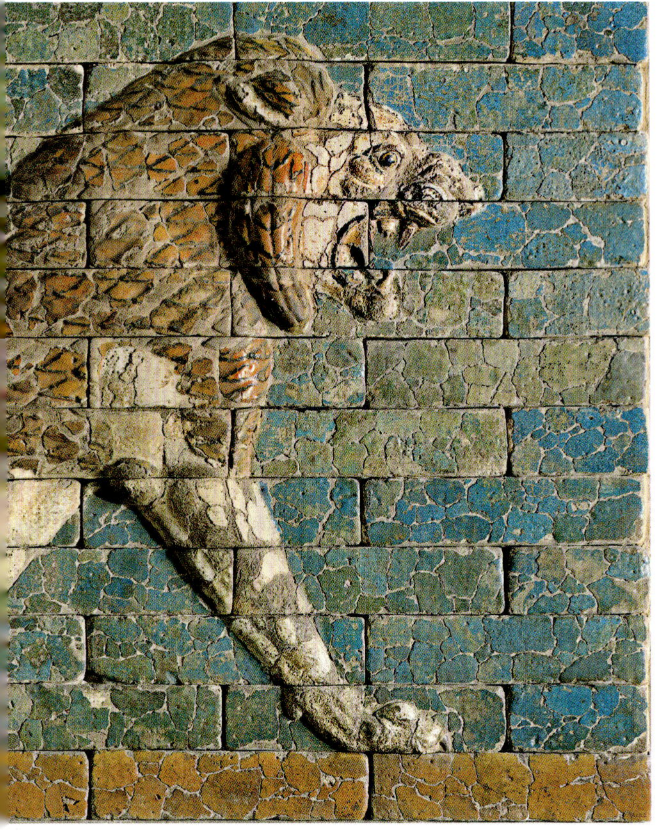

لوحة الأسد المزمجر

بلاد ما بين النهرَين، مُستخرَجة من حفريات بابل (الحلّة حاليًا)، العصر البابلي الجديد، حكم بختنصر (نبوخذ نصر) الثاني، 604–562 ق. م. لبنات الآجر المزجّج. الارتفاع: 97.2 سم
رصيد فليتشر، 1931م (1931.13.2)

عندما أمر بختنصر بإعادة بناء مدينة بابل القديمة أواسط الألفية الأولى ق. م، جرى تغطية جدران المعابد والبوّابات والقصور بلبنات الآجر المزجّج المزدانة بألوان برّاقة عليها صور الوحوش والحيوانات الأسطورية والتّعويذية المقدّسة لدى آلهتهم. وكان هذا الأسد الذي يرمز إلى قوى الإلهة الرافدية عشترت واحدًا من مئة وعشرين صورة تقريبًا لأسود مصطفّة على جدران طريق الموكب الشعائري في بابل. وكانت وظيفتها حماية هذه الطريق المقدّسة، لا سيّما خلال مهرجان السنة الجديدة عندما تُحمل أصنام آلهة بابل على طول الطريق عبر بوابة عشترت وصولاً إلى معبد المهرجان.

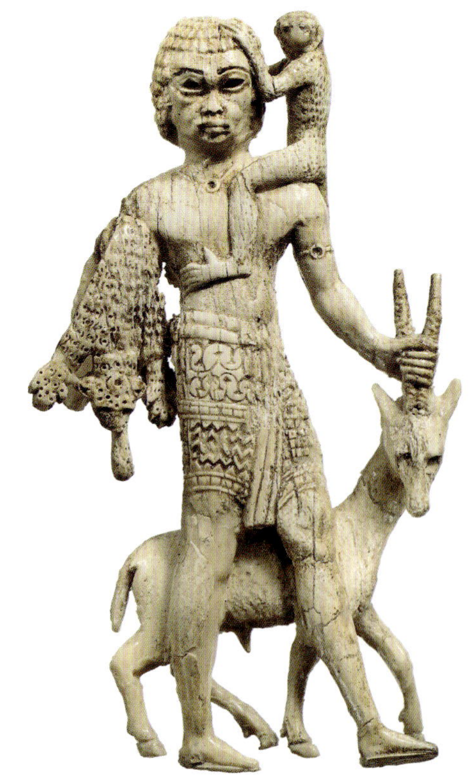

حامل الجزية

بلاد ما بين النهرَين، مستخرج من حفريات كالح (نمرود حاليًا)، العصر الأشوري الجديد، حوالي 800–700 ق. م.
عاج، الارتفاع: 13.5 سم
رصيد رودجرز، 1960م (60.145.11)

حكم الأشوريون من القرن التاسع إلى القرن السابع ق. م. بلاد ما بين النهرَين وسوريا والشام، ولفترة وجيزة مصر أيضًا. وكانت تُحمل من مختلف أرجاء الإمبراطورية إلى العواصم الأشورية شتى أصناف الجزية وكذلك الحرفيين المهرة. ويظهر في هذا التمثال شخص محمّل بالهدايا من بلاده الأصلية إلى الملك الأشوريّ: قرد ومها (جنس من الظباء الإفريقية) وجلد نمر – وكلّها حيوانات تعيش في الأراضي جنوب مصر. وهذه القطعة التي صُمّمت على الأرجح لتزيين الأثاث الملكي تعرض سمات من الأسلوب الفينيقيّ على غرار النكهة المصرية المُميّزة لكلّ من الوضع والملامح.

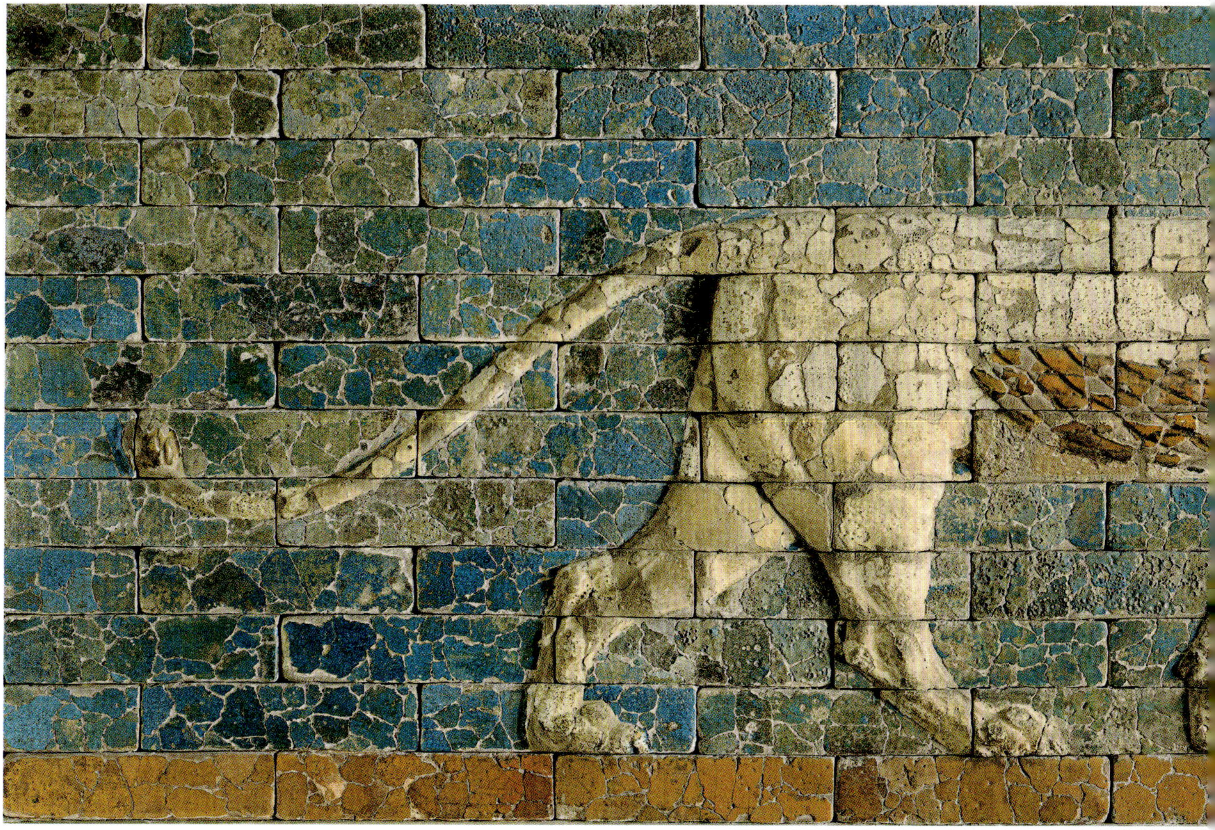

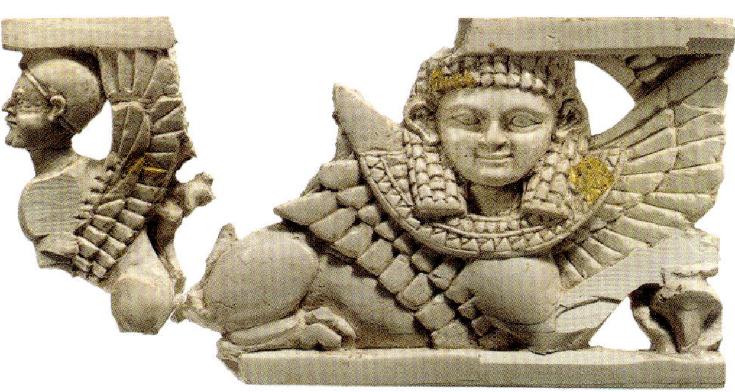

صفيحة مُخرَمة عليها نحتَي سفنكس

سوريا، على الأرجح من حداتو (أرسلان طاش الحالية)، العصر الأشوري الجديد، حوالي 900–700 ق. م.
عاج، رُقاقة ذهب، الارتفاع: 6.4 سم
رصيد فليتشر، 1957 (57.80.4a،b)

من الجائز أن تكون هذه الصفيحة العاجية آتية من البناية المؤرخة في العصر الأشوري الجديد في القاعدة الأمامية للإمبراطورية المسماة حاليًا أرسلان طاش في سوريا. وعلى الرغم من أنّ موضوع السفنكس المجنّح المضطجع – هنا بشعر مستعار وقلادة واسعة وزهرة لوتس تحت القائمة الأمامية – مصريّ الأصل، إلا أنّ نوع الوجه سوريّ الأسلوب. وغالبًا ما تظهر في الأسلوب السوريّ الشخوص الفردية في مظهرها الجانبيّ وتُصفّف جنبًا إلى جنب ضمن تركيبات متناظرة لِقطع الأثاث كبيرة الحجم. وهو ما نلحظه في هذه الحال مع تمثالَي السفنكس الموضوعَين ظهرًا إلى ظهر ليشكّلا أجزاءً من مشهدَين منفصلَين. ومن الممكن أنهما كانا يحيطان بأشجار، وكانت لهما نظائر مفقودة اليوم.

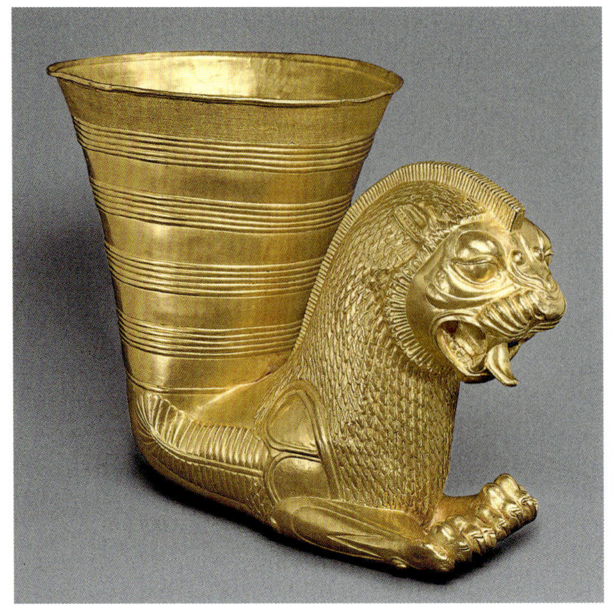

إناء ينتهي على شكل كائن بملامح الأسد

إيران، العصر الأخميني،
حوالي 600–500 ق. م.
ذهب، الارتفاع: 17 سم
رصيد فليتشر، 1954م (54.3.3)

نشاهد في هذه الرائعة من روائع صياغة الذهب في العصر الأخميني مقدمة أسد تتحوّل برشاقة إلى كوب للشرب. والأرجح أنّ هذا الصنف من الأواني ذو طبيعة ملكية وشعائرية وينتمي إلى تاريخ طويل من أواني الشرب المصنّعة من المعادن الثمينة. وكما يقتضي الأسلوب الأخمينيّ، فإنّ شراسة الأسد المزمجر جرى تلطيفها بواسطة الأعراف الزخرفية. وقد تطلّب تصنيع هذا الإناء استخدام لحام نحاسيّ خفيّ لصهر عدة أجزاء بعضها إلى بعض، وهو ما يشير إلى مهارة حرفية بديعة. ويُزيّن الشريطَ العلوي للإناء ما يربو على واحد وأربعين مترًا من الأسلاك الملويّة تُقسِّم المساحة إلى أربعة وأربعين صفًّا منتظمًا بينما يرتفع الفكّ العلوي لفم الأسد ليُشكّل أخاديد صغيرة.

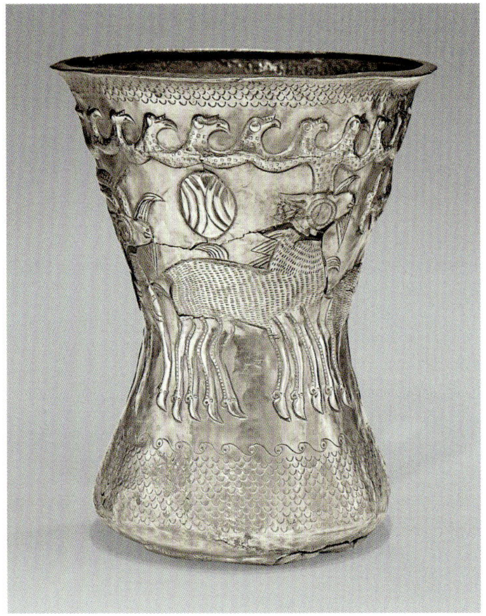

فنجان بالعصافير والحيوانات

تراقيا، حوالي 400–300 ق. م.
فضة، الارتفاع: 18.7 سم
رصيد رودجرز، 1947م (47.100.88)

يمثّل هذا الفنجان الفضي نموذجًا للمهارة الحرفية التراقية، والأرجح أنه صُنّع فيما أصبح اليوم رومانيا أو بلغاريا. وتُعدّ الطريقة الزخرفية الرائعة التي صُمِّمت بها الحيوانات وقرونها التي تنتهي على شكل رؤوس الطيور من خصائص فنون الشعوب الرحّل التي انتشرت خلال الألفية الأولى ق. م. عبر سباسب جنوب روسيا وأوروبا. وعلى الرغم من وجود بعض التأثيرات الأسلوبية السكوثية والإيرانية المعاصرة، إلاّ أنّ الأيقنة المستخدمة في هذه المشاهد تراقية بوضوح وقد تشير إلى أسطورة أو خرافة محلّيّة.

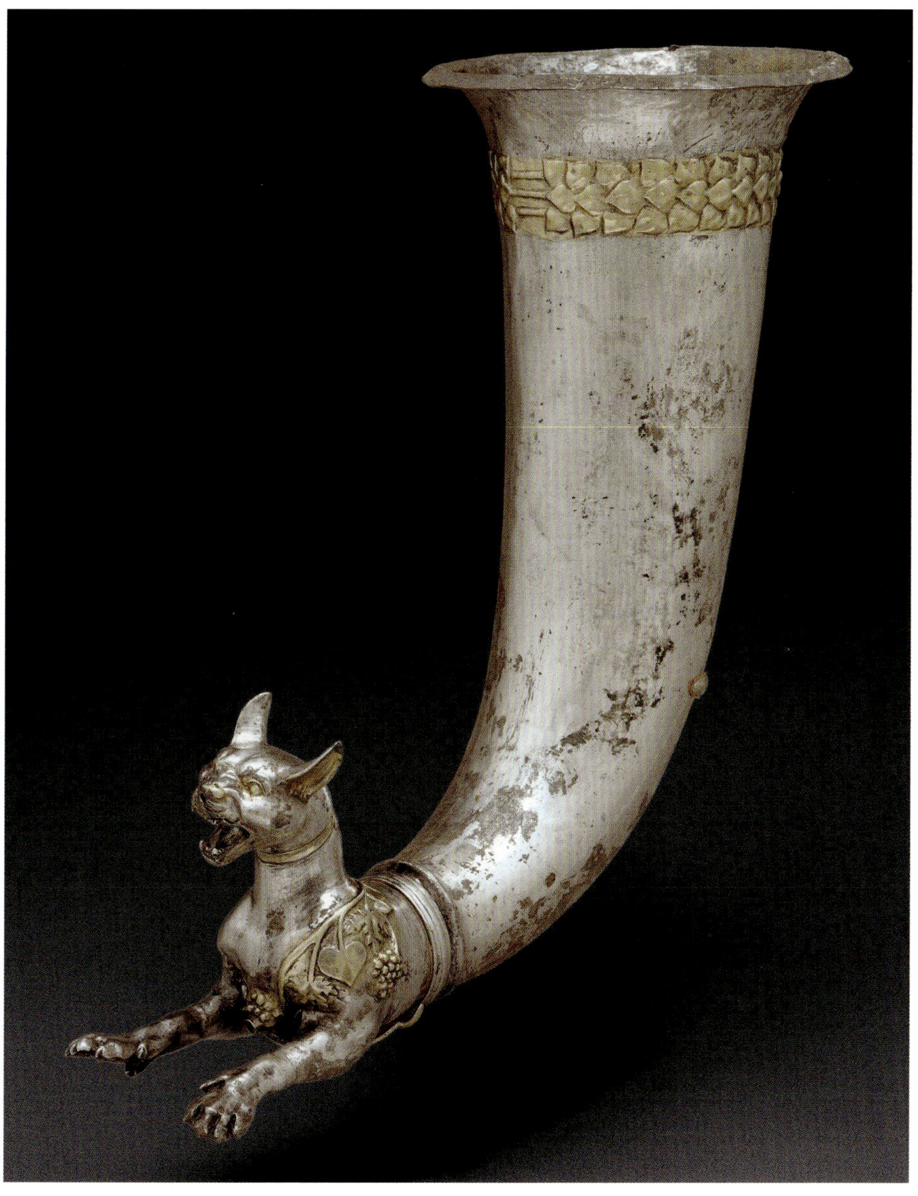

تكوك ينتهي على شكل مقدمة قطّ برّي

إيران، العصر البارثي، حوالي 100 ق. م. – 100 م.
فضة، مذهّب بالزئبق، الارتفاع: 27.5 سم
اقتناء، رصيد رودجرز، هدية إينيد أ. هاوبت والسيدة دونالد م. أونسلاغر والسيدة موريال باليتز وغيرت س. إ. برنس. وصية بولين ف. فولرتون ووصايا ماري كاشنغ فوسبورغ وإدوارد س. مور وستيفن ويتني فينيكس، بالتبادل، 1979م (1979.447)

كانت مجتمعات الشرق الأدنى القديم تُقدّر كثيرا أوانيَ الشرب على هيئة رؤوس الحيوانات أو تلك التي تتّخذ شكل القرن (تكوك). وينتهي هذا التّكوك على شكل مقدّمة قطّ برّي، بل لعلّه فهد، بفوهة في الصدر لسكب السائل، وتحيط به لفيفة من شجر اللبلاب والعنب. والفهد واللبلاب والعنب رموز مرتبطة في المعتقدات الوثنية بديونيزوس، إله الخصوبة والخمر لدى الإغريق. ويجمع هذا التكوك في صُوَره وشكله عناصرَ الشرق الأدنى بعناصر اليونان ويشهد على المدى الواسع للتفاعل والتأثيرات الثقافية خلال هذه الحقبة.

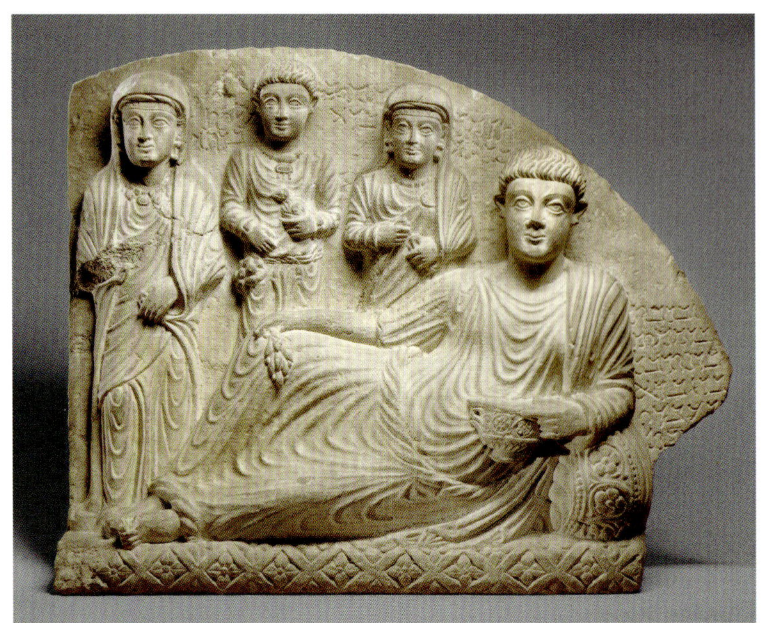

شاهد قبر
سوريا، على الأرجح تدمر،
حوالي 100–300م
كلس، الارتفاع: 51.4 سم
اقتناء، 1902م (02.29.1)

يظهر على هذا النحت بالنقش النافر البارز الذي يصف مشهد وليمة شخوص كاملة الطول لرجل وابنه وابنتَيه. والأرجح أنّ الشاهد كان يغلق فتحة مشكاة دفن عائلية في تدمر. كانت تدمر في أواسط القرن الأول الميلادي مدينة مزدهرة ومهيبة تقع على طُرق القوافل التي تربط الشرق الأدنى البارثي بالموانئ المتوسطية تحت النفوذ الروماني. وخلال فترة الازدهار الكبير التي تلت، تبنّى سكّان تدمر عادات وتقاليد في اللباس من كل من العالم البارثي الإيراني والغرب الروماني اليوناني، ونجد هذا المزيج في الفن التدمريّ كذلك.

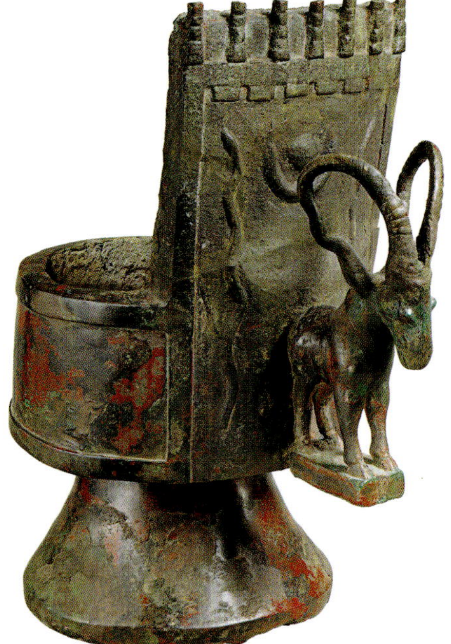

مبخرة
جنوب غرب شبه الجزيرة العربية، حوالي 500 ق. م.
برونز، الارتفاع: 27.6 سم
هبة د. سيدني أ. شارلات إحياءً لذكري والدَيه نيومان وأديلي شارلات، 1949م (49.71.2)

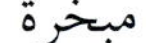

بداية من أواسط الألفية الأولى ق. م. إلى حدود القرن السادس الميلادي، كان لممالك جنوب غرب شبه الجزيرة العربية نفوذًا واسعًا وثروات طائلة بفضل تحكّمها في تجارة البخور بين شبه الجزيرة العربية وأقاليم سواحل البحر المتوسط. وتنعكس أهمية البخور عند ديانات شعوب جنوب غرب شبه الجزيرة العربية في هذه المبخرة. وهي مزخرفة بتيس جبلي وثعابين كانت تُعدّ رموزًا تعويذية قوية تُمثّل الرجولة والخصوبة وترتبط في كثير من الأحيان بالآلهة المحلية. أمّا القرص المستدير والهلال فالأرجح أنهما يمثّلان الإله قمر، رب الآلهة في المعتقدات الوثنية.

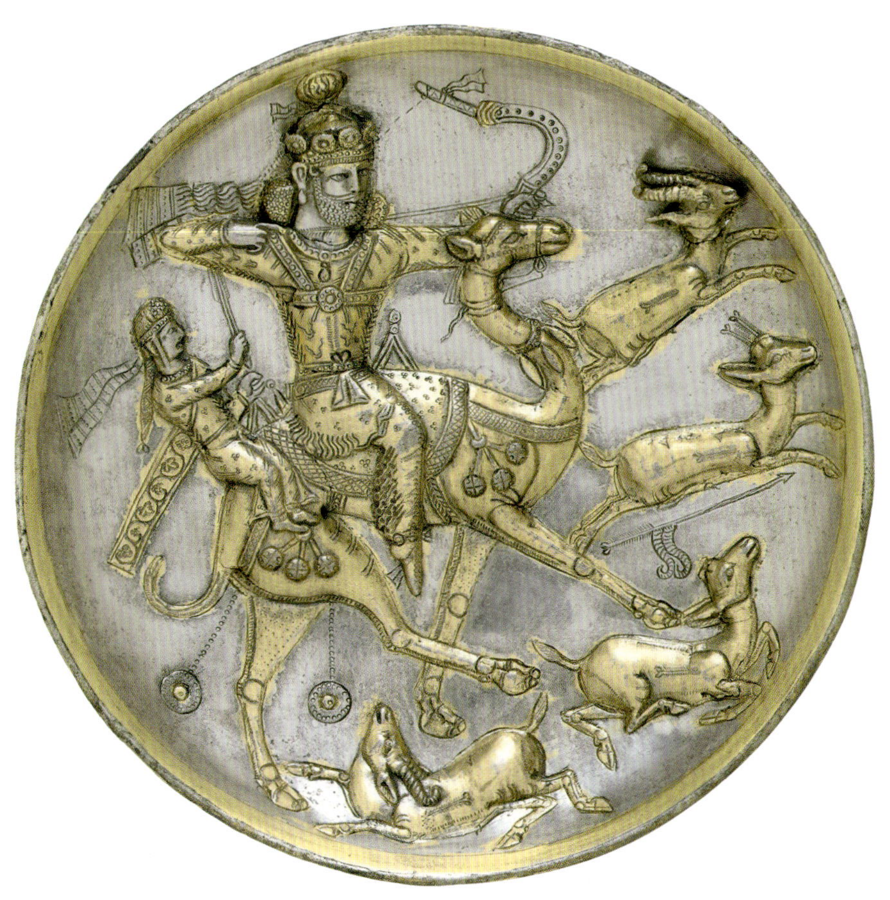

صحن عليه مشهد صيد

إيران، العصر الساساني، حوالي 400–500م
فضة، مذهّب بالزئبق، القطر: 20.1 سم
اقتناء، هدية ليلى أشيزون والاس، 1994م (1994.402)

أُنجز هذا الصحن بطريقة جميلة وباستخدام تقنية ساسانية معقّدة ومميزة، ويُمثّل حكاية ضُمِّنت لاحقًا في الملحمة الإيرانية الكبيرة، الشهنامه أو كتاب الملوك المُؤلَّف في القرن الحادي عشر الميلادي. وتروي الشهنامه أنّ الملك الساساني بهرام غور أو بهرام الخامس (حكم ما بين 420–438م) رفع تحديًا في الرماية من عازفه المُفضّل أزاده. ونشاهد هنا بهرام يُطلق سهمًا على غزال فينتزع منه قرنَيه فيبدو كالغزالة، ويرمي غزالة أخرى بسهمَين يسكنان فوق رأسها لتظهر كالغزال الأقرن.

الفنّ المصري

تكوّنت نواة مجموعة المتروبوليتان للفنّ المصري – من بين حفنة من الأرصدة الكبيرة المماثلة والمُوزَّعَة في أرجاء العالم – بالأساس خلال النصف الأوّل من القرن العشرين الميلادي. وتتألّف مكوّناتها الرئيسيّة من قِطع استخرجها المتروبوليتان من حفريّات في مصر وخصَّصَتها للمتحف السّلطات المصريّة المعنيّة بالآثار خلال تقسيمها الكريم لنتائج الحفريّات. ومع مرور الزّمن أوصت بعض الشخصيّات بعدد من المجموعات الخاصّة المهمّة والقطع الفرديّة، واقتنى المتحف عددًا آخر. ونتيجة لذلك أثْرَت المجموعة بصفة ملحوظة بأعمال ذات سياق في علم الآثار على غرار التمثال الضخم الذي يمثّل الفرعون الأنثى حتشبسوت، والتّحف الفنيّة المنجزة بدقّة وإتقان كقِطع المصوغ التي لا تُضاهى والعائدة لعصر الدولة الوسطى. وتتراوح تواريخ الأعمال من حوالي ثلاثمئة ألف سنة مضت إلى حدود عام 400 بعد الميلاد. ويُتيح تسلسل المجموعة الزّمني للزائرين بمتابعة الإنجازات الفنيّة لثقافة من أعظم ثقافات العالم انطلاقًا من زمن استقرار الناس على طول نهر النيل إلى أن جرى تعليق استخدام الكتابة الهيروغليفية الفرعونية والتخلّي التدريجي عن الشعائر القديمة. ويُحبّ روّادُ المتحف الأروقةَ المصريّة بسبب طريقة التمثيل النابض بالحياة الذي أنجزته هذه الحضارة للأشكال الطبيعية والتماثيل البشريّة المُدهشة، والتي نَقَلَتها بلغة فنيّة مُباشِرة بقدر ما هي متناسقة.

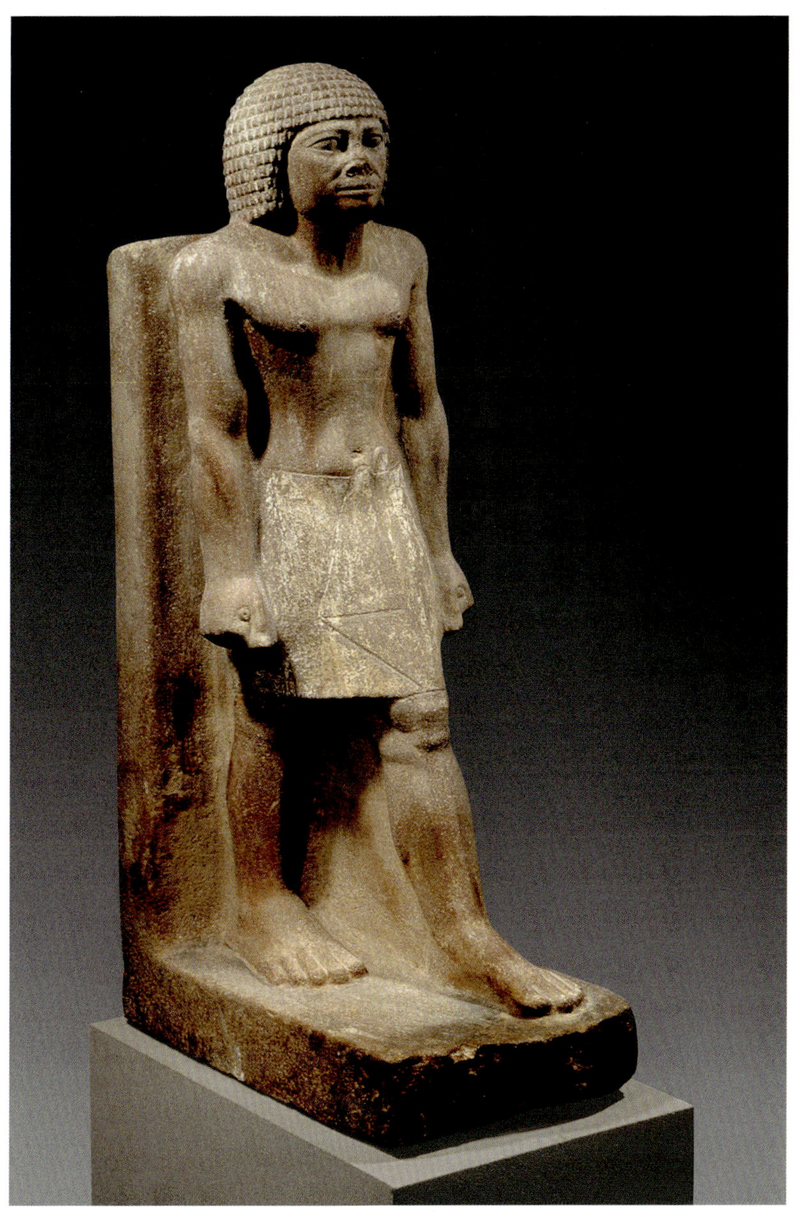

تمثال رجل يخطو إلى الأمام

الكاب، الدولة القديمة، الأسرة الرابعة،
حوالي 2575–2465 ق. م.
مرو، طلاء، الارتفاع: 89.5 سم
رصيد هاريس بريسبان ديك، 1962م (62.200)

منحوت لقبر من قبور الأعيان في جنوب مصر، يتّسم هذا التمثال الذكوري المفعم بالحيوية بالكتفَين العريضَين والخاصرة الضيّقة والعضلات المفتولة المميزة لمصارع من الوزن الثقيل. أمّا اليدان والقدمان العريضة بوجه لافت والوضعية المُقنّنة للخَطو إلى الأمام فقد أُنجزت بطريقة تكاد تكون عدائية. ويوحي الفم العريض تحت الشارب الكثيف بالحزم، ويضفي الأخدودان العميقان على جانبَي المنخارَين مزيدًا من الصرامة على الوجه، ويتناسب كل ذلك مع رجل من عصر الأهرام.

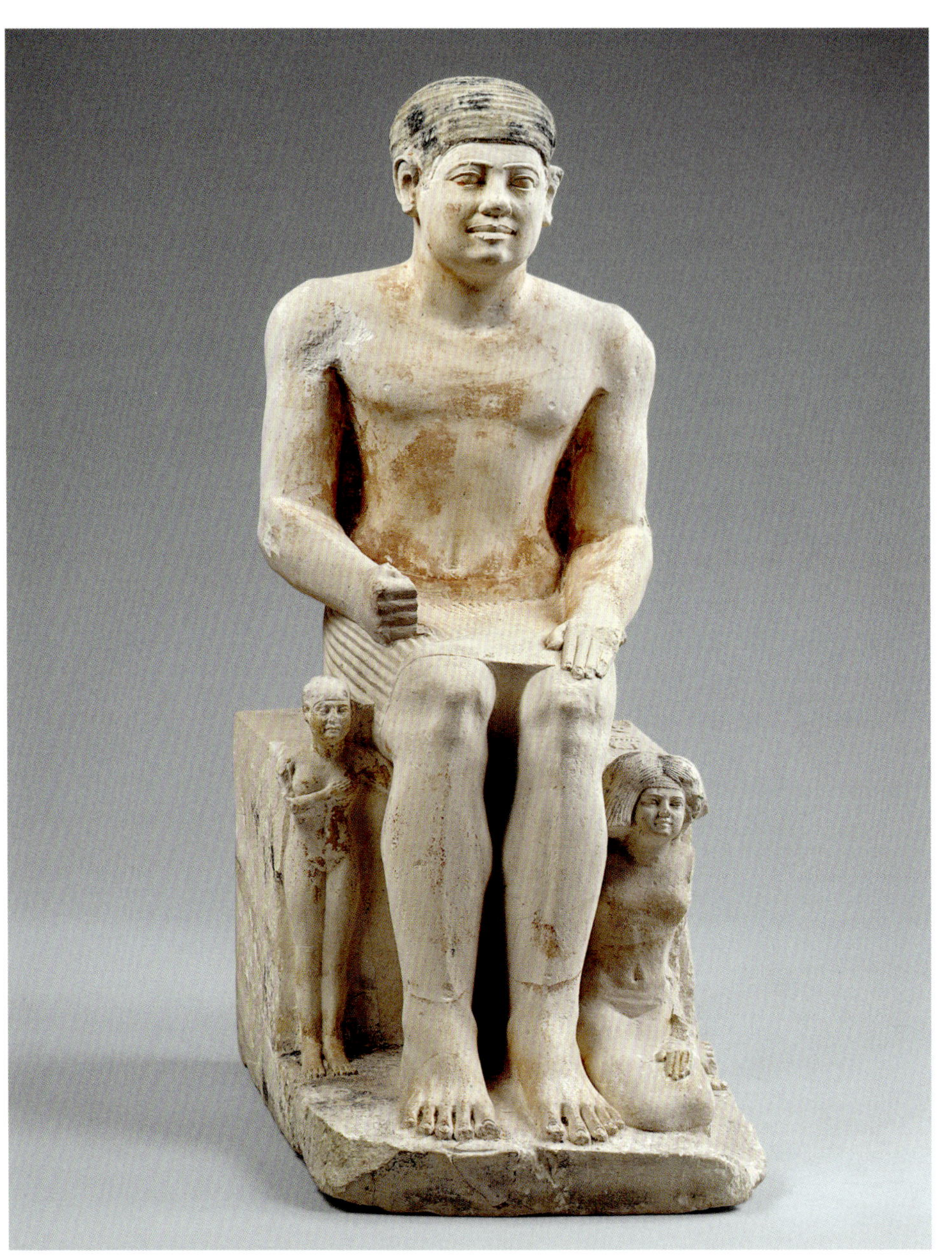

مجموعة تماثيل نيكار وزوجته وابنته
على الأرجح سقارة، الدولة القديمة، الأسرة الخامسة،
على الأرجح حكم ني أوسر رع أو بعده،
حوالي 2420–2389 ق. م. أو بعد
كلس، طلاء، المقاسات: (57x22.5x32.5 سم)
رصيد رودجرز، 1952م (52.19)

كان أمين الحبوب نيكار مسؤولاً عن جزء حيوي من الاقتصاد خلال حكم ني أوسر رع أو بعد ذلك. ويوجد في متحف المتروبوليتان ثمثالان من تماثيل قبره الأربعة. ويبدو على أحدها (منحوت في الغرانيت) على هيئة الكاتب، أما في هذا التمثال فهو في مظهر رئيس العائلة الفخور. تجلس زوجته خواناب قرب رجله اليسرى وابنته الصغرى خوانابتي قرب اليمنى. ويلفت النحت الانتباه بعديد التفاصيل في التركيبة البنيوية المُنجزة بحس مرهف، وتزيد بقايا الطلاء الأصلي في حيوية المشهد.

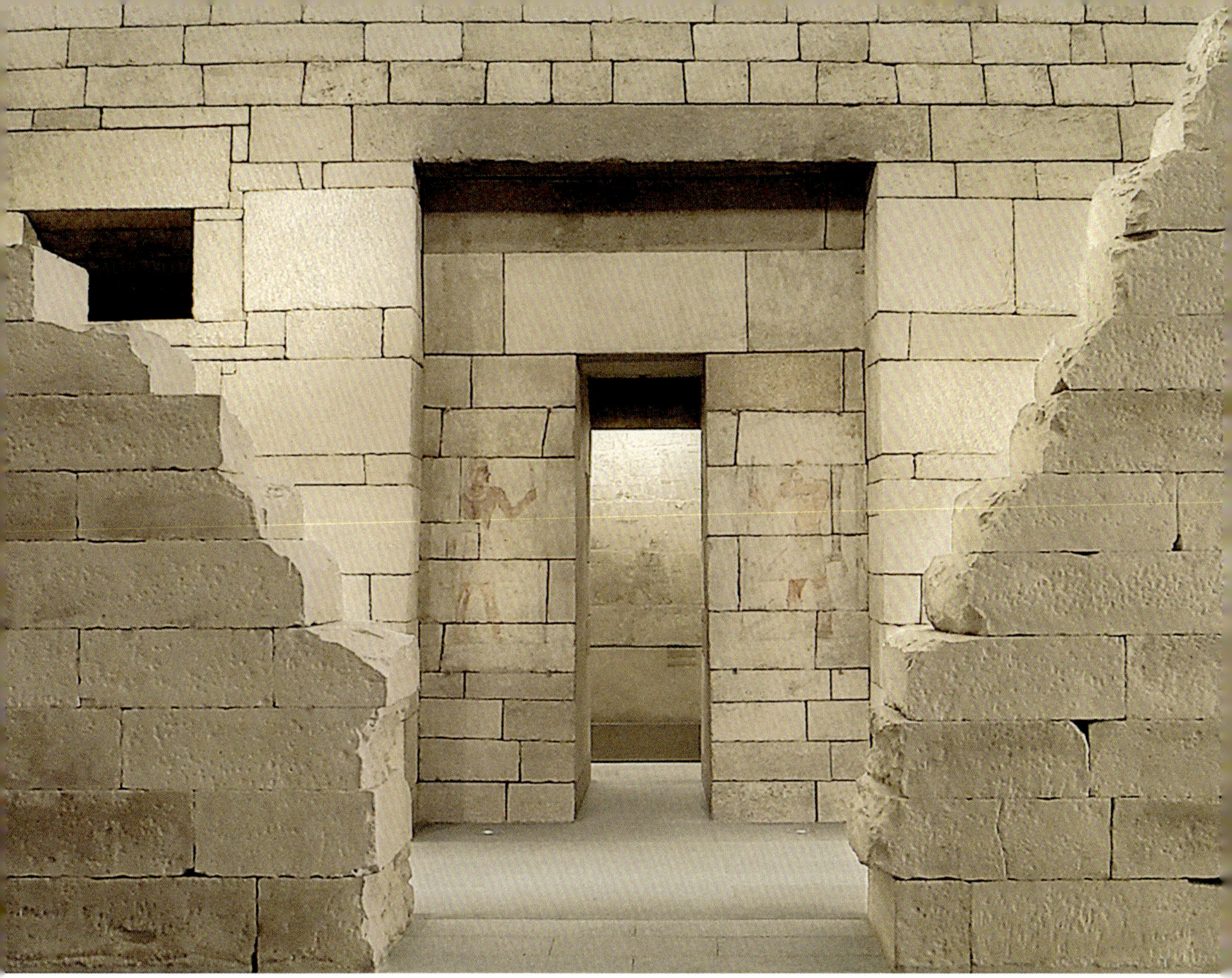

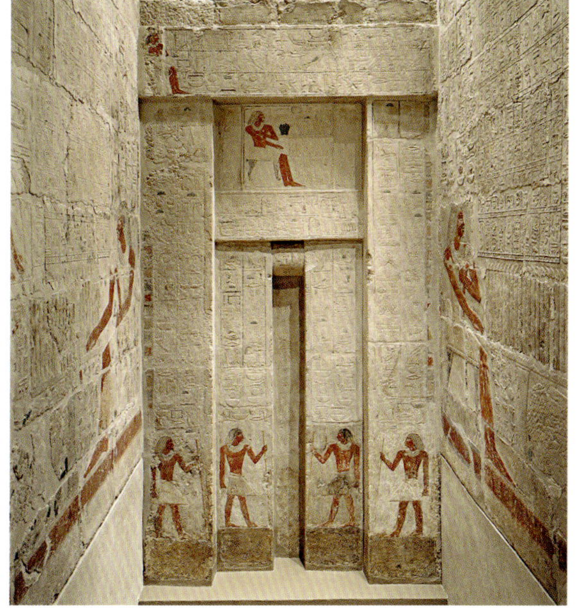

قبر برناب

سقارة، شمال هرم زوسر المدرّج
الدولة القديمة، الأسرة الخامسة، حكم الملك أسيس أو ونيس، حوالي 2381–2323 ق. م.
كلس، طلاء، الارتفاع: 4.82 م
هبة إدوارد س. هاركنيس، 1913م، (13.183.3)

كان برناب مسؤولاً في البلاط يُشرف على إلباس الملك وتتويجه. وكان ضريحه يشتمل على غرفة قرابين تحمل رسومًا ويمكن الوصول إليها من صحن عبر ردهة. وبُني داخل الغرفة باب منمّق على شكل محراب مستطيل (ما يُطلق عليه الباب المزيّف) يشكّل منطقة التماسّ الرمزي مع الميت. ولا يوجد في المتروبوليتان مجرد غرفة القرابين المزخرفة نفسها، بل كذلك الصحن والجناح الثانوي المخصّص لتماثيل برناب، ويكوّن كل ذلك مجمعًا للدفن فريدًا في اكتماله ضمن المجموعات المتحفية.

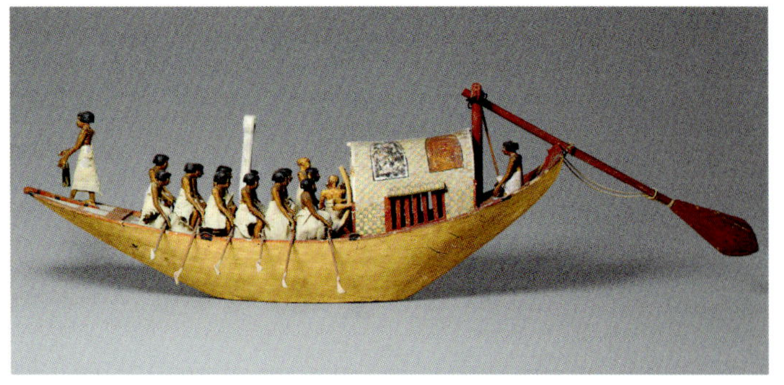

نموذج قارب

طيبة، العساسيف الجنوبية، قبر مَقتر، الدولة الوسطى، الأسرة 12، بداية حكم أمنمحات الأول،
حوالي 1981–1975 ق. م.
خشب، جبس، طلاء، خيوط كتان، قماش كتان
الارتفاع: 37 سم، العرض بالمجاذيف: 30.5 سم، الطول بالدفة: 175 سم
رصيد رودجرز وهدية إدوارد س. هاركنيس، 1920م (20.3.1)

يُمثّل هذا النموذج القديم العائد لبداية حكم أمنمحات الأول قاربًا بالمجاذيف يُستخدم على النيل وهو يسير في اتجاه مجرى النهر. ولا تُستخدم الأشرعة إلا ضد مجرى النهر نظرًا للرياح الشمالية السائدة. ولما يسير القارب في اتجاه مجرى النهر، يُنزّل صاري المركب (المفقود هنا) من مكانه ويُولج أفقيًا في الفرجة البيضاء. يُمسك المُوجِّه بدفة القيادة الطويلة بينما يقف في مقدمة المركب رجل آخر جاهز لقياس عمق مياه قناة النهر المتغيرة باستمرار. يقف قائد السفينة أمام مقتر، رئيس المضيّفين لدى أمنمحات الأول، الذي يجلس أمام قمرته مستمعًا لعازف قيثار ضرير ومغنّي.

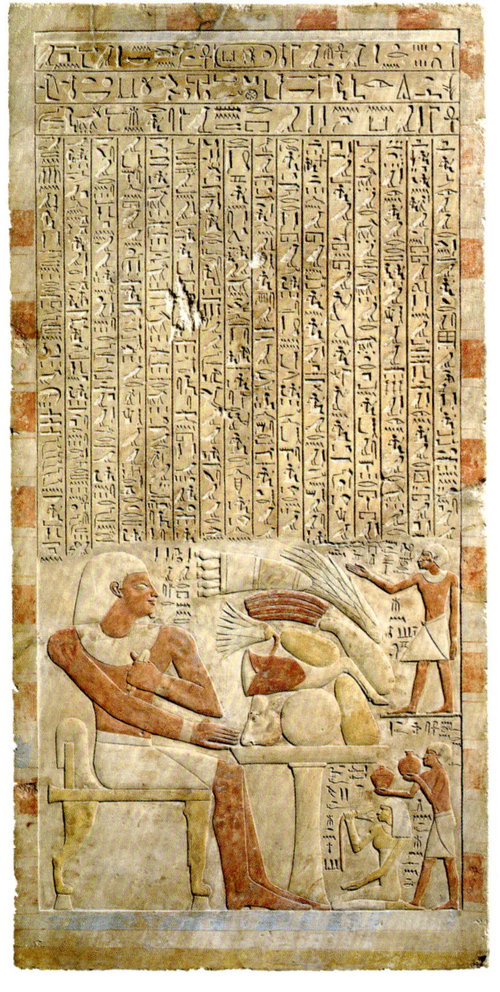

لوحة منتوازر

أبيدوس، الدولة الوسطى، الأسرة 12، حوالي 1945 ق. م.
كلس، طلاء، المقاسات: (47.9x104.3 سم)
هبة إدوارد س. هاركنيس، 1912م (12.184)

رفع المصريون خلال عصر المملكة الوسطى لوحات تذكارية في أبيدوس كي يتمكنوا من المشاركة الأبدية بالوكالة وفق معتقداتهم في المهرجان السنوي للاحتفال بموت أوزيريس وانبعاثه (وهو إله ما بعد الحياة في المعتقدات الفرعونية). وتُعدّ هذه اللوحة من أجود اللوحات المتبقية، وهي مكرّسة لمنتوازر المضيّف الملكي الذي يظهر عليها جالسًا أمام مائدة قرابين بحضور أبيه وابنه وابنته. ويشير النص إلى تاريخ إنجاز الطلبية وهو العام السابع عشر من حكم سنوسرت الأول ويمدح منتوازر الذي قدّم خدماته الإدارية بأمانة وكان ناجحًا في حياته ومحسنًا للفقراء.

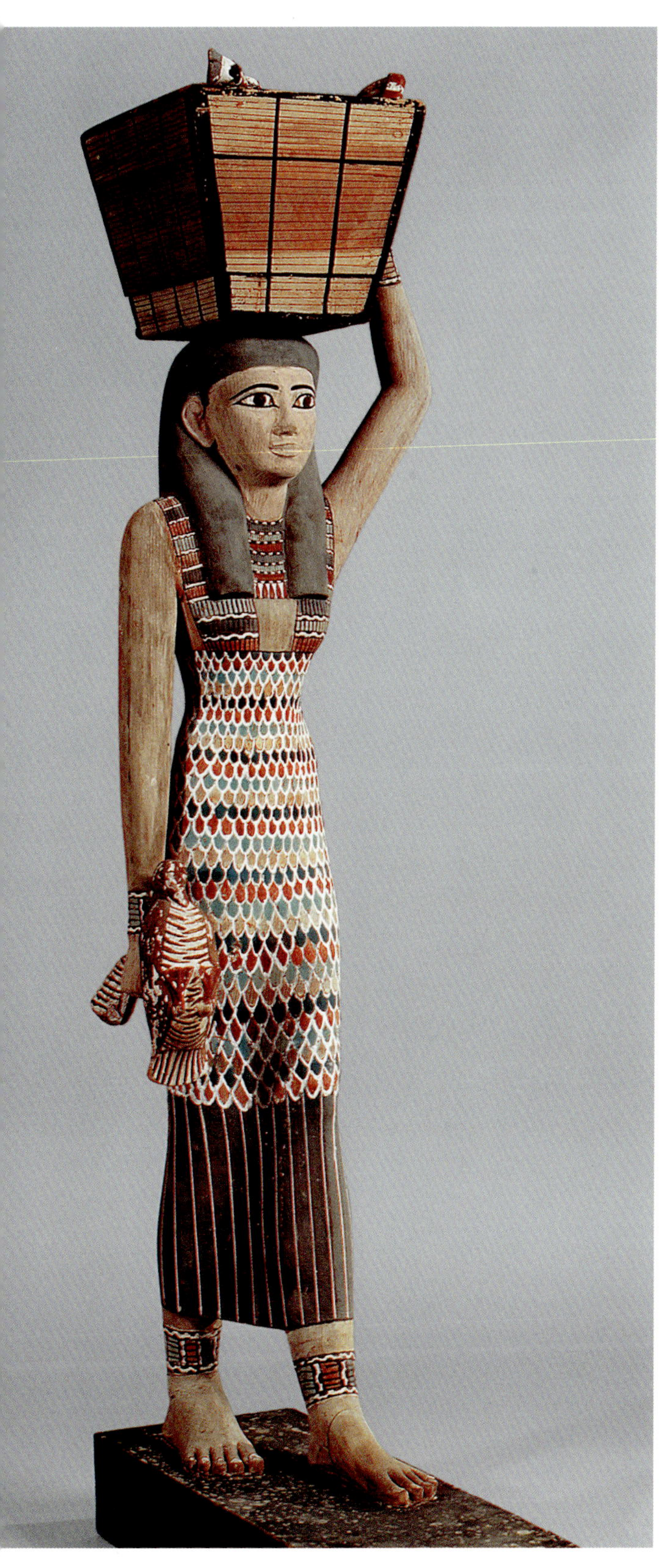

حمّالة القرابين

طيبة، العساسيف الجنوبية، قبر مَقَتر، الدولة الوسطى،
الأسرة 12، بداية حكم أمنمحات الأول،
حوالي 1981–1975 ق. م.
خشب، جبس، طلاء
المقاسات: (46.5x16.5x112) سم
رصيد رودجرز وهبة إدوارد س. هاركنيس، 1920م (20.3.7)

في النقوش النافرة للمماليك القديمة يُطلق على النساء اللواتي يحملن القرابين أسماء المقاطعات المكلّفة بتوفير الخدمات الجنائزية لقبر مُعيّن. وقد أُنجز هذا التمثال مجهول الاسم لامرأة فاخرة اللباس تحمل سلة أطعمة على رأسها وتمسك بطة بيدها اليمنى – مع تمثال آخر يرافقها ويُعرض اليوم في القاهرة – لقبر رئيس المضيّفين الملكيّين مقتر. وباعتبار جواهرها وفستانها المُصنّع من الريش ليست هذه المرأة مجرد خادمة بل أنثى تكاد تكون سماوية يتكامل دورها مع إيزيس ونفتيس، الآلهتَين المكلّفتَين برعاية الموتى وفق المعتقدات الفرعونية.

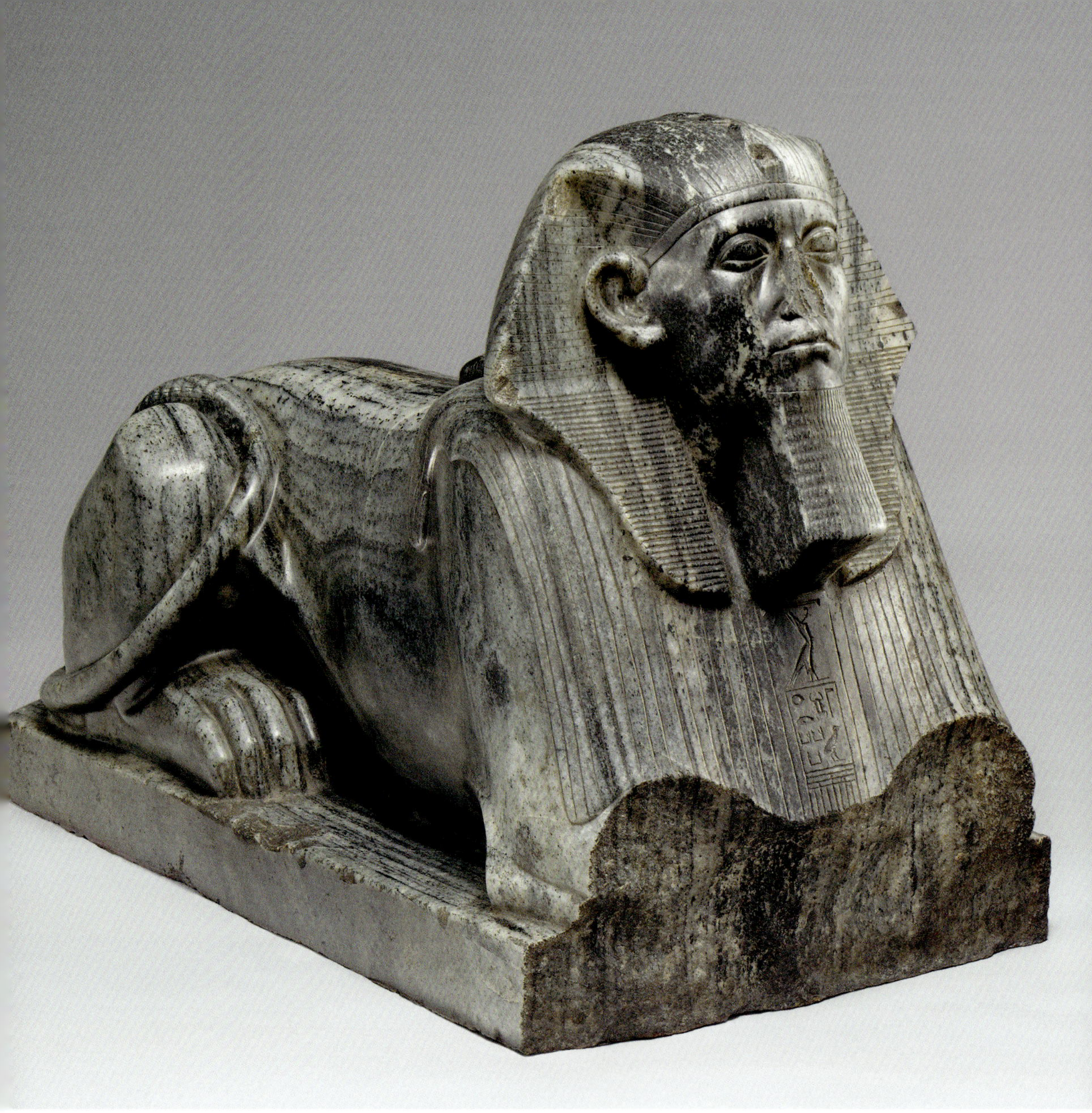

تمثال أبو الهول بوجه سنوسرت الثالث

طيبة، كرنك، الدولة الوسطى، الأسرة 12،
حوالي 1878–1840 ق. م.
حجر غنايس (73x29.3x42.5 سم)
هبة إدوارد س. هاركنيس، 1917م (17.9.2)

تجمع كل تماثيل أبي الهول المصرية جسم أسد ورأس إنسان وفي كثير من الأحيان - كما نشاهد هنا - ذيل ثور. كانت تمثّل السلطة الملكية في أقوى تجلياتها، وعلى هذا الأساس كانت تُستخدم في كثير من الأحيان لحماية مداخل القصور والمعابد. وينفرد هذا التمثال بطريقة استخدام النحات لعروق الصخرة لإبراز الجسم السنّوري. يتشكّل الرأس من صورة مخيفة لوجه الفرعون سنوسرت الثالث. وتظهر تحت اللحية الشعائرية واجهة قصر (سرخ) نُقش عليها الاسم الذي يُطلق على الملك: "حورس" (إلهيّ الشكل) واسم العرش (مضيئة قوى حياة "كاس" ري).

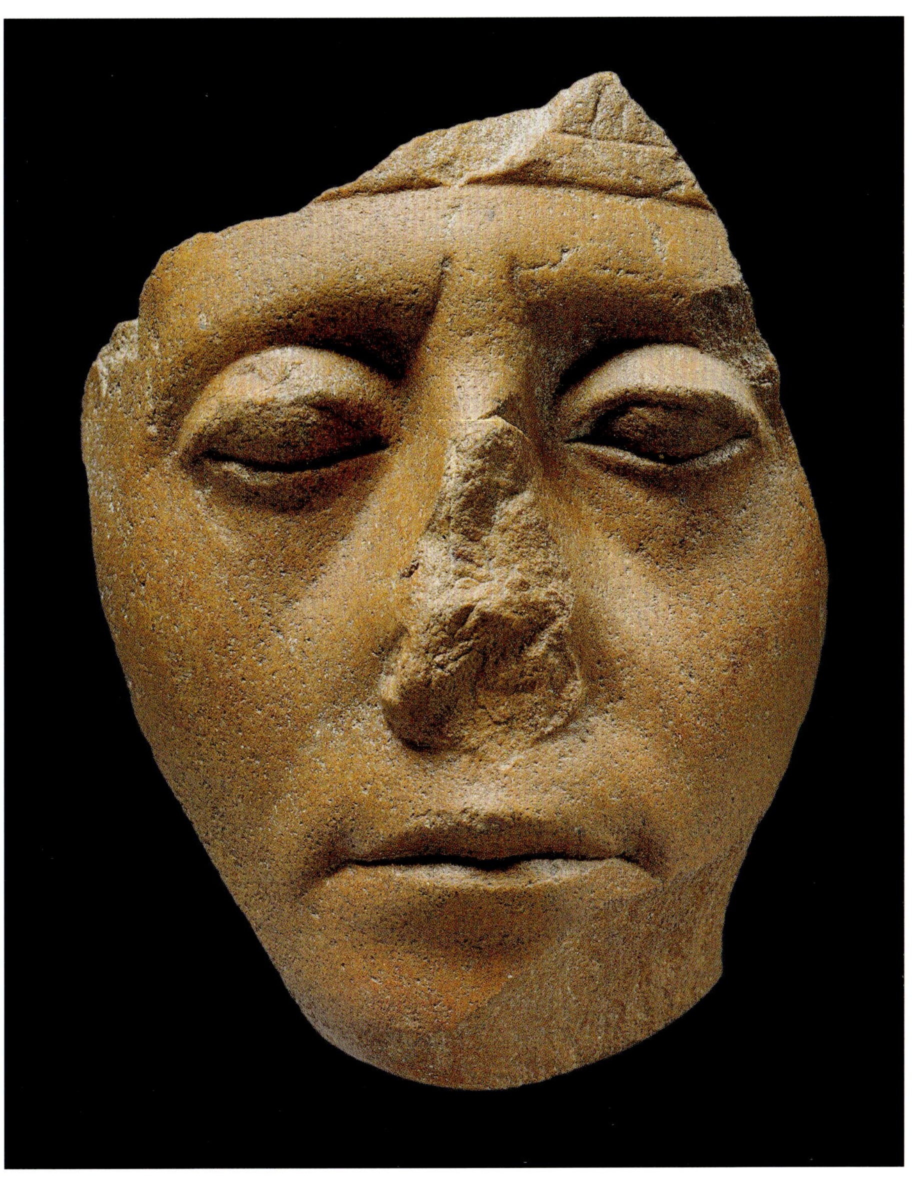

وجه سنوسرت الثالث

الدولة الوسطى، الأسرة 12، حوالي 1878–1840 ق. م.
مرو أحمر، الارتفاع: 16.5 سم
اقتناء، هبة إدوارد س. هاركنيس، 1926م (26.7.1394)

هذا الوجه قطعة من تمثال سنوسرت الثالث يعرض مظهرًا مختلفًا تمامًا مقارنة بمظهره على هيئة أبي الهول الحامل لاسمه (الصفحة المقابلة). ويبدو وجه أبي الهول منهكًا بينما يظهر هنا منتعشًا وينبض بالحياة. كما أن عينَي أبي الهول لوزيّتا الشكل وصغيرتا الحجم متوعّدتان بينما نراهما هنا متّجهتان إلى الأسفل تحملان فكرة الانطواء التي يؤكّدها الأخدودان العميقان فوق الأنف. وأخيرًا، ينبعث من الزاويتَين الواهيتَين لفم أبي الهول إحساس بالمرارة والحسرة، وذلك على عكس الأريحية والانفتاح اللذَين يوحي بهما هذا الوجه.

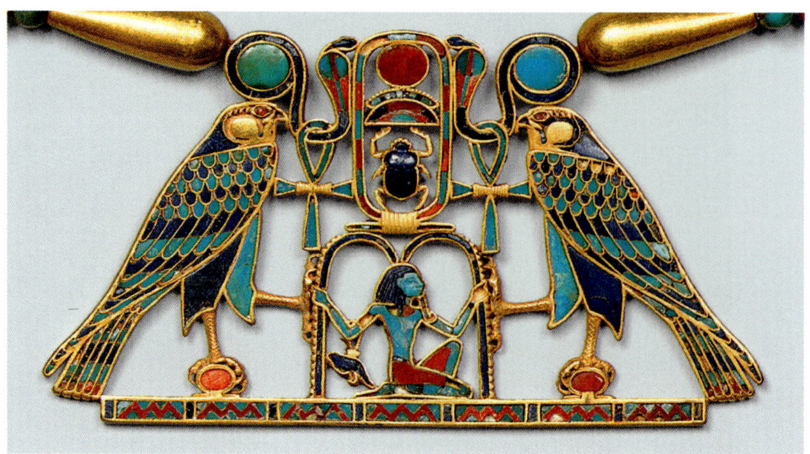

كردان الأميرة سات حتحورات أيونت

اللاهون، الدولة الوسطى، الأسرة 12، حكم سنوسرت الثاني حوالي 1887–1878 ق. م.
ذهب، عقيق أحمر، فلدسبار، غارنيت رمّاني، فيروز، لازورد
طول العقد: 82 سم، الكردان: 4.5x8.2 سم
اقتناء، رصيد رودجرز وهبة هنري والترز، 1916م (16.1.3)

بلغت حرفة صياغة الذهب المصرية أوجها خلال حقبة الدولة الوسطى، ويُعدّ هذا الكردان العائد لحكم سنوسرت الثاني من أجود إنجازاتها. ويتألف من ثلاثمئة وخمسة وسبعين حجر شبه كريم تُرصّع الذهب المصوغ لتُشكّل كلّها تركيبة متعددة الألوان على هيئة شعار يُحيط به صقران شمسيّان يمسك كل منهما رموز السلطة (شان). ويبدو اسم سنوسرت الثاني ما بين الصقرَين ورمزَين هيروغليفيين يعنيان الحياة (أنخ) يتدلّيان من ذيلَ كل أفعى من زوج أفاعي الناشر. ويظهر تحت اسم الفرعون مباشرة ربّ اللانهاية، هاه، وفق المعتقدات الفرعونية، يُمسك جذعَي نخيل (هيروغليف السنوات) بينما يتدلّى شرغوف (هيروغليف مئة ألف) من حبل مشدود على مرفقه.

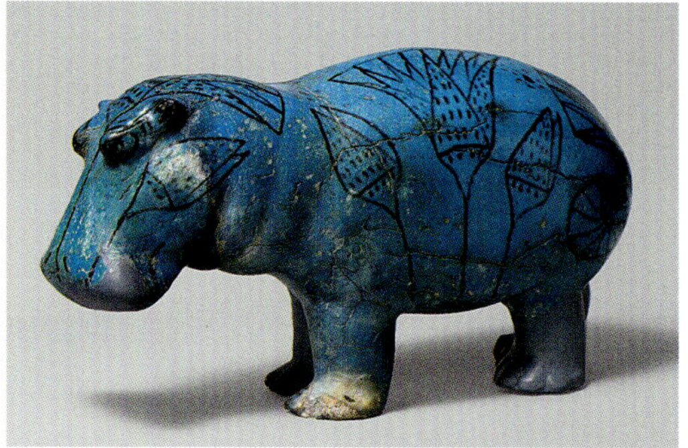

تمثال فرس النهر

مير، قبر سنبي، بداية عصر الدولة الوسطى، بداية حكم الأسرة 12، حوالي 1985–1881 ق.م.
خزف، (20x11.2 سم)
هبة إدوارد س. هاركنيس، 1917م (17.9.1)

على الرغم من أنّ قطيعًا من أفراس البحر يمكن أن يُدمّر حقول المزارعين بمجرد المشي عليها، إلاّ أنّ قدامى المصريّين كانوا يحترمون هذه الحيوانات المفيدة التي تعيش في المياه والأوحال التي يُعتقد أنّ الحياة نشأت فيها. وقد منحت الخاصيّتَين المزدوجتَين للتدمير والخلق صورَ أفراس البحر قوة سحرية خاصة لدى قدامى المصريين الذين كانوا في كثير من الأحيان يضعونها في القبور. أطلقت عائلة من الزائرين على تمثال فرس البحر المعروض في المتحف اسم «ويليام»، وقد روى أفراد العائلة بروح من الدعابة على صفحات مجلة «بنتش» أنهم احتفظوا بنسخة من التمثال في البيت مُصرّين على أنّ تقاسيم وجه فرس البحر كانت تعبّر عن رضاه أو معارضته لقرارات العائلة.

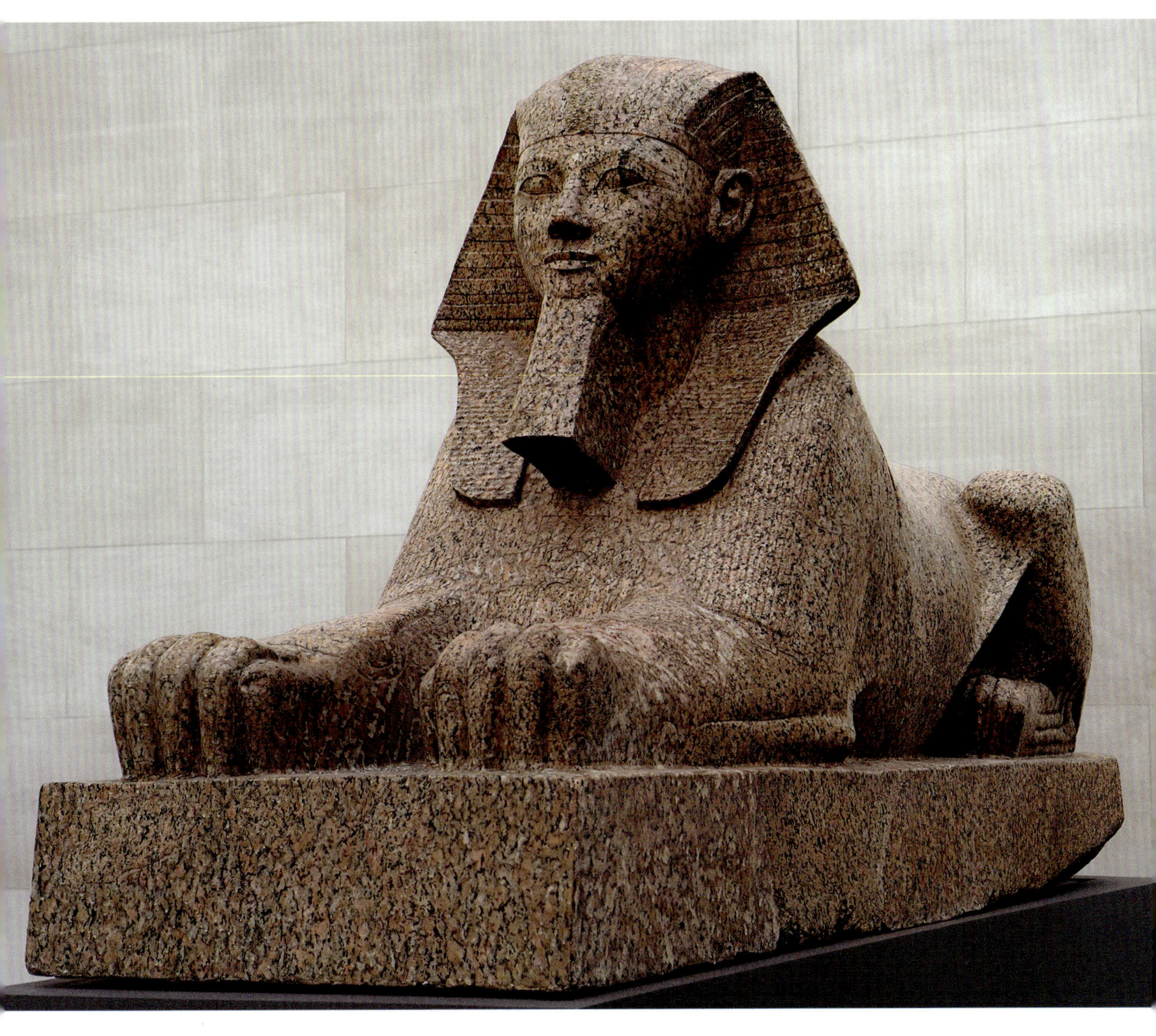

تمثال أبي الهول بوجه حتشبسوت

طيبة، الدير البحري، مقطع حجارة سنموت، الدولة الحديثة، الأسرة 18، الحكم المشترك لحتشبسوت وتحتمس الثالث
حوالي 1473–1458 ق. م.
غرانيت، الارتفاع: 164 سم، الطول: 3.43 م
رصيد رودجرز، 1931م (31.3.166)

نُحت هذا التمثال خلال الحكم المشترك لحتشبسوت وربيبها تحتمس الثالث. وبعد موت الفرعون الأنثى حتشبسوت سنة 1458 ق.م. أمر تحتمس الثالث بتحطيم التمثال وإلقائه في مقطع حجارة مع منحوتات حتشبسوت الأخرى من معبد الدير البحري. وفي عشرينات القرن العشرين الميلادي، استخرج علماء الآثار من متحف المتروبوليتان الأعمال المجزّأة وأعادوا تركيبها. ومن بين الستة تماثيل الغرانيتية لأبي الهول التي عُثر عليها، كانت أربعة مختلفة الأحجام والأرجح أنها كانت منتصبة كل على حدة في ساحات المعبد. واتّضح أنّ هذا الوحش الذي يزن 758.6 كغ تمثال من زوج تماثيل يُعتقد أنها كانت على جانبَي مدخل. وتوجد بقايا التمثال المرافق له في القاهرة.

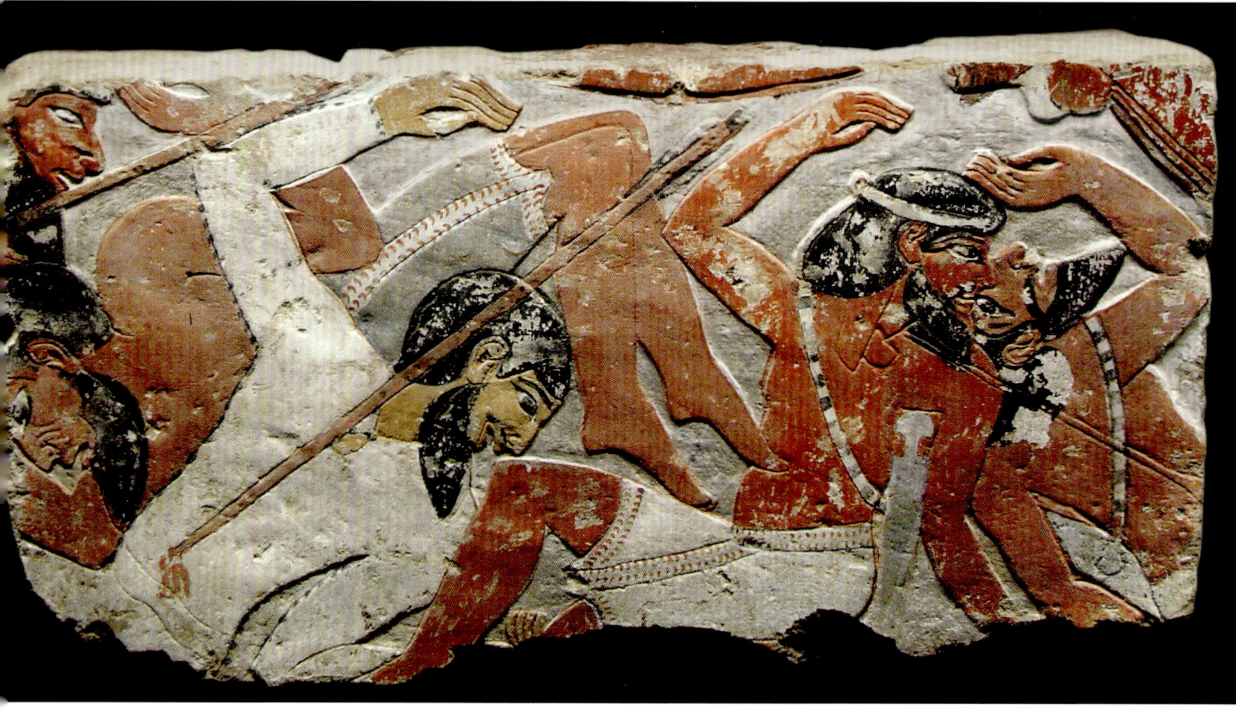

مشهد معركة

طيبة، العساسيف، قاعدة معبد رمسيس الرابع (إعادة استخدام)،
الدولة الحديثة، الأسرة 18، حكم أمنحتب الثاني ربّما،
حوالي 1427–1400 ق. م.
صخر رملي مطلي، المقاسات: (27x123.5x82 سم)
رصيد رودجرز وهبة إدوارد س. هاركنيس، 1913م (13.180.21)

في كثير من الأحيان، تُصوّر النحوتات النافرة على جدران معابد الدولة الحديثة مشاهد معارك كبيرة الحجم. وتأتي هذه الكتلة الصخرية من نحوتات من ذلك القبيل أُدمجت لاحقًا في قواعد معبد آخر حيث اكتشفها علماء الآثار لمتحف المتروبوليتان وقد حافظت على طلائها الأصلي. ونشاهد مجموعة من المحاربين من غرب آسيا حُمر وصُفر البشرة يسقطون تحت حوافر خيول عربة الفرعون. ويظهر بطن أحد الأحصنة في أعلى يمين الكتلة الصخرية. بعد وفاة حتشبسوت، قاد تحتمس الثالث (حكم حوالي 1458–1425 ق. م.) عدة حملات عسكرية في بلاد الشام وغرب آسيا حتى وصل في وقت ما إلى نهر الفرات. وتواصلت الحملات العسكرية تحت حكم ابنه أمنحتب الثاني (حكم حوالي 1427–1400 ق. م.). و على الرغم من ذلك، من الممكن أنّ المشهد الكبير الذي كانت هذه الكتلة جزءًا منه لا يُمثّل معركة بعينها، بل يُشير إلى الدور السرمدي للفرعون بصفته المدافع عن النظام في وجه الفوضى حسب المعتقدات الفرعونية. أما من الناحية الأسلوبية فإن هذا النحت النافر يتوافق بوجه أفضل مع حقبة أمنحتب الثاني.

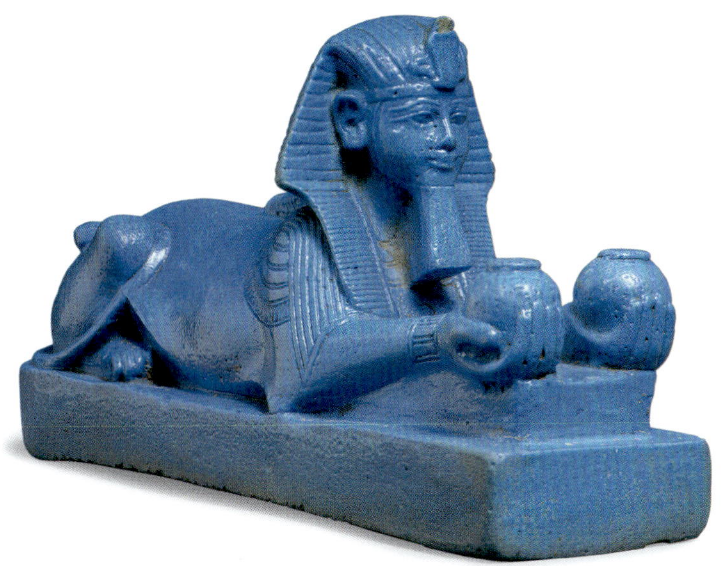

تمثال أبي الهول بوجه أمنحتب الثالث

الدولة الحديثة، الأسرة 18، حوالي 1390–1352 ق. م.
خزف، المقاسات طولاً: (25.1x13.3x13.3 سم)
اقتناء، هبة ليلى أشيزون والاس، 1972م (72.125)

يَحمل هذا التمثال الصغير المُصنّع من الخزف الأزرق البرّاق اسم الملك أمنحتب الثالث منقوشًا، وتظهر عليه ملامح الوجه المنمنمة المُميّزة والمألوفة في عدة تمثيلات أخرى لهذا الحاكم. وقد ظهر منذ عصر الدولة القديمة هذا الشكل من أشكال أبي الهول بيدَين بشريّتَين يحمل آنية قرابين. كما يظهر على عدة تماثيل تعود لعصر الدولة الحديثة ملك يُقدّم نوعًا من التماثيل الصغيرة على شكل شخص يُقدّم بدوره قربانًا.

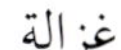

غزالة

الدولة الحديثة، الأسرة 18، حكم أمنحتب الثالث،
حوالي 1390–1352 ق. م.
عاج (فيل)، خشب، تطعيم بصبغ أزرق
المقاسات: 10x11.5 سم
اقتناء، هبة إدوارد س. هاركنيس 1926م (26.7.1292)

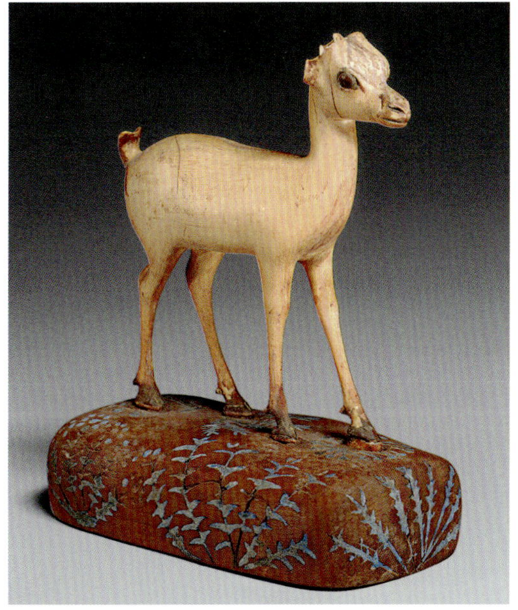

تعود هذه الغزالة الصغيرة بدورها إلى عصر أمنحتب الثالث، وهي تضع برشاقة حوافرها الرقيقة على أرضية غير مستوية تمثّل السباسب المصرية. ويُشار إلى الغطاء النباتي المتقطع بأشكال نباتية متفرّعة محفورة على قاعدة التمثال ومُطعّمة بالصبغ الأزرق. ويمتدّ رأس الغزالة بكل يقظة في أعلى عنق شبيه بعنق التمّ، بينما تُحملق عيناها المخمليّتان كستنائيّتا اللون بدهشة في العالم. انكسرت الأذنان وفُقد القرنان المُصنّعان في الأصل من مادة مختلفة.

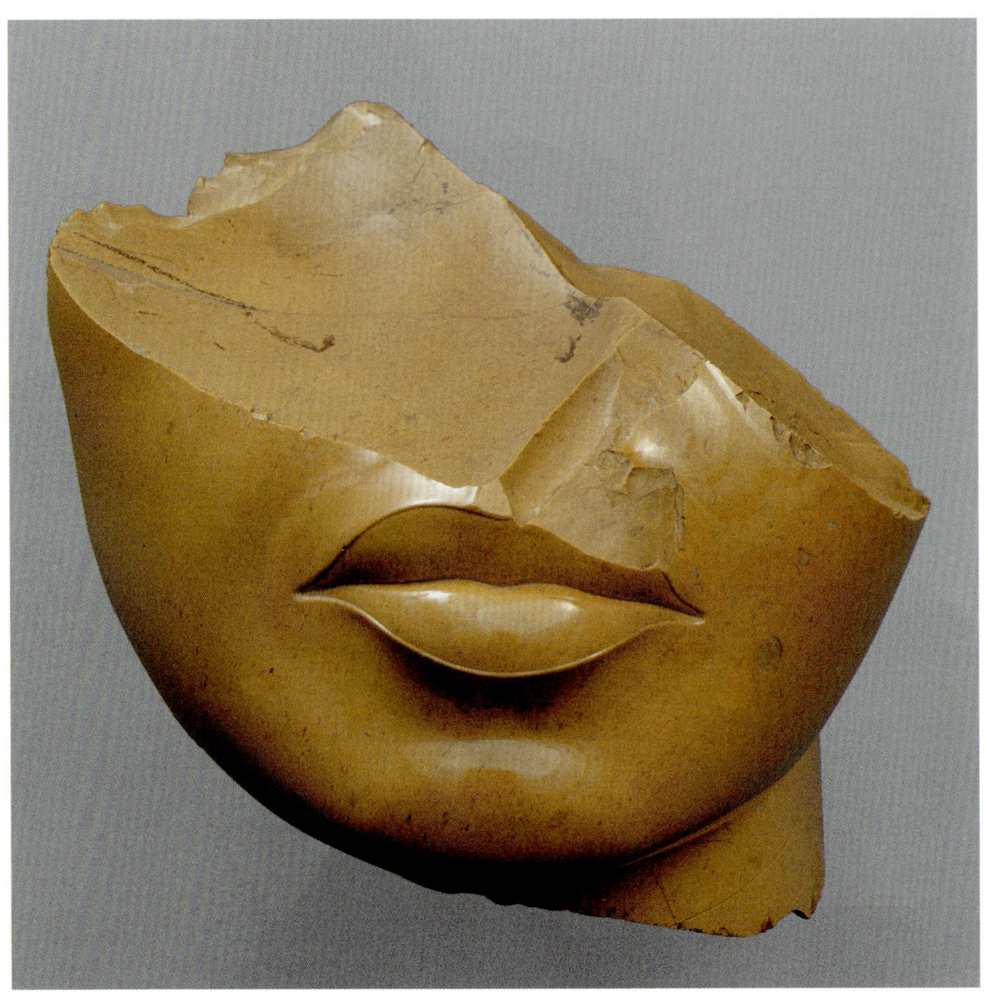

جزء من تمثال رأس ملكة

العمارنة (؟)، الدولة الحديثة، الأسرة 18، حكم إخناتون، حوالي 1352–1336 ق. م.
حجر اليشب الأصفر، المقاسات: 13x12.5x12.5 سم
اقتناء، هبة إدوارد س. هاركنيس، 1926م (26.7.1396)

ما إن عُرف هذا الجزء من الوجه الشهواني النابض بالحياة خلال معرض سنة 1922م حتى بدأ الناس يتساءلون عن الشخص الذي يمكن أن يُمثّله: هل هي الملكة تـيْي زوجة أمنحتب الثالث؟ أم نفرتيتي الملكة الرئيسة لدى أخناتون؟ أم كي يا زوجته الثانية؟ وما زال السؤال مطروحًا. كانت التماثيل المركّبة من موادّ مختلفة منتشرة إبّان حكم أخناتون، أي الحقبة التي تعود إليها هذه القطعة. كانت أجزاء الجسد منحوتة من الصخر الضارب إلى الحمرة أو الصفرة، أمّا الملابس والأزياء فهي من موادّ أخرى يجري اختيارها كي يكون لها أثر بصري مدهش. يوجد حجر اليشب الأحمر أو الأصفر أو الأخضر في الطبيعة في المنطقة الجبلية ما بين وادي النيل والبحر الأحمر. وهو حجر قاس بقدر حجر الصوان الذي يرتبط به ارتباطًا وثيقًا. وتنتج عن الصقل اليدوي غشاوة برّاقة على سطح القِطع المنحوتة من النوع الأحمر منه، أمّا الغشاوة البراقة التي نشاهدها على الوجه من اليشب الأصفر فهي نتاج جهد يدويّ وتشكّل إنجازًا استثنائيًّا.

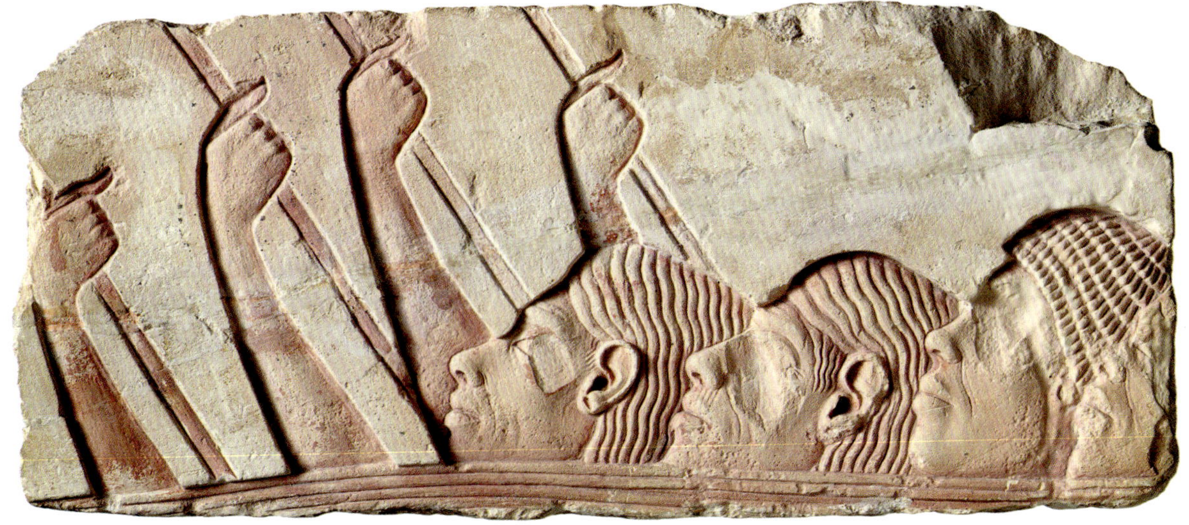

أجانب

العمارنة، الأشمونين في العصر المتأخر، الدولة الحديثة، الأسرة 18، حكم إخناتون تقريبًا، 1352–1336 ق. م.
كلس، طلاء، (53.5x24.1 سم)
هبة نوربرت شيمل، 1985م (1985.328.13)

هذه القطعة من النحت النافر من بقايا تل العمارنة التي أُعيد استخدامها في قرية الأشمونين، وتظهر عليها رؤوس أربعة أجانب: نوبيّان اثنان على اليمين وليبيّان ربّما على اليسار. ومن غير الواضح إن كانت الأذرع المرفوعة والأيادي التي تُمسك الأعمدة (لعلها للظلة) للشخوص نفسها أم لا. ومن الممكن أن تُمثّل الخطوط المتموجة أسفل النحت زمام الخيول، ممّا قد يشير إلى أنّ الرجال يرافقون ملكًا أو ملكة في رحلة على متن عربة. وخلال حكم إخناتون كان الأجانب يعملون في الجيش المصري وفي الحرس الشخصي كذلك.

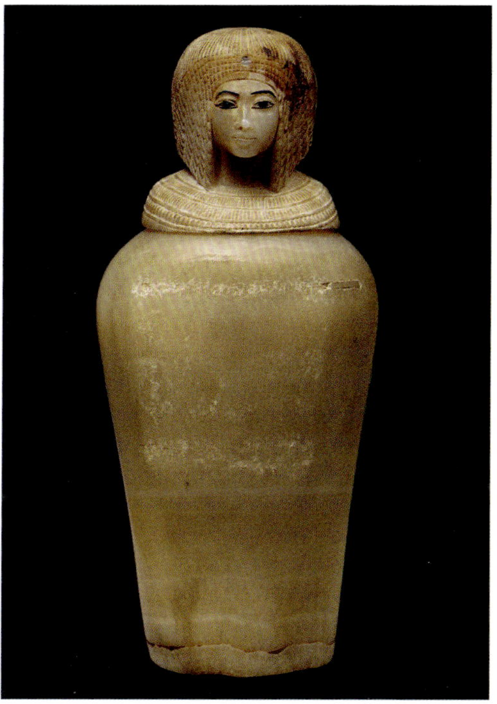

جرة كانوبية وغطاء

طيبة، وادي الملوك، حجرة الدفن (مقبرة 55)، الدولة الحديثة، الأسرة 18، حكم إخناتون، حوالي 1352–1336 ق. م.
مرمر مصري، زجاج أزرق، زجاج بركاني سبج، حجر غير معروف،
ارتفاع الغطاء: 18.2 سم، القطر: 16.3 سم. ارتفاع الجرة: 52.1 سم
هبة تيودور م. دافيس، 1907م (07.226.1)، مجموعة تيودور م. دافيس، وصية تيودور م. دافيس

عُثر على هذه الحاوية الرائعة للأحشاء – مع ثلاث قِطع أخرى توجد اليوم في القاهرة – في حجرة الدفن التي سُمّيت المقبرة 55 في وادي الملوك، وكانت ضمن مجموعة مُحيّرة من الأثاث الجنائزي المُصنّع خصّيصًا لأفراد أسرة إخناتون. وقد فكّ العلماء سر الاسم الذي جرى محوه من الجرار الأربع وتبيّن أنه اسم كي يا، زوجة إخناتون الثانية. إلاّ أنّ الأغطية لا تُطبق بدقة على الجرار، ممّا يفتح إمكانية التخمين أنّ الأجزاء المركّبة لم تكن في الأصل أزواجًا في الأصل من جرة وغطائها.

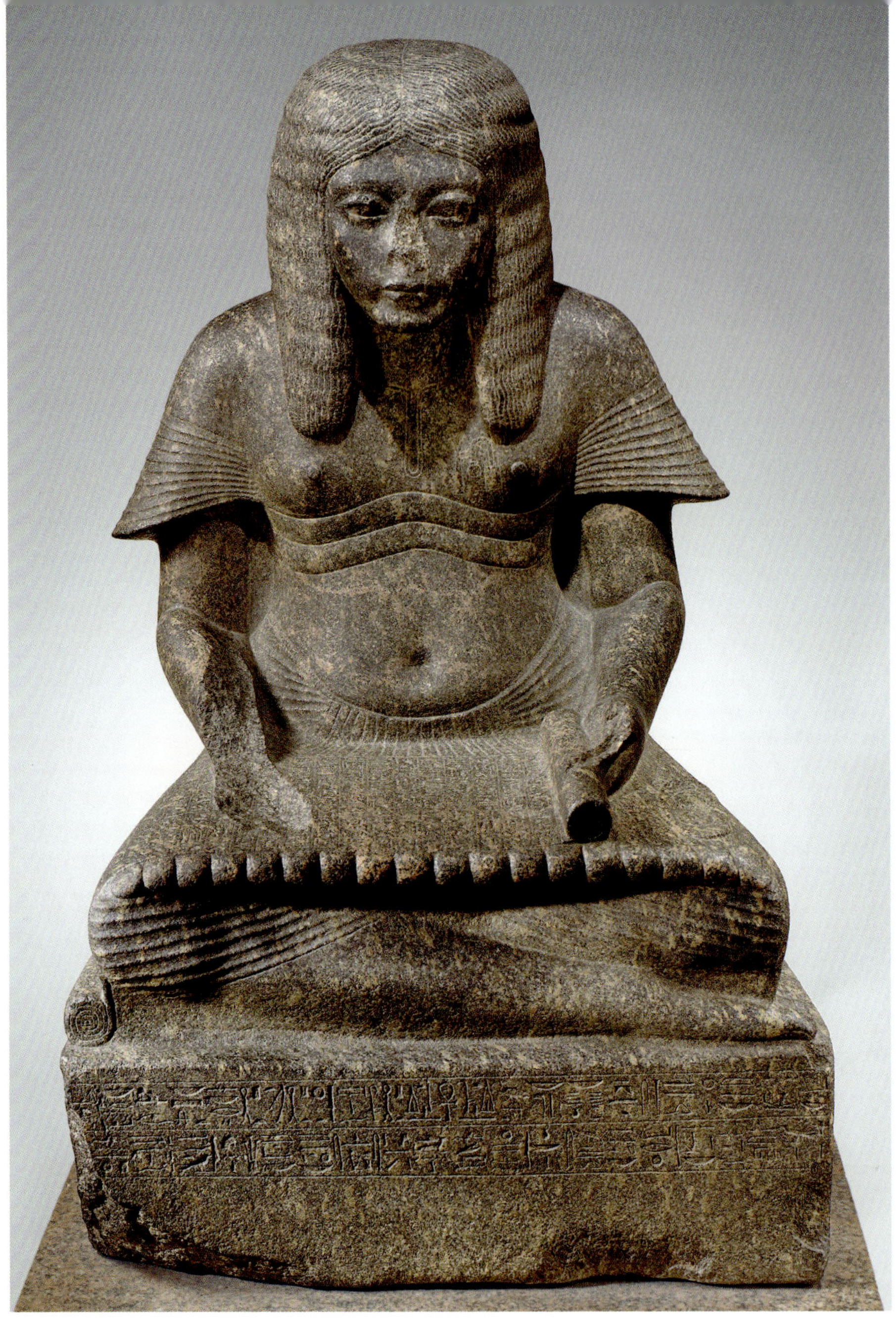

تمثال حورمحب على هيئة الكاتب

يُحتمل من منف، معبد بتاح، الأسرة 18، حكم آي أو توت عنخ أمون، حوالي 1336–1295 ق. م.
غرانوديوريت، المقاسات: 113x71x55.5 سم
هبة السيد والسيدة ف. إيفريت ماسي، 1923م (23.10.1)

قبل أن يصبح فرعونًا، كان حورمحب قائد الجيش ووزيرًا تحت حكم الفرعونَين آي وتوت عنخ أمون. ويظهر في هذا التمثال الذي أمر بصنعه عندما كان قائدَ الجيش على هيئة الكاتب ورجلِ الإدارة. وعلى الرغم من فقدان اليد اليمنى، يمكن أن نُدرك بيسر أنّ حورمحب بصدد الكتابة على ورقة البردي في حِجره. والنص المكتوب ترتيلة لتحوت، إله الكتابة والحكمة عند الفراعنة، فيها ثناء على تحوت بوصفه وزيرًا أمينًا لإله الشمس رع، وتلميح إلى أنّ الخدمات التي يُقدّمها حورمحب للملك كتلك التي يُقدّمها تحوت لرع.

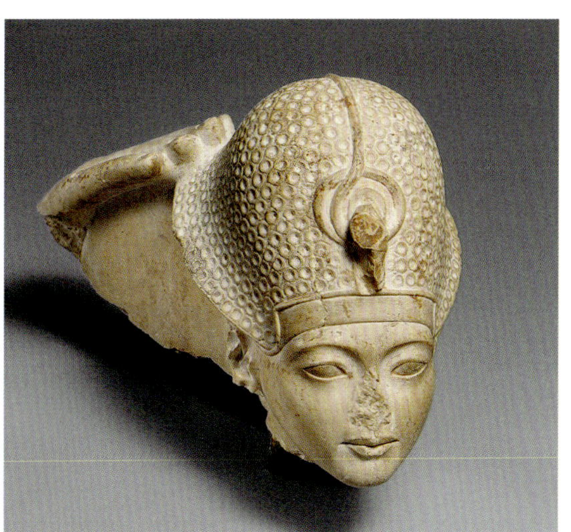

تمثال توت عنخ أمون ويد أمون

الدولة الجديدة، الأسرة 18، حوالي 1336–1327 ق. م.
كلس (متصلّب)، الارتفاع: 15 سم، القطر: 23 سم
رصيد رودجرز، 1950م (50.6)

يُمثّل الرأس توت عنخ أمون، وتبدو وراءه يد الإله أمون، مما يشير إلى أنّ مجموعة الأصنام كانت تُمثّل في الأصل أمون جالسًا خلف التمثال الصغير الواقف للفرعون. حصلت في مصر في الفترة السابقة لحكم توت عنخ أمون، ثورة عقائدية كبرى قادها إخناتون الذي نشر عبادة رب واحد هو إله النور أتون. ثم أعاد توت عنخ أمون الممارسة التقليدية الفرعونية لعبادة عدة آلهة وتفوّق أمون كما يتّضح من هذا التمثال.

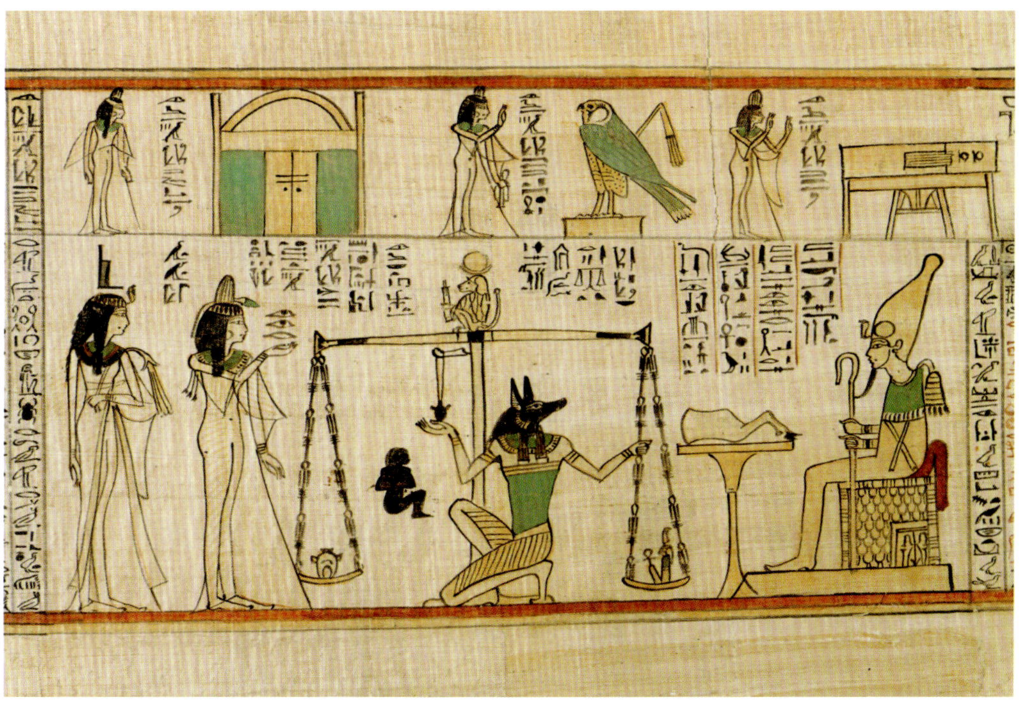

جزء من كتاب الموتى لناني (تفاصيل)

طيبة، الدير البحري، قبر مريت أمون، الفترة الانتقالية الثالثة، الأسرة 21، حوالي 1050 ق. م.
ورق البردي، طلاء، المقاسات: 5.24 م x 35 سم
رصيد رودجرز، 1930م (30.3.31)

في هذا الجزء من كتاب الأموات المتعلق بناني، تقف المُنشدة الشعائرية لأمون وابنة الملك – الذي نصّب نفسه كاهنًا أكبر لطيبة أو الملك في صان الحجر في وادي النيل – بجانب ميزان كبير حيث يُوزن قلبها على كفة مقابل تمثال ماعت (إلهة العدل والحق في المعتقدات الفرعونية) على الكفة الأخرى. وترافق ناني إيزيس في الجانب الأيسر. يضع أنوبيس، الإله المُكلّف بالتحنيط ذي رأس ابن آوى، الموازين بينما يُشرف على العملية أوزيريس، إله العالم السفلي. تتمثل العملية في تقييم أعمال ناني في الأرض، والنتيجة إيجابية. يُعلن أنوبيس أنّ "قلبها ورع" وهو ما يؤكده أوزيريس.

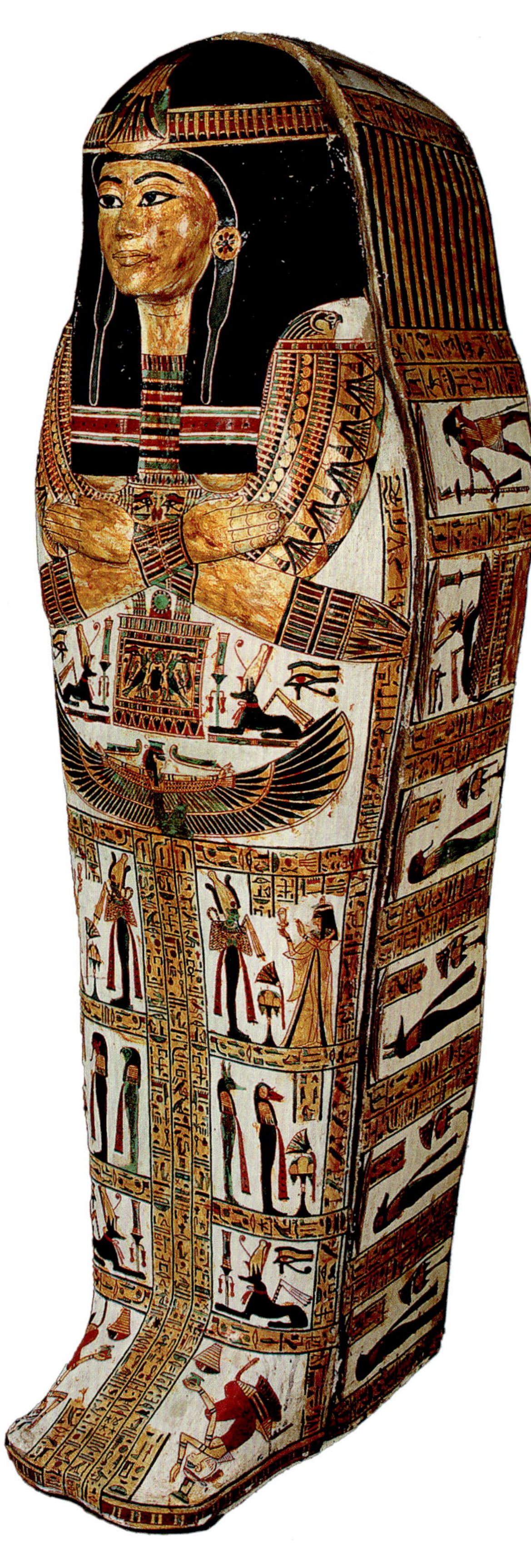

تابوت حنتاوي

طيبة، الدير البحري، قبر حنتاوي، الفترة الانتقالية الثالثة الأسرة 21، حوالي 1010–945 ق. م.
خشب، جبس، طلاء، برنيق. الطول: 203 سم
رصيد رودجرز، 1925م (25.3.182a, b)

شغلت حنتاوي وظيفة المنشدة الشعائرية لأمون ري، ولمّا توفّيت في بداية العشرينات من عمرها دُفنت في ضريح خالي من الزينة استُخدم من قبل. لكنّ الرسومات الملونة البراقة على مجموعة توابيتها عوّضت عن غياب الزخارف الجدارية. وتشير مجموعة الصور على الغلاف الخارجي لهذا التابوت المترف إلى مومياء ملفوفة في قماش أبيض ومزدانة بقناع جنائزي وحليّ من التمائم. وعلى جوانب التابوت ونصفه السفلي، تحيط أشرطة صفراء (من الذهب) ورموز هيروغليفية بمشاهد مُصغّرة تظهر فيها حنتاوي تعبد الإله الفرعوني أوزيريس وآلهة تعويذية أخرى تحته. وعند أطراف القدمَين، تقوم الآلهتان إيزيس ونيفتيس بحركات تُعبّر عن الحداد. وقد رُسمت صورتاهما رأسًا على عقب على ما يبدو كي يُمكن مشاهدتهما انطلاقًا من القناع الذي يُغطّي وجه حنتاوي.

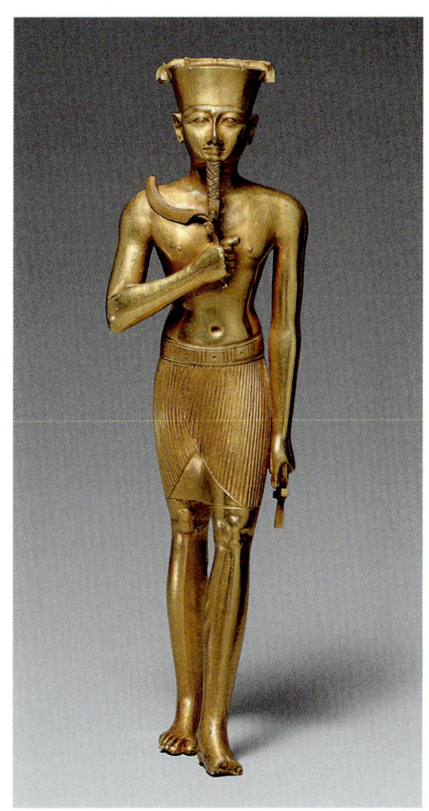

تمثال مصغّر للإله الفرعوني أمون

يُحتمل من طيبة، الكرنك، الفترة الانتقاليّة الثالثة، الأسرة 22 حوالي 945–712 ق. م.
ذهب، المقاسات: 17.5x4.7x5.8 سم
اقتناء، هبة إدوارد س. هاركنيس، 1926م (26.7.1412)

يبدو أمون في هذا التمثال حاملاً السيف على شكل المنجل بوصفه ضامن النصر في المعارك. والأرجح أنّ هذه القطعة من الذهب الخالص التي تزن 900 جرام تقريبًا كانت تُستخدم في الطقوس الدينية داخل المعبد. وكانت هناك وراء التاج حلقة (مقطوعة الآن) لعلّها استُخدمت لتعليق التمثال ليتدلّى من ضريح شعائري على شكل قارب أو ربّما كان التمثال يتدلى من حبل يضعه راهب حول رقبته كالعقد خلال المراسم الدينية، لكن وزنه الثقيل ينفي أن يكون قطعة حليّ. كما يُحتمل أن تكون للحلقة علاقة بتقاليد عتيقة ترتبط بالواقع أو بالمتخيّل. كما كانت هناك ريشتان (مكسورتان الآن) على التاج تُكمّلان رموز السلطة الخاصة بهذا الإله.

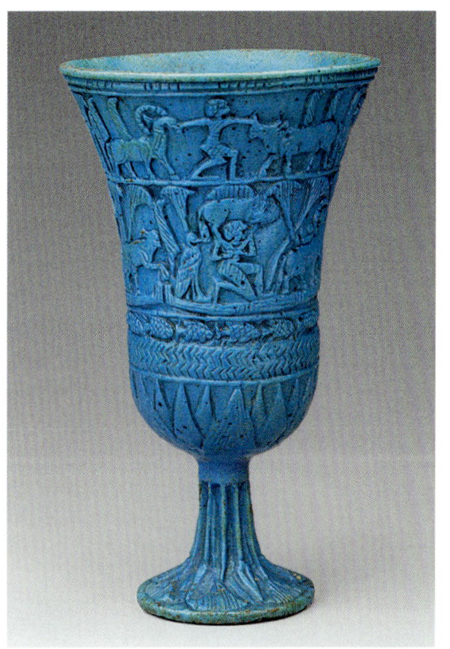

كأس

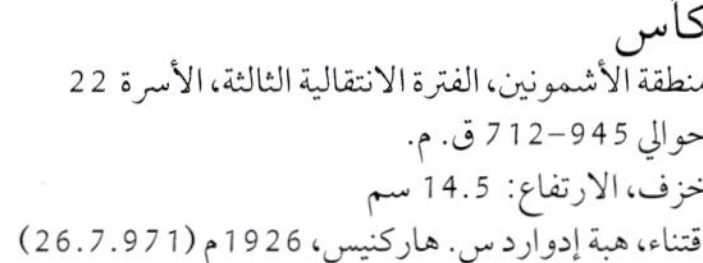

منطقة الأشمونين، الفترة الانتقالية الثالثة، الأسرة 22
حوالي 945–712 ق. م.
خزف، الارتفاع: 14.5 سم
اقتناء، هبة إدوارد س. هاركنيس، 1926م (26.7.971)

ظهرت الكؤوس المزوّدة بقدم والصحاف الخزفية على شكل زهرة لوتس زرقاء منذ عصر الأسرة 18 (حوالي 1550–1295 ق. م.)، ومع بداية الألفية الأولى ق. م. تطوّرت لتصبح كؤوسًا مزينة لا تُستخدَم للشرب بل اتّخذت وظيفة أدوات النذر والآنية الشعائرية. وتشير النحوتات النافرة على هذا الكأس إلى الأساطير المتعلقة بولادة الملك ابن الإله شمس. أما المحيط المائي للمستنقعات في الشريط الأوسط فيُلمّح إلى تجدد العالم المصري بعد فيضان النيل عند انتصاف الصيف في كل سنة.

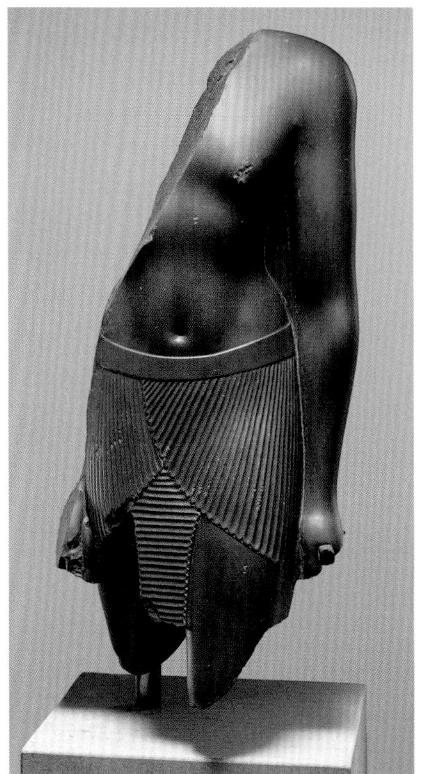

جذع تمثال

الفترة المتأخرة، القرن الرابع ق. م.
حجر رملي رمادي، المقاسات: 27x32.8x62.2 سم
اقتناء، هبة ليلى أشيزون والاس، هبة هنري والترز، تبادل، هبة آشر ب. إدلمان، هبة جوديث وراسل كارلسون، وصية إرنست ل. فولك الثالث، رصيد لودلو بول، وأرصدة واهبين مختلفين، 1996م (1996.91)

اختفى اسم الشخص الذي يمثّله هذا الجذع عندما انكسرت الدعامة الخلفية للتمثال، لكن النصّ المتبقّي يُسجّل منصبه، وهو جنرال، ويقدّم قائمة المهامّ التي أنجزها في مدينة أبو صير بنا في وادي النيل وفي أبيدوس التي كانت المركز الفرعوني جنوب مصر لعبادة الإله أوزيريس. ويتّضح الحس الفني في طريقة نحت الذراع والصدر مع التركيز على الأجزاء المغطاة باللحم في الجسم الآدمي، وهي طريقة تُؤشّر على الأسلوب المعتمد في الحقبة البطلمية. وعلى الرغم من أنّ هذه القطعة الفنية معاصرة للفنّ اليوناني الكلاسيكي المتأخّر وأنّ النحاتين المصريين عرفوا منطقيًّا بعض الأعمال اليونانية، فإنّ هذا الجذع يتوافق كلّيّة مع التقاليد المصرية التي جرى إحياؤها على نطاق واسع خلال حكم الأسرة 30 (380–343 ق. م.)

قطّ

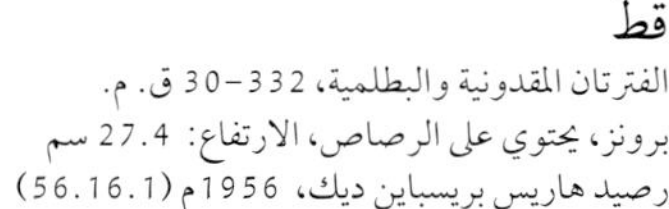

الفترتان المقدونية والبطلمية، 332–30 ق. م.
برونز، يحتوي على الرصاص، الارتفاع: 27.4 سم
رصيد هاريس بريسباين ديك، 1956م (56.16.1)

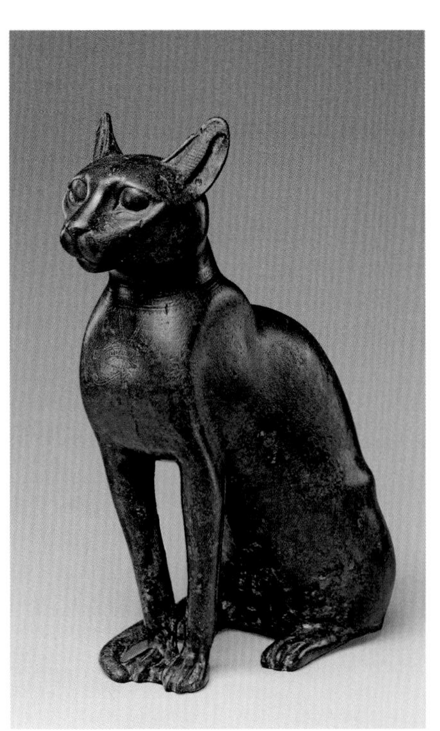

كانت القطط خلال حكم الدولة الوسطى المصرية تُمثَّل في أغلب الأحيان وهي تصطاد في البرية. ولم تظهر على شكل الحيوانات الأليفة في البيوت إلاّ في حقبة الدولة الحديثة. وخلال الفترة المتأخرة وبعدها، أصبح العرف أن تُدفن القطط المحنّطة داخل محيط المعبد، ولا سيّما القطط المكرّسة للإلهة الفرعونية بستت. وتُبرهن هذا الحاوية لمومياء قط على جودة هذه الهدايا المقدَّمة للآلهة الفرعونية. لقد ابتكر الأستاذ في فن القطع المعدنية صورة جذابة للسنّور بعضلاته المصقولة وقوائمة الطويلة الرشيقة ونظرته اليقظة. ضاع الخاتم الذهبي الذي كان يمرّ حول الأذن المثقوبة وكذلك العقد المنقوش حول الرقبة والمُحلّى بقلادة تعويذية متدلّية، وكانا يؤكدان المنزلة المقدّسة لهذا الحيوان في الحضارة الفرعونية.

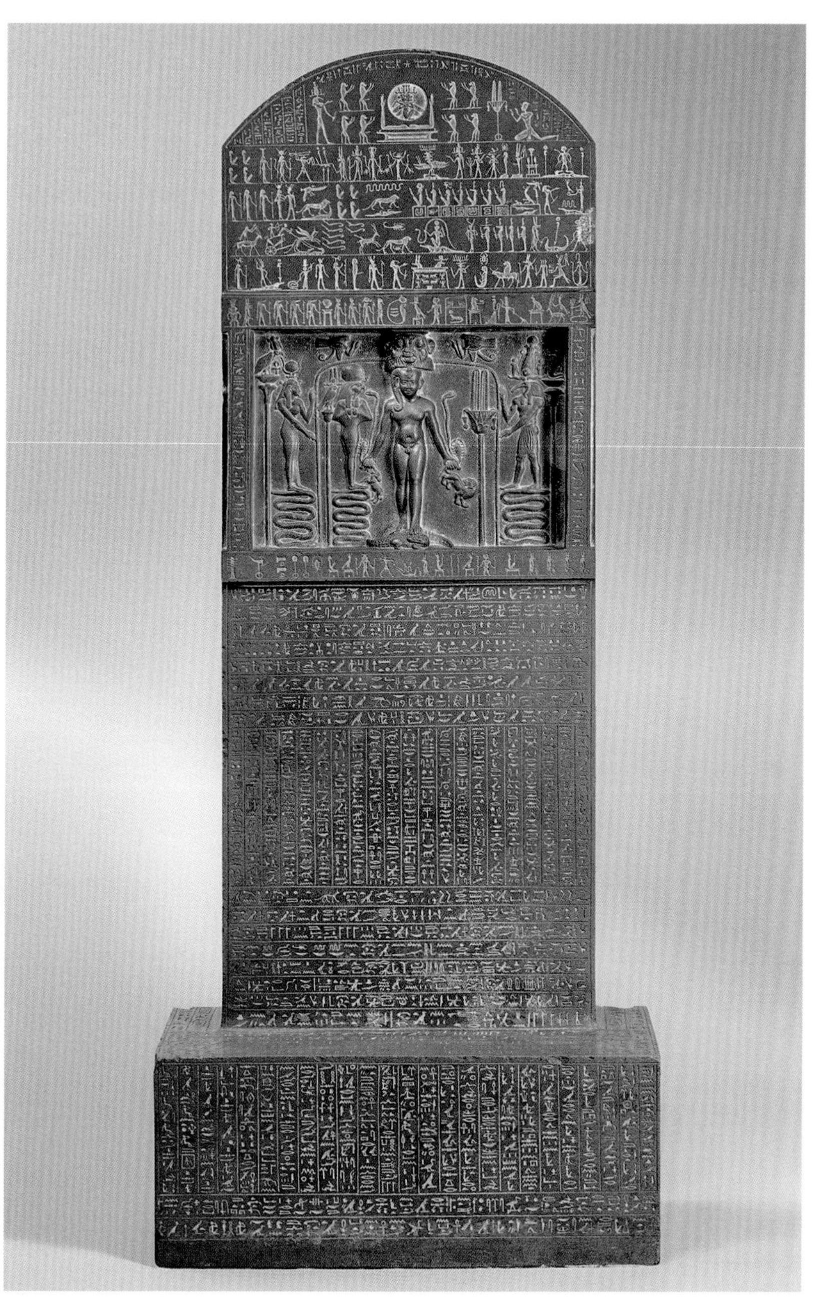

نُصب تذكاري سحري

الإسكندرية، الفترة المتأخرة، الأسرة 30،
حكم نختنبو الثاني 360–343 ق. م.
حجر رملي رمادي، الارتفاع: 83.5 سم
رصيد فليتشر، 1950م (50.85)

طلب في الأصل الراهب إيساتوم إنجاز هذا النّصب خلال حكم نختبو الثاني ليُوضع في معبد منيفيس (الإله الثور) في أون (عين شمس) قرب القاهرة حاليًا.

ويُعدّ النّصب إحدى عجائب النقش على الحجر الصلب. ويظهر على الصورة الأمامية بالنقش الغائر حورس الشاب يقهر الحيوانات الخطيرة مثل التماسيح والعقارب. ويروي النص عند أسفل النّصب قصة حورس الذي لدغته عقرب وشُفي من سمّها. وكانت الرُّقى والتعويذات التي تُغطّي كل المساحة تكتسي قيمة نفسية كبيرة لدى المصريين القدامى.

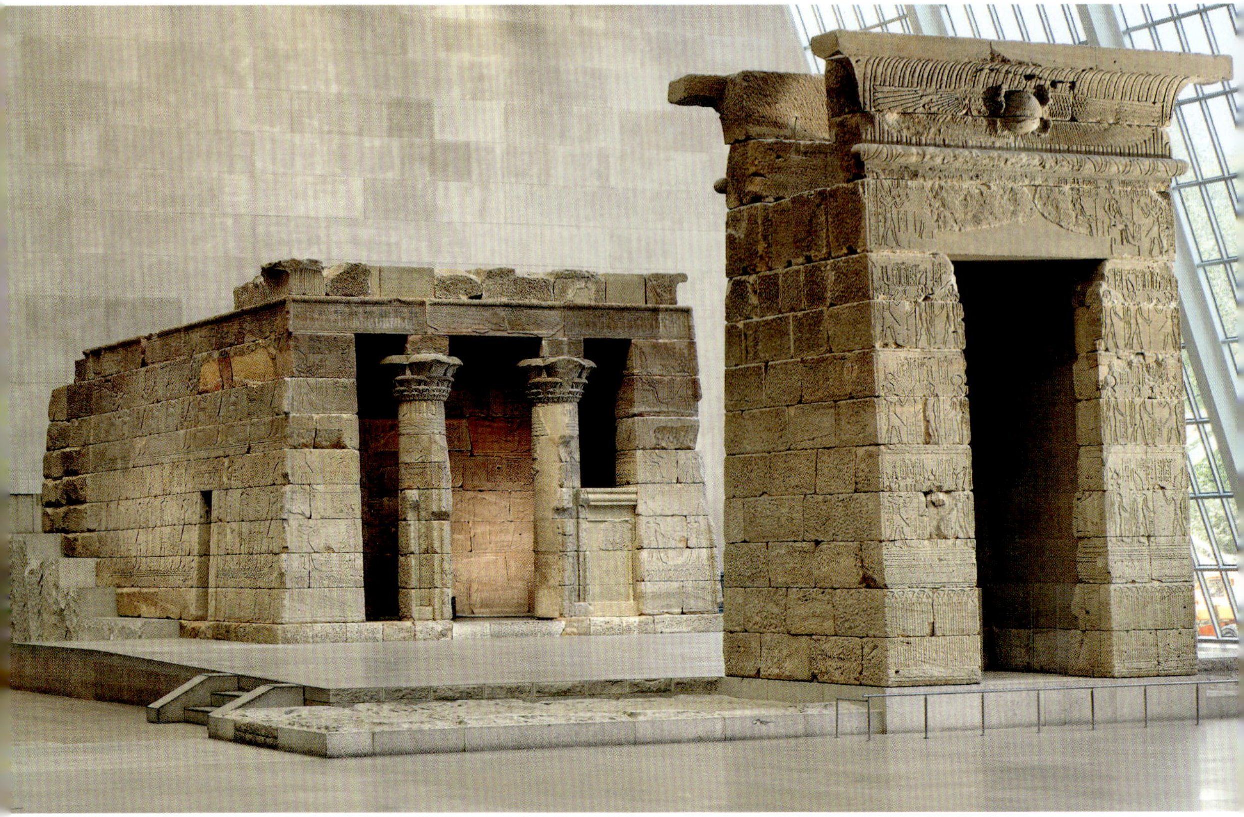

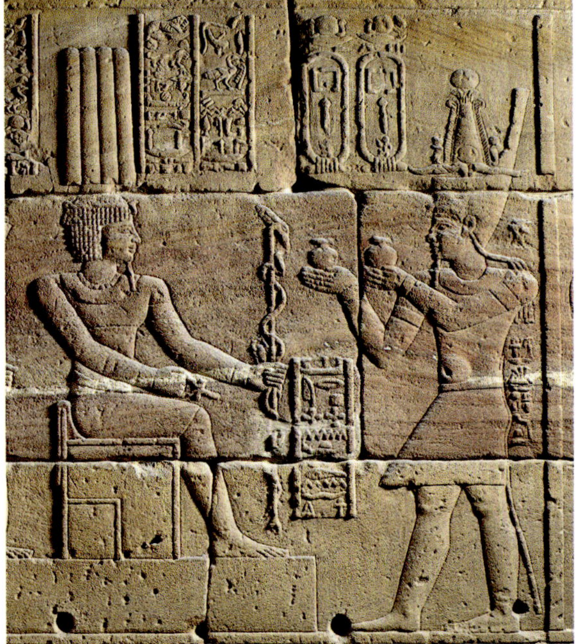

معبد دندور في جناح ساكلر

النوبة المصرية، دندور، الفترة الرومانية، حوالي سنة 15 ق. م.
الطول: 25 م من البوابة إلى الجزء الخلفي من المعبد
أعطته مصر إلى الولايات المتحدة سنة 1965م، خُصِّص إلى متحف المتروبوليتان للفنون سنة 1967م وجرى تركيبه في جناح ساكلر سنة 1978م (68.154)

معبد دندور هدية قدّمتها مصر إلى الولايات المتحدة اعترافًا منها بمساعدتها في الحفاظ على معالم النوبة. ولو لم يجر تفكيك المعبد لغمرته مياه النيل من وراء السد العالي في أسوان. وعلى الرغم من صغر حجمه مقارنة بالمعابد المماثلة له في مصر فإنّ معبد دندور له كل العناصر الأساسية في المعبد: البوابة، وبهو الدخول، وغرفة القرابين، والهيكل. تعلو أعمدتَه تيجانٌ نباتية، ويظهر الفرعون – وهو في هذه الحال الإمبراطور الروماني أغسطس – على النحوت الجدارية النافرة يُقدّم النبيذ للآلهة على غرار تحوت إله النوب.

رأس أرسينوي الثانية

أبو رواش، وادي الشيطان (وادي قارين)
الفترة البطلمية 278–270 ق. م.
كلس (متصلّب) المقاسات: 8.4x8.7x11.8 سم
هبة آبي ألدريش روكفيلر، 1938م (38.10)

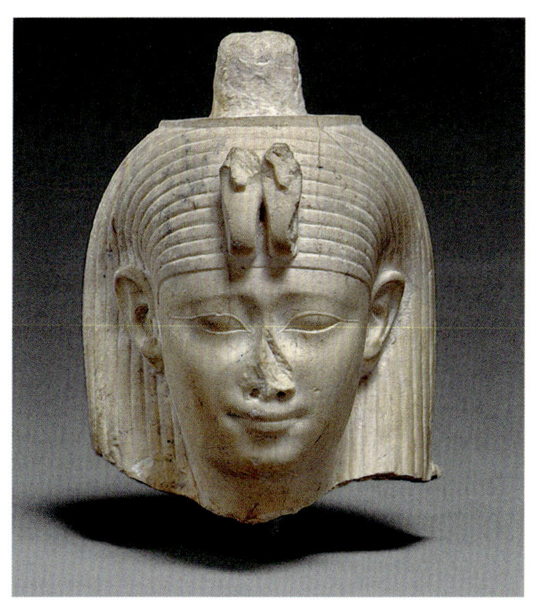

يبلغ تمثال هذا الرأس نصف حجمه الحقيقي في الواقع، وقد استخلص العلماء أنه يُمثّل صورة أرسينوي الثانية، شقيقة الملك بطليموس الثاني (284–246 ق. م.) من الأب وزوجته، وذلك اعتمادًا على أوجه الشبه الوثيق مع تمثال منقوش موجود في الفاتيكان. لكن يُحتمل أن يعود تاريخه لفترة لاحقة للحقبة التي كانت فيها أرسينوي ملكة مصر على امتداد ثماني سنوات لأنّ موضع التاج وشكله المحتمل والذي كان مثبتًا في أعلى النتوء الحجري فوق رأسها جعل العلماء يحددون التمثال على أنه صورة أرسينوي المؤلّهة (أي متوفية) في هيئة الإلهة إيزيس حتحور. ويشهد الأسلوب المصري المحض على جهود البطالمة المقدونيين اليونانيين لتقديم أنفسهم بوصفهم الورثة الحقيقيين للفراعنة.

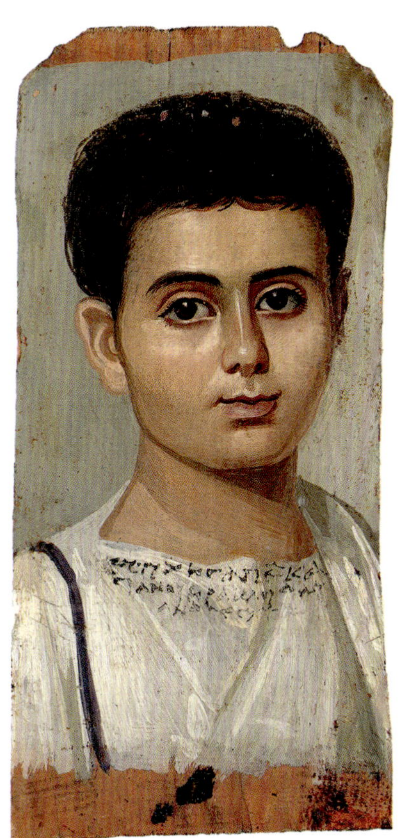

رسم لمومياء أوطيخا

الفترة الرومانية، 100–150م
ألوان شمعية على الخشب، طلاء، المقاسات: 38x19 سم
هبة إدوارد س. هاركنيس، 1918م (18.9.2)

بعد قرون من الحكم الأجنبي واستقرار الأجانب في مصر على نطاق واسع، أصبح المجتمع المصري إبّان القرن الثاني الميلادي مجتمعًا متعدد الثقافات بالتأكيد. ويمكن قراءة نص على هذه الصورة لطفل حسن الهندام بنظرته الواثقة وعينَيه الحزينتَين جاء فيه: "أوطيخا أعتقني كازانيوس؛ ابن هرقليدس إيفانيوس (أو هرقليدس بن إيفانوس) أُوقّع". ويبدو أنّ الطفل توفّي صغير السنّ بعد أن حرّره كازانيوس من الرقّ. وقد يكون أحد الشخصين المذكورين الآخرَين قد تكفل بتغطية ثمن اللوحة. وقد أُنجزت وفق تقاليد الرسم اليوناني وأُدمجت في غطاء مومياء على النمط المصري لتغطية رأسه كما فعلت الأقنعة على امتداد آلاف السنين في مصر.

الفن اليوناني والروماني

تتألف مجموعات الفن اليوناني والروماني من أكثر من سبعة عشرة ألف قطعة فنية يتراوح تاريخها ما بين 4500 ق.م و 330م، وهي تُقدّم التنوّع الفني للعالم الكلاسيكي وتعرض إنجازاته في هذا المجال. وتمتدّ الثقافات المعنية بهذا الفنّ إلى ما أبعد من الثقافتَين اليونانية والرومانية: فعندما بلغت الإمبراطورية الرومانية أوجها كان مداها الجغرافي ينتشر من بريطانيا وإسبانيا إلى آسيا الصغرى وبلاد الشام وشمال إفريقيا. ويعرض القسم كذلك فنّ ما قبل الإغريق لليونان وما قبل الرومان لإيطاليا، لاسيّما الإترورّيين، ومجموعة تشِسْنُولا للآثار من قبرص التي شكّلت في الأصل أساس الممتلكات الأثرية للمتحف. حملت مساندة المتحف لحفريات جامعة برينستون في ساردس في تركيا قبل 1914م مزيدًا من الإضافات المهمّة. وتتّبع العناوين الرئيسة في هذا الدليل الترتيب الزمني لترسم صعود اليونان وازدهارها، وعصر الإسكندر الأكبر وتابعيه، وانتصار الإمبراطورية الرومانية. تُعرض في المتحف زهاء سبعة آلاف وخمسمئة قطعة في وقت واحد كل مرة وتتراوح من الأحجار الكريمة والعملات المنقوشة صغيرة الحجم (بالتعاون مع المعهد الأمريكي للعُملة) إلى التماثيل الضخمة، وهي تعكس فعليًّا كل المواد التي اشتغل بها الفنانون القدامى وتشمل الرخام والطين المشوي والبرونز والعاج والعنبر والخشب. وتبرز من بينها بوجه خاص المنحوتات القبرصية والمزهريات اليونانية المطلية والمنحوتات الرخامية الرومانية والرسومات الشخصية البرونزية والجداريات الرومانية. أما الزجاجيات والقِطع الفنية الذهبية والفضية فتُعدّ من أجود التّحف في العالم، ولا تُضاهي منحوتاتَ إقليم أتيكا اليوناني المعروضة في المتروبوليتان إلا مثيلاتُها في أثينا.

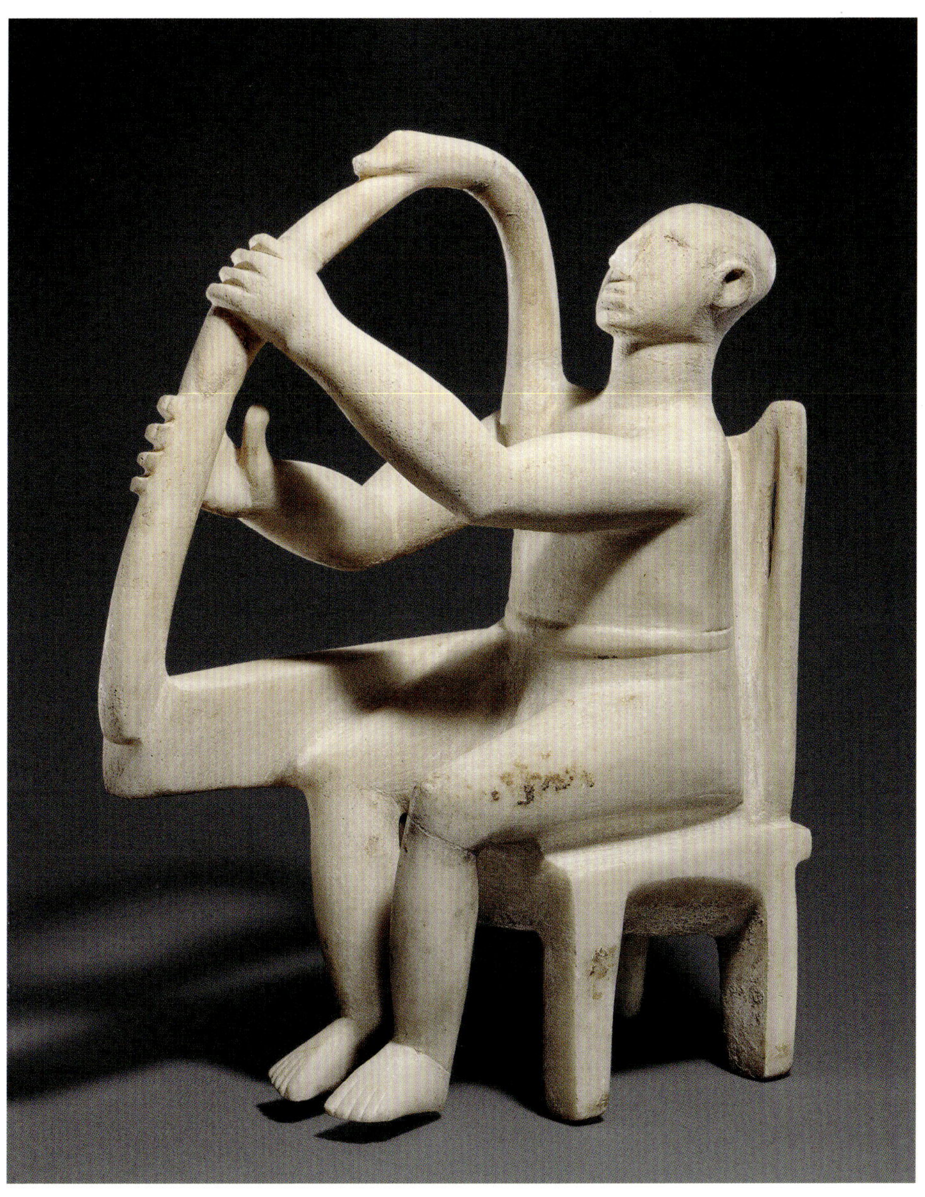

عازف قيثارة جالس

سيكلاديس، أواخر الفترة السيكلادية المتأخرة الأولى - بداية الفترة السيكلادية الثانية
حوالي 2800–2700 ق. م.
رخام، الارتفاع: 29.2 سم
رصيد رودجرز 1947م (47.100.1)

هذا العمل واحد من التمثيلات المبكّرة المعروفة والنادرة للموسيقيّين في فنّ العصر البونزي المبكّر من جزر سيكلاديس. والأرجح أنّ هؤلاء العازفين يمثّلون أعضاء مهمّين في مجتمعاتهم ويعملون مستودعات بشرية وعناصر تبليغ لتاريخ شعوبهم ومجموعة أساطيرهم وموسيقاهم في عصور ما قبل الكتابة. ويمكن اعتبارهم أسلاف العازفين الاحترافيين للعصر الميسيني البطولي الذي تشير إليه أشعار هوميروس الملحمية مثل الأوديسة، وفي التقاليد الغنية اللاحقة في الشعر الشفوي في اليونان القديم.

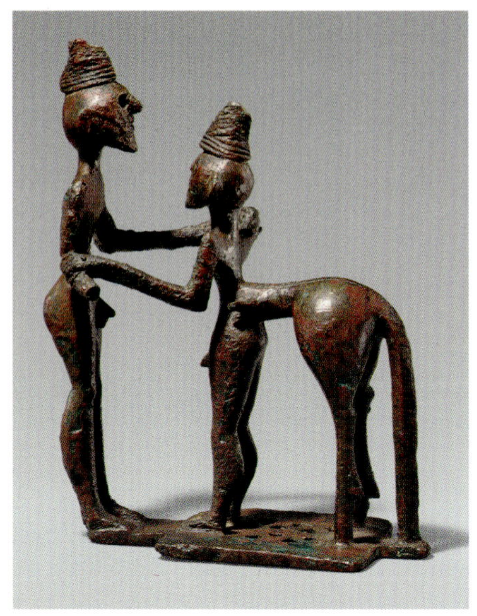

رجل وبُراق

اليونان، أواسط القرن الثامن ق. م.
برونز، الارتفاع: 11.1 سم
هبة ج. بياربونت مورغان، 1917م (17.190.2072)

نصف إنسان ونصف حصان، كان يُعتقد أنّ البُراق الأسطوري يسكن في المناطق القصية. وفي كثير من تجليات الفن اليوناني، يظهر البراق وهو يتصارع مع البشر، مما يشير ضمنيًّا إلى أنه نقيض الإنسان المتحضّر. ويمكن مشاهدة تمثيله الكلاسيكي في فسحات الإفريزات التي تعلو مبنى البارتينون في أثينا، كما نشاهده كاملاً على هذا التمثال البرونزي. ويجوز أن نتكهّن بنتيجة المعركة اعتمادًا على نصل السيف الظاهر في جنب البراق الأيسر وعلى طول قامة الرجل التي تفوق قامة البراق.

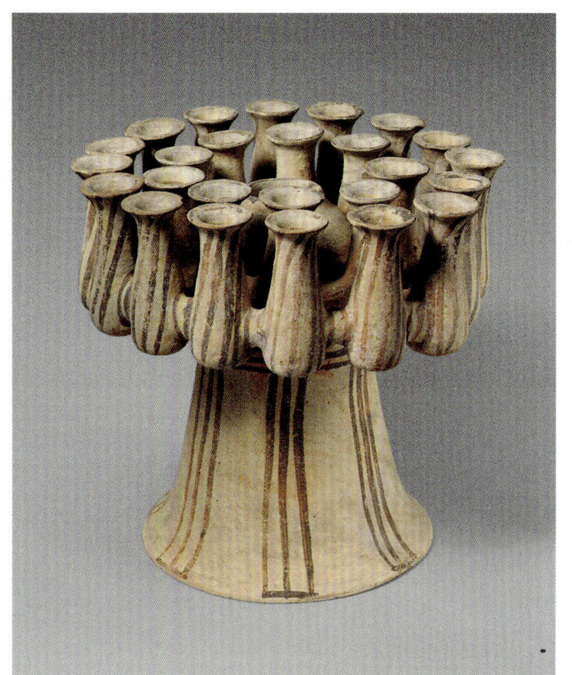

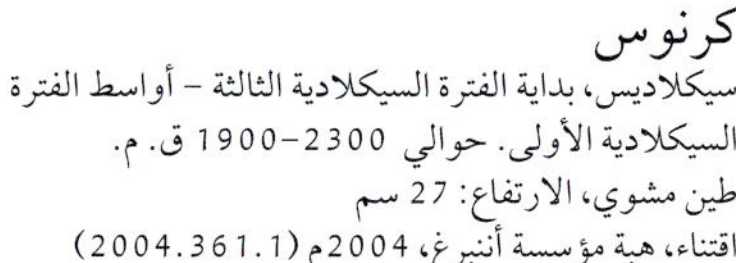

كرنوس

سيكلاديس، بداية الفترة السيكلادية الثالثة – أواسط الفترة السيكلادية الأولى. حوالي 2300–1900 ق. م.
طين مشوي، الارتفاع: 27 سم
اقتناء، هبة مؤسسة أننبرغ، 2004م (2004.361.1)

صُنِّع هذا الكرنوس (مزهرية لتقديم هبات متعددة) على شكل خمسة وعشرين طبقًا مصغّرًا يتوسّطها طاس مركزي قبل اختراع دولاب الخزاف، وهو يمثّل نموذجًا للفخار المشوي يتسم بالمهارة العالية. وعلى الرغم من الاستخدام الواسع لإناء الكرنوس في عصور ما قبل التاريخ، إلاّ أنّ النماذج التي ظهرت في جزر سيكلاديس مثيرة للإعجاب بوجه خاص. وهذا المثال الذي كان يحمل على الأرجح هبات من البذور أو الحبوب أو الأزهار أو الفواكه أو السوائل من أفضل ما وصل إلينا بحالة جيدة. كما يتميز بتاريخ استخراجه المبكّر العائد لسنة 1829م أي قبل أن تجري الحفريات الأثرية للفن اليوناني لما قبل التاريخ بصورة منتظمة.

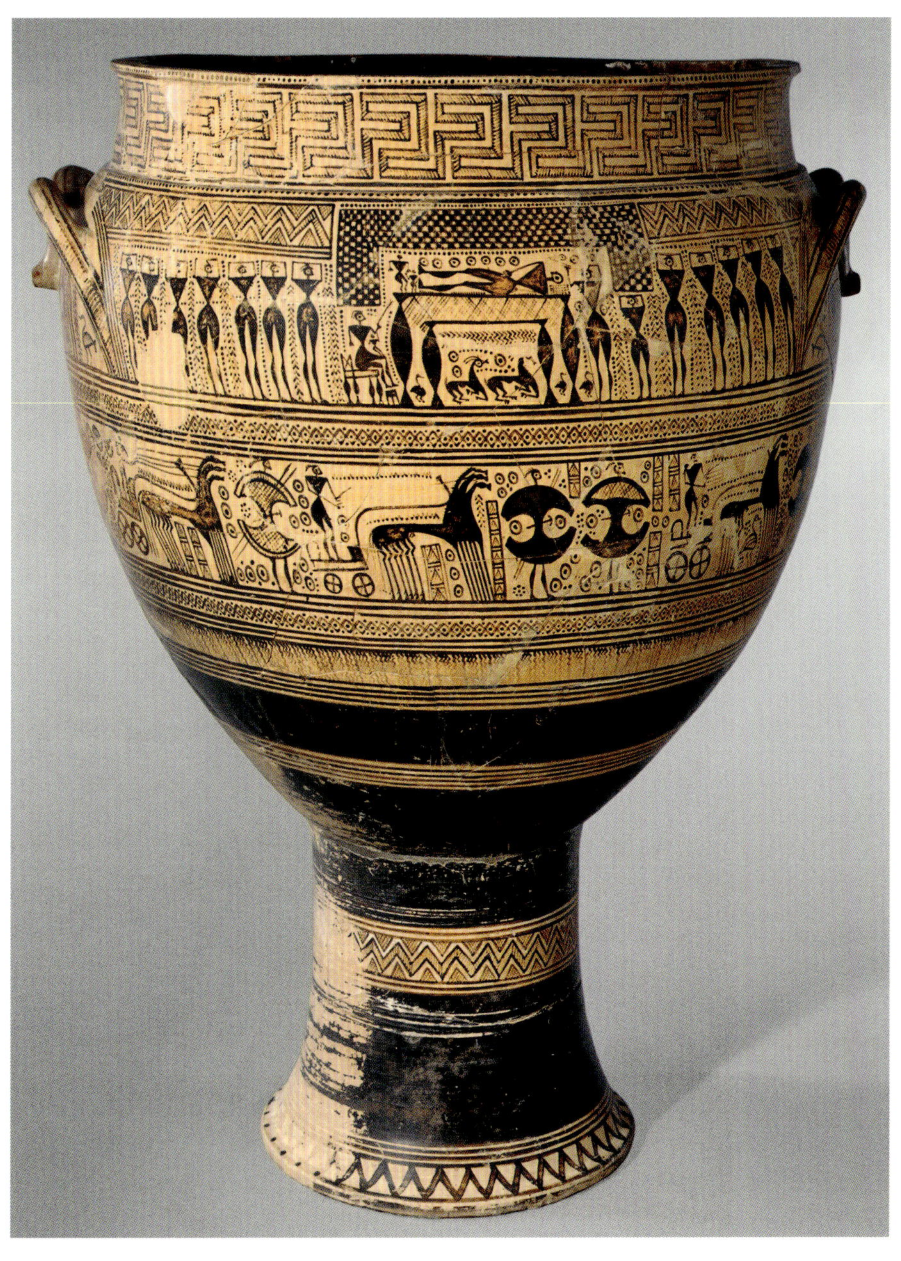

يُسند إلى

ورشة هيرشفالد

إناء عليه رسم موكب تكفين الميت

اليونان، إقليم أتيكا، حوالي 750–735 ق. م.
طين مشوي، الارتفاع: 108.3 سم
رصيد رودجرز، 1914م (14.130.14)

اتّخذت شواهدُ القبور الكبيرة في الفن اليوناني خلال بداية الألفية الأولى قبل الميلاد شكلَ آنية واسعة (مزهرية عميقة القاع) مزخرفة بتمثيلات مأتمية. وتصف المنطقةُ الرئيسية للإناء "البروثيزيس" أي موكب توديع الميت بعد تكفينه: يُمدَّد الميت على نعش تحيط به عائلته والأشخاص الذين قدموا للتعزية. أما موكب العربات أسفله وجنود المشاة فقد تشير إلى بطولاته العسكرية. وبما أنّ الناس في ذلك العصر قد تخلّوا عن استخدام دروع الساعات الرملية والعربات الحربية، فإنّ المشهد يشير إلى أسلاف الميت ومجدهم الغابر.

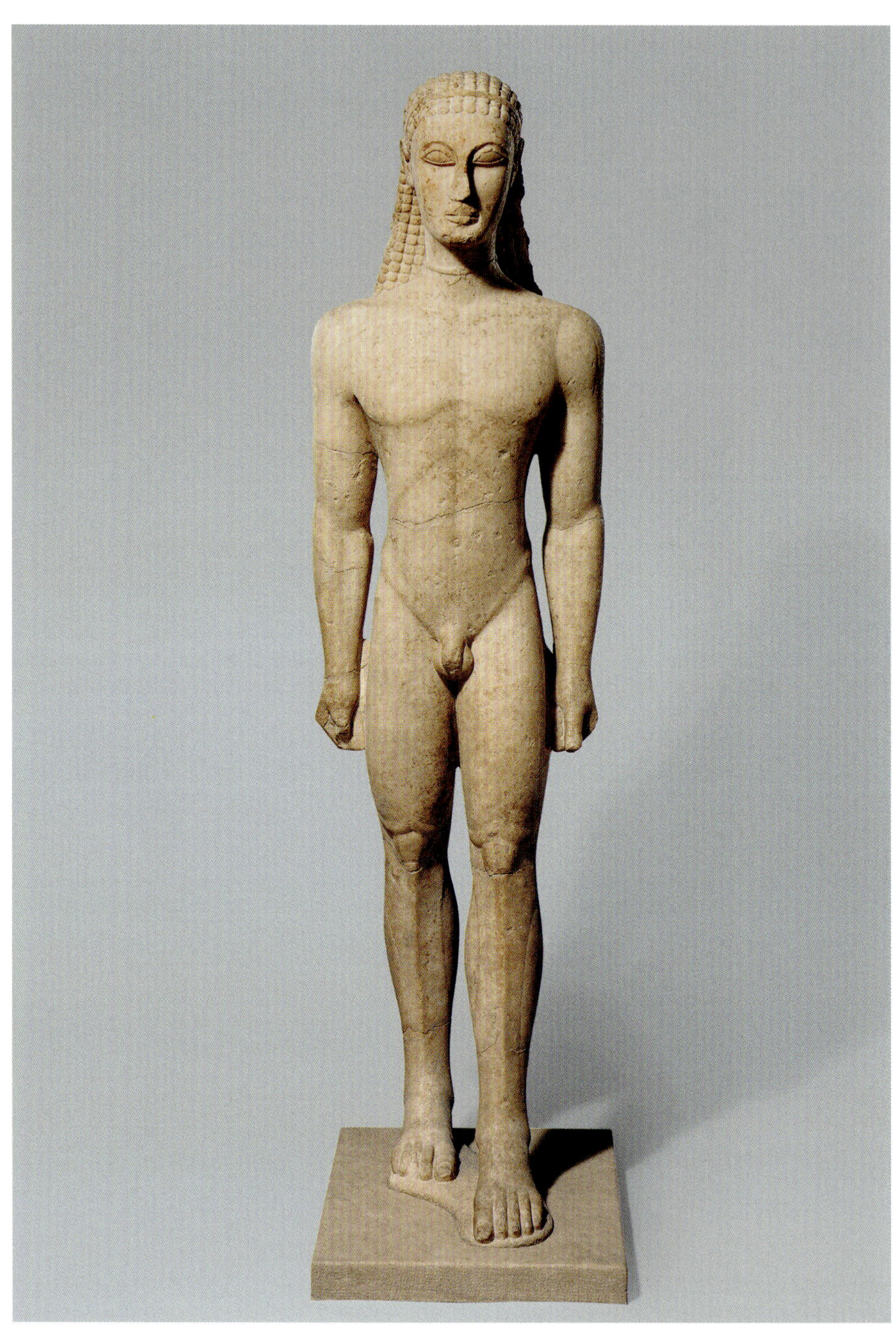

تمثال كوروس (شاب)

اليونان، إقليم أتيكا، الفترة القديمة، حوالي 590–580 ق. م.
رخام، الارتفاع دون اعتبار القاعدة: 194.6 سم
رصيد فليتشر، 1932م (32.11.1)

يُعدّ تمثال هذا الشاب (كوروس باليونانية) من أوائل التماثيل البشرية المنحوتة في إقليم أتيكا. وقد اشتُقّت من الفن المصري هيئته الصارمة وساقه اليسرى المتقدمة إلى الأمام وذراعاه على جانبَيه. استخدم النحّاتون اليونانيون على امتداد القرن السادس قبل الميلاد هذا الوضع المباشر والبسيط. وتطغى على هذا المثال المبكّر الأشكال الهندسية التي تقرب من التجريد، كما أنّ تفاصيل أعضاء الجسم أُنجزت بنحت متناظر جميل. كان هذا التمثال يحدد قبر شاب أرستقراطي من أثينا.

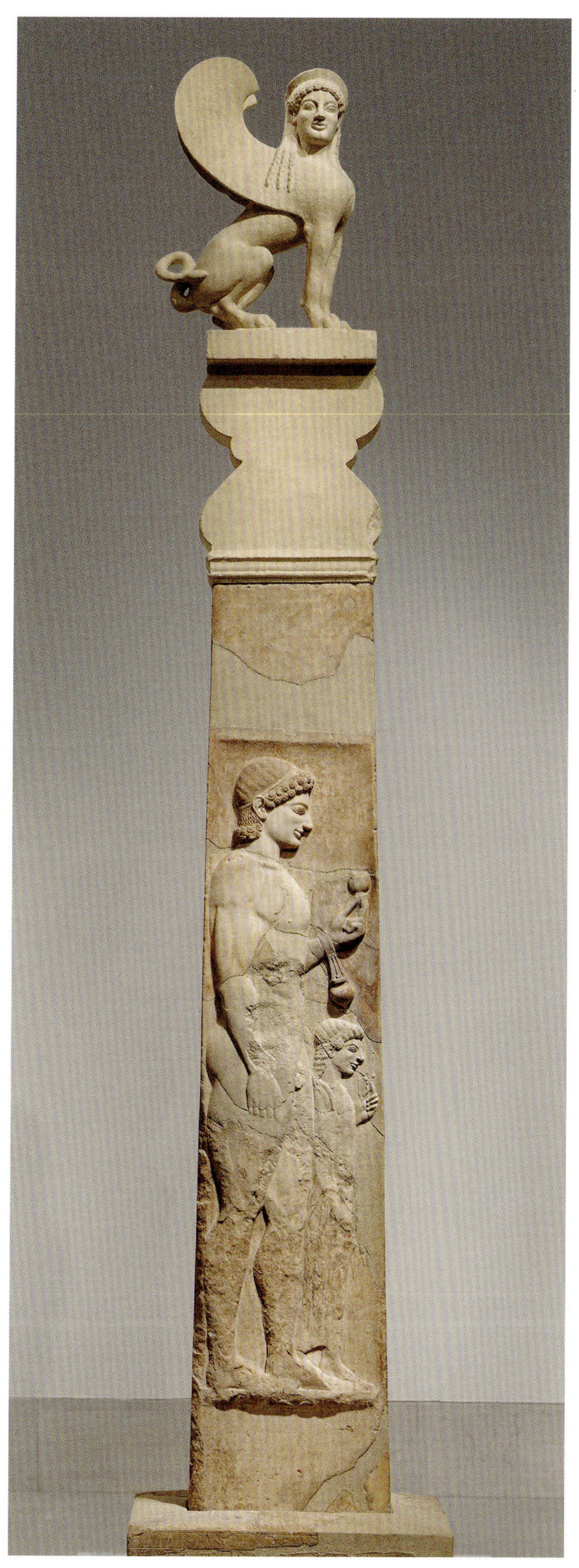

شاهد قبر شاب وطفلة صغيرة السن يعلوه تاج عمود ومعلم على هيئة سفنكس

اليونان، إقليم أتيكا، الفترة القديمة، حوالي 500 ق. م.
رخام، الارتفاع: 4.24 متر
رصيد فريدريك س. هيويت، 1911م، رصيد رودجرز 1921م، هبة من مجهول 1951م (11.185a–d, f, g)

ظهرت الشواهد المأتمية الحجرية خلال القرن السابع قبل الميلاد ثم أصبحت ضخمة الحجم لدرجة التفاخر والتباهي. يُقال إنّ هذا الشاهد من إقليم أتيكا، وهو يُعدّ من أكثر الأمثلة اكتمالاً من بين النماذج المؤرّخة في الفترة القديمة التي وصلتنا. وقد نُقش على القاعدة النص التالي: "إلى العزيز مي[غاكليس] بعد موته، أقامني والده ووالدته العزيزة شاهدًا على قبره". ويظهر على الواجهة شاب على هيئة رياضيّ مُميّز بقنينة أريبالوس (زجاجة الزيت) متدلية من معصمه وإلى جانبه طفلة صغيرة قد تكون شقيقته، بينما يؤدي السفنكس دور الحارس. وتعكس تفاصيل عضلات الرياضي توجّه المدرسة الطبيعية في تمثيل الجسم البشري. ويمكن تتبّع هذا التطوّر في تقنية النحت من خلال مقارنة هذا العمل بتمثال الكوروس في الصفحة المقابلة الذي أُنجز قبله بخمسين سنة تقريبًا. ويُكمّل حساسيّةَ النحت ودقّتَه استخدامُ الألوان المتعددة التي بقيت منها آثار كثيرة على سطح التمثال.

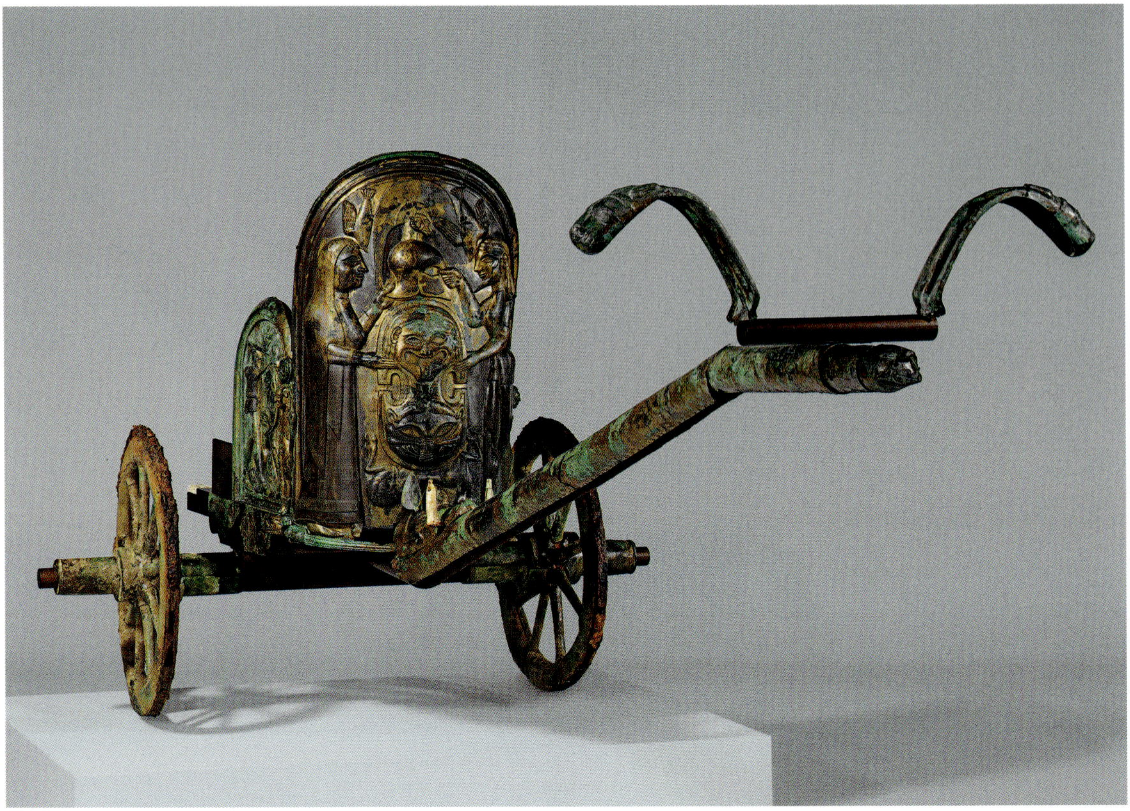

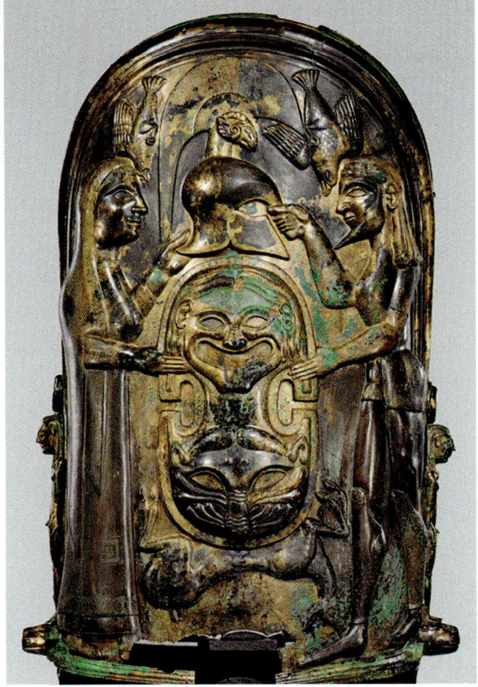

عربة مونتيليوني

إتروريا، الربع الثاني من القرن السادس ق. م.
برونز مرصّع بالعاج، الارتفاع: 131.1 سم، طول محور العجلتَين: 208.9 سم
رصيد رودجرز، 1903م (03.23.1)

هذا المثال أفضل ما وصل إلينا من هذا الصنف من العربات من إيطاليا قبل العصر الروماني، وقد جرى إعادة تركيبها منذ وقت قريب بناءً على آخر ما توصّل إليه العلماء. لم تكن العربة تُستخدم في الحرب بل في المواكب الرسمية، وكانت تُقل عندئذ سائقًا وشخصية مرموقة على غرار ما يتّضح من التمثيلات الواردة على تابوت أماثوس (الصفحة المقابلة). وكان الإترووريون مشهورين بمهاراتهم في صهر المعادن. وقد وصف الحرفيّون الذين أنجزوا هذه العربة مشاهدَ من حياة البطل اليوناني أخيل وأضافوا موتيفات أخرى مثل الطيور الجوارح، وهو ما يشكّل شهادة إضافية على ثراء المالك ومنزلته الرفيعة.

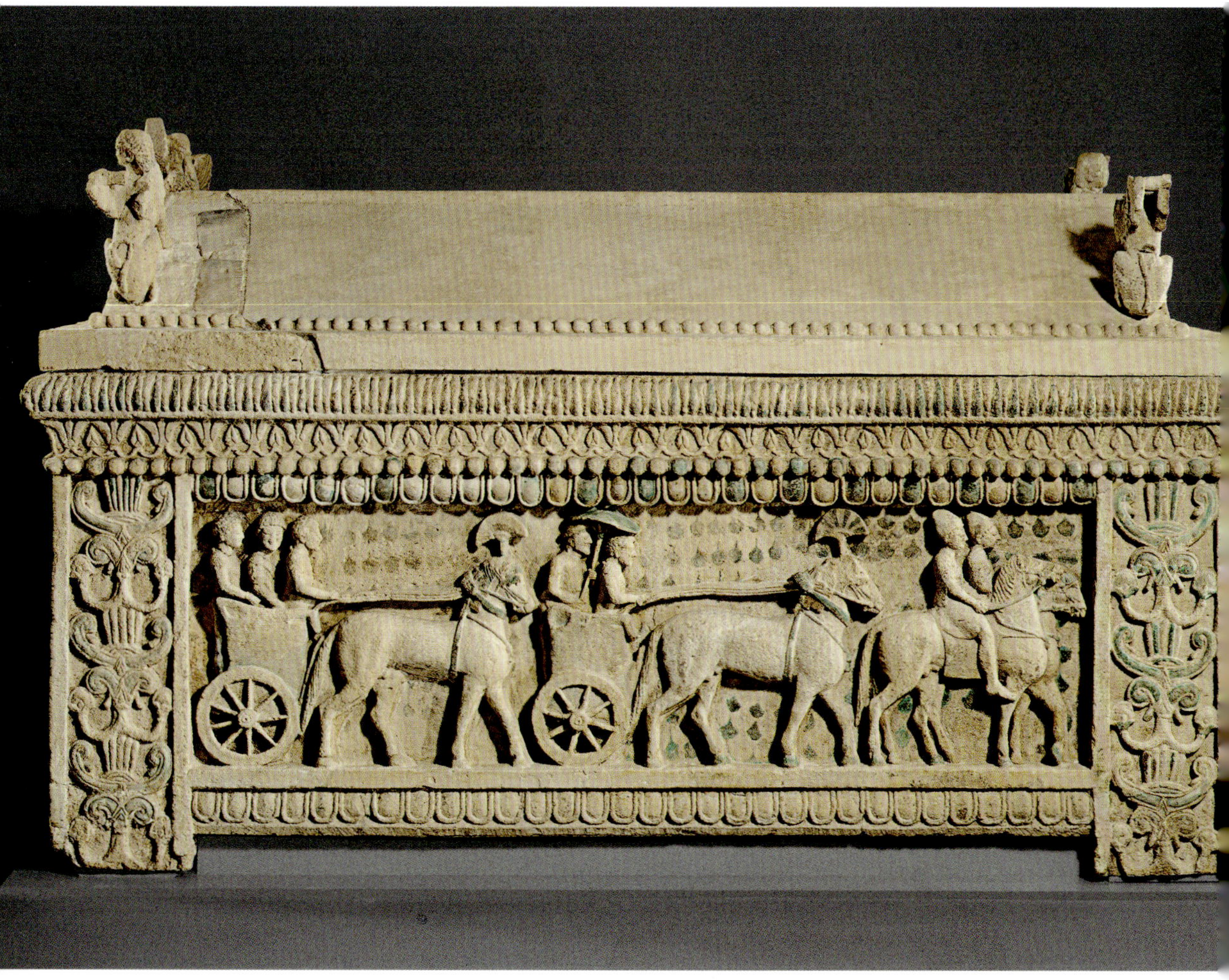

تابوت أماثوس

قبرص، الربع الثاني من القرن الخامس ق. م.
حجر الكلس، المقاسات (157.5X236.5X97.8 سم)
مجموعة شسنولا، جرى اقتناءه بواسطة الاكتتاب، 1874–1876م
(74.51.2453)

إنّ تابوت أماثوس الذي كان لملك أماثوس بالتأكيد يُعدّ بلا ريب أهمّ قطعة ضمن مجموعة المتحف الغنية من الفن القبرصي. ويتميز باللون الذي بقي على سطحه. وتُعبّر الصور عن سلطة الحاكم وتقواه تجاه الآلهة في ثقافة قبرص المتنوّعة خلال القرن الخامس ق. م. ونشاهد على الجانبَين الطويلَين موكبًا من العربات يرافقه خدم على ظهور الخيل وجنود من المشاة. والأرجح أنّ الشريف هو الشخص تحت المظلة الواقية من الشمس. كما تظهر على الجانبَين القصيرَين صور عشترت الشرق الأدنى وصور بِس المصري، ويرتبط كلاهما برمز الخصوبة.

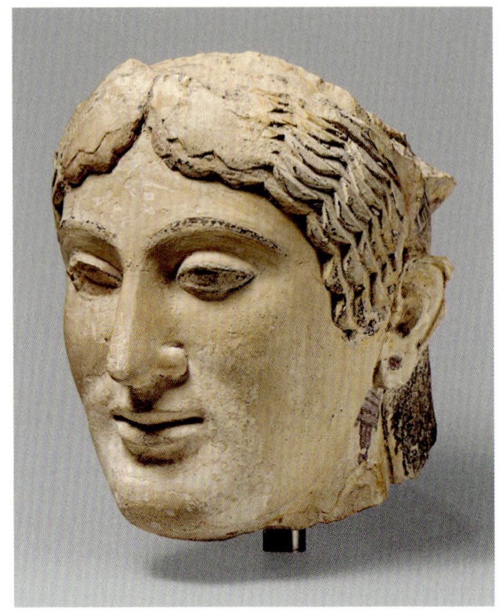

رأس امرأة، سفنكس على الأرجح

اليونان، الربع الأول من القرن الخامس ق. م.
طين مشوي، الارتفاع: 20.6 سم
رصيد رودجرز، 1947م (47.100.3)

لم يكن الطين المشوي مستخدَمًا كثيرًا للتماثيل كبيرة الحجم في اليونان، وذلك بسبب توافر الحجر الكلسي والرخام بسهولة. وتوحي مقاسات هذا الرأس المنجَز ببراعة استثنائية وقطع رقبته أنه كان ينتمي لتمثال سفنكس يشكّل جزءًا من زخرف سطح بناية صغيرة. وكانت تماثيل السفنكس تُستخدم تقليديًّا للحراسة، لا سيما في النُصب الجنائزية كما يتّضح من شاهد القبر الضخم من إقليم أتيكا الذي تناولناه آنفًا [ص. 65]. وتلفت الانتباه في هذا العمل طريقة طلاء الألوان التي تسمح بإبراز التفاصيل على غرار الأقراط وعصابة الرأس.

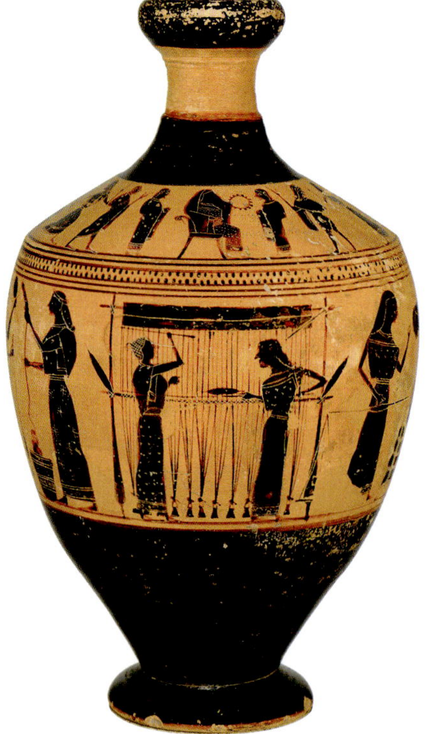

يُسند إلى

رسّام أمازيس
جرة عليها رسوم نساء يغزلن الصوف وامرأة بين مجموعة من الشبان والشابات

اليونان، إقليم أتيكا، حوالي 550–530 ق. م.
طين مشوي، الارتفاع: 17.1 سم
رصيد فليتشر، 1931م (31.11.10)

يُقال إنّ هذه القنينة (للزيت) عُثر عليها مع قنينة أخرى موجودة بدورها في المتحف تصف موكب عرس تُحمل خلاله العروس ليلاً إلى بيت زوجها. وقد تكون القنينتان هديتَي زواج ترافق العروس في قبرها. ويظهر هنا وصف مفصّل لعملية نسج قماش، وهو نشاط ذو أهمية ضمن الأعمال المنزلية، مع التركيز بوجه خاص على النول القائم. وتظهر على الجانبَين نسوة يغزلن الصوف ويزِنَّه أو يطوين قطعًا من القماش. ويبدو أنّ كل هذه الأعمال تجري في الجناح المخصص للنساء في البيت.

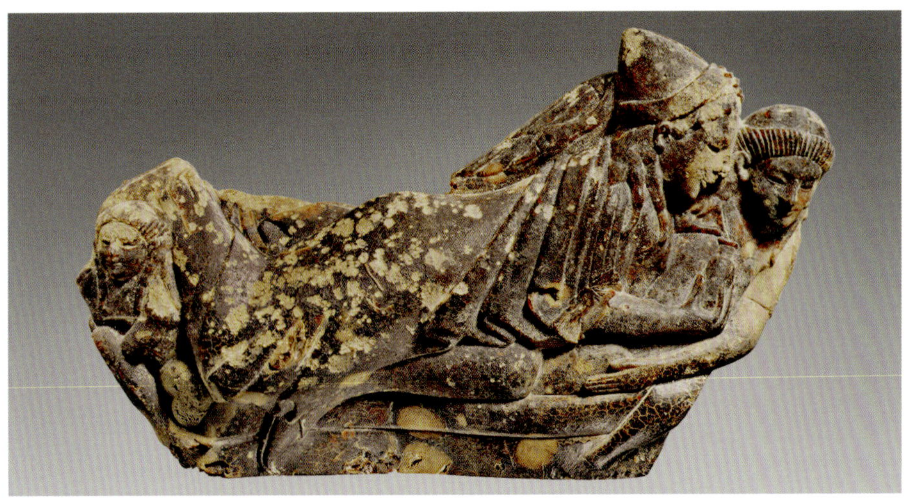

قوس منحوتة لمشبك عليه امرأة وشاب ممدّدان مع خادم وطائر

إتروري، حوالي 500 ق. م.
عنبر، الطول: 14 سم
هبة ج. بياربونت مورغان، 1917م (17.190.2067)

تُعدّ هذه القطعة أكثر التحف المنحوتة من العنبر تعقيدًا التي تبقّت من إيطاليا القديمة. وتشير الثقوب في قاعدتها، وعليها بقايا دبوس حديدي (دبوس أمان)، إلى أنها مشبك. يستلقي رجل وامرأة على فراش. تمسك المرأة قنينة صغيرة بينما تلامس أصابع يدها اليسرى فمها، أما صاحبها فيبدو شابًّا يافعًا مستدير الوجه لم تنبت لحيته بعد. يقبع طائر على كتفَيهما وخادم صغير الحجم عند أقدامهما. ولا يُعرف إن كانا يمثّلان بشرَين أو إلاهَين.

يُسند إلى

إيبيمينيس
نقش لرامي سهام يختبر قوسًا

اليونان، حوالي 500 ق. م.
عقيق أبيض، 1.7 سم
رصيد فليتشر، 1931م (31.11.5)

في نهاية القرن السادس ق. م. كان الفنانون اليونانيون العاملون على كل الوسائط يمثّلون جسم الإنسان بينما يتحرك. ففي النحت سمح إتقان صبّ البرونز بإبداع تماثيل فيها حركة على نطاق أوسع مما كان مُتاحًا على نقش الحجر. وفي رسم المزهريات والجرار سمح اكتشاف تقنية الرسم الأحمر للرسامين بوضع زخارفهم بحرّية على سطح الإناء. وعلى سطح حجارة كريمة لا يفوق ارتفاعها سنتيمترَين ونصف، يقتنص النقاش الحركة الرشيقة والعضلات المفتولة والشعر المصفّف بأناقة لشاب بصدد اختبار مدى استقامة سهمه.

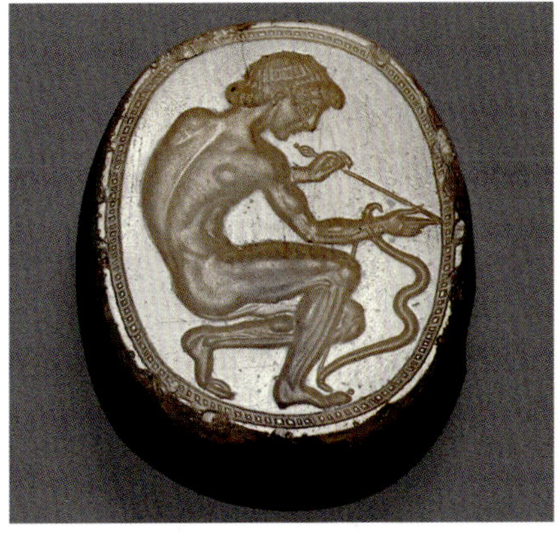

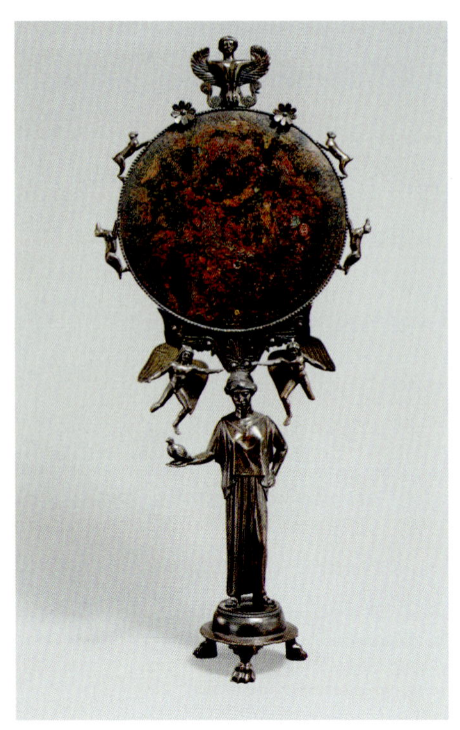

مرآة بساق على هيئة امرأة بلحاف

اليونان، آرغوس، أواسط القرن الخامس ق. م.
برونز، الارتفاع: 40.6 سم
وصية والترك. بايكر، 1971م (1972.118.78)

يُعدّ إدماج التماثيل ثلاثية الأبعاد في القِطع الوظيفية خاصية من خصائص الفن اليوناني. وتظهر عناصر متنوعة – بشرية وحيوانية وأسطورية – تضفي حيوية على هذه المرآة. ويحمل قرصَ المرآة تمثالٌ صغير لامرأة تقف على قاعدة، وينسدل لحافها الصوفي البسيط ليُشكّل طيات تشبه ثنايا الأعمدة المعمارية. ويطوف حول رأسها تمثالان مجنحان لإيروس (إله الحب اليوناني)، وعلى كل جانب من جوانب المرآة يركض كلب وراء أرنب بينما يقبع أعلاها تمثال كائن أسطوري نصفه طائر والنصف الآخر امرأة.

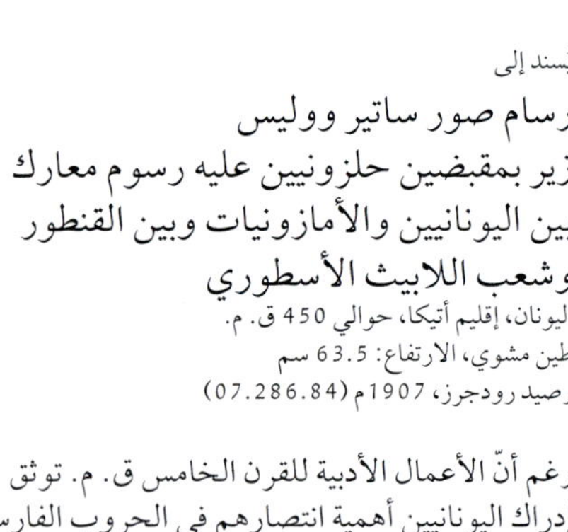

يُسند إلى

رسام صور ساتير ووليس
زير بمقبضين حلزونيين عليه رسوم معارك بين اليونانيين والأمازونيات وبين القنطور وشعب اللابيث الأسطوري

اليونان، إقليم أتيكا، حوالي 450 ق. م.
طين مشوي، الارتفاع: 63.5 سم
رصيد رودجرز، 1907م (07.286.84)

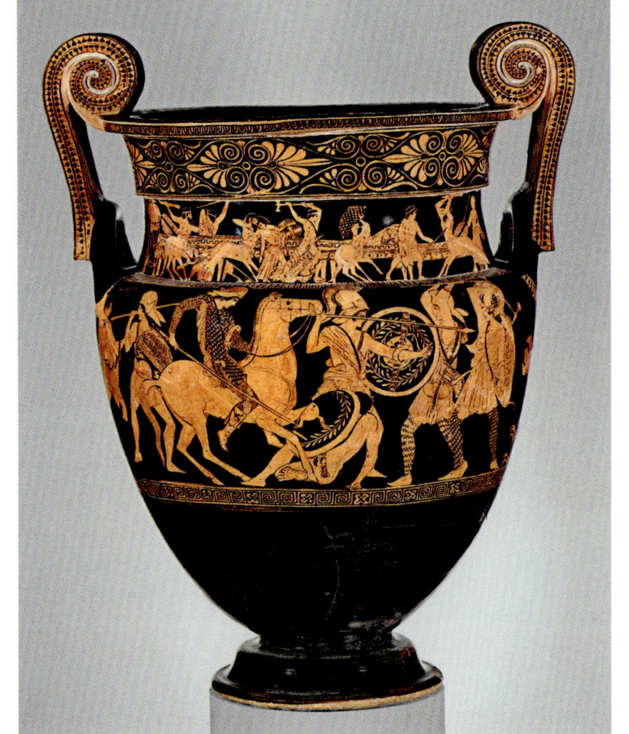

رغم أنّ الأعمال الأدبية للقرن الخامس ق. م. توثق إدراك اليونانيين أهمية انتصارهم في الحروب الفارسية (490-479 ق.م.) إلاّ أنّ الفنانين اليونانيين لم يرسموا أبدًا تقريبًا الأحداث أو الشخصيات التاريخية الكبرى. وعوضًا عن ذلك، أنجزوا تمثيلات للمعارك الأسطورية الكبرى بين اليونانيين وخصومهم الشرقيين، ولاسيما الأمازونيات (المحاربات الأسطوريات). وخلال النصف الأول من القرن الخامس ق. م. كانت الرسوم الجدارية الكبيرة لهذه المعارك تُزيّن معبد هفستوس ورواق بويكتيل (برسومه) في أثينا. ويُبرز تأثيرها المشاهد المرسومة على هذا الزير بمقبضَيه الحلزونيين (وكان يُستخدم لخلط النبيذ بالماء).

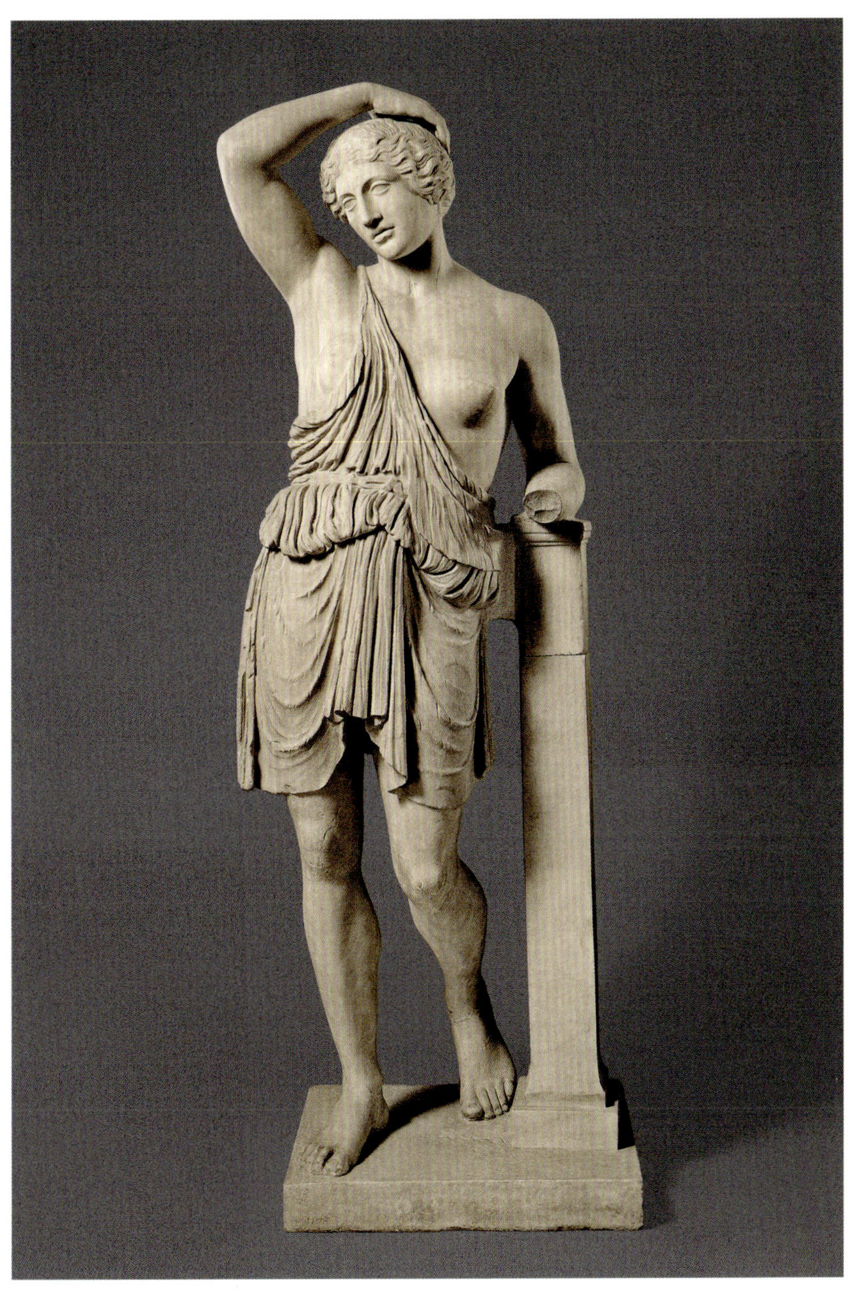

تمثال محاربة أمازونية جريحة

روماني، القرن الأول والثاني الميلاديين
نسخة من تمثال برونزي يوناني يعود لما بين 450–425 ق. م. تقريبًا
رخام، الارتفاع: 203.8 سم
هبة جون. د. روكفيلير الأصغر، 1932م (32.11.4)

كانت المحاربات الأمازونيات عادة ما تُرسَمن في الفن اليوناني بصدد قتال أبطال أسطوريين مثل هرقل وأخيل وثيزيوس. وتظهر على هذا التمثال محاربة أمازونية فقدت أسلحتها ويدمي جرحُها أسفل ثديها الأيمن. انفكّ رداؤها من كتفها وهي تشدّه مؤقّتًا فوق خصرها بقطعة من لجام حصانها. وعلى الرغم من إصابتها لا يبدو على وجهها أي أثر للألم أو الإرهاق. تتكئ بخفة على السارية وتضع يدها اليمنى برشاقة فوق رأسها في حركة تُستخدَم غالبًا للإشارة إلى النوم أو الوفاة.

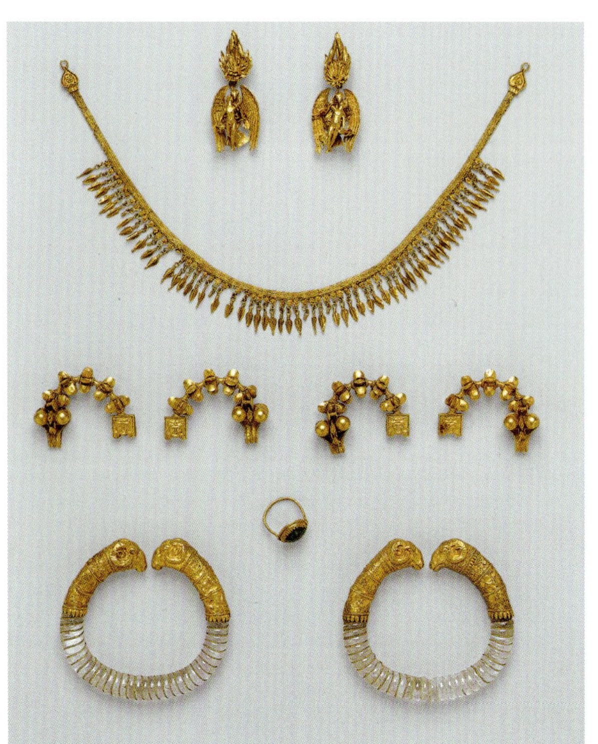

مجموعة غانيميد

اليونان، حوالي 330–300 ق. م.
ذهب، بلّور، زمرّد
طول العقد: 33 سم. ارتفاع الأقراط: 6 سم.
عرض الأساور: 7.9 سم. عرض المشابك: 5 سم.
ارتفاع الخاتم: 2.1 سم
رصيد هاريس بريسباين ديك، 1937م (37.11.8–.17)

تُشكّل هذه المجموعة الرفيعة طاقم مجوهرات (يتألف من زوج أقراط وعقد وأربعة مشابك وخاتم وسوارَين) رغم أنّ الاختلافات في الأسلوب تشير إلى أنّ القِطع لم تُصغ مع بعضها في الأصل. وتلفتُ الأقراطُ الانتباه بوجه خاص إذ يظهر عليها في تمثيل مصغّر الشاب غانيميد تحضنه جناحا نسر. وتروي الأسطورة اليونانية أنّ الإله زوس رغب في أن يكون الغلام ساقيه، فتحوّل إلى نسر ليحمل غانيميد إلى جبل الأولمب. أمّا الخاتم فهو مُرصّع بزمردة جُلبت من مصر أو من جبال الأورال. وتتكوّن أطواق السوار من البلّور المزدان بأسلاك من ذهب.

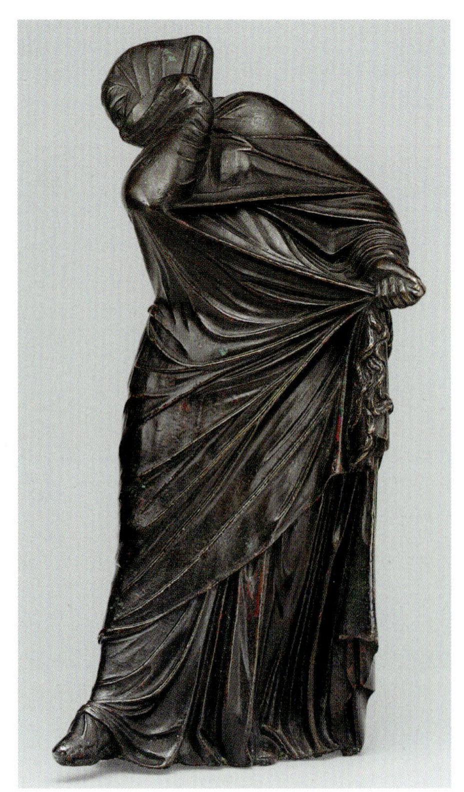

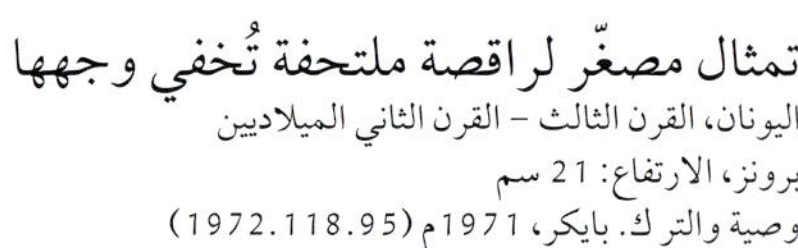

تمثال مصغّر لراقصة ملتحفة تُخفي وجهها

اليونان، القرن الثالث – القرن الثاني الميلاديين
برونز، الارتفاع: 21 سم
وصية والترك. بايكر، 1971م (1972.118.95)

يجري التعبير عن الحركة المعقدة لهذه الراقصة حصريًا من خلال تفاعل الجسم مع الطبقات المتتالية من اللحاف. ترتدي المرأة عباءة خفيفة يشدها جذب الضغط بكلّ من اليدين اليسرى واليمنى والساق اليمنى فوق لباس تحتي ينسدل في طيات عميقة ويتجرجر بكثافة. تُغطي انثناءات اللحاف وجه المرأة بينما يظهر في قدمها المطلوقة خفّ مشدود برباط. وقد جرى التعرّف على الراقصة على أنها إحدى الفنانات الاحترافيات اللاتي يجمعن بين فنَّي الإيماء والرقص، وكانت مدينة الإسكندرية متعددة الأعراق مشهورة بهنّ في العصر القديم.

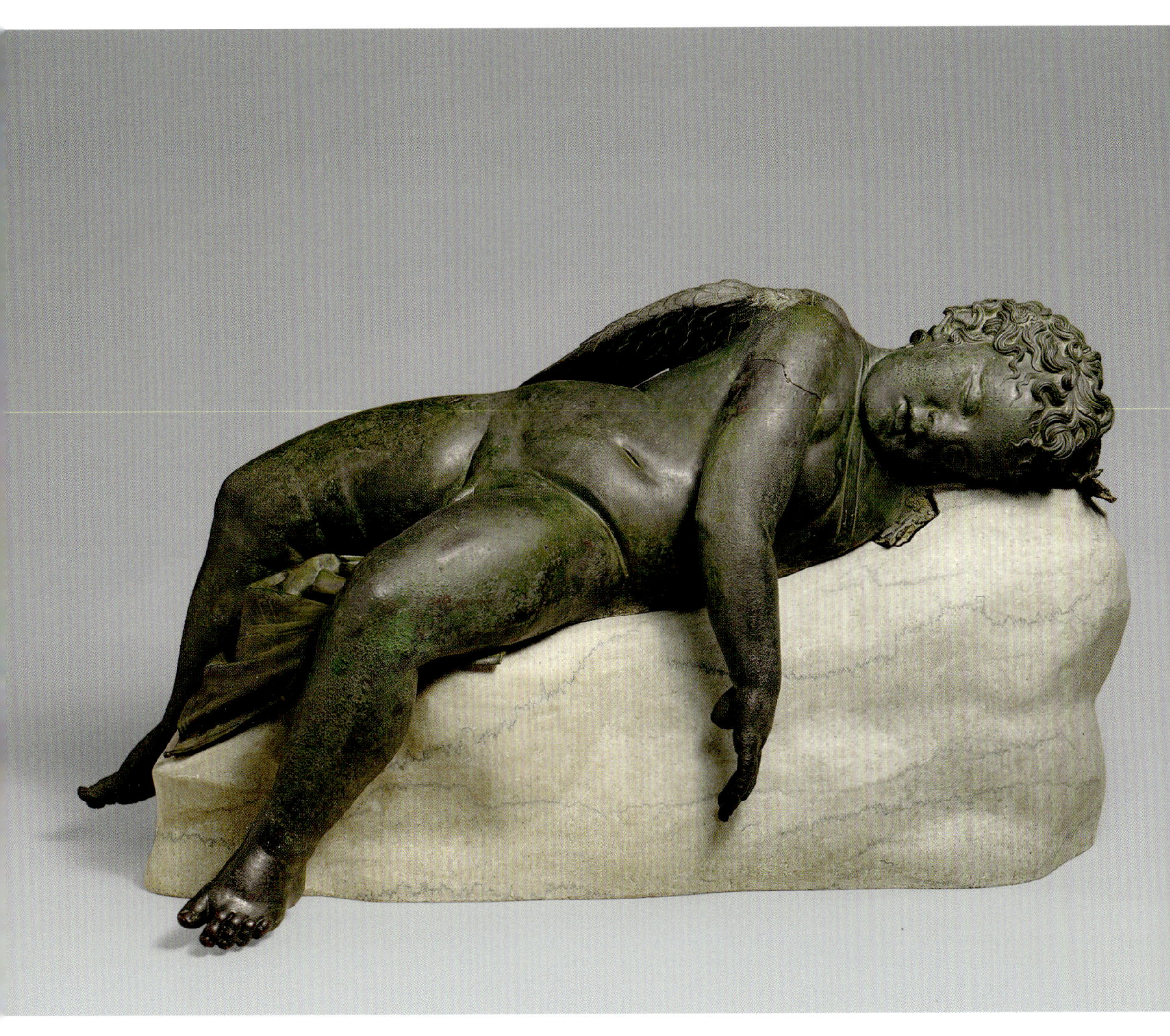

تمثال إيروس نائم

يوناني أو روماني، القرن الثالث ق. م. - بداية القرن الأول الميلادي
برونز، الطول: 85.4 سم
رصيد رودجرز 1943م (43.11.4)

يتميز الفن الهيلينستي بتنوع ثري في المواضيع التي يتطرق لها كما في تطوير أساليبه. ويُعدّ الفنانون الهيلينستيون مبتكرون ماهرون أدخلوا التحديد الدقيق للسنّ في الصور المرئية. وكان الأطفال الصغار مُحبَّبون جدًّا سواء في الشكل الأسطوري على غرار هرقل الصبي أو إيروس أو في صنف المشاهد يلعبون سويًّا أو يلاعبون الحيوانات الأليفة. أُنزل هذا الإيروس وهو إله الحب إلى الأرض ونُزع منه سلاحه، وهو مفهوم يختلف بشكل كبير عن مفهوم الكائن القوي صاحب القلب القاسي والمزاج المتقلب كما يُمثّل في الفخاريات اليونانية القديمة. ومن بين التماثيل البرونزية القليلة المتبقية من العصر القديم، يحيلنا هذه التمثال الذي يُقال إنه من جزيرة رودس إلى انطباع مباشر وإلى روح المدرسة الطبيعية توحي بهما المادة المستخدَمة في إنجازه.

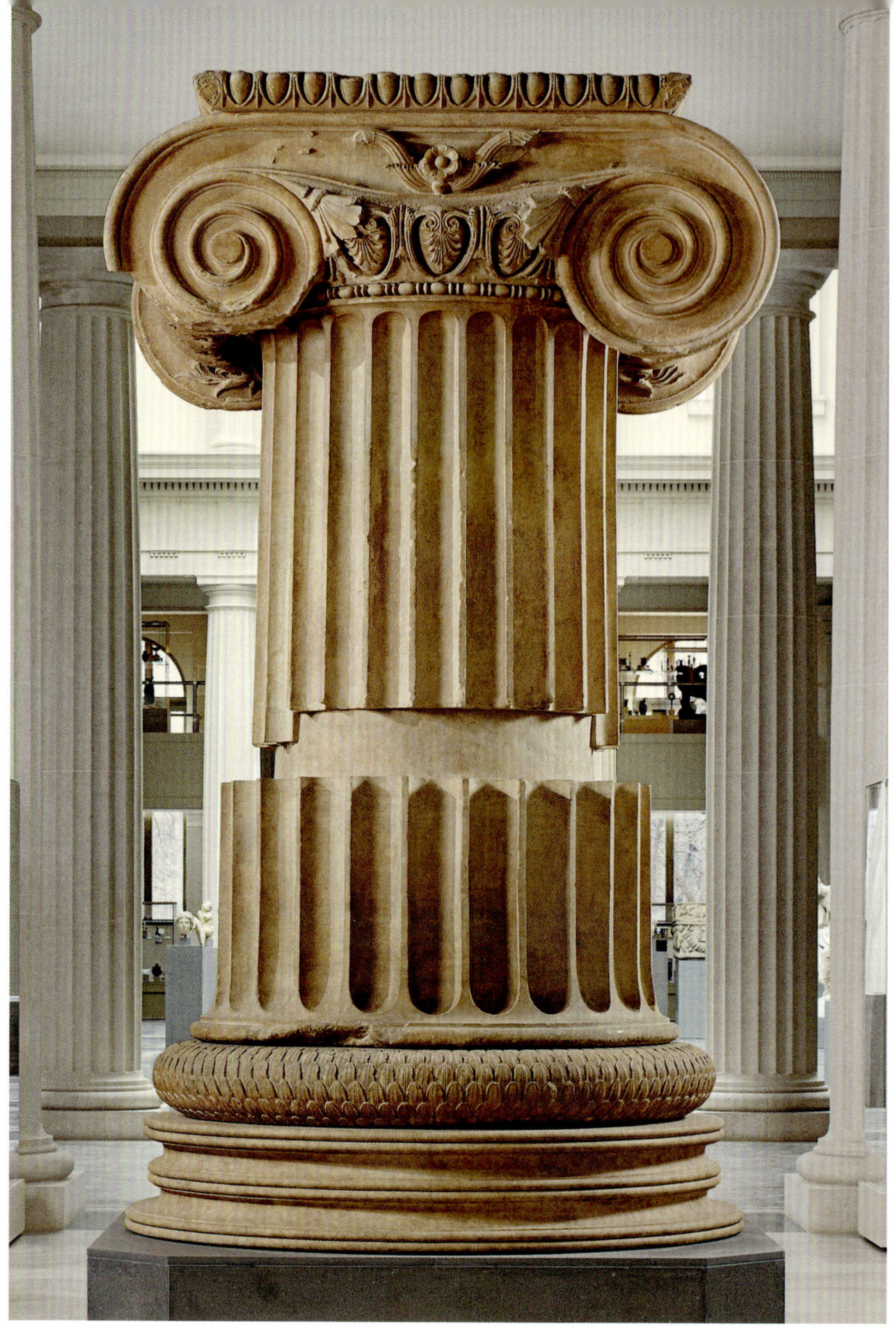

عمود من معبد أرتيميس في ساردس

يوناني، الفترة الهيلينستية، حوالي 300 ق. م.
رخام، الارتفاع: 3.61 م
هبة الجمعية الأمريكية للحفريات الأثرية في ساردس، 1926م (26.59.1)

هذه مقاطع من عمود من الطراز الأيوني كان ارتفاعه يفوق 17 مترًا في مكانه الأصلي في معبد أرتيميس. ويتميز نحت الورقات المرهف على التاج عن باقي تيجان المعبد، كما أنّ التورس (القاعدة المورقة) بزخرفها النباتي الشبيه بالحراشف استثنائية بدورها في دقة التفاصيل. اتّضح أنّ هذا التاج أصغر قليلاً في مقاسه من التيجان الأخرى التي عُثر عليها في الموقع، ممّا يشير إلا أنه لا ينتمي لمجموعة الأعمدة الخارجية. كان هناك زوج أعمدة مماثلة منتصبة في كل من الرواقَين الشرقي والغربي، والأرجح أنّ هذه المقاطع من أحدهما أو من كليهما.

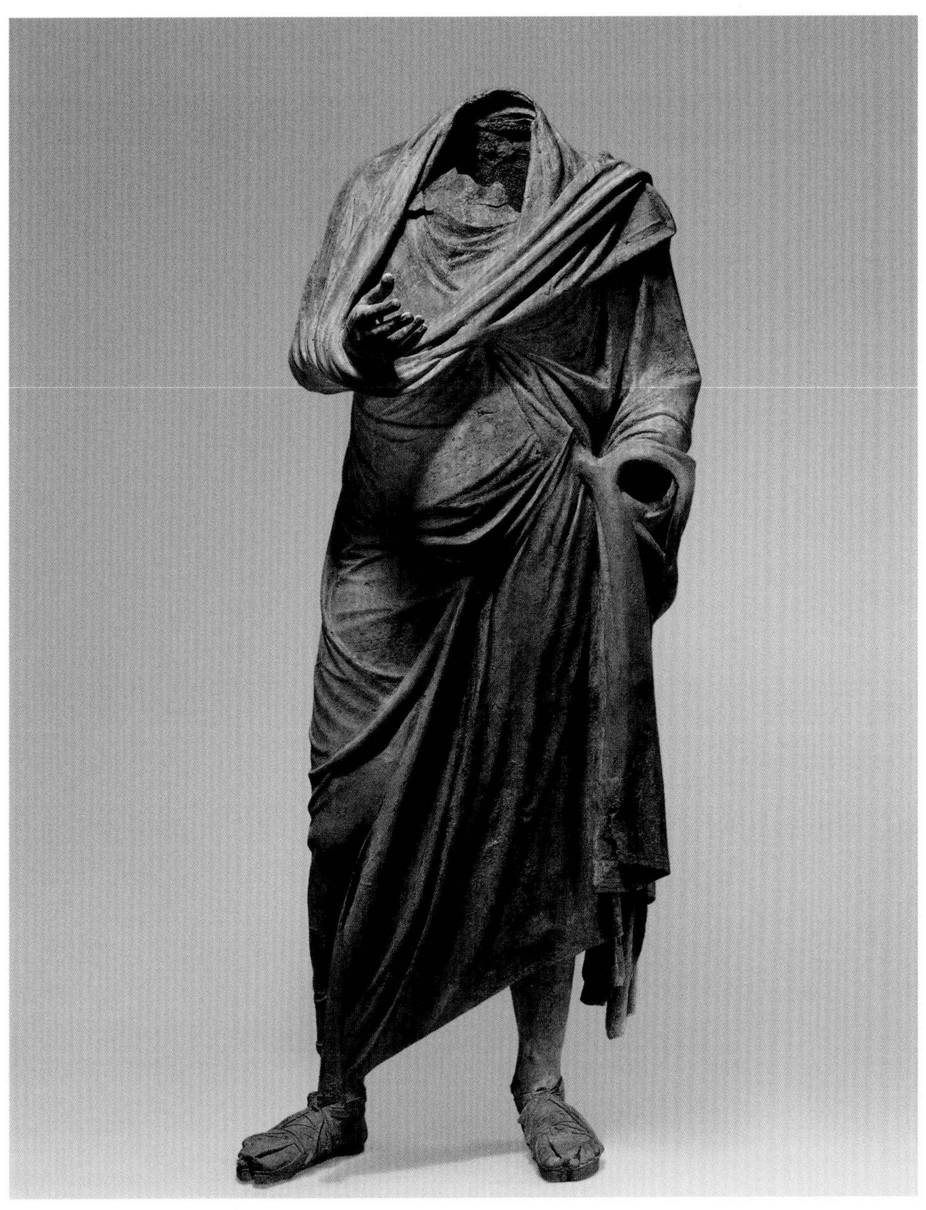

تمثال رجل

العصر اليوناني، الهلّينستي، أواسط القرن الثاني – القرن الأول ق. م.
برونز، الارتفاع: 185.4 سم
هبة روني إ. وروبرت أ. بلفر، 2001م (2001.443)

كانت هذه التماثيل التشريفية في العادة لشخصيات مرموقة، وتُهديها المدينة–الدولة أو الحاكم للتعبير عن الامتنان للأعمال الخيرية ذات الشأن، وتُعدّ أعلى تشريف يمكن للمدينة أن تُقدّمه. تقف هذه الشخصية المثيرة للإعجاب وقفة نقيضيّة: تحمل ساقٌ وزن الجسم لتتيح للساق الأخرى أن تتحرر وتنثني. وتخرج اليد اليمنى من ثنايا العباءة بكفّها المفتوح وأصابعها المنحنية إلى الأعلى في حركة توحي بالخطابة بينما تلتصق اليد اليسرى بالجسم. أما العباءة فهي مزدانة بثراء بزينة تقليدية وشرائط زخرفية عمودية يُحتمل أنها كانت في السابق مُلوّنة ومُذهّبة.

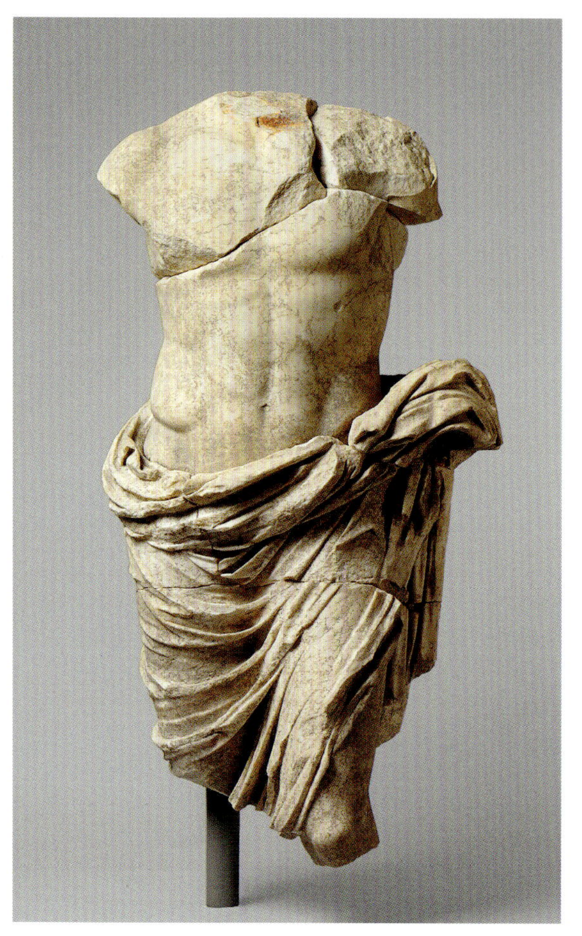

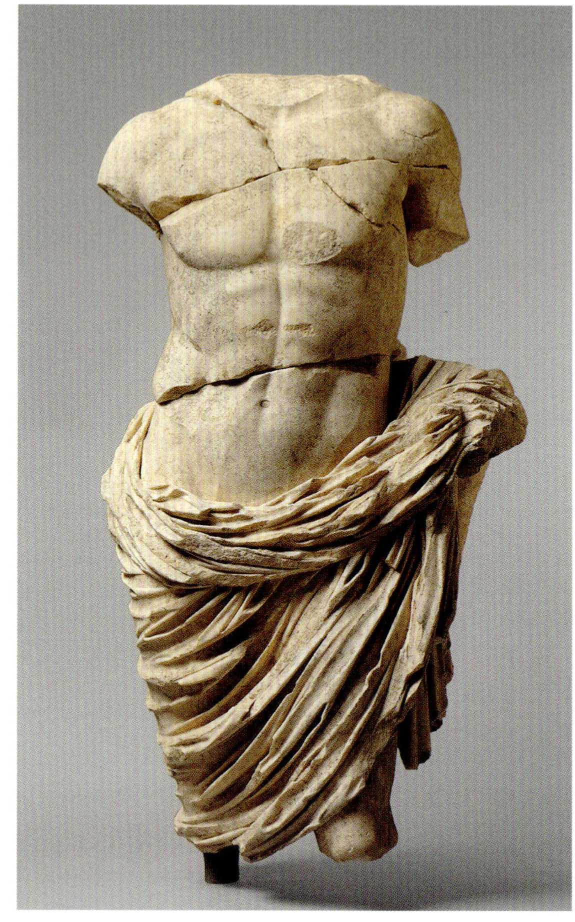

تماثيل أفراد من الأسرة الإمبراطورية

العصر الروماني، حكم أغسطس أو يوليوس كلاوديوس 27 ق. م. – 68 م
رخام، الارتفاع: 119.4 سم، 116.8 سم
هبة بيل بلاص، 2002م (2003.407.8a, b–.9)

استُخدمت التماثيل الملتحفة جزئيًّا على غرار ما يُشاهَد هنا بداية من الحقبة الكلاسيكية فصاعدًا لتمثيل الآلهة، كما استُخدمت تماثيلَ تشريفية للشخصيات المرموقة من بين الناس. غير أنّ هذه الأعمال كانت على الأرجح جزءًا من مجموعة تمجّد أفراد من سلالة يوليوس كلاوديوس التي حكمت روما من زمن أغسطس حتى نيرون. ويُذكّر وضع هذه الشخصيات نصف العارية بالأعمال المرجعية للنحات بوليكليتوس، من أشهر النحاتين اليونانيين في القرن الخامس قبل الميلاد. ويكاد يكون من المؤكد أنّ الغرض من ذلك إضفاء هالة بطولية على الشخصيات المعنيّة. وكانت تماثيل أفراد الأسرة الإمبراطورية، الأحياء منهم والأموات على السواء، تُعرض في غالب الأحيان مجموعة في الفضاءات العامة مثل الساحة العامة أو دار القضاء أو المسرح في المدن الرومانية.

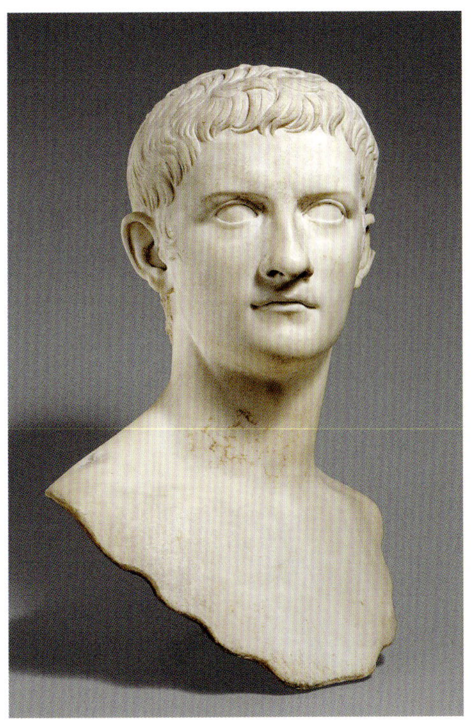

أسفله

تمثال شاب أرستقراطي

العصر الروماني، حكم أغسطس، 27 ق. م – 14م
برونز، الارتفاع: 132.4 سم
رصيد رودجرز، 1914م (14.130.1)

عُثر على هذا التمثال ذي المقاسات المماثلة للواقع في جزيرة رودس اليونانية، وكانت مركزًا تجاريًا وثقافيًا غنيًا ومزدهرًا في العصر الروماني. وهذا الشاب بوجهه العريض وشعره القصير يشبه أمراء أسرة الإمبراطور أغسطس، ويُحتمل كذلك أنه كان ابن أحد أفراد النخبة الحاكمة أو ابن حاكم من كبار الموظفين الرومان المقيمين في رودس. وعوضًا عن السترة الرومانية التقليدية يرتدي الشاب العباءة اليونانية، ولعلّ ذلك يشير إلى ارتياده إحدى مدارس الفلسفة والبلاغة الشهيرة في الجزيرة.

أعلاه

تمثال نصفي للإمبراطور غايوس المعروف باسم كاليغولا

العصر الروماني، حكم جوليوس كلاوديوس، 37 – 41م
رخام، الارتفاع: 50.8 سم
رصيد رودجرز، 1914م (14.37)

يتّبع هذا التمثال النصفي المتقن لكاليغولا الأسلوب الرسمي للتماثيل الذي تأسس لجده الأول أغسطس، وهو ما يؤكد وحدة سلالة جوليوس كلاوديوس واستمراريتها. لكن الفنان سعى في هذه الحال إلى اقتناص شيء من شخصية كاليغولا ذاته. وقد تشير استدارة الرأس بكبرياء والشفتان المزمومتان إلى الغرور والقسوة اللتان اشتهرت بهما هذه الشخصية. وانتهت فترة حكمه القصير باغتياله وهو في الثامنة والعشرين من عمره، ثم دُمِّرت الكثير من تماثيله أو أعيد نحتها مجدّدًا أو أُلقيت في نهر التبر.

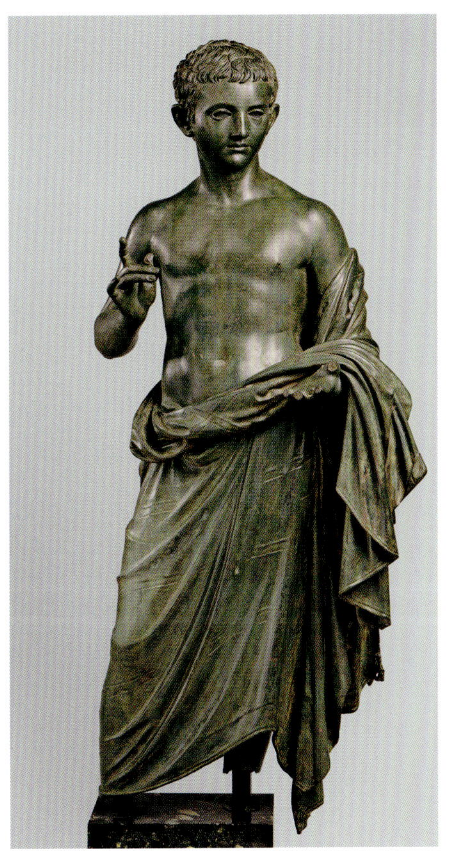

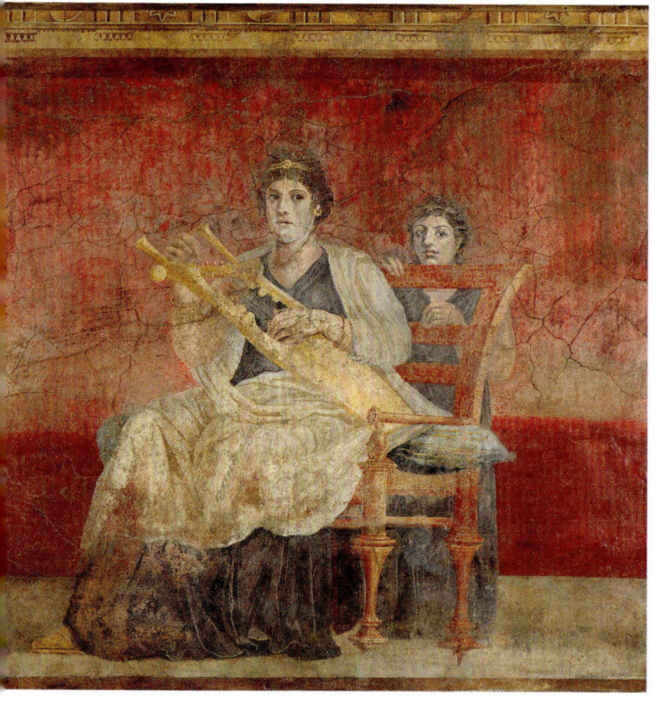

رسم جداري لامرأة جالسة تعزف على القيثارة (تفصيل)

العصر الروماني، الحقبة الجمهورية المتأخرة،
حوالي 50–40 ق. م.
لوحة جصية، المقاسات: 186.5x186.5 سم
رصيد رودجرز، 1903م (03.14.5)

هذا الرسم الجصي واحد من سلسلة رسومات كانت تُزيّن بهو الاستقبال الرئيسي في فيلا ب. فانيوس سينيسطور في بوسكوريالي قرب مدينة بومبي الإيطالية. ومثلما حصل للمدينة الرومانية، رُدمت الفيلا تحت حمم بركان فيزوفيو الثائر سنة 79م. اقتُبست اللوحات من رسومات ملكية أُنجزت لبلاط مقدوني من العصر الهلينستي المبكّر (أواخر القرن الرابع وبدايات القرن الثالث ق. م.) وهي تحتفي على الأرجح بزواج ملكي. ويبدو أن المرأة الجالسة التي تعزف القيثارة شخصية مهمة نظرًا لأنها تحمل تاجًا من القماش المزيّن وتجلس على كرسي مزخرف يشبه العرش.

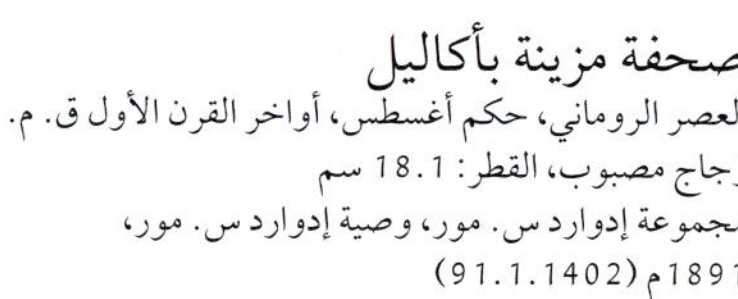

صحفة مزينة بأكاليل

العصر الروماني، حكم أغسطس، أواخر القرن الأول ق. م.
زجاج مصبوب، القطر: 18.1 سم
مجموعة إدوارد س. مور، وصية إدوارد س. مور، 1891م (91.1.1402)

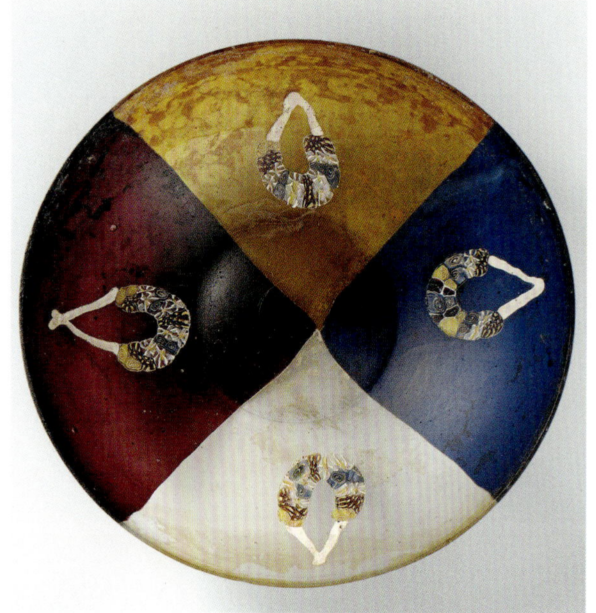

تشهد هذه الصحفة المصبوبة على براعة تقنية إنتاج الزجاج قديمًا، وهي تتألف من أربع قِطع منفصلة متقاربة في حجمها ومصنعة من الزجاج المعتم – العنابي والأصفر والأزرق والشفاف – ومضغوط بعضها مع بعض في قالب مفتوح. ثمّ زُيّنت كل قطعة بشريط متعدد الألوان من الزجاج الفسيفسائي (مقطع عرضي من قصبة زجاج مفتول) تمثّل إكليلاً يتدلّى من حبل أبيض معتم اللون. لا يوجد إلا عدد قليل جدًا من الآنية المصنّعة من أجزاء أو شرائط كبيرة الحجم من الزجاج مختلف الألوان تعود للعصر القديم، وهذه الصحفة هي المثال الوحيد الذي يجمع بين هذه التقنية والزخرف الفسيفسائي.

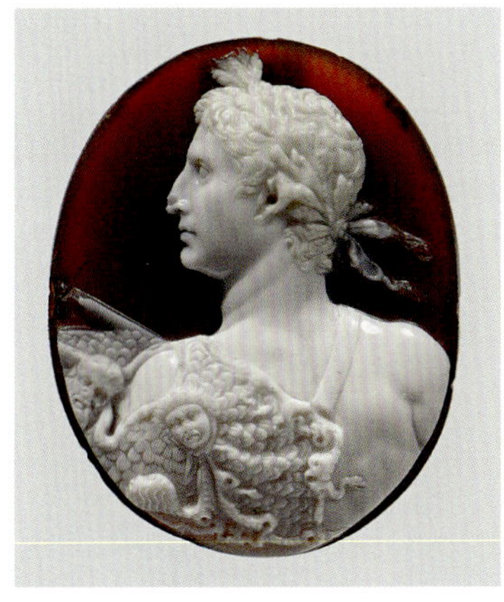

نحت نصفي للإمبراطور أغسطس بالتقنية الكميهية

العصر الروماني، حكم كلاوديوس، 41-54م
نوع من حجر الجزع، الارتفاع: 3.8 سم
اقتناء، وصية جوزيف بوليتزر، 1942م (42.11.30)

يُمثّل هذا النحت الكميهي أغسطسَ منتصرًا على هيئة نصف إله عارٍ يرتدي على كتفه اليسرى عباءة إيجيس المرتبطة في المعتقدات الوثنية بالإلهَين الرومانيَّين يوبيتر ومينرفا. والعباءة مزخرفة هنا برأس إله الريح الذي قد يكون تشخيصًا للرياح التي تهب في الصيف وتحمل مراكب الذرة من مصر إلى روما، وهو ما يشكّل على الأرجح إشارة غير مباشرة إلى ضمّ أغسطس مصرَ إلى إمبراطوريته إثر انتصاره سنة 31 ق.م. في أكتيوم على مارك أنطونيوس وكليوبترا. وتعبّر هيئته عن روح الفخامة التي أضفاها أوّل إمبراطور على الإمارة. وخلال فترة حكمه الطويل (27ق.م-14م) جرى رسم صورة أغسطس على هيئات مختلفة وبوسائط متعددة، لكنه يظهر في كل الحالات على شكل شاب وسيم الملامح ومثاليّ.

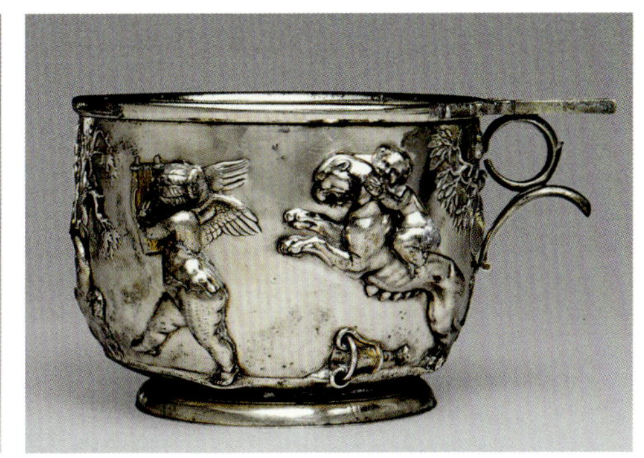

زوج من طِساس "سكيفوي" بالزينة النافرة

العصر الروماني، حكم أغسطس، أواخر القرن الأول ق.م. - بدايات القرن الأول الميلادي
فضة مطلية بالذهب، الارتفاع: 9.5 سم، القطر: 20.6 سم
اقتناء، رصيد مارغريت وفرانك أ. كوسغروف الأصغر وهبة ليلى أشيزون والاس، 1994م (1994.43.1,2)

طستان من الفضة يمثّلان تحفتَين معدنيتين رومانيتين من الصنف الراقي. وما من شك في أنه جرى تصنيعهما في إحدى الورشات الرائدة في روما التي كانت تُزوّد الأسرة الإمبراطورية والطبقة الأرستقراطية الرومانية. والطستان مزخرفان بالنحت البارز بشخصيات كيوبيد بعضها يرقص ويعزف آلة موسيقية. ويرتبط كيوبيد بعالم المجالس الخمرية وحفلاته مما يجعل من تمثيلاته موضوعًا مناسبًا على آنية الشرب المصممة للحفلات الباذخة، بيد أنها تفتقد في هذه الحال لأي شحنة رمزية. وعلى غرار العديد من الأواني الفضية المزخرفة، فإن الطستان يُستخدَمان دون شك للشرب وللزينة كذلك.

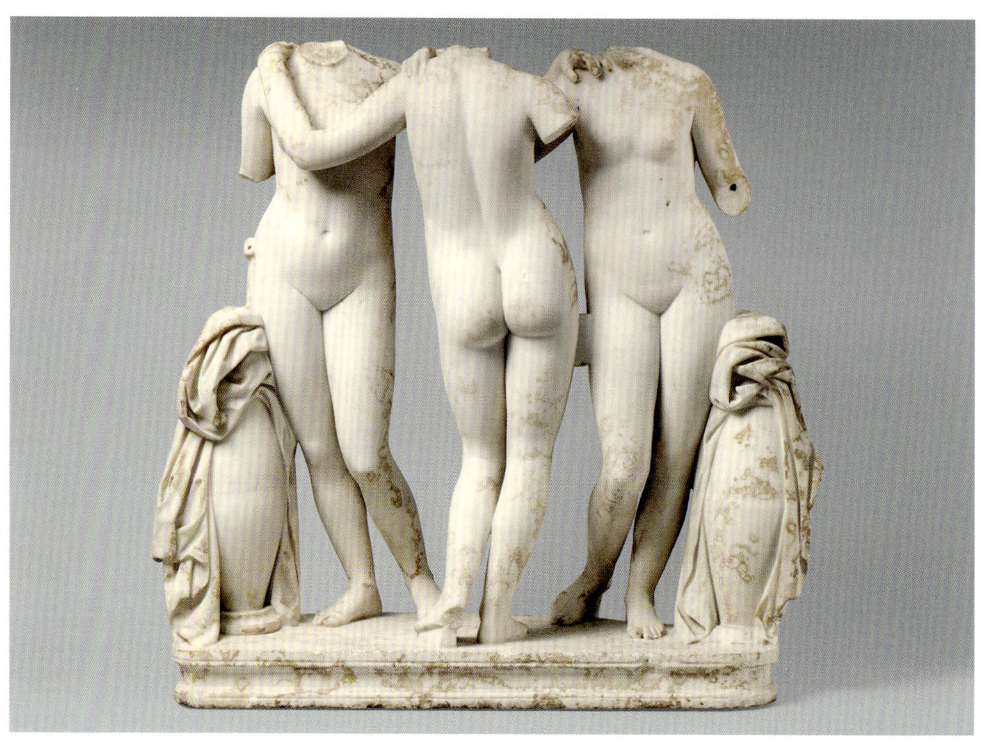

أسفل الصفحة

تابوت من الرخام يمثّل انتصار ديونيزوس والفصول الأربعة

العصر الروماني، الفترة الإمبراطورية المتأخرة، حوالي 260–279م
رخام، المقاسات: (86.4x215.9x92.1 سم)
اقتناء، وصية جوزيف بوليتزر، 1955م (55.11.5)

يُعدّ هذا التابوت مثالاً متقنًا من الفنّ الجنائزي نُحت في روما على الأرجح لحساب زبون موسر. زُخرف الجانبان والوجه الأمامي بنحوتات تُمثل أربعين شخصية بشرية وتماثيل حيوانية بالنحت البارز. يتوسط المشهدَ ديونيزوس وهو يمتطي نمرًا وتحيط به يمنة ويسرة أربع شخصيات كبيرة الحجم ترمز إلى الفصول الأربعة (من اليسار إلى اليمين: الشتاء والربيع والصيف والخريف). وتظهر حول هذه الشخصيات الرئيسية الخمس شخصيات باخوسية وآنية طقسية إضافية أخرى، كلها أصغر حجمًا. كما نُحتت على الأطراف المستديرة للتابوت مجموعات أخرى من الشخصيات كبيرة الحجم منها تشخيص للأرض وللماء.

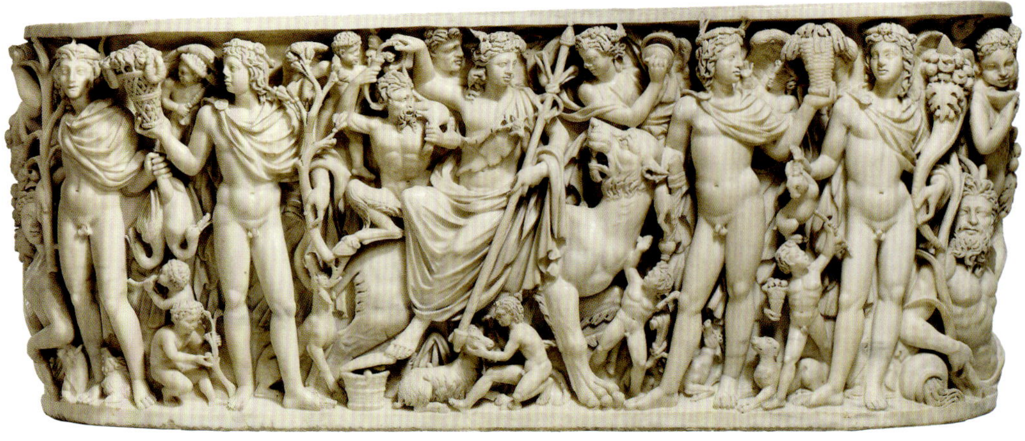

الصفحة الجانبية

مجموعة تماثيل حوريات الجمال

العصر الروماني، القرن الثاني الميلادي
رخام، المقاسات: 100x123 سم
اقتناء، هبات فيلودوروُوي، وليلى أشيزون والاس، وماري ومايكل جاهاريس، وأنيت وأوسكار دو لارنتا، ومؤسسة ليون ليفي، ومؤسسة عائلة روبرت أ. وروني إ. بلفرت، والسيد والسيدة جون أ. موران، وجانيت وجوناثان روزن، ومؤسسة مالكولم هيويت فينر، ونيكولاس س. زولاص، 2010م (2010.260)

تُمثّل وصيفات أفروديت الثلاث -أغلايا (الجمال) وأُفروسين (الطرب) وطلاية (الوفرة) - على هيئة ثلاث شابات عاريات في وقفة مثيرة تذكّر بشكل الإفريز. لا نعلم أين ولا متى جرى ابتداع هذه الطريقة في تمثيل حوريات الجمال الثلاث، لكن المرجّح أنها ظهرت خلال العصر الهلينستي المتأخر. ثم أصبحت هذه التشكيلة أكثر التركيبات استنساخًا وأشهرها في العالم الروماني وتظهر على جميع الوسائط وكل التحف الفنية من العملات والتوابيت إلى اللوحات الفسيفسائية. ولعل هذه المجموعة كانت معروضة في حديقة أو في الحمامات العامة.

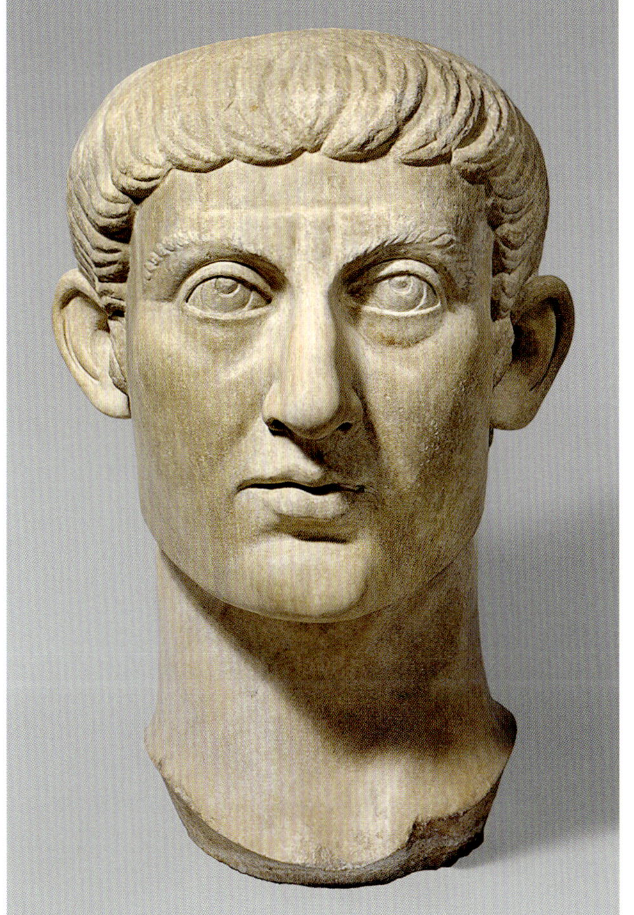

تمثال رأسي للإمبرطور قسطنطين الأول

العصر الروماني، الفترة الإمبراطورية المتأخرة، حوالي 325-370م
رخام، الارتفاع: 95.3 سم
وصية ماري كلارك طمسون، 1923م (26.229)

عمد أول إمبرطور مسيحي، قسطنطين الأكبر (حكم ما بين 306-337م) إلى اتخاذ عاصمة جديدة للإمبراطورية الرومانية سماها باسمه: القسطنطينية بهدف تأسيس سلالة حاكمة جديدة. وعندما أُنجز هذا النحت الذي هو على الأرجح جزء من تمثال نصفي أو من تمثال كامل يفوق الحجم الطبيعي للإمبراطور، كان قسطنطين قد اعتمد صورة رسمية تُميّزه عن سابقيه من الأباطرة الوثنيين. أما شكل الوجه المستطيل والشعر المرتّب بإتقان والهيئة النظيفة للحيته المحلوقة بعناية فهي تعكس سعيًا متعمّدًا للإيحاء بالذكرى المجيدة للأباطرة "الطيبين" الأوائل مثل أغسطس (حكم ما بين 28 ق.م - 14م) وتراجان (98-117م).

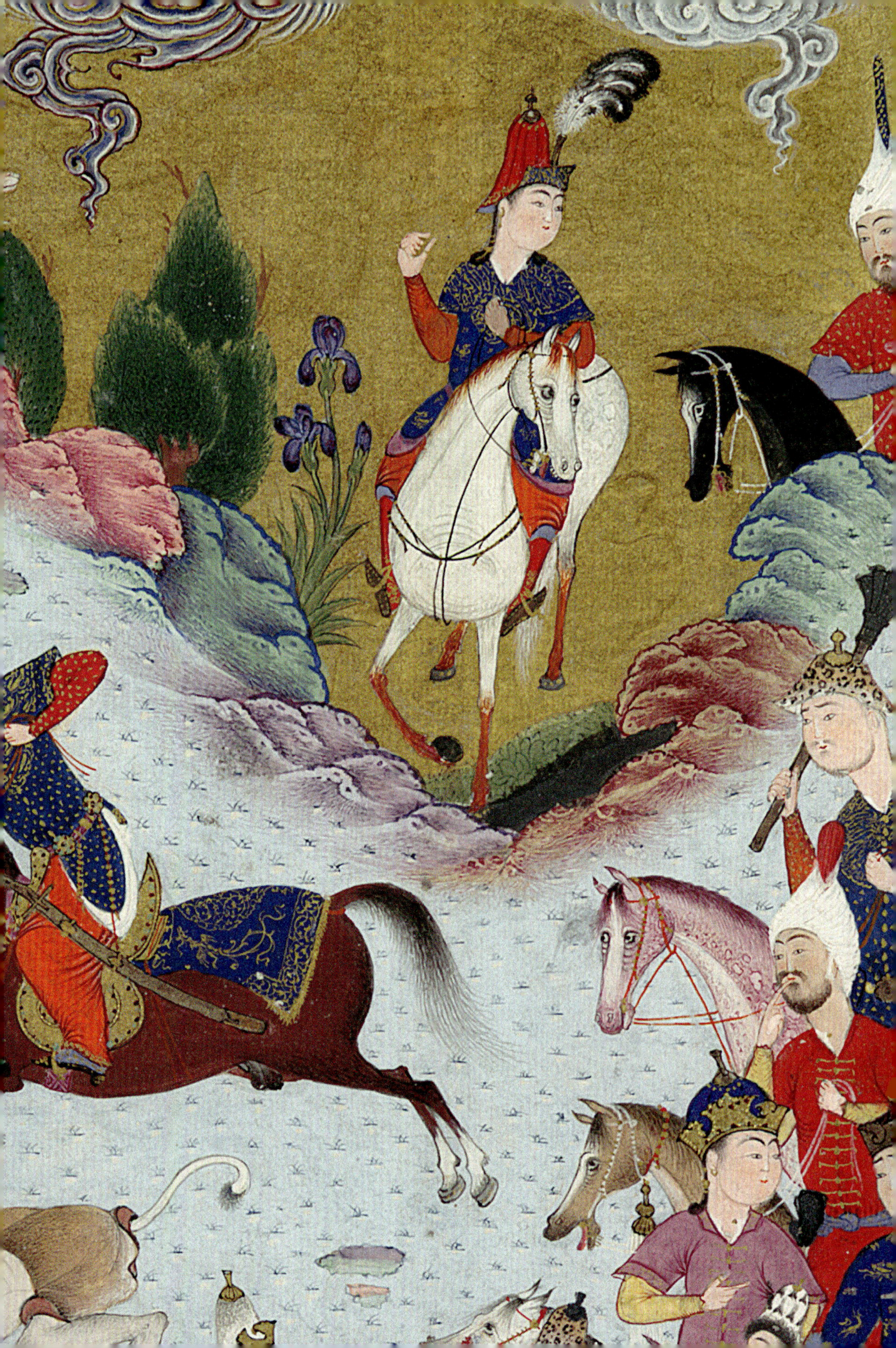

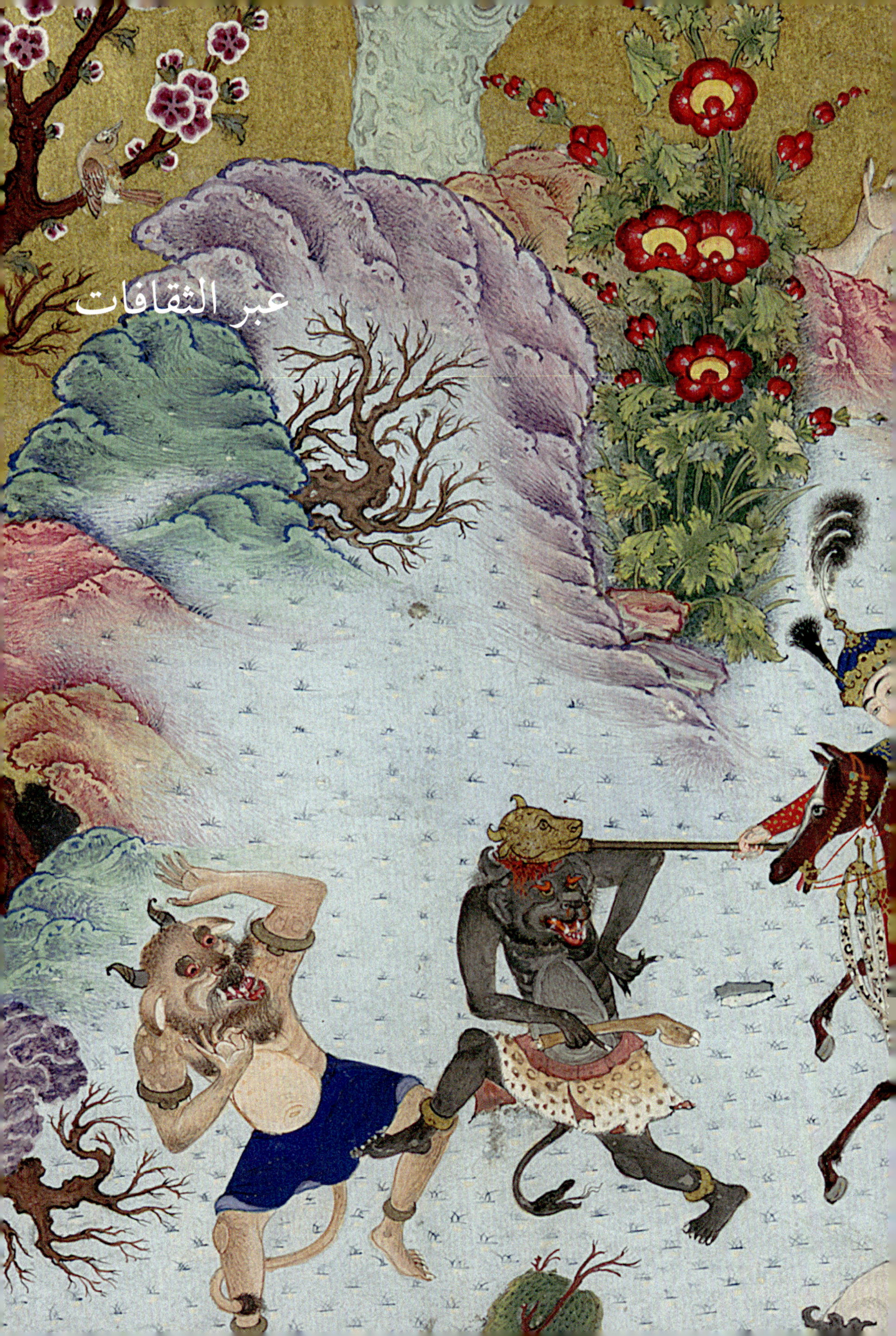

الفن الآسيوي

تمتدّ مجموعة الفن الآسيوي تاريخيًا من الألفية الرابعة قبل الميلاد إلى العصر الحاضر وتعرض تجربة فنية لا مثيل لها من الأعراف الفنية لنصف العالم تقريبًا. وتُمثّل الأعمال الفنية التي تُكوّن المجموعة ثقافاتَ الصين القديمة والحديثة، واليابان، وكوريا، وجنوب آسيا، وجنوب شرق آسيا، وممالك جبال الهيمالايا. وتبرز من بين الممتلكات صينية الأصل منحوتات بوذا الضخمة، وأحجار اليشم والقطع البرونزية من العصر العتيق، وأعمال الرسم والخطوطية، والفنون الزخرفية التي تشمل الخزفيات واللُكّ والمنسوجات. وجدير بالذكر كذلك فناء أستور الهادئ الذي أنجزه حرفيّون صينيُّون تقليديُّون والمُصمّم وفق مخطط حديقة شهيرة في سوجو تعود للقرن السابع عشر الميلادي. وتتميّز الممتلكات كورية الأصل بثراء في المنحوتات والخزفيات البوذية. أمّا الأعمال الفنية اليابانية فتشمل الرسومات السردية المبكّرة (اللفائف اليدوية) والحواجز المنزلية المطوية من القرن الخامس عشر إلى الثامن عشر الميلاديّين والخزفيات من فترة إيدو. ونذكر من بين نقاط قوة قسمَي جنوب آسيا وجنوب شرقها الأحجار البوذية والمنحوتات البرونزية من عصر سلالة كوشان، والقطع البرونزية الهندية من فترة شولا، والقطع المعدنية من العصر المبكّر لجزيرة جاوة، ومنحوتات شعب الخمير. وعلى الرغم من اختلاف الثقافات الآسيوية الواحدة عن الأخرى، نلاحظ في العديد من التحف الفنية للمجموعة وجود أوجه شبه في الشكل والأيقنة ناجمة عن الاشتراك في الديانات مثل البوذية والهندوسية أو في المواضيع والتقنيات كتلك التي نشاهدها في الخزفيات البيضاء والزرقاء أو في الرسم بالحبر. وإذا نظرنا إليها إجمالاً فإنّ الحاصل من هذه الأعمال تقدير فنون ثقافات آسيا المتعددة وكذلك فهم الصلات التي تربط فيما بينها.

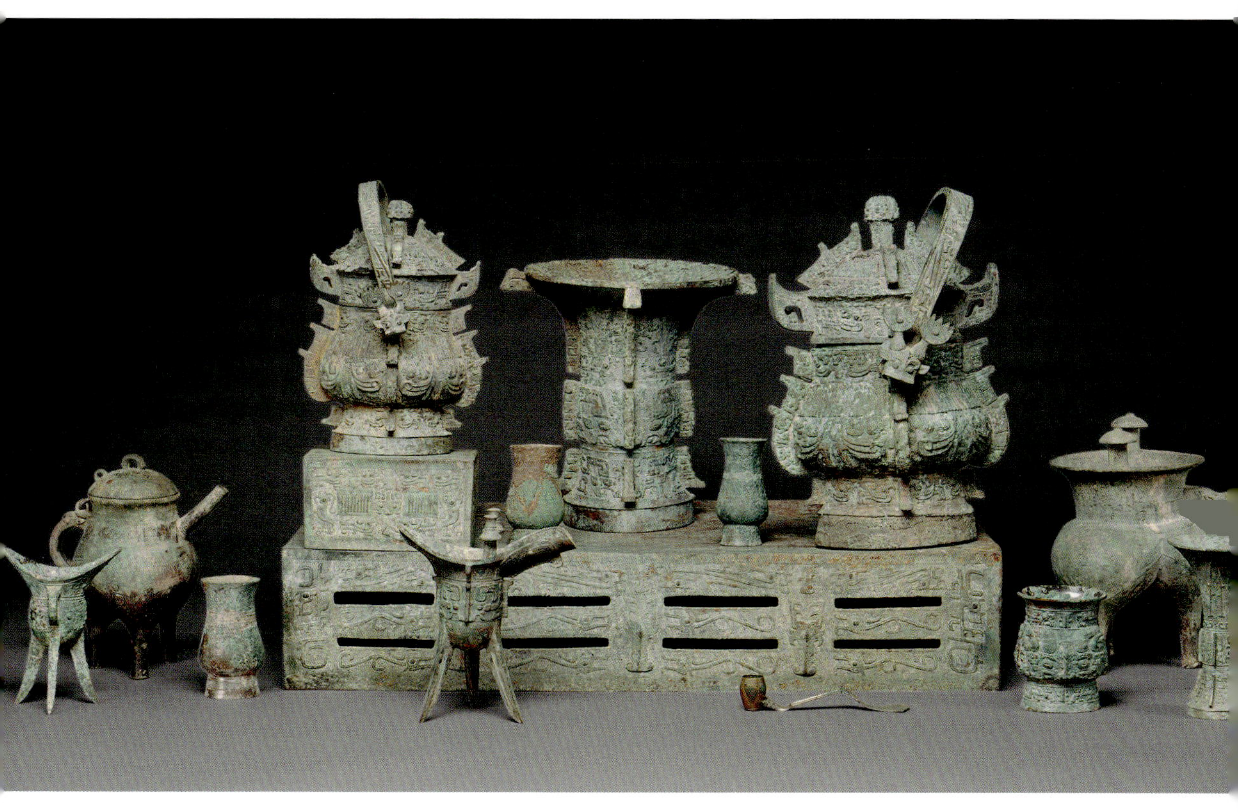

مجموعة المذبح

الصين، حكم سلالتَي شانغ وتشو الغربية، أواخر القرن 11 ق.م.
برونز، مقاسات المائدة: 46.6X89.9X18.1 سم
رصيد مونسي 1931م (24.72.1-14)

إنّ هذه المجموعة من القطع البرونزية الطقوسية المتكونة من مائدة مذبح وثلاثة عشرة إناء للنبيذ تصوّر فخامة عصر البرونز الصيني في أوج ازدهاره. ويشهد التصميم النّصبي وزخرفة السطح المعقّدة وعملية الصبّ المُهذّبة على نحو مقنع على الرفعة الفنية والتقدم التقني. وتشير التقارير إلى أنّ المجموعة عُثر عليها في بداية القرن العشرين الميلادي داخل قبر وجيه من الطبقة الأرستقراطية من تشو الغربية في مقاطعة شنشي. ثم دخلت في مجموعة تحف دوان فانغ الذي كان موظّفًا حكوميًا ذائع الصيت وجامع تحف فنية قبل أن يبيعها ورثته لاحقًا إلى متحف المتروبوليتان.

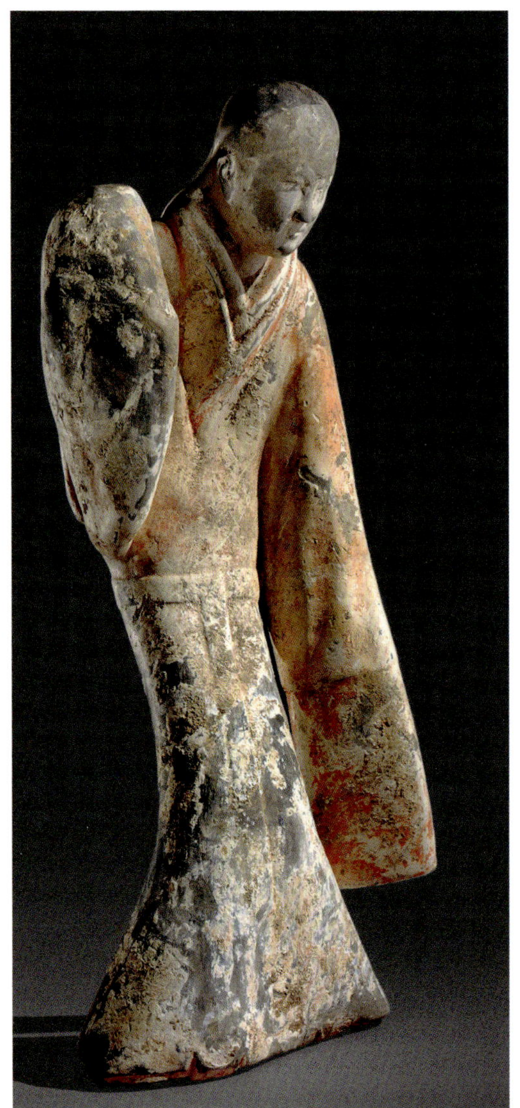

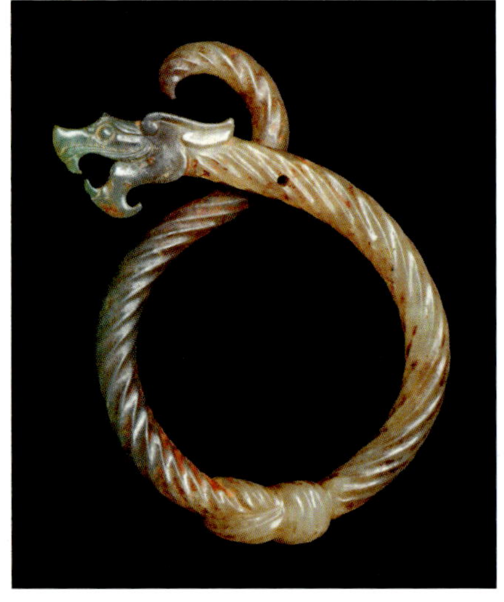

حلية متدلية على هيئة تنّين معقود

الصين، حكم سلالة تشو الشرقية، فترة الدول المتحاربة، القرن الثالث ق.م.
حجر اليشم (نفريت)، الارتفاع: 7.9 سم
هبة مؤسسة إرنست إركسون، 1985 م (1985.214.99)

تُمثّل هذه الحلية المتدلية مثالاً رائعًا لليشم الصيني المنقوش من العصر المبكّر، وتتّخذ شكل تنّين أهيف يُكوّن جسمه الثعباني حلقة رشيقة. نُقشت أخاديد عميقة في الجسم تعطيه مظهر الحبل الملتوي وتزيد من انطباع القوة فيه. وهذا التنّين المتعرّج بجسمه المنحني وفكّيه المزمجرَين – وهو موتيف زخرفي سائد في الفترة المتأخرة لحكم سلالة تشو الشرقية – مُستوحَى من فنون الغرب التي جلبتها قبائل السباسب الأوروآسيوية الرحّل إلى جيرانها الصينيّين.

راقصة

الصين، حكم سلالة هان الغربية، القرن الثاني ق.م.
خزف بالصبغ، الارتفاع: 53.3 سم
مجموعة شرلوت س. وجون س. فيبر، هبة شرلوت س. وجون س. فيبر، 1992 م (1992.165.19)

يُقدّم هذا التمثال الخزفي نموذجًا محوريًا للمنحوتات الصينية من العصر المبكّر ويوضح إنجاز الفنان الذي تمكّن من إضفاء إحساس بالحركة على شيء ساكن. أضفى النحات انطباعًا بزخم الحياة على الراقصة من خلال اقتناصه لحظة في حركتها تزخز بالتوتّر عندما تلقي كمّها إلى الوراء وتنحني بلطف وتحني ركبتَيها.

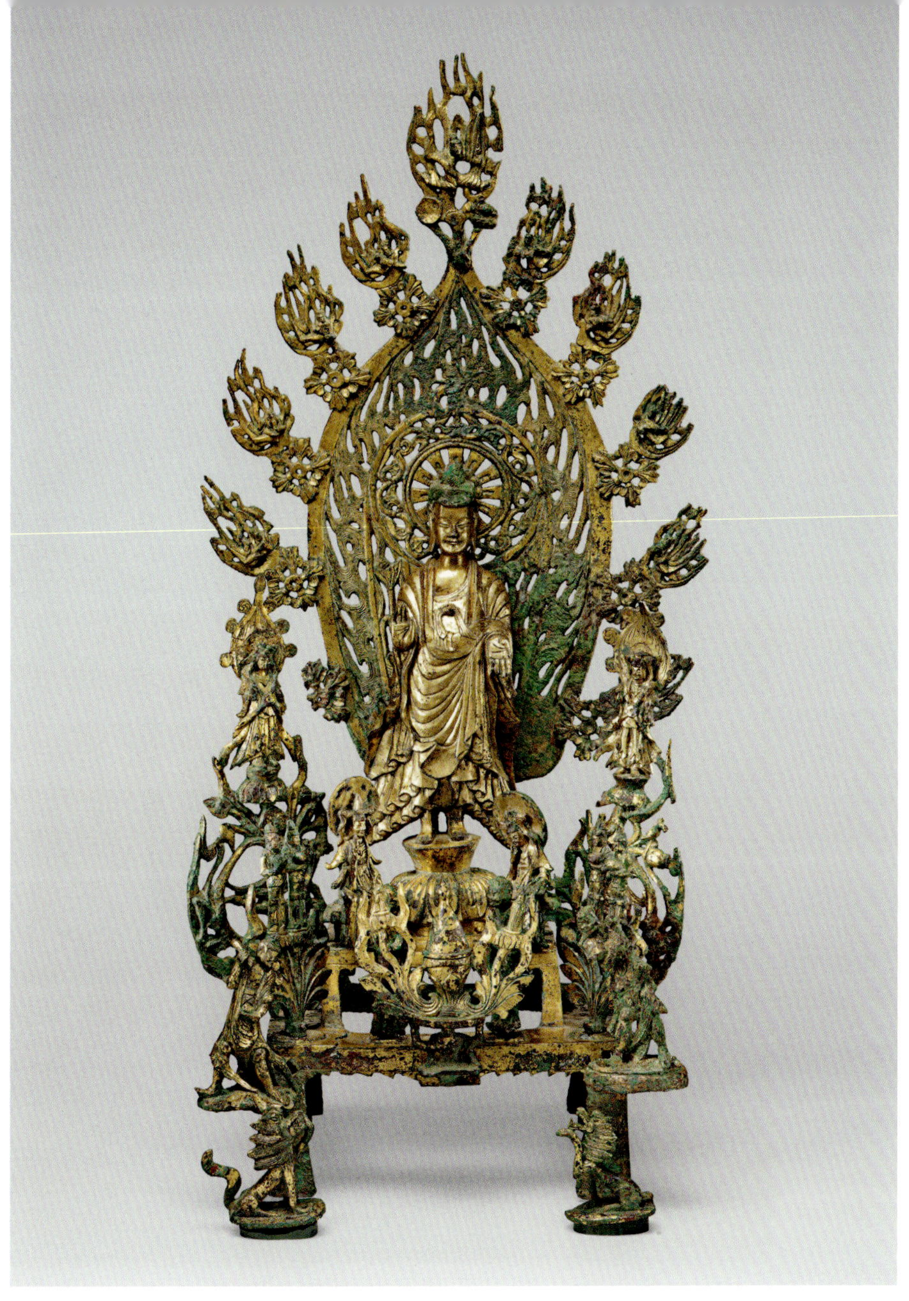

قطعة مذبح مكرّس لمتريا، البوذا المنتظر

الصين، حكم سلالة واي الشمالية، 524م
برونز مذهّب، الارتفاع: 76.8 سم
رصيد رودجرز، 1938م (38.158.1a–n)

تُشكّل هذه القطعة النادرة والقائمة بذاتها من المذبح مثالاً للأسلوب الذي تطوّر في بلاط دولة واي الشمالية في بدايات القرن السادس الميلادي والذي تميز بتخفيف ملامح الجسم وإبراز الملابس الخشنة التي تواري أعضاءه.

أدّى متريا (مايل فو) دورًا مهمًّا في الممارسات الصينية المبكّرة، ويعتقد البوذيون أنه البوذيستوى (المنقد المستنير الروحاني) الذي سيصبح البوذا المعلّم خلال الحقبة الكونية القادمة عندما تعود البوذية بعد أن جرى القضاء عليها. ويُعرَّف على قطعة المذبح من خلال نقش ينصّ أنّ شخصًا أمر بإنجاز هذا النحت لحساب ابنه الفقيد معبّرًا عن أمله في أن يلتقيَ ابنه وأفراد عائلته الآخرون مجدّدًا بحضور البوذا.

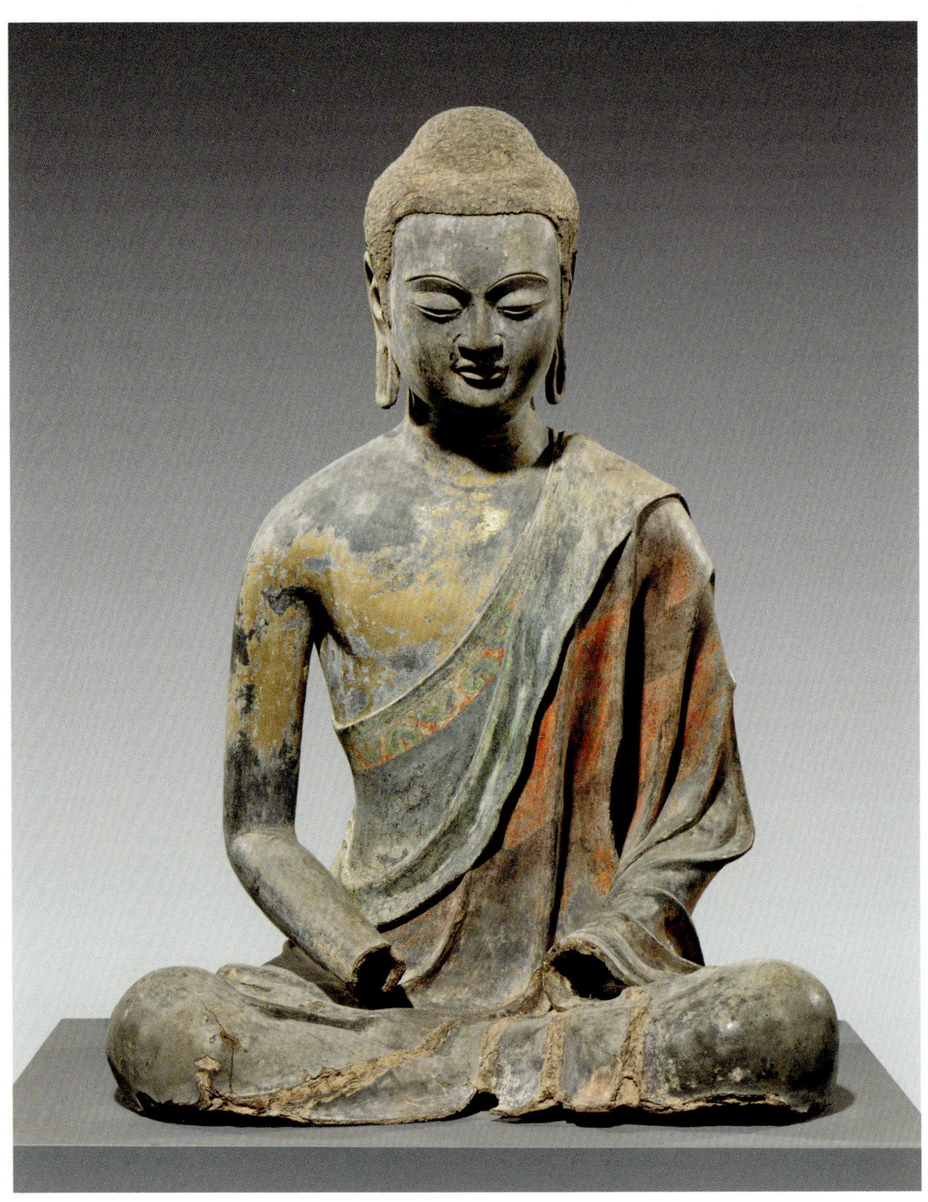

بوذا، على الأرجح "أميتبها" (السماوي)

الصين، حكم سلالة تانغ، بداية القرن السابع م.
لكّ جاف مجوّف وآثار تذهيب وأصباغ متعددة الألوان
الارتفاع: 96.5 سم
رصيد رودجرز، 1919 م (19.186)

إن عقيدة بوذا السماوي (أميتوو فو) تضع النبرة على استحالة بلوغ حالة التنوير البوذية خلال الحياة في ظل ظروف ليست مثالية كلية، وتحفز الرغبة في الولادة مجددا في سوخافاتي، الأرض النقية أو محطة العبور التي تساعد ظروفها على المرور إلى مرحلة البحث عن الإدراك المتقدم. جرى التعرف على تمثال أميتبها من خلال وضع الذراعين الذي يشير إلى أن اليدين المفقودتين كانت في وضع التأمل، وقد أنجز باستخدام تقنية اللك الجاف المعقدة حيث يغطى بالطين الجزء المتكون من الخشب في غالب الأحيان، ثم يغلف بقطع قماش من خيط القنب المشبعة باللك. ويزال في الجزء الصلب عند نهاية العملية. وقد انتشرت هذه التقنية في القرن الثامن الميلادي انطلاقا من الصين إلى اليابان.

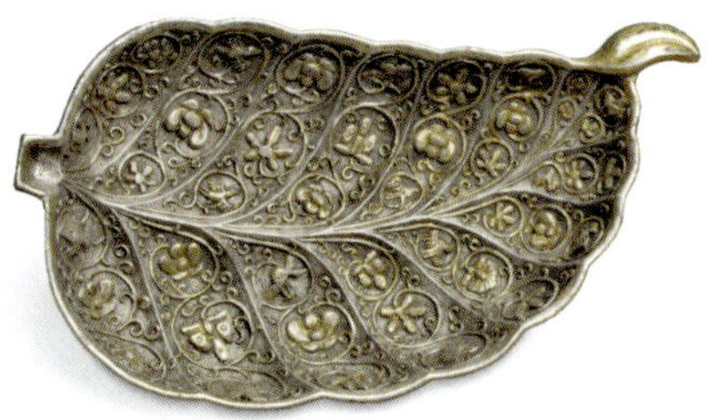

إناء على شكل ورقة

الصين، حكم سلالة تانغ. أواخر القرن السابع - بداية القرن الثامن م.
فضة مع أجزاء مُذهّبة. الطول: 14.6 سم
اقتناء، هبة آرثر م. ساكلر، 1974 م (1974.268.11)

بلغ فنّ صياغة الفضة أوجه خلال حكم سلالة تانغ (618–906م) عندما توطّدت العلاقات مع آسيا الوسطى والغربية حاملة معها التأثيرات الخارجية في الأشكال والموتيفات. وتغيّرت تقنيات الصناعة بدورها عندما تخلّى الحرفيّون عن الطُّرُق التقليدية في صبّ المعادن واعتمدوا الدقّ والنقش بالمطرقة. وهذا الإناء البديع على شكل ورقة والمزدان بالزهور والطيور المُنجزة بطريقة الدقّ بالمطرقة (من الوجه الخلفي) يُمثّل على أفضل صورة روائع فنّ الزخرفة لسلالة تانغ.

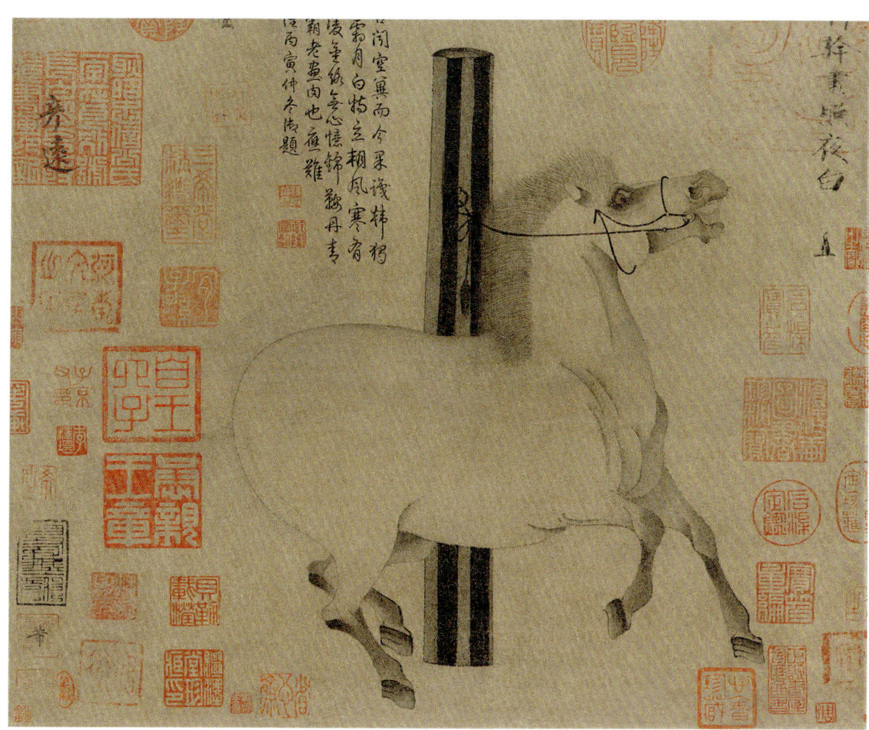

يُسند إلى

هان غان

صيني، نشط ما بين 742–756م

الأبيض الساطع ليلاً

حكم سلالة تانغ، حوالي 750م
لفافة يدوية؛ حبر على ورق. المقاسات: 34x30.8 سم
اقتناء، هبة رصيد ديلون، 1977 م (1977.78)

من الممكن أن يكون هذا الرسم للحصان المفضّل للإمبراطور كسوانزونغ (حكم ما بين 712–756م) واسمه "الأبيض الساطع ليلاً" أشهر لوحة لحصان في الفنّ الصيني. ويُلخّص هذا الحيوان الجامح الأساطير الصينية المتعلقة ب "الخيول السماوية" المُورّدة التي تتصبب عرقًا من الدم وهي في الواقع تنانين تخفي حقيقتها. أُسند هذا الرسم لهان غان الذي اشتهر برسمه الشكل المادي للخيل وكذلك روحها. وعلى الرغم ممّا يُشاع بشأن هانغ الذي كان يُفضّل الزيارات الميدانية للإسطبلات على دراسة النماذج المرسومة السابقة، فإنّ الصورة عن جانب والتجريد في الهيئة الجسدية للحصان مشتقّان بالتأكيد من النماذج القديمة.

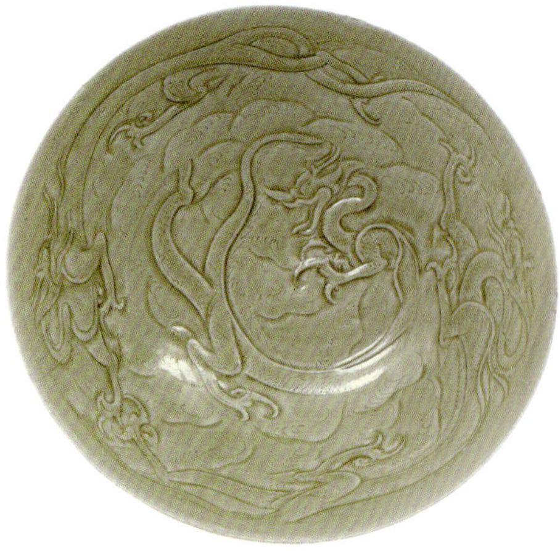

صحفة عليها ثلاثة تنانين

الصين، مقاطعة زهاجيانغ، فترة حكم السلالات الخمس، القرن العاشر م.
إناء حجري عليه تصميم منقوش ومحفور ومزجّج على نمط سيلادون.
القطر: 27 سم
رصيد رودجرز، 1918 م (18.56.36)

يُستخدم في الغالب مصطلح "سيلادون" في الغرب لتسمية الخزفيات المُزججة بطبقة ملساء خضراء اللون. ويجري عادة في الصين تصنيف هذه الآنية تحت أسماء الأفران التي أنتجتها للاستخدام المحلّي وللمتاجرة على السواء. ويظهر على هذا النموذج أحد التنانين الثلاثة المفعمة بالحيوية التي تؤثث صدر الصحفة وهو يلوي ذيله بين قائمتَيه الخلفيّتَين، وهذا تصميم مُميّز لأفران يوي التي كانت تُنتج الآنية منذ القرن الثاني ق.م. وانتشرت تجارة أواني يوي على نطاق واسع بداية من القرن الثامن إلى أن توقّف إنتاج الأفران في القرن العاشر الميلادي. وقد عُثر على نماذج من هذه الآنية في أماكن قصية بلغت إفريقيا في اتجاه الغرب.

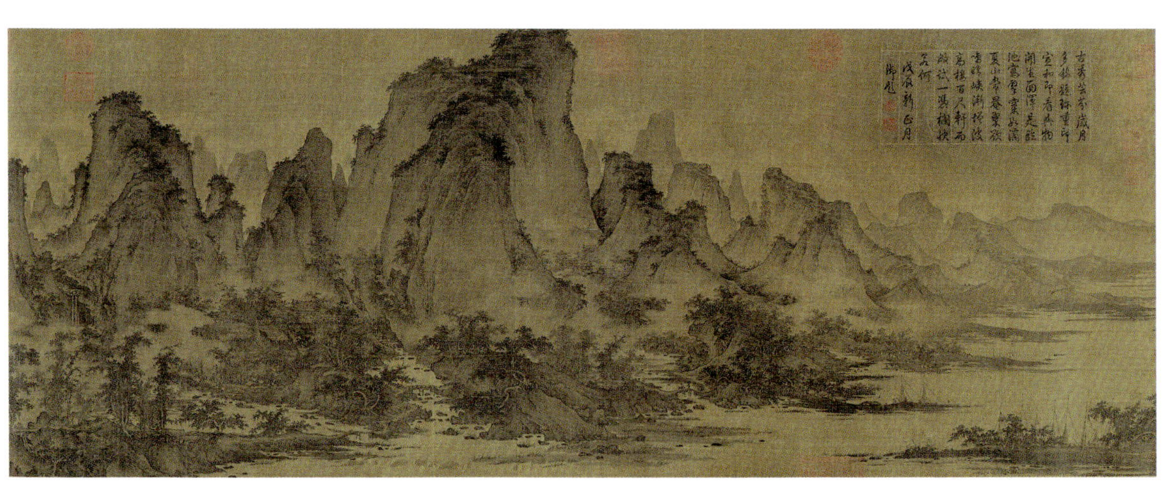

يُسند إلى
كو دينغ
صيني، نشط ما بين 1023–1056 م تقريبًا

جبال في فصل الصيف

حكم سلالة سونغ، حوالي 1050 م
لفافة يدوية، حبر ولون فاتح على حرير
المقاسات: 115.2X45.3 سم
هبة من رصيد ديلون، 1973 م (1973.120.1)

أبدع الرسامون الصينيون ما بين سنة 900 و 1100 م مشاهد لمناظر طبيعية تُصوّر سموّ العالم. وكان الغرض أن يتماهى المشاهدون مع الشخصيات المرسومة على هذه اللوحات. وهكذا، نرى في لوحة "جبال في فصل الصيف" مسافرون يشقون طريقهم للاعتكاف في المعبد. يُشرف الجبل الأوسط على المنظر بجلال وكأنه إمبراطور بين رعاياه ليعبّر عن قمة هرم الطبيعة. ويشير الاستخدام المتطوّر لجرّات القلم والحبر المغسول إلى أنّ لوحة "جبال في فصل الصيف" من إنجاز أستاذ عمِل حوالي عام 1050 م، وهو تاريخ تؤكّده أختام جامعي التحف العائدة لعصر الإمبراطور هيوزونغ من سلالة سونغ (حكم ما بين 1101–1125 م) الذي يذكر فهرس لوحاته ثلاثة أعمال عنوانها "مناظر في فصل الصيف" أنجزها فنان ما كنّا لنعرفه لولا ذِكره بهذه المناسبة، واسمه كو دينغ.

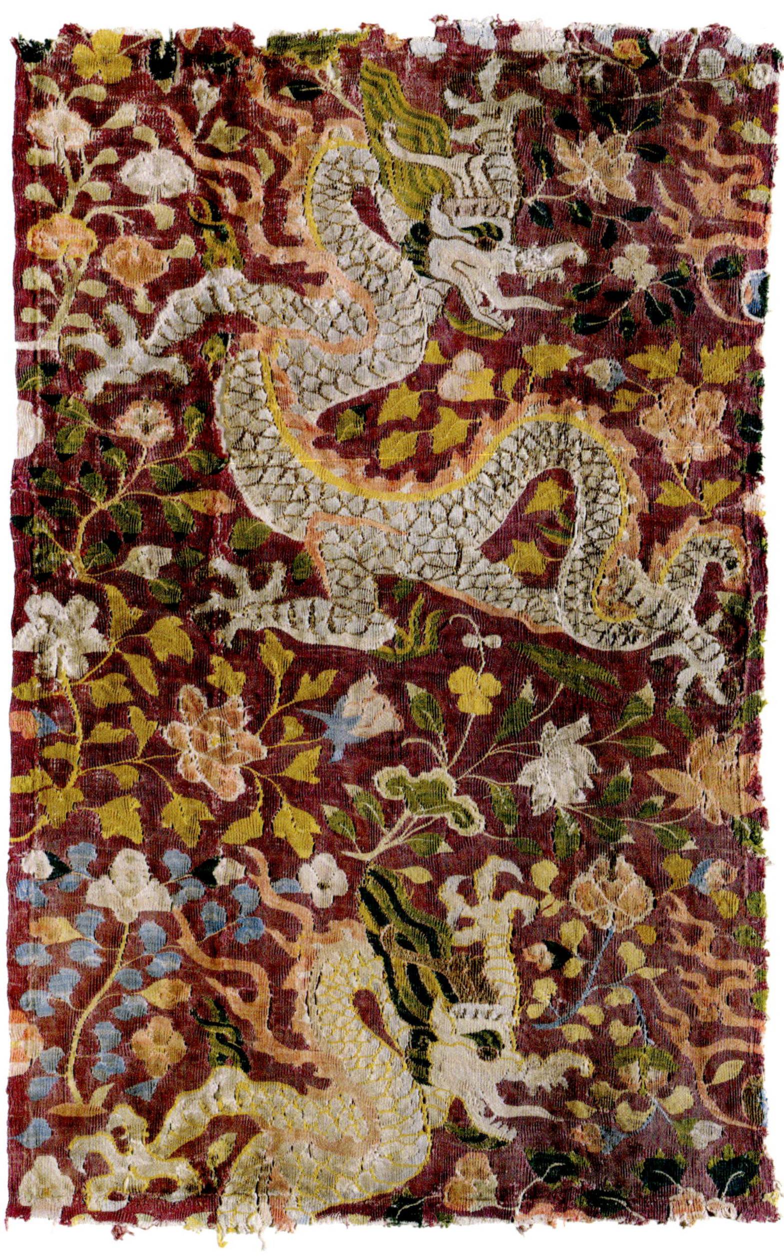

نجود مزدانة بالتّنانين والأزهار

شرق آسيا الوسطى، القرن الحادي عشر – الثاني عشر م
نجود حرير، المقاسات: 33x53.7 سم
رصيد فليتشر، 1987 م (1987.275)

هذا الأسلوب الزخرفي لنجود الحرير نموذجي عن آسيا الوسطى حيث عاشت هذه الموتيفات مطوّلاً وعرفت عدة تركيبات إبداعية مختلفة. ويُمثّل شكل التنّين بخرطومه الطويل وذيله المعقوف بين قائمتَيه عُرفًا يعود لحكم سلالة تانغ امتدّ زمنيًا في آسيا الوسطى حتى حكم سلالة يوان على أقل تقدير، وكان قد أسّسه سنة 1271 م الغازي المغولي خوبيلاي خان. والأرجح أنّ وضع التنّين على الزهور ابتكار من آسيا الوسطى، كما أنّ الألوان الفاقعة وحيوية الحيوانات بدورها خصائص تُميّز نجود هذه المنطقة التي قد يكون أنتجها شعب الأويغور المعروف بملابسه الرائعة المُصنّعة من النجود المنسوجة.

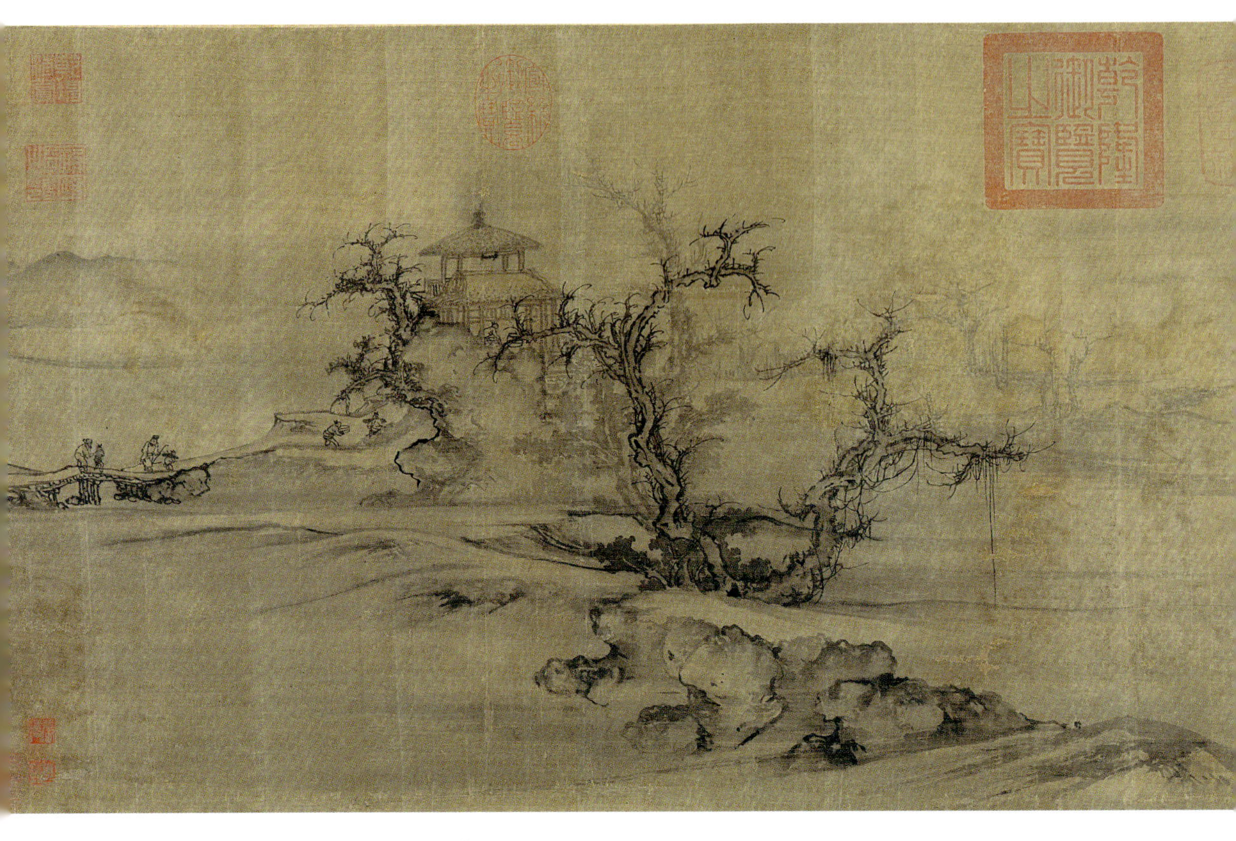

غاو كسي
صيني، حوالي 1000–1090م

أشجار معمّرة، مسافة عن بُعد (تفصيل)

حكم سلالة سونغ، أواخر القرن الحادي عشر م.
لفيفة يدوية، حبر وألوان على حرير،
المقاسات: 34.9×104.8 سم
مجموعة جون م. كراوفورد الأصغر، هبة جون م. كراوفورد، تكريمًا لدوغلاس ديلون، 1981م (1981.276)

سعى رسّام المناظر الطبيعية البارز غاو كسي الذي عاش في أواخر القرن الحادي عشر الميلادي إلى إعطاء شكل إلى الصور والعواطف الشعرية، واهتمّ بوجه خاص بنقل الفوارق الدقيقة بين مختلف فصول السنة وساعات اليوم. ويُعدّ عمله "أشجار مُعمّرة، مسافة عن بُعد" تعبيرًا مختلفًا ينطلق من الوصفة الكلاسيكية لمحور "مسافة عن بُعد" الذي تظهر فيه أشجار فارعة الطول في المقدمة على خلفية سهل واد شاسع، وهو على الأرجح عمل متأخر أنجزه الرسام لأحد زملائه الموظفين الحكوميين قبل أن يتقاعد من الوظيفة. وتبدو في الجزء الأخير من اللفيفة اليدوية أشجار عارية من الأوراق وضباب كثيف تُضفي جوًّا خريفيًّا موحشًا إلى المشهد الذي نرى فيه شخصَين طاعنَين في السن يقتربان من بيت، ولعلّهما يلتحقان بزملائهما لتوديع صديق.

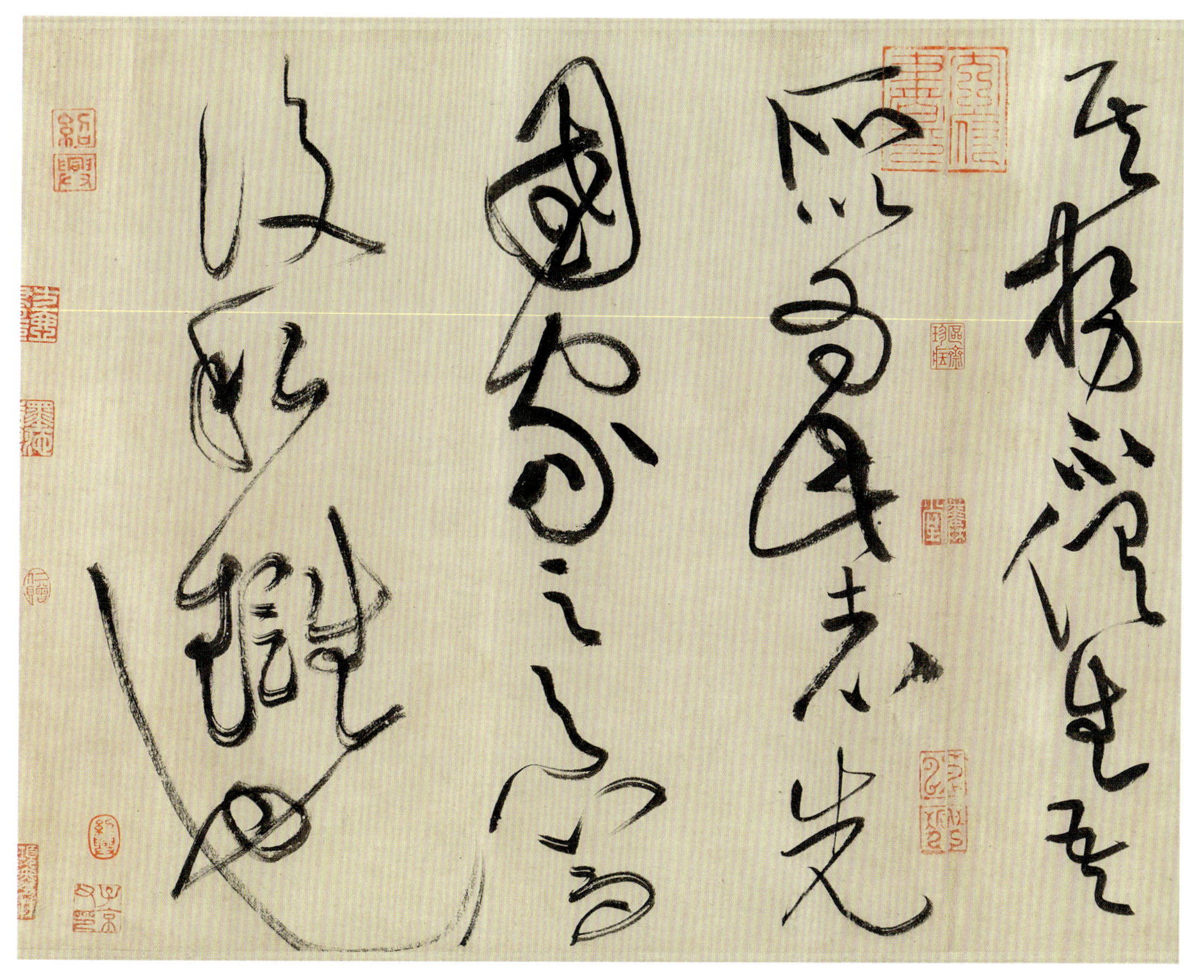

هوانغ تينغجيان
صيني، 1045–1105م

السّيرتان الذاتيّتان لليان بو ولين كسيانغرو (تفصيل)

حكم سلالة سونغ، حوالي 1095م
لفيفة يدوية؛ حبر على ورق. المقاسات: 32.5×1822.4 سم
وصية جون م. كراوفورد الأصغر، 1988م (1989.363.4)

كان الشاعر والخطاط هوانغ تينغجيان من أتباع العقيدة البوذية زان، وكان يرى أنّ الخطوطية ينبغي أن تكون تلقائية تُعبّر عن نفسها – "صورة عن العقل". تحتوي هذه اللفيفة على ما يناهز 1200 حرف، وهي تحفة من روائع الكتابة بخط النسخ الصيني. وتسرد حكاية منافسة بين موظفين من الدولة: لواء بارز في الجيش اسمه ليان بو، ومُخطِّط استراتيجي ماهر يُدعى لين كسيانغرو. ويختتم هوانغ سرده بشكل مفاجئ مستخدمًا كلمات لين: "عندما يتخاصم نمران، يجب أن يلقى أحدهما حتفه. وإنّني أتصرّف على هذا النحو لأنني أضع مصلحة البلاد قبل الضغائن الشخصية". وعندما نقرأ ما سبق في خضم مناخ الاقتتال الداخلي في الحياة السياسية تحت حكم سلالة سونغ، تبدو حكاية هوانغ لائحة اتهام جدية على تحزّبه واصطفافه الذي أدّى إلى إبعاده سنة 1094م.

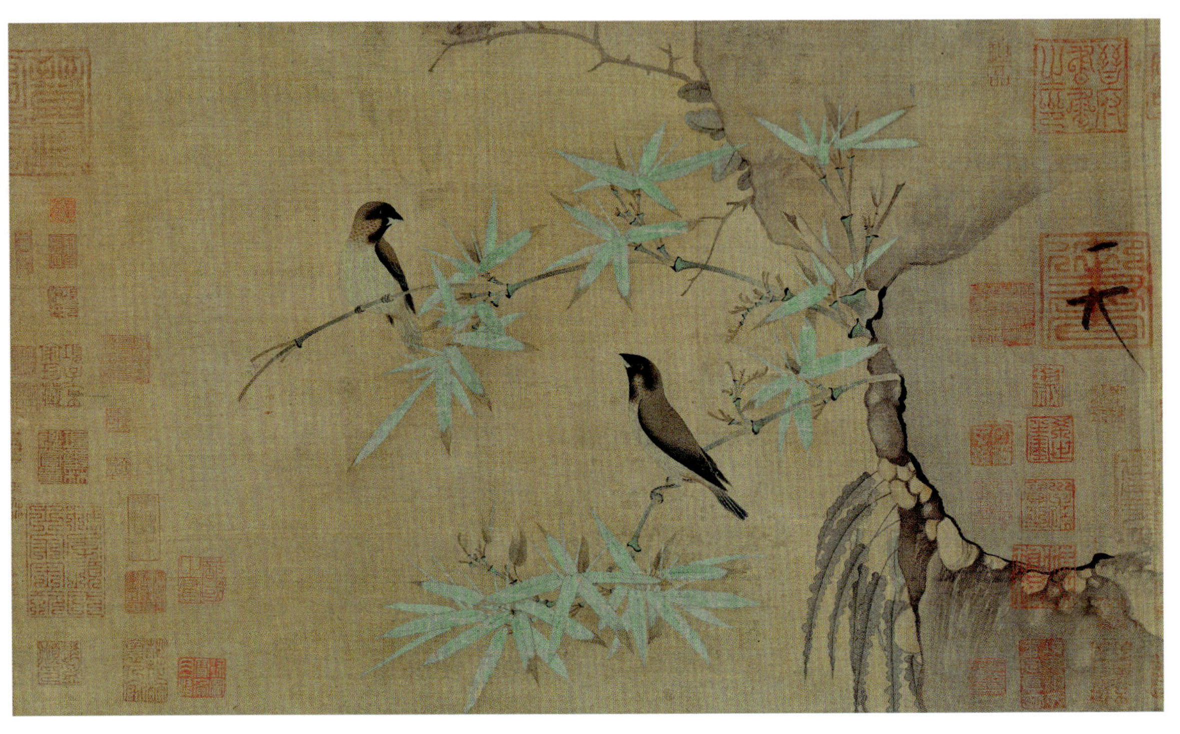

الإمبراطور هُويزونغ

صيني، 1082–1135م، حكم ما بين 1101–1125م

عصافير وخيزران

لفيفة يدوية؛ حبر وألوان على حرير

المقاسات: 27.9×45.7 سم

مجموعة جون م. كراوفورد الأصغر، اقتناء

هبة دوغلاس ديلون، 1981م (1981.278)

كان هُويزونغ ثامن أباطرة سلالة سونغ وأكملهم فنًا ضمن العائلة الملكية. وتمثّل لفيفة "العصافير والخيزران" نموذجًا مميّزًا للأسلوب الواقعي المعتمد لرسم الزهور والطيور في أكاديمية هُويزونغ. وسواء تعلق الأمر بإنجاز دراسة من خلال مشاهدة الطبيعة أو بزخرفة بيت شعري، كان الإمبراطور يُفضّل اقتناص روح الشيء المرسوم على تمثيله كما هو في الواقع. ونلاحظ في هذه الحال كيف تشبّعت العصافير المرسومة بدقة بحيوية الكائنات الحية المقابلة لها. كما منحت قطرات اللكّ التي أضيفت إلى عيون العصافير لمسة نهائية توحي بالحياة.

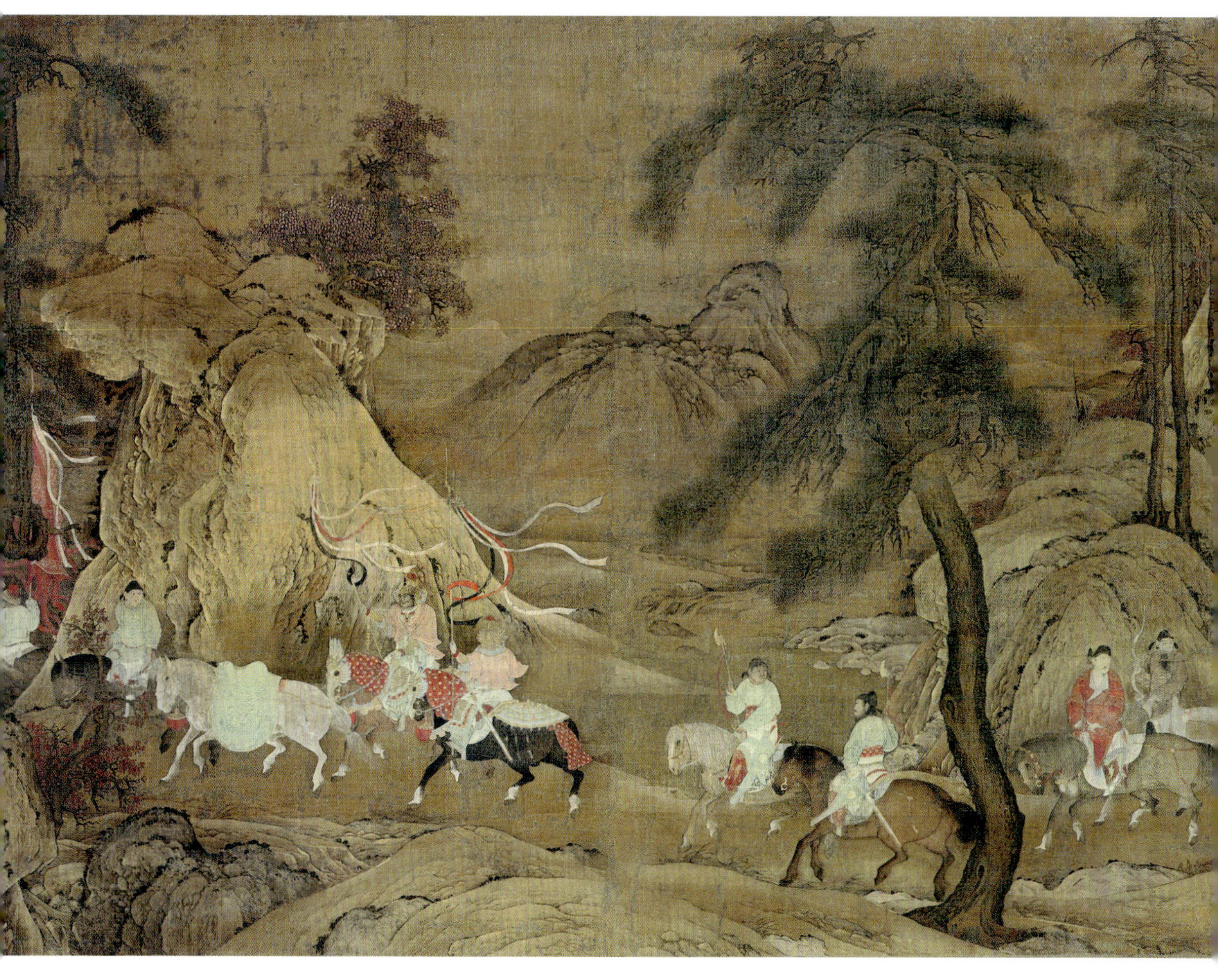

فرار الإمبراطور كسوانزونغ إلى شو

الصين، حكم سلالة سونغ، أواسط القرن الثاني عشر م
لفيفة طومار مُعلّقة؛ حبر وألوان على حرير
المقاسات: 113.6X82.8 سم
رصيد رودجرز، 1941 م (41.138)

في سنة 745م وبعد أن حكم البلاد باقتدار على امتداد ثلاثة وثلاثين سنة (712-756م) أحبّ حاكم سلالة تانغ الإمبراطور كسوانزونغ محظيّته يانغ غيفاي وأصبح لا يعير اهتمامًا لمسؤولياته من فرط عشقه لها. وتمرّد عليه قائده العسكري المقرّب آن لوشان عام 755م فأُلقي باللوم حينئذ على يانغ غيفاي. ولمّا أُجبر الإمبراطور على الفرار من العاصمة في كسيان إلى شو (مقاطعة سيشوان) اعترضت طريقه كتائب المتمرّدين الذين طالبوه بإعدام حبيبته. وبعد أن وافق عن مضض، شهد الإمبراطور أمام عينيه إعدام محظيّته وهو في حالة من الهلع والإحساس بالعار. وعلى إثر الحادثة بفترة وجيزة، تخلّى عن العرش. ويصف هذا الرسم حاشية الإمبراطور الكئيبة بعد الإعدام. ورغم أنّ ملابس الشخصيات من طراز سلالة تانغ إلاّ أنّ أسلوب رسم المنظر الطبيعي يشير إلى أواسط القرن الثاني عشر الميلادي بسبب شكل الأحجام المرسومة بتفاصيلها الدقيقة والجو العام الذي يغشاه الضباب.

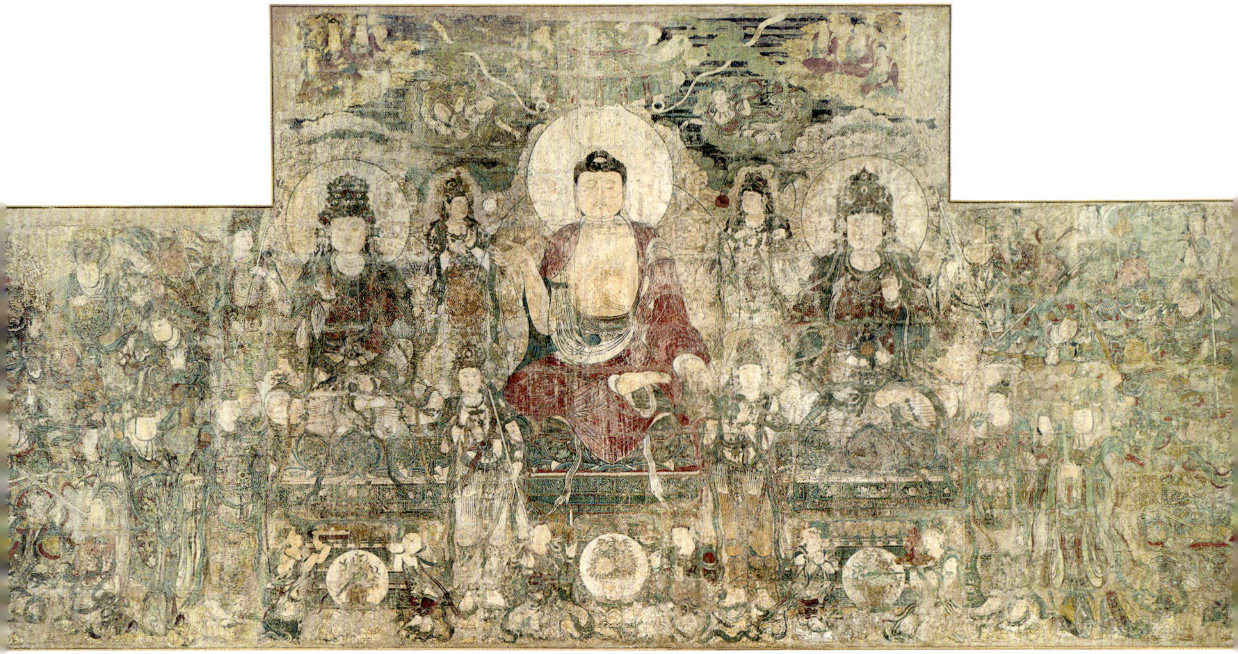

بوذا الطب بهايشاجياغورو

الصين، مقاطعة شانشي، حكم سلالة يُواي، حوالي 1319 م
خضاب مائي على قاعدة من الطين والقش. الارتفاع: 7.5 م
هبة آرثر م. ساكلر إكرامًا لوالديه إسحاق وصوفي ساكلر، 1965 م (65.29.2)

أدّت الممارسات الطبية البدنية والروحانية على السواء دورًا مهمًّا في نشر البوذية عبر آسيا. ويظهر على هذه الجدارية بهايشاجياغورو (ياوشي فو) بوذا الطب مرتديًا حلة حمراء ومحاطًا بمجموعة كبيرة من الآلهة تشمل إلهَين بوذيسطوا يحملان رمزَي الشمس والقمر. أمّا المحاربون الاثنا عشر، ستة على كل جانب، فيرمزون إلى نذر بوذا نفسه لمساعدة الآخرين. والملاحظ أنّ الشخصيات كاملة الوجوه وقوية البنية والبناء الفضائي قليل العمق سمات مميّزة لأعمال تشو هاوغو الذي كان نشطًا في بدايات القرن الرابع عشر الميلادي ورسم لوحات بوذية وطاوية على السواء.

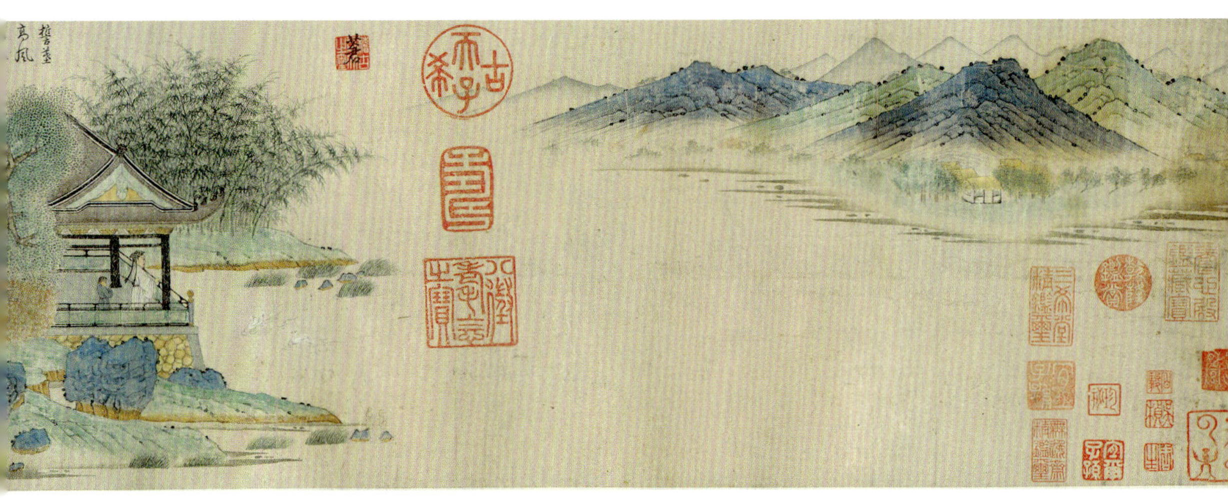

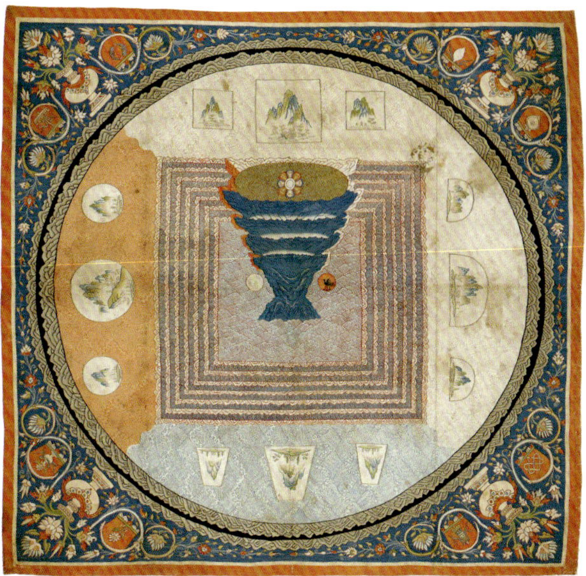

الدائرة الكونية "مندالا" وجبل مرو

الصين، حكم سلالة يُوان، القرن الرابع عشر م
نجاد من الحرير، المقاسات: 83.8x83.8 سم
اقتناء، هبة رصيد فليتشر وجوزيف إ. هوتنغ ودانيال روزنبرغ، 1989 م (1989.140)

هذا الرسم الكوني المعقد على شكل نجاد منسوج الذي يُطلَق عليه "مندالا" نموذج من الصور الهندية الذي أُدخلت إلى الصين بالتزامن مع ظهور البوذية الباطنية. يظهر وسط الرسم جبل مرو الأسطوري على هيئة هرم مقلوب تعلوه زهرة اللوتس التي ترمز إلى النقاء البوذي. كما تظهر عند قاعدة الهرم الرموز التقليدية الصينية: الشمس (طائر بثلاث قوائم) والقمر (أرنب). وتمثّل الزخارف بالمناظر الطبيعية في الاتجاهات الأربعة القارات الأربع للأساطير الهندية التي تتّبع أعراف الأسلوب الصيني "الأزرق والأخضر" في رسم المناظر الطبيعية. وقد اشتُقّت الحواشي الزهرية الكثيفة من تقاليد الرسم للمنطقة الوسطى في التبت، ولا سيما من الأديرة التي كانت لها صلات مع بلاط سلالة يُوان.

كسِيان تشُوان

صيني، حوالي 1235– قبل 1307 م

وانغ تشيزهي يُراقب الإوز (تفصيل)

لفيفة طومار يدوية، حبر وألوان وذهب على ورق
المقاسات: 92.7x23.3 سم
هبة رصيد ديلون، 1973 م (1973.120.6)

إثر سقوط هانغتشو العاصمة الجنوبية لسلالة سونغ سنة 1276 م، اختار الفنان كسِيان تشُوان العيش بصفة "يامين" أي المواطن الذي أهملته السلطة الحاكمة. وقد رسم هذا الطومار عن قصد بأسلوبه البدائي "الأزرق والأخضر" ليتناول فيه سيرة الأستاذ الخطاط ذائع الصيت وانغ كسِتشي (303–361م) الذي مارس الخيمياء الطاوية، ويُروى أنه كان يستوحي فنه من الأشكال الطبيعية مثل الحركات الرشيقة لرقبة الإوز. أنتج الفنان إيحاءات للزمن القديم في إطار يشبه الحلم ليبتعد عن القراءة الواقعية لفضاء الصورة، وهي وسيلة اعتمدها للتعبير الانفصام الذي شعر به إثر سقوط عائلة سونغ الملكية.

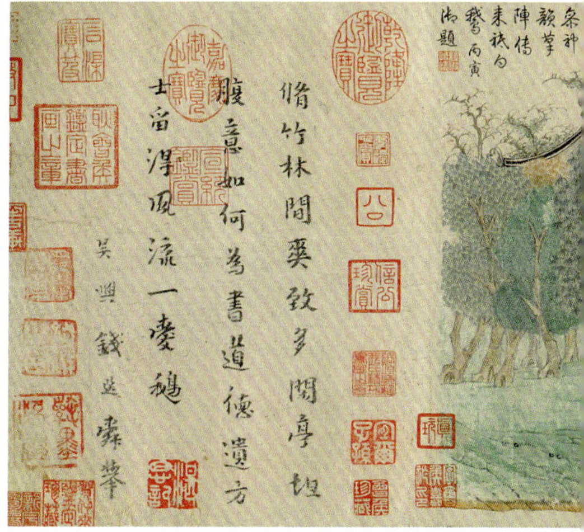

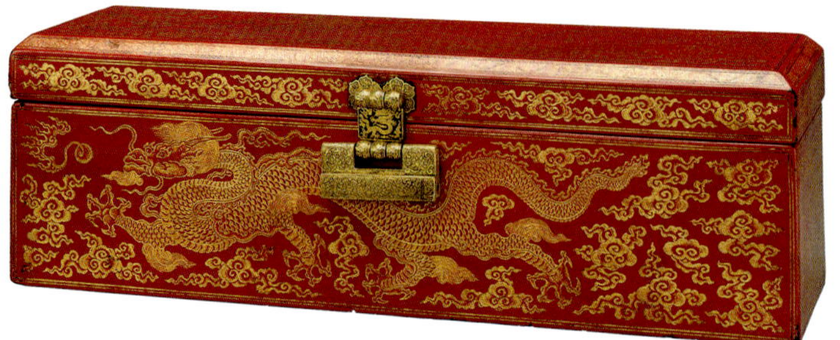

صندوق سُترة عليه تنانين وسط السحاب

الصين، حكم سلالة مينغ،
فترة يونغيل 1403–1424م
لكّ مع زخرفة منقوشة بالذهب،
الطول: 40.6 سم
اقتناء، هبات السير جوزيف هوتونغ ومؤسسة فنسنت أستور، 2001م (2001.584a-c)

جرت العادة تحت حكم الإمبراطور يونغيل أن تُرسم التنانين قوية البنية والملتوية على التحف الخزفية واللكّ ومواد مختلفة أخرى. أما هذا النوع من الصناديق الأنيقة فكانت وظيفتها الحفاظ على النصوص البوذية المكتوبة على لفائف الطومار اليدوية الصينية، وأُنتجت هذه الصناديق للاستخدام في البلاط وكذلك لتقديمها كهدايا ديبلوماسية لا سيما للتيبت. وعلى الرغم من نجاة أعداد لا بأس بها من اللكّ المحفور من هذه الفترة، إلا أنّ النماذج المزخرفة بتقنية النقش والتذهيب (كيانغجين) – المتمثلة في حفر موتيف على سطح اللكّ وتعبئته بالذهب أو بالخضاب المذهّب – تظل نادرة. وليس مألوفًا كذلك أن ينجو القفل المعدني ولا المفتاح.

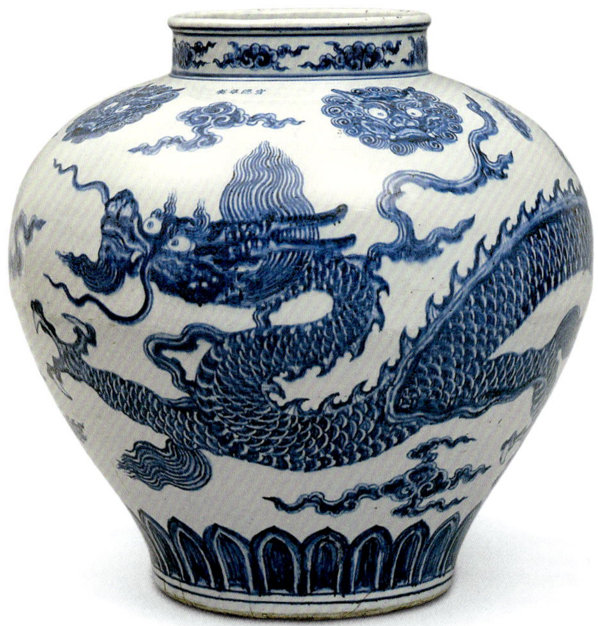

جرة عليها تنّين

الصين، مقاطعة جيانغشي، حكم سلالة مينغ، فترة الإمبراطور شواندو وعلامته (1426–1435م)
خزف باللون الأزرق تحت الطبقة المُزججة، الارتفاع: 48.3 سم
هبة روبرت إ. تود، 1937م (37.191.1)

يمكن القول إنّ الطلاء باللون الأزرق الكوبالتي على السطح الخزفي الذي ازدهر لأول مرة في الصين خلال القرن الرابع عشر الميلادي يُعدّ أهمّ تطوّر في التاريخ العام للخزفيات. صُنعت جرة التخزين الهائلة هذه للبلاط، وهي نموذج من خزفيات مدينة تشاتغتشون وتعود لفترة حكم الإمبراطور شواندو، وهو ما يؤكده نص منقوش على كتف الجرة. رُسم عليها تنين قوي البنية يتموج جسمه عبر السماء التي يُرمز إليها ببعض السحب المتناثرة. أما الوجوه المتوحشة غير المألوفة الواردة على رقبة الجرة فقد تكون مشتقة من الكرتيموخا (وجه المجد) الذي يُشاهد غالبًا في الرسوم الهندو-هيمالية، وقد انتشرت شعبيتها في الصين عند بدايات القرن الخامس عشر الميلادي.

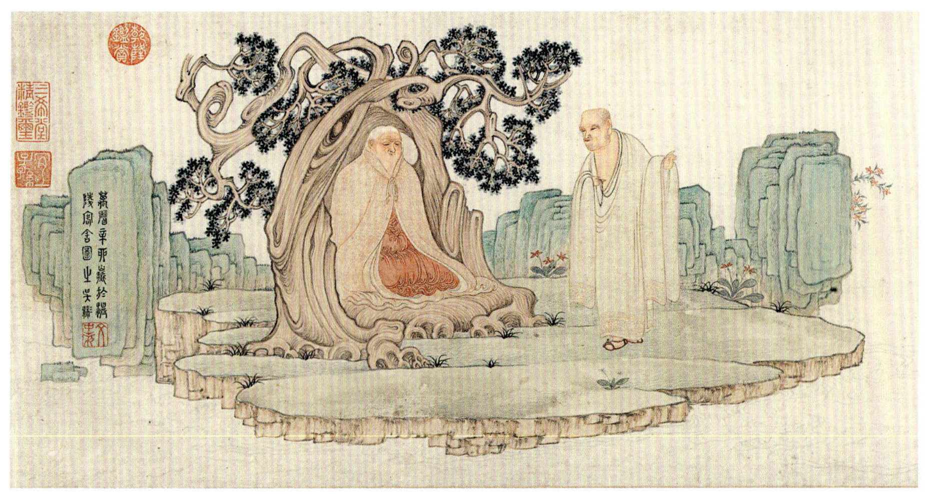

ويو بين

صيني، نشط حوالي 1583–1626م

اللوهان (الصالحون) الست عشر (تفصيل)

حكم سلالة مينغ، 1591م
لفيفة طومار يدوية، حبر وألوان على ورق،
المقاسات: 32x414.3 سم
مجموعة عائلة إدوارد إليوت،
هبة دوغلاس ديلون، 1986م (1986.266.4)

كان يُعتقد في المخيّلة الشعبية الصينية أنّ الرهبان المتسولون والمشعوذون والنسّاك الغامضون هم لوهان أحياء (صالحون) أو رجال مقدّسون بوذيون قادرون على إنجاز المعجزات ويخفون حقيقتهم. ولما انتشر الفساد في مفاصل الدولة وهدد انعدام الكفاءة النظام الاجتماعي كما كانت الحال خلال الحقبة المتأخرة من حكم سلالة مينغ، اتّسع مجال انتشار هذه المعتقدات التبشيرية الخرافية. وقد اتخذ الرسام ويو بين في هذا العمل المتبقي من أعماله الأولى أسلوبًا قديمًا في نمط الشخصيات واتّبع العرف الفني في رسم اللوهان على هيئة غرباء أطوار خياليين تتناقض ملامحهم المشوّهة مع طبيعتهم الروحانية الباطنية. وقد يكون لهذا الرسم الهزلي لويو رسالة جدية: يمكن إخفاء القداسة داخل شكل خارجي غير لائق.

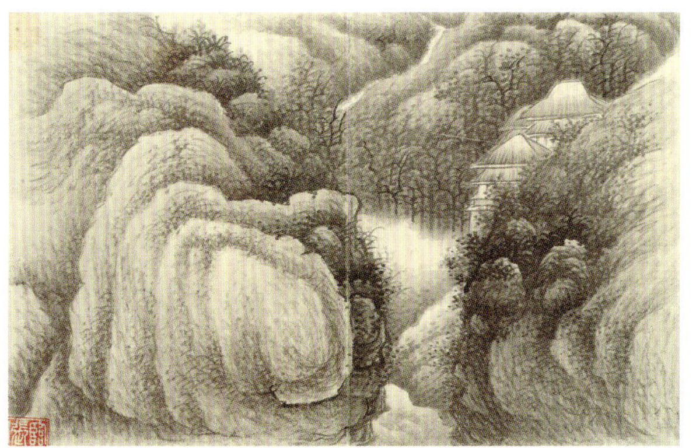

غونغ كسيان

صيني، 1688م

مناظر طبيعية بالحبر مع أشعار (تفصيل)

حكم سلالة تشينغ، 1688م
مجموعة تتألف من ستة عشر رسمًا، حبر على ورق
المقاسات: 27.3x41 سم
هبة دوغلاس ديلون، 1980، 1981م
(1980.516.2؛ 1981.4.1)

ظل الناسك غونغ كسيان مخلصًا لسلالة مينغ البائدة ووجد راحته النفسية عندما اختار أن يكون "يامين" أي المواطن الذي أهملته السلطة تحت حكم سلالة تشينغ (1644–1911م). وهو يقارن في هذه الورقة تردداته ذهابًا وإيابًا إلى نانجينغ، عاصمة سلالة مينغ البائدة بمساكن الخالدين، وقد استكمل هذه الصورة لحياة النسك التي اختارها بقصيدة يتناول فيها التباين بين قدرة زهرة السحلبية – رمز الرجال الفاضلين – على مواجهة الشتاء البارد بينما يُحرق نبات العليق – رمز الرجال الوضيعين – للتدفئة. استخدم الفنان ببراعة تقنية الحبر المغسول والتنقيط التي منحت رسومه كثافة وشفافية في آن واحد.

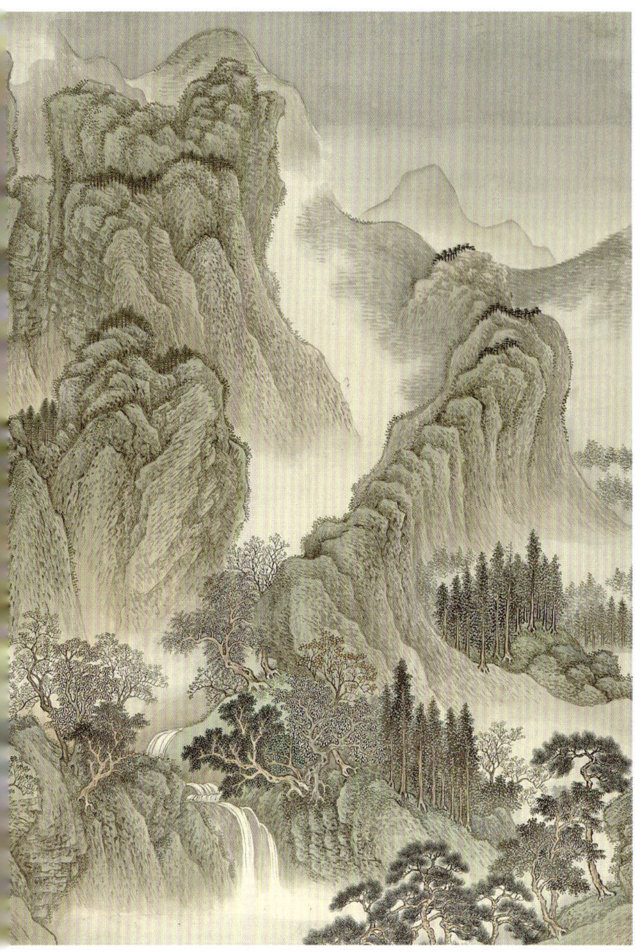

وانغ هُوي

صيني، 1632–1717 م

الرحلة التفقدية الجنوبية للإمبراطور كانغشي، لفيفة الطومار الثالثة: من جينان إلى جبل تاي

(تفصيل)

حكم سلالة كينغ، 1698 م
لفيفة طومار يدوية، حبر وألوان على حرير،
المقاسات: 13.90x67.8 سم
اقتناء، هبة رصيد ديلون، 1979 م (1979.5)

في سنة 1689 م، قام الإمبراطور كانغشي برحلة تفقدية لتثبيت سلطته في جنوب البلاد، وهو من أصل منشوري وكان أسلافه قد احتلوا الصين سنة 1644 م. وجرى تكليف وانغ هُوي رسام المناظر الطبيعية الشهير بتوثيق الرحلة في سلسلة من اثنتَي عشرة لفيفة طومار يدوية. وتُبرز هذه اللفيفة الثالثة في المجموعة زيارة الإمبراطور إلى جبل تاي الذي يُعدّ "القمة المقدسة في الشرق" الصيني. ورغم أنّ وانغ اعتمد في رسمه على الخرائط والمطبوعات الخشبية – ولم يزر الجبل قطّ – إلاّ أنه ربط بعض المواقع المعينة بمشاهد من مناظر خيالية مستقاة من الأعمال الكلاسيكية السابقة، كما استخدم مجموعة الألوان "الزرقاء والخضراء" للتأكيد على الحكم الصالح للإمبراطور.

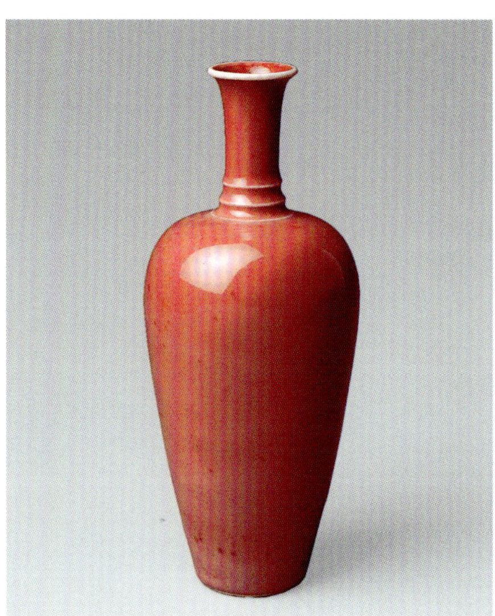

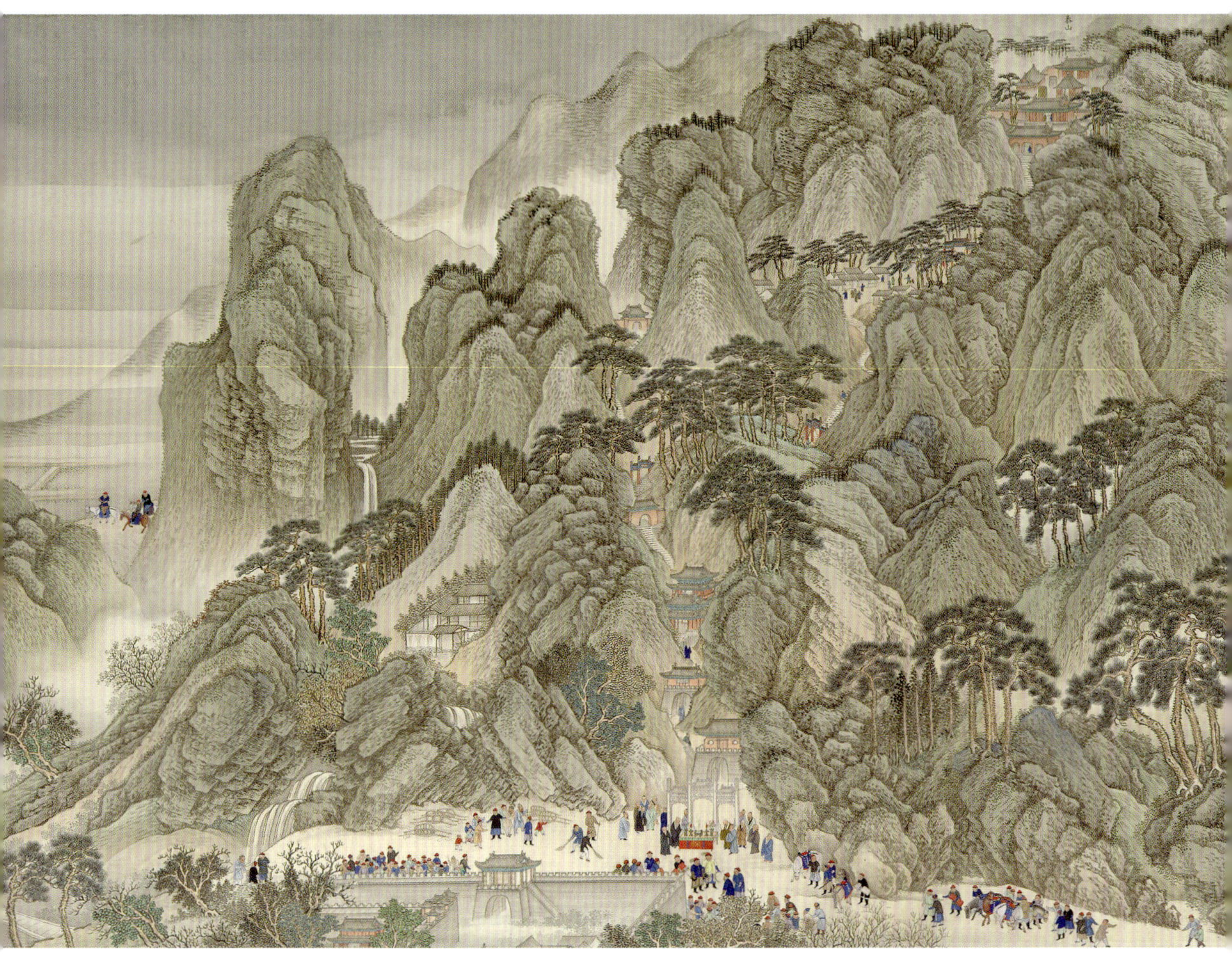

مزهرية
الصين، حكم سلالة تشينغ، فترة كانغشي، 1662–1722 م
خزف مع تزجيج من نوع "زهرة الخوخ"، الارتفاع: 19.7 سم
وصية بنيامين ألتمان، 1913 م (14.40.377)

استُخدم لأول مرة التزجيج الوردي الأحمر الفاقع مثل لون "زهرة الخوخ" على هذه المزهرية الصغيرة في الربع الثالث من القرن السابع عشر الميلادي. وظن العلماء لمدة طويلة أن المزهريات الصغيرة التي لها هذا الشكل تنتمي إلى طواقم من ثمانية مستلزمات أو أكثر مُصممة لمنضدة كتابة. هذه المزهرية واحدة من أربع مزهريات كل واحدة منها لها شكل مختلف عن الأخرى في التفاصيل الرقيقة عُثر عليها ضمن مجموعة من الأدوات. وهي تتميز عن باقي المزهريات بالحلقات الرقيقة الثلاث عند قاعدة العنق. وهذه المجموعات التي قد تكون استُخدمت أو لم تُستخدَم كانت على الأرجح تُشكّل هدايا تُقدَّم للموظفين العاملين في البلاط. وكما هي الحال في الغالب مع الأعمال التي يجري إنتاجها للبلاط، هناك نص في القاعدة يتألف من ستة حروف يشير إلى أنها صُنعت خلال حكم الإمبراطور كانغشي (دا تشينغ كانغشي نيان تشي). لكنّ أسلوب كتابة الحروف الصينية يساعد على تأريخ هذه التحفة في الفترة المتراوحة ما بين 1678–1688 م.

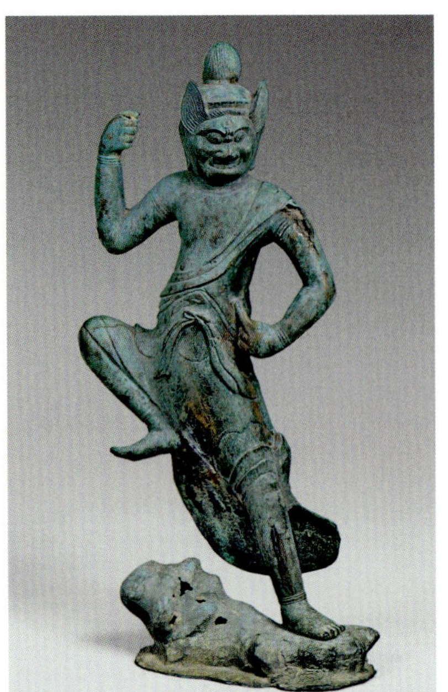

زاو غونغن

فترة هيياَن، القرن الحادي عشر م.
برونز مذهّب مع زخرف منقوش، الارتفاع: 37.5 سم
مجموعة هاري ج.س. باكارد للفن الآسيوي، هبة هاري ج.س. باكار، واقتناء، أرصدة فليتشر ورودجرز وهاريس بريسباين ديك ولويس ف. بال، وصية جوزيف بوليتزر وهبة شركة رصيد آننبارغ، 1975 م (1975.268.155)

يُعدّ زاو غونغ نموذجًا نادرًا عن الإضافة اليابانية المحضة لمجموعة الآلهة البوذية. وفي الفترة التي صُنع فيها هذا الصنم انتشرت في المعابد النائية في الجبال العديد من الممارسات الدينية المرتبطة بزاو. وكان النساك في الجبال يسعون من خلال هذه الطقوس اكتساب القوة البدنية الهائلة لزاو.

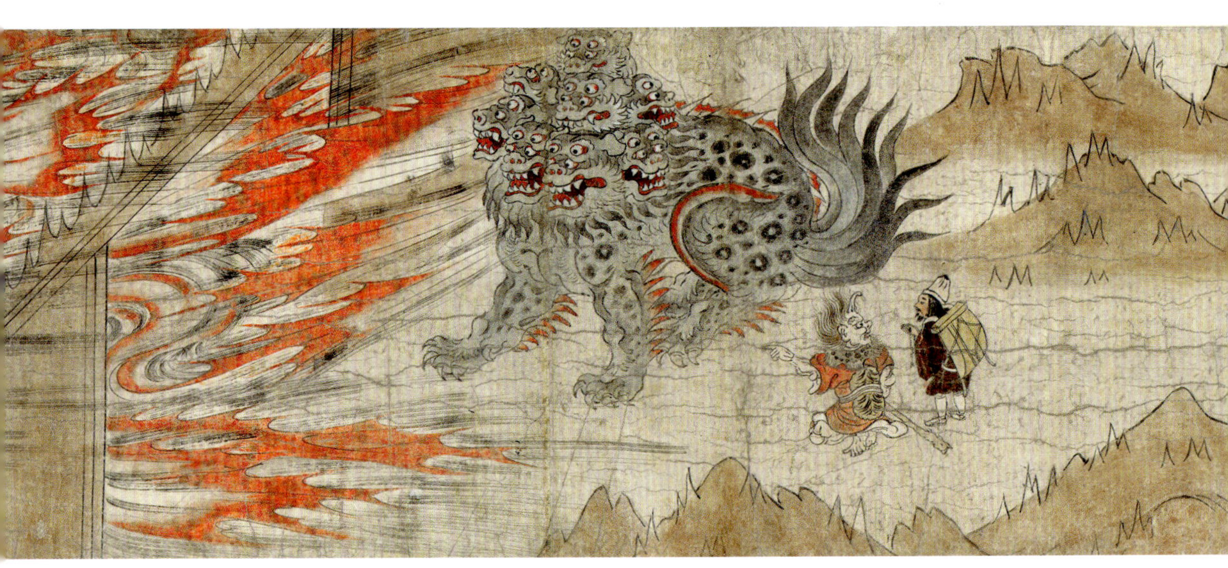

الأساطير المصورة لمزار كيطانو تانجين (تفصيل)

اليابان، فترة كاماكورا، أواخر القرن الثالث عشر م.
مجموعة لفائف طومار يدوية (مختلفة الطول)؛ حبر وألوان وذهب مصقول على ورق
المقاسات: 28.8x571.4 إلى 894.5 سم
رصيد فليتشر، 1925 م (25.224a–e)

مزار كيطانو تانجين في كيوتو مُكرّس للعالم ورجل الدولة سوغاوارا ميشيزان الذي عاش في القرن التاسع الميلادي (845–903م). توفّي ميشيزان في المنفى بعد أن أوقع به أعداؤه في البلاط. وتبعت ذلك مجموعة من الكوارث الطبيعية والأوبئة التي سببت الوفاة المبكّرة لخصومه. ويدّعي أتباعه أنّ روحه عبّرت عن رغبتها في بناء مزار في المنطقة الشمالية الغربية للعاصمة. ويُقدّسه أتباعه اليوم بوصفه إله التعليم والخطوطية.

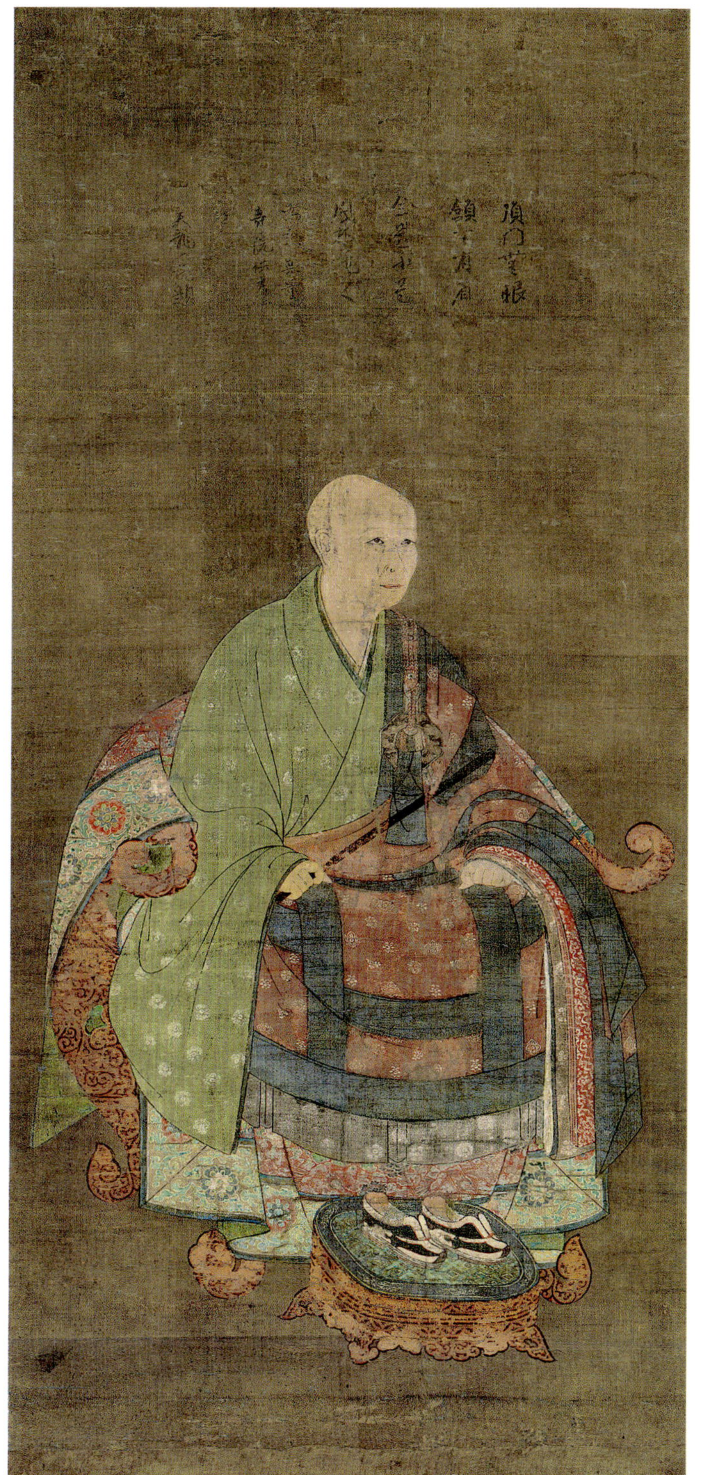

صورة شان أوكو ميوها

فترة (نانبوكوجو) البلاطَين الشمالي والجنوبي، حوالي 1383م
لفيفة طومار معلّقة؛ حبر وألوان وذهب على حرير
المقاسات: 52.1x114.3 سم
هبة سيلفان بارنيت وويليام بورتو، 2007م (2007.329)

يظهر على هذه اللوحة الرسمية شان أوكو ميوها (1311–1388م)، الشخصية البارزة في البوذية زان. رُسمت اللوحة لمعبد في كيوتو وهي تحمل نصًا من تأليف الشخص الجالس. وتنتمي اللوحة إلى عُرف في فن الرسم ظهر في الصين حيث كان مرتبطًا بمراسم الدفن والنّصب التذكارية. ثم أصبح هذا العرف الفني في اليابان يشير إلى الرسومات التي حافظت على المظهر الخارجي لأساتذة الزان، ولم يكن ذلك للاحتفالات التذكارية فحسب بل كذلك كشهادة عن الانتقال الناجح لتعاليم البوذية (دارما) من الأساتذة إلى أتباعهم. ويبدو الرسم واضحًا ومقنعًا بفضل التأثير الحاصل عن المهارة في استخدام الريشة والحبر بالتزامن مع الطلاء المعقد بالألوان الذي حدد بدقة كل تفصيل من تفاصيل الثوب والوجه.

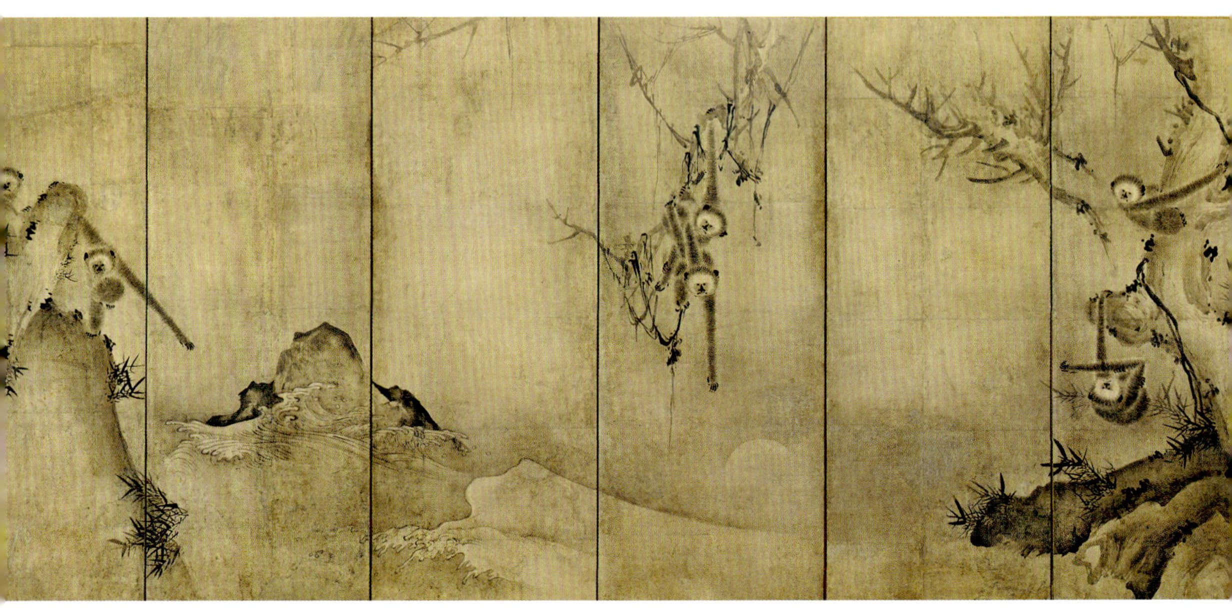

سيسون شوكاي
يابانيّ، حوالي 1504م – حوالي 1589م

قردة جيبون وسط منظر طبيعي (تفصيل)
فترة ميوروماتشي، حوالي 1570م
زوج يتكون كل منهما من ستة حواجز قابلة للطي؛ حبر على ورق،
مقاسات القطعة: 348x157.5 سم
اقتناء، رصيد رودجرز ومؤسسة فنسانت أسطور، ومؤسسة ماري ليفنغستون غريغس وماري غريغس بوركا، وهبات فلورانس وهربرت إيرفينغ، 1992م (1992.8.1 ,2)

يُعرف قرد جيبون في اليابان من خلال الرسم والشعر، وهو حيوان أصيل الغابات الجبلية لجنوب الصين. ويرتبط صراخ القرد في الشعر بالروح العالية للوحدة وفي التقاليد الطاوية بالقوة العليا للحياة. وكان الرهبان اليابانيون الزان يثمنون قرود الجيبون التي رسمها الراهب الصيني موكي (نشط حوالي 1245م). ومع حلول القرن الخامس عشر الميلادي أصبحت لوحات قرود الجيبون المرسومة على طريقة موكي موضوعًا محبّذًا لزخرفة الحواجز المنزلية. ونشاهد على هذه الصورة سلسلة من القرود التي تسعى دون جدوى للوصول إلى انعكاس نور القمر الذي يُشكّل رمز التنوير، ويشير المشهد إلى إحدى المفارقات الرئيسية في فلسفة الزان.

قفطان كيمونو عليه تصاميم أصداف وأعشاب بحرية (تفصيل)

اليابان، فترة إيدو، بدايات القرن السابع عشر م.
حرير مُطرّز، ورقة الذهب على قماش حريري منسوج ومصبوغ عليه نقوش سدو مُطرّزة عائمة
إجمالي الطول: 153.7 سم
هبة السيد والسيدة بول ت. نومورا لذكرى السيد والسيدة س. موريس نومورا، 1992 م (1992.253)

استُوحِيَ التصميم الرقيق لهذا الكيمونو النادر (كوسودي) من المشاهد الطبيعية للساحل الياباني الذي تتناثر على شواطئه الأصداف والأعشاب البحرية. وقد جرى استيراد القماش القاعدي من الصين وهو منسوج بالموتيفات الزهرية على خلفية من النقش الشبكي. ثم صُبغ القماش الأبيض الأصلي في اليابان ليعطي انطباع الرصيف الرملي المتفاوت، وطُرزت عليه موتيفات بحرية. أما علامات ورقات الذهب على الأشرطة الزرقاء الفاتحة المتناوبة فهي تُبرز الموتيفات الزهرية للنقوش المنسوجة.

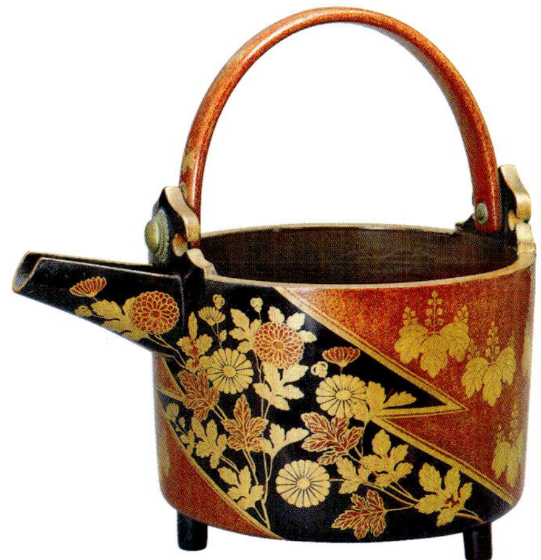

إبريق نبيذ عليه تصاميم أزهار الأقحوان وشارات ورقات شجر الباولونيا

اليابان، فترة موموياما، حوالي 1596–1600م
لكّ مع زخرف برش ماء الذهب،
الارتفاع بالعروة: 25.4 سم، العرض بالفوهة: 25.7 سم، القطر: 17.8 سم
اقتناء، هبة السيدة روسال ساج، تبادل، 1980 م (1980.6)

يُحتمل أن يكون هذا الإناء قد استُخدم من قِبل الجنرال طويوطومي هيديوشي (1536–1598م) الذي لمع نجمه وهو موحّد اليابان في العقد الأخير من القرن السادس عشر الميلادي. وكان ضريح الجنرال المسمّى كودايجي مُؤثثًا بقِطع من اللكّ أُنتجت في ورشة كوامي وعليها صور عن قرب لنباتات خريفية وشارات عائلة طويوطومي. صُمّم هذا الإبريق وفق الأسلوب الذي عُرف لاحقًا بطراز كودايجي (إشارة إلى آنية اللكّ الأسود والزينة الذهبية الفاخرة) وتظهر عليه مفارقة عجيبة في الجمع بين نموذجَين متباينَين – مختلفَين كلية في اللون والإيقاع والموتيف. وكان هذا النمط الزخرفي مُحبّذًا جدًّا في ذلك العصر من الفنانين العاملين في مجال اللكّ وكذلك في مجال الخزفيات والأقمشة.

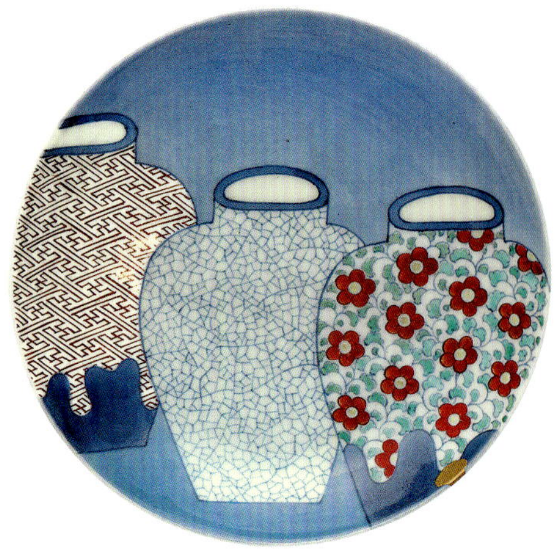

صحن عليه تصميم ثلاث جرات

اليابان، فترة إيدو، بدايات القرن الثامن عشر م.
خزف بطبقة تحتية زرقاء مزجّجة وطبقة فوقية مطلية بالمينا
الارتفاع: 4.1 سم، القطر: 15.2 سم
مجموعة هاري ج.س. باكارد للفن الآسيويّ، هبة هاري ج.س. باكارد، واقتناء، وأرصدة فليتشر ورودجرز وهاريس بريسباين ديك ولويس ف. بال، وصية جوزيف بوليتزر، وهبة شركة رصيد آننبارغ، 1975 م (1975.268.563)

كانت منطقة هايزن في كيوشو مركزًا مبكّرًا للإنتاج الخزفي في اليابان. ورغم أنّ العديد من التصاميم والأواني المصنّعة في كيوشو كانت مُوجّهة للتصدير إلاّ أنّ منتجات هايزن المعروفة بطراز نابيشيما مُنتجة بتكليف من عشيرة نابيشيما ومُصنّعة في فرن مخصص لها. والأرجح أنّ طبقًا مثل هذا كان قطعة من طقم طاولة عشاء. وكانت هذه الطواقم تُرسل عادة إلى الحاكم شوغون في إيدو (طوكيو) كضريبة سنوية. وتظهر على هذا التصميم البهيج للجرات في هذا الصحن تلك الألوان الواضحة والمضيئة وتلك المعايير الراقية المميّزة للخزفيات عالية الجودة المُنتجة في فرن نابيشيما.

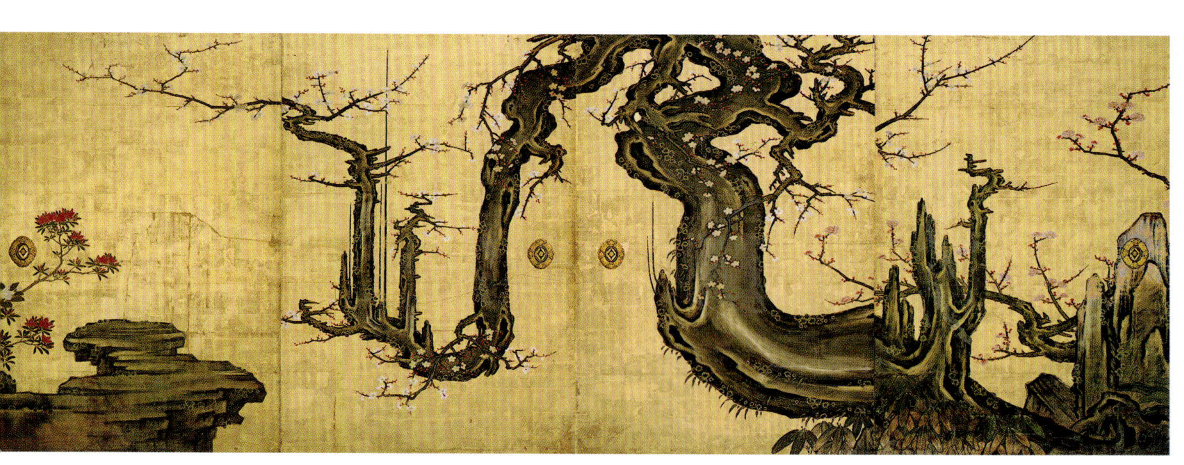

كانو سانسيتسو

ياباني، 1589–1651 م

شجرة البرقوق المسنّة

فترة إيدو، حوالي 1647 م
أربع لوحات أبواب جرارة؛ حبر وألوان وذهب على ورق مذهّب
المقاسات: 174.6×485.5 سم
مجموعة هاري ج.س. باكارد للفن الآسيويّ، هبة هاري ج.س. باكارد، واقتناء، وأرصدة فليتشر ورودجرز وهاريس بريسباين ديك ولويس ف. بال، وصية جوزيف بوليتزر، وهبة شركة رصيد آننبارغ، 1975م (1975.268.48a–d)

حتى شجرة البرقوق الطاعنة في السنّ تورق في الربيع، ولذلك تُعدّ الشجرة رمزًا للقوة والشباب المتجدد. كانت هذه الأبواب الجرارة تفصل بين غرفتَين في إقامة رئيس الدير في تنشو إين، وهو معبد فرعي لميوشنجي معبد الزان الشهير في كيوتو. وتُمثّل الالتواءات المفرطة للشجرة وصلابة الصخور ذات الشكل الهندسي خصوصيات مرتبطة بالأعمال الفنية التي أنجزها كانو سانسيتسو، وهو تلميذ الرسام كانو سانراكو (1559–1635 م) وصهره. تمتّع سانراكو برعاية عرّابه ميوشنجي السخية، والأرجح أنّ سانسيتسو حصل على دعم مستمرّ من الرهبان.

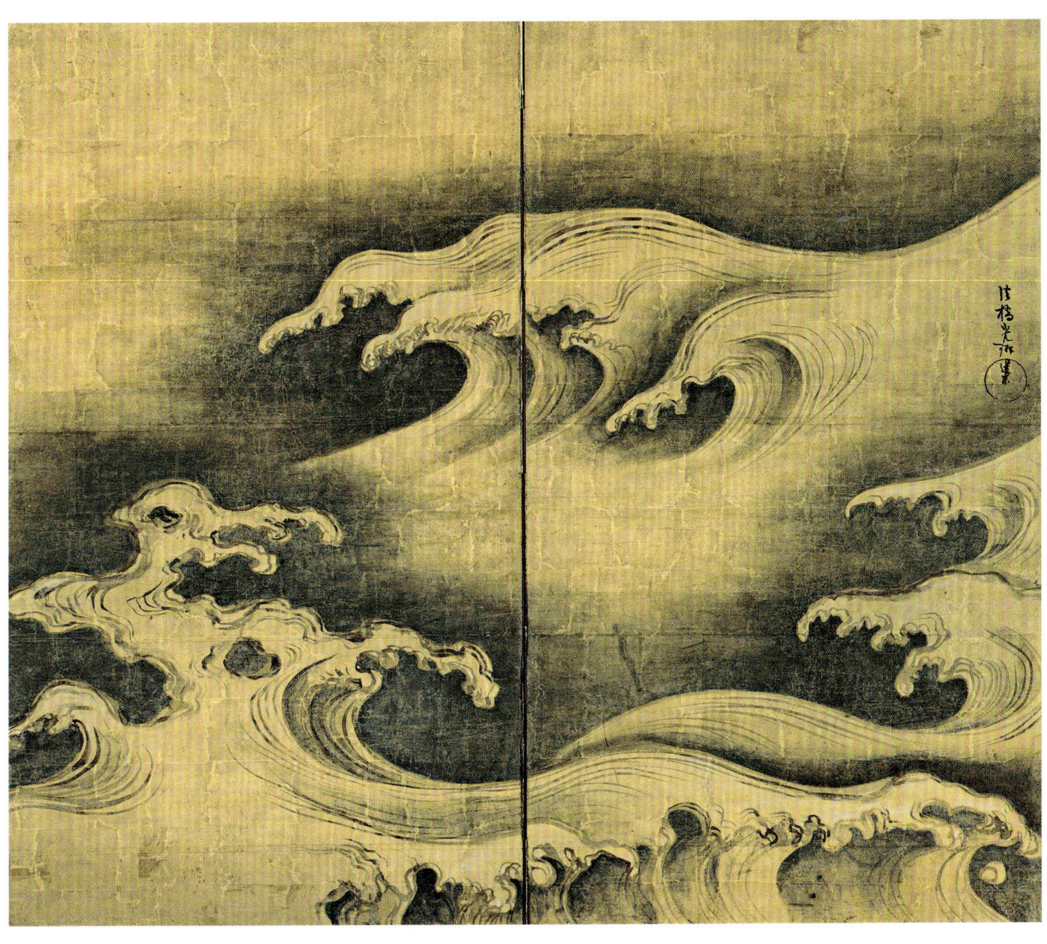

أوغاتا كورين

ياباني، 1658–1716 م

أمواج عاتية

فترة إيدو، حوالي 1704–1709 م

حاجز منزلي قابل للطيّ يتألف من قطعتَين؛ حبر وذهب على ورق مذهّب

المقاسات: 146.5×165.4 سم

رصيد فليتشر، 1926 م (26.117)

سعى كثير من الفنانين إلى اقتناص الصورة العابرة للأمواج العالية. ويكتسي أداء أوغاتا كورين صبغة من الوعيد الغامض يتأتّى دون شك من المجسّات الطويلة غير المنتظمة للزبد الموسوم بفتحات هنا وهناك. استُخدم التسطير بالحبر، أي التقنية الصينية القديمة للرسم بمسك فرشاتَين بيد واحدة، وقد تكون هذه الموجات الشبيهة بالمخالب مستوحاة مباشرة من لوحة أنجزها الفنان سيسون شوكاي الذي عاش في فترة موروماشي (حوالي 1504 م–حوالي 1589 م). يحمل الحاجز ختمًا يذكر دوسو، وهو الاسم الذي اتّخذه كورين سنة 1704 م.

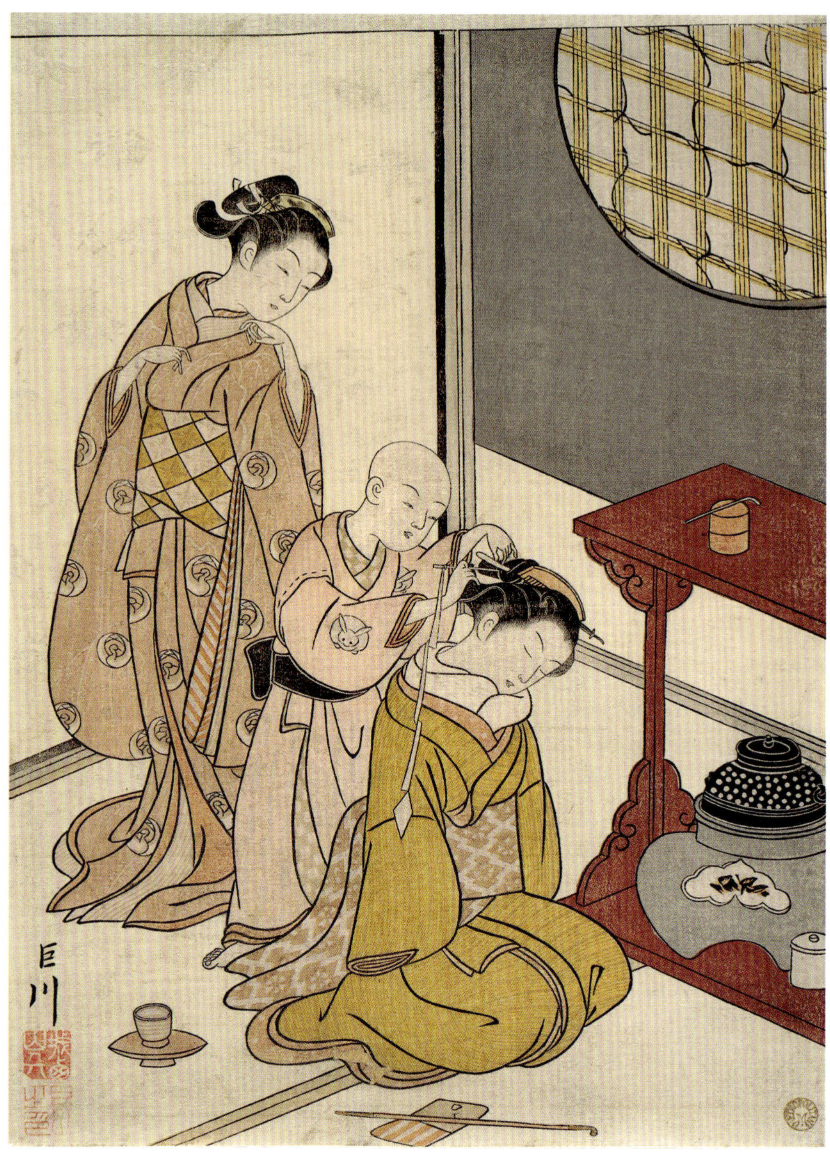

سوزوكي هارونوبو

ياباني، 1725–1770م

طفل يضع وشاحًا في شعر فتاة

فترة إيدو، حوالي 1766م

طباعة خشبية متعددة الألوان؛ حبر وألوان على ورق

المقاسات: 28.6×20.3 سم

مجموعة فرنسيس لاثروب، اقتناء، رصيد فريدريك س. هيويت، 1911م (JP698)

هذا مشهد مسلٍّ لفتاة يهدهدها صوت برّاد شاي يغلي بهدوء على موقد محمول من النوع المُستخدم في الصيف، وهو أحد مشاهد الردهة (زاشيكي هاكاي) الثمانية التي أنجزها هارونوبو. ويُلمّح بطريقة مرحة إلى لوحة "المطر الليلي" أحد المشاهد الثمانية لنهرَي شياو وشيانغ في الصين، وهو موضوع مُقدّس في الرسم الصيني والياباني على السواء. وفي هذه الحال، جرى نقل المزاج الصيفي المبطّن في ذلك المنظر إلى داخل بيت متعة في إيدو (طوكيو). ويتميّز عمل هارونوبو بصبغة نسقه اللوني الرقيق الناتج عن خلط الخضاب بدلاً من وضع لونَين مطبوعَين يركب أحدهما فوق الآخر.

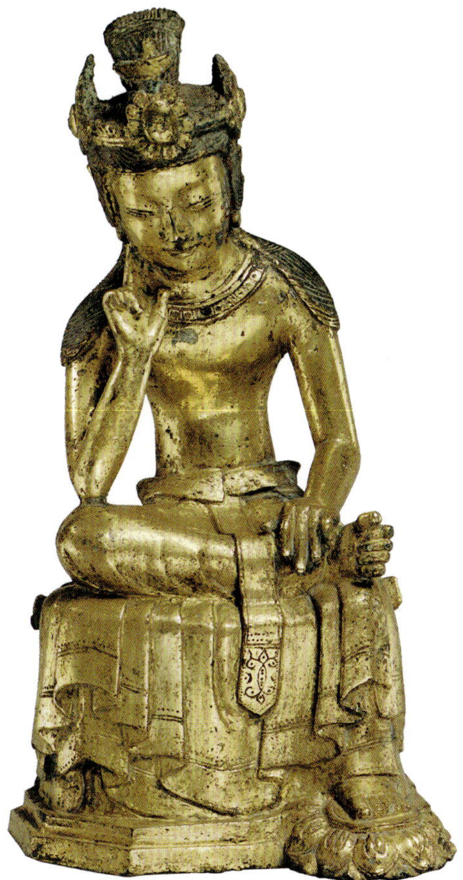

بوداسف مُفكّرًا

كوريا، فترة الثلاث ممالك، أواسط القرن السابع م.
برونز مذهّب، المقاسات: 22.5×10.2×10.8 سم
اقتناء، هبة والتر وإليونور آننبرغ ومؤسسة آننبرغ، 2003م (2003.222)

صُنّعت تماثيل وصور بوداسف مُفكّرًا على امتداد آسيا. وبرز هذا النمط في كوريا كإحدى الأيقونات البوذية المهمة خلال القرنَين السادس والسابع الميلاديَّين، ولاسيما في مملكتَي بايكجي وشلاّ. ويُعدّ هذا التمثال لبوداسف جالسًا من أفضلها حالة وأكثرها إدهاشًا. ويبدو مشعًّا بالحيوية المبطّنة والملوسة في آن واحد التي تظهر في التفاصيل على غرار أصابع اليد والقدم المثنية والواقعية. أمّا الشعر المضفور فله مظهر خطي درامي. ويعلو تاجه جرم سماويّ وهلال يشيان بتأثيرات آسيا الوسطى.

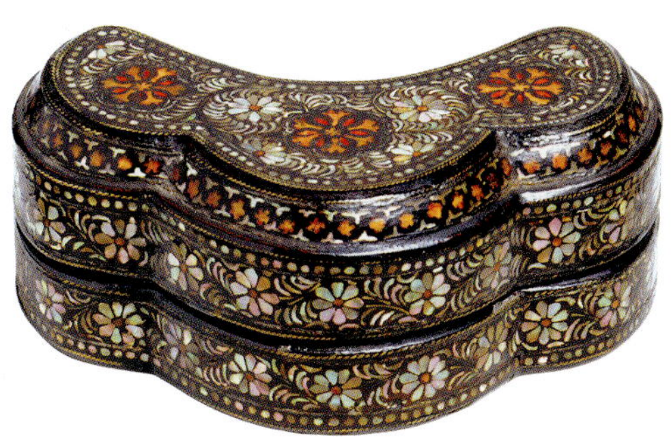

علبة مغطّاة

كوريا، حكم سلالة غورياو، القرن الثاني عشر م.
لكّ مرصّع بعرق اللؤلؤ وصدف السلحفاة فوق الخضاب، خيط نحاس
الارتفاع: 4.1 سم، الطول: 10.2 سم
رصيد فليتشر، 1925م (25.215.41a–b)

تشكيلة تتألف من أربع عُلب بشكل البرسيم تُحيط بعُلبة مستديرة أو بشكل الزهرة أكبر حجمًا من تلك المحيطة بها، وكانت تُستخدم حاويات لمواد التجميل أو البخور. وكانت هذه العُلبة في الأصل قطعة من التشكيلة. وتوجد كذلك أمثلة شبيهة مُصنّعة من الخزف أو البرونز تشهد على تمازج التأثيرات عبر الوسائط المستخدمة. أُنجزت التحفة الفنية بحسّ حرفيّ راقي وزُخرفت بزينة معقّدة من شظايا عرق اللؤلؤ وصدف السلحفاة، وتُمثّل هذه العلبة ذروة صناعة اللكّ خلال حكم سلالة غورياو (918–1392م).

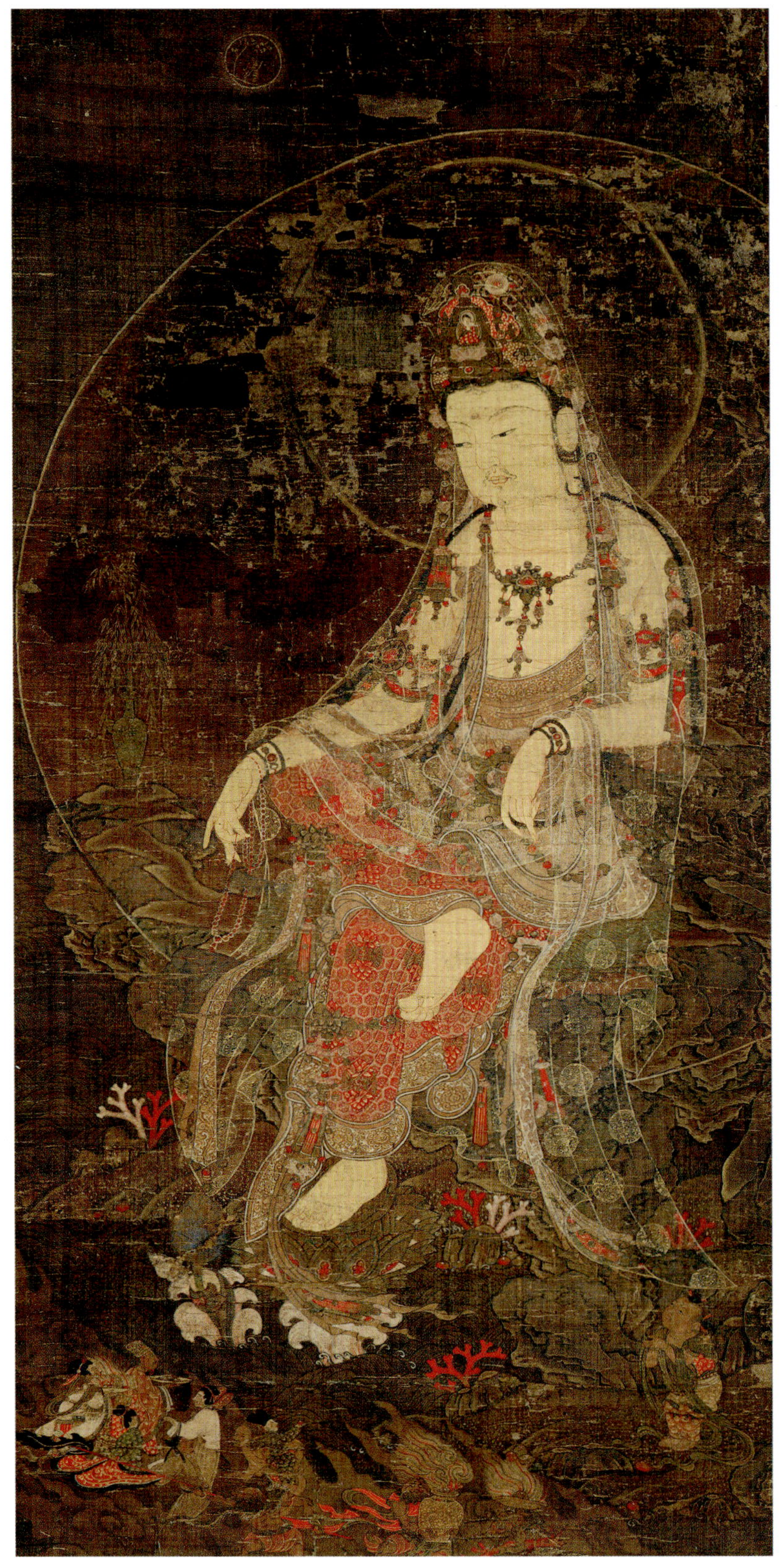

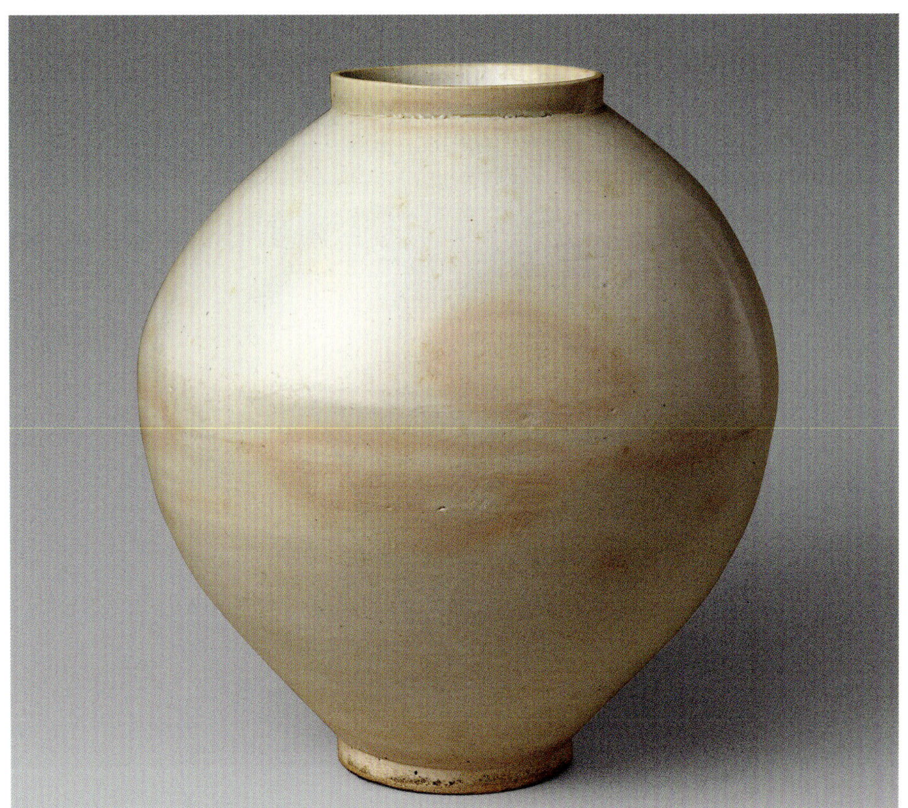

قمر المياه أفالوكيتشفارا

كوريا، حكم سلالة غورياو، النصف الأول من القرن الرابع عشر م
لفيفة مُعلّقة؛ حبر وألوان على حرير
المقاسات: 114.5×55.6 سم
مجموعة شارلز ستيوارت سميث، هبة السيدة شارلز ستيوارت سميث، شارلز ستيوارت سميث الأصغر، هوارد كاسويل سميث، لذكرى شارلز ستيوارت سميث، 1914 م (14.76.6)

يظهر على هذه اللفيفة المُعلّقة بوداسف المعروف باسم قمر المياه أفالوكيتشفارا (سوال غوانيوم) مرتديًا أفخر الملابس وهو جالس على نتوء صخري يُشرف على الأمواج. ولا تغيب عن الصورة الخصائص المألوفة المميزة للإله (الصورة المصغرة لأميتابها بوذا على التاج والكاهن الطقسي يحمل غصن صفصاف). يظهر في أعلى الرسم قمر مصغّر بداخله أرنب يسحق إكسير الخلود. وتقف عند قدمَي الإله شخصيات صغيرة الحجم وأنيقة الملبس يتقدّمها الملك التنّين. وفي أسفل الجانب الأيمن يظهر الطفل الرحالة سوذانا (سيونجاي دونغجا) الذي يروي أفاتمساكا سوترا (كتاب زينة الزهرة) لقاءه مع أفالوكيتشفارا.

الجرة القمرية

كوريا، حكم سلالة جوزيون، النصف الثاني من القرن الثامن عشر م.
خزف، الارتفاع: 38.7 سم، القطر: 33 سم، قطر الفوهة: 14 سم، قطر القاعدة: 12.4 سم
مجموعة هاري ج.س. باكارد للفن الآسيويّ، هبة هاري ج.س. باكارد، واقتناء، وأرصدة فليتشر ورودجرز وهاريس بريسباين ديك ولويس ف. بال، وصية جوزيف بوليتزر، وهبة شركة رصيد آننبارغ، 1975 م (1979.413.1)

تُعدّ الجرة القمرية (دلهنغاري) نوع مميّز من الخزفيات البيضاء من عصر جوزيون المتأخر (1392–1910 م)، ويُطلق عليها هذا الاسم بسبب شكلها الإيحائي، وعادة ما تُصنّع بضمّ شطرَين من نصف كرة من الطين، يظهر في الغالب خط التماسّ بينهما، بينما يتّخذ المظهر الشامل شكلاً عضويًّا. وممّا يزيد في جمال الجرة تلك التموجات الوردية بلون الخوخ الناجمة من غير قصد عن الشواء في الفرن. وعلى الرغم من أنّ الخزفيات انتشرت في كل أنحاء العالم في القرن الثامن عشر الميلادي إلاّ أنّ الأوانيَ من هذا الصنف مميّزة لكوريا.

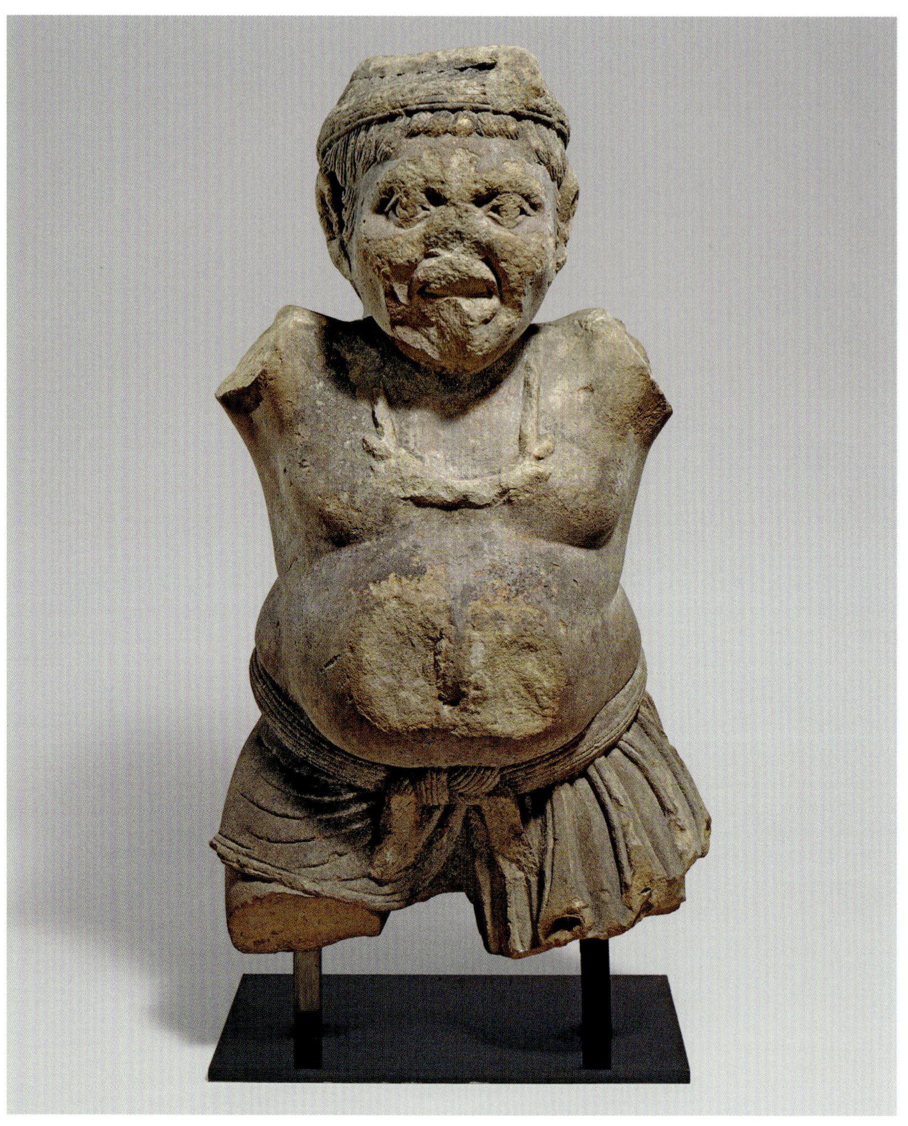

ياكشا

الهند، ولاية ماديا براديش، فترة شونغا، حوالي 50 ق.م.
حجر رملي، الارتفاع: 88.9 سم
هبة جيفري ب. صوريف، إكرامًا لمارتن ليرنير، 1988م (1988.354)

الياكشا (أرواح الطبيعة الذكورية) تشخيصات للعالم الطبيعي. ومع مرور الزمن، أصبح الوثنيون يعبدونها بوصفها آلهة صغرى ضمن مجموعة الآلهة البوذية والهندوسية، وكانت وظيفتها في معتقداتهم حماية أثرياء مالكي الأراضي وارتبطت بالثروة. وفي الأصل، كان هذا القزم عظيم البطن يرفع يدَيه ليحمل صحفة وفق رأسه، ممّا يجعل منه "حاملاً" أو بهارافاهاكا ياكشا. ويمكن مشاهدة الأعمال الأقرب أسلوبيًّا من هذا الشكل في تيجان الأعمدة في الستوبا البوذية العظمى في سانشي قرب مدينة بوبال (والستوبا بناء على هيئة التلة مُصمّم ليحتوي أشياء مقدّسة في العقيدة البوذية). والأرجح أنّ صنم الياكشا الراهن كان بمثابة الخادم عند مدخل الستوبا وكانت صحفته تُستخدم لجمع الهبات.

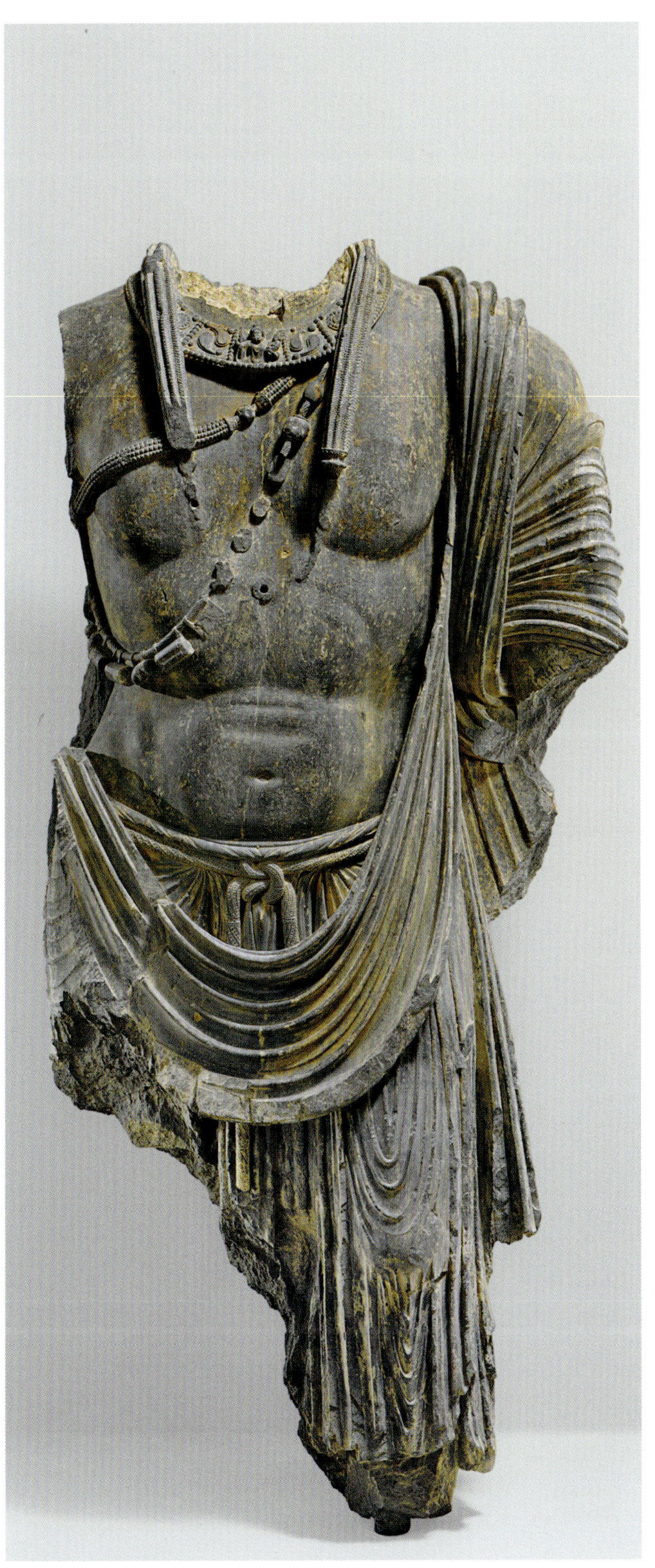

النصف الأعلى لبوداسف

باكستان، منطقة قندهار القديمة (بيشاور الحديثة)، حوالي القرن الخامس م.
شيست، الارتفاع: 163.8 سم
اقتناء، هبة ليلى أشيزون والاس، 1955 م (1995.419)

ما بين القرن الرابع والخامس الميلاديّين، أصبحت التماثيل التي يُعبد من خلالها بوداسف بُعدًا مهمًّا في العبادات البوذية لدى طائفة ماهايانا (طائفة العجلة الكبرى للبوذية الهندية الشمالية). وقد كَلّفت أديرةُ منطقة قندهار الحرفيّين بإنتاج أصنام بوداسف كبيرة الحجم اعترافًا منها بالشعبية المتزايدة لهذه الآلهة التي تتدخل في شؤون الناس وتُجسّد مفهوم الشفقة البوذية. وتمثّل عبادة أفالوكيتشفارا التعبير الأعلى عن هذا الشعور. من المحتمل أن يكون هذا النصف العلوي الكبير المنحوت في الصخر قادم من دير ساهري-بهلول، وهو جزء من صنم يبلغ في الأصل حوالي ثلاثة أمتار طولاً ويُشكّل أثرًا فنيًّا مدهشًا من تلك الحقبة. صيغ التمثال بحساسية فنية رهيفة وهو يرتدي ثوب راهب، ويعكس تاريخًا مطوّلاً من التواصل مع الغرب الهلينستي.

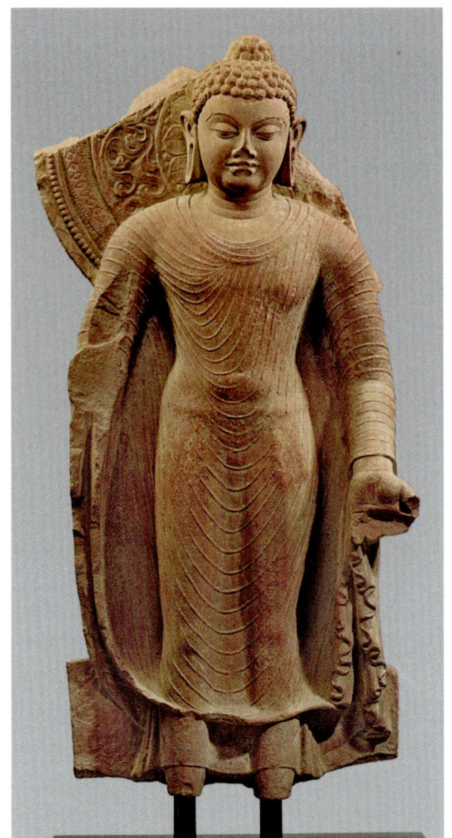

أدناه

بوذا جالس يشرح الدارما

سريلنكا، أنورادابورا، فترة أنورادابورا المتأخرة، أواخر القرن الثامن م.
سبائك النحاس، الارتفاع: 26.7 سم
اقتناء، رصيد هاريس بريسباين ديك، هبة مؤسسة فنسنت أسطور، شراءات وأرصدة خيرية لسنة 2008م، ورصيد جون ستيوارت كينيدي، تبادل، 2009م (2009.60)

يُعدّ صنم بوذا وهو يقوم بحركة فيتاركا–مودرا ليُوزّع الدارما على الجميع الأيقونة الجوهرية للبوذية السريلانكية المبكّرة. يجلس القرفصاء وفق جلسة اليوغا التأملية مرتديًا لباس أوتاراسانغا المخصص للرهبان الذي يتمثّل في قطعة قماش غير مخيطة وملفوفة جيّدًا حول الجسم، وكتفه الأيمن عاريًا على الطريقة الجنوبية للبوذية. يُمثّل شعره بتجعيدات قصيرة ومشدودة توحي بزهده عن الحياة الدنيوية عندما قصّ شعره وتخلّى عن زينته الأميرية. كانت دائرتا العينَين مرصّعتَين بأحجار كريمة أو بالبلّور لتُضفي مزيدًا من الواقعية. أمّا السنام (أوشنيها) على هيئة شعلة الذي يعلو الرأس فيُعدّ من العلامات الميمونة (لكشانا) الرئيسية في العقيدة البوذية.

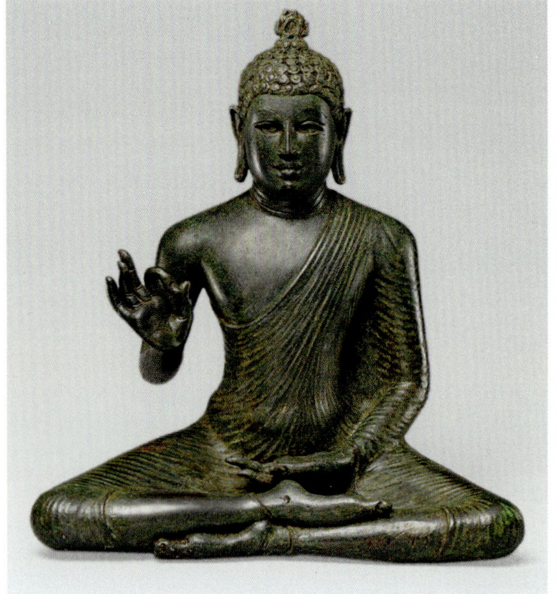

أعلاه

بوذا

الهند، ولاية أتار براديش، مدينة ماتورا،
إمبراطورية غبطا، القرن الهامس م.
حجر رملي، الارتفاع: 85.5 سم
اقتناء، هبة إينيد أ. هاويت، 1979م (1979.6)

يُمثّل هذا التمثال لبوذا صفات الهدوء الباطني المنير والسكون الناجمة عن الحكمة في أعلى درجاتها. وكان في الأصل يرفع يده اليُمنى (المفقودة حاليًا) حسب "أبهايا–مودرا" المُميّزة، وهي حركة تزيل الخوف وتمنح الطمأنينة. يرتدي البوذا عباءة الراهب البسيطة غير المخيطة، ولمزيد من التعبير عن تديّنه تُحيط به هالة عريضة وعلامات "لكشانا" الميمونة الطبيعية وما فوق الطبيعية التي تشير حسب المعتقدات البوذية إلى رتبة البوذا (حالة التنوير المثالي). وبوصفها عصارة التطور الأسلوبي في زمن التوسع البوذي، أصبحت هذه الصورة العلامة المميزة لتمثيل البوذا في كل آسيا.

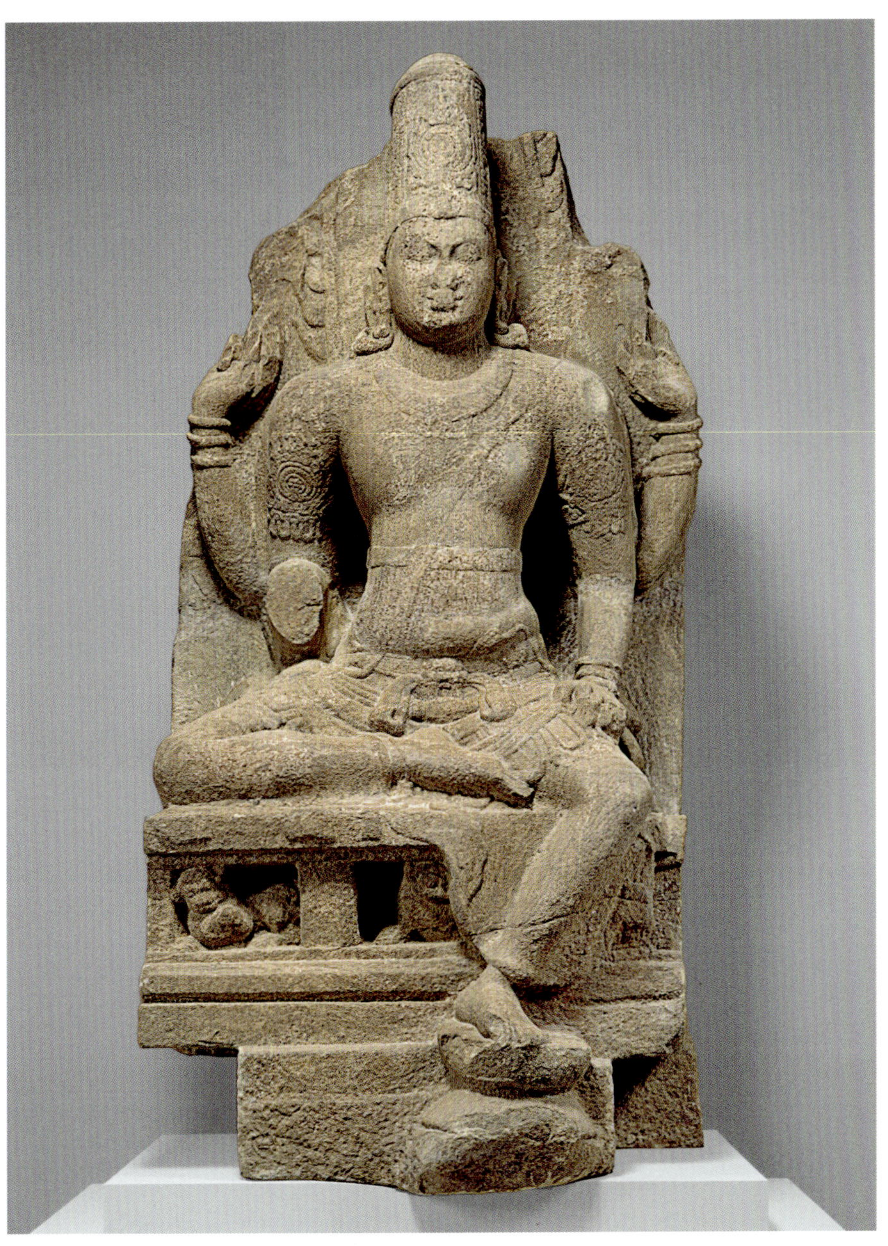

فيشنو على العرش

الهند، تاميل نادو، حكم سلالة باندايا
النصف الثاني من القرن الثامن – بدايات القرن التاسع م.
غرانيت، الارتفاع: 2.97 م
اقتناء، هبة مؤسسة شارلز إنغلهارد، لذكرى شارلز إنغلهارد،
1984 م (1984.296)

يُعدّ هذا النحت الضخم – وهو الأكبر حجمًا في مجموعة جنوب آسيا في المتحف – مثالاً نادرًا لفنون سلالة باندايا التي أطلقت مع سلالة بالافا أول مرحلة كبيرة لبناء المعابد جنوب الهند. يجلس فيشنو على عرش أسد في وضع "لاليتاسانا" الذي ينم عن الأريحية والفخامة الملكية. ويتمثل دوره في الهندوسية في إعادة النظام للعالم الإنساني وفي قتال الأشرار الذين يهددون استقرار الكون. وكان في الأصل يُمسك محارة (تُستخدم بوقًا في المعركة) في أعلى يده اليسرى وقرص محارب في أعلى اليُمنى بينما ترتفع اليد اليُمنى في حركة "أبهايا-مودرا".

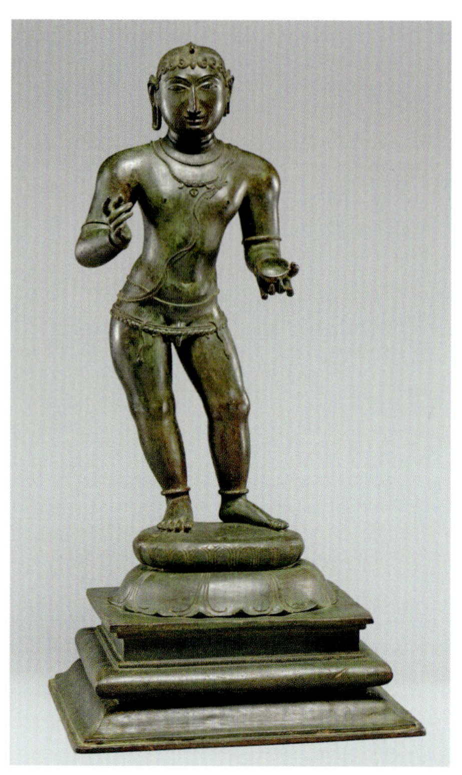

إلى اليمين

القديس الطفل سامبندار

الهند، تاميل نادو، حكم سلالة تشولا، أواخر القرن الحادي عشر م.
سبائك النحاس، الارتفاع: 74.6 سم
اقتناء، هبة ليلى أشيزون والاس ودوريس فينر، 2010م (2010.230)

القديس الطفل سامبندار الذي حظي بشعبية في القرن السابع الميلادي هو واحد من "الموفار" أي الثلاثة القديسين الرئيسيين في جنوب الهند. وتروي الأسطورة أنّ بعد تلقيه هبة الحليب (الذي تُمثله الصحفة) من الإلهة أوما، كرّس الصبيّ سامبندار حياته لتأليف التراتيل لشكر الإله شيفا، وتشير يده المرفوعة إلى مملكة شيفا السماوية في جبل كيلاش في الهيمالايا. وقد اقتنص النحات ميزة الطفولة لدى القديس مع منحه نضج القائد الروحي وسلطته. وكان الغرض من هذه الأيقونة استخدامها في المواكب خلال احتفالات المعابد التي تحتفي بالآلهة والقديسين في العقيدة الهندوسية.

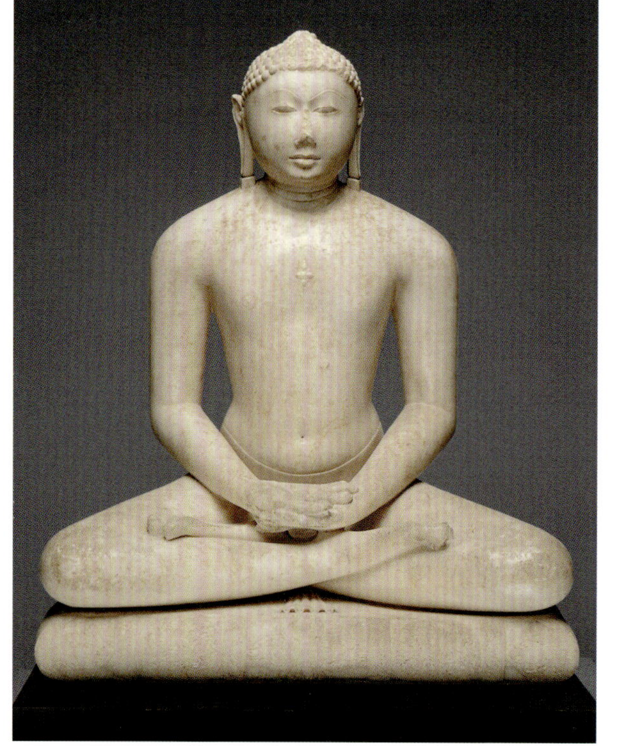

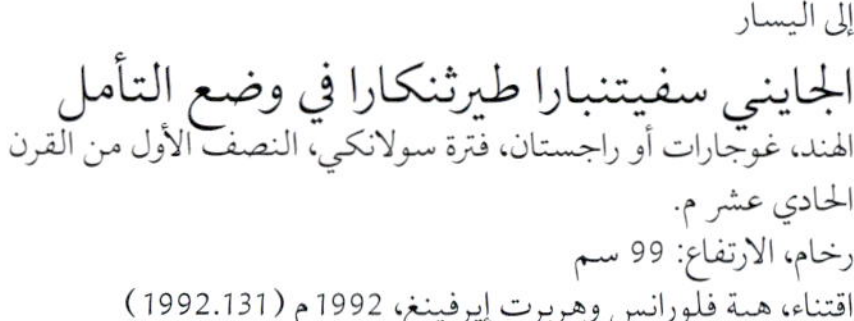

إلى اليسار

الجايني سفيتنبارا طيرثنكارا في وضع التأمل

الهند، غوجارات أو راجستان، فترة سولانكي، النصف الأول من القرن الحادي عشر م.
رخام، الارتفاع: 99 سم
اقتناء، هبة فلورانس وهربرت إيرفينغ، 1992م (1992.131)

تُعدّ عبادة صورة جينا في قلب الممارسة الطقسية للديانة الجاينية، ويعتمد مفهومها على المثل الأعلى للزهد اليوغي [من اليوغا] في عموم الهند. وتوازي هذه الممارسة القديمة التي تحتفي بها الفيداس (أقدم النصوص الهندية) اكتساب الحكمة الروحانية من خلال السعي إلى الأشكال المتقدمة من التأمل وترك الرفاهة المادية. وفي الديانة الجاينية، تُعبد الأربعة وعشرين روحًا المتحررة بوصفها "طيرثنكارا" (عابرة النهر) إذ يعترف أتباع الجاينية ببلوغها هذه الدرجة المتقدمة. والأرجح أنّ هذا الجايني طيرثنكارا الجالس على عرش مُرصّع بالجواهر نُحت ليمثّل ماهافيرا، المؤسس التاريخي للجاينية، وهو معاصر تقريبًا لبوذا شاكياموني في القرن الخامس الميلادي.

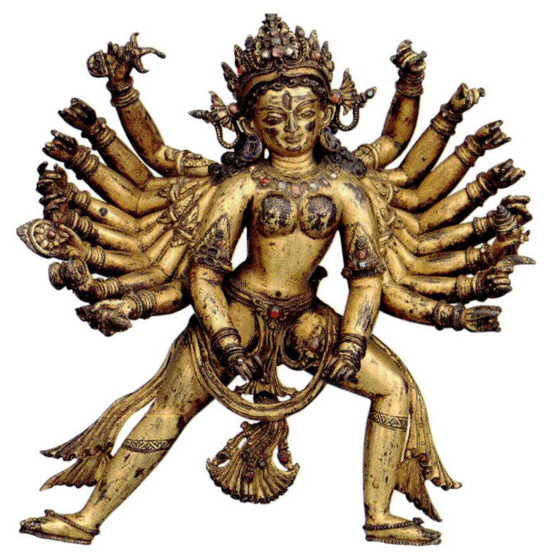

كانت في الأصل هذه النسخة من الإلهة (دافي) دورغا ذات الأربعة عشرة ذراعًا تنتصب على قاعدة تمثال حيث تهزم بالمارد الجاموس ماهيشا تدوسه بقدمها بينما تطعنه بالرمح ذي ثلاث شُعب المميز للإله الهندوسي شيفا. ويأتي عذا العرض لانتصار الخير على الشر إثر معركة انتصر فيها ماهيشا على الآلهة الذكور. ولّما يئسوا دعوْا الإلهة دورغا لتكون بطلتهم بعد أن منحها كل واحد منهم سلاحًا سحريًّا. ومن خلال قتلها للمارد الجاموس، حرّرت دورغا الكون من الظلمات. وتُعدّ دورغا في المعتقدات الهندوسية التعبير الأعلى عن قوة "الدافي" ويُمثلها الهندوس على أنها "التي لا تُغلب ولا تُقهر".

الإلهة دورغا قاتلة المارد الجاموس ماهيشا

نيبال، القرن الرابع عشر – الخامس عشر م.
سبائك النحاس المذهّبة مرصعة بأحجار شبه كريمة،
الارتفاع: 21 سم
هبة أليس ونصلي هيرامانك، 1986 م (1986.498)

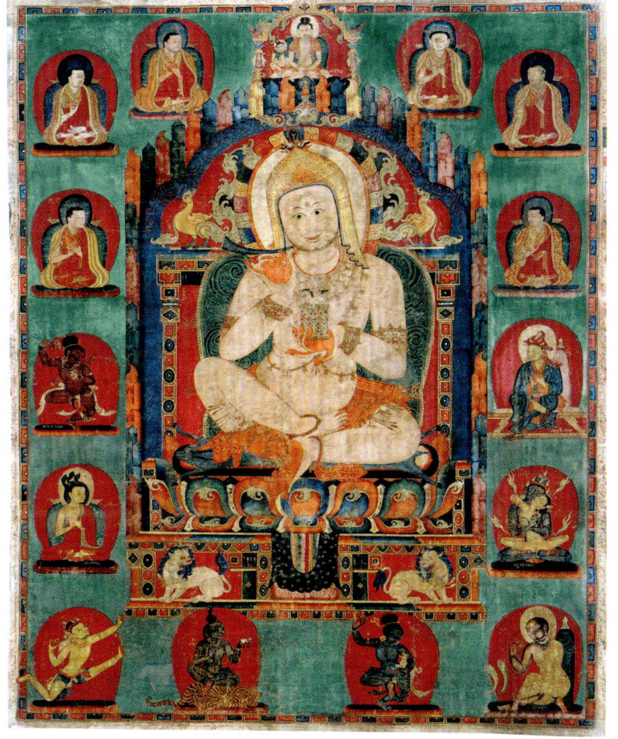

رسم جناناتابا مع مجموعة من اللاما والمهاسيدا (العظماء)

التيبت، دير ريووش، حوالي 1350 م.
طلاء مائي على قماش، المقاسات: 54.6x68.6 سم)
اقتناء، هبة أصدقاء الفنون الآسيوية، 1987 م (1987.144)

أُنجز هذا الرسم لدير ريووش في شرق التيبت وهو فرع من دير تاكلونغ بهدف إظهار المراجع الروحية للديرَين. لا يُذكر بصورة مباشرة اسم الشخصية التي تتوسط الرسم غير أنّ اسم جناناتابا الذي يشير إلى ماهاسيدا هندي شهير يظهر على وشاح مربوط بالرسم، وتجدر الإشارة إلى أنّ المهاسيدا في العقيدة البوذية "شخص مثالي عظيم" وأحد مؤسسي الديانة البوذية التنترية. وجرى التعرّف على الشخصية المرسومة في الوسط وتشرف فوق جناناتابا على أنها أفاغاريها. ويذكر التاريخ الرسمي لدير تاكلونغ أنّ الرئيس الأول لدير ريووش كان تجسيدًا للمهاسيدا "جناناتابا الذي لا مثيل له" والذي كان معلّمه التنتري السيدا البنغالي أفاغاريها.

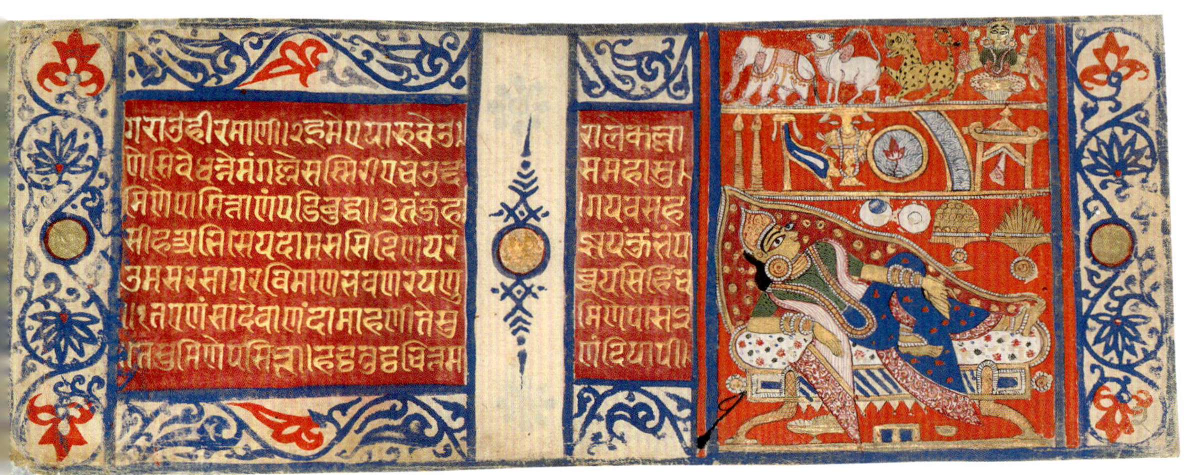

أحلام البشارة الأربعة عشر التي تنبئ بولادة ماهافيرا: صحيفة من مخطوط كلباسوارا

الهند، ولاية أوتار براديش، مدينة جاونبور، حوالي 1465 م.
ألوات مائية معتَمة، ذهب على ورق، المقاسات: 29.2x11.8 سم
لقتناء، هبة سنثيا هازن بولسكي، 1992 م (1992.359)

تأتي هذه الصحيفة من مخطوط مصوّر لكالباسوترا (كتاب العبادات) يحتوي على سِيَر الجاين طيرثنكارا (عابري النهر). ويصف أحلام البشارة الأربعة عشر التي شاهدتها برهماني ديفانندا التي ستصبح أم ماهافيرا.

وترمز إلى كل الأحلام شعاراتٌ تعلو مشهد غرفة النوم. ويُظهر استخدام الذهب وصبغ اللازورد المشتق من الحجر السميّ معرفة الفنانين بالرسم الإيراني الذي أصبح متاحًا خلال فترة حكم سلطنة دلهي في القرنَين الرابع عشر والخامس عشر الميلاديّين. ومع المحافظة على تقاليد الأسلوب القديم لغرب الهند، يَعرض العمل مقاربة جريئة في الألوان والزخرفة تربطه بالمدارس الهندية الشمالية الصاعدة الذي عرفت أوج ازدهارها في دلهي والمناطق المجاورة لها. يُحافظ الشكل الأفقي على ذاكرة الكتب المصورة الأولى في الهند التي كانت تُطبع على صفحات من ورق النخيل المُشذَّب والمُعالَج.

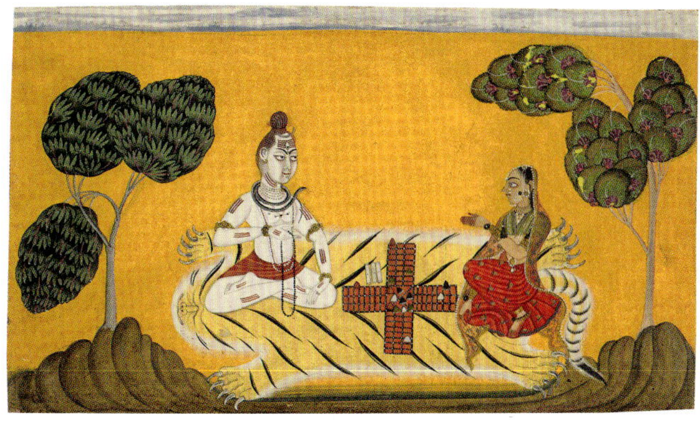

ديفيدازا من نوربور
هندي، نشط ما بين 1680–1720 م.

شيفا وبرفاتي يلعبان لعبة شاوبار: صحيفة من سلسلة راسامنجاري

الهند، ولاية هيماشال براديش، مدينة باصهلي، 1694–1695 م.
ألوان مائية مُعتَمة، حبر وفضة وذهب على ورق، مقاسات
الصورة: 27.6x16.5 سم
هبة د. ج.س. بورنيت، 1957 م (57.185.2)

ينتمي هذا الرسم إلى سلسلة تُصوّر الراسامنجاري (جوهر تجربة المتعة)، أي قصيدة الحب السنسكريتية التي ألفها في القرن الخامس عشر الميلادي بهانودطا وخصصها ليُعبّر ويُصنّف أمزجة وعواطف "النيّاكا" (المحب البطل) و "النيّيكا" (المحبوبة البطلة). وقد ظهرت أول مرة في أول دراسة حول الفنون الدرامية: "نتياشسترا" من تأليف بهاراتا. وفي هذا المشهد شديد الكثافة الذي يُضفي إليه التلوين الجريء والغموض الفضائي مزيدًا من الحياة تناشد برفاتي زوجها شيفا الذي غشها للتوّ في لعبة "شاوبار" وانتزع منها عقدًا. ويُعدّ الاستخدام الرمزي للألوان والحركة توقيعًا مميّزًا لمدرسة باصهلي في تلك الحقبة.

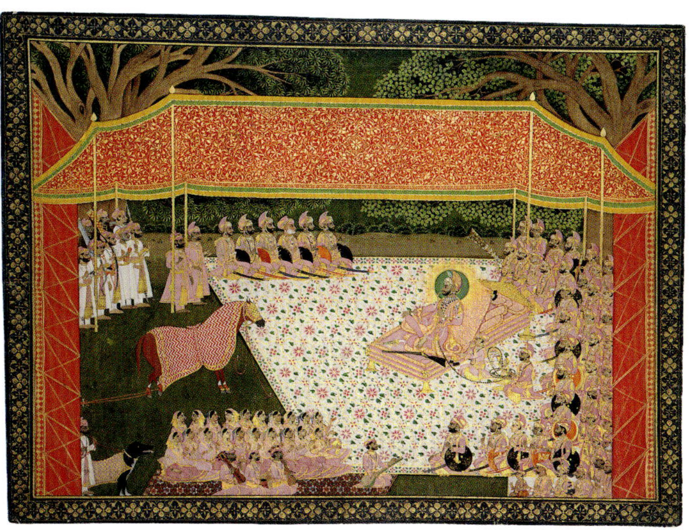

طارا
هندي، نشط ما بين 1836–1868 م.

المهارانا ساروب سينغ يعاين فحل خيل أُهديَ له، 1845–1846 م.

ألوان مائية مُعتَمة وحبر وذهب على ورق.
المقاسات: 57.8x42.5 سم
رصيد سنثيا هازن بولسكي وليون ب. بولسكي، 2001 م (2001.344)

يظهر على هذا الرسم الذي أنجزه طارا – وهو أهمّ الرسامين في ورشة المهارانا ساروب سينغ – حاكم موار يُعاين فحل خيل أُهديَ له، ويحيط به عدد كبير من أفراد الحاشية. إنّ العناصر المنسوجة المزخرفة بثراء – مثل البساط الصّيفي والظلّة – تكاد تُحوّل هذا التأثيث الخارجي المؤقت إلى فضاء قصر. كان الرسام طارا مؤرّخًا ممتازا وثّق أهم الأحداث في حياة المهارانا في قصر أديبور وفي ريف مملكته. ويوجد نص مكتوب في الخلف يُعرّف الحاكم والحصان وأهم أعيان البلاط ممّا يشير إلى أنّ هذا الرسم يوثّق حدثًا محدّدًا، يمكن أن يكون الاحتفال بعيد ميلاد المهارانا.

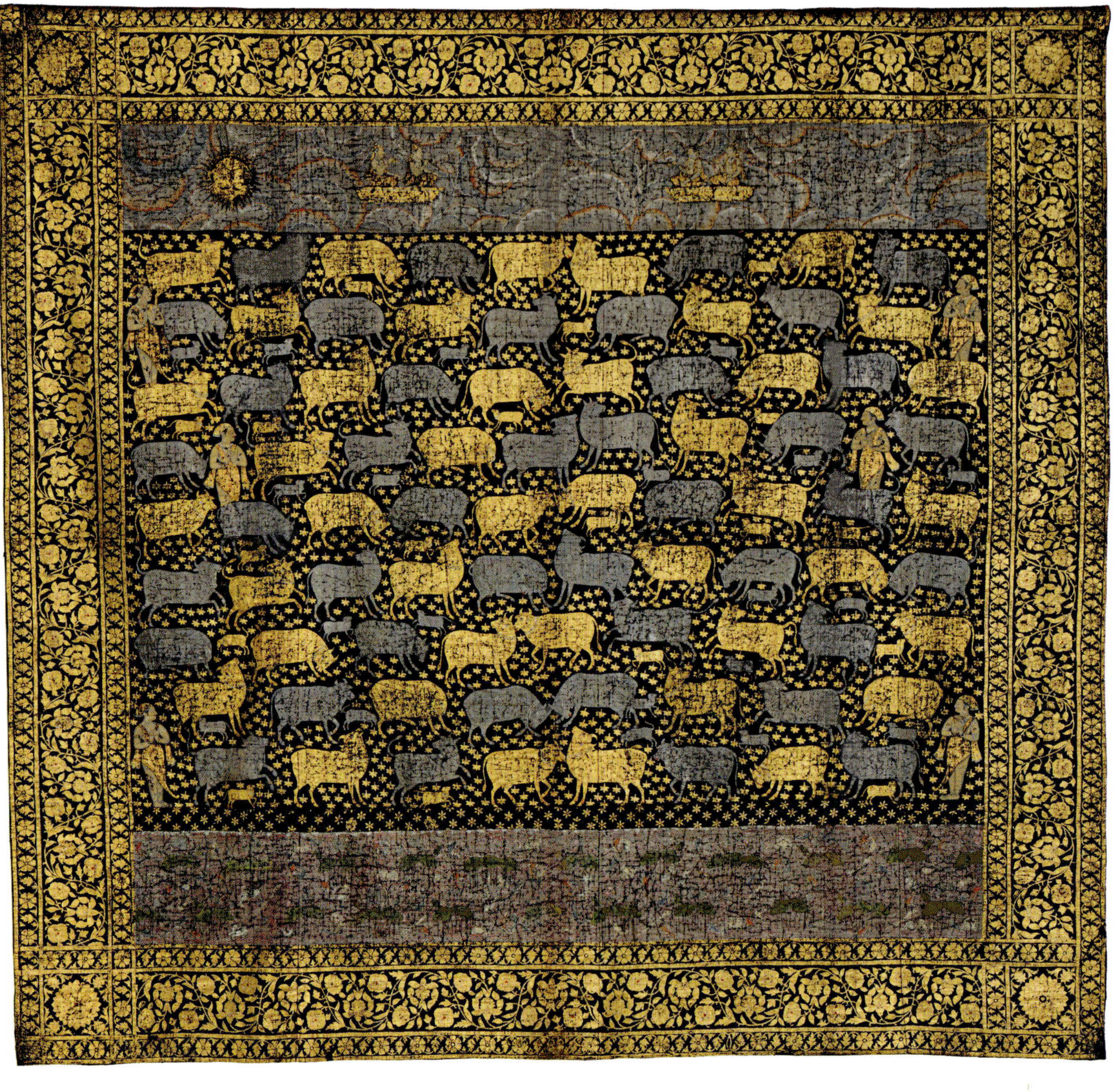

بيشواي يصف الاحتفال بمهرجان الأبقار

الهند، هضبة ديكان، أواخر القرن الثامن عشر – بداية التاسع عشر م.
ورقة ذهب وفضة مطلية ومطبوعة، ألوان مائية مُعتَمة على قطن مصبوع بالنيلة
المقاسات: 262x248 سم
اقتناء، هبة أصدقاء الفنون الآسيوية، 2003م (2003.177)

كانت قِطع البيشواي (رسومات كبيرة على القماش) تُعلّق وراء الصورة الرئيسية في الأضرحة. تركّزت خلال القرن السابع عشر الميلادي في مدينة ناثدفارا قرب أودايبور في ولاية راجستان الصورةُ المقدسة لطائفة فالابهاشاريا التي كانت تعبد كريشنا بوصفه شري ناثجي (الطفل الملك). وفي الفترة نفسها تقريبًا تحوّلت مجموعة صغيرة من أتباع شري ناثجي الأثرياء إلى منطقة هضبة ديكان حيث كلفوا الحرفيين على الأرجح بإنجاز هذه القطعة. وتُميّز الخلفية المصبوغة بالنيلة والاستخدام الواسع للذهب والفضة قِطع البيشواي العائدة للقرن الثامن عشر الميلادي. أما الصور غير المألوفة الواردة عليها فتشير إلى أنها صُنعت لمهرجان الأبقار (غوبشتامي) الذي ينتظم في أواخر الخريف للاحتفاء بارتفاع منزلة كريشنا من ناظر للعجول إلى راعي للبقر.

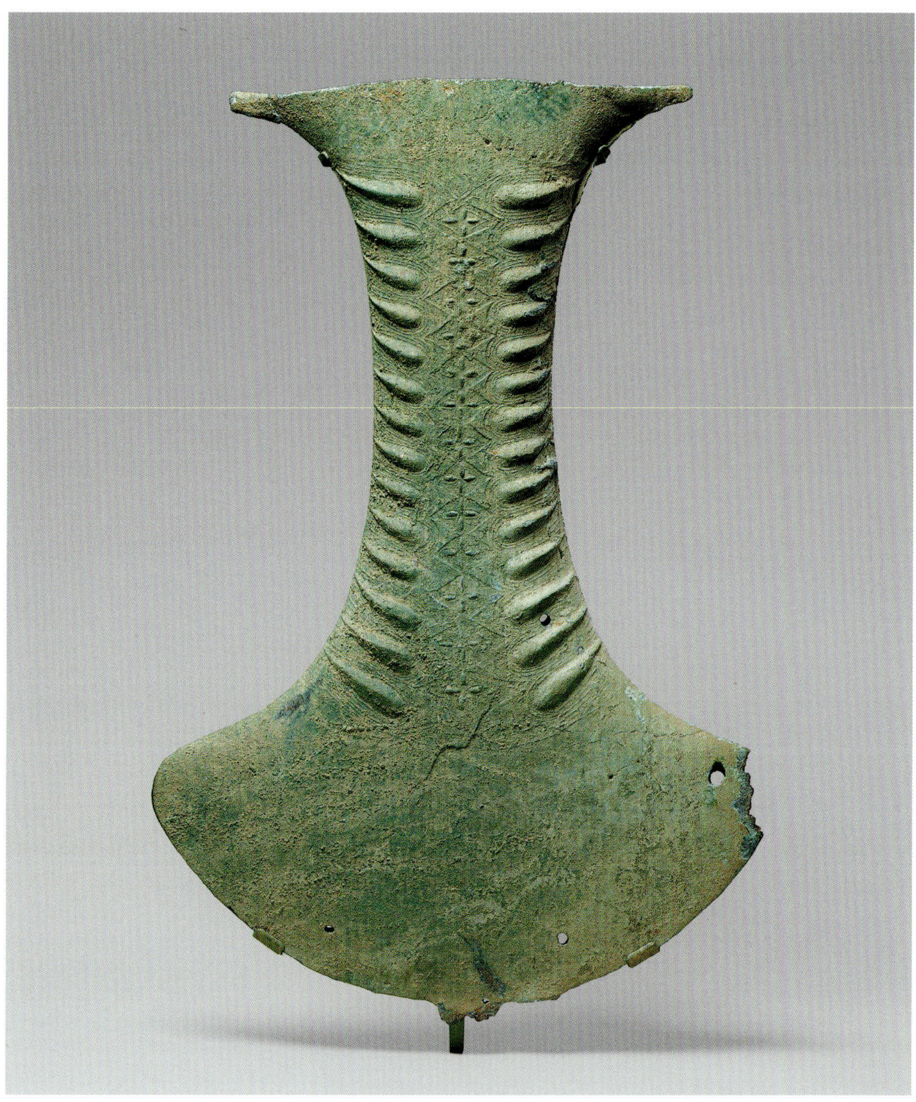

أداة شعائرية على شكل فأس

أندونيسيا، ربما جزيرة سولاويزي، العصر البرونزي والحديدي، حوالي 100 ق.م – 300م.
برونز، الارتفاع: 105.1 سم
اقتناء، هبة جورج مافيدن ورصيد إديث بيري شبمان، 1993م (1993.525)

إنّ هذه الأداة الشعائرية اللافتة التي تُمثّل إنجازًا بارعًا في تصميمها وتقنيتها كانت بالتأكيد أداة قرع تُعلّق وتُستخدم للطرق. وتظهر على الفأس نتوءات تثليم في الرقبة ذات الحواف تشبه العلامات الناتئة على جلد التمساح مع أشكال معين في الوسط، وتُثبّت هذه الحلول التقنية الحبل الذي كان يَشدّ الفأس عند تعليقها. أما على الجانب الخلفي فيظهر وجه مُجسّم مع شريط لولبيّ وموتيف يشبه أسنان المنشار. وتوجد أوجه مقارنة بين هذه القطعة وما يُسمّى "فأس مكسّر" المعروضة في المتحف الوطني الأندونيسي والتي عُثر عليها منذ قرن في سولاويزي الجنوبية.

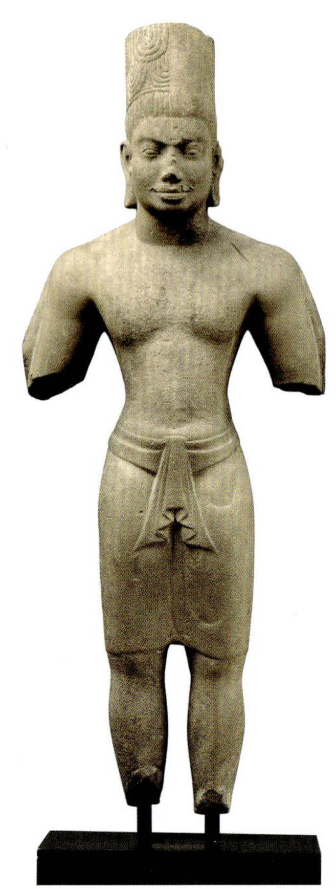

هاري–هارا منتصب القامة

كمبوديا أو فيتنام، فترة ما قبل أنغكور،
أواخر القرن السابع – بدايات القرن الثامن م.
صخر، الارتفاع: 90.2 سم
اقتناء، هبة لورانس س. روكفيلر وهبة مجهولة المصدر،
1977م (1977.241)

تشير الدلائل النحتية أنّ عبادة هاري–هارا، الإله الجامع بين فيشنو (هاري) وشيفا (هارا) في شكل واحد كانت منتشرة خلال القرنَين السابع والثامن الميلاديَّين في منطقة دلتا الميكونغ في البرّ الرئيسي لجنوب شرق آسيا. وكان لتكييف الإلهَين الذّكرَين الهندوسَين الرئيسيَّين ضمن عبادة واحدة فوائد واضحة للحكام المحلّيّين الذين اعتمدوا الثقافة الهندوسية منذ وقت وجيز. تُمثّل هذه الأيقونة الملكية المقدّسة مثالاً عن أسلوب براسات أندات السابق للعصر الأنغكوري، وكان سطحها في السابق مصقولاً بعناية. يمكن التعرف على شيفا الهندوسي من خلال العين الثالثة على جبين الصنم وشعره المجموع المتلبّد بينما تُشكّل القلنسوةُ مخروطية الشكل والخالية من الزخرفة إحدى السمات المميّزة لفيشنو في فترة ما قبل أنغكور.

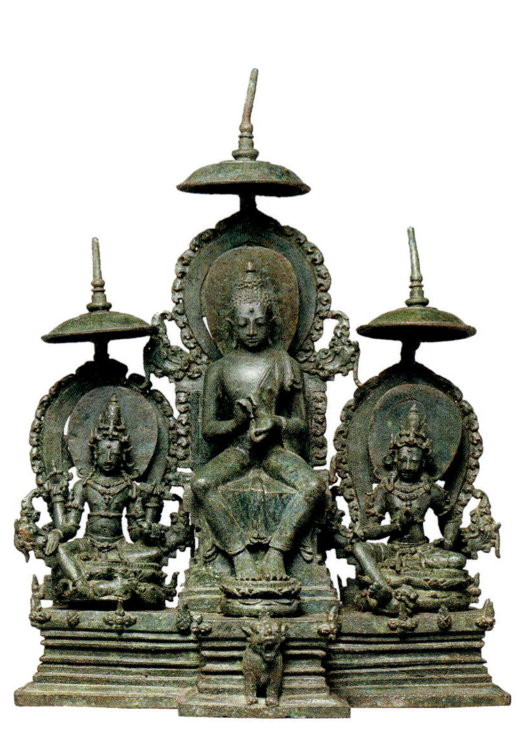

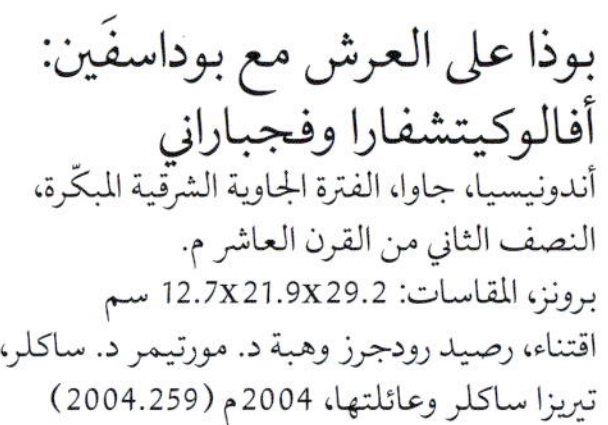

بوذا على العرش مع بوداسفَين: أفالوكيتشفارا وفجباراني

أندونيسيا، جاوا، الفترة الجاوية الشرقية المبكّرة،
النصف الثاني من القرن العاشر م.
برونز، المقاسات: 12.7x21.9x29.2 سم
اقتناء، رصيد رودجرز وهبة د. مورتيمر د. ساكلر،
تيريزا ساكلر وعائلتها، 2004م (2004.259)

تُعدّ هذه المجموعة المتكونة من سبع قطع مصبوبة كل واحدة لحالها من أكثر التحف البرونزية الجاوية إمعانًا في الدرس والتصميم من بين التحف المتبقية المعروفة. ويمكن التعرف على الشخصية التي تتوسط المشهد رافعة يديها لتُعلّم الدارما بوصفها شكياموني البوذا التاريخي أو فايروكانا، تعبيره المتسامي وفق العقيدة البوذية. ويشير الأسد البارز من وسط القاعدة الرئيسية إلى اسم عشيرة بوذا. يجلس على اليسار أفالوكيتشفارا مستندًا على مركبه العجل– الثور ناندين، وعلى اليمين فجباراني تصحبه مطيّته "مكارا" (هجين أسطوري من تمساح وفيل). وتدلّنا النّسب الضّامرة للشخصيات وملامحها المزويّة أنّ هذا الثالوث منتج من الفترة الجاوية الشرقية المبكّرة.

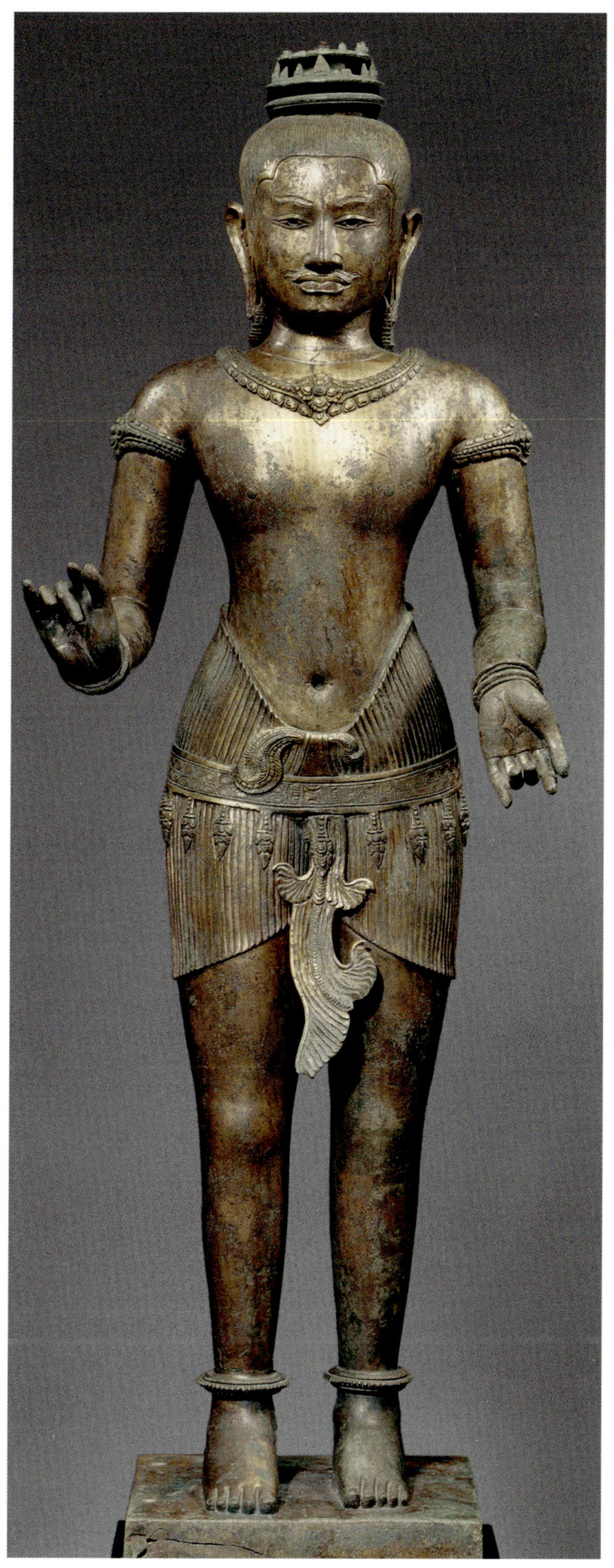

لاهوت منتصب القامة قد يكون شيفا

كمبوديا، ولاية سيام ريب، أنغكور، فترة أنغكور، القرن الحادي عشر م.
سبائك النحاس المذهّبة وتطعيم بالفضة، الارتفاع: 130.8 سم
من مجموعة والتر وليونور آننبرغ، 1988 م (1988.355)

هذا التمثال هو الأكثر سلامة والأفضل حفظًا من بين القِطع المعدنية المتبقية من أنغكور. وينتمي إلى مجموعة محدودة من المنحوتات المعدنية للآلهة الهندوسية المرتبطة بممارسات العبادات الملكية التي اكتُشفت في مناطق الخمير في كمبوديا وشمال شرق تايلاند. ورغم أنّ التمثال يستعصي على التعرف عليه من أول وهلة – فحركة اليدين لا تتوافق مع المعايير التمثيلية "للمودرا" ولا تحمل سمات رئيسية معروفة – فمن المحتمل أن يكون صورة شيفا في شكل تجسيديّ، وهو تمثيل غير مألوف في فنون الخمير. ومن الممكن أنّ هذه المنحوتة كانت لها وظيفتَين: تُمثّل أوّلاً أيقونة عبادة في ضريح ملكي ثم تشير إلى صورة أحد الأسلاف من بين الحكام المتوفّين.

الفن الإسلامي

أسّس محمد (ص) سنة 622م الدين الإسلاميّ الذي انتشر بيَد الأجيال التابعة من مكة في شبه الجزيرة العربية إلى إسبانيا غربًا والهند وآسيا الوسطى شرقًا. تمتدّ مجموعة المتحف من الفنون الإسلامية بالأساس في حيز زمني من القرن السابع إلى القرن التاسع عشر الميلاديَّين، وهي تعكس تنوّع الثقافة الإسلامية واتّساع مداها. حصل المتحف في سنة 1891م على مجموعته الكبيرة الأولى من التحف الإسلامية على شكل وصية أوصى بها إدوارد س. مور. ثم ازداد حجم المجموعة منذ ذلك الحين بفضل الهبات والوصايا والاقتناءات، كما حصلت على قطع فنية ذات شأن من التنقيبات التي دعمها المتحف في نيسابور بإيران من سنة 1935 إلى 1939م ثم في سنة 1947م. ويُقدّم المتحف اليوم على الأرجح أشمل عرض دائم للفنون الإسلامية في أي مكان من العالم، وذلك في أروقته الجديدة التي تضمّ فنون الأقاليم العربية وتركيا وإيران وآسيا الوسطى وجنوب آسيا في العصر المتأخر. إنّ التركيز على السياق المحلي للقِطع الفنية يُبرز المفهوم المبنيّ على أنّ الحضارة الإسلامية لم تُنتج تعبيرًا فنيًّا أوحدًا ومتآلفًا، بل هي بدلاً من ذلك ربطت بين رقعة جغرافية شاسعة عبر قرون من التحوّلات والتأثيرات الثقافية. وتشمل الممتلكاتُ المميّزة خزفيات وأنسجة من كل أقطار العالم الإسلامي الكلاسيكي إضافة إلى زجاجيات وقطع معدنية من مصر وسوريا وبلاد ما بين النهرين وفارس، وكذلك منمنمات ملكية من بلاط فارس وإمبراطورية مغول الهند، وزرابي كلاسيكية من القرنَين السادس عشر والسابع عشر الميلاديَّين. كما توجد قاعة من سوريا تعود لبدايات القرن الثامن عشر الميلادي وفناء بأسلوب مغربي للقرن الخامس عشر الميلادي أنجزه حرفيّون من فاس، ويُكمّل القاعةُ والفناء المذكوران مجمّعَ الأروقة وفضاءات الدراسة.

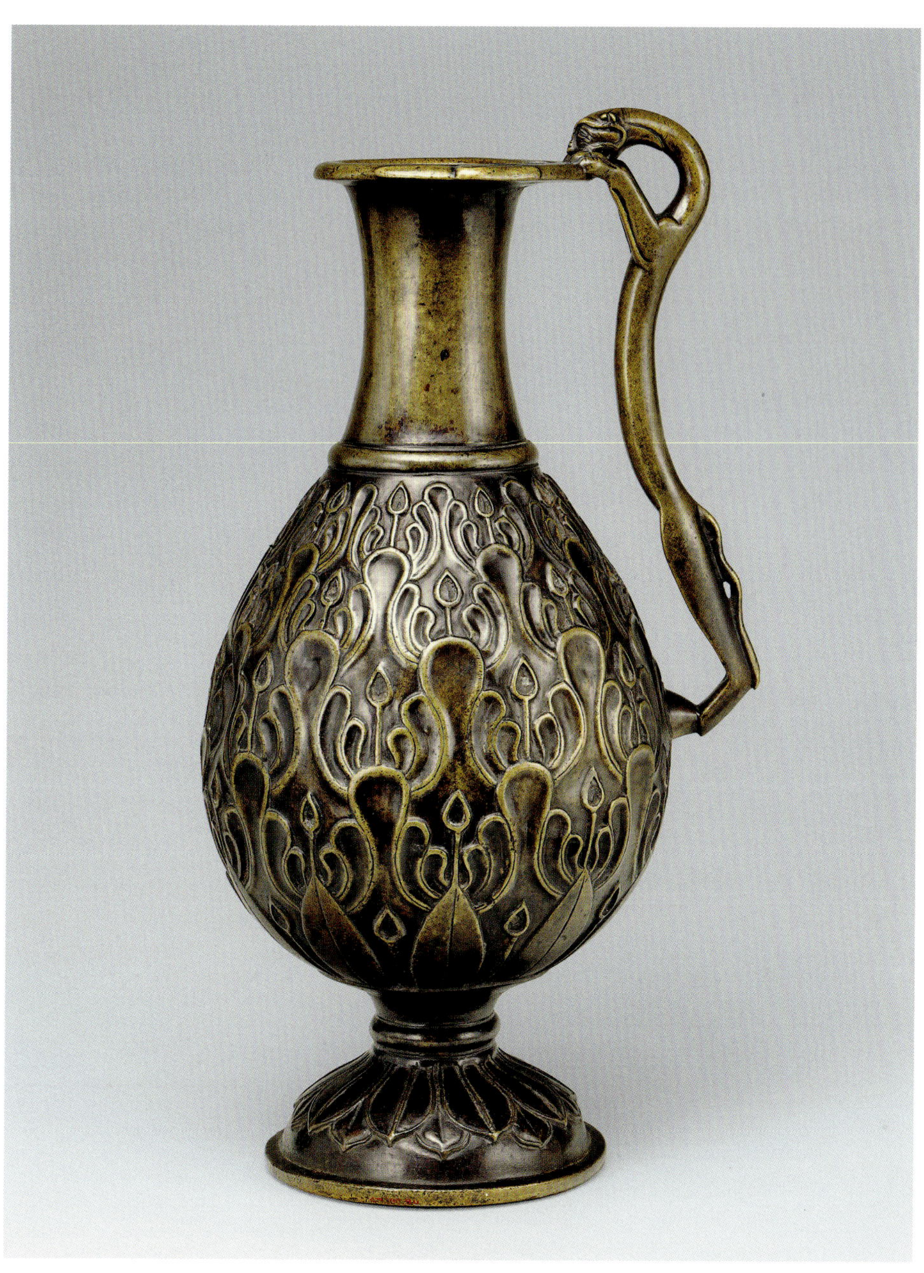

إبريق بمقبض على شكل سنّور

إيران، القرن السابع م.
برونز، مصبوب ومُحزّز ومُطعّم بالنحاس
الارتفاع: 48.5 سم، القطر: 21.1 سم
رصيد فليتشر، 1947م (47.100.90)

يُظهر هذا الإبريق كيف أنّ الفنون الإسلامية المُبكّرة المُنتَجة في إيران تأثّرت بالثقافات السابقة لها زمنيًا. ويُذكّر شكله بالقِطع المعدنية التي أُنتجت تحت حكم الإمبراطوريّتَين البارثية (247 ق.م – 224 م) والساسانية (224–651م). بل إنّ رأسا البطّتَين قرب الفوهة والتصميم النباتي التجريدي الذي يُغطّي جسم الإبريق موتيفات ذات اشتقاق ساسانيّ محض. ويُثبت التركيب الإجمالي والأشكال عملية العبور من أسلوب تشخيصي إلى ذوق يميل باطّراد إلى أنماط إيقاعية متكررة خلال العصر الإسلاميّ المُبكّر. ويتّخذ المقبض شكل سنّور متمدّد يحدّق باتجاه البطّتَين كأنّما يستعدّ للانقضاض عليهما.

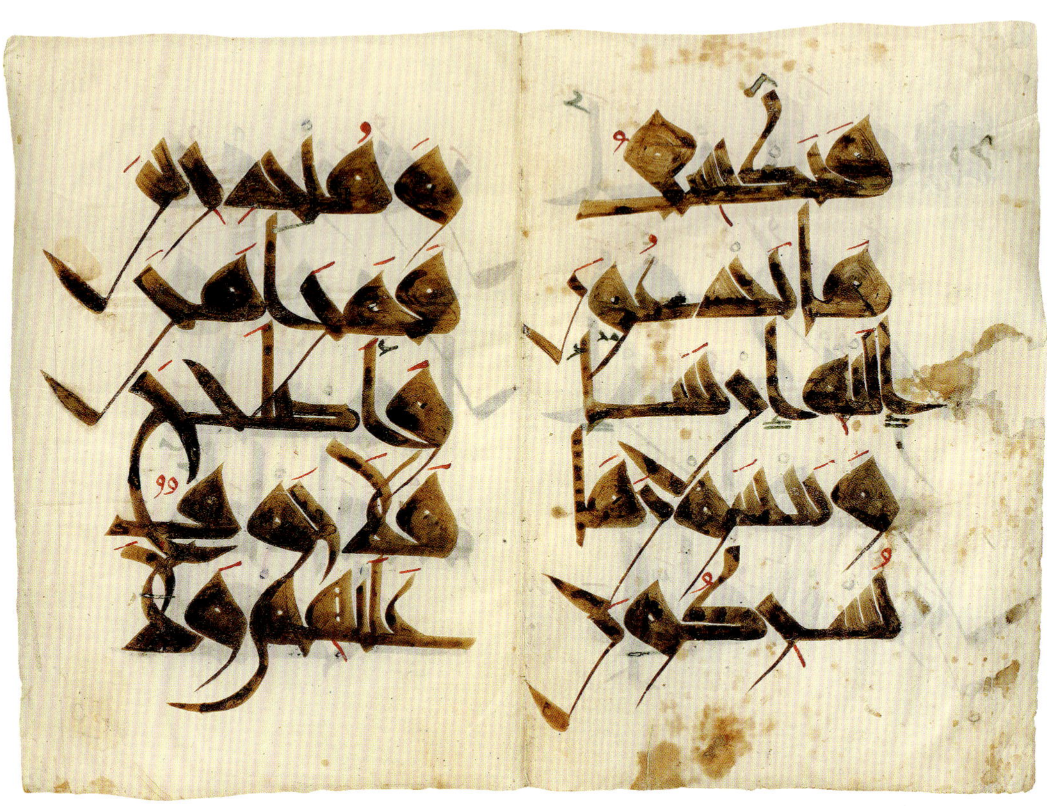

صحيفة مزدوجة من مصحف الحاضنة

على الأرجح البلاد التونسية، القيروان،
حوالي 410 هجري/ 1019–1020 م
حبر وألوان مائية مُعتَمة وذهب على رقّ
المقاسات: 60X44.5 سم
اقتناء، هبة جايمس وديان بوركه إكرامًا للدكتورة ماريلين جنكينس مدينة، 2007م (2007.191)

أمرت حاضنة الحاكم الزيري أبو مناد باديس بن المنصور (حكم ما بين 996–1016 م) بإنجاز (ما يُعرف ب "مصحف الحاضنة" لتهبه للجامع الأكبر في القيروان. نُسخ المصحف بخط كوفي فريد من نوعه اختصّ به إقليم شمال إفريقيا، وهو استثنائيّ بخطوطيّته وكذلك بوجه خاص بالنصّين الوارِدَين عليه اللذين يُقدّمان إثباتًا موثّقًا يفيد أنّ خادمة من بيت ملكيّ في العصر الوسيط أمرت بإنجازه. ولم تكن العرّابات راعيات الفنون المنتميات للبلاط الزيري نادرات، سواء كنّ أميرات أو في خدمة العائلة الملكية. وكنّ يأمرن بنسخ القرآن على نفقتهنّ لإظهار ثرواتهنّ أو ليكنّ قدوة في التقوى والورع. نُسخ هذا المصحف على رقّ من جلد الحيوان، وظلّ هذا الوسيط مُستخدَمًا في منطقة شمال إفريقيا بعد فترة طويلة من انتشار استخدام الورق لمصاحف القرآن في مصر والعراق وإيران.

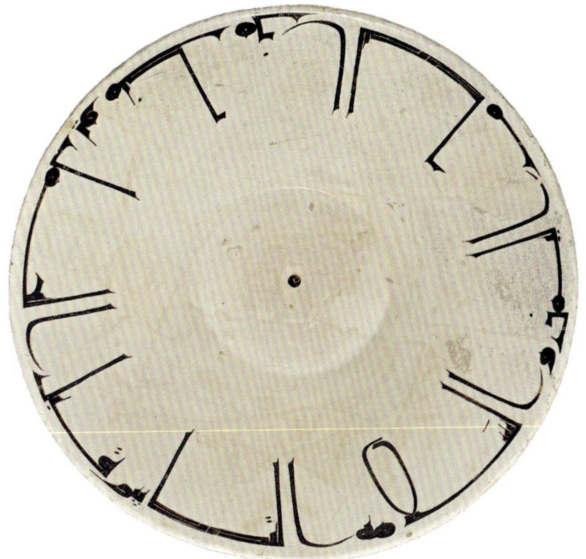

صحفة عليها نص بالخط العربي

إيران، نيسابور، القرن العاشر م.
إناء من الفخار، طلاء أبيض وزخرفة باللون الأسود مُغطّى بطبقة مُزجّجة شفافة
الارتفاع: 17.8 سم، القطر: 45.7 سم
رصيد رودجرز، 1965م (65.106.2)

تَبرز النصوص المكتوبة بكل وضوح في مجال زخرفة التحف الفنية والبنايات على امتداد تاريخ الفنّ الإسلاميّ. غير أنها استُخدمت بصفاء ومتانة لا مثيل لها في صحاف، على غرار هذه الصحفة، صُنِّعت في شرق العالم الإسلاميّ. وهي نصوص استُخدمت للخطوطية وكذلك لإبراز التحف الفنية التي تُزيّنها. وتُمثّل هذه الصحفة بحجمها غير المألوف نموذجًا عاليَ الجودة من هذا النوع. ويرد في النص المكتوب بالخط الكوفي الأنيق: "التفكير قبل العمل يحميك من الندم" و "من أيقن بالخَلَف جاد وكيف ما عوّدت النفس تعتاد".

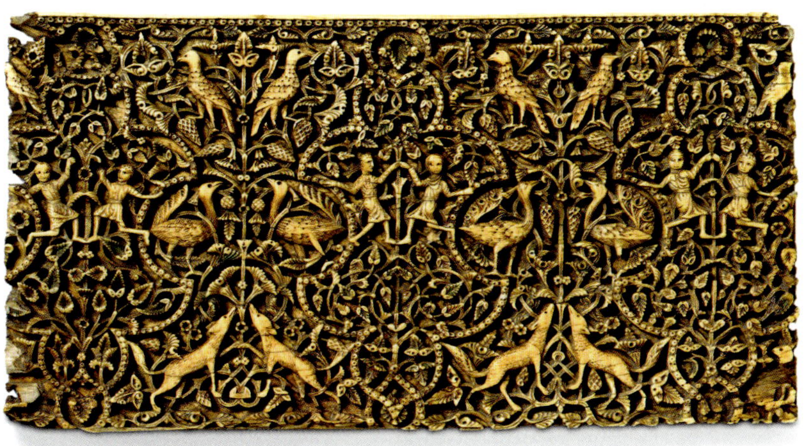

لوحة

إسبانيا، على الأرجح قرطبة، القرن العاشر - بدايات القرن الحادي عشر م.
عاج، منقوش ومرصّع بالحجارة مع بقايا خضاب
المقاسات: 20.3x10.8 سم
رصيد جون ستيوارت كينيدي، 1913م (13.141)

كانت هذه اللوحة المنقوشة في قطعة واحدة من عاج الفيل تُزيّن في السابق جانبًا من علبة مستطيلة الشكل. وهي تنتمي إلى مجموعة من العاجيات العائدة للقرنَين العاشر والحادي عشر الميلاديَّين صُنّعت في الأندلس خلال حكم الخلفاء الأمويين (711–1031م). وقد أُنتجت بالأساس للعائلة الملكية وأُنجزت في العاصمة قرطبة أو في مقر الإقامة الملكية في مدينة الزهراء. وبسبب الأصول الشامية للأمويين ليس من الغريب أن يعود أصل الكثير من الموتيفات الواردة على هذه العاجيات إلى تلك المنطقة. أمّا موتيف الورقات على شكل الرقش (أرابيسك) فهو نسخة منمنمة من لفيفة الدالية والأقنث المنتشرة في أواخر العصر القديم.

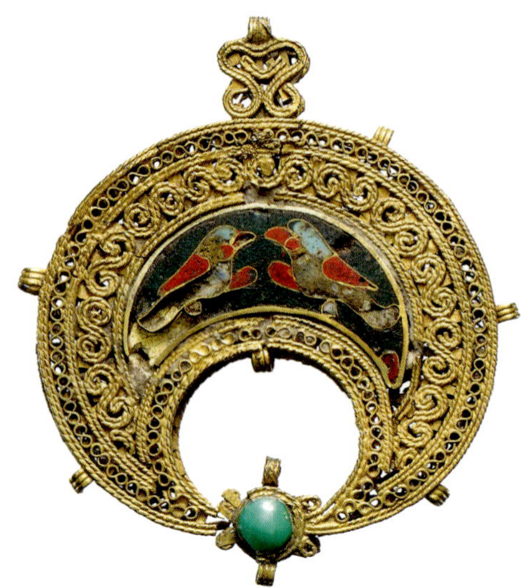

حلية متدلية على شكل هلال عليها عصفورَين متقابلَين

مصر، القرن الحادي عشر م.
ذهب، مينا مصوغة، فيروز، زركشة مخرمة
المقاسات: 3.5x4.5 سم
مجموعة ثيودور م. دافيس، وصية ثيودور م. دافيس، 1915 م (30.95.37)

يتميّز الإنتاج الفني في القاهرة خلال حكم الفاطميين (969–1171 م) بزيادة ملحوظة في استخدام الموتيفات البشرية والحيوانية وبدرجة عالية من المهارة الحِرفيّة. وتُمثّل هذه الحلية المتدلية بتصاميمها المعقّدة المُصاغة بتقنية الزركشة المخرمة على مشبّك ذهبي نموذجًا راقيًا من صياغة الذهب. استعار الفاطميون من الفن البيزنطي استخدام الزينة على شكل الهلال وكذلك تقنية المينا المصوغة المُستخدمة هنا في العصافير التي تتوسط الحلية. ومن المحتمل أن يكون الصائغ قد اشترى مكونات الترصيع جاهزة ثم وضعها في الهيكل الذهبي بعد أن ثبّتها بمادة لاصقة.

صحفة ذات بريق معدني عليها حصان مُجنّح

إيران، أواخر القرن الثاني عشر الميلادي
خليط حجري، طلاء له بريق معدني فوق طبقة مزججة مُعتَمة أحادية اللون
الارتفاع: 8.3 سم، القطر: 20.3 سم
رصيد رودجرز، 1916 م (16.87)

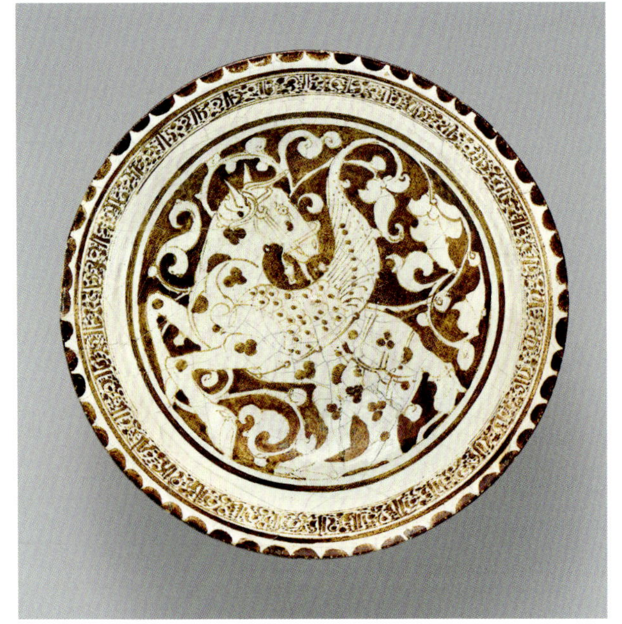

لدى هجرتهم في القرن الثاني عشر الميلادي من مصر أو سوريا، أدخل الخزفيون إلى إيران الخزفيات المطلية ذات البريق المعدني. ونتيجة لذلك، كان الإنتاج المبكّر لهذا الصنف من الخزفيات يتّسم بالخصائص ذاتها للآنية ذات البريق المعدني المُصنّعة في مصر الفاطمية، ويشمل ذلك الجودة الاستثنائية لتصميم هذه الصحفة التي يظهر عليها حصانًا مجنّحًا أبيض كبير الحجم على خلفية براقة محددة المعالم وحافة مزينة بباقات الورود. أُسنِدت هذه الصحفة في السابق إلى مدينة الريّ التاريخية (قرب طهران)، لكنّ الاعتقاد السائد حاليًا يميل إلى أنّ كاشان في الجنوب كانت المركز الوحيد لإنتاج الخزفيات ذات البريق المعدني في ذلك العصر.

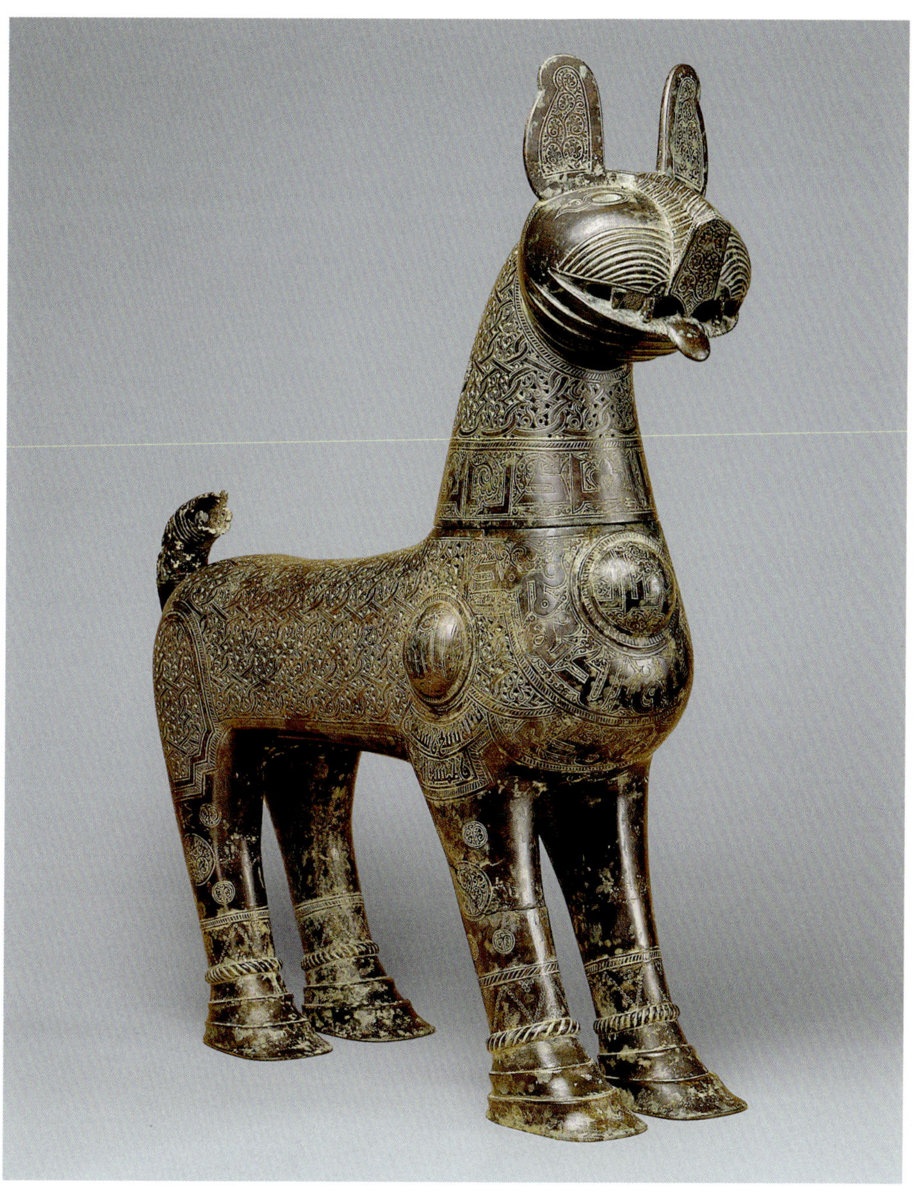

جعفر بن محمد بن علي

نشط أواخر القرن الثاني عشر م.

مبخرة أمير سيف الدنيا والدين محمد الماوردي

إيران، مؤرخة 588 هجري/ 1181–1182م
برونز، مصبوب ومحفور ومنقوش ومثقوب
المقاسات: 85.1×82.6×22.9 سم
رصيد رودجرز، 1951م (51.56)

كانت المباخر ذات الأشكال الحيوانية شائعة في العصر السلجوقي (حوالي 1040–1157م). ويبرز من بينها هذا النموذج الاستثنائي بحجمه الهائل وبرقّة زخرفته المنقوشة وبثراء المعلومات التي تُقدّمها شرائط الكتابة العربية الواردة على الجسم. وتشمل الخطوطيةُ أسماءَ العرّاب والفنان وكذلك تاريخ الصّنع. يمكن فتح المبخرة برفع رأس الحيوان لوضع الفحم والبخور بداخلها، كما أنّ الجسم والرقبة يحملان ثقوبًا تسمح للرائحة الذكية بالانتشار. ويوحي الحجم الكبير للمبخرة أنّها صُنّعت لتوضع في قصر.

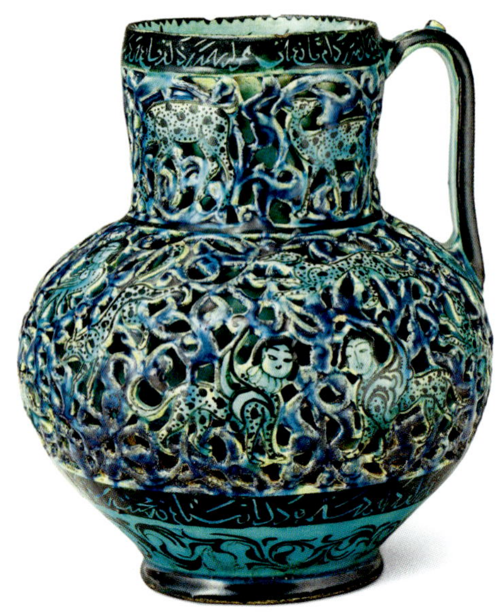

جرة مخرمة عليها رسوم خفافيش وعنقاء

إيران، على الأرجح كاشان، مؤرخة 612هجري/ 1215–1216م
خليط حجري، زخرفة مخرمة، مطلية بالألوان تحت طبقة مزججة فيروزية اللون
الارتفاع: 20.8 سم، القطر: 16.8 سم
رصيد فليتشر، 1932م (32.52.1)

تُقلّد هذه القطعة الفخارية بقشرتها الخارجية المحفورة والمثقوبة التي تُحيط بحاوية داخلية صلبة القِطعَ المعدنية. جرى في البداية طلاء الجزء المخرم بلمسات سوداء وزرقاء بلون الكوبالت، وهو يتألف من رسوم خفافيش (على شكل نسوة عصافير أسطورية) وعنقاء وحيوانات (ثدييات ذات أربعة قوائم). ثم جرى تغطية الجرة برمّتها بطبقة من الطلاء الفيروزي الشفاف ذي البريق المعدني. وقد كتب الأشعار الفارسية المحيطة بالحافة الشاعر ركن الدين القُمّي، أمّا قصيدة الحبّ قرب القاعدة فلا يُعرف مؤلّفها وهي تشمل تاريخ الصنع.

مصباح مسجد لضريح الأمير أيدكين العلائي البندقداري

مصر، على الأرجح القاهرة، مدة وجيزة بعد 1285م
زجاج يميل للبنّي، منفوخ، قدم مطوية، مقبضين مضافَين، مطلي بالمينا ومُذهّب
الارتفاع: 26.4 سم، القطر: 21 سم
هبة ج. بياربونت مورغان، 1917م (17.190.985)

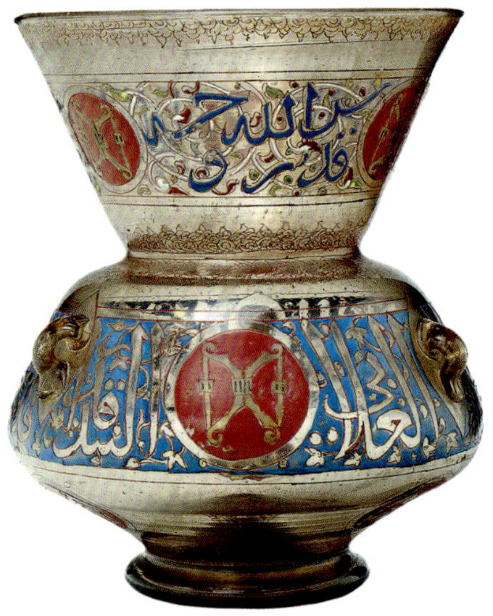

النص المكتوب أنّ المصباح صُنّع لضريح أيدكين العلائي الذي توفّي في القاهرة سنة 1285م.

اعتمد الأمراء المماليك شارات مُميزة مرتبطة في الغالب بوظائفهم الرسمية في البلاط، وكانت تُزيّن التحف الفنية والبنايات التي يأمرون بصنعها لحسابهم. ويُشير في هذه الحال القوسان المتجوران على خلفية درع أحمر أنّ عرّاب هذا المصباح كان من كبار الموظفين "بندقدار" (صاحب القوس) في حاشية البلاط المملوكي. ويذكر

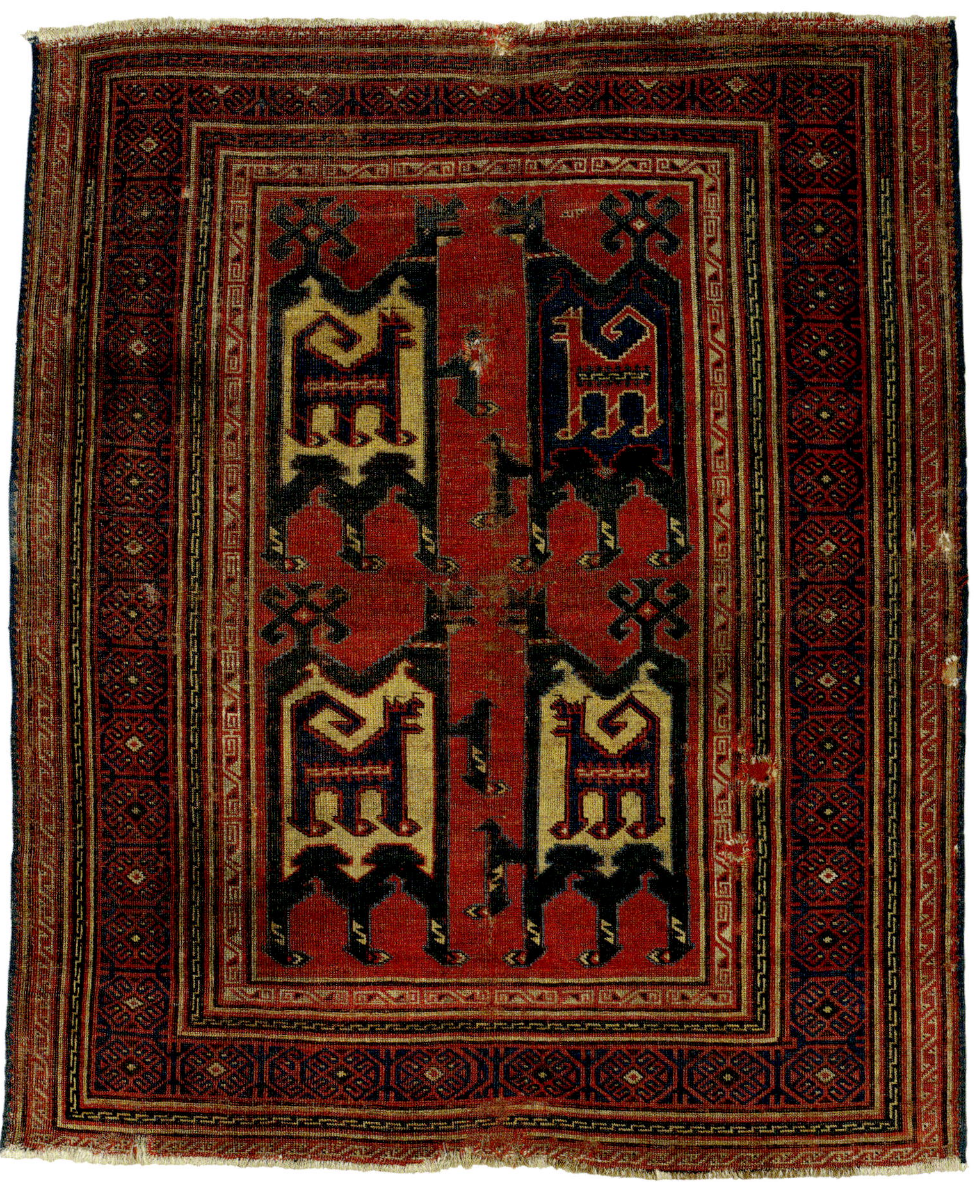

زربية عليها حيوانات متقابلة

تركيا، القرن الرابع عشر م.
صوف (سدو ولحمة وجمع)، حبكة متناظرة
المقاسات: 165.1×138.4 سم
اقتناء، رصيد هاريس بريسباين ديك، وصية جوزيف بوليتزر، رصيد لويس ف. بال، أرصدة بفايفر وورودجرز، 1990 م (1990.61)

تُمثّل هذه الزربية من الصوف بتصميمها الهندسي الصارم عُرفًا مبكّرًا في مجال الحياكة كان شائعًا في أوروبا حيث ظهرت زرابي مماثلة في كنائس القرنَين الرابع عشر والخامس عشر الميلاديَّين مرسومة على لوحات ذلك العصر. وقد سمحت بالفعل لوحة رسم من مدينة سيينا الإيطالية تعود لبدايات القرن الخامس عشر الميلادي عليها زربية بالتصميم ذاته من تأريخ هذه القطعة. وهذه واحدة من ثلاث زرابي مكتملة فقط في العالم تعود لهذا التاريخ المبكّر، وتظهر عليها حيوانات متقابلة كبيرة الحجم ويداخل كل واحد منها حيوان أصغر حجمًا، والأرجح أنّ هذا التصميم مُستوحى من الأقمشة المعاصرة لها. أمّا الزرابي التركية في القرن السادس عشر الميلادي فقد أدمجت موتيفات زهرية ونباتية وكذلك نجومًا وميداليات منمنمة مُميّزة.

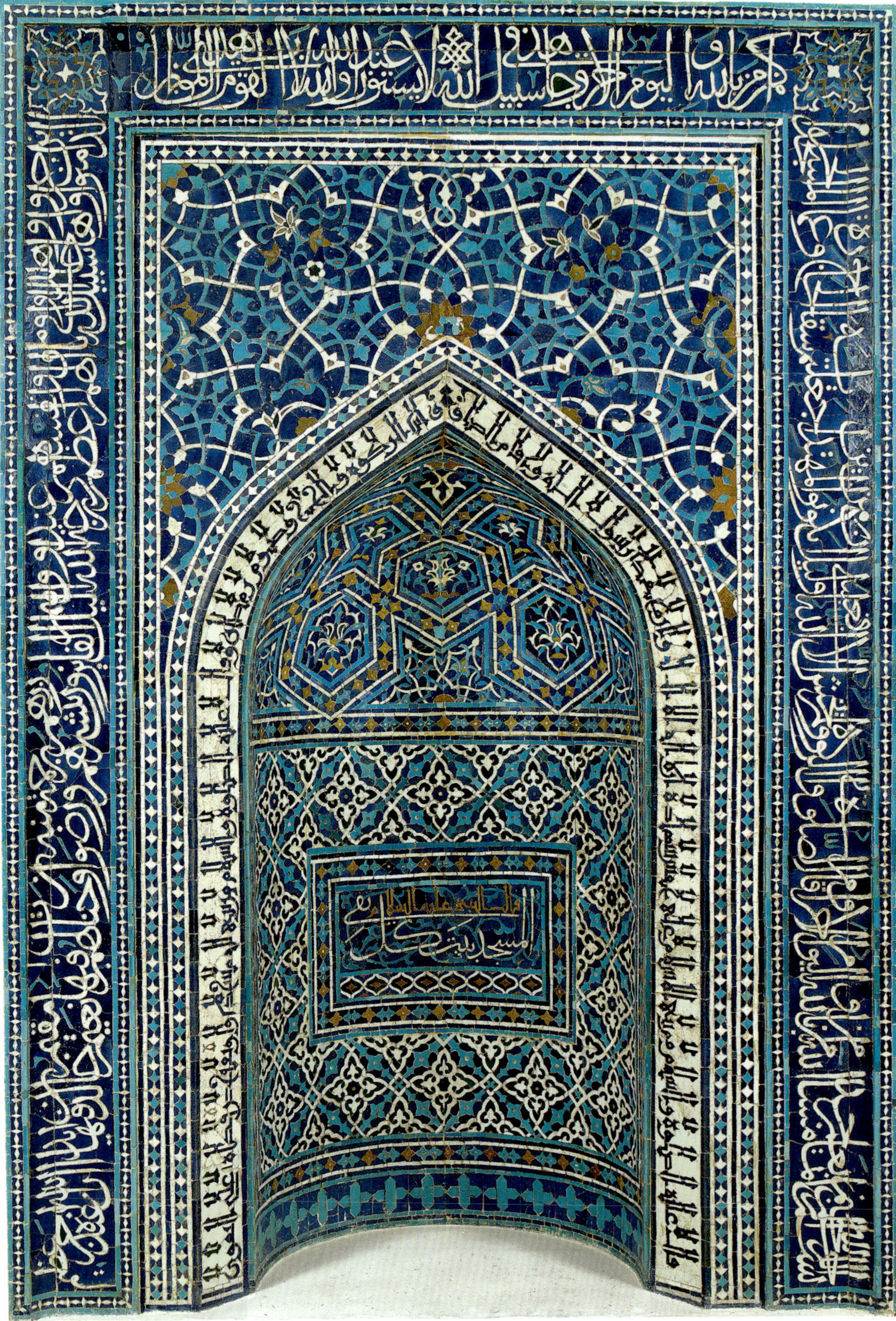

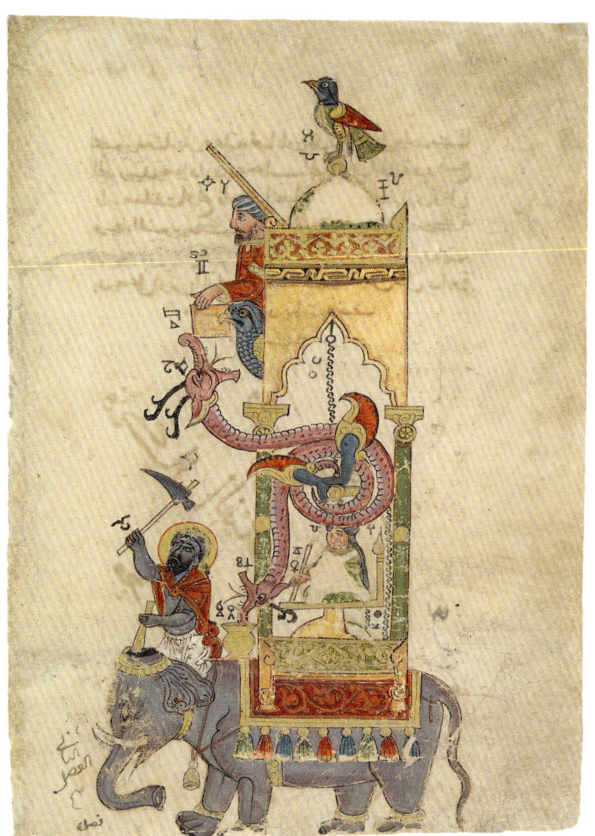

ساعة الفيل: صحيفة من كتاب "الجامع بين العلم والعمل النافع في صناعة الحِيل"

سوريا، مؤرّخ في 715 هجري/ 1315 م
حبر وألوان مائية مُعتَمة وذهب على ورق
المقاسات: 30x19.7 سم
وصية كورا تيمكن بورنيت، 1956 (57.51.23)

هذه صفحة من مخطوط يعود لسنة 1315 م لدراسة حول الاختراعات من تأليف أبو العز بن إسماعيل الجزري. وكانت "ساعة الفيل" التي اخترعها فائقة التعقيد: عند مرور كل نصف ساعة يُغرّد العصفور فوق القبة ويُسقط الرجل تحته كرة في فم التنّين وينخس الراكب الفيل بمهمازه. وتُذكّر هذه الحركة الآلية بالساعات المعقدة الموجودة في مباني بلديات المدن الأوروبية في العصر الوسيط والتي كانت تُضفي تسلية وترفيهًا على مرور الوقت من خلال أداء الشخصيات المتحركة. وتُمثّل هذه الصحيفة شاهدًا نادرًا من سوريا إذ لا يُعرف إلا عدد قليل من المخطوطات من هذه الحقبة التاريخية.

الصفحة المقابلة

محراب

إيران، أصفهان، 755 هجري/ 1354–1355 م
فسيفساء من المربّعات الخزفية المزجّجة متعددة الألوان على خلفية من العجين الخزفي في الملاط
الارتفاع: 3.43x2.89 متر
رصيد هاريس بريسباين ديك، 1939 م (39.20)

يُعدّ المحراب أهم عنصر في المسجد، فهو المشكاة التي تشير إلى اتجاه مكة المكرّمة في شبه الجزيرة العربية قبلة حج المسلمين والتي يُوليّها المسلمون شطر وجوههم عند الصلاة. ويتألف هذا المحراب من مدرسة إمامي في أصفهان من فسيفساء من المربعات الخزفية الصغيرة المُزجّجة الموضوعة جنبًا إلى جنب لتُكوّن موتيفات وكتابات متنوعة. وتمتدّ الآيات القرآنية من أسفل الجهة اليمنى للإطار الخارجي وصولاً إلى أسفل جهته اليسرى بينما كُتبت بالخط الكوفي الأحاديث النبوية الشريفة لتُحيط بالعقد المُدبّب للمشكاة كما وُضعت كتابة ثالثة بخط النسخ داخل إطار في قلب المحراب. وتُمثّل هذه التركيبة إجمالاً أحد أقدم النماذج تاريخيًّا وأجودها صنعة من بين اللوحات الفسيفسائية بالمكعبات الخزفية المتبقية من ذلك العصر.

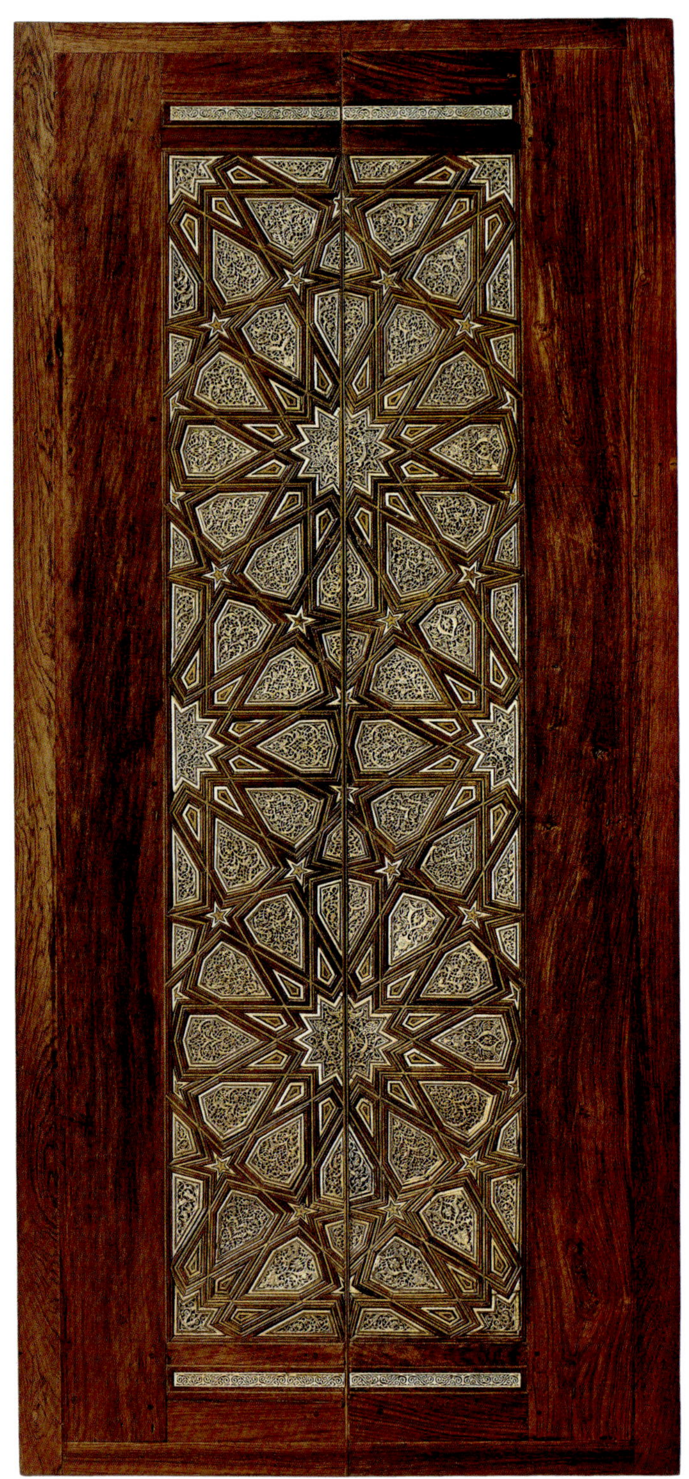

زوج من أبواب منبر

مصر، القاهرة، حوالي 1325–1330م
خشب الورد وخشب التوت، منقوش ومطعّم بالعاج المنقوش والأبنوس وأخشاب أخرى
المقاسات: 196.2x88.9x4.4 سم
مجموعة إدوارد س. مور، وصية إدوارد س. مور، 1891م (91.1.2064)

يتألف المنبر من منصة مزودة بالأبواب عند قاعدتها ويمكن الصعود إليها بدرج. ويُحتمل أنّ هذا الزوج من الأبواب كان في منبر جامع الأمير سيف الدين قوصون في القاهرة. وكانت قِطع الأثاث في مساجد القاهرة ولا سيما في العصر المملوكي (1250–1517م) مُزخرفة بمُضلّعات مُعقدة في تصميمها الهندسي. ويعرض هذا الزوج من الأبواب تشكيلة متنوعة من الموتيفات نجدها كذلك على وسائط أخرى على غرار الحجر المنقوش والفسيفساء الرخامية ومشبكات النوافذ المُصنعة من الجص. ويتطلب إنجاز هذه القِطع المُقسّمة إلى أجزاء دقة فائقة في عملية القص لأنّ كل قطعة من المكونات تؤثر على الكل.

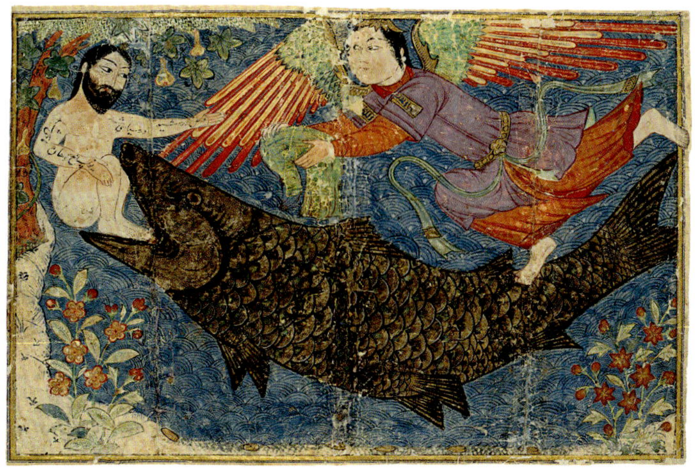

النبيّ يونس والحوت
صحيفة من مخطوط "جامع التواريخ"

إيران، حوالي 1400 م
حبر وألوان مائية مُعتَمة وذهب وفضة على ورق
المقاسات: 49.5x33.7 سم
اقتناء، وصية جوزيف بوليتز، 1933 م (33.113)

كانت قصة النبي يونس (س) والحوت المذكورة في القرآن شهيرة في العالم الإسلامي وتُصوّر في كثير من الأحيان تواريخ العالم التي كانت تُسمّى "جامع التواريخ" على غرار هذا المخطوط. غير أنه لا يوجد نص في هذه الحال يُرافق الصورة. ومن المُحتمل أنّ هذه الصحيفة كانت تُعرض خلال خطاب شفوي أو أنها رُسمت لتكون مستقلة بذاتها. وتجدر الملاحظة أنّ حجمها الكبير ورسالتها المباشرة وتلوينها القويّ يشير إلى تأثير الرسوم الجدارية. ويظهر الحوت في الصورة وهو يقذف النبيّ يونس نحو الساحل حيث تميل باتجاهه شجرة اليقطين وتُغطي رأسه، وهي النبتة ذاتها التي ترد في هذا الصدد في الرسوم الغربية في العصر الوسيط.

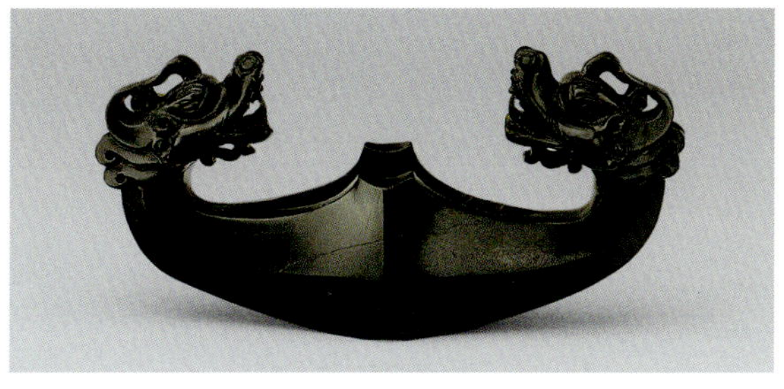

قبيعة سيف على هيئة تنّينَين متقابلَين

آسيا الوسطى، القرن الرابع عشر - بدايات القرن الخامس عشر م
حجر النفريت (يشم)، منقوش
المقاسات: 3x10.2x5.1 سم
هبة هيبر ر. بيشوب، 1902 م (02.18.765)

توجد عدة تُحف من اليشم تعود للعصر التيموري (حوالي 1370–1507 م) مزوّدة بأطراف أو مقابض مزخرفة برؤوس التنانين. غير أنّ النموذج الأولي لهذه القطعة مُصنّع في الأصل من المعدن. ويلفت الانتباه اللون الأخضر الداكن لهذه القبيعة التي تحمي قائم السيف أي مقبضه، وهو لون يزيد من التعبير الوحشي لهذه الكائنات الأسطورية. والأرجح أنّ ميل التيموريين لليشم يعود لاعتقادهم في قدراته التعويذية، وهي خاصية ترتبط كذلك بالتنانين. وإذا اعتبرنا قساوة اليشم المعروف بصلابته وصعوبة نقشه، فإنّ البراعة الحرفية في إنجاز هذه القطعة بكل تفاصيلها لهو أمر جدير بالتنويه. وفي غياب النصل، لا يمكن التخمين إن كان السيف المعني قد استُخدم كثيرًا في المعارك، غير أنه يجوز أن نفترض أنه استُخدم بما أنّ العصر التيموري قد عرف صراعات إقليمية.

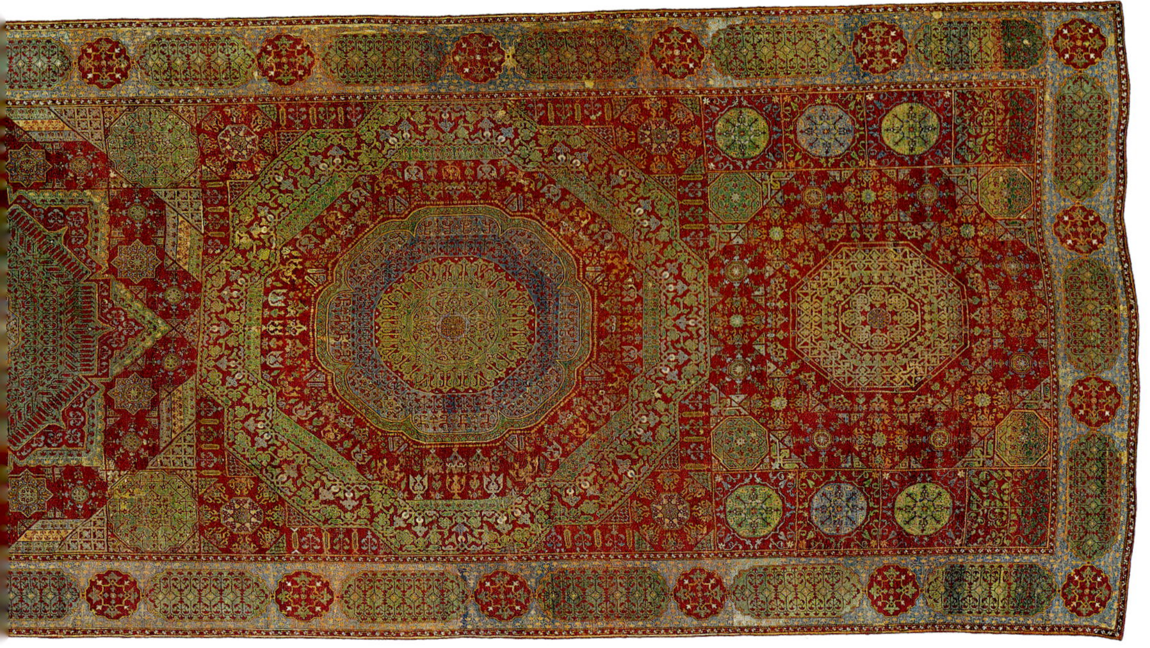

زربية "سيمونيتي"

مصر، على الأرجح القاهرة، حوالي 1500 م
صوف بالسدو واللحمة والجمع، حبكة غير متناظرة
المقاسات: 8.97×2.39 متر
رصيد فليتشر، 1970 م (1970.105)

أُطلق على هذا البساط "زربية سيمونيتي" على اسم مالكها السابق، وتُعدّ من أفخم الزرابي المملوكية. وهي من أكبر الزرابي حجمًا من بين التي تُغطّي البلاط وعليها خمس ميداليات بدلاً من الميدالية الواحدة أو الثلاث المعهودة، كما استُخدمت فيها ألوان أكثر بريقًا وتنوّعًا مقارنة بنظيراتها. والأرجح أنّ مثل هذه الزرابي أُنتجت في مصر تحت حكم المماليك وهي تلفت النظر بمظهرها الفخم نظرًا لسدوها الخشن وتشكيلة ألوانها المحدودة نسبيًّا. ويبدو مظهرها العام شبيهًا بالفسيفساء المُشرقة.

تُسند إلى

السلطان محمد

إيراني، نشط خلال النصف الأول من القرن السادس عشر م.

طخمورث يهزم العفاريت: صحيفة من شهنامة الشاه طهماسب، إيران، حوالي 1525 م

ألوان مائية مُعتَمة وحبر وفضة وذهب على ورق
المقاسات: 28.3×18.6 سم
هبة آرثر أ. هوفتون الأصغر، 1970 م (1970.301.3)

الملك البطل طخمورث الذي يظهر هنا راكضًا على جواده في البراري هزم عفاريت الجنّ الذين علّموه فنّ الكتابة مقابل إخلاء سبيلهم. وتُسند هذه الصحيفة من مخطوط الشهنامه (كتاب الملوك) إلى السلطان محمد الذي يُصنّف ضمن الرعيل الأول من الرسامين الذين سردوا بالصورة والكلمة تواريخ ملوك فارس القديمة منذ بداياتهم الأسطورية إلى حدّ الفتح الإسلامي سنة 651م. ويمكن التعرّف على الأسلوب المميّز للسلطان محمد من خلال طريقة رسمه الساخرة لوجوه العفاريت الشنيعة وحركاتهم المُروّعة ومعالجته الفنية لبشرتهم الرقطاء. أمّا التفاصيل على غرار السُّحب الشبيهة بالطائرة الورقية وقصر قامة الشخصيات فهي تشي بالأصول التركمانية للفنان. كما أنّ أشكال الحيوانات المخفية بين الصخور تحيل إلى العالم الروحاني وتُشكّل علامة مُميّزة أخرى لرسومات السلطان محمد.

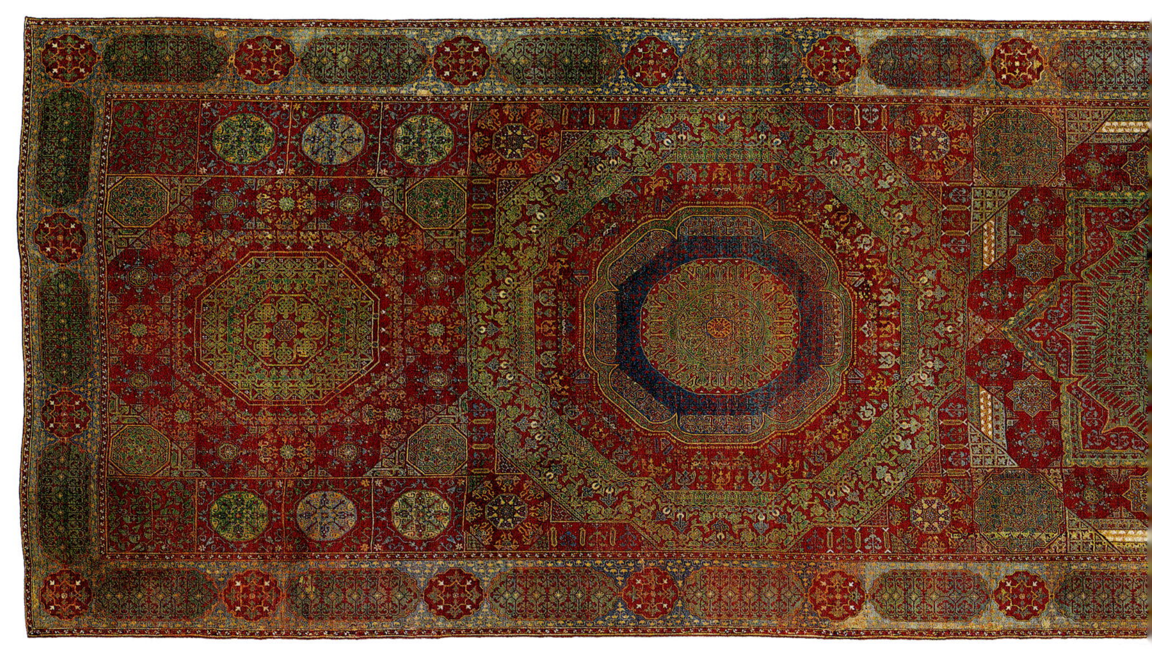

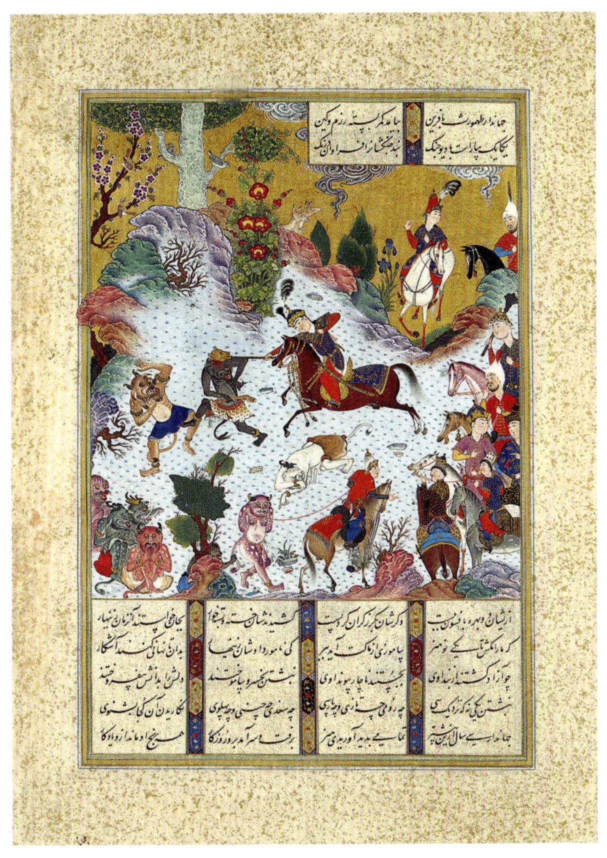

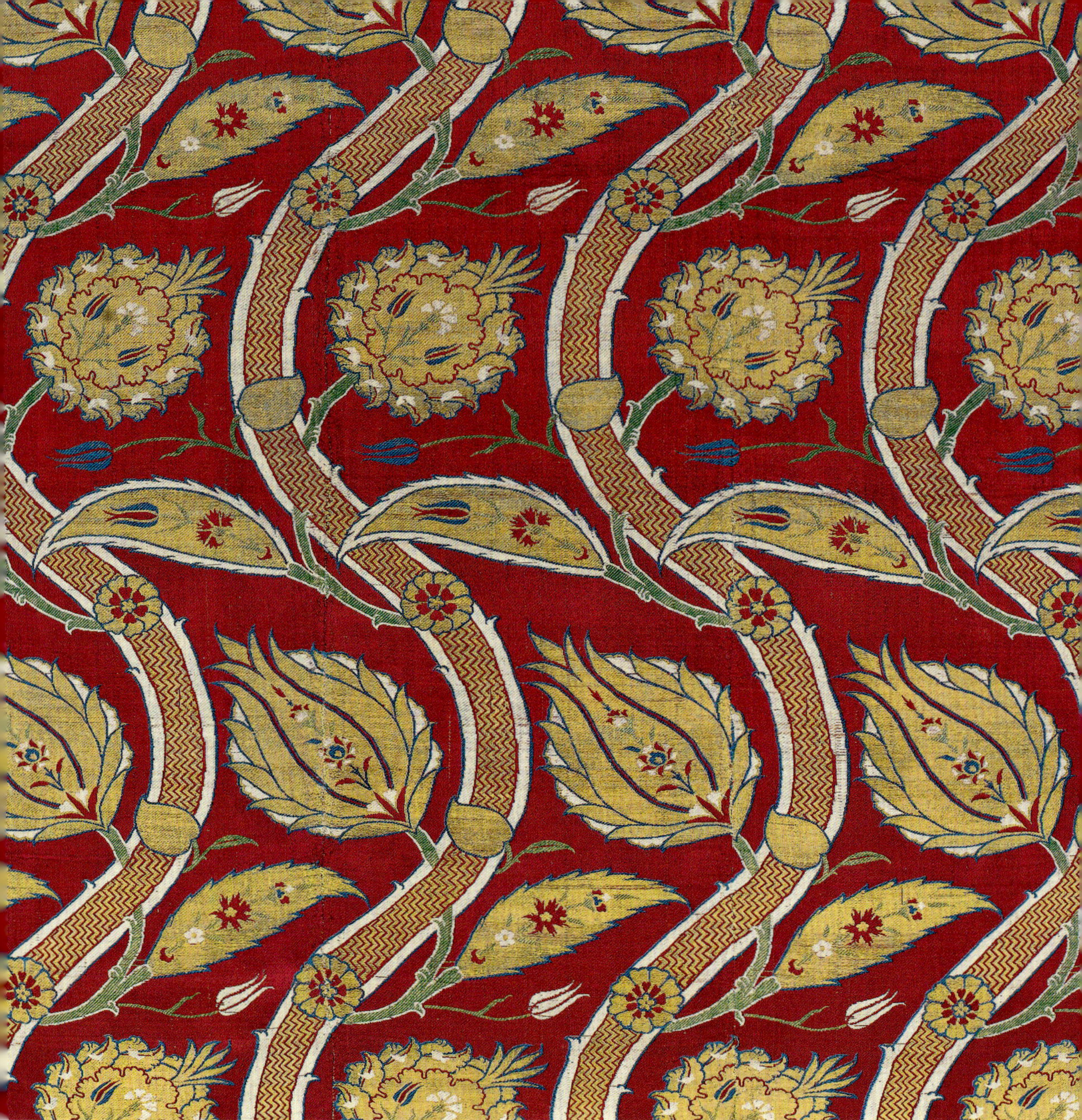

قطعة قماش

تركيا، على الأرجح إسطنبول، حوالي 1565–1580م
حرير، خيط مُغلّف بالمعدن، قماش ساطع (لمباص)
المقاسات: 121.9×67.3 سم
اقتناء، وصية جوزيف بوليتزر، 1952م (52.20.21)

كانت الأقمشة الحريرية شديدة الفخامة بموتيفاتها العريضة موادّ مُحبّذة لصناعة الملابس الفاخرة لدى حاشية البلاط في إسطنبول خلال القرن السادس عشر الميلادي، وغالبًا ما استُخدمت لصناعة القفطان المتين المزركش بالألوان الذي كان يرتديه السلطان. وفي هذا المثال، يمكن من الناحية الأسلوبية مقارنة الموتيف العمودي للورقات بالمربعات الخزفية للجدران الرائجة في بنايات ذلك العصر. ويُطلق على تقنية النسيج هذه بالتركية "قمحة" وهي تُدمج خيوط مُغلّفة بالمعدن في القماش الساطع المُسمّى "لمباص" أو في قماش متعدد الحياكة. وعادة ما كانت "القمحة" العثمانية تجمع بين خلفية من النسيج الحريري الصقيل مع تصميم منسوج على نحو مُضلّع من القطن تُبرزه خيوط الذهب. تجذب هذه الموتيفات اللماعة الضوء فتبدو كأنما تطفو على خلفية متلألئة.

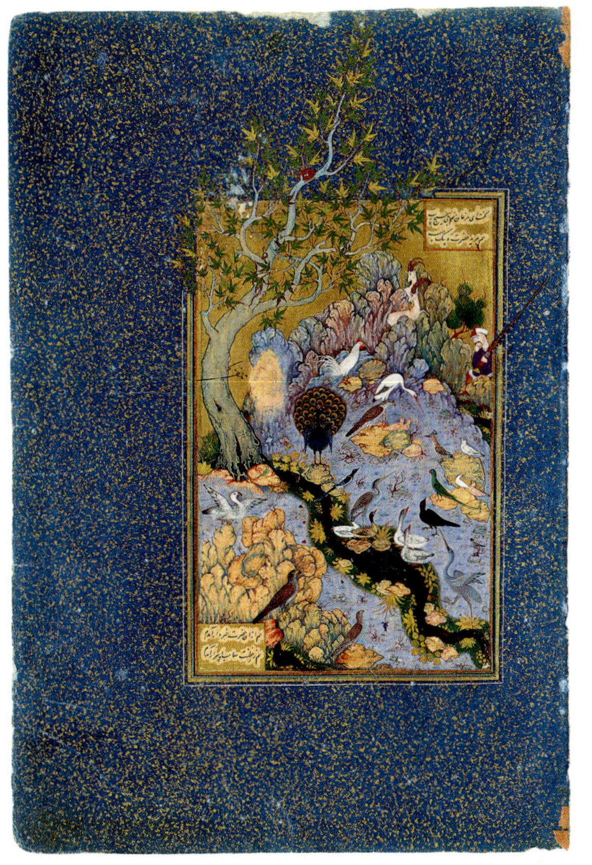

حبيب الله من صفا

إيراني، نشط حوالي 1590–1610م

اجتماع الطيور: صحيفة من مخطوط منطق الطير من تأليف فريد الدين عطّار

إيران، أصفهان، حوالي 1600م
حبر وألوان مائية مُعتَمة وفضة وذهب على ورق
المقاسات: 33x20.8 سم
رصيد فليتشر، 1963م (63.210.11)

يعرض الرسم على هذا المخطوط مشهدًا من القصيدة الصوفية "منطق الطير" التي ألّفها في القرن الثاني عشر الميلادي الشاعر الفارسي فريد الدين عطّار. ترمز الطيور إلى أرواح الأشخاص الذين يبحثون عن السيمورغ (الطائر الأسطوري الذي يُمثل الوحدة الروحية المثالية) وهي تجتمع في مشهد طبيعي رائع لتنطلق في رحلتها تحت قيادة الهدهد (يظهر وقد حطّ على صخرة تتوسط الجانب الأيمن). وتنسجم الصورة المرسومة بعناية والمتناسقة مع المنمنمات التيمورية من أواخر القرن الخامس عشر الميلادي الموجودة بدورها في المخطوط، غير أنّ ثلاثة عوامل تُشير إلى أنّ هذه الصورة رُسمت في وقت لاحق: وجود الصياد الذي لا تذكره السرديات، وسلاحه الناري الذي لم ينتشر استخدامه في إيران إلا بعد أواسط القرن السادس عشر الميلادي، وأخيرًا توقيع الرسام حبيب الله الذي عاش ما بين أواخر القرن السادس عشر وبدايات السابع عشر الميلاديَّين.

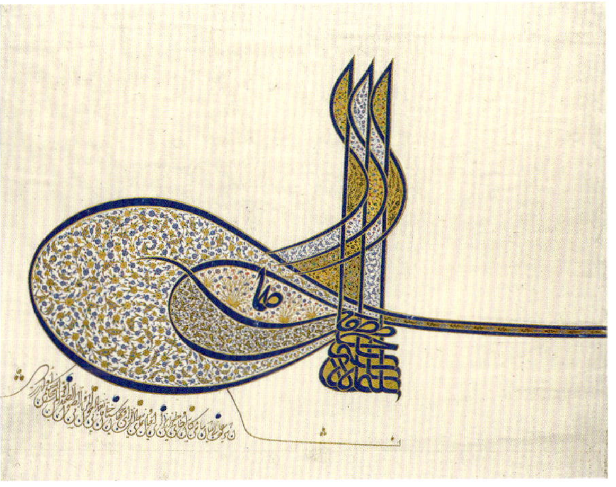

طغراء السلطان سليمان القانوني

تركيا، إسطنبول، حوالي 1555–1560م
حبر وألوان مائية مُعتَمة وذهب على ورق
المقاسات: 52.1x64.5 سم
رصيد رودجرز، 1938م (38.149.1)

كان رسم الطغراء (التوقيع الرسمي) شكلاً راقيًا من أشكال الفنون في البلاط العثماني لأنها كانت تُمثّل ختم السلطان سليمان القانوني (حكم ما بين 1520–1566م). ويوضع ختم الطغراء على كل المراسيم الملكية، وهي كتابة خطوطية مُعقّدة تتألف من اسم السلطان ورتبته واسم والده تتبعهاعبارة "المُظفّر دائمًا". والملاحظ أنّ خطّها العريض المتحرّك مغاير في الأسلوب للتذهيب الرقيق في لفيفة الدالية المستخدمة لزخرفة الختم. واستُخدم هذا التوقيع ترويسة لوثيقة مستطيلة الشكل وقليلة العرض على شكل طومار، وقد تبقّى منها السطر الأوّل بالخط المذهّب.

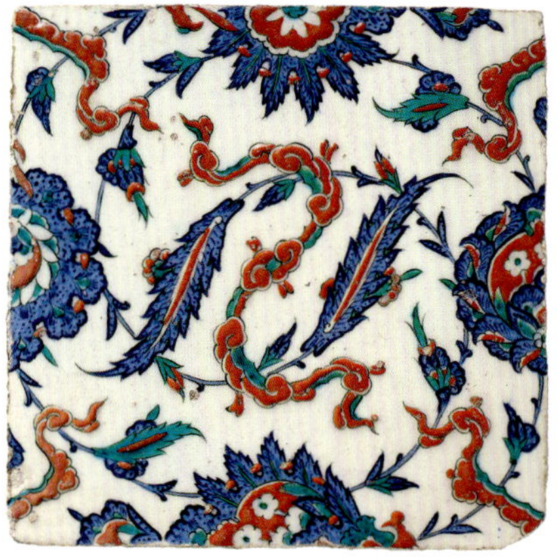

مربّع خزفي بتصميم زهري وشريط سحاب

تركيا، إزنيك، حوالي 1578 م
عجين خزفي، طلاء متعدد الألوان تحت طبقة مزجّجة شفّافة
المقاسات: 1.7×25.1×24.9 سم
هبة ميليام ب. أسغود فيلد، 1902 م (02.5.91)

نتجت عن عمليات ترميم قصر توبكابي في إسطنبول بعد سنة 1574 م طلبات كبيرة لإنتاج المربعات الخزفية. وكانت هذه المربّعات تُصمّم في الورشات السلطانية في إسطنبول وتُنجز في أفران إزنيك ذائعة الصيت. وعندما يُصفّف هذا النموذج مع المربعات المماثلة له يُشكّل موتيفًا بأربع سعفات زهرية تتخلّلها شرائط سحاب حمراء شبيهة بالوشاح. وما زال إلى حد اليوم عدد كبير من هذه المربّعات على عين المكان، وقد زيّنت جدران القصر العثماني لأكثر من أربعة قرون.

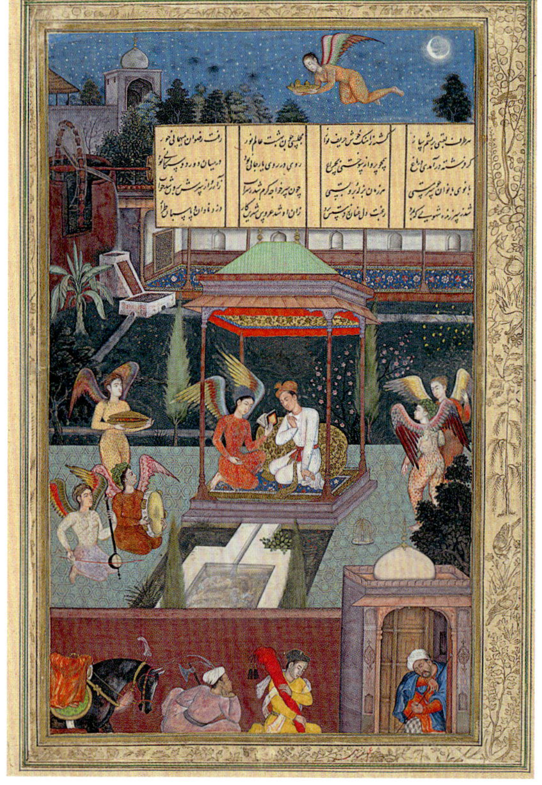

مانوهار
هندي، نشط ما بين 1582–1624 م

بهرام غور وأميرة الجناح الأزرق: صحيفة من مخطوط المنظومات الشعرية الخمس لأمير خسرو دهلوي، الهند 1597–1598 م

حبر وألوان مائية مُعتَمة وذهب على ورق
المقاسات: 24.8×15.9 سم
هبة ألكسندر سميث كوشران، 1913 م (13.228.33)

بعد مرور زهاء قرن على تأليف الشاعر الفارسي نظامي منظوماته الشعرية الخمسة، ألّف الشاعر الهندي أمير خسرو دهلوي ردًّا حمل تغييرًا طفيفًا في الحكايات. وتأتي هذه الصحيفة من نسخة مُصوّرة لأشعار دهلوي أُنجزت للإمبراطور المغولي أكبر (حكم ما بين 1605–1550 م). وتظهر جودة المخطوط وفخامته في الخطوطية الدقيقة التي أنجزها الخطاط محمد حسين زرّين قلم كما في الزينة الذهبية للإطار والزخارف والرسوم الجميلة التي تدمج التأثيرات الأسلوبية الصفوية الفارسية مع تلك المستقاة من الأسلوب الأوروبي. رسم مانوهار هذه الصحيفة التي تصف قصة ترويها أميرة للملك بهرام غور حول شاب يتخيّل أنه يلتقي ليلاً ملكة حورية في حديقة خضراء.

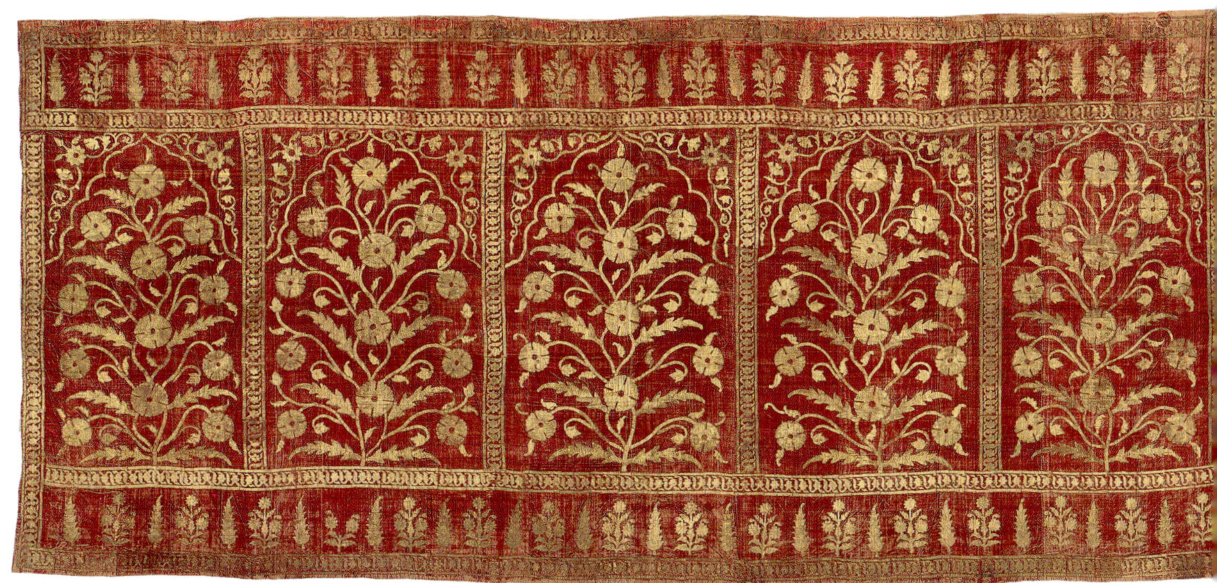

بطانة خيمة

الهند، حوالي 1635م
حرير وذهب، مخمل مقصوص ومُلوّن
المقاسات: 2.69×5.62 م
اقتناء، وصية هيلين و.د. مايلهام، تبادل، هبة وندي فيندلاي وأرصدة من مانحين مختلفين، 1980 (1981.321)

في المخيّمات المؤقتة الفاخرة التي استخدمها الأباطرة المغول لدى أسفارهم في خدمة الدولة أو لمتعتهم الخاصة، كانت الخِيام مُبطّنة بأقمشة جميلة. وهذه اللوحة من القماش الذي كان يُبطّن من الداخل مجمّع خيام تشير إلى الأجواء البهيجة لهذه المدن على شكل مخيّمات. يملأ موتيف ورقيّ زهريّ مطلي بالذهب الحوافَّ الضيّقة بينما تظهر في الحافّة الرئيسية العريضة نبتات الخشخاش بالتناوب مع أشجار مُصغّرة أو ورقات منمنمة. أمّا الخلفية المخملية فتزيد في بريقها ورقة الذهب المتلألئة التي أُدمجت بوضع غراء لاصق على أجزاء من التصميم ووضع الورقة عليه ثم حكّها حتى تستوي مع القماش المخملي. وعندما أُنجزت هذه البطانة خلال حكم الشاه جاهان (1627–1658م) كان "الأسلوب الزهري" مُحبّذًا ورائجًا على جميع الوسائط من البنايات إلى الأقمشة.

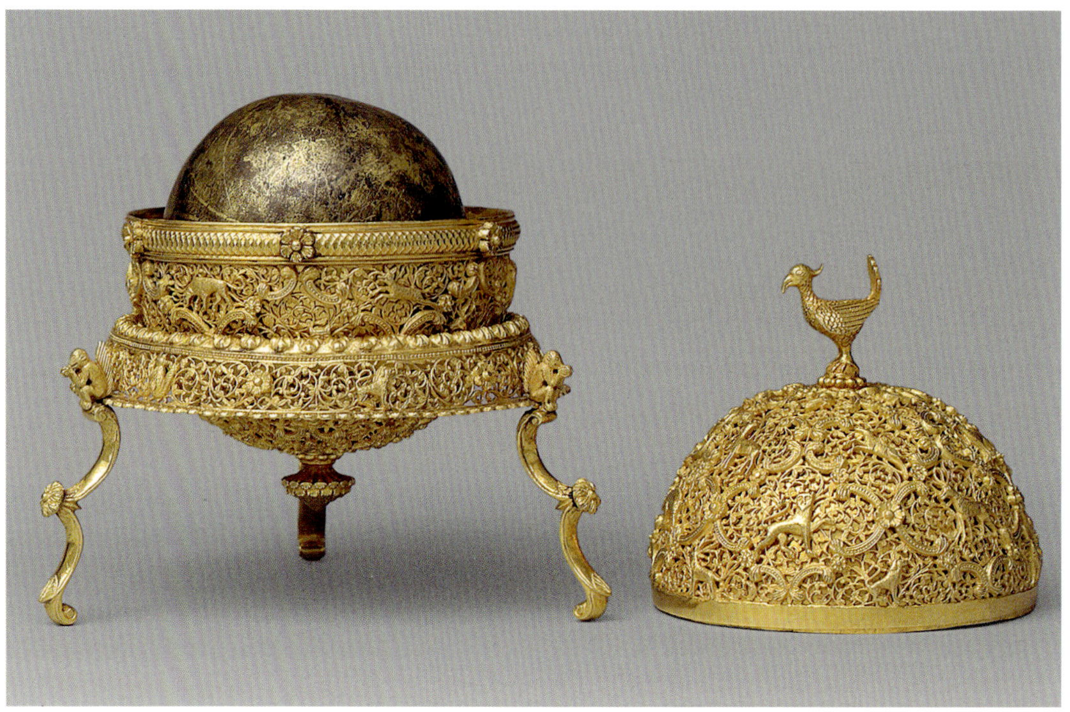

حجر غُوا وحاوية ذهبية

الهند، غُوا، نهايات القرن السابع عشر – بدايات القرن الثامن عشر م
الحاوية: ذهب مثقوب ونافر مع سيقان وتيجان مصبوبة. حجر غُوا:
مجموعة مواد عضوية وغير عضوية. الارتفاع: 6.7 سم القطر: 14.4 سم
رصيد رودجرز، 2004م (a–d2004.244)

كانت الأحجار التي يُطلق عليها "أحجار غُوا مُصنّعة على أيدي رهبان يسوعيين يعيشون في غُوا، الولاية الصغيرة الكائنة على الساحل الغربي للهند. وهي نُسخ من صنع الإنسان من البادزهر (كتلة من الحصوات والشعر تكون في معدة وأمعاء الغزلان والخرفان والمها) التي كان يُظنّ أنها ترياق عندما تُحكّ وتؤخذ مع الشاي أو الماء. وكانت تُصنّع لها حاويات معقّدة من الذهب أو الفضة وتُصدّر إلى أوروبا. وتتألف هذه الحاوية الذهبية بيضوية الشكل التي تحتوي على الحجر من نصفَين مستديرَين كلّ واحد منهما مُغطّى بطبقة مُخرمة من ورق الذهب المثقوب والمنقوش والمنحوت. وتُغطّي موتيف السطح مجموعة من الوحوش تشمل وحيد القرن والعنقاء.

قاعة دمشق

سوريا، دمشق، مؤرّخة سنة 1119 هجري/ 1707م
خشب، ورخام، وجص، وزجاج، وعرق اللؤلؤ، ومربعات خزفية، وحجر، وحديد، ونحاس، وطبقات مطلية ومزججة، وذهب
المقاسات: 6.71×5.1×8 أمتار
هبة رصيد هاقوب كيفوركيان، 1970م (1970.170)

جُلبت قاعة دمشق من منزل أحد الوجهاء السوريين من الطبقة الراقية من العصر العثماني (1516–1918م). وكما هو مألوف في الأقاليم الإسلامية كانت هذه القاعة مُخصصة لصاحب البيت وضيوفه. وتحتوي الردهة على نافورة لها أرضية رخامية مزدانة بالألوان البهيجة. أمّا اللوحات الخشبية المطلية بفخامة التي تشمل مصاريع النوافذ وأبواب الحمامات فهي مزدانة بتصاميم نافرة ونقوش لأشعار عربية ومصغّرات معمارية. وكانت المشكوات المفتوحة تُستخدم لتصفيف الكتب وأشياء أخرى. وتسمح النوافذ الزجاجية المصبوغة العالية بإطارها الجصّي بدخول الأضواء الملوّنة من الخارج بينما تجلب النوافذ المشبّكة المنخفضة الهواء النقيّ.

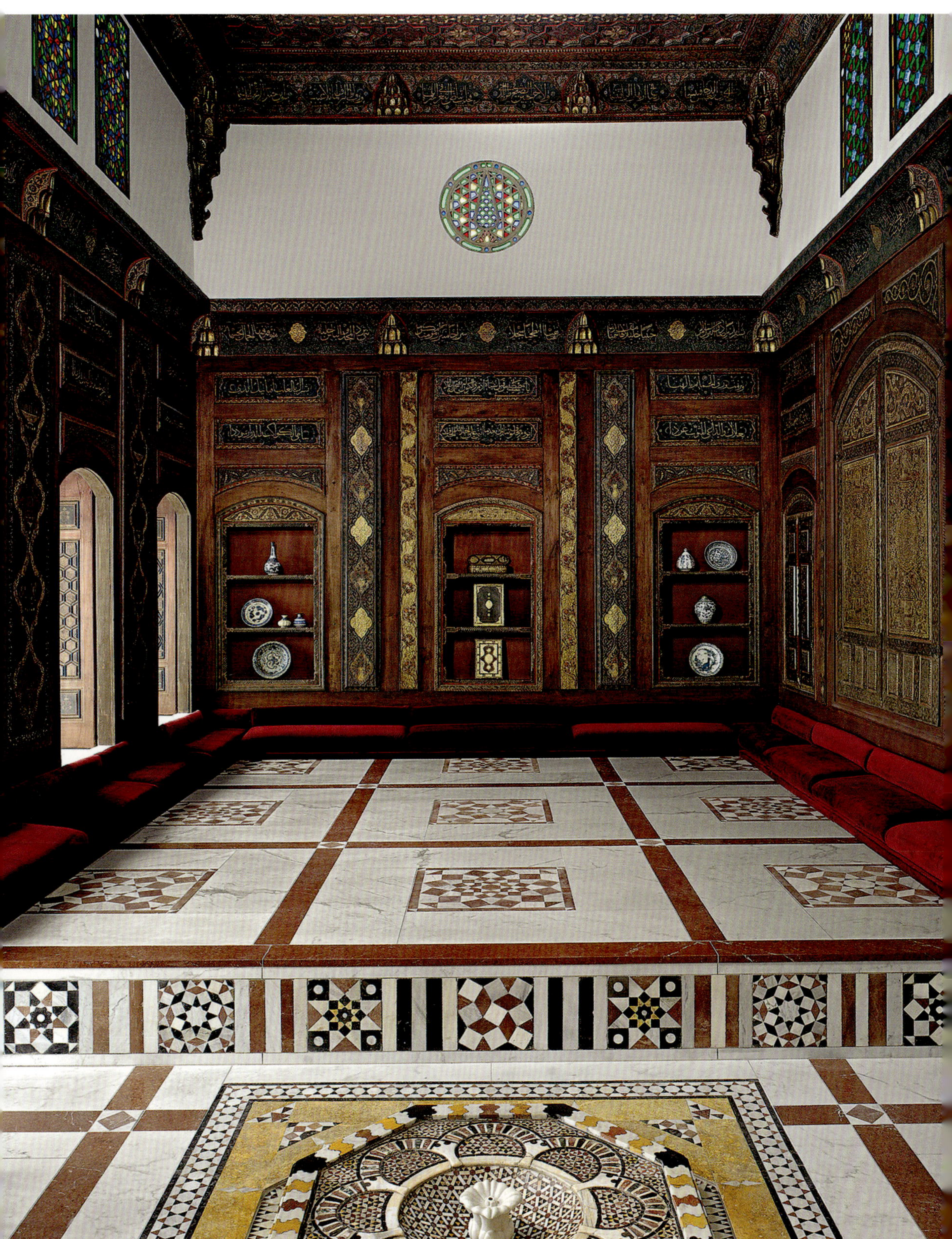

فنون إفريقيا وأقيانوسيا والأمريكتَين

يحتوي قسم فنون إفريقيا وأقيانوسيا والأمريكتَين على زهاء اثنتَي عشر ألف قطعة فنية مُنتقاة من تشكيلة واسعة من الأعراف الثقافية تمتدّ عبر أربعين قرنًا من الزمن وأربع قارّات وآلاف الجزر. وقد اقتنى المتحف قِطعه الفنية الأولى في هذه المجالات عام 1882 م ثم توسّعت المجموعة بشكل كبير على امتداد القرن العشرين الميلادي - لا سيّما بفضل الهبات والوصايا على شكل أعمال من مجموعة نيلسون أ. روكفيلر. وتُعرض في هذا القسم المنحوتات التشكيلية، والأقنعة، والحلية والآنية والمنسوجات من الذهب والفضة، والتماثيل الضخمة من الخشب والحجر. ومن بين المحاور الكبرى التي تجمع في كثير من الأحيان هذه الأعراف الفنية المختلفة نذكر الوظائف التي أدّتها العديد من الأعمال في المجال الديني - عبادة الأسلاف والآلهة وغيرها من القُوى الخارقة - وبصفتها رموزًا للسلطة - الأشياء المُستخدَمة من قِبل أفراد النخبة الاجتماعية والسياسية والدينية. وتشمل العناوين الرئيسة إبداعات الفنانين من بلاط البينين في نيجيريا، والمنحوتات الكبري من إفريقيا الغربية والوسطى، والأعمال التعبّديّة للكنيسة الأرثوذكسية الإثيوبية، وصور الآلهة والأسلاف والأرواح من غينيا الجديدة وجزر ميلانيزيا وبولينيزيا وجنوب شرق آسيا، والتحف الذهبية والخزفية والحجرية العائدة للعصر قبل الكولمبي والقادمة من المكسيك وأمريكا الوسطى والجنوبية، وأعمال السكان الأصليين لأمريكا الشمالية.

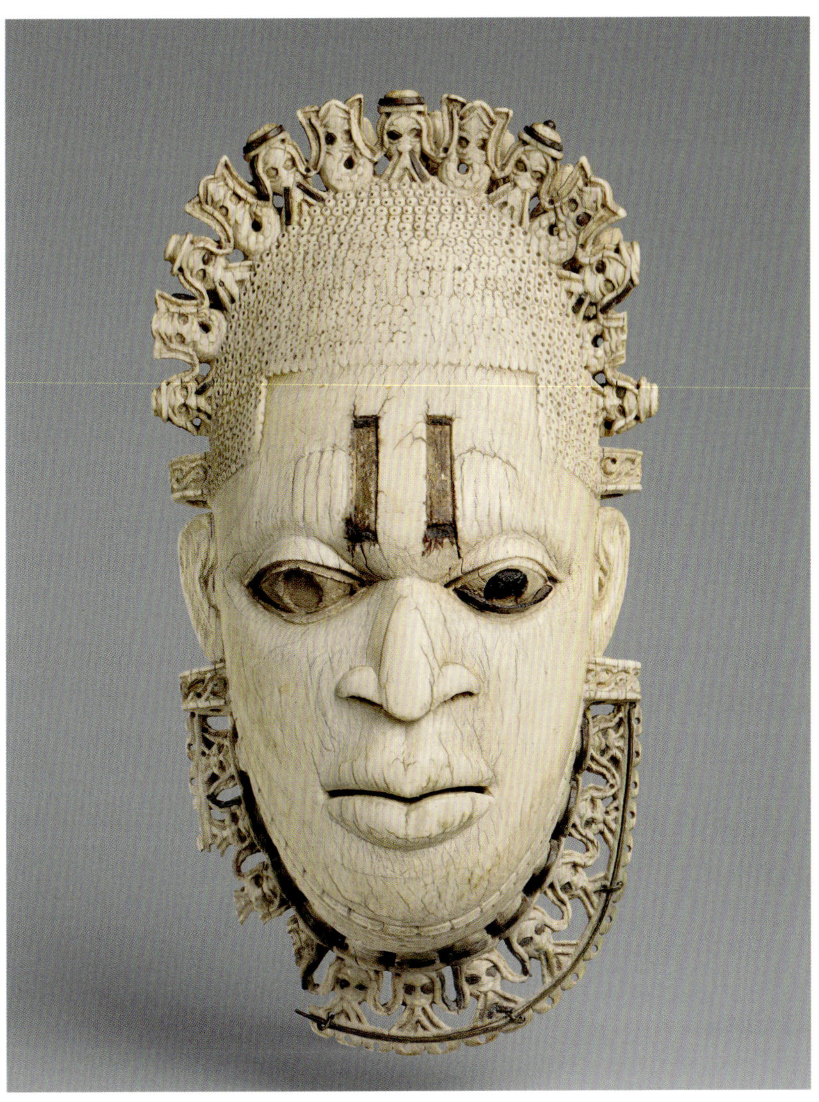

حلية متدلية على شكل قناع للملكة الأم

نيجيريا، مملكة بينين، شعوب إيدو، القرن السادس عشر م.
عاج، حديد، نحاس (؟) المقاسات: 8.3X12.7X23.8 سم
مجموعة النصب التذكاري مايكل س. روكفيلر،
هبة نيلسون أ. روكفيلر، 1972م (1978.412.323)

كان ملك البينين فيما مضى يضع على صدره في المناسبات الرسمية هذه القطعة التي تُعدّ أيقونة من أيقونات الفن الإفريقي. ويظهر على الحلية وجه إيديا الملكة الأم (أيوبا) ومستشارة الملك (أوبا) إيزيجي أحد القادة العظماء الذين عرفتهم مملكة بينين خلال القرن السادس عشر الميلادي، وقد خلّد ذكرى الملكة الأم في سلسلة من التمثيلات الاستثنائية والراقية في إنجازها. ويحيط بملامحها القوية إطار من النقش المخرم الأنيق على شكل عقد وتسريحة شعر تظهر عليها موتيفات مُصغّرة تشير إلى رموز السلطة: التجار البرتغاليون الذين أسهموا في ثروة المملكة، وسمكة الآميا الملساء التي تُعدّ استعارة تُعبّر عن الهوية نصف الإلهية لملوك البينين بسبب طبيعتها المزدوجة.

أدناه

رجل وامرأة جالسان

مالي، شعوب دوغون، القرن الثامن عشر - بدايات القرن التاسع عشر م.
خشب، معدن. الارتفاع: 73 سم
هبة ليستر فوندرمان، 1977م (1977.394.15)

إنّ الحجم الضخم لهذا العمل وشكله المعقّد دفعا العلماء إلى اقتراح أنّه قد يكون أُنجز كي يُعرَض في جنازة وجهاء من عائلة الدوغون الموسّعة. ويُمثّل التركيب التشكيلي بيانًا بليغًا حول الثنائية الإنسانية والتعاون ذي الطبيعة المختلفة والمتكاملة مع ذلك بين الرجل والمرأة. رُسم الجسمان على شكل سلسلة من الخطوط العمودية المتوازية تخترقها خطوط أفقية تجمع بينها. وقد تمكّن الفنان بأناقة مُبسّطة وباقتصاد في التفاصيل أن يختصر الرجل والمرأة في اتحاد متجانس ومُدمج بطريقة مثالية.

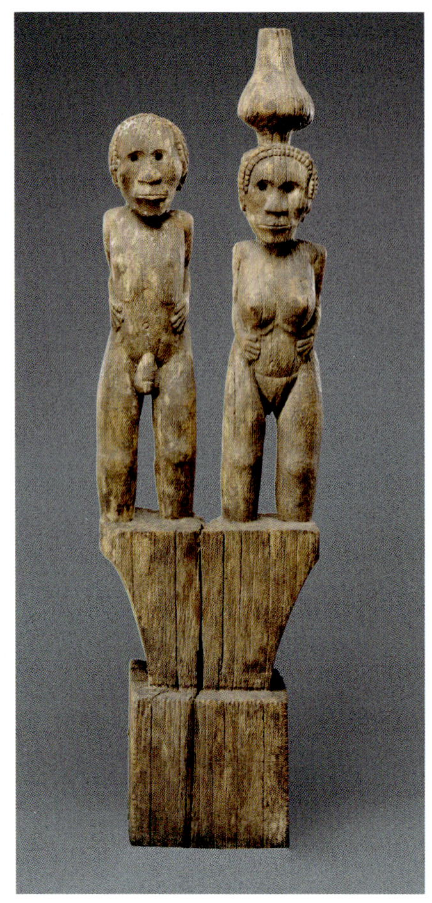

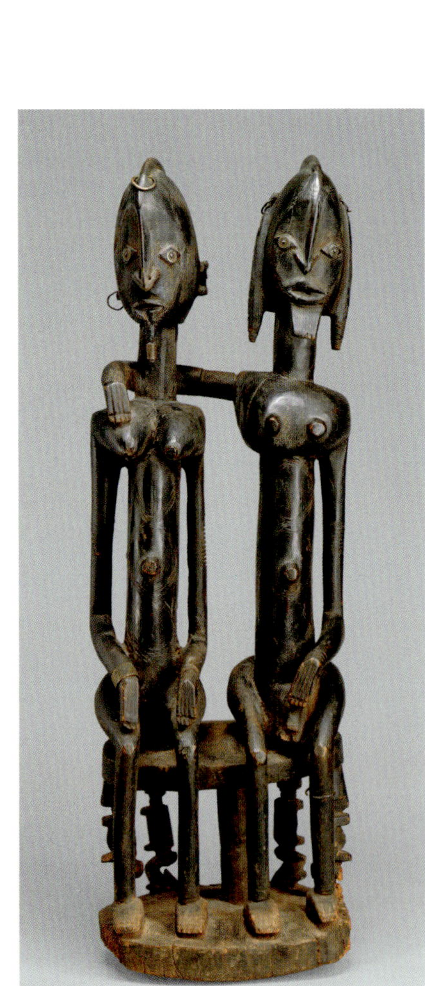

أعلاه

رجل وامرأة

مدغشقر، منطقة مينابي، شعوب سكالافا، القرن السابع عشر - أواخر القرن الثامن عشر م.
خشب، خضاب. الارتفاع: 99.1 سم
اقتناء، هبات ليلى أشيزون والاس، ودنيال ومريان مالكولم، وجايمس ج. روس، 2001م (2001.408)

أُنجز هذا التمثال على هيئة رجل وامرأة ليُتوّج معلمًا خارجيًّا قائمًا بذاته، ويُعدّ أروع إنجاز فنّي في منطقة تلتقي فيها الأعراف الجمالية لإفريقيا والمحيط الهندي. وتُشكّل فكرة العلاقة الأساسية المتكاملة بين الرجل والمرأة التي رُسمت بكل وضوح هنا محورًا مهمًّا في الحياة الروحية لمدغشقر. إنّ القوة الهادئة والتناظر المُتّزن والعاطفي المنبثقان من هذا العمل جعلا منه مثالاً نادرًا من المنحوتات الإفريقية الجنوبية الشرقية التي أثّرت في الفنّ الغربي. كان هذا التمثال معروفًا في باريس منذ بدايات القرن العشرين الميلادي قبل أن يدخل سنة 1922-1923م مجموعة النحات البريطاني السير جاكوب إبشتاين.

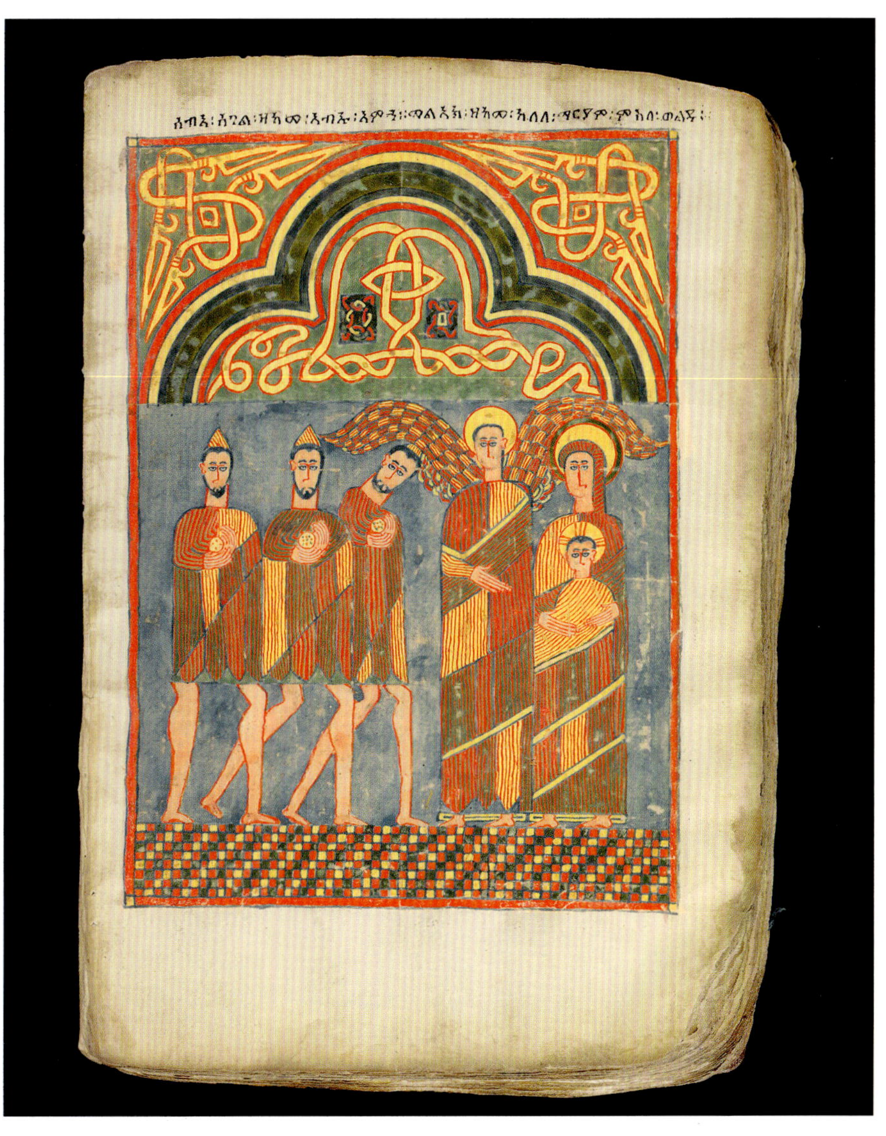

إنجيل مُزخرَف

صحيفة 8r، عبادة المجوس
إثيوبيا، منطقة أمهارا، أواخر القرن الرابع عشر –
بدايات القرن الخامس عشر م.
خشب، رقّ، خضاب. المقاسات: 41.9x28.6x10.2 سم
رصيد رودجرز، 1998م (1998.66)

أُنجز هذا الإنجيل المزخرف في مركز للرهبان في منطقة بحيرة تانا في إثيوبيا، وهو نموذج نادر متبقٍّ من الأعمال الورعية العائدة لما قبل القرن السادس عشر الميلادي من هذا المركز المتقدّم للمسيحية. ويستلهم النص والصور من النماذج الأولية البيزنطية والقبطية التي تُرجمت في البداية إلى الإثيوبية الكلاسيكية وإلى لغة تصويرية محلية في القرن السادس الميلادي. كانت نصوص الإنجيل الفخمة تُعدّ أكثر الممتلكات قدسية في المركز الكنسي وعادة ما تُقدّم كهدايا من قِبل العرّابين الملكيّين. وفي هذا المثال الذي يُصوّر عبادة المجوس يجمع الرسم المنمنم بين الصور التشكيلية المباشرة والتأكيد على الموتيفات التجريدية الغنية التي تُميّز الأقمشة التي كان يرتديها الناس في ذلك العصر وعلى الإطار الذي تجري فيه الأحداث التي يتناولها السرد.

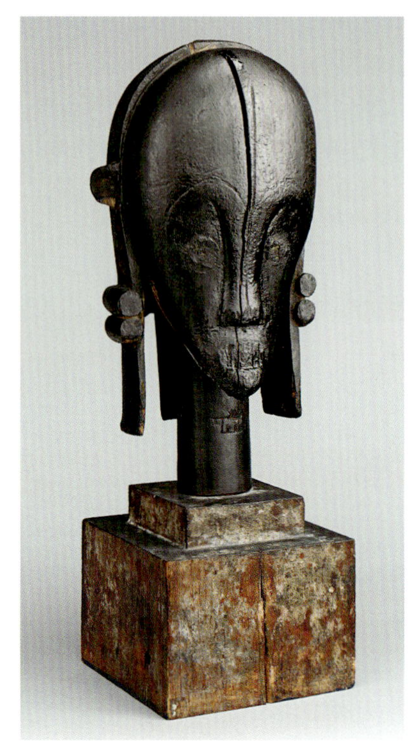

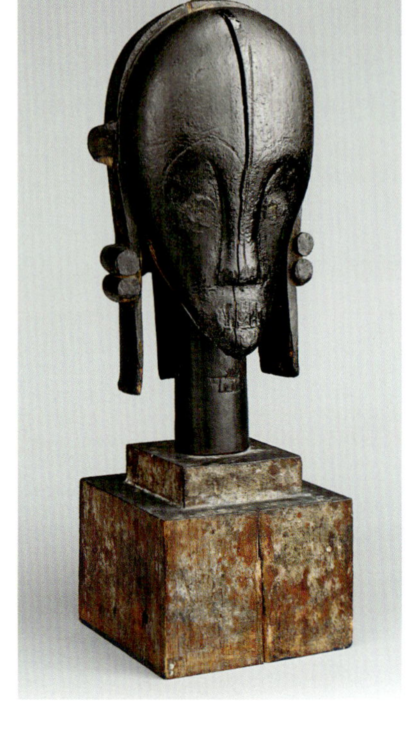

منحوتة من مجموعة منحوتات ضريح

الغابون، شعوب فانغ، جماعة بتسي، القرن التاسع عشر - بدايات القرن العشرين م.
خشب ومعدن وزيت نخيل. المقاسات: 16.8x24.8x46.5 سم
مجموعة النصب التذكاري مايكل س. روكفيلر،
هبة نيلسون أ. روكفيلر، 1979م (1979.206.229)

يُعدّ هذا العمل أضخم رأس معروف مستقلّ بذاته من بين الأعمال التي أنجزها أساتذة شعوب فانغ في إفريقيا الاستوائية خلال القرن التاسع عشر الميلادي، وللعمل علاقة بالعُرف الذي يقضي بوضع المنحوتات التشكيلية للأسلاف المؤسّسين للنسب الموسّع فوق الأضرحة المتنقلة للعائلات التي تحتوي على رفات ذات شأن. وبعد انتزاعها من سياقها الأصلي في بداية القرن الغشرين الميلادي، أصبحت المنحوتة مصدر إلهام للفنانين في الغرب. وقد اقتناها الشاعر الشيلي فيسانتي هويدوبرو بُعيد وصوله إلى باريس سنة 1918م ومن المحتمل أن تكون حرّكت مشاعره ليؤلف قصيدة "الاستوائي" التي أهداها لبيكاسو.

الأستاذ بولي

على الأرجح نغونغو يا شنتو
همبا، جمهورية كنغو الديمقراطية، حوالي 1810-1870م

مقعد فاخر بتمثال حامل على شكل امرأة

القرن التاسع عشر الميلادي
خشب ومسامير معدنية. الارتفاع: 61 سم
اقتناء، هبات بوكاي تراست وتشارلز ب. بنينسون، رصيد رودجرز وأرصدة من واهبين مختلفين، 1979م (1979.290)

تَبرُز من بين أهم ممتلكات رؤساء شعوب لوبا المقاعدُ الرسمية المنقوشة بعناية والمدعومة بحوامل على شكل تماثيل نسوية، وتُعدّ هذه المقاعد جزءًا لا يتجزّأ من مراسم التنصيب التي تُشرّع لأحقية الرؤساء في الحكم. ويعتمد شعوب لوبا نظام وراثة الحكم والمواريث باتّباع نسل المرأة، وعلى هذا الأساس فإنّ التماثيل النسوية التي تَسند المقاعد الملكية تُقدّم الدعم الرمزي للرؤساء. وقد أُسند هذا المقعد الرسمي للأستاذ بولي، وهو من الفنانين الأفارقة المعروفين جدًّا والنشطين قبل حقبة الاستعمار الأوروبي للمنطقة. ويتجلّى الأسلوب التعبيري الفائق لهذا النحّات من خلال الملامح المستطيلة للمرأة ووجنتَيها البارزتَين والكثافة العاطفية التي تنبعث منها.

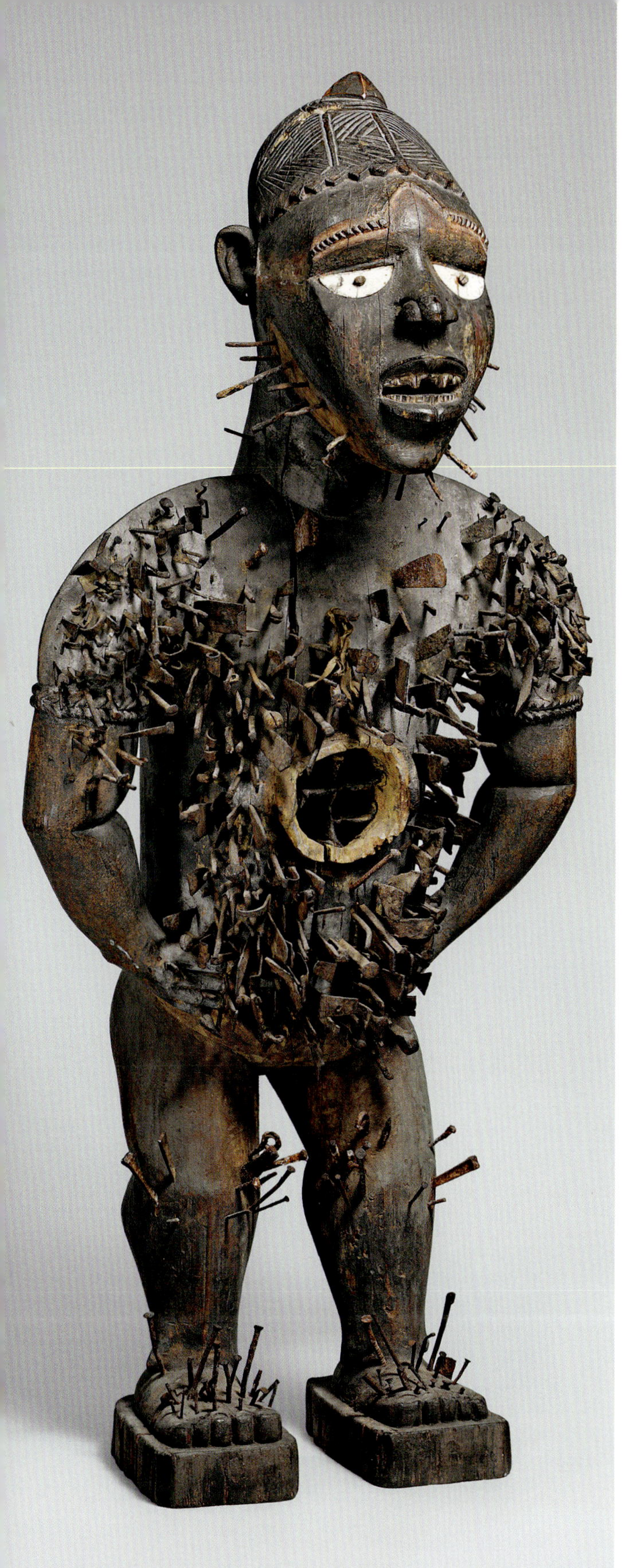

منغاكه، تمثال القوة

جمهورية كنغو الديمقراطية، منطقة نهر شيلوانغه، شعوب كنغو، أواسط أو أواخر القرن التاسع عشر م.
خشب وطلاء ومعدن وصمغ وخزف. الارتفاع: 118 سم
اقتناء، هبات ليلى أشيزون والاس، ود. دنيال ومريان مالكولم، ولاوراج. وجايمس ج. روس، وجيفري ب. سوريف، وعائلة روبرت ت. وال، ود. والسيدة سيدني ج. كلايمان، وستيفن كوساك، 2008م (2008.30)

يُعدّ ما يُطلق عليه "نكيسي نكوندي" من إفريقيا الوسطى نوعًا منتشرًا في كل الفنون الإفريقية. تُصمَّم تماثيل القوة هذه لاحتواء قوى باطنية مُعيّنة، وهي ابتكارات جماعية يتشارك فيها نحّاتو كنغو مع متخصصين في الشعائر الدينية. وتُوثّق التماثيل النذور والمعاهدات الموقّعة وترمز إلى إزالة الشر. ويُشار إلى هذا المثال باسم "منغاكه"، قوة القانون البارزة، ويُسنَد العمل إلى ورشة أستاذ نشط على ساحل الكنغو وأنغولا في نهاية القرن التاسع عشر الميلادي. وتشهد المسامير المعدنية المدقوقة في الصدر العريض إلى الدور المحوري للتمثال بوصفه شاهدًا على القضايا الحيوية لمجتمعه وحارسًا لها.

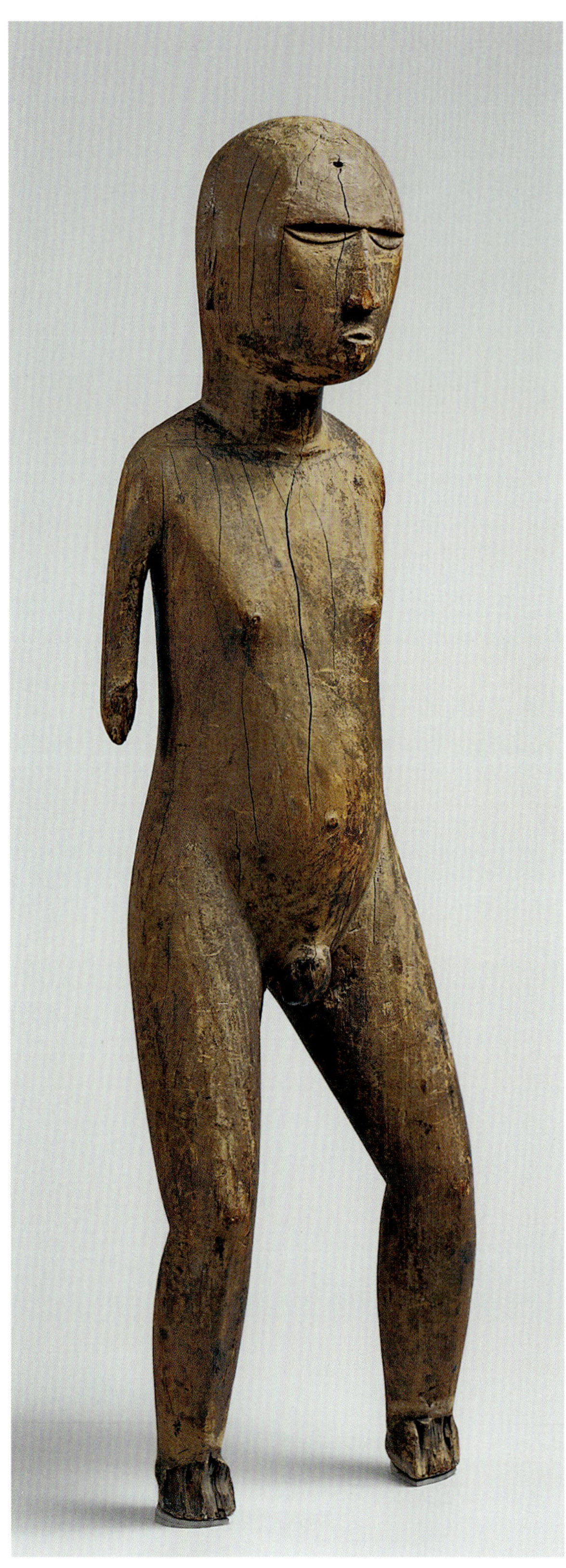

تمثال ذَكر

بولينيزيا الفرنسية، جزر غامبيي، شعب منغاريفا
القرن الثامن عشر – بدايات القرن التاسع عشر م.
خشب. الارتفاع: 98.4 سم
مجموعة النصب التذكاري مايكل س. روكفيلر،
هبة نيلسون أ. روكفيلر، 1979م (1979.206.1466)

فيما مضى كان شعب منغاريفا من جزر غامبيي الواقعة جنوب شرق تاهيتي يعبد مجموعة متنوّعة من الكائنات الخارقة تشمل الآلهة والأسلاف وكيانات أخرى. وكان يجري تمثيل بعضها على هيئة "تيكي" (صور بشرية) وهي كلمة ظهرت في بولينيزيا. وجرى تدمير كل المنحوتات المنغاريفية تقريبًا عندما تحوّل سكان الجزيرة إلى المسيحية في سنتَي 1835–1836م ولم يتبقَّ اليوم إلاّ زهاء دزينة من الأعمال. ولا نعلم هوية هذا "التيكي" غير أنه يُذكّر بأمثلة مشابهة تُعرف تاريخيًّا باسم روغو، وهو إله وثني للزراعة كان يُعتقد أنه يحمل الأمطار التي تسمح بنموّ الزرع ويُشار إلى حضوره بأقواس قزح وبالضباب.

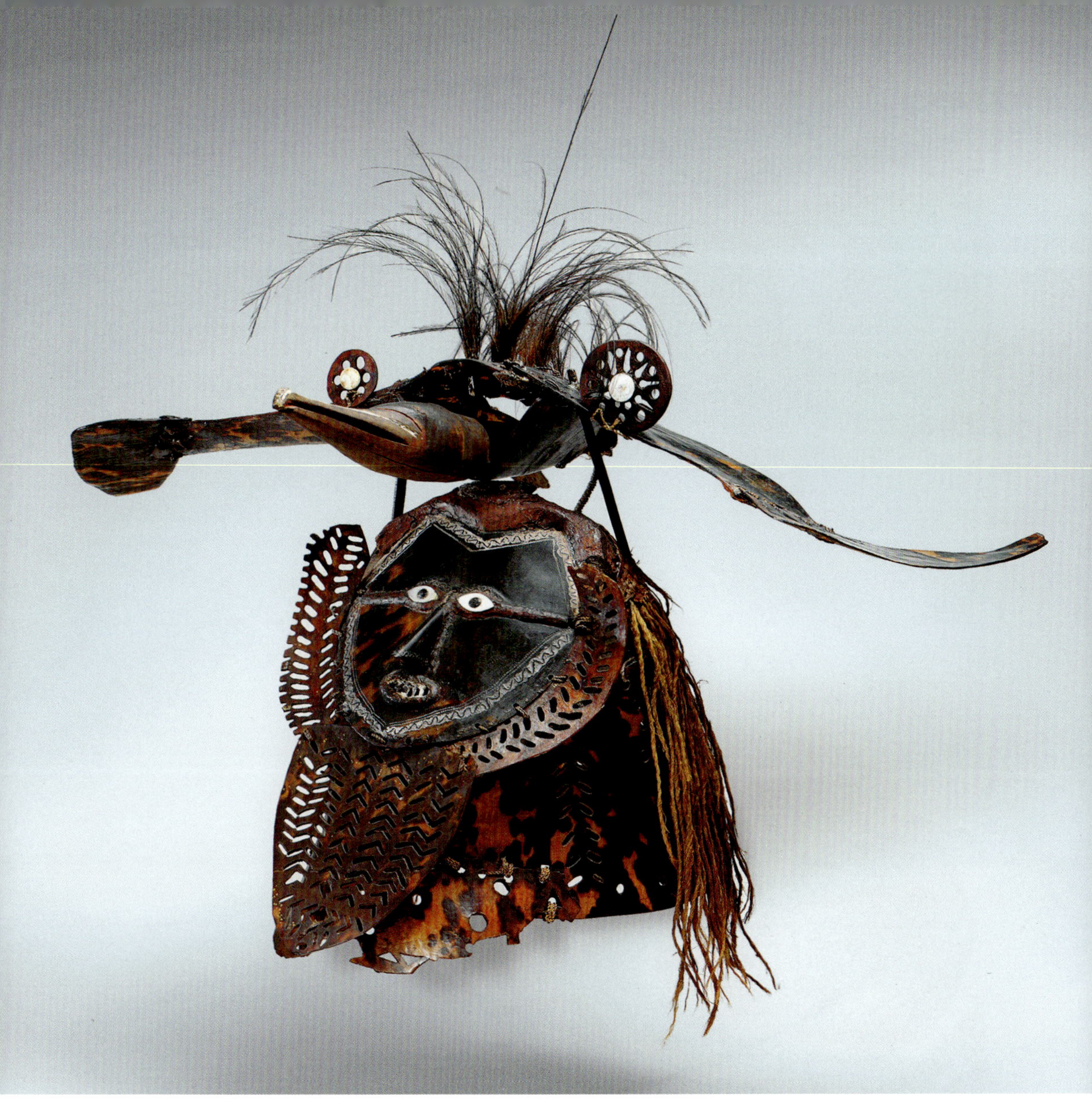

قناع

أستراليا، مضيق توريس، على الأرجح جزيرة مابوياغ، أواسط أو أواخر القرن التاسع عشر م.
قوقعة سلحفاة وخشب وريش شبنم وألياف وصمغ وصدف وطلاء
الارتفاع: 54.6 سم
مجموعة النصب التذكاري مايكل س. روكفيلر،
هبة نيلسون أ. روكفيلر، 1967م (1978.412.1510)

تختصّ جزر مضيق توريس الواقعة بين أستراليا وغينيا الجديدة بأقنعة قوقعة السلحفاة التي كانت تُصنّع بإحماء قطعًا من القوقعة وثنيها حسب الشكل المرغوب ثم ثقب الحواف وربطها فيما بينها بالألياف لتكوين أشكال ثلاثية الأبعاد. ويُرجّح أنّ هذا القناع من جزيرة مابوياغ، ويُحتمل أنه استُخدم في الطقوس المأتمية وشعائر جلب الزيادة (والغرض منها ضمان الوفرة في المحاصيل الزراعية والصيد البحري والبري). وخلال هذه الطقوس كان الرجال يضعون على وجوههم أقنعة "باك" أو "كرار" أو "كارا" ويرتدون لباس رقص من العشب تُصدر خشخشة ويمثّلون أحداث من حياة أبطال ثقافتهم الأولى. ومن الممكن أن يُمثل هذا القناع أحد أبطال ثقافة هذا الشعب، ويعلوه طائر فرقاط يُمثّل ربما رمزه الطوطمي الشخصي.

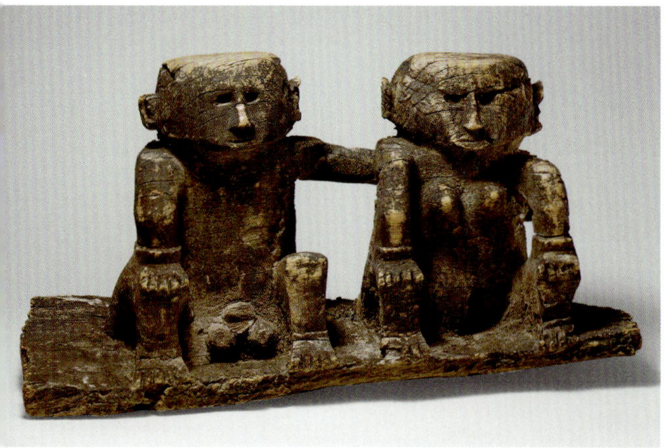

رجل وامرأة من الأسلاف

أندونيسيا، نوسا تنغارا، جزر فلوريس، شعب ناجي، أواخر القرن التاسع عشر – بدايات القرن العشرين م.
خشب، الارتفاع: 29.8 سم
هبة فريد وريتا ريتشمان، 2006 (2006.510)

يُحتمل أنّ هذا الزوج المُميَّز من أسلاف شعب ناجي من جزر فلوريس في أندونيسيا يُمثّل مؤسّسي إحدى عشائر القرية. وتوضع في كثير من الأحيان الصور البشرية (أنا ديو) التي تُمثّل أرواح الأسلاف وغيرها من الكائنات الخارقة في أضرحة الأسلاف. والأرجح أنّ هذه المنحوتة كانت مستقلة، ومن المحتمل أنّ الرجل والمرأة كانا راكبان يوضعان على ظهر تمثال حصان شعائري داخل ضريح قبل أن يُنقلا من هناك ويُحتفظ بهما كقطعة مقدّسة. ومهما كان السياق الأصلي، ينبثق من التمثال – رجل يضع ذراعه بحنان على زوجته – تعبير يتّسم بالوقار والهدوء.

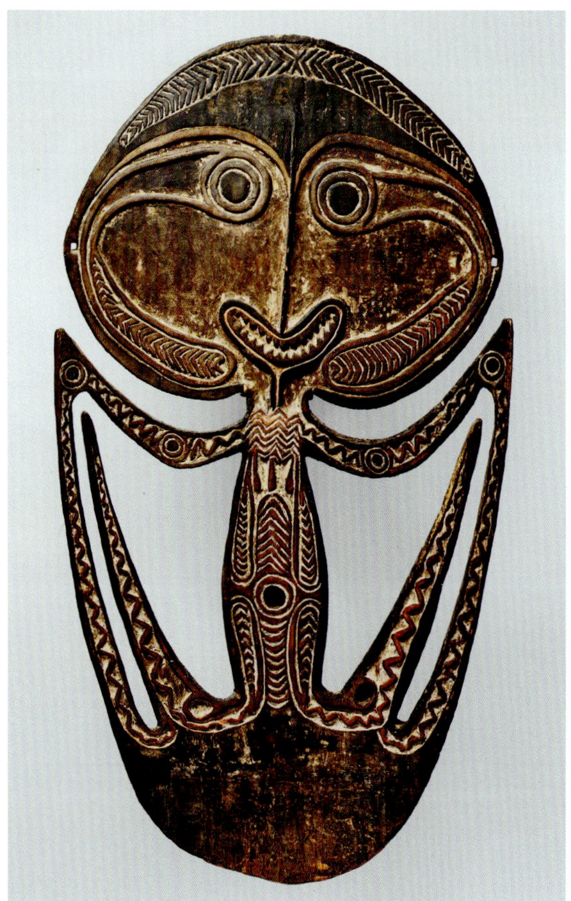

معلاق للجماجم

بابويا غينيا الجديدة، منطقة خليج بابوا، نهر أوماتي، قرية باyايا، شعب كيريوا
القرن التاسع عشر – بدايات القرن العشرين م.
خشب وطلاء. الارتفاع: 141.9 سم
مجموعة النصب التذكاري مايكل س. روكفيلر،
هبة نيلسون أ. روكفيلر، 1969 (1978.412.796)

كان أفراد شعب كيريوا جنوب شرق غينيا الجديدة يقتلون أعداءهم ويحتفظون بجماجمهم، ويطلقون على أكثر الأشياء قداسة لديهم اسم "أجيبا" (معلاق الجماجم) وهي قطعة مسطحة الشكل بالنقش المخرم يستخدمونها لعرض الجماجم البشرية التي تُعلّق في النتوءات أسفل المعلاق. وكانوا يعتقدون أنّ كل "أجيبا" يُمثّل روحًا تظهر في المنام للحرفي الذي نقش القطعة. كان رجال كيريوا يعيشون فيما مضى داخل بيوت جماعية شاسعة يُخصّص في داخلها لكل عشيرة مهجعًا منفصلاً فيه ضريح يحتوي على قطعة "أجيبا" أو أكثر مع أشياء مقدّسة أخرى. وكانت "الأجيبا" تعلو كوم الجماجم التي يجمعها أفراد العشيرة وهي ترمز إلى حيوية العشيرة وقوّتها.

أسفله

درع

جزر سليمان، على الأرجح نيوجورجيا أو جزيرة غوادلكانال (الدرع) وربما جزيرة سانتا إيزابيل (الترصيع)
بدايات إلى أواسط القرن التاسع عشر م.
ألياف، وعجين جوز البارينااريوم، وصدف ناوتيلوس، وخضاب
الارتفاع: 84.5 سم
مجموعة النصب التذكاري مايكل س. روكفيلر،
هبة نيلسون أ. روكفيلر، 1972م (1978.412.730)

تبدو الدروع المرصّعة لجزر سليمان لماعة ومبهمة، وهي مُصنّعة في الغالب من على شكل سلة مغطّاة بعجين جوز البارينااريوم ثم مطلية ومُطعّمة بعرق اللؤلؤ. ولم يتبقّ منها اليوم إلا زهاء خمس وعشرون قطعة فحسب. ونجد دومًا على الدروع رسم شخصية مركزية قد تكون محاربًا أو روحًا حامية فوق شريط أفقي مزخرف في كثير من الأحيان بوجوه بشرية، مثلما نشاهد هنا. كانت هذه الدروع هشة ورقيقة، والأرجح أنها استُخدمت كأشياء احتفالية تُحمل لتُعبّر عن المركز الاجتماعي والبطولات في الحرب.

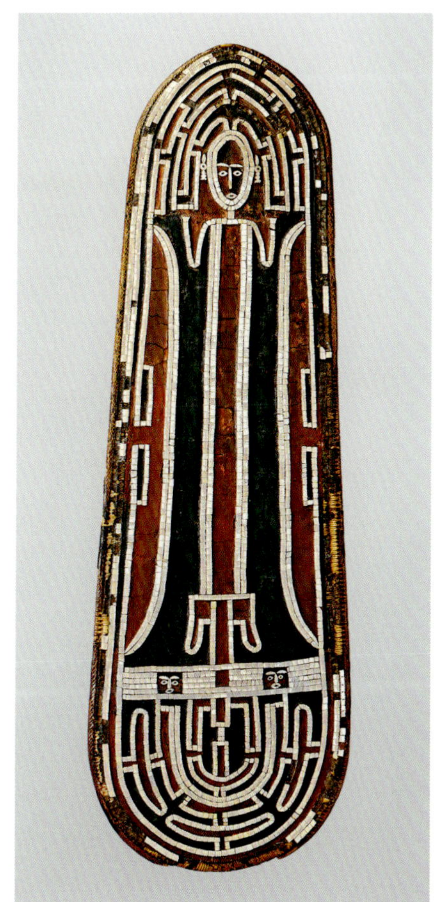

عصا "بيس"

غينيا الجديدة، أندونيسيا، ولاية بابوا (إيريان جانا)، قرية أوماديسيب، شعب أسمات، نهاية خمسينات القرن العشرين
خشب وطلاء وألياف. الارتفاع: 5.5 م
مجموعة النصب التذكاري مايكل س. روكفيلر،
وصية نيلسون أ. روكفيلر، 1979م (1979.206.1611)

كانت العصيّ فارعة الطول لشعب أسمات من جنوب غرب غينيا الجديدة تُصنّع بمناسبة حفل تأبين الموتى وبهدف مساعدة أرواحهم لبلوغ عالم أسلافهم حسب معتقداتهم. وتُنقش كلّ عصا من شجرة مقلوبة لتشكّل جذورها إسقاطًا على شكل جناحَين. وتُمثّل الشخصيات كبيرة الحجم الواردة على جسم العصا الأشخاص الجاري تكريمهم في حفل التأبين. أما الجانب السفلي فيظهر عليه أحيانًا رسم قارب يُعتقد أنّه يحمل الموتى إلى العالم الآخر، مثل القارب الذي نشاهده هنا.

أدناه

قارورة على شكل سنور

بيرو، واري، القرن السادس - القرن التاسع م.
خزف، الراتفاع: 20.3 سم
اقتناء، وصية آرثر م. بولوفا ورصيد رودجرز، 1996م
(1996.290)

خلال النصف الثاني من الألفية الميلادية الأولى، سيطرت شعوب واري التي تركّزت في منطقة أياكوتشو في بيرو على المنطقة الجنوبية الوسطى لجبال الأنديز. وكانت التأثيرات الثقافية للواري نافذة بوجه خاص في الأغوار الجنوبية لساحل المحيط الهادئ، ويُعتقد أنّ هذه المنطقة كانت مركز إنتاج العديد من الأقمشة والخزفيات الراقية والمزدانة بالألوان، وهي محفوظة بحالة جيدة. ويظهر على هذه القارورة الجميلة رأس سنور مقولب حول عنق الإناء. وهي تجمع بين منظومة صور الواري مع عناصر من التقاليد الخزفية على غرار الألوان الغنية والسطح الصقيل، والتي ازدهرت في غور ناسكا والأغوار المجاورة على امتداد قرون من الزمن.

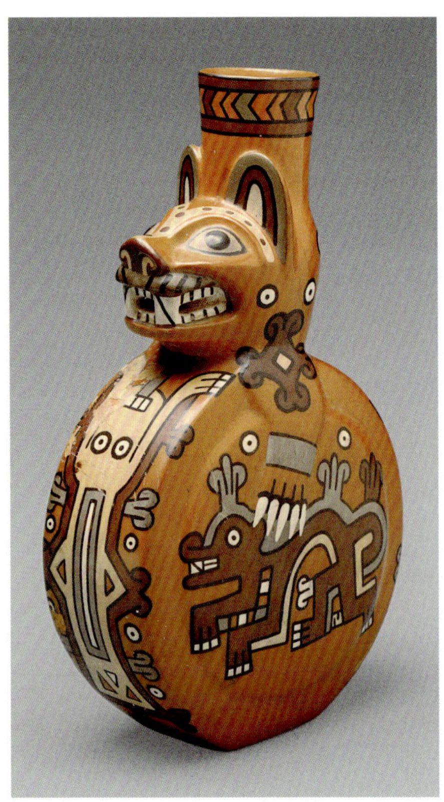

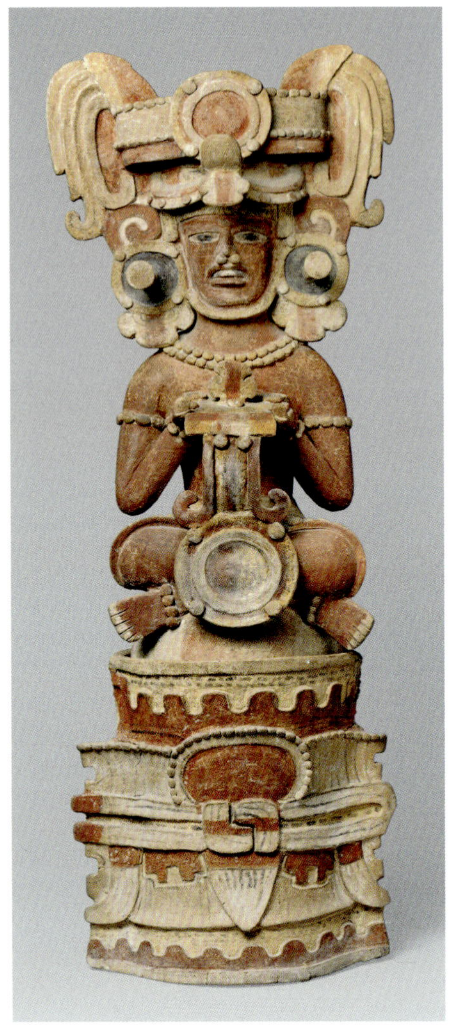

أعلاه

مبخرة عليها تمثال ملك جالس

غواتيمالا، مايا، القرن الرابع م.
خزف، الارتفاع: 80 سم
هبة تشارلز وفاليري دايكر، 1999م (1999.484.1a, b)

تُعدّ المباخر كبيرة الحجم - وهي حاويات لصمغ الكوبال والبخور - من أكثر المنحوتات تعقيدًا من بين التحف الفخارية المُصنّعة من الطين المشوي على أيادي حرفيي شعوب المايا القدامى في جنوب المكسيك وغواتيمالا المجاورة. ويُعتقد أنّ هذه المبخرة المتكونة من جزئَين اثنين عليها صورة ملك من ملوك المايا وقد اتّخذ جلسة ملكية. يضع على رأسه عمامة كبيرة وفي أذنَيه أقراط زينة وهو يحمل طبقَ هدايا. كانت شعوب المايا تعتقد أنّ الدخان يحمل الهدايا إلى الأرواح والآلهة في العالم الآخر، وهو عنصر لا يتجزّأ من الشعائر المقدسة لهذه الشعوب.

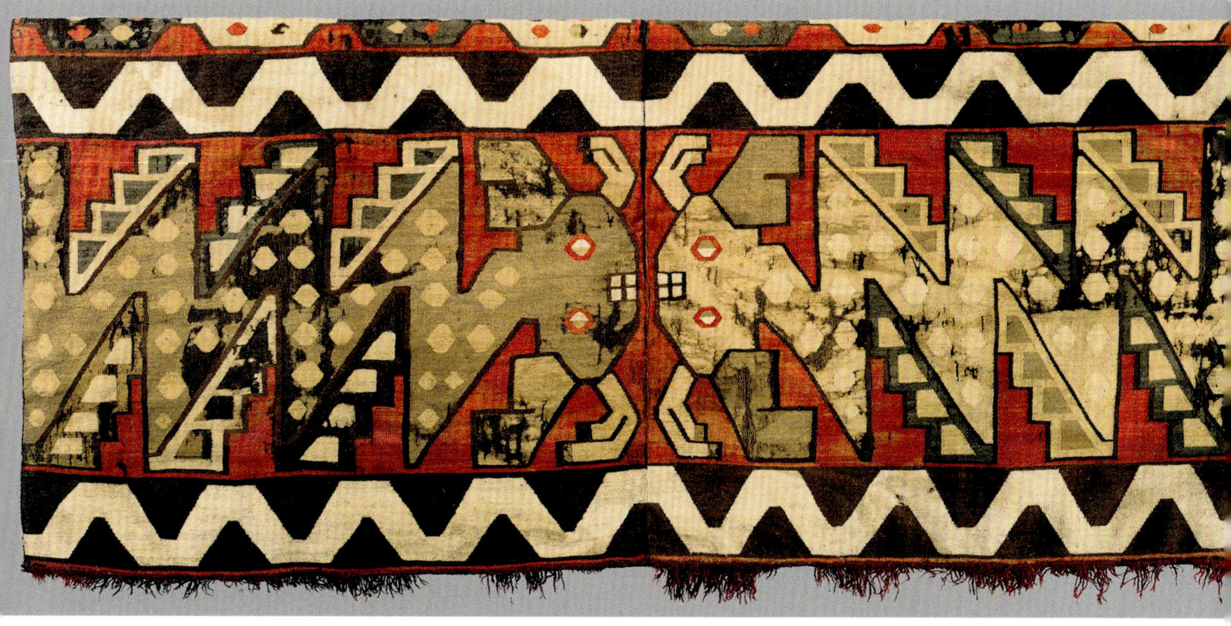

رداء عليه رسوم ثعابين أسطورية
بيرو، ناسكا–واري، القرن التاسع م.
وبر الجَمَليّات، الارتفاع: 54.6 سم
هبة جورج د. برات، 1929م (29.146.23)

كان الرداءُ اللباسَ الأوّلي للرجال في بيرو القديمة، وهو قميص غير مخيط بكمّين أو دونهما مع فتحتَين عموديّتَين للذراعَين عند الكتفَين وفتحة في الأعلى لإسقاط الرداء عبر الرقبة. وتتّسم هذه الأردية بتنوّع شديد في تقنيات النسج وفي الموتيفات بتشكيلة واسعة من الألوان. وإضافة إلى أنها عملية ويسهل لبسها، كانت تعبيرًا عن الانتماء العرقي والمركز الاجتماعي والمعتقدات الدينية.

وقد صُنّع هذا الرداء باستخدام سدو البساط، وهي تقنية تُشدّ فيها اللحمة (خيوط العرض) بقوة إلى الأسفل لتُغطّي كلّيّة خيوط السداة (خيوط الطول). ويظهر عليه تصميم مُنضّد بوضوح لثعبانَين أسطوريَّين جسمَيهما ملتويَين ومرقّطَين ومتقابلَين عند الشق الأوسط للرداء. ولكل ثعبان رأس كبير بعينَين ثنائيّي اللون وأنياب مُكشّرة وشُعَيرات أو شوارب وآذان أو زعانف. ويُعدّ هذا الرداء هجينًا من الناحية الأسلوبي، وتشمل خصائص شعوب ناسكا فيه شكله وتقنية نسجه بينما يظهر أسلوب شعوب واري في طريقة رسم عيون الزواحف وأنيابها.

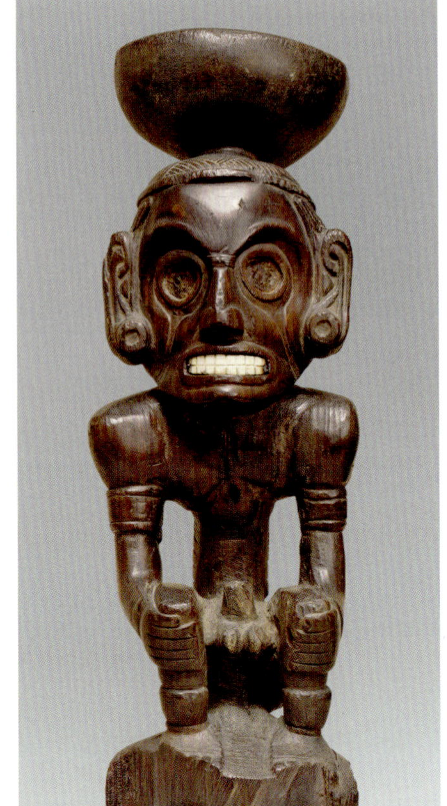

تمثال إله وثني

جمهورية الدومينيكان (؟)، طاينو
القرن العاشر – بدايات القرن الحادي عشر الميلادي
خشب صلب، صدف. الارتفاع: 68.5 سم
مجموعة النصب التذكاري مايكل س. روكفيلر،
وصية نيلسون أ. روكفيلر، 1979م (1979.206.380)

قبل قرون من وصول الإسبان إلى جزر الكاريبي في أواخر القرن الخامس عشر الميلادي، أبدعت شعوب طاينو التي كان تقطن جزر الكاريبي الكبرى أشكالاً مُميَّزة من الفنون تُستخدَم في الطقوس الدينية. أُنتجت هذه الأعمال بمختلف الأحجام والمواد – الخشب والطين والحجارة والأصداف والعظم – وهي تَعرض منظومة مُعبّرة ودامغة من الصور تُبرز الأعين والأفواه في كثير من الأحيان. وهذا التمثال المدهش لذكر جاثم ومخصي يُطلق عليه "زيمي" (إله). وكانت تماثيل هذه الآلهة الوثنية أدوات شعائرية مهمّة في مجتمع شعوب طاينو وتُستخدم خلال المراسم التي كانت تشتمل على شم مخدّر "كوهوبا" المهلوس.

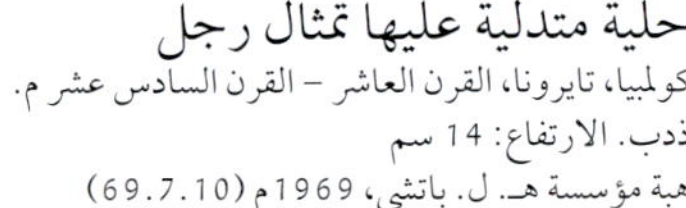

حلية متدلية عليها تمثال رجل

كولمبيا، تايرونا، القرن العاشر – القرن السادس عشر م.
ذهب. الارتفاع: 14 سم
هبة مؤسسة هـ. ل. باتشي، 1969م (69.7.10)

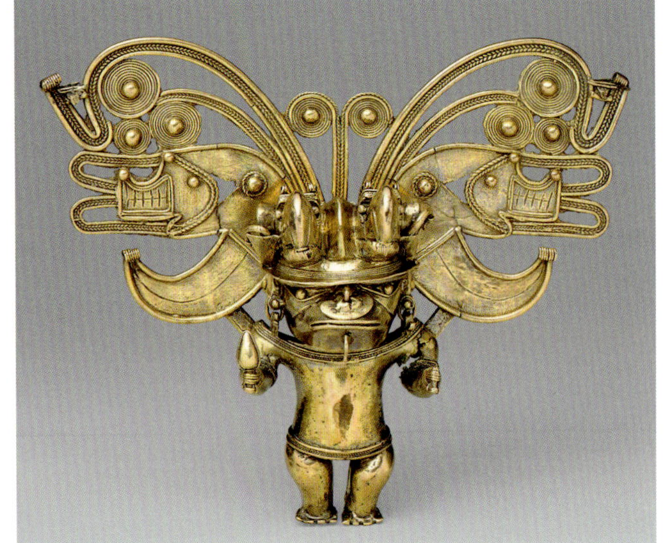

أنتج شعب تايرونا في سيارا نيفادا دي سانتا ماريا شمال كولمبيا مجوهرات ذهبية من أعظم ما صُنع في الأمريكتَين ومن أكثرها تعقيدًا. تُبرز هذه الحليةُ المتدلية الحجمَ والشكلَ ثلاثيّ الأبعاد وتعرض شخصية ذكورية واسعة الكتفَين قد يكون وجيهًا من الطبقة النبيلة أو قائدًا يضع غطاء ضخمًا على رأسه مزدانًا على جانبَيه بعناصر مضفورة لولبية الشكل، ويقبع على قلنسوته طائران لهما منقارَين أكبر من المعتاد. أمّا الأنف المصغّر المرسوم بعناية فائقة وزينة الأذنَين والقرط على الشفة الشفلى فهي سمات مماثلة لتلك التي يمكن مشاهدتها على التماثيل بالحجم الكامل التي عُثر عليها في قبور شعب تايرونا.

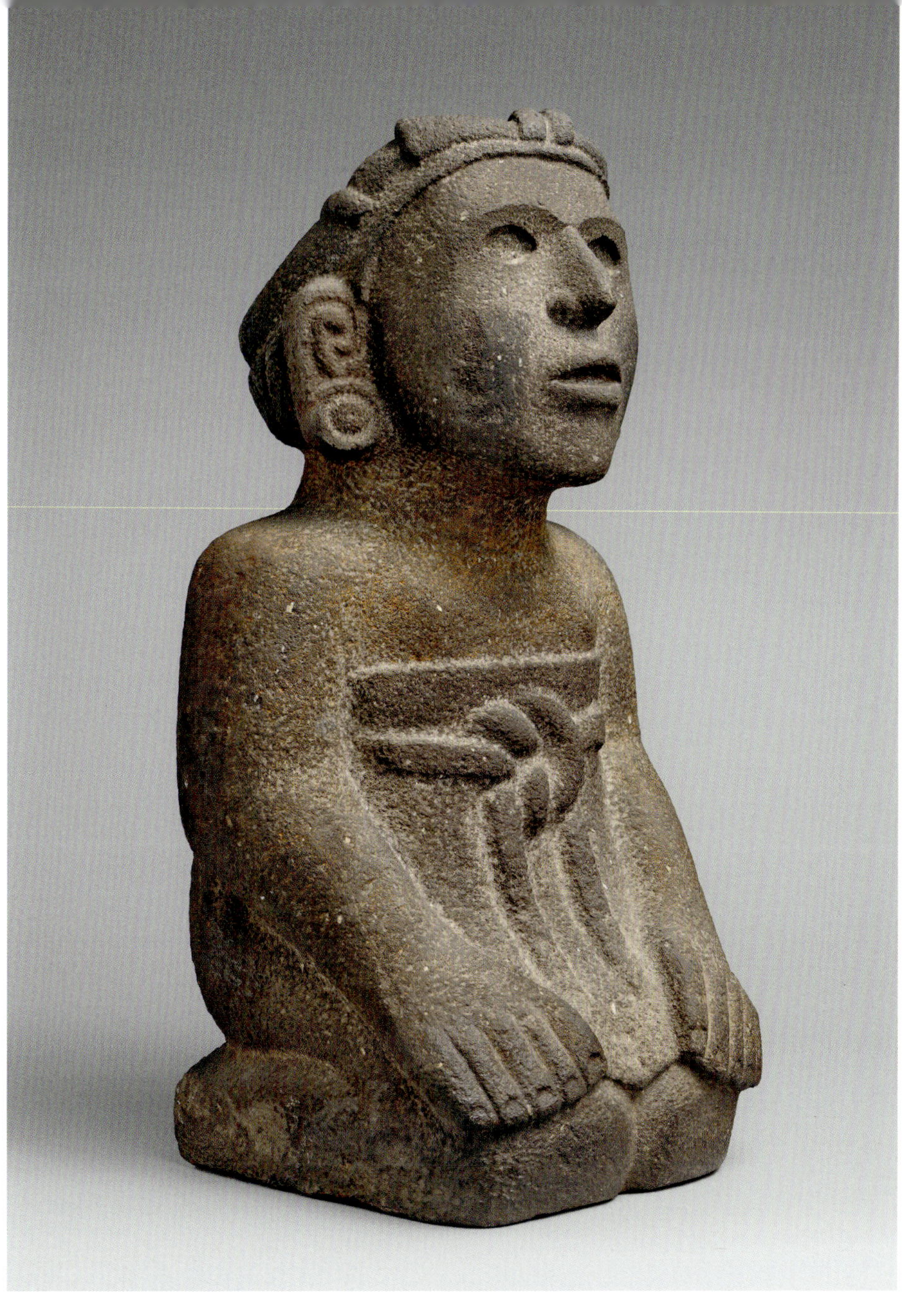

تمثال أنثى جاثية على ركبتيها

المكسيك، شعب الأزتيك، القرن الخامس عشر – بدايات القرن السادس عشر م.
حجر. الارتفاع: 54.6 سم
اقتناء المتحف، 1900م (00.5.16)

إبّان الغزو الإسباني في القرن السادس عشر الميلادي، كان شعب الأزتيك يتحكّم في جلّ المناطق الوسطى للمكسيك انطلاقًا من عاصمته تنوختيتلان بمعابدها الضخمة الكثيرة وقصورها الملكية وأسواقها النابضة بالحيوية وقنواتها المائية الناشطة. كان الأزتيك ماهرون جدًّا في المعارك الميدانية وفي تأسيس الإمبراطوريات، كما أبدعوا بعض المنحوتات الحجرية من أجود ما ظهر في المكسيك القديم. وعلى الرغم من غياب الخصائص المميزة للإلهات الأزتيكية على غرار تسريحة الشعر وغطاء الرأس، فهذه الأنثى الجاثية على ركبتَيها ترتدي قميصًا تقليديًّا مشدودًا بحزام عليه عقدتَين فوق الخصر، وتضع أقراطَ زينة في أذنَيها وعصابة على رأسها. والأرجح أنها تُمثّل امرأة من الطبقة النبيلة لشعب الأزتيك.

الأسلحة والدروع

أدّت الأسلحة والدروع على امتداد آلاف السنين دورًا حيويًّا في كل الثقافات تقريبًا. وغالبًا ما تُمثّل أفضلُ النماذج المهارات الفنية والقدرات التقنية العالية للمجتمعات والعصور التي صُنعت فيها، ممّا يُشكّل ملمحًا واحدًا لتاريخ الفن وللثقافة المادية على السواء. حصل المتحف على أولى قطعه من الأسلحة والدروع في العقد الأخير من القرن التاسع عشر الميلادي. وحصلت المجموعة على الاعتراف الدولي بعد اقتناء المتحف سنة 1904م قطعًا يابانية وأوروبية، ممّا دفع إلى إنشاء قسم منفصل للأسلحة والدروع ما زال إلى حدّ اليوم فريدًا من نوعه في الولايات المتحدة. ويسعى هذا القسم الذي يُعدّ الأكثر شمولية وموسوعية في العالم إلى جمع وحفظ وبحث ونشر وعرض أكثر الأمثلة تميّزًا في فنّ صناعة الدروع والسيوف والأسلحة النارية مع التركيز على القِطع اللافتة بتصميمها المُميّز وزخرفها أكثر من الالتفات إلى الجانب العسكري أو التقني المحض. وتشمل الممتلكات ما يناهز أربعة عشر ألف قطعة تأتي بالأساس من أقاليم أوروبا والشرق الأدنى والشرق الأقصى. ويُقدّم المتحف عرضًا دائمًا لما يقارب ألف قطعة يتراوح تاريخها ما بين القرن الخامس الميلادي إلى أواخر القرن التاسع عشر، وهي تشكيلة عريضة من القطع القادمة من أوروبا والولايات المتحدة واليابان والهند وعدة ثقافات إسلامية.

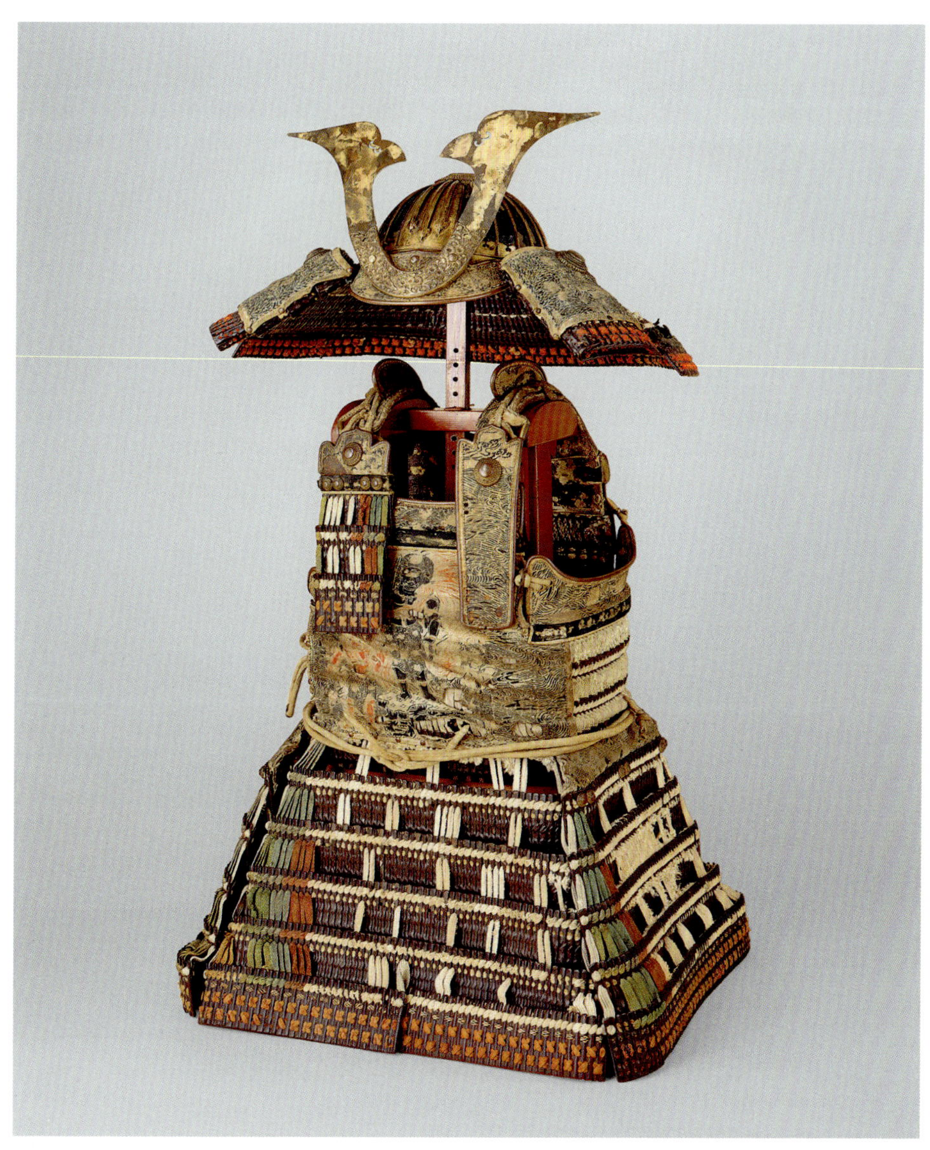

درع

اليابان، بدايات القرن الرابع عشر م.
حديد، جلد، لكّ، حرير، نحاس، ذهب، خضاب
الارتفاع (مُركّب): 95.3 سم
هبة باشفورد دين، 1914م (14.100.121a–e)

تُسمّى هذه الدرع "يُورُوي" وهي مثال لنوع من دروع الخيّالة استُخدمت في اليابان من القرن الرابع تقريبًا إلى القرن الرابع عشر الميلاديَّين. ولم يتبقَّ اليوم إلا عدد قليل جدًّا من اليُورُوي، وهذه الوحيدة المنتمية لمجموعة أمريكية. تزن الدرع 38 رطلاً وهي مُصنّعة من مئات القطع الحديدية والجلدية الصغيرة المُغلّفة بطلاء اللكّ والمشدودة بروابط حريرية. ومساحة السلة مُغطاة بجلد طُبعت عليه صورة بوذا "فودو مايو-أو" الذي تُناسب صفات الجسارة والثبات لديه أخلاقيات الساموراي. حُفظ هذا الدرع على امتداد قرون في ضريح بالقرب من كيوتو، ويُقال إنّ أشيكاغا تاكاوجي الحاكم العسكري لليابان ومؤسس سلالة أشيكاغا العسكرية وهبها للضريح.

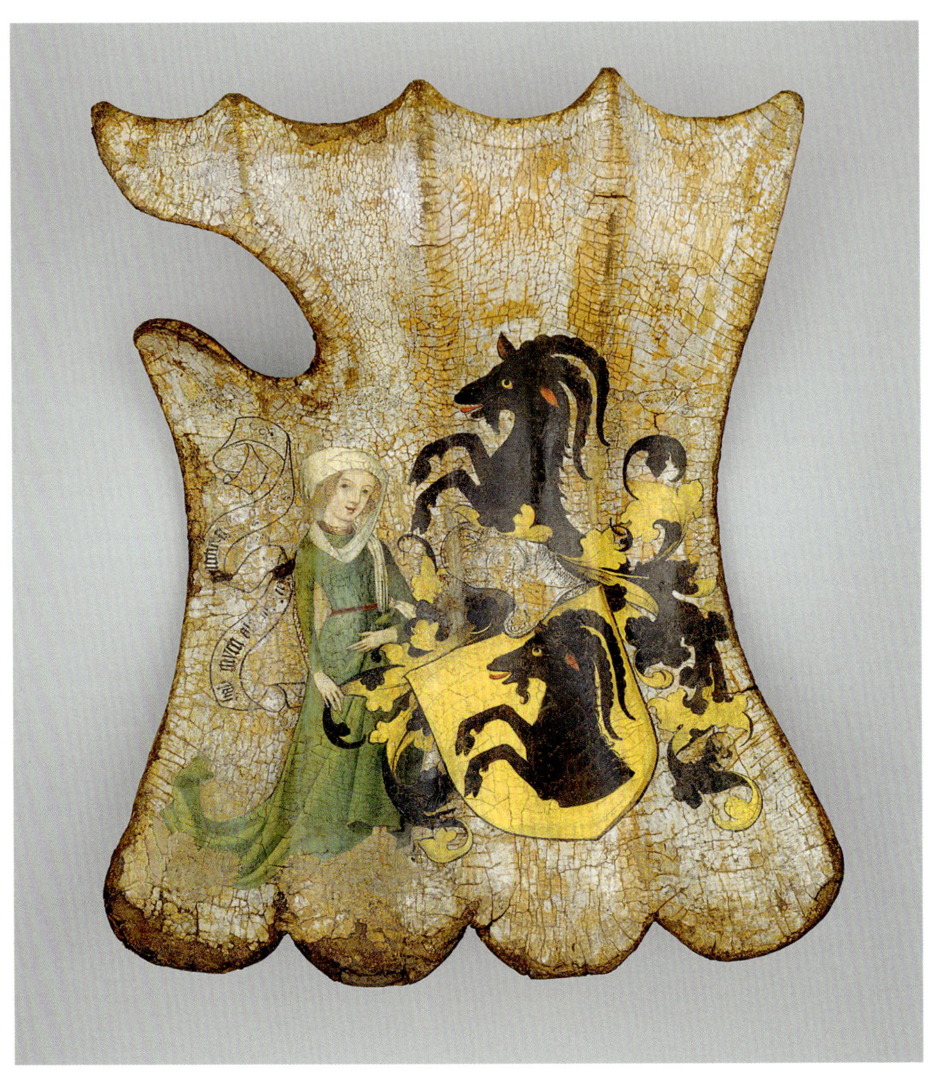

ترس فارس

ألمانيا، حوالي 1450م
خشب، جلد، كتّان، جص، خضاب، صفيحة فضة
المقاسات: 40.6x55.9 سم
هبة السيدة لورانس بلومنطال، 1925م (25.26.1)

كانت تروس الخيّالة جميلة الشكل من هذا النوع تُسمّى "طارغيس" وتُستخدم في المنافسات أو من الخيّالة المُدرّعة الخفيفة في ألمانيا في العصر القوطي المتأخّر. ويحمل هذا النموذج رسومًا مُنجزة بعناية لشارة أسلحة قد تكون لعائلة غوتسمان من فرنكونيا. تمسك المرأة في الجانب شريطا يرد عليه بالألمانية "خذني كما أنا". أما الزخارف بألوانها البرّاقة على خلفية بصفيحة فضية فهي محفوظة بحالة جيدة جدًا لأنها بقيت مخفية لقرون تحت طبقات من الطلاء وُضع في وقت لاحق. كما يوجد على الوجه الخلفي المُبطّن بالجلد صورة صغيرة للقديس كريستوفر الذي يُعتقد أنه يُقدّم الحماية الروحية لحامل الدرع.

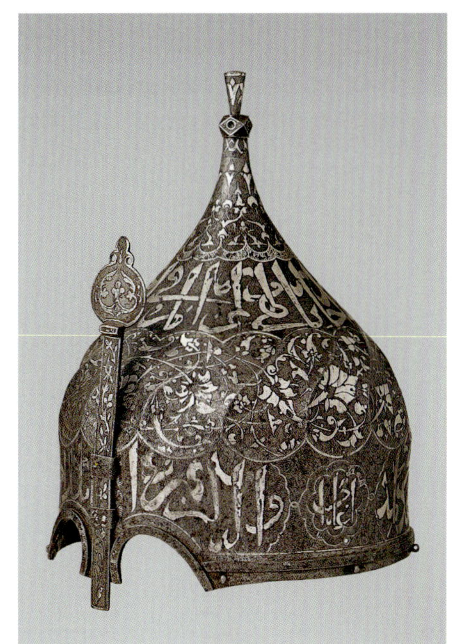

خوذة عمامة

الأناضول أو إيران، أواخر القرن الخامس عشر م.
حديد وفضة. الارتفاع: 34.6 سم
رصيد رودجرز، 1950م (50.87)

تُعدّ ما يُطلق عليها "الخوذة العمامة" من الخوذات الأكثر ندرة وإثارة للإعجاب من بين الخوذات المستخدمة في العالم الإسلاميّ، وهي تسمية حديثة مُقتبَسة من الشكل البصلي على هيئة الدوامة الذي يشير إلى شكل العمامة وتموّجاتها عند لف الرأس. وإذ يبدو أنّ هذا النمط ظهر منذ القرن الرابع عشر الميلادي، فإنّ النماذج المتبقية على غرار هذا تعود لأواخر القرن الخامس عشر وبدايات القرن السادس عشر الميلاديَّين. وقد استَخدَمت الخوذةَ العمامة سلالاتُ الآغ قونيولو (الخرفان البيض من القبائل التركمانية) وخانات شروان في أذربيجان وإيران، كما استخدمها العثمانيّون كذلك. وتُغطّي سطحَ الخوذة بكثافة زخارفُ فضية منقوشة ومحفورة تغلب عليها الكتابات العربية.

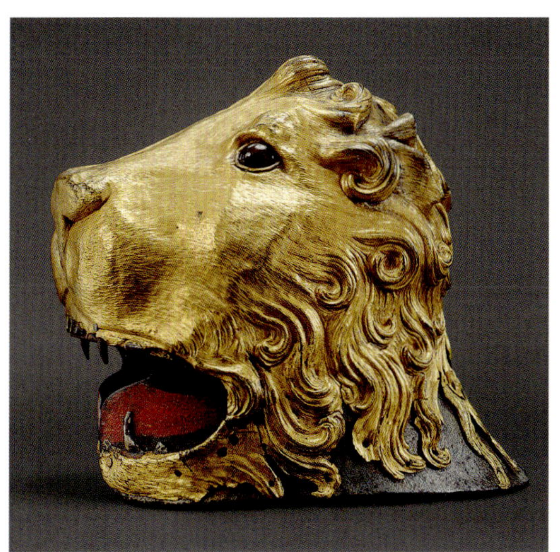

خوذة على هيئة رأس أسد

إيطاليا، حوالي 1460–1480م
فولاذ ونحاس وذهب وزجاج وخضاب ونسيج
الارتفاع: 29.8 سم
رصيد هاريس بريسباين ديك، 1923م (23.141)

هذه الخوذة أقدم مثال متبقٍّ من دروع عصر النهضة الأوروبية المُصنّعة "على الطريقة القديمة". وهي تُمثّل رأس أسد نيميا الذي اتّخذ البطل الأسطوري هرقل من فروه لباسًا على رأسه ورداء على جسمه، ويظهر هرقل في كثير من رسومات عصر النهضة مرتديًا الفرو بوصفه رمزًا للقوة التي لا تُروَّض والشجاعة والمثابرة. تزن هذه الخوذة أكثر من ثمانية أرطال وتتكوّن من غلاف خارجي من النحاس المذهّب مُقولب بمهارة ليُشكّل رأس أسد مُركَّب على نوع من الخوذة من الفولاذ العادي يُطلق عليها بالإيطالية "تشيلاتا". تتخذ الخوذة شكلاً منحوتًا جميلاً لتحتلّ مكانها عن جدارة كإحدى روائع القطع الفنية في مجال صياغة الذهب في عصر النهضة المُبكّر.

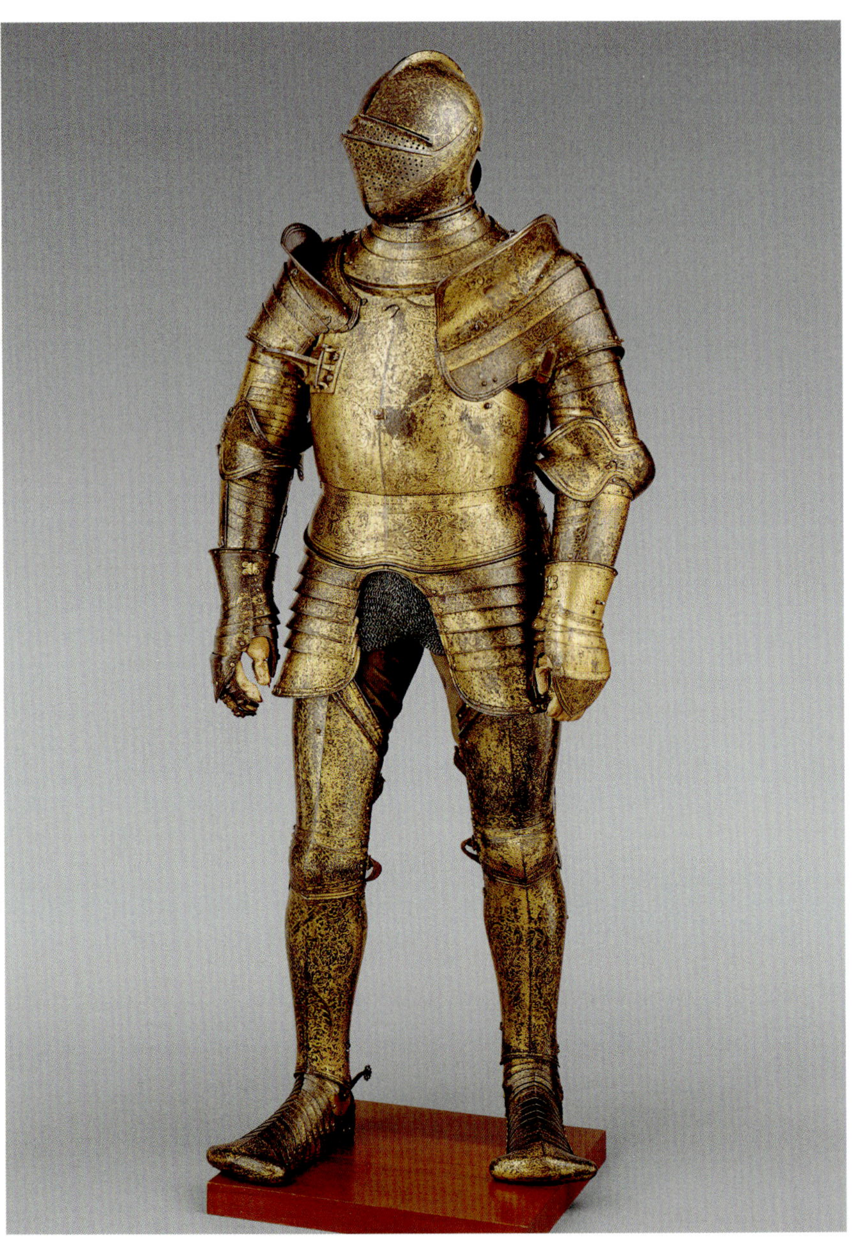

درع مُزخرف

إنكلترا، غرينيتش، 1527م
فولاذ وذهب وجلد وسبائك النحاس. الارتفاع: 1.85 متر
اقتناء، هبة ويليام ه. ريغس ورصيد رودجرز، 1919م (19.131.1, .2)

يزن هذا الدرع 65 رطلاً وهو أقدم مثال مؤرّخ من الورشات الملكية في غرينيتش التي أسّسها الملك هنري الثامن سنة 1514م لتصنيع الدروع له ولبلاطه. وهو يعرض كذلك أقدم الزخارف المتبقية من غرينيتش. ويتكوّن الدرع من سلسلة من قطع الغيار والتثبيت التي تسمح بتكييفه للاستخدام في المعارك وفي المنافسات. وإضافة إلى ذلك، فإنّ طريقة خرطه وتذهيبه تُميّزه ليكون أكثر دروع غرينيتش ثراء في زخرفه. ويُسنَد تصميم هذه الزخارف للفنان الألماني هانس هولباين الأصغر الذي عمل لدى البلاط الإنكليزي من 1526 إلى 1528م.

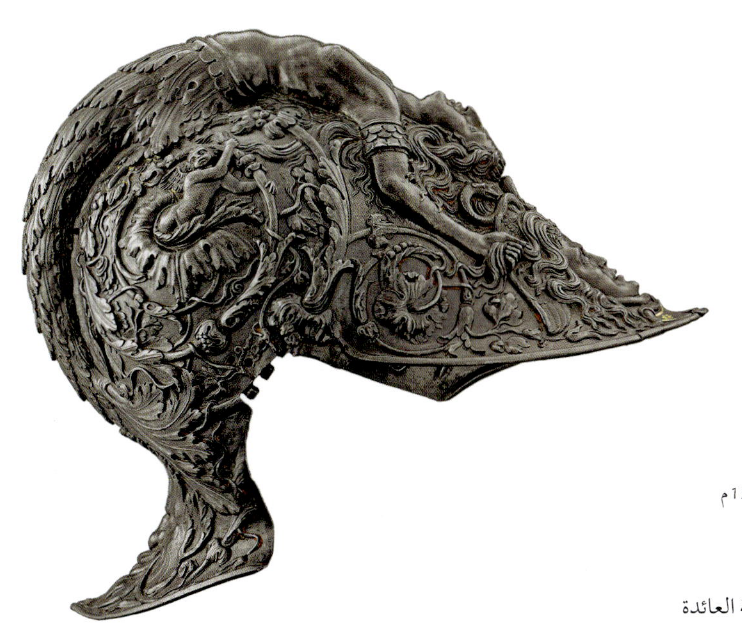

فيليبو نغرولي
إيطالي، حوالي 1510–1579م
خوذة بورغوني على الطراز القديم، 1543م
فولاذ وذهب، الارتفاع: 24.1 سم
هبة ج. بياربونت مورغان، 1917م (17.190.1720)

هذه الخوذة البرغونية من روائع القطع المعدنية العائدة لعصر النهضة وهي من صنع فيليبو نغرولي من ميلانو، وقد امتدح المؤرخون الإخباريون في القرن السادس عشر الميلادي دروعه المزخرفة ونعتوها ب "الإعجازية" التي تستحق "تنويهًا لا ينقطع". صُنِّع جسم الخوذة من صفيحة فولاذية واحدة مزخرفة بالنقش النافر – على الطراز القديم – بموتيفات مستوحاة من الفن الكلاسيكي ومصقولة لتبدو كأنها من البرونز. تُغطّي جانبَي الخوذة لفائفُ الأقنت المحيطة بموتيف "بوتي" المشتق على الأرجح من الرسوم الجدارية الرومانية في البيت الذهبي للإمبراطور نيرون. وقد جرى إعادة اكتشاف هذه الجداريات في أواخر القرن الخامس عشر الميلادي وكان لها تأثيرًا عميقًا في فن التصميم إبان عصر النهضة.

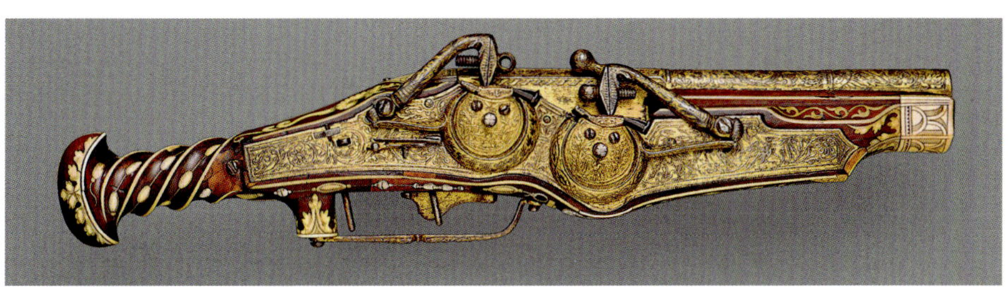

بيتر بيك
ألماني، 1503–1596م
وأمبروزيوس غمليش
ألماني، ناشط حوالي 1520–1550م
مسدس مُثبَّت البكرة بماسورتَين للإمبراطور تشارلز الخامس، حوالي 1540–1545م
فولاذ وذهب وخشب وقرن، الطول: 49.2 سم، عيار 12 مم
هبة ويليام ه. ريغس، 1913م (14.25.1425)

يُعدّ هذا المسدس مُثبَّت البكرة تحفة رائعة من إنجاز الساعاتي المونيخي وصانع الأسلحة بيتر بيك، وهو يجمع بين البراعة الميكانيكية والتصميم المعقّد. زخرف الفنان أمبروزيوس غمليش الفوهتَين المنقوشتَين والأجزاء المعدنية الأخرى بشعارات قداسة الإمبراطور الروماني تشارلز الخامس. وقد اختُرعت آلية تثبيت البكرة في إيطاليا أو ألمانيا في أواخر القرن الخامس عشر أو بدايات القرن السادس عشر الميلاديَّين، ومثّلت أوّل نظام اشتعال أوتوماتيكي حقيقي يسمح بإعداد المسدس وحشوه مسبقًا ليكون جاهزًا للاستخدام الآني. وكان تشارلز الخامس من أوائل العرّابين رفيعي المستوى الذين يأمرون بصناعة أسلحة مزخرفة بعناية مثل هذا المسدّس.

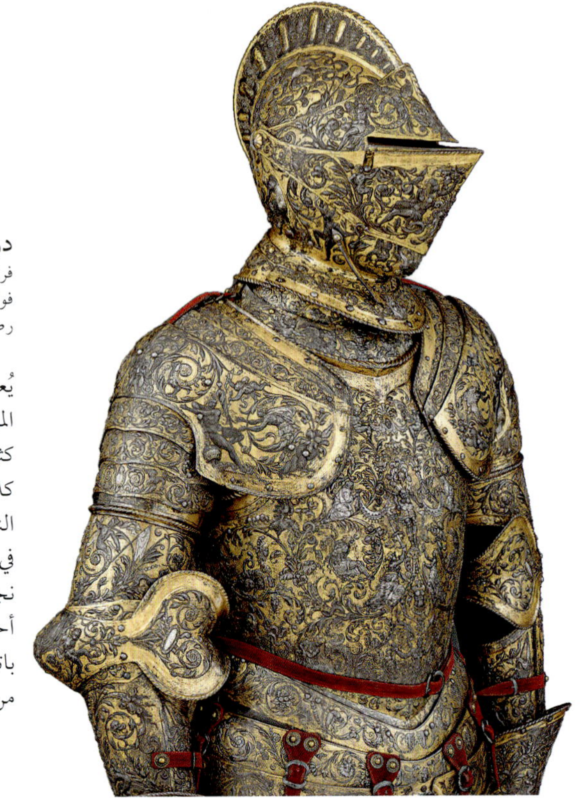

درع هنري الثاني ملك فرنسا (تفاصيل)

فرنسي، حوالي 1550م
فولاذ وذهب وفضة وجلد ونسيج، الارتفاع: 1.9 متر
رصيد هاريس بريسباين ديك، 1939م (39.121a – n)

يُعدّ هذا الدرع من أكثر الدروع الاستعراضية الفرنسية الموجودة تعقيدًا واكتمالًا. نُقش بدقة سطحه بموتيف كثيف من اللفائف الورقية تضمّ بداخلها شخصيات كلاسيكية وكائنات خرافية مشتقة من زخارف عصر النهضة المتأخر والزخارف الأسلوبية. كما أُدمج الهلال في عناصر الزينة، وهو رمز كان هنري الثاني يُحبّذه. وقد نجا عشرون رسمًا من التصميم الأصلي لهذا الدرع، أحدها لجان كوزان الأكبر والباقي لإيتيان دولون أو باتيست بيلاران، وجميعهم فنانون باريسيون متميزون من أواسط القرن السادس عشر الميلادي.

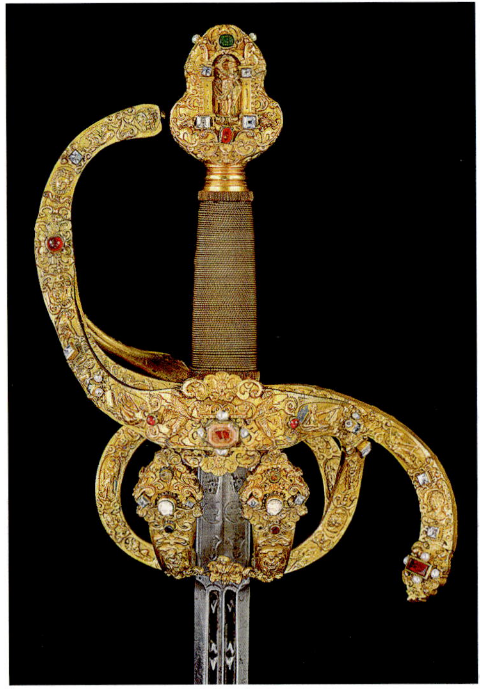

إسرائيل شُواش

ألماني، نشط ما بين 1590–1610م

وخوان مارتيناز

إسباني، نشط ما بين القرنَين السادس عشر والسابع عشر الميلاديَّين

سيف ذو حدَّين لكريستيان الثاني، حاكم سكسونيا (تفاصيل)، 1606م

فولاذ وبرونز وذهب وجواهر وزجاج وحبات لؤلؤ ومينا
الطول: 121.9 سم
رصيد فليتشر، 1970م (1970.77)

إنّ مقبض هذا السيف المصبوب بمهارة في البرونز المذهّب المُطرّق هو العمل الوحيد المؤرّخ لصانع السيوف إسرائيل شُواش من دريسدن. والزخارف المخرمة والشخصيات المجازية المرصّعة بالجواهر التي كانت في الأصل مطلية بالمينا تُنافس مثيلاتها من أعمال صياغة الذهب الفاخرة الرائجة في ذلك العصر في البلاط السكسوني. زُوِّد المقبض بنصل من طليطلة، وكانت المدينة شهيرة وقتئذ بنِصال سيوفها التي تُصدَّر إلى كلّ أرجاء أوروبا. وصنع هذا النصل خوان مارتينيز الذي وقّع عمله بلقب: صانع السيوف الملكية.

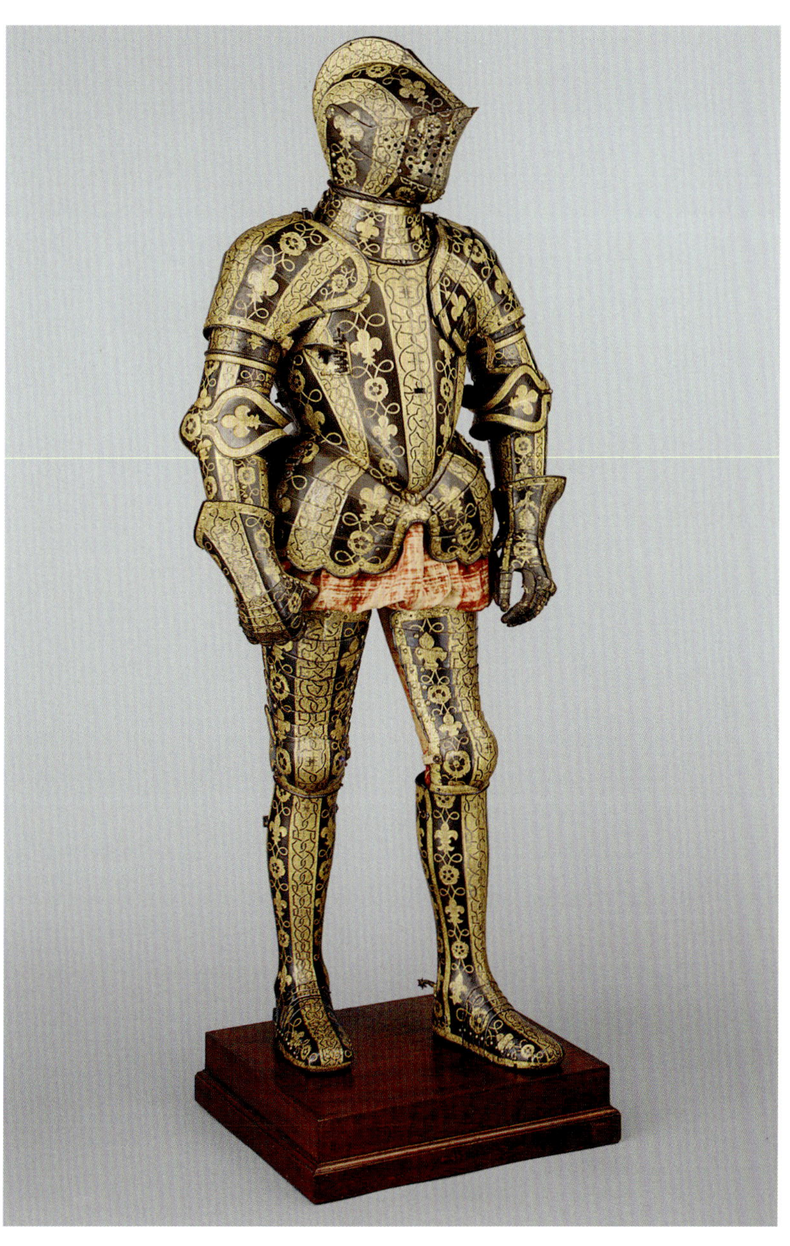

درع مزخرف لجورج كليفورد، الكونت الثالث لكومبرلاند

إنكلترا، غرينيتش، حوالي 1585م
فولاذ وذهب وجلد ونسيج، الارتفاع: 1.8 متر
رصيد رودجرز، 1932م (32.130.6a – y)

يُعَدّ درع كومبرلاند الأفضل حفظًا والأكبر حجمًا من بين الدروع المزخرفة التي أنتجتها الورشات الملكية لغرينيتش، ويُمثّل ذروة المهارة التقنية والزخرفية لهذه المدرسة. صُمِّم الدرع لاستخدامه في المعارك الميدانية وفي المنافسات وصُنع تحت إشراف أستاذ صناعة الدروع جاكوب هالدر. ويتألف من درع الفارس (الذي يزن 60 رطلاً) المُزوّد بقطع غيار وعناصر تقوية ودرع الحصان المُكوَّن من واقي للرأس وصفائح للسرج. كان جورج كليفورد محظيًا لدى الملكة إليزابيت الأولى التي عيّنته بطل الملكة سنة 1590م. وتشمل الزخارف وردة تودور وزهرة الزنبق ورمز إليزابيت على شكل حرفَي "أس" باللاتينية ظهرًا إلى ظهر.

بيار لو بورجوا
فرنسي، توفي سنة 1627م

مسدس حجر الصوان لملك فرنسا لويس الثالث عشر (تفاصيل)، حوالي 1620م
فولاذ ونحاس وفضة وذهب وخشب وعرق اللؤلؤ
الطول: 139.7 سم، العيار: 15 مم
أرصدة رودجرز وهاريس بريسباين ديك، 1972م (1972.223)

من أوّل المسدّسات المُزوّدة بآلية حجر الصوان، آلية إطلاق النار التي سوف تسود في تقانة الأسلحة النارية خلال القرنَين اللاحقَين. صُنع المسدّس للويس الثالث عشر بأيدي بيار وماران لو بورجوا من ليزيو، وحسب الأعراف يُسند لهما اكتشاف آلية حجر الصوان. يحمل المسدّس العلامة المُتوَّجة للملك ويزدان بزخارف كثيرة مُرصَّعة بالأسلاك الرقيقة وعرق اللؤلؤ، وبمقبض خشبيّ منقوش بمهارة، وبمستلزمات من النحاس المذهّب. كان لويس الثالث عشر مولعًا جدًّا بجمع المسدسات ومن هواة صنع الأسلحة. نُقش على هذا المسدس رقم الجرد 134، مما يشير إلى أنه كان جزءًا من المجموعة الملكية أو ما كان يُطلق عليه بالفرنسية: حجرة أو خزانة الأسلحة.

الصفحة المقابلة

فرد ساموويل
أمريكي، 1814–1862م

نموذج الفرد الثالث لمسدس المطرقة لجنود الخيالة الرقم التسلسلي عدد 12406، حوالي 1853م
فولاذ وذهب وخشب (الجوز)
الطول: 35.6 سم، العيار: 11 مم
هبة جورج وبوطون روبار، 1995م (1995.336)

كان الجنود وحرس الحدود يُحبّذون فرود "كولت". وكانت أسلحة الفرود الفاخرة على غرار هذا المنوال نماذج معيارية من المصنع يجري تغييرها لتصبح تحفًا للعرض بإضافة زخارف كثيفة منقوشة عليها. وقد وضع النقّاشون العاملون في مصنع الفرود في هارتفورد في ولاية كونكتيكت، وكثير منهم مهاجرون قدموا منذ فترة وجيزة من ألمانيا، معايير زخرفة الأسلحة النارية الأمريكية خلال العقدَين الخامس والسادس للقرن التاسع عشر الميلادي. وفرد المتحف هذا واحد من مجموعة تُعدّ على أصابع اليد الواحدة من النماذج المُرصّعة بالذهب الفاخر، وهو ما يجعله من أجود الفرود الموجودة. ويُشكّل مع فرد مماثل له زوجًا قُدّم الثاني من السيد كولت لقيصر روسيا نيكولاس الأول سنة 1854م، ويُعرض حاليًا في متحف الهرميتاج في سانت بطرسبورغ.

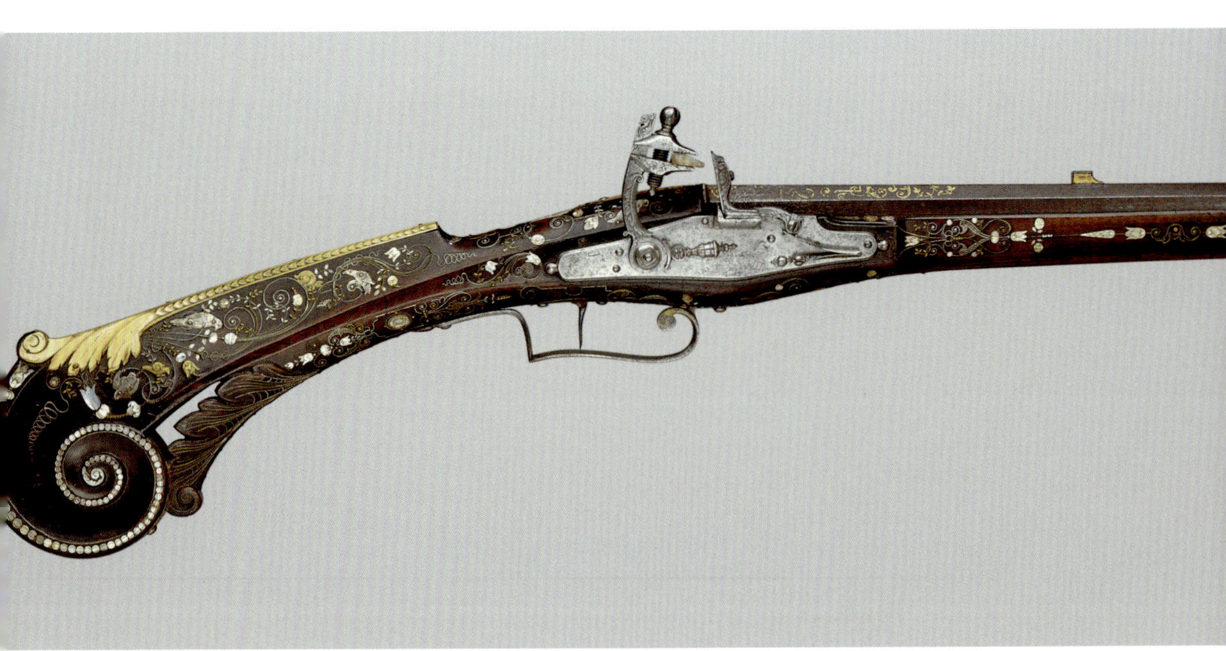

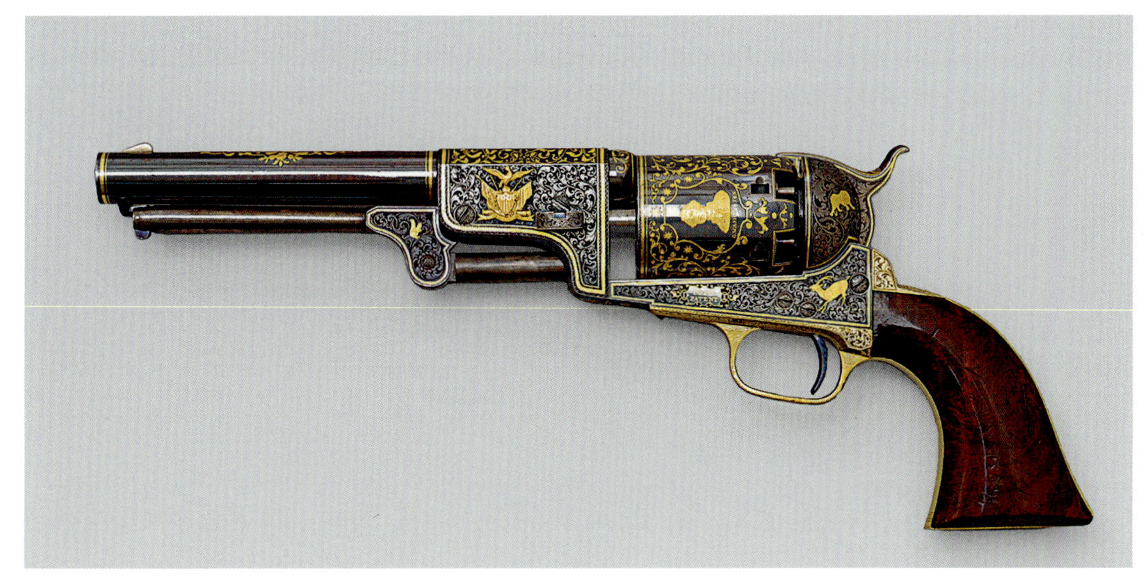

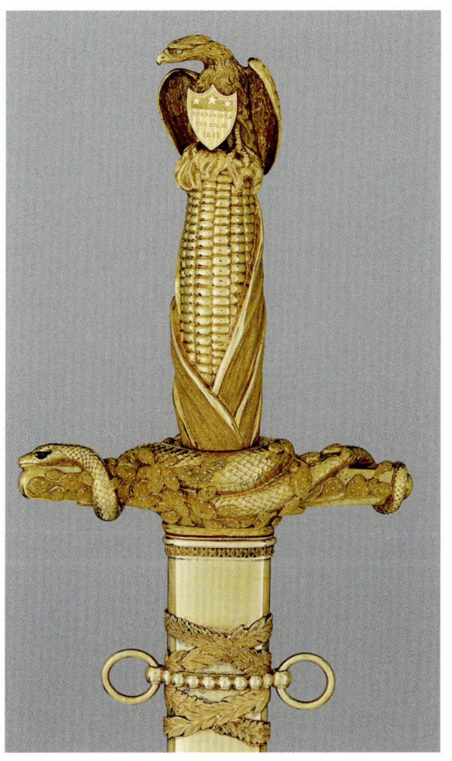

سيف اللواء جون إ. وول الذي أهداه له الكونغرس تكريمًا له (تفاصيل)

الولايات المتحدة الأمريكية، على الأرجح بالتيمور، 1854م
فولاذ وذهب ونحاس وألماس وياقوت. الطول: 99.6 سم
اقتناء، هبات آرثر أوكس سالزبيرغر والسيد والسيدة روبرت أ. غولت، 2009م (2009.8a–c)

حُفظ هذا السيف على هيئته الأصلية تقريبًا، ويُعَدّ من أكثر السيوف أصالة وأجودها صنعة من بين السيوف الأمريكية المُصنّعة على الإطلاق. أهداه الكونغرس الأمريكي يوم 23 يناير 1854م إلى الجنوال وول تقديرًا لبسالته في معركة بوينا فيستا إبان حرب المكسيك ما بين 1846–1848م. وعلى عكس جلّ السيوف التشريفية الأمريكية التي كانت مُصنّعة وفق النماذج الأوروبية أو الكلاسيكية، فإنّ سيف وول أمريكيّ بالتأكيد في صياغته وأيقنته. ويعود العُرف المتمثل في إهداء السيوف لضبّاط الجيش تقديرًا لخدماتهم المتميّزة إلى زمن الثورة الأمريكية.

الآلات الموسيقية

إنّه القسم الوحيد في متحف المتروبوليتان للفنون الذي يعرض قِطَعًا صُنعت في الأصل لتُخاطب الأذن بقدر ما تُخاطب العين، ويحتوي قسم الآلات الموسيقية على زهاء خمسة آلاف قطعة من ستّ قارات ومن جزر المحيط الهادئ يمتدّ تاريخها من سنة 300 ق.م. إلى عصرنا الحاضر. تأسست المجموعة سنة 1889م وهي لا مثيل لها في شموليّتها إذ تُصوّر تطوّر الآلات الموسيقية من كل الثقافات وكل العصور. اختيرت الآلات بناءً على أهمّيتها التقنية والاجتماعية وعلى جمالها الصوتي والبصري كذلك، ويمكن تأويلها كتحف فنية وأثر إثنوغرافي ووثائق عن تاريخ الموسيقى والأداء. وتنقسم أنواع الآلات الأساسية إلى آلاف النفخ التي تُصدر صوتًا عبر تموج الهواء، والآلات الوترية عبر تردد الأوتار، والآلات الإيقاعية عبر اهتزاز غشاء مُمدَّد، والآلات "ذاتية الصوت" المُصنَّعة من مواد صوتية بطبيعتها لا تحتاج لضغط إضافي لإنتاج الصوت. وتُشكّل الآلات الإلكترونية نوعًا خامسًا يُولّد الصوت إلكترونيًا أو بوسائل التضخيم. وعلى الرغم من أنّ نقطة القوة في القسم تتمثّل في طبيعته الموسوعية، فإنّ الآلات التي تكتسي أهمية خاصة تشمل آلات الناي من سلالة مينغ، وآلات عصرَي النهضة والباروك، وآلات كمان ستراديفاروس، وأوّل بيانو صنعه برطولوميو كريستوفوري سنة 1720م، وطبلات جورج الثالث الفضية، وآلات القيثار والطبول الإفريقية، وآلات القيثارة التي كانت ملكًا للعازف الموهوب الإسباني أندريس سيغوفيا.

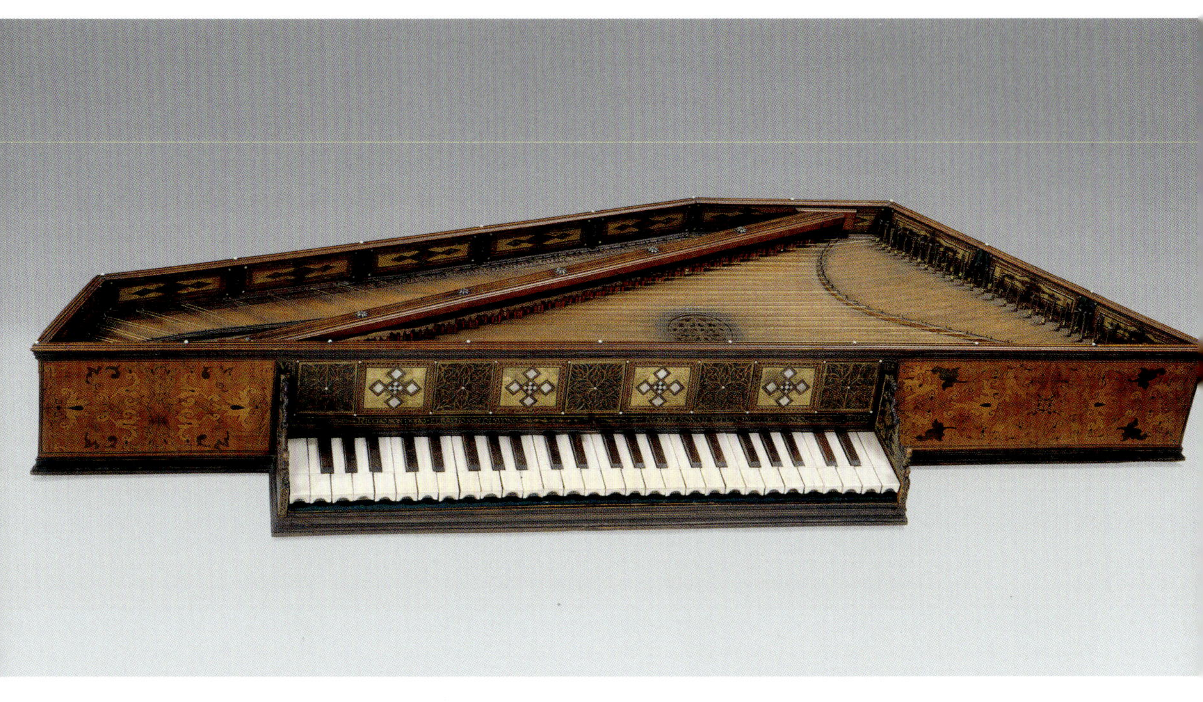

بيانو صغير خماسي الأضلاع

إيطاليا، البندقية، 1540م
خشب ومواد مختلفة أخرى. الطول: 145.5 سم
اقتناء، وصية جوزيف بوليتزر، 1953م (53.6a, b)

صُنع هذا البيانو الصغير لدوقة أوربينو، إلينا دلّي روفيري، ويزدان بزخرف مُعقّد من التصديف على الطريقة الإيطالية والطلاء والنقش والتطعيم. وتُزيّن الشخصياتُ الأسطورية رفوفَ لوحة المفاتيح، وتُحيط الدلافين المُطعَّمة باللوحة نفسها والأرجح أنها من إنجاز حرفيّ ألماني. وتمتدّ زخرفة تشجيرية متناظرة فوق لوحة المفاتيح وثقب الصوت وهي تتّسم بأسلوب رقيق من التصميم القوطي. ويرد فوق لوحة المفاتيح شعار على شكل مقولة يمكن ترجمتها كما يلي: "أنا ثريّ بالذهب وغنيّ بالنغمة وإذا كنت تفتقد إلى الطيبة اتركني وشأني". يُعدّ هذا البيانو الصغير من أقدم آلات العزف على لوحة المفاتيح، ويستخدم ريشات الغراب للنقر على الأوتار النحاسية ليُصدر نغمة شبيهة بنغمة العود.

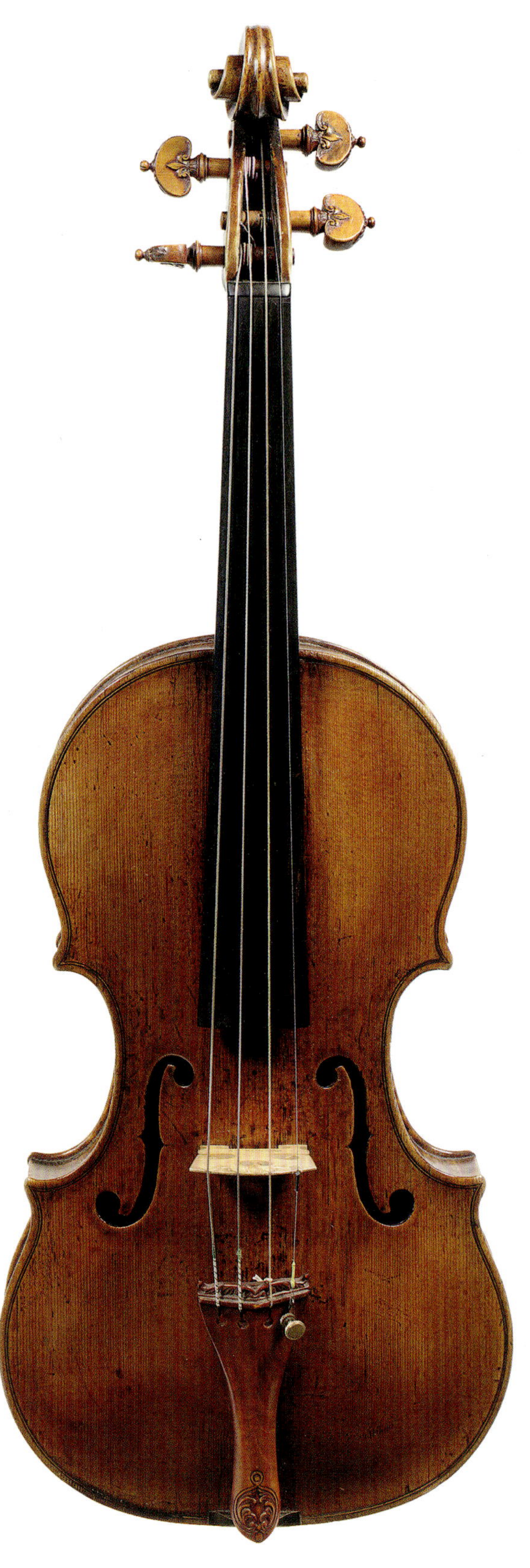

أندريا أماتي

إيطالي، حوالي 1505م – حوالي 1578م

كمان

خشب القيقب والتنوب ومواد مختلفة أخرى. الطول: 57.4 سم
اقتناء، وصية روبرت ألونزو ليهمان، 1999م (1999.26)

كان أندريا أماتي من أوائل صنّاع الأدوات الوترية في مدينة كريمونا الإيطالية، ويُسند إليه الفضل في صياغة الشكل الأنيق لآلة الكمان ووضع المعايير التي ميّزت أعمال لاحقيه بما فيهم ابنَيه وحفيده نيكولو أماتي وأنطونيو ستراديفاري. يُعدّ هذا الكمان من أقدم هذه الآلات، ويزدان بزنبقة آل فالوا التي يفيد شعارها باللاتينية أنّ "الدين هو الحصن الوحيد اليوم وعلى الدوام" وبشعار النبالة الذي يشير بوضوح إلى فيليب الثاني ملك إسبانيا. يُرجّح أنّ هذا الكمان كان جزءًا من هدية قدّمها كلّ من كاترين دي ميديتشي وهنري الثاني ملك فرنسا بمناسبة زواج ابنتهما إليزابيت دو فالوا بفيليب الثاني سنة 1559م، ويحتفي الكمان بهذا القران الذي سعى لتوطيد السلام بين فرنسا وإسبانيا.

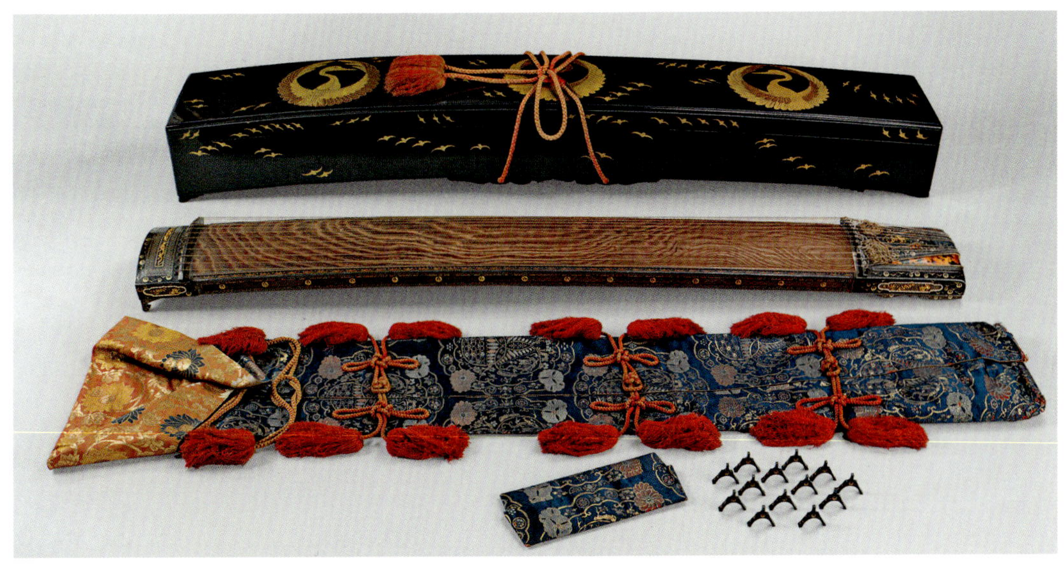

ورشة

غوتو تايجو

اليابان، 1440–1512م

الأجزاء المعدنية من إنجاز

غوتو تايجو

اليابان، 1603–1673م

آلة كوتو، بدايات القرن السابع عشر م.

أخشاب مختلفة، عاج، تطعيم بقوقعة السلحفاة، تطعيم بالذهب والفضة، أجزاء معدنية

المقاسات: 189.5x24.2x13 سم

اقتناء، هبات أماتي، 2007م (2007.194a-f)

هذا الكوتو نوع من آلات القانون، وهو يُمثّل براعة عالية في مجال الفنون الزخرفية والموسيقية اليابانية.

وتأسست القواعد الرئيسية لموسيقى الكوتو اليابانية خلال القرن السابع عشر الميلادي رغم وجود أعراف عريقة قبل ذلك العصر. وتُوثّق هذه الآلة هذا التطوّر الموسيقيّ المهم بتطعيمها الفاخر زخرفها البديع الذي أنجزه تايجو، أستاذ الجيل التاسع وربما الأكثر مهارة من بين أفراد عائلة غوتو من فناني القطع المعدنية. كما يعكس الكوتو المركز الاجتماعي لمالكه (عشيرة كراسومارو القوية) والدور الذي أدّاه الكوتو نفسه كرمز لليابان. يعود الصندوق المدروس بدقة والمطلي باللكّ إلى بدايات القرن التاسع عشر الميلادي، وقد زُخرف بجماجم ذهبية (شعار عائلة كراسومارو) وبإوز.

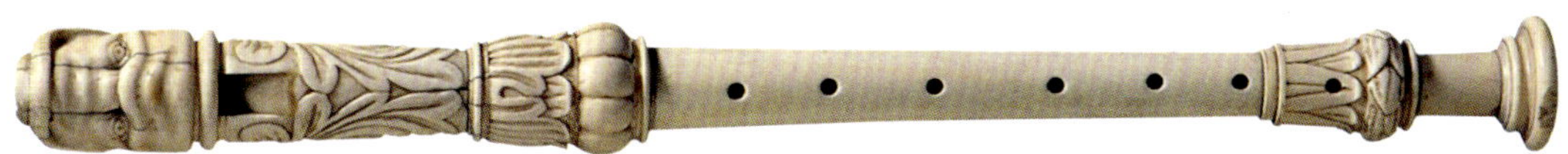

يوهان بينديكت غاهم

ألماني، نشط ما بين 1698–1711م

ناي ألتو بفوهة على الدرجة السادسة

عاج، الطول: 48.6 سم

مجموعة كروسبي براون للآلات الموسيقية، 1889م (89.4.909)

قُبل يوهان بينديكت غاهم في مرتبة الأستاذ في نقابة الخرّاطين لمدينة نورنبرغ سنة 1698م. تخصص في صناعة الآلات الموسيقية وشغّل ورشة إلى حد وفاته سنة 1711م. وتبقّى من أعماله زهاء ستة عشر مزمارًا وبعض النايات العاجية أو الخشبية. وتظهر على بعض ناياته مثل هذا زخارف منقوشة بورقات الأقنث والقناع، وهو رمز يرتبط بمدينة نورنبرغ يظهر كذلك على آلات موسيقية أنجزها حرفيون آخرون على غرار صانع آلات النفخ الخشبية الشهير يوهان فيلهلم أوبرلاندر الأكبر. وقد أصبح ناي الألتو على الدرجة السادسة الآلة المفضلة من بين النايات بعد سنة 1700م. واستُخدم عاج ناب الفيل لأزمان طويلة لصنع الآلات القيمة، وهي مادة يسهل تكييفها رغم كونها مجلوبة من مناطق أخرى.

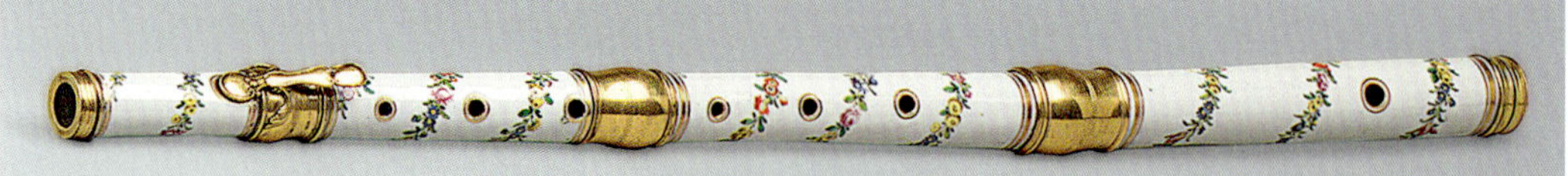

آلة نفخ (فلوت)

ألمانيا، سكسونيا، 1760–1790م
خزف ومعدن. الطول: 62.6 سم
هبة ر. طمسون ويلسون، لذكرى فلورانس إلسوورث ويلسون، 1943م (43.34a-g)

في سنة 1708م، أعاد يوهان فريدريتش بوتغر اكتشاف طريقة كانت معروفة في الصين لصناعة عجين الخزف الصلب كانت وراء ظهور صناعة فاخرة جديدة. غير أنّ الآلات الموسيقية الخزفية طرحت مشكلات عظيمة بسبب الانكماش الكبير الذي ينتج عن تجفيف الخزف وخَبزه. وتعيّن تجهيز قوالب كبيرة لضمان المقاسات النهائية الدقيقة. من السهل ضبط آلات النفخ الخشبية ودوزنة صوتها بواسطة الثقب، غير أنّ الخزف يُنتج إشكاليات لاحقة في الصنع. بعد خَبز القطع الخزفية لهذه الآلة، يُكمل الصائغي العملَ المعدني ويُصنّع الوصلات والمقابض والغطاء والمفتاح. كانت آلات النفخ (الفلوت والمصلصلة) الخزفية نادرة، لكن آلات الأُكرينة كانت أكثر انتشارًا. ولم تكن آلات النفخ مثل هذه معروفة إلاّ لدى الطبقة الراقية من النبلاء.

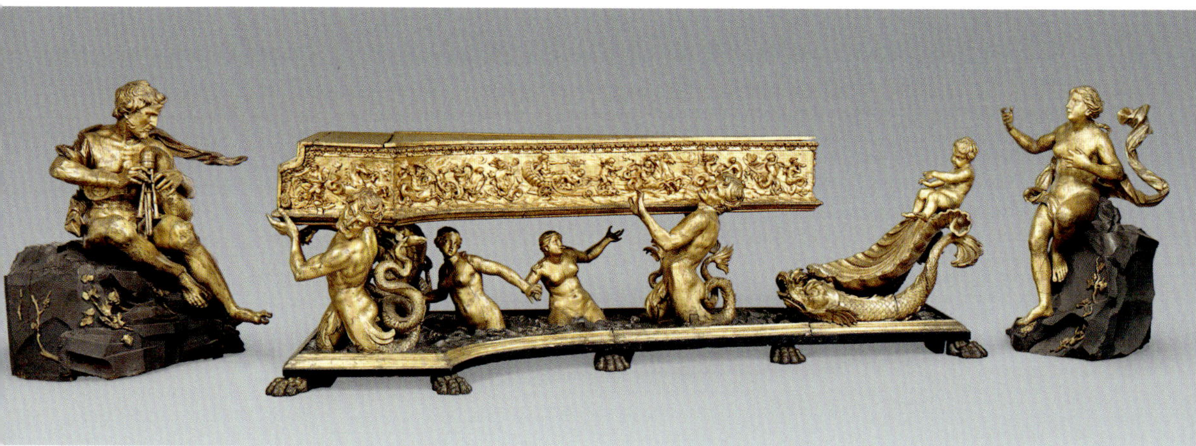

ميكالي توديني

إيطالي، جرى تعميده 1616–1689م

هاربسيكورد وتماثيل، حوالي 1670م
المقاسات: 37.5x96.5x299.7 سم
مجموعة كروسبي براون للآلات الموسيقية، 1889م (89.4.2929a-e)

يُعدّ هذا الصندوق المُذهّب من أجود نماذج الفنّ الزخرفي الروماني من الطراز الباروك، ويحتوي على آلة هاربسيكورد إيطالية مجهزة بمدى من خمسة أجوبة موسيقية، وهو ممتدّ بشكل غير مألوف. كانت الآلة في الأصل جزءًا من رواق هرمونيكا لتوديني (متحف آلات موسيقية) في روما، وهو يصفها في فهرسه لسنة 1676م. ويبدو أنّ تمثالَي بوليفيموس ينفخ في مزمار القربة وغالاتيا المندهشة كانا يُعرضان مع الهاربسيكورد أمام خلفية مسرحية. يوضع تمثال بوليفيموس على "جبل" يُخفي مزامير الأرغن التي تُحاكي صوت مزمار القربة. واللافت أنّ براعة توديني تطوّرت في البيئة الموسيقية ذاتها التي قادت إلى اختراع آلة البيانو سنة 1700م.

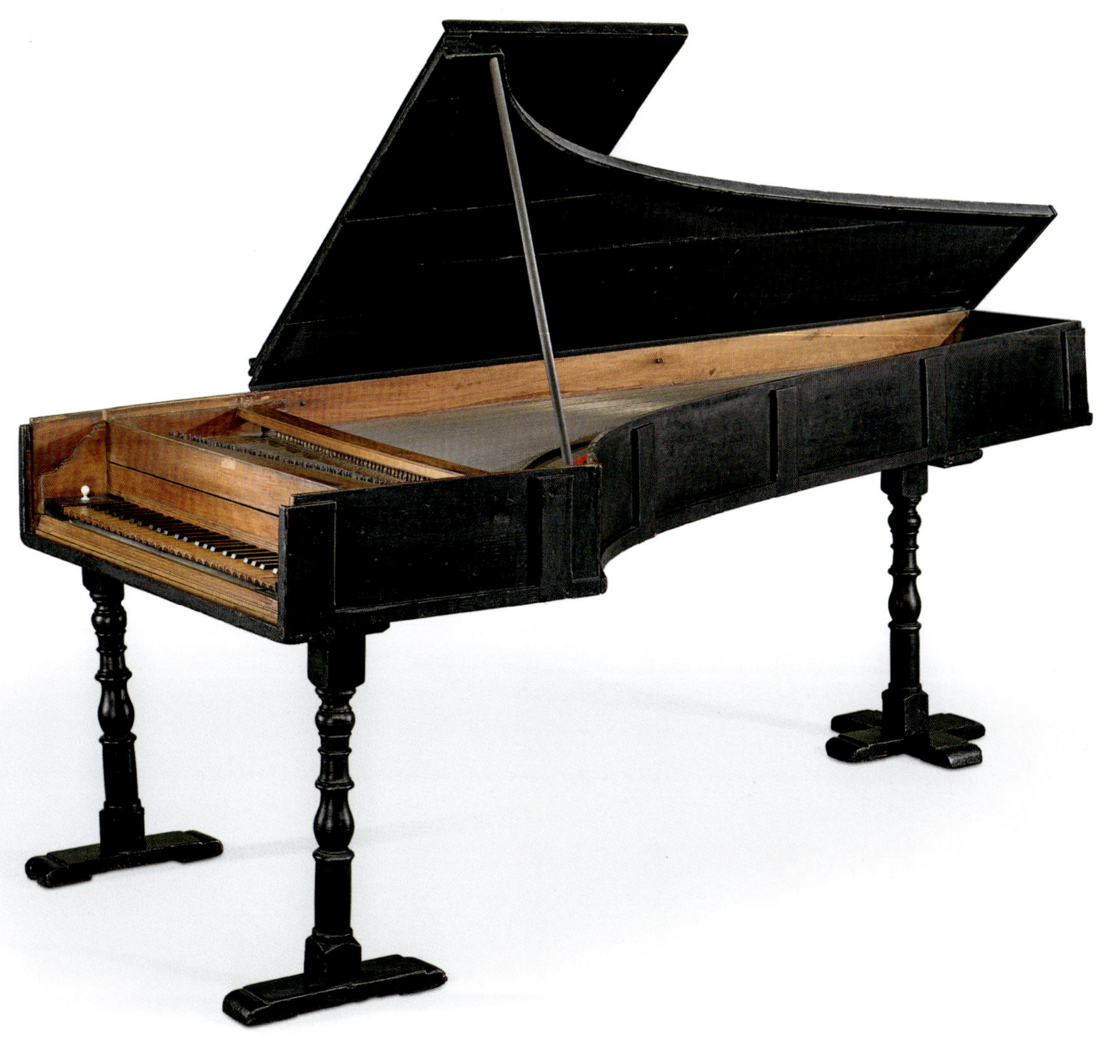

برطولوميو كريستوفوري

إيطالي، 1655–1731م

آلة بيانو، 1720م

خشب السرو وخشب البقش ونحاس ومواد مختلفة أخرى

الطول: 228.6 سم

مجموعة كروسبي براون للآلات الموسيقية، 1889م (89.4.1219)

هذا البيانو أقدم آلة بيانو موجودة من بين الثلاث المُصنّعة في ورشة برطولوميو كريستوفوري الذي اخترع البيانو في بلاط حكام ميديتشي في فلورنسا الإيطالية حوالي 1700م. والنموذج التي يمتلكه المتحف مؤرّخ في سنة 1720م وما زال في حالة تسمح بالعزف عليه. تستبق آليته المعقدة آلية البيانو الحديث غير أنّ لوحة مفاتيحه أقل طولاً ولا توجد فيه دواسات لإنتاج التباين بين النغمات. وبدلاً من ذلك يشمل النطاق ثلاث طبقات منفصلة: جهير دافئ وثري، وجواب متوسط أكثر توكيدًا، وندى عالي لا يسترسل كثيرًا. كانت الغاية من اختراع كريستوفورو استخدام البيانو كآلة مرافقة، وأطلق عليها بالإيطالية "غرافيتشنبالو كول بيانو إي فورتي"، أي هاربسيكورد بالرقيق والقوي مشيرًا إلى المرونة الدينامية المستحدثة لهذه الآلة.

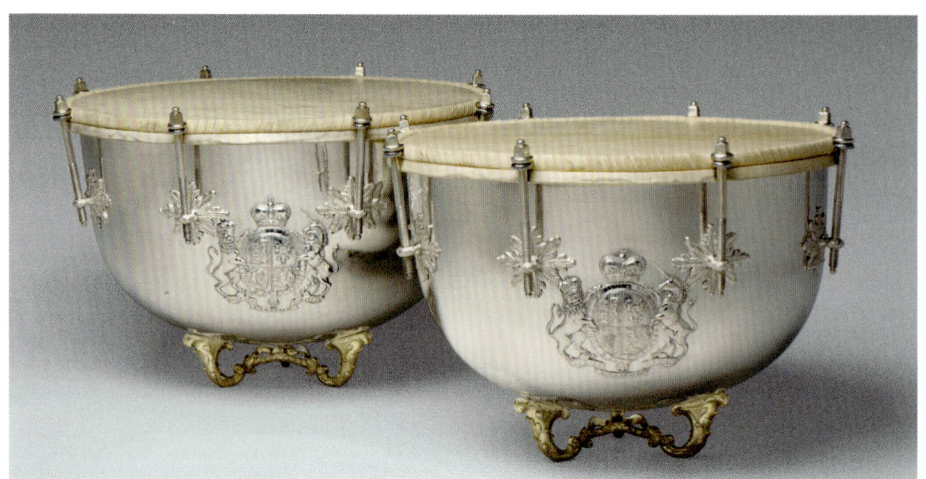

فرانز بيتر بونسن
ألماني، أستاذ 1754–1795م

زوج طبلات، 1779م
فضة، حديد، جلد عجل، أنسجة
الارتفاع: 41 سم، القطر: 53 سم، الوزن: 24 كغ
اقتناء، وصية روبرت ألونزو ليهمان، أرصدة اقتناء، وصية فريدريك م. ليهمان، 2010م (2000.138.1.4–)

صُنع هذا الزوج الرائع من الطبلات الفضية في هانوفر لحساب فرقة حرس الحماية الشخصية لجورج الثالث ملك بريطانيا العظمى وأيرلندا وحاكم هانوفر التي تحمل شعاره. ومن القرن السابع عشر إلى القرن التاسع عشر الميلاديَّين كانت هذه الطبلات الاحتفالية تُقرع من على صهوة الحصان ويرافقها النافخون في الأبواق الذين يفتتحون الموكب الملكي. ولم يتبقَّ منها إلا عدد من الأزواج لا يفوق أصابع اليد الواحدة إذ جرى إذابة العديد منها لاستخراج المعدن الثمين. وهذا الزوج أقدم وحدة من بين أربعة أزواج صُنعت للملوك البريطانيين من عائلة هانوفر (1714–1901م). وقد نجت كذلك الرايات الأصلية قرمزية اللون التي كان تُلفّ حول الجزء السفلي للطبلة خلال الاستخدام.

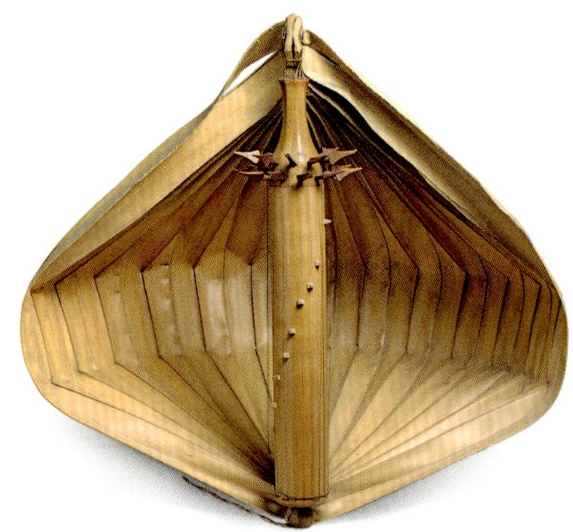

سيساندو (آلة زيتار)
أندونيسيا، تيمور، أواخر القرن التاسع عشر م.
سعف النخيل، خيزران، أسلاك. الارتفاع: 57 سم
مجموعة كروسبي براون للآلات الموسيقية، 1889م (89.4.1489)

يبرز السيساندو كإحدى الآلات الوترية الأكثر روعة في أقيانوسيا، وهو آلة سيتار خيزراني أنبوبي مصنوع من سعفة نخلة محلية. عُثر على هذه الآلة في جزيرة تيمور، والأرجح أنها من صُنع فرد من شعب روتي المحلّي، الذي تعود أصوله لجزيرة روتي المحاذية. ويُعتقد أنّ موسيقى سيساندو لديها قوى خارقة للعادة. يستخدم العازف يده اليمنى للعزف على أوتار الجهير بينما يعزف باليسرى أوتار الندى. ويجري تعديل النغمة بجسور متحركة وملاوي تضبط الدرجة الصحيحة. ويُستخدم السيساندو في غالب الأحيان لتُرافق نغماته الأغاني التي تصف العالم كقدر محتوم والحياة كلحظة عابرة.

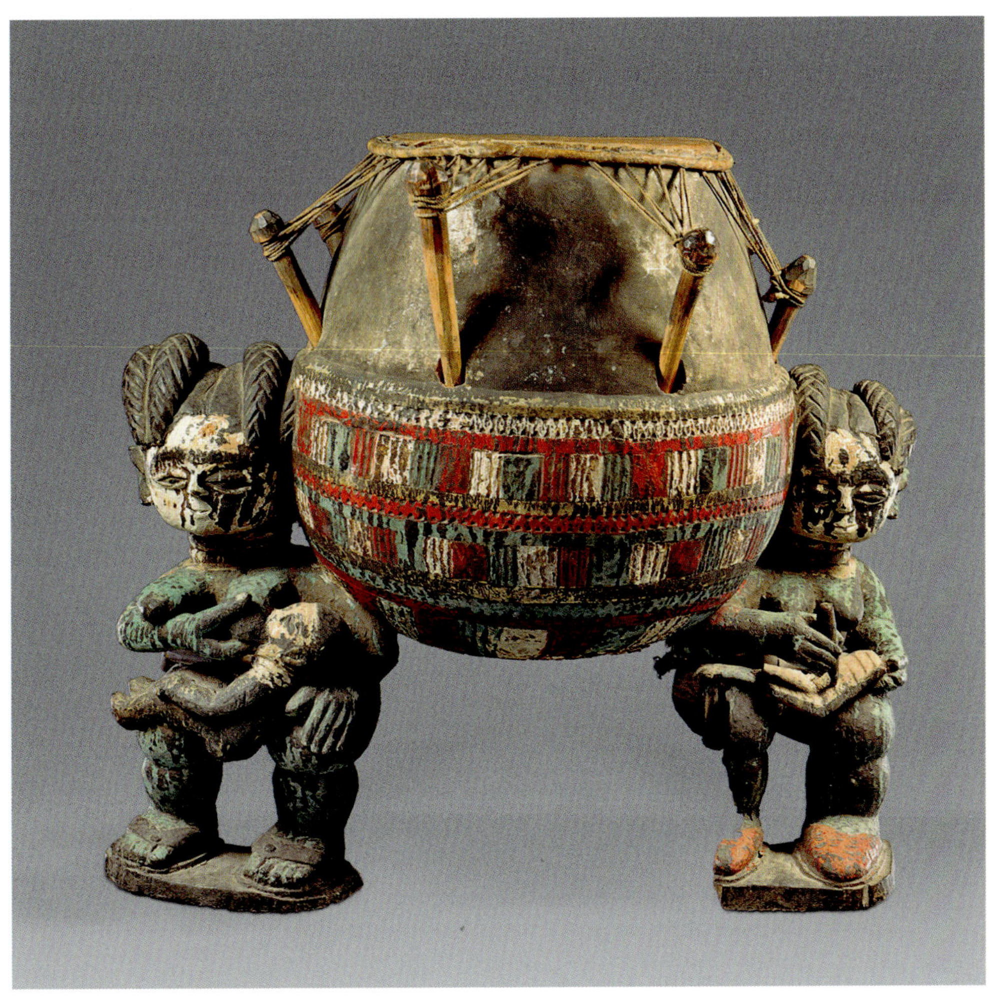

طبل بدعامتَين على شكل امرأتَين

غانا، منطقة أسانتي التقليدية، شعوب أكان
بدايات القرن العشرين م.
خشب، خضاب. العرض: 53.4 سم
هبة رايموند إ. بريت الأكبر، 1977م (1977.454.17)

كان الطبل الرئيسي مثل هذا الطبل الذي يُشبه في شكله شكل القدر يشكّل مركز الجذب الموسيقي والبصري للمجموعات الموسيقية العامية التي كانت تؤدّي نمطًا تقليديًا من التسلية الشعبية لدى شعوب أكا في جنوب غانا. وكانت هذه المجموعات تنظر إلى الطبول على أنّها عائلة يكون الطبل الرئيسي فيها الأم، مما يُبرز أهمية نظام النسب التقليدي المعتمد على الأم. وتُمثّل المرأتان الداعمتان للطبل أنوثة آلة الطبل كما يراها شعوب أكان، كما تشير الأم التي تُرضع ابنها إلى الخصوبة الأنثوية وإلى أهمية نسب الأم في ثقافة أكان. وتعكس المرأة التي تخط في الكتاب اهتمام هذه الشعوب بالتعليم. وتُقدّم كل هذه الموتيفات نماذج عن الأيقنة العائلية والاجتماعية والسياسية المألوفة في الطبول الرئيسية.

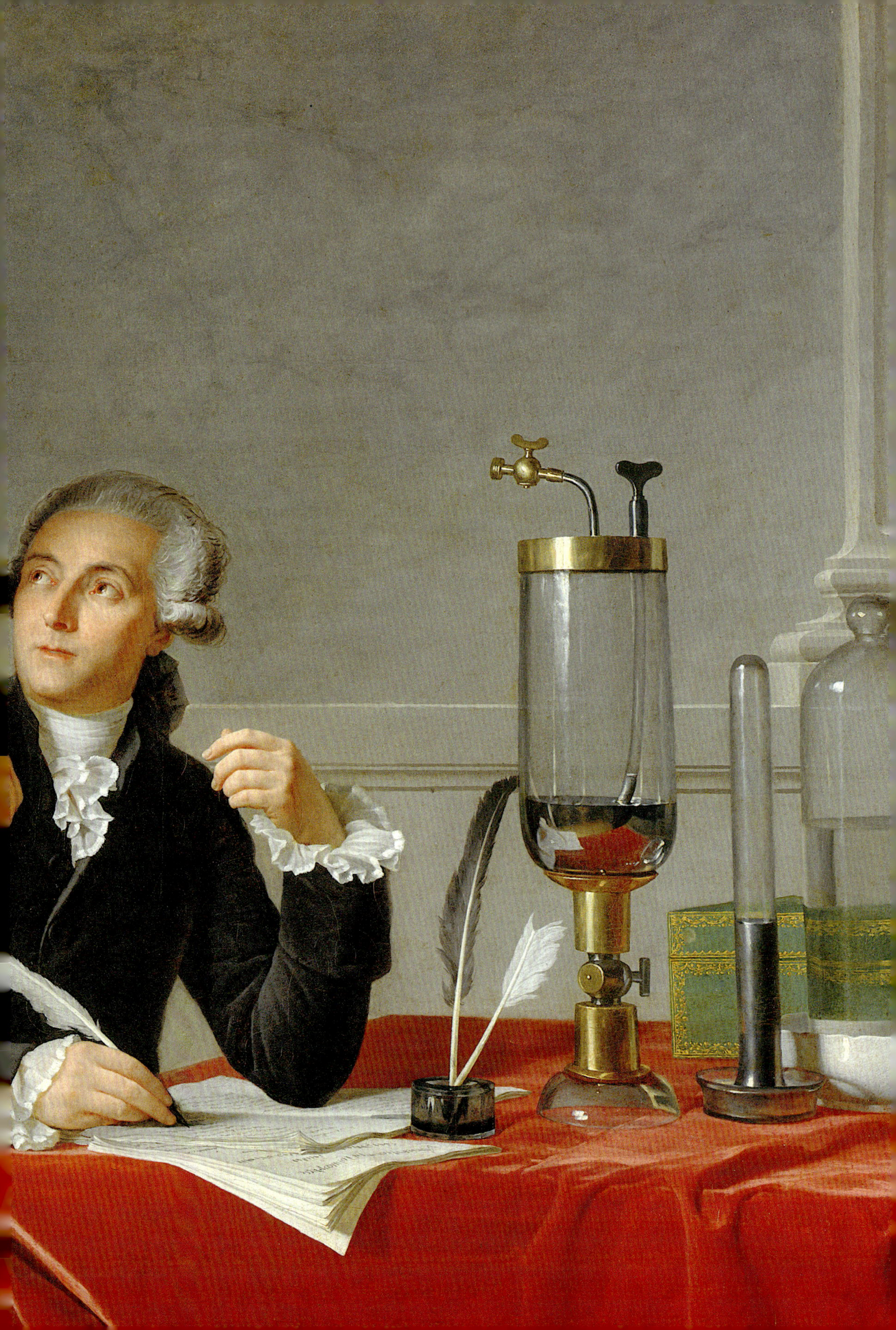

أوروبا

فنّ العصر الوسيط

اقتنى المتحف أول قطعة تعود للعصر الوسيط في سنة 1873م، غير أنّ النواة الصلبة للمجموعة في المبنى الرئيسي لم تتشكّل قبل سنة 1917م عندما وهب ابن المصرفي جامع التحف ج. بياربونت مورغان زهاء ألفَي قطعة كانت ملكًا لوالده. وتُعدّ المجموعة اليوم من أكثر المجموعات شمولية في العالم وتشمل فنون منطقة البحر المتوسط وأوروبا منذ تأسيس روما الجديدة (القسطنطينية) في القرن الرابع الميلادي إلى فجر عصر النهضة في بدايات القرن السادس عشر الميلادي. ونجد أمثلة عديدة للأعمال القادمة من العالم البيزنطي في أواخر العصر القديم وبدايات العصر البيزنطي. كما تبرز الإنجازات الفنية لأوروبا الغربية في العصر نفسه من خلال تشكيلة واسعة من فنون العصر الوسيط المبكّر تشمل حليّ شعوب الأنكلوسكسون والفرنجة والفيزيغوط من بين الشعوب الأخرى. وقد أثرت ممتلكات المتحف الغنية بفنون الغرب اليوناني من سنة 800 إلى سنة 1500م بأيقونات وغيرها من قطع الأثاث الكنائسي التي تشمل كتاب الفصول من كنيسة آيا صوفيا في إسطنبول الحديثة. كما شهدت الحقبة ذاتها بروز الكنيسة اللاتينية بوصفها أهم عرّاب للفنون، وتشهد عدة أروقة في المتحف على الممتلكات الفاخرة للأديرة والكنائس الغربية. ويذكّرنا الزجاج الملوّن من المعالم الرئيسية مثل الأبرشية الملكية لسان دينيس خارج باريس وكنيسة نوترو دام دو باري وكاتدرائية أميانس بالعصر الذهبي لتشييد الكنائس. وإضافة إلى ذلك هناك أعمال أخرى من الحقبة القوطية تشمل المستلزمات الفاخرة للموائد وعارضة دوّارة للنجوم تذكّرنا بمجتمعات البلاط لطبقة النبلاء في أواخر العصر الوسيط.

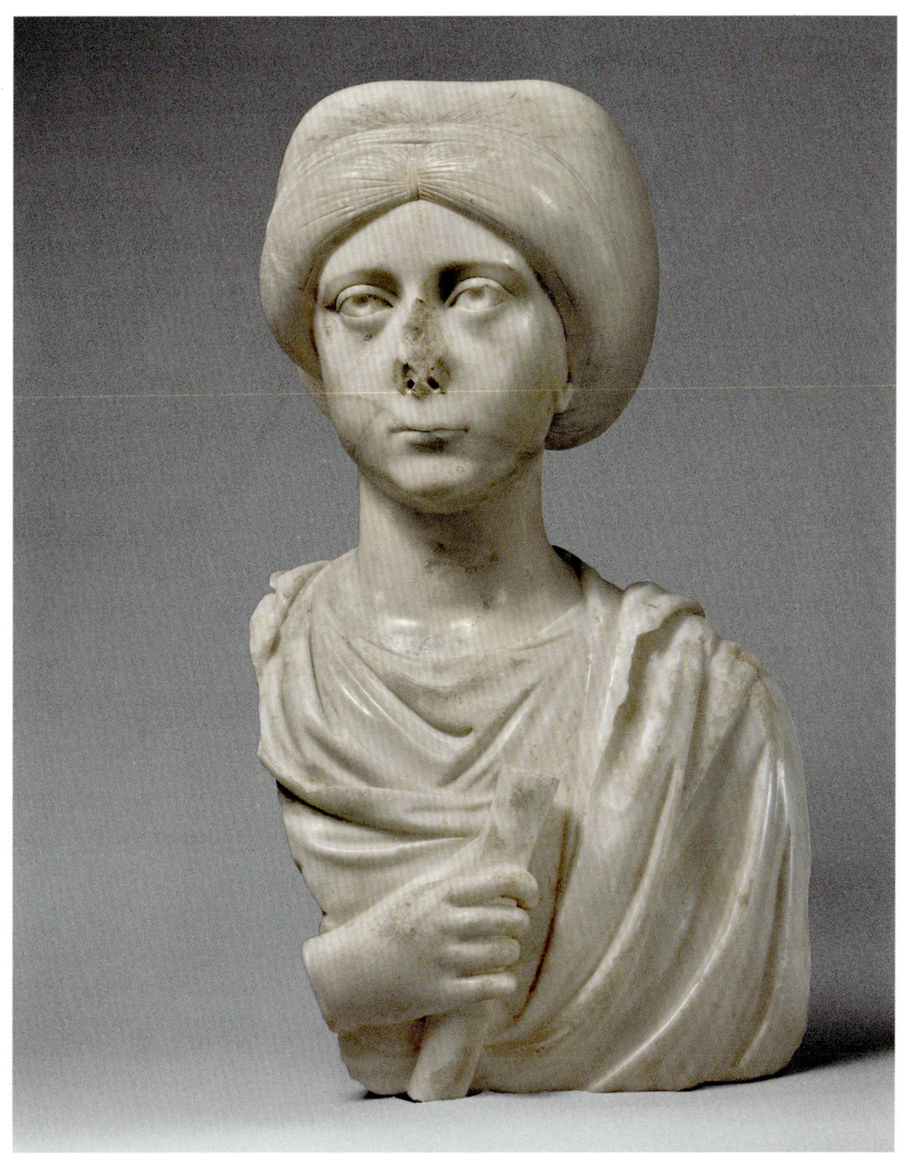

تمثال نصفي لامرأة تمسك لفيفة طومار

بيرنطي، على الأرجح القسطنطينية
أواخر القرن الرابع – بدايات القرن الخامس م.
رخام، المقاسات: 22.2x27.5x53 سم
مجموعة الأديرة، 1966م (66.25)

يعرض هذا التمثال النصفي المنحوت بحساسية مرهفة صورة امرأة ناضجة بتعابير رصينة ونظرة ثاقبة، وتشير اللفافة التي تمسكها بيدها اليمنى إلى تقديرها للتعليم الكلاسيكي وتضعها ضمن النخبة. ترتدي معطفًا وسترة وعلى رأسها عمامة، وهو اللباس التقليدي لامرأة من الطبقة الأرستقراطية. وانتشرت موجة هذا الصنف من العمامة في القرن الرابع الميلادي. ويُحتمل أنّ هذا التمثال النصفي كان جزءًا من عرض تذكاري كما يمكن أنّه استُخدم في بيئة منزلية.

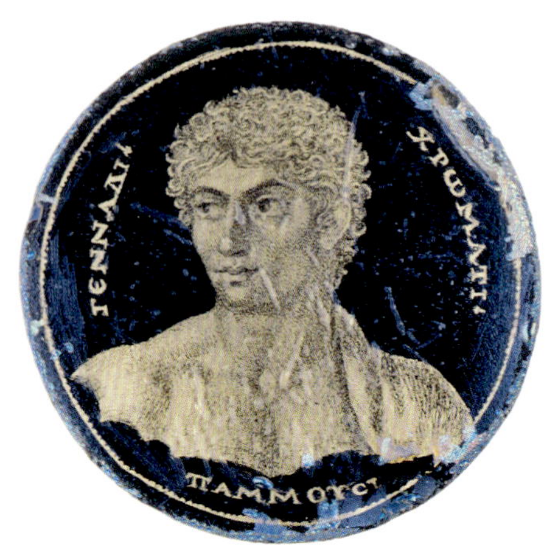

رصيعة عليها صورة جيناديوس

رومانية، على الأرجح الإسكندرية، حوالي 250–300 م
زجاج ذهبي. المقاسات: 0.6x4.1 سم
رصيد فليتشر، 1926م (26.258)

هذه الصورة الحية والرقيقة لشاب مثقف من مدينة الإسكندرية، الميناء الضخم، أُنجزت بالذهب المُرصّع داخل زجاج داكن الزرقة. صُنعت هذه الرصيعة لتُركَّب وتُلبس على هيئة حلية متدلية، والأرجح أنها تحتفي بانتصار الشاب في مسابقة موسيقية كما يروي النص المكتوب باليونانية: جيناديوس صاحب الإنجازات العظيمة في الفنون الموسيقية.

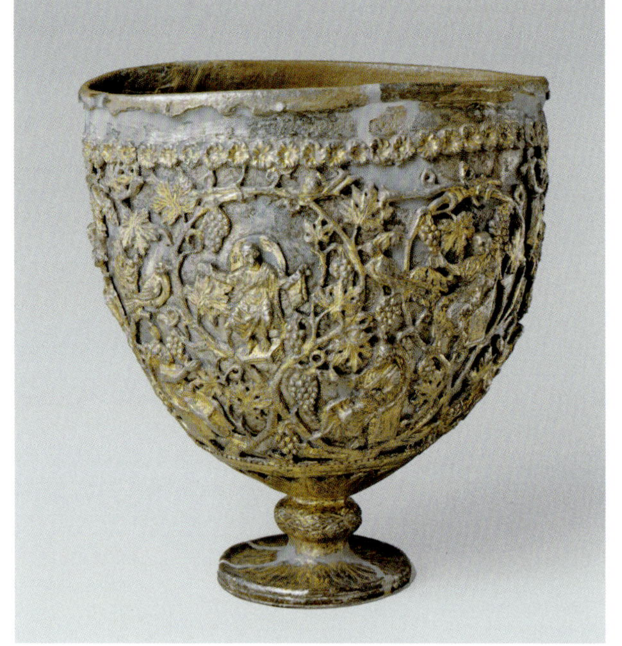

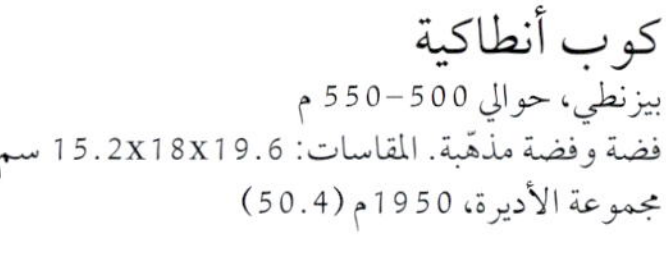

كوب أنطاكية

بيزنطي، حوالي 500–550 م
فضة وفضة مذهّبة. المقاسات: 15.2x18x19.6 سم
مجموعة الأديرة، 1950م (50.4)

عندما اكتُشفت هذه القطعة الفنية في بدايات القرن العشرين، اعتقد الكثيرون أنّ الكوب الداخلي المُصنّع من الفضة الخالصة هو الكأس المقدّسة التي استخدمها المسيح (س) أثناء العشاء الأخير. يحتوي الغطاء الخارجي المحيط بالكوب والذي يتخذ شكل لفيفة الدالية المأهولة على صورتَين للمسيح طفلاً على العرش، وهو يمسك في جانب بلفيفة طومار ترمز إلى "كلمته" بينما يجلس في الجانب الآخر قرب خروف وفوق نسر فاتح جناحَيه ليرمز إلى دوره كمنقذ للبشرية حسب المعتقدات المسيحية.

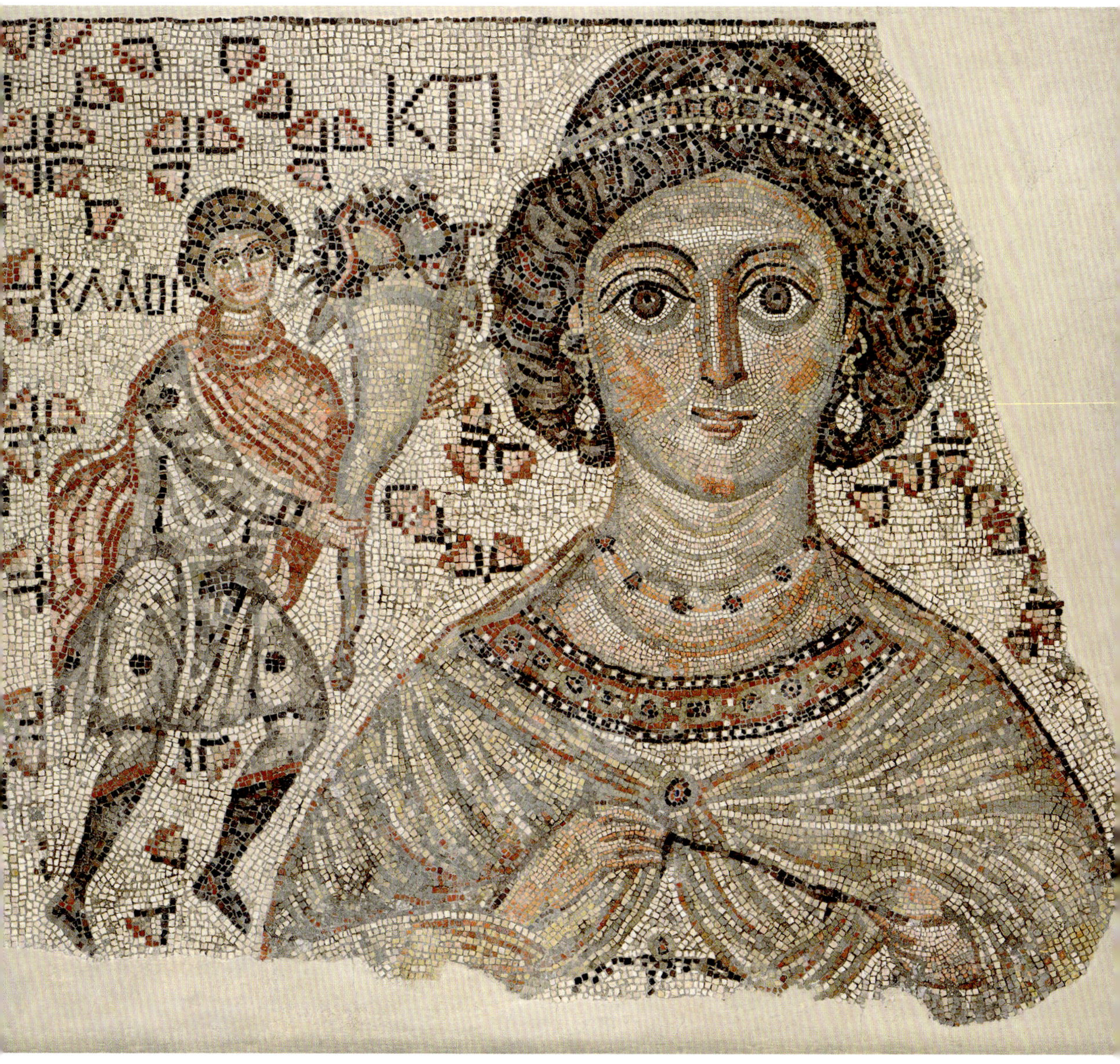

جزء من فسيفساء أرضية عليها تشخيص كتيزيس

بيزنطي، حوالي 500–550 م، ترميم حديث
رخام، زجاج. المقاسات: 2.5x199.7x151.1 سم
رصيد هاريس بريسباين ديك ورصيد فليتشر، 1998م (1998.69)؛ اقتناء، هبة ليلى أشيزون والاس، رصيد دودج، رصيد رودجرز، 1999م (1999.99)

في كثير من الأحيان كانت المفاهيم التجريدية تُشخَّص في الفنون الرومانية في العصر المتأخر وفي الفنون البيزنطية. ونشاهد على هذه اللوحة الفسيفسائية امرأة مُزيّنة بالجواهر وتحمل أداة قياس القدم الروماني عُرفت بفضل النص اليوناني المُرمّم على أنّها كتيزيس التي تُشخّص السخاء أو المؤسسة الخيرية. وتظهر بجانب رأس الرجل الذي يحمل قرن الخصب – وكان في الأصل له رديف في الجانب الآخر من كتيزيس – كلمة "طيب" باليونانية وتُشكّل نصف النص الأصلي الذي كان على الأرجح "أمنيات طيبة". وهذا الجزء المُصنّع من مكعبات الرخام والزجاج (قطع صغيرة ملونة) يُمثّل تقاليد الفسيفساء البديعة التي أُنتجت في العالم البيزنطي على امتداد القرن السادس الميلادي.

أدناه

دورق زجاجي عليه زينة على شكل مخالب

إفرنجي، عُثر عليه في بيلنبارغ-فوهرينغن جنوب ألمانيا
القرن الخامس - القرن السادس الميلاديين
زجاج. المقاسات: 10.8x18.7 سم
هبة هنري ج. مركاند، 1881م (81.10.189)

تتّسم جلّ الأواني الزجاجية الإفرنجية بأشكالها البسيطة وتلوينها المحدود وهي مزخرفة في العادة بالزجاج المُتجرّر. ومن أكثر التصاميم المستحدثة تعقيدًا يبرز الدورق المزدان بمخالب، أي المُزخرف - كما يوحي اسمه - بزينة على شكل مخالب ناتئة. لم يتبقّ إلاّ عدد محدود من هذه الأواني عُثر عليها في الغالب داخل أضرحة أفراد من الطبقة الأرستقراطية مؤثثة بثراء.

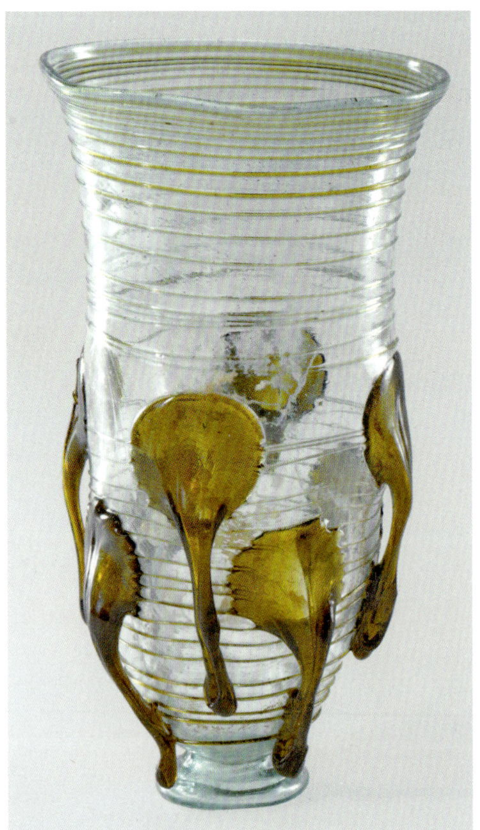

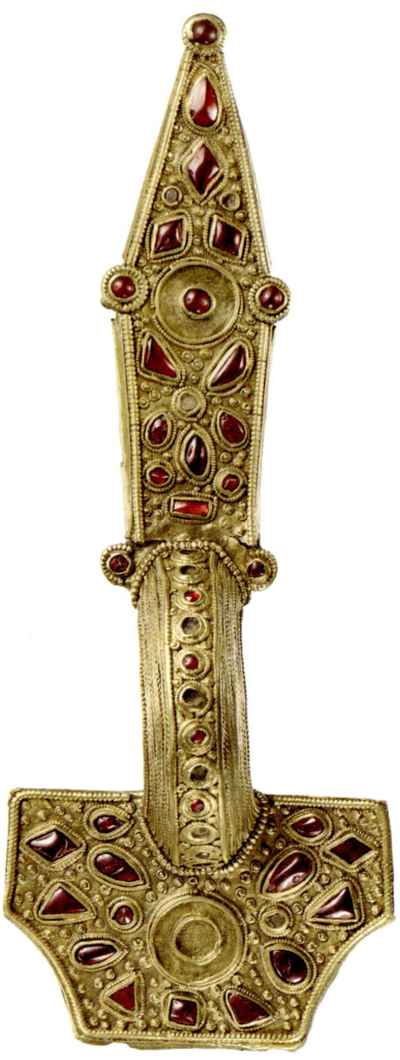

أعلاه

مِشبَك مُقوَّس

روماني من العصر المتأخر، حوالي 400-450 م
فضة مُغطاة بصفيحة ذهب ومُرصّعة بالعقيق الأحمر
المقاسات: 3.5x6.2x16.7 سم
رصيد فليتشر، 1947م (47.100.19)

يُعدّ هذا المِشبك نسخة فاخرة من المِشبكات التي تضعها نساء الجرمان اللواتي عشن على طول نهر الدانوب في القرن الرابع والقرن الخامس الميلاديَّين. وما من شك أنه كان على مِلك امرأة من الطبقة الراقية وقطعة من طاقم مجوهرات فاخر - أساور وخواتم وقلادات وحليّ متدلية - وُضع على جسمها بعد وفاتها ليشكّل طاقمًا جنائزيًا.

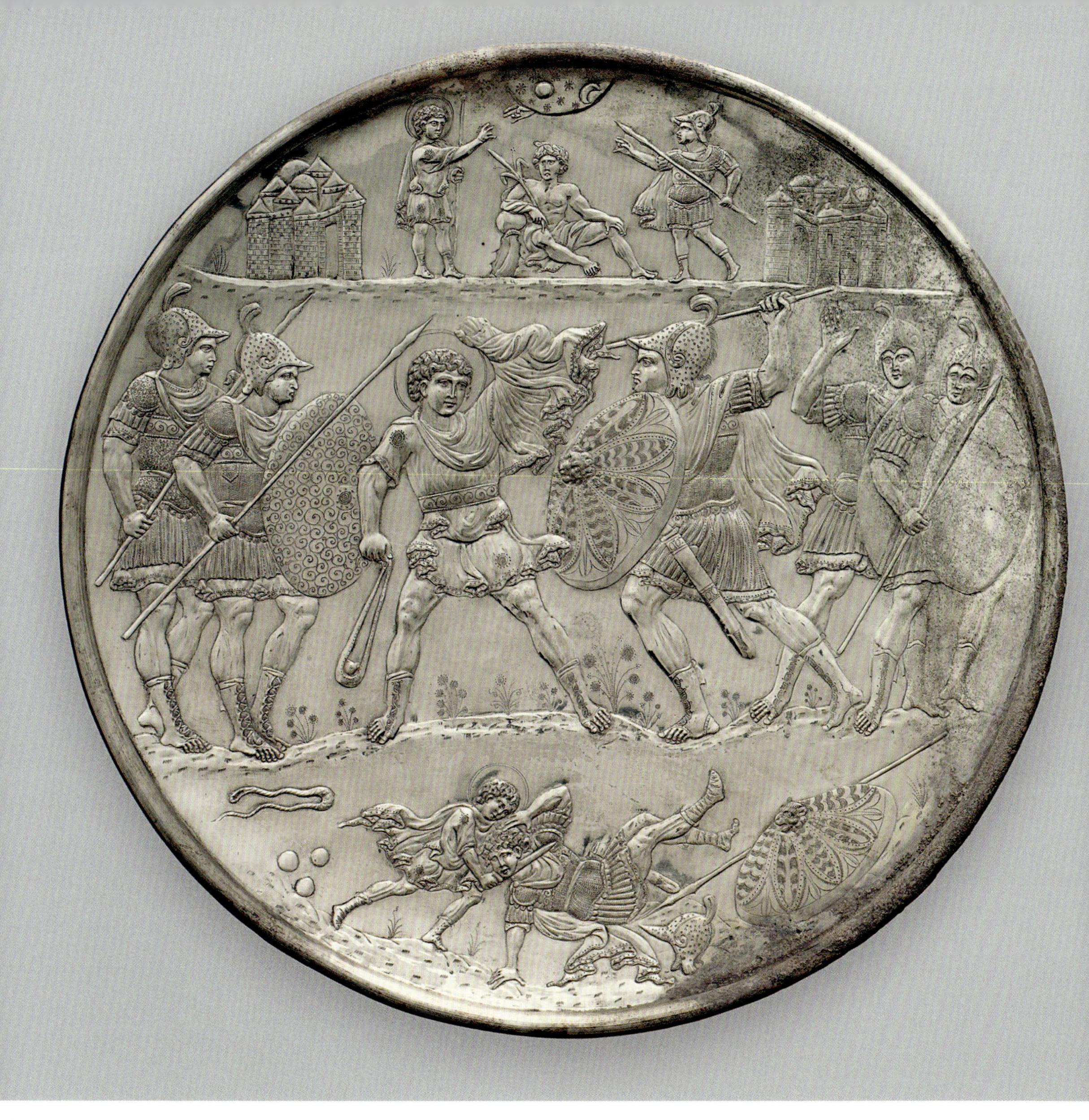

طبق يُصوّر معركة داوود (س) وجالوت
بيزنطي، القسطنطينية، حوالي 629–630 م
فضة. القطر: 49.4 سم
هبة ج. بياربونت مورغان، 1917م (17.190.396)

يتحدّى داوودُ جالوت في المشهد الوارد في الجهة العليا من الطبق. وإذ حمي وطيس المعركة بينهما يبدو داوود في وضعية الدفاع غير أنّ تقدّم رجاله وتقهقر جنود جالوت ينبئ بانتصاره. ونشاهد في المشهد السفلي داوود يقطع رأس جالوت (الكتاب المقدّس، صامويل 17: 41–51). هذا الطبق واحد من تسعة أطباق تُشكّل ما أُطلق عليه كنز قبرص تظهر عليها مشاهد ذات أسلوب كلاسيكي تروي حياة داوود. صُنعت الأطباق في القسطنطينية خلال حكم هرقليوس (610–641م) وتوجد ستة منها في متحف المتروبوليتان وثلاثة في متحف قبرص. ويمكن أن يكون موضوع الصور متّصلاً بتماهي الإمبراطور بشخصية داوود الجديد إثر انتصاره الحاسم على الفرس في 628–629م الذي آل إلى استرداد مدينة القدس.

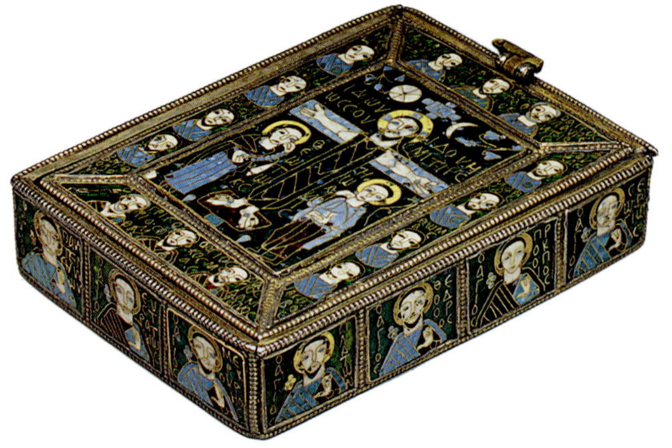

وعاء الذخيرة المقدسة للصليب الحقيقي (خزانة فياسكي مورغان)

بيزنطي، يُحتمل من القسطنطينية، حوالي 800م
مينا مصوغة، فضة مذهّبة، ذهب، نيالو
المقاسات: 7.1x10.3x2.7 سم
هبة ج. بياربونت مورغان، 1917م
(17.190.715a–b)

يظهر على غطاء هذا الوعاء المصنوع لاحتواء الذخيرة المقدسة للصليب الحقيقي مشهد صلب المسيح (س). وينتمي اللباس البنفسجي للمسيح (سترة دون أكمام) إلى الأعراف المسيحية المُبكّرة. ويُعبّر وضعه الواقف وعيناه المفتوحتان عن انتصاره على الموت بينما يظهر الحزن على العذراء (س) ويوحنّا اللاّهوتي على جانبَيه. ويحيط بمشهد الصَّلب سبعة وعشرون قدّيسًا تنتشر صورهم النصفية على كل جوانب الوعاء. ويزدان الجانب السفلي للغطاء بأربعة مشاهد تشير إلى دور المسيح المنقذ: البشارة، المهد، الصلب، القيامة (الهبوط إلى الجحيم). ويتّخذ الجانب السفلي المنقوش شكلاً يشبه الكتاب، ولعلّه بذلك يشير إلى الكتاب المقدّس الذي يحتوي على رواية الصلب.

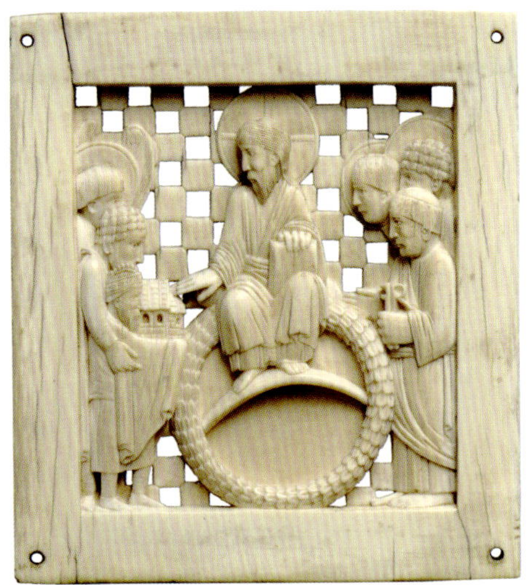

لوحة يظهر عليها المسيح يتسلّم كاتدرائية ماغديبورغ من الإمبراطور أوطو الأول

عصر الإمبراطورية الأوطونية، ميلانو على الأرجح، حوالي 962–968م
عاج (الفيل) المقاسات: 0.8x11.3x13 سم
هبة جورج بلومنطال، 1941م (41.100.157)

جرى تكريس كاتدرائية ماغديبورغ في سكسونيا (ألمانيا) سنة 962م. يظهر الإمبراطور أوطو الأول (حكم ما بين 962–973م) أصغر حجمًا من مجموعة القدّيسين وهو يُهدي نموذجًا من الكاتدرائية للمسيح (س) كي يباركها. ويقف وراء أوطو القديس ماوريسيوس وليّ الأباطرة الأوطونيين ومدينة ماغديبورغ. ويُعتقد أنّ هذه اللوحة مع ستة عشر لوحة أخرى تسرد بالصورة حياة المسيح نُقشت في إيطاليا، وكانت تُشكّل أجزاء من الأثاث – على غرار المنبر وأبواب الجوقة أو المذبح – الذي صُنع للكاتدرائية. وعلى إثر الحرائق التي شبّت سنتَي 1008م و 1049م، جرى تفكيك المجموعة واستخدام اللوحات الفردية لتغطية الذخائر المقدّسة والكتب.

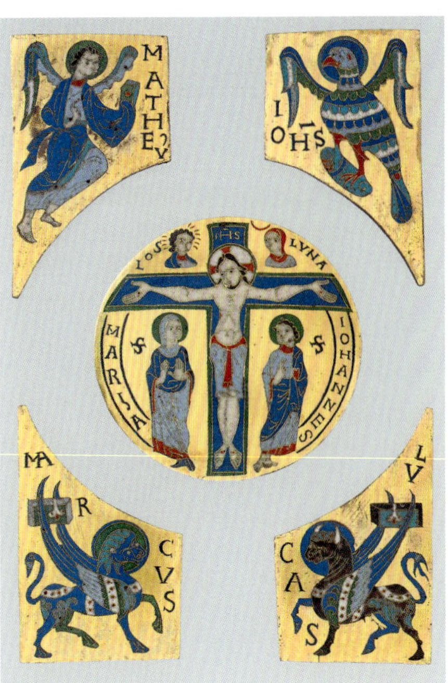

لوحات مطلية بالمينا عليها مشهد الصلب ورموز اللاهوتيين

فرنسية، كونك، حوالي 1100م
تقنية المساحة المرفوعة والمصنّعة بالأسلاك على نحاس مُذهّب
المقاسات: كل رمز لاهوتي حوالي 0.3x6.1x10.1 سم، قطر مشهد الصلب: 10.3 سم وسمكه: 0.3 سم
هبة بياربونت مورغان، 1917م (17.190.426 إلى 429)
اقتناء، هبة ميشال دافيد-فايل 2006م و رصيد الأرباح 2007م (2007.189)

كلّف رئيس الدير بيغون الثالث (حكم ما بين 1087-1107م) الحرفيين بإنجاز أعمال فنية ثمينة لديره في كونك. وتبرز هذه المجموعة بتقنيتها وأسلوبها وألوانها غير المألوفة والأرجح أنها استُخدمت لتجليد كتاب، وكانت بالتأكيد من بين الأعمال الفنية المذكورة آنفًا. ركّب الصائغي لكل قطعة طبقتَين نحاسيّتَين، واستخدم الطبقة التحتية المُصنّعة بالأسلاك لتحديد الملامح والملابس ثم خصص الطبقة الفوقية لتحديد الصور الظلية للشخصيات والصليب.

كتاب الفصول البيزنطي لعائلة جَهاريس

القسطنطينية، حوالي 1100م
تلوين حراري، ذهب، حبر على الرق
مقاسات الصحيفة 43r: 54x36 سم
اقتناء، هبة ماري ومايكل جهاريس وهبة ليلى آشيزون والاس، 2007م (2007.286)

إنّ الرسوم الأربعة للاهوتيين الذين رُسمت تفاصيلهم بعناية مرهفة وتحيط بهم من كل جانب حواشي معقدة تُذكّر بالأعمال المنجزة بالأسلاك والمطلية بالمينا تُمثّل ذروة الفن البيزنطي ما بين أواخر القرن الحادي عشر وبدايات القرن الثاني عشر الميلاديَّين. رُسم هنا اللاهوتي متّا بشعره الأبيض جالسًا قبالة سور المدينة وقد كُتب اسمه باليونانية في الجانب الأعلى. ويظهر أنّ هذا المخطوط صُنع للاستخدام في حاجيا صوفيا، الكنيسة البطريركية للإمبراطورية البيزنطية، وهو يُثبت الاهتمام البيزنطي بفن الكتاب. تشير البطاقات (كتابات في النص) أنّ العمل بقي حتى السنوات الأولى من القرن الثامن عشر الميلادي ملكًا لكرينتوس نوطاراس، بطريرك القدس وأحد أهم الأعضاء الأوائل لما أُطلق عليه التنوير اليوناني.

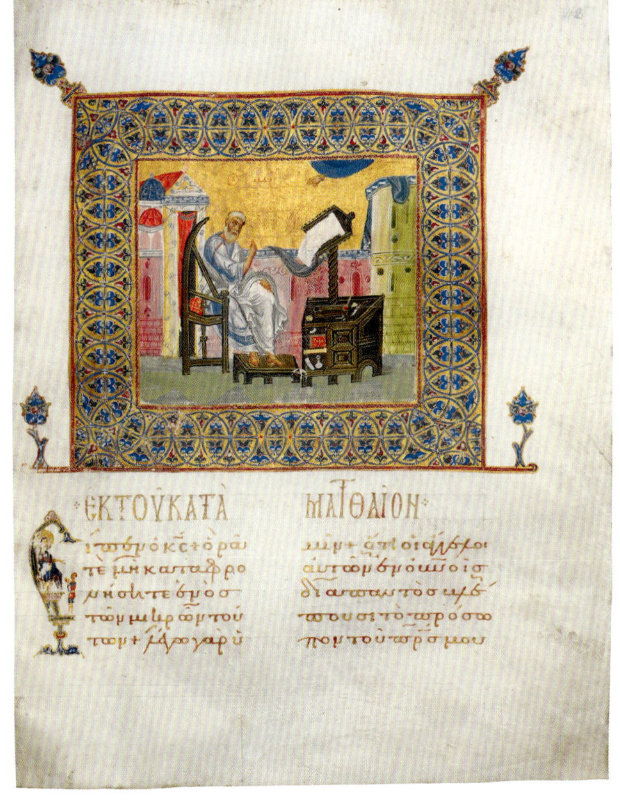

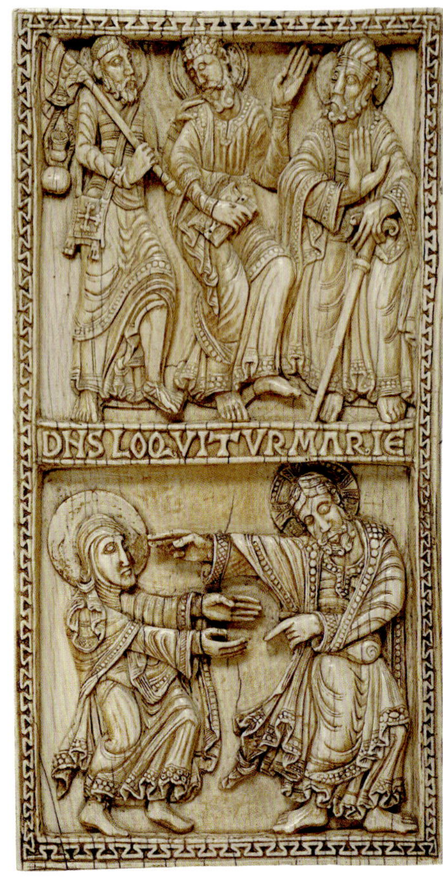

لوحة تروي رحلة عِمواس وظهور المسيح لمريم المجدلية

إسبانية، على الأرجح ليون، حوالي 1115–1120م
عاج (الفيل). المقاسات: 27x13.4x1.9 سم
هبة ج. بياربونت مورغان، 1917م (17.190.47)

تُصوّر هذه اللوحة روايتَين من الإنجيل تتعلقان بظهور المسيح إلى أتباعه بعد قيامته. نرى في المشهد العلوي المسيح الذي لا يمكن التعرف عليه وهو ينضم إلى حواريِّين مسافرَين من القدس إلى عِمواس. يشتكيان من صلب المسيح وهو يفسر لهما أهمية ذلك. وفي المشهد التحتي يظهر المسيح إلى مريم المجدلية التي تخلط بينه وبين بستانيّ. وما إن تتعرّف عليه حتى يطلب منها عدم لمسه لأنه لم يصعد بعدُ إلى السماء. تُكوّن هذه اللوحة جزءًا من مجموعة أكبر قد تكون ذخيرة مقدّسة، وبالملابس المتموجة والأجسام المتمددة والحركات الدرامية القوية تنتمي إلى الأعمال الفنية المُنجزة في ليون، المدينة الملكية الواقعة على طريق الحج إلى ضريح القديس جايمس في المعتقدات المسيحية.

العذراء والطفل على العرش

فرنسي، أوفارنيو، حوالي 1150–1200م
خشب الجوز، طلاء، جبس، كتّان
المقاسات: 79.5x31.7x29.2 سم
هبة ج. بياربونت مورغان، 1916م (16.32.194)

أكثر من كونها صورة للأم والولد، تُبرز هذه اللوحة بالمسيح الذي تمسكه العذراء في وضع مستقيم في حضنها دورَ المسيح كتجسيم للحكمة الإلهية. ولتعزيز هذه الفكرة يحمل المسيح كتابًا. يعرض النحت جمالاً صارمًا يمكن مشاهدته في المنوال الإيقاعي لثوب العذراء والحجاب الرقيق المحيط بوجهها وبقايا الطلاء لا سيما على المسند الأخضر. كانت التماثيل من هذا النوع تُستخدم لأغراض التعبّد وتُحمل خلال المواكب التي تقيمها الكنائس. ويُحتمل أن تكون هذه الصورة استُخدمت حاوية للذخائر المقدّسة. وتوجد فيها فوهتان، واحدة عند كتف العذراء والثانية قرب صدرها.

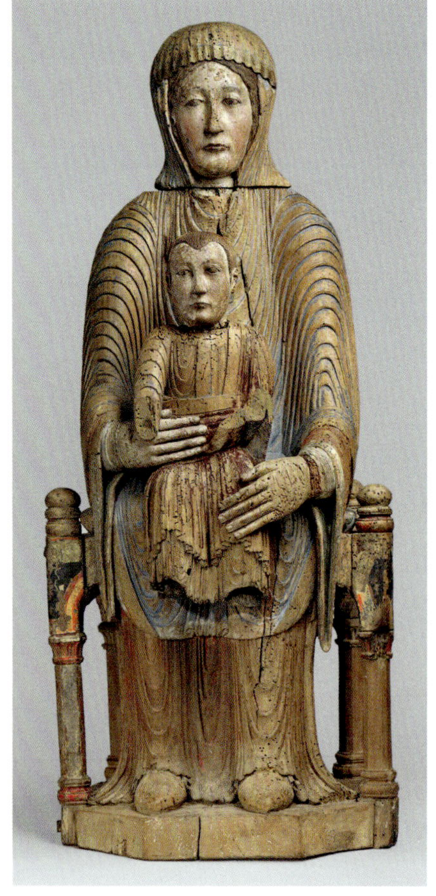

تمثال ملك على شكل عمود

فرنسي، من الدير الملكي لسان دينيس، حوالي 1150–1160م
حجر الكلس. المقاسات: 24.1x22.9x115.6 سم
اقتناء، وصية جوزيف بوليتزر، 1920م (20.157)

يُعدّ هذا التمثال لملك لم يجر التعرّف عليه المنحوتةَ الوحيدة المكتملة من الدير الملكي لسان دينيس المُهدّم الآن. وتُميّز الهالة المحيطة الملكَ بوصفه قديسًا. أعاد رئيس الدير النشط سوجير بناء الدير الذي كان موقع دفن الملوك الفرنسيين (1122–1151م) وفق طراز أُطلق عليه في العصر الوسيط الأسلوب الفرنسي ثم سُمّي لاحقًا القوطي. ومن بين المميزات الخاصة بالأسلوب القوطي الجديد دمج تمثال شخصية واقفة مع عمود اسطوانيّ الشكل.

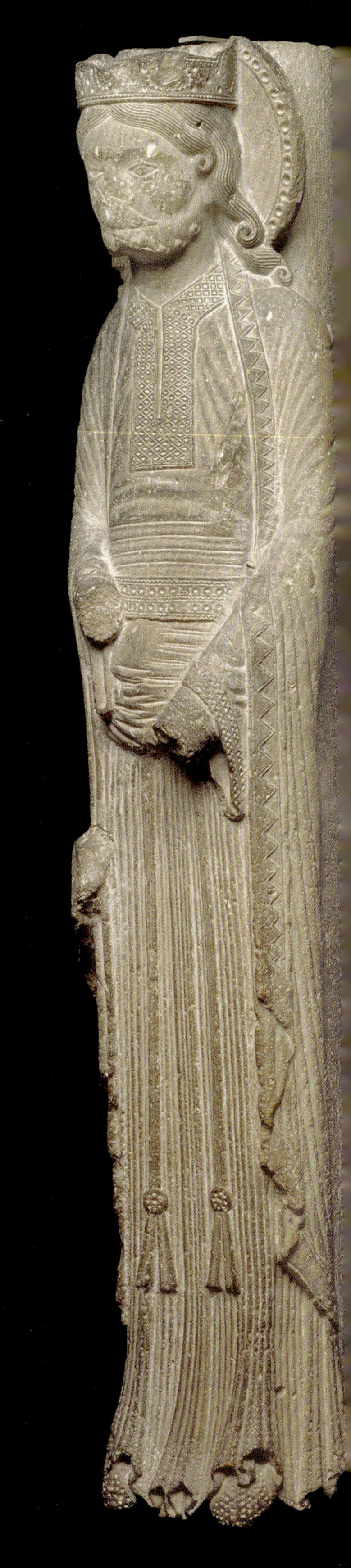

رأس الملك داوود

فرنسي، من كاتدرائية نوترو دام، باريس، البوابة الجنوبية للواجهة الغربية (بوابة القديسة آن)، حوالي 1145م
حجر الكلس. المقاسات: 21.3x21.1x29.7 سم
رصيد هاريس بريسباين ديك، 1938م (38.180)

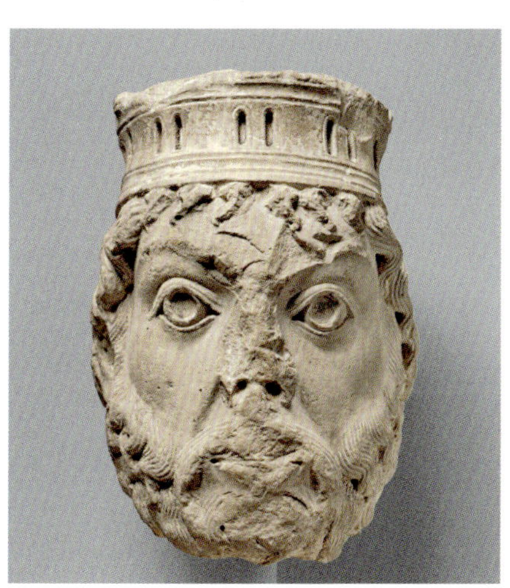

اعتقد الناس في الماضي أنّ تماثيل الملوك الكبيرة لكاتدرائية نوترو دام تمثّل حكّام فرنسا القدامى، وقد أُمر بهدمها خلال الثورة الفرنسية. نُحت هذا الوجه المُعبّر في حجر الكلس رقيق الحبيبات، وكان مُرصّعًا في الأصل بعينَين رصاصيّتَين. يأتي الرأس من الواجهة الغربية المكرّسة لحياة القديسة آن، والدة مريم العذراء وإلى شجرة أنساب المسيح وطفولته، ويُعتقد أنه سليل الملك داوود.

ورقة من مخطوط شرح سفر رؤيا يوحنا

إسباني، قشتيلية وليون، من دير البيندكتين لسان بيدرو دو كردينيا، حوالي 1180م
تلوين حراري، ذهب، حبر على رق
المقاسات: 30x44.5 سم
اقتناء، مجموعة الأديرة، رصيدا رودجرز وهاريس بريسباين ديك، وصية جوزيف بوليتزر، 1991م (1991.232.10)

تُمثّل المخطوطات المُصوّرة لبياتوس التي تفرّدت بها إسبانيا في العصر الوسيط شهادة على الأوساط الفنية والفكرية في الثقافة الرهبانية هنالك. وهي تُحيي رؤيا نهاية العالم كما دوّنها القديس يوحنّا في سفر الرؤيا وبعد أن غربلها حسب وجهة نظره بياتوس دو ليابانا، الراهب الأستوري الذي عاش في القرن الثامن الميلادي. وفي الرسم الوارد هنا تبدو الأحداث التي تنبّأ بها بوق الملاك الخامس مرعبة بقدر ما هي تنتمي للعالم الآخر: يُغطّي الدخان المنبثق من البئر أشعة الشمس، ويلدغ الجراد المخطط المخيف ضحاياه بأذناب تشبه العقارب، ومن لا يموت يطلب الشفقة. تأتي هذه الورقة من مخطوط جرى تفكيكه في سبعينات القرن التاسع عشر الميلادي.

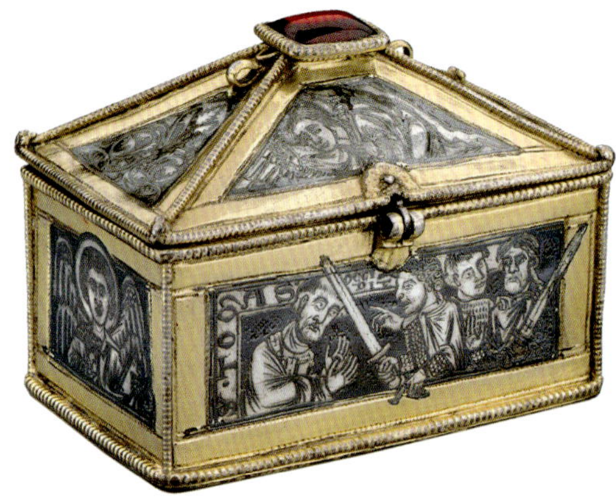

وعاء الذخائر المقدّسة لسان طوماس بيكيت

إنكليزي، حوالي 1173–1180م
فضة مذهّبة مزدانة بالنيالو والزجاج
المقاسات: 4.7x7x5.5 سم
هبة ج. بياربونت مورغان، 1917م (17.190.520)

هذه واحدة من أقدم الذخائر المرتبطة بطوماس بيكيت رئيس أساقفة كانتربيري الذي قُتل سنة 1170م بأيدي فرسان بلاط الملك هنري الثاني، ويُعدّ الوعاء من أفضلها كذلك من ناحية الجودة الفنية. ويُضيف الاستخدام الفاضح للنيالو الأسود على الخلفية الفضية سحنة آنية لمشهد مقتل بيكيت. ويبدو أنّ الكتابة الواردة على ظهر الوعاء التي لم تنج كلية تشير إلى أنّ بقية من دم بيكيت كانت محفوظة في الماضي بالداخل، وهو ما تُؤكّده الجوهرة المصنّعة من الزجاج الأحمر التي تُتوّج العلبة.

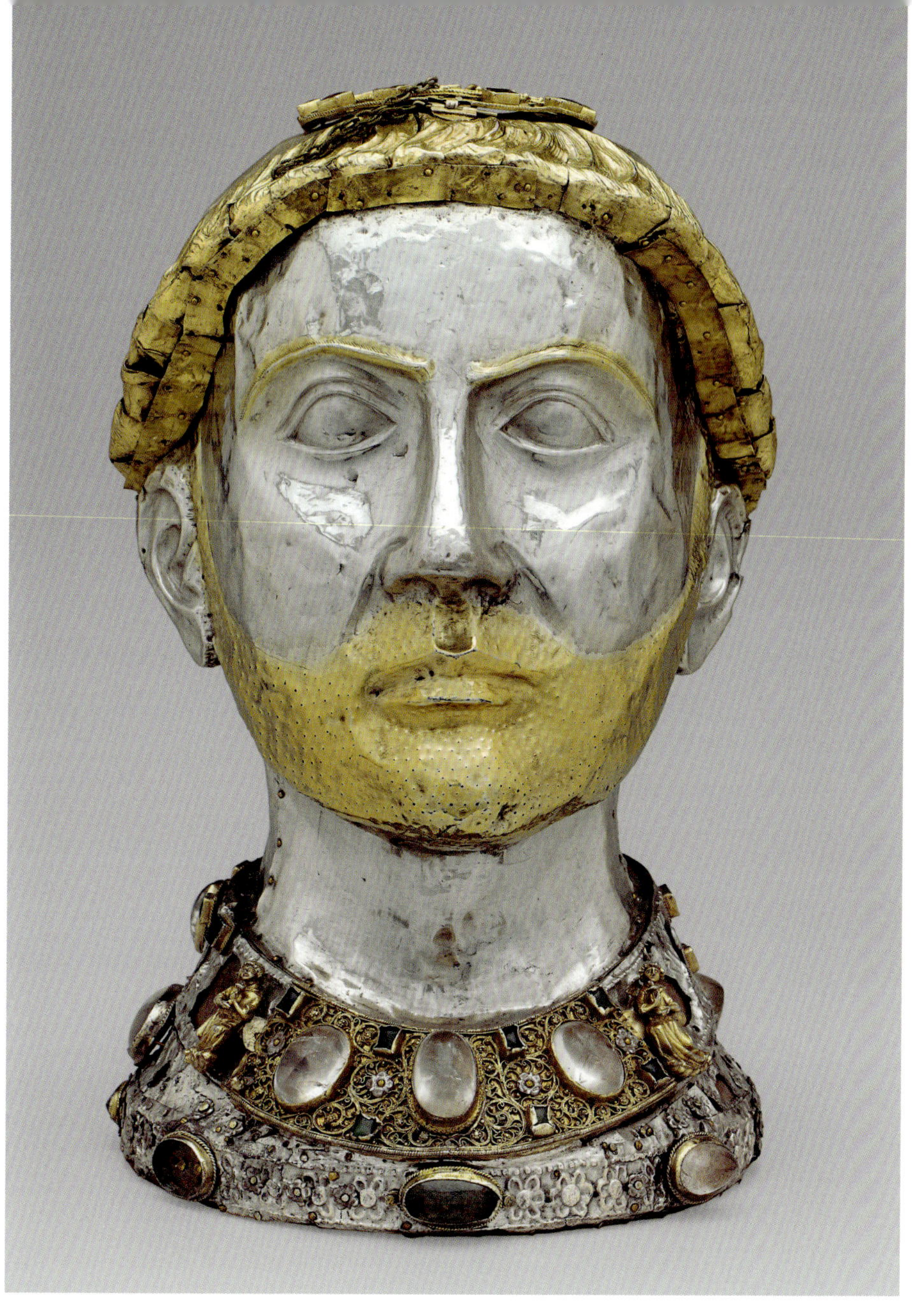

تمثال نصفي للذخيرة المقدسة للقديس إيرياكس

فرنسي، من كنيسة القديس إيرياكس لا بيرش قرب ليموج،
حوالي 1220–1240م
فضة، فضة مذهّبة، بلّور، أحجار، زجاج
المقاسات: 26.1x23.4x38.1 سم
هبة ج. بياربونت مورغان، 1917م (17.190.352a,b)

في السابق، كانت جمجمة القديس إيرياكس محفوظة داخل هذه الذخيرة المقدسة، وهو الذي أسس في القرن السادس الميلادي ديرًا جنوب ليموج في القرية التي تحمل اليوم اسمه. انتشر في العصور الوسطى في منطقة ليموج تيار ديني يُبجّل رؤوس القديسين المحليين، وما زال هذا الطقس متواصلاً حتى عصرنا. وجرت العادة خلال أيام الاحتفالات أن تُحمل التماثيل النصفية في موكب يجول الشوارع ثم يوضع على مذبح ليتعبّد به من يؤمن بهذه المعتقدات. يوحي المعدن الثمين بالسماء السماوية للقديس بينما تُضفي الجمجمة إحساسًا بسلطته التي تفرض الاحترام لدى أتباعه.

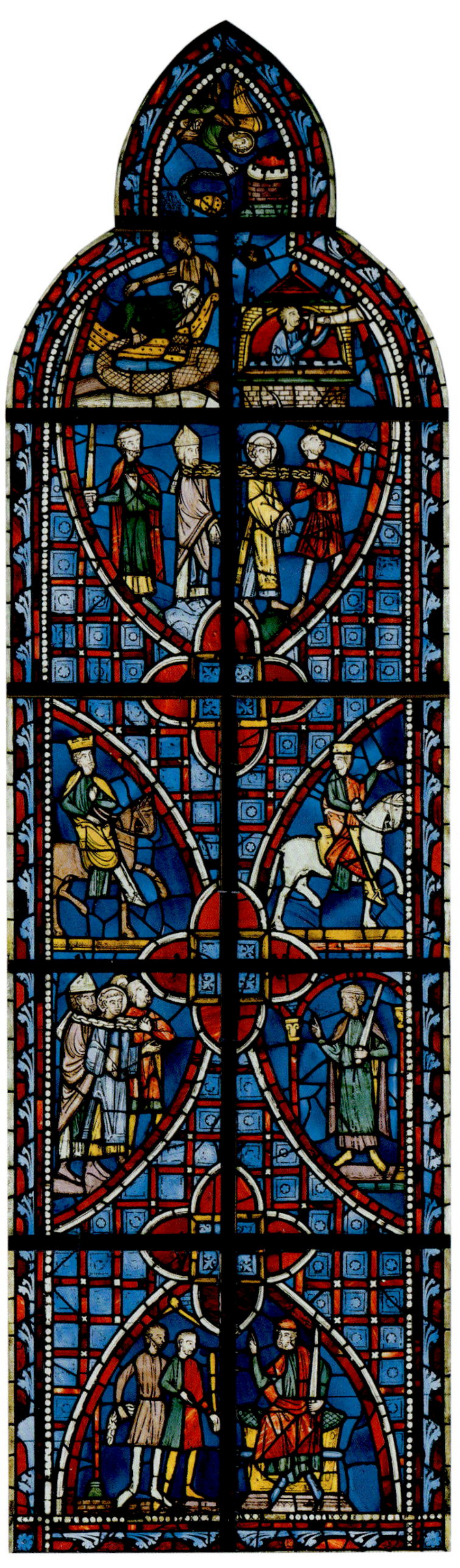

مشاهد من أسطورة القديس فانسون من سرقسطة وتاريخ ذخائره المقدّسة

فرنسي، من مُصلّى السيدة (دُمِّر) في دير سان جرمان دي بري، باريس، حوالي 1245–1247م
زجاج معدني، طلاء زجاجي، رصاص
المقاسات: 110.5x373.4 سم
هبة جورج د. برات، 1924م (24.167a–k)

كان رهبان سان جرمان دي بري يحملون تبجيلاً خاصًّا للقديس فانسون (توفي سنة 304م) بما أنّ ديرهم تأسس في الأصل لاستلام ذخيرة مقدسة من تنورة القديس حملها من إسبانيا الملك الميروفنجي شيلدوبارت (توفي سنة 558م)، ويظهر هنا في الجانب الأيسر على صهوة جواد يرافقه أخاه لوتار على صهوة حصان آخر أبيض اللون. وتُظهر المشاهد الأخرى من هذه النافذة التي كانت جزءًا من مجموعة أكبر حجمًا مواجهات القديس فانسون مع القنصل الروماني داسيانو. وعلى غرار النوافذ المعاصرة الشهيرة للكنيسة الملكية للويس التاسع، تثبت هذه النوافذ الزجاجية الملونة أنّ باريس كانت في أواسط القرن الثالث عشر الميلادي المركز الرائد لهذا الأسلوب التعبيري الجديد للرسم على الزجاج.

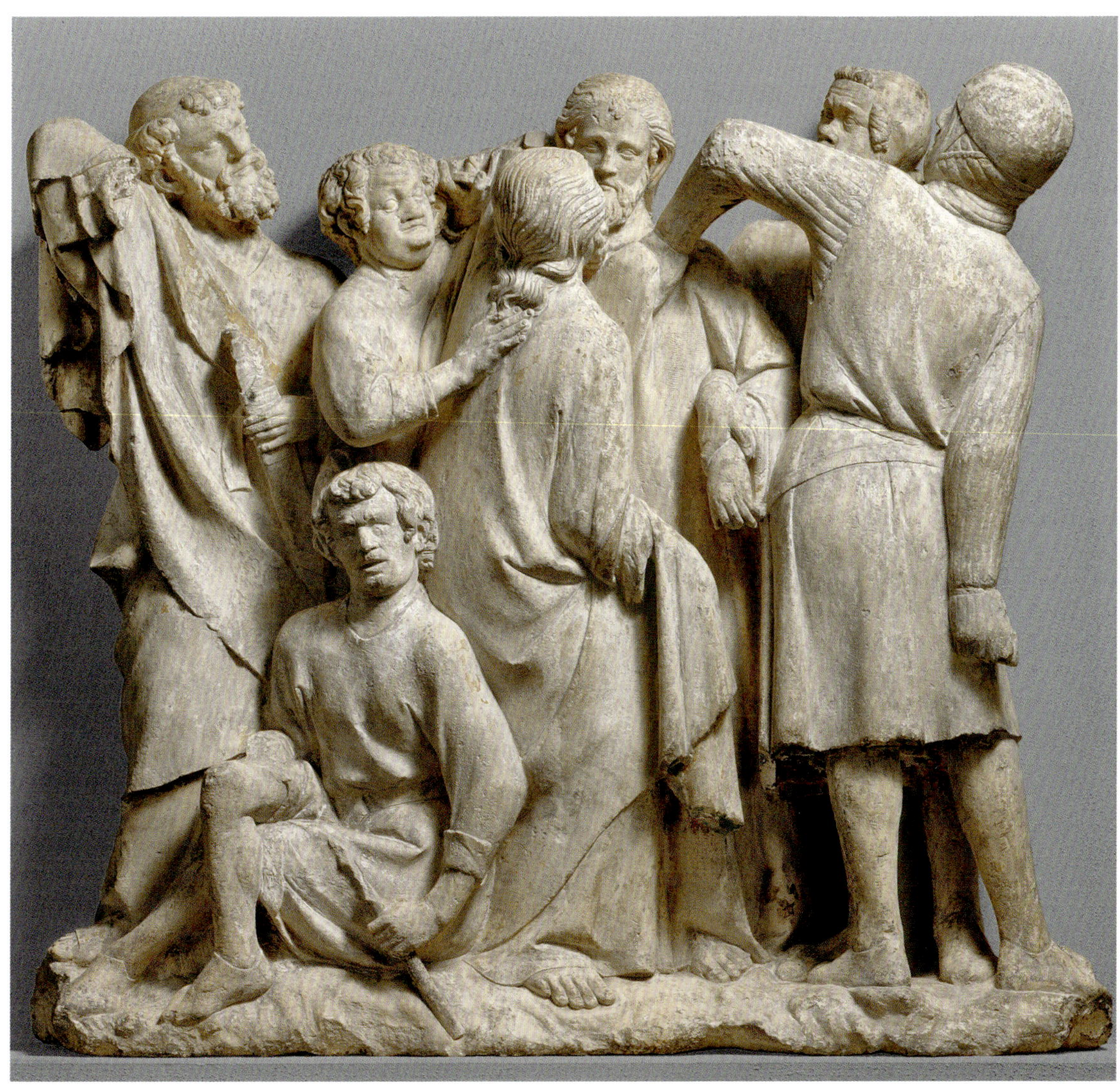

نحت نافر لمشهد الوشاية وإيقاف المسيح (س)
فرنسي، بيكاردي، من كاتدرائية أميانس، حوالي 1264–1288م
حجر الكلس وبقايا طلاء
المقاسات: 99.7x109.2x22.9 سم
مجموعة السيد والسيدة إسحاق د. فليتشر، وصية إسحاق د. فليتشر، 1917م (17.120.5)

كانت ستائر الجوقة في كنائس العصر الوسيط تفصل صحن الكنيسة عن الجوقة. وخلال القرن الثالث عشر الميلادي أصبحت هذه الحواجز في كثير من الحالات مُزخرفة بروايات سردية مطوّلة، لا سيما آلام المسيح، أي الأحداث النهائية لحياته الدنيوية. ويسرد هذا النحت أربعة أحداث رئيسية مجمّعة بطريقة درامية: بطرس يعيد سيفه إلى غمده بعد أن بتر أذن ماشوس خادم الراهب الأكبر؛ ومعجزة المسيح الذي أعاد له أذنه؛ ويهوذا يخون المسيح بقبلة؛ والجنود الرومان يعتقلون المسيح. ثم عمدت جل الكنائس الأوروبية في آخر المطاف إلى إزالة ستائر الجوقة لأنها كانت تُعيق مشاركة المصلين في طقوس الكنيسة. وقد دُمِّرت ستارة كاتدرائية أميانس سنة 1755م. ويُعدّ هذا النحت النافر من أكبر النحوت السردية المتبقية ومن أفضلها حالة من ناحية المحافظة.

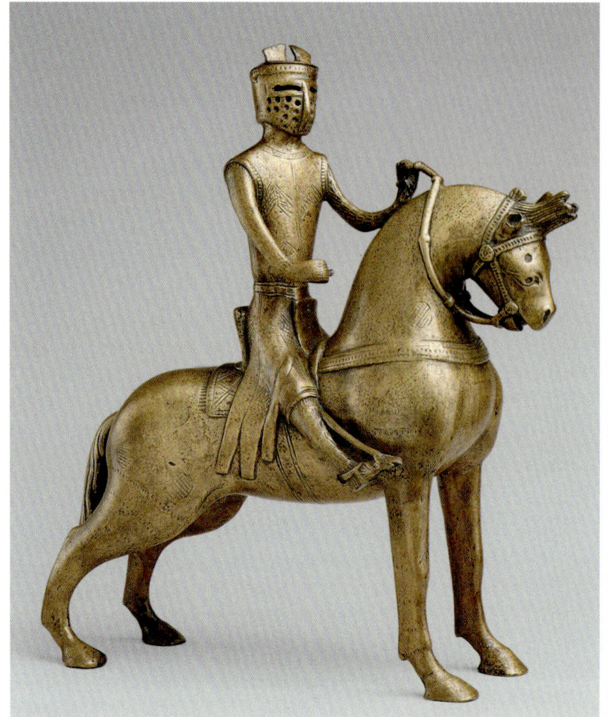

إناء سقاية على شكل فارس يمتطي جواده

ألماني، سكسونيا السفلى، على الأرجح هيلدوشايم، حوالي 1250م
سبائك النحاس. المقاسات: 14.2x32x37.5 سم
هبة إروين أُنترماير، 1964م (64.101.1492)

يُطلق على إناء السقاية باللاتينية 'أكوامانيليا' والكلمة جمع 'أكوا' أي الماء و'مانيليا' التي تعني اليدَين، وكانت تُستخدم لصب الماء للجالسين على مائدة الطعام أو للرهبان لدى تجهيز القدّاس. ويُمثّل هذا الإناء المثل العليا للفتوة والفروسية في البلاط التي اجتاحت الثقافة الغربية في العصر الوسيط وأثّرت على إنتاج الأشياء المُصمّمة للاستخدام اليومي. يرتدي الفارس نوعًا من الدرع المُصفّح اختفى في الربع الثالث من القرن الثالث عشر تقريبًا. لكنّ ترسه ورمحه اختفيا للأسف، والأرجح أنّ الترس كان يحمل شارات المالك. وتشير الدوائر المتقاطعة في جسم الحصان التي تُسمّى بلق أنه من فصيلة الخيول الحربية الشُّهُب، وكانت مُحبّذة جدًّا في القرون الوسطى.

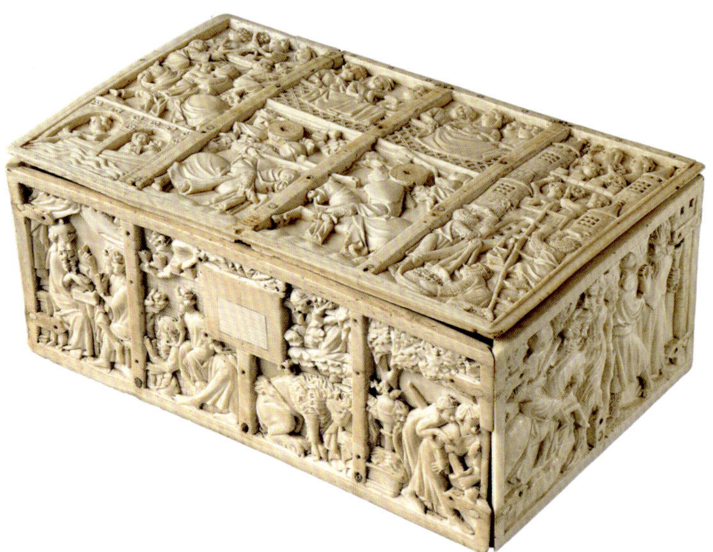

علبة عليها مشاهد من الروايات العاطفية

فرنسية، باريس، حوالي 1310–1330م
عاج (الفيل). المقاسات: 15.9x25.3.10.9 سم
الصندوق: هبة ج. بياربونت مورغان، 1917م (17.190.173a,b). اللوحة الأمامية: مجموعة الأديرة،
1988م (1988.16)

تظهر على غطاء هذه العلبة مشاهد من حكايات الملك آرثر وغيرها من حكايات البلاط، وهي تُصوّر الهجوم الاستعاري على "قلعة الحب" ومسابقة في رمي الورود يشارك فيها الفرسان. وتُقدّم اللوحة الأمامية مشهدَين مؤثّرين من مأساة بيراسموس وثيسب (الجانب الأيمن) وكذلك أرسطو يُعلّم الإسكندر الأكبر بينما يمتطي ولدًا فيليس ظهر الفيلسوف اليوناني (الجانب الأيسر). وتظهر على اللوحات الجانبية عدة مشاهد أخرى: الحبيبان تريستان وإيزولد، وصياد يقتل وحيد القرن، وفارس يُنجد سيدة، وجلعاد يتسلّم مفتاح القصر. أما على الظهر فنشاهد لانسلوت وغاوايين والعذارى يُرحّبن بمنقذهنّ.

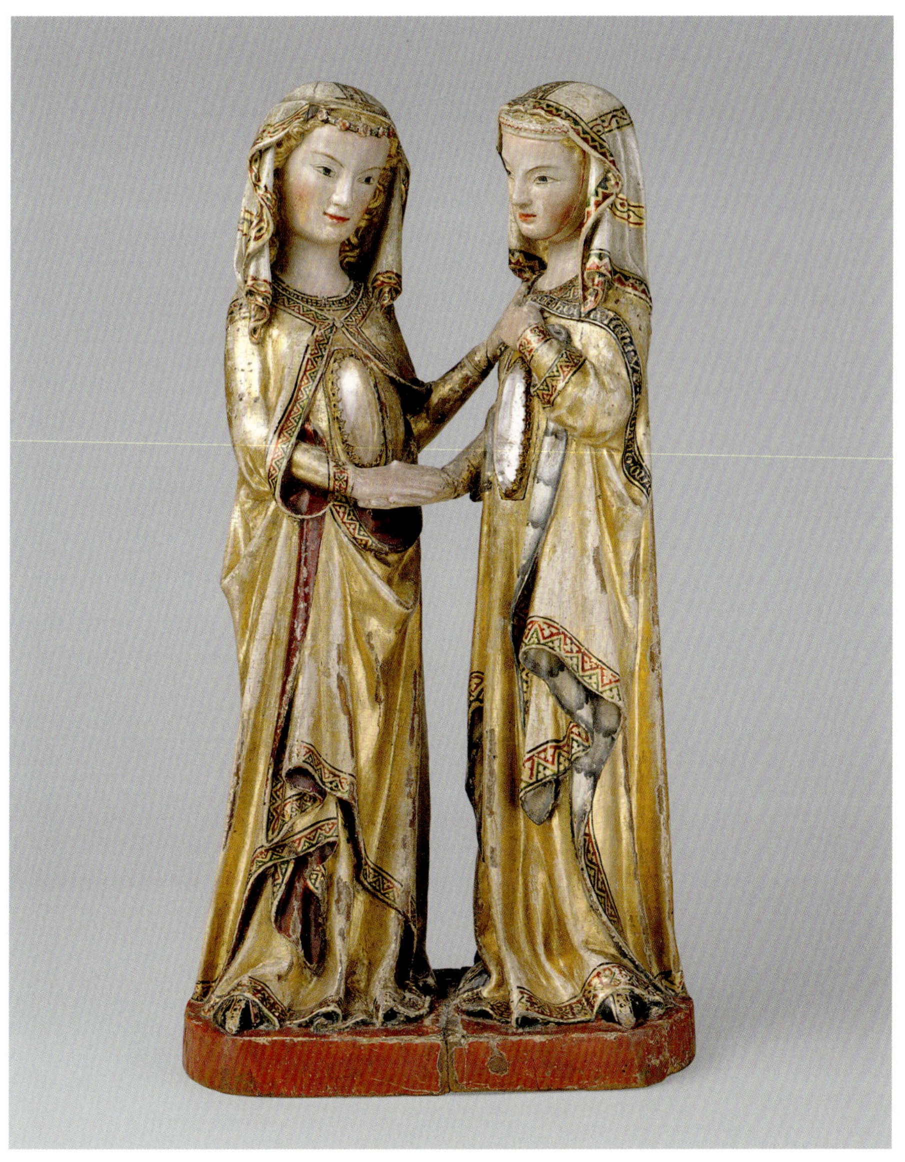

يُسند إلى
الأستاذ هاينريتش من قسطانس
ألماني، نشط حوالي 1310–1320م

الزيارة
ألمانية، من دير الدومينيكان في كتارينتال، سويسرا،
حوالي 1310–1320م
خشب الجوز وطلاء، تذهيب، أحجار البلّور المصقول
المقاسات: 59.1x30.2x18.4 سم
هبة ج. بياربونت مورغان، 1917م (17.190.724)

بعد فترة وجيزة من علم السيدة العذراء أنها ستكون أم المسيح (س) زارت قريبتها إليزابيت التي كانت حاملاً بدورها بطفل أصبح لاحقًا يوحنّا المعمداني. بقي الطلاء والتذهيب الأصلي كاملاً تقريبًا، ويزدان التمثالان بحَجَرتَين شفّافتَين من البلّور المصقول تُغطّيان بطنيهما وكانتا تسمحان في الأصل برؤية صورتَي طفليهما. تضع السيدة العذراء يدها بلطف على كتف إليزابيت التي ترفع ذراعها نحو صدرها، وهي إشارة إلى قولها: "من أنا كي تزورني أمّ السيد؟" (لوقا 1:43). وتظهر مشاهد من الزيارة شبيهة بهذا المشهد على أعمال معاصرة أخرى من الأقاليم الناطقة بالألمانية.

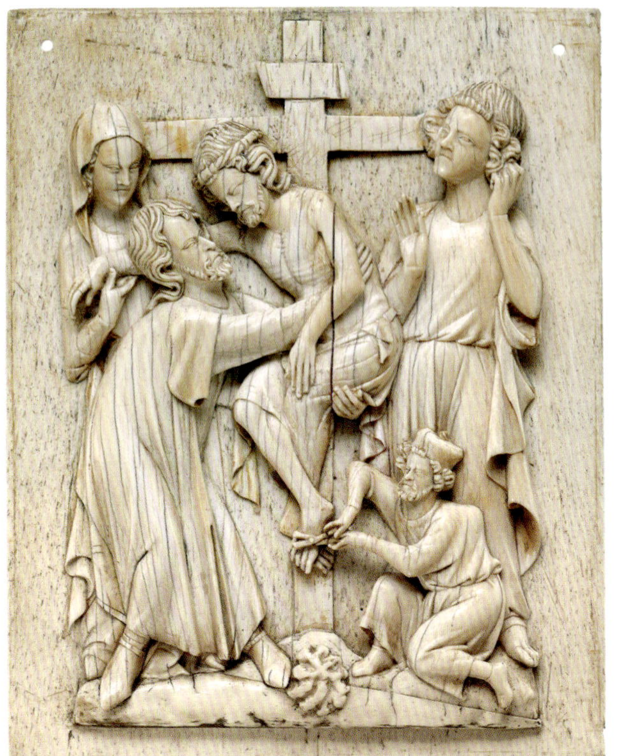

نحت نافر يُصوّر النزول من الصليب

فرنسي، على الأرجح باريس، حوالي 1320–1340م
عاج (الفيل) مُثبّت على عظم الحوت مع بقايا طلاء وتذهيب
المقاسات: 23.2x18.3x2.1 سم
هبة ج. بياربونت مورغان، 1917م (17.190.199)

هذا النحت النافر الذي يُصوّر مشهد النزول من الصليب واحد من خمس لوحات ملصقة متبقية تحمل مشاهد آلام المسيح، وهي مُوزّعة اليوم على متاحف أنتويرب ولندن وأوسلو وباريس. وكانت هذه اللوحات مُصمّمة في الأصل لتُكوّن إفريزًا مسترسلاً يمتد على الجهة الخلفية لمذبح كنيسة – واجهة القربان – والأرجح أنّ اللوحات الخمس لا تنتمي إلى واجهة واحدة. ومثلما كانت الحال مع الأمثلة الحجرية والخشبية العائدة للفترة ذاتها، فهذه اللوحات كانت تُركّب على الأرجح على هيكل معماري داعم. إنّ النقش المرهف للوحة النزول من الصليب – التي ثُبِّتت لاحقًا على قطعة كبيرة مُسطّحة من عظم الحوت – بحركاتها الأنيقة والثابتة والرؤوس المقببة واللباس الفضفاض تشي بمدرسة نقش العاج الباريسية خلال النصف الأول من القرن الرابع عشر الميلادي.

الصفحة المقابلة

نجد عليه صورة البشارة

هولندي جنوبي، حوالي 1410–1430م
صوف بالسدو واللحمة، خيط ملفوف بسلك معدني مذهّب
المقاسات: 3.5x2.97 متر
هبة هاريات بارنس برات لذكرى زوجها هارولد إرفينغ برات (1/ 2/ 1877م21/ 5/ 1939–م)، 1949م (45.76)

تجلس مريم العذراء في غرفة جميلة وترفع نظرها عن الكتاب على منضدة القراءة مُستغربة من الدخول المفاجئ لرئيس الملائكة جبرائيل. يُمسك الملاك لفيفة كُتِب عليها: السلام عليك مريم موفورة النِّعم. وفي السماء يُرسل الرب إلى العذراء المسيح الطفل حاملاً صليبًا حسب المعتقد المسيحي، تتقدّمه حمامة الروح القدس. ينزلوا نحو أذن العذراء التي يعتقد المسيحيون أنها حملت من خلالها. تُبرز الحديقة المسيّجة عذرية السيدة مريم وترمز زهرة الزنبق البيضاء الوحيدة في الجرة الفخارية الجميلة إلى نقائها.

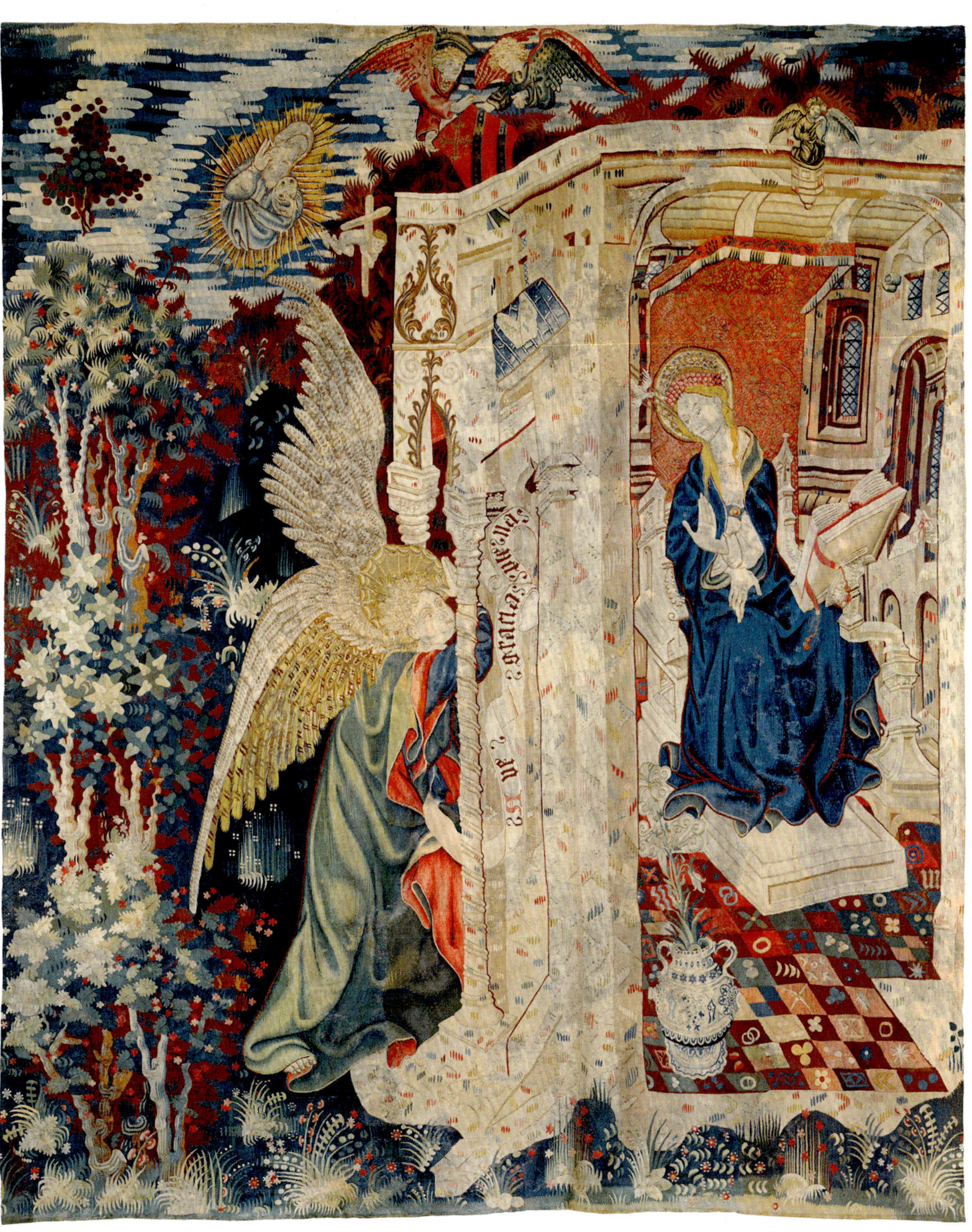

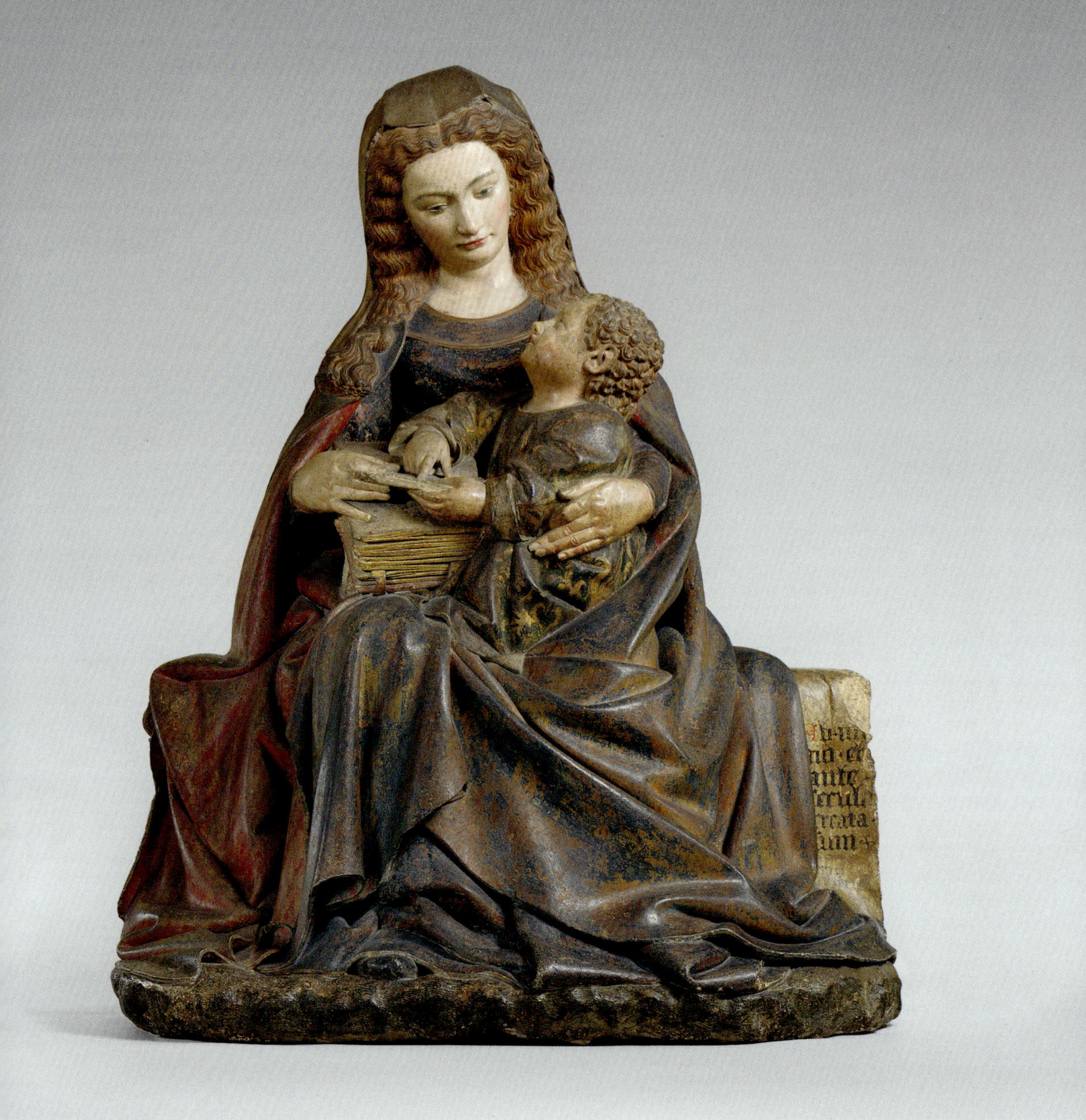

كلاوس دي فارفي

فرنسي، نشط 1396–1439م

العذراء والطفل

فرنسي، من دير الفرنسيسكان لبور كلايفس، بوليني، بورغندي،
حوالي 1415–1417م
حجر الكلس مع طلاء أصلي وتذهيب
المقاسات: 68.6x104.5x135.5 سم
رصيد رودجرز، 1933م (33.23)

من المرجّح أنّ جون الشجاع، دوق بورغندي (توفّي 1419م) أو زوجته مارغريت دو بافاريا من أمر بإنجاز هذه القطعة الرائعة لدير بور كلايفس الذي أسّساه في بوليني. ينظر المسيح مُجعّد الشعر إلى أمه وهي تمسكه في حضنها مع الكتاب. ويُمثّل هذا المشهد الرقيق موضوعًا لاهوتيًّا متطوّرًا تشير إليه الكتابة اللاتينية على المقعد من كتاب سيراخ المقدّس الذي يمجّد الحكمة القائلة: منذ البداية وقبل العالم، خُلقتُ... (24:14). ومع حلول القرن الثالث عشر الميلادي أصبحت الكنيسة تعدّ ذلك إشارة إلى مريم.

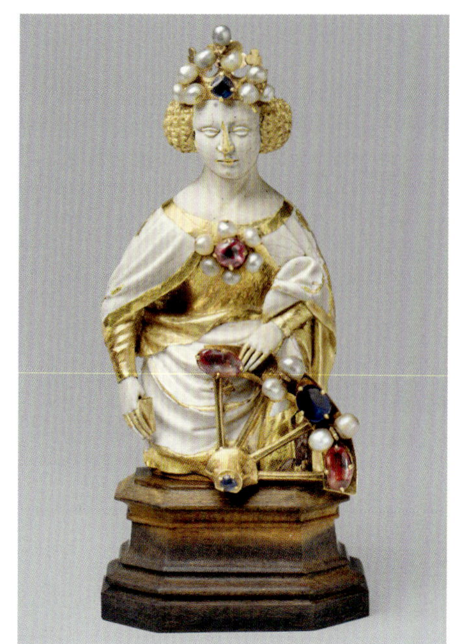

القديسة كاترينا الإسكندرانية

فرنسية، بدايات القرن الخامس عشر الميلادي
ذهب، مينا مكوّرة، جواهر. المقاسات: 2.8x5.4x9.8 سم
هبة ج. بياربونت مورغان، 1917م (17.190.905)

تظهر القديسة كاترينا وهي تمسك بالعجلة التي تقول الأسطورة إنها عُذِّبت عليها، وتُعدّ من قبل طيف واسع من المسيحيين شهيدة عذراء. كانت جميلة وعالمة وأرستقراطية واحتلت مكانة مميزة في شعائر العبادة في البلاط الفرنسي. ورغم أن هذا التمثال الصغير اشتهر بأنه من دير في كليرمون فيران إلا أنّ طلاء المينا الراقي على الذهب وتسريحة شعر القديسة والزخرف الثمين المُعشّق بالأحجار الكريمة، كل ذلك يمثّل علامات مميزة لصياغة الجواهر الباريسية. ويُحتمل أنّ التمثال يأتي من ضريح حيث أُدمج مع تماثيل قديسين آخرين ضمن مجمّع معماري.

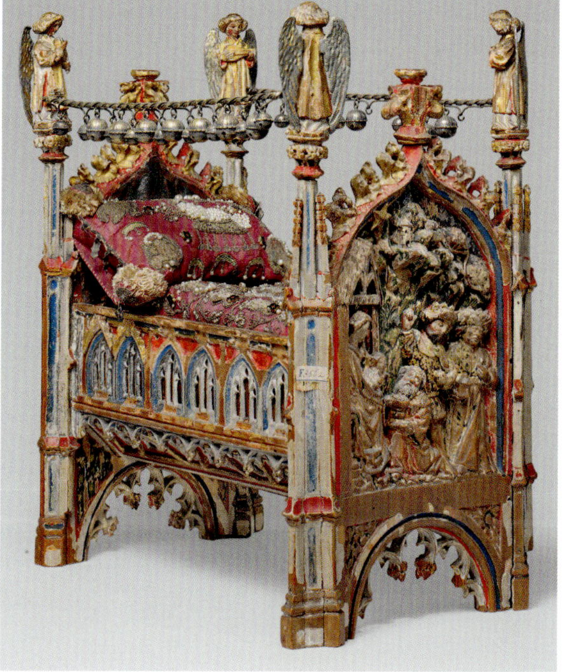

سرير الطفل المسيح

هولندي جنوبي، برابانت، حوالي 1400–1500م
خشب، طلاء، رصاص، فضة مُذهّبة، رق مُلوّن، تطريز على الحرير بحبات اللؤلؤ، خيوط ذهب، ومينا شفافة
المقاسات: 18.4x28.9x35.4 سم
هبة روث بلومكا، لذكرى ليوبولد بلومكا، 1974م (1974.121a–d)

كانت الأسِرّة الصغيرة للطفل المسيح قطعًا تعبدية شعبية خلال القرنَين الخامس عشر والسادس عشر الميلاديَّين، ولا سيما في الأديرة حيث كانت تُعرض للفتيات اللواتي ينوَين دخول الرهبانية وتقديم نذرهنّ. يأتي هذا المهد الرائع من غران بيغينياج من مدينة لوفان في بلجيكيا الذي تأسس في القرن الثاني عشر الميلادي والمخصص للنساء الورعات. وهو مزخرف على جانبَيه بمشاهد منقوشة من ميلاد يسوع وعبادة المجوس. كما رُسمت شجرة أنساب المسيح على الغطاء المُطرّز.

الأديرة

يمتدّ فرع متحف المتروبوليتان المُخصص لفنون أوروبا ومعمارها في القرن الوسيط على مساحة تفوق هكتارًا وستة آلاف ومئتي متر مربّع تُشرف على نهر هدسون في حديقة فورت ترايون شمال منهاتن. ويأتي اسم المتحف من احتوائه على نحوتات معمارية من الأديرة الفرنسية للعصر الوسيط وبالأساس من سان ميشال دو كوكسا، وسان غيلهام لو ديزير، وتري سور باييز، ومن عناصر كان يُعتقد أنها آتية من بونفون أون كومانج. تُشكّل هذه المكوّنات نواة المتحف الذي صممه تشارلز كولنس بأسلوب قروسطيّ بسيط، وهو المعماري الذي أنجز كنيسة ريفرسايد في مدينة نيويورك. افتُتح المتحف سنة 1938م ويعود الفضل في ذلك إلى كرم فاعل الخير وجامع التّحف جون د. روكفيلير الذي موّل عملية تحويل الأرض إلى حديقة عامة استضافت المتحف الجديد. وتتميز ثلاثة أديرة بحدائق زُرعت بالأشجار والنباتات وفق بيانات البستنة الواردة في الدراسات والأشعار ووثائق الحدائق ومصنّفات الأعشاب الطبية والعطرية المُؤلَّفة في العصر الوسيط. ولا يشير الانطباع العام إلى نسخة من بناية من العصر الوسيط بل هو بالأحرى إطار متناسق ومثير يضمّ ما يزيد على ألفَي قطعة فنية وتحفة وعنصر معماري من الغرب القروسطي ويتراوح تاريخها ما بين القرن الثاني عشر إلى القرن الخامس عشر الميلاديَّين ويشمل نماذج استثنائية من النوافذ الزجاجية الملوّنة. وتُعرض في "الكنز" تحف صغيرة الحجم خارقة للعادة في روعتها منها العاجيات المنقوشة والحليّ البديعة وأعمال المينا والمخطوطات المزخرفة. كما تظهر الأعمال المكرّسة للعبادات الشخصية في العصر الوسيط جنبًا إلى جنب مع اللوح الثلاثي الشهير (المُسمّى مذبح ميرود) الذي أنتجه الأستاذ الهولندي روبرت كامبين في ورشته. ويحبّ الزائرون بوجه خاص النجاد السبعة التي تُصوّر مشاهد صيد وحيد القرن.

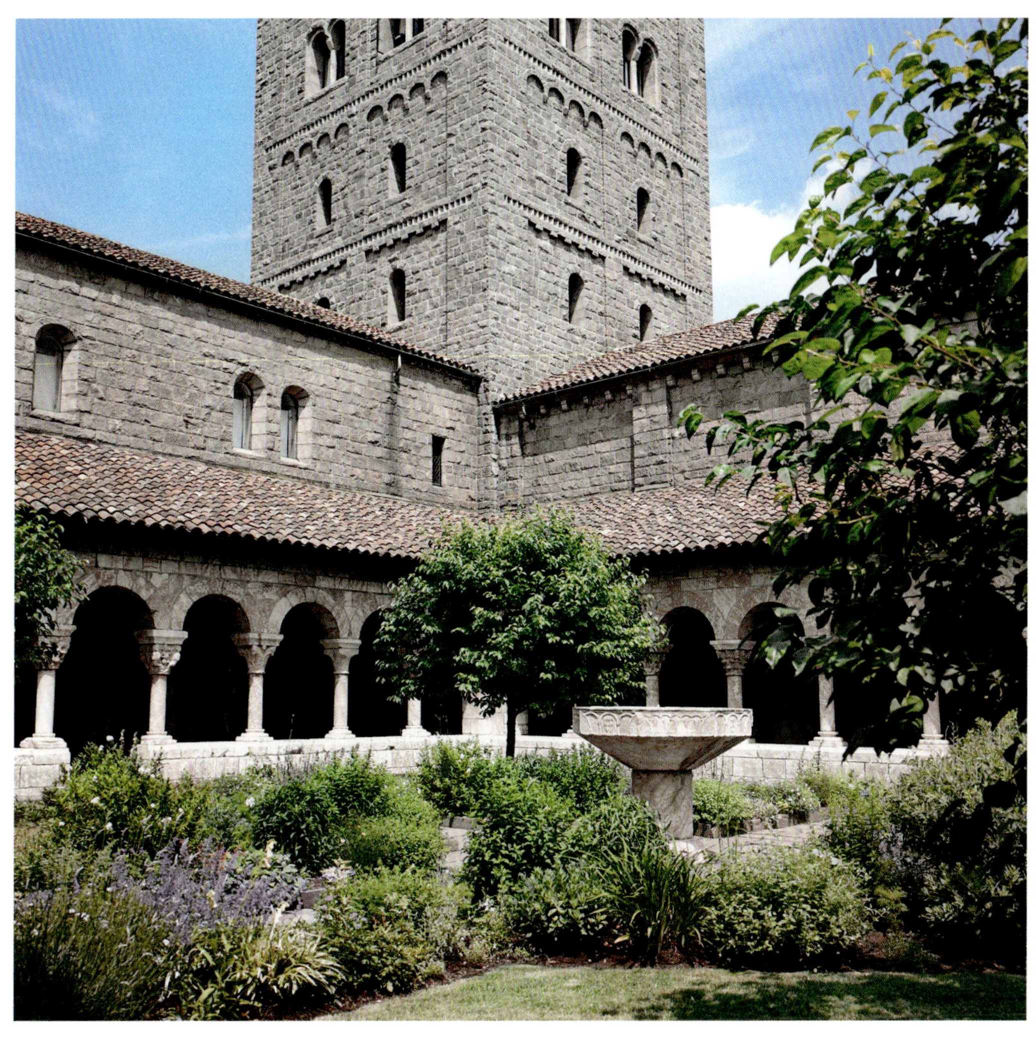

الدير

كاتالوني، من دير البنيدكتين في سان ميشال دو كوكسا قرب بربينيان، فرنسا
حوالي 1130–1140م
رخام. المقاسات: 27.4x23.8 متر
مجموعة الأديرة، 1925م (25.120.398 إلى 25.120.954)

يؤدّي الدير دورًا حيويًا في حياة النّسك. ويتألف بالأساس من ممرّ مُغطّى يحيط بفناء، وهو مكان للتأمّل والقراءة بصوت عالي والغسل اليومي. ويربط الدير كذلك بين الكنيسة والبنايات الأخرى التي يستخدمها الرهبان. ويخلق الجمال الدافئ للرخام الوردي المحلي انسجامًا بين مختلف منحوتات هذا الدير سواء كانت أشكال كتلات بسيطة أو أعمدة منجزة بتشابك دقيق على شكل أسود ووحوش وعرائس بحر وورقات ملفوفة يعكس بعضها الأساطير أو يرمز إلى الصراع بين الخير والشر. ودون اعتبار الموضوع، استمتع فنانو كوكسا بإيصال الطاقة المتوترة في الأشكال. وبعد مرور تسعة قرون تناثرت منحوتات سان ميشال دو كوكسا في كل مكان خلال الثورة الفرنسية. أما الدير الأصلي الذي شُيِّد على الأرجح خلال حكم رئيسه غريغوري (1130–1146م) فقد كان حجمه زهاء ضعف حجم البناية الحالية التي أُعيد بناؤها.

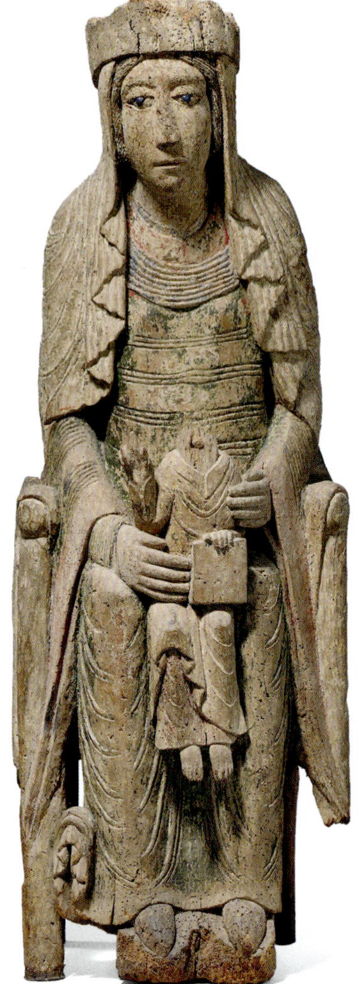

لوحة عليها عيد الخمسين

هولندية جنوبية، وادي موز، حوالي 1150–1160م
تقنية المساحة المرفوعة وميناء شفافة على نحاس مذهّب
المقاسات: 10.3x10.3 سم
مجموعة الأديرة، 1965م (65.105)

يُزيّن أكثر من اثنا عشر شكلاً شبيهًا بالحليّ هذه القطعة الرائعة التي تُصوّر اللحظة التي مكّن فيها الروحُ القدس حواريّي المسيح للكهنوت وفق ما ورد في أعمال الرسل في العهد الجديد. وبعد مرور خمسين يومًا على عيد الفصح سُمع دويّ قادم من السماء يشبه الريح العاتية وحامت ألسنة الذهب حول الحواريين ثم أصبحوا قادرين على تحدث لغات أخرى. وتظهر هنا يد الربّ فوق القديس بطرس الذي يمسك مفاتيح السماء. وتُمثّل هذه اللوحة واحدة من سلسلة لوحات صُنعت في منطقة موز (فرنسا وبلجيكيا الحديثتَين) لتكون على الأرجح جزءًا من مذبح أو منبر وعظ.

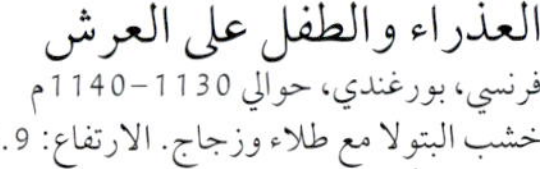

العذراء والطفل على العرش

فرنسي، بورغندي، حوالي 1130–1140م
خشب البتولا مع طلاء وزجاج. الارتفاع: 102.9 سم
مجموعة الأديرة، 1947م (47.101.15)

تمتلك هذه القطعة قوة نحتية هائلة رغم فقدان رأس المسيح وجزءًا كبيرًا من العرش. كانت القطعة في الأصل غنية بألوانها المطلية، وتشير بقايا الطلاء إلى أنّ العذراء كانت ترتدي سترة خضراء كلون الغابة وكمَّين قرمزيَّين عند أطرافها وغطاء رأس لازورديّ. كما كان الطفل يرتدي سترة صفراء فوق لباس داخليّ أحمر. أما كتابه فأزرق الواجهة وأبيض وأسود على جانبَيه. ويشير وجه العذراء المُطوّل واللحاف إلى شبه كبير مع منحوتة من كاتدرائية القديس لازار في أوتان.

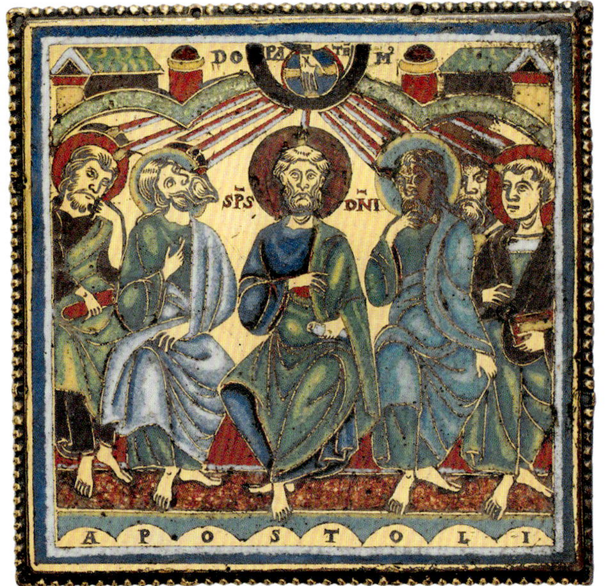

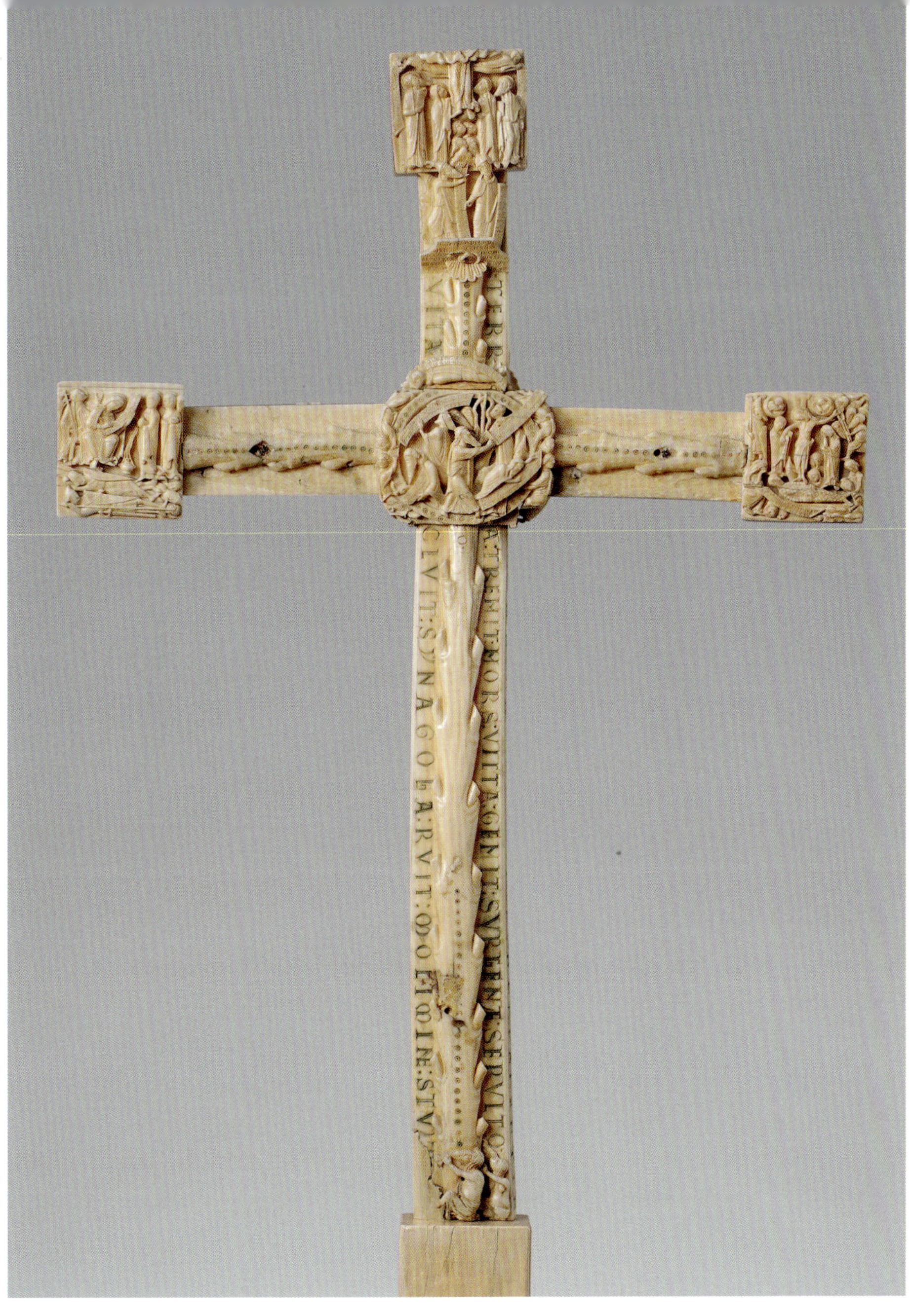

صليب

إنكليزي، حوالي 1150–1160م
عاج (حصان البحر). المقاسات: 36.2x57.5 سم
مجموعة الأديرة، 1963م (63.12)

نُقش هذا الصليب بكثافة على وجهَيه بزهاء مئة شخصية ومئة كتابة. ويشير هذا البرنامج المعقّد والنصوص بعينها وهيئة بعض الشخصيات إلى أنّ الصليب صُنع لدير. وتبلغ ذروة المشاهد الواردة على اللوحات المربّعة الأمامية في مشهد صعود المسيح. وفي الجهة الخلفية يحمل الأنبياء لفائف طومار مكتوبة بكلماتهم يُفهم أنها تُتنبِّئ بالصلب. وتعكس كتابات أخرى الخلافات اللاهوتية بين النصارى واليهود. وسواء كان للنقاش والجدال أو للذم فإنّ الصليب يعكس المشاهر المناهضة لليهود التي تزايدت خلال القرن الثاني عشر الميلادي.

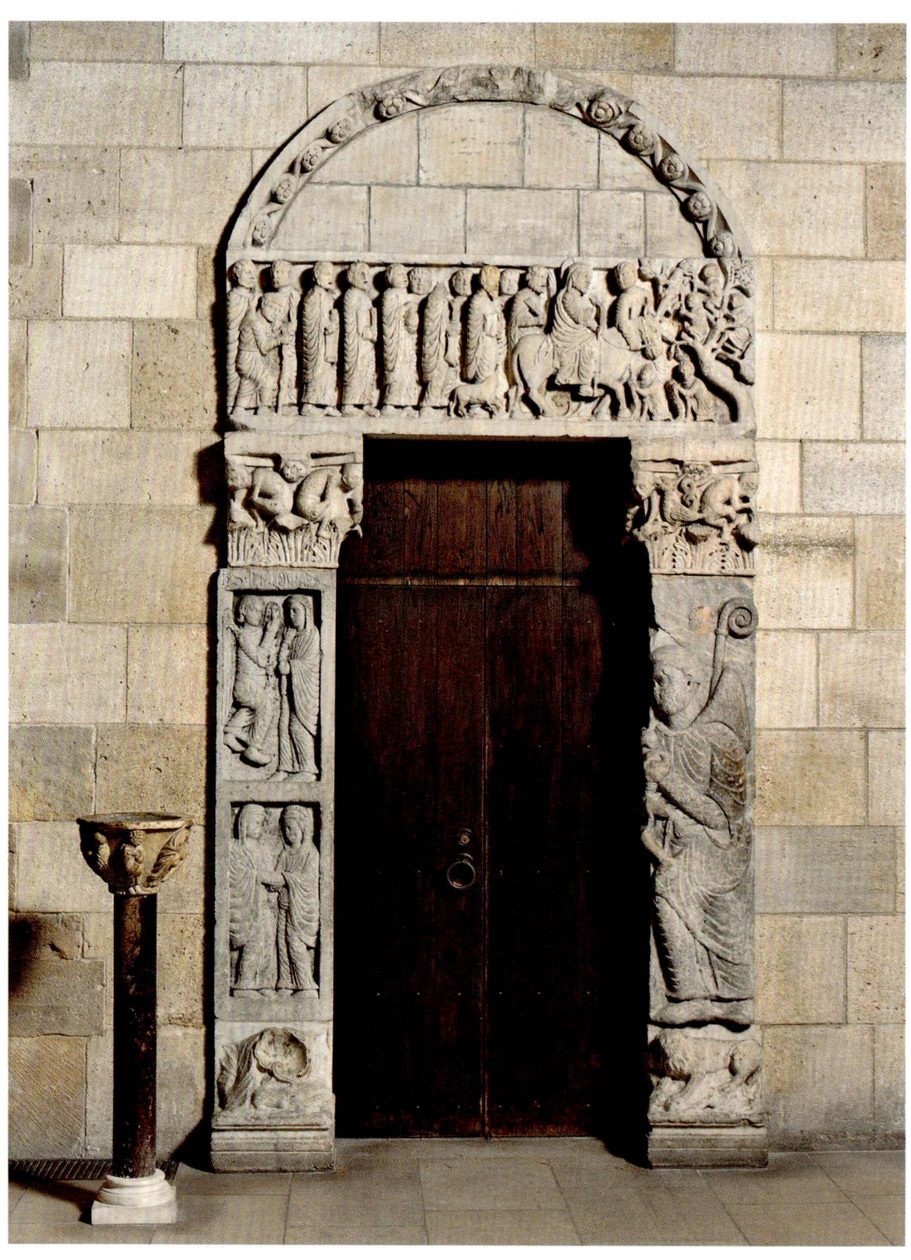

ورشة بيدوينوس
نشط في أواخر القرن الثاني عشر الميلادي

بوابة
إيطالية، تُسكانا، من كنيسة القديس ليوناردو الفريجيدو،
قرب ماسّا، حوالي 1175م
رخام كرّارا. المقاسات: 1.9x4 متر
مجموعة الأديرة، 1962م (62.189)

كُرِّست هذه البوابة للقديس ليوناردو وليّ المساجين وكانت تُستخدم باب دخول لكنيسة القديس ليوناردو الفريجيدو في منطقة توسكانا الإيطالية. وقد أُعيد استخدام تابوت من العصر القديم لصناعة الدعائم الجانبية للباب، ونُقش الجانب الأيسر ليعرض مشهدَي البشارة والزيارة والأيمن بصورة القديس ليوناردو حاملاً سجينًا رمزيًّا. أما مشهد دخول القدس الوارد على العارضة فيتّبع أسلوب النقوش النافرة المأتمية للعصر المسيحي المبكّر، وهو ما يعكس عودة اهتمام إيطاليا في القرن الثاني عشر الميلادي بهذه الحقبة المبكّرة.

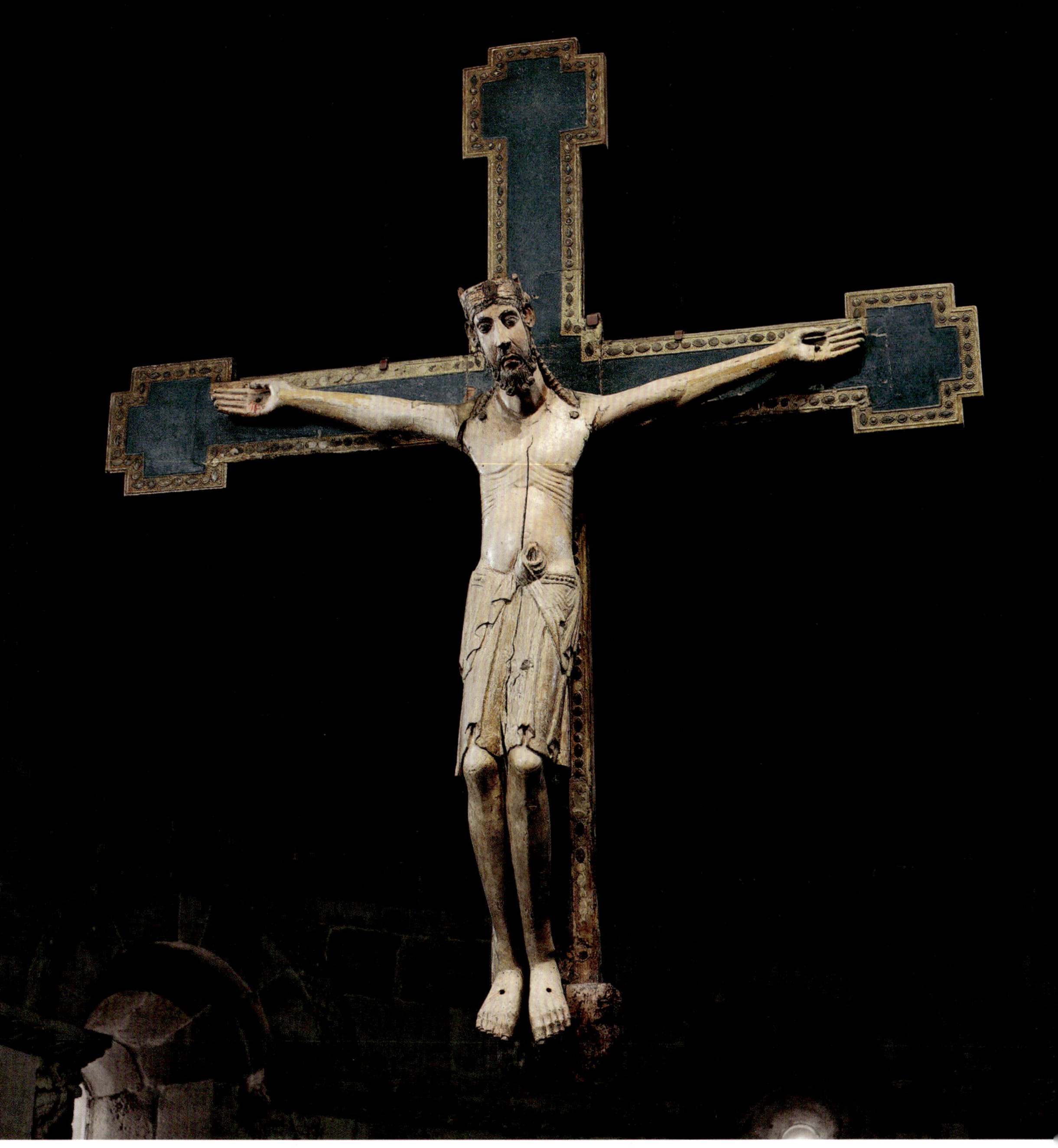

صليب

إسباني، قشتيلية وليون، حوالي 1150–1200م
الجسم: خشب البلوط الأبيض، طلاء، تذهيب، أحجار
الصليب: خشب الصنوبر الأحمر، طلاء
المقاسات: 0.4x2.1x2.6 متر
رصيد صامويل د. لي، 1935م (35.36a-b)

يظهر المسيح هنا وفق الأسلوب النموذجي للقرن الثاني عشر الميلادي: منتصرًا على الموت ومفتوح العينَين ومكللاً بالتاج. نُقشت موتيفات لحيته وقفصه الصدري بطريقة خشنة وكذلك مئزره. كما أنّ أجزاء كبيرة من الزخارف المطلية والمذهّبة أصلية. وزُيِّنت الجهة الخلفية في وسطها بصورة ملونة لحمل الله حسب المعتقد المسيحي ورموز مؤلّفي الأناجيل الأربعة، وهو ما يوحي بأنّ الصليب صُمِّم ليشاهَد من الجهتَين. وتتوافر روايات متضاربة حول المكان الأصلي للصليب، ويُقال إنه من دير سانتا كلارا في أستوديلو قرب بالنثيا غير أنّ مصدر المعلومة غير موثوق.

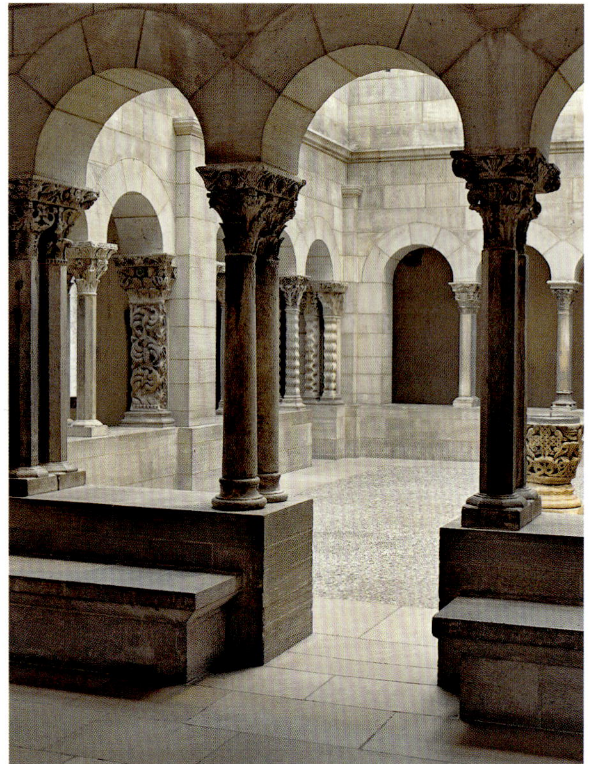

دير

فرنسي، من دير البنيدكتين سان غيلهام لو ديزير، قرب مونبليي
أواخر القرن الثاني عشر - بدايات القرن الثالث عشر م
حجر الكلس. المقاسات: 7.3x9.2 متر
مجموعة الأديرة، 1925م (25.120.1 إلى 25.120.134)

في عام 804م قرر غيلهام دوق أكيتان، كونت تولوز العضو من حاشية شارلومان أن يتخلّى عن امتيازاته الدنيوية وأسّس ديرًا للبنيدكتين في التلال الوعرة خارج مونبليي. يقع الدير في منطقة من فرنسا توجد فيها أعداد وافرة من بقايا البنايات الكلاسيكية ولذلك فإنّ العناصر تبوح بتأثير كلاسيكي كبير، وهو ما يتجلى بوضوح على سبيل المثال في استخدام ورقات الأقنث المنقوشة والموتيفات المتعرجة، كما أنّ أسلوبها أسلوب نموذجي للمنحوتات المنتجة عند التفاتة القرن الثالث عشر الميلادي. كان الدير استراحة منتظمة على طريق الحج المسيحي إلى سانتياغو دو كمبوستيلا في الشمال الغربي لإسبانيا، وقد أصابته أضرار فادحة خلال الحروب الدينية وإبان الثورة الفرنسية. واستُخدم ما يناهز 140 عنصرًا لإعادة بناء الدير منها الأعمدة والسواري والتيجان.

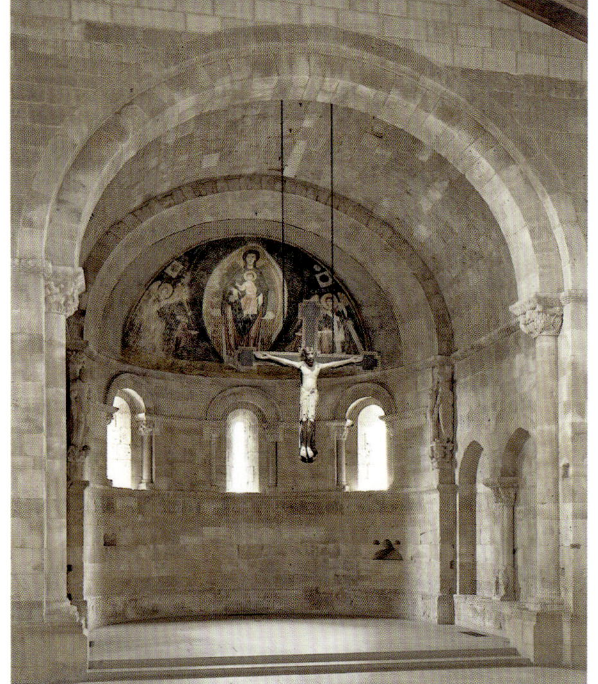

مدخل على هيئة محراب

إسباني، قشتيلية وليون، من كنيسة القديس مارتين إن فوانتيدوينيا، قرب شقوبية حوالي 1175-1200م
حجر الكلس
الارتفاع (إلى أعلى القبو البرميلي): 9.1 متر.
العرض (الداخلي الأقصى): 6.7 متر
صرف قرض مع الحكومة الإسبانية (L.58.86)

لا يُعرف إلاّ الشيء القليل حول كنيسة القديس مارتين إن فوانتيدوينيا. ومع حلول القرن التاسع عشر الميلادي لم ينج منها في حالة حسنة إلا المدخل على هيئة المحراب، وهو قبو نصف دائري في الطرف الشرقي وراء المذبح. ويُحاكي هذا المدخل الذي أُعيد بناؤه كنيسة شقوبية نمطية من القرن الثاني عشر الميلادي. يُغطّي المدخلَ قبوٌ برميلي ونصف قبة وفي جداره ثلاث نوافذ تحيط بها أعمدة عليها منحوتات القديس مارتين من مدينة تور وملاك البشارة مع مريم العذراء. وتظهر تحت قوس النصر عبادة المجوس ودانيال في عرين الأسود.

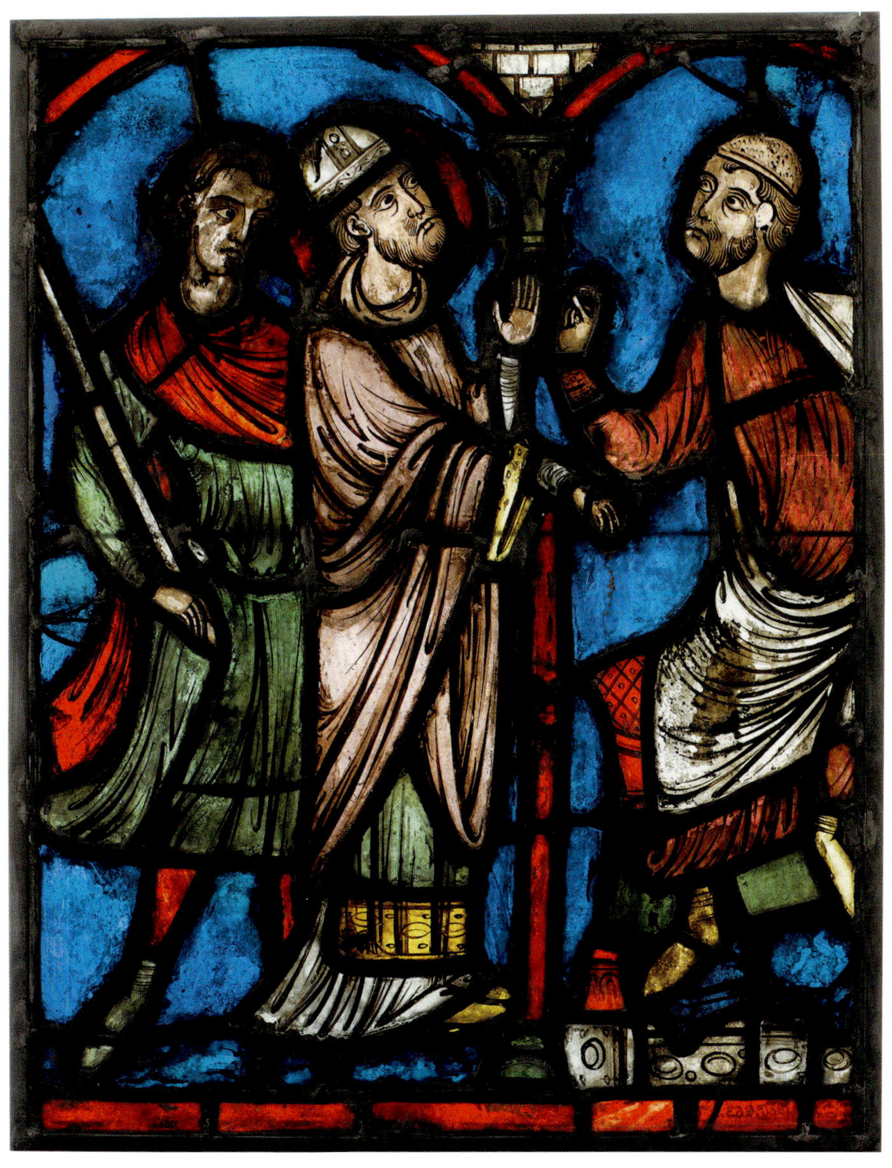

القديس نقولا يتّهم القنصل

فرنسي، منطقة بيكاردي، من كاتدرائية القديس جرفي والقديس بروتي في سواسون
حوالي 1200–1210م
زجاج معدني، طلاء زجاجي
المقاسات: 54.6x41.3 سم
مجموعة الأديرة، هبة مؤسسة كلانكارن، 1980م (1980.263.3)

هذه واحدة من لوحتَين تعتمدان على أسطورة القديس نقولا. يرتدي نقولا ملابس وردية اللون وعلى رأسه تاج الأسقف وقد ظهر أمام القنصل ليطالب بإطلاق سراح الفرسان الذين اتُّهموا باطلاً بالخيانة. وينظر إلى المشهد حارس من حراس القصر. ويُرجّح أنّ هذه اللوحة تأتي من مُصلّى الإسعافات الخارجية للقديس نقولا في كاتدرائية سواسون التي كان جزء منها بصدد البناء في العقد الأخير من القرن الثاني عشر الميلادي. وتتميز التركيبة بالعقد المحيط بكل عنصر سردي، وهي من أوائل الأمثلة لنمط معيّن له ارتباطات وثيقة بسواسون. أما الشخصيات الكلاسيكية الأنيقة والأقمشة المنسدلة فهي نموذجية في شمال فرنسا في تلك الحقبة.

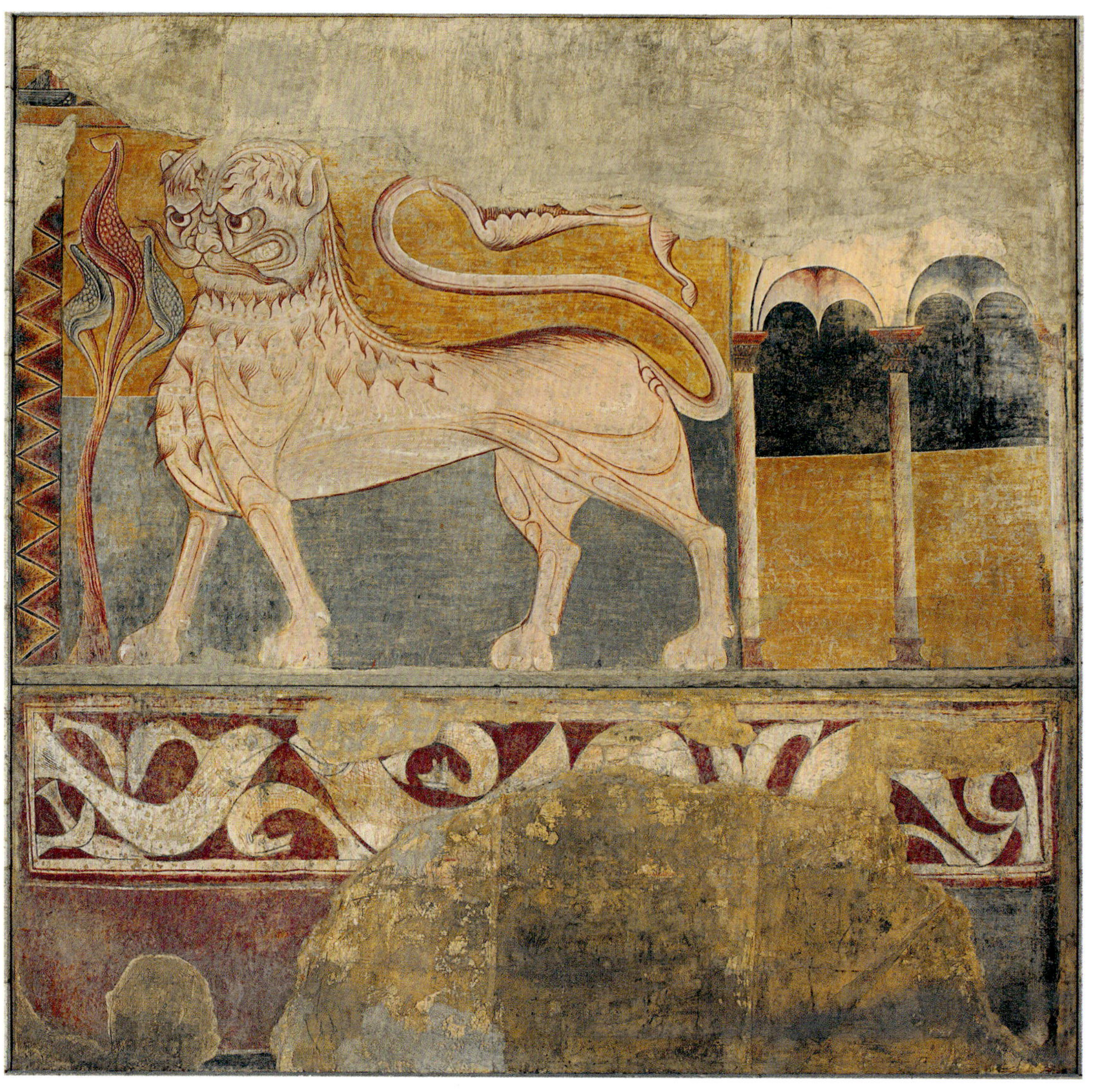

أسد

إسباني، قشتيلية وليون، من بيت شابتر لدير سان بيدرو دو أرلنزا قرب برغوس، بعد 1200م
جدارية نُقلت على القماش. المقاسات: 3.4x3.3 متر
مجموعة الأديرة، 1931م (31.381a–b)

تتجلّى القوة المتفجرة لهذا الأسد من خلال عضلاته المفتولة ونظرته الثابتة وغُرّته المنتفخة. وهذا تمثال من زوج أسود كانا يحيطان بمدخل باب في الطابق العلوي لبيت شابتر الذي كان ملتقى رهبان سان بيدرو دو أرلنزا. أُنجزت هذه الجدارية في القرن الثالث عشر الميلادي وظلت مخفية تحت التجديدات التي أُجريت في القرن الثامن عشر الميلادي إلى أن أُعيد اكتشافها إثر حريق شبّ سنة 1894م. بيعت الجدارية في البداية إلى جامع تحف ثمّ إلى ون. ويمكن للزائر أن يشاهد في الأديرة جدارية أخرى لتنّين تأتي بدورها من بيت شابتر.

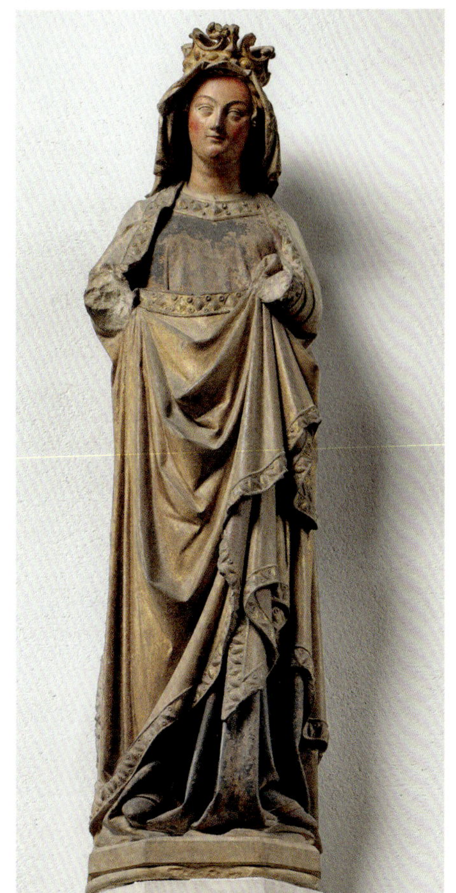

تمثال العذراء

ألزاس، ستراسبورغ (فرنسا الحديثة)، حوالي 1250م
حجر رملي مع طلاء وتذهيب أصليَّين
الارتفاع: 148.6 سم
مجموعة الأديرة، 1947م (47.101.11)

يُعدّ هذا التمثال الملكي للعذراء من أفضل نماذج النحت القوطي، وكان في السابق منتصبًا على حاجز الجوقة لكاتدرائية ستراسبورغ. وكانت هناك قبة رُسمت عليها صور ملائكة يحملون التاج فوق رأس العذراء في إشارة إلى مقامها الشريف قرب وسط المشهد. كما كان هناك تمثال للمسيح الطفل يقف قرب مريم (س) على أجمة من الورد، وهو مفقود الآن. ويمكن أن تشير الأجمة إلى مريم بوصفها «وردة خالية من الأشواك» أو بسبب لونها الأحمر إلى دم المسيح الذي سال خلال صلبه حسب المعتقدات المسيحية. ثم أُزيل الحاجز سنة 1680م نتيجة التغييرات في طقوس الكنيسة.

كوب وطبق وقشة

ألماني، من دير البنيدكتين القديس ترودبارت في مونسترتال قرب فرايبورغ إم برايسغاو، حوالي 1230–1250م
فضة، فضة مذهّبة، نيالو، جواهر
ارتفاع الكوب: 20.3 سم. قطر الطبق: 22.2 سم.
طول القشة: 21.6 سم
مجموعة الأديرة، 1947م (47.101.26 إلى 47.101.29)

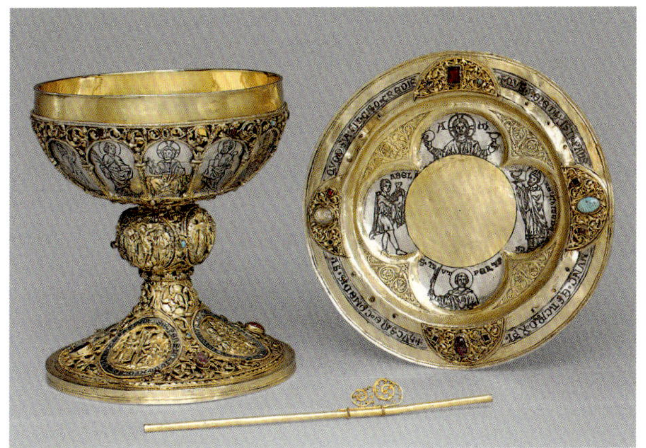

زُخرف هذا الطقم بصور رقيقة أُنجزت بالأسلاك الملوية وتقنية النقش النافر والنيالو لاستخدامه خلال القدّاس: الطبق للخبز والكوب والقشة للنبيذ. استُخدمت القشّات في أزواج أحيانًا لتلافي سكب النبيذ الذي تُكرّسه الكنيسة بوصفه دم المسيح. نُقشت على الكوب والطبق مشاهد من حياة المسيح مع أحداث من العهد القديم يُعتقد أنها تنبّأت بها. يحيط الحواريون الإثنا عشر بجزء الكوب الذي يُشكّل كأس الشراب، أما القديس ترودبارت وليّ الدير الواقع قرب فرايبورغ إم برايسغاو الذي تأتي منه هذه القطع الفنية، فقد خُصِّص له موقع بارز على الطبق قبالة المسيح في الميدالية العليا.

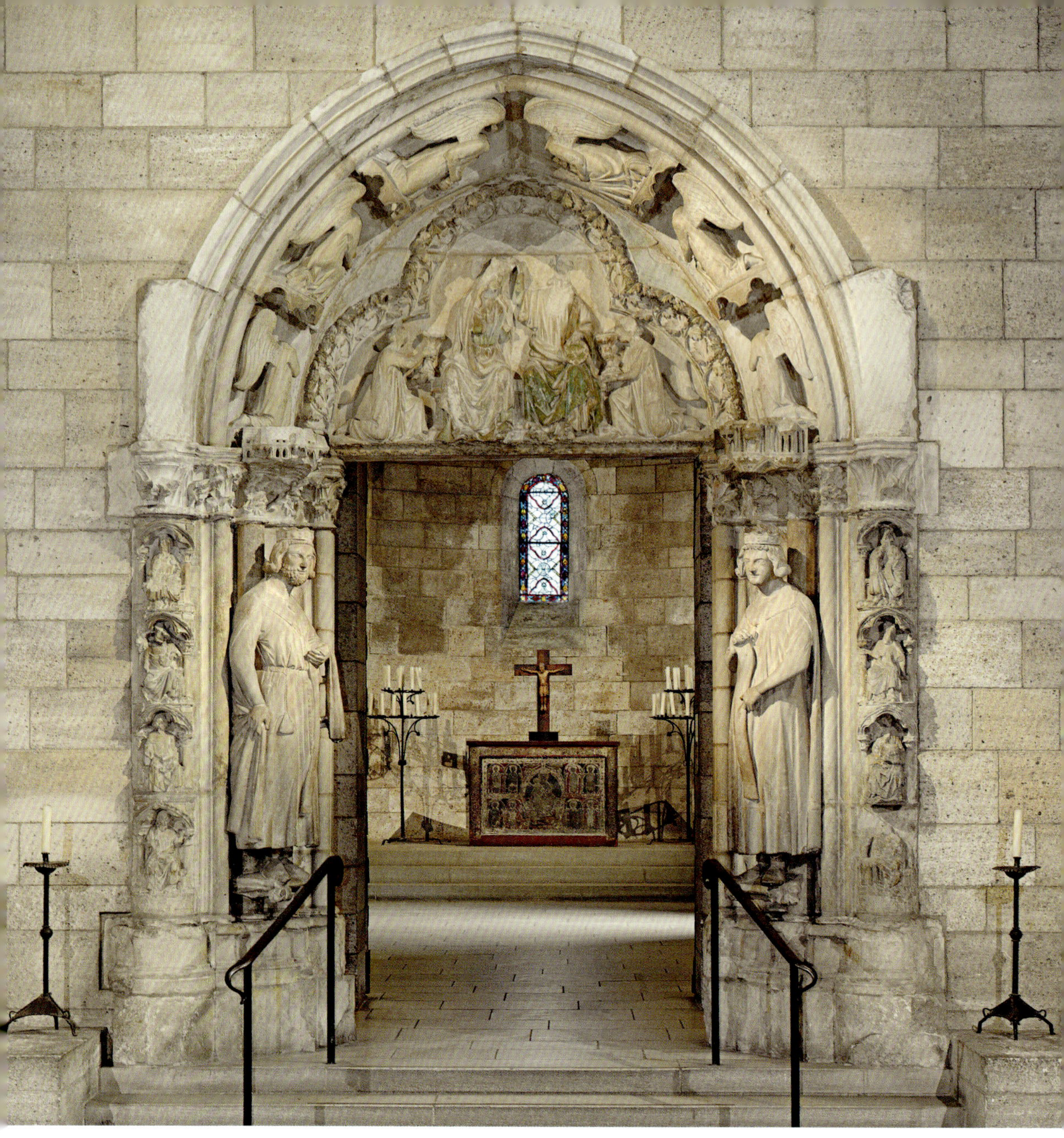

مدخل

فرنسي، بورغندي، من دير موتيي سان-جون، قرب ديجون، حوالي 1250م
حجر الكلس مع بقايا طلاء
المقاسات: 3.8x4.7 متر
مجموعة الأديرة، 1940م (40.51.1,2)

يقف الملكان المسيحيان الفرنسيان الأولان، كلوفيس الأول وابنه كلوتار الأول على جانبَي المدخل يحملان المواثيق المؤسسة لحكمهما. وتحتوي الكوى الجانبية على تماثيل شخصيات من الإنجيل يُعتقد أنها تُتنبّئُ بصلب المسيح. أما في الطبلة التي تعلو المدخل فيظهر تمثال المسيح يُكلّل العذراء بتاج ملكة السماوات. والأرجح أن هذا المدخل كان في الجناح الشمالي للدير وكان يقود إلى كنيسة الدير. حصلت له أضرار بليغة خلال حقبة الحروب الدينية في القرن السادس عشر الميلادي، وجرى ترميم رأسَا الملكَان في القرن السابع عشر الميلادي على الأرجح.

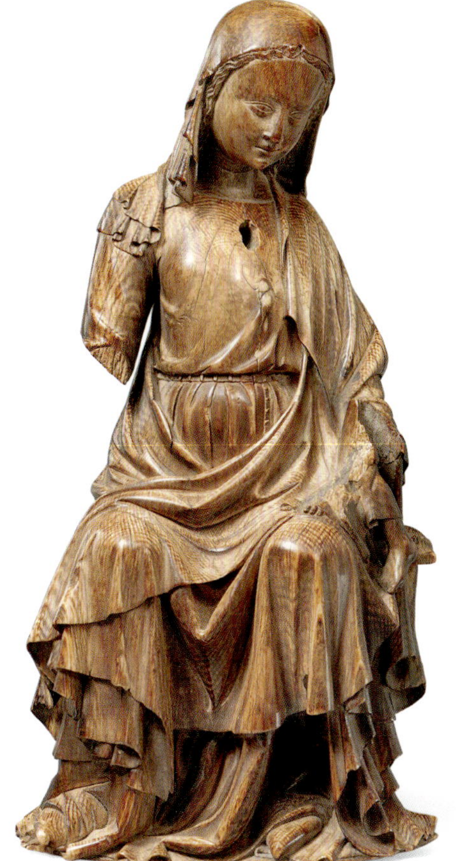

العذراء والطفل على العرش

إنكليزي، على الأرجح لندن، حوالي 1300م
عاج (الفيل). المقاسات: 27.3x13.5x9.6 سم
مجموعة الأديرة، 1979م (1979.402)

تُمثّل هذه المنحوتة درجة عالية من المهارة في مجال المنحوتات العاجية الإنكليزية، وهي تناقس بكل ندية الصليب العاجي العائد لأديرة القرن الثاني عشر الميلادي الذي تعرضنا إليه سابقًا. وعلى الرغم من قربه الأسلوبي إلى المنحوتات الكاتدرائية فإنّ هذا التمثال صغير الحجم يُعدّ نموذجًا من نوع الصورة الحميمية التي ظهرت عندما كانت الطقوس المسيحية لعبادة العذراء في أوجها في ذلك الزمن. اشتهرت باريس بهذا الصنف من المنحوتات العاجية ولا يوجد منها إلا عدد قليل يُنسب إلى إنكلترا. ويُحتمل أنه جرى استخدام زيت الجوز لتعتيم السطح - كما يوصى بذلك في كتاب «الفنون المختلفة» المحرر في القرن الثاني عشر الميلادي - أو لعلّ لون العاج الداكن ناتج عن التعرض للحرارة الشديدة. ولم يتبقّ إلا جزء من تمثال المسيح الطفل قرب الركبة اليسرى لوالدته.

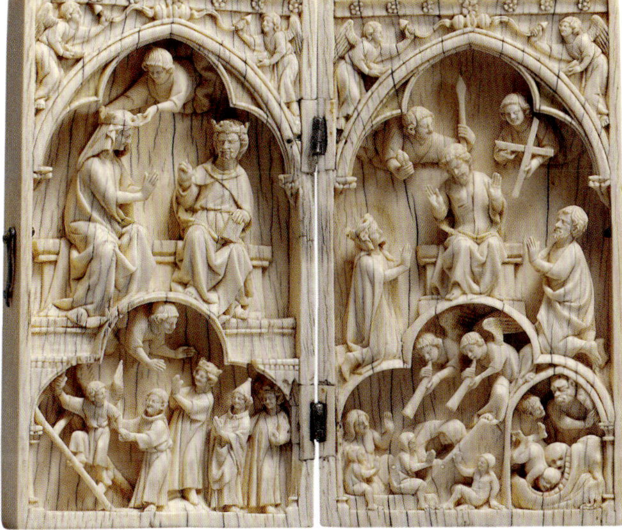

لوح مزدوج عليه مشاهد تتويج العذراء ويوم القيامة

فرنسي، على الأرجح باريس، حوالي 1260–1270م
عاج (الفيل). المقاسات: 12.7x13 سم
مجموعة الأديرة، 1970م (1970.324.7a,b)

يُظهر هذا النقش النافر الاستثنائي على هذا اللوح المزدوج درامية هذه المشاهد التي غالبًا ما تقترن معًا في المنحوتات الكاتدرائية، ويضعها في ركح مُصغّر تبدو عليه الشخصيات الصغيرة تتحرك بكل حرية. ويظهر تحت مشهد تتويج العذراء راهبٌ من بين أوائل من يقودهم الملك إلى السلم الرافع إلى السماوات ويتبعه ملِك وبابا. وعلى اليمين، تركع العذراء والقديس بطرس المعمداني أمام المسيح الذي يجلس للحكم يوم القيامة حسب المعتقدات المسيحية. أما في الأسفل فينفخ الملائكة في البوق لإيقاظ الموتى بينما يُسقط العفاريتُ المذنبينَ في الجحيم.

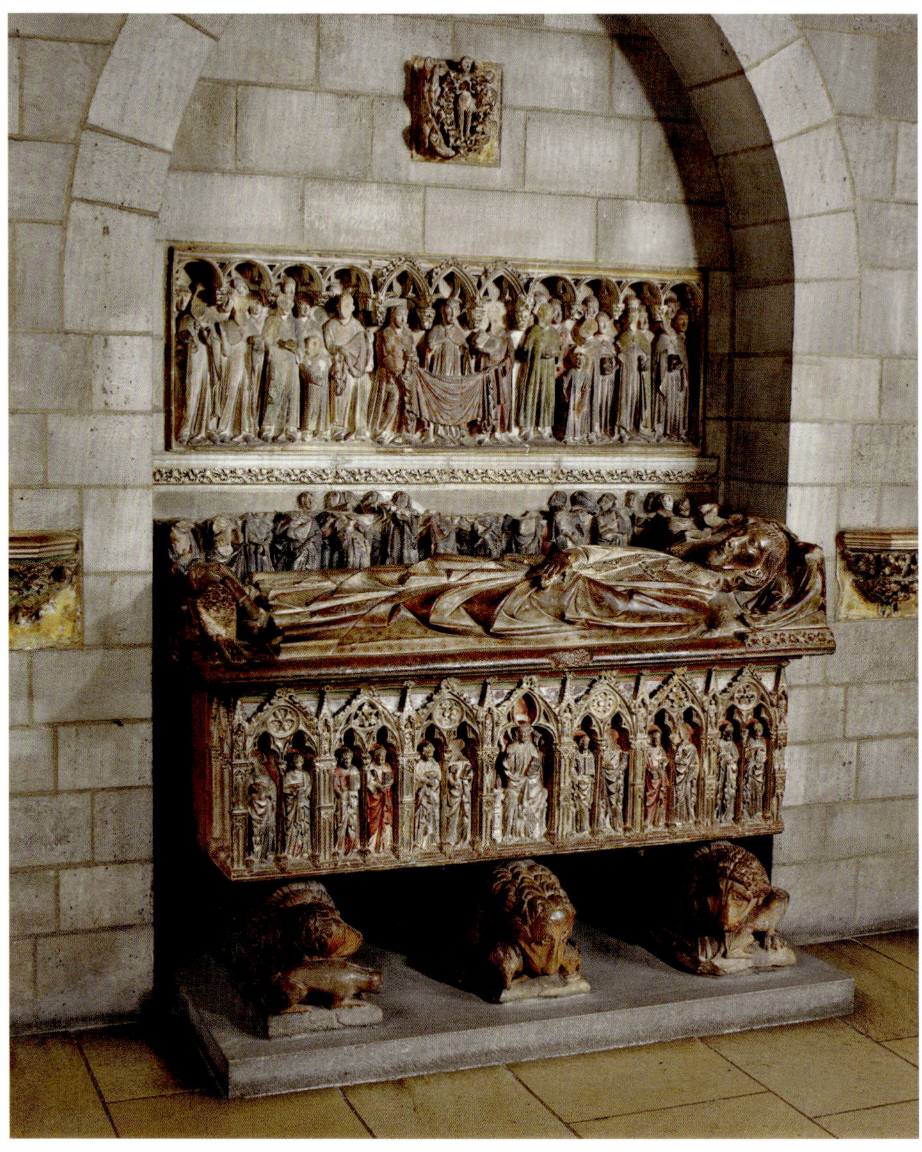

القبر التمثال لإرمنغول السابع كونت أورجال

كاتالوني، لاردة، من الدير البريمونتري لسانتا ماريا دي بالبويغ
دي لاس أفلانس
إسباني، حوالي 1300–1350م
حجر الكلس مع بقايا طلاء
المقاسات: 88.9x201.9x226.1 سم
مجموعة الأديرة، 1928م (28.95a إلى 28.95i)

توحي الأساليب المتنوعة لهذا المعلم المعقّد وقياساته المتباينة أنه جرى تجميعه من عناصر أُنتجت في الأصل لعدة قبور مختلفة. جرى تمثيل الكونت (توفي سنة 1184م) بوضع رأسه على وسائد تقليدية مزيّنة، وعينَيه مُغلقتان ويديه مُشبّكتان على سيف في غمده. وتظهر خلفه مباشرة مجموعة من الأشخاص (لحقتها أضرار) في حالة حداد نُقشت على البلاطة ذاتها. كما نُحتت صورة المسيح في حجاله تحت الأقواس أدناه مُحاطًا بالحواريين الاثني عشر. يوجد فوق التمثال القبر نقشٌ نافر منفصل يصف جنازة مع ثلاثة كهنة. وفي الأعلى، ثلاثة ملائكة يحملون روحًا إلى السماء.

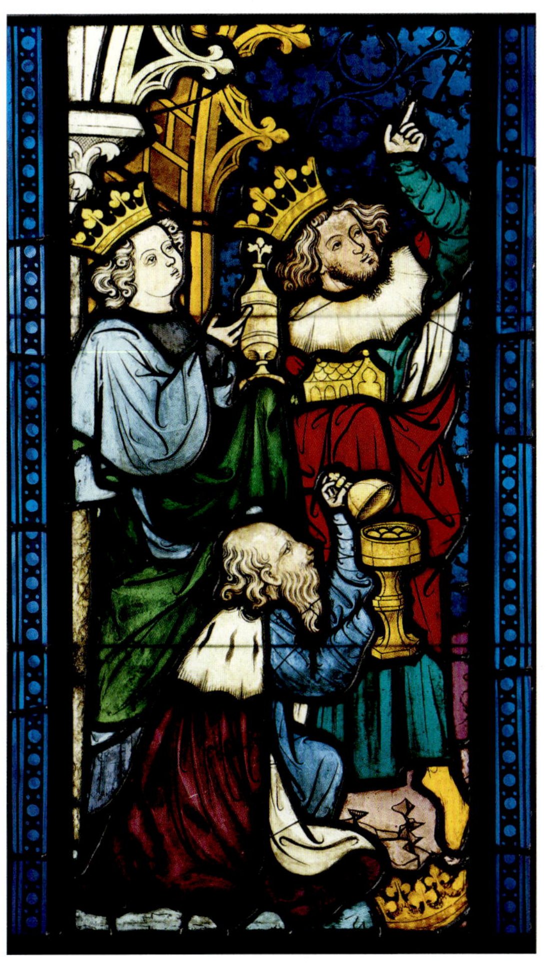

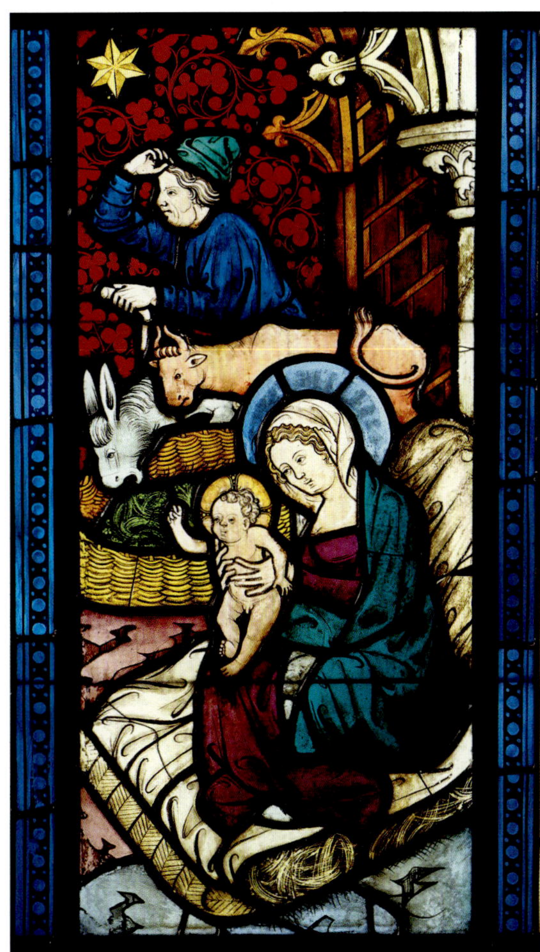

عبادة المجوس

نمساوي، من جوقة كنيسة القصر في إبرايشيسدورف، جنوب فيينا

حوالي 1390م

وعاء معدني، زجاج شفاف، بقع فضية، طلاء زجاجي

التفاصيل: 33x69.2 سم، و 32.8x69.4 سم.

وكل مشرط: 30.8x357.2 سم

مجموعة الأديرة، 1986م (1986.285.1,2)

تتميز الورشة الملكية التي أنتجت هذا الزجاج بالتفاصيل السردية والألوان الغنية والنماذج التصميمية. تجلس العذراء باللون القرمزي مع طفلها على حصير من القش وتظهر إلى جانبها المواشي التي تُغذّيها. يُقدّم الملوك بزينتهم هدايا من الذهب بينما يركع أحدهم متواضعًا ونازعًا تاجه من فوق رأسه. بُني قصر إبرايشيسدورف جنوب فيينا كنقطة دفاع ضد المغول، وفي زمن السلم لاحقًا أضاف رودولف فون تيما (توفي سنة 1406م) كنيسة فيها سلسلة من الزجاج الملوّن. نهب الأتراك القصر سنة 1683م وفقد منذ ذلك الحين بريقه القروسطي. وباستثناء لوحة في فيينا، لم تتبقّ إلا نوافذ الأديرة التي تشمل سبعة مشاهد من حياة المسيح وعقودًا معمارية.

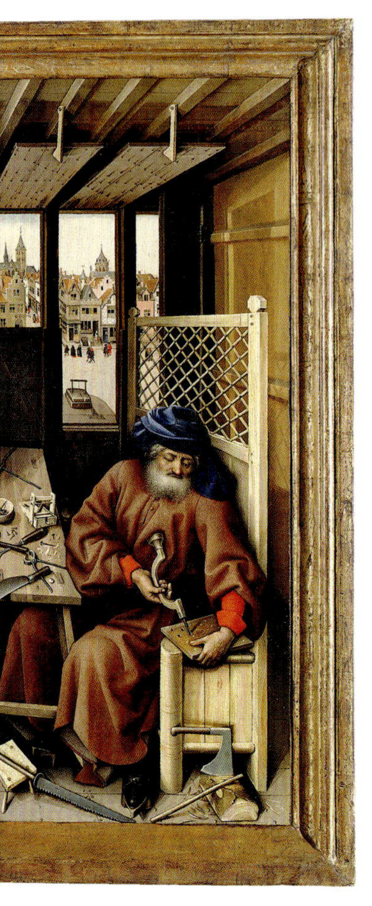

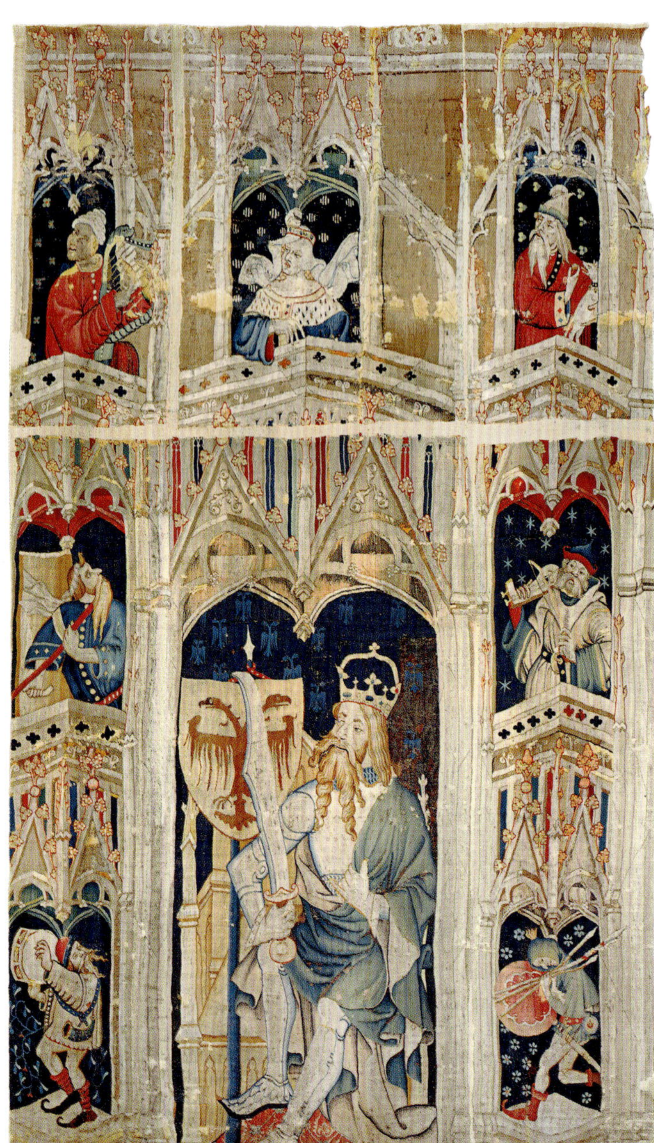

جوليوس قيصر وخدمه

جنوب هولندا، 1400–1410م

صوف بالسدو واللحمة. المقاسات: 2.4x4.2 متر

هبة جون ف. روكفيلر الأصغر، 1947م (47.101.3)

يُعدّ هذا النجد المُعلَّق من أقدم وأجود نجود العصر الوسيط، وهو قطعة من مجموعة نجود تُمجّد ذكرى تسعة أبطال: ثلاثة من التقاليد العبرية وثلاثة من العصر الوثني القديم وثلاثة من العالم المسيحي. ونشاهد جوليوس قيصر يضع تاج الإمبراطور المفتوح ويتدلّى النسر الإمبراطوري ذو الرأسيَن من عرشه. يحيط به الموسيقيون وشخصيات من البلاط ويمكن أن يكون الرجل ذي البشرة السمراء إشارة إلى الأقاليم الإفريقية الخاضعة لحكم قيصر. يرمز الأبطال التسعة إلى الحكمة والبسالة، وقد ذُكروا أول مرة في قصيدة فرنسية أُلِّفت في مستهل القرن الرابع عشر الميلادي وعنوانها: نذور الطاووس. ويُعتقد أنّ نجود الأبطال التسعة التي تنتمي لمجموعة الأديرة كانت ملكًا لجان دو فرانس، دوق بيري الذي كان عرّابًا للفنون ذائع الصيت.

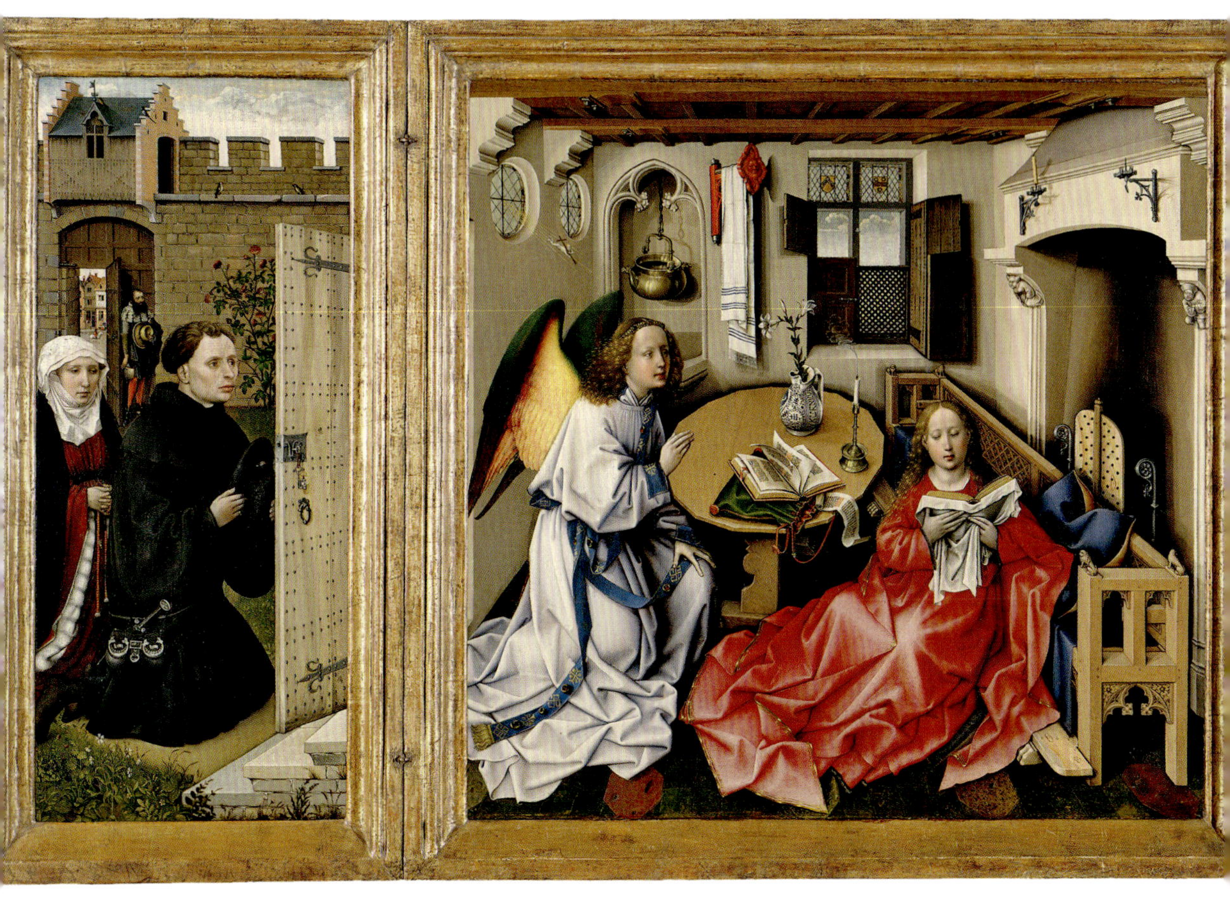

من ورشة

جان كامبين

هولندي جنوبي، توրناي (بلجيكيا الحديثة)
حوالي 1375–1444م

لوح ثلاثي عليه رسم البشارة (مذبح كنيسة ميرود)

حوالي 1427–1432م
ألوان زيتية على السنديان،
المقاسات: اللوح الأوسط 63.2x64.1 سم
كل لوح جانبي: 27.3x64.5 سم
مجموعة الأديرة، 1956م (56.70a–c)

يظهر رئيس الملائكة جبرائيل في بيت العذراء بينما يُحمل المسيح الطفل صغير الحجم عبر النافذة على سحب من نور. وقد أطفأ دخولهما الشمعة على الطاولة لكن العذراء منهمكة في القراءة ولم تتفطّن إليهما. وفي الجناح الأيمن للوح الثلاثي رُسم القديس جوزيف يعمل في ورشة نجارته، أما في الجناح الأيسر فيظهر المتبرّع بيتر إنغلبراخت (المُعرَّف من خلال شعاره الوارد على الزجاج الملوّن للنافذة في اللوح الأوسط) مع زوجته وهما يُشاهدان البشارة. يُمثّل هذا اللوح الثلاثي رائعة فنية مبكرة في الرسم الزيتي بهذا المشهد المألوف الذي أُضيفت إليه لمسة حية وجذابة وتفاصيل دقيقة تظهر في منظر المدينة خارج نافذة جوزيف.

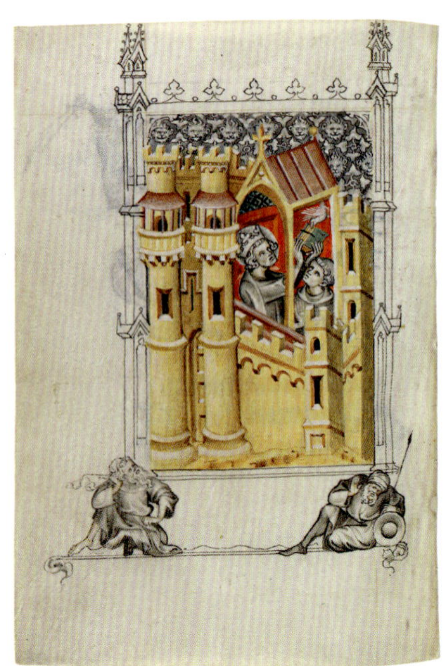

أعلاه

جان بوسال

فرنسي، نشط ما بين 1319–1334م

كتاب ساعات الصلوات لجان ديفرو، ملكة فرنسا

فرنسي، باريس، حوالي 1324–1328م
أقلام رمادية وتلوين حراري وحبر على الرق
صحيفة 154v. المقاسات: 6.2x9.2 سم
مجموعة الأديرة، 1954م (54.1.2)

تُضفي الظلال الرمادية الرقيقة جودة نحتية مدهشة على هذا الكتاب صغير الحجم الذي يحتوي على مشاهد من حياة المسيح والقديس لويس الذي يظهر هنا وهو يستلم بطريقة إعجازية كتاب صلواته وهو في السجن. وترد في الكتاب زهاء سبعمئة صورة في الهوامش تصف رؤساء الأديرة والمتسولين والراقصين والموسيقيين الباريسيين في العصر الوسيط، وكذلك القردة والأرانب والكلاب والمخلوقات الخيالية. وتبدو جميعها نابضة بالحياة بفضل حس الملاحظة الدقيقة وبراعة الرسم وخيال الفنان. أُنجز كتاب الساعات هذا للاستخدام الشخصي للملكة لصلواتها اليومية. وقد أوصت جان ديفرو بالكتاب إلى الملك شارل الخامس سنة 1371م. وبعد موته، جرى ضمّ الكتاب إلى مجموعة أخيه جان دو فرانس، دوق بيري.

أدناه

هرمان وبولس وجان دو ليمبورغ

فرنسي هولندي، نشط في فرنسا حوالي 1399–1416م

كتاب الصلوات «الساعات الجميلة» لجان دو فرانس، دوق بيري

فرنسا، باريس، 1405–1408/ 1409م
تلوين حراري وورقة ذهب وحبر على رق
صحيفة 168r. المقاسات: 17x23.8 سم
مجموعة الأديرة، 1954م (54.1.1)

كان كتاب الصلوات المسمّى «الساعات الجميلة»، وهو كتاب عبادات خاصة، أول مخطوط من مجموعة مخطوطات فاخرة طلب الإخوة ليمبورغ من جان دو بيري إنجازه. ولعلّ هذا هو كتاب الصلوات الكامل والمتناسق أسلوبيًّا الوحيد الذي تبقّى من مكتبة الدوق الاستثنائية، وتشمل صفحاته الأربعة والتسعين الكاملة وزخارفه على أربع وأربعين عمودًا محاور غير مألوفة تعكس اهتماماته الشخصية. ونشاهد في هذه الصحيفة معجزة القديس نيكولاس يُنقذ مسافرين في البحر. استخدم الفنانون تشكيلة ألوان مضيئة ليرسموا شخصيات ذات سحنة إيطالية ورؤية مفصلة للطبيعة تقترب من رؤى شمال أوروبا.

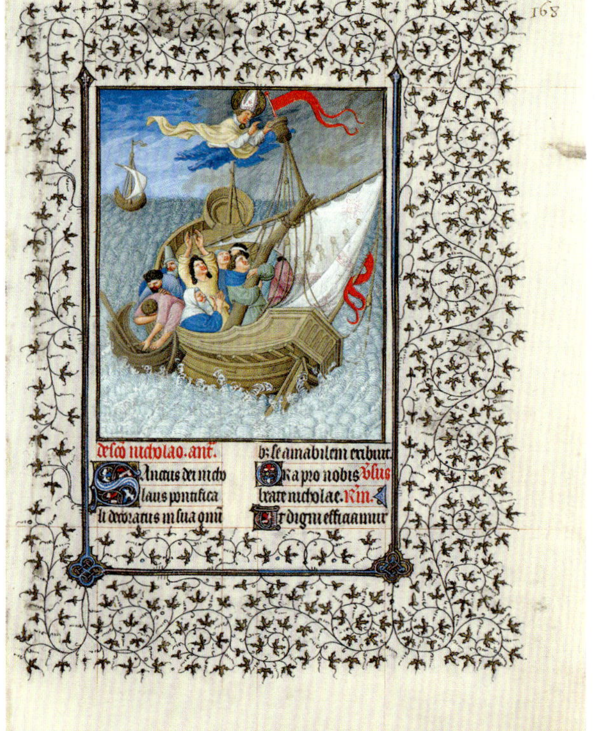

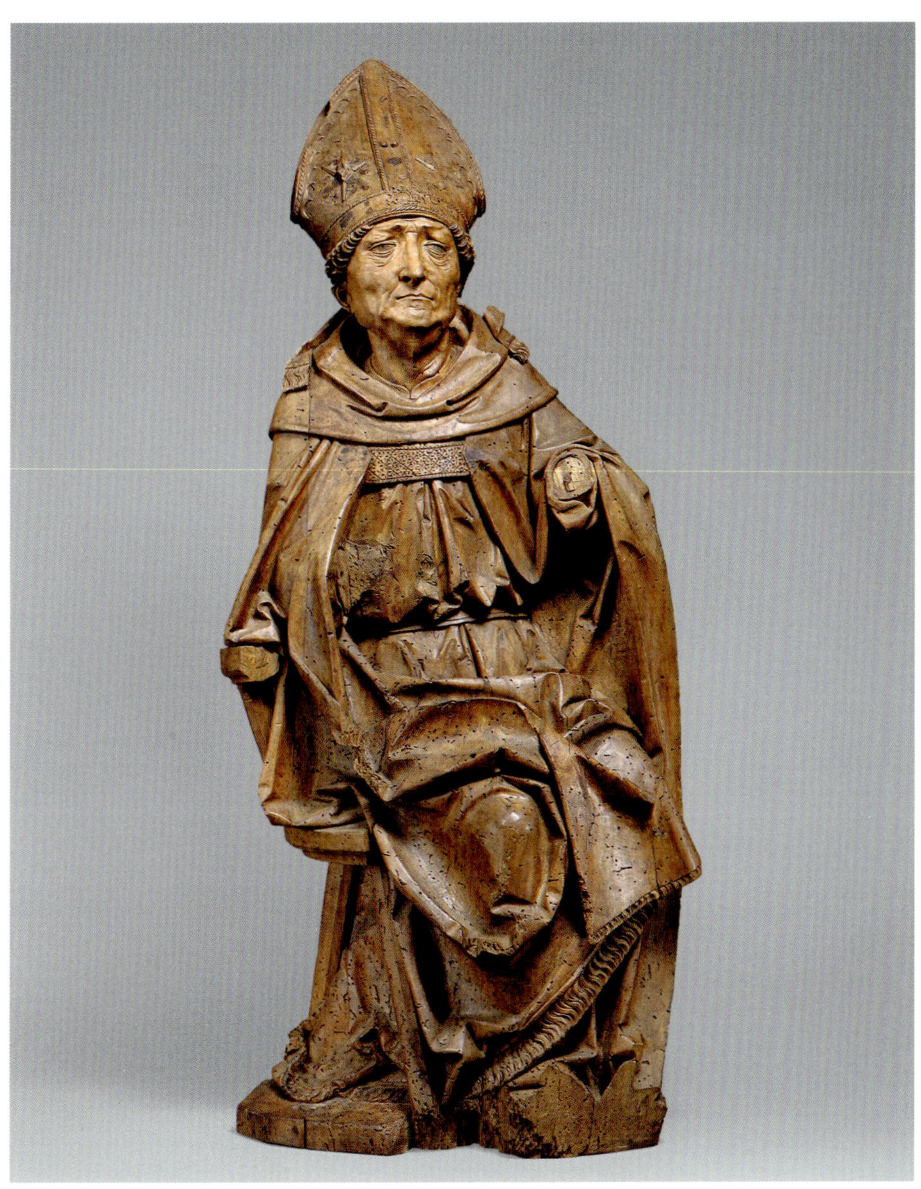

تيلمان ريمنشنايدر
ألماني، 1460–1531م

أسقف جالس
ألماني، فرنكونيا السفلى، فورتسبورغ، حوالي 1495–1500م
خشب الزيزفون وصبغ رمادي وأسود
المقاسات: 90.2x35.6x14.9 سم
مجموعة الأديرة، 1970م (1970.137.1)

كان ريمنشنايدر من أكثر نحاتي خشب الزيزفون موهبة في العصر الوسيط في جنوب ألمانيا. وكان يميل في بعض الأحيان إلى عدم تلوين المنحوتات التي تُعرض في مذابح الكنيسة الكبيرة والاكتفاء بصبغ بعض التفاصيل باللون الأسود كما فعل بعينَي هذه التمثال ثم يُغطّي المساحات بطلاء لماع فاتح اللون. لا يمكن الجزم حول هوية الأسقف غير أن وضعية الجلوس توحي أنه قد يُمثّل القديس أوغسطين أو أمبروز، ولعله من مذبح «آباء الكنيسة» الأربعة الأوائل. أمّا طريقة إنجاز وجه الرجل الطاعن في السن بحس مرهف وأداء وصفي فتوحي بعمق نفساني وورع روحاني، وهي سمات منتشرة في الفن الألماني في ذلك العصر.

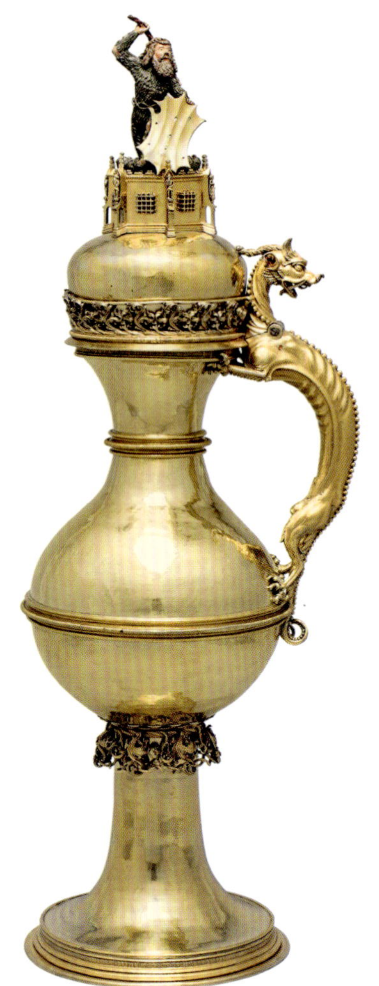

أدناه

إبريق عليه صور قردة

هولندي جنوبي، على الأرجح من المناطق البورغندية
حوالي 1430–1440م
فضة وفضة مذهبة وطلاء بالمينا
الارتفاع: 20 سم، القطر: 11.7 سم
مجموعة الأديرة، 1952م (52.50)

يُعدّ هذا الإبريق من أجود الأمثلة المتبقية من تحف المينا العائدة للعصر الوسيط التي صُنعت لتُستخدم على موائد الأمراء، وهو يُصوّر أسطورة شعبية تتمحور حول غباء الإنسان. تسرق مجموعة من القردة بائعًا متجوّلاً وهو غارق في نومه. ويظهر في الصورة الواردة مباشرة فوق القاعدة عاجزًا عن الحركة بينما تسحب عنه القردة ملابسه. وتثب قردة أخرى بمرح بين الأغصان بعد أن سلبته متاعه. ونجد هذا التقنية غير المألوفة بالمينا رمادية اللون على عدة تحف أخرى متبقية، وهي كلها ذات صلة ببلاطات حكام بورغندي الأرستقراطيين.

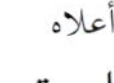

أعلاه

إبريق يعلوه تمثال إنسان متوحش

ألمانيا، على الأرجح نورنبيرغ، أواخر القرن الخامس عشر م
فضة مذهّبة ومينا وطلاء، الارتفاع: 63.5 سم
مجموعة الأديرة، 1953م (53.20.2)

يظهر في أعلى هذا الإبريق رجل ملتح يمسك هراوة. شاعت الشخصيات الأسطورية في فنون وآداب العصر الوسيط على غرار «الرجل المتوحش» الذي يُنظر إليه على أنه يتسم بذكورية كبيرة، وكان يُعتقد أنه يعيش في الغابات ويتبع غرائزه البدائية. يوجد إبريق مماثل لهذا يُشكّل معه زوجًا، وقد نُسبا إلى زوج أباريق مذكور في جرد أُجري سنة 1526 و 1585م لممالكات الفرسان التيوتونيين، وهي طائفة عسكرية ودينية تأسست في حقبة الحروب الصليبية. لا يحمل أي من الإبريقين دمغة تشير إلى أصله لكن يمكن نسبهما إلى مدينة نورنبيرغ المزدهرة وقتئذ من خلال المقارنة الأسلوبية مع أعمال الصائغ النورنبيرغي سيبستيان ليندناست الأكبر.

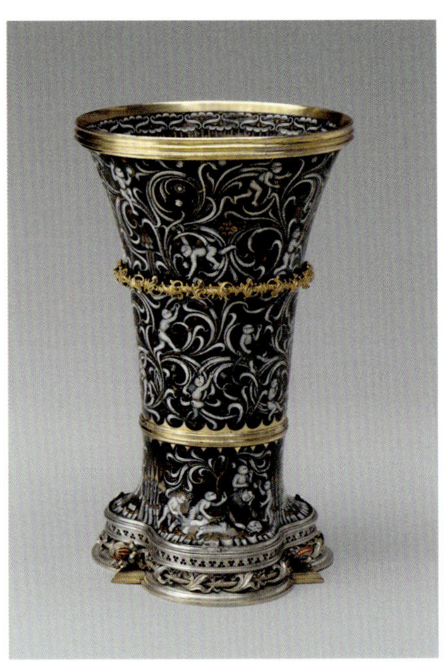

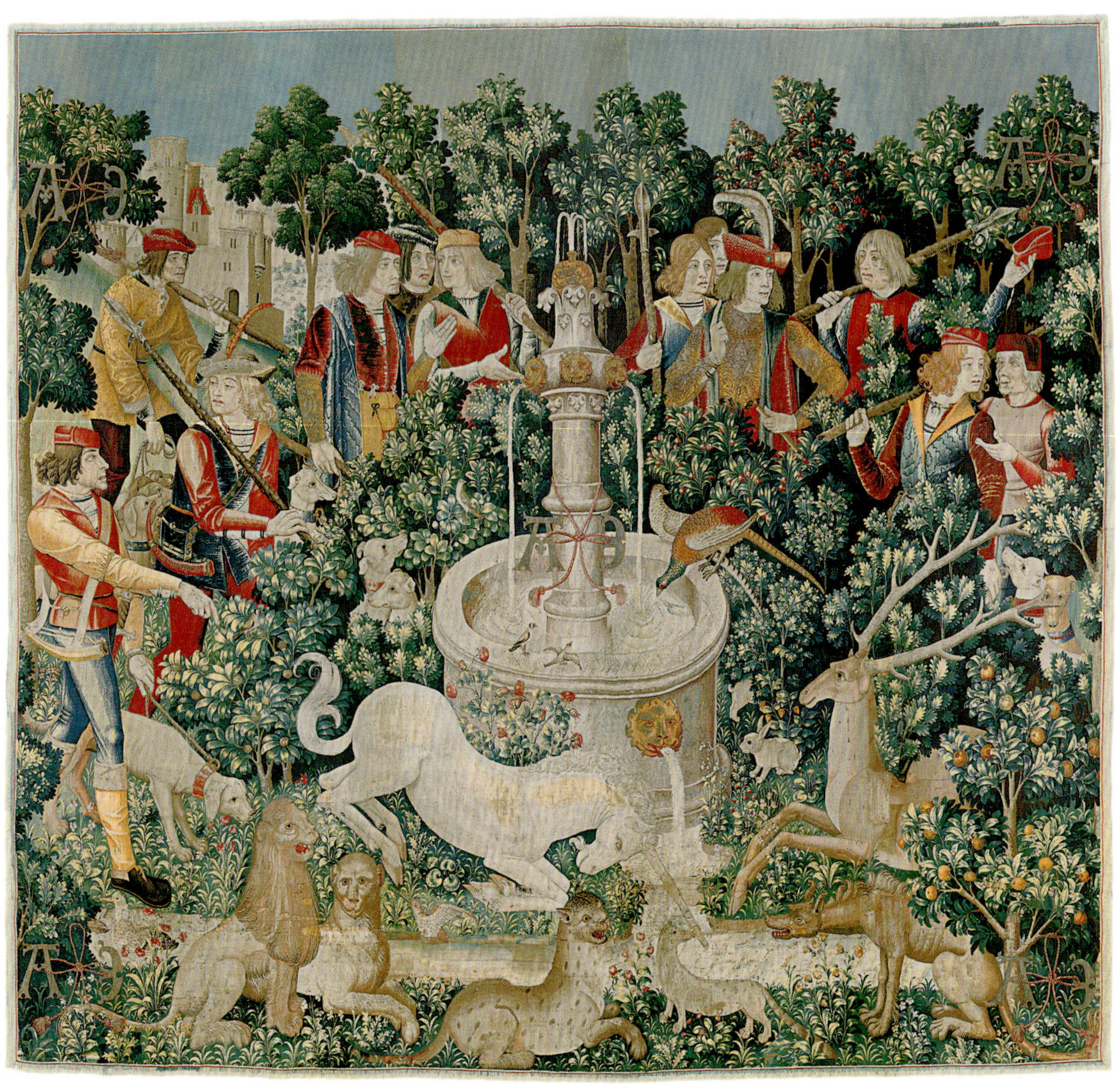

العثور على وحيد القرن الأسطوري

هولندي جنوبي، 1495–1505م
سدو بالصوف ولحمة بالصوف والحرير والفضة والخيط المذهّب
المقاسات: 3.7x3.8 سم
هبة جون د. روكفيلر الأصغر، 1937م (37.80.2)

توجد في متحف الأديرة سبعة نجود تتناول موضوع وحيد القرن الأسطوري منها هذا النجد الذي تظهر فيه هذه الدابة التي تشبه الحصان وقد ثنت قائمتَيها الأماميّتَين أمام المنبع وغطس قرنُها الطويل الملتوي في التيار المائي الذي يجري تحتها. حطت أزواج من طيور التدرج والحسون على حافة المنبع بينما تهجع الأرانب بين الأعشاب جنبًا إلى جنب الحيوانات البرية لا سيما الأسد. يحيط اثنا عشر صيّادًا بالحيوانات ويخططون للانقضاض عليها. تنمو قرب التيار نباتات يُعتقد أنها مضادة للسموم مثل نبتة المريمية وشجرة البرتقال بينما يُنقّي الحيوانُ الأسطوري المياه الجاريةِ بقرنه السحري. يحمل كل نجد من النجود السبعة حرفَي (A) و (E) مترابطان، والأرجح أنهما الحرفان الأولان لاسمَي الزوج الذي كانت النجود ملكًا له في البداية.

الرسومات والمطبوعات

يستضيف متحف المتروبوليتان للفنون مجموعة من أكبر مجموعات الرسومات والمطبوعات والكتب المُصوَّرة الغربية يمتد تاريخها من القرن الخامس عشر الميلادي إلى اليوم الحاضر. تعود بداية مجموعة الرسومات إلى سنة 1880م عندما عرض كورنيليوس فاندربيلد على المتروبوليتان ستمئة وسبعين عملاً لقدماء الأساتذة الأوروبيين انضافت إليها لاحقًا رسومات ذات شأن أنجزها ليوناردو وميكيلانجيلو ورمبراندت وغويا. وبعد عقود من الزمن أضحت المجموعة شاملة الأغراض تحتوي على إبداعات أعظم الفنانين الأوروبيين من القرن الخامس عشر إلى القرن التاسع عشر الميلاديَّين. ويشمل قسم الرسومات والمطبوعات كذلك مطبوعات من إنجاز دورر ورمبراندت وفان ديك ودوغاس وكاسات، وقد اتّسع القسم ليصبح اليوم من أكبر المستودعات الموسوعية للصور المطبوعة في العالم. وتتألف المكونات الإضافية للقسم من الرسومات الزخرفية والمعمارية والمطبوعات والكتب ومجموعة كبيرة من المسودّات وقدر كبير من لوحات الطباعة وكتل الطباعة الخشبية من كل العصور. وإجمالاً، يستضيف القسم 1.2 مليون مطبوعة، وستة عشرة ألف رسم واثني عشرة ألف كتاب مصور، ويوفر قاعات دراسة يستخدمها العلماء الباحثون.

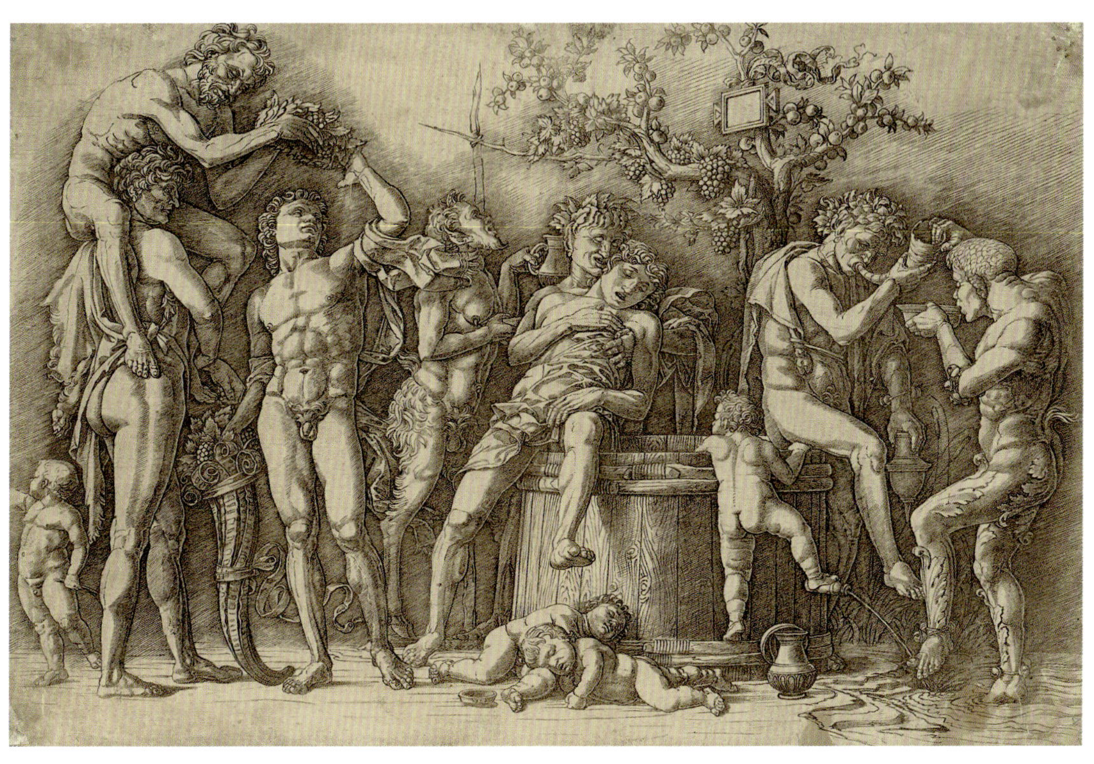

أندريا مانتينيا

إيطالي، حوالي 1430/1431 – 1506م

مشهد باخوسي حول برميل نبيذ، حوالي 1475م

طباعة. المقاسات: 29.8x43.8 سم

اقتناء، رصيد رودجرز، هبة مؤسسة ريتشارد إنغلهارد، ومجموعة إيليشا ويتلساي، رصيد إيليشا ويتلساي، 1986م (1986.1159)

أنتج فنان عصر النهضة الشهير أندريا مانتينيا البعض من أشهر أعماله بوساطة الطباعة. يعود هذا العمل إلى سبعينات القرن الخامس عشر الميلادي وهو على هيئة الإفريز وقد سُمّي «مشهد باخوسي حول برميل نبيذ».

وعلى شاكلة العمل المشابه له والمسمّى «مشهد باخوسي مع سيلانوس» فهو مُستوحى من تصاميم التوابيت الرومانية. استخدم منتينيا في المشهد الباخوسي حول برميل نبيذ طبقات من التظليل المتعامد والمتعرج – ولمسات من التظليل المتقاطع – ليحصل على تأثيرات من التدرجات اللونية الغنية لم تُعرف حتى ذلك الحين في فن الطباعة الإيطالية. وهذه التقنية في التظليل مع الخطوط الكفافية المرسومة بمهارة والمتفاوتة في عرضها وعمقها إلى ما نهاية له تحاكي ببراعة رسومات القلم والحبر لذلك العصر.

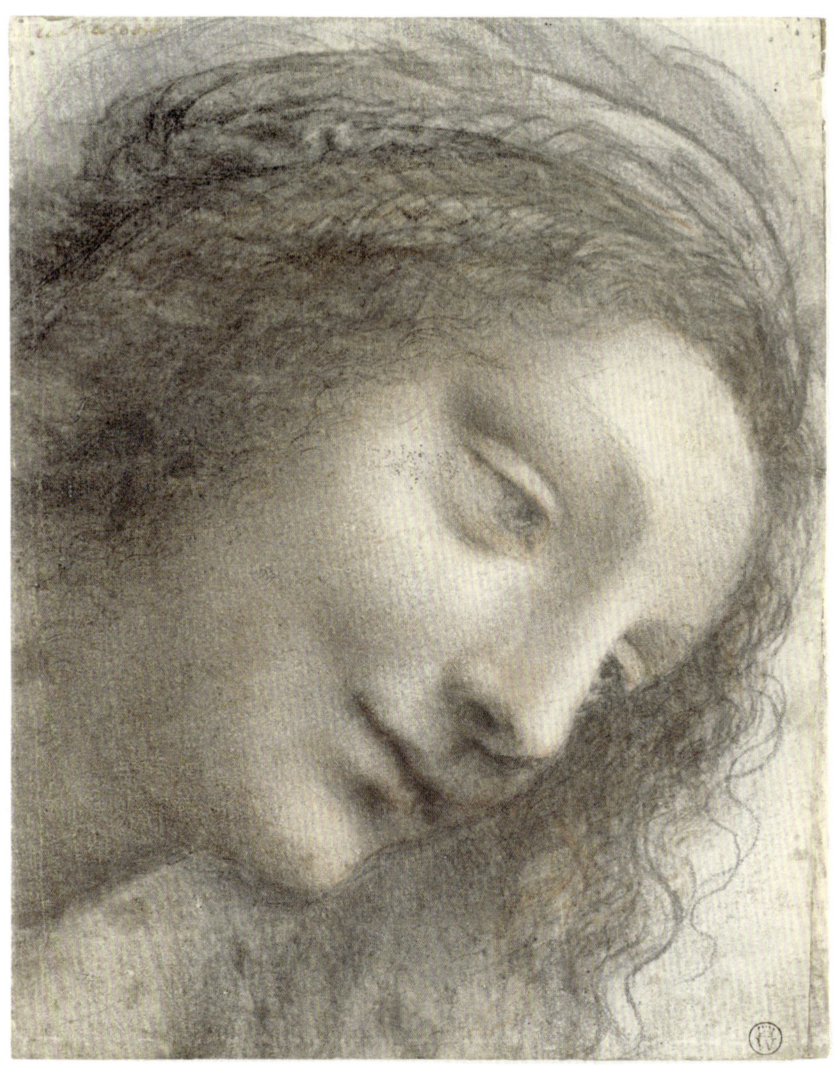

ليوناردو دا فنشي

إيطالي، 1452–1519م

رأس العذراء من زاوية ثلاثة أرباع على الجانب الأيمن، 1508–1512م

طبشور أسود، فحم، طبشور أحمر، بقايا طبشور أبيض (؟)

المقاسات: 15.6x20.3 سم

رصيد هاريس بريسباين ديك، 1951م (51.90)

يُحتمل أن يكون هذا الرسم الشاعريّ الجميل دراسة أولية لرأس العذراء مريم في لوحة ليوناردو «العذراء والطفل مع القديسة آن» المعروضة في متحف اللوفر في باريس، والذي يتطابق معها عن كثب في السلّم وفي المظهر. استخدم الفنان مزيجًا غنيًّا من الوسائط ليطمس بلطف لطخات الطبشور الأسود والأحمر والفحم ليحصل على تشكيل مُظلَّل ناعم «على غرار الدخان» (بالإيطالية: سفوماتو) كما وصف هذه التقنية في مذكراته. هذه النعومة الجوية الاستثنائية والقولبة اللطيفة للشكل مع تدرجات النور والظل ذات الفروق الدقيقة تعكس إدراك ليوناردو العميق والمبني على أسس علمية للظواهر البصرية.

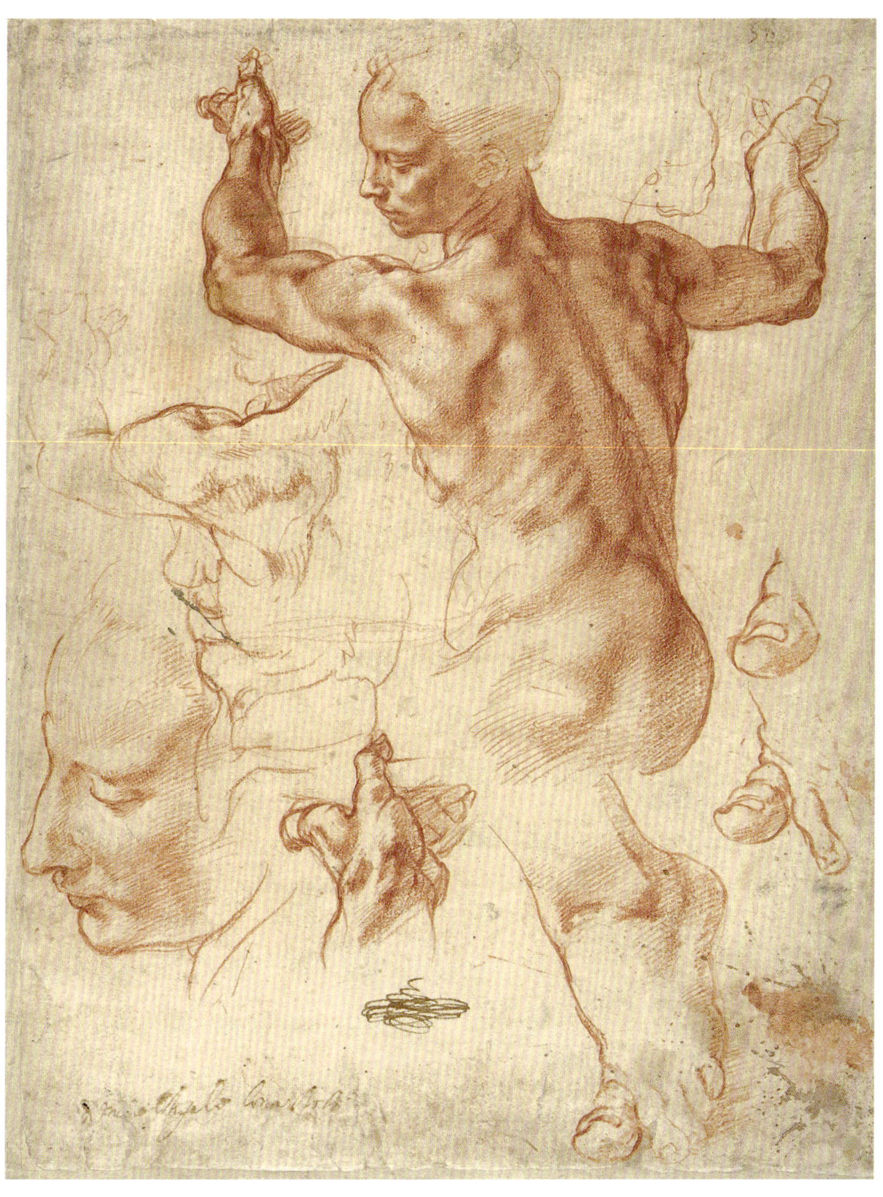

ميكلانجيلو بوناروني

إيطالي، 1475–1564م

دراسات للكاهنة الليبية سيبيل، حوالي 1510م

طبشور أحمر مع لمسات خفيفة من الطبشور الأبيض على الكتف الأيسر للشخصية في الدراسة الرئيسية

المقاسات: 21.4x28.9 سم

اقتناء، وصية جوزيف بوليتزر، 1924م (24.197.2)

يعتمد هذا العمل البارع لميكلانجيلو على مساعد في المرسم أو نموذج حي اتخذ هذه الوضعية، وهو رسم لرأس وجذع ويدين مرفوعتَين لشخص مفتول العضلات يلوي جسمه بطلاوة ضمن دراسة للكاهنة الليبية سيبيل. وتُعدّ سيبيل إحدى العرّافات في المعتقدات الوثنية تظهر صورتها على السقف المزدان بالرسومات في كنيسة سيستينا في قصر الفاتيكان. وفي سلسلة من المسودات التكميلية، أعاد الفنان دراسة التفاصيل مثل الهيئة الراقية للشخصية وكعبها الملتف ويدها المرفوعة التي تسمك في رسم الفاتيكان كتاب العرافة سيبيل. كان هذا العمل ملكًا لورثة الفنان بعد وفاته، ويُعدّ من أهم رسومات ميكلانجيلو وأشهرها.

ألبرخت دورر

ألماني، 1471–1528م

سوداوية 1 (ملنخوليا)، 1514م

طباعة. المقاسات: 24.1x19.1 سم

رصيد هاريس بريسباين ديك، 1943م (43.106.1)

يمتلك متحف المتروبوليتان أكثر من خمسمئة مطبوعة أنجزها أبرز محترفي الطباعة ألبرخت دورر. ومن بين هذه الأعمال، يُعدّ أكثرها إثارة للحيرة «سوداوية 1» الذي يصف حالة الفنان. واستطرادًا لتلك الحالة يُنظر للعمل على أنه رسم ذاتي لدورر نفسه. كانت فلسفة القرون الوسطى ترى أنّ كل شخص يغلب عليه مزاج من الأمزجة الأربعة، وأسوأها السوداوية إذ كان يُعتقد أنّ السوداويّين أكثر الناس عرضة للخبل والجنون. كما ربط فكر عصر النهضة بدوره السوداوية بالعبقرية الإبداعية. ونشاهد في هذه الحال تشخيص مجنّح للسوداوية وهي تمسك المقياس الفكّي وتحيط بها أدوات أخرى ترتبط بالهندسة التي تُعد فنًّا من الفنون السبعة وتُبرز الإبداع الفني.

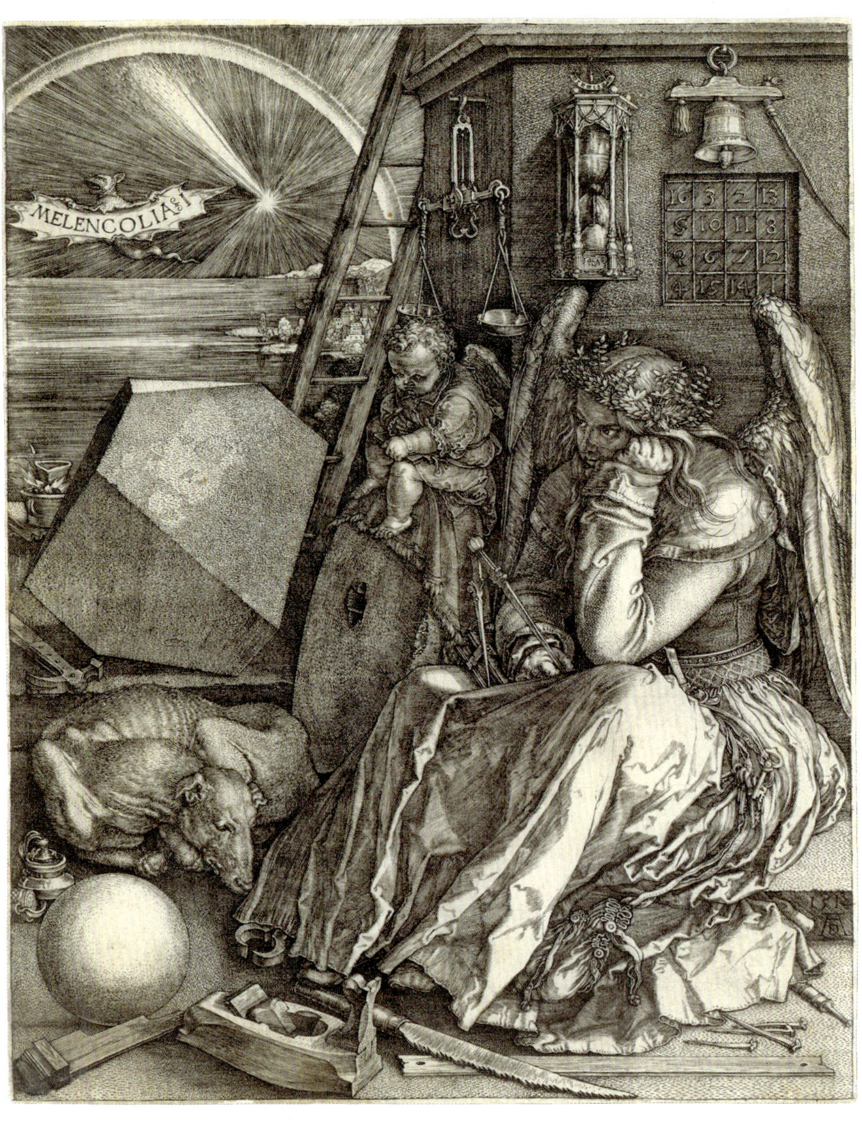

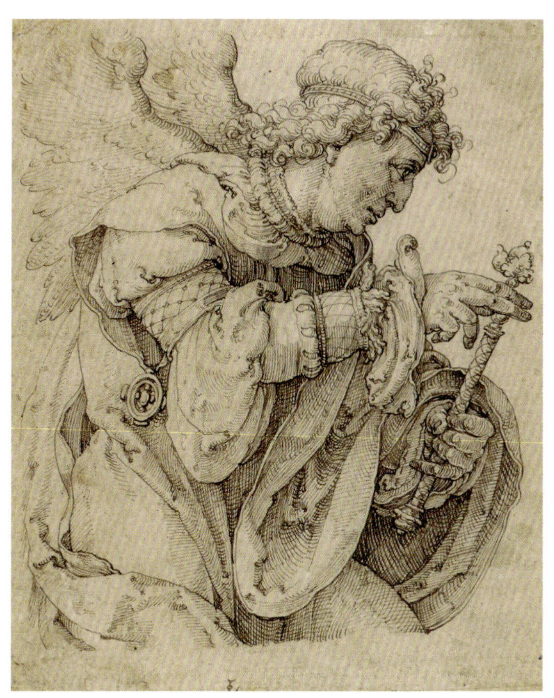

لوكاس فان لايدن

هولندي، حوالي 1494–1533م

رئيس الملائكة جبرائيل يُبشّر بولادة المسيح

قلم وحبر بنّي، بقايا تربيع بالطبشور الأسود
المقاسات: 16.5x21.1 سم
هبة موعودة من ليون د. ودبرا ر. بلاك واقتناء، هبة ليلي أشيزون والاس ورصيد أرباح 2007م، 2008م (2008.253)

يعتبر الكثيرون أنّ لوكاس فان لايدن أول فنان هولندي ذي شأن يكاد يعتمد صيته العالمي حصريًّا على أعماله في مجال الطباعة. ومن جملة الرسومات المنسوبة إليه التي لا تفوق الثلاثين عملاً، يُعدّ هذا الرسم آخر إضافة إلى أعماله القليلة في هذا المجال. وتُكمّل هذه الورقة ورقة أخرى شبيهة في مقاسها وتقنيتها معروضة في كوبفرشتشكابيتات في برلين وعليها رسم العذراء تنظر باستغراب وهي تسمع بشارة جبرائيل، وعلى الشاكلة نفسها جمع دورر عظمة الشخصية مع خطوط متفرخة ومتقاطعة تتسم بالثراء والرقة.

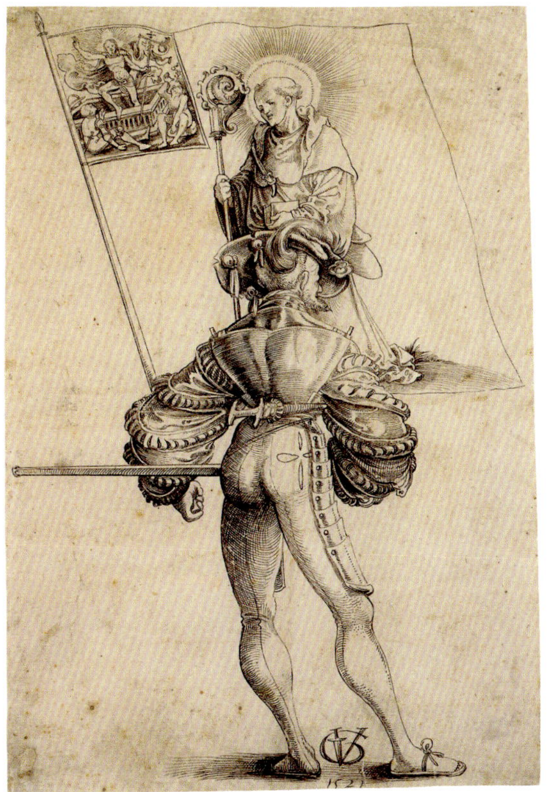

أورس غراف

سويسري، حوالي 1485 – 1529/ 1530م

مرتزق يحمل راية مقاطعة غلاروس

قلم وحبر بنّي. المقاسات: 19x28.8 سم
هبة موعودة من ليون د. ودبرا ر. بلاك واقتناء، رصيد هاريس بريسباين ديك، 2003م (2003.323)

أُنجز هذا الرسم ضمن سلسلة من حاملي رايات المقاطعات السويسرية الثلاثة عشرة التي تُشكّل الكنفدرالية السويسرية، ويظهر عليه مرتزق يحمل راية غلاروس عليها القديس فريدولين الراهب الأيرلندي الذي عاش في القرن السادس الميلادي وحوّل المنطقة إلى المسيحية. ومن شدة الأهمية التي تُولى إلى القديس فإنه يظهر كأنه حيًّا، غير أنّ تعابيره الوديعة تتناقض مع الوقفة الحازمة لحامل الراية وملابسه الأنيقة. كان أورس غراف نفسه مرتزقًا لفترة من الزمن، وهو يُقابل المواضيع غير المألوفة التي يرسمها بطريقة جذلة وخطوطية في الرسم.

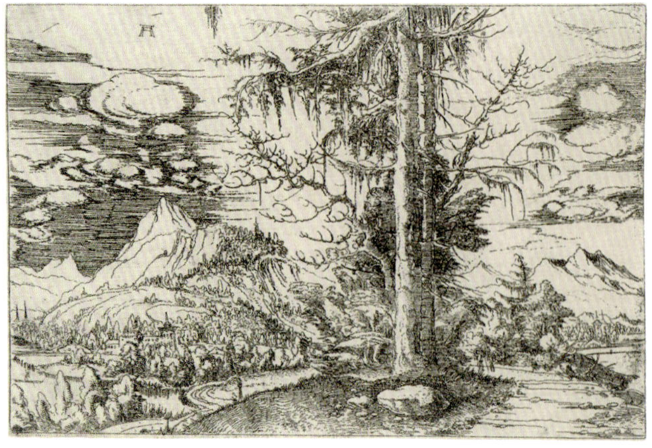

ألبرخت ألتدورفر
ألماني، 1480–1538م
منظر طبيعي بصنوبرتَين
تنميش. المقاسات: 16.2x11.1 سم
اقتناء، هبة هالستون، عبر الاستبدال، مجموعة إليشا ويتلساي،
رصيد إليشا ويتلساي، رصيد بفايفر، 1993م (1993.1097)

في حدود مساحة طبق صغير منمّش، أبدع ألتدورفر منظرًا لغور نهر الدانوب بجبال شاهقة وقرى مختبئة ونهر يشق طريقه بين صنوبرتَين تبرزان في المقدمة. وتُمثّل هذه الصور الحية الخالية من أية إشارة تاريخية أو دينية تقليدية أولى المطبوعات الأوروبية الغربية التي أعطت المنظرَ الطبيعي مكانة الصدارة بوصفه موضوع رسم وليس خلفية له. ويبدو أنّ ألتدورفر أنتج هذه المشاهد التي أصبحت نادرة لجمهور محدود من العرّيفين ممن يميلون للمواضيع الحميمية غير المألوفة. وتشي العفوية المميزة والحرية في تقنية الرسم على هذا الطبق المنمّش بأسلوب الرسومات المتعددة الأخرى التي خصصها الفنان للمناظر الطبيعية.

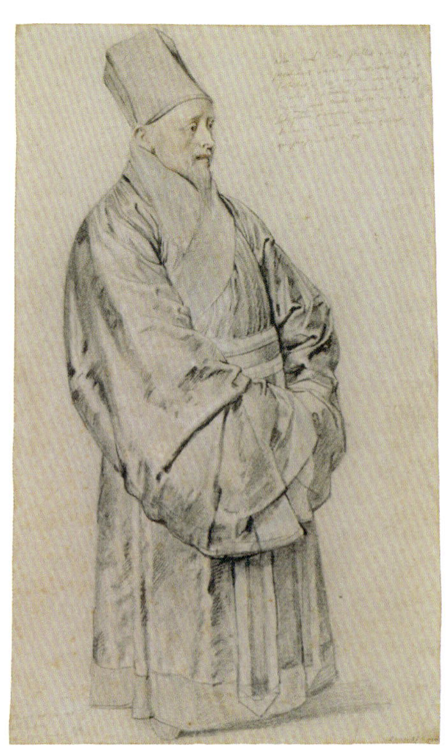

بيتر بول روبنس
فلمندي، 1577–1640م
اليسوعي نيكولاس تريغو بملابس صينية، 1617م
طبشور أسود وأحمر وأبيض، قلم شمعي أزرق، قلم، حبر بنّي على ورق رسم بنّي فاتح
المقاسات: 24.8x44.6 سم
اقتناء، إدارة كارل سلدن، عدة أعضاء من مجلس رئيس الإدارة، غايل وباركر جيلبرت، هبات ليلى أشيزون والاس، 1999م (1999.222)

هذه الدراسة الرائعة للباس تُمثّل كذلك رسمًا مؤثّرًا لنيكولاس تريغو، المبشر اليسوعي الفلمندي إلى الذي أُرسل إلى الصين. كانت لروبنس روابط وثيقة مع معهد اليسوعيين في أنتويرب، وقد أنجز هذا الرسم عندما زار تريغو المدينة لجمع الأموال وتجنيد مبشرين جدد. يجمع اللباس بين قبعة كورية ورداء عالم صيني، وهو ما يشير إلى رغبة اليسوعيين في الاندماج في الثقافة الصينية مع الحفاظ على مسافة فاصلة عنها. اقتنص روبنس بطريقة جميلة قص الرداء ونسيجه وانسداله لكنه طوّر كذلك ألوانه في النص اللاتيني.

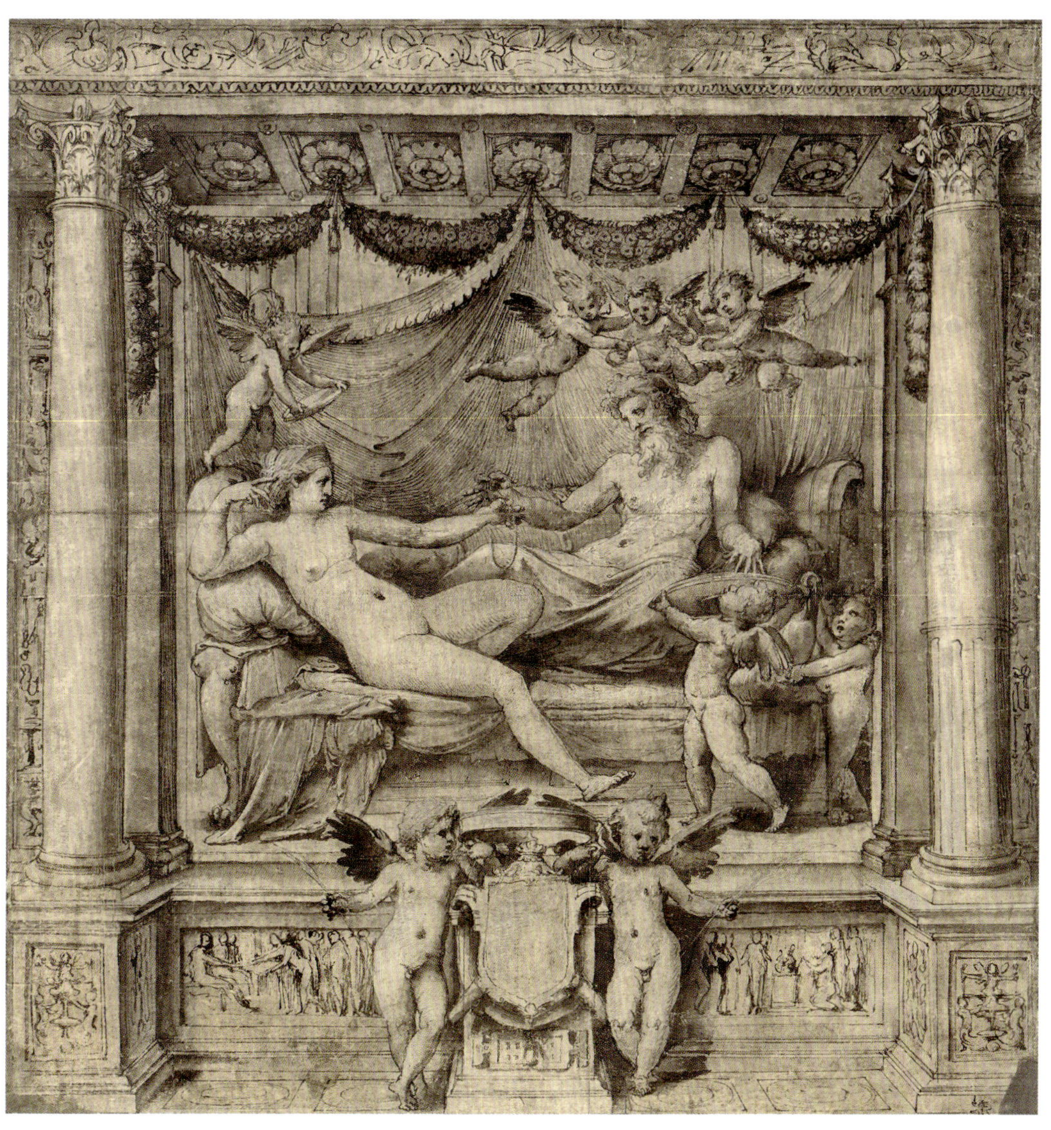

بيرينو دل فاغا
إيطالي، 1501–1547م

جوبيتر وجونو: دراسة لنجود «سرقات جوبيتر»، حوالي 1532–1535م

قلم وحبر مع غسول بنّي، مبرّز بالأبيض على ورق رمادي
المقاسات: 40x43.1 سم
اقتناء، رصيد الشراءات وهبة أنات وأوسكار دو لا رنتا، 2011م
(2011.36)

بيرينو دل فاغا تلميذ موهوب لرافائيل ويُصنّف من بين أهم الفنانين في القرن السادس عشر وأكثرهم تأثيرًا. وهذه الدراسة المتقنة لجوبيتر وجونو متكآن في الفراش هي تصميم لنجد مفقود يُكوّن وحدة من سلسلة نجود يُطلق عليها «سرقات جوبيتر» تصف النزوات الرومنسية غير الشرعية لجوبيتر. وكان قد طلب إنجازها البطل البحري وحاكم مدينة جينوفا الإيطالية أندريا نوريا الذي عمل بيرينو لحسابه في عشرينات وثلاثينات القرن السادس عشر الميلادي. يُمثل هذا الرسم حجة بليغة لمواهب الفنان في الرسم، وهو يثير الدهشة بحجمه الكبير ودرجة إتقانه العالية ومزيجه الغني من الحبر والغسول وباستخدامه اللون الأبيض لإبراز الأشكال.

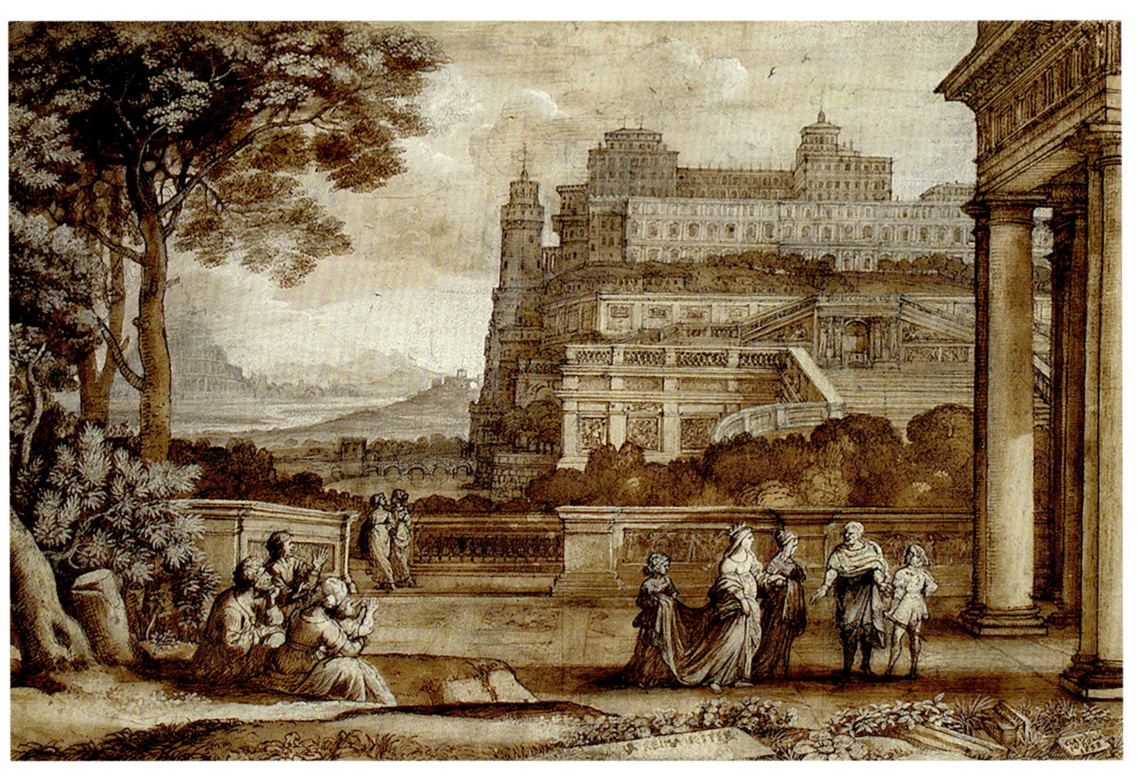

كلود لوران (كلود جلّي)

فرنسي، ناشط في إيطاليا، 1604/ 1605؟1682-م

الملكة إستير تقترب من قصر هشويرس، 1658م

قلم وحبر بنّي وغسول بنّي على الطبشور الأسود المُبرّز بالأبيض

المقاسات: 30x44.4 سم

اقتناء، هبة مؤسسة آننبيرغ، 1997م (1997.156)

تصف هذه الدراسة التركيبية الرائعة قصة إستير في العهد القديم، الملكة زوجة الملك الفارسي هشويرس. لم يكن الملك يعلم بأصوله اليهودية، وأمر بقتل كل اليهود. ذهبت إستير إلى قصر الملك وتوسّلت إليه طالبة الرحمة. والأرجح أنّ هذا المشهد رُسم لإعطاء فكرة عن العمل النهائي لفرانسوا بوسكي رئيس دير مونبوليي الذي كان قد طلب من الفنان قطعة مرافقة للوحته «العظة على الجبل» الموجودة حاليا ضمن مجموعة فريك في نيويورك. وعلى الرغم من أنّ العديد من لوحاته تتناول مواضيع إنجيلية وأسطورية، فقد كان كلود رسام مناظر طبيعية في المقام الأول، وهو ما يُفسّر وضعه مشهد إستيل طالبة الرحمة - الذي يُرسم عادة في الداخل - في إطار منظر طبيعي مبتكر تؤثثه بنايات غرائبية وتنيره إضاءة طبيعية.

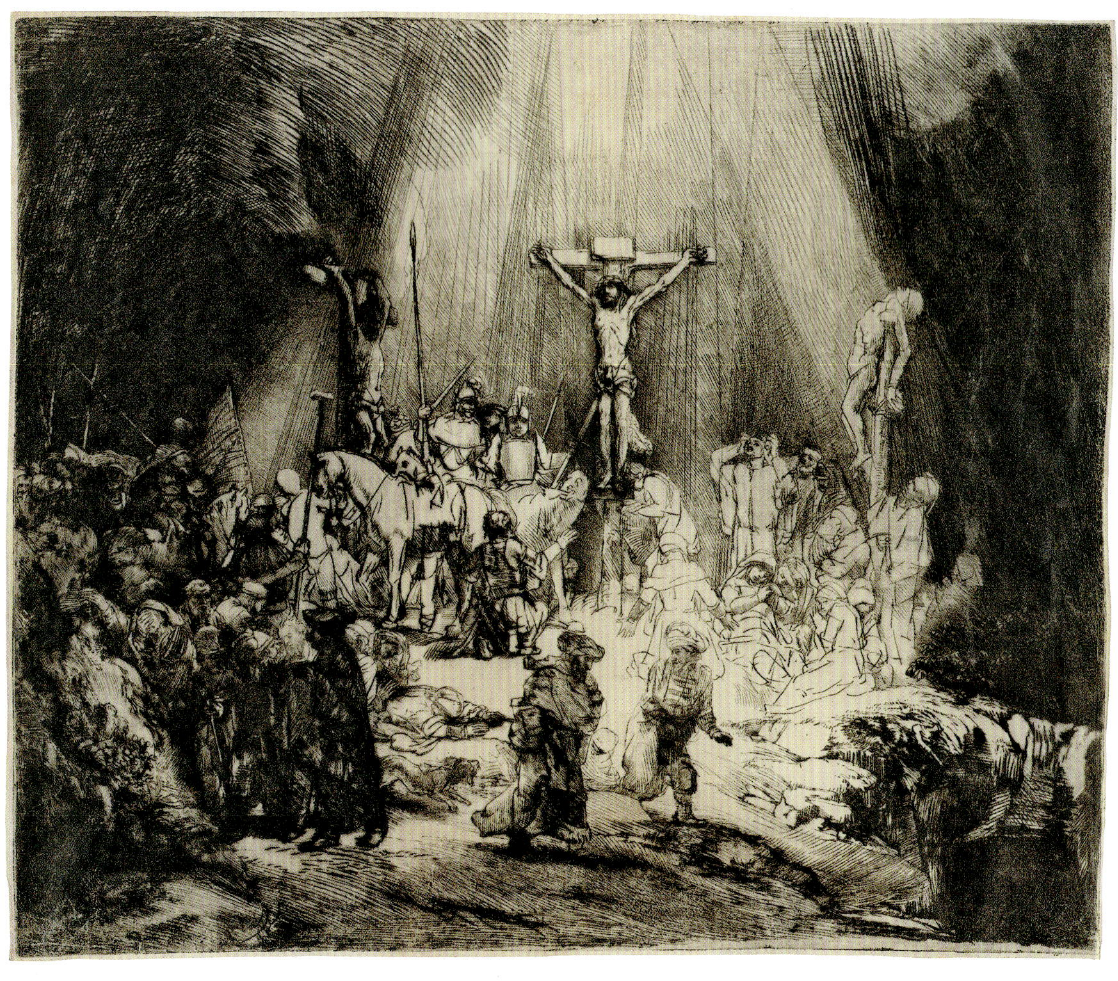

رمبراندت (رمبراندت فان رين)

هولندي، 1606–1669م

المسيح مصلوب بين اللصَّين: الصلبان الثلاثة،

1653م

تنقيط جاف بالمنقاش، الحال الأولى من خمس حالات، مطبوع على الرق

المقاسات: 43.8x38.1 سم

هبة فيليكس م. واربورغ وعائلته، 1941م (41.1.31)

يُعد «الصلبان الثلاثة» من أجود أعمال رمبراندت على كل الوسائط التي استخدمها، ويُمثل قمة براعته في مجال الطباعة. سحب من اللوحة النحاسية بالتنقيط الجاف كليّة مما سمح له باستثمار المساحات الناعمة الناجمة عن عمل الأداة (إبرة التنقيط الجاف) التي تخدش سطح اللوحة المعدنية. لجأ رمبراندت إلى تحبير لوحاته بنفس إبداعي وطباعتها على دعامات مختلفة، وهو ما جعله يُنتج عملاً فريدًا كلما أنجز طباعة. ونشاهد في هذه الحال كيف أنّ الحبر الباقي عن قصد على اللوحة يحجب قليلاً الشخصيات عند أسفل الصليب في الجانب الأيمن بينما تظهر الأجمة على طول الحافة اليمنى داكنة بسبب زيادة كثافة طبقة الحبر. طُبع هذا العمل على الرق (جلد الحيوان) فتدفقت في اللوحة إضاءة دافئة. لا يمتص الرق الكمية التي يمتصها الورق بل يحتفظ بالحبر على سطحه ممّا يُلطّف الخطوط ويزيد في ثراء الصورة.

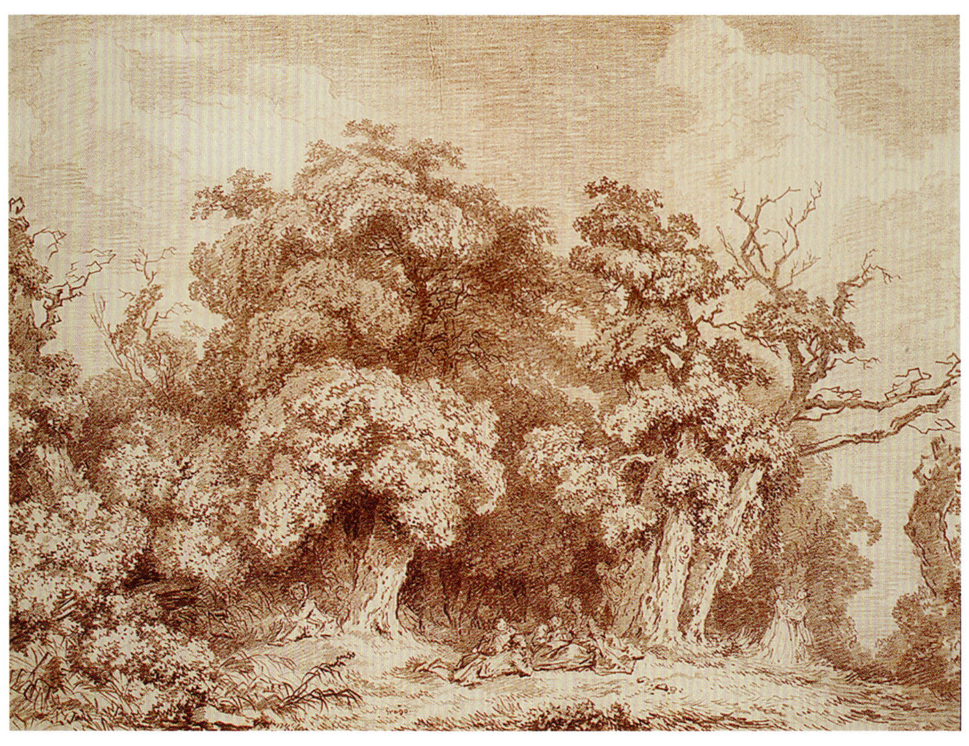

جان هونوري فراغونار
فرنسي، 1732–1806

اجتماع على تخوم الغاب
طبشور أحمر. المقاسات: 49.2x37.5 سم
اقتناء، هبة ليلى أشيزون والاس، 1995م (1995.101)

توحي السمات التشكيلية لهذه الورقة والبراعة في استخدام الطبشور الأحمر أنّ هذا عمل قائم بذاته قد يكون أُنجز داخل مرسم انطلاقًا من دراسة أُجريت في الهواء الطلق. تحرس مجموعة من الأشجار الباسقة تتلألأ أوراقها تحت نور الشمس مدخلاً ظليلاً إلى الغاب. تلاعب فراغونار بطريقة مميزة بسلّم الرسم ليُقدّم مجموعات صغيرة من الشخصيات الأنيقة يغيب نصفها في الظل كأنما هي الصدى المكتوم لحيوية وخصب المنظر الطبيعي المكسو بالخضرة. إنّ النَّفَس الطبيعي الدرامي المرتبط بالفنانين الهولنديين المتخصصين في رسم المنظر الطبيعي يختلط في هذه الحال مع نظرة للطبيعة بوصفها بيئة مُرحِّبة بالعبث الأرستقراطي، وهذا إرث نابع من لوحة جان أنطوان فاطو: الحفلات النبيلة.

في أعلى الصفحة المقابلة

جوزيف مالورد ويليام تورنر
بريطاني، 1775–1851م

بحيرة تسوك
ألوان مائية على غرافيت. المقاسات: 46.6x29.8 سم
رصيد ماركند، 1959م (59.120)

في سنة 1843م، طلب هوغ مونرو أف نوفار (1797–1864م) إنجاز هذا العمل، وهو يعتمد على مسودات رسمها تورنر خلال إقامة مطولة في جبال الألب السويسرية، ثم امتلكه في وقت لاحق الناقد الذوّاق جون روسكين (1819–1900م). وتظهر في الجهة الأمامية شخصيات نسائية تستحم بينما تطلع الشمس فوق الجبال وراء مدينة تسوك الواقعة على ضفاف البحيرة والتي تظهر عن بعد. لقد برع الفنان في تمثيل ضوء النهار والشعور العام باستخدام طبقات خفيفة متتالية من الطلاء الرطب والجاف أتبعها بلمسات خادشة، وهي سمة مميزة لأجود أعمال تورنر الذي كان يسعى جاهداً إلى طبع مناظره الطبيعية بصدى أسطوري.

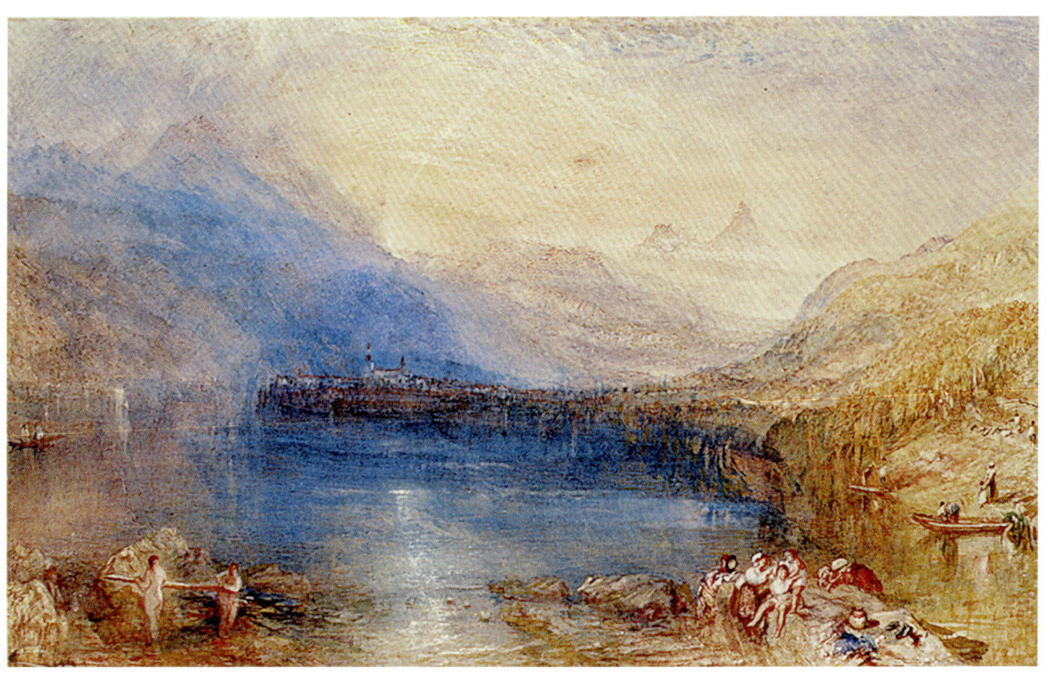

كسبار دافيد فريدريش

ألماني، 1774–1840م

منظر من الساحل الشرقي لجزيرة روغن مع راعي

1805 - 1806م

حبر بنّي داكن، غسول بنّي داكن، غواش أبيض، غرافيت على ورق منسوج أبيض فاتح

المقاسات: 99x61.6 سم

اقتناء، هدية عدة أعضاء من مجلس رئيس الإدارة ورصيد فليتشر، هدية موعودة من ليون د. ودبرا ر. بلاك، 2002م (2002.260)

قبل أن ينطلق في عمل اللوحات الزيتية سنة 1807م كان كسبار دافيد فريدريش قد أنجز مجموعة من أجود رسومات المناظر الطبيعية في عصره. وهذه الورقة ذات المقاسات الكبيرة غير المألوفة العائدة لسنتَي 1805–1806م تقريبًا تعتمد على مسودات أنجزها الفنان في جزيرة روغن في بحر البلطيق غير بعيد عن مسقط رأسه. وقد أوحت هذه الجزيرة العارية من الزينة إلى فريدريش بجزء لا بأس به من أجود أعماله جمع فيه بين الملاحظة الدقيقة للطبيعة ورومنسية عارمة. ويشكّل الإنسان الوحيد الذي يتأمّل رحابة الطبيعة أحد المواضيع المتواترة في أعماله.

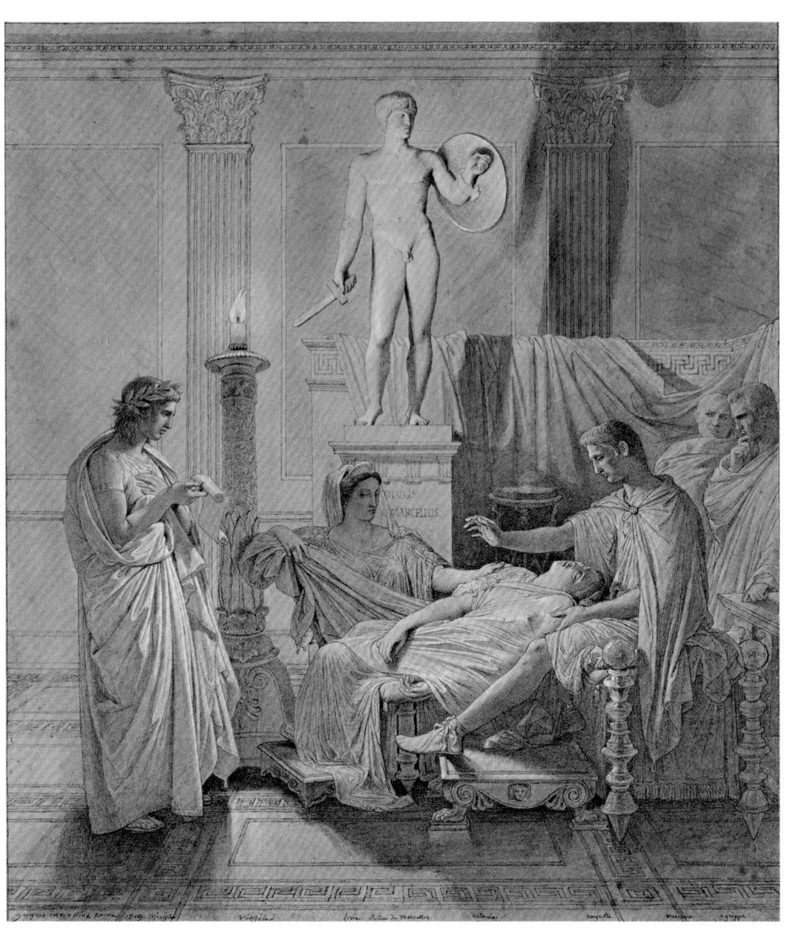

جان أوغست دومينيك أنغر

فرنسي، 1780–1867م

فرجيل يقرأ الإنياذة لأغسطس وليفيا وأكتافيا، 1809/ 1819 (؟)

قلم وحبر أسود، غرافيت، غسول لون مائي رمادي، مُبرّز بالغواش، قلم كونتي على ورق أزرق

المقاسات: 32.3x38.1 سم

اقتناء، رصيد رودجرز وهدية موعودة من ليون د. ودبرا ر. بلاك، 2009م (2009.423)

كان أنغر أعظم فنان من الكلاسيكيين الجدد في عصره. وقد جمع تأويله الفريد من نوعه للمواضيع الكلاسيكية بين الدقة المستقاة من علم الآثار والمأساة العاطفية الموزونة بعناية. يقرأ هنا الشاعر فرجيل الإنياذة للإمبراطور أغسطس وزوجته ليفيا وشقيقته أكتافيا. ولمّا سرد الشاعر الكلمات «ستكون يا مرسيلوس» أُغمي على أكتافيا بين أحضان الإمبراطور. ومرسيلوس ليس سوى اسم ابنها المُتوفّى الذي يُشرف تمثاله على هذا المشهد المسائي ويرمي بظلّه الشّبحي على الجدار. ويتعلق هذا الرسم باللوحة التي طلب الجنرال ميوليس (1759–1828م) من أنغر إنجازها سنة 1811م، مع العلم أن ميوليس عمل تحت إمرة نابليون الأول في إيطاليا.

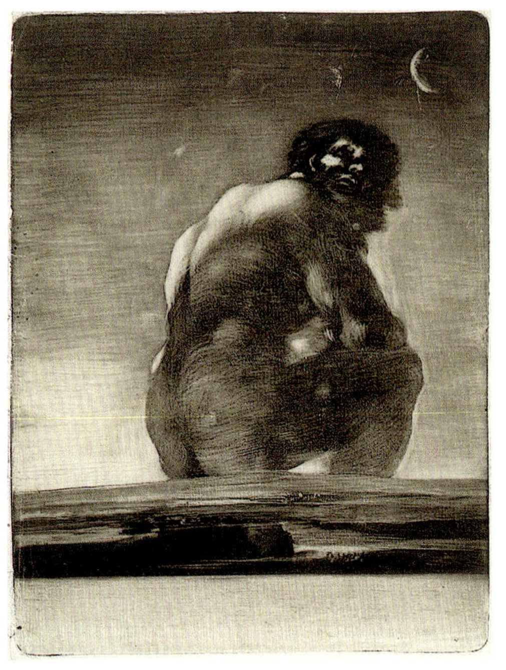

غويا (فرنسيسكو دو غويا إي لوسيانتس)

إسباني، 1746–1828م

العملاق، قبل 1818م
طباعة مائية، الحالة الأولى من حالتَين
المقاسات: 21x28.5 سم
رصيد هاريس بريسباين ديك، 1935م (35.42)

تُعدّ هذه الطباعة النادرة لمخلوق هائل غريب يقبع على حافة الأرض من بين صور غويا الأكثر إثارة للحرج والوسوسة. وهذا الوحش البائس الذي ينظر شزرًا من فوق كتفه إلى سماء ليلية يُنيرها هلال وليد يوحي لنا بالشفقة والفزع في آنٍ واحد. لجأ غويا إلى طريقة تشبه الطباعة بالألوان النصفية فكشط البُقع البارزة على المعدن بعد أن خشّنه بالصبغ المكوّن من حبيبات تخدشه. وكانت النتيجة على هيئة صورة سوداء قاتمة تُنذر بالسوء على شاكلة تلك التي أطلق عليها «الرسومات السوداء» التي أنجزها الفنان الطاعن في السن على جدران بيته قرب مدريد.

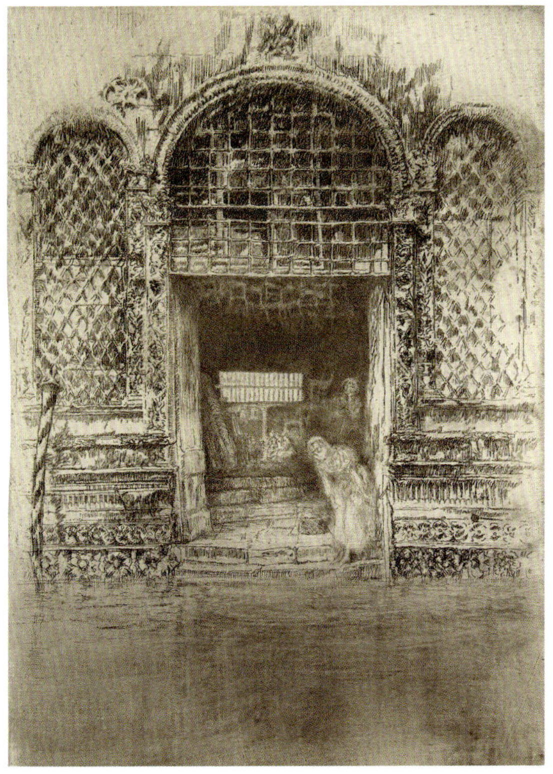

جايمس ماكنيل ويسلر

أمريكي، 1834–1903م

بوابة من البندقية، سلسلة اثنتي عشرة لوحة أُنجزت بتقنية التنميش
تقنية التنميش والنقطة الجافة، الحالة السادسة من سبع حالات
المقاسات: 20x29.2 سم
رصيد هاريس بريسباين ديك، 1917م (17.3.90)

خلال زيارته للبندقية سنتَي 1879 و 1880م أنجز ويسلر اللوحة التي استُخدمت لطباعة هذه الصورة، وهي واحدة من اثني عشر منظرًا طلبت منه جمعية الفنون الجميلة بلندن إنجازها. بدأ بتنميش الخطوط بعناية فائقة وقوّاها بالتنقيط الجاف ثم غطاها بلونَين من الحبر خلال الطباعة. استخدم الحبر الأسود للخطوط التي تصف البوابة المزخرفة بوفرة لقصر غوصوني على القنال المسماة ريو دو لا فافا، ثم مسح بالحبر البني بطريقة تعبيرية أجزاء اللوحة التي تحتوي على خطوط قليلة، وكأنما هي تقنية اللون الواحد، ليخلق الإحساس بالمياه العابرة في مقدمة اللوحة والانعكاسات الإيحائية داخل الورشة الداكنة وراء عتبة البوابة.

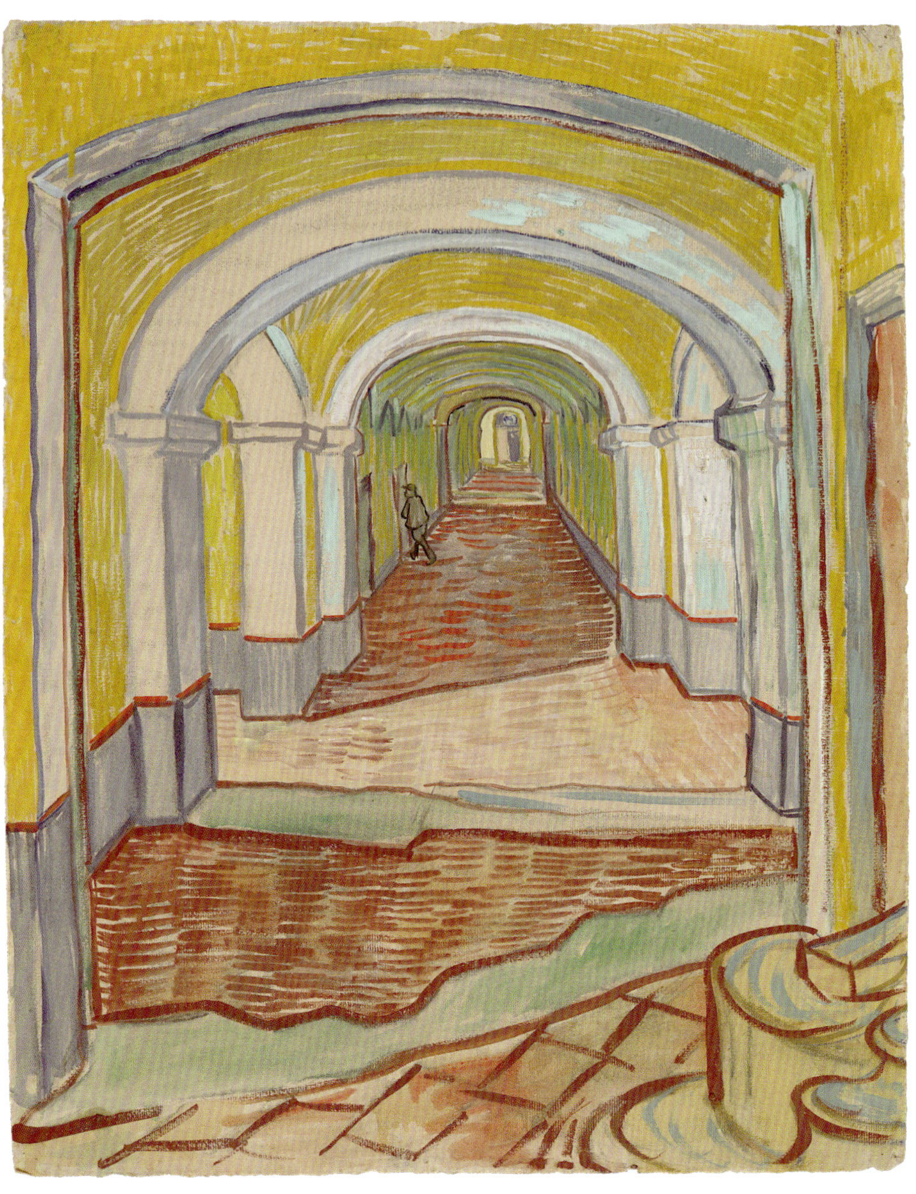

فينسنت فان غوخ
هولندي، 1853–1890م

ممرّ في مأوى المختلين عقليًا
سبتمبر 1889م
ألوان زيتية ومحلول مادة فوق طبشور أسود على ورق رسم (نوع «أنغر») بنّي فاتح
المقاسات: 65.1x49.1 سم
وصية أبي ألدريتش روكفيلر، 1948م (48.190.2)

قضّى فان غوخ في مأوى المختلين عقليا سان ريمي في فرنسا سنة من مايو 1889م إلى مايو 1890م قبل وفاته بفترة وجيزة. ويُعدّ هذا المنظر الذي يبدو مسكونًا بالأرواح لممرّ حاد يستدير عند منتصفه رجل صغير الحجم ليدخل بابًا من أقوى الأوصاف تعبيرًا عن هذه المؤسسة. أرسل الفنان هذا الرسم الملوّن غير المألوف إلى شقيقه تيو ليعطيه صورة عن البيئة التي كان يعيش فيها. تخلق الألوان البراقة الحامضة التي تتفرخ في خطوط عريضة ذبذبة مترددة، كما توحي التقنية المنظورية التي تتقلص بشدة نحو الداخل بتركيز مقصود على الشخص المرسوم.

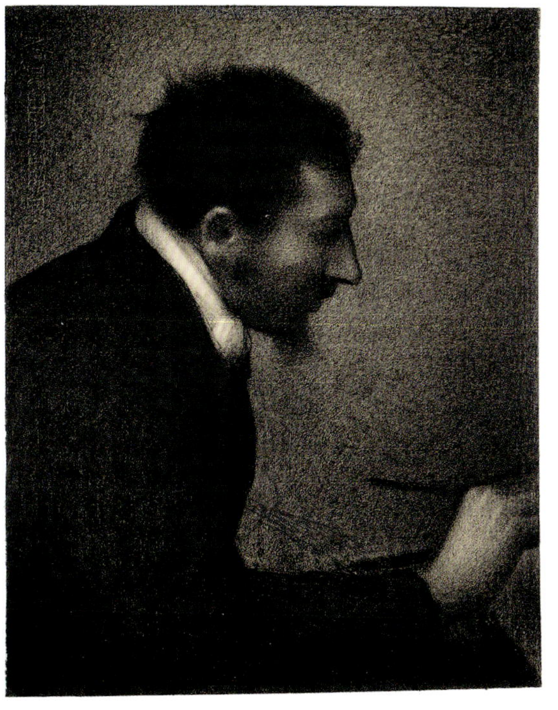

جورج سورا
فرنسي، 1859–1891م

رسم نصفي لأمان جان، 1882–1883م
قلم كونتي على ورق ميشالي. المقاسات: 47.5x62.2 سم
وصية ستيفن س. كلارك، 1960م (61.101.16)

تُصنّف دراسة سورا لصديقه الفنان إدمون فرنسوا أمان جان (1860–1936م) كرسم من أعظم الرسومات النصفية للقرن التاسع عشر الميلادي. درس أمان جان وسورا الفن معًا في باريس حيث تقاسما مرسمًا سنة 1879م. عُرض الرسم في معرض باريس لسنة 1883م وكان أول عمل للفنان البالغ وقتئذ ثلاثة وعشرين عامًا يُعرض للعموم. والتقنية الخاصة بسورا في استخدام قلم كونتي على ورق منقوش تمنح العمل إضاءة وتجانسًا لونيًا، كما أن وضعية الفنان الكلاسيكية المتوازنة وهو يظهر عن جانب تُضفي إليه سمة دائمة لازمنية.

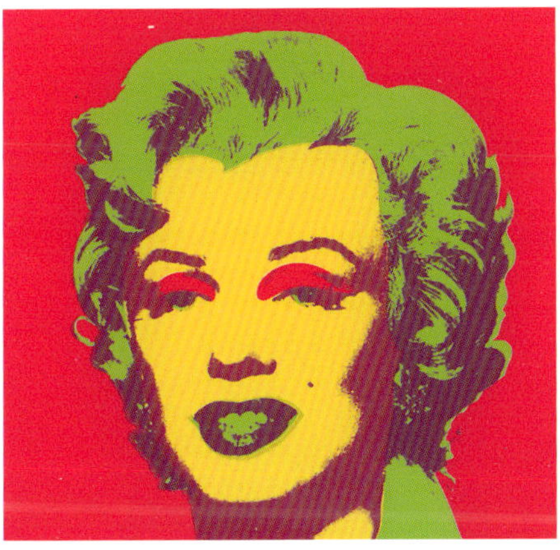

اعتناق وارهول للطرق الفنية التجارية حوّل صورة مارلين من رمز جنسي لا يمكن الوصول إليه إلى منتج استهلاكي متوافر للجميع مقابل السعر المناسب.

أندي وارهول
أمريكي، 1928–1987م

مارلين مونرو، 1967م
طباعة بالشاشة الحريرية. المقاسات: 15.2x15.2 سم
طبعتها شركة أتنا لمنتجات الطباعة بالشاشة الحريرية في نيويورك، ونشرتها مؤسسة فاكتوري أديشنز في نيويورك
هبة فاكتوري أديشنز، 1967م (67.855)

هذه الصورة الصغيرة واللافتة لمارلين مونرو أُرسلت كنشرة إعلانية للإبلاغ عن صدور عمل وارهول الذي أطلق عليه "مارلين"، وهو مجموعة فنية تتألف من عشر مطبوعات كبيرة أُنجزت بتقنية الشاشة الحريرية. حوّر وارهول الصورة الإعلانية لمارلين التي نُشرت سنة 1953 بمناسبة ظهور شريطها السينمائي "نياغارا" وذلك بإضافة ألوان فلورية مستشعة من نوع داي-غلو على وجه الممثّلة. ويحمل كل عمل من المجموعة تشكيلة مختلفة من الألوان مُصففة باستخدام التقنية التجارية للطباعة بالشاشة الحريرية، وقد استغلها الفنان من خلال طباعة صوره خارج السجل المعهود وبأحجام أكبر. إنّ

الرسم الأوروبيّ

تضمّ مجموعة الرسوم الأوروبيّة الموجودة في متحف المتروبوليتان، والتي تتمتع بسمعة عالميّة، أعمالا تعود إلى ما بين القرنين الثالث عشر والتاسع عشر الميلاديّين من جيوتو إلى غوغان. فإلى روائع عديدة لفنّانين متنوّعين، شديد التنوّع، مثل جان فان أيك ولوكافارج ودوغاس تنضاف أوسعُ مجموعة من الفنّ الفلمندي في الغرب كلّه من بينها اللّوحات الاستثنائيّة التي أنجزها فرنس هالس و رمبراندت و فيرمر. ولنا، خارج إسبانيا، أن نتأمّل بافتنان، في المتروبوليتان فحسب، أجمل رسوم غريكو وغويا. ويحتاج المرء إلى التنقّل إلى باريس لرؤية مشهد أكمل وأشمل عن الرسم الفرنسيّ من الكلاسيكيّة الجديدة إلى ما بعد الانطباعيّة. وقد نشأت هذه المجموعة متزامنة مع إحداث المتحف سنة 1870م باقتناء مئة وأربع وسبعين لوحة من ثلاثة مصادر خاصّة. ومذّاك، تطوّرت المجموعة بفضل عديد الهبات والوصايا من جامعي لوحات يتحلّون بحسّ مدنيّ رفيع. ومكّنت، مؤخّرا، هباتٌ واقتناءاتٌ أخرى بإشراف أمناء المتحف هذا القسمَ من أن تكون له مجموعة لافتة من الرسوم الإيطاليّة التي تعود إلى القرن السابع عشر الميلادي ومن أن يثري الرصيد ذا البال من اللّوحات الانطباعيّة وكذلك من مجموعة بديعة من اللوحات الزيتيّة المنجزة مباشرة أمام النموذج في الهواء الطلق. وتشهد هذه المقتنيات على تطوّر إدراكنا للتراث على مرّ الأيّام.

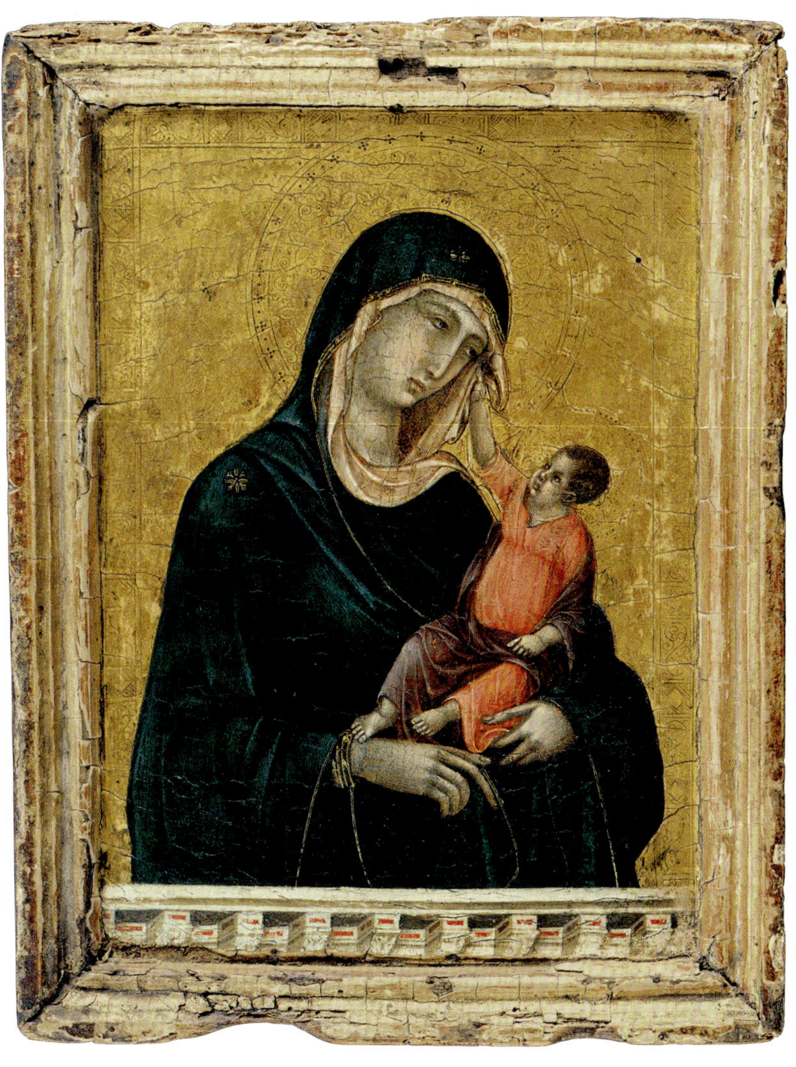

دوتشيّو دي بوننسنيا
إيطاليّ، ناشط بين 1278 – 1318م

العذراء والطفل، حوالي 1300م
ألوان مائيّة وذهب على الخشب؛ 27.9 × 21 سم
المساحة المطليّة 23.8 × 16.5 سم
اقتناء، رصيد رودجرز، هبة من: والتر وليونور أننبرغ، مؤسّسة أننبرغ، ليلى أشيزون والاس وأنّات دو لا رنتا؛ أرصدة هاريس بريسبان ديك، فليتشر، لويس ف. بل ودودج؛ وصيّة جوزيف بوليتزر؛ هبة من أعضاء مجلس الرؤساء؛ هبة من إليان ل. روزنبرغ ومؤسّسة آل ستيفنسون؛ 2003م الرصيد الخيري؛ هبات وأرصدة أخرى من مانحين مختلفين، 2004م (2004.442)

تمثّل هذه اللّوحة البديعة التي أنجزها الأستاذ دوتشيّو، أصيل مدينة سيانا الإيطالية، منعطفًا في الفنّ الغربيّ برسمه للشخصيّتين المقدّستين للمادونا وابنها بما يوافق الحياة الواقعيّة. فقد أصبغ، إذ تخلّى عن التصوّر البيزنطيّ القائل بأنّ الرسم صورة رمزيّة للكائنات الدينيّة، على المادونا وابنها مسحة إنسانيّة جديدة مستكشفًا ما بينهما من علاقة نفسيّة. ويقيم المتراس، وهو عُدّة تشكيليّة قليلة الاستعمال آنذاك، صلة بين العالم المتخيّل للرسم والعالم الواقعيّ للمشاهد. وعلى الإطار أماراتُ احتراق بسبب شموع التعبّد التي تشتعل أمام اللّوحة.

جيوتو دي بوندوني
إيطاليّ، 1266/ 1276م – 1337م

الغطاس، حوالي 1320م
ألوان مائيّة على الخشب، خلفيّة مذهّبة؛ 45.1 × 43.8 سم
رصيد جون ستيوارت كينيدي، 1911م (11.126.1)

ذاع صيت جيوتو في حياته على أنّه من عباقرة الفنون البصريّة بإيطاليا وهي صفة لم ينازع أحدٌ فيها تقريبا البتّة منذ ذلك الحين. ويشفّ إبداعه عن تفنّن فكريّ نادرًا ما اقترن بالرسم. وهذا اللّوح الذي يمثّل ظهور المسيح الطفل للمجوس جزء من سلسلة من المشاهد عن حياة المسيح من بين ستّة مشاهد أخرى معروفة. واللاّفت في هذا اللّوح دقّة الزخرف والشخصيّات التي تتحرّك على نحو طبيعيّ عجيب مثلما هو حال الملك الذي يأخذ الطفل من المذود تحت النظرة الحائرة للعذراء.

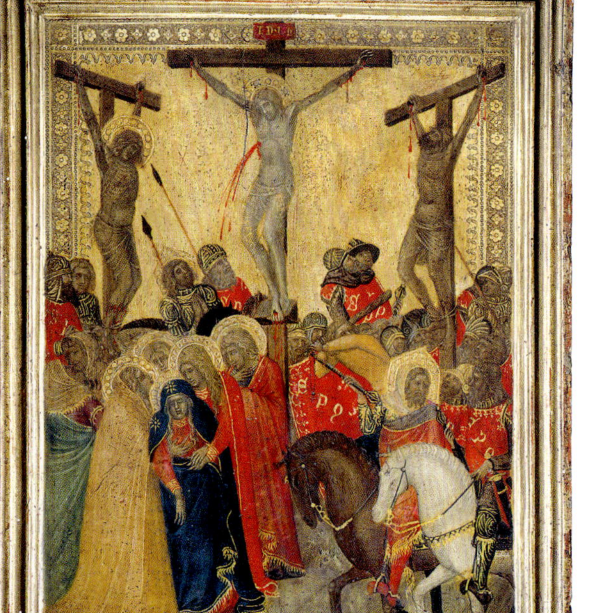

بياترو لورنزيتّي
إيطاليّ، ناشط بين 1320 – 1344م

الصلب، أربعينات القرن الرابع عشر
ألوان مائيّة ورقاقة ذهب على الخشب؛
المقاسات: 41.9 × 31.8 سم؛
المساحة المطليّة 35.9 × 25.7 سم
اقتناء، رصيد رودجرز، هبة من ليلي أشيزون والآس ورصيد غوين أندريوس، 2002م (2002.436)

هذا اللّوح ذو كثافة دراميّة وجودة في التشخيص لا نظير لهما وهو إحدى رافدتَي مذبح محمول. وبياترو لورنزيتّي الذي تدرّب في سيانا على يد دوتشيّو دي بيوننسغنا من المجدّدين الفعليّين للفنّ الإيطاليّ شأنه شأن أخيه أمبروجيّو. وتكشف كثافة الصبغة الدراميّة للحكاية هنا عن سعة خياله. فكلّ تفصيل من تفاصيل هذا المذبح، وهو لا يعدو أن يكون وسيلة مساعدة للتعبّد، يدلّ على براعة لورنزيتّي في إضفاء بعد إنسانيّ على موضوع من الكتاب المقدّس كما هو حال العذراء التي خارت قواها والشخص الذي يتهيأ بحماسة لكسر رجلَي أحد السرّاق.

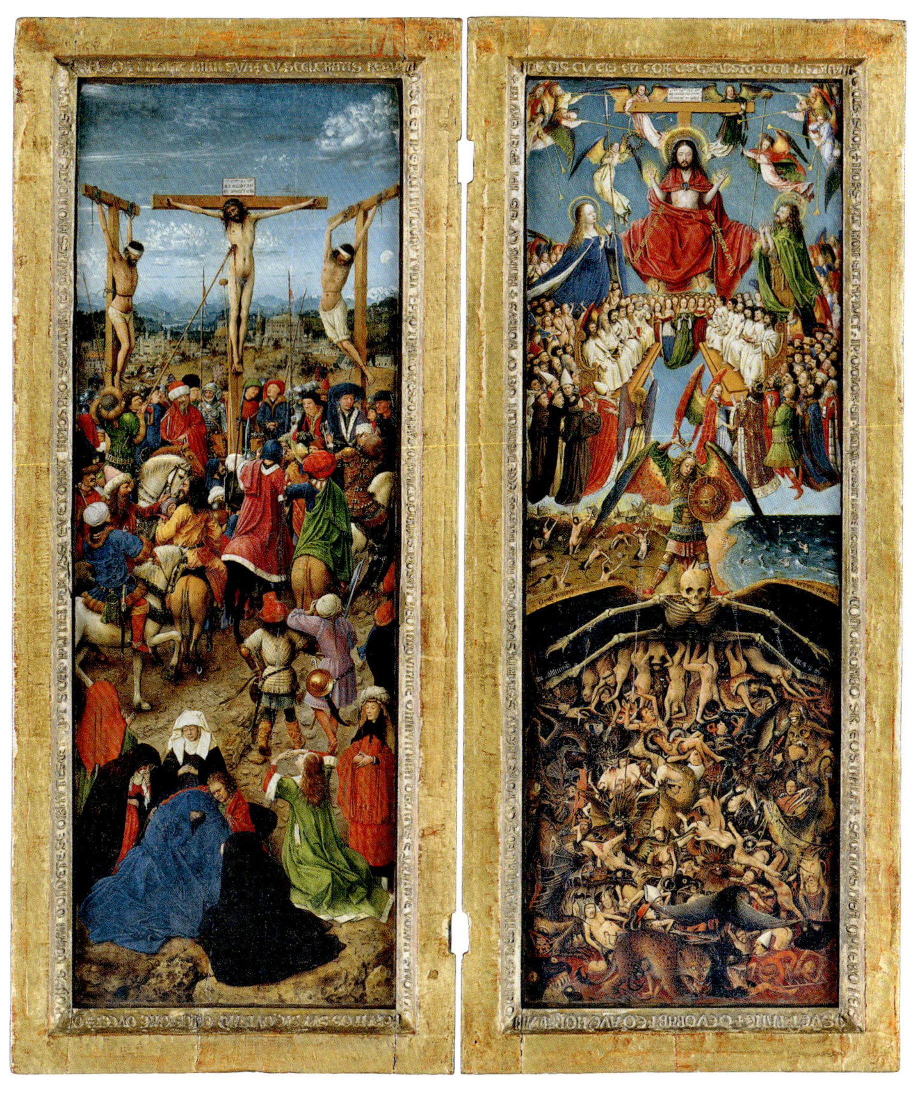

جان فان آيك

ومساعد له

هولنديّ، حوالي 1390 – 1441م

الصلب ويوم الحشر، حوالي 1440م

زيت على القماش، وفي الأصل على الخشب؛

كل لوحة منهما: 56.5 × 19.7 سم؛

رصيد فليتشر، 1933م (33.92ab)

هاتان اللّوحتان اللّتان يتجاور فيهما فداء المسيح من أجل خلاص الإنسان ويوم الحشر هما من الأعمال المتأخرة لجان فان آيك أصيل مدينة بروج وأشهر رسّام في القرن الخامس عشر الميلادي بأوروبا. وتصوّر لوحة الصلب الحدث كما لو رآه شاهد عيان. وينتهي المشهد على منظر يغيب في الأفق. ومقابل ذلك تَنبني لوحة يوم الحشر على أجزاء ثلاثة، وتعكس مراتبُ الشخوص ما لها من أهمّيّة. وتتجسّد معاني النصّ المنقوش على الإطارَين (الأصليَّين) على نحو حرفيّ في اللّوحتَين ممّا يحدث تفاعلاً بين الكلمات والصور. وقد ساهم أحد المساعدين مساهمة جزئيّة في رسم النصف الأعلى من لوحة يوم الحشر.

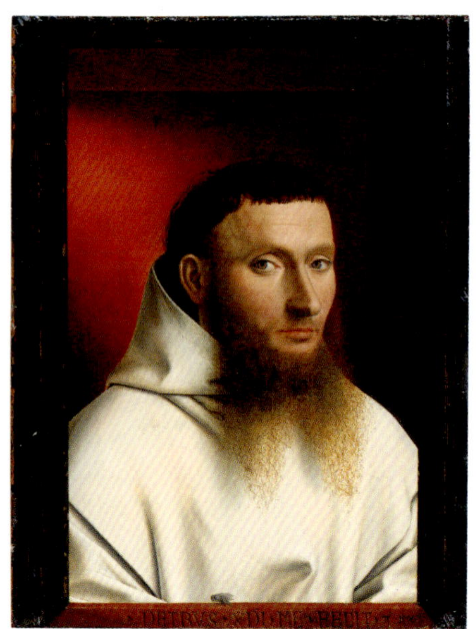

بطرس كريستوس

هولنديّ، ناشط بين 1444 – 1475/ 1476م

رسم شخصيّ لرجل من البلاط، 1446م

زيت على القماش، المقاسات: 29.2 × 21.6 سم؛
المساحة المطليّة: 29.2 × 18.7 سم
مجموعة جول باك، 1949م (49.7.19)

كان بطرس كريستوس من أعلام مدرسة بروج في السنوات التي أعقبت وفاة جان فان آيك، سنة 1441م. وهذا الرسم الشخصيّ، وهو أوّل لوحة مؤرّخة من لوحاته، من أبدع أعماله. فقد وضع الفنّان موضوع الرسم في ركن من غرفة من الغرف بدل الالتجاء إلى الخلفيّة المسطّحة المحايدة التي كانت سائدة آنذاك. وقد تقوّى أثر مشاكلة الواقع بإطار خادع خُطّ عليه نقش وحَطّت ذبابة.

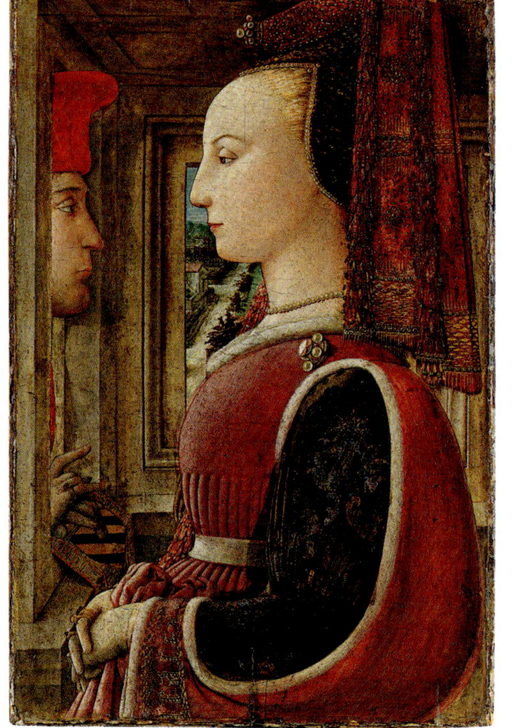

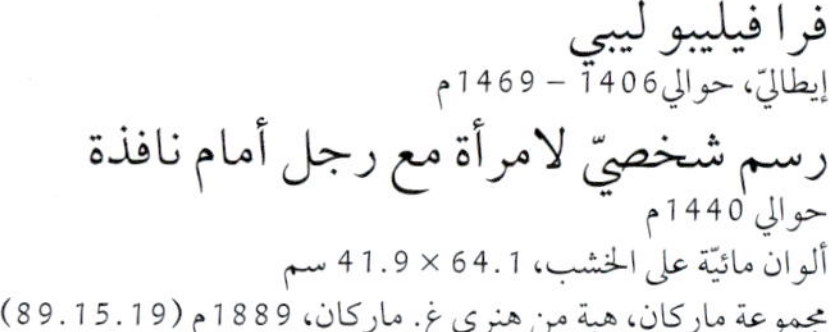

فرا فيليبو ليبي

إيطاليّ، حوالي 1406 – 1469م

رسم شخصيّ لامرأة مع رجل أمام نافذة

حوالي 1440م
ألوان مائيّة على الخشب، 64.1 × 41.9 سم
مجموعة ماركان، هبة من هنري غ. ماركان، 1889م (89.15.19)

هذا الرسم الشخصيّ المزدوج المهمّ هو أحد أقدم الرسوم التي وصلتنا من فلورنسا بإيطاليا. وهو إلى جانب ذلك أحد أوّل الرسوم التي وضعت في إطار منزلٍ. ومن المرجّح أن يكون قد رُسمَ على سبيل الاحتفال بخطوبة الشخصين أو زواجهما. ولنا أن نقرأ كلمة lealt(a)، وتعني الوفاء، مطرّزة على قفا المعصم الأيسر للفتاة. ويدلّ اللّباس والحلي الفاخر أيضا على أنّها لعروس. وربّما كان إبراز تفاصيل الثوب الأحمر والحلي، شأنه شأن البناءات والحديقة في الخلفيّة، شاهدًا على ثروات العائلة.

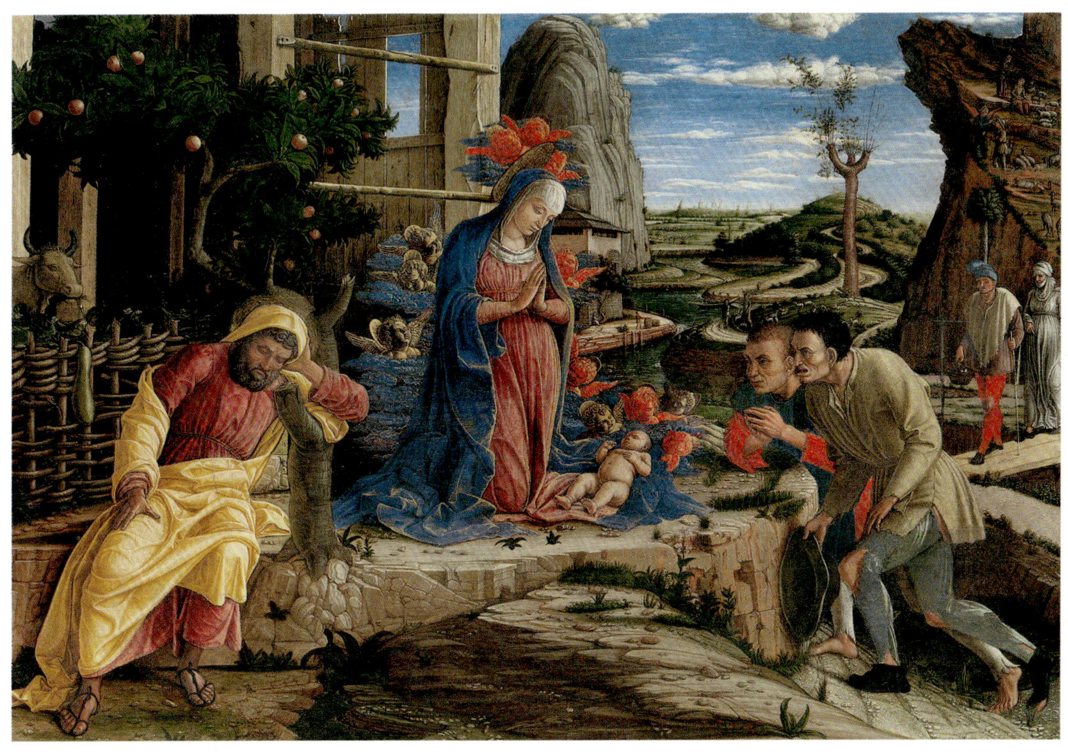

أندريا منتينيا

إيطاليّ، 1430/ 1431 – 1506م

افتتان الرعاة

بُعَيد 1450م

ألوان مائيّة على القماش، وفي الأصل على الخشب؛

المقاسات: 40 × 55.6 سم؛

المساحة المطليّة: 37.8 × 53.3 سم

اقتناء، هبة من مجهول، 1932م (32.130.2)

كان منتينيا، وهو نابغة الرسم الإيطاليّ، قد تجاوز العشرين بقليل حين رسم هذه اللّوحة التي تجلّت فيها موهبته المدهشة في رسم التفاصيل كأكمل ما يكون التجلّي. ففي صدر اللّوحة تطلع من شقوق بين الصخور نباتات تبلّلها موجات نهر صغيرة. ورغم الطابع التقليديّ للموضوع فإنّ الأسلوب الذي أقحم به منتينيا هذه التفاصيل هو أسلوب رسّام كامل. وتبدو المعالجة المعبّرة للشخوص مستجيبةً للأفكار المعاصرة التي يقول بها الإنسانيّون المرتبطون بالقصر. والأرجح أنّ الوصف المدقّق للمنظر يشفّ عن إعجاب منتغنا بالرسم الهولنديّ.

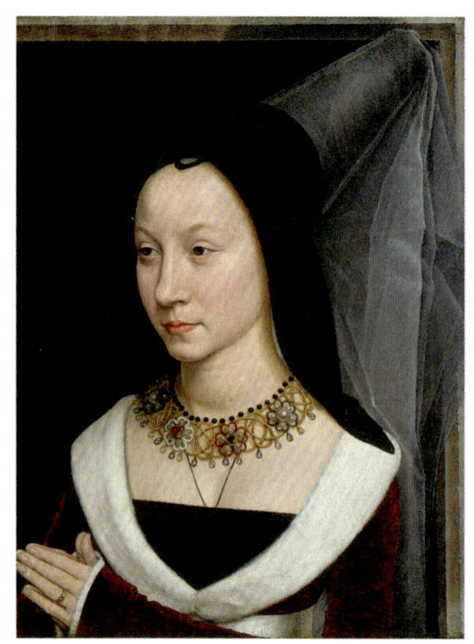

هانس ماملينغ

هولنديّ، ناشط بين 1465 – 1494م

طوماسو دي فولكو بورتيناري (1428 – 1501م) وماريا بورتيناري (ماريا مادّلينا بارونسيلّي، ولدت سنة 1456م) من المرجّح 1470م

زيت على القماش؛ طوماسو، المقاسات: 44.1 × 33.7 سم؛
المساحة المطليّة: 42.2 × 31.8 سم
ماريا، المقاسات: 44.1 × 34 سم؛
المساحة المطليّة: 42.2 × 32.1 سم
وصيّة بنجامين ألتمان، 1913م (14.40.626–27)

هَيمَن هانس ماملينغ على الرسم في بروج من 1465م إلى وفاته سنة 1494م. وينتمي طوماسّو وماريا بورتيناري إلى جالية التجّار الإيطاليّين الكبيرة التي استقرّت في بروج حيث سيّر طوماسّو فرعا من مصرف ميديسيس خلال الفترة الفاصلة بين 1465 و1478م. ويبدو أنّ هذين الرسمين الشخصيّين، وهما من روائع عصر النهضة الهولنديّة، قد طُلبا بمناسبة زواجهما سنة 1470م. وكانت ماريا تبلغ آنذاك حوالي الرابعة عشرة في حين أنّ طوماسّو في حوالي الأربعين. و اللّوحتان في الأصل مصراعان للوحة ثلاثيّة محمولة إذ كانتا تؤطّران لوحة تعبّديّة تمثّل العذراء وابنها.

روجير فان دير وايدن

هولنديّ، حوالي 1399 – 1464م

فرنسيسكو ديست (ولد حوالي 1430م، وتوفّي بعد سنة 1475م) حوالي 1460م

زيت على الخشب؛ المقاسات: 31.8 × 22.2 سم؛
المساحة المطليّة: 29.8 × 20.3 سم
مجموعة فريدسام، وصيّة ميكائيل فريدسام، 1931م (32.100.43)

كان روجير فان دير وايدن رسّامَ شخوصٍ ذائعَ الصيت. وقد رسم هنا فرنسيسكو ديست، الابن غير الشرعيّ لحاكم فرّارا الذي أرسله إلى هولندا لاستكمال تربيته وتعلّم مهنة صناعة الأسلحة. ويعود هذا الرسم الشخصيّ إلى سنة 1460م. ويمسك الشاب بين يديه مطرقة وحلقة قد يكونان إمّا جائزة فاز بها في مباراة وإمّا رمزَين للسلطة.

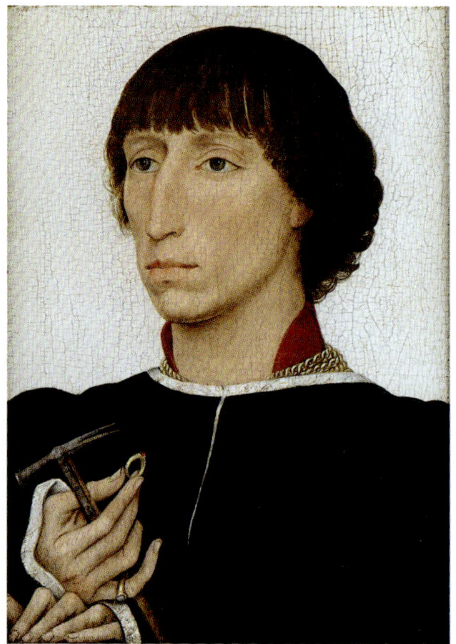

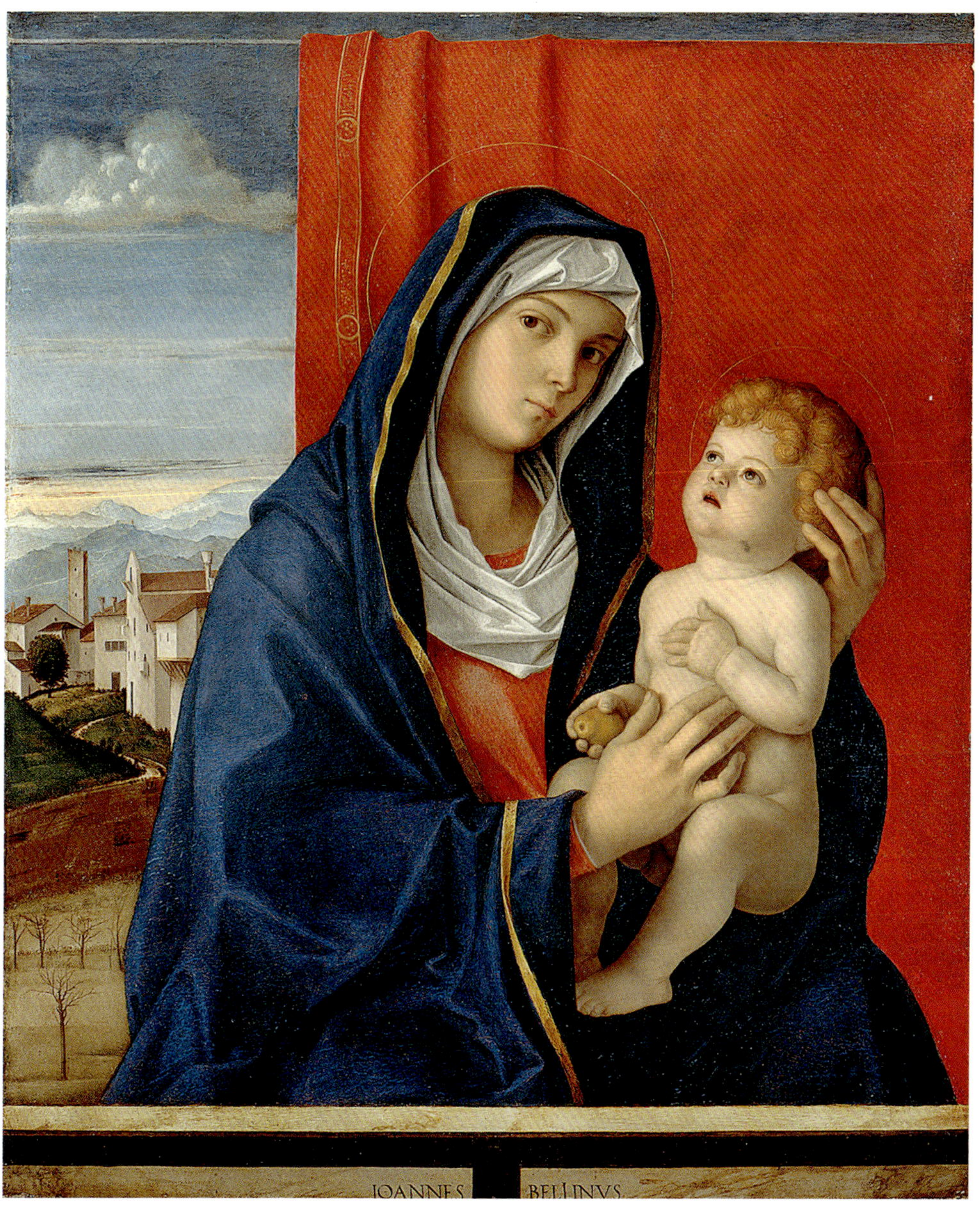

جيوفاني بلّيني

إيطاليّ (من البندقيّة)، ناشط بين 1459 – 1516م

العذراء والطفل، أواخر الثمانينات من القرن الخامس عشر م.
زيت على الخشب؛ 88.9 × 71.1 سم
رصيد رودجرز، 1908م (08.183.1)

ينتمي جيوفاني بلّيني إلى عائلة فنّانين مشهورين مثل أبيه جاكوبو وأخيه جنتيلي. وقد سيطر، طيلة حياته، على المشهد الفنّيّ بالبندقيّة. وتُبرز لوحاتُه الدينيّة قدرتَه على الجمع بين الورع والنزعة الطبيعيّة وجماليّة بداية عصر النهضة. وفي اللّوحة تفصيل غير معهود إذ يسمح ستار مسدل جزئيًّا وراء الشخوص بمشاهدة منظر بعيد وهو ما يستبق بالأضواء والأجواء رسوم جيورجوني وتيتيان. ويقود المنظرُ عينَ المشاهد من صدر اللّوحة العاري إلى خلفيّتها الثريّة على نحو يرمز إلى الانتقال من الموت إلى البعث.

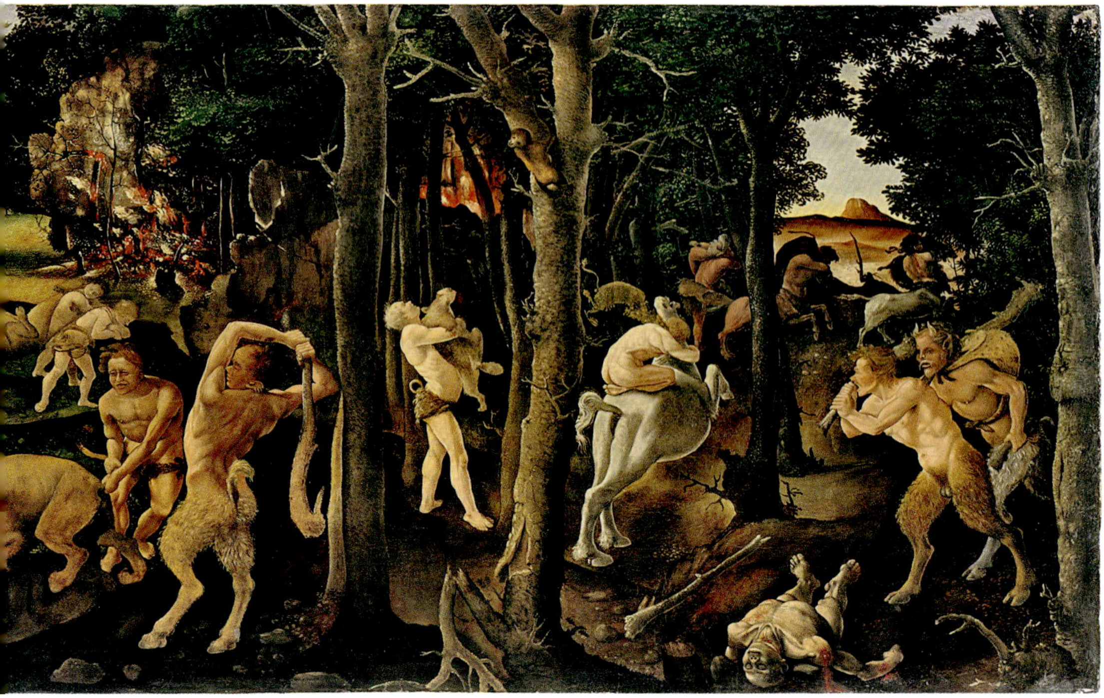

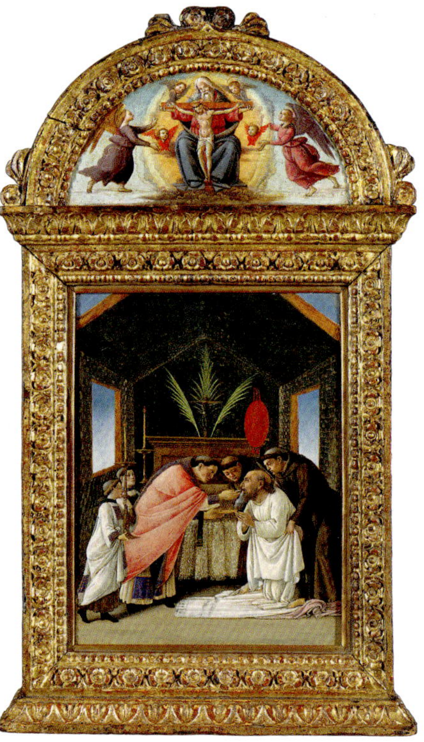

بوتيتشيلّي (ألساندرو دي ماريانو فيليببي)

إيطاليّ، 1444/ 1445 – 1510م

عشاء القربان الأخير للقدّيس جيروم،

أوائل التسعينات من القرن الخامس عشر م.
ألوان مائيّة على الخشب؛ 34.3 × 25.4 سم
وصيّة بنجامين ألتمان، 1913م (14.40.642)

لعلّ بوتيتشيلّي تلميذ فيليبّو ليبي أشهرُ رسّامي بداية عصر النهضة. وتمثّل هذه اللّوحة القدّيس جيروم وهو في النزع الأخير يغيثه رهبانٌ آخرون في صومعته بدير قرب بيت لحم. وقد رَسم الفنّان اللّوحةَ بطلب من فرنشيسكو دال بوغليس وهو صوّاف من البندقيّة من أتباع العقائد المتزمّتة للواعظ سافونارول الذي قد يكون اختار موضوع اللّوحة بسبب مضمونه الدّينيّ العميق. وقد نُحت الإطار البديع على نحو استثنائيّ في مرسم غيليانو دا مايانو، أمّا الهلاليّة فقد كانت بفرشاة برتولوميو دي جيوفاني أحد المساعدين العرضيّين لبوتيتشيلّي.

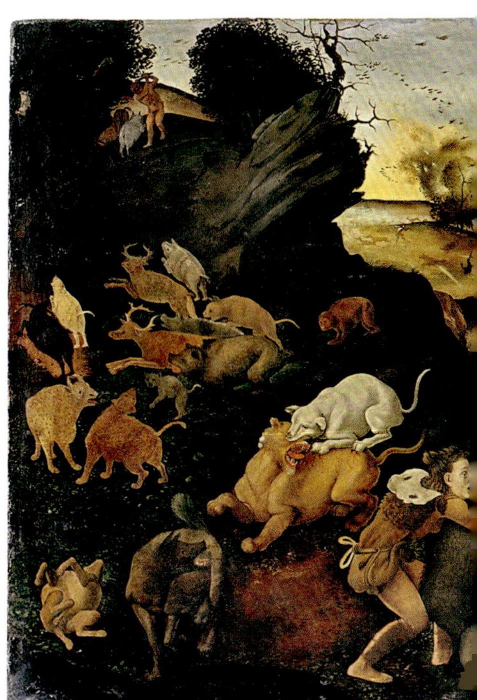

بييرو دي كوسيمو (بييرو دي لورنزو دي بييرو دانتونيو)

إيطاليّ، 1462 – 1522م

مشهد قنص، حوالي 1485 – 1500م
ألوان مائيّة وزيت، نقلت على لوح من ألياف خشبيّة؛
المقاسات: 70.5 × 169.5سم
هبة من روبير غوردن، 1875م (75.7.2)

هذه اللّوحة الرائعة التي تبرز مطاردة الرجال والآلهة للأسود والدببة وغيرها من المخلوقات هي من أكثر أعمال عصر النهضة فرادة. ولعلّها تنتمي إلى سلسلة من اللّوحات التي استُلهمت فيها أعمال المؤلّفَين الرومانيَّين فيتروفيوس ولوكريتوس وهي، إلى ذلك، من أبدع اللّوحات التي صوّرت حياة الإنسان البدائيّ. وقد أشار لوكريتوس إلى أنّ البدائيّين كانوا يعيشون عيش الحيوانات البرّيّة. وفي هذه اللّوحة نرى جمعًا من الشخوص تطارد الحيوانات بالهراوات الخشنة ونشاهد حيوانات، من بعيد، تفرّ هاربة من حريق في الغابة.

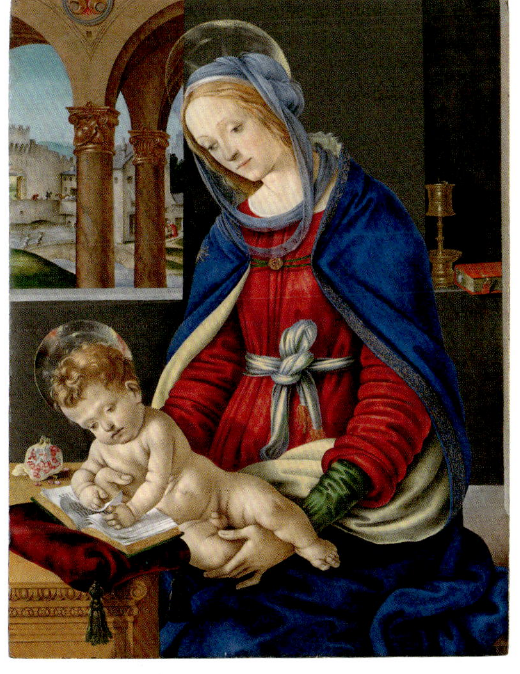

فيليبينو ليبّي

إيطاليّ، حوالي 1457 – 1504م

العذراء والطفل، حوالي 1485م
ألوان مائيّة، زيت وذهب على الخشب؛ 81.3 × 59.7 سم
مجموعة جول باك، 1875م (75.7.2)

تدرّب فيليبينو ليبّي، وهو من أكثر الرسّامين في فلورنسا موهبةً واكتمالاً، أوّل الأمر على يد والده فرا فيليبّو ليبّي ثمّ دخل مَرسَم بوتيتشلّي. وقد استلهم أسلوبَه من هذين الأستاذين البارعين. وتكشف اللّوحة عن تأثير الرسم الفلمندي فيه على ما في المنظر البادي من الشرفة على اليسار والطبيعة الساكنة في الشمعدان الذي يلقى بظلاله. وقد يكون فيليبّو ستروزي الذي طلب اللّوحة رغب في استعمال الألوان الزاهية فيها خصوصا اللّون الأزرق اللاّزورديّ باهظ الثمن الذي لوّن به معطف المادونا.

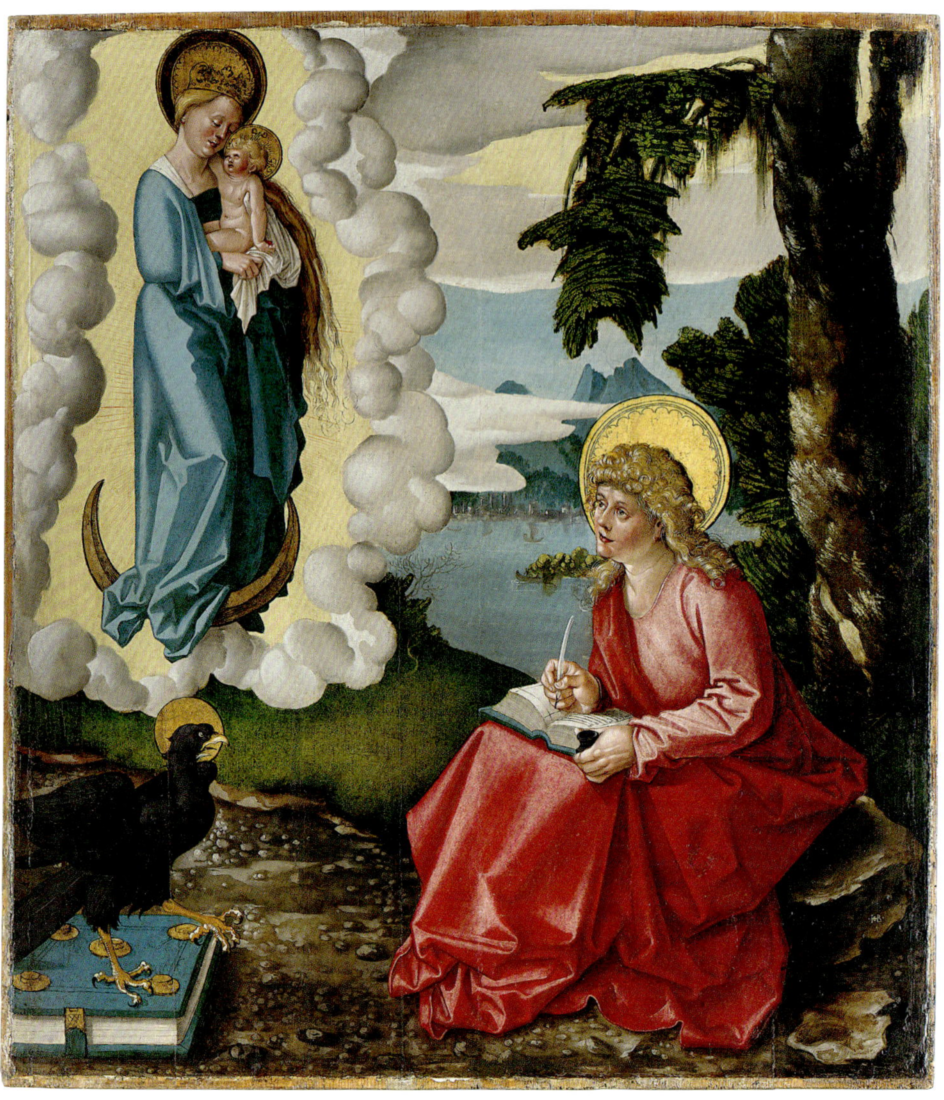

هانس بلدونغ (هانس بلدونغ غرين)

ألمانيّ، 1484/ 1485 – 1545م

القدّيس يوحنّا في جزيرة بطمس، حوالي 1511م

ألوان مائيّة على الخشب؛ 34.3 المقاسات: 89.5 × 76.8 سم؛ المساحة المطليّة: 87.3 × 75.6 سم

اقتناء، رصيدا رودجرز وفلاتشر؛ هبات من: مؤسّسة فنسنت أستور، رصيد ديلو، مؤسّسة شارلز إنجلهرد، لورنس أ. فلاشمان، السيدة هنري ج. هاينز الثاني، مؤسّسة ويلارد ت.س. جونسون المحدودة، المجموعة المالكة المحدودة روليانس، البارون هـ. هـ. ثيسن – برنزميزا، السيّد والسيّدة رايتسمان؛ وصيّة جوزيف بوليتزر؛ أرصدة خاصّة؛ هبات ووصايا أخرى، تبادل، 1983م (1983.451)

كان بلدونغ رسّاما ونقّاشا ومصمّمَ بلّورٍ على قدر كبير من الأصالة والطرافة ينحدر من عائلة محامين وأطبّاء. التحق في الثامنة عشرة من عمره بمرسم دورر في نورمبرغ ليتعلّم الرسم. وهذا اللّوح المنتزع من لوحة ثلاثيّة يجسّد الحواريّ يوحنّا في جزيرة بطمس وهو يحرّر سفر الرؤيا. ويرمز إليه العقاب. وقد طلبت رافدةَ المذبح رهبنةُ القدّيس يوحنّا المقدسيّ بغرونن وورث قرب سترازبورغ. ويوجد أثر عن ذلك في وثيقة تعود إلى سنة 1510 – 1511م أي خمس سنوات بعد أن غادر بلدونغ مرسم دورر.

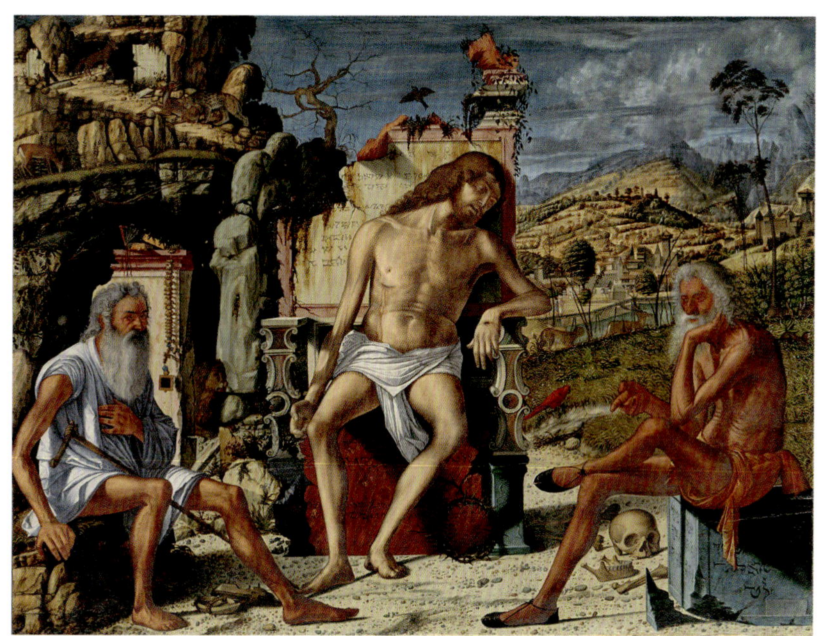

فيتّوري كرباتشيّو

إيطاليّ، حوالي 1455 – 1523/ 1526م

تأمّل في آلام المسيح، حوالي 1480 – 1510م

زيت وألوان مائيّة على الخشب؛ 70.5 × 86.7 سم
رصيد جون ستيوارت كينيدي، 1911م (11.118)

رسم كرباتشيّو، إضافة إلى مجموعة اللّوحات السرديّة الشهيرة عن البندقيّة، عددًا كبيرا من اللّوحات الدينيّة المحمّلة برموز دقيقة. وهذه اللّوحة أبرزها جميعًا. فعلى اليمين، يجلس أيّوب على صخرة نقش عليها بالعبريّة ما يلي: «أنا أعلم أنّ المخلّص حيّ». وقد أوّل جيروم، ويجسّمه هنا ناسك على اليسار، هذه الآية من الإنجيل على أنّها تشير إلى بعث المسيح الذي يبدو للعيان جسدُه على عرش خرب بين رجليه إكليل الشوك. ويمثّل المشهد القاحل على اليسار ومقابله المشهد العامر على اليمين،على التوالي، الموت والحياة.

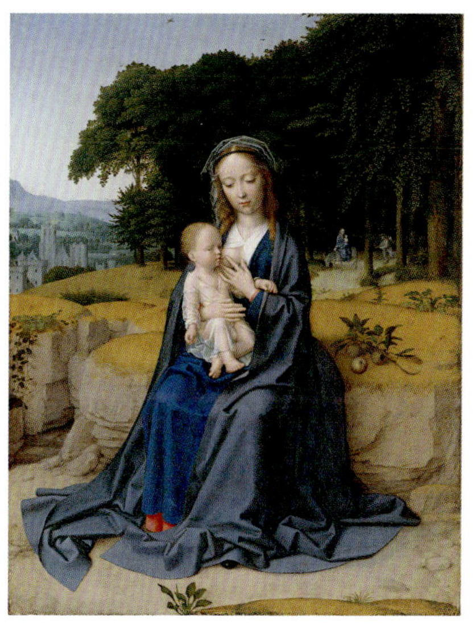

جيرار دافيد

هولنديّ، حوالي 1455 – 1523م

استراحة أثناء الفرار إلى مصر

حوالي 1512 – 1515م
زيت على الخشب؛ 50.8 × 43.2 سم
مجموعة جول باك، 1949م (49.7.21)

تعرض هذه اللّوحة التي تتناول موضوعًا من أشهر مواضيع الرسم الهولنديّ على المُشاهد أن يشارك بالنيابة في مجرى الحكاية. ففي الخلفيّة مشهد مقتضب يبرز العائلة المقدّسة وهي خارجة من الغابة متّجهة إلى مدينةٍ تقع في وادي على اليسار. ويكشف التأليف الهرميّ للعذراء وابنها وكما يكشف استعمال الأضواء والظلال لبيان الأحجام أنّ لدافيد إلماما بالاصطلاحات الجديدة للنهضة الإيطاليّة.

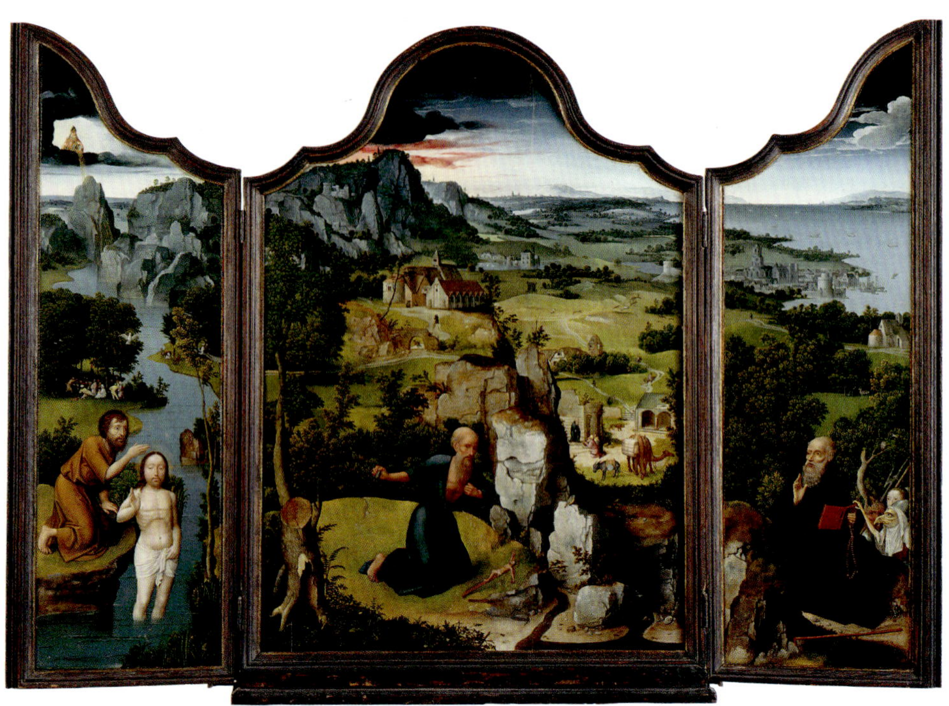

جواشيم باتينير

هولنديّ، ناشط 1515 – 1524م

توبة القدّيس جيروم، حوالي 1518م

زيت على الخشب؛ اللّوح في الوسط، عمومه، بإطار ذي نقوش بارزة، 117.5 × 81.3 سم، كلّ مصراع، مقاسه، بإطار ذي نقوش بارزة: 120.7 × 35.6 سم
رصيد فليتشر، 1936م (36.14 أ–ج)

تمثّل هذه اللّوحةُ ثلاثيّة الأجزاء التي جلبت، على الأرجح، من كنيسة في جنوب ألمانيا، منعرجًا في تاريخ رسم المناظر. فقد قلب جواشيم باتينير العلاقة المعهودة بين حجم الشخوص والخلفيّة. فمن اليسار إلى اليمين نرى القدّيس جيروم يعمّد المسيح في الأردن، ثم نرى وحوشًا تنقضّ على القدّيس جيروم، فالقدّيس أنطوان الناسك في منظر طبيعيّ شامل خلاّب يدعو المشاهد إلى أن يجول ببصره فيه كما لو كان يطوف في الحجّ.

ألبرخت دورر

ألمانيّ، 1471 – 1528م

العذراء وابنها مع القدّيسة حنّة

على الأرجح سنة 1519م
زيت على الخشب؛ 60 × 49.8 سم
وصيّة بنجامين ألتمان، 1913م (14.40.633)

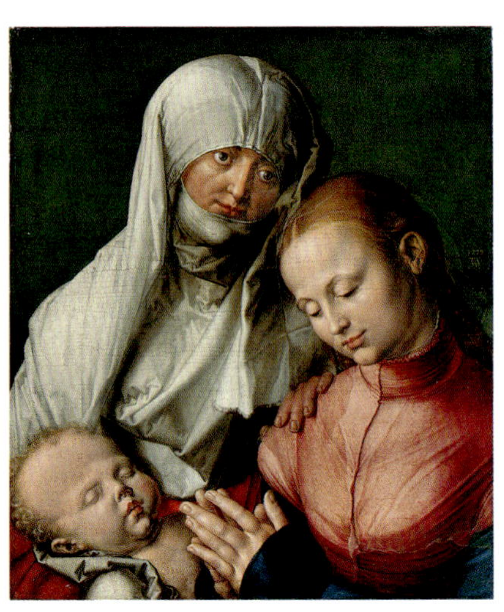

قد تكون أعمال جيوفاني بلّيني من البندقيّة التي أعجب بها دورر أيّما إعجاب خلال إقامته في البندقيّة، ألهمته موضوع العذراء التي تفتتن بالمسيح الطفل وهو نائم. وتراقب المشهد القدّيسة حنّة والدة العذراء التي تحظى بإجلال خاصّ في ألمانيا. وقد أضفى عليها دورر قسمات زوجته أنياس. إنّها لوحة دينيّة خاصة.

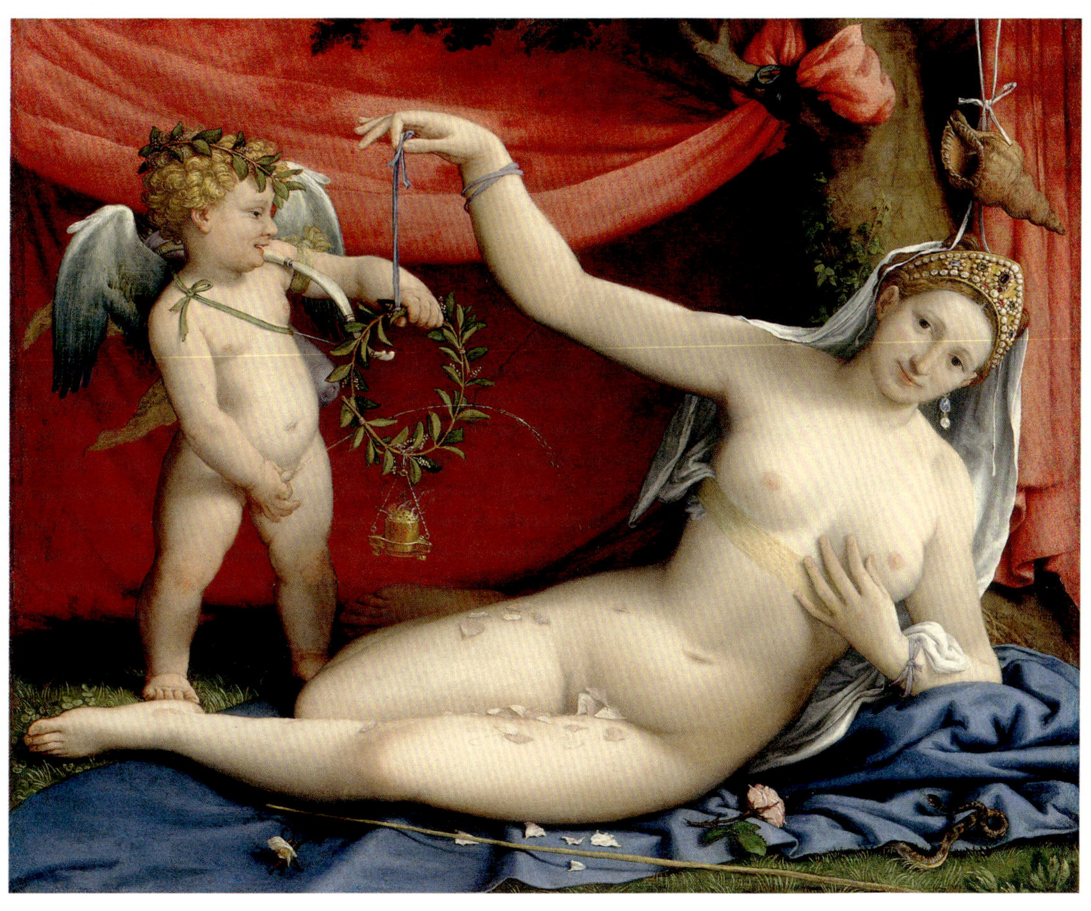

لورنزو لوطّو

إيطاليّ، حوالي 1480 – 1556م

فينوس وكيوبيد

أواسط العشرينات من القرن السادس عشر الميلادي

زيت على القماش؛ 92.4 × 111.4 سم

اقتناء، هبة من شارل رايتسمان، على شرف ماريتّا تري، 1986م

(1986.138)

استوحى لورنزو لوطّو، عبقريّ نهضة البندقيّة الذي ناهض التقليد، موضوعَ هذه اللّوحة من أشعار الزواج الكلاسيكيّة. وهذا على الأرجح موضوع هذه اللّوحة. فقد يكون لفينوس نفسها قسمات عروس. وتمثّل الأصداف على رأسها وبتلات الزهور على جسدها رموزا للآلهة. ويرمز نبات اللبلاب إلى الوفاء للزوج كما يرمز تاج الآس والمجمرة المعلّقة إلى عشّ الزوجيّة. وتحمل فينوس أقراط عروس من القرن السادس عشر الميلادي وإكليلها. وتمثّل حركة كيوبيد الذي يتبوّل عبر تاج الآس فأل خير بالخصوبة يضيف مسحة من السخرية على الصورة بطابعها الحميميّ.

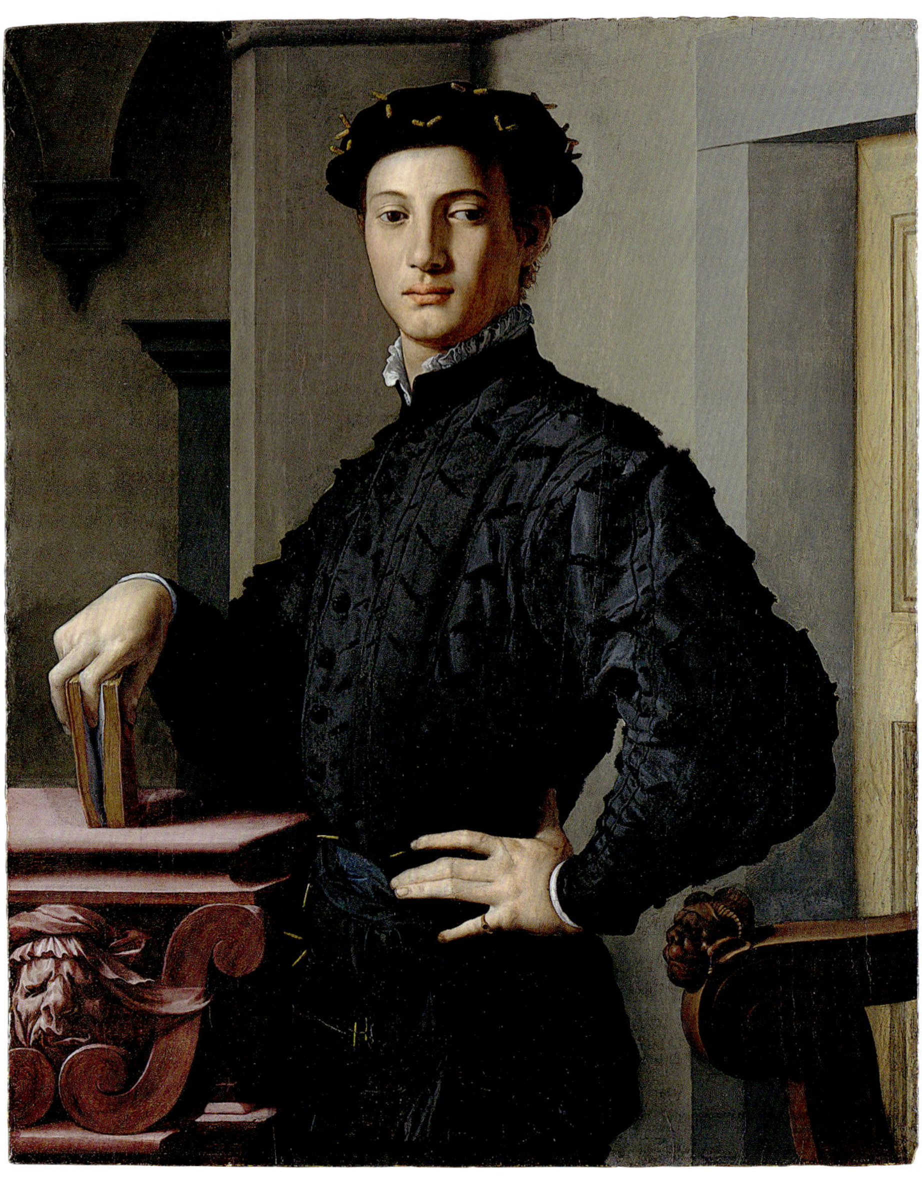

برونزينو (أنيولو دي كوسيمو دي ماريانو)

إيطاليّ، 1503 – 1572م

رسم شخصيّ لشابّ

ثلاثينات القرن السّادس عشر الميلادي

زيت على الخشب؛ 95.6 × 74.9 سم

مجموعة هـ. أ. هافماير، وصيّة من السيّدة هـ. أ. هافماير، 1929م (29.100.16)

هذا الرسم الشخصيّ الذي صُوّر في البندقيّة لِمن أبدع ما رسم برونزينو. ولئن كان الشخص المرسوم مجهولاً فهو ينتمي، ولا ريب، إلى الدائرة الضيّقة لأصدقاء الرسّام من أهل الأدب الذين نجد من بينهم المؤرّخ بينديتو فارشي والشاعرة لورا باتيفيري وقد وقف كلاهما مثالا أمام الرسّام. وقد نظم برونزينو كذلك أشعارا بعضها جادّ وبعضها الآخر هزليّ. وقد كان ما نجده في هذا الرسم من هزل غريب تعبّر عنه الرؤوس الخياليّة المحفورة على الطاولة والكرسيّ والقناع الذي يتشكّل من طيّات سروال الفتى لمّا يستهوي الدوائر الأدبيّة التي تجد فيه تعليقا ساخرا على الرسم الشخصيّ وعلى تمثيل الذات.

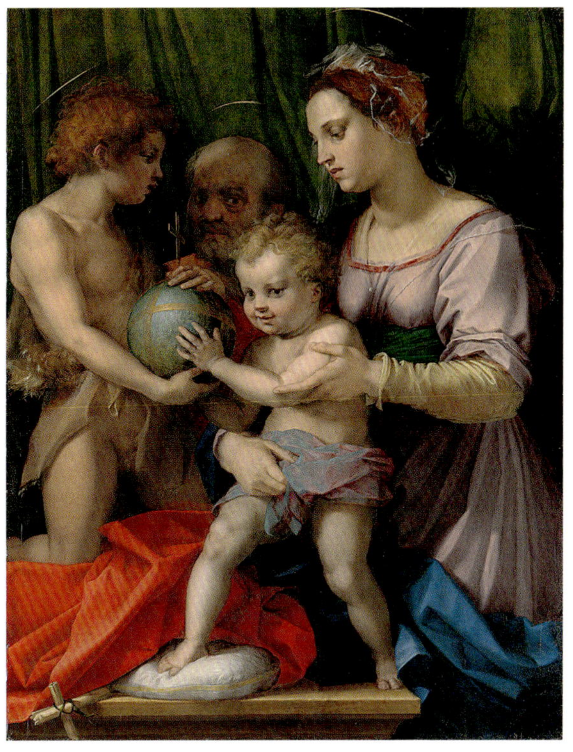

أندريا دال سارتو (أندريا دانيولو)

إيطاليّ، 1486 – 1530م

العائلة المقدّسة ويوحنّا المعمدان طفلاً

حوالي 1530م

زيت على الخشب؛ 135.9 × 100.6 سم

رصيد ماريا دو ويت جيسوب، 1922م (22.75)

كان أسلوب أندريا دال سارتو متجذّرا في المُثُل العليا الفنّيّة للنهضة. وبسبب من هذا، أدرجَ الشخوص بأحجامها الطبيعيّة في فضاء محدّد تحديدا واضحا. وقد ألهم الاستخدام التعبيريّ للألوان وتنوّع الأوضاع المركّبة الأجيالَ الأولى من المتصنّعين في الرّسم. وذهب أهل الاختصاص إلى أنّ هذه اللّوحة الرائعة التي قُلّدت مرّات عديدة تعبّر عن تحوّل ولاء فلورنسا من القدّيس يوحنّا المعمدان، راعيها المقدّس، إلى المسيح. وكان أندريا دال سارتو بالنسبة إلى كثيرين «الرسّام الكامل»، وهي سمعة تشهد عليها بوضوح البراعةُ في رسم الشخوص ونبل الحركات وتعقّدها كما يشهد عليها سخاء لوحة الألوان.

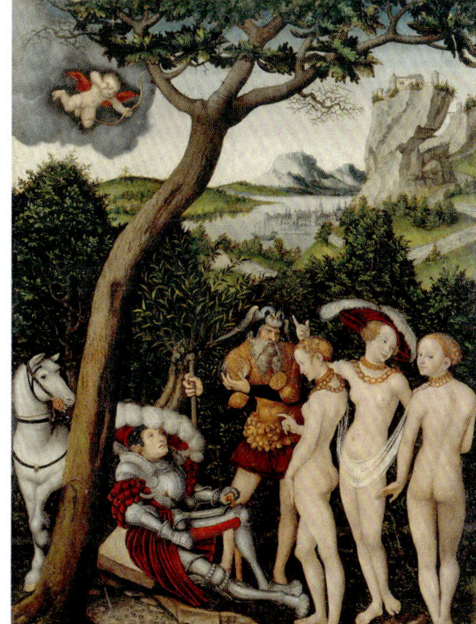

لوكاس كراناش لنسيان

ألمانيّ، 1472 – 1553م

حكم باريس، تقريبا سنة 1528م

زيت على الخشب؛ 101.9 × 71.1 سم

رصيد رودجرز، 1928م (28.221)

حاز لوكاس كراناش لنسيان الذي ينحدر من عائلة فنّانين على شهرة يُحسد عليها في بلاط الأمراء الجرمان المؤهّلين لاختيار رأس الإمبراطوريّة في ساكس بوتنبرغ. وتُصوّر هذه اللّوحة باريس وهو يعاين مينيرفا وفينوس وجونو ليحدّد أيّ الآلهات الثلاث أجمل. ونرى بجانبه عطارد يمسك بالجائزة المرتجاة وهي تفّاحة ذهبيّة (تتجسّم هنا في كرة من زجاج) وكيوبيد يصوّب السهم من السماء نحو فينوس. وقد كانت هذه الأسطورة الموضوعَ المحبّذَ لكراناش في أوج نضجه وللأمراء رعاة الفنون أيضا. وتوجد اليوم، في أوفنتليش كانستملوغن بمدية بال السويسرية، لوحة شبيهة بهذه للرسّام نفسه محفوظة تُؤرّخ عادة على أنّها تعود إلى سنة 1528م كذلك.

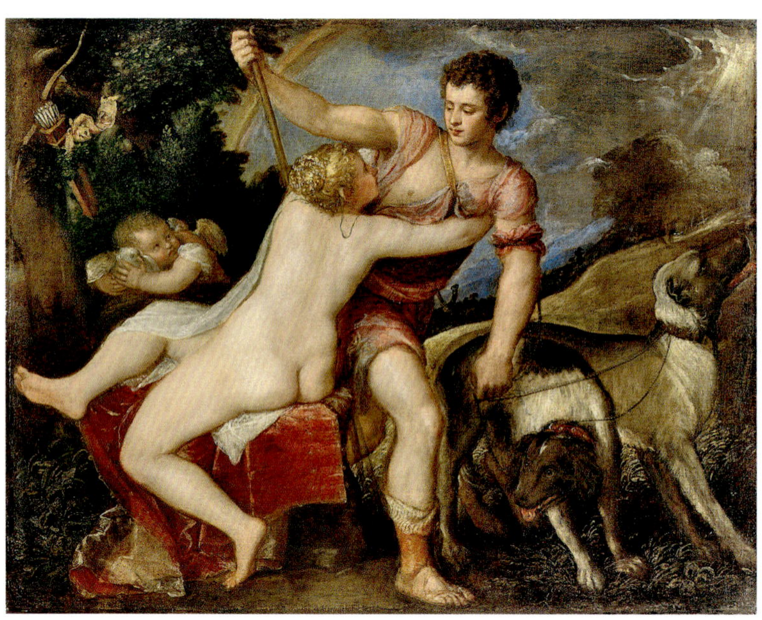

لوتيتيان (تيويانو فيسيليو)

إيطاليّ، 1485/ 1490 – 1576

فينوس وأدونيس

الستينات من القرن السادس عشر الميلادي
زيت على القماش؛ 106.7 × 133.4 سم
مجموعة جول باك، 1949م (49.7.16)

أنجز لوتيتيان صيغتَين من هذا المشهد المستوحى من كتاب التحوّلات لأوفيد: واحدة لفيليب الثاني ملك إسبانيا وأخرى ضائعة لعائلة فرنيس بروما. وتسعى فينوس، بلا طائل، إلى إثناء أدونيس حبيبها الذي تفنى في حبّه عن الذهاب إلى الصيد .ويُنْسي الطابع الحسّيّ المرحُ سخريةَ القدر المأساوي فقد قتل خنزير برّيّ أدونيس. كان لوتيتيان من أعظم رسّامي عصر النهضة بالبندقيّة، وعادة ما تضع اللوحات التي أنجزها في مرحلته المتأخرة لمسة ذات طابع حسّي مقابل قسوة الأساطير الكلاسيكيّة.

هانس هولباين لوجان

ألمانيّ، 1497/ 1498 – 1543م

رسم شخصيّ لأحد أفراد عائلة وديغ، قد يكون هارمان وديغ (ت سنة 1560م)، 1532م

زيت على الخشب؛ 42.2 × 32.4 سم، مع إضافة قطعة بـ 1.3 سم في الأسفل
وصيّة إدوارد س. هاركنيس، 1940م (50.135.4)

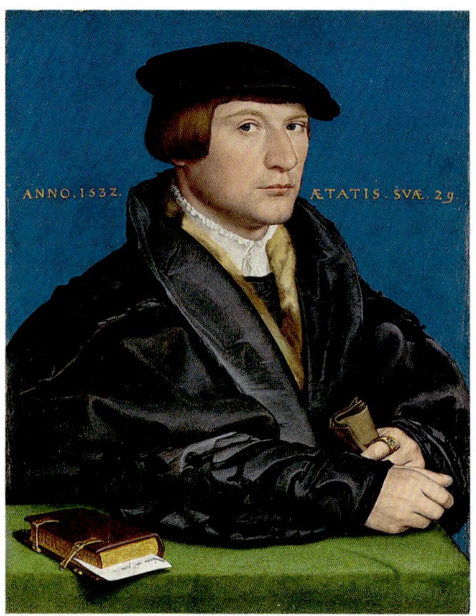

قد يكون المثال المرسوم الذي يضع خاتما محلّى بشارات عائلة وديغ من كولونيا هو هارمان فان وديغ الثالث العضو في الشركة التجاريّة لندن ستيليارد. ونقرأ على الورقة المدسوسة في كتاب الصلاة الصغير جملة من المسرحيّة الرومانيّة أندريا التي ألّفها تيرانس جاء فيها: »من الحقيقة ينشأ الحقدُ«. فهل هي إشارة إلى مضمون الكتاب أو شعار لصاحب الرسم الشخصيّ؟

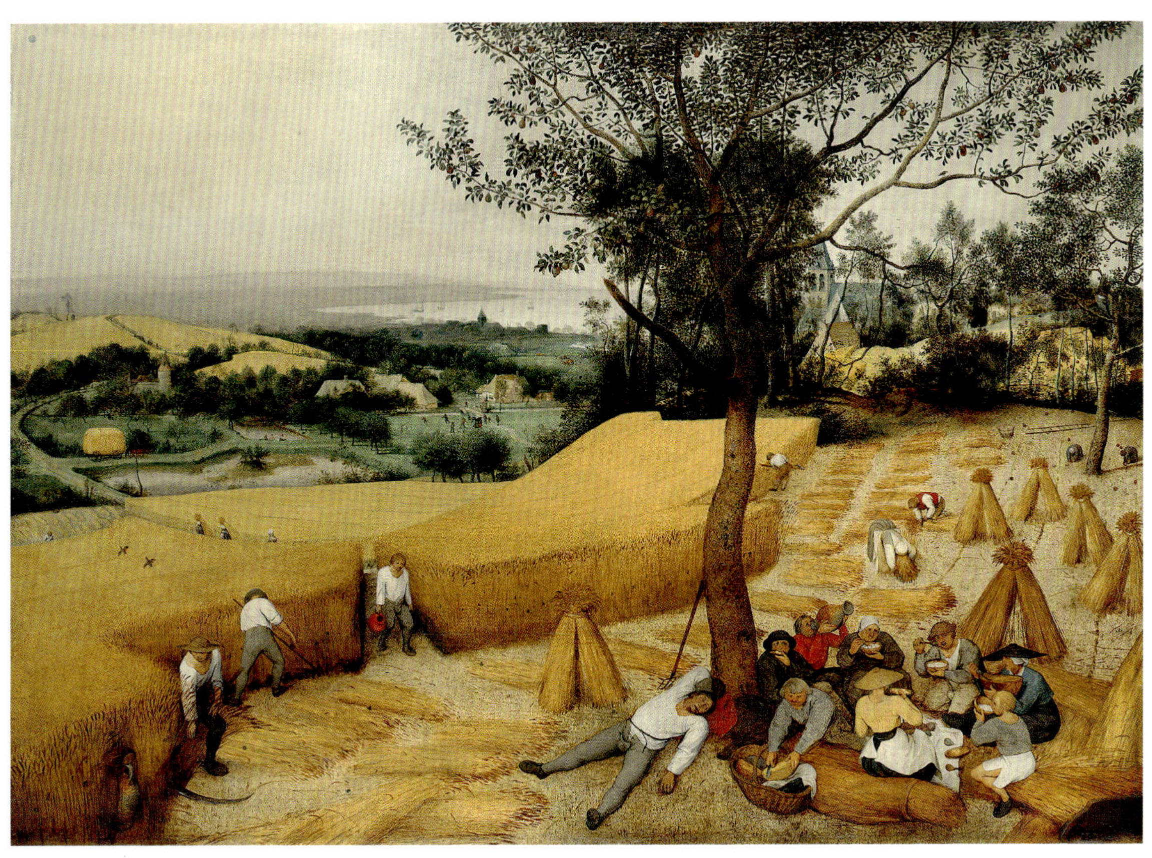

بيتر بروجال الشيخ

هولنديّ، حوالي 1525 – 1569م

الحصاد، 1565م

زيت على الخشب؛ عمومها بما في ذلك القطعُ التي أضيفت: في الأعلى وفي الأسفل وعلى اليمين: 119 × 162 سم؛ المساحة المطليّة في الأصل: 116.5 × 159.5 سم

رصيدا رودجرز ، 1919م (16.164)

تجسّد هذه اللّوحة حصّادين في شهر أوت/ أغسطس أو سبتمبر/ أيلول توقّفوا عن العمل ساعةً لتناول الطعام تحت ظلّ شجرة. وبعيدًا عنهم أشخاص يبدو أنّهم يمرحون وهناك مراكب شراعيّة تستعدّ لمغادرة الميناء. ولمّا كان بروجال ذا إحساس مرهف بالطبيعة وما يعتمل فيها فقد مثّل منعرجًا حاسمًا في تاريخ الفنّ الغربيّ بانصرافه عن التذرّع بالدين في رسم الطبيعة لينكبّ على التجديد الإنسانيّ. فلم يُخرج هذا المشهد من الحياة اليوميّة مخرجًا مثاليًا ولكنّه بناه مباشرة على رصد الطبيعة والنشاط البشريّ فيها. وتقوم شساعة المشهد العام الذي يحتلّ بقيّة اللّوحة دليلاً على أنّ بروجال لا يحبّذ الأنشطة الفلاحيّة الخاصّة بالمواسم فحسب بل يحبّذ كذلك أجواء المنظر وتحوّلاته. وهذه اللّوحة، وهي واحدة من ستّ لوحات رسم فيها مختلف فترات السنة، طلبها منه نيكولياس جونجولنك وهو تاجر من مدينة أنفرس البلجيكية.

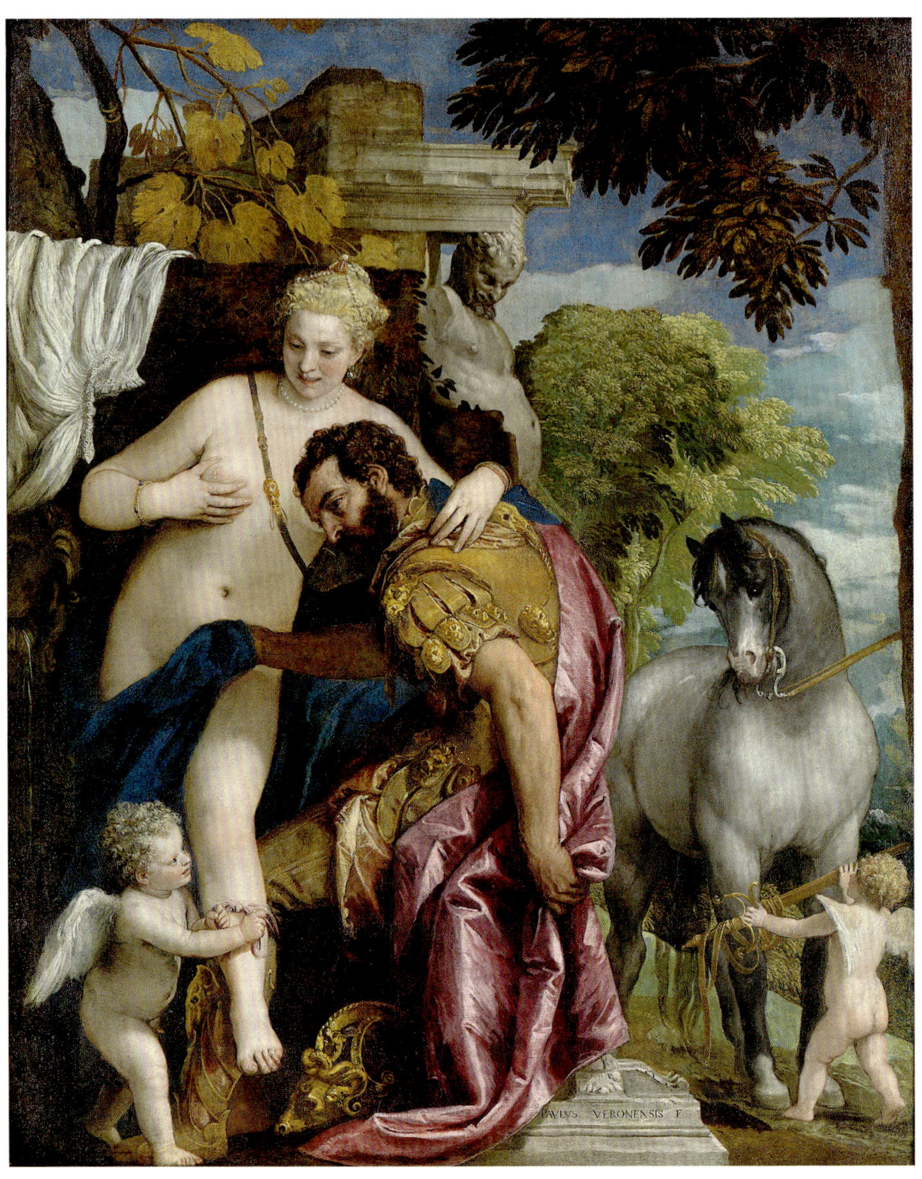

باولو فيروناس (باولو كالياري)

إيطاليّ، 1528 – 1588م

مارس وفينوس مرتبطان برباط الحبّ

سبعينات القرن السادس عشر الميلادي
زيت على القماش؛ 205.7 × 161 سم
رصيد جون ستيوارت كينيدي، 1910م (110.189)

تحتفي هذه اللّوحة التي يزوّج فيها كيوبيد فينوس ومارس (إله الحرب) بها لهذا الحبّ الذي يرمزُ إليه هنا الحليبُ السائل من ثدي فينوس والزمام المقيّد لجواد مارس من تأثير مغذٍّ باعث للحضارة. وقد كانت هذه اللّوحة، على غرار مشاهد أسطوريّة ورمزيّة أخرى رسمها فيروناس، جزءًا من مجموعة رودولف الثاني إمبراطور الإمبراطوريّة الرومانيّة المقدّسة ببراغ. إنّها أحد الأعمال الفنّيّة الشهيرة جدّا لفيروناس في أوج عطائه الفنّيّ. وقد كان لرسّام البندقيّة، وهو أحد أرباب الأضواء والألوان، تأثير دائم على من جاء بعده من كاراش إلى تييبولو مرورًا بفلاسكيز.

أنيبال كاراش
إيطاليّ، 1560 – 1609م

وضع الإكليل على العذراء
بعد 1595م
زيت على القماش؛ 117.8 × 141.3 سم
اقتناء، وصيّة الآنسة أدولاد ملتن دي غروت (1867 – 1976م)، تبادل؛ هبة من الدكتور والسيّدة مانويل بورتر وابنهما على شرف السيّدة سارة بورتر، 1971م (1971.155)

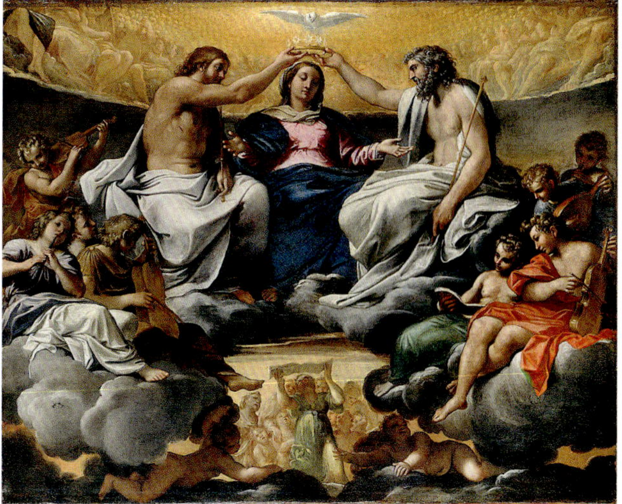

كان أنيبال كاراش وكارافاجيو أكثر الرسّامين تأثيرا في الرسم الإيطاليّ خلال القرن السابع عشر الميلادي. وقد رسم كاراش هذه اللّوحة المعلَم للكردينال بيترو ألدوبرنديني احتفاءً بعيد وصوله إلى روما سنة 1595م. وظلّت ضمن مجموعة ألدوبرنديني إلى حدود سنة 1800م. وقد جمع فيها كاراش بين تيّاري الرسم الإيطاليّ أي تأثيرات الأضواء والألوان المميّزة لحساسيّة الشمال، من جهة، والعناية بتنظيم الفضاء وإضفاء صبغة مثاليّة على الشخوص، وهذا ما يميّز عصر النهضة الكلاسيكيّة، من جهة أخرى. وبهذا يكون قد شرع في إعادة تعريف الكلاسيكيّة وفق ذوق القرن السابع عشر الميلادي.

الغريكو (دومنتيكوس تيوتوكوبولوس)
يوناني، ناشط في إيطاليا وإسبانيا، 1540/ 1541 – 1614م

رسم شخصيّ لكردينال، لعلّه دون فرناندو نينو دي غيفارا (1541 – 1609م)، حوالي 1600م
زيت على القماش؛ 170.8 × 108 سم
مجموعة هـ. أ. هافماير، وصيّة من السيّدة هـ. أ. هافماير، 1929م (29.100.16)

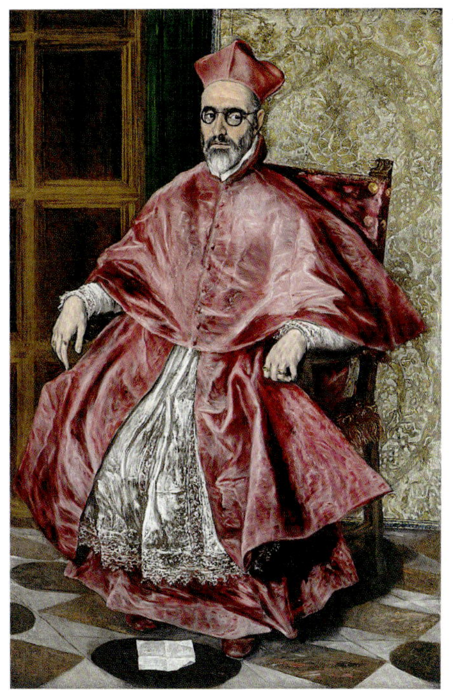

أصبح هذا الرسم الشخصيّ ذائع الصيت، وهو مَعْلَمٌ في تاريخ هذا النمط من الرسم في أوروبا، مرادفا للغريكو وكذلك لإسبانيا على عهد محاكم التفتيش. وقد أصبح المثال المرسوم، أي نينو دي غيفارا، كردينالا سنة 1596م قبل أن يرتقي إلى رتبة مفتّش عام. وأقام نينو دي غيفارا بطليطلة في فيفري/ شباط ومارس/ آذار من سنة 1600م ثمّ سنتي 1601 و1604م. ولا شكّ أنّ هذا الرسم الشخصيّ قد أنجز في إحدى هذه السنوات بما أنّ الغريكو كان يعيش أيضا في هذه المدينة في الفترة نفسها.

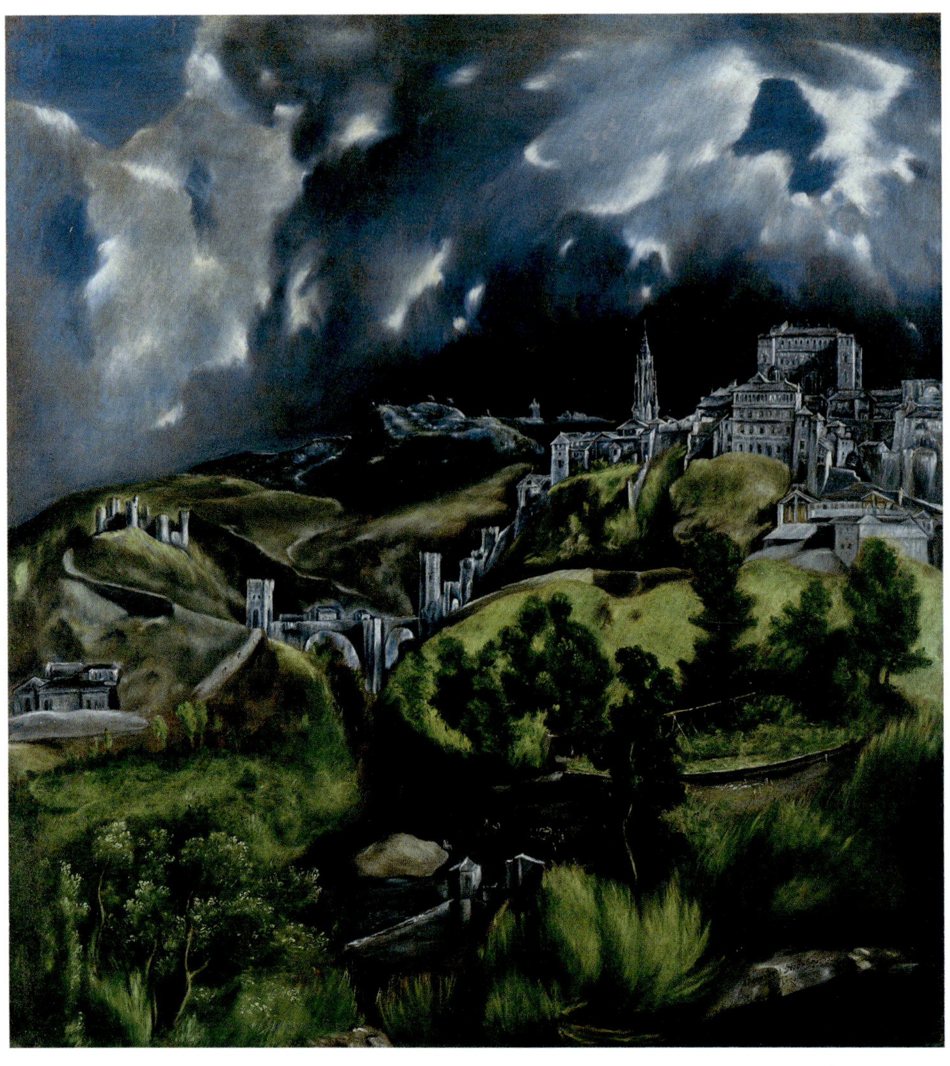

الغريكو (دومنتيكوس تيوتوكوبولوس)

يوناني، ناشط في إيطاليا وإسبانيا، 1540/ 1541 – 1614م

مشهد من طليطلة

حوالي 1597 – 1599م
زيت على القماش؛ 121.3 × 108.6 سم
مجموعة هـ. أ. هافماير، وصيّة من السيّدة هـ. أ. هافماير، 1929م
(29.100.6)

يرتبط هذا المشهد، وهو من أروع ما رسم الغريكو، بتقليد فنّيّ خاص بالمناظر في المدن ذات القيمة الرمزيّة. ومثلما هو حال أجمل الرسوم الشخصيّة التي أنجزها الغريكو فإنّ مقاربته تأويليّة أكثر منها حرفيّة. فهو يسعى إلى وضع اليد على روح المدينة أكثر ممّا يسعى إلى تسجيل مظهرها الحقيقيّ. وهذا المشهد الجزئيّ من طليطلة الذي يُبرز شرقَ المدينة ابتداء من شمالها ما كان له أن يُدرج الكنيسةَ ولكنّ الرسّام وضعها، رغم ذلك، على يسار المباني المشرفة على وادي القصير. وتنحدر البناءات متتابعة من منحدر وعر لتبلغ الجسر الروماني القنطرة. وعلى الجانب الآخر من نهر التاج ينتصب قصر سان سرفندو. وقد كانت اللّوحة، حين مات الرسّام، ما تزال في مرسمه بطليطلة فاقتناها الكونت دراكوس وهو من كبار جامعي لوحات الغريكو التي كان يمتلك منها، آنذاك، سبعًا على أقلّ تقدير.

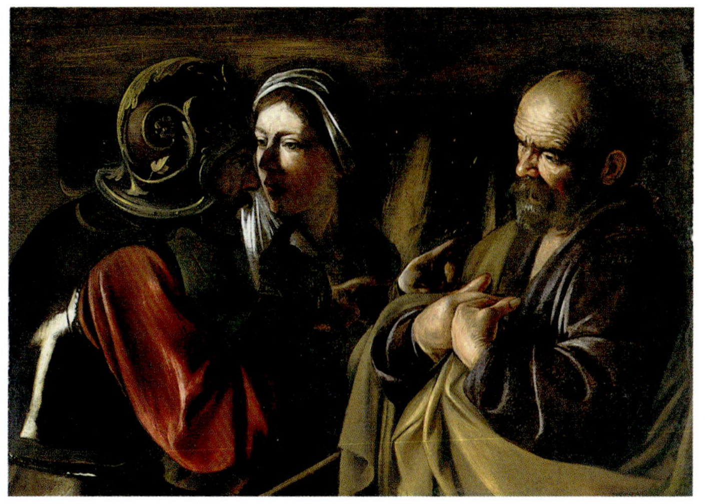

كارافاجيو
(ميكل أنجلو ميريزي)
إيطاليّ، 1571 – 1610م

إنكار القدّيس بطرس، 1610م
زيت على القماش؛ 94 × 125.4 سم
هبة من هارمان وليلا شكمان؛ اقتناء، هبة من ليلى أشيسون والاّس، 1997م (1997.167)

تعود هذه اللّوحة، وهي آية في جودة السرد وإيجاز التصوير، إلى الأشهر الأخيرة من حياة كارافاجيو المضطربة، وتُمثّل قمّة ثورته الأسلوبيّة، إذ يتخلّى الفنّان عن رقّة الألوان وجمالها ليصبّ اهتمامه على المأساة الإنسانيّة لا غير. فالحواريّ بطرس يوجد في فناء قصر العرّاف الأكبر حيث تتّهمه امرأة بأنّه من أتباع المسيح. وتلمّح سبّابة الجنديّ المصوّبة كما يلمّح إصبعا المرأة الواشية إلى التهم الثلاث بقدر ما تلمّح جميعها إلى تبرّؤِ القدّيس بطرس منها. وتستمدّ الأعمال الأخيرة لكارافاجيو وقعها الدراميّ من التباين الحادّ بين مناطق الضوء الكثيف والخلفيّة المعتمة.

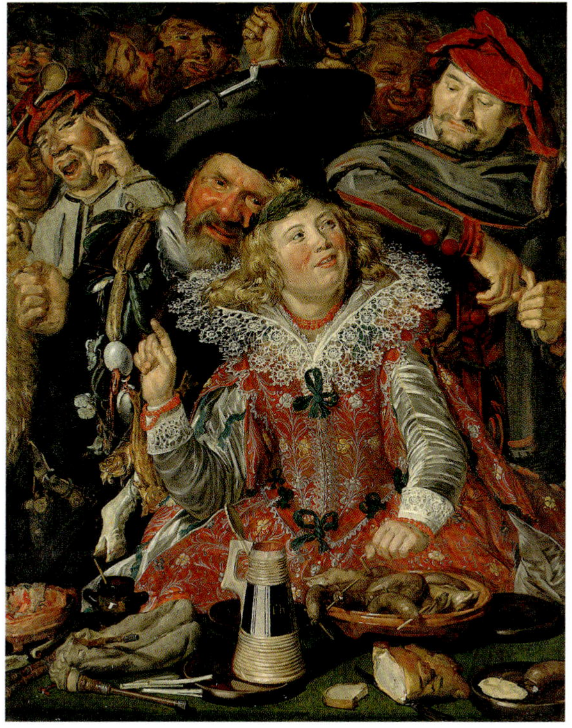

فرانس هالس
ألمانيّ، 1582/ 1583 – 1666م

مهرّجون في أيّام المرافع
حوالي 1616 – 1617م
زيت على القماش؛ 131.4 × 1617 سم
وصيّة بنجامين ألتمان، 1913م (14.40.605)

تقترب هذه اللّوحة الهامّة والمبكّرة لفرانس هالس، بفضل ألوانها وتوظيف الفرشاة فيها وغزارة تأليفها، من الأعمال المعاصرة لها التي قدّمها الرسّام الفلمنديّ جاكوب جوردانس. وموضوعها هو (أيّام المرافع أو المهرجان) وهي حفلة تسبق الصوم الكبير يُطلق فيها الناس العنان للسخيف من السلوك. ويتودّد ممثّلان، هما بيكلهارينغ (هارينغ المتبّل بالخلّ) وهانس ورست (جون نقانق) يلبسان ما يقتضيه الحال، تودّدا في غير محلّه «لفتاة» مكلّلة بالغار تلبس رقبةَ قميصٍ كبيرةَ الحجم (والواقع أنّه رجل متنكّر).

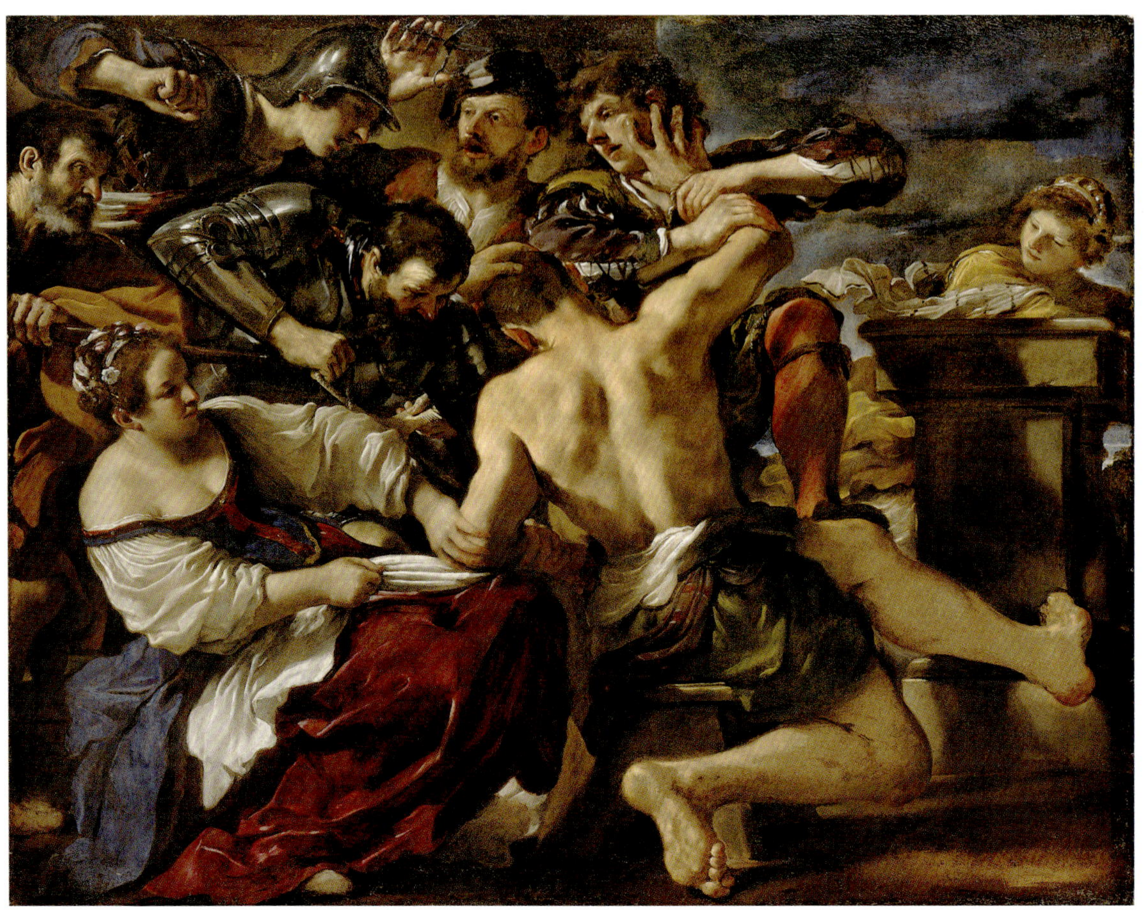

غيرشينو
(جيوفاني فرنسيسكو بربييري)

إيطاليّ، 1591 – 1666م

الفلسطينيّون يأسرون شمشون الجبّار، 1619م

زيت على القماش؛ 191.1 × 236.9 سم
هبة من السيّد والسيّدة شارل رايتسمان، 1984م (1984.459.2)

تصوّر لوحة غيرشينو العامرة بشخوص ضخمة الجثّة واقعيّة القسمات نهايةَ قصّة شمشون الجبّار ودليلة التي رواها العهد القديم. فقد أوقع الفلسطينيّون شمشون في الفخّ فقيّدوه وفقؤوا عينيه بمساعدة عشيقته الخائنة دليلة. وتُركّز اللّوحة المبدعة إبداعًا قويًّا خارقًا للمألوف على ظهر شمشون بعضلاته المفتولة القويّة. بيد أنّ غيرشينو زاد المشهد كثافة إذ ملأه شخوصًا. وكانت الإضاءة الدراميّة ممّا ميّز الأضواء والظلال لديه في سنواته الأولى. وهذه اللّوحة هي إحدى الطلبيّات الكثيرة التي قدّمها إلى غيرشينو الكاردينال جياكومو سيرا الممثّل البابوي في مدينة فيرارا الإيطالية وأحد جامعي اللّوحات المشهورين.

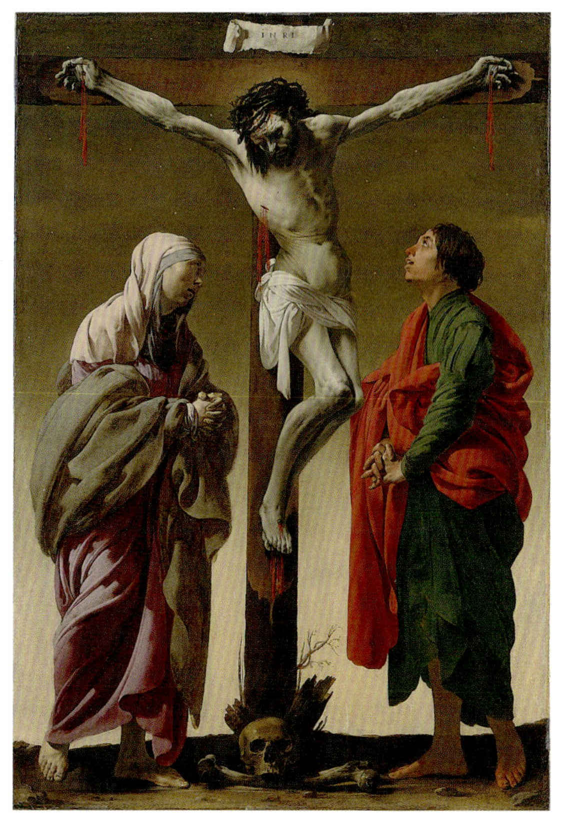

هندريك تار بروغن

ألماني، 1588–1629م

الصلب مع العذراء والقدّيس يوحنّا

حوالي 1624–1625م

زيت على القماش؛ 154.9 × 102.2 سم

رصيد مانحين مختلفين، 1956م (56.228)

قد يكون بروغن رسم هذه اللّوحة في حوالي 1625–1624م على أنّها رافدة مذبح في كنيسة كاثوليكيّة بأوترخت حيث كان هذا المذهب مسموحا به دون أن يكون مشجّعا عليه. وتدعو الخصائص التقليديّة الأخّاذة في هذه اللّوحة من قبيل الوجه الخشن للمسيح وسطحيّة الفضاء والسماء المحلاّة بالنجوم، إلى مقارنتها عادة بالمنحوتات على الخشب في أواخر العصر الوسيط مثل أعمال درور ورافدة المذبح الذي أنجزه إزنهايم دي ماتياس غرونوالد في كولمار بفرنسا. ويبدو أنّ اللّوحة أنجزت لتعويض رافدة لحقها ضرر أو تلف. وقد كانت السماء التي رسمت بصبغ سريع الزوال (الإسملت) ذات زرقة أشدّ كثافة.

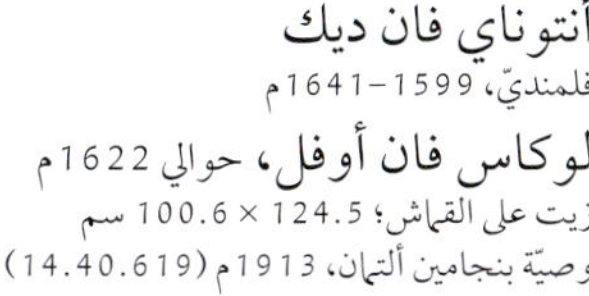

أنتوناي فان ديك

فلمنديّ، 1599–1641م

لوكاس فان أوفل، حوالي 1622م

زيت على القماش؛ 124.5 × 100.6 سم

وصيّة بنجامين ألتمان، 1913م (14.40.619)

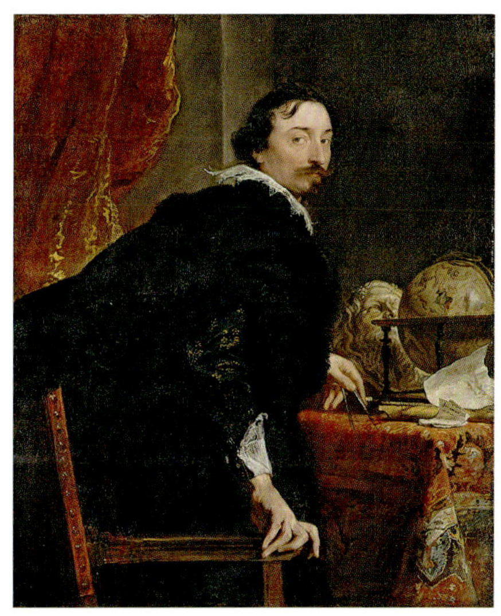

كان أوفل، وهو ثريّ ومالك سفن، فلمنديّا يعيش في البندقيّة حيث التقى فان ديك في بداية مرحلته الإيطاليّة (1621–1627م). ونجد في القسّامة والفلوت (ناي غربي) المثمّن وقوس كمان الساق والتمثال النصفيّ القديم والرسم وقبّة الكرة الأرضيّة ما يكشف عن اهتمامات الشخص المرسوم المتنوّعة بما يدلّ على نبل محتده وثقافته. وقد ظهرت اللّوحة، لأوّل مرّة، مسجّلة في مجموعة على ملك النبلاء الألمان في هاس –كاسل سنة 1730م.

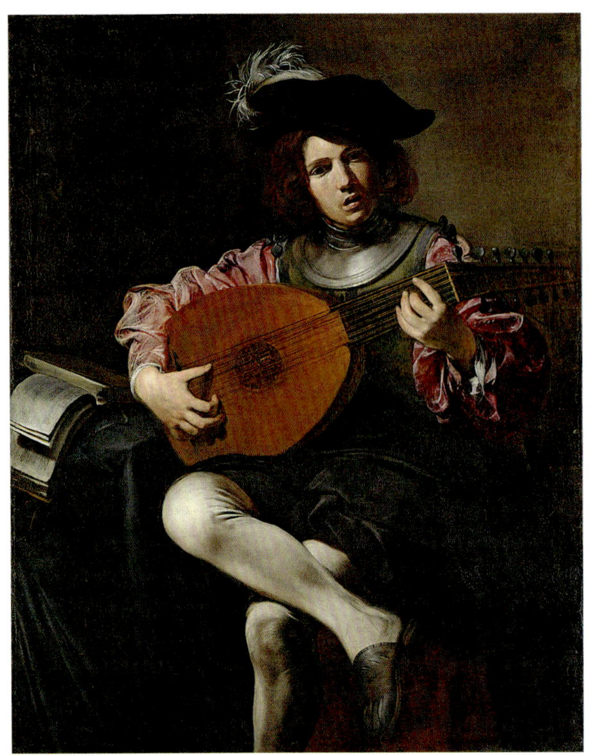

فلنتان دو بولونيا

فرنسيّ، 1591–1632م

عازف العود، حوالي 1626م

زيت على القماش؛ 123.3 × 99.1 سم

اقتناء، رصيد المنح لاقتناءات والتر وليونور آنانبرغ؛ رصيد عدّة مانحين؛ رصيد اقتناءات؛ هبة جايمس وديانا بورك؛ والسيّد والسيّدة مارك فيش؛ رصيد لويس ف. بل، هاريس بريزبان ديك، فليتشر ورودجرز ووصيّة جوزيف بوليتزر، 2008م (2008.459)

كان فلنتان دو بولونيا أشرس منافسي كارافاجيو من بين الرسّامين الفرنسيّين ومن أبرز الفنّانين، خلال القرن السابع عشر الميلادي، في روما حيث اشتغل حياته كلّها. كان يؤثر مشاهد الحفلات العامرة بالموسيقيّين ومعاقري الخمر والعرّافات يصوّرها بدقّة مفعمة بالحيويّة لا نجد لها نظيرًا إلاّ في لوحات فازكيز الأولى. وتُبرزُ هذه اللّوحة الفريدة ضمن أعمال فلنتان جنديًّا من المرتزقة يتغنّى بقصيدة غزليّة. إنّه رمز على الأرجح للعاشق الكاذب (« العرّيض» في الإسبانيّة) الذي اختاره سنة 1624م حين التحق بمجموعة بنتفوغل (جماعة الطيور) التي تتألّف من فنّانين أجانب في روما. ومات فلنتان شابا نسبيّا وهو في أوج مجده بعد أن ترك أعمالا قليلة.

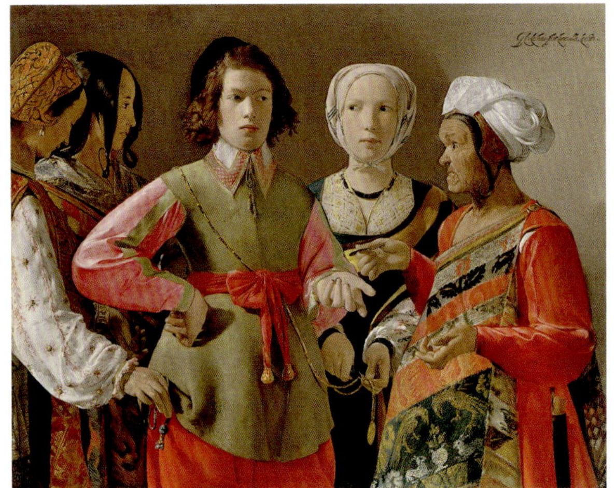

جورج دولتور

فرنسيّ، 1593–1653م

العرّافة، سنة 1622م على الأرجح

زيت على القماش؛ 101.9 × 123.5 سم

رصيد رودجرز، 1960م (60.30)

حين كانت الغجريّة العجوز تقرأ حظّ الشابّ الساذج كانت إحدى المتواطئات معها تسرقه. وهذا أحد الموضوعات الشعبيّة لدى رسّامي كارافاجيو بأوروبا طيلة القرن السابع عشر الميلادي. ولعلّ دولتور اختار هذه الصيغة المسرحيّة ليلّمح إلى أمثولة الإبن المبذّر. وتشير الكتابة إلى اسم لونيفيل الواقعة بمنطقة لورين الفرنسية حيث عاش الرسّام.

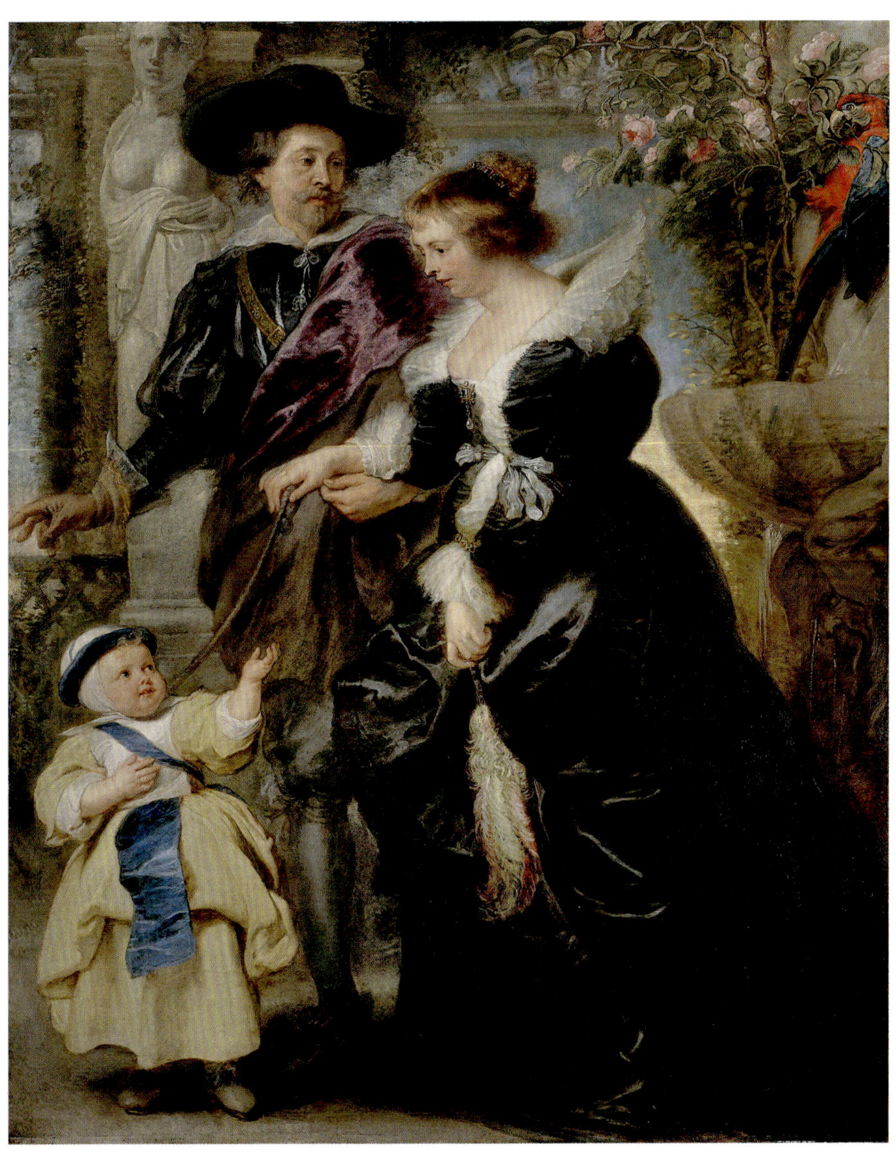

بيتر بول روبنس

فلمنديّ، 1577–1640م

رسم ذاتي لروبنس وزوجته هيلين فورمان وأحد أبنائهما (1614–1673)

أواسط سنوات 1630م أو آخرها
زيت على القماش؛ 203.8 × 158.1 سم
هبة من السيّد والسيّدة شارل رايتسمان، على شرف سير جون بوب-هانسي، 1981م (1981 .238)

إنّ هذا الرسم الذاتي الرائع للفنّان وزوجته الثانية هيلين فورمان وأحد أبنائهما وهم واقفون في إحدى «حدائق الحبّ» الشبيهة بحديقة روبنس بمدينة أنفرس البلجيكية، يمثّل احتفاء الرسّام بهيلين زوجةً وأمًّا. وقد أنجبا خمسة أبناء إثر زواجهما سنة 1630م. والثابت أنّ الطفل المصوَّر هنا هو فرانس المولود في 12 يوليو 1633م. ويبدو أنّ البنت الكبرى كلارا جوهانا غائبة من اللّوحة لأنّ القصد من الرسم الذاتيّ الثّناء على هيلين لإنجابها طفلاً ذكرًا سيرث جميع ما يملكه الفنّان. ولمّا كان الببغاء شعارًا للعذراء فإنّه يرمز إلى الأمومة المثاليّة.

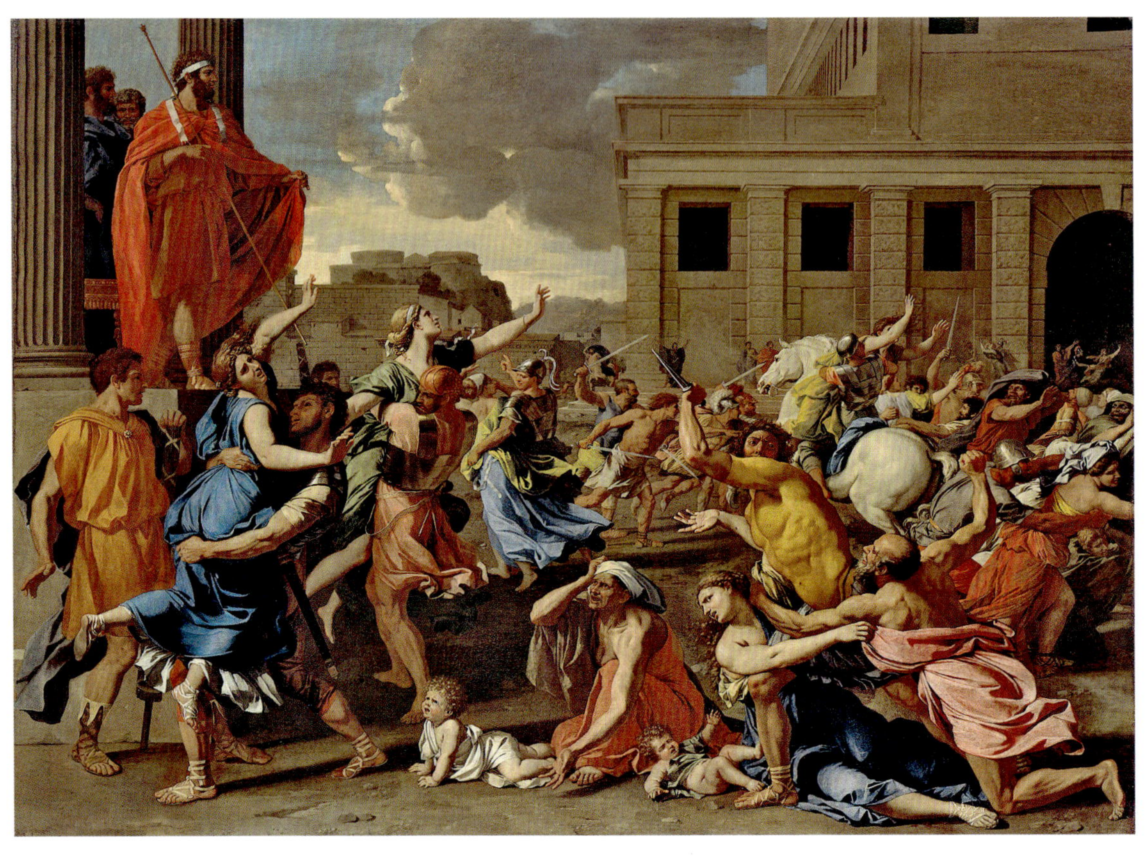

نيكولا بوسان

فرنسي، ناشط بإيطاليا، 1594–1665م

سبي فتيات سبين، على الأرجح 1633–1634م
زيت على القماش؛ 154.6 × 209.9 سم
رصيد هاريس بريسبان ديك، 1946م (46.160)

استضاف الرومانيّون الأوائل، حسب الأسطورة، جيرانَهم السابيّين بنيّة الاحتفاظ عنوةً بفتياتهم ليتخذوهن زوجات. وهاهو رومولوس يرفع عباءته، إشارةً منه متفقا عليها، ليحتجز المحاربون فتيات سبين.

ويحمل الرجل الواقف على اليمين درعا أصفر باليا مصنوعا على نمط الدرع الرومانيّ المقدود من الجلد وقد نقش عليه صدر رجل. وهو ما يقوم دليلا على أن بوسان قد درس العصر القديم. وقد كانت اللّوحة التي لطالما اعتبرت من روائع الرسم الكلاسيكيّ الفرنسيّ على ملك ماريشال كريكي سفير فرنسا لدى روما. ومن المرجّح أن يكون قد التقى بوسان الذي قضّى كهولته في تلك المدينة.

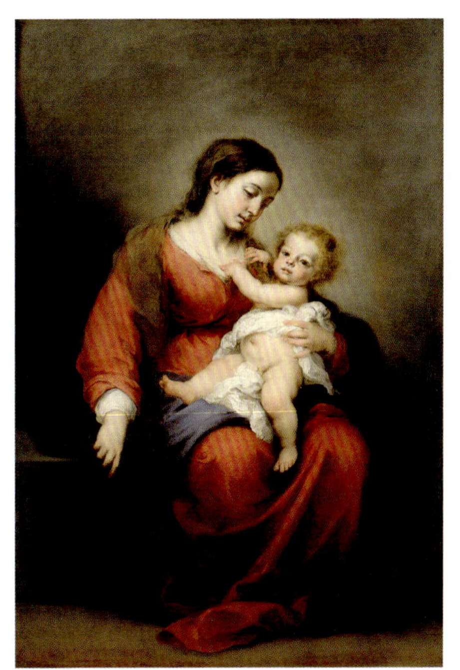

بارطولومي إستبان موريّو
إسبانيّ، 1617–1682م

العذراء والطفل، حوالي 1670–1672م
زيت على القماش؛ 165.7 × 109.2 سم
رصيد رودجرز، 1943م (43.13)

كانت هذه اللّوحة، وهي من بديع أعمال موريّو، ضمن مجموعة ماركيز سنتياغو الذي امتلك عددا من أبرز لوحات هذا الفنّان. وقد سجّلت اللّوحة، سنة 1728م، بعنوان العذراء المرضعة. والواقع أنّ الطفل توقّف عن الرّضاعة منشغلا لوهلة بحضور المُشَاهِد. وتعود شعبيّة لوحات موريّو حول العذراء وابنها إلى موهبة الفنّان الذي استطاع بحذق أن يضفي على موضوع مبذول أجواء من الحميميّة والعذوبة. وتعود هذه اللّوحة إلى سبعينات القرن السابع عشر الميلادي وهي الفترة التي شهدت سطوع نجم موريّو في إسبانيا.

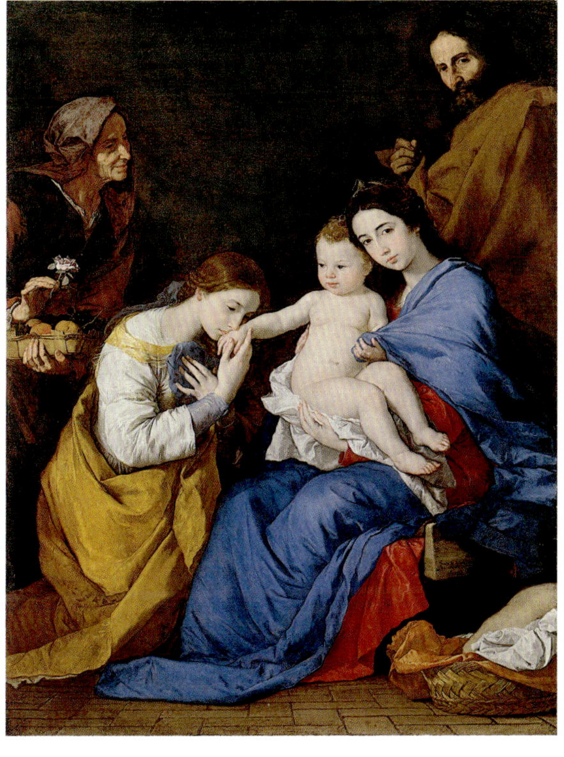

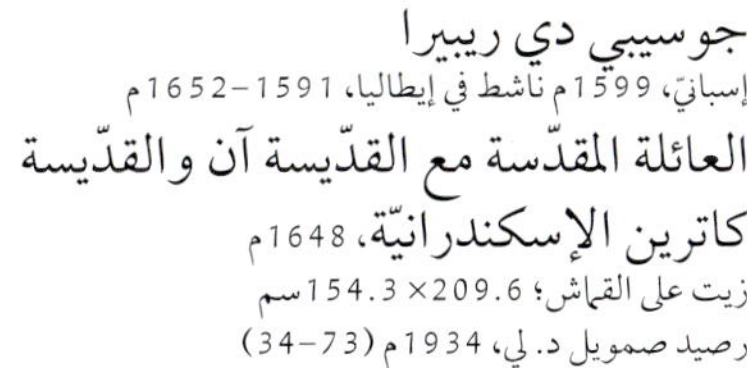

جوسيبي دي ريبيرا
إسبانيّ، 1599م ناشط في إيطاليا، 1591–1652م

العائلة المقدّسة مع القدّيسة آن والقدّيسة كاترين الإسكندرانيّة، 1648م
زيت على القماش؛ 209.6× 154.3سم
رصيد صمويل د. لي، 1934م (73–34)

قضّى ريبيرا المولود بإسبانيا، ومن هنا جاءت كنيته بلو سبنيوليتّو، أكثر حياته كهلاً في نابولي التي كانت تحت حكم والٍ ينوب ملك إسبانيا. وفي روما، خلال سنواته الأولى، تبنّى الأسلوبَ الكارفاجيّ في الرسم بالاستناد إلى أنموذج ماثل أمامه. وعلى هذا النحو حوّل أشخاصا عاديّين إلى وجوه قدّيسين وأنبياء وفلاسفة قدماء مقنعةٍ شديد الإقناع. ويعود تأثير لوحاته إلى لجوئه إلى تآليف شكليّة تمثّل ثمرة دراسته النبيهة لرافائيلو. وهذه اللّوحة المتأخّرة المكتملة تجسّد على نحو وافٍ بالغرض براعة ريبيرا. وتجدر هنا ملاحظةُ روعة مكوّنات الطبيعة الساكنة والأداء المميّز لأنسجة الأقمشة والتعبير اللّطيف للشخوص.

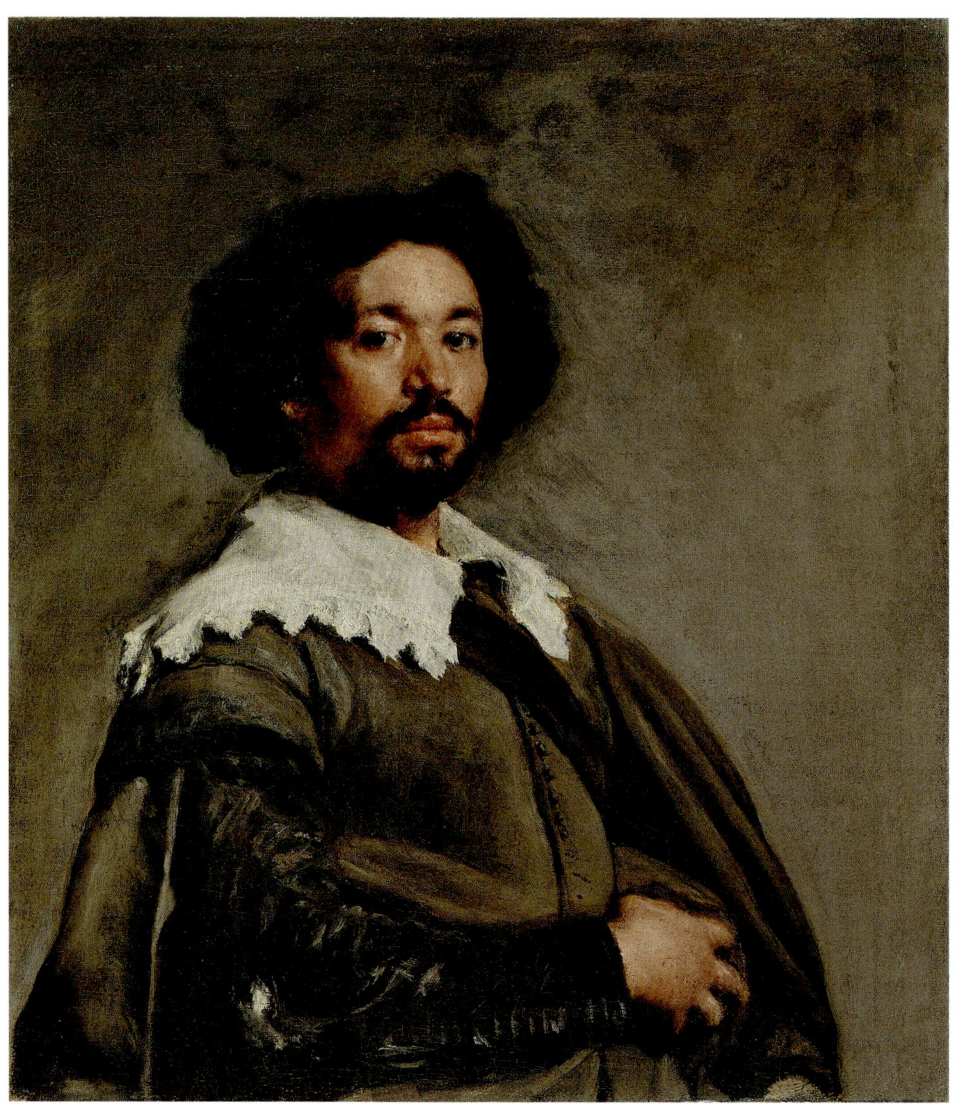

فلاسكيز (دييغو رودريغيز دي سلفيا إي فلاسكيز) إسبانيّ، 1599–1660م

خوان دي باريخا (1610–1670م)

حوالي 1650م

زيت على القماش؛ 81.3 × 69.9 سم

اقتناء، رصيد فليتشر ورودجرز، وصيّة السيّدة أدوليد ملتن دي غروت (1867–1976م)، تبادل، و هبات من أصدقاء المتحف، 1971م (1971.86)

يجسّد هذا الرسم الشخصيّ الرائع عبدًا موريسكيًا كان فلاسكيز يشغّله مساعدًا له. وقد عُرضت اللّوحة التي رسمت في روما، بالبنتايون في شهر مارس من سنة 1650م. وليس يخفى أنّ فلاسكيز أراد أن يبهر زملاءه الإيطاليّين ببراعته الفنيّة. والحقّ، أنّ هذه اللّوحة، على ما أنبأنا به مؤلّف سيرته أنطونيو بالومينو، قد عرضت «فقوبلت بتصفيق الرسّامين من مختلف الأمم، مجمعين على القول بأنّ كلّ شيء يبدو رسما ولكنّها، وحدها، تبدو صادقة». وعلاوة على الحضور الماديّ للشخص الذي رسمه فلاسكيز فقد أبرز كذلك أَنَفَتَه. وقد أصبح بدوره رسّاما بعد أن عتقه فلاسكيز سنة 1656م.

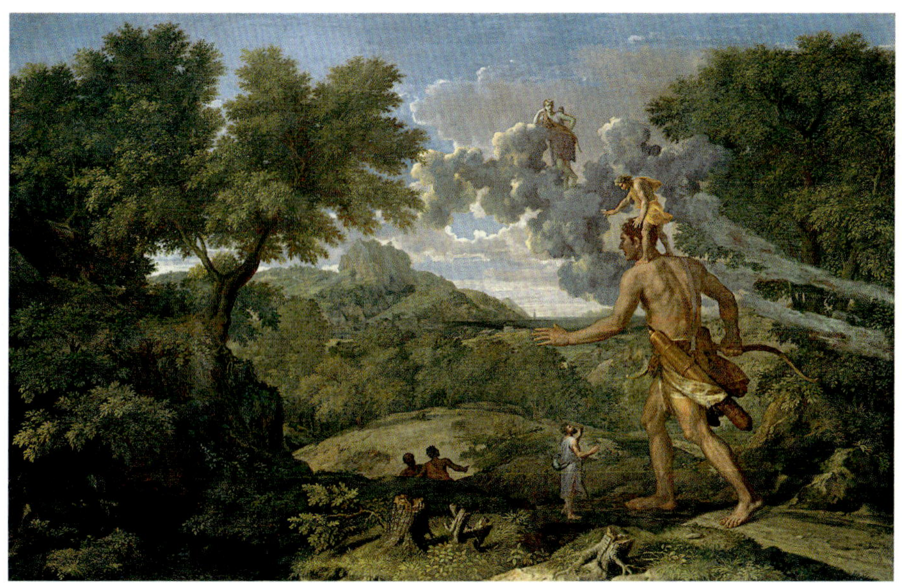

نيكولا بوسان
فرنسيّ، ناشط بإيطاليا، 1594–1665م

أوريان البصير يبحث عن بزوغ الشمس، 1658م
زيت على القماش؛ 119.1× 182.9 سم
رصيد فلاتشر، 1924م (24.45.1)

استلهم بوسان، لتمثيل الصيّاد العملاق، «دو دومو» للمؤلّف الإغريقيّ لوسيان الذي يقول: «يحمل أوريان، وهو أعمى، على ظهره سيداليون الذي يقوده إلى طريق الشمس. فالشمس البازغة هي التي تشفيه من العمى» (27–29). وقد درس الفنّان أيضا حاشية على الكتاب وضعت في القرن السادس عشر الميلادي تذهب في تأويل الأسطورة مذهبًا يربطها بالرصد الجوّيّ. ولهذا السبب أضاف شخصيّة ديانا، رمز سلطان القمر الذي يجمع بخار الأرض ليجعلها أمطارًا. وتعبّر هذه اللّوحة البديعة التي رسمها بوسان عن افتتانه بالأساطير الكلاسيكيّة وفي الآن نفسه بها للطبيعة من سلطان لا حدّ له.

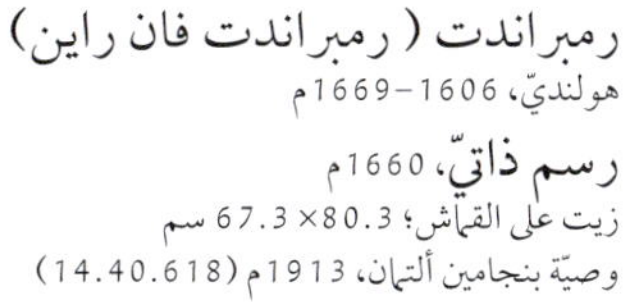

رمبراندت (رمبراندت فان راين)
هولنديّ، 1606–1669م

رسم ذاتيّ، 1660م
زيت على القماش؛ 80.3× 67.3 سم
وصيّة بنجامين ألتمان، 1913م (14.40.618)

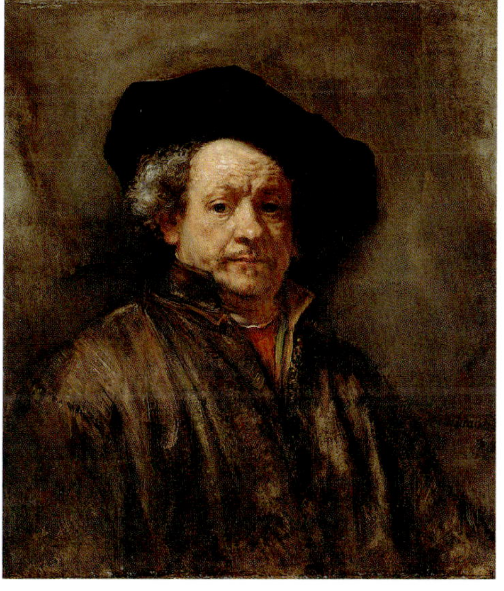

رسم رمبراندت أكثر من اثني عشر رسمًا ذاتيًا في كلّ عقد من حياته المهنيّة تختلف شديد الاختلاف في أسلوبها وتعبيرها وتقنياتها. وتتميّز الرسوم الذاتيّة الأخيرة بألوان من الترهّل تكشف، دون مجاملة، قسمات الشيخوخة. وقد كانت هذه الرسوم الذاتيّة تروق بالخصوص لجامعي اللّوحات حتّى في حياة رمبراندت.

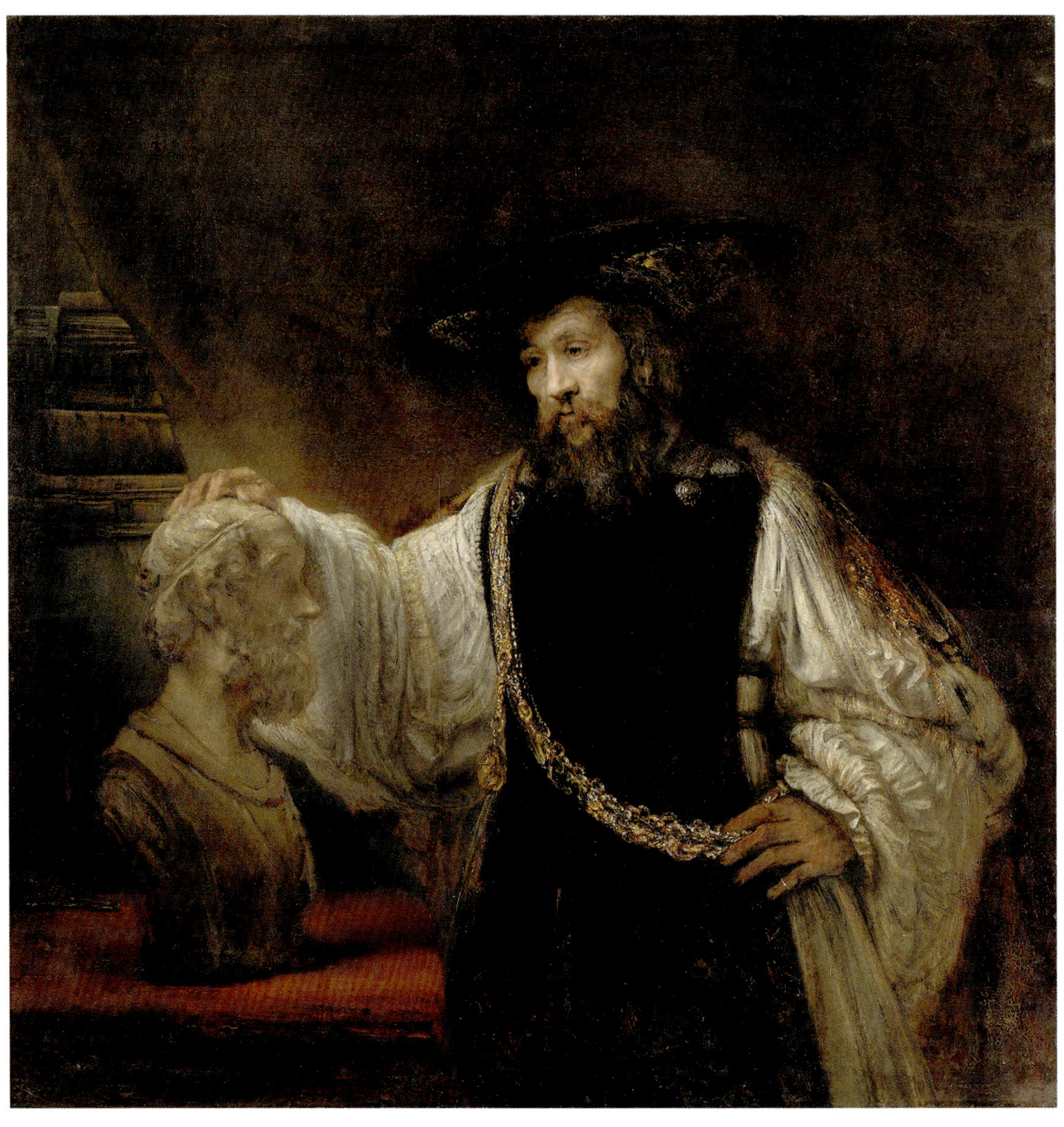

رامبرانت (رامبرانت فان راين)
هولنديّ، 1606–1669م

أرسطو يتأمّل تمثال نصفيّ لهوميروس، 1653م

زيت على القماش؛ 143.5 × 136.5 سم
اقتناء، مساهمات خاصّة ورصيد منحه أصدقاء المتحف أو أوصوا به، 1961م (61.198)

يُبرزُ هذا الرسم المتخيّل أرسطو مفكّرا، واضعًا يده على تمثال نصفيّ لهوميروس الشاعر الملحميّ في عصر سابق.

ويتزيّن أرسطو بقلادة من ذهب تتدلّى منها صورة تلميذه الإسكندر الأكبر. وعلى حسب التأويلات السائدة، يتساءل الفيلسوف الإغريقيّ عن العلاقة بين النجاح في الحياة الدنيا والنزعة الروحيّة. فالظلال على جبهته تعبّر عن حالة التأمّل في حين تمثّل الأشياء التي يلمسها ما هو مادّيّ وروحيّ. وهذه اللّوحة التي رسمت لفائدة أنطونيو روفّو، أحد جامعي الأعمال الفنيّة الصقلّيّين، هي من أهمّ أعمال رامبرانت.

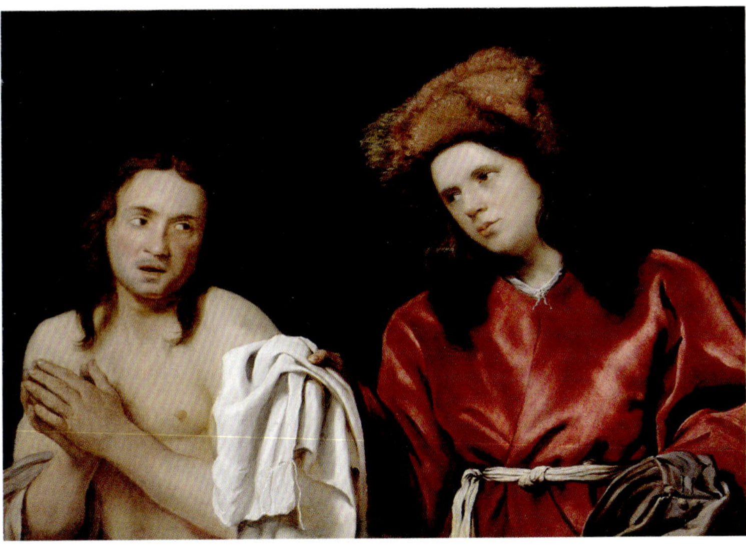

ميشيال سويرتز
فلمنديّ، 1618–1664م

إكساء العاري، حوالي 1661م
زيت على القماش؛ 81.9 × 114.3 سم
هبة من السيّد والسيّدة شارل رايتسمان، 1984م (1984.459.1)

اشتغل سويرتز المولود ببروكسال، في روما بين حوالي 1646 و1654م. وبعد عودة لبضع سنوات إلى مسقط رأسه ذهب إلى أمستردام حيث سجّل حضوره سنة 1661م. والمرجّح أن يكون قد رسم هذه اللّوحة، وموضوعها شخصيّ جدّا، في هولندا حيث لفت الانتباه بأعماله الدالّة على نكران الذات وإيتاء الصدقات. وسافر، سنة 1662م، إلى بلاد فارس رفقة مبشّرين فرنسيّين ثمّ ذهب وحيدًا إلى غويا (بالهند) التي توفّي فيها سنة 1664م. وعلى الرّغم من بساطته الشديدة فإنّه لم يتخلّ عن تجويد الألوان والأضواء والتعبير.

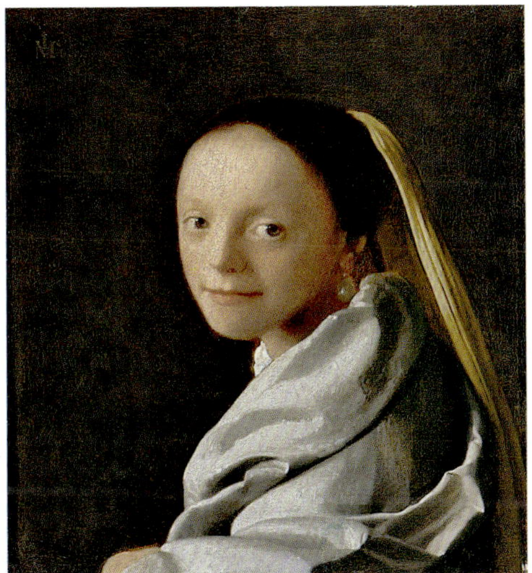

يوهان فرمير
هولنديّ، 1632–1675م

رسم شخصيّ لفتاة، حوالي 1665–1667م
زيت على القماش؛ 44.5 × 40 سم
هبة من السيّد والسيّدة شارل رايتسمان، لذكرى تيودور روسو الابن، 1979م (1979.396.1)

يُسمّى مثلُ هذا النوع من اللّوحات «ترونيز» (وجوه)، وكانت في القرن السابع عشر الميلادي مُحبّبة جدًّا بسبب الملابس غير المعهودة وأسارير الوجه المحيّرة وإيحاءات الشخصيّة وبراعة الفنّان. ومن الثابت أنّ فرمير قد انطلق من أنموذج ماثل أمامه، بيد أنّ غرضه لم يكن وضعَ رسم شخصيّ مطابق بقدر ما كان يتمثّل في إبراز الطبع والتعّبير. فكثير من اللّوحات، في هولندا كما هو الشأن في غيرها من بلدان أوروبا، تتضمّن لمسات فنّيّة من قبيل اللّعب بالأضواء على قماش مرهف أو جلدة ناعمة أو قرط. وهذه اللّوحة هي إحدى لوحات ثلاث وُصفت في مزاد علنيّ بأمستردام سنة 1696م على أنّها «وجه لفتاة بلباس قديم رُسمت ببراعة لا نظير لها».

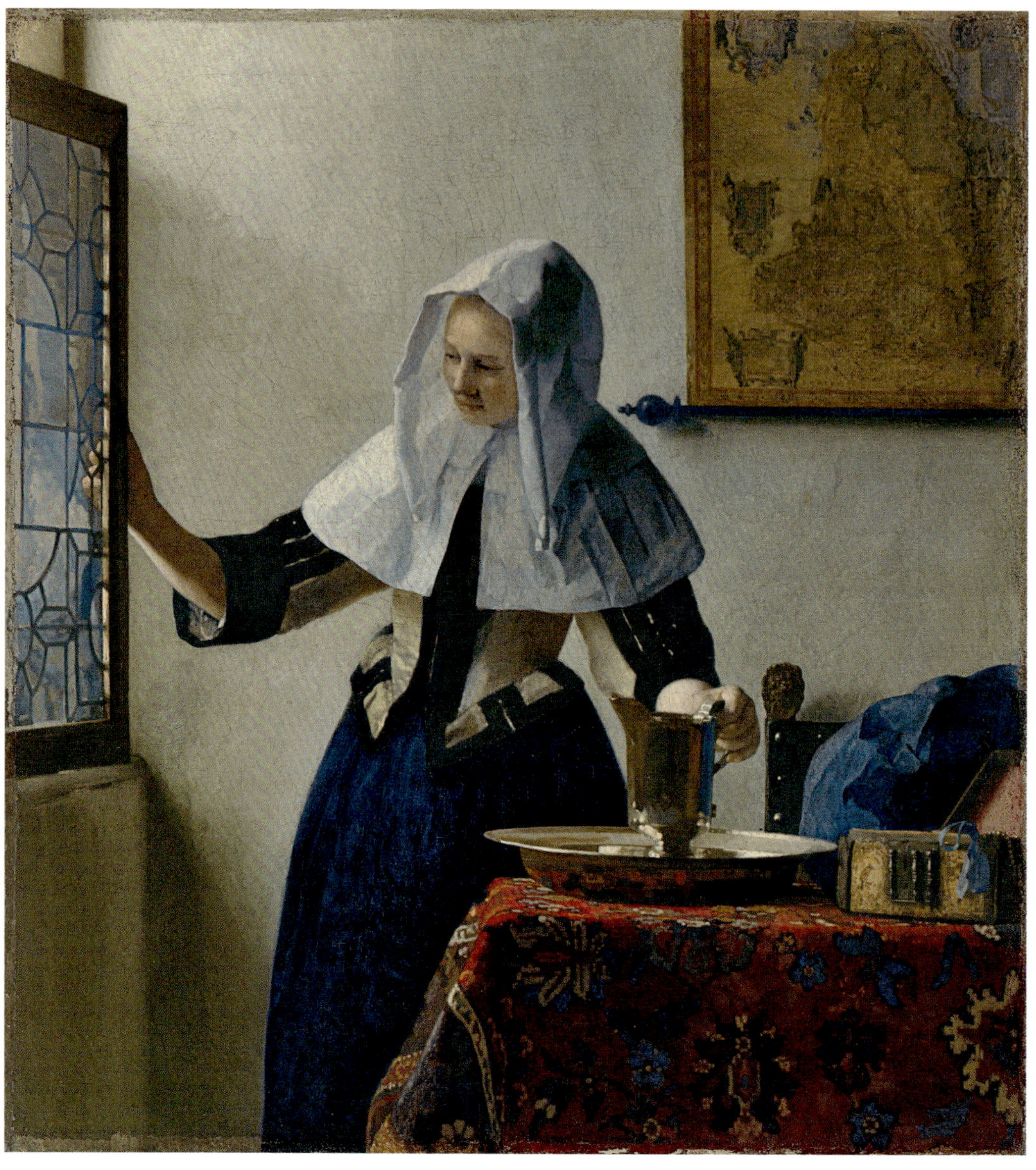

يوهان فرمير

ألمانيّ، 1632 – 1675م

فتاة تحمل إبريقا

حوالي 1662م

زيت على القماش؛ 45.7 × 40.6 سم

مجموعة مركوند، هبة من هنري مركوند، 1889م (89.15.21)

هذه اللّوحة التي تعود إلى ستينات القرن السادس عشر الميلادي والمحفوظة على أحسن وجه تمثّل، أحسن تمثيل، سنوات نضج فرمير. فقد استطاع الفنانُ فيها، علاوة على التأثيرات البصريّة المحبّبة إليه، أن يخلق تناغمًا بين الألوان الأوّليّة والأشكال البسيطة بفضل تروية التفكير وإجراء التعديل اللّازم عند الإنجاز. ويلائم الأسلوب المعتمد موضوع الهدوء في البيت الذي يبرزه الإبريق والطست، وهما يرمزان تقليديًا إلى الطهارة. وهذه اللّوحة هي الأولى من بين ثلاث عشرة لوحة دخلت إلى الولايات المتّحدة بين سنتي 1887 و1919م.

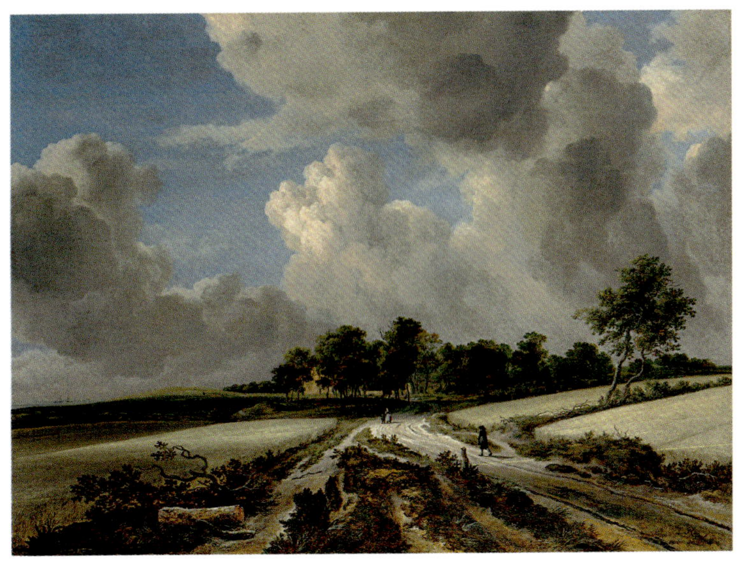

جاكوب فان رويسدايل
هولنديّ، 1628/ 1629 – 1682م

حقل القمح، حوالي 1670م
زيت على القماش؛ 100 × 130.2 سم
وصيّة بنجامين ألتمان، 1913م
(14.40.623)

هذه اللّوحة الكبيرة المنجزة حوالي سنة 1670م هي أكثر اللّوحات التي رسمها رويسدايل طموحًا من بين اللوحات العديدة التي صوّر فيها مشاهد حقول القمح. فهيكلُها الضخم، بما يتوسّطه من دروب واسعة، يجعل المرء يفكّر في أنّها صُمّمت لتُعلَّق في موضع معيّن قد يكون بُرقُع مدخنةٍ. فهذا الطول كان دارجًا في الطلبيّات خلال القرن السابع عشر الميلادي.

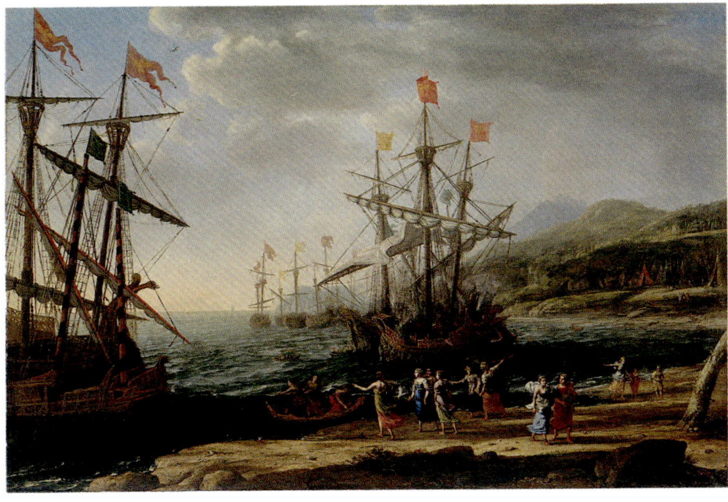

كلود لوران (كلود جولّي)
فرنسيّ، ناشط في إيطاليا،
1604/ 1605؟ – 1682م

الطرواديّات يحرقن أساطيلهنّ
حوالي 1643م
زيت على القماش؛ 105.1 × 152.1 سم
رصيد فليتشر، 1955م (55.119)

بعد سقوط طروادة عمدت الطرواديّات إلى حرق أساطيلهنّ على أمل وضع حدّ لتيه شعبهنّ. وتنذر السحب والأمطار التي تلوح من بعيد بعاصفة أرسلها جوبيتير، بطلب من إيني، لإطفاء الحريق. وقد ذكر كلود لوران في كنّشه: «كتاب الحقيقة»، أنّه رسم هذه اللّوحة في روما لجيرولامو فرناس. وقد اختار هذا الأسقف واسع الاطّلاع الذي عاد إلى روما سنة 1643م، هذا المشهد من الإلياذة لفرجيل (5.604.710) على سبيل التعبير الاستعاريّ عن السنوات التي قضّاها في مقاومة الكالفينيّة بالأقاليم البعيدة عن كنفديراليّة سويسرا بصفته سفيرا متجوّلا للبابا.

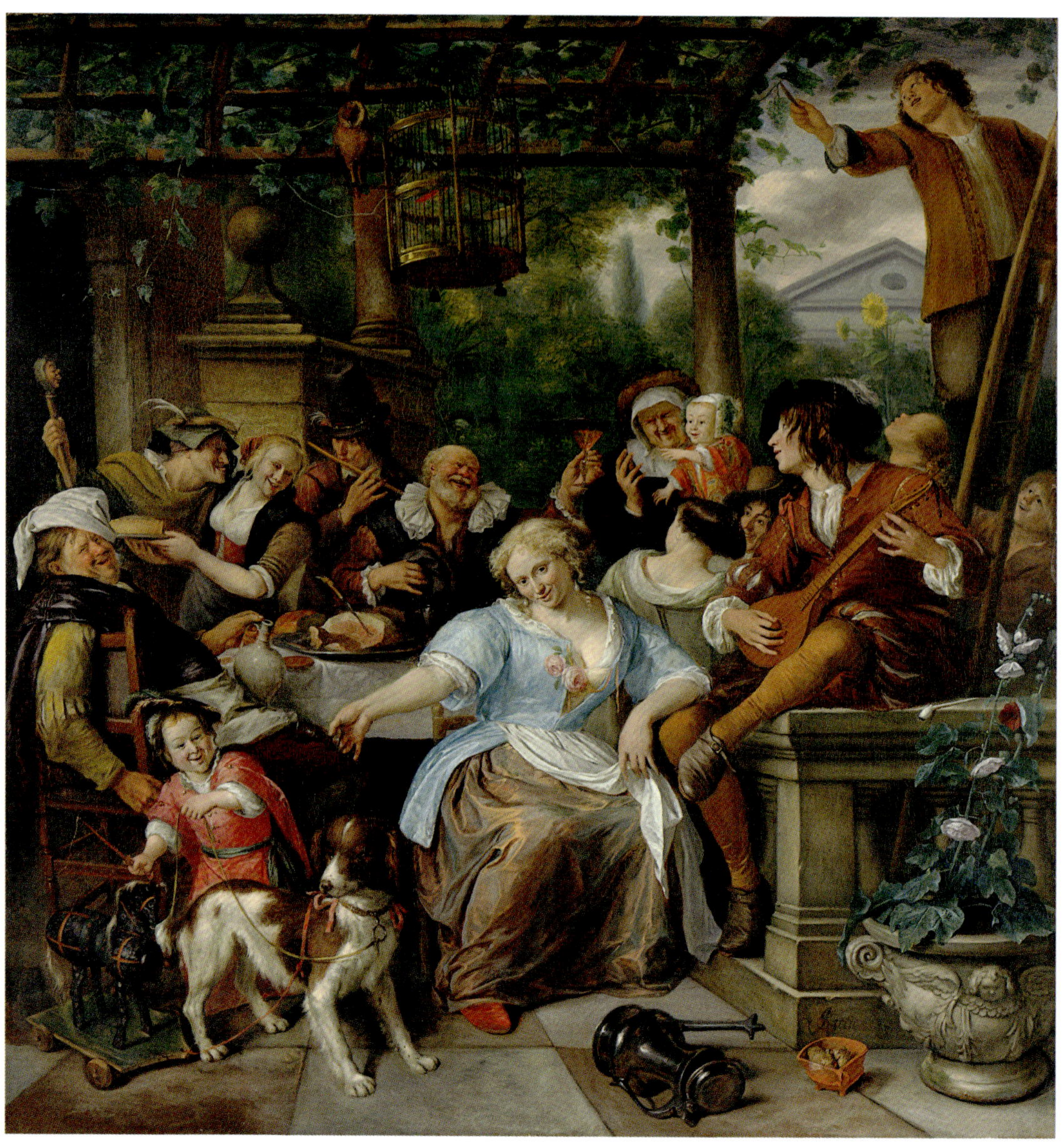

جان ستين
هولنديّ، 1626 – 1679م

رفقةُ مَرَح على رصيف

حوالي 1673 – 1675م
زيت على القماش؛ 141 × 131.4 سم
رصيد فليتشر، 1958م (58.89)

في هذه اللّوحة المتأخّرة التي رُسمت حوالي 1673 – 1675م، انتصب ستين، على اليسار، يؤدّي دور صاحب الخان السكران. ويبدو أنّ زوجته الثانية ماريا كانت المثال الذي اعتمد عليه لرسم المرأة المثيرة في وسط اللّوحة. فالكأس في يدها والأبله الذي يمسك به الرجل ضخم الجثّة مفعمان بإيحاءات جنسيّة بيد أنّ الألفة بينها وبين الموسيقيّ الشاب وشكل القيثارة يوحيان بأنّ له المزيدَ ممّا يقدّمه إليها. أمّا الصبيّ الأنيق في لباسه فهو بمثابة تعليق منفرد على سلوك الكبار. ويرمز الحصان الملجوم والسوط، عادة، إلى الاعتدال في الشهوات.

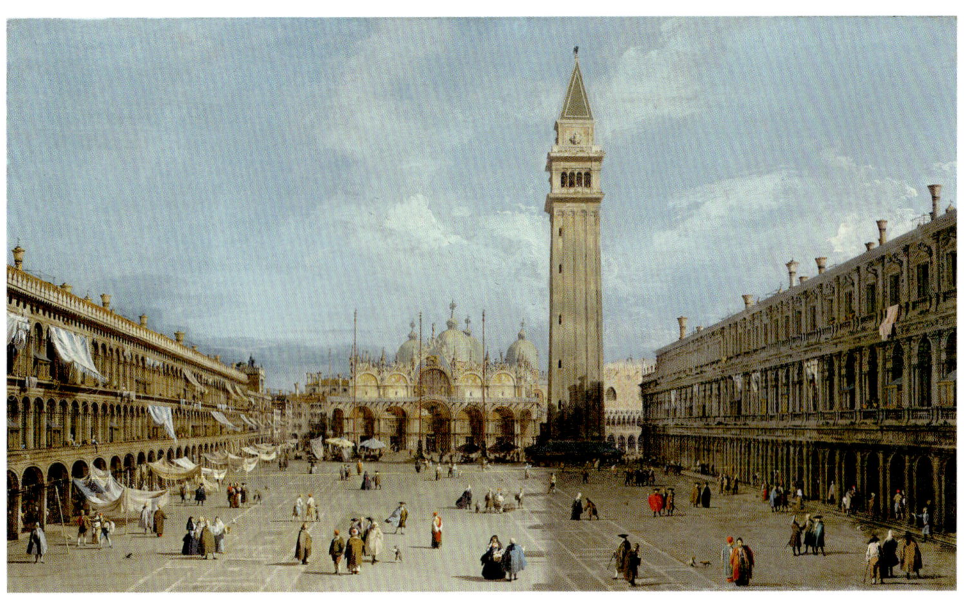

كاناليتّو (جيوفاني أنطونيو كانال)

إيطاليّ، 1697 – 1768م

ساحة سان ماركو،

أواخر العشرينات من القرن الثامن عشر الميلادي

زيت على القماش؛ 68.6 × 112.4 سم

اقتناء، هبة من السيّدة شارل رايتسمان، 1988م (1988.162)

يُعدّ كاناليتّو أشهر رسّامي مناظر البندقيّة خلال القرن الثامن عشر الميلادي، وكان معروفا لدى السيّاح البريطانيّين في هذه المدينة. وتمثّل هذه اللّوحة البديعة الحيّة والمحفوظة جيّدا الساحةَ الشهيرة بسان ماركو. وقد كان كاناليتّو وفيّا في رسم هذا المنظر الحضريّ عدا نوافذ الأبراج، وهي أقلّ من عددِها في الواقع، وسواري الأعلام التي جاءت أعلى ممّا هي عليه في الأصل. ويشير الاستعمال الحرّ وغير المنتظم للأصباغ ووضوح لوحة الألوان إلى تأريخ اللّوحة في أواخر العشرينات من القرن الثامن عشر الميلادي.

أنطوان واتّو

فرنسيّ، 1684 – 1720م

مازتان، حوالي 1718 – 1720 م

زيت على القماش؛ 55.2 × 43.2 سم

رصيد مونساي، 1934م (34.138)

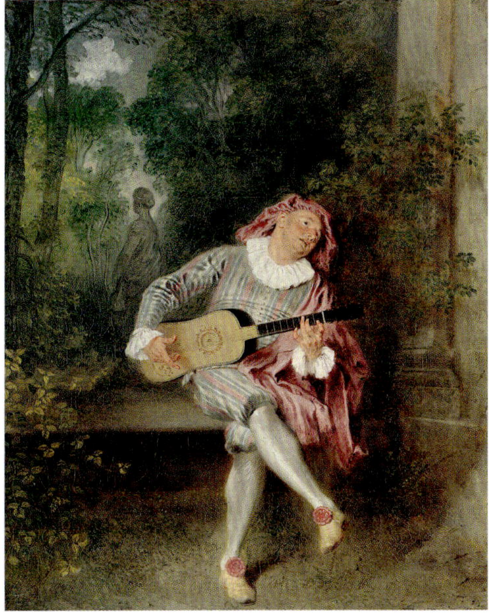

كان مازتان شخصيّة مألوفة في الكوميديا دلّرتي وأصبحت حاضرة حضورا قويّا على المسارح الفرنسيّة وذلك بفضل انقلاب المضايق، متحيّلا طورًا صبّا ولهانَ طورًا آخر. وقد امتلك اللّوحة، أوّل الأمر، صديق للرسّام هو جان دي جوليان ثمّ امتلكتها إمبراطورة روسيا كاترين العظيمة. ويحتفظ المتحف كذلك برسم بالقلم استنادا إلى مثال، اعتمد في رسم الرأس المائل. وللرأس واليدين الواسعين البارزين طاقة إيحائيّة هائلة. و ينتصب في الحديقة تمثال لفينوس وهي تدير ظهرها لمازتان.

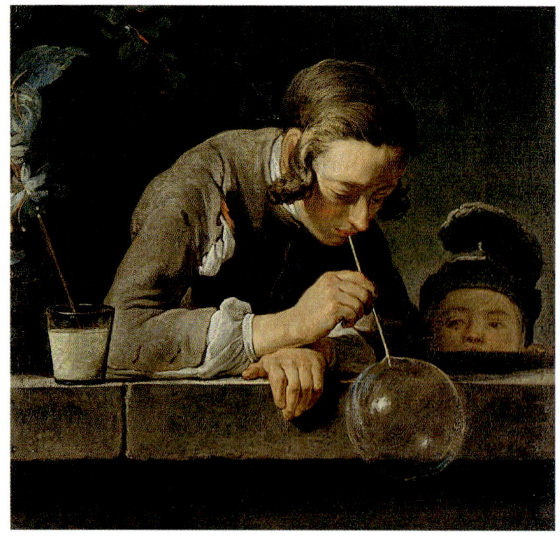

جان سيميون شاردان

فرنسيّ، 1699 – 1779م

فقاعات الصابون، حوالي 1734م

زيت على القماش؛ 61× 63.2 سم

رصيد وانتوورث، 1949م (49.24)

تمثّل ألعاب الصبيان موضوعا محبّذا لشاردان الرسّام الطبيعيّ الكبير، وقد استلهم مقاس هذه اللّوحة المرسومة حوالي سنة 1734م وموضوعَها من الفنّ التشكيليّ الهولنديّ في القرن الثامن عشر الميلادي. وإن كنّا لا نعلم، علم اليقين، ما إذا كان الفنّان يقصد إلى رسالة ما فإنّ فقاعات الصابون ترمز إلى الطابع الزائل للحياة. وتوجد صيغ لاحقة من الموضوع نفسه معروضة في متحف الفنّ بحاضرة لوس أنجليس والرواق الوطنيّ للفنّ بواشنطن.

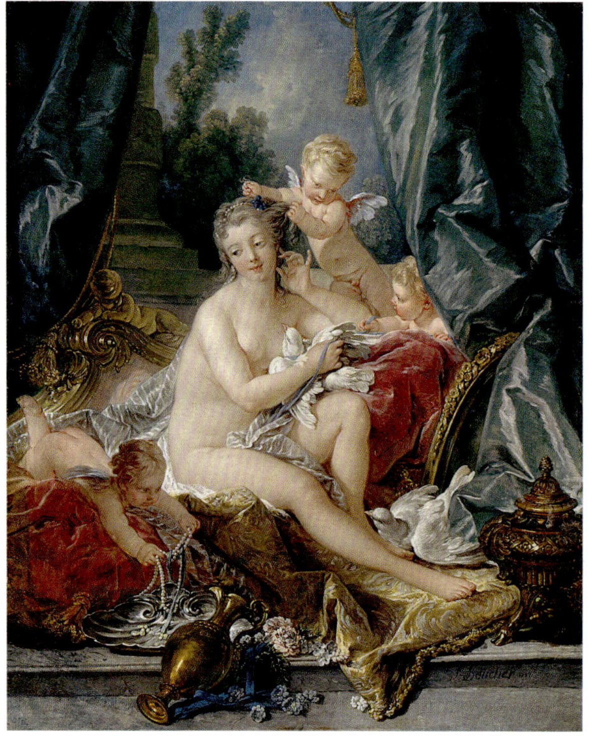

فرنسوا بوشر

فرنسيّ، 1703 – 1770م

تجمّل فينوس، 1751م

زيت على القماش؛ 108.3 × 85.1 سم

وصيّة وليام ك. فندربلت، 1920م (20.155.9)

كانت مدام دي بومبيدور، خليلة الملك لويس الخامس عشر، مغرمة بفنّ بوشر حتّى أنّها رعته ابتداء من سنة 1747م إلى وفاتها سنة 1764م. وهذه اللّوحة هي إحدى لوحتين كلّفته برسمهما لتزيين حجرة الملابس بقصرها في بلفي قرب باريس. وفي سنة 1750م أدّت، في فرساي، دور البطولة في مسرحيّة بعنوان تجمّل فينوس. ولئن لم تكن المرأة في اللّوحة تشبهها فلا ريب أنّ الإطراء، ولو إيحاءً، كان مقصودا.

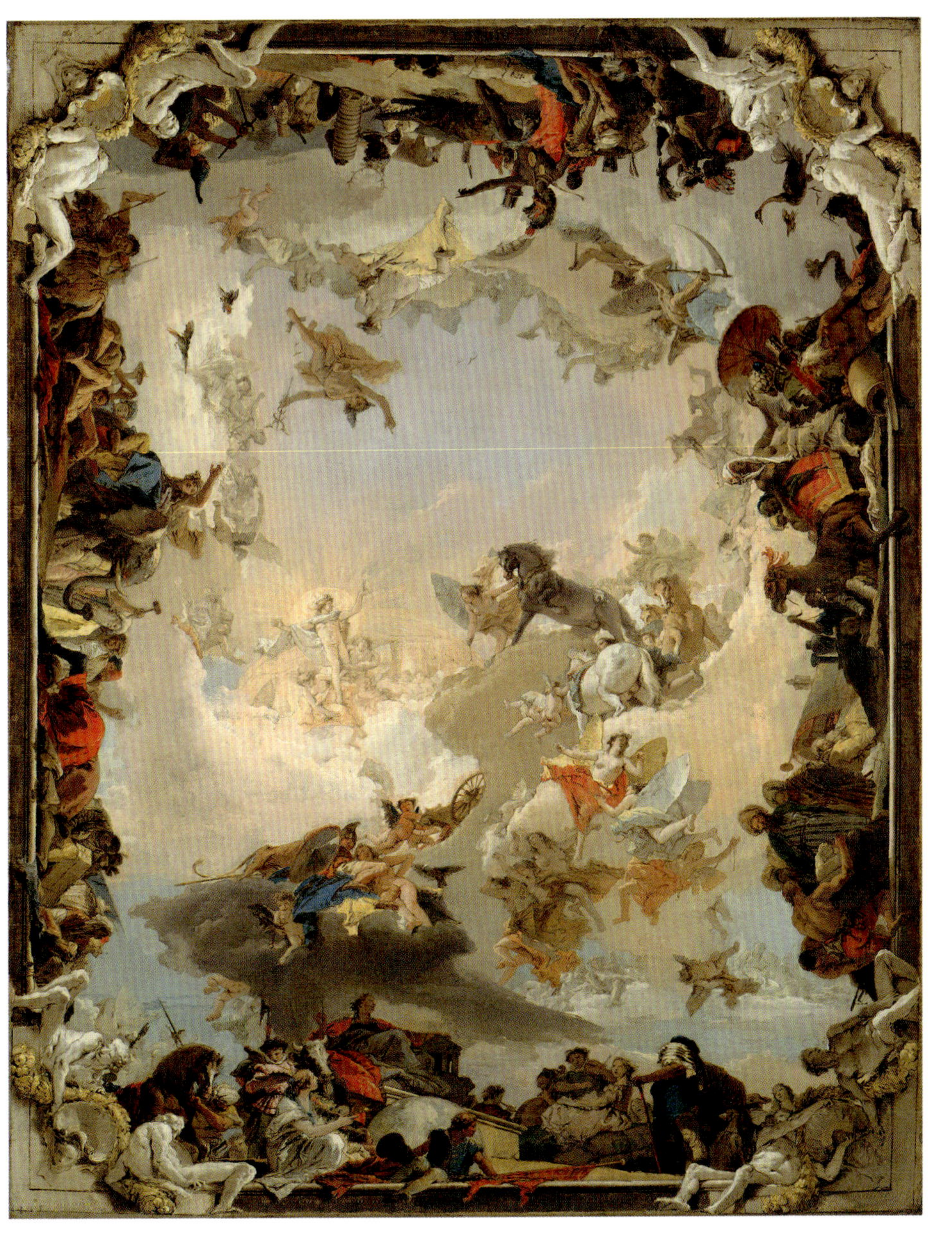

جيوفاني باتيستا تيبولو
إيطاليّ، 1696 – 1770م

رسم رمزيّ للكواكب والقارّات، 1752م
زيت على القماش؛ 185.4 × 139.4 سم
هبة من السيّد والسيّدة شارل رايتسمان، 1977م (1977.1.3)

هذه الصورة الزيتيّة، وهي من أكبر لوحات تيبولو وأكثرها إبهارا، تبرز أبولّو وهو يستعدّ لرحلته اليوميّة إلى السماء. وترمز الآلهة التي تحيط بالإله الشمس إلى الكواكب، أمّا القارات فتعبّرُ عنها الوجوهُ المجازيّة في الجوانب الأربعة. وفي 20 أبريل 1752م، قدّم تيبولو الرسم التخطيطيّ إلى كارل فيليب فون غرايفنكلو، الأمير الأسقف لوارزبورغ، على أنّه مشروع لتزويق سقف السلّ الواسع لمقرّ إقامته الذي يُعتبر عادة موئلا لأروع إنجازات الفنّان. وقد نفّذ المزوّقُ النحّاتُ أنطونيو بوسّي الرسومَ الزخرفيّةَ في الزوايا مستعملاً الجصّ.

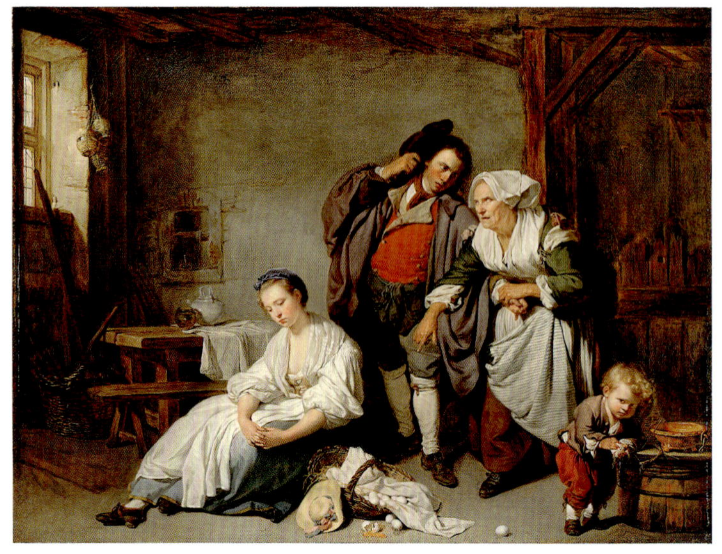

جون باتيست غروز

فرنسيّ، 1725 – 1805م

البيض المهشّم، 1756م
زيت على القماش؛ 73× 94 سم
وصيّة وليام ك. فندربيلت، 1920م (20.155.8)

استلهم غروز موضوع لوحته من لوحة هولنديّة رأى صورة منها رغم أنّها رسمت بروما وكانت ملامح البيت والملابس إيطاليّة. وقد رسم اللّوحة التي تحمل العنوان نفسه الهولنديّ فرانس فان ميريس الأكبر في القرن السابع عشر الميلادي. وهي محفوظة في متحف الدير بسان بيترسبورغ. ويرمز البيض المهشّم إلى العذريّة المفقودة، أمّا الصبيّ الذي يحاول لململة البيضة فيمثّل براءة الطفولة. وقد لاقت اللّوحة الاستحسان في صالون باريس سنة 1757م.

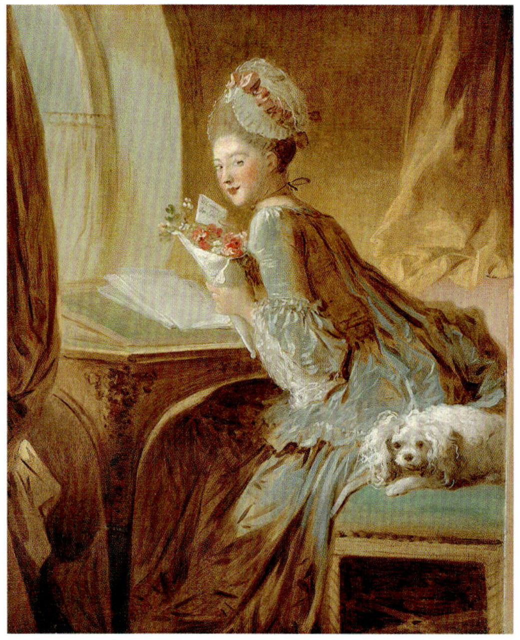

جان هونوري فراغونار

فرنسيّ، 1732 – 1806م

رسالة غرام، حوالي 1770م
زيت على القماش، 83.2 × 67 سم
مجموعة جول باك، 1949م (49.7.49)

لفظة «اكتمل» عند فراغونار نسبيّة. فقد رسم، هنا، خلفيّة بنّيّة تَدرّجَ بها تنويعًا بواسطة طبقات متفاوتة السُّمك وُضعت بطرف الفرشاة. ولم يَستخدم الألوانَ والأبيضَ إلاّ في الأجزاء المُضاءة وسطَ اللّوحة: وجه الغانية المطليّ بالمساحيق وفستانها وقبّعتها والمكتب والمقعد والورود والكلب. ولم يكن من الممكن قِراءة ما كتب على البطاقة بيد الغانية ولا تحديد من يمثّل في الرسم ولا التحقّق من أنّ هذه اللّوحة ذائعة الصيت رسم شخصيّ أو نوع من الرسوم.

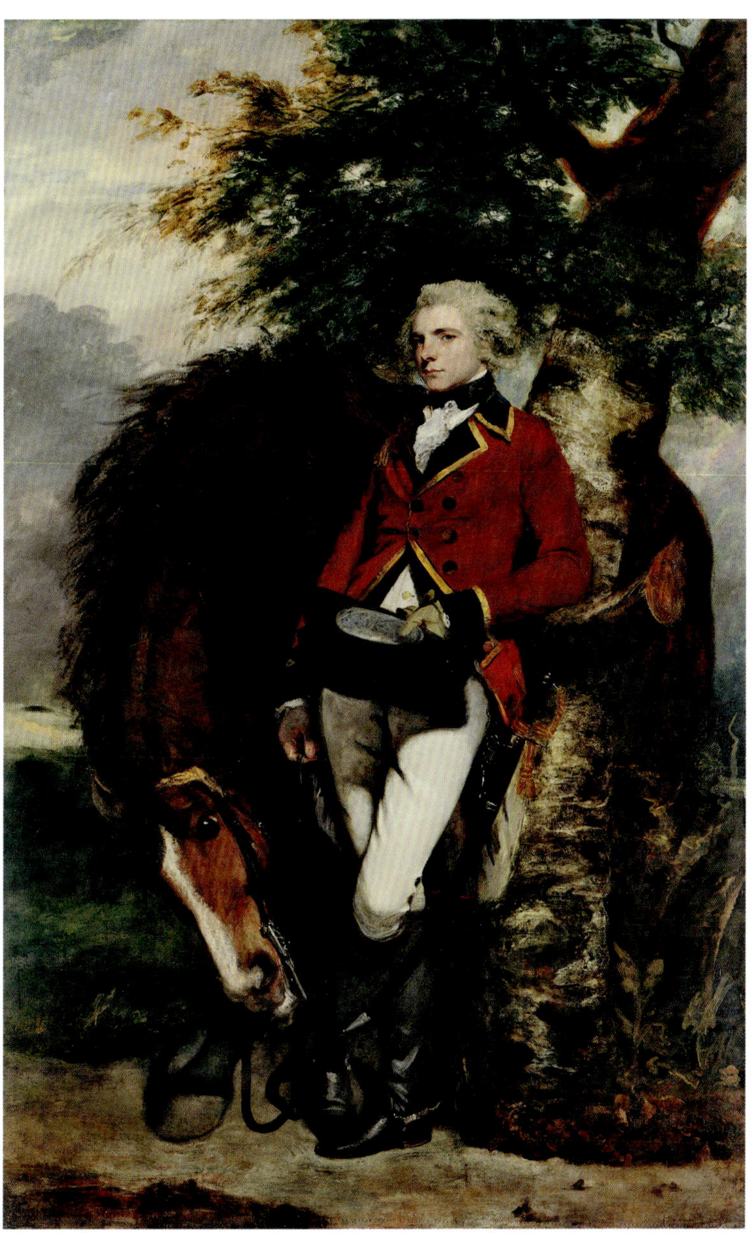

سير جوشوا رينولدز
أنكليزيّ، 1723 – 1792م

النقيب جورج ك. كوسمايكر (1759 – 1801م)،
1782م
زيت على القماش، 238.1 × 145.4 سم
وصيّة وليام ك. فندربيلت، 1920م (20.155.3)

التحق كوسمايكر سنة 1776م بالكتيبة الأولى لمشاة الحرس الملكيّ في رتبة ملازم فكان في أدنى سلّم الرتب. وما إن رُقِّي إلى رتبة مقدّم حتّى غادر سنة 1795م القوّات المسلّحة دون أن يكلّف بأيّة مهمّة عسكريّة. وقد سجّل رينولدز، سنة 1782م، إحدى وعشرين جلسة للرسم مع الشابّ وعلى الأقلّ ثماني جلسات لرسم الحصان في ما يبدو. وحسب مؤلّفة اليوميّات فاني برناي، كان كوسمايكر خجولا صموتا بيد أنّه مهذّب. وقد صاغ رينولدز، في أروع أساليبه، هذا الرسم الشخصيّ بحريّة ومرونة تدعوان إلى الدهشة والإعجاب دون تدخل، على ما يبدو، من مساعديه.

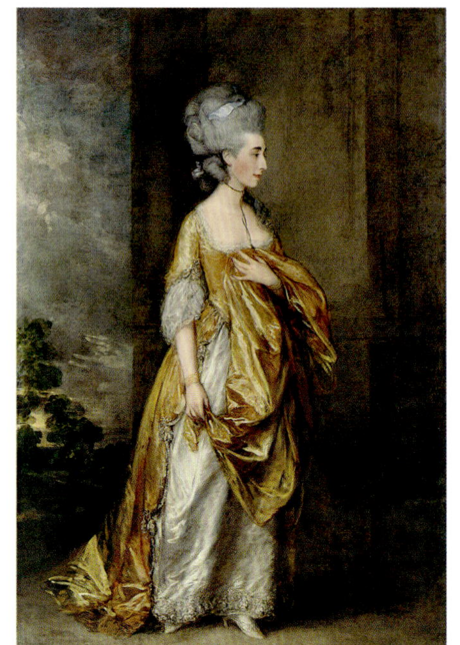

طوماس غينزبورغ
أنكليزيّ، 1727 – 1788م

السيّدة غراس دالرمبل إليوت (1754؟ – 1823)
1778م
زيت على القماش، 234.3 × 153.7 سم
وصيّة وليام ك. فندربيلت، 1920م (20.155.1)

السيّدة إليوت هي طليقة طبيب إسكتلنديّ وكانت الرفيقة الدائمة للورد شولموندولي الذي سيصبح ماركيز شولموندولي. ولعلّه هو من طلب هذا الرّسم الشخصيّ. وقد زاد من طول قوام السيّدة الفارع الشعرُ المكوّمُ بأناقة والمرشوشُ بمساحيق الزّينة. وهي تلبس فستانا ملائما لذوق القرن الثامن عشر الميلادي أصفر اللّون صفرةً محبّبةً لدى السير أنطوناي فان ديك قبل قرن من ذلك. وقد عرضت اللّوحة في الأكاديميّة الملكيّة سنة 1778م.

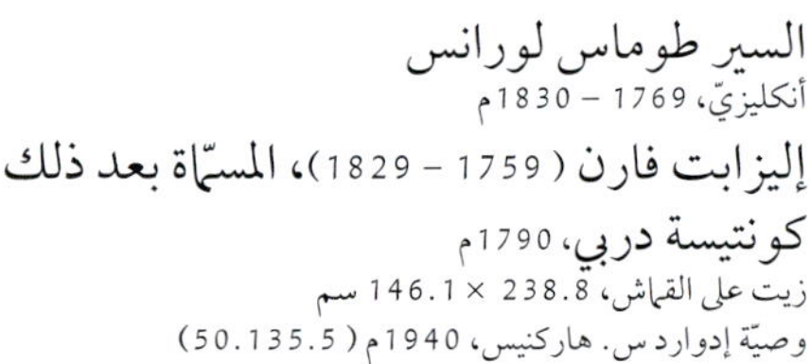

السير طوماس لورانس
أنكليزيّ، 1769 – 1830م

إليزابت فارن (1759 – 1829)، المسمّاة بعد ذلك كونتيسة دربي، 1790م
زيت على القماش، 238.8 × 146.1 سم
وصيّة إدوارد س. هاركنيس، 1940م (50.135.5)

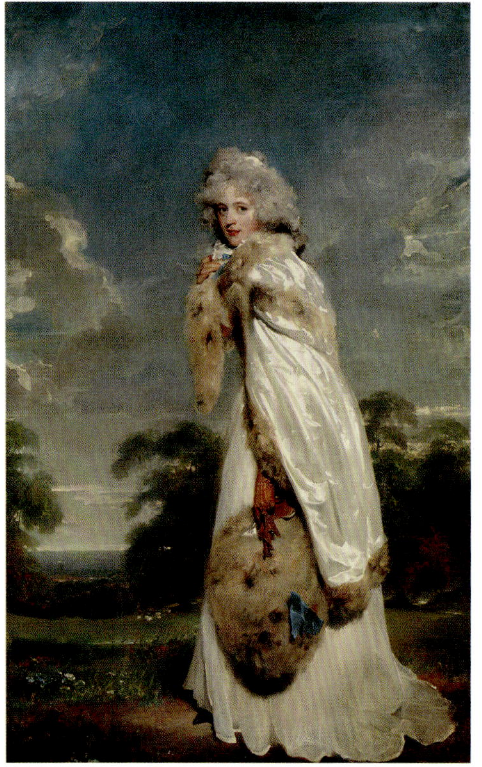

كانت إليزابيت فارن ممثّلة بدأت خطواتها الأولى في لندن سنة 1777م. وفي سنة 1797م، تزوّجت إدوارد سميث ستانلي، كونت دربي الثاني عشر الذي ظلّ يتقرّب منها لسنوات طويلة. وقد لقيت هذه اللّوحة التي رسمت سنة 1790م بطلب من الكونت وعُرضت في الأكاديميّة الملكيّة، صدًى طيّبًا. ورغم أنّ لورد دربي وجد السيّدة فارن نحيلة جدّا إلاّ أنّ لورانس خيّر ألاّ يعدّل من الصّورة المتوهّجة. فعلى غرار الصورة الشخصيّة الكاملة للملكة شرلوت، منحت هذه اللّوحة شهرة مبكّرة إلى الفنّان الطموح الموهوب البالغ من العمر واحدا وعشرين عاما.

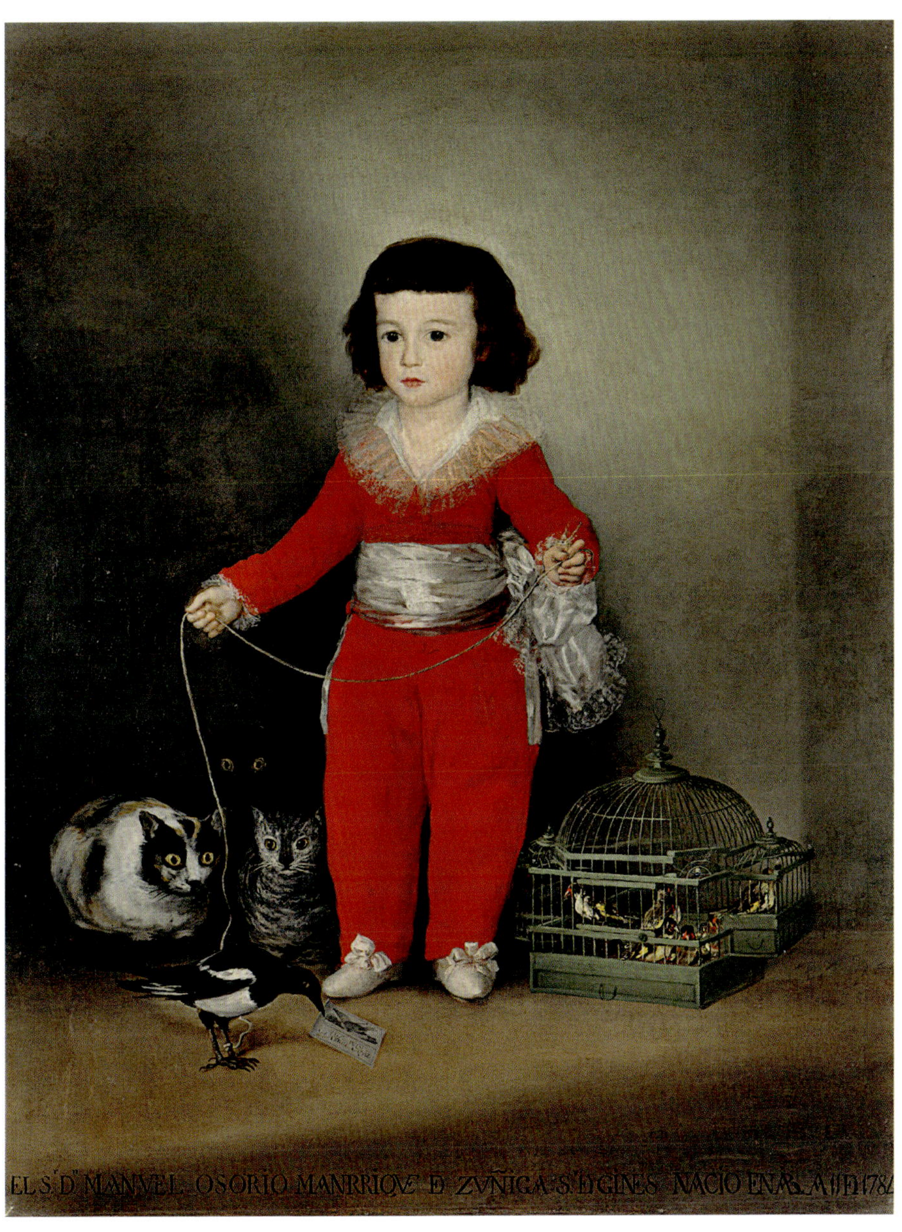

غويا (فرنسيسكو غويا إي لوسيانتس)
إسبانيّ، 1746 – 1828م

مانويل أوزوريو مانريك دي زونيغا

(1784–1792م) ، ربّما بعيد سنة 1792م
زيت على القماش، 127 × 101.6 سم
مجموعة جول باك، 1949م (49.741)

الماثل في هذه الصورة الشخصيّة هو ابن كونت ألتاميرا والكونتيسة زوجته. ونراه هنا، في بدلته الحمراء الرائقة، يلعب بعقعق أليف (يمسك في منقاره بطاقةَ زيارة الرسّام) وقفص مليء بطيور البرقش وثلاث قطط تحملق عيونُها. وفي الفنّ المسيحيّ، عادة ما ترمز الطيور إلى الروح في حين أنّ الفنّ الباروكي يعتبر الطيور في الأقفاص رمزا للبراءة. ولعلّ قصد غويا هو أن يجسّد الحدود الواهية الفاصلة بين عالم الطفل وقوى الشرّ أو لعلّه أراد أن يبرز سمة سرعة زوال البراءة والصبا. وقد تكون اللّوحة رسمت بعد وفاة الصبيّ سنة 1792م.

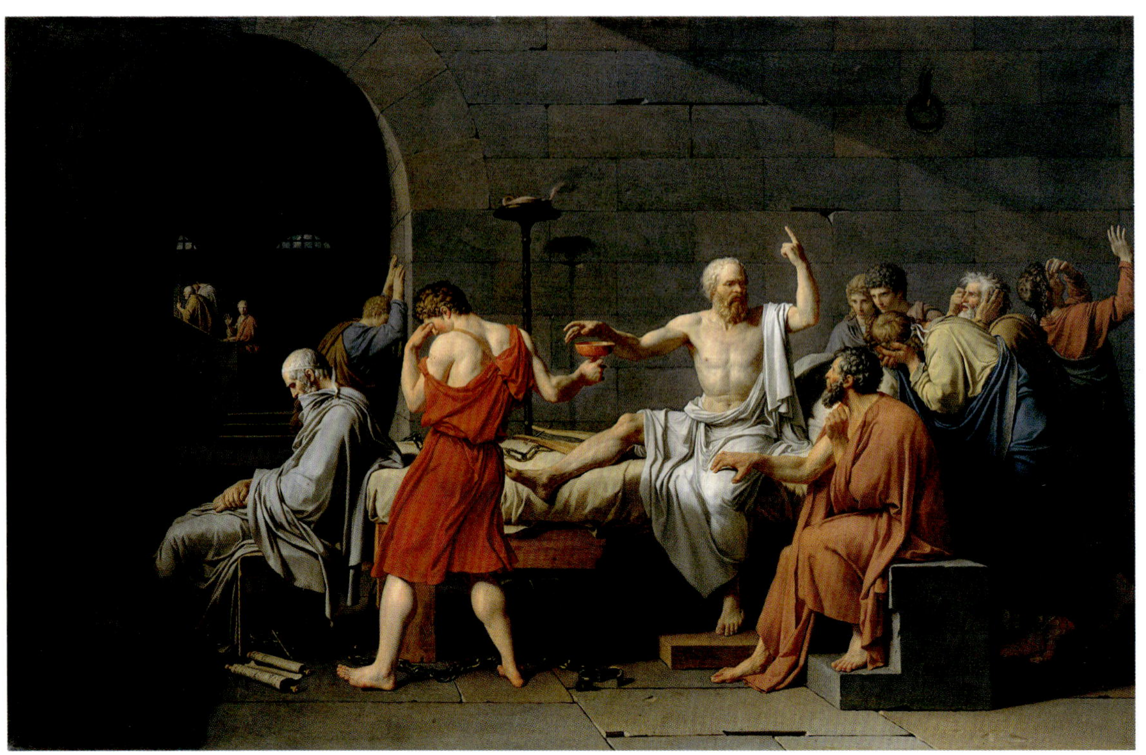

جاك – لوي دافيد
فرنسيّ، 1748 – 1825م

موت سقراط، 1787م
زيت على القماش؛ 129.5 × 196.2 سم
مجموعة كاترين لوريار وولف، رصيد وولف، 1931م (31.45)

لمّا اتّهمت حكومة أثينا سقراط بإنكار الآلهة وإفساد الشباب بدروسه، خيّرته بين التخلّي عن اعتقاداته أو الموت بتجرّع السمّ. فرسم دافيد الفيلسوفَ يتحدّث هادئا، أمام مريديه المفعمين أسى، عن خلود الروح. ولعلّ هذه اللّوحة التي استوحى دافيد موضوعها الرواقيّ بتصرّف من فيدرا لأفلاطون هي أوفى اللّوحات تعبيرًا عن توجّهه الكلاسيكيّ الجديد. وقد كتب الرسّام والناشر جون بويدل إلى السير جوشوا رينولدز أنّها « أعظم جهد فنيّ منذ كنيسة القدّيس سيكست وغُرف رفائيل الأربع ... إنّه عمل شرّف أثينا على عهد بيريكليس».

جاك – لوي دافيد
فرنسيّ، 1748 – 1825م

أنطوان – لوران لافوازيي (1758 – 1794م) وزوجته
(ماري – آن –بييرات بولز، 1758 – 1836م)، 1788م
زيت على القماش؛ 259.7 × 194.6 سم
اقتناء، هبة من السيّد والسيّدة شارل رايتسمان، على شرف إيفريت فاهي، 1977م (1977.10)

هذه الصورة الشخصيّة من بديع ما رُسم في القرن الثامن عشر الميلادي، وقد رأى النقّاد في دافيد، حينها، رائدًا للكلاسيكيّة الجديدة في فرنسا. وعُرف لافوازيي بالخصوص باعتباره رائدَ البحثِ في الأوكسجين والبارود والتركيب الكيميائيّ للماء. فقد نشر سنة 1789م نظريّاته في رسالة في مبادئ الكيمياء حلّتها زوجته بصورٍ وهي قد تكون زميلةَ دراسةٍ لدافيد (إذ نرى حافظة أوراقٍ لرسومها على الأريكة، يسار اللّوحة). وقد عُيِّن لافوازيي مسؤولاً عن البارود بيد أنّ فضيحة سياسيّة حملته على أن يطلب سحب اللّوحة من صالون عام 1789م. وعلى الرغم مما قدّمه من خدمات لنظام الثورة فقد أُعدم بالمقصلة سنة 1794م.

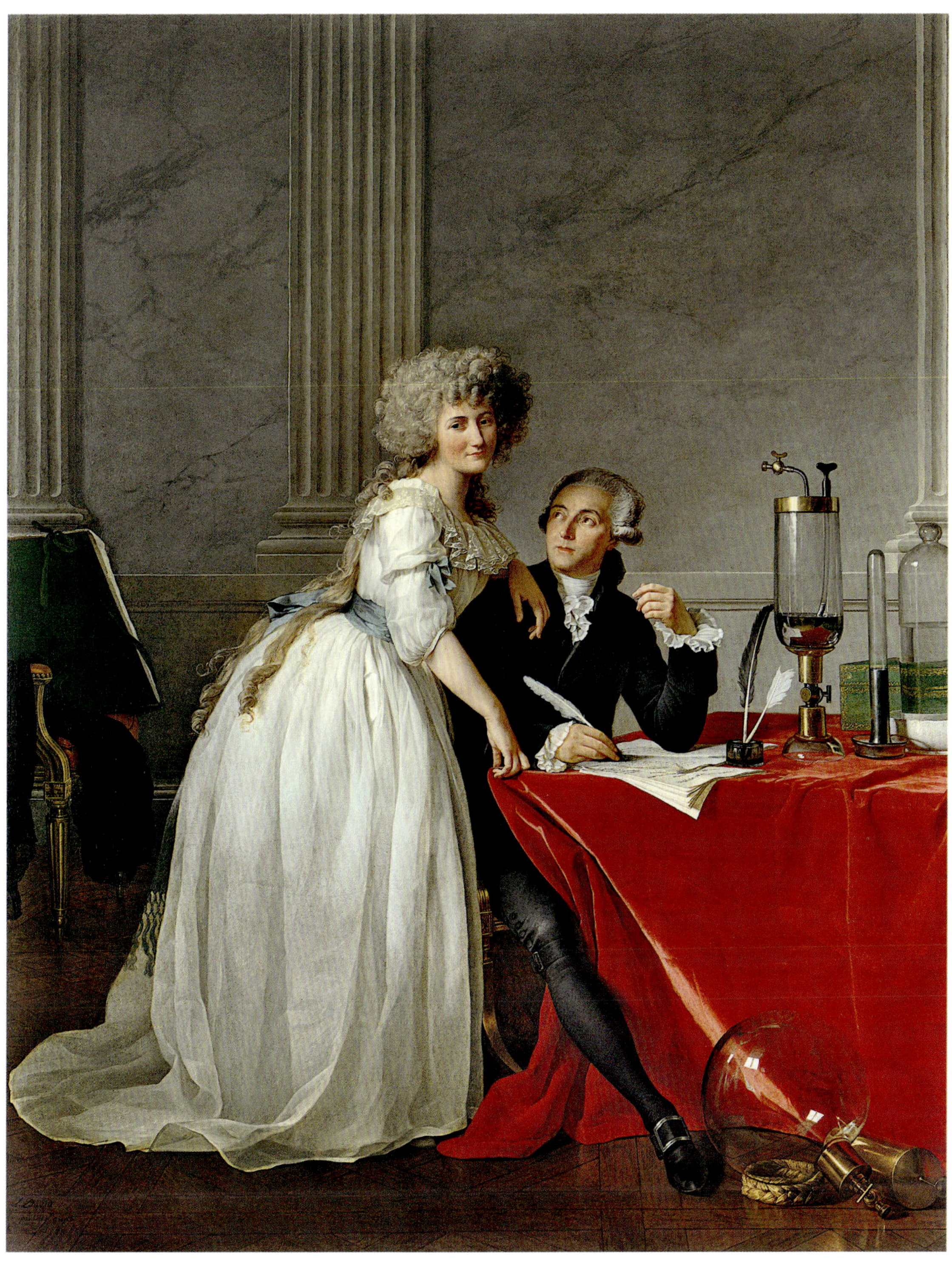

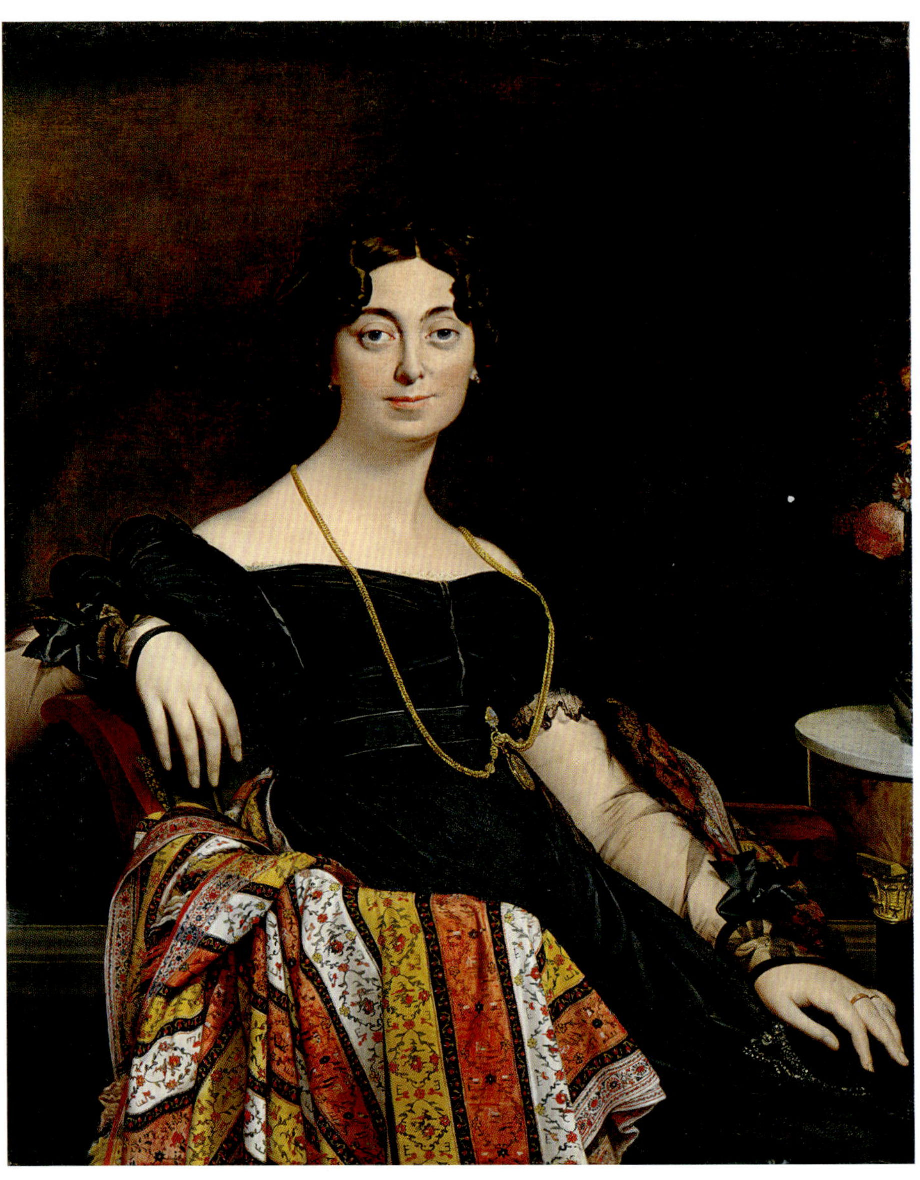

جون – أوغست – دومينيك إنغر

فرنسيّ، 1780 – 1867م

السيّدة جاك – لويس لوبلان (وُلدت فرنسواز بونسال، 1788 – 1839م)، 1823م

زيت على القماش؛ 119.4 × 92.7 سم

مجموعة كاترين لوريار وولف، رصيد وولف، 1918م (19.77.2)

كان جاك – لويس لوبلان وحرمه ممثّلي فرنسا في بلاط دوقة طوسكان الكبرى، إليزا باسيوتسي وُلدت بونابرت. وقد بقي الزوجان في فلورانس بعد سقوط نابليون في 1814 – 1815م. وتعرّف عليهما إنغر حين وصل إلى روما سنة 1820م. والرسمان الشخصيّان، لكلا الزوجين، هما ثمرة هذا اللّقاء وهما من أكبر ما رسم إنغر إذا استثنينا الطلبات الملكيّة. والرسمان هما الوحيدان اللّذان يكوّنان زوجًا. وقد اعتبر إدغار دوغاس الذي اقتنى اللّوحتين أنّهما أجمل ما يملك في مجموعته الكبيرة.

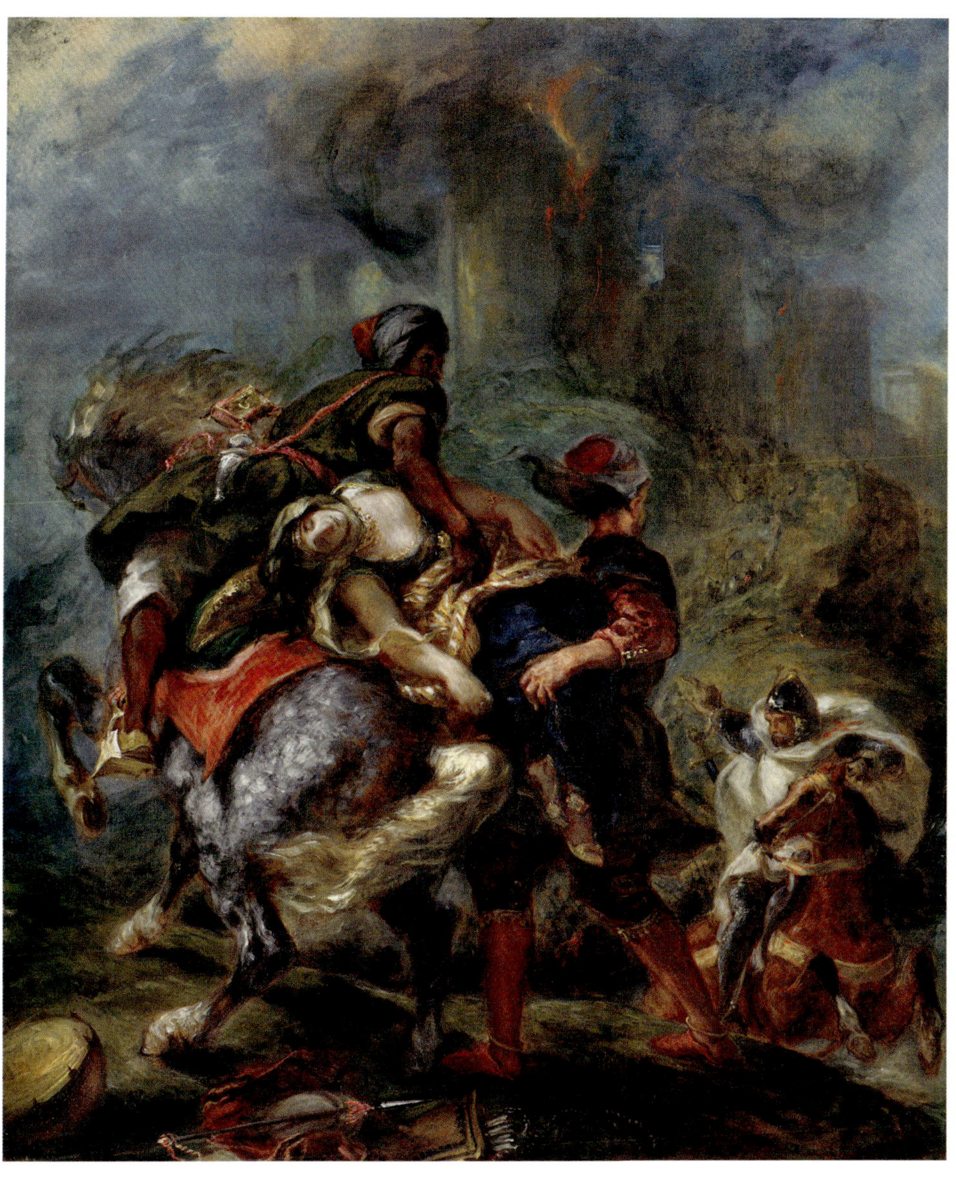

يوجين دولاكروا
فرنسيّ، 1798 – 1863م

اختطاف رابيكا، 1846م
زيت على القماش؛ 100.3 × 81.9 سم
مجموعة كاترين لوريار وولف، رصيد وولف، 1903م (03.30)

استلهم دولاكروا، طيلة مساره الفنّيّ، أعمال السير والتر سكوت السرديّة. وتجُسّد هذه اللّوحة مشهدًا من إيفانهو: إذ يختطف عبيد مسلمون، بأمر من الفارس النصراني بوا – غلبرت، رابيكا السبيّة في أحد القصور التي لطالما أرادها الفارس له. وقد أنشأ الجسدُ المنثني والفضاءُ المضموم بعضه إلى بعض جوًّا دراميًّا مكثّفًا. ففي صدر اللّوحة يهيمن واد عميق تظهر وراءه من بعيد قلعة. وقد استهجن النقّاد، في صالون 1846م بباريس، الطابع الرومنسيّ في اللّوحة إلاّ أنّ بودلير كتب عنها ما يلي: "إنّ رسم دولاكروا، كالطبيعة، يخشى الفراغ".

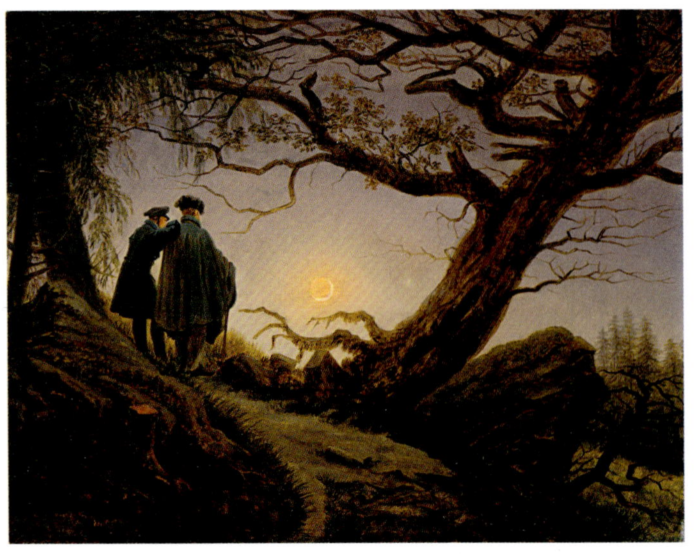

كسبار دافيد فريدريش
ألمانيّ، 1774 – 1840م
رجلان يتأمّلان القمر، حوالي 1825 – 1830م
زيت على القماش؛ 34.9 × 43.8 سم
رصيد رايتسمان، 2000م (2000.51)

هذه اللّوحة هي الصيغة الثالثة من أشهر أعمال الفنّان. تعود الأولى إلى سنة 1819م بدرست والثانية رسمها سنة 1845م ببرلين. والرجلان اللّذان توقّفا عن التجوال في الغابة، ذاتَ مساء آخرَ الخريفِ، ليتأملا القمر هما فريديريش نفسه، على اليمين، وزميله الشاب الموهوب أوغست هاينريش. وتُعبّر أجواء التأمّل الخاشع عن الافتتان بالقمر الذي نجده في شعر ذلك العصر وأدبه وفلسفته وموسيقاه.

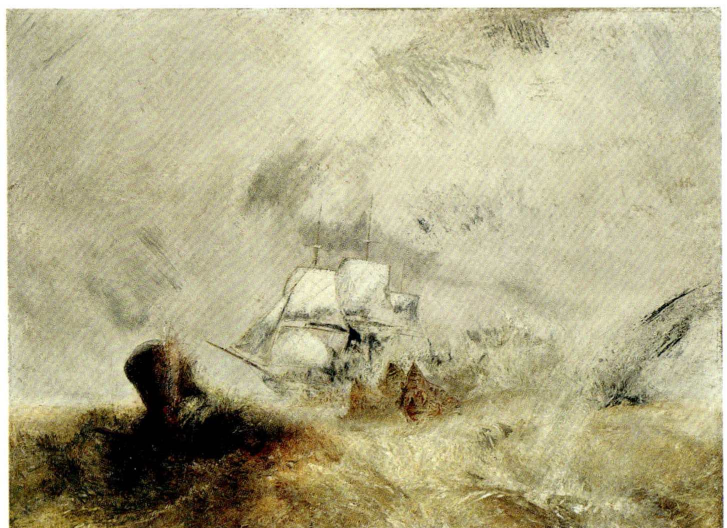

جوزيف مالورد وليام تورنر
بريطانيّ، 1775 – 1851م
سفينة صيد الحيتان، حوالي 1845م
زيت على القماش؛ 91.8 × 122.6 سم
مجموعة كاترين لوريار وولف، رصيد وولف، 1896م (96.29)

كان تورنر قد بلغ السبعين حين عرض، سنة 1845م، لوحة سفينة صيد الحيتان أوّل مرّة في معرض الأكاديميّة الملكيّة السنويّ. وقد اتفق المعجبون باللّوحة والمنتقصون منها على السواء، على التمييز بين الحوت الكبير والمركب وسطَ اللّوحة. وكان تورنر يرسم المشاهد البحريّة طيلة حياته. وكثير من لوحاته المتأخّرة، مثل هذه، تحتفل على نحو مجرّد إلى حدّ ما بعظمة البحر المشهودة. وقد تكون هذه اللّوحة وثلاث أخريات توجد في متحف تايت بلندن مستلهمة جزئيًا من كتاب طوماس بيلس التاريخ الطبيعيّ لعنبر الحوت الصادر سنة 1839م.

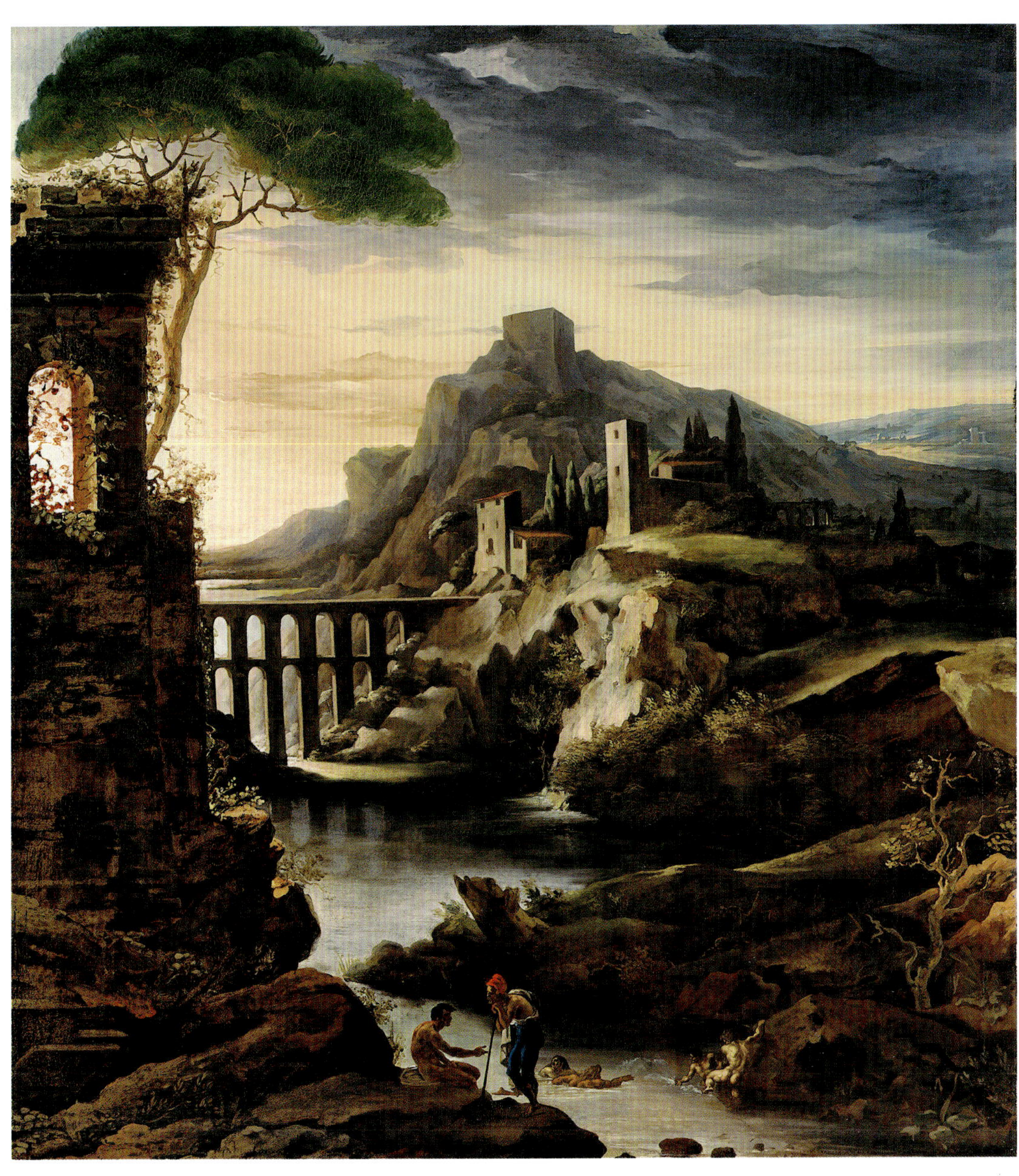

تيودور جيريكو
فرنسيّ، 1791 – 1824م

مشهد للقناة سمّاه المساء، 1818م
زيت على القماش؛ 250.2 × 219.7 سم
اقتناء، هبة من جايمس أ. موفيت الثاني، لذكرى جورج م. موفيت، تبادل، 1889م (1989.183)

هذه اللّوحة واحدة من المشاهد الأربعة الكبرى التي اعتزم جيريكو رسمها لتمثيل فترات اليوم. وقد عوملت اللّوحة التي رسمها في صائفة سنة 1818م على أنّها لوحة تزيين على طريقة جوزيف فرني الرسّام الفرنسي الذي عاش في القرن الثامن عشر الميلادي. وتؤلّف هذه اللّوحة بين ذكرى آثارٍ في قرية إيطاليّة زارها جيريكو سنة 1817م، توجد القناة في سبوليتو، وبين السماء العاصفة واضطراب خصائص الجماليّة الرومنسيّة الناشئة وتصوّرها الرائع لدى الإنكليز والفرنسي

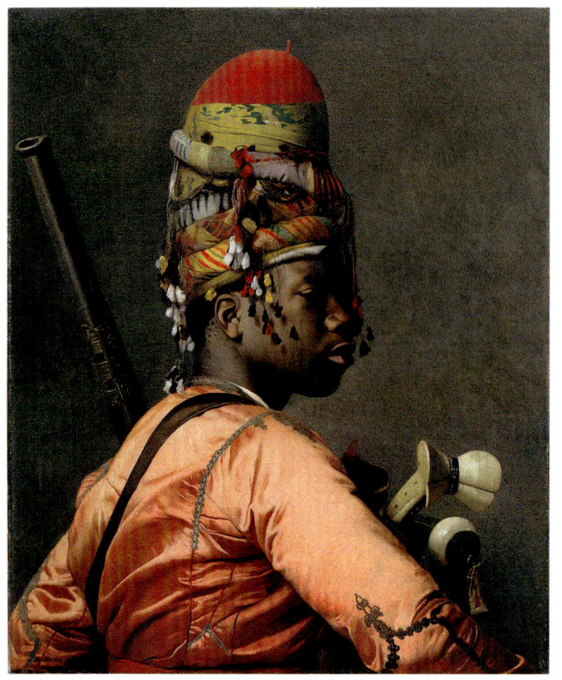

جون ليون جيروم
فرنسيّ، 1824 – 1904م

باشي بوزوك، 1868– 1869م
زيت على القماش؛ 80.6 × 66 سم
هبة من شارل ريتسمان، 2008م (2008.547.1)

رسم جيروم هذه اللّوحة الأخّاذة إثر عودته إلى باريس من رحلة إلى الشرق دامت اثني عشر أسبوعا، وكان ذلك أوائل سنة 1868م. وحين ألبس جيروم الشخصيّة الماثلة أمامه ملابسَ اقتناها من لوفان كان في أوج تجربته الفنيّة. وتوحي التسمية التركيّة للوحة، وهي تعني «سيّء الطبع»، بالمرتزقة الأشدّاء العارين من الشفقة والرحمة الذين لا أجر لهم إلاّ ما يستولون عليه من الغنائم. بيد أنّه من العسير تصوّر هذا الرجل الذي يلبس قميصَ حريرٍ رفيعًا يهاجم عدوًّا في ساحة وغى. وقد صنع جيروم هنا، وهو المعروف ببراعته في تصوير المنسوجات، رائعة من الروائع التي استخدم فيها ما له من موهبة جاعلاً للشخصيّة الماثلة أمامه وقارًا لا نجده في رسومه الاستشراقيّة الأخرى.

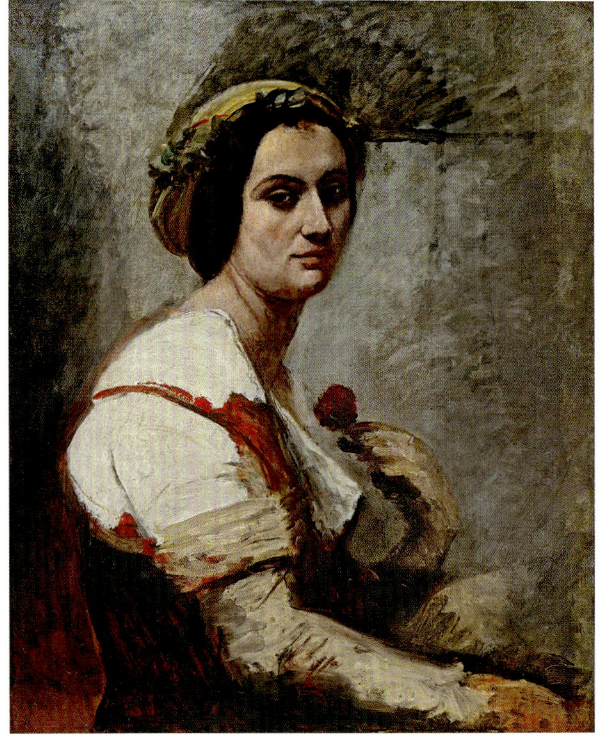

كاميو كورو
فرنسيّ، 1796 – 1875م

سيبيل، حوالي 1870م
زيت على القماش؛ 81.9 × 64.8 سم
مجموعة هـ. أ. هافماير، وصية السيّدة هـ. أ. هافماير، 1929م (29.100.565)

هذه اللّوحة هي إحدى المحاولات الناجحة التي قام بها كورو للاقتراب من أسلوب عصر النهضة الأولى لدى رافائيلو. ويشبه الوضع في هذه اللّوحة شبهًا كبيرًا ما نجده في الرسم الشخصيّ لبندو ألتوفيتي الموجود في المتحف الوطني للفنّ بواشنطن. وقد اعتُبر، على عهد كورو، رسمًا ذاتيًا لرافائيلو. وبصرف النظر عن رغبة الفنّان البيّنة في استنساخ لوحة ديزينيو لرافائيلو فإنّه لم يبلغ هذا الهدف إلاّ بالتدرّج. فقد يكون أراد في البداية أن يصوّر ربّة الفنّ بوليمني وهي تلعب التشيلو ولكنّ التصوير بالأشعّة كشف أنّه دهن بعد ذلك فوق الآلة. ولعلّ العشَقة التي تزيّن شعر الشخصيّة تحيل على خلود الفنّ. ولا تحمل اللّوحة غير المكتملة توقيعًا ولم تعرض في حياة كورو.

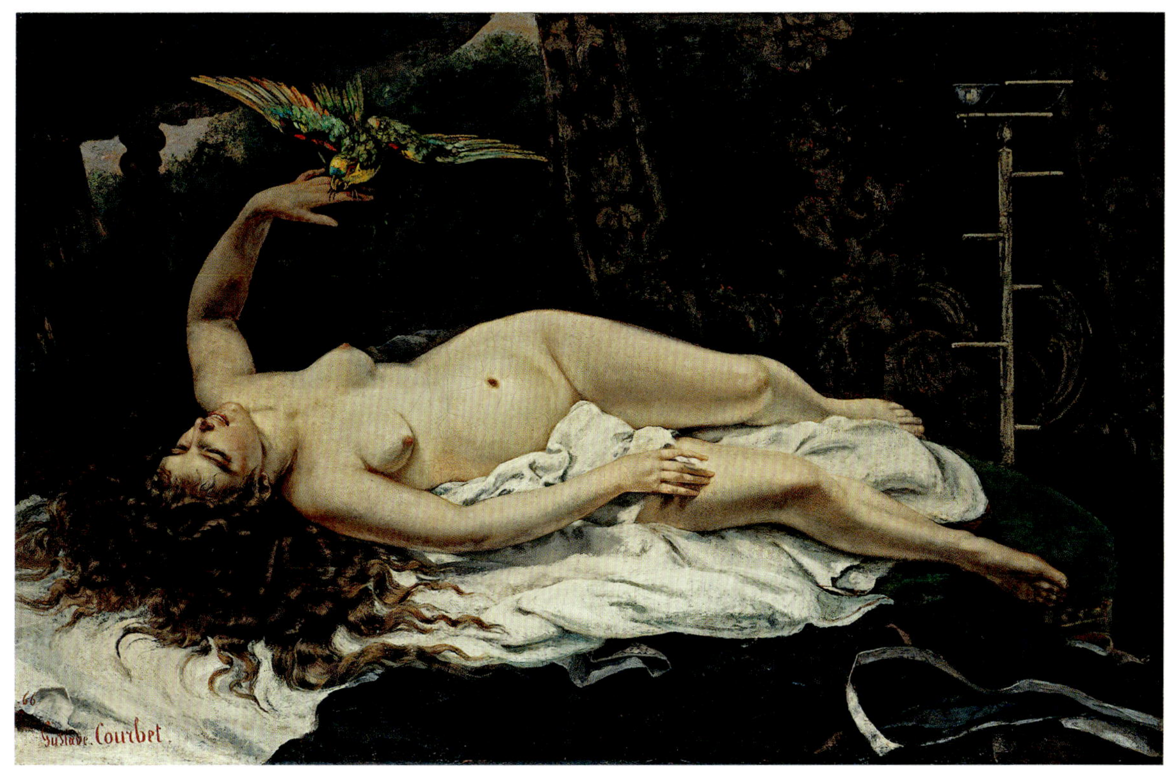

غستاف كوربي
فرنسيّ، 1819 – 1877م
المرأة والببّغاء، 1866م
زيت على القماش؛ 129.5 × 195.6 سم
مجموعة هـ. أ. هافماير، وصية السيّدة هـ. أ. هافماير، 1929م (29.100.57)

أراد كوربي، محتميا بنجاح رسوم فينوس التي سادت صالون باريس في ستينات القرن التاسع عشر الميلادي، أن يتحدّى الأكاديميّة في عقر دارها راسمًا امرأة عارية واقعيّة ولكنّها مقبولة من لدن لجنة الصالون. وهي لجنة ما انفك التصلّب والاعتباطيّة لديها يتعاظمان. وقد باءت محاولته الأولى، سنة 1864م، بالفشل فقد رَفضت اللوحة لإخلالها بالآداب. وبالمقابل، قَبلَتْ، بعد سنتين، لوحة المرأة والببّغاء. فتفاخر كوربي قائلا: «لقد أكّدت لكم منذ زمن أنّني سأجد طريقة لأوجّه لهم لكمة في الوجه مباشرة». ورغم أنّ الوضع والجسد المصوغ على نحو متسام يقرّبان الشخصيّة من الأسلوب الأكاديميّ، فإنّ الملابس التي ألقاها المثال المرسوم كما جاء واتفق، والشَّعر الأشعث يميّزان بوضوح لوحة كوربي عن نساء الصالون العاريات بصبغتهنّ الأسطوريّة والمثاليّة. وقد ذهب البعض إلى أنّ إدوارد ماني رسم لوحته صبيّة سنة 1866م (توجد كذلك في المتحف) على سبيل الردّ على هذه العارية المستفزّة.

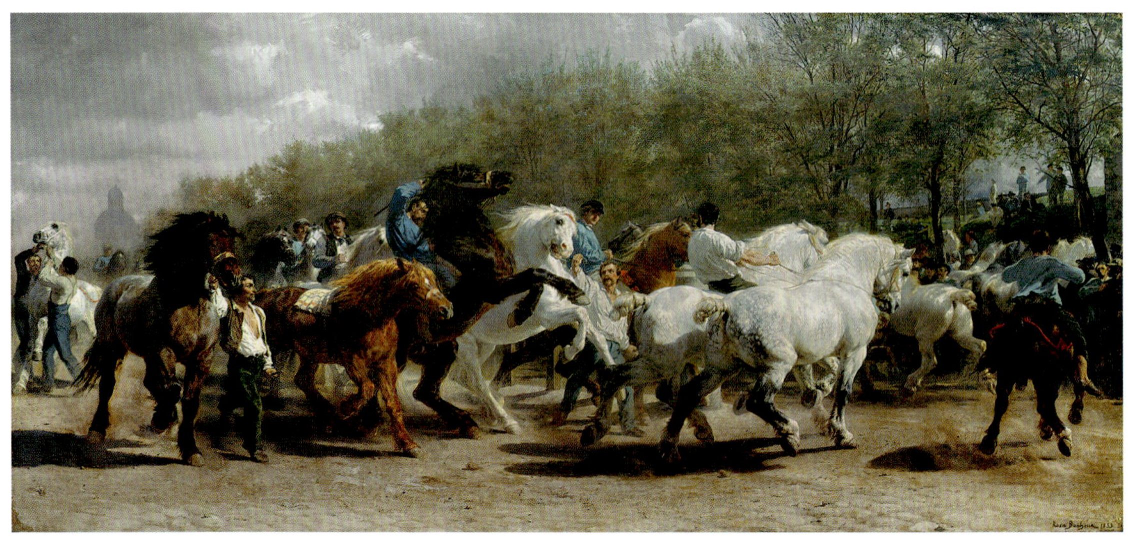

روزا بونار

فرنسيّة، 1822 – 1899م

سوق الخيل بباريس، 1852 – 1855م

زيت على القماش؛ 2.45 × 5.07 م

هبة كونوليوس فندربيلت، 1887م (87.25)

ينتصب سوق الخيل بباريس في شارع المستشفى، قرب مأوى سلبيتريير الذي يُشاهد على يسار اللّوحة، في الخلفيّة. وطيلة سنة ونصف، كانت روزا بونار تذهب، مرّتين في الأسبوع، لرسمه متنكرّة في زيّ رجالي حتّى لا تلفت الانتباه. وقد شرعت في رسم هذه اللّوحة سنة 1852م لتعرضَها في صالون سنة 1853م بباريس ثمّ أدخلت عليها بعض التحويرات. وما إن وصلت اللّوحة المثيرةُ للإعجاب والمفعمةُ حياةً إلى متحف المتروبوليتان، سنة 1887م، حتّى أضحت واحدة من أشهر اللّوحات فيه ومن أكثرها مدعاة للاستحسان.

هونوري دوميي

فرنسيّ، 1808 – 1879م

عربة الدرجة الثالثة

حوالي 1862 – 1864م

زيت على القماش؛ 65.4 × 90.2 سم

مجموعة هـ. أ. هافماير، وصية السيّدة هـ. أ. هافماير، 1929م (29.100.129)

يلتقط دوميي، وهو إخباريُّ الحياةِ الحضريّة الحديثة، تأثيرات التصنيع في باريس خلال القرن التاسع عشر الميلادي. وتكثر في أعماله مشاهد السفر على متن القطارات. وهذه واحدة من لوحات ثلاث تبرز الظروف الشاقة للسفر في الدرجة الثالثة. وقد تأثّر معاصروه بالطابع الكونيّ لمواضيعه. فكتب أحدهم:

«إنّها لوحة لا تجامل في وصف الحياة الإنسانيّة ببؤسها وعيوبها وبخيباتها وصروفها التي تجبر المرء على الخضوع لها والتسليم بها».

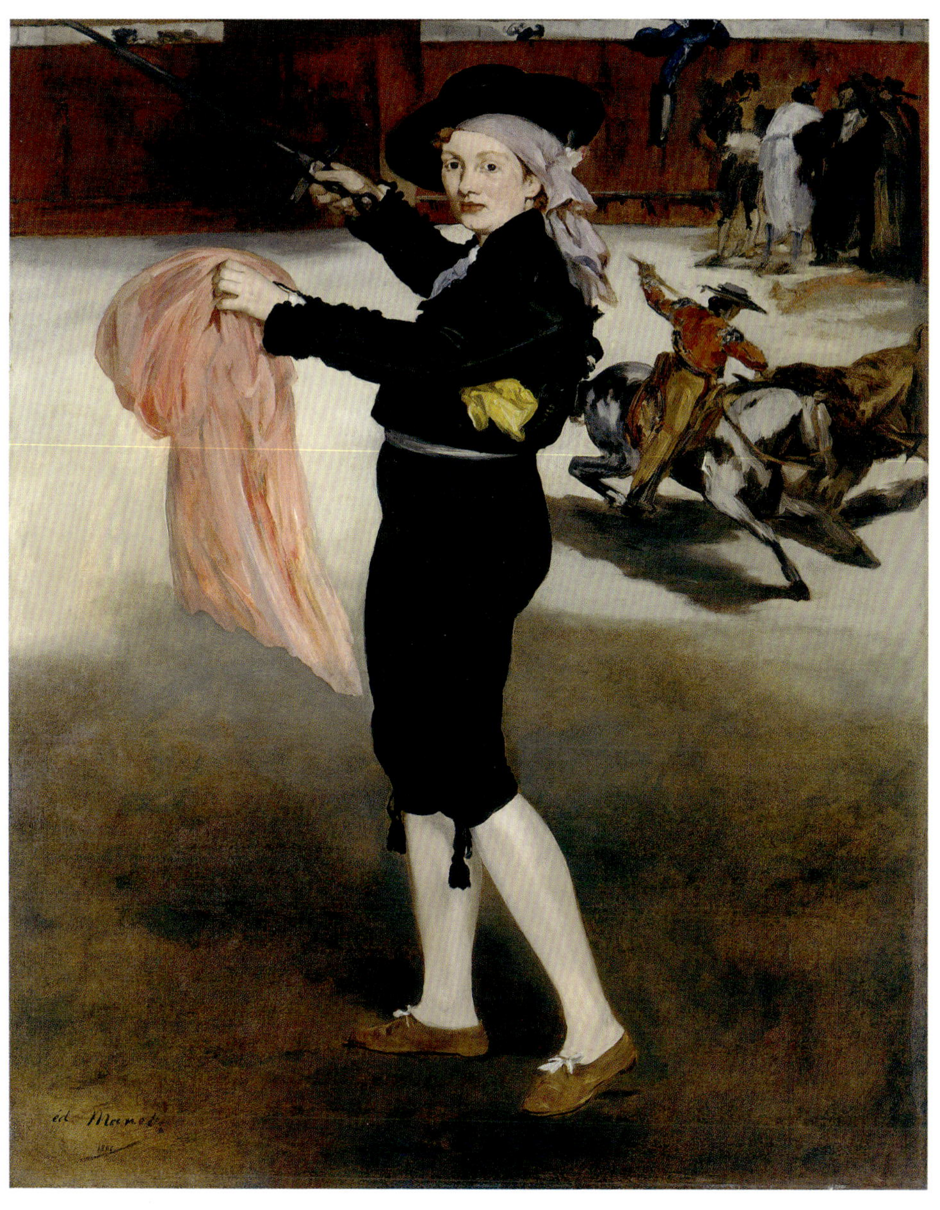

إدوار ماني

فرنسيّ، 1832 – 1883م

السيّدة ف... في زيّ حامل السيف، حوالي 1870م

زيت على القماش؛ 165.1 × 127.6 سم

مجموعة هـ. أ. هافماير، وصية السيّدة هـ. أ. هافماير، 1929م (29.100.53)

جمع ماني، لصالون المبعدين سنة 1863م، في لوحة واحدة ثلاثيّةَ فطور على العشب (متحف أورسي، باريس) وشابّ في زيّ الظريف (توجد أيضا في مجموعة المتحف) وهذه اللّوحة. وقد كتب أحد النقّاد: «السيّد ماني يعشق إسبانيا ويبدو أنّ أستاذه الملهم هو فرنسيسكو دي غويا الذي يقلّد تنويع الألوان الحارّة والمتباينة عنده» على ما لاحظ مشاهدو ذلك العصر. وقد استنسخ ماني في خلفيّة اللّوحة مشهدًا من سلسلة مصارعة الثيران لغويا. ورسم الفنّان هنا مثاله المفضّل، فكتورين مورون، لابسة زيًّا كما لو أنّها ذاهبة إلى حفل تنكّريّ.

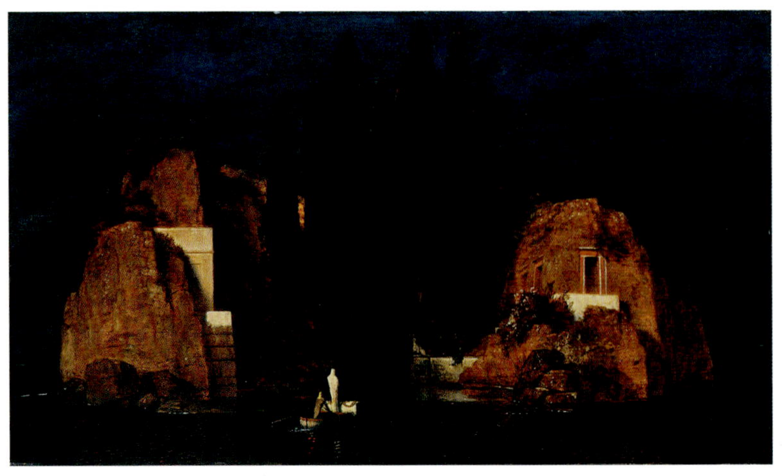

أرنولد بوكلين
سويسريّ، 1827 – 1901م

جزيرة الموتى، 1880م
زيت على القماش؛ 73.7 × 121.9 سم
رصيد رودجرز، 1926م (26.90)

رسم بوكلين بين سنتي 1880 و1886م خمسَ صيغ من هذا الموضوع الذي أضحى، في نهاية القرن التاسع عشر الميلادي، من الموضوعات المحبّذة في ألمانيا. وهذه اللّوحة هي الصيغة الثانية. وقد طلبتها ماري برنا التي رأت الصيغة الأولى (توجد الآن في متحف الفن بمدينة بازل) ولمّا تكتمل بعد على حاملة اللّوحات في ورشة بوكلين بلورنتان وذلك في شهر أبريل من سنة 1880م. وقد أضاف، بطلب منها، زورقَ تجذيفٍ يحمل أرملةً بلباس أبيض وتابوتًا مغلّفًا بقماش أخضر نحو جزيرة صخريّة ذات منحدرات حُفرت فيها أضرحة. إنها إشارة إلى موت زوج السيّدة بارنا الذي وافاه الأجل المحتوم قبل سنوات خلت.

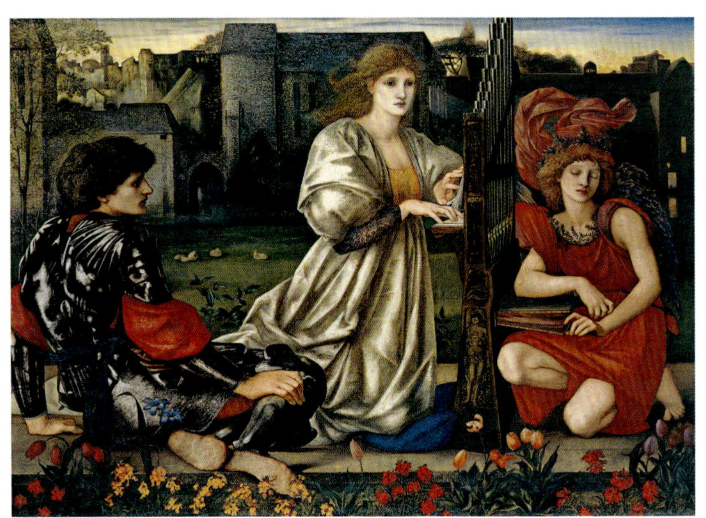

السير إدوارد بورن-جونز
بريطانيّ، 1833 – 1898م

أغنية الحبّ، 1868 – 1877م
زيت على القماش؛ 114.3 × 155.9سم
رصيد ألفريد ن. بونات أنداومنت، 1947م (47.26)

هذه اللّوحة، وهي من أشهر لوحات الفنّان، تمثّل الصيغة النهائيّة من سلسلة استلهم فيها لازمةَ أغنيةٍ قديمة من مقاطعة البروطون تقول كلماتها: «وَاهٍ! أعرف أغنية حبّ، / حزينة تارة، مرحة تارة أخرى». وتعكس أغنية الحبّ، بفضل شخصيّاتها التي تذكّرنا بشخصيّات الرسّام فيتوري كاربتشيو، وهو من البندقيّة في القرن الخامس عشر الميلادي، والديكور «الأرتوريّ» الذي تَغمُره أنوار المساء، تأثير عصر النهضة الإيطاليّة والحركة الغوطيّة لما قبل رافائيلو.

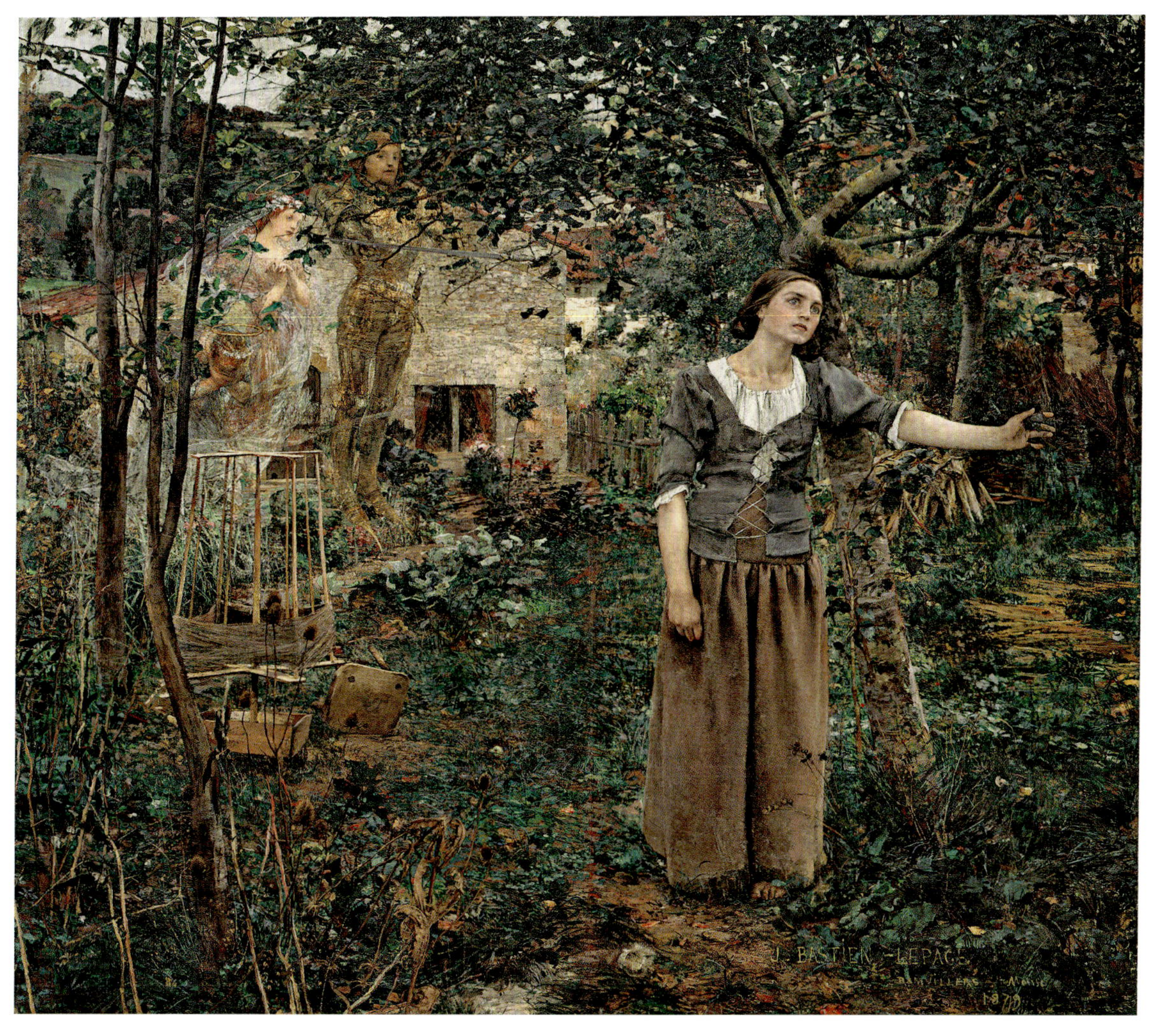

جول باستيان – لوباج

فرنسيّ، 1848 – 1884م

جان دارك، 1879م

زيت على القماش؛ 2.54 × 2.79 م

هبة من إروين دايفيس، 1889م (89.51.1)

إثر الحرب الفرنسيّة البروسيّة (1870 – 1871م) التي انتهت بسقوط لورين بأيدي الألمان، أصبحت جان دارك البطلة الوطنيّة الشابّة أصيلة هذه المقاطعة، رمزا قويّا بالنسبة إلى الفرنسيّين. ومذّاك، توالى على صالون باريس خلال السنوات 1870 و1880م عددٌ من المنحوتات واللّوحات التي تجسّد الشهيدة الشابّة في القرون الوسطى. وقد عرض باستيان – لوباج، وهو أيضا أصيل لوران، في صالون باريس هذه اللّوحة سنة 1880م. فصوّر فيها لحظة الوحي في حديقة والديْ جان. وقد رأى عديد النقّاد في حضور أشباح القدّيسين الذين تسمع العذراء أصواتهم ما يناقضُ النزعة الطبيعيّة في اللّوحة.

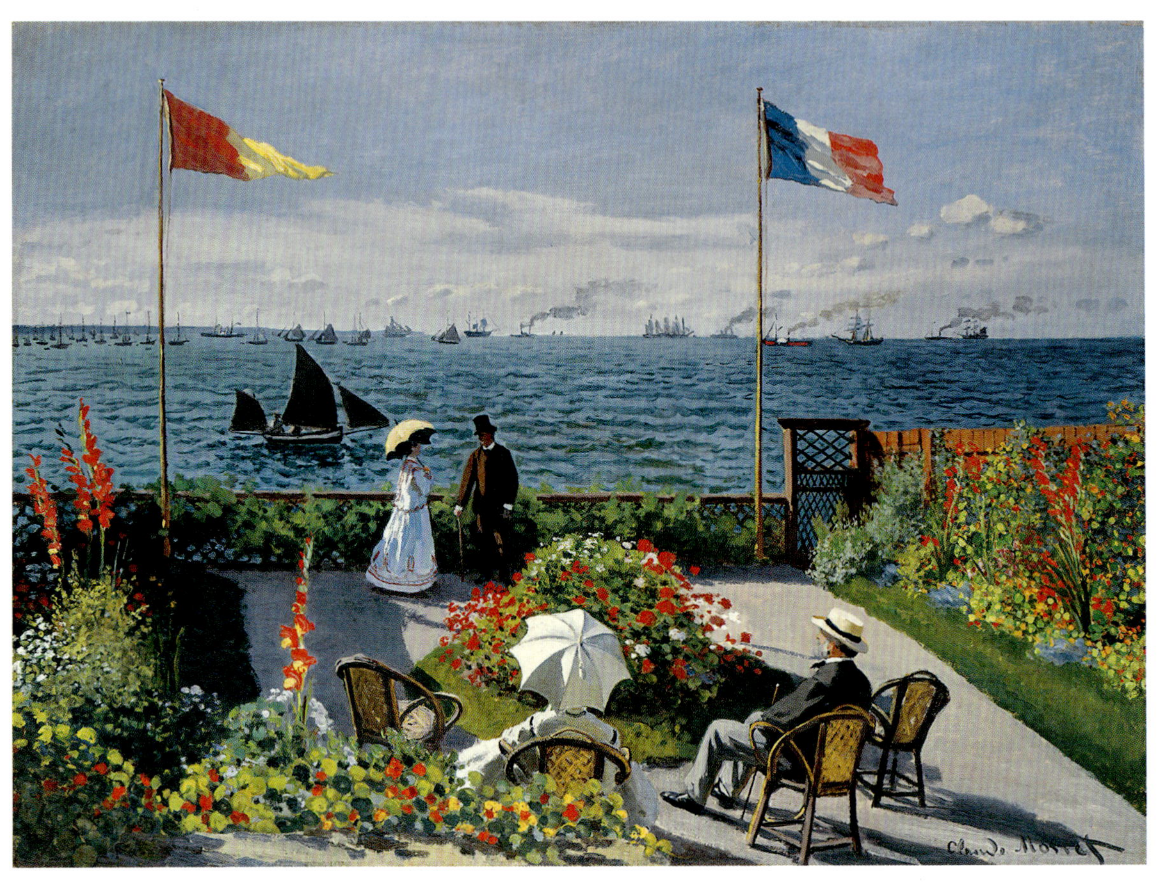

كلود موني

فرنسيّ، 1840 – 1926م

حديقة في سانت أدريس، 1867م

زيت على القماش؛ 98.1 × 129.9 سم
اقتناء، مساهمات خاصّة وأرصدة سلّمها أصدقاء المتحف أو وهبوها، 1967م (67.241)

قضّى موني صيف سنة 1867م في سانت أدريس وهي محطة استجمام في المونش. وقد رسم هذه اللّوحة التي جمع فيها بين تقنية السطح الأملس التقليديّة وبين التمرير الموقّع للمسات سريعة قصيرة منقّطة ببُقع من الألوان الصافية. ويسّرت زاوية النظر من فوق صياغةً بسيطةً مقسّمةً إلى مساحات أفقيّة تكاد تكون متماثلة، كما هو شأن الرايات والأعلام. وسمّاها الفنّان بعد ذلك «لوحة صينيّة بأعلام». ولعلّ المشاهدين اليقظين في ذلك العصر قرّبوا بينها وبين الرسوم اليابانيّة بألوانها الزاهية المطبوعة انطلاقا من منحوتات على الخشب كان من المولعين بجمعها موني وماني ورونوار وويستلر وغيرهم ممن كان ضمن حلقتهم. ويُحتمل أن تكون هذه اللّوحة فعلا مستلهمة من منحوتة للياباني هوكوشايي توجد إلى اليوم في بيت موني بغيفرني. وقد جعل الفنّان من المزج بين العمق الخادع من جهة والسطح ذي البعدين من جهة أخرى عنصرًا مميّزًا لأسلوبه.

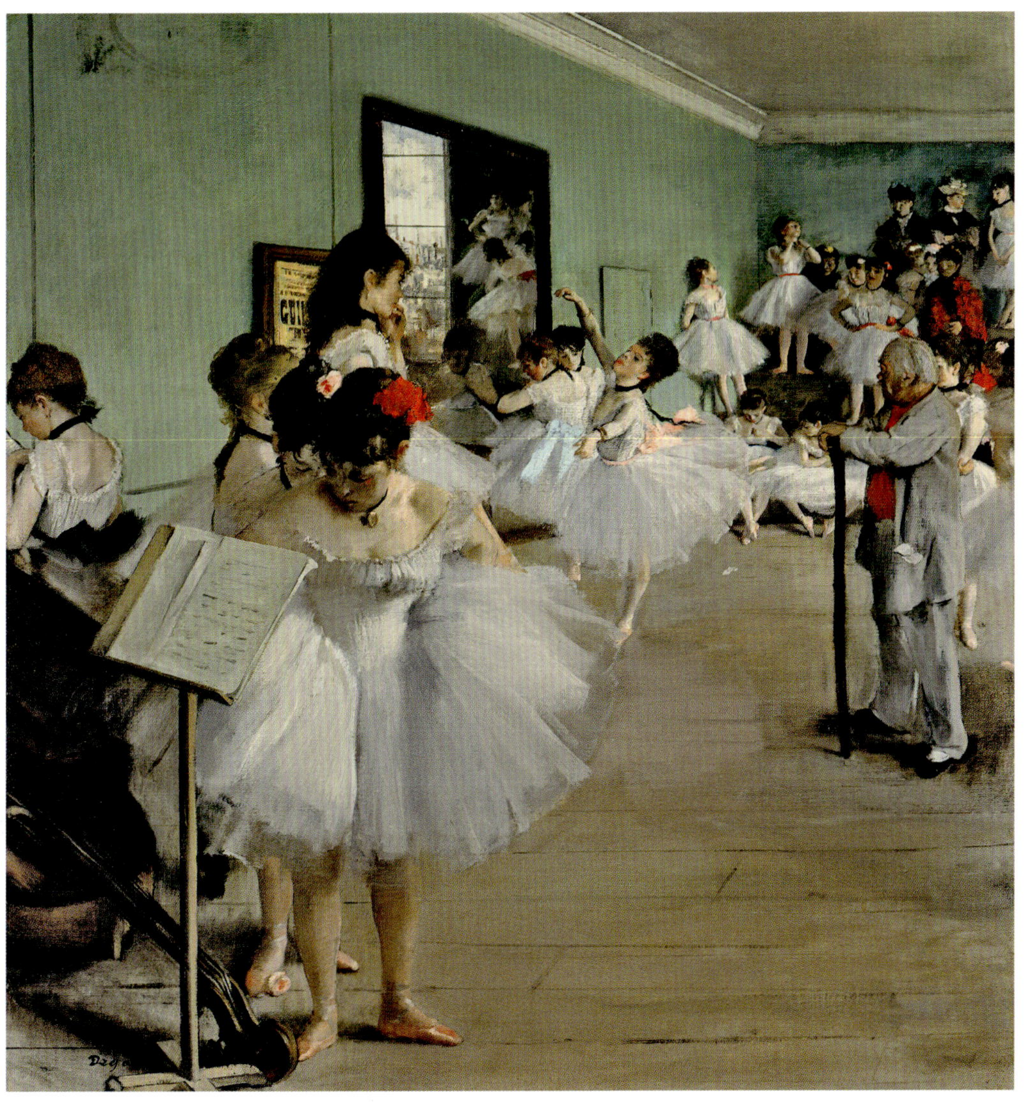

إدغار دوغاس

فرنسيّ، 1834 – 1917م

امتحان في الرقص، 1874م

زيت على القماش؛ 83.5 × 77.2 سم

وصيّة السيّدة هاري باين بنغهام، 1986م (1987.47.1)

رسم دوغاس هذه اللّوحة ولوحةً أخرى تمثّل تنويعا عليها توجد في متحف أورساي بباريس أواسطَ السبعينات من القرن التاسع عشر الميلادي. وإذا استثنينا لوحاته التاريخيّة، فهذان العَمَلان كانا أكثر أعماله التصويريّة طموحًا. وتبرز في اللّوحة أربعة وعشرون امرأة من راقصات الباليه وأمهاتهنّ تنتظرن أن تُتِمّ راقصةٌ وضعًا جسمانيّا تُختبَر فيه. ويسيّر جول بيرّو، وهو من نجوم الرّقص وأحد أشهر أساتذة الباليه في أوروبا، قاعةَ التدريب في أوبيرا باريس القديمة التي دمّرها، مؤخّرا، حريقٌ. وقد طلب اللّوحة سنة 1872م مغنّي أوبرا وجامعُ لوحات اسمه جان – باتيست فور. وهي من الطلبيّات القليلة التي قبلها دوغاس فاشتغل عليها بصفة متقطّعة طيلة سنتين قبل أن يُتمَّها في نهاية المطاف.

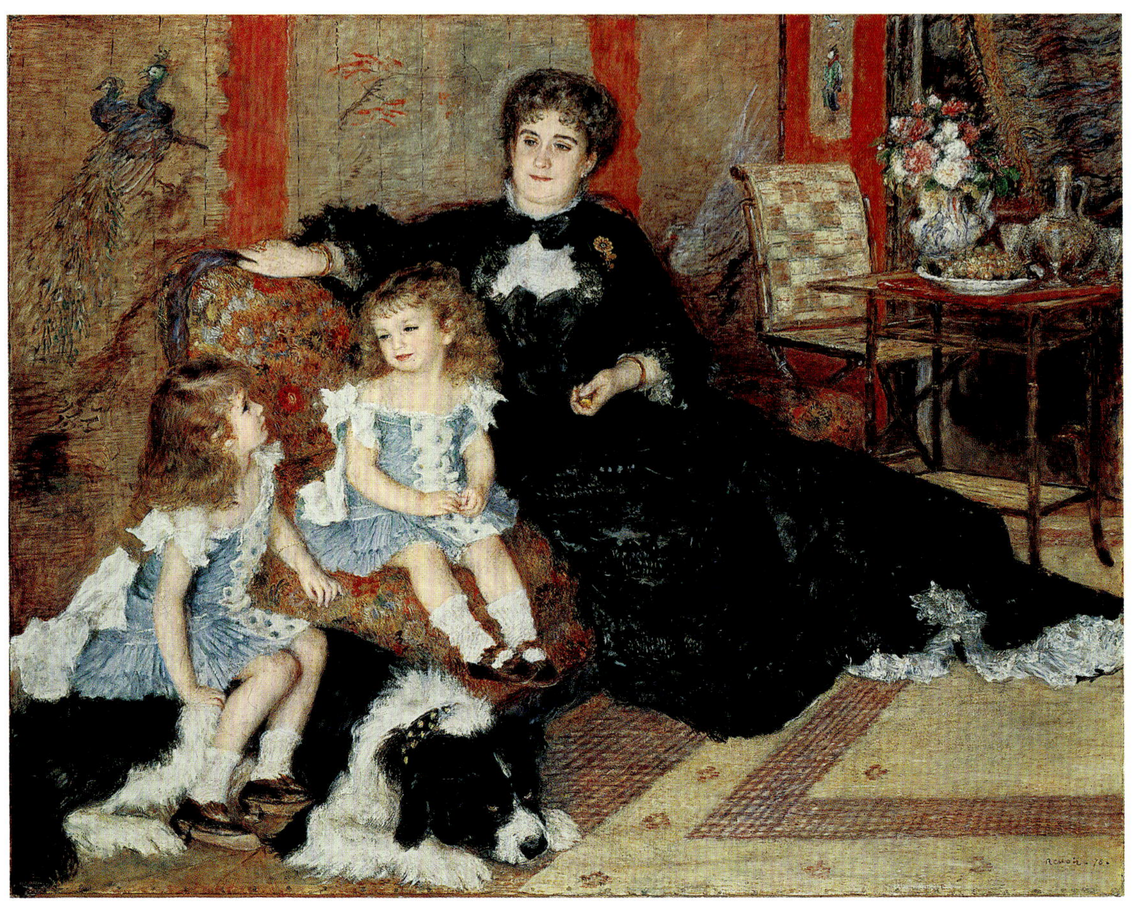

أوغست رونوار
فرنسيّ، 1841 – 1919م

السيّدة جورج شربونتيي (ولدت مرغريت – لويز لومونيي، 1848 – 1904م) **وطفلاها جورجيت – بارت** (1875 – 1945م) وبول – إيميل – شارل (1875 – 1895م)، 1878م
زيت على القماش؛ 153.7 × 190.2 سم
مجموعة كاترين لوريار وولف، رصيد وولف، 1907م (07.122)

رفض رونوار الذي شارك في المعارض الانطباعيّة الأولى الدعوة للمشاركة في المعرض الرابع سنة 1879م وعاد إلى الصالون الباريسيّ السنويّ التقليديّ حيث عرض لوحة السيّدة جورج شربونتيي وطفلاها التي لاقت استحسان النقّاد. وتُصوّر اللّوحة التي طلبها جورج شربونتيي، وهو ناشر شهير، مرغريت زوجتَه لابسةً فستانًا أنيقًا صمّمه شارل فريديريك وورث. ولم يكن شَعر ابنهما بول ذي السنوات الثلاث، على ما هو دارج في تلك الفترة، قد قصّ بعدُ. ويلبس الصبيُّ، علاوة على ذلك، ملابسَ تشبه كثيرا ملابس أخته جورجيت الجالسة على اليسار مع كلب العائلة.

بول سيزان

فرنسيّ، 1839 – 1906م

طبيعة ساكنة مع إناء وقدح وتفاحات

حوالي 1877م
زيت على القماش؛ 60.6 × 73.7 سم
مجموعة هـ. أ. هافماير، وصية السيّدة هـ. أ. هافماير، 1929م
(29.100.66)

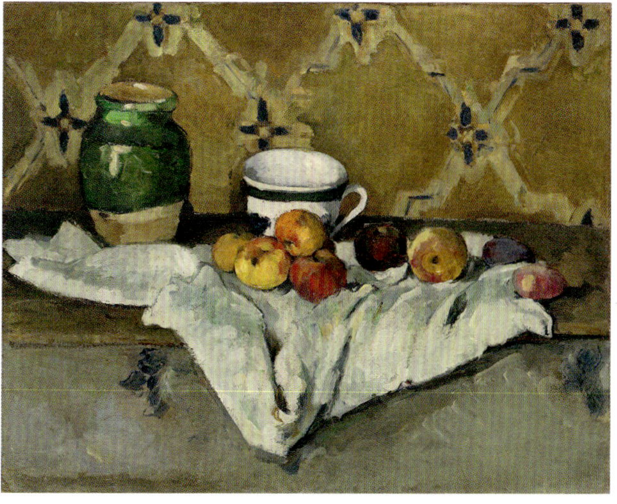

في سبعينات القرن التاسع عشر الميلادي، كان محور الطبيعة الساكنة منتشرًا في أعمال سيزان. وتختلف زينة الورق المطبوع على الحائط أيّما اختلاف عن الخلفيّة المحايدة المألوفة إذ يَستعيد في اللّحاف الأبيض على حافة الأثاث رسمَ الورق المطبوع الذي له شكل متعامد يتجه إلى الأعلى. وقد ذهب بعضهم إلى أنّ في اللّوحة تذكيرًا معكوسًا بجبل سانت – فكتوار وهو أحد المناظر التي يميل إليها سيزان. وتُحيل الطيّاتُ الغائرةُ في القماش على أعالي الجبل ووهاده. وتدلّ هذه التشابهات على ما يُوليه سيزان من عناية عند صياغة لوحات الطبيعة الساكنة، فكثيرا ما يعمد إلى هذه الطرائق لاختبار الأشكال والتقنيات. وقد يكون الرسم اعتمادًا على هذه اللّمسات الصغيرة على سبيل الاقتباس الشخصيّ للتقنيات الانطباعيّة.

هنري دي تولوز – لوتراك

فرنسيّ، 1864 – 1901م

الأريكة، حوالي 1894 – 1896م
زيت على القماش؛ 62.9 × 81 سم
رصيد رودجرز، 1951م (51.33.2)

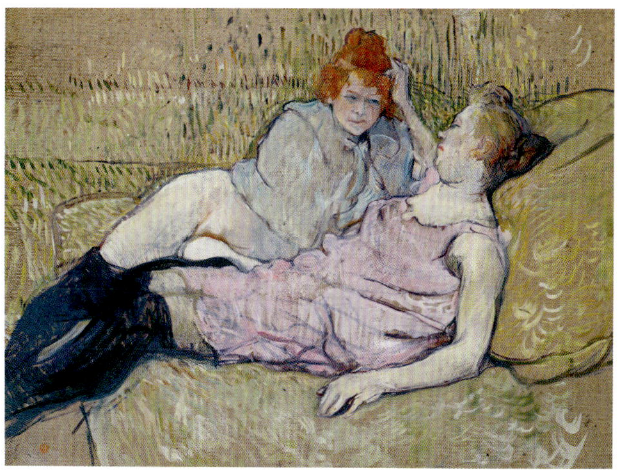

شرع تولوز – لوتراك، وهو الواصف الذي لا يملّ ولا يكلّ لليالي الصاخبة في الشوارع الخلفيّة لمونمرتر أواخرَ القرن، يرسمُ حياة بائعات الهوى في سلسلة من الصور الشخصيّة التي نفّذها بين سنتي 1892 و1896م. ويبدو أنّ مشاهد بيوت الدعارة في تنضيدات دوغاس و شنغا (منحوتات جنسيّة) اليابانيّة قد أوحت إليه بهذه اللوحات كبيرة الحجم دون موارية ولا احتشام. وهي لوحات تتشابه في عفويّتها وحيويّتها. وقد كان تولوز – لوتراك معجبا بتلقائيّة بائعات الهوى «اللاّتي يستلقين على الأرائك في غير تكلّف». وترتبط لوحة الأريكة بلوحات ثلاث أخرى رُسمت في أواسط التسعينات من القرن التاسع عشر الميلادي تكشف الألفة بين السّحاقيّات.

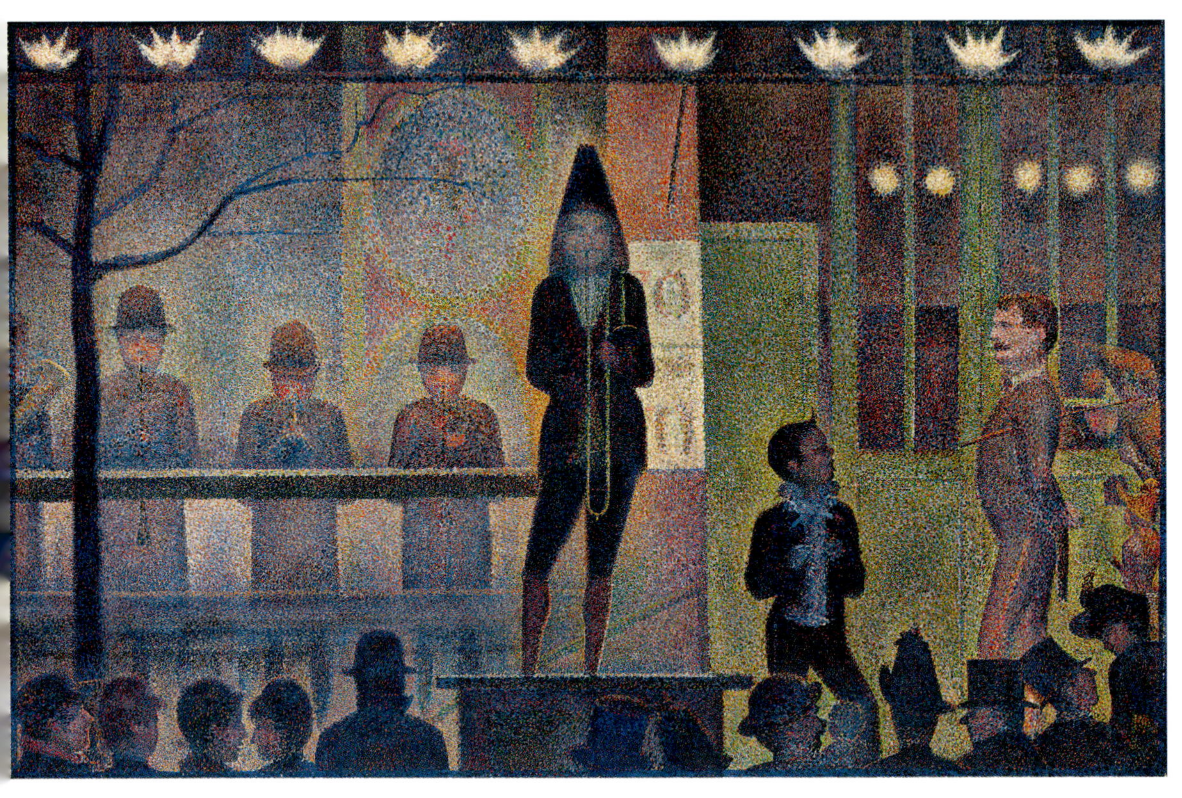

جورج سورا

فرنسيّ، 1859 – 1891م

استعراض في سيرك، 1877 – 1888م
زيت على القماش؛ 99.7 × 149.9 سم
وصيّة ستيفا س. كلارك، 1960م (61.101.17)

أضفى سورا، بفضل تمكّنه من تقنية التنقيط، صبغةً لازمنيّةً غامضةً على استعراض سيرك كورفي بباريس. إذ سعى قائد الركح (على اليمين) والموسيقيّون (على اليسار)، فوق منصّة مفصولة بحاجز تُضيئها أنوارٌ منبعثةٌ من تسعة مصابيح غاز تومض، إلى حشد المشاهدين المحتملين الذين يُضْفون بقبّعاتهم المختلفة في صدر الصورة شيئًا من الإيقاع والسخرية. وقد شرع الرسّام في عمله سنة 1887م بتخطيطات لسيرك فرنان كورفي المتجوّل الذي حطّ رحاله، آنذاك، في حيّ عمّاليّ بباريس. وأعدّ، بعد ذلك، لوحته من خلال دراسات تمهيديّة. وتُمثّل لوحة استعراض السيرك إحدى اللّوحات الستّ كبيرة الحجم في حياة سورا المهنيّة القصيرة. وهي، إلى ذلك، أولى لوحاته اللّيليّة وأولى اللّوحات المخصّصة للترفيه الشعبيّ.

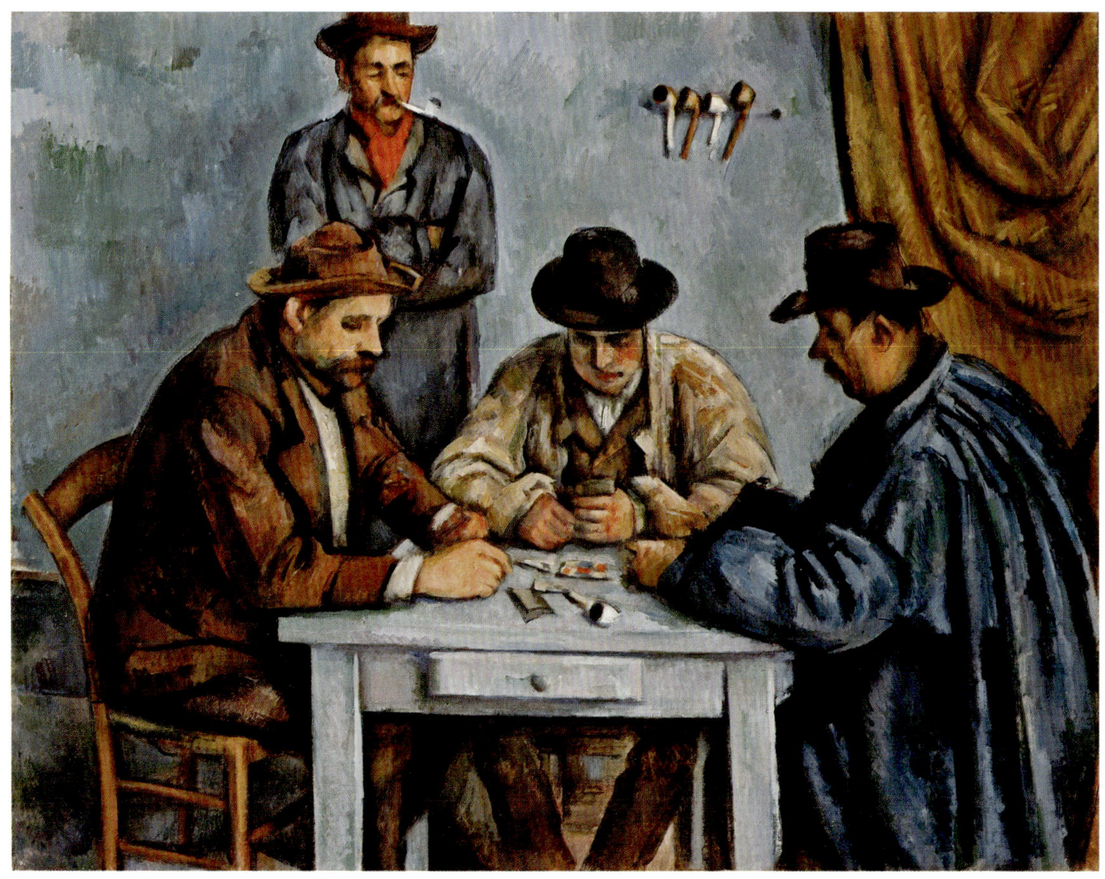

بول سيزان
فرنسيّ، 1839 – 1906م

لعبة الورق، 1890–1892م
زيت على القماش؛ 65.4 × 81.9 سم
وصية السيّدة ستيفان س. كلارك، 1960م (61.100.1)

شرع سيزان من سنة 1890 إلى سنة 1896م في إنتاج سلسلة طموحة من اللّوحات المخصّصة للاعبي الورق. وقد جنّد لهذا الغرض عَمَلةً من ضيعة عائلته بإكس أون بروفانس لينتصبوا أمامه أمثلة للرسم. وانطلاقا من دراسات تمهيديّة أنجز خمس لوحات طوّر فيها التصوّر التقليديّ لموضوع اشتُغِلَ عليه منذ القرن السابع عشر الميلادي، إن لم نقل أعاد النظرَ فيه. ومن المرجّح أن تكون هذه اللّوحة هي الأولى ضمن السلسلة. فبعد أن رسم سيزان صيغة أخرى في ضعف هذه الصيغة، وكان قد أثراها بشخصيّة أخرى لصبيّ واقف، حذف في اللّوحات الثلاثة المتتالية التفاصيل الزائدة ليستبقي لاعبيْن فحسب يتواجهان مواجهة شرسة.

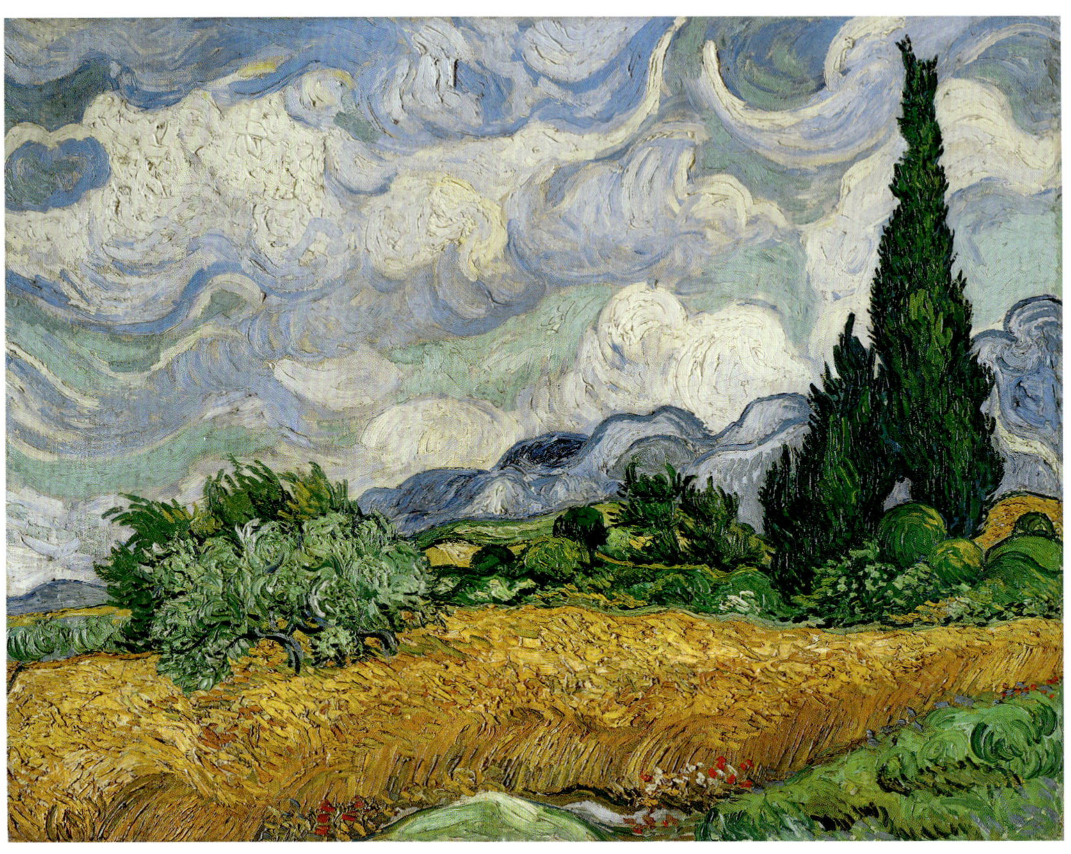

فينسنت فان غوغ
هولنديّ، 1853 – 1890م
أشجار سرو في حقل قمح، 1889م
زيت على القماش؛ 73 × 93.4 سم
اقتناء، هبة من مؤسّسة أننبارغ، 1993م (1993.132)

شرع فان غوغ، خلال إقامته لمدّة سنة بمأوى سان – ريمي، في رسم سلسلة من اللّوحات خصّصها لريف البروفنس الموشّى بأشجار السرو والزيتون. وفي رسالة منه إلى أخيه تيو في 2 لوليو 1889م، وصف آخر لوحة له، آنذاك، بدأ رسمها في شهر جوان قائلا: «لي لوحة لأشجار السرو وبعض سنابل القمح وشقائق النعمان وسماء زرقاء كقماشة أسكتلنديّة مبرقشة سحبُها غليظةٌ كالتلال». وكان فان غوغ يعتبر هذا المنظر الذي تغمره الشمس واحدا من «أفضل» لوحاته الصيفيّة. وقد أعاد صياغتها ثلاث مرّات: مرّة في رسم بالقلم (متحف فان غوغ، بأمستردام) ثم في تنويعَين بالزيت رسمهما في الخريف الموالي
(رواق لندن الوطني، ومجموعة خاصّة).

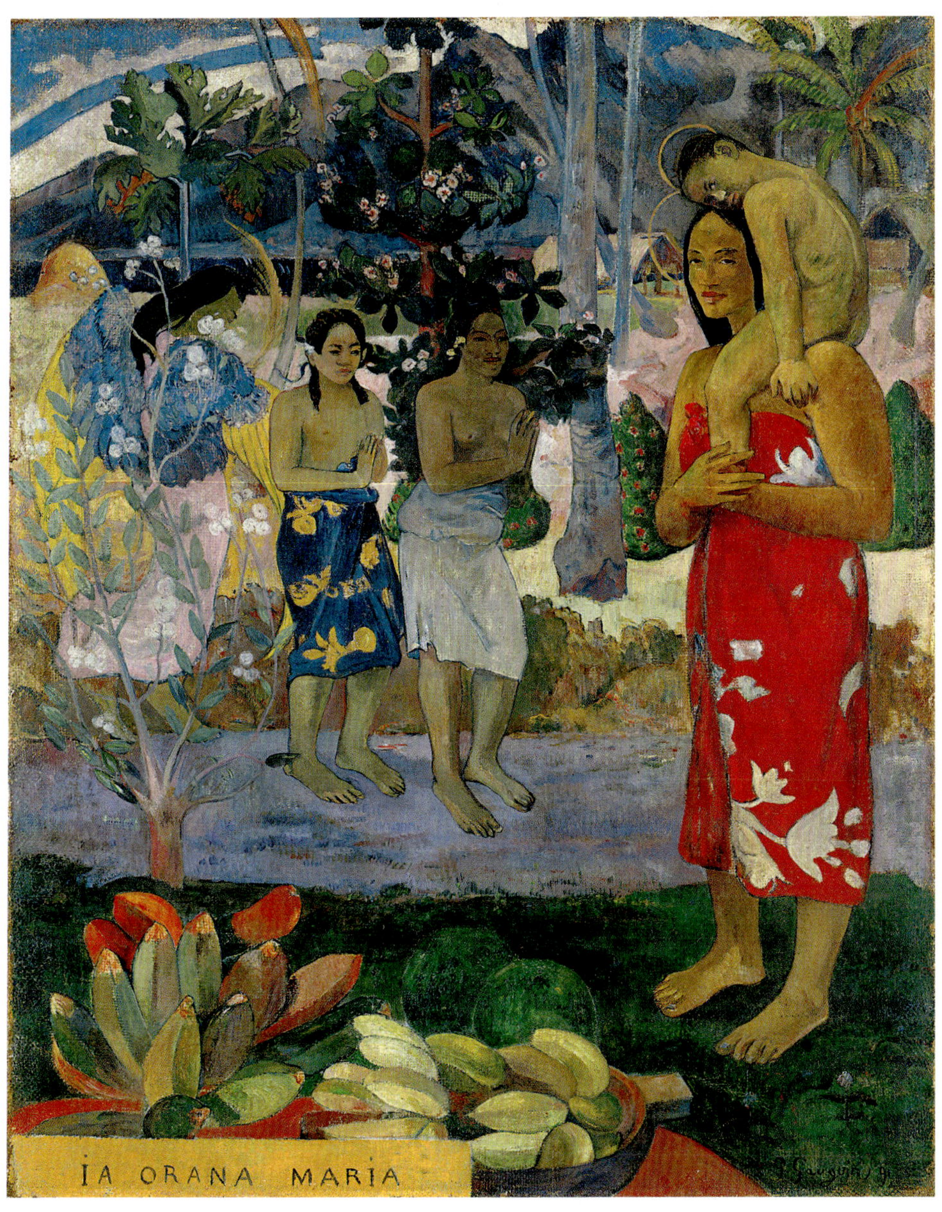

بول غوغان

فرنسيّ، 1848 – 1903م

أورانا ماريا (تحيّة مريم العذراء)، 1891م
زيت على القماش؛ 113.7 × 87.6 سم
وصية سام أ. لويسون، 1951م (51.112.2)

قبل أن يُنجز غوغان سلسلة لوحاته التي استوحاها من الاعتقادات الدينيّة في بولينيزيا، خصّص أولى لوحاته الكبيرة التي رسمها في تاهيتي لموضوع أثير في المسيحيّة وصفه في رسالة له كتبها في شهر مارس 1892م قائلا: «ملك بجناحَين أصفرَين يُري مريم ويسوع، وهما في هيئة أهل تاهيتي، إلى امرأتَين من تاهيتي عاريتَين إلاّ من تنورتَين مميّزتَين. والتنورة، عندهم، ضرب من الأنسجة القطنيّة الموشّاة بورود تُلفّ على الخصر. وفي الخلفيّة جبل معتم وشجر مزهر». ويحيل عنوان اللّوحة إلى الكلمات الأولى التي ألقاها جبريل على مريم العذراء عند البشارة. و «أورانا» هي عبارة التحيّة في تاهيتي.

النّحت وفنون الزخرفة في أوروبا

في نطاق إعادة تنظيم المتحف، أُنشِئ قسم النّحت وفنون الزخرفة في أوروبا سنة 1907م تحت إشراف ج. بياربون مورغان رجل المال وجمّاع الآثار الفنيّة ذائع الصّيت، وقد كان أكثر المانحين سخاءً بمساهمة تمثّلت في ألف وستمئة تحفة من فنّ التزويق الفرنسيّ. ويأتي بعده كلّ من السّيّد والسّيّدة تشارلز ب. رايتسمان اللّذين أثريا بصفة ملحوظة أجنحة مختلفة بهبات عديدة ذات نوعيّة استثنائيّة. وفي عُهدة القسم حاليّا حوالي ستّين ألف قطعة فنّيّة ترجع إلى القرن التاسع عشر وبداية القرن العشرين الميلاديين، بدءا من النّافورات المرمريّة المدهشة وصولا إلى الجزْع المنقوش ذي الحجم الصّغير جدّا مرورا بالنّحت والمصنوعات الخشبيّة والأثاث والخزفيّات والزّجاجيّات والمصوغ (بما في ذلك المجوهرات) والفضّيّات والمعادن الأقلّ نفاسة. ونضيف إلى هذا كلّه فنَّ صناعة السّاعات وأدوات الرّياضيّات والزّرابي والمنسوجات. ولئن جرى التركيزُ تاريخيّا على الفنّ الفرنسيّ والإنكليزيّ والألمانيّ والإسبانيّ، إلاّ أنّ الاهتمام تنوّع مؤخّرا بضمّ أعمال فنيّة مجلوبة من هولندا وروسيا. ومن بين أكثر الأعمال الفنيّة أهمّية نجد منحوتات متميّزة ترجع إلى عهد النّهضة الإيطاليّة. ونذكر بالخصوص عددًا من التماثيل الصّغيرة البرونزيّة، ومنحوتات فرنسيّة الأصل من القرنين الثامن عشر والتّاسع عشر الميلاديين، وأثاثًا وقطعًا فضيّة من فرنسا وأنكلترا، وخزفًا من عصر النّهضة الإيطاليّة، وخرفيّات فرنسيّة وألمانيّة. وفضلا عن هذا، يعرض القسم أثاثا ومفروشات مجلوبة من دور أصحابها، وهم من الأعيان. ونذكر من بينها: شقّة صغيرة إيطاليّة من القرن التّاسع عشر الميلادي من مدينة غُوبيو، وصحنا لدار إسبانيّة من مدينة فيليز بلانكو، وعددا كبيرا من صالونات لقصور فرنسيّة تعود إلى القرن الثامن عشر الميلادي. ونذكر أيضا صالونَين رائعَين يرجعان إلى الحقبة الكلاسيكيّة الجديدة الإنكليزيّة كانا قد صمّمهما روبير آدم.

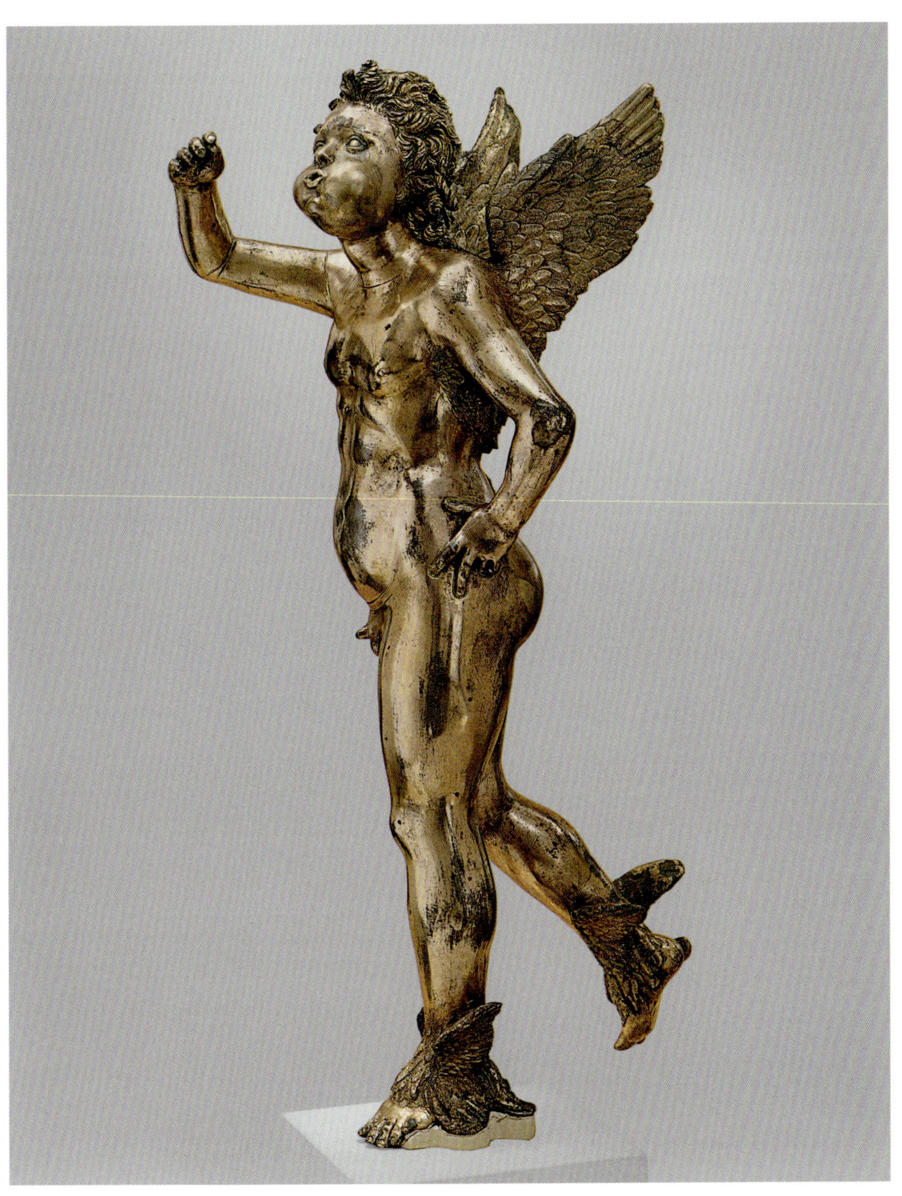

نحّات قريب من دوناتيلّو

(دوناتو دي نيكولو دي بيتو باردي)
إيطالي، 1386 – 1466م

الرّوح، حوالي 1436م
برونز مذهّب؛ الارتفاع 61.6 سم
اقتناء، هبة من السّيدة صاموئيل ريد، رصيد رودجرز، تبادل، ورصيد لويس ف. بيل، 1983م (356_1983م)

في سنة 1436م جرى تركيز نافورة في ساحة إقامة كوسيمو دي ميديشي في فلورنسا، قبل أن يصبح هذا المسكنُ ما يُعرف اليوم بـقصر بالاتسو ميديتشي الفخم. وتشير السّجلاّت إلى أنّ النّافورة تعود إلى بيتو دا أنطونيو الذي كان نحّاتا على الحجر. وتذكر هذه السّجلاّت أيضا أنّ رسّاما يدعى أنطونيو كُلِّفَ بتذهيب تمثال سبيريتالو (الرّوح الصّغيرة، وأحيانا: الملاك الطيّب) الذي وُضع في أعلى النّافورة. ومن المرجّح أنّ هذا السبيريتالو ليس في نهاية المطاف إلاّ هذا الطّفل الغريب. إنّ هذا النّحّات، وقد كان يعرف بلا ريب تماثيل الملائكة المنحوتة من البرونز التي نحتها دوناتيلّو لفائدة البيت المخصّص للتعميد في مدينة سيانا بإيطاليا سنة 1429م، قد مزج، بروح مرحة، بين سمات استعارها من عطارد، ربّة التجارة العزيزة على المصرفيّين من عائلة ميديشي، وسمات زفير، الرّيح الغربيّ الذي يستقبله أهل فلورنسا بابتهاج في شهر مايو.

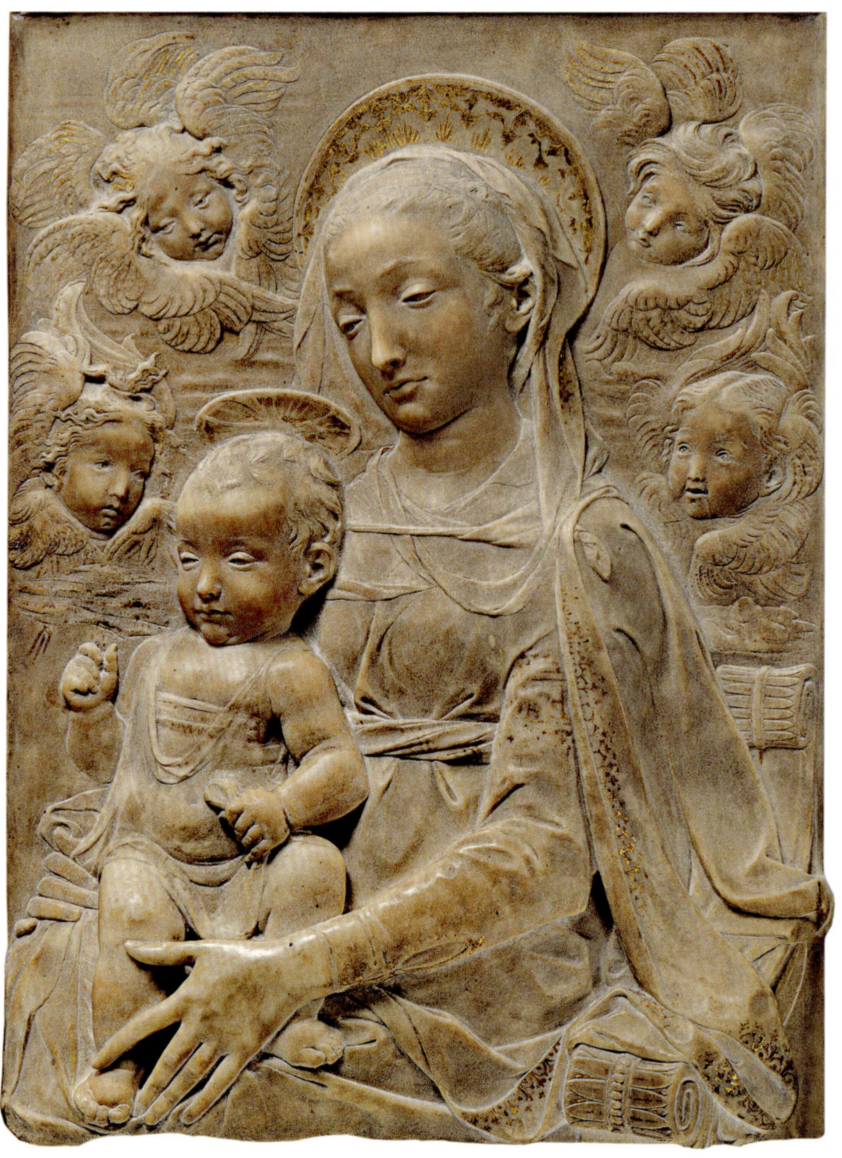

أنطونيو روسيلينو،

إيطاليّ، 1427–1479م

العذراء مع الطّفل رفقة الملائكة

حوالي 1455– 1460م

رخام مع تفاصيل مذهّبة؛ 73.3× 53.3 سم

وصية بنجمان آلتمان، 1913م (14 .40.675)

يُعدُّ أونطونيو روسيلينو، المنحدر من مدينة فلورنسا، من أكثر النحّاتين على المرمر موهبة من أبناء جيله إلى جانب كلّ من مينو دا فيازولي وديزيديريو دا ستّينْيانو. و يُمثّل هذا النّقشُ البارز العاكسُ لإحساس مرهف، والمجعول للعبادة الخاصّة من أوّل أعمال هذا الفنّان. ويُظهر هذا العملُ العذراءَ على عرش مزوّق بعناية فائقة، وتنتهي يداها إلى تلافيف منحوتة ذات نقوش بارزة. وتبدو العذراءُ، على غرار المسيح الطفل الذي تحضنه، شديدة الوهن، فلعلّها كانت تفكرّ في ما سيقاسيه المسيح من آلام. وتبدو ملامساتُها الحنونةُ التي تُغدقها عليه بيدها اليسرى مؤثّرة تأثيرًا واضحًا. وتفيض الخلفيّةُ بتفاصيل متعدّدة من بينها أجنحة لولبيّة لملائكة تتحرّك ونُفّاشة أفقيّة لسحب خفيفة وعرش مزخرف مطليّ ذهبًا.

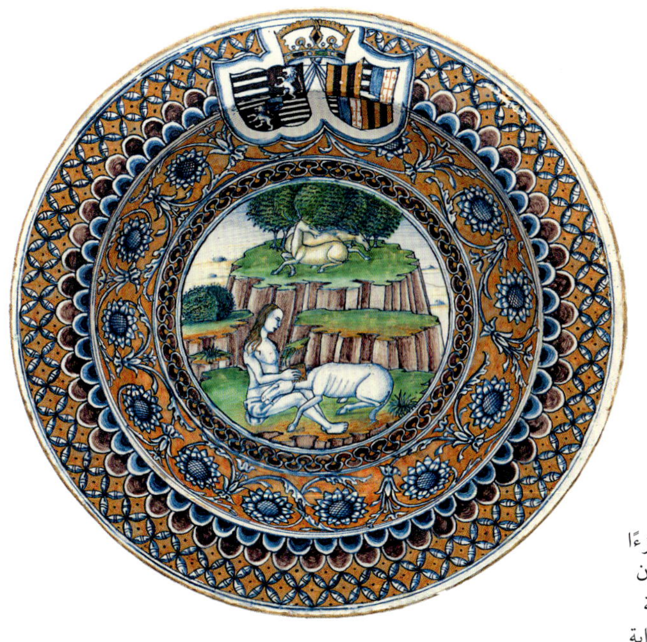

طبق

إيطاليا، على الأرجح من مدينة بيزارو، 1485 – 1490م
خزف إيطاليّ؛ الارتفاع: 10.2 سم؛ القطر: 47. 9 سم
رصيد فليتشر. 1946 (46.85.30)

مثّل هذا الطبق الفريدُ من نوعه، الكبير في حجمه جزءًا من طقم يُرجَّحُ أن يكون قد أوصت به كاميلا أراغون وخصّت به ابنة عمّها بياتريس أراغون الزوجة الثانية لملك المجر ماتياس الأوّل كورفينوس الذي حكم بداية من سنة 1458م إلى غاية سنة 1490م. وقد رُسم شعارَا العائلتَين على حافّة الطبق. ويجعل تزويقُ هذه الحافّة، علاوة على المشهد المركزي المرسوم بقدر كبير من الرّوعة، هذا الطبق مصنّفًا في عداد أهمّ الخزفيّات الإيطاليّة في القرن الخامس عشر الميلادي. وقد يكون مصنوعا في مدينة بيزارو حيث عاشت كاميلا بعد أن تزوّجت كوستانزو سفورزا سنة 1475م.

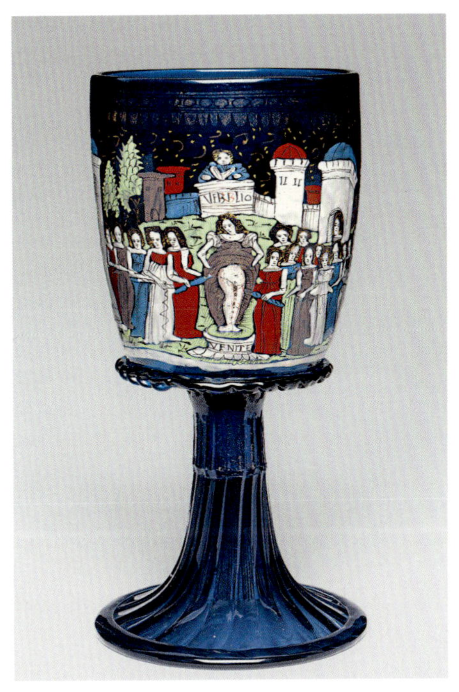

كوب فيرجيل،

إيطاليا،مدينة مورانو، حوالي. 1475 ـ 1500م
كوب مزخرف ومذهّب؛ الارتفاع. 17.5 سم؛ القطر: 8.7 سم
هبة من ج. بياربون مورغان، 1719م (17.190.730a،b)

يُعدّ هذا الكوب الجميلُ ذو اللّون الأزرق الدّاكن المصنوع في مدينة البندقيّة من أندر النّماذج الباقية التي تجسّم التقنية العالية للزخرفة على الزّجاج. فالزّينة، ولاحاجة لنا هنا إلى التذكير بأنّها تزوّقه، تجسّم حكاية منتَحَلة تُنسَبُ إلى الشّاعر اللاتيني فيرجيل الذي تحوّل في المخيال الشّعبيّ القروسطيّ إلى ساحر. فلقد رفضت الفتاة الشّابّة فابيلا محاولات هذا الشّاعر للتقرّب منها، ممّا حدا به إلى أن ينتقم بقسوة. فأطفأ بطريقة سحريّة جميع نيران روما وطلب أن تُعرض الفتاة فابيلا في ساحة السّوق إلى أن تتمكّن نساء روما كلّهن ّمن إعادة إيقاد نيرانهنّ بواسطة فتيل يُشعلنه من جمرة مضطرِمة موضوعة بطريقة سحريّة في جسد الفتاة المسكينة.

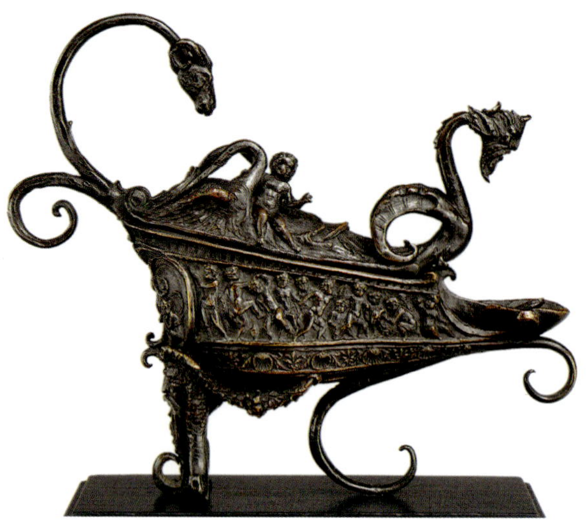

ريتشيو (أندريا بريوسكو)
إيطالي، 1470 – 1532م

مصباح زيتيّ، حوالي 1515م
برونز؛ الارتفاع 19.4 سم
رصيد النّحت وفنون التزويق الأوروبيّين، 2009م
(2009.58)

كان ريتشيو، وهو أصيل مدينة بادوفا، رائدًا في النّحت على البرونز. وكان في الآن نفسه ركيزة من ركائز هذا الفنّ زمن النّهضة الإيطاليّة. ويُعدّ هذا المصباح أروع قطعة تزويق في هذه الحقبة الملحميّة حُفظت في المتحف. أمّا غطاء المصباح وسيقانه فهما أصليّان. وهذا ما يجعل منه المصباح الزيتيّ الوحيد الكامل من بين النّسخ الثلاث منه المعروفة المنسوبة لريتشيو. وللمصباح شكل سفينة «غَلْيون» عتيقة، ينتهي بزخارف مدهشة. وتمثّل إحدى هذه الزخارف وحشًا ملتحيًا يبدو متأهّبًا للنفخ على الفتيل. أمّا الجَنَبات فمُحلاّة بنقوش تُجسّم صبيّ الحبّ بوتي وهو يلعب مع الكباش.

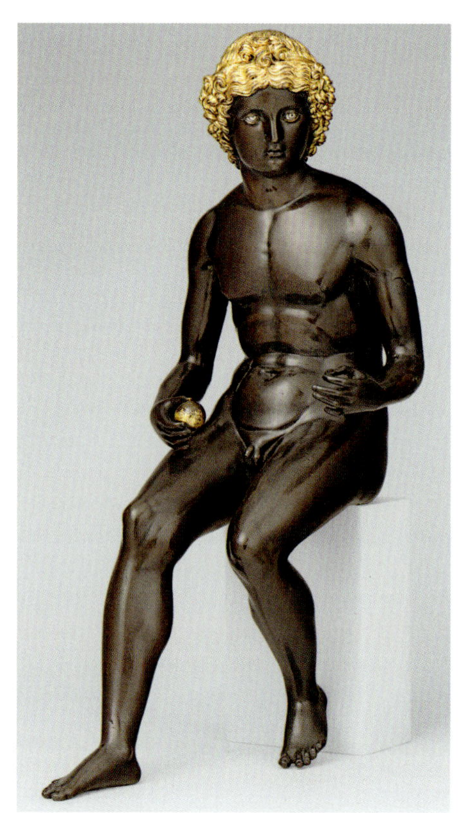

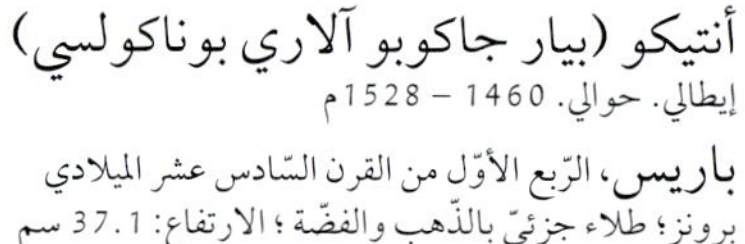

أنتيكو (بيار جاكوبو آلاري بوناكولسي)
إيطالي. حوالي. 1460 – 1528م

باريس، الرّبع الأوّل من القرن السّادس عشر الميلادي
برونز؛ طلاء جزئيّ بالذّهب والفضّة؛ الارتفاع: 37.1 سم
رصيد إيديث بيرّي تشابمان، 1955م (55.93)

نـذَر بوناكولسي حياته لإحياء منحوتات العهود القديمة وتخليدها. ومن هنا كانت كنيته أنتيكو (العتيق). وُلِد بمدينة مانتوفا شمال إيطاليا، وعُرِف بالخصوص بتماثيله الصّغيرة البرونزيّة ذات التزويق الدقيق المنمّق التي تعيد تشكيل أشهر تماثيل الحقبة الكلاسيكيّة. وبالرّغم من أنّ مثال النحّات لم يجري التعرّفُ عليه، فإنّ هذا الرّجل العاري ببنيته الصّلبة، وهو أحد التماثيل الصّغيرة الأكبر الذي نحته أنتيكو، قد يكون يجسّم باريس الأمير الطّرواديّ وهو بصدد الحكم على من هي الأجمل من بين الربّات الثلاث: أهي فينوس أم يونون أم مينيرفيا؟ و لقد استقرّ اختياره على فينوس ليسلّم إليها التفّاحة الذّهبيّة. وتُعدُّ البشرةُ الملساء والملامحُ المنحوتة بدقّة واللّمسات الذّهبيّة والفضيّة مبرّرات تفسّر لمَ تُعتبر المنحوتات البرونزيّة لـأنتيكو من التماثيل الصّغيرة القيّمة في بداية عصر النّهضة.

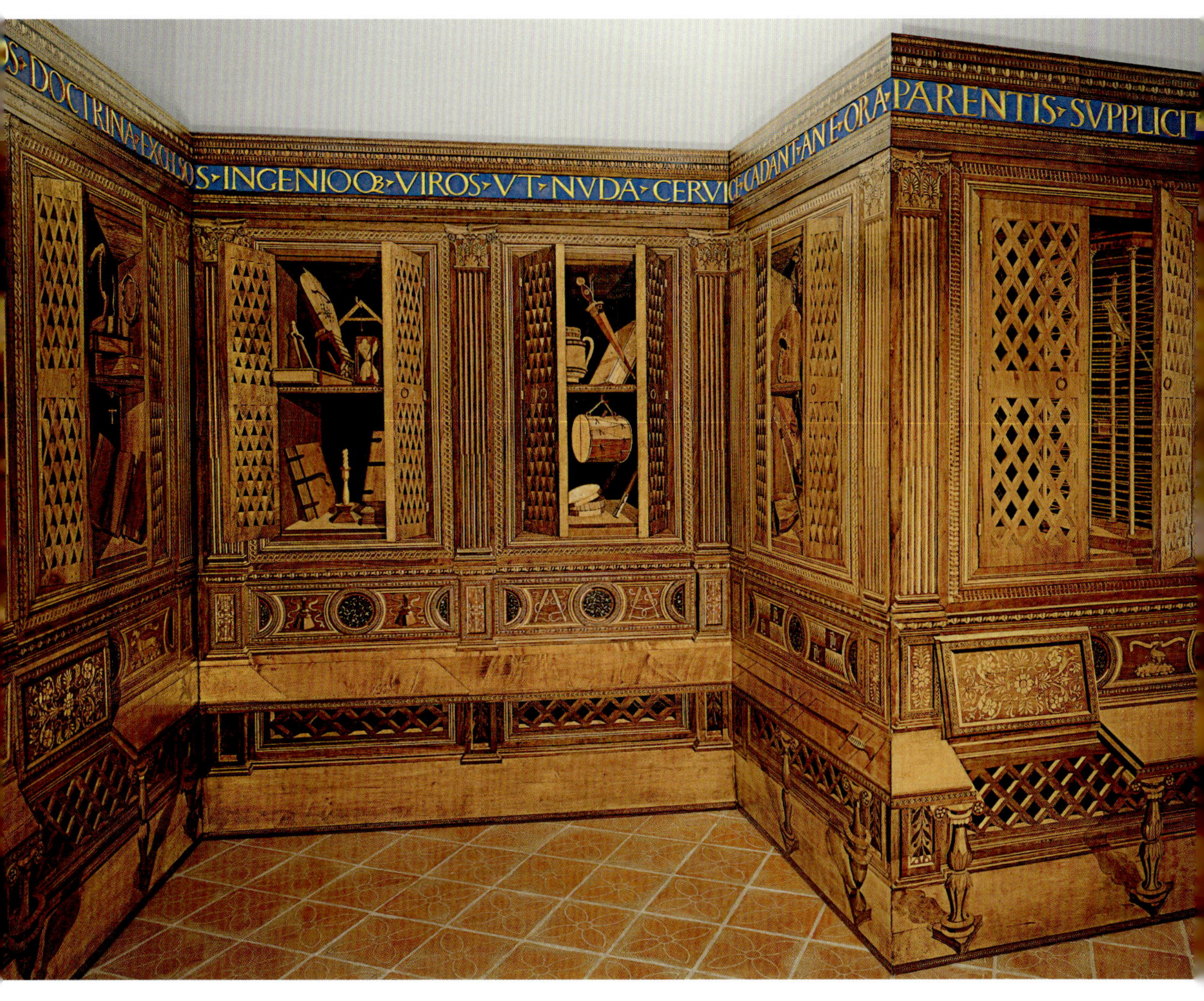

فرنشيسكو دي جورجيو مارتيني
إيطاليّ، 1439 – 1501م
إنجاز ورشة

جيوليانو دا مايانو
إيطاليّ، 1432 – 1490م، و

بينيدتّو دا مايانو
إيطاليّ، 1442 – 1497م

ستيديولو قصر غوبيو الدّوقي
حوالي. 1478 – 1482م
4.85 × 5.18 × 3.84 م
رصيد رودجرز، 1939م (39.153)

أوصى الدّوق فريدريكو دي مونتيفلترو بهذه الغرفة الصّغيرة المخصّصة للتأمّل والدراسة لتوضع في قصر غوبيو. وتُعدّ الألواح ذات الإطار تحفًا من فسيفساء التصديف. والتصديف هو تقنية الترصيع التي مكّنت، اعتمادا على آلاف القطع من خشب الجوز والزّان والورد والبلّوط والأشجار المثمرة، من تجسيم الكثير من الأشياء بواقعيّة مدهشة. وترتبط هذه الأشياء بالدّوق الرّاعي لهذا الإبداع. وتذكّرُ الدّروعُ وشاراتُ الشّرف بانتصارات الدّوق ومآثره في ساحات الحرب كما تذكّر بحكمته السّياسيّة. أمّا الآلاتُ الموسيقيّة والأدواتُ العلميّة والكتبُ فتشهد على ما لهذا الدّوق من ميل إلى الدّراسة. وليس للستيديولو، الذي يُحسب من مفاخر التزويق الدّاخلي في عصر النّهضة، إلاّ نظير يتيم كان قد أوصى به قبل ذلك الدّوق ليوضع في قصر أوربينو حيث مازال يحتفظ بروعته إلى حدّ الآن.

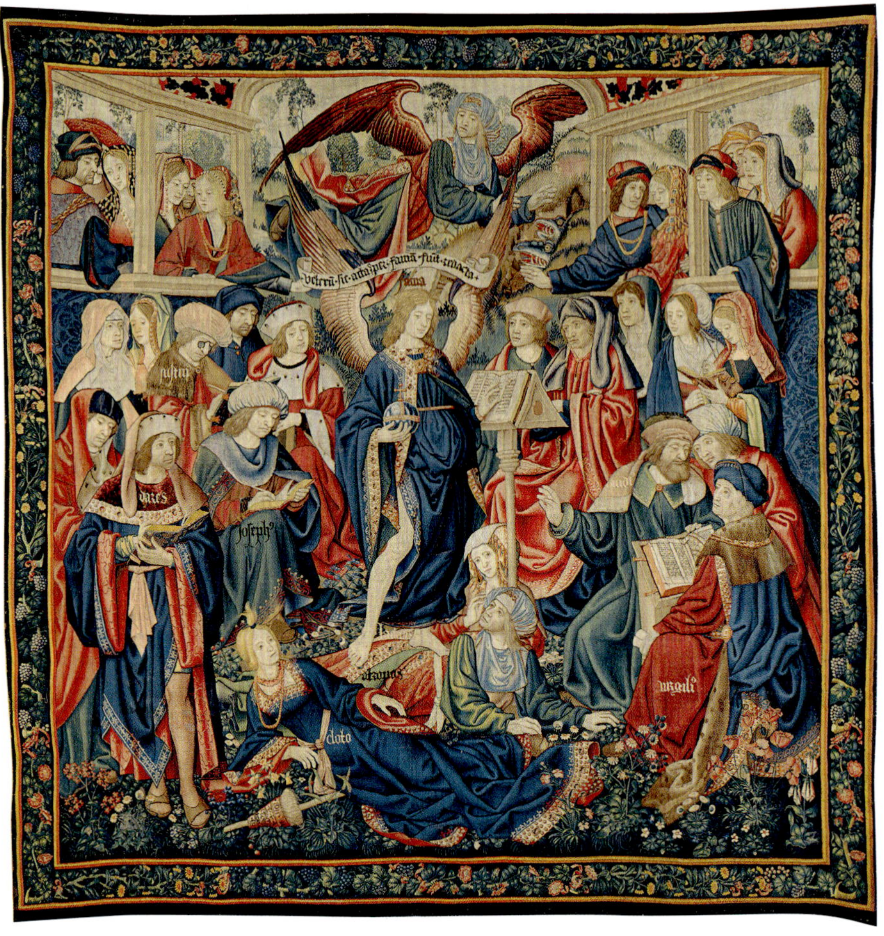

انتصار الشّهرة

فلندر، وعلى الأرجح بروكسيل، حوالي 1502 – 1504م
صوف وحرير؛ 3.59 × 3.35 م
اقتناء، هبة من مؤسّسة أننبرغ، 1998م (1998.205)

يلفت هذا النّجدُ الموشّى النّظرَ بالحالة التي حُفظ بها وبألوانه ومكوّناته المتناسقة. وهو مستلهم في جانب منه من قصيدة للأديب الإيطاليّ بيترارك وعنوانها «تريونفي»(الانتصارات). وهو نجد مُوشّى من مجموعة ستّة نجود موشّاة تمثّل انتصارات الحبّ والعفّة والموت والزّمن والدّين والشّهرة. وتتلو الشّهرة مُصنّفا موضوعا على مقراة الترتيل وهي محاطة بمؤلّفين خلّدوا انتصارات الأسلاف. وتبدو الشّهرة، وقد انتصرت على الموت، مزدريةً للأقدار. وتراها أيضا ممسكة بيدها كرة فلكيّة مكلّلة بصليب يُنزِّلُ موضوعَ هذا النّجد الموشّى في سياق مسيحيّ. وفي سنة 1504م، اقتنت إيزابيل ملكة قشطالة والأراغون هذا النّجد الموشّى أو نظيرا له آخر.

رواق قصر فيليز بلانكو

إسبانيّ، 1506 – 1515م
رخام ماكاييل (سيارا دي فيلابراس)؛
13.2×13.4×19.2 م
وصية جورج بلومانتال، 1941م (41.190.482)

يُعدّ رواق قصر فيليز بلانكو الواقع على مقربة من مدينة المريّة، تحفة معماريّة قوامها مزيج من المكوّنات. وفي عدم تناظر الهيكل، فضلا عن السّقف ذي العوارض الخشبيّة والكَمَرات والأقواس المجزّأة والمزاريب القوطيّة، ما يشي بالأصول الإسبانيّة للمهندس المعماريّ. أمّا تفاصيل التزويق التي تعود إلى عصر النّهضة فقد أبدعها نحّاتون ينحدرون من شمال إيطاليا. وتُحلّي مجموعةٌ فاخرة من النّباتات والحيوانات الخياليّة الأقواسَ وأعمدة الدرابزين والأبواب والنّوافذ. ورغم وفرة الزخارف فقد حافظت على وضوح الأشكال والنّفحة الطبيعيّة والأبعاد الثلاثيّة المميّزة لبداية عصر النّهضة الإيطاليّة.

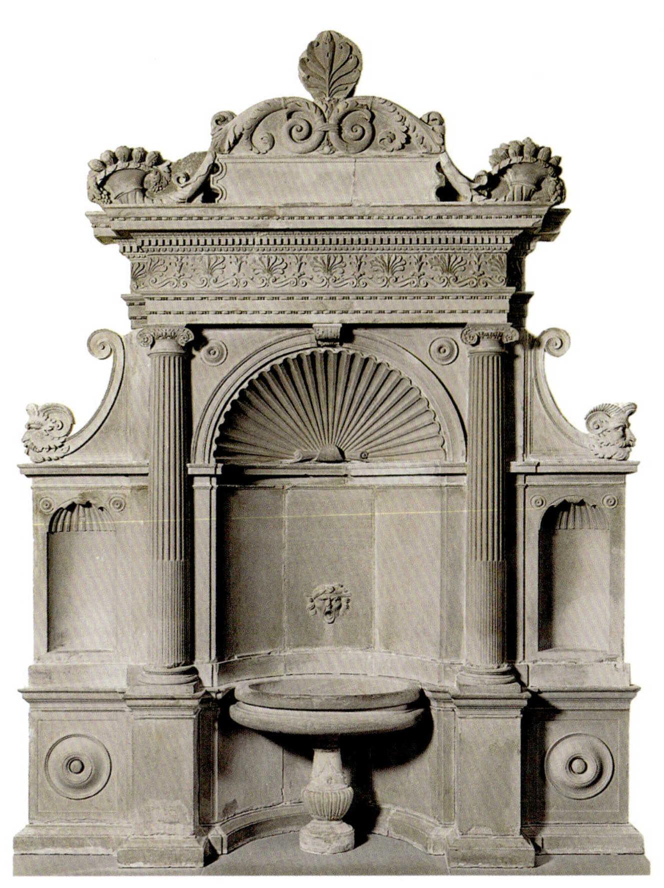

سيمون موسكا

إيطاليّ، 1492 – 1553م

النّافورة المستندة إلى الحائط، 1527–1534م

حجارة رماديّة؛ الارتفاع. 4.95 م

رصيد هاريس بريسبان ديك، 1971م (1971.158.1)

وُلد سيمون موسكا في سيتنيانو مدينة النّحّاتين على الحجارة. بدأ حياته صبيًّا يتدرّب على يدي المهندس المعماريّ الكبير أنطونيو دا سانغالو الشّابّ. ثمّ اشتغل جنبا إلى جنب مع أمهر الفنّانين بصفته نحّاتا مختصّا في النّقوش المعماريّة. وقد نحت هذه النّافورة الضّخمة المخصّصة لقصر فوسومبروني الواقع بمدينة آريزو، على حجارة محلّيّة محبّذة جدًّا تسمّى: لابياترا سيرينا [الحجارة الرائقة]. وتكشف هذه النّافورةُ بقاعدتها وأعمدتها وكاهل بنائها من ناحية، وبأقنعتها وصدفاتها وزخارفها النّباتيّة من ناحية أخرى، عن توازن بديع بين الهندسة المعماريّة والنّحت. وفي الفترة نفسها، أنجز موسكا أعمال تزويقٍ لفائدة ميكلنجيلو في الكنيسة الخاصّة بعائلة ميديتشي. ويُظهر التناغم البارعُ بين مكوّنات النّافورة إلى أيّة درجة أمكن لموسكا أن يستوعب مقاصد ميكلنجيلو.

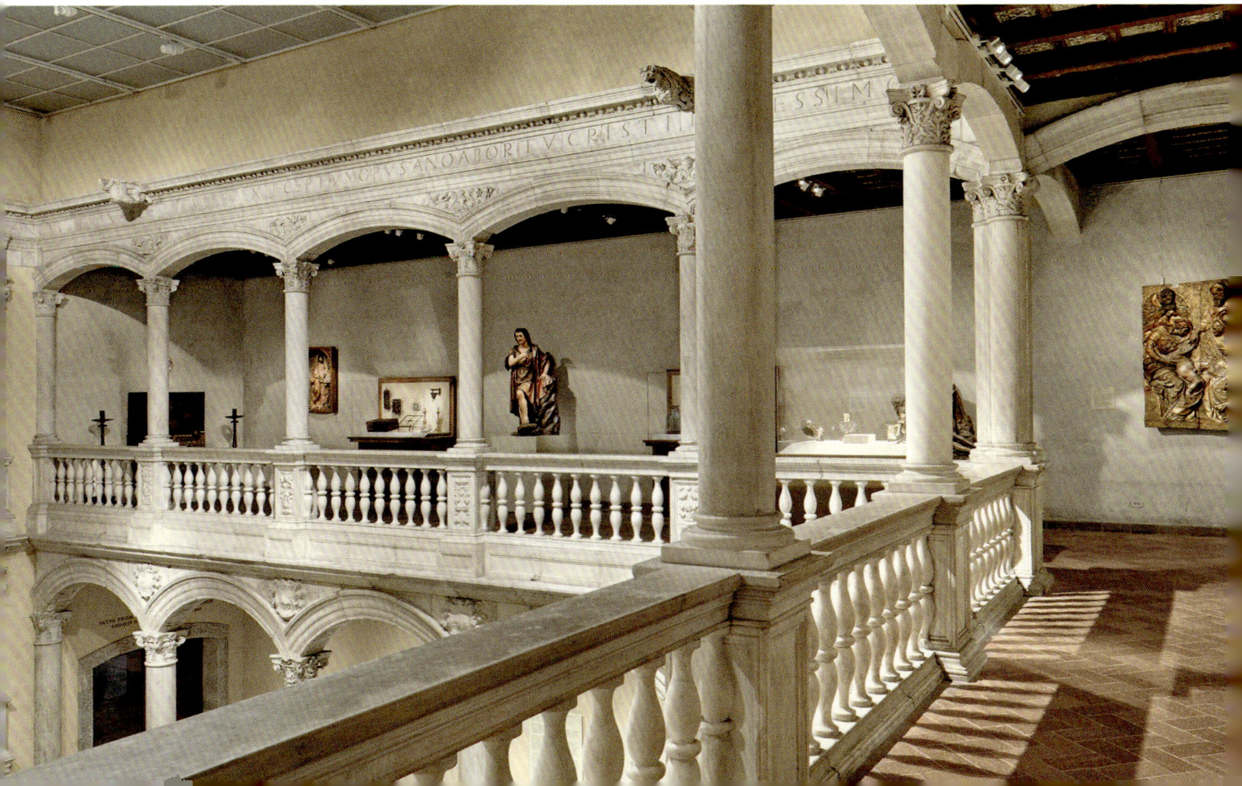

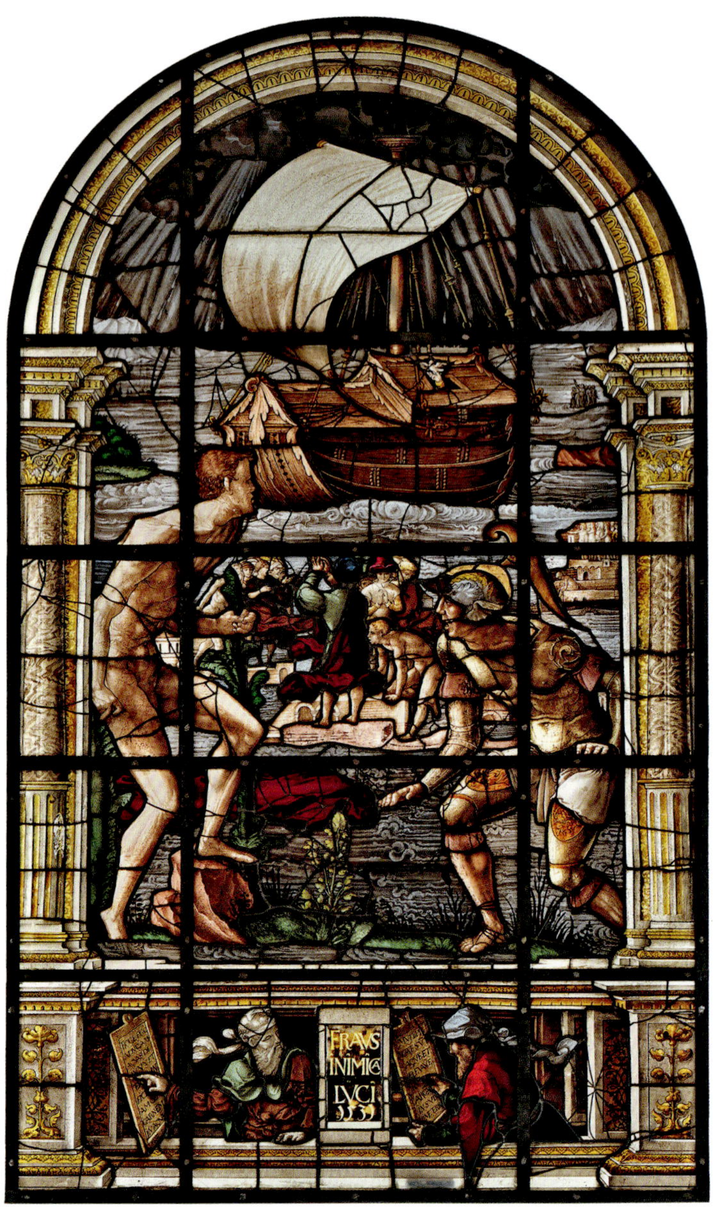

فالنتين بوش
فرنسيّ، توفيّ، 1541م

الطّوفان، 1531م
زجاج مطليّ ومصبوغ؛ 3.61 × 1.7م
اقتناء، وصية جوزيف بوليتزر، 1917م (17.40.2a–r)

كان العملُ الفنيُّ المحفوظُ بدوره في المتحف، والمسمّى: الطوفان وموسى يقدّم صحائف القانون، يزيّن، بمعيّة خمس زجاجيّات، موضعَ جوقة المرتّلين في كنيسة دير البندكتيّة سان فيرمين الواقع في فلافينيي سير موزيل بمنطقة لورين. وكان رئيس الدّير، واسمه واري دي لوسي، قد أوصى بمجموعة الزّجاجيّات. أمّا الأخصّائيّ في صناعة الأواني الزّجاجيّة فالنتين بوش فينحدر من مدينة ماتز. وقد كان من المعلّمين البارعين في فنّه، ومن أشدّهم تأثيرا في الشّمال الشّرقيّ لفرنسا إبّان النهضة الشّماليّة. رفض التقسيم التقليدي مفضّلا أن يعالج كلَّ لوحة باعتبارها رافدة مذبح ضخمة مُحلاّة بالصّور أو منحوتة ضمن إطار معماريّ خادع. وقُصّتْ جميع القطع بعناية فائقة. وتمتزج الألوان الفاقعة مع مناطق رماديّة وأجزاء من الزّجّاج الشّفّاف المطليّ باللّون الفضّي.

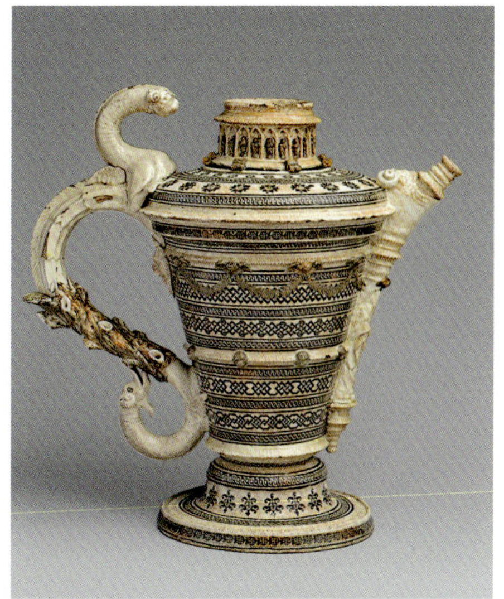

إبريق

فرنسا، سان بورشير أو باريس، حوالي 1550م
خزف أبيض مطليّ بالرّصاص؛ الارتفاع. 26.2 سم
هبة من ج.بياربون مورغان،1917م (17.190.1740)

يُعدّ هذا الإبريق بحجمه المذهل نموذجا نادرا من الخزفيّات البيضاء المشويّة على نار هادئة التي صُنعت بفرنسا في أواسط القرن السّادس عشر الميلادي. وتتميّز مجموعة هذه الخزفيّات التي تُعرف بخزفيات سان بورشير (المدينة الواقعة في غرب فرنسا)، بتزويقها المعقّد ذي القيمة الفنيّة العالية، وبزخرفات الأرابيسك المعقّدة التي أُنجزت غالبا بتطعيم الطّين الخامّ بضروب من الفخّار الملوّن. بيد أنّ التنميق الذي يميّز التقنية المعقّدة المستعملة في صنع هذا الإبريق، فضلا عن كيفيّة إنجاز الزخارف، يذكّران بالأصل الباريسيّ لهذه التحفة.

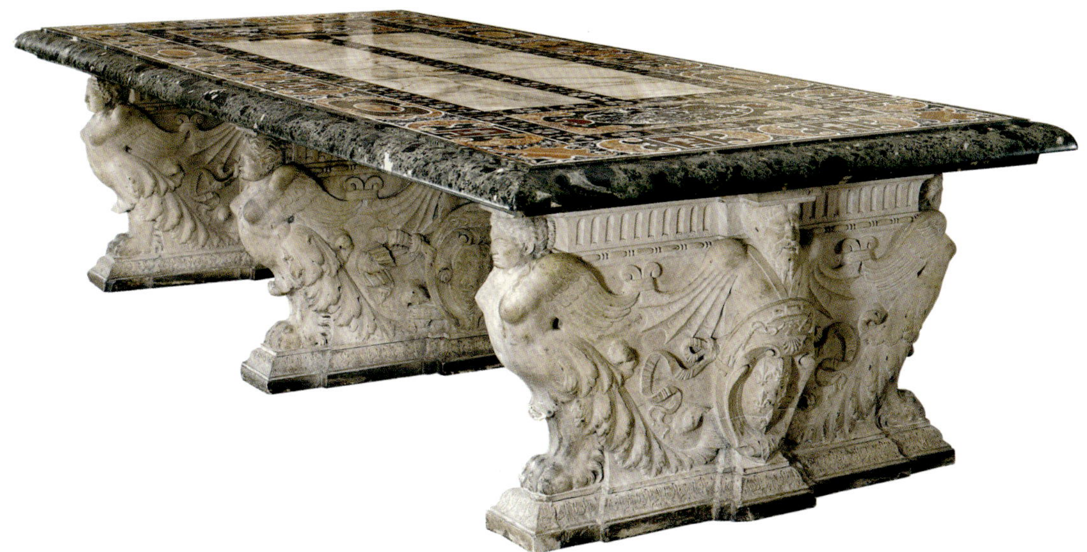

طاولة فارناز، حوالي. 1569م

رخام، و مرمر أبيض مصريّ، وحجارة شبه كريمة؛
95 × 379 × 168سم
رصيد هاريس بريسبان ديك، 1957م (58.57a-d)

تجسّم هذه الطاولة الفخمة بكيفيّة متميّزة الأسلوب الرّاقي للنّهضة الرّومانية. ورغم أنّ نسبة صناعة مكوّنات هذا العمل إلى أشخاص محدّدين هي مسألة غير ثابتة، فإنّ من قام بتصوّره يمكن أن يكون جاكوبو باروزي دي فينيولا (إيطاليّ، عاش ما بين 1507-1573م) وإليه تعود أعمال تزويق رائعة في قصر فارناز الواقع بمدينة بروما والذي من أجله صنع هذه الطاولة البديعة. ويتكوّن سطح الطاولة، وقد صنعه الفنّان الفرنسي جان مينار الذي عمل بإيطاليا في الفترة المتراوحة بين السّنوات 1525-1582م، من فسيفساء من البياترا دورا (الحجارة الصّلبة)، أي من قطع من الرخام والحجارة شبه الكريمة، التي تؤطّر «نافذتين» مركزيّتين من المرمر المصريّ. أمّا السّيقان الثلاثة الرّخاميّة فقد يكون نحَتَها غوجليا لمو ديلاّ بورتا (إيطالي، عاش في حوالي 1507-1577) بمعيّة حـرَفـيّ القصر الذين كانوا يعملون تحت إمرته. وتمثّل زَهرةَ الزنبق شعار عائلة فارناز أمّا الأسلحة التي تُحلّي الحجارة الضخمة فهي على ملك الكردينال ألكسندر فارناز.

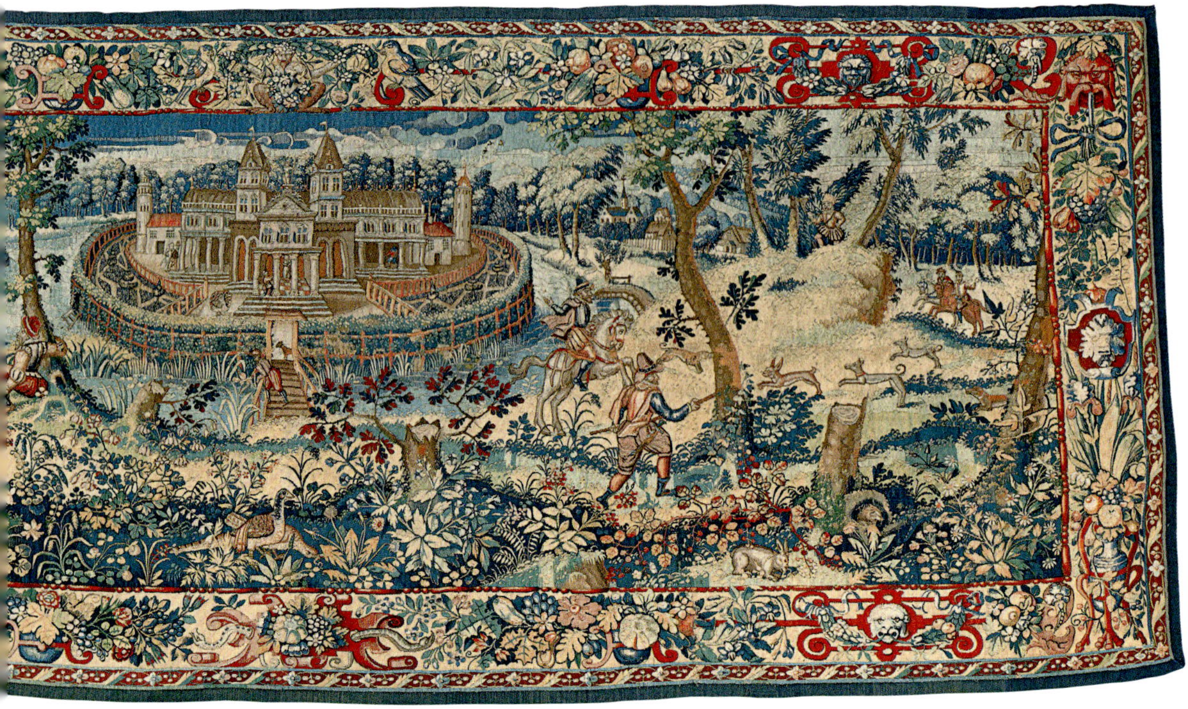

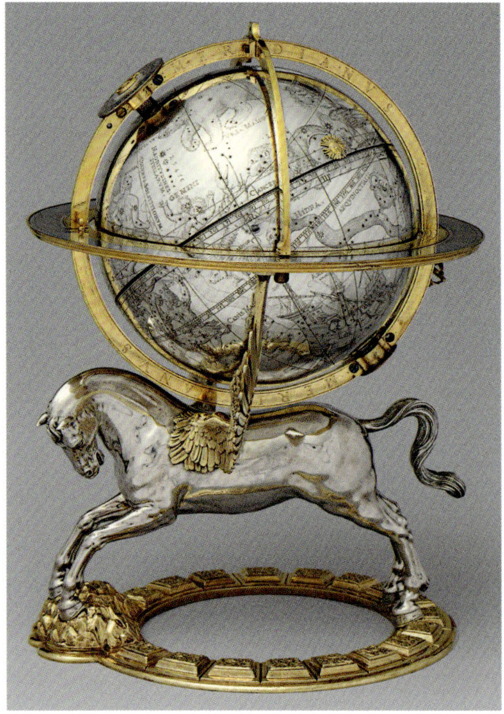

القبّة الزرقاء المتحرّكة كالسّاعة

النّمسا، فيانا، 1579م
القاعدة: فضّة مذهبة جزئيّا، ونحاس أصفر مذهّب؛
الحركة: نحاس أصفر وفولاذ؛ 27.3 × 20.3 ×19.1 سم؛
قطر الكرة: 13.8سم
هبة من ج.بياربون مورغان، 1917م (17.190.636)

صُنِعت هذه القبّة لفائدة رودولف الثاني، إمبراطور الإمبراطوريّة الرومانيّة المقدّسة. وتشتمل على حركة صنعها جيرهارد إيموزير السّاعاتي الخاصّ بالإمبراطور وقد وضع توقيعه الخاصّ وتاريخ الصّنع على دائرة خطّ الزوال. وفي الأصل كانت الحركة الآليّة التي أعيد بناء جانب مهمّ منها، تدير القبّة الزرقاء وصورة الشّمس على طول دائرة البروج. ويشير مِينا السّاعة الموجود في أعلى الكرة إلى السّاعات. و يشير مينا آخر إلى التّاريخ. أمّا الكرة المزيّنة بكوكبة من النّجوم المنقوشة بعناية فائقة، والقاعدة المتمثّلة في الفرس الأعظم، فقد صنعهما صائغ مجهول، وربّما كانتا من صنع نقّاش. وقد تكونان صُنعتا في الورش الخاصّة بالإمبراطور في مدينة فيانا.

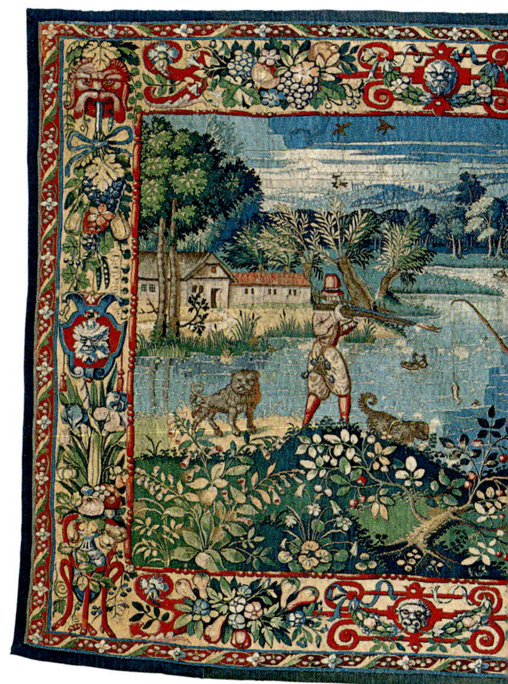

قنّاص في منظر طبيعيّ

أنكلترا، على الأرجح لندن، حوالي 1575 – 1595م
صوف وحرير؛ 1.8 × 4.62 م
اقتناء، رصيد وقف اقتناءات والتر وليونوري أننبرغ، هبة من ائتمان روزيتا لارسن، هبات من أصدقاء النّحت وفنون التزويق الأوروبيّين، 2009م (2009.280)

حافظ هذا النُّجُد الطّويل قليل العُرض بكيفيّة رائعة على ألوان قماشه. وكان يتعيّن أن يُعلّق «على الطريقة الأنكليزيّة»، طبقا لاصطلاح النّساجين الفلمنديين في تلك الحقبة، أي بين الإفريز والقاعدة المكعّبة للعمود المكسوّ بالخشب. وبالفعل يسمح الأسلوبُ المعتمدُ في هذا المنسوج والأيقوناتُ والصّورُ التي تحلّيه والتقنيةُ المستعملةُ في حياكته من نسبته إلى نسّاجين مهاجرين من منطقة الفلاندر لجؤوا زمن الحرب إلى أنكلترا، ربّما إلى لندن. ويعبّر الرّسمُ عن الظّروف القاسية للاّجئين. ولقد جرى تجميع عناصر الأنموذج الفنّي للمنسوج حول رسم أعيد استعماله. وبالفعل فإنّ القصر الرّيفيّ الذي نراه وسط اللّوحة مُستَلهم من نقيشة خشبيّة للفنّان السّويسري جوست آمّان (عاش في خلال السّنوات 1539–1591م) تجسّم قصر الملك سالومون.

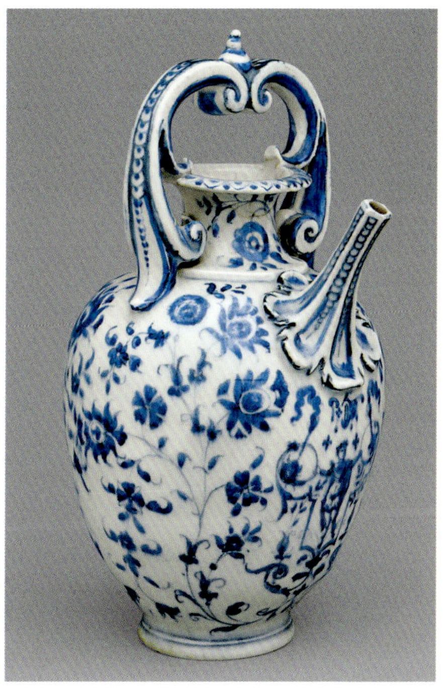

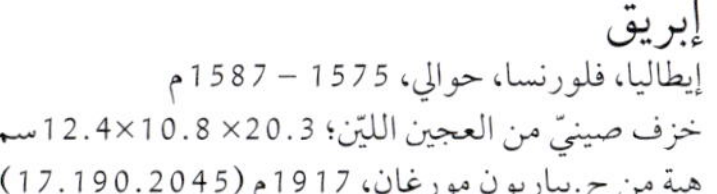

إبريق

إيطاليا، فلورنسا، حوالي 1575 – 1587م
خزف صينيّ من العجين الليّن؛ 20.3× 10.8×12.4سم
هبة من ج. بياربون مورغان، 1917م (17.190.2045)

كانت أولى الأواني الخزفيّة الأوروبيّة الخالصة ثمرةَ محاولات جرت في ورش بلاط ميديتشي في مدينة فلورنسا، في نهاية القرن السّادس عشر الميلادي. وبفضل رعاية فرانسوا الأوّل دي ميديتشي الدّوق الأوّل لـتوسكانا، شرع الحرفيّون في حوالي سنة 1574م في تقليد الخزفيّات» الزرقاء والبيضاء» الصينيّة التي كانت تلقى إعجابا في البلاطات الأوروبيّة. وإذا كانت المنتوجات الصّينيّة والعثمانيّة قد أثّرت في تزويق الخزف الميدتشيّ، فإنّ عددا من الأشكال المصنوعة في الورش الدّوقيّة مدينةٌ إلى شكل الأواني المصنوعة من الحجر الرمليّ الخزفيّ، وإلى فنّ صناعة المصوغ في تلك الحقبة، على غرار هذا الإبريق. ولا يُعرف اليوم إلاّ حوالي ستّين آنيّة من الخزف الميديتشيّ.

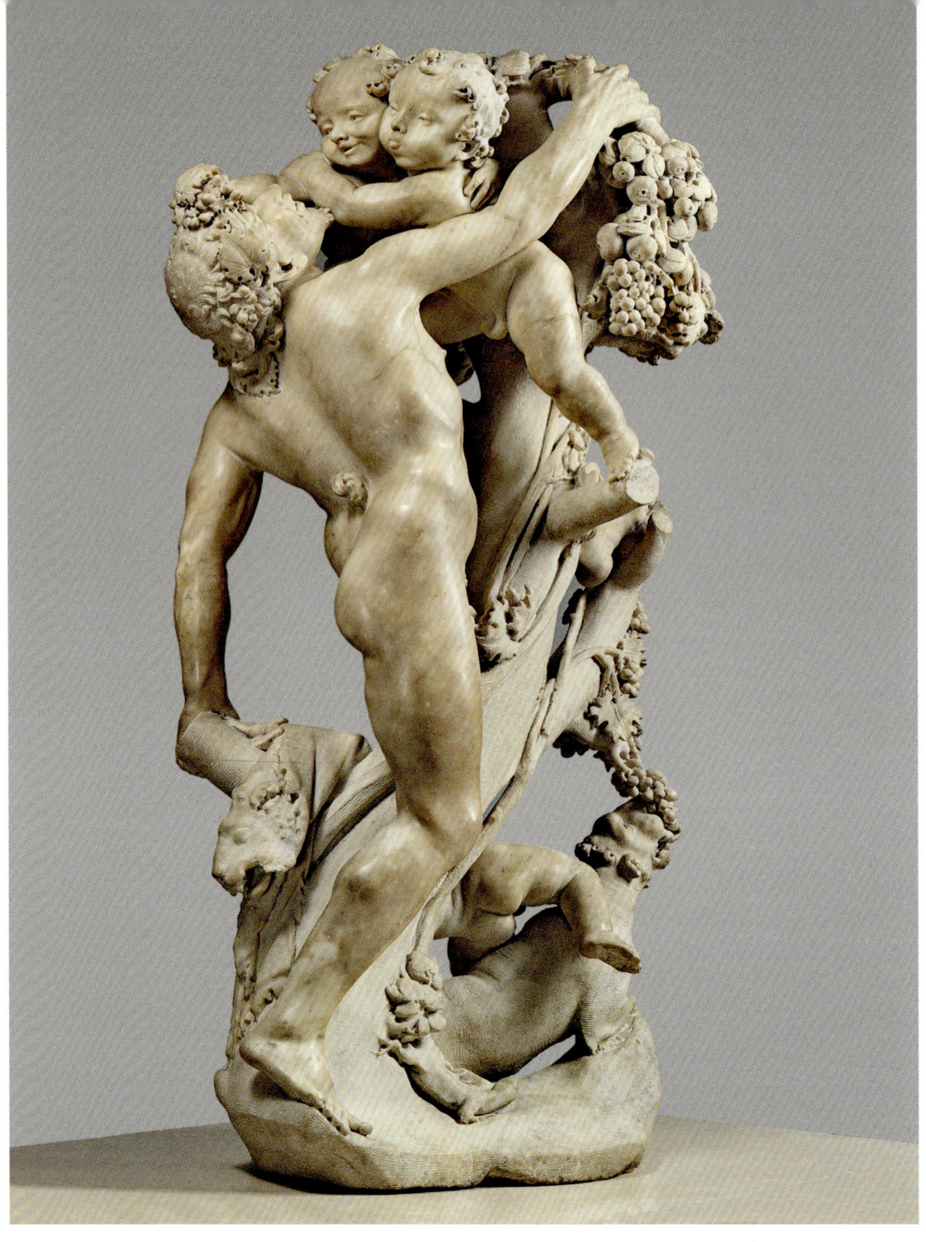

جان لورنزو برنيني
إيطاليّ، 1598 – 1680م، و

بياترو بيرنيني
إيطاليّ، 1562 – 1629م

باخوسيّات: أطفال يزعجون فون
حوالي 1616م، رخام؛ 132.4 سم
اقتناء، هبة من رصيد أننبرغ، رصيد فلاتشر، ورودجرز، ولويس ف. بيل، هبة من ج.بياربون مورغان، تبادل، 1976م (1976.92)

يعدّ جيان لورنزو برنيني فلْتة من الفَلَتات فقد كان ذا مهارة خارقة للعادة. تدرّب على يدَي والده السيّد بياترو الفنّان متعدّد الاختصاصات. وخلال فترة التدريب، اشترك الاثنان في إبداع عدد من المنحوتات على الرخام كانت شاهدة على موهبة الابن وإحكامه لأسرار الصّناعة. وتعتبر المجموعة المحفوظة في متحف المتروبوليتان أكثر أعماله طموحًا. وهي كذلك تجسّم، أيّما تجسيم، ما يبديه بيرنان من اهتمام مخصوص بتجسيد المكوّنات المختلفة للأجسام ومن عناية بتصوير مجموعة الأفراد المتشابكين. ومن دلائل هذا ما نلاحظه من توتّر لعضلات ربّ الريّف فون وفمه الثَّرِم، وما يظهر من جسم الأطفال المكتنز شحما، ولحاء الشّجرة وعناقيد الغلال المترعة عصيرا. ولنا أن نعتبر هذه التحفة الفنّيّة المجسّمة للّهو الباخوسيّ والمستوحاة من تزويق التوابيت الحجريّة انصهارًا للأساليب الكلاسيكيّة والطبيعيّة الأنموذجيّة للفنّ بروما في مستهلّ الحقبة الباروكيّة.

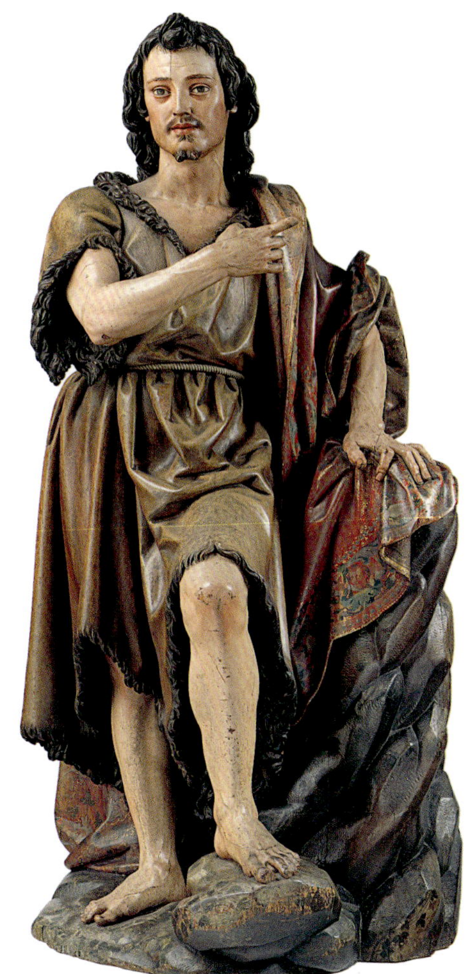

خوان مارتينيز مونتانيس

إسباني، 1568 – 1649م

القدّيس يوحنّا المعمدان، حوالي 1625 – 1635م

خشب متعدّد الألوان، وزخارف مذهّبة؛ الارتفاع. 154 سم

اقتناء، وصيّة جوزيف بوليتزر، 1963م (63.40)

كان مونتانيس الذي ندين له بعدد من التماثيل ورافدات المذابح أعظم النحّاتين الإسبان في عصره. ونظرا إلى براعته كان يُلقّب بـألديوس ديل ماديرا (ربّ الخشب). وقد جُلب هذا التمثال المنحوت للقدّيس يوحنّا المعمدان باعتماد طريقة النّقش البارز من دير نُواسترا سنيورا دي لا كونسيبسيوني الواقع في مدينة إشبيلية. وفي هذه الصّورة الحيّة التي تميّزَ صاحبُها بنظرته الثّاقبة وعضلاته المفتولة وسَحْنته الطبيعيّة، احترم مونتانيس الصّور والأيقونات التي دأب السّابقون على أن بجسّموا بها المبشّر القدّيس يوحنّا المعمدان. وفي تعدّد ألوان هذه المنحوتة من جهة وطليها ذهبًا من جهة أخرى، ما يقيم الدّليل على أنّ هذا النحّات قد جمع موهبة فنّ الرّسم إلى موهبة فنّ النّحت حتىّ أنّ مونتانيس نافس الرسّامين في إنجاز أعمال واقعيّة آسرة تزيد من شدّة التقوى والإخلاص.

أسفل الصّفحة

مُهدى إلى

سيّد الشّهادة القدّيس سيباستيان

نمساويّ

هرقل وآشيلوس

على الأرجح في أواسط القرن السّابع عشر الميلادي

عاج؛ الارتفاع: 27.9 سم

مجموعة جاك وبيل لينسكي

1982م (1982.60129)

مكّنت الأعمالُ الفنيّة التي جسّدت هرقل النحّاتينَ من استكشاف قدرة جسد الرّجل وهو في حال حركة. وتمثّل هذه المجموعة المنحوتة كلّها نقشا بارزا يجسّم معركة دارت بين البطل الأسطوريّ وأشيلوس ربّ النّهر الذي كان يمسخ رجلا أو ثورا أو ثعبانا. ويُنسب هذا العمل إلى فنّان مجهول يعود إليه مشهدان منحوتان نحتا بارزا. وفي هذا التمثال يظهر سان سيباستيان، وهو شخصيّة من بداية العهد المسيحيّ، وقد انقضّ عليه رُماة السّهام الرّومانيّون. وتمتاز أعمال هذا النّحّات الماهر بدقّة متناهية في تجسيم تفاصيل الجسد المعبّرة عن الحركات العنيفة والأحاسيس الجيّاشة تجسيمًا بالغ الإتقان.

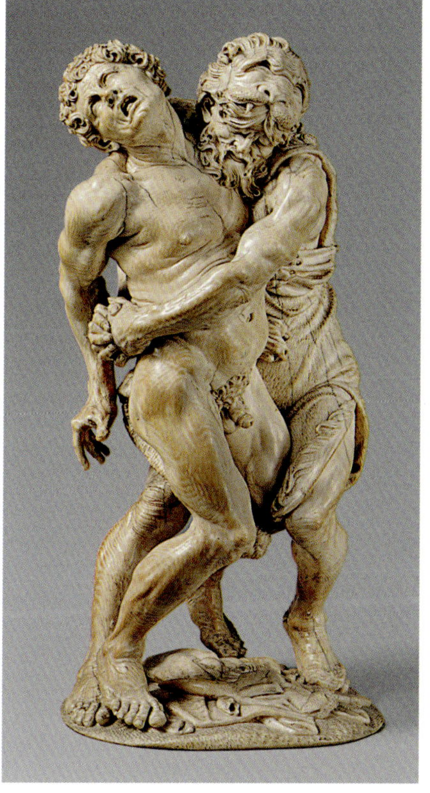

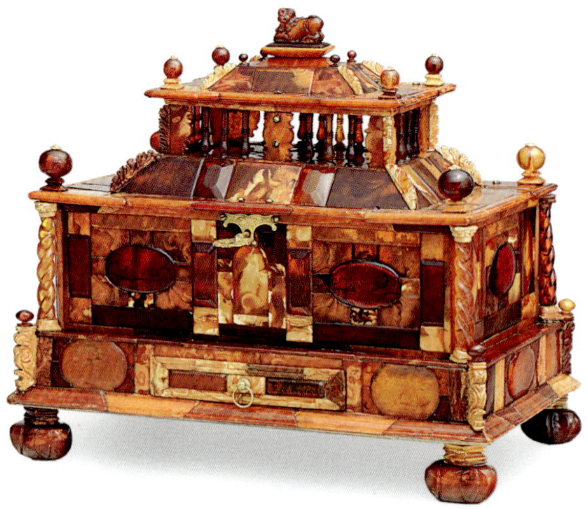

ميشال ردلين

ألمانيّ، موثّق سنة 1688م

عُلبة حليّ، حوالي 1680م

عنبر، وأوراق النّحاس الأصفر، خشب، وأطلس حريريّ، ورق؛ 30× 33× 21 سم؛
صندوق الهبات المخصّص للمقتنيات التابع لوالتر و ليونوري أننبرغ، 2006م (2006.452a-c)

جُلِبت علبة الحليّ هذه ذات الطّابع الاستعراضيّ (فهي مصنوعة لغاية التباهي فحسب) من مدينة غدانسك ببولوندا. وتعتبر من أكثر النّماذج قيمة ومن أجود المصنوعات حفظًا من العنبر في القرن السّابع عشر الميلادي. فهي تجمع تقريبا بين جميع أنواع العنبر ـ ونقصد الشّفّاف والكثيف واللّبنيّ لتكون شاهدة بذلك على التفاعل الشامل بين الفنّ والطّبيعة بالنّسبة إلى شيء جدير بأن يُسمّى بـ كونستكامر (الكنز أوغرفة التحف النّادرة). ومع نهاية القرون الوسطى، اعتُبِرَ العنبرُ أو «ذهب بحر البلطيق» مادّة أسطوريّة ذات مفعول سحريّ. أمّا سطح علبة الحليّ فقد نُقشت فوقه، وبعناية بالغة، مناظر طبيعيّة ومشاهد ريفيّة، وزُيّن أيضا بفسيفساء معقّدة من القطع ذات الأحجام المستطيلة والبيضويّة الرّهيفة حتّى غدت شفّافة. وتنتج عن براعة النّحت والخراطة والنّقش تشكيلةٌ من الألوان التي تسرّ النّاظرين.

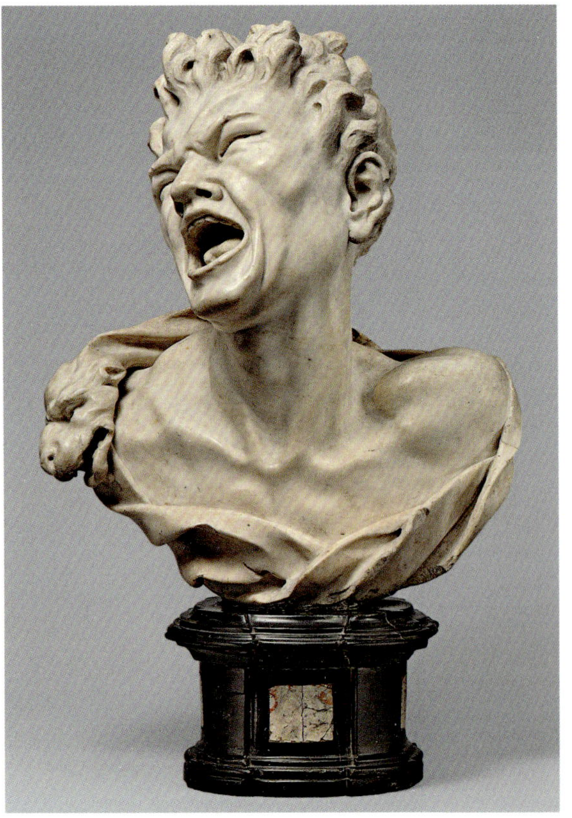

بالتازار برموزير

ألمانيّ، 1651 – 1732م

تمثال نصفيّ لمارسياس ، حوالي 1680 – 1685م

رخام؛ قاعدة من الرّخام الأسود المغشّى بصفائح من الرّخام
الارتفاع مع احتساب القاعدة: 68.6 سم
اقتناء، رصيد رودجرز ، ورصيد هاريس بريسبان ديك، 2002 (2002.486)

كان برموزير وجها مبرّزا في مجال النّحت الباروكي الألمانيّ. ولمّا حطّ الرّحال بإيطاليا كان وقتئذ في سنّ الشّباب. ويبدو أنّه صنع هذا التمثال النّصفي لـمارسياس في مدينة روما. واستلهم في تحفته هذه منحوتة الرّوح الملعونة التي أنجزها برنان سنة 1619م وحُفظت في قصر إسبانيا في روما. وقد تمكّن برموزير من أن يُعرِب عن منتهى الرّعب الذي استبدّ بـمارسياس نتيجة العقوبة التي سُلّطت عليه. فلقد سُلِخ الإله الإغريقيّ ساتير حيّا بعد أن تحدّى أبولون في الموسيقى. وأمّا نحتُ العينين بكيفيّة أظهرتها شبه مغمضتين من ناحية، وجعل الشّعر من ناحية أخرى واقفا مقشعرّا كألسنة اللّهب، فهذا من المميّزات النمطيّة للشّحنة العاطفيّة المبالغ فيها التي تسم الآثار الفنيّة لـبرموزير. فنحن نخال أنفسنا نستمع إلى الصّراخ المكبوت وهو يخرج من فم مارسياس الفاغر.

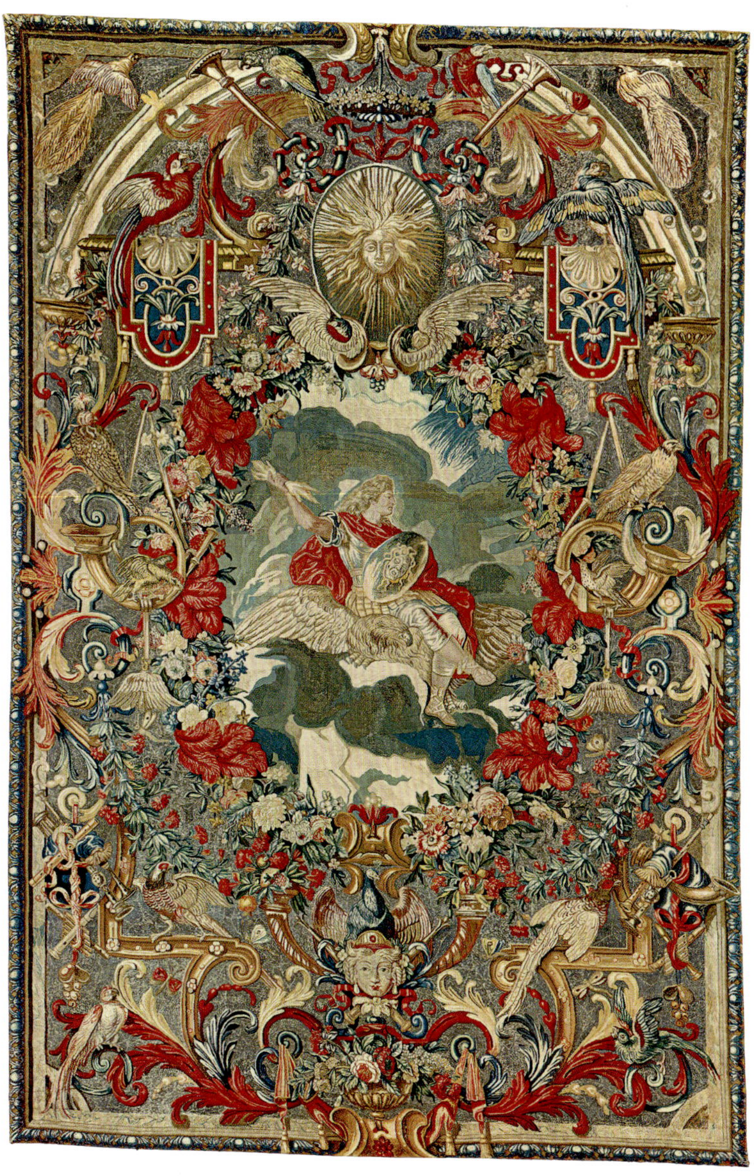

شارل لوبران

فرنسيّ، 1619 – 1690م
حاشية

جان ليموايان لي لوران

فرنسيّ، 1637/ 1638 – 1709م

سماء، حوالي 1683م
صوف، حرير، فضّة، وخيوط مغلّفة بالفضّة المذهّبة المنسوجة على الخيش؛ 4.27 ×2.74 م
رصيد رودجرز، 1946م (46.43.4)

يجسّد لويس التاسع مثل الإله جوبيتير السماء، فهو جالس على نسر وقد أحاطت به طيور وفراشات وأبواق وآلات نفخ، ممسكا بيد بـرْقا وبالأخرى تُرْسا. وهذا الرّسم المعقد، المنسوب إلى شارل لوبران، مُوَشّى بالخُرزة القصيرة على خلفيّة حيكت بتطريزة متعرّجة لولبيّة بخيط الفضّة والفضّة المذهّبة. وتُعدّ هذه المنسوجة واحدة من بين ثمانية طنافس (أربعة منها في المتروبوليتان) تمّت على الأرجح حياكتها لفائدة المركيزة دي مونتسبان عشيقة الملك. وتصوّر هذه المجموعةُ الطبيعةَ والفصولَ. أمّا الشّخوص الرّئيسيّون فهم دائما لويس الرّابع عشر بمعيّة المركيزة أو أحد أبنائهما. وقد تكون هذه السّديلة طُرزت بدير سان جوزيف دي لا بروفيدانس الواقع في باريس.

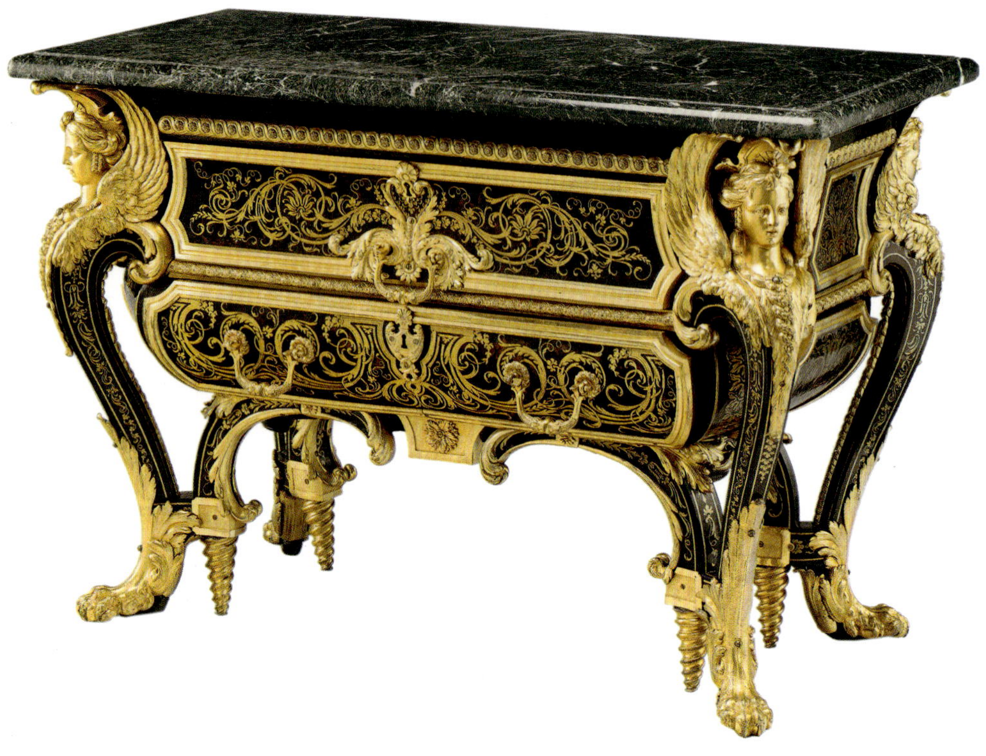

أندري شارل بول
فرنسيّ، 1642 – 1732م

صوان، حوالي 1710 – 1720م

أبنوس مغشّى على هيكل من خشب الجوز؛ نحاس أصفر منقوش على خلفيّة من صدف السّلحفاة؛ رُزَز من البرونز المذهّب؛ سطح من الرّخام السّماقي الأخضر العتيق

المقاسات: 87.6×128.3×62.9 سم

مجموعة جاك وبيل لينسكي، 1982م (1982.60.82)

في سنة 1708م ، صنع أندري شارل بول، نجّار الأبنوس الأكثر شهرة في عهد لويس الرّابع عشر، مكتبين أو صوانين لفائدة الغرفة الملكيّة بقصر التريانون الكبير في فيرساي. ويجمع هذان المكتبان اللّذان يعدّان ابتكارا جديدا في عالم الأثاث الطاولةَ مع الصّوان. وقد استلهم صانعُهما شكلَ هذا الضّرب من الأثاث ذي الدّرجين من التوابيت الحجريّة الرّومانيّة. وكان جان بيران، رسّامُ البلاط، قد حلّى القطعتين بعدد من الزخارف. ويفسّر ثقلَ الأثاث وجودُ أربع دعائم مُلَوْلبة تنتهي كلّ واحدة منها في شكل مسمار دقيق. وفي القرن الثامن عشر الميلادي أصبح الصّوانُ القطعةَ الأكثر رواجا في الأثاث الفرنسيّ. ويبدو أنّ هذا الصّوان يعتبر من النّماذج الأولى المصنوعة في ورشة بُول.

معجون المرمر، على الأرجح لـ

أبنديو ستازيو
إيطاليّ (ماسّانيو)، 1675 – 1745م،

ولـ

كاربوفورو مازيتّي
إيطاليّ، حوالي 1684 – 1748م

غرفة نوم من قصر ساغريتو

البندقيّة، حوالي 1718م.

المقاسات: 7.67 × 5.54 × 4.01 م

رصيد رودجرز، 1906م (06.1335.1a–d)

تعدّ غرفة النّوم الفخمة هذه من أكثر النّماذج بداعة داخل منزل خاصّ في هذه الحقبة. وهي مازالت موجودة إلى حدّ الآن. وقد صُنع الديكور من معجون المرمر والخشب المنقوش. وتزيّن العديدُ من تماثيل إله الحب المصغّرة المصنوعةُ ببراعة غرفةَ الانتظار، إذ ينزل بعضُها من الخرجة المسنودة بدعائم كورَنْثيّة، في حين يشدّ البعضُ الآخر من التماثيل المصغّرة البَرْوزةَ المذهّبة لصورة كان رسمها غاسبار ديزياني جسّم بها انتصار الفجرِ على اللّيل. ويحرس البعضُ الآخرُ بطريقة مرحة مدخلَ مخدع النّوم. وتعمّ الزّخارفُ جميع الجدران، وأساسها رخَامٌ أحمرُ وأبيض. وأمّا أرضيّة الترصيع فهي من النّوع الأصيل. ويخلق هذا جميعُه كلاّ برّاقا متلألئا.

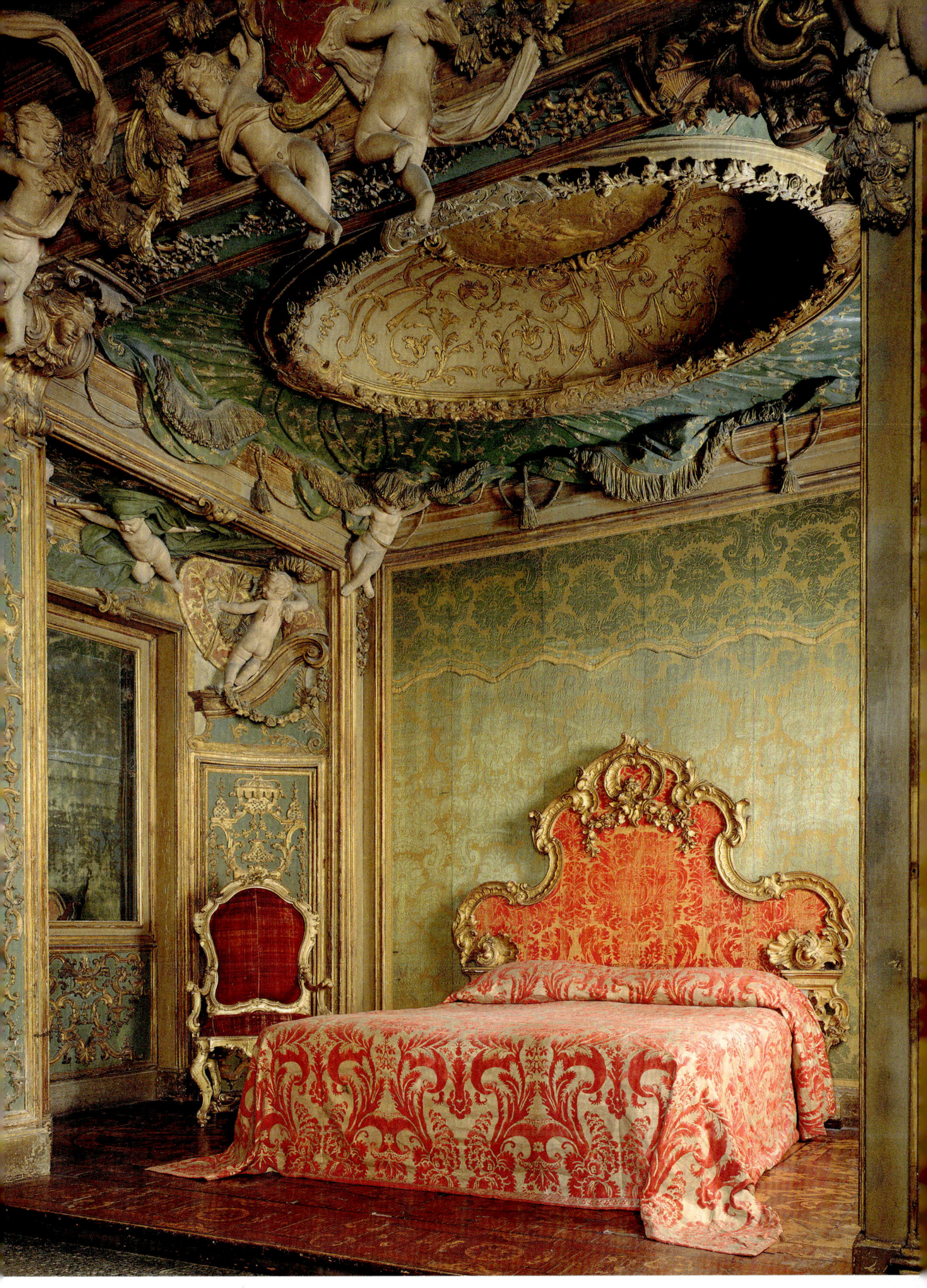

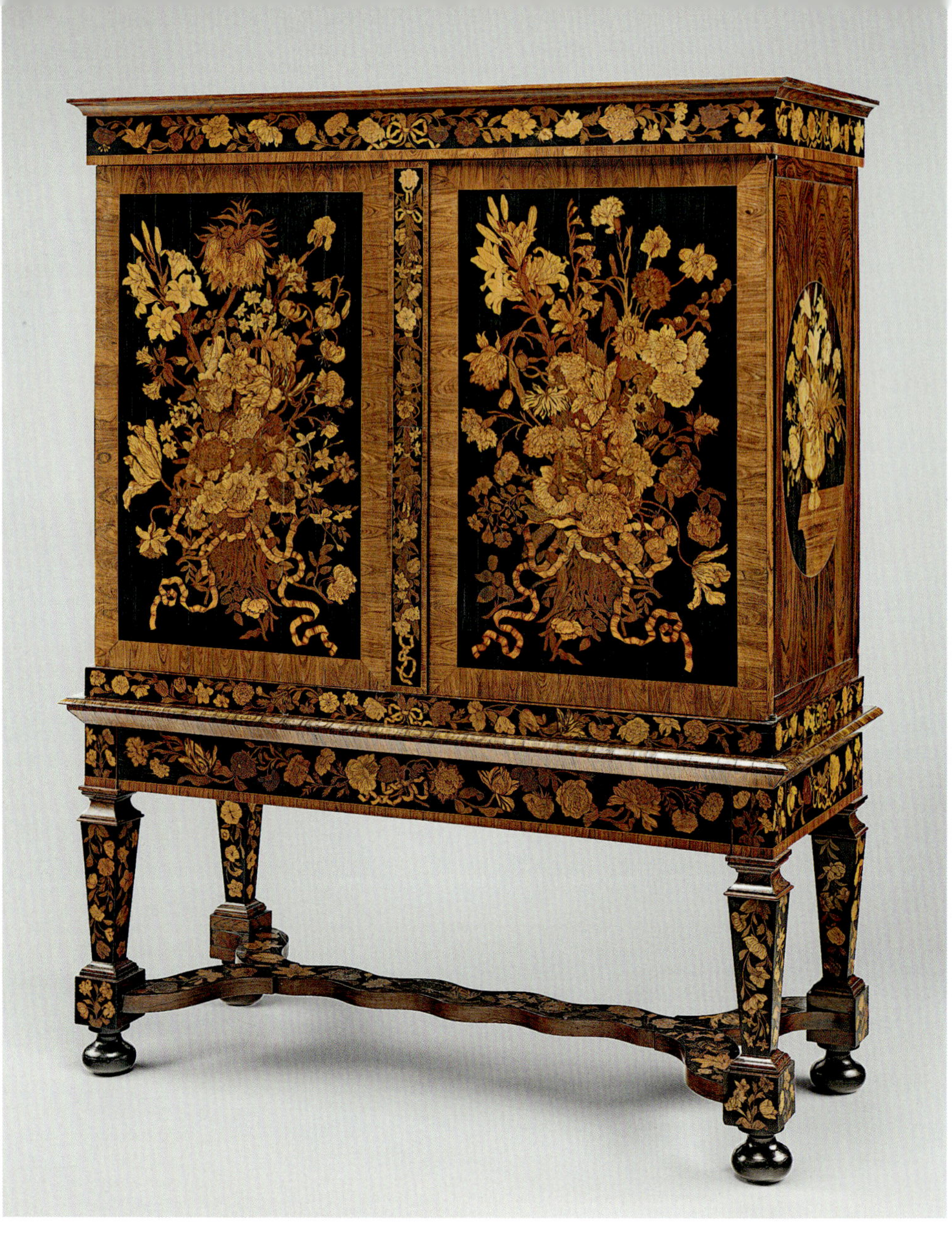

عمل منسوب إلى:

جان فان ميكيرين

هولنديّ، 1658 – 1733م

خزانة قائمة على قاعدة، حوالي 1700 – 1710م

تغشية خشب البلّوط المرصّع بخشب أشجار الزيتون، والأبنوس، والبهشيّة، والزنبق، والبرباريس، وغيرها من أنواع الخشب المصبوغة جزئيًا على هيكل من خشب البلّوط؛

المقاسات: 178.4 × 136.8 × 57 سم

رصيد روث و فيكتوريا بلومكا، 1995م (1995.371a,b)

تعتبر هذه الخزانةُ الأثاثَ الأصغر من نوعه. وهي كذلك الأكثر تحلية بالتّصاوير مقارنة بقطع الأثاث المنسوبة إلى نجّار الأبنوس جان فان ميكيرين. وهو الأخصّائيّ في الترصيع المترف لقطع الأثاث بالخشب التي يزوّد بها النّخبة الرّاقية من المجتمع بمدينة أمستردام. ونلاحظ أنّ الخزانة موضوعة على دعامة مفتوحة لها مجرّدُ شكل علبة، إلاّ أنّها محلاّة بباقات زهور كبيرة ذات منظر بديع. وبفضل الانتقاء الماهر لخشب لونه أصفر فاتح يشبه أزهار البرباريس، بالنّسبة إلى زهرة النّرجس الأصفر على سبيل المثال، وبفضل الإكثار من الأصباغ الطبيعيّة (رغم أنّها لا تدوم إلاّ فترة قصيرة من الزمن) لتزيين خشب البهشيّة ذي اللّون الأبيض تقريبا، فإنّ جان فان ميكيرين تمكّن من الحصول على تشكيلة من الألوان الطبيعيّة الثّريّة تحاكي ألوان الطبيعة الساكنة في الرّسوم الزيتيّة المعاصرة.

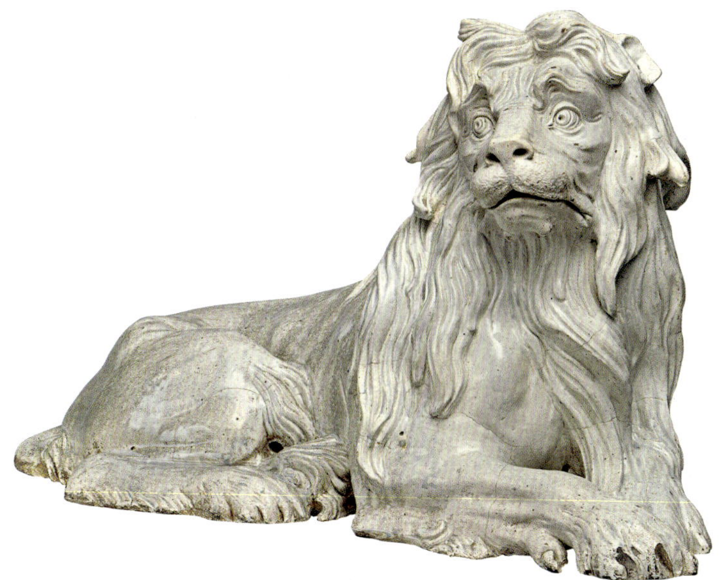

بناء على أنموذج منسوب إلى

جوهان غوتليب كيرشنر

ألمانيّ، حوالي 1706–1737م

الأسد

ألمانيا، مايسن، واحد من زوج، حوالي 1732م
خزف صينيّ ذو عجين يابس
53.3 × 82.2 × 34.3 سم
رصيد رايتسمان، 1988م (1988.294.1)

تُعدّ حديقة الحيوانات الضّخمة المصنوعة من الخزف الصّينيّ، وقد أوصيَ بها لفائدة القصر اليابانيّ لأوغست الثاني بـدرزْدِنْ، واحدة من أكثر الأعمال الفنيّة الخزفيّة من هذا الصنف طموحا في القرن الثامن عشر الميلادي. ويعسر أن نجد سابقةً في تشكيل حيوانات بهذا الحجم من مادّة الخزف الصّينيّ. وقد رُفع التحدّي ههنا للمرّة الأولى. وتكشف التشقّقاتُ العديدةُ البادية على هذا الأسد وعلى نظيره الصّعوبةَ التقنيّة في صنع أشكال خزفيّة من هذا الحجم وشَيِّها. ورغم عدد من العيوب الصّغيرة، من بينها ازرقاق طلاء الخزف، يمثّل هذا الأسدُ بمعيّة المجموعة التي ينتمي إليها واحدا من أكبر النّجاحات التي نالها مصنع مايسن بألمانيا، وهو يعدّ الأوّل من نوعه في إنتاج الخزف الصّينيّ الأصليّ.

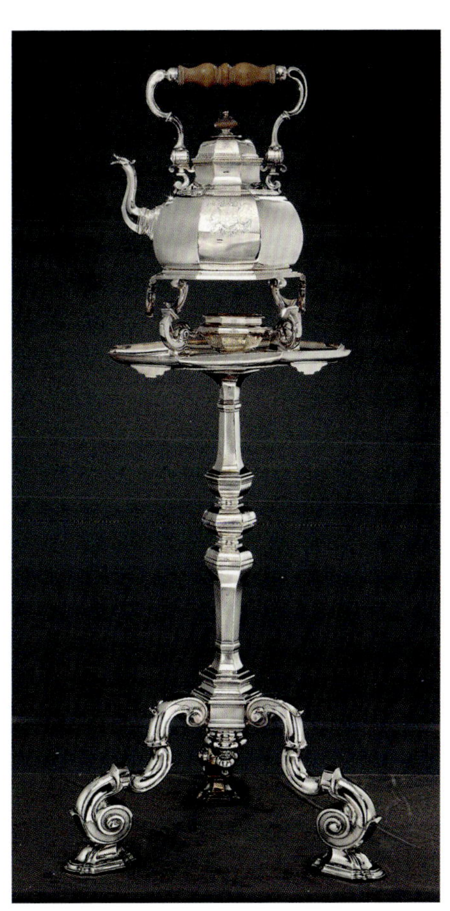

سيمون بانتان

بريطانيّ، حوالي 1672 – 1728م

غلاّية الشّاي، موقد وإسكَمْلة

حوالي. 1724 ـ 1725م
من الفضّة؛ الارتفاع، 103.5 سم
هبة من إروين أنترميار، 1968م (68.141.81a–f)

من المرجّح أن تكون هذه الغلاّية البديعة الموضوعة فوق إسْكَملة قد صنعت سنة 1724م بمناسبة زواج جورج بويز من ستريتهام كاستل بالوريثة الثّريّة إيليانور فارناي. وممّا لاشكّ فيه أن هذه التحفة كانت ثمينة جدّا، فالأثـفيّة بتموّجاتها مُقَوْلبة من الفضّة المُصْمـَتة. وتعتبر هذه القطعة نادرة جدّا، فأغلب أقسام هذا الطواقم الفضّيّة الرّاجعة إلى ذلك العهد قد صُهرت وبيعَ منها المعدنُ. ومجموع مكوّنات هذه التحفة متميّز بمَنحنياته الأنيقة الباروكيّة، وبقولبته الدّقيقة ونقشه الرّائع. وكان الصّائغ سايمون بانتان واحدا من أهمّ الحرفيّين العديدين الفرنسيّين من ذوي الولاء البروتستانيّ الفرنسيّ (الهوغونوتي) الذين مارسوا فنّهم في لندن.

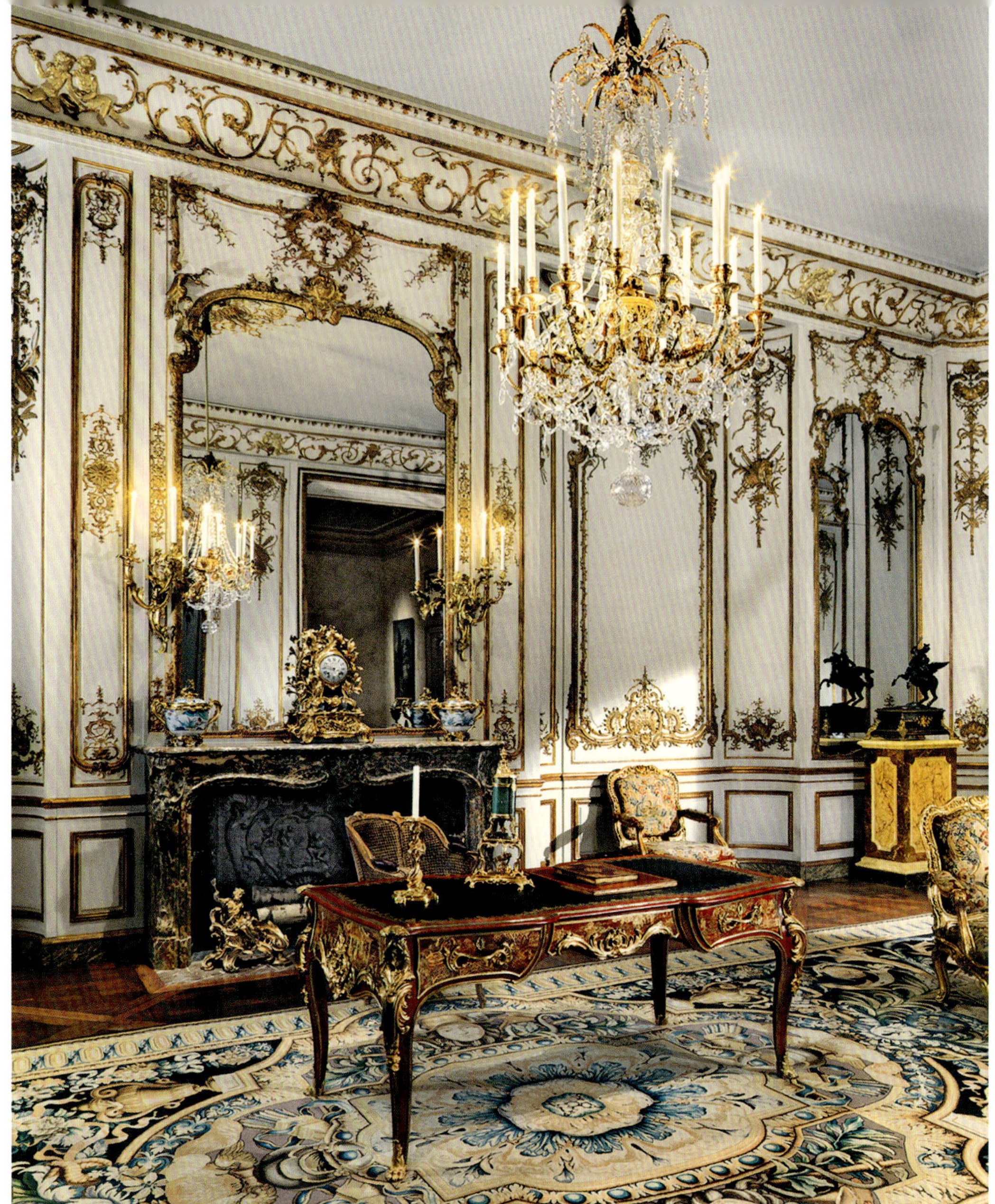

صالون فارنجفيل

باريس، حوالي 1736 – 1752م (مع إضافات لاحقة)
5.58 × 7.07 × 12،36 م
اقتناء، هبة من السّيّد والسّيّدة تشارلز رايتسمان، 1963م
(63.228.1)

إنّ التلبيس الخشبيّ لهذه الغرفة أو تآزيرها مدينان بالخصوص في روعتهما وبريقهما إلى النّقوش البديعة قليلة البروز. ومجموعهما مجلوب من الفندق الخاصّ فارنجفيل، وهو أحد مقرّات الإقامة الباريسيّة في القرن الثامن عشر الميلادي. ومازال المبنى قائما، رغم ما لحقه من تغييرات كبيرة، في العنوان التّالي: 217 جادّة سان جرمان. ورغم تآزير خشب البلّوط المطليّة والمذهّبة التي بدت كثيرة التحلية بأهِلّة وتَلْفيفات وأفْنانِ زهور وزخارف الحصى، فإنّ تناظر التزويق لا يندرج تمام الاندراج في أسلوب الزخرفة المحاريّة الملتوية. وترمز الشّعارات التذكاريّة إلى مفاهيم وخصال من قبيل الموسيقى والبَسْتنة والمآثر العسكريّة وأمجاد الأمراء. وأمّا الطّيور طويلة الأعناق التي تحطّ على الأُطُر الحلزونيّة للمرايا والتآزير فتترجم عمّا يوليه هذا العصرُ من عناية لكلّ ما هو غريب مستَجْلَب.

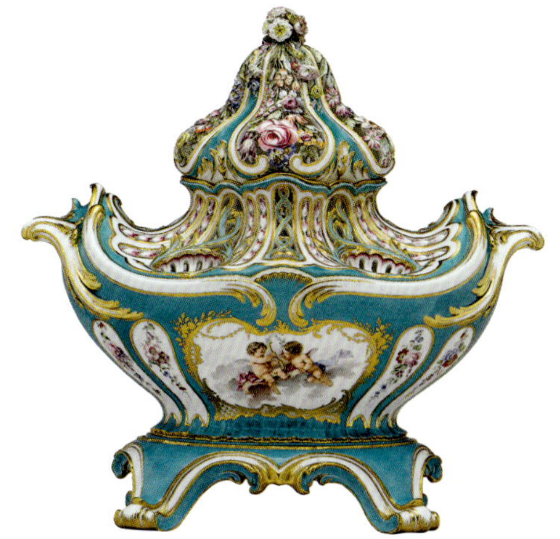

طقم للزّينة مع غلاف من الجلد الأصليّ، حوالي 1743 - 1745م

أربعة عشر صائغا تمّ تحديدهم (أوغسبورغ)، وغيرهم من الحرفيين الألمان،
خزف يابانيّ (إيماري)، فضّة مذهّبة، خزف صينيّ من العجين اليابس، بلّور مصقول، خشب شجر الجوز، خشب صنوبريّ منقوش ومذهّب جزئيّا، جلد مذهّب وهو بارد، جلد مذهّب جزئيّا، فولاذ وحديد مذهّبان جزئيّا، منسوجات، ورق مـُمـوّر، شعر الخنـزير، غلاف،
الارتفاع: 44 × 63 × 57 سم؛ مرآة 74.9 ×59.7 سم
اقتناء، هبة من المؤسّسة الخيريّة لـآنا ماريا وستيفان كيلان إحياء لذكرى ستيفان كيلاّن، 2005م (2005.364.1 - 48)

يمزج هذا الغلافُ المُتقنُ الصّنع أصولاً نبيلة مع تصوّر فنّيّ مكتَمَل فضلا عن درجة رفيعة من حذق الصّنعة. ومن البيّن أنّ هذه الأكسسواراتُ المُعدَّة للأنشطة الرّوتينية المقترنة بالنّهوض من النّوم صباح كلّ يوم أو بطقوس الزّينة بالنّسبة إلى شخص ينتمي إلى طبقة راقية، تعكس المنزلةَ الاجتماعيّة لصاحبتها. فمن المألوف بالنّسبة إلى الزّوج أن يُهدي تشكيلة فاخرة مثل هذه المجموعة من الأكسسوارات إلى زوجته باعتبارها «هديّة الصّباح» إثر ليلة الزّفاف. وقد تمّ صنعُها في «أوغسبورغ»، وهي مدينة مشهورة بإنتاج الطواقم الفضّيّة حسنة الصنع. وتعود هذه الأكسسوارات إلى الكونت والكونتيسة شانك فون ستافنبرغ من مدينة سوابيا، وكان لهما خَلَفٌ ذائع الصّيت أُعدم سنة 1944م بسبب محاولته اغتيال أدولف هتلر.

خليط متنافر

فرنسا، مدينة سيفر، 1756 ـ 1757م
خزف صينيّ من العجين الليّن؛ 35.9 × 36.2 × 19.7 سم
هبة من المؤسّسة الخيريّة صاموئيل هـ.كراس، 1958م (58.75.88a–c)

في زمن صناعة هذا الإناء، كان المصنعُ الملكيّ الفرنسيّ للخزف الصّينيّ بـمدينة سيفر يحظى بمكانة عظمى وقيمة اعتباريّة تفوق كلّ حدّ. ويُبرز التنظيمُ المعقّدُ للفتحات المثقوبة في غطاء الإناء وكتفيه، وجمال اللّون الأزرق الفيروزيّ فضلاً عن دقّة الرّسم والتذهيب، الطابعَ المبتكرَ للشّكل والتزويق. ولقد كانت السّيّدة دي بومبادور، وهي إحدى عشيقات لويس الخامس عشر، أوّل من امتلك هذا الإناء.

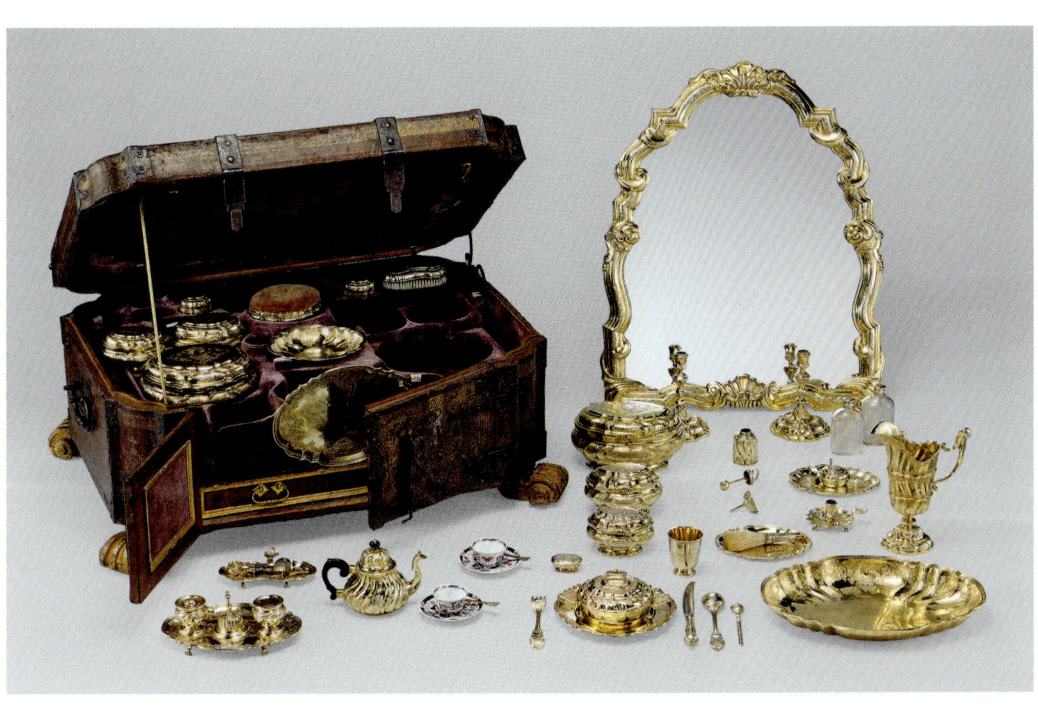

فرانسوا ـ توماس جرمان

فرنسيّ، 1726 – 1791م

إبريق القهوة، 1757م

فضّة وأبنوس؛ الارتفاع، 29.5 سم
اقتناء، وصية جوزيف بوليتزر، 1933م (33.165.1)

إبريقُ القهوة هذا، وقد صُنع في باريس ويعود تاريخه إلى سنة 1757م، هو من أكثر التّحف المزخرفة ظرفًا وابتكارًا وشهرةً في مجال الفضّيّات في تلك الحقبة. فالأخاديد الحلزونيّة توحي بالحركة، وتكشف الرّسوم المجسّمة بإطناب لأوراق شجرة القهوة وحبّاتها التي تبدو على فم الإبريق وغطائه عن وظيفةِ هذه التحفة. ولقد كان فرانسوا – توماس جرمان، وهو ابن الصّائغ المشهور توماس جرمان، أكثر الحرفيين شهرة بباريس خلال النصف الثّاني من القرن الثّامن عشر الميلادي. وكانت ورشته الكبيرة تزوّد البلاطَات الرّوسيّة والفرنسيّة والبرتغاليّة بالفضيّات.

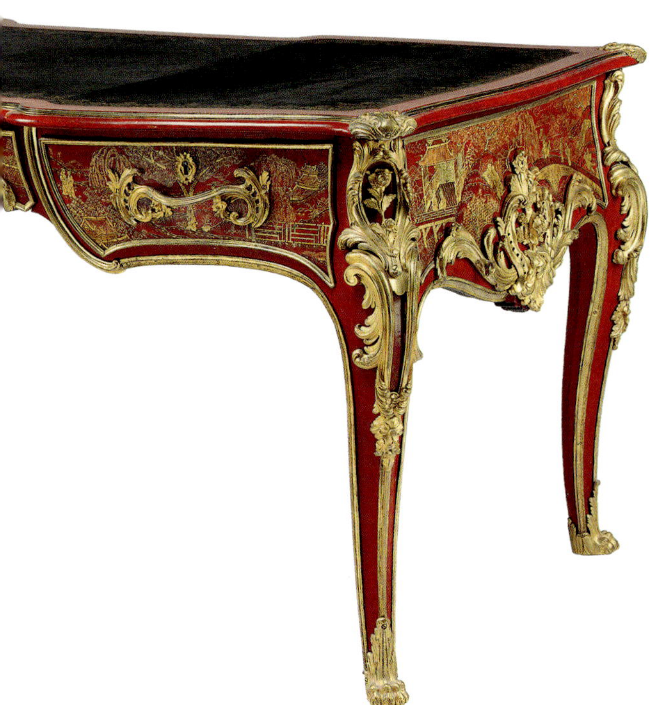

جيل جوبير،

فرنسيّ، 1689 – 1775م

طاولة للكتابة، 1759م

خشب شجر البلّوط المُبَرْنق، رُزَز من البرونز المذهّب، جلد (غير أصليّ)؛ 80.7× 175.9× 91.4سم
هبة من السّيّد والسّيّدة تشارلز رايتسمان، 1973 (1973.315.1)

في يوم 29 ديسمبر من سنة 1759م سلّم جيل جوبير، نجّار الأبنوس النّاجح، والباريسيّ الذي تلقى عددًا كبيرا من الطّلبيّات الملكيّة، هذه الطاولة المعدّة للكتابة إلى مكتب عمل لويس التّاسع بـفرساي. وتحاكي زخرفةُ السّطح البرنيقَ الصّينيَّ الأحمرَ والذّهبيَّ كثير الانتشار في فرنسا أواسطَ القرن الثّامن عشر الميلادي وقد كان يستعمل في طلاء الأثاث. أمّا الرُّزَز البرونزيّة المذهّبة والمخرّمة جزئيّا فإنّها لا تزيد من قيمة ما في الطّاولة من خطوط منحنية برشاقة فحسب، بل تحمي أيضا اللّمعان الأرجوانيّ للبرنيق وتؤطّره. وستظلّ هذه الطاولة موجودة في فرساي إلى حين بيع الممتلكات الملكيّة إبّان الثورة في الفترة المتراوحة بين سنتي 1793 – 1794م.

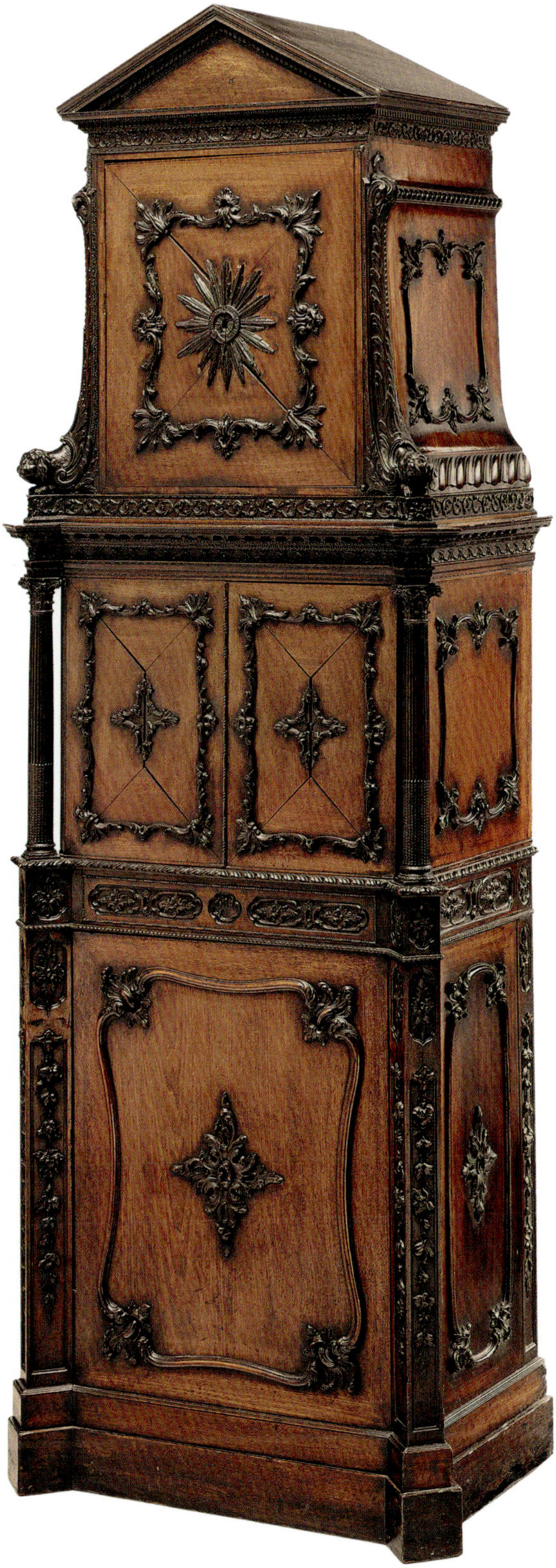

منسوبة إلى

ويليام فيل

إنكليزيّ، حوالي 1700/ 1705 – 1767م، و

جون كوب

أنكليزيّ، حوالي 1715 – 1761م

خزانة ميداليات، 1760 – 1761م

خشب الكابُلي؛ 200.7 × 68.6 × 43.8 سم
رصيد «فليتشر»، 1964م (64.79)

هذه الخزانة مجهّزة بمئة وخمسة وثلاثين درجًا صغيرا، وبإمكانها أن تحوي أكثر من ستّة آلاف ميداليّة وقطعة نقديّة. وتُعتبر جزءًا من وحدتَين (توجد الوحدة الأخرى حاليًا بالمتحف البريطانيّ بلندن) يُرجّح أنّهما تشكّلان بقيّة أجزاء أثاث أكبر إذا جمّعناه تحصّلنا على ما كانت يُطلق عليه وقتئذ الخزانة الكبرى لميداليات صاحب الجلالة. وقد أوصى بهذا الزوج، الأمير جورج، أمير بلاد الغال الذي سيصبح الملك جورج الثالث سنة 1760م. ولقد نقش الفنّانُ صانعُ الخزانة على مصراع الجزء الأعلى من الخزانة نجمة تنظيم فرسان الحِمالة التي من أجلها جرى انتخاب أمير بلاد الغال سنة 1750م. ولقد أجرى «ويليام فيل» تغييرات على خزانتَي الميداليّات، لعلّ أهمّها حشو الفراغ الذي كان قبل ذلك موجودًا في القاعدة.

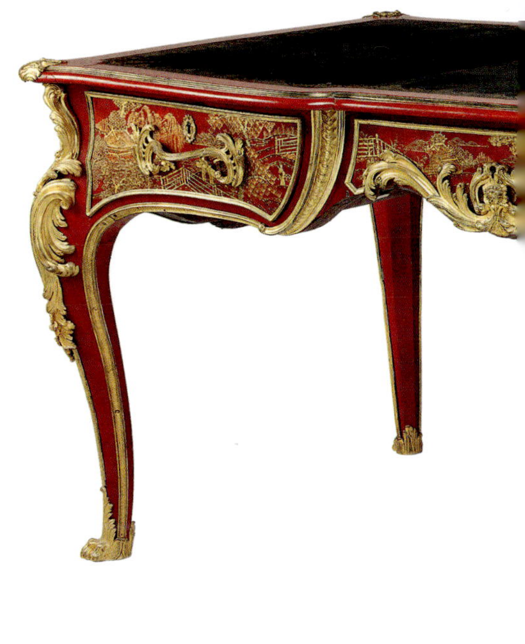

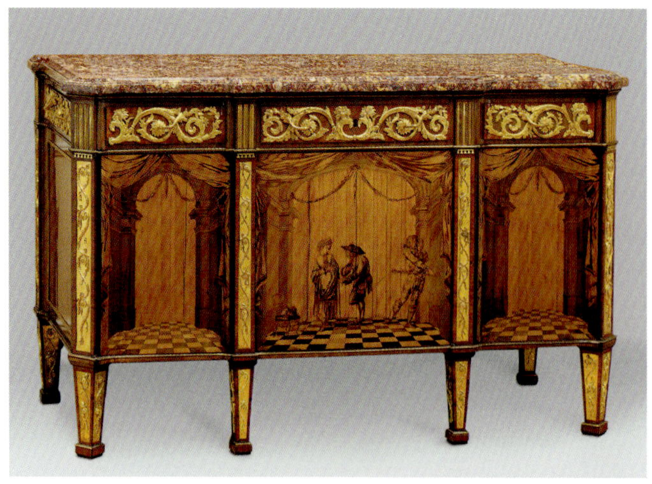

دافيد رولتغن

ألماني، 1743 – 1807م، معلّم بداية من سنة 1780م

صوان، حوالي 1775 – 1779م

صوان، تلبيس خشب أشجار الزّنبق والبَقْس والقطيفة والجُمّيز والكمثري والإسفندان على هيكل من خشب أشجار البلّوط والصّنوبر والزيزفون والكرز؛ مكمّلات زخرفة لأدراج من خشب الكابْلي؛ رُزَز من البرونز المذهّب؛ أجزاء آليّة من الفولاذ والنّحاس الأصفر؛ سطح من الرخام الملوّن الأحمر الكتالاني (غير الأصليّ)؛ 89.5 × 135.9 × 69.2 سم

مجموعة جاك و بيل لينسكي، 1982م (1982.60.81)

هذا الصُّوان ذو المصارع الذي نجد في ظهره ختمَين لقصر فارساي مسجّل في جرد للشّقق الخاصّة بـلويس السّادس عشر جرى ضبطه سنة 1792م. وكان نجّار الأبنوس رولتغن، وهو الحرفيّ المرغوب فيه أكثر من غيره من الحرفيين في القرن الثامن عشر الميلادي بأوروبا، قد صنع لحساب حرفائه من عدد من بقاع العالم، من بينهم عدد كبير من الأمراء الألمان وماري أنطوانيت وكاترين الكبرى إمبراطورة روسيا، قِطَعًا من الأثاث بأشكال مبتكرة ذات مكوّنات آليّة غريبة. أمّا

الألواح الثلاثة المرصّعة التي تبدو في الواجهة فهي تجسّم مشاهد مسرحيّة. وتحتلّ اللّوحةَ الوسطى شخصيّاتٌ من كوميديا دي لارتي.

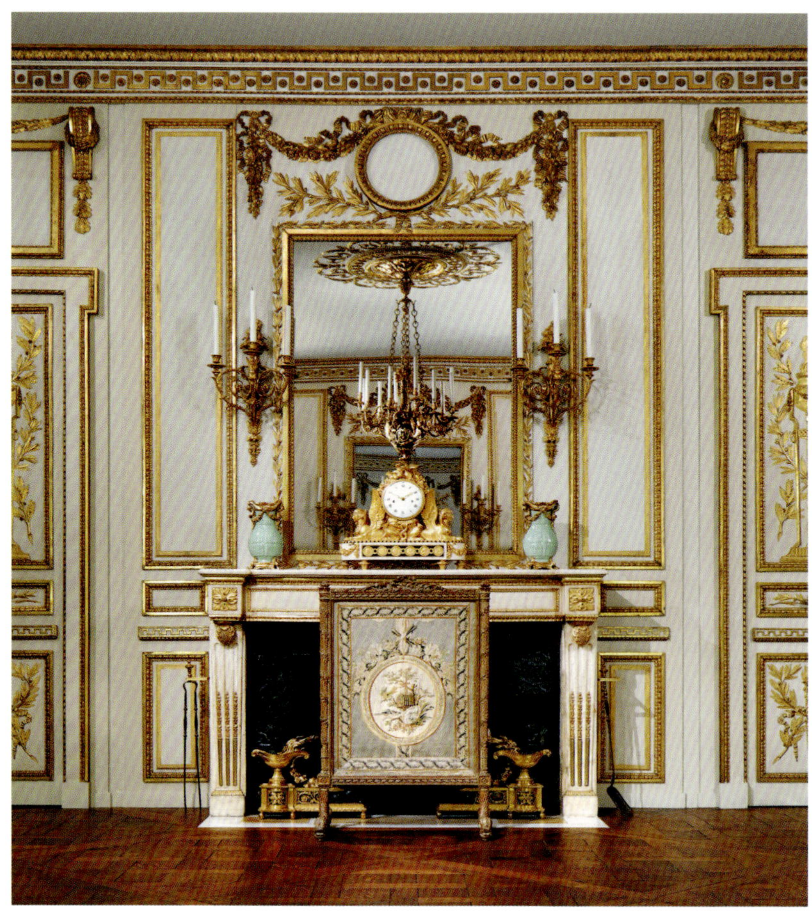

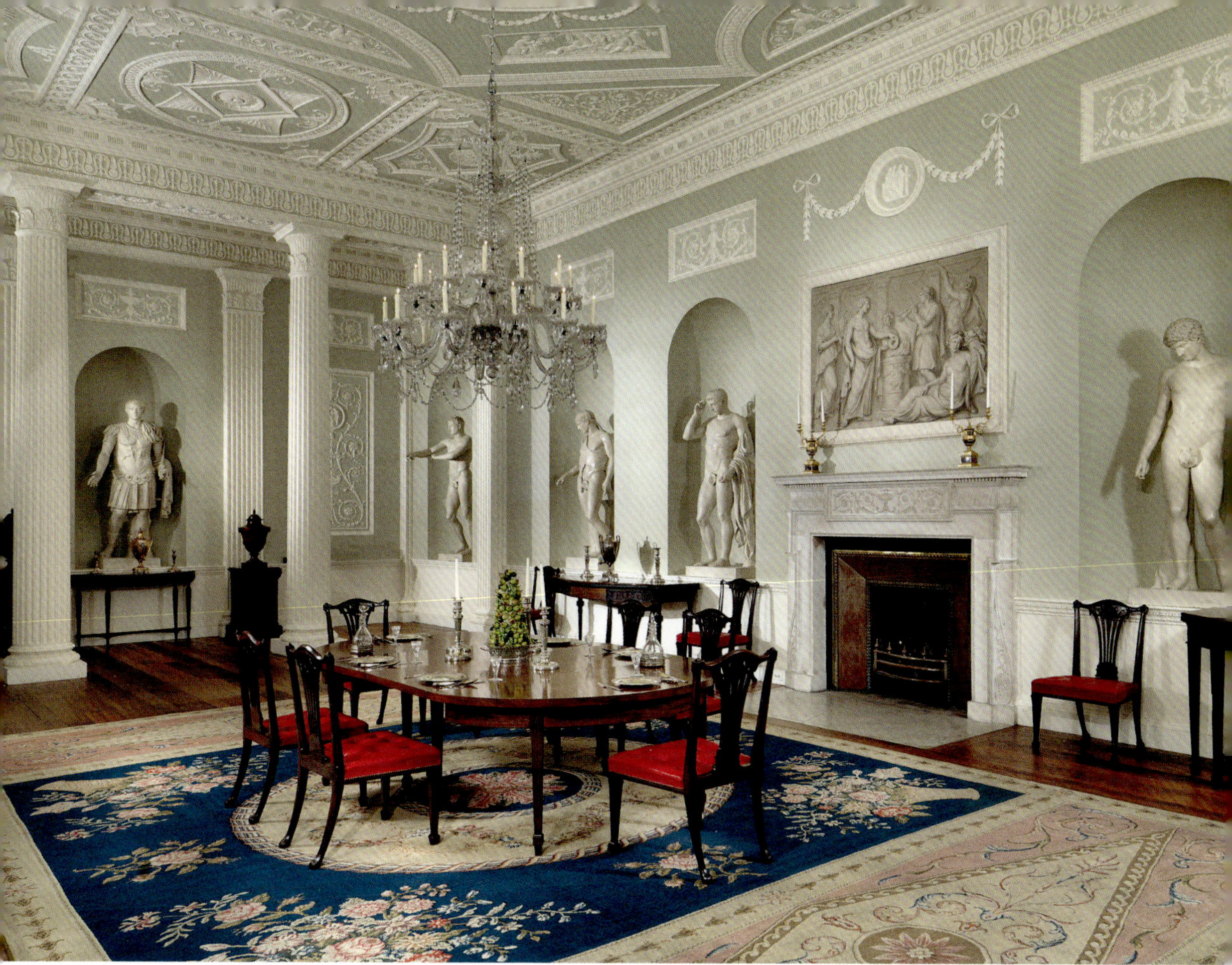

الصفحة المقابلة

قاعة استقبال كابريس

باريس، حوالي 1774م (إضافات لاحقة)،
3.56 × 6.69 × 7.77 م
اقتناء، هبة من السيّد والسيّدة تشارلز رايتسمان،
1972م (1972.276.1)

صُنعت هذه التآزير في باريس وقد كانت طُلبت لفائدة الإقامة الجديدة لـجان بول دي كلابيي، ماركيز كابري بـغراس، وهي تعبّر تعبيرا واضحا عن الأسلوب الكلاسيكيّ الجديد الخالص. وفي الأصل، كانت لهذه الغرفة خمسة أبواب بمصراعَين، مع العدد نفسه من المرايا. ونتج عن التناوب بين خشب البلّوط المنحوت والمذهّب وانعكاس المرآة تناغم مذهل. وتُزوّق زوايا قاعة الاستقبال المدوّرة آلاتٌ موسيقيّةٌ مُعلّقةٌ بأشرطة معقودة. وتُزيّن مباخرُ مِدخنةٌ موضوعةٌ على أثفيّات، وهي فكرة مستلهمة من العصور القديمة، الصفائحَ العليا للأبواب. ويضفي، علاوة على ذلك، التباينُ الحاصلُ بين الطّلاء المذهّب الخافت واللاّمع المصقول حيويّةً مميّزة.

استنادا إلى تصميم هندسيّ أنجزه

روبيرت آدم

أنكليزيّ، 1728 – 1769م

قاعة أكل من لانسداون هاوس

لندن، 1766 – 1769م
5.46 × 7.47 × 14.33 م
رصيد رودجرز، 1931م (32.12)

أنجز روبيرت آدم التصاميمَ الهندسيّة والتزويق الدّاخليّ لـلانسداون هاوس الكائن بـبركلاي سكوار في لندن. وممّا يُلاحظ في هذه القاعة الكبرى المعدّة للأكل، وهي تشي بكثير من الأبّهة، أنّ الطّابع المعماريّ الكلاسيكيّ الجديد البريطانيّ كان في أوجه. وفضلاً عن الأعمدة التي تقوم بدور السّتار الحاجز، والتلبيسات الخشبيّة المنحوتة، فإنّ الديكور يقوم على تسع كوّات كانت تُنصب فيها منحوتات قديمة (وفيها الآن نُسخ منها). وأمّا جوهرة القاعة فهي الدّيكور المصنوع من الجبس المُقَولب ومن ثراء مفردات التزويق الكلاسيكيّ. وبخصوص الكراسي المصنوعة من خشب الكابُلي لـتوماس تشيبندايل فهي ليست تلك النّسخ الأصليّة التي كانت موجودة في هذه القاعة، بل هي من الطّراز نفسه للكراسي التي صُنعت لحساب لانسداون هاوس سنة 1769م.

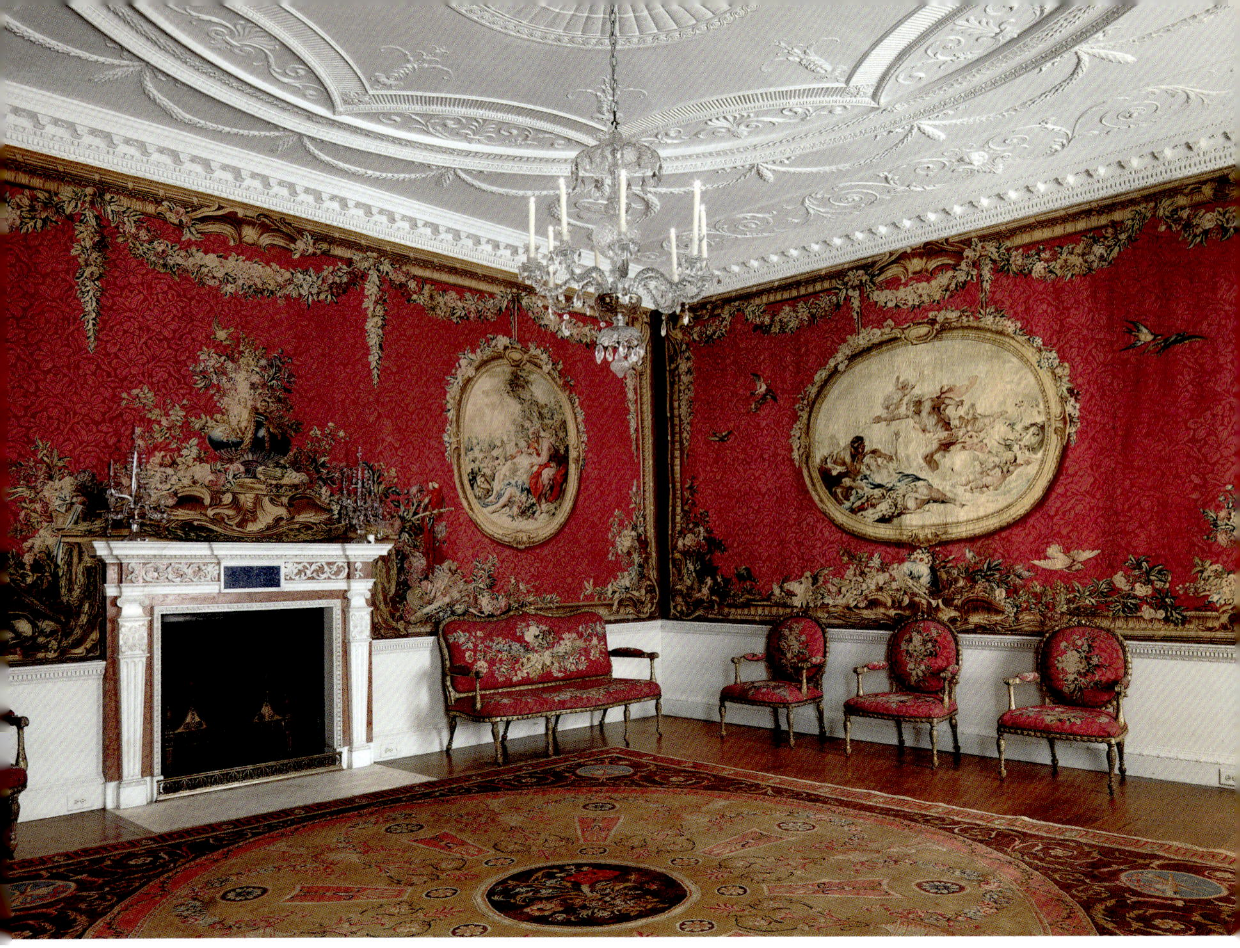

استنادا إلى تصاميم هندسيّة أنجزها

روبير آدم

إنكليزي، 1728 – 1792م

قاعة للنّجود من كروم كورت

ورسيسترشاير، 1763 – 1771م

4.23 × 6.9 × 8.26 م

هبة من المؤسّسة الخيريّة صاموئيل هـ.كراس 1958م (1.58.75-22)

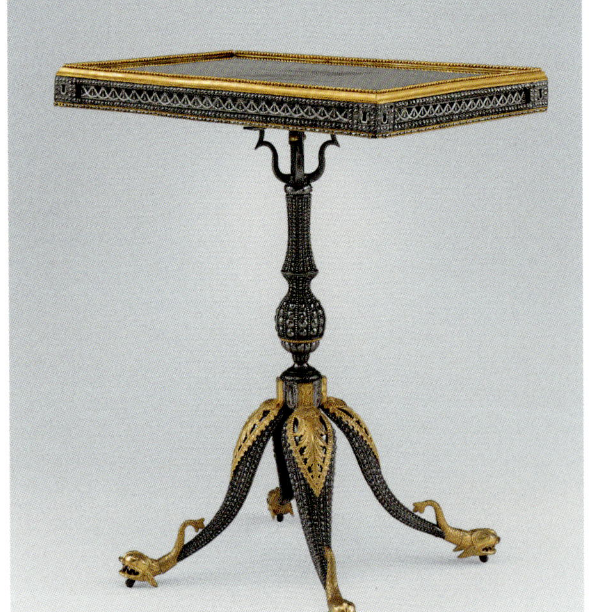

يتميّز سقفُ القاعة المصنوعُ من الجبس الذي صُمِّم سنة 1763م، بثرائه بالنّجميّات والنّصب التذكاريّة والشّريطيّات. وهو بهذا يجسّم بوضوح ما يمتاز به روبير آدم من أسلوب بليغ لّما كان في بداية مسيرته الفنيّة. وفي السّنة نفسها أوصى الكونت السّادس لـكوفنتري بإعداد طنافس من الحرير والصّوف في ورشة جاك نيلسن الكائنة بالمصنع الملكيّ غوبلان في باريس. أمّا الميداليّات الكبيرة التي تستلهم من الأساطير القديمة مشاهدَ تجسّم الطّبيعة فقد أُعدّت انطلاقا من نماذج فنيّة لفرنسوا بوشي. وتولّى كلٌّ من نجّار الأبنوس جون مايهو ووِيليام إنس صُنعَ الهياكل المذهّبة الخاصّة بالكراسي بذراعَين وبالأرائك، وكان هذا في لندن سنة 1769م. وفضلاً عن هذا، غُلّفت النّجودُ في مصنع «غوبلان».

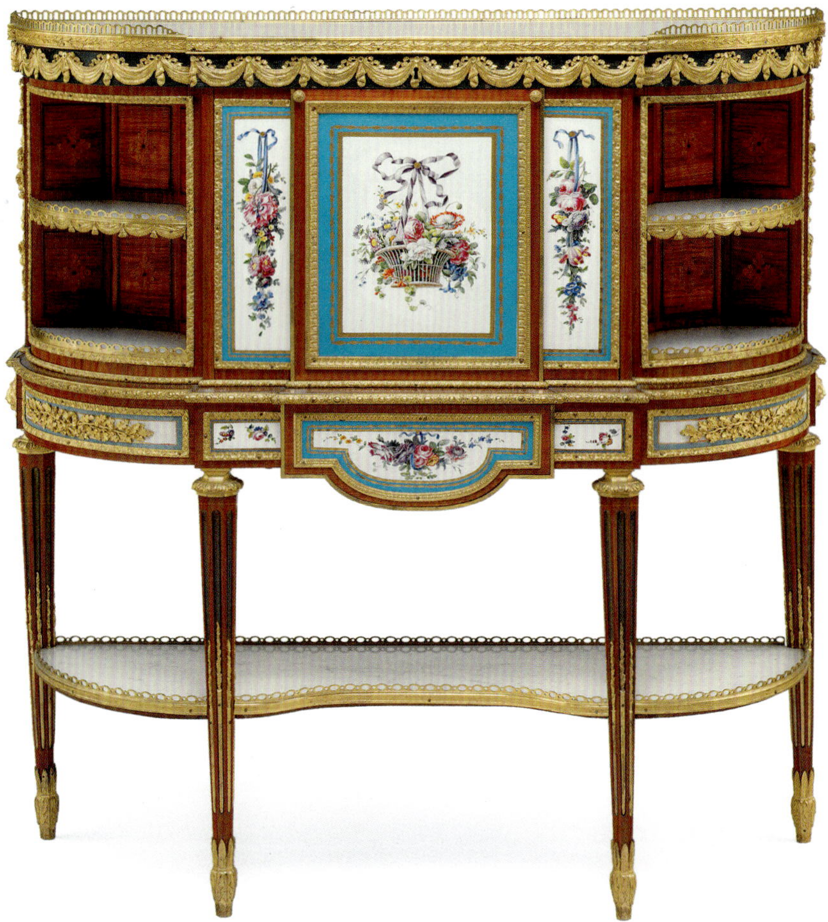

الصّفحة المقابلة

مصنع الأسلحة الإمبراطوريّ

روسيا، تولا، جنوب موسكو

طاولة قاعة الاستقبال، حوالي 1780 – 1785م

فولاذ، فضّة، نحاس، نحاس أصفر مذهّب، زيزفون؛ زجاج العوض في المرآة؛ 69.6 × 55.9 × 38.1 سم

اقتناء، هبة من المؤسّسة الخيريّة أننبرغ، 2002م (2002.115)

تُعدّ هذه الطاولة قطعة الأثاث الأولى من مجموعة المتحف التي جُلبت من روسيا. وقد كانت قطعة من ضمن مجموعة صغيرة من الأثاث المزيّن بترصيعات فضّيّة وزخارف منقوشة وعدد من المصابيح الجداريّة المذهّبة. وهذه الطاولة هي المثال الوحيد المعروف خارج روسيا، وهي كذلك أكثر الأمثلة إتقانًا في الصّنع. وغالبا ما كانت هذه التّحفُ الاستثنائيّة هدايا ديبلوماسيةً أو جزءًا من البائنة التي كانت تقدّمها وقتئذ الزوجةُ مهرًا لزوجها. وكشفت دراسات حديثة أنّ هذه الطّاولة الاستعراضيّة (فهي لمجرّد الزّينة) قد صُنعت لفائدة العائلة الإمبراطوريّة الروّسيّة. وهي موجودة في جرد أثاث غرفة النّوم الخاصّة بالإمبراطورة ماريا فيودوروفنا في قصر بافلوفسك. وفي سنة 1801م، أهدت الإمبراطورة هذه الطاولة لـبيار الذي كان دوق أولدنبرغ، وهو أيضا زوج أختها المتوفّاة منذ زمن غير بعيد.

منسوب إلى:

مارتين كارلين

فرنسيّ، 1730 – 1758م

مكتب بمنضدة على القاعدة، حوالي 1776م

تصفيح بخشب أشجار الزنبق، والآس البرّي والقطيفة والجمّيز على هيكل من خشب البلّوط؛ ستّ صفائح خزفيّة صينيّة من العجين اليابس

مجلوبة من منطقة سافر، وصفيحتان من القصدير المطليّ؛ رُزَز من البرونز المذهّب؛ صفائح من الرّخام؛ حرير مُموّر؛

المقاسات: 110.5 × 102.9 × 32.7 سم

هبة من السّيّد والسّيّدة تشارلز رايتسمان، 1976م

(1976.155.110)

اشتهر مارتين كارلين بأثاثه الفاخر المزيّن بالخزف الصّينيّ المجلوب من منطقة سافر. وممّا يُلاحظ أنّ ظهر الصّفيحة المركزيّة لهذا المكتب، وهي من الخزف الصّينيّ الذي كان قد طلاها أدمي فرانسوا بويا، قد وُسِم بحرْفٍ يوافق سنة 1776م. وكان المكتب في أوّل الأمر لصاحبة الصوت النّدي ماري جوزيفين لا غير، وقد كانت تعيش عيشة بذخ ومجون بفضل عشّاقها الميسورين. وإثر ذلك اقتنتها ماريا فيودوروفنا، وكانت وقتئذ الدّوقة الكبرى لروسيا، بمناسبة زيارتها لباريس سنة 1782م.

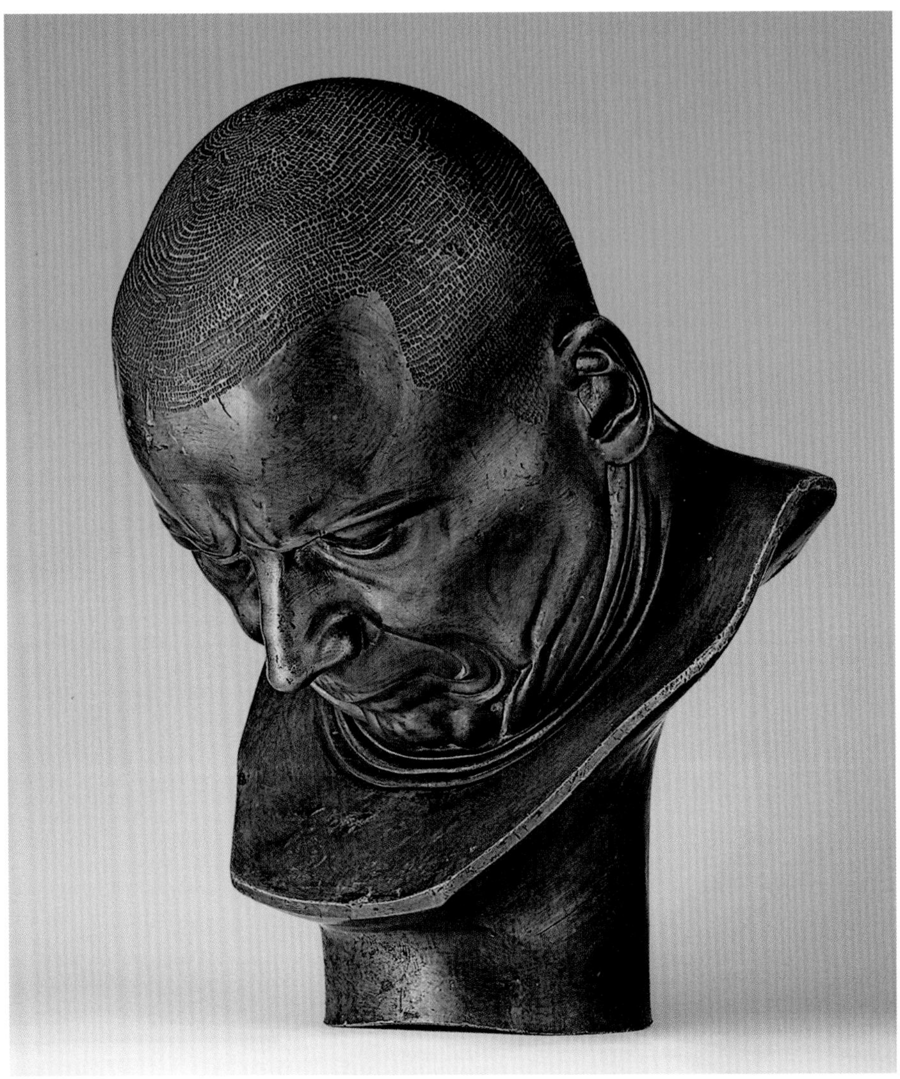

فرانز كزافير ميسير شميدت

نمساويّ، مولود بألمانيا، 1736 – 1783م

المخادع الواشي، حوالي. 1770 – 1783م

خليط من القصدير؛ 37 × 24.4 × 29.5 سم

اقتناء، الصندوق المخصّص للنّحت وفنون التزويق الأوروبيّين، وهبات من ليليا أشسن والاس، السّيّد والسّيّدة مارك فيش، السّيّد والسّيّدة فرانك أ. ريشاردسون، 2010م (2010.24)

كان ميسير شميدت، النحّات النّمساويّ، في نهاية مسيرته الفنيّة، شَغوفًا شغفًا كبيرًا بفكرة قادَتْهُ إلى إنتاج ما يناهز ستّين «رأسًا بسمات مميّزة» من المعدن أو المرمر. وتبرز هذه التماثيلُ النّصفيّةُ التقاليدَ الفنيّة التي تقيم صلة تشابه بين قسمات الوجه والمشاعر. بيد أنّها تعكس أيضا النّظريّاتِ الطبّيّةَ السّائدةَ عصرئذ التي كانت تقيم علاقة ترابط قويّة بين الملامح الخارجيّة والمشاعر الدّاخليّة. ويكشف عددٌ من نماذج التماثيل النّصفيّة لـميسير شميدت، على غرار هذا التمثال، عن عمليّة استبطان عميق. وقد جسّم هذا النّحّاتُ، وهو يمزج بين الواقعيّة والتجريد مزجًا طريفًا جدًا، رجلاً صلبًا شبه أصلع قد طأطأ رأسه حتّى لمس صدره. وتكشف التجاعيدُ التي تجتمع في مركز موحّد والوجنتان المتهدّلتان المتناظرتان عن حالة من التوتّر.

أسفل الصّفحة

جان أنتوان هودون

فرنسيّ، 1741 – 1828م

المقرورة، 1787م

برونز؛ الارتفاع: 143.5 سم

وصية كايت تروبي دافيسون، 1962م (62.55)

هذه النّسخة المنحوتة من الرّخام سنة 1783م وهي تجسّم المرأة شديدة التأثّر بالبرد محفوظة في متحف فابر بـمونبليي. وفي بادئ الأمر، جرى تصوّرُها باعتبارها رمزًا لفصل الشّتاء. وقد قَوْلب هودون بنفسه هذا التمثال البرونزيّ المجلوب إلى المتحف من بين مجموعة تحف يمتلكها دوق أورليانس. ثمّ إنّه جرّد هذا العمودَ الملتوي فاقتصر في تغطيته على الحدّ الأدنى. ويحزِقُ شالٌ أنيقٌ جسدَ الفتاة الشّابة المرتعش بردًا، بيد أنّه لا يكاد يـفي بالحاجة.

أعلى الصّفحة

كلوديون (كلود ميشال)

فرنسيّ، 1738 – 1814م

نصب تذكاريّ على صورة منطاد، 1783م

فخّار؛ الارتفاع: 109،5 سم

اقتناء، رصيد رودجرز، وهبة من مجهول، 1944م (44.21a،b)

في سنة 1783م نجح الأَخوان مونغلوفيي في التحليق بمنطاد يشتغل بالهواء السّاخن. وكانت هذه الرّحلة التي لم تدم أكثر من عشر دقائق مناسبة وقع تخليدها مرارًا. فقَبْل موفّى هذه السّنة، قرّر ملك فرنسا تخليد هذا الحدث. وكان كلوديون واحدا من ضمن النّحّاتين الموهوبين السّبعة الذين تنافسوا على الفوز بهذه العُهدة. وههنا حلّق خياله بعيدًا، فقد أبرز هذا النّصبُ التذكاريّ صبيانَ الحبّ: بوتي وهم يكوّمون حُزمات القمح التي منها سينطلق المنطادُ الذي تهْديه الشهرةُ ويحمله إلهُ الرّيح إيول. ويصعب أن نتخيّل أنّ هذا الأثرَ الفنّيَّ الذي يتميّز بزخرفته المثقلَة يمكن صُنعه من الرّخام. وبعد أن غدا التحليقُ بالمنطاد أمرًا مألوفا وقع التخلّي عن هذا المشروع الفنّي.

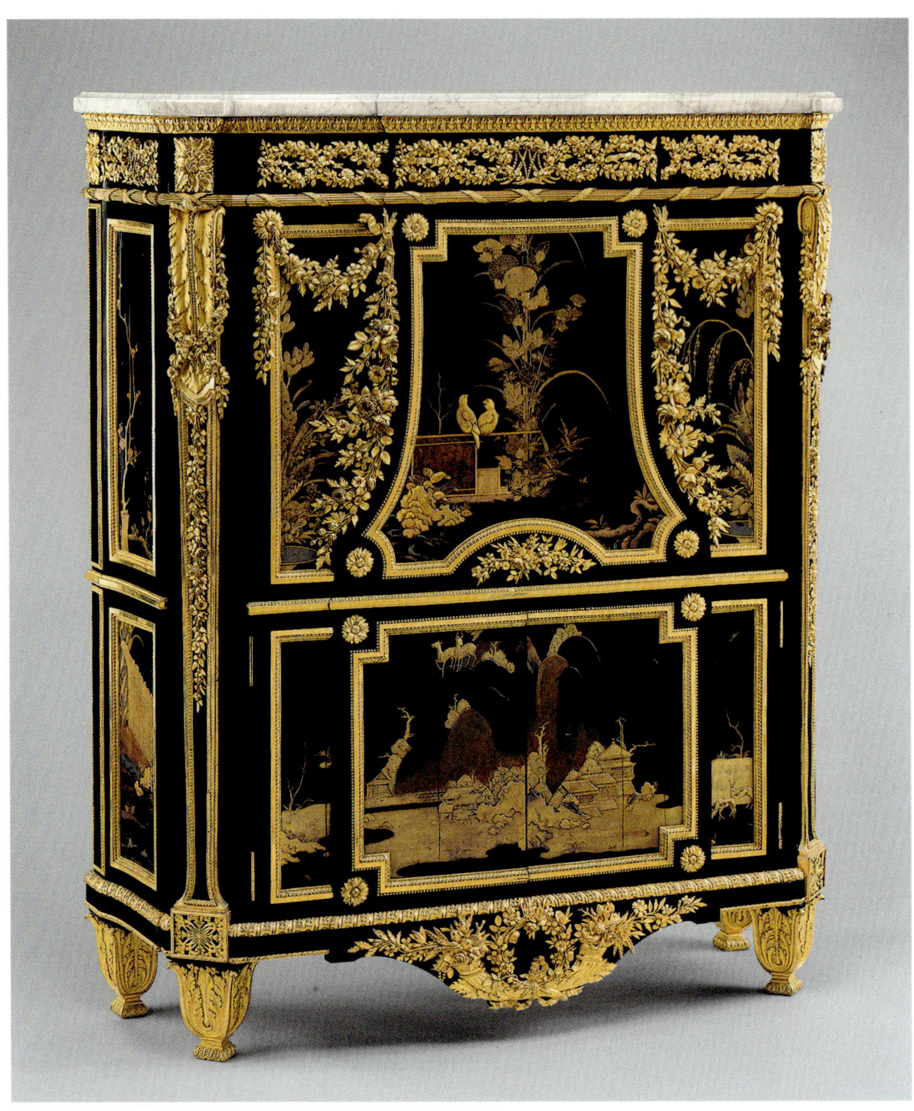

جان هنري ريسنر
فرنسيّ، 1734 – 1806م

مكتب بمنضدة، 1783م
تصفيح بخشب الأبنوس، وبرنيق يابانيّ من القرن السّابع عشر على هيكل من خشب البلّوط؛ تصفيح داخليّ بخشب الزنبق والقطيفة والبهشيّة، والبهشيّة المؤبنسة؛ رُزَز من البرونز المذهّب؛ رخام، مخمل (غير أصليّ)؛
المقاسات: 144.8 × 109.2 × 40.6 سم
وصية ويليام ك. فاندربيلت، 1920م (20.155.11)

في سنة 1783م، وبطلب من ماري أنطوانيت، ابتكر جان هنري ريسنر هذا المكتب البديع. وعلى المنوال نفسه صنع مكتبا آخر يوجد الآن في المتحف كذلك. و خَصَّت الملكةُ بهذا المكتب إحدى غرفها الشخصيّة في قصر فرساي، ووضعت فيه العُلب المُبَرنقة ذات الأصول اليابانيّة التي ورثتها من والدتها ماري تيريز إمبراطورة النّمسا. وبشأن البرنقة المزوّقة لهذا الأثاث الملكيّ، فقد أعاد الفنّانُ استعمالَ أجزاء منتقاة مجلوبة من البرنيق اليابانيّ الذي يعود إلى القرن السّابع عشر الميلادي. وقد نشأ عمّا ترسله هذه الأجزاءُ من بريق أسود وذهبيّ وعن لمعان الأبنوس تباينًا يأخذ الألباب. وتُضاف إليها الرُزَز البرونزيّة المذهّبة التي تتضافر مع أكاليل الأزهار المرسومة بأسلوب أصحاب المذهب الطبيعيّ. وقد أُدمجت الأحرف الأولى من اسم الملكة وسطَ الإفريز في أعلى المكتب.

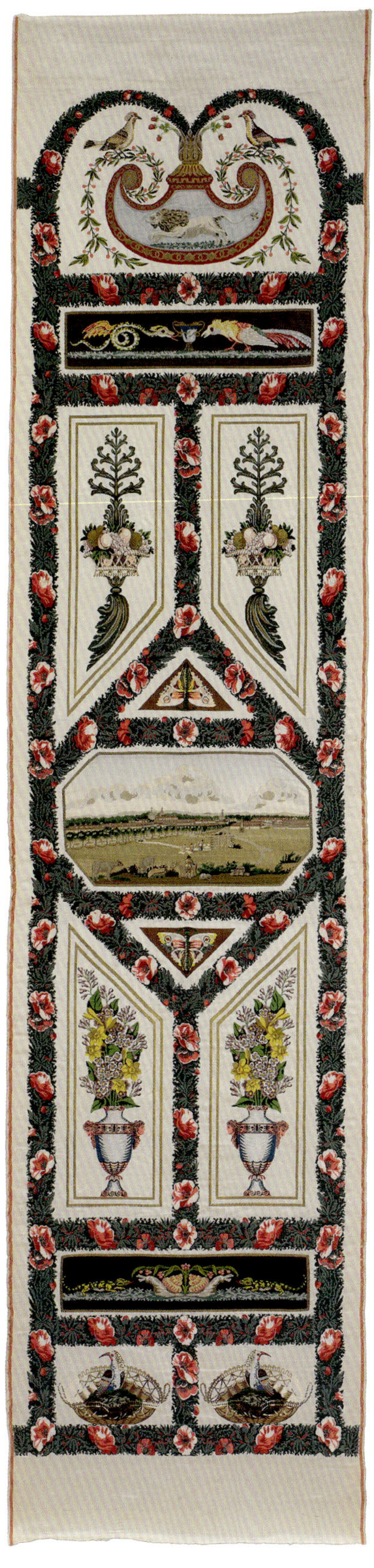

أنموذج فنّي

جان ديموستان دوغورك

فرنسيّ، 1749 – 1825م

إنجاز:

كاميل برنون

فرنسيّ، 1753 – 1808م

بُسُط خضراء ناضرة من الفاتيكان، حوالي 1799م

حرير منسوج بالسّلك المعدني؛ تطريز بإطباقات من الحرير وخيوط القيطان؛ 291.5 × 66.7 سم

رصيد الاقتناءات، 2006م (2006.519b)

كانت هذه اللّوحة الجداريّة الحريريّة واحدة من لوحتين ضمن مجموعة من الطنافس المجعولة لتزيين صالة البِلْيَـار الموجودة في كازيتا ديل لابرادور، قصر الاستجمام الذي شُيّد في الفترة المتراوحة بين سنتي 1791 و1803م في مدينة أرانخواز بإسبانيا لفائدة الملك شارل الرّابع. وقد كان دوغورك الذي كان يوفّر عددا من أعماله الفنّية لفائدة النّبلاء الفرنسيين والإسبان، في آن واحد، ذائعَ الصّيت بمهارته في إدماج زخارف من موارد مختلفة. وعلى سبيل المثال، فقد استوحى هذه اللّوحةَ بالخصوص من تزويق شُرفة رفائيلو التي نجدها في الفاتيكان. وهذه التحفة التي صنعها كاميل برنون، وهو الزّعيمُ المقدَّمُ لمنتجي المنسوجات الحريريّة الفاخرة في مدينة ليون، تُجسّم توليفة مدهشة تجمع بين فنَّـيْ الحياكة والتطريز.

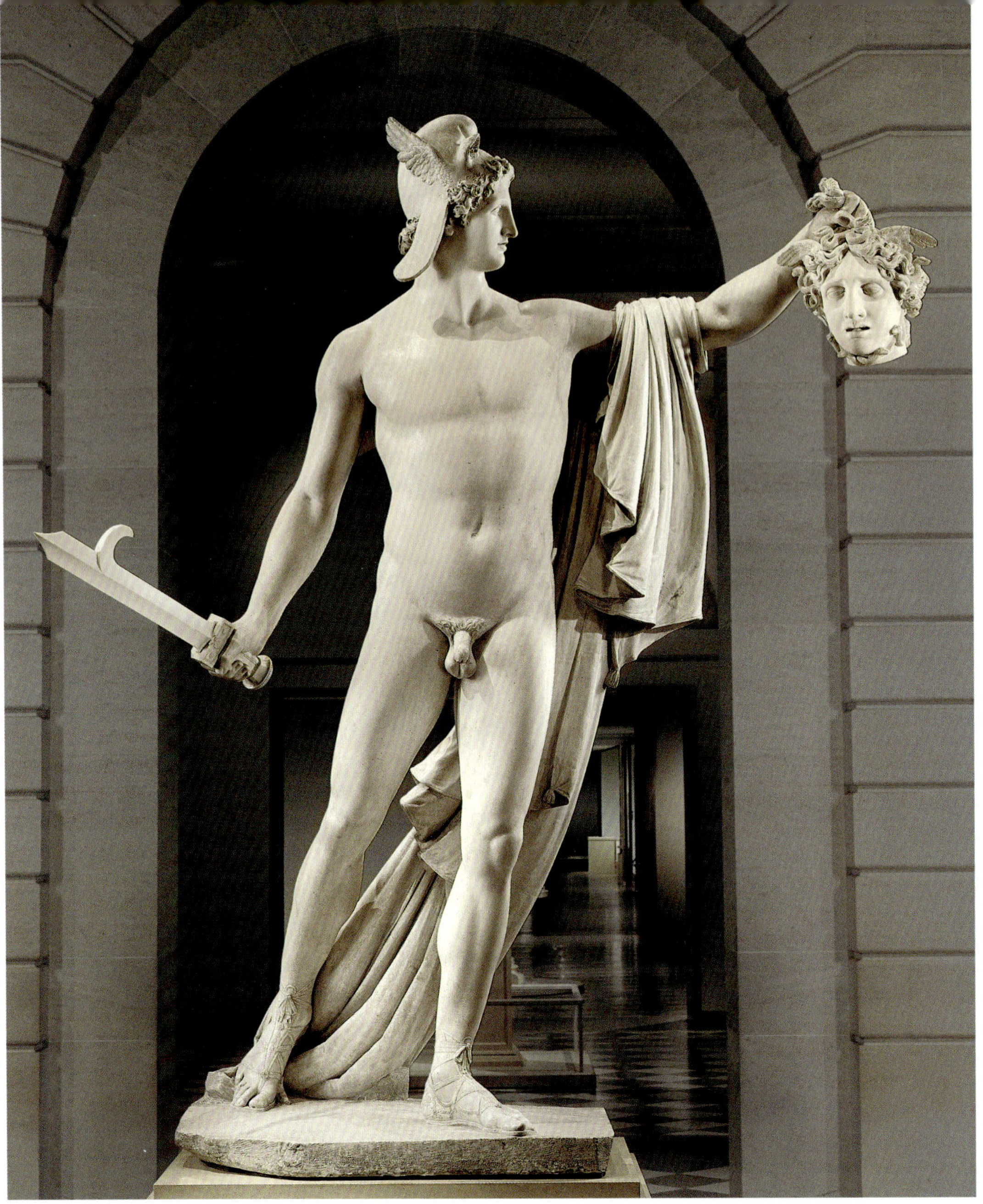

أنطونيو كانوفا
إيطاليّ، 1757 – 1822 م

فرساوس يلوّح برأس ميدوزا، 1804 – 1806م
رخام؛ الارتفاع، 242.6 سم
رصيد فليتشر، 1967م (67.110.1)

خلال الفترة الممتدّة من سنة 1797م إلى غاية سنة 1801م ، انصرف كانوفا إلى نحت تمثال لـفرساوس استلهمه من التمثال الرّومانيّ أبولون البلفيدير الذي نُحت في القرن الثّاني بعد الميلاد وهو محفوظ في متحف الفاتيكان. ويلوّح فرساوس برأس ميدوزا الذي قطعه بمساعدة الإلهة مينيرفا. وكان البابا بيو السّابع قد اشترى التمثال، وهو مازال في ورشة كانوفا. ثمّ إنّه وضعه في مكان أبولون البلفيدير الذي كان قد أُرسِل، بأمر من نابليون، إلى فرنسا ليبقى فيها فترة من الزمن. ونجد في النّسخة التي وقع الاحتفاظ بها في متحف المتروبوليتان، وقد طلَبَتْها بعد مدّة وجيزة الكونتيسةُ البولونيّةُ واليريا تارنوفسكا، اختلافات كثيرة تميّزها من النّسخة الأصليّة. وقد أصبح فرساوس كانوفا بقدّه الممشوق الرّائع مثالاً للجمال البطوليّ في الحقبة الكلاسيكيّة الجديدة.

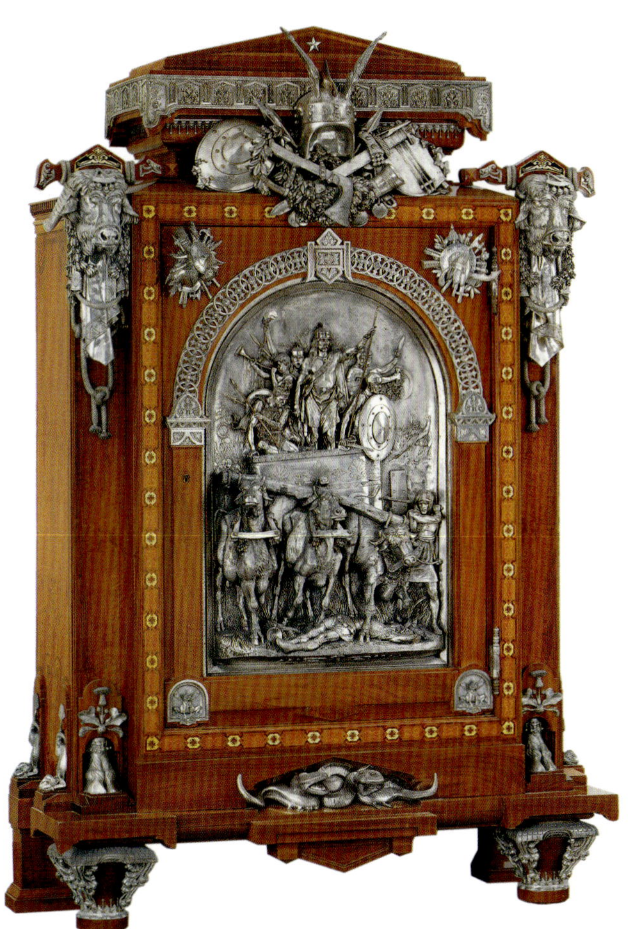

على اليسار
تصميم
جان برندلي
فرنسيّ، ناشط 1855 – 1867م
صنع
شارل غيوم ديهل
فرنسيّ، 1811 حوالي 1855م
رُزَز وصفيحة مركزيّة كبيرة،
إيمانويل فريمي
فرنسيّ، 1824 – 1910م
خزانة ميداليات، 1867م
تصفيح بخشب أشجار الأرز والجوز والأبنوس، وبالعاج على هيكل من خشب البلّوط، رُزَز برونزية مطليّة بالفضّة؛ 238 × 151 × 60 سم
اقتناء، هبة من السيّد والسّيّدة فرانك أ. ريتشاردسون، 1989م (1989.197)

في الوقت الرّاهن، يُحتفظُ بالأنموذج الأصليّ لهذه الخزانة بمتحف أورساي بباريس. وقد سبق عرضها في معرض باريس الدولي سنة 1876م، فأثارت وقتئذ ردود فعل غير إيجابيّة في الغالب. بيد أنّ ديهل نجّار الأبنوس سَرّتهُ النّتيجةُ بما أنّه صنع خزانة ميداليّات ثانية تكاد تكون مطابقة للخزانة الأولى، واحتفظ بها لنفسه، وهي الموجودة أمامنا الآن. ولقد تحرّرت قطعةُ الأثاث هذه من المعايير الفنيّة السّائدة سواء أكان هذا في الشّكل أم في التزويق. وتعبّر النواحي البارزةُ في اللّوحة المركزيّة عن درجة عالية جدّا من الإحساس بالوطنيّة الفرنسيّة، ورُمـزَ إلى ذلك من خلال انتصار الملك ميروفيتش على شعبَي الأتيلا والهون سنة 451م. ويبدو ميروفيتش يقف مبتهجًا بنصره فوق عربة كان الرّجلُ الذي يقودها يحفّز الثّيرانَ التي تجرّها حتّى تدوسَ على جسد واحد من الأعداء.

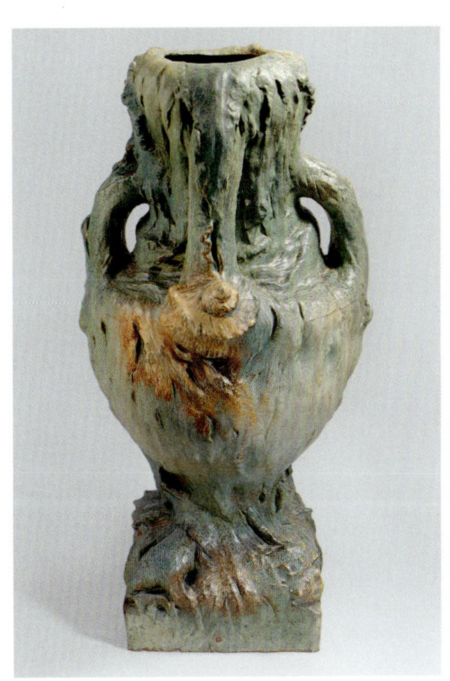

على اليمين
رسم
جورج هونتشال
فرنسيّ، 1855 – 1915م
من المحتمل أن تكون من إنجاز
إيميل غريتل
فرنسيّ، 1870 – 1953م
مزهريّة، 1899 – 1900م
صلصال رمليّ مصقول بطلاء زجاجيّ ثخين
115.9 × 57.2 × 61.3 سم
اقتناء، هبة من المؤسّسة الخيريّة إيريس وب. جيرالد كانتور، 2007م (2007.27)

تُعدّ هذه المزهريّة، وهي تحفة فرنسيّة من الفنّ الحديث، من قطع الخزفيّات الصّينيّة الأكثر طموحًا التي صنعها هونتشال المهندس المعماريّ وجمّاع التحف الفنيّة والخزّاف. فقد أدمج، بمهارة فائقة، في التصميم الزخارفَ المائيّةَ من أسماك وأصداف وقشريّات وطحالب. أمّا الخـزاف المرقَّط فقد جاء ليدعم موضوع البحر المميّز لهذه التحفةَ الفنيّة. وقد حظيت هذه المزهريّةُ بمعيّة أختها، التي تكوّن معها زوجًا، بمكانة متميّزة في معرض باريس الدولي الذي انتظم سنة 1900م.

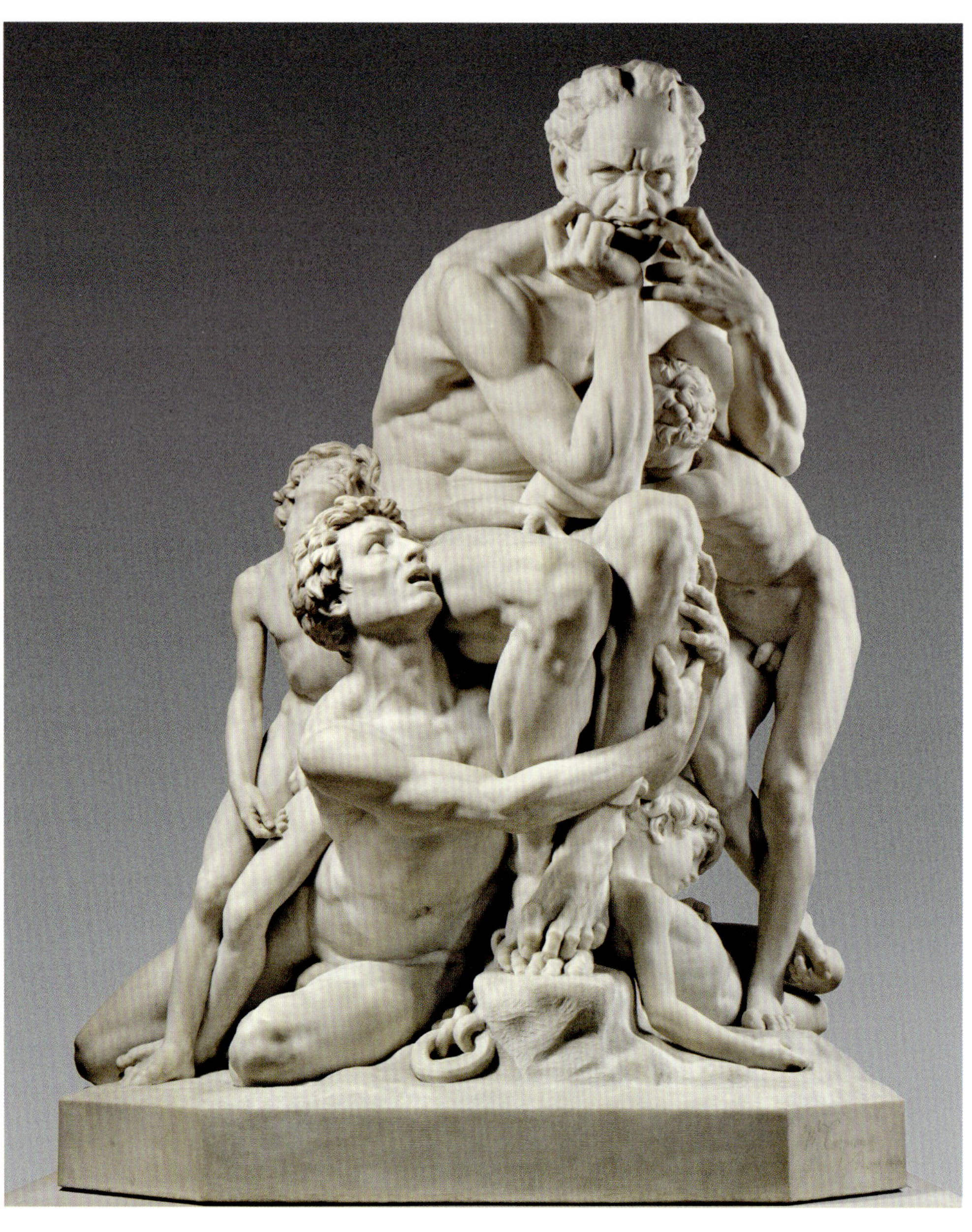

جان باتيست كاربو

فرنسيّ، 1827 – 1875م

أوغولينو وأطفاله، 1865 – 1867م

رخام؛ الارتفاع: 197.5 سم

اقتناء، هبات قدّمتها: جوزيفين باي بول وس. ميخائيل بول، المؤسّسة الخيريّة المندمجة، والمؤسّسات الخيريّة المندمجة لشارل أولريك وجوزيفين باي، ورصيد فليتشر، 1967م (67.250)

هذا الأثر الفنّي، وهو موسوم بروح رومنسية عالية، مُستوحًى من النّشيد الثّالث والثلاثين من الجحيم لدانتي، وقد وصف فيه كيف أنّ كونت بيزا أوغولينو ديلاّ جيراردِيسكا وأطفاله وأحفاده، قد هلكوا جوعًا بعد أن زُجّ بهم في السّجن سنة 1288م. وقد جسّم «كاربو» الأبَ وهو في كرب شديد يقاوم أطفاله ويصدّهم وهم يعرضون عليه أجسادهم كي يظلّ على قيد الحياة. وتعبّر هذه المجموعةُ الخرافيّةُ المعذّبةُ القلقةُ عن اهتمام الفنّان بالواقعيّة التشريحيّة وبإعجابه، بل شغفه، بميكلنجيلو، وبالخصوص بجداريّة يوم القيامة (خلال السّنوات 1536 – 1541م) المُودَعة في الكنيسة السّيكستينيّة الخاصّة الموجودة بالفاتيكان.

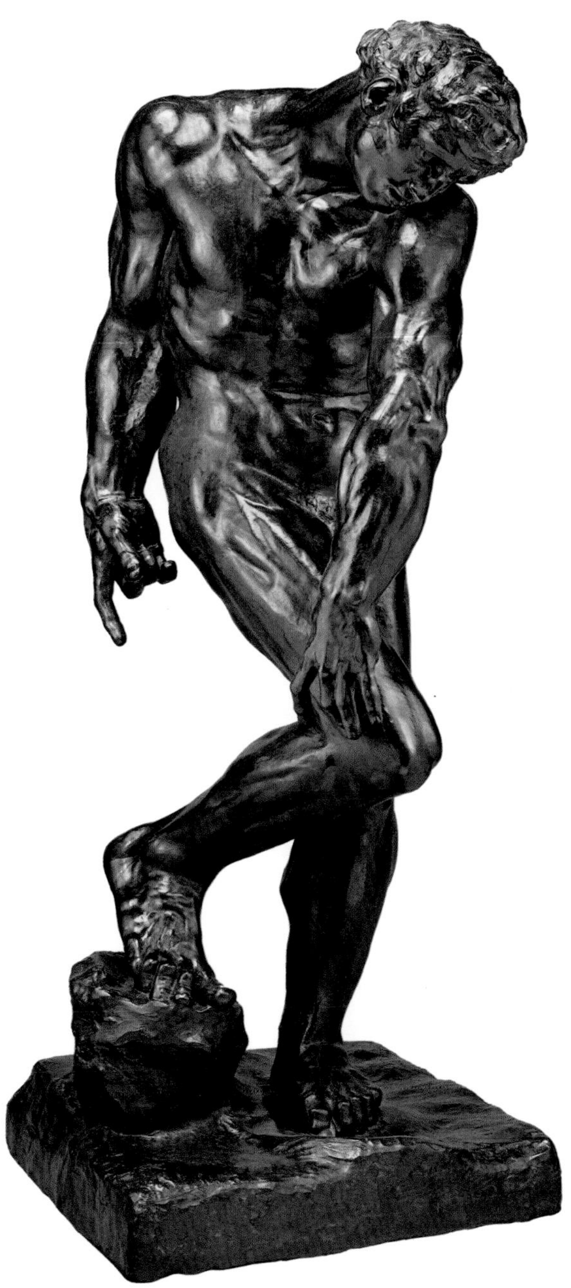

أوغست رودان

فرنسيّ، 1840 – 1917م

آدم أو خلق الإنسان،

القَوْلَبَةُ 1880–1881م، الصبُّ 1910م
برونز، 194 × 77.2 × 82.6 سم
هبة من طوماس ف. ريان، 1910م (11.173.1)

يبدو أنّ الاحتكاك المباشر بفنّ ميكلنجيلو، سواء أكان ذلك في إيطاليا أم في اللّوفر بباريس، قد جعل رودان يكتشف الأسرار الكامنة وراء البعد التعبيريّ في صنع النّماذج الذي يتميّز به معلّمُ النّهضة. ففي سنة 1881م، عرض رودان أنموذجًا أصليًا من الجبس لهذا الأثر الفنّي في صالون باريس وأطلق على عمله اسم خلق الإنسان. وقد فكّر مدّة في أن يدرج هذه الشّخصيّة القويّة التي يتجاوز حجمُها الحجمَ الطّبيعيّ للإنسان في باب الجحيم، وهو البوّابة التي كان يُتوقّع إنشاؤها في متحف جديد للفنون التزويقيّة، إلا أنّ هذا الفضاء لم ير النّور البتّة. ويُعدّ هذا التمثال أوّل منحوتة برونزيّة تجري قَوْلبتها انطلاقا من أنموذج، وقد سبق لمتحف المتروبوليتان أن طلبه ليوضع في قاعة عرض دُشّنت سنة 1912م وخُصِّصت للأعمال الفنيّة التي ابتدعها رودان.

مجموعة روبير ليهمان

دخلت مجموعة روبير ليهمان متحف المتروبوليتان سنة 1969م بفضل الوصيّة التي تركها من تحمل المجموعةُ اسمَـه اليومَ، وقد كان يتمنّى أن يستفيد منها الجمهورُ العريضُ. ويحقّق الجناحُ المخصّصُ له هذه الأمنيةَ بقدر ما يكرّم صاحبَها بأن جُعِل لعرض أعماله على نحو يذكّر بالإقامة الفاخرة التي كانت على ملك عائلته. إنّ مجموعة الأعمال الفنيّة هذه، وهي أكثرُ المجموعات الخاصّة في الولايات المتحّدة الأمريكيّة فرادةً وقيمةً وقد شرع في جمعها مع بداية القرن العشرين الميلادي فيليب بمعيّة كارّي ليهمان، والدا روبير، شهدت ازدهارا معتبرا خلال العشريّات الموالية بتوجيه من الابن ورعايته. وبالفعل، فإنّ هذه الوصيّة تضمّ مجموعات فنّية مختلفة. ويبلغ تعدادُ الآثار الفنيّة التي تحويها ألفين وستمئة عمل. وتتكوّن هذه الوصيّة من مجموعات من الرسوم الزيتيّة والصور والمخطوطات المُنَمنمة الملوّنة والبراويز العتيقة والمنسوجات والخَزَف الإيطاليّ والتحف البرونزية والطلاء الخزفيّ والأثاث وعدد من الأواني الزّجاجيّة تشمل أكثر من خمسمئة سنة من تاريخ الفنّ الأوروبيّ من العصر الوسيط إلى الحقبة الحديثة. وللرّسم الإيطاليّ في القرنَين الرابع عشر والخامس عشر الميلاديين حضورٌ قويٌّ. وتجسّمه لوحاتٌ رائعة لفنّانين من مدينة سيانا. وقد أضفى ضمُّها إلى المجموعات الموجودة على المتحف قيمةً عالية في هذا المجال لا نزاع فيها خارج سيانا. إذ نجد الفنّانين السّيانيّين، على غرار سيموني مارتيني وجيوفاني دي باولو، يحتكّون بأساتذة فلورنسا الذين يعادلونهم في المكانة. ونذكر منهم برناردو دادي ولورنزو موناكو وبوتيتشلّي. وممّا لا جدال فيه أنّ الخزف الإيطاليّ يُعدّ من بين أجمل النّماذج الموجودة من هذا الضّرب خارج إيطاليا. وعلاوة على ذلك، أضاف هذا الخزفُ للرّصيد السّابق من القِطع الخزفيّة المُبَرنَقَة ثراء يعسر تقديره. ومن جهة أخرى، فإنّ الأعمال الفنيّة على الورق التي أبدعها كلّ من ليوناردو دا فنشي ودورر ورامبرانت وغيرهم تشهد على القيمة الاستثنائيّة لهذه المجموعة الموروثة، وقد أثرت تشكيلةَ الرسوم الرّائعة الموجودة في المتحف التي أنتجها شيوخ الفنّ.

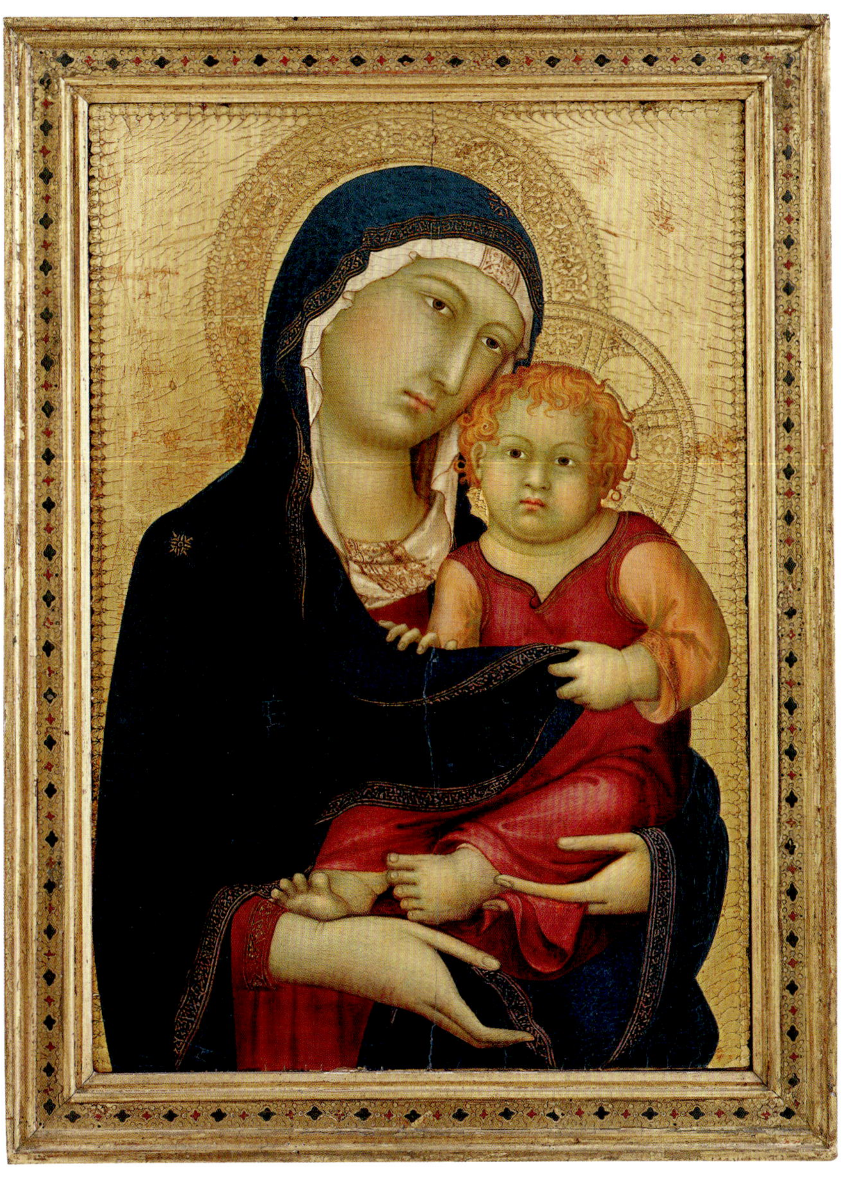

سيموني مارتيني
إيطاليّ، ناشط 1315 – 1344م

العذراء مع الطفل، 1326م
ألوان مائيّة على الخشب، خلفيّة مذهّبة
57.2 × 38.4 سم
مجموعة روبير ليهمان، 1975م (1975.1.12)

كانت هذه اللّوحة التي حُفظتْ بكيفيّة رائعة تمثّل الجزء الأوسط من رافدة مذبح تتكوّن من خمس لوحات، من بينها لوحتا كلّ من سان آنسن وسان أندري الموجودتين بدورهما في المتحف. وقد رُسمت هذه اللّوحةُ ذات المصاريع المتعدّدة بطلب ممّا كان يُسمّى حكومة سيانا المدنيّة لتوضع في إقامة الحاكم الذي كان يتغيّر بمناسبة كلّ انتخابات تُنظّمُ مرّة كلّ ستّة أشهر. وللوحة الوسطى العذراء مع الطّفل الحجم نفسه الذي لأخواتها الملتصقة بها، وقد كان التصوّرُ غيرُ المألوف لمجموع هذه اللّوحات الخمس يمكّن بالفعل من طيّها جميعا ونقلها من مكان إلى آخر. وفي فترة لاحقة أُدمجت اللّوحات الخمس التي رسمها سيموني مارتيني في رافدة مذبح أكبر أصبحت تزدان بها، ولمدّة طويلة، الكنيسةُ الخاصّةُ في البالاتزو بيبليكو، ونقصد مبنى البلديّة في مدينة سيانا.

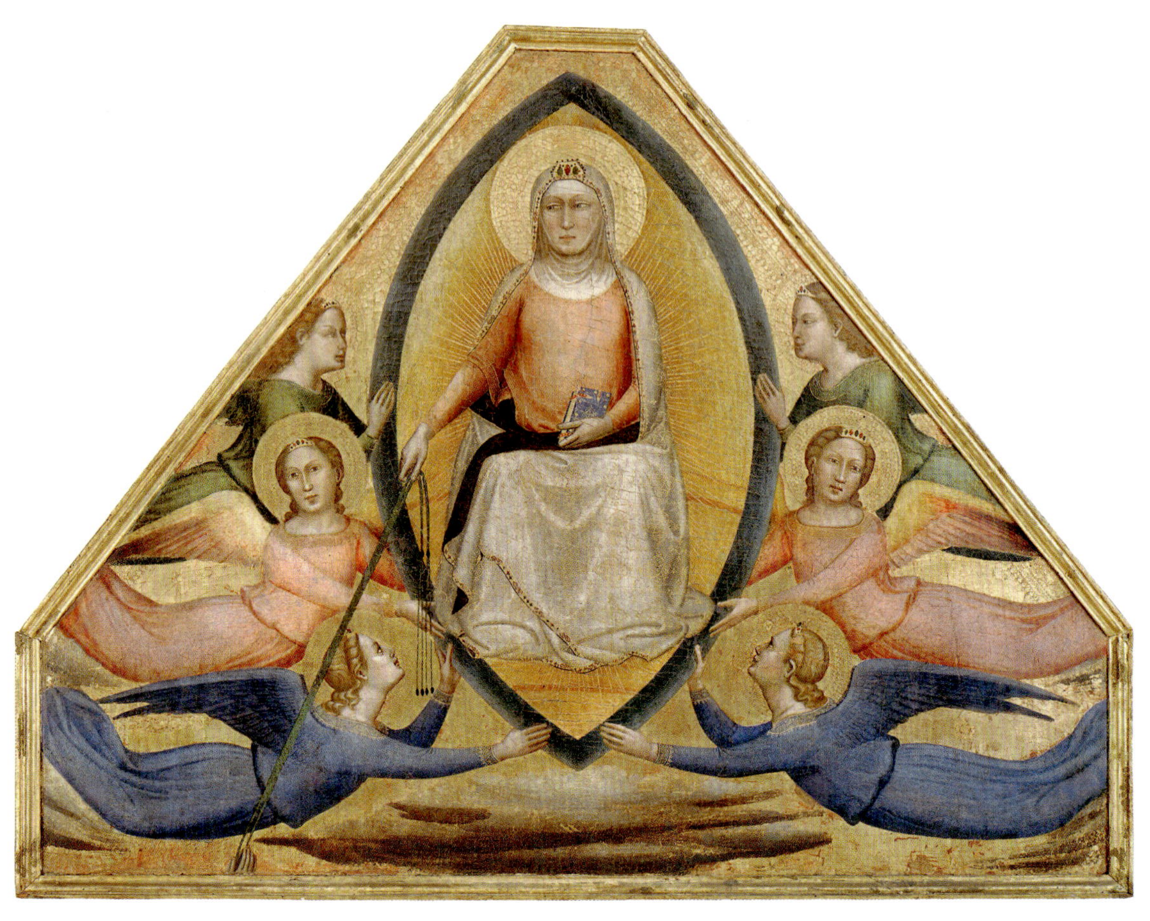

برناردو دادي
إيطاليّ، حوالي 1290 – 1348م

معراج العذراء، 1337 – 1339م
ألوان مائيّة على الخشب، خلفيّة مذهّبة؛ 108 × 136.8 سم
مجموعة روبير ليهمان، 1975م (1975.1.58)

كان دادي يُعدّ من كبار رسّامي الجيل الذي جاء بعد جيوتي بمدينة فلورنسا في القرن الرّابع عشر الميلادي. ومن المحتمل أن تكون هذه اللّوحةُ الجزء العلويَّ من رافدة مذبح ذات قيمة هامّة رُسِمت لفائدة الكنيسة الخاصّة ساكرو سينقولو في كاتدرائيّة براتو بالقرب من فلورنسا حيث يُحفظ حزام العذراء (الـ سينغلو) على سبيل الإجلال. وقد مدّت العذراء التي رفعها ستّةُ ملائكة إلى السّماء، حزامَها إلى القدّيس توماس برهانا على عروجها. وفي النّاحية السّفلى على اليسار نلحظ يديْ هذا الحواريّ. أمّا أسفل الرّافدة، وهو مفقود في الوقت الرّاهن، فمن المرجّح أنّه يجسّم القدّيس توماس مصحوبا بعدد من الحواريين مجتمعين حول رأس سرير العذراء وهي تحتضر.

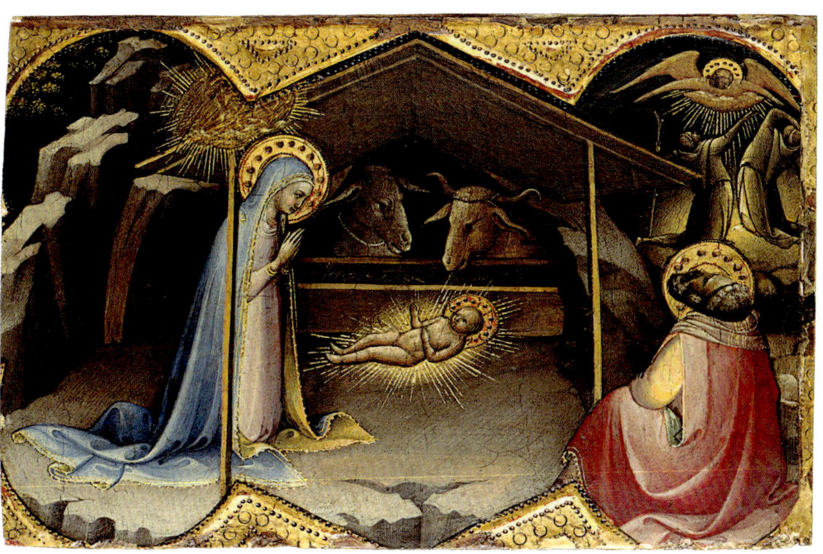

لورنزو موناكو (بيارو دي جيوفاني)

إيطالي، حوالي 1370 - 1410م

ميلاد المسيح،

ألوان مائيّة على الخشب، خلفيّة مذهّبة؛ 22.2 × 31.1 سم

مجموعة روبير ليهمان، 1975م (1975.1.66)

كان لورينـزو موناكو من كبار الرّسامين والمُنَمنمين في بداية القرن الخامس عشر الميلادي بمدينة فلورنسا. وقد سمحت له الرّهبانيّة الكاملدوليّة التي ينتمي إليها بأن يشتغل خارج الدّير في مرسم مزدهر على ملك سانتا ماريا دِلّي أنجيلي. ويقوم التّناسق بين درجات الألوان الثريّة اللّطيفة على نحو رائع في هذه اللّوحة التي تُعدّ من أشهر إبداعات هذا الفنّان، شاهدًا على ما يمتاز به من مهارة في النّمنمة. أمّا مكوّنات هذه اللّوحة، على غرار السّقف المائل، فقد جرى مجانستها بإحكام مع الشّكل غير المستوي للّوح ذي القوَيْسات الأربعة التي كانت تمثّل جزءا من مكوّنات المنصّة الخاصّة برافدة المذبح.

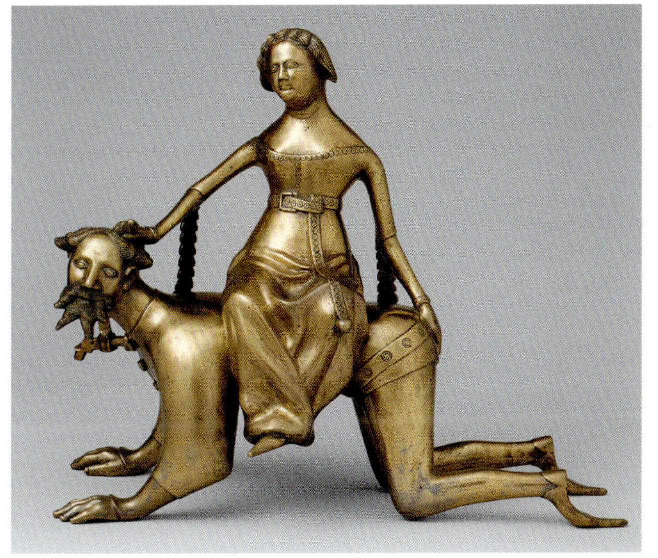

إبريق لغسل اليدين

يمثّل أرسطو بمعيّة فيليس

هولندا الجنوبيّة، نهاية القرن الرّابع عشر الميلادي

برونز؛ 33.7 سم

مجموعة روبير ليهمان، 1975م (1975.1.1416)

يُستعمَل إبريقُ غسيل اليدين، لغايات دينيّة أو دنيويّة، لسكب الماء للقيام بالغسل الطقسيّ ليدي القسّ قبل القدّاس أو لغسل أيدي المدعوّين قبل تناول الطّعام. وممّا لا شكّ فيه أنّ هذا الإبريق له شكل مُبتَكَر لغاية تسلية الجالسين على مائدة الطّعام في سياق عائليّ. وهو يجسّم خرافة شعبيّة وعظيّة مفادها أنّ أرسطو، الفيلسوف اليونانيّ، قد سمح لنفسه أن تهينه الفتاةُ الفاتنةُ فيليس. وفي هذا درس يُلقَّن لهذا الملك الشّاب الإسكندر الأكبر الذي كان تلميذا لأرسطو.

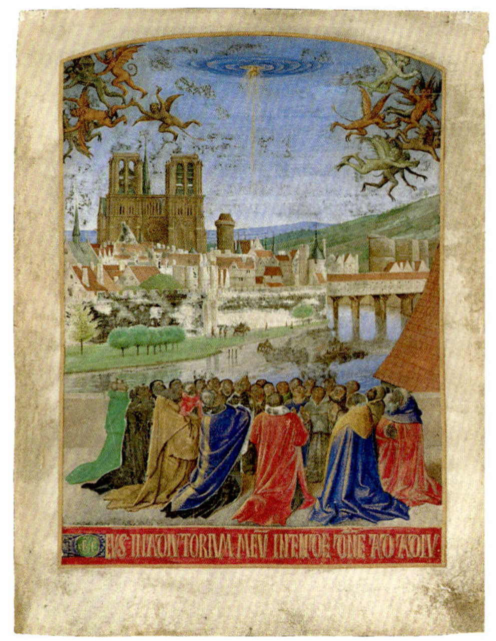

جان فوكيه

فرنسيّ، حوالي 1425 – حوالي 1478م

اليد اليمنى للربّ وهي تحمي المؤمنين من الشياطين، حوالي 1452 – 1460م

ألوان المائيّة ورقاقة الذهب على رقّ، 19.4 × 14.6 سم

مجموعة روبير ليهمان، 1975م (1975.1.2490)

هذه الصّفحة مُستلّة من أشهر المخطوطات المنمنمة في القرن الخامس عشر الميلادي: كتاب السّاعات لصاحبه إيتيان شوفالييه الخازن الأكبر لفرنسا في الفترة المتراوحة بين سنتي 1452 – 1474م. وتمثّل المُنمنمة المرسومة على كامل الصفحة مجموعة من المؤمنين في باريس وهم يرفعون أعينهم موجّهين إيّاها صوب يد الربّ التي ظهرت في السّماء حسب المعتقدات المسيحية. وقد جرى تصوير المدينة القَروَسطيّة بكيفيّة بديعة لافتة للانتباه بفضل ما ميّزها من دقّة طبوغرافيّة. ومن بين ما نتعرّف عليه نذكر كاتدرائيّة نوتردام بباريس، وبرج الجرس لـلكنيسة الخاصّة سانت شابيل، وجسر سان ميشيل. ولنا أن نذكر أيضا عددا آخر من المعالم الأثريّة الواقعة في إيل دي لا سيتي، ومن بينها فندق ناسل الذي يظهر في صدر اللّوحة.

وفي الأسفل تتسنّى لنا قراءةُ الكلمات الأولى من صلاة مساء السّاعات لـلرّوح القُدُس وفق الشعائر المسيحية.

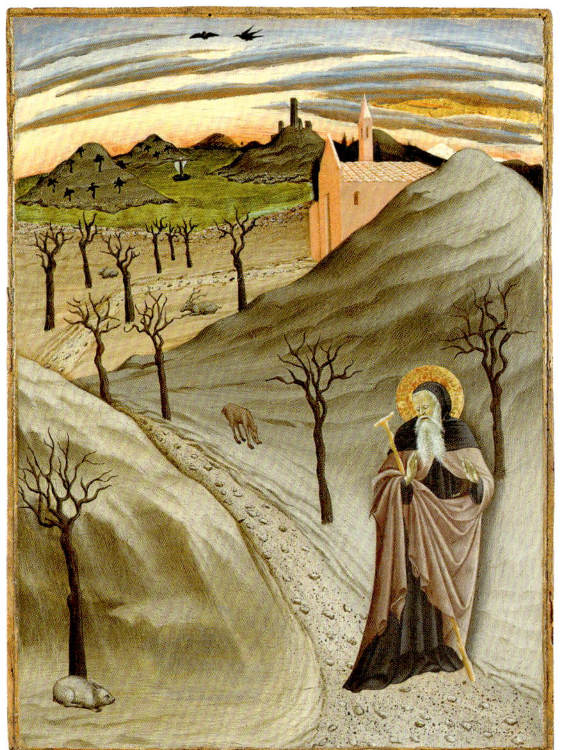

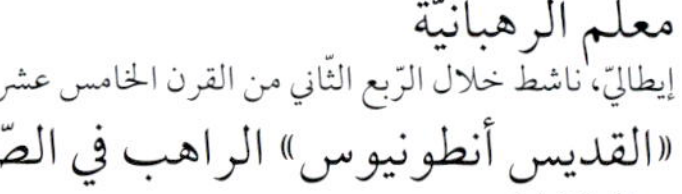

معلّم الرهبانيّة

إيطاليّ، ناشط خلال الرّبع الثّاني من القرن الخامس عشر الميلادي،

«القديس أنطونيوس» الراهب في الصّحراء، حوالي 1435م

ألوان المائيّة، وذهب على الخشب؛ 47 × 33.7 سم

مجموعة روبير ليهمان، 1975م (1975.1.27)

عُرِف معلّمُ الرّهبانيّة، وهو تلميذ الفنّان ساسيتا المنحدر من مدينة سيانا الإيطاليّة، على وجه الخصوص بسلسلة متكوّنة من ثمانية مشاهد تجسّم حياة القدّيس أنطونيوس الراهب. وتبرز هذه اللّوحةُ، وهي تمثّل مشهدا طبيعيًّا قاحلاً يذكّر بالمنطقة الجبليّة المجاورة للبحر الأحمر حيث عاش القدّيس النّاسك العشريّات الأخيرة من عمره، ميلَ الفنّان إلى الوصف الدّقيق للتفاصيل على مذهب القائلين بالتصوير الصّادق للواقع. وفي صدر الصّورة يتقهقر القدّيس أنطونيوس وهو يرى كومة من الذّهب (انمحت بفعل الكَشْط بعد رسم هذه اللّوحة) بما يجسّد زهدَه الشديد عمّا حوله من المنافع الدنيويّة.

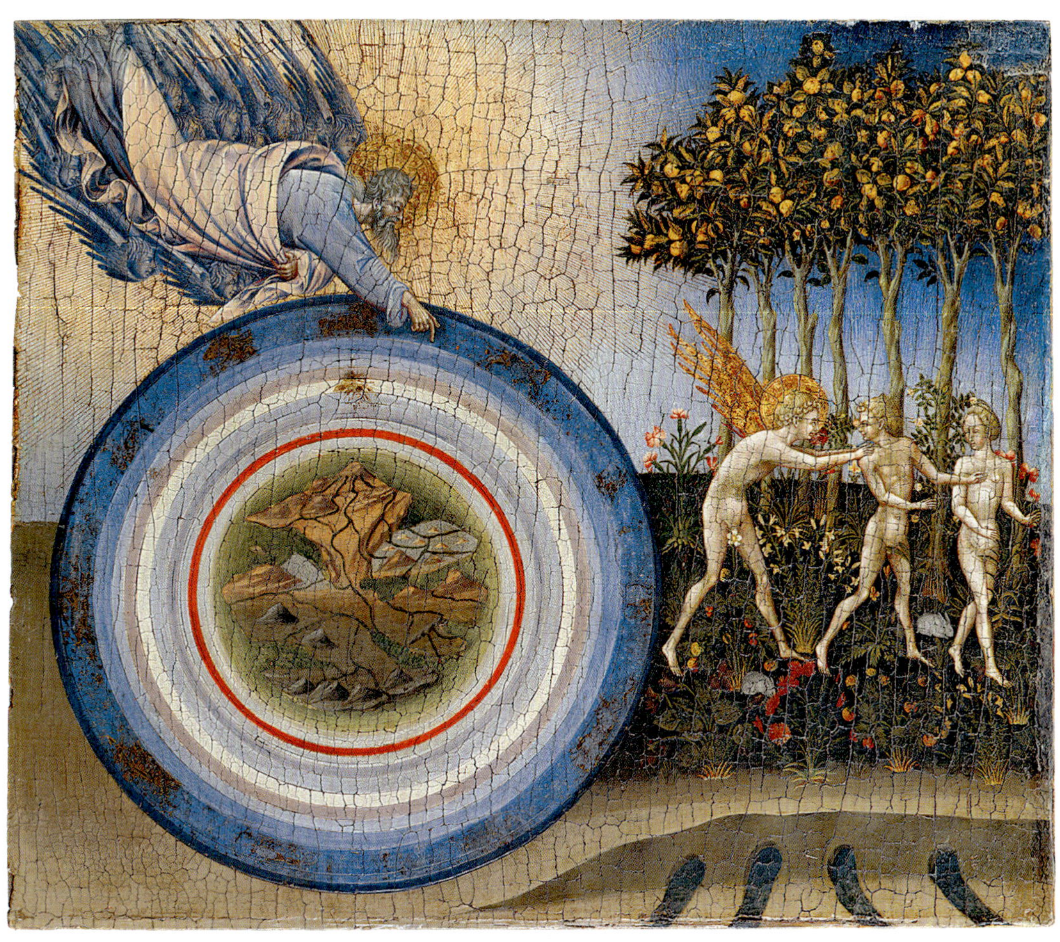

جيوفاني دي باولو

إيطالي، 1398 – 1482م

خلق العالم، آدم وحوّاء يُطردان من الجنّة، 1455م

ألوان المائيّة، وذهب على الخشب؛ 46.4 × 52.1 سم

مجموعة روبير ليهمان، 1975م (1975.1.31)

على غرار لوحة الجنّة، هذه اللّوحة محفوظة بدورها في متحف المتروبوليتان. وتُعدّ جزءًا من منصّة رافدة المذبح في الكنيسة الخاصّة بالغالفيين في بازيليك سان دومينيكو الواقعة بمدينة سيانا الإيطاليّة. ويجسّم هذا الرّسم مشهدَين من خلق الكون. فعلى اليسار، نرى الربَّ الأبَ تحمله ملائكةٌ، وهو يشير بيده إلى السّموات والأرض التي خلقها للتوّ بجبالها وأنهارها محاطةً بالعناصر الأربعة الهواء والنّار والتراب والماء، وبفَلَك البروج. وعلى اليمين، نرى كلاًّ من آدم وحوّاء وقد طُردا من الجنّة التي تفيض أشجارًا مثمرة وونابق وأزهارا وأقحوانا. والغريب أن يكون الملَكُ الذي يدفعهما رجلا عاريا. ولعلّ هذا يمثّل علامة على ما يبديه الفنّان من إشفاق على حالة الفساد الأخلاقيّ التي وسمت النّوع البشريّ بعد أن لحقته النّقمةُ وفَقَدَ الحظوةَ.

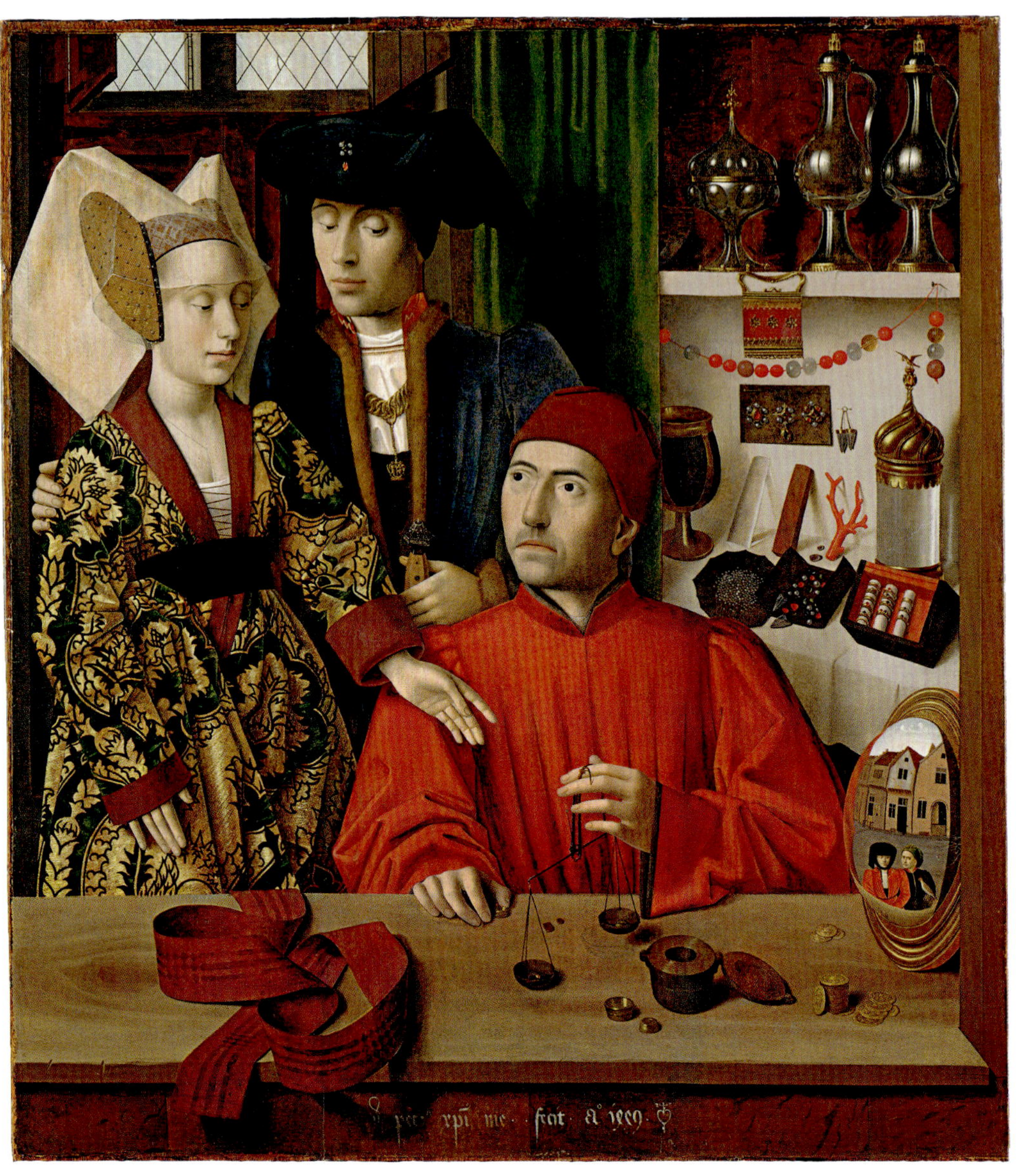

بيتروس كريستوس

هولندي، ناشط 1444 – 1475/ 1476م

صائغ في مشغله، قد يكون القدّيس إليجيوس، 1449م

زيت على لوحة من خشب شجر البلّوط؛ 98 × 85.2 سم
مجموعة روبير ليهمان، 1975م (1975.1.110)

هذا الأثر الفنّيُّ المشهورُ كان قد أمضاه وأرّخه بيتروس كريستوس زعيم مدرسة بروج البلجيكيّة بعد جان فان آيك. ويبدو من الأشياء المعروضة التي تشهد على براعة الصّائغ ومهارته، أنّ هذه اللّوحة قد رُسمت إمّا بطلب من رابطة م نقابات الصّائغين بمدينة بروج على سبيل الإشهار لحرفة الصّياغة، وإمّا أنّها لوحة شعبيّة تجسّد مشهدا. ومن المرجّح أن يمثّل الرّجلُ الجالسُ، وهو يزن خاتم الزواج الخاصّ بزوجَين يرتديان ملابس فخمة، رسمًا لصائغ معاصر ذائع الصّيت أكثر منه تصويرًا للقدّيس إليجيوس الذي كان الرّاعي المقدّس لنقابة الصّائغين. أمّا بخصوص المرآة المحدّبة التي نرى من خلالها انعكاس صورة رجُلَين مارَّين في الطّريق، فإنّها تَعدّ خدعة تمكّن من جعل فضاء الرّسم ممتدّا على نحو يتجاوز حدود الدكّان الصّغير ليصل إلى غاية الطريق الموجود في الخارج.

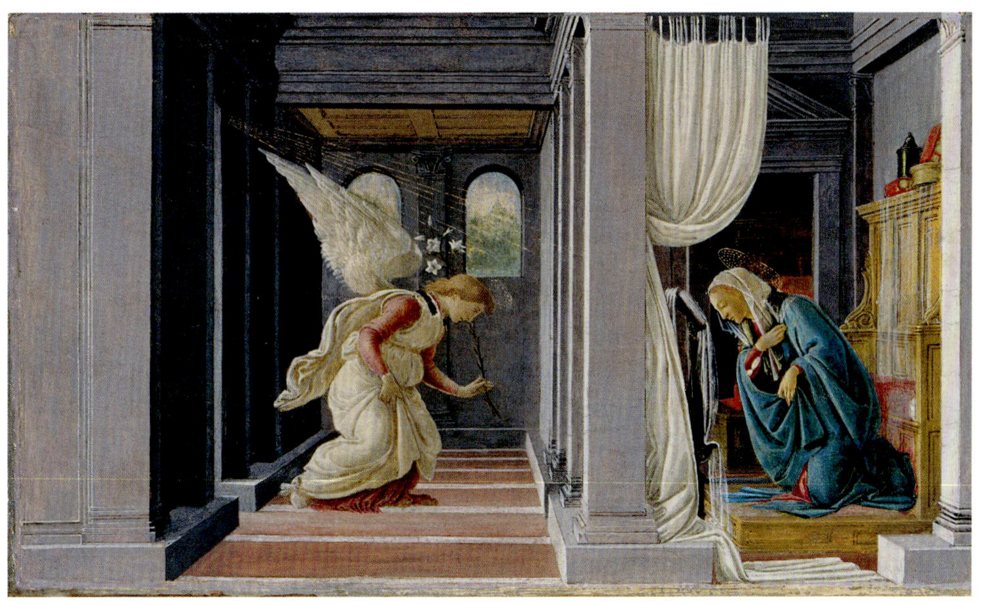

بوتيتشلّي (أليساندرو دي ماريانو فيليبيبي)
إيطالي، 1444/ 1445 – 1510م

عيد البشارة، حوالي 1485م
ألوان المائيّة، وذهب على الخشب؛ 19.1 × 31.4 سم
مجموعة روبير ليهمان، 1975م (1975.1.74)

عيد البشارة، هذا الأثر الفنّي الثمين الذي أبدعه بوتيتشلّي يبُرز فضاءً داخليًّا خاصًّا يعتمد تشكيلُه الهندسيّ على منظور مركزيّ يوحي بفجوة كبيرة. ويمكنك أن ترى في الوسط صفًّا من الأعمدة ذات الشّكل المربّع يقسم الفضاء المدهش الذي يشغله الملاك جبريل والفضاء الآخر الأكثر حميميّة المتمثّل في غرفة العذراء. ويكشف السّتارُ المسحوبُ جزئيًا السيّدة البتول وهي في هيئة تَنِمُّ عن الكثير من الخضوع. ورغم أنّ هويّة راعي هذا العمل الفنّي مجهولة، فإنّه من الثّابت تقريبًا أنّ هذه اللّوحة الصّغيرة قد عُهِد برسمها لتكون صورة للصّلاة الخاصّة لا جزءًا من عمل فنّيّ أكبر.

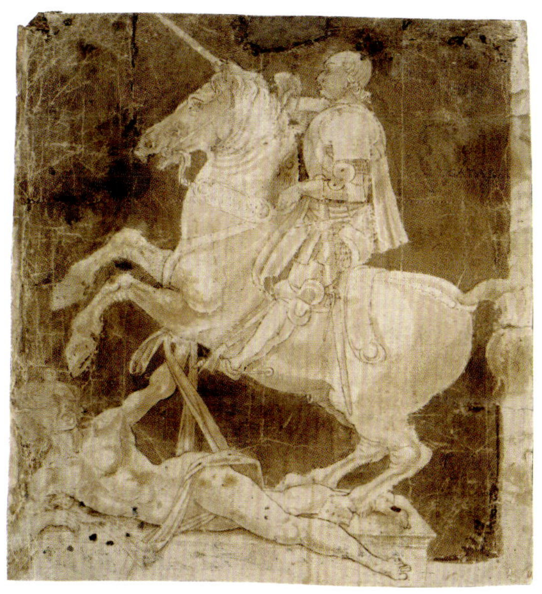

أنطونيو بولايولو
إيطاليّ، حوالي 1432 – 1498م

مخطّط لتمثال خيّال، حوالي 1482 – 1483م
ريشة وحبر بنّيّ؛ رسم بلون مائي واحد بنّي فاتح وبنيّ داكن؛ ما يحيط بالحصان والفارس مثقوب لغاية النّسخ؛ 28.1 × 25.4 سم
مجموعة روبير ليهمان، 1975م (1975.1.410)

من المرجّح أن يكون هذا الرّسم الرّائع، وقد أبدعه بولايولو النحّات والرسّام والصّائغ ذو الأصول الفلورنسيّة، مخطّطا لتمثال من البرونز يجسّم فرانشيسكو سفورزا قدّمه إلى ابنه لودوفيكو سفورزا الذي كان دُوقا لمدينة ميلانو. وفي القرن السّادس عشر الميلادي، كان الرّسم في حوزة جيورجيو فازاري، المؤرّخ والرسّام الذي تولّى وصفه في كتابه حيوات الفنّانين (سنة 1568م). ومن المحتمل أن يكون قد أضاف الرسم المائيّ باللّون الواحد أي اللّون البنيّ، الذي يحيط بالأشكال في اللّوحة.

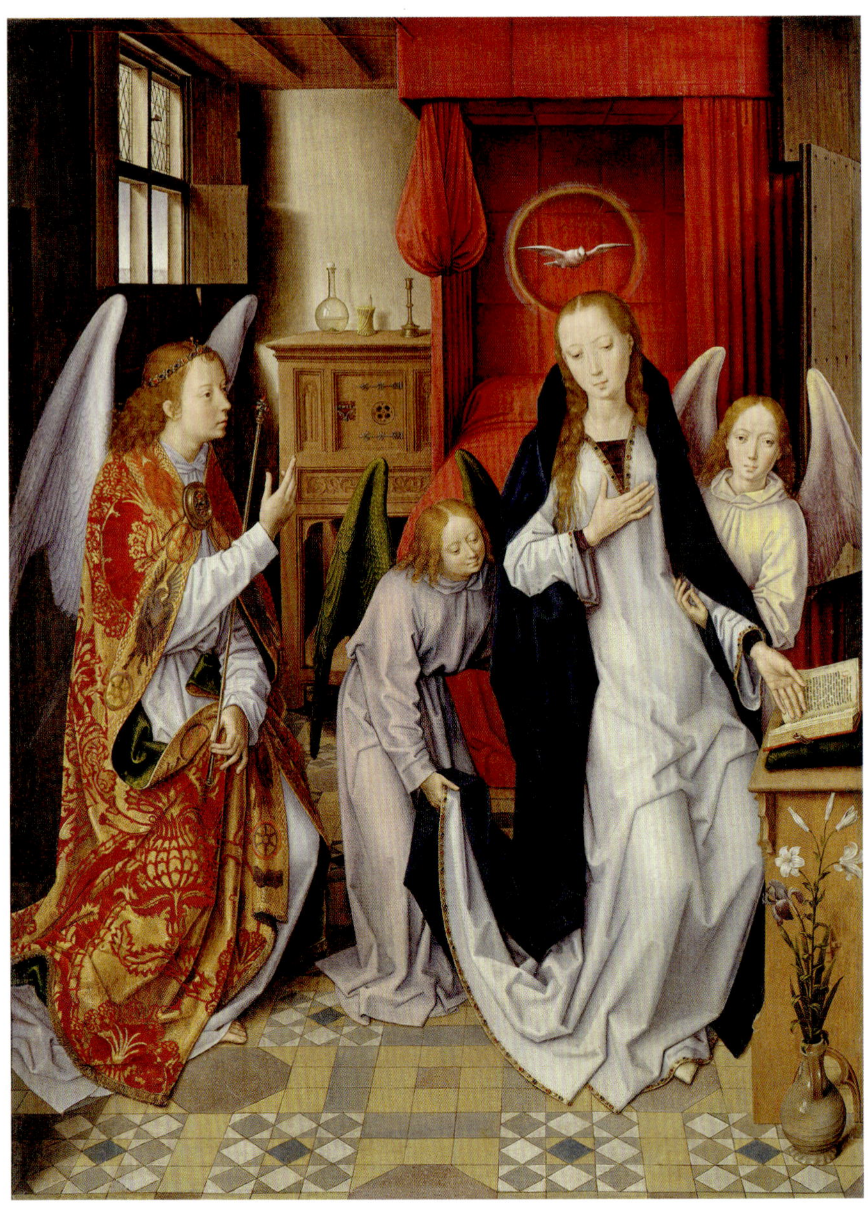

هانس ميملينغ

هولندي، ناشط 1465 – 1494م

عيد البشارة، 1480 – 1489م

زيت على الخشب الملصَق بالغراء، تمّ تحويل اللّوحة على الخيش؛
76.5× 54.6 سم
مجموعة روبير ليهمان، 1975م (1975.1.113)

تَصَوَّرَ ميملينغ هذه اللّوحةَ عيد البشارة انطلاقا من الجناح الأيسر لرافدة مذبح سانت كولمب الذي رسمه روجيي فان دير وايدن، وهو جناح محفوظ في الوقت الرّاهن بمتحف ميونيخ. ولقد أمكن لريشته المبدعة تحويل أمّ السيّد المسيح الجاثية على ركبتيها إلى مريم العذراء وهي مغشيّ عليها يُسندها ملاكان. واستطاع ميملينغ، على غرار رسّامين آخرين فلمنديّين، أن يترجم الرّسوم الدّينيّة إلى لغة تصويريّة من الحياة اليوميّة. وترمز أزهار السوسن إلى عفّة العذراء. أمّا الشّمعدان الفارغ فيرمز إلى أحشائها التي ستحمل السيّد المسيح نور العالم. أمّا الملَك جبريل فقد كان يحمل أثوابا خاصّة توحي بطقوس صلاة القدّاس، و هي أثواب توحي تبعا لذلك بتجسّد المسيح. أمّا الحمامة (أو الرّوح القدس) فتذكّر بأنّ تجسّد المسيح قد كان به تمامُ الكتاب المقدّس الذي تشير إليه مريم العذراء بيدها اليسرى.

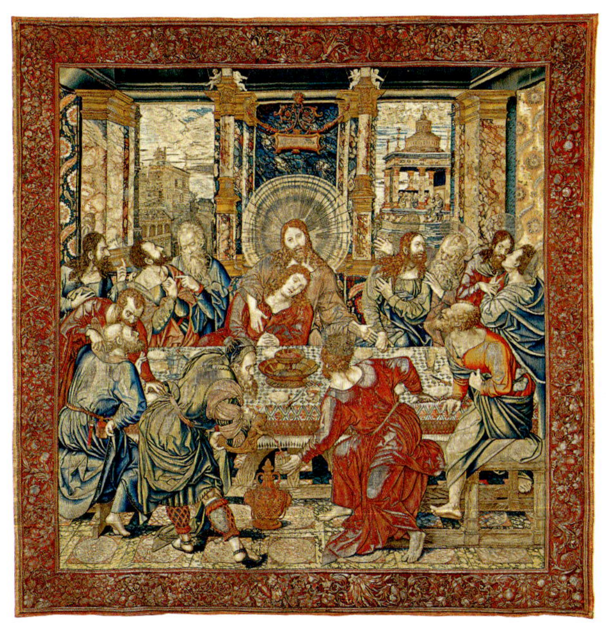

أعلى الصّفحة
أنموذج فنيّ من إعداد

برنارت فان أورلي

فلمنديّ، حوالي 1488 – 1541م
على الأرجح من نسج

بيتر دي بانماكر

فلمنديّ، ناشط 1517 – 1535م

العشاء الأخير، حوالي 1520 – 1530م
صوف وحرير وسلك فضّي مذهّب؛
3.35 × 3.5 م
مجموعة روبير ليهمان، 1975م (1975.1.1915)

تُعدّ هذه اللّوحة الرّائعة المجسّمة لـ العشاء الأخير جزءًا من مجموع أربعة نجود جرت حياكتُها انطلاقا من نماذج فنيّة تصوّرها برنارت فان أورلي أحد زعماء مدرسة بروكسال في القرن السّادس عشر الميلادي. وقد نجح الفنّان في أن يُدمج ضمن أسلوب جديد طريف التقاليدَ الشّماليّة والرّوحَ الإيطاليّة. فمزج الشّحنة العاطفيّة والولع الشّديد بالتفاصيل على نحو ما تشي به منسوجة العشاء الأخير التي نقشها على الخشب ألبرخت دورر. وكان بدوره قد استلهم من هذه المنسوجة كيفيّة تنضيد مكوّناتها بالأشكال المدهشة والبناء الفضائيّ المميّزين لأعمال رافائيلو. وممّا لاشكّ فيه أنّ برنارت قد استلهم كثيرا النّماذج الفنيّة التي أعدّها رافائيلو والمتعلقة بـ أعمال الحواريين، وهي مجموعة من النّجود المصنوعة لفائدة الكنيسة الخاصّة السّكستينيّة الموجودة في الفاتيكان، والتي أرسلها إلى نسّاج كان يعمل في بروكسيل.

أسفل الصّفحة
ورشة

جيوفاني ماريا فازارو

إيطاليّ، ناشط مع بداية القرن السّادس عشر الميلادي

طبق يجسّم أسلحة البابا جول الثّاني ومانزوليّ بولونيا، 1508م
خزف إيطاليّ مزجّج؛ الارتفاع: 10.9سم؛ القطر: 32.5 سم
مجموعة روبير ليهمان، 1975م (1975.1.1015)

يُعدّ هذا الطّبق من أجمل الخزفيّات الإيطاليّة (خزف مزجّج بالقصدير) على الإطلاق. وتزوّق هذا الطّبقَ بفخامة رموزُ السّلطة البابويّة، ومن بينها نذكر المفاتيح وتاج البابا. وتحلّيه علامات مرجعيّة شخصيّة تحيل على البابا جول الثاني ديلا روفيري وعلى عائلته، من قبيل شجرة البلّوط. ومن المحتمل أن يكون البابا جول الثّاني قد أوصى بهذا الوعاء لفائدة نصيره الوفيّ مبعوثه البولونيّ ميلكيورّي دي جيورجيو مانزوليّ، وفي أسفل الطبق نرى شارةَ الشّرف الخاصّة به، لتخليد ذكرى استرجاع السّلطة البابويّة في مدينة بولونيا الإيطالية سنة 1506م. ونُقش في ظهر الطبق اسم جيوفاني ماريا فازارو، وقد يكون الفنّان صاحب هذا العمل أو صاحب الورشة التي يعود إليها صنعُ هذا الطبق.

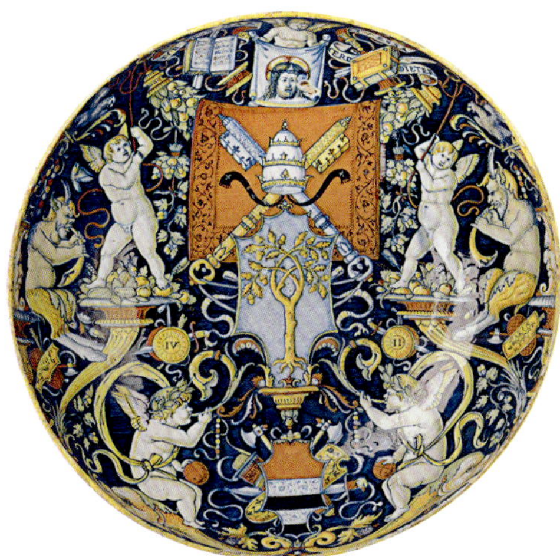

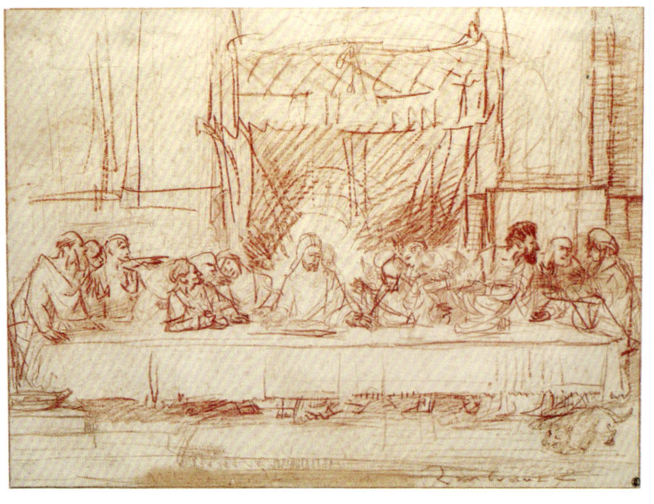

رمبراندت (رمبراندت فان راين)

هولندي، 1606 – 1669م

العشاء الأخير، من منظور ليوناردو دا فنشي،

1634 – 1635م

طبشور أحمر؛ 36.2 × 47.5 سم

مجموعة روبير ليهمان، 1975م (1975.1.794)

كان رمبراندت قد بلغ عامه الثّامن والعشرين عندما أبدع هذا الرّسم بالطبشور الأحمر بأحجام غير مألوفة، استلهمها مباشرة من منقوشة قديمة مُبتَدَعة بدورها انطلاقا من جداريّة العشاء الأخير لصاحبها ليوناردو دا فنشي الموجودة بكنيسة سانتا ماريّا ديلّي غرازيي الواقعة في مدينة ميلانو. وقد كان رامبرانت بعيدًا كلّ البعد عن تقديم نسخة طبقا لأصل هذا الأنموذج، إذ أنّه درس الإمكانات التعبيريّة والدراميّة ليعيد صياغة هيئات الشّخصيات مشدّدًا على تفاعل كلّ واحدة منها مع كلام المسيح، مكثّفًا الفضاء الذي كانت تشغله. ويمثّل الرّسم الموجود في مجموعة ليهمان واحدا من ثلاثة رسوم أبدعها رمبراندت انطلاقا من أنموذج العشاء الأخير لدا فنشي، وهو أثر فنّيّ أسَرَ خيالَه أيّما أسْرٍ.

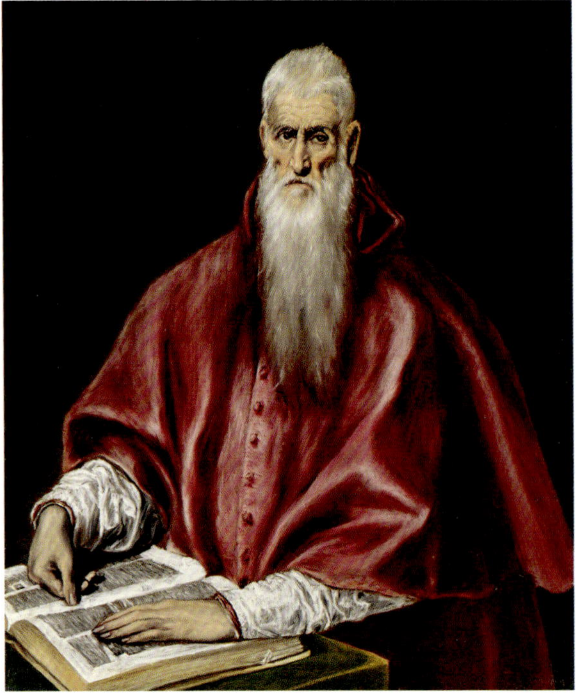

الغريكو (دومنتيكوس تيوتوكوبولوس)

يوناني، ناشط في إيطاليا وإسبانيا، 1540/1541 – 1614م

القدّيس جيروم باعتباره علاّمةً، حوالي 1610م

زيت على القماش؛ 108× 89 سم

مجموعة روبير ليهمان، 1975م (1975.1.146)

رسم الغريكو ما لا يقلّ عن خمس لوحات جسّم بها القدّيس جيروم. وفي هذا اللّوحة التي رسمها قبل موته ببضع سنوات، نرى القديس مرتديا الثوب الكاردينالي الأحمر، جالسا أمام كتاب مفتوح. وفي هذا ما يذكّر بمساهمته في ترجمة التوراة من اليونانيّة إلى اللاّتينيّة. أمّا وجهه النّحيل ووجنتاه الغائرتان ولحيته الطّويلة البيضاء ففيها جميعا ما يدلّ على ما عُرف به من هيئة وملامح تسِمُ رجلا تائبا. ويضفي هذا التأليفُ بين وجهين متلازمين في القدّيس جيروم، التبحّر في العلم والزهد، على اللّوحة طابعا مميّزا.

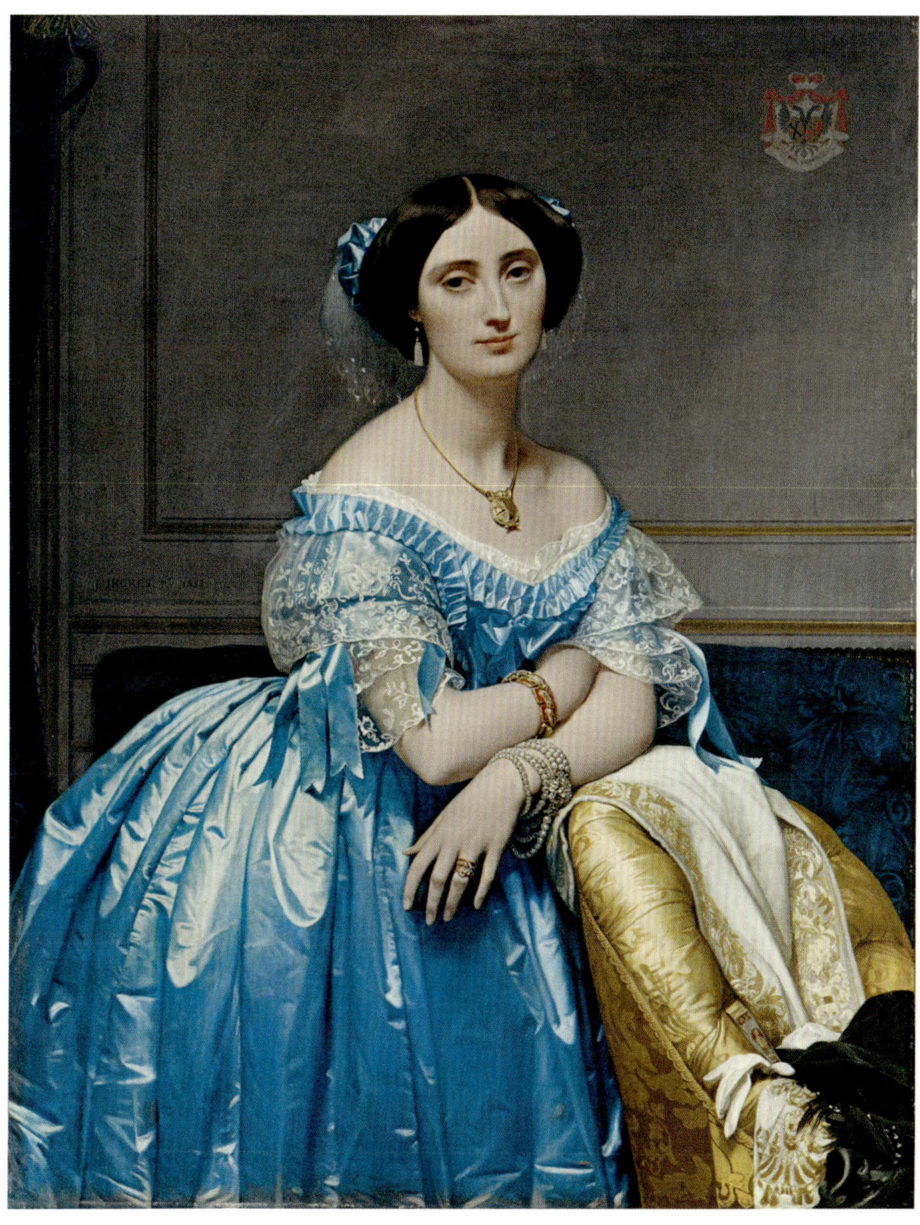

جان أوغست دومينيك أنغر
فرنسيّ، 1780 – 1867م
إليونور ماري بولين دي غالارد دي براسّاك دي بيارن (1825 – 1860) أميرة دي بروغلي
1851 – 1853
رسم على القماش؛ 121.3 × 90.8 سم
مجموعة روبير ليهمان، 1975م (1975.1.186)

تمكّن أنغر، وإن كان رسّام وجوه رغم أنفه، من رسم صور رائعة لعدد كبير من الشّخصيّات الأرستقراطيّة. ووتكاد تكون إبداعاته هذه أعمالا فنّية متميّزة في هذا النّوع من الرّسم. وعلى هذا النّحو، فإنّ هذه اللّوحة تعطي الحقّ، كلّ الحقّ، لما عُرفت به أميرة بروغلي من جمال أخّاذ وحشمة. وقد تسنّى لأنغر بكلّ اقتدار أن يبدع من جديد روعة القماش المخرم ونسيج الأطلس في فستان الماثلة أمامه للرسم بمجوهراتها الباذخة ووشاحها المطرّز والحرير الدِّمَشقي الذي يوشّي الأثاث.

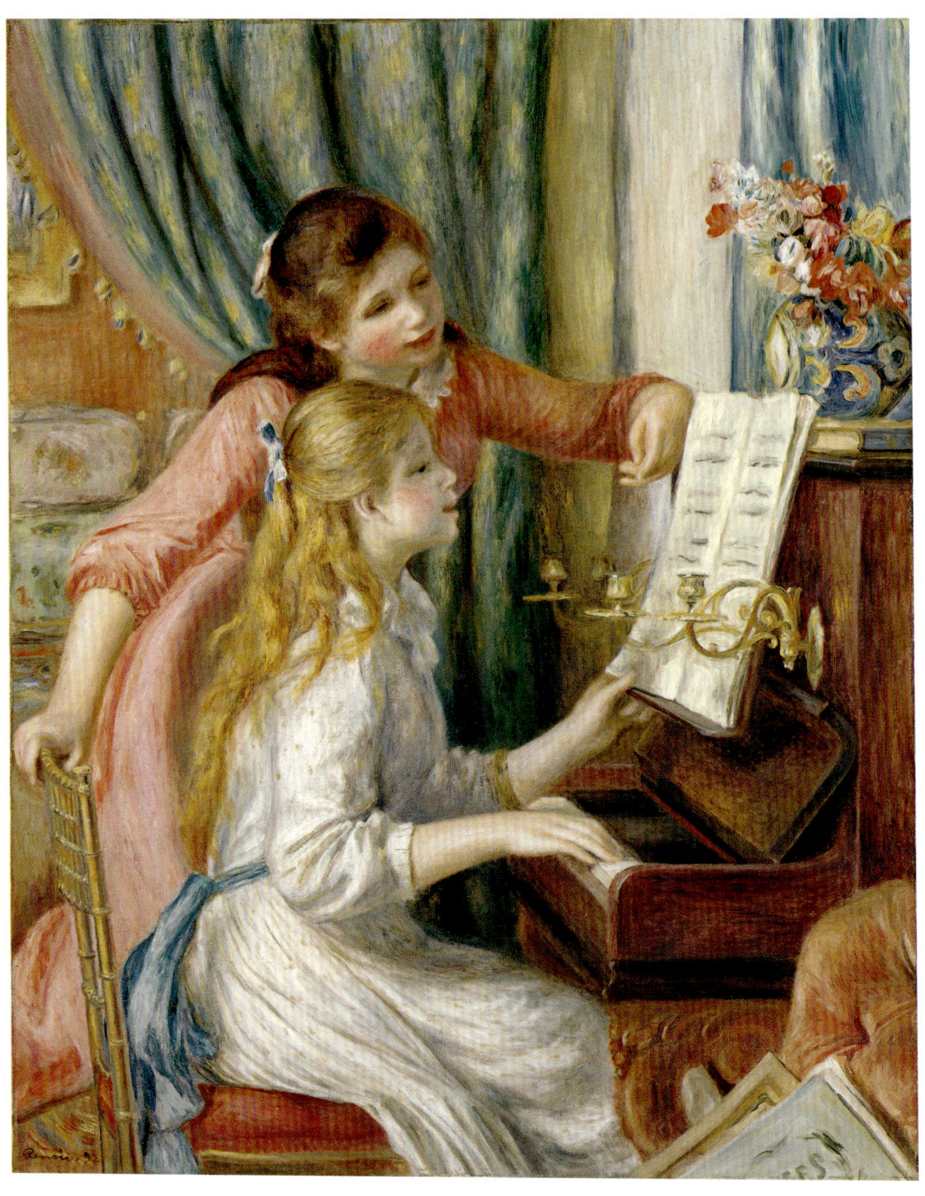

أوغست رونوار
فرنسيّ، 1841 – 1919م
فتاتان تعزفان على البيانو، 1892م
زيت على القماش؛ 111.8 × 86.4 سم
مجموعة روبير ليهمان، 1975م (1975.1.201)

مع موفّى سنة 1891م أو مع بداية سنة 1892م، طلبت الحكومة الفرنسيّة من رونوار أن يرسم لوحة لفائدة متحف لكسومبورغ الذي كان قد دُشِّن حديثا في باريس وخُصِّص للفنّانين الأحياء. واختار هذا الفنّان أن يرسم فتاتين تعزفان على البيانو. ولّما تبيّن له أنّ لوحته القماشيّة ستُفحصُ فحصًا متأنّيًا دقيقًا انكبّ على إتقانها وتهذيبها من خلال إنجاز نسخ خمس كانت بمثابة التحضير للّوحة النّهائيّة.

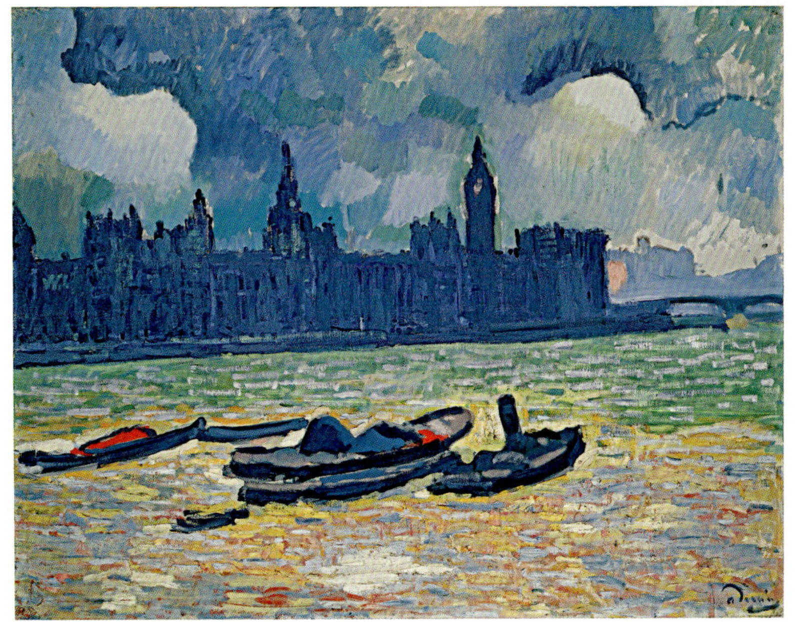

أندري ديران،
فرنسيّ، 1880 – 1945م
البرلمان لَيْلاً، 1906 – 1907م
زيت على القماش؛ 78.7 ×99.1 سم
مجموعة روبير ليهمان، 1975م
(1975.1.168)

خلال الفترة المتراوحة بين سنتي 1905 و1906م أقام الفنّان أندري ديران في لندن باقتراح من أمبرواز فولار تاجر اللّوحات الفنيّة الذي رسم لفائدته عددًا من المناظر من المدينة، من بينها هذه اللّوحة. وقد أوضح لاحقا أنّه كان يستلهم رسومَه من المناظر التي كان كلود موني يختارها في العاصمة البريطانيّة. وكانت هذه الرّسوم قد «أحدثت ضجّة كبيرة في باريس» قبل سنوات من ذلك التّاريخ. وتناول ديران المنظر بلمسات ممدّدة ومجزّأة ذات ألوان فاقعة جريئة. وعكسَ هذا تأثيرَ المدرسة الانطباعيّة الجديدة من خلال أعمال بول سينياك وهنري إدموند كروس كما عكس تأثير ماتيس الذي قضّى معه صيف 1905م في جنوب فرنسا.

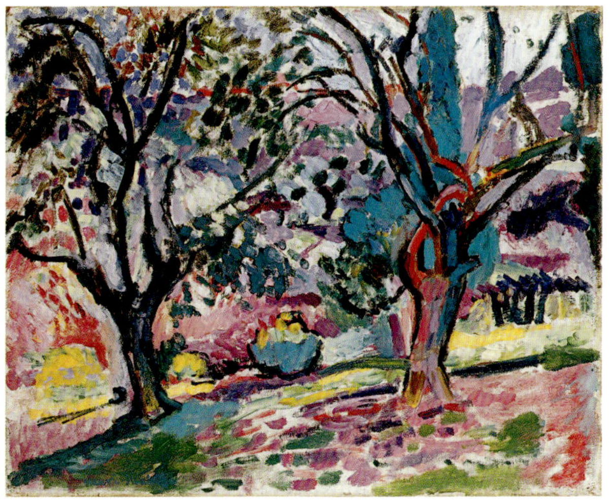

هنري ماتيس
فرنسيّ، 1869 – 1954م
أشجار الزيتون في كوليور، 1906م
زيت على القماش؛ 5.44 × 55.2 سم
مجموعة روبير ليهمان، 1975م (1975.1.194)

مثّل المنظر المشمس للبحر الأبيض المتوسّط ولمنطقة كوليور مصدر إلهام لا حدّ له لماتيس ولعدد آخر من الفنّانين المعاصرين له. وتُعدّ هذه اللّوحة عملا فنيّا فريدا من نوعه يعكس مرحلة تأثّر ماتيس، وهو تأثّر دام فترة وجيزة، بالمدرسة التوحشيّة الفرنسيّة. وبالفعل استعمل ماتيس تشكيلة من الألوان المبتكرة النّابضة حياة. وهو اختيار كان يميّز أعمال هذه الحركة الفنيّة. وقد شجّعه على ذلك بول سينياك الذي كان بدوره يرسم في تلك المنطقة. وما إن فرغ ماتيس من رسم اللّوحة حتّى اشتراها منه غارترود وليو شتاين.

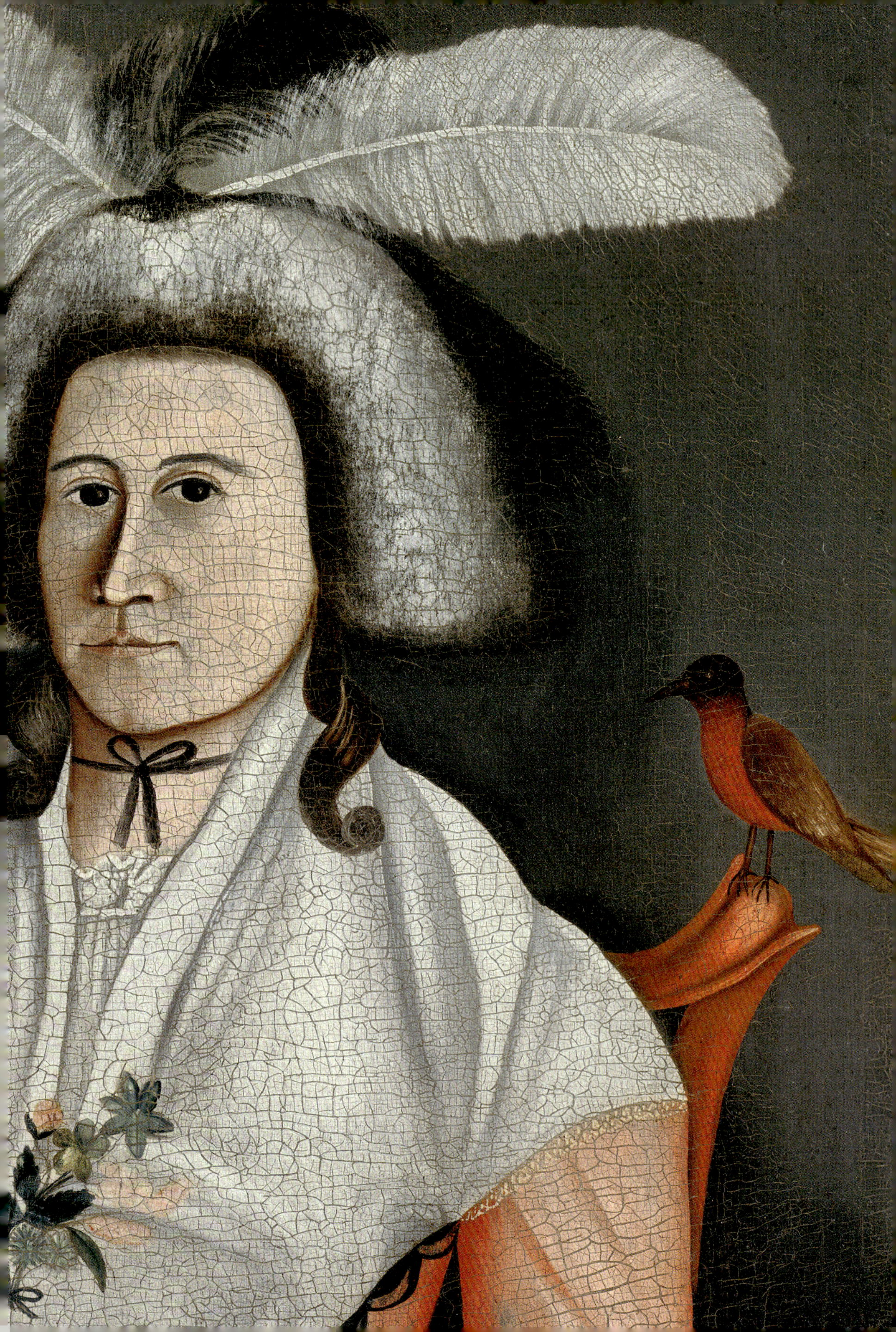

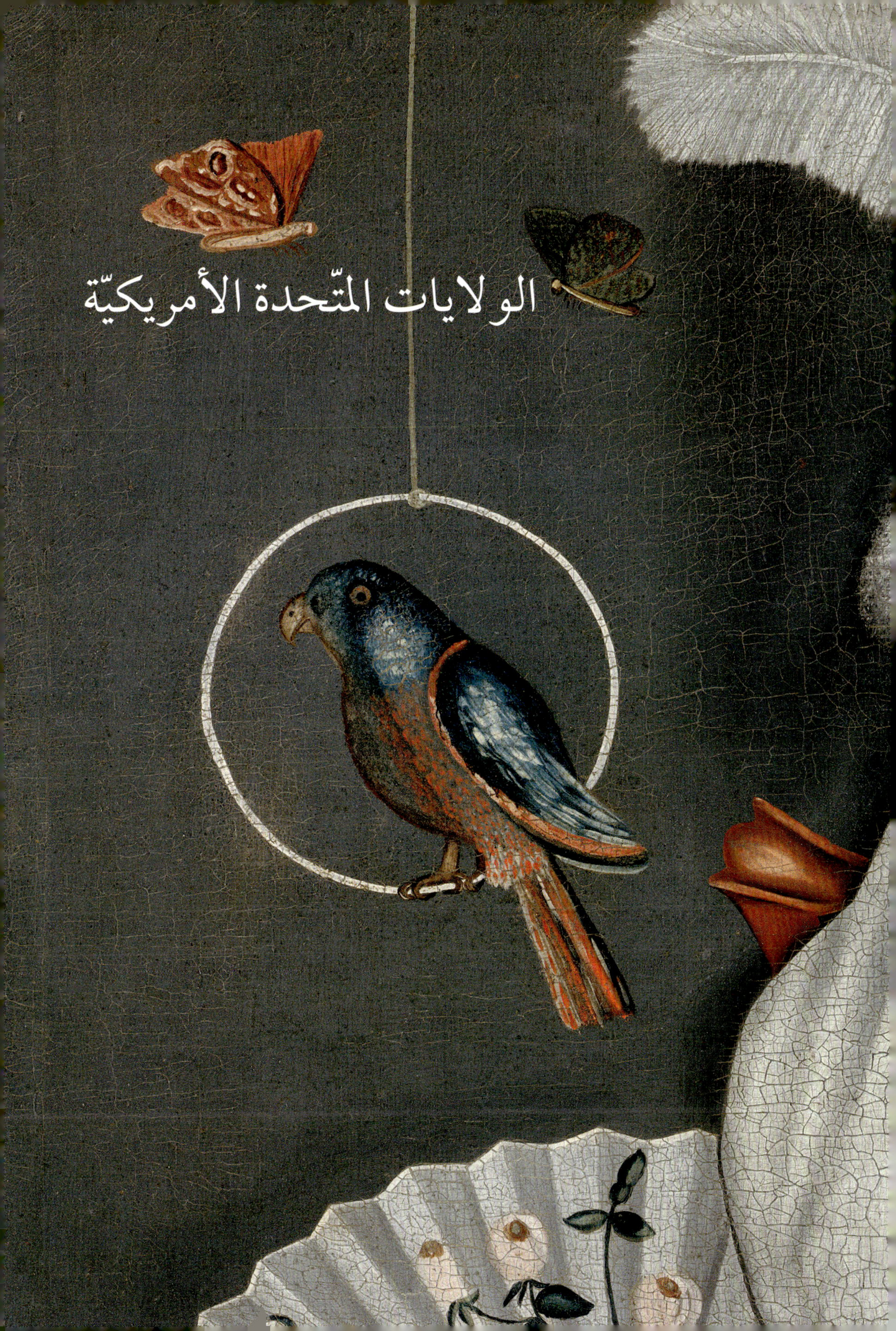

الولايات المتّحدة الأمريكيّة

الجناح الأمريكيّ

تُعرض إبداعاتُ الفنّ الأمريكيّ للفترة التي تسبق سنة 1920م أساسا في الجناح الأمريكيّ لمتحف المتروبوليتان. ويتعلّق الأمر بالخصوص بالأعمال الفنّيّة والمصنوعات التي تمّ إنتاجها في المستعمَرات الواقعة في السّاحل الشّرقيّ للقارة الأمريكيّة الشّماليّة. ويتعلّق الأمر كذلك بالإبداعات التي ظهرت إثر ذلك في الولايات المتحدة الأمريكيّة شيئا فشيئا مع التوسّع في اتّجاه المناطق الدّاخلية، ونقصد تلك الفترة الممتدّة بين القرنين السّابع عشر والثّامن عشر الميلاديين إلى غاية القرن العشرين الميلادي. ونجد بين أوائل أمناء المتحف رسّامين ونحّاتين كانوا يطالبون باقتناء الأعمال الإبداعيّة للفنّانين المعاصرين. وهذا ما يفسّر الثّراءَ الملحوظَ الذي يميّز المتحف من حيث المناظر الطبيعيّة التي رسمها فنّانو مدرسة «هودسون»، ومن حيث تماثيل الرّخام والبرونز التي أبدعها كلّ من دانيال شيستر فرانش وفريديريك ريمينغتون وأوغيسطوس سان غودينس. وإثر ذلك، ضمّ مجلس أمناء المتحف جمّاعين للآثار الفنّيّة التي تعود إلى الحقبة الاستعماريّة، فركّزوا مقتنياتهم على ما له صلة بفنّ التزويق الدّاخلي ذي القيمة التاريخيّة وعلى ما يناسبه من أثاث. وانطلاقا من سبعينات القرن العشرين، وسّع الأمناء من نطاق المجموعة لتشمل جميع وجوه الفنّ التي تعود إلى نهاية القرن التاسع عشر وبداية القرن العشرين الميلاديين. ففي الجناح الامريكيّ نجد اللّوحتَين الأمريكيّتَين الأكثر شهرة في العالم ونقصد لوحة واشنطن وهو يعبر نهر الديلاوار لصاحبها إيمانويل لوتز، ونجد لوحة السّيّدة المجهولة (السّيدة بيار غوترو) لصاحبها جون سنجر سارجنت. وقد وُضع هذان العملان الفنّيان جنبًا إلى جنب مع آثار فنّيّة ذات قيمة رمزيّة أبدعها كلّ من جون سنغليتون كوبلاي وجيلبار ستيوارت ووينسلاو هومر وتوماس إيكينز وجايمس ماك نايل ويستلر، فضلا عن لوحات رسّامين انطباعيّين مثل ماري كاسات وشيلد هاسّام. أمّا فنون التزويق فتُمثّلها أعمال فنيّة أبدعها صائغون ذائعو الصّيت من قبيل ماير مايرز وتوماس فلتشر، وتمثّلها كذلك قطع أثاث منها خزانة اللّباس الشّهيرة التي تعود إلى القرن التاسع عشر النيلادي للأخوَين هيرتر من نيويورك.

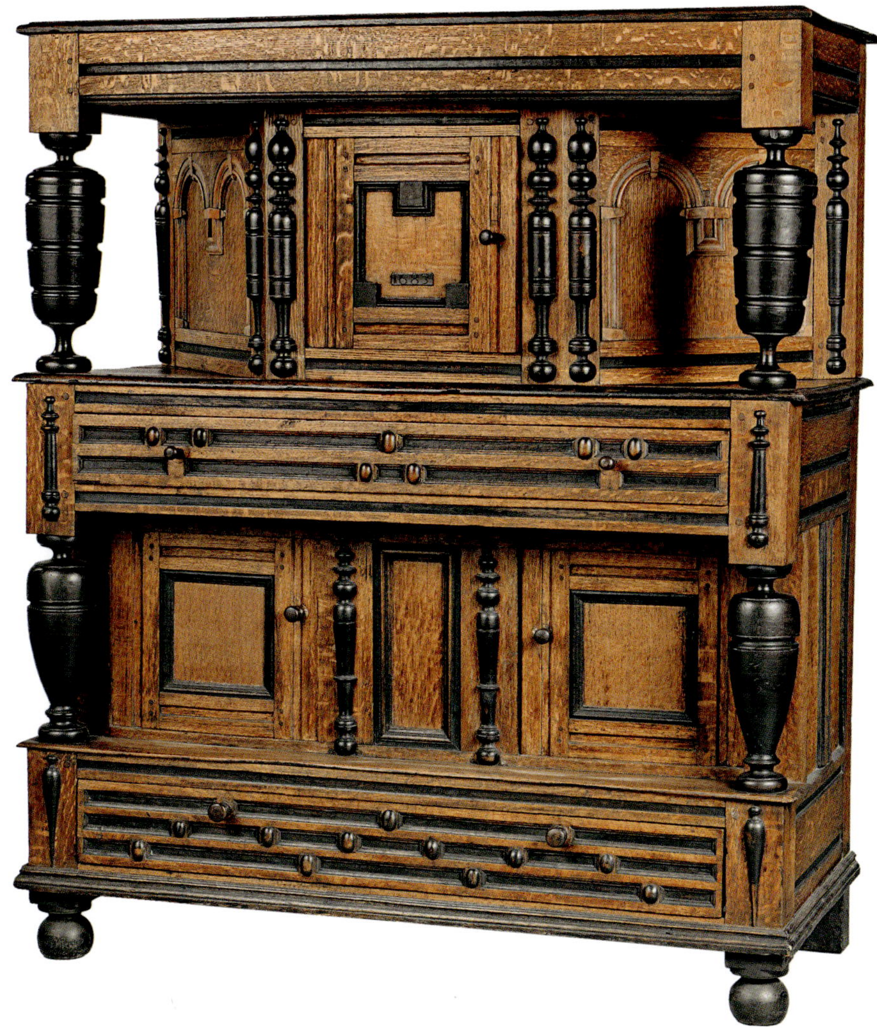

خزانة

مقاطعة إيسيكس الشّماليّة، ماسّاشوتس، 1680 – 1685م
خشب أشجار البلّوط والإسفندان والزنبق؛ تصفيح خشب شجر البلّوط و الصّنوبر؛
148 × 125.7 × 52.7 سم
اقتناء، رصيد رودجرز؛ رصيد ساج، تبادل؛ رصيد سانسبوري ميلز؛ هبة من أنتوني. و، لولو س. وانغ تكريما لموريسون هـ. هيكشير؛ رصيد أصدقاء الجناح الأمريكي، 2010م (2010.467a–p)

كانت الخزانة الكبيرة المصنوعة من خشب البلّوط تُعدّ قطعة الأثاث الأكثر دقّة في الصّنع وعناية بالتفاصيل مقارنة بغيرها من أثاث البيوت في القرن السّابع عشر الميلادي في نيو إنغلاند. وقد كانت تُحفظ فيها المنسوجات والفضّيات وغير ذلك من الأشياء الثّمينة. وإنّ أحجام الخزانةِ وما يميّزها من ثراء الزّخرف يجعلانها مفخرة الأثاث المصنوع، وشاهدة على ما يحظى به مالكوها من رخاء ومكانة اجتماعيّة. ويعود صنعُ هذا العمل الفنّيّ إلى ورشة مجهولة. بيد أنّها معروفة بصواناتها وخزائنها من خشب البلّوط المعشّق والمصنوعة بكيفيّة معقّدة ومتنوّعة. وللخزانة زخارف مخروطة من الإسفندان المؤبنَس، تعبّر بكلّ حريّة عن الأشكال الكلاسيكيّة، وكذا الأمر بالنّسبة إلى الأدراج ذات الوجه المخدَّد التي تشقّها زخارف بيضيّة على امتداد العرض.

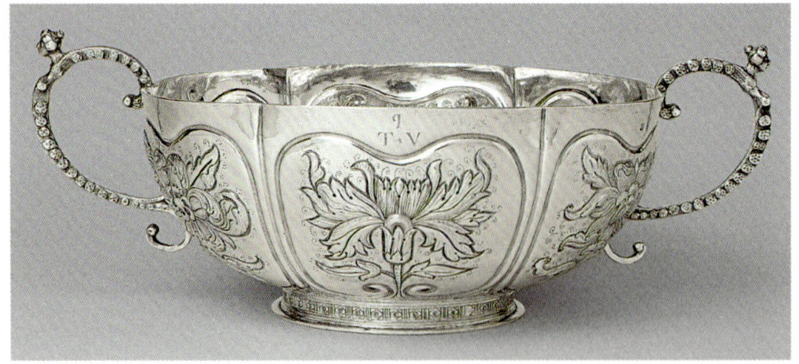

كورنيليوس كيرستيد
أمريكيّ، 1674 – حوالي1757م

قدح ذو عروتين، 1700 – 1710م
فضّة؛ 13.7 × 35.1 سم
رصيد صاموئيل د.لي، 1938م (38.63)

يُعدّ القدحُ ذو العروتين، بتزويقه الذي تقسّمه أخاديدُ إلى ستّ قويسات متساوية، شكلاً مميّزا لبدايات صناعة الفضّيّات في نيويورك. فقد كان البرندوينسكوم (القدح الخاصّ بشراب البرَندي) يُستعمل بمناسبة حفلات الزّفاف وخلال المآتم وبالخصوص بمناسبة احتفال الكندرمال أو الاقتبال عندما تجتمع نساء الأجوار لاستقبال مولود جديد. وكان هذا القدح يُملأ بالعنب والبرَندي فيُدار على الضّيفات اللاّتي يستخدمن ملاعق من الفضّة. وقد نُقِشت على الشّفة العليا لهذا القدح الأحرفُ الأولى لـلخبّاز الثّريّ ثونيس جاكوبسن كويك وزوجته فروت، وكانا قد تزوّجا سنة 1689م.

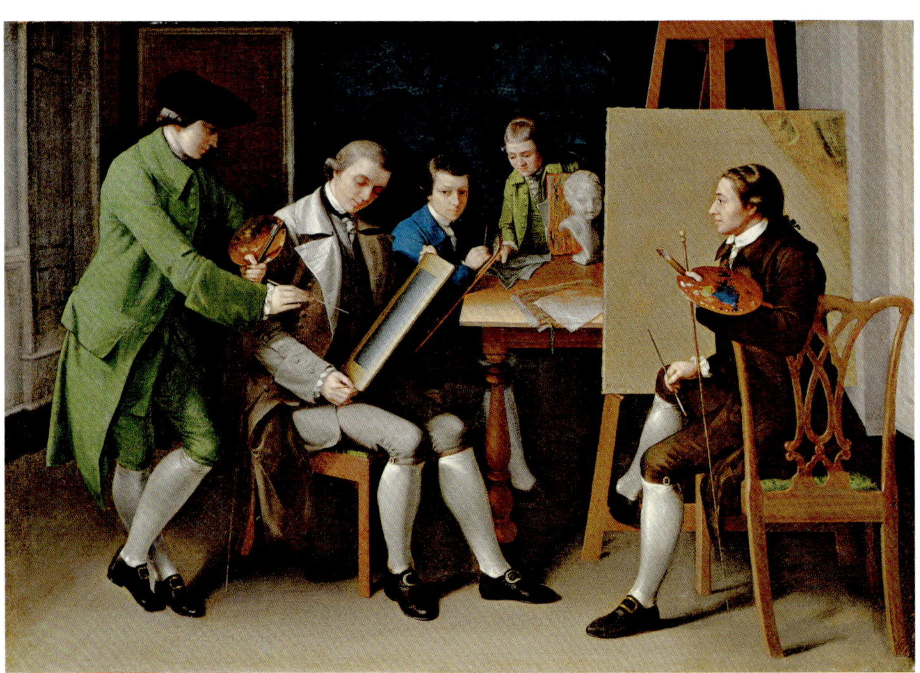

ماتيو برات
أمريكيّ، 1734 – 1805م

المدرسة الأمريكيّة، 1765م
زيت على القماش؛ 91.4 × 127.6 سم
هبة من صاموئيل ب. أفيري، 1897م (97.29.3)

لّما حطّ ماتيو الرّحال بلندن سنة 1764م، كان في استقباله مواطنُه بنجامين واست الذي يصغُره ببضع سنوات وكان قد سبقه إلى خوض تجربة فنيّة واعدة جدًّا. أمّا لوحة برات فهي صورة رائعة لواست وهو يعلّم تلاميذه الأمريكيين الصّغار. ويسرُ هذا العملُ الخالي من التكلّف التقاليدَ الأكاديميّة الأوروبيّة على النّحو الذي ترجمها به الفنّانون الأمريكيون المقيمون بلندن في القرن الثّامن عشر الميلادي. وقد عُرضت اللّوحةُ سنة 1766م تحت عنوان المدرسة الأمريكيّة. وهي تُظهِر بنجامين واست واقفًا على اليسار يقدّم درسًا في الرَّسم. أمّا برات فيبدو جالسا بجانب حامل لوحات الرسم، وقد صُوِّر بوصفه رسّامًا للوجوه مشهودًا بحذقه.

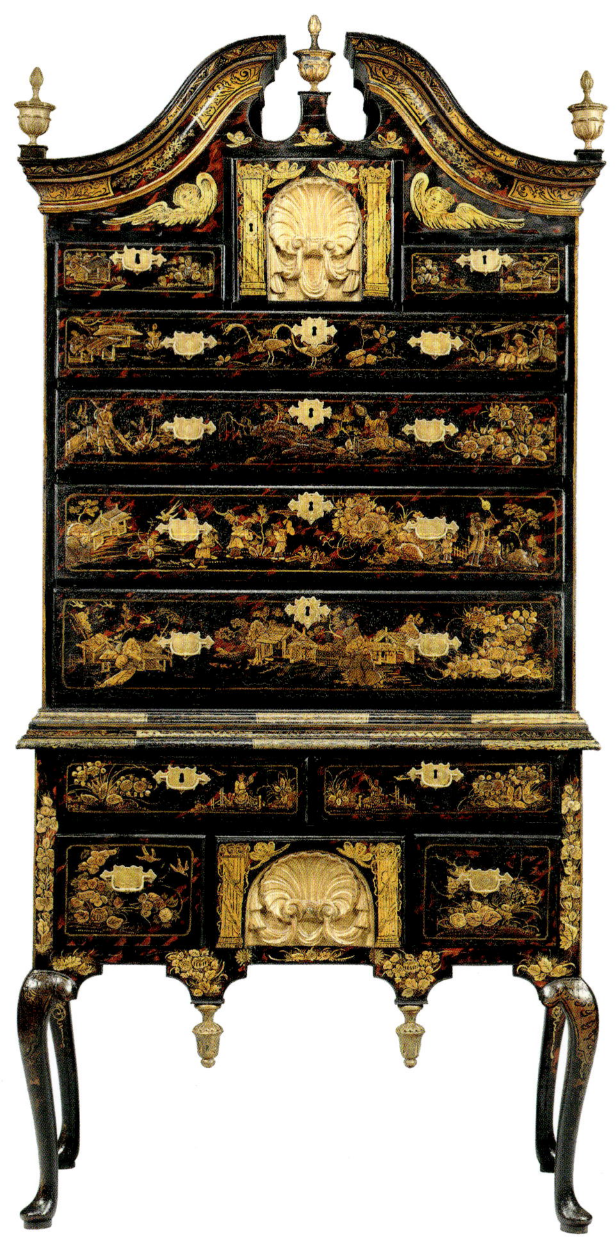

صوان ذو قوائم مرتفعة

بوسطن، ماسّاشوتس، 1730 – 1760م
خشب أشجار الإسفندان والبتولة والصّنوبر الأبيض، رسم، طلاء من الجبس المذهّب؛ 7.219 × 101.6 × 54.6 سم
اقتناء، وصية جوزيف بوليتزر، 1940م (40.37.1)

الصّوان ذو القوائم المرتفعة بواجهته الحلزونيّة والمؤلّف من خزنة ذات طابع أنكليزي ترتكز على واصلة وواجهة منكسرة، هو أثاث من الطّراز الذي يميّز الحقبة الاستعماريّة. وقد ظهر هذا النّوع من الصّوان، أوّلَ ما ظهر، في بوسطن حوالي سنة 1730م. أمّا أروع النّماذج فكانت تلك التي أُضيفت إليها لمسات ذات روح يابانيّة، ويُقصد بذلك أنّها طُليت بكيفيّة تحاكي أسلوب البَرنقة الآسيويّة. ويعتبر هذا الصّوان فريدًا من نوعه واستثنائيًّا من جهة أنّ صانعيه قد حافظوا على منضدة الزّينة والمرآة الملائمتين له. وهو فريد كذلك من جهة أنّه مطليّ ببرنيق يشبه في لونه لونَ صدفة السّلحفاة، ثمّ وقعت تحليتُه برسوم صينيّة مذهّبة (صور خياليّة عجيبة، ومبان خاصّة بالحدائق). ولقد صُنع هذا الصّوان لفائدة بنجامين بيكمان تاجر من مدينة سالم بماسّاشوتس. ونرى أنّه يجسّم تجسيمًا بديعًا الأناقة الجامعة بين أذواق وطرازات مختلفة كانت سمة مميّزة لنيو إنغلاند في الحقبة الاستعماريّة.

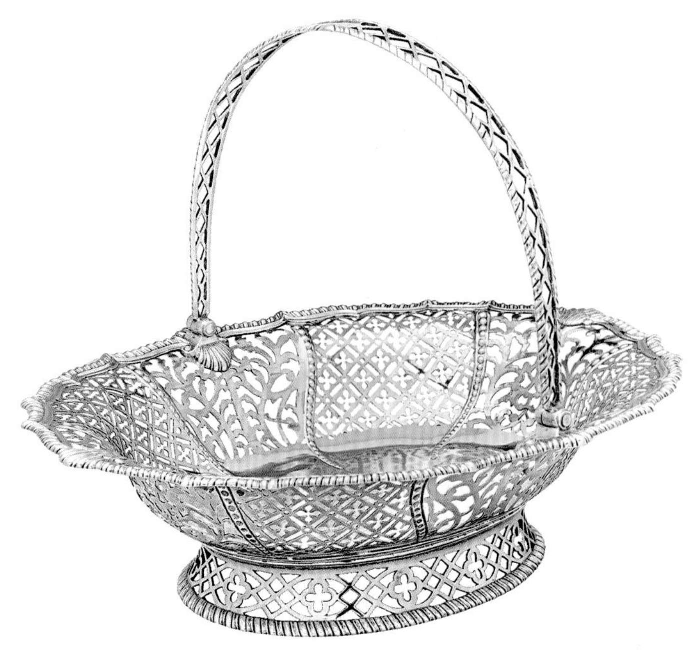

ماير مايرس
أمريكي، 1723 – 1795م

سلّة، 1770 – 1776م
فضّة؛ 28.4 × 36.7 × 28.9 سم
رصيد موريس ك. جيسوب، 1954م (54.167)

صُنعت هذه السّلة النّادرة جدًا المعدّة للزخرفة لفائدة صاموئيل كورنال التّاجر الثريّ من إمبراطوريّة الهند الغربيّة (الأَنْتِي) ولفائدة زوجته سوزانا. وقد عاش الزّوجان في نيويورك ونيو بارن بكارولينا الشّماليّة حيث عُيّن في المجلس المحلّي لهذه الولاية. وكان كورنال قد أوصى ماير مايرس، وهو صائغ من نيويورك ذائع الصّيت، بصنع عدد متنوّع من الأشياء النّادرة. واستنادًا إلى النّقش الموجود أسفل السلّة، فإنّ الزوجين قد وَهَباها إلى ابنتهما هانّاه التي تزوّجت من هرمان لوروا، يوم 19 أكتوبر من سنة 1786م. ومن الفضّيّات اللّندنيّة بأسلوبها الرّفيع استلهم صانعُ هذه السّلّة أجزاءَها المخرّمة وحوافها بزينتها ذات اللّفّات الصّغيرة المحدّبة وعروتها بمفاصلها ذات النّسيج المخرّم.

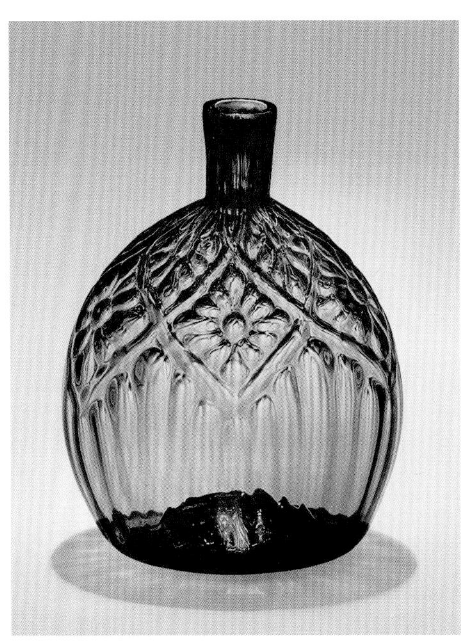

المصنع الأمريكيّ للزجاج الظرّانيّ
أمريكيّ، 1764 – 1774م
مؤسّسة

هنري ويليام ستيغال
أمريكيّ، 1729 – 1785م

قارورة تُحمل في الجيب، 1769 – 1774م
زجاج منفوخ مطبوع بقالب؛ الارتفاع. 12.1 سم
هبة من فريدريك و. هونتر، 1914م (14.74.17)

رغبة منه في تحدّي هيمنة الواردات من أوروبا، أنشأ المقاول الأمريكيّ هنري ويليام ستيغال المصنعَ الأمريكيّ للزّجاج الظرّاني بمانهيام في ولاية بنسيلفانيا. وكان الحرفيّون العاملون معه، وهم جميعًا من المهاجرين، وراء أوّل أطقم الأكل الأنيقة التي أُنتجت في العالم الجديد. وفضلاً عن الزّجاج بلا لون، فإنّ هذا المصنع كان ينتج الأواني الزّجاجيّة بالألوان الثريّة الأرجوانيّة أو البنفسجيّة والأزرق الدّاكن (الكُوبَلْت). وقد تكون زهرة الأقحوان التي حُبست في ماسّة تزيّن هذه القارورة منسوخةً من تصميم شائع للبلّور المخروط.

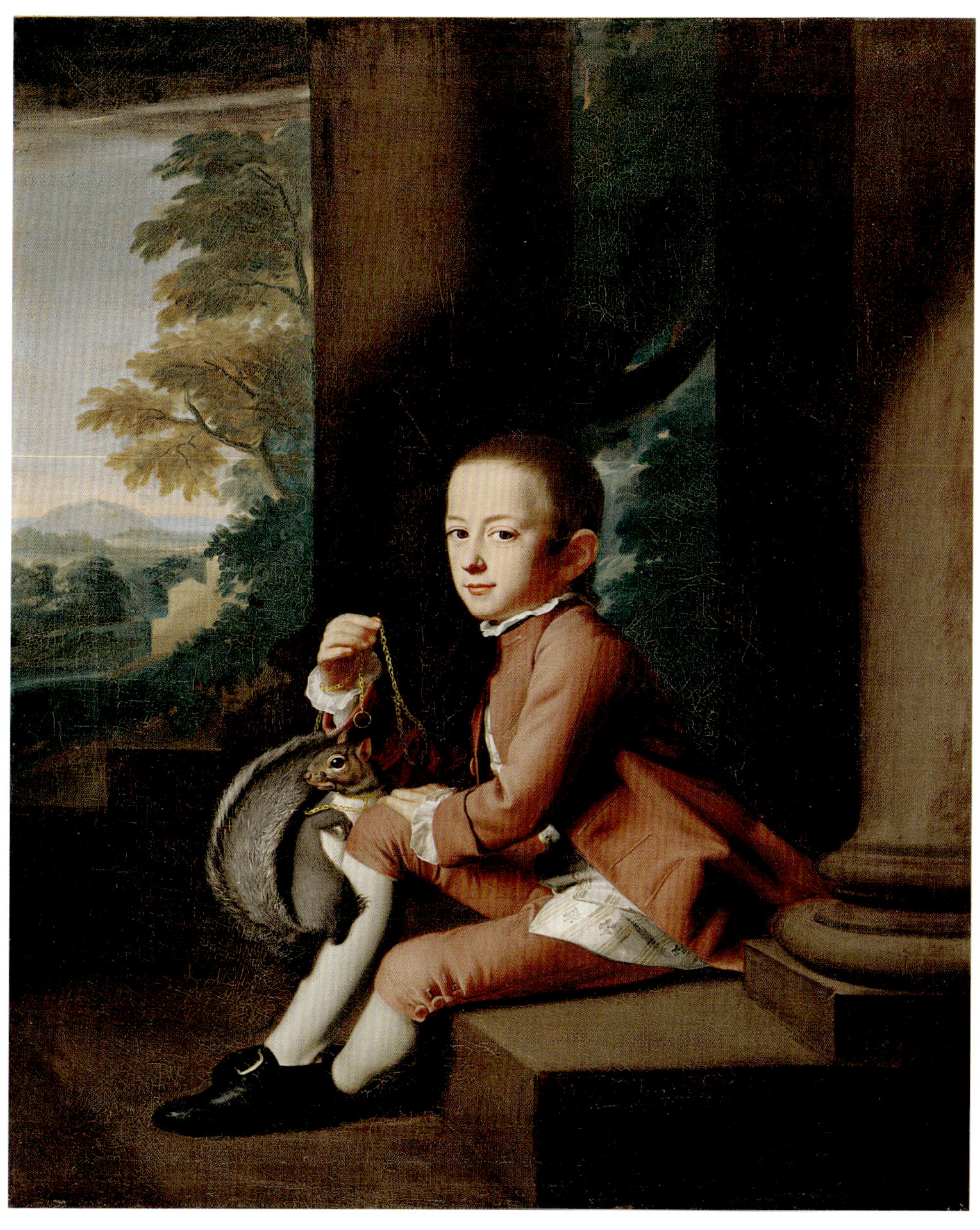

جان سينغليتون كوبلاي
أمريكي، 1738 – 1815م

دانييل كروميلين فربلانك، 1771م
زيت على القماش؛ 125.7 × 101.6 سم
هبة من بايارد فربلانك، 1949م (49.12)

هذه اللّوحة هي صورة لدانييل فربلانك من أفراد عائلة نيويوركيّة ذات صيت، وكان عمره وقتئذ تسع سنوات.

وقد تناول ههنا كوبلاي بنجاح باهر موضوع الفتى الأرستقراطيّ وهو يلعب بسنجاب مُقيَّد بسلسلة من ذهب. وفي الوقت الذي كان فيه الحيوان يتسلّق رجل الطفل، كان الطفل الماثل للرسم ينظر إلى الجمهور برصانة. وتتميّز اللّوحة، وهي من الطّراز الاستعماريّ الخالص، بصفائها وبدقّة ملاحظة صاحبها.

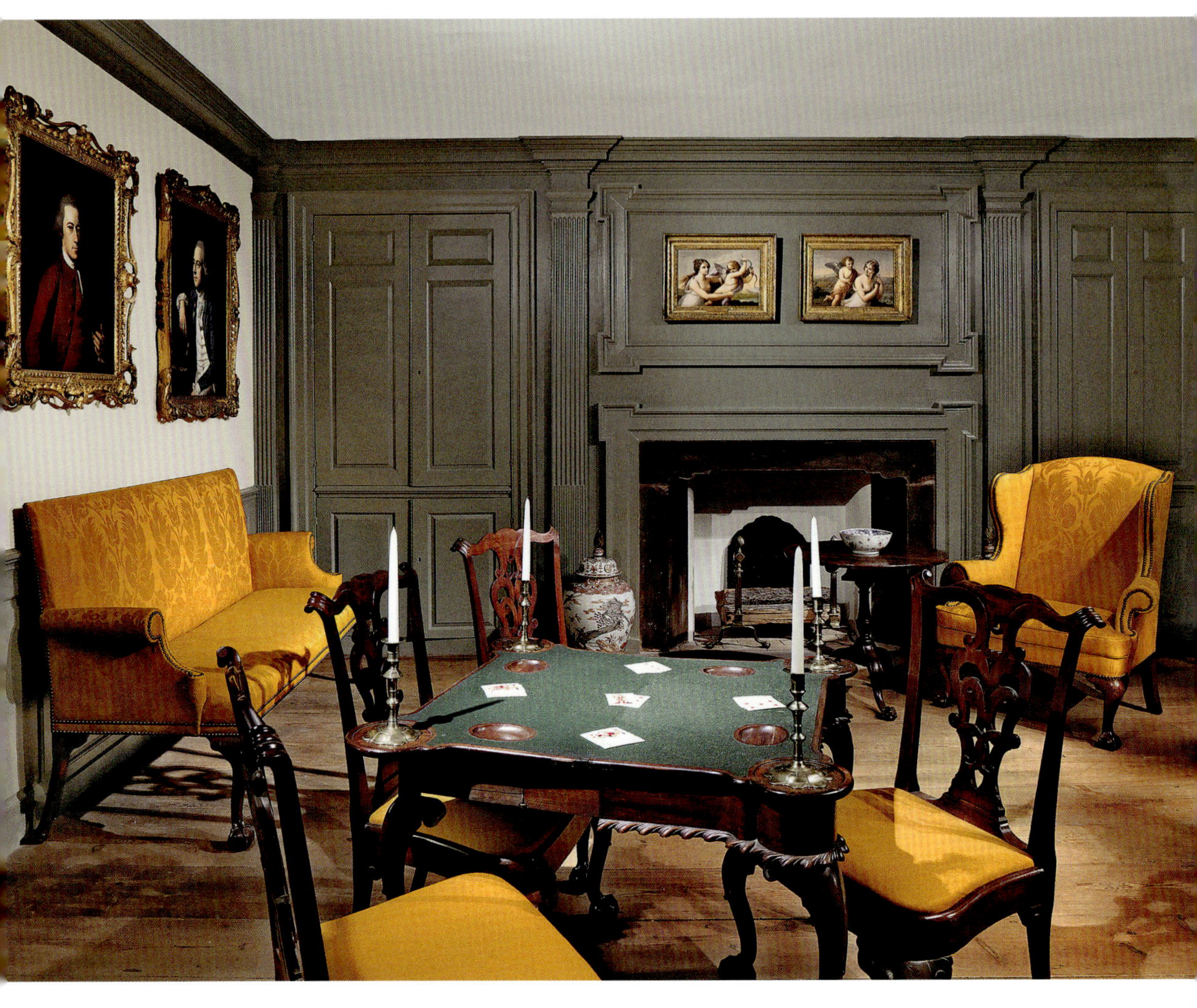

قاعة استقبال فربلانك في منزل كولدن

كولدنهام، نيويورك، حوالي 1767م
2.87 × 5.41 × 6.4 م
اقتناء، مجموعة سيلهاريس، هبة من جورج كو غرايفز
تبادل، 1940م (40.127)

قاعة الاستقبال هذه هي واحدة من عشرين منزلاً خاصًا له طابع تاريخيّ معروضًا في الجناح الأمريكيّ. وتجسّم هذه القاعةُ الحياةَ في نيويورك قبل حرب الاستقلال. وقد جُلِبت المدفأةُ الملبّسةُ بالخشب علاوة على عدد آخر من المكوّنات المعماريّة من منزل ريفيّ بُني سنة 1767م لحساب كادولادّر كولدن الابن (ابن الضّابط الحاكم لولاية نيويورك). ويقع هذا البيت على بعد حوالي مئة كيلومتر شمال مانهاتن. أمّا الأثاث فقد سبق لصاموئيل وجوديت كروملين فربلانك أن استعملاه بداية من ستّينات القرن الثامن عشر الميلادي في إقامتهما بوال ستريت بـنيويورك. وتحتوي القاعة التي أهداها خَلَفُهُما إلى المتحف صورًا للعائلة تحمل توقيعًا من جان سينغليتون كوبلاي. و إضافة إلى ذلك، نجد مجموعةً نادرة من الكراسي والأرائك لشخصَين وطاولة للعب الورق متناسقة فيما بينها مصنوعة في نيويورك، ومجموعةَ خزفيات صينيّة مستوردة.

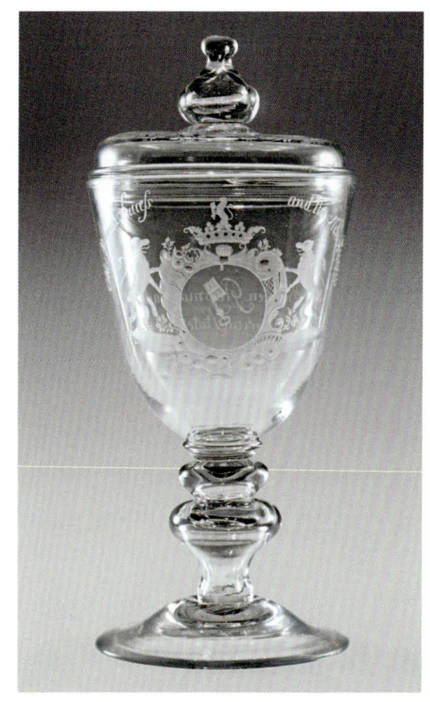

أسفل الصّفحة

رالف إيرل

أمريكيّ، 1751 – 1801م

إلياه بوردمان، 1789م

زيت على القماش؛ 210.8 × 129.5 سم

وصية سوزان و. تايلر، 1979م (1979.395)

صوّر رالف إيرل، في هذا الرّسم الشخصيّ الأصليّ، إلياه بوردمان بملابس تتوافق وذوق العصر، واقفًا في متجره لبيع السّلع المستحدثة في نيو ميلفورد الضاحية الريفيّة لمدينة كونكتيكوت. وتبرز اللّوحةُ التّاجرَ متّخذًا وضع التصوير أمام مكتب مغطّى بقطعة من اللّبَد في متجر يزخر بالسّلع. ويدعو البابُ المفتوح على المخزونات إلى الإعجاب بلفافات القماش النّفيس. وممّا لا شكّ فيه أنّ التّاجر قد اكتسب درايته الواسعة بعالم الأعمال من خلال اطّلاعه على المصنّفات التي تُحلّي الرّفوف وراءه. ويُحمَل الاهتمام الكبير بإبراز أناقة بوردمان ونظرته السّاحرة على أنّه من قبيل الإشهار للتّاجر وللرسّام على حدّ السّواء.

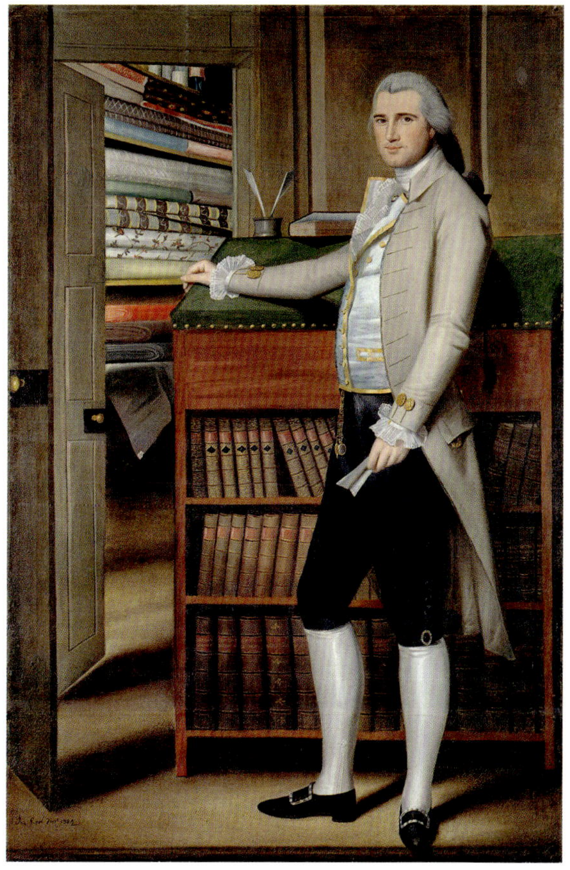

أعلى الصّفحة

مصنع نيوبريمان للزّجاج

أمريكي، 1784 – 1795م

مؤسّسة:

جان فريدريك أملونغ

أمريكيّ، ناشط 1784 – حوالي 1791

كوب للشّراب بغطاء، 1788

زجاج منفوخ ومنقوش؛ الارتفاع: 28.6 سم

رصيد رودجرز، 1928م (28.52a،b)

قدِم جان فريدريك أملونغ من ألمانيا ليستقرّ في مقاطعة فريدريك بولاية ماريلند، وأنشأ في نيو بريمن مصنعًا للبلّور عرف نجاحًا كبيرًا. ويؤكّد شكلُ هذا البوقال، أو كوبِ الشّراب بغطاء، وما يزيّنه من نقوش الأصولَ الألمانيّةَ للحرفيين. ويمتاز هذا الإناءُ على وجه الخصوص بشارات الشّرف الخاصّة بمدينة بريمن بألمانيا والمرسومة على تُرْس باروكيّ، وتتمثّل في زينة معقّدة مميّزة للقطع التي كان يبتكرها أملونغ، بل هي مميّزة لكلّ المصنوعات الزجاجيّة بالولايات المتّحدة الأمريكيّة في تلك الحقبة. وقد عُثر على هذا الكوب بألمانيا، وهذا ما يفسّر الكتابة التالية: «بالأمس حصدنا النّجاح ببريمن، وها نحن نحقّق ههنا إنجازات جديدة». ويبدو أنّ أملونغ قد أهدى هذا الكوب إلى مموّليه الألمان وكان بمثابة نخب الانتصار الباهر الذي أحرزته شركته الأمريكيّة.

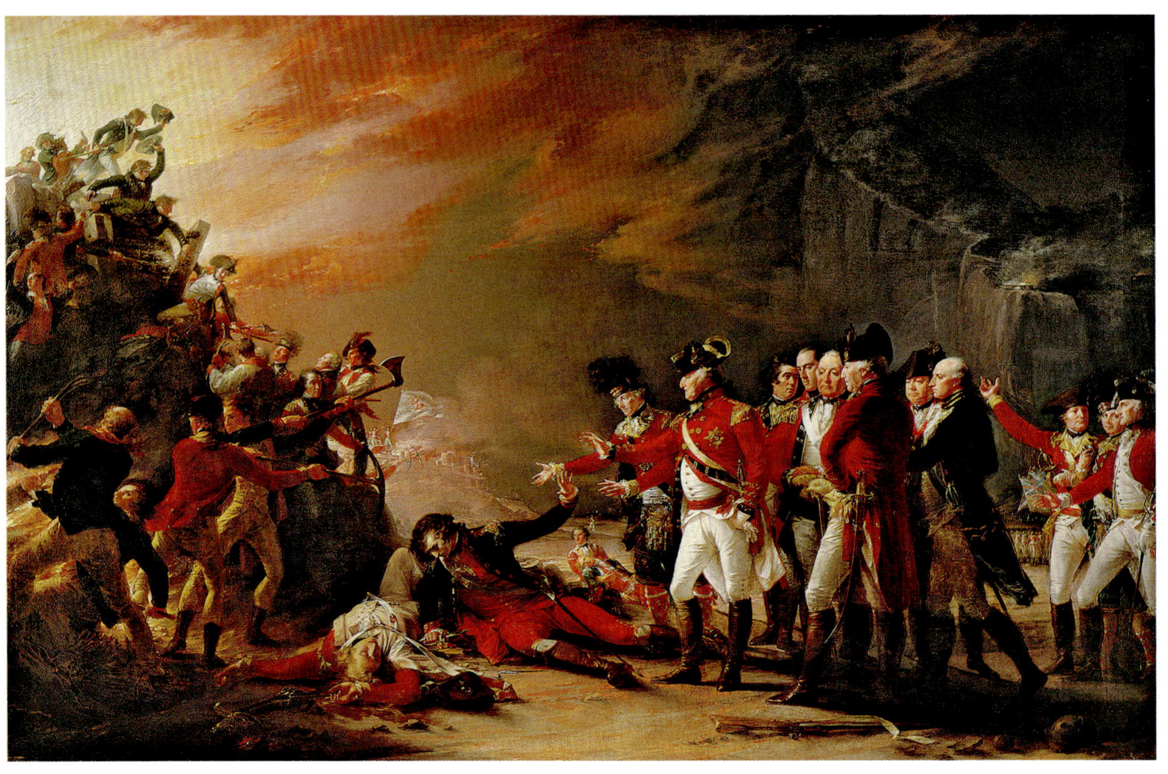

جون ترومبول

أمريكيّ، 1756 – 1843م

الخروج من حامية جبل طارق، 1789م

زيت على القماش؛ 1.8 × 2.72 م

اقتناء، وصية بولين ف. فولرتون ؛ هبات من السيّد والسيّدة جايمس كارتر، السيد والسّيّدة رايمون ج. هوروفيتش، المؤسّسة الخيريّة إيرفينغ وولف وفاين، المؤسّسة الخيريّة المندمجة هاري فيش، هانسون ك. كورنينغ، تبادل، رصيد ماريا ديويت جيسوب وموريس ك. جيسوب. 1976م (1976.332)

كان جون ترومبول على غرار مواطنَيه بنجامين واست وجون سينغليتون كوبلاي، يطمح باستمرار إلى أن يتميّز في نمط الرّسم التاريخيّ «الأسلوب الفخم» ويرسم لوحات عظيمة جدّا تخلّد الوقائع البطوليّة. وأخْذًا بنصائح واست اختار ترومبول هنا واقعةً من الحصار الطويل لجبل طارق عندما حاول الإسبان أن يستعيدوا الصّخرة من البريطانيين، واختار على وجه الدقّة، اللحظةَ المحدَّدة بالضّبط للنّصر البريطاني، عندما قدّم الجنرال جورج إليوت، وهو المنتصر ُالرّحيمُ، يدَ العون إلى العدوّ الشّاب المجروح جرحًا قاتلاً دون خوزيه دي باربوزا. أمّا الغاية القصوى للفنّان من وراء هذا، فتمثّلت في تصوير سلوك الشّريف النّبيل في جميع الأحوال والملابسات.

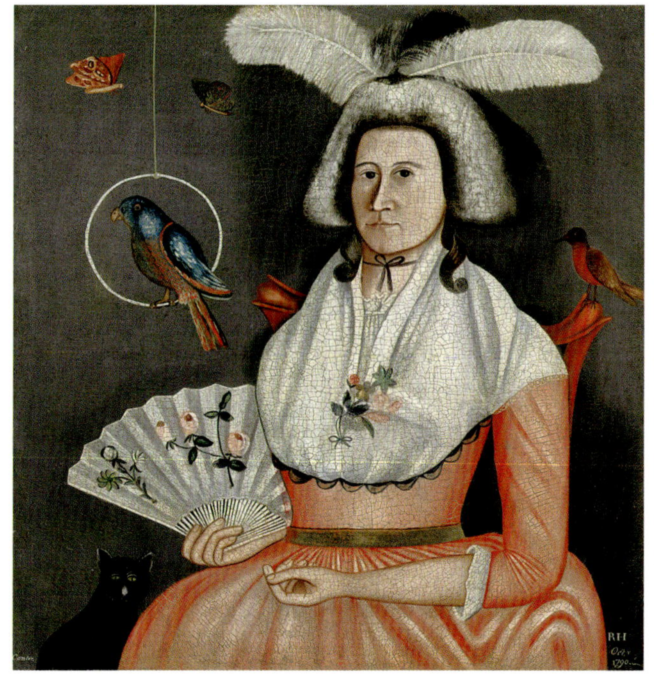

روفوس هاثواي
أمريكيّ، 1770 – 1822م

سيّدة صحبة حيواناتها الأليفة (مولّي وايلز فوبس)، 1790م
زيت على القماش؛ 86.6× 81.3 سم
هبة من إدغار ويليام وبرنيس كريزلر غاربيش، 1963م (63.201.1)

قد تكون هذه الصّورة للسيّدة مولي وايلز فوبس من منطقة راينهام الواقعة بماسّاشوتس. وهي صورة ذات قيمة رمزية عالية جدًّا رُسمت بمناسبة خطوبتها مع السيّد الموقّر إلياه ليوناردو وزير الكنيسة الأبرشيّة الثّانية لمارشفيلد المدينة المجاورة، علمًا أنّهما تزوّجا سنة 1792م. وتعدّ هذه اللّوحة من أجمل نماذج الفنّ البدائيّ بالولايات المتّحدة الأمريكيّة، وهي كذلك أوّل لوحة معروفة من رسم هاثواي، وقد تكون مستوحاة من النّقوش. ويعكس هذا العمل الفنّيّ الجهود التي يبذلها المحلّيّون لمحاكاة الأساليب الأوروبيّة. وبالفعل، تُعدُّ تسريحةُ الشّعر المشابهة للشَّيْهم وريشِ النّعام ملامحَ تحاكي التقليعة الفرنسيّة المعاصرة في اللّباس وتصوير الأشخاص. أمّا تنظيم الحيوانات الأليفة فلا يخلو بدوره من دلالة رمزيّة.

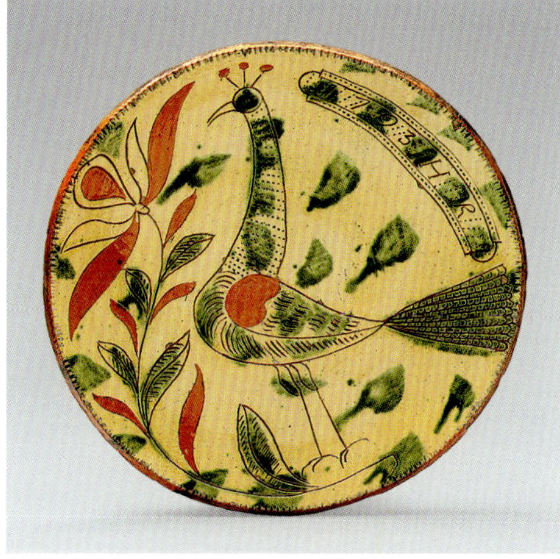

قد يكون لـ
هانريش روث
أمريكيّ، ناشط حوالي 1790 – 1810م

طبق، 1793م
فخّار مزيّن بالخربشة؛ القطر. 31.1 سم
هبة من السّيّدة روبير و.دي فوريست، 1933م (34.100.124)

في نهاية القرن الثّامن عشر وبداية القرن التاسع عشر الميلاديين، كان الخزّافون الألمان في بنسيلفانيا يستعملون الطّين الأحمر المحلّيّ المجلوب من النّواحي المجاورة لصناعة الأواني الخزفيّة الموجّهة إلى السّوق المحليّة، سواء أكانت هذه الأواني ذات قيمة نفعيّة، أم لغاية تزويقيّة. ويجري هذا طِبقًا لتقاليد التزويق المعروفة في البلد الأصليّ لهؤلاء الخزّافين، ووفقًا للتقنيّات المستعمَلة فيه. وهذا الطّبق الذي تمّ جلبه من مقاطعة نورثامبتون هو مثال للفخار المزيّن بالخربشة. وهي تقنية يستعملها عدد كبير من الحرفيين الألمان من بنسيلفانيا، وتقوم على تغطية الطّين اليابس بصلصال صينيّ أبيض، ثمّ يقع كشط السّطح بأداة حادّة للكشف عن طبقة اللّون الأحمر لآنية الفخّار. ويزوّق هذا الطبقَ، على غرار كمّية أخرى من الأطباق من النّوع نفسه، طاووسٌ وزينةٌ بسيطة من الزهور.

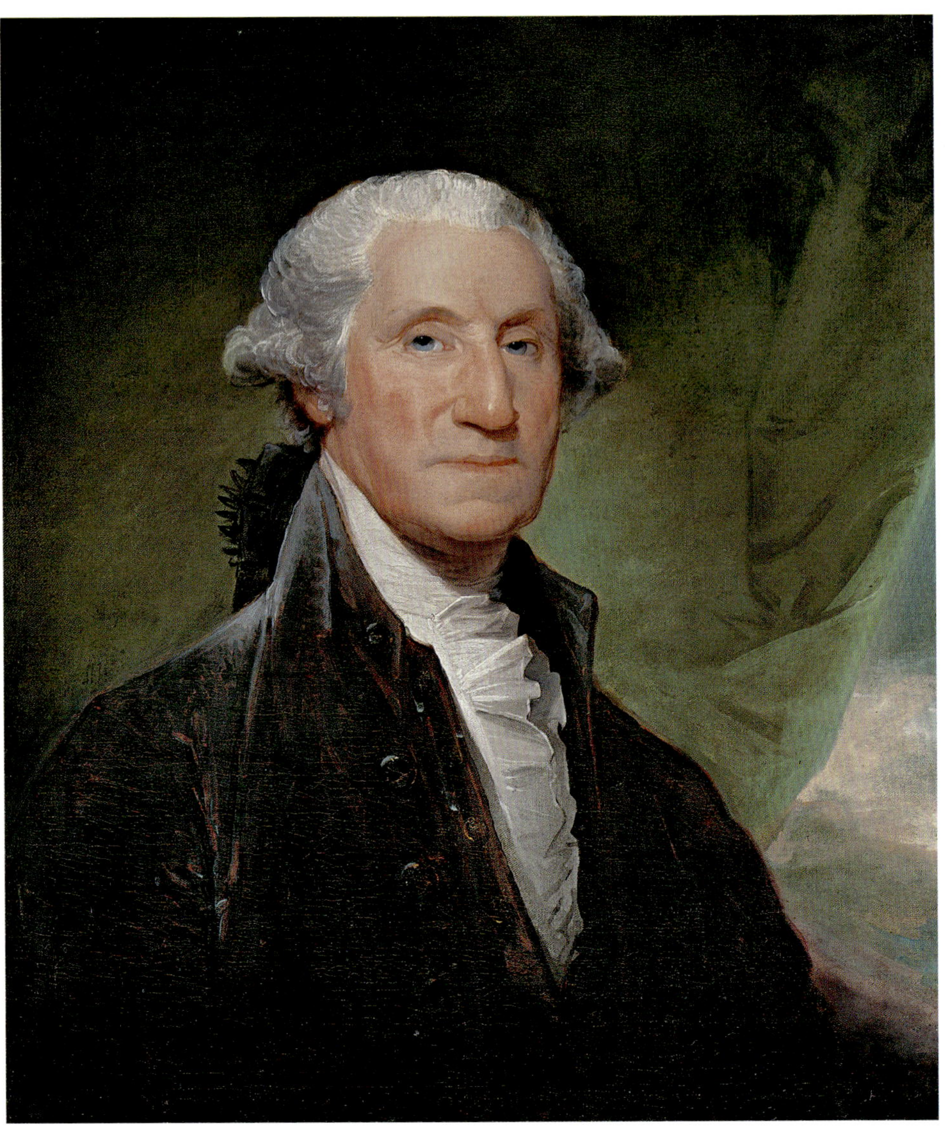

جيلبرت ستيوارت

أمريكيّ، 1755 – 1828م

جورج واشنطن، شُرِعَ في رسمه سنة 1795م

زيت على القماش؛ 76.8 × 64.1 سم

رصيد رودجرز، 1907م (07.160)

قدم جيلبرت ستيوارت من لندن في شهر مارس من سنة 1793م بِنيَّة رسم جورج واشنطن. ويُعدّ هذا الرسم الشّخصيّ النصفيّ واحدا من بين ثمانية عشر رسمًا في المجموعة المسمّاة «فُوغان» ويظهر فيها الماثل للرسم وهو ينظر إلى اليمين. وقد حافظ الرسّام، وهو يستعمل اللّون الأسود، على الأثر الباقي (رداء بنيّ يميل إلى الحمرة تزيّنه أزرار صفراء) من أوّل صورة واقعيّة كان قد رسمها للرئيس واشنطن. وفي هذا ما يحمل على الاعتقاد بأنّ ستيوارت قد تصوّر هذه اللّوحة في الوقت نفسه الذي كان فيه يضع الرسم الشخصيّ الأوّل من المجموعة المسمّاة بـالفُوغان. وقد أبدع ستيوارت رسومًا لواشنطن كانت في الآن نفسه متميّزة بالحيويّة والقيمة الرّمزيّة. وفي هذا الصدد جسّم ببراعة الوجنتَين إذ أضفى عليهما ظلالاً زرقاء رماديّة على نحو بدا فيه وجه واشنطن كما لو كان منحوتًا على الرخام، وهو ما أضفى على الرسم الشخصيّ مسحة من العظمة.

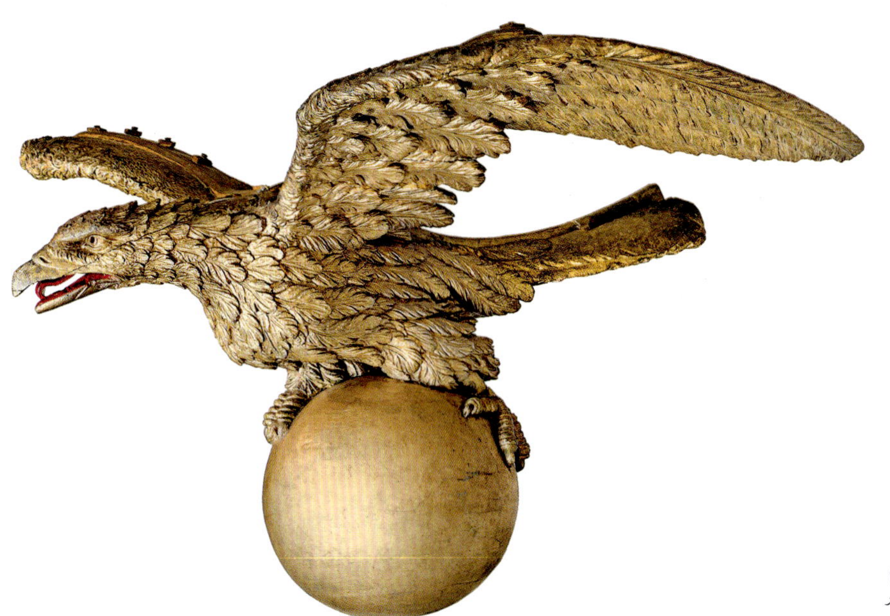

ويليام روش
أمريكيّ، 1756 – 1833م

النّسر، 1809 – 1811م
خشب (لعلّه خشب الصّنوبر الأبيض) منحوت ومذهّب فوق عمل تمهيديّ من الجبس الممزوج بالغراء؛ صلب مزوّق؛
91.4 × 172.7 × 154.9 سم
اقتناء، رصيد سانسبوري ـ ميلز؛ هبات من أنتوني و.، ولولو س. وانغ، السيّد والسّيّدة روبير غوليه، آنيت دي لارنتا وفيرا هالدون – غولدمان، 2002 م (2002.21.1)

يُعدّ اليوم «ويليام روش»، وقد كان عضوًا من الجماعة الفنيّة المتّقدة حيويّة النّاشطة بـفيلدلفيا في بداية القرن التّاسع عشر الميلادي، من أوائل النحّاتين المبدعين للرسوم الشخصيّة في الولايات المتّحدة الأمريكيّة. وكان معدودًا من بين أهمّ المذهّبين والنحّاتين على الخشب.

وقد أوصت الكنيسة اللّوثريّة الإنجيليّة سان جونز بنحت هذا النّسر الضخم المطليّ ذهبًا الذي يمثّل رمزا للقدّيس الشّفيع. وظلّت منحوتة النّسر مُشرفة على كرسيّ الكنيسة إلى غاية سنة 1847م ثمّ نقلت إلى قاعة المجلس التشريعيّ في بهو الاستقلال حذو جرس الحريّة فوق منحوتة من الخشب لجورج واشنطن كان روش قد أبدعها أيضا. وفي هذه القاعة استُبقيت منحوتة النّسر إلى غاية سنة 1914م. ومن ذلك الحين أصبح النّسر رمزًا للاستقلال الأمريكيّ والوطنيّة الأمريكيّة.

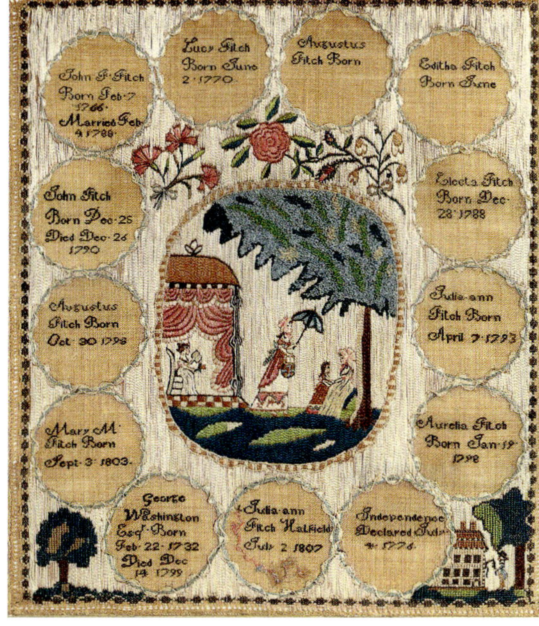

جوليا – آن فيتش
أمريكيّة، 1791م – ؟

قماش موشّى، 1807م
حرير على قماش الكتّان؛ 45.7 × 40 سم
اقتناء، هبات من ويليام كولين بريان فيلاوس 2010م (2010.466)

نرى وسطَ هذا النموذج من القماش الموشّى الذي طرّزته جوليا – آن فيتش من هاتفيلد (ماسّاشوتس) امرأةً جالسةً وهي تطالع كتابا. وممّا لاريب فيه أنّ الأمر يتّصل بالتعليق على موضوع كان يثير الجدال وقتئذ وهو تعليم المرأة. ففي أغلب الدوائر الثلاث عشرة التي تحيط بالفتاة نراها قد طرّزت اسم أفراد عائلتها والتواريخ المهمّة، تاريخ الولادة والوفاة والزواج. وتذكّر هذه الفتاة، وهي مفعمة بروح الوطنيّة، في دائرتين أخريين بتاريخ ولادة جورج واشنطن ووفاته منذ فترة قريبة (سنة 1799م) في حين تكشف دائرة أخرى تاريخ ولادة هذه الأمّة الفتيّة.

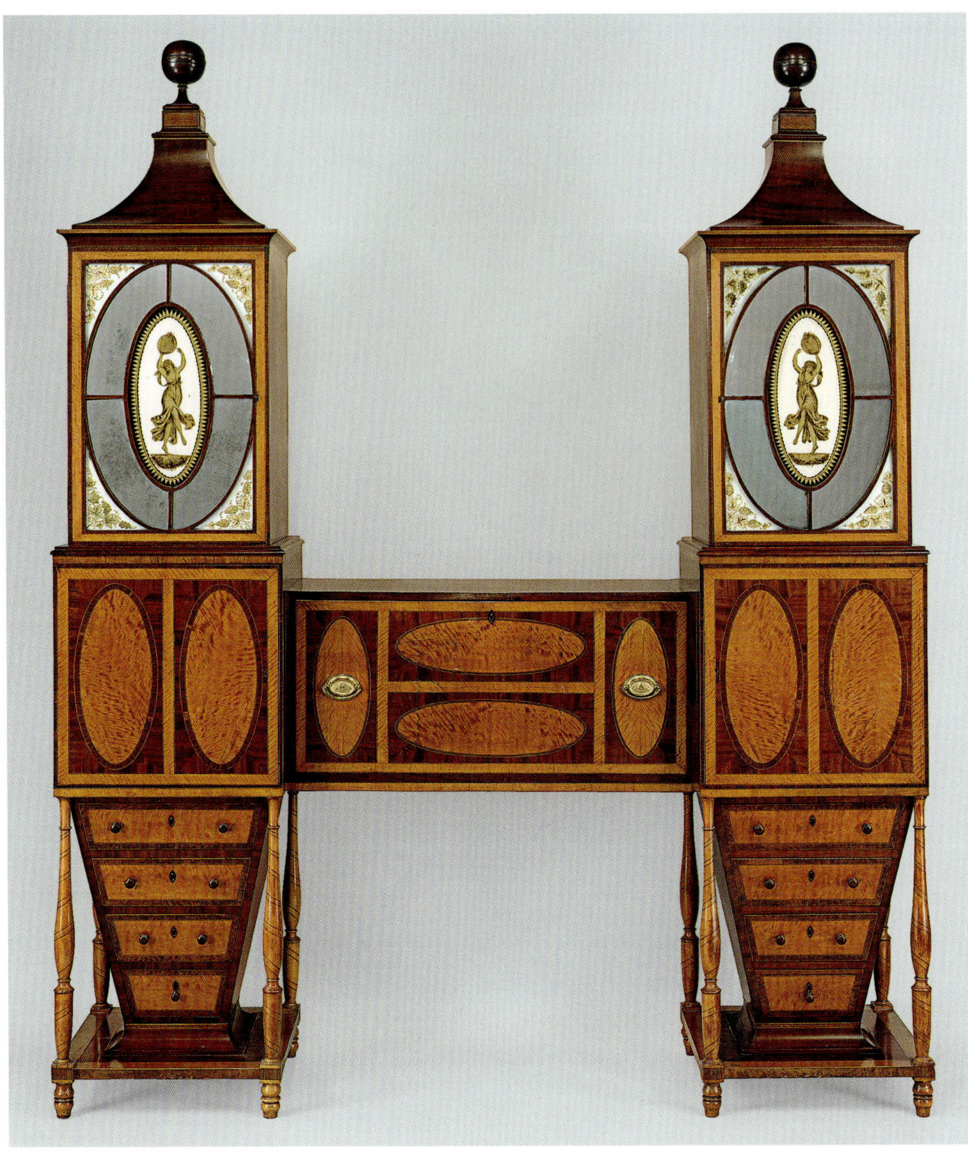

مكتب وخزانة كتب

بالتيمور، ماريلاند حوالي. 1811م
كابُلي وخشب صقيل لمّاع، وخشب الإسفندان، زجاج
وخشب شجر الأَرْز؛
231.1 × 182.9 × 48.6 سم
هبة من السيّدة روسّال ساج وعدد من المانحين الآخرين، تبادل،
1969م (69.203)

لنا أن نعتبر هذا المكتب – خزانة الكتب بشكله المماثل للحرف اللاتينيّ H، قطعة فريدة من نوعها من بين قطع الأثاث المصنوعة طبقًا للأسلوب الفيدرالي والتي وصلت إلينا. وقد صنعها صاحبُها مستلهمًا على نحو مباشر من سيسترز سيلندر بوك كايس (خزانة الكتب المزدوجة)، اللّوحةَ عدد 38 من كاتالوج نجّار الأبنوس الأنكليزيّ توماس شيراتون المسمّى بدليل الأثاث الفاخر لسنة 1803م. بيد أنّ نجّار الأبنوس الأمريكيّ قد عوّض الغطاء الذي يصل العمودين، على غرار ما هو موجود في الأنموذج، بمكتب مستطيل ذي منضدة. وقد زُيِّنت الصفائح البلّوريّة المطليّة والمذهّبة براقصات من اليونان القديمة. وممّا هو ملحوظ أنّ التناظر بين مجمل المكوّنات، والأشكال الهندسيّة المجرّدة والتّصافيح شديدة التباين المصنوعة من الخشب الصّقيل اللّمّاع وخشب الكابُلي، كلّها خصائص تجعل من قطعة الأثاث هذه مثالاً أخّاذًا للأسلوب الكلاسيكيّ الجديد في أمريكيا الشّمالية.

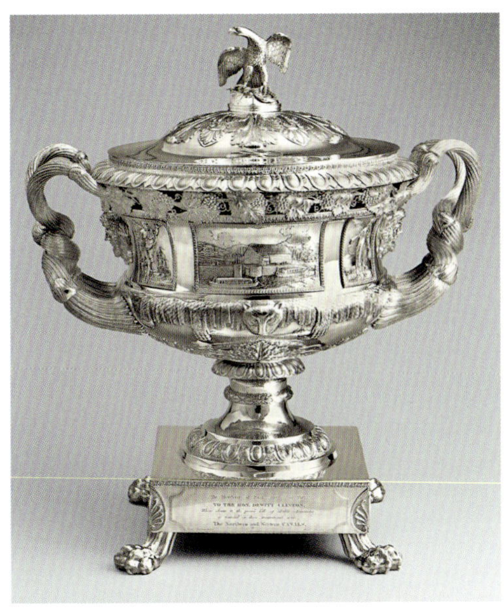

توماس فليتشر
أمريكيّ، 1787 – 1866 م، و

سيدناي غاردينر
أمريكيّ، 1787 – 1827م

كأس تذكاريّ، 1824م
فضّة؛ 59.5 × 51.1 × 38.4 سم
اقتناء، رصيد لويس ف. بيل ،وروودجرز؛ هبات مجهولة المصدر، روبير ج. غوليت، فنتون ل. ب. براون ، وأحفاد السّيّدة رانسون سبافورد هوكير في ذكرى وفاتها، تبادل؛ (1982.4a،b)

في سنة 1825م، أوصى تجّار من نيويورك بإعداد زوجَين من هذه الكؤوس التذكاريّة الفاخرة وإهدائها إلى الحاكم دي ويلت كلينتون عرفانًا له بما قدّمه من دعم لإنشاء قنال آريي. وتولّت شركةُ فلاتشر وغاردينر، ومقرّها بفيلادلفيا، صنعَ مثال الكؤوس وعُراها اعتمادًا على أنموذج مزهريّة واروريك. ويعود هذا المثال إلى جرّة مشهورة من الحقبة الرومانيّة اكتُشفت سنة 1770م بالقرب من البيت الرّيفيّ الأنيق لصاحبه هادريان بتيفولي. وقد زُيِّنت كلّ كأس بوجوه رمزيّة وبمشاهد تجسّم ضفاف القنال. ولك أن ترى عطارد (إله التجارة) وسيراس (آلهة الزراعة) من كلّ ناحية من نواحي الحوض وهما يحرسان القنالَ ومَحبسَ سُدِّ الألبانيّ بالولايات المتحدة الأمريكيّة. ولك أيضا أن ترى في قفا الكأس صورتي هرقل (إله القوّة) ومينيرفا (آلهة الحكمة) وهما يحيطان بقناة روشيستر وشلاّلات نهر الجينيزي.

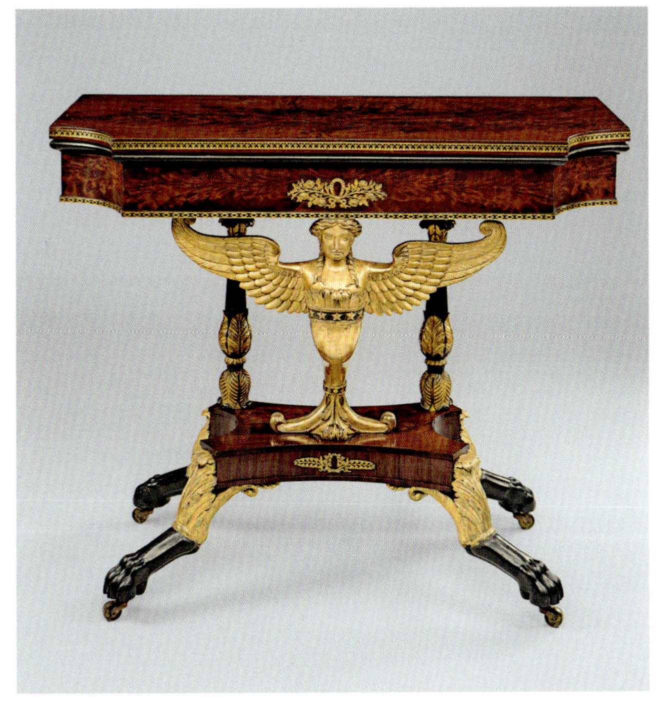

شارل هونوري لانويي
فرنسيّ، 1779 – 1819م

طاولة للعب الورق، 1817م
تصفيح بخشب أشجار الكابُلي، والصنوبر الأبيض، والزنبق الأمريكيّ، جصّ مذهّب، مع لون أخضر عتيق ونحاس أصفر؛ 79.1 × 91.4 × 45.1 سم
هبة من جوستين ف ر. ميليكين، 1995م (1995.377.1)

هذه الطّاولة البديعة المعدّة للعب الورق واحدة من زوج طاولات ينتمي إلى مكوّنات أثاث منحوت ومذهّب يحمل الطّابع المميّز للأعمال الفنّيّة لشارل هونوري لانويي نجّار الأبنوس الفرنسيّ الذي كان يعمل بنيويورك من سنة 1803 م إلى غاية سنة 1819م، خلال الحقبة الفيدراليّة. وهذه الأعمال الفنّيّة المؤرّخة والموقّعة لافتة للانتباه بسبب جمالها الأخّاذ فضلاً عن مصدرها بما أنّها حُفظت لدى عائلة مالكها الأوّل وهو ستيفان فان رينسيلاير الرّابع من مدينة ألباني بالولايات المتّحدة الأمريكيّة. واستنادا إلى فاتورة وقع تسديدها ثمنا لطاولات تماثل هذه الطّاولة، فإنّ هذا الزّوج قد يكون تكلّف إعداده مبلغ 250 دولارا، وهو مبلغ باهظ جدًّا، بما أنّ الأجرة اليوميّة لنجّار ماهر أخصّائيّ في صنع الأثاث الفاخر لا تتجاوز البتّة الدّولار الواحد يوميًّا.

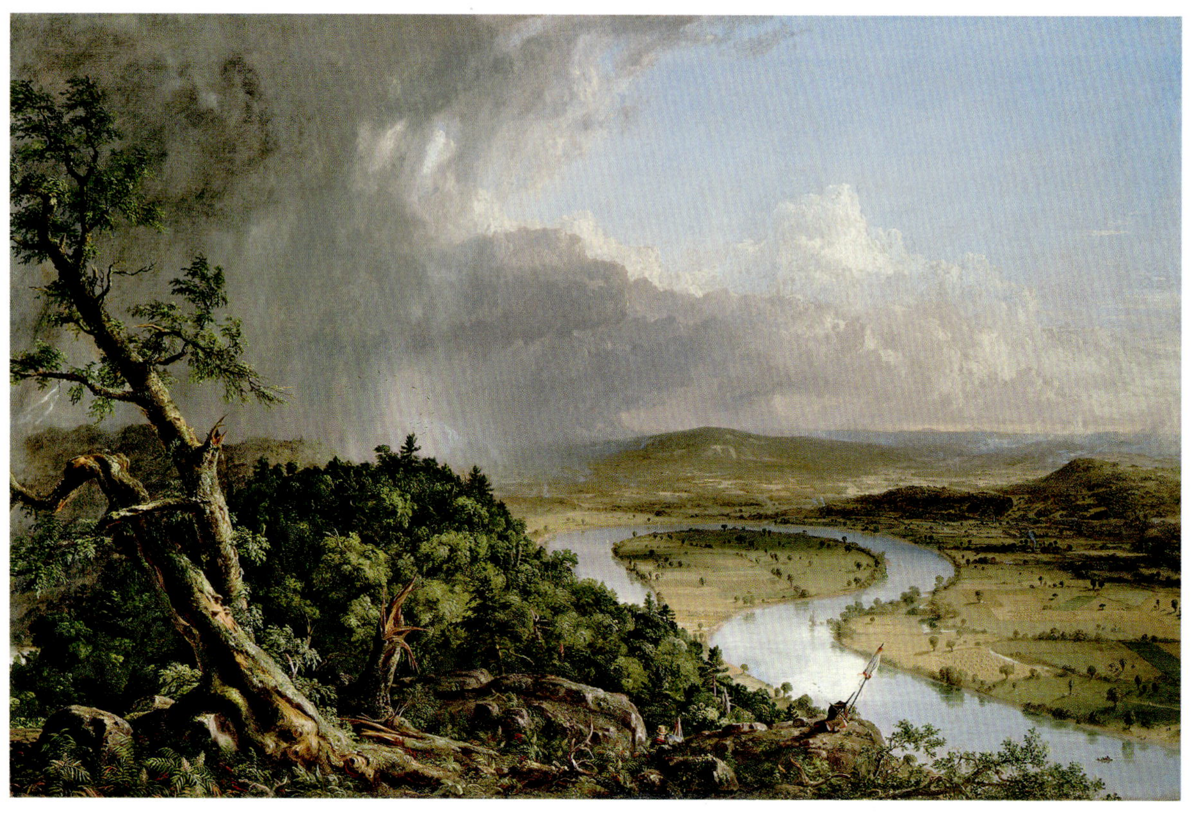

توماس كول
أمريكيّ، 1801–1848م

منظر من جبل هوليوك بنورثامبتون ماسّاشوسّاتس، إثر عاصفة – ذي أوكسبو، 1836م

زيت على القماش؛ 130.8 × 193 سم
هبة من السّيّدة روسّال ساج، 1908م (08.228)

كان توماس كول منبهرًا بالحلقة الغريبة التي يرسمها نهر كونيكتيكوت على سفح جبل هوليوك، فجعل من هذا المنظر الغريب المسمّى ذي أوكسبو (تعرّج النهر) موضوعًا لهذه اللّوحة الفخمة المدهشة. وممّا يسم هذا المشهد هالةُ النّور العجيبة التي تلي هبوبَ العاصفةِ. وتبدو في اللّوحة سحبٌ كثيفة داكنة تُخيِّم على المرتفعات، في حين تغمر أشعّةُ الشّمس المتلألئة، فيما وراء ذلك، النّهرَ والحقولَ. ولقد جعل كول الطبيعة المتوحّشة الجامحة قريبة من الحقول المزروعة ليُبين عن ثراء المناظر الطبيعيّة لبلاده التي جمَّلها بنظرته وخياله. ويتراءى لنا الرّسّام كول في صدر الصّورة بحامل اللّوحات والمطريّة.

جورج كالاب بينغام
أمريكيّ، 1811 – 1879م

تاجر فراء ينحدر على نهر الميسوري، 1845م
زيت على القماش؛ 73.3 × 92.3 سم
رصيد موريس جيسوب، 1933م (33.61)

ترعرع بينغام في الميسوري، فعرف فيها أسرار الحياة التي تميّز هذا النّهر الكبير الذي ينبع بالقرب من الحدود الكنديّة ثمّ يلتقي مع نهر الميسيسبي في سان لويس. وانطلاقاً من الغابات الشّاسعة في الشّمال، كان هذا الرجل المسنّ، وهو تاجر فراء فرنسيّ، يقود قارَبه المسطّح، في حين تَرى ابنَه (ولد هندي هجين) يرقُب، وهو هادئ البال، ما يحيط به، ممسكًا ببندقيّة خفيفة. أمّا الهدف من الرّحلة في اتّجاه سافلة النّهر فهو الاتّجارُ بالفراء. ويبدو المشهدُ، وقد غشّاه ضبابٌ ولفّه صمتٌ لا يمكن اكتناهُ أسراره، غيرَ واقعيّ البتّةَ. وقد انقرض هذا النّوعُ من التّجارة منذ أمد طويل في أواسط القرن التاسع عشر الميلادي، إلاّ أنّ هذه اللّوحةَ المرسومةَ أثارت افتتان أهل نيويورك حين شاهدوها معروضة.

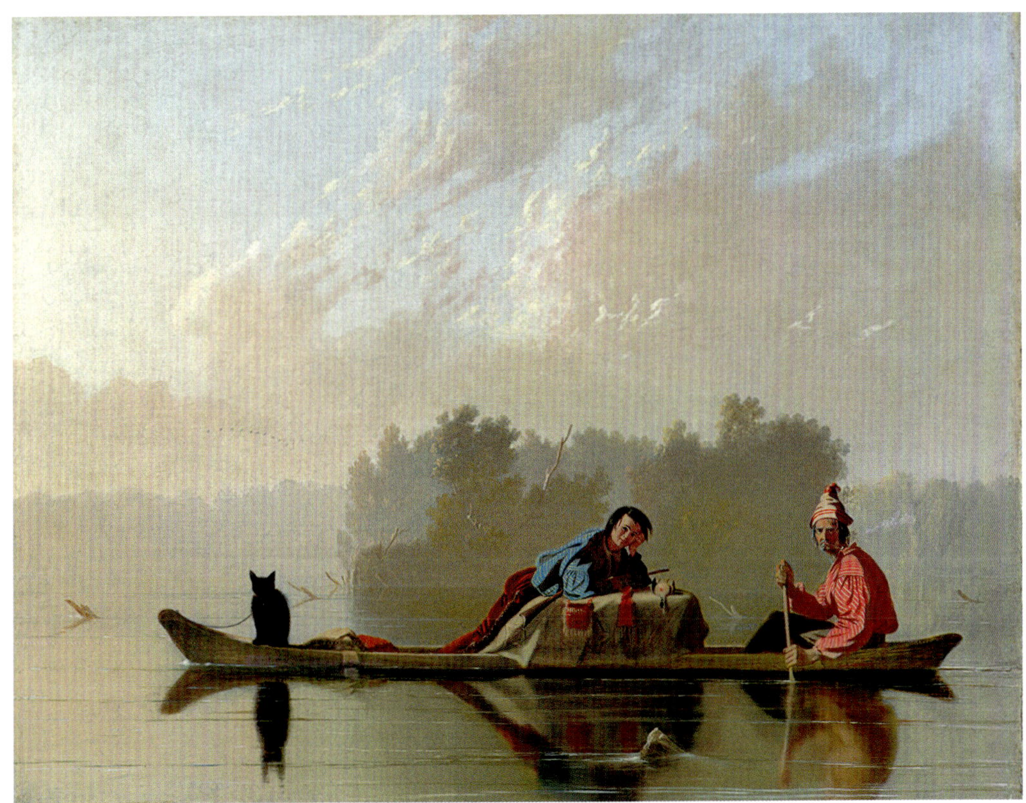

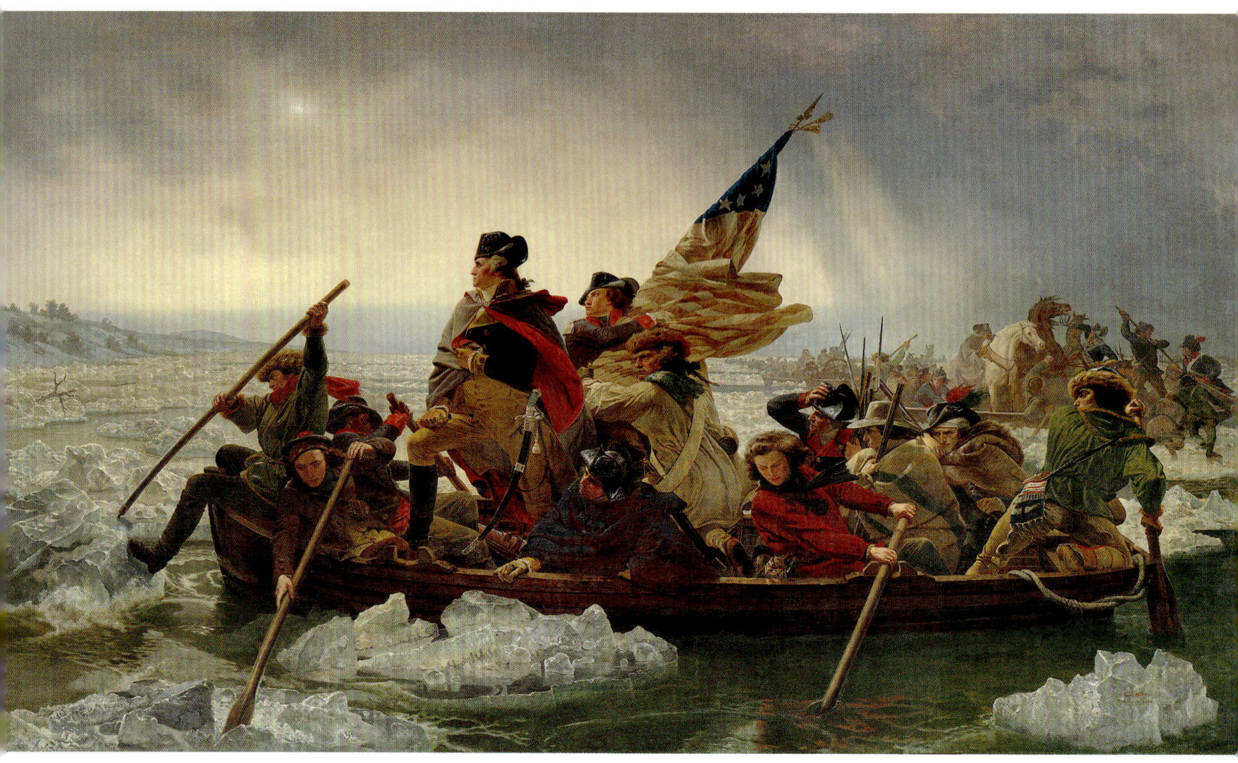

إيمانويل لوتز
أمريكي، 1816 – 1868م

واشنطن يعبر نهر الدّيلاوار، 1851م
زيت على القماش؛ 3.79 × 6.48 م
هبة من جان ستيوارت كيندي، 1897م (97.34)

مثّل الهجوم الذي قاده واشنطن بمعيّة ألفين وخمسمئة رجل ضدّ الهيسيان يوم 25 ديسمبر من سنة 1776م بترنتون، نيوجرزي، منعرجًا حاسمًا في حرب الاستقلال. ولقد لقي الرسّمُ الذي أبدعه لُوتز الترحيبَ والتهليلَ في الولايات المتّحدة الأمريكيّة. وكذا كان الأمرُ في ألمانيا حيث رُسمت اللّوحة. وتعود شهرة اللّوحة بالخصوص إلى انتقاء موضوعها. فقد كان تغنّيا بالرّوح الوطنيّة التي تنامت أواسط القرن التّاسع عشر الميلادي. وتعود الشّهرةُ أيضا إلى الأبعاد المدهشة لهذا العمل الإبداعيّ التي تُكسب المشهدَ كلّه تأثيرًا قويًّا. وبالرّغم من وجود عدد من العيوب النّاتجة عن انعدام الدقّة التّاريخيّة، فإنّ اللّوحة تظلّ موضوع تبجيل وتقدير. وهي من جهة أخرى، واحدةٌ من أشهر الرّسوم الفنيّة الأمريكيّة وأوسعها انتشارًا.

الصفحة المقابلة

جون هـ.بلتر
أمريكي، 1804 – 1863م

أريكة، 1850 – 1860م
خشب الورد؛ 135.3 × 167.6 × 63.5 سم
اقتناء، رصيد أصدقاء الجناح الأمريكيّ، هبة من ليلى آشيسون والآس، 1999م (1999.396)

منذ أمد بعيد، يُعدّ جون بلتر من أهمّ المبدعين في ميدان الأثاث طبقا لضوابط التّيّار الجديد للزخرفة المُثْقَلة، وهو أسلوب قد عُرف في القرن التاسع عشر الميلادي وكان يُعتَمد في صناعة الأثاث الفاخر جدّا الموجّه إلى السّوق الرّاقية في الولايات المتحّدة الأمريكيّة. ولقد دخل بلتر عالم الشّهرة العالميّة بفضل إبداعاته من الأثاث المستَعمل في قاعات الاستقبال، وكان غالبًا ما يُصنع من خشب الورد الرّقائقيّ المنحوت بفخامة منقطعة النّظير. وكان هذا الفنّانُ نجّارَ أبنوس غزيرَ الإنتاج. ويعود الكثير من الأثاث إلى ورشته الواقعة في نيويورك. وتمثّل إبداعاتُه من الأرائك تمثيلاً جيّدا لأفضل أعماله الفنيّة، وهي ذات أشكال مفعمة بالحيويّة ومحلاّة بباقات من الزهور تعبق بروح فنّان منخرط في المذهب الطبيعيّ.

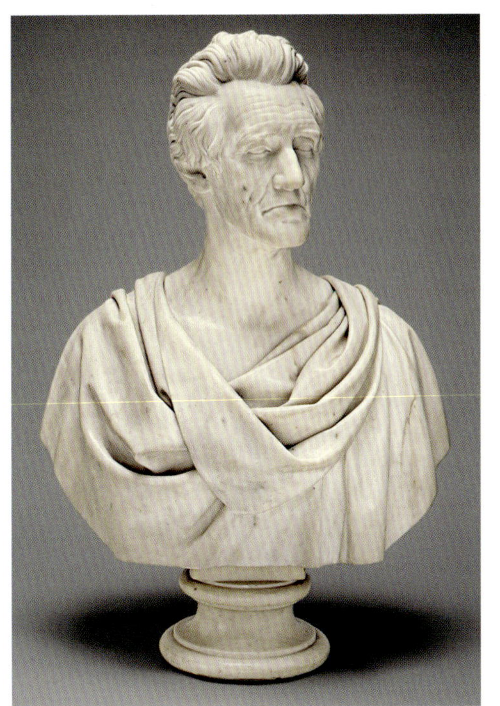

هيرام باورز
أمريكي، 1805 – 1873م

أندريو جاكسون، 1834 – 1839؛ منحوت سنة 1839م
رخام؛ 88.3 × 59.7 × 39.4 سم
هبة من السّيّدة فرانساس ف. ناش، 1894م (94.14)

برهن هيرام باورز على قدراته الفنّية من خلال نحت أهمّ وجوه عالم السّياسة بالولايات المتّحدة الأمريكيّة. وبالفعل، أعلن هذا التمثال النّصفيّ للرّئيس أندرو جاكسون بداية مسيرته الفنيّة التي خاضها بالخصوص في إيطاليا. وفي سنة 1834م انتقل إلى مدينة واشنطن حيث جلس أمامه جاكسون في البيت الأبيض لغاية رسمه. و تنقل المنحوتةُ نقلاً واقعيًّا ملامحَ الرّئيس الذي بلغ وقتئذ من العمر سبعين سنة، إذ بدا وجهه نحيلاً مجعّدًا، وقد غار منه الفم والوجنتان بسبب تساقط الأسنان. أمّا جبينه فقد بدا مقطّبا تعلوه خصلة كثيفة من الشّعر الممشوط إلى الوراء. ونحت باورز هذا التمثال النّصفيّ من الرخام بعد أن استقرّ بصفة نهائيّة في مدينة فلورنسا سنة 1837م.

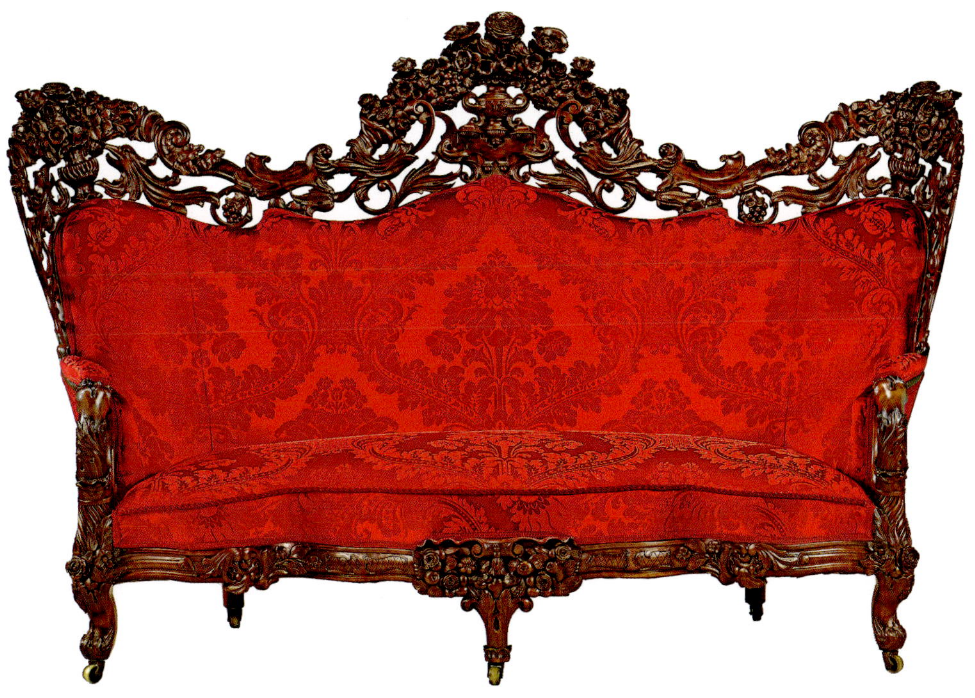

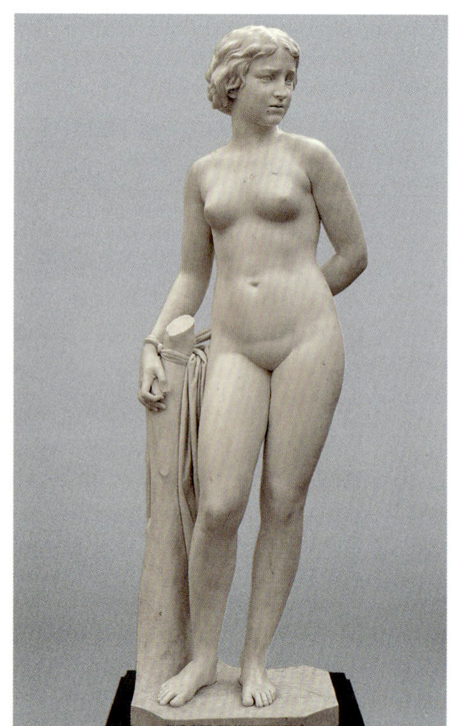

إيراستوس داو بالمر
أمريكيّ، 1817 – 1904م
البيضاء الأسيرة، 1857 – 1858م؛
منحوت سنتَي 1858 – 1859م
رخام؛ 165.1 × 51.4 × 43.2 سم
هبة من هاميلتون فيش، 1894م (94.9.3)

في أواسط القرن التاسع عشر الميلادي، انضمّ النحّاتون بالولايات المتّحدة الأمريكيّة إلى تيّار الكلاسيكيّة الجديدة واتّخذوا من الرّخام الأبيض الذي اقترن بالحقبة الكلاسيكيّة مادّة مفضّلة لمنحوتاتهم. وإذا كانت الرّوح الكلاسيكيّة الجديدة بادية للعيان في هذا التمثال العاري الرّشيق ذي الحجم الطبيعيّ، فإنّ هذا العمل قد يكون مستلهمًا ممّا يُروى عن الاشتباكات التي كانت تجري بين الهنود وأوائل الجنود البيض على حدود الأراضي التّابعة للطّرفَين. ولقد صوّر بالمر امرأة شابّة اختُطفت بينما كانت تغطّ في نومها. وجُرّدت الأسيرة ذات اليدين المقيّدتين بالأصفاد من قميص نومها الذي نراه يتدلّى من جذع شجرة. وكان بالمر فنّانًا عصاميًّا من مواليد شمال ولاية نيويورك، لم يذهب قطّ إلى أوروبا للدراسة خلافًا لأغلب معاصريه من الفنّانين.

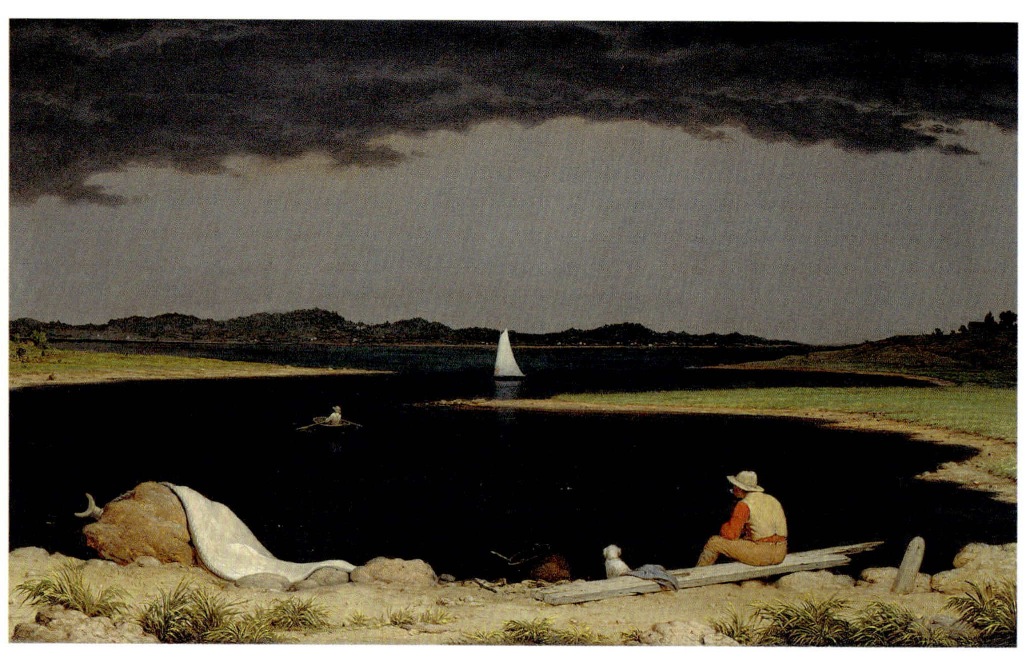

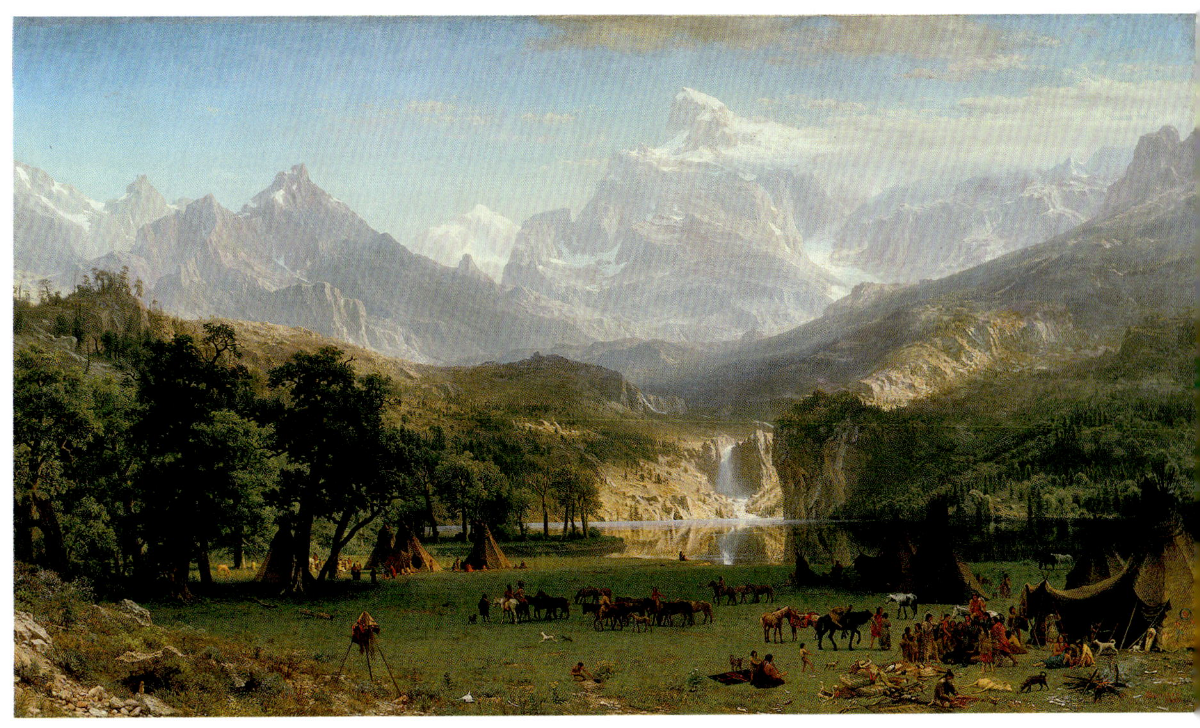

الصّفحة المقابلة

مارتين جونسون هيد

أمريكيّ، 1819 – 1904م

نذير العاصفة، 1859م

زيت على القماش؛ 71.1 × 111.8 سم
هبة من المؤسّسة الخيريّة إيرفينغ وولف، والسّيّد والسّيّدة إيرفينغ وولف، إحياء لذكرى ديان ر. وولف، 1975م (1975.160)

تُعدّ هذه اللّوحة من اللّوحات الأولى ضمن مجموعة صغيرة من الأعمال التي تناولت موضوع العواصف السّاحليّة. وهي إلى ذلك، من أكثر أعمال الفنّان هيد طموحًا وطرافةً لكنّها الوحيدة التي قامت على ملاحظة ظاهرة مناخيّة في مكان بعينه، ونقصد خليج نارّاغانسيت (رود أيلند) الذي رصده الفنّان انطلاقًا من جزيرة برودنس في اتّجاه روكي ناك. وبعيدًا عن محاولة استنساخ مشهد العاصفة على النّحو المألوف في التّيّار الكلاسيكيّ، رسم هيد بطريقة أخّاذة تشدّ النّاظرين «الصّمتَ المتوعِّد» على حدّ قول أحد نقّاد ذلك العصر كما رسم هدوء اللّحظة الذي يسبق العاصفة حين تكفهرّ السّماء ويغمر المشهدَ نورٌ عجيب.

ألبير بيرشتاد

أمريكيّ، 1830 – 1902م

منظر لجبال صخريّة، لاندر بيك، 1863م

زيت على القماش؛ 1.87 × 3.07 م
رصيد رودجرز، 1907م (07.123)

لم يشعْ فعليًا ذكرُ ألبير بيرشتاد المولود بألمانيا بصفته رسّام الغربَ الأمريكيّ إلاّ بعد أن رسم الجبال الصّخريّة. ولقد استوحى هذا العمل من رحلة استكشافيّة قام بها سنة 1859م رفقة العقيد فريديريك و. لاندر في ما يُعرف اليوم بمنطقتَي وايمينغ ويوتاه. وقد ساهمت هذه اللّوحة في نشر الفكرة القائلة بأنّ للأمّة الأمريكيّة حدودًا يتعيّن فتحُها فغذّت بذلك ما كان سائدًا وقتئذ من اعتقاد في القدر البيّن الذي يقضي بأنّ الولايات المتّحدة الأمريكيّة ستكون برغبة إلهيّة سيّدةَ القارّة. ولقد عزّز الرسّام التناظرَ المميّزَ للّوحة بتباينات بسيطة مضيئة. وممّا نلحظه أيضًا في صدر الصّورة خيامًا نصبها الهنود الشّوشون. وجعلت هذه اللّوحةُ الفنيّة الكبيرة، وقد نالت إعجاب الجمهور العريض، من بيرشتاد منافسًا لفريديريك تشورش الذي ظلّ إلى حدّ ذلك الوقت أوّل رسّامي المناظر الطبيعيّة في الولايات المتّحدة الأمريكيّة.

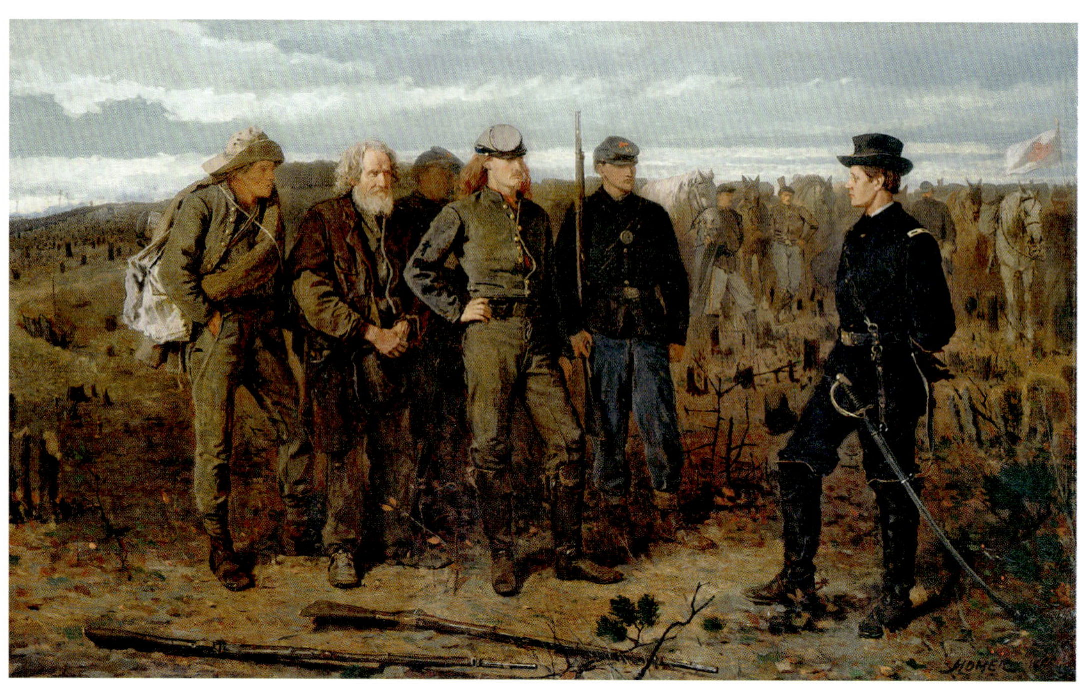

وينسلو هومير
أمريكيّ، 1836 – 1910م

أسرى عائدون من الجبهة، 1866م
زيت على القماش؛ 61 × 96.5 سم
هبة من السّيّدة فرانك ب.بورتر، 1922م (22.207)

في خضمّ حرب الانفصال، التحق هومير بجبهة قوّات الاتّحاد باعتباره مراسلا فنّيًا لمجلّة هاربيرز ويكل. وتُذكّر هذه اللّوحة التي رسمها إثر انتهاء الحرب بأسر الجنود والضبّاط الجنوبيين من قبل العميد فرانسيس شانينغ بارلاو في معركة سبوتسيلفانيا (فيرجينيا) في شهر ماي من سنة 1864م. وترمز صورةُ المعسكَرَيْن، من خلال المسافة الفاصلة المادّيّة بينهما واختلاف كيفيّة وقوفهما، إلى ما بين الشّمال والجنوب من هوّة إيديولوجيّة سحيقة. وكانت هذه اللّوحة وراء ما ناله هومير من شهرة لدى الأكاديميّة الوطنيّة للتّصميم في نيويورك، فضلاً عن كونها جلبت له إعجاب الجمهور الحاضر في المعرض العالمي الملتئم بباريس سنة 1867م.

فريدريك إدوين تشورش
أمريكيّ، 1836 – 1900م

في قلب جبال الأنديز، 1859م
زيت على القماش؛ 1.68 × 3.03 م
وصيّة مارغريت إ.داوز، 1909م (09.95)

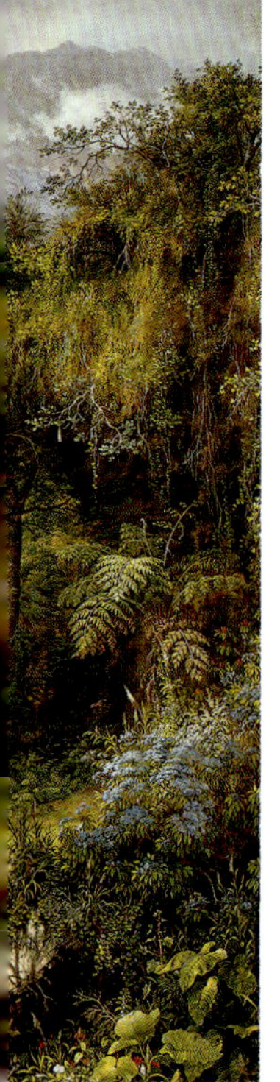

ذاع صيت تشورش بسرعة بفضل إبداعاته متناهية الدقة التي رسم فيها المناظر الطبيعيّة في شرق أمريكيا الشّماليّة. وكان يستلهم أعماله الفنيّة من لوحات ألكسندر فون هومبولت وهو رسّام ألمانيّ من المنتميّن إلى المذهب الطبيعيّ. ثمّ إنّه أقام، على غرار هومبولت، في أمريكيا الجنوبيّة في سنة 1853م وفي سنة 1857م. وتُعتبر لوحتُه في قلب جبال الأنديز خلاصةً لخطاطات رسمها في الأكوادور بقلم الرّصاص وبألوان زيتيّة. وتكشف هذه اللّوحةُ عن التفاوت المناخيّ، من المداريّ الحارّ إلى المعتدل إلى الجليديّ، الذي رصده هومبولت في سلسلة جبال الأنديز الاستوائيّة. وعرض تشورش اللّوحة بدءًا في إطار خشبيّ ضخم يشبه النّافذة. وهو بهذا ينصح الجمهور المتعجّل عند زيارة المعرض بأن يفحص اللّوحة بمنظار مقرّب من المناظير المستعملة في الأوبرا. ولعلّ هذا يمكّن الجمهور من تقدير التفاصيل النّباتيّة والمناظر الشّاملة المميّزة للقارّة حقّ قدرها.

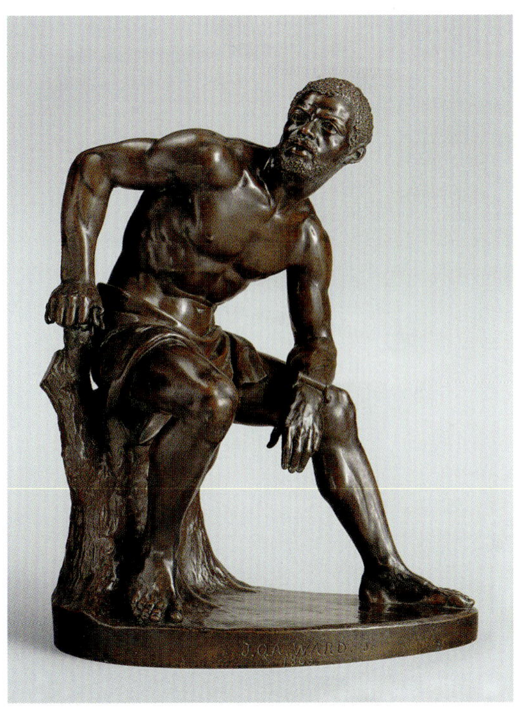

جان كوينسي آدمس وارد

أمريكيّ، 1830 – 1910م

العَبدُ المـُعْتَـقُ، 1863م؛ القَوْلبةُ: 1891م

برونز؛ 49.5 × 37.5 × 24.8 سم

هبة من: تشارلز أونطوني لامب وباريا لامب سيلّي، تخليدا لذكرى جدّهما تشارلز رولينسون لامب، 1979م (1979.394)

نحت الفنّان وارد هذا التمثال الصّغير المجسّم لرجل أسود أمريكيّ إثر الإعلان المبدئيّ لأبراهام لنكولن بشأن إلغاء للرقّ يوم 22 سبتمبر/ أيلول من سنة 1862م. وتعدّ هذه المنحوتة بيانًا صريحًا عمّا يكنّه هذا الفنّان من المشاعر المناهضة للرقّ، وهي أيضا تعقيب مؤلم على ما يدور وقتئذ من نقاش سياسيّ وأخلاقيّ. ونلحظ في هذه المنحوتة أغلال العبوديّة المحطَّمَة في اليد اليمنى واليسرى للعبد الجالس الذي أضحى حرًّا. وقد قدّم وارد، وهو زعيم تيّار الواقعيّة في النّحت في القرن التاسع عشر الميلادي، بدقّة متناهية سِحنة بطله وعضلات جسمه المفتولة. ولعلّه في هذا قد استلهم من أحد سكّان مسقط رأسه مدينة أوربانا بأوهايو أو من رجل صادفه في رحلة قام بها إلى الجنوب سنة 1858م.

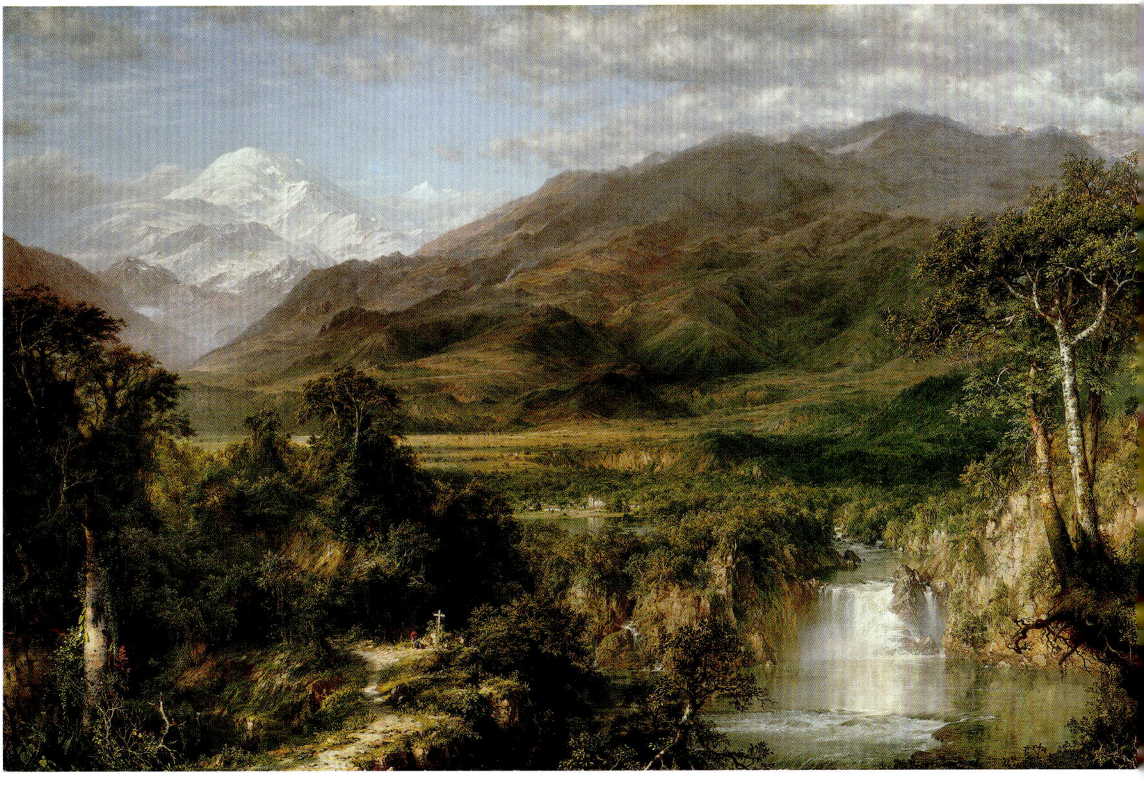

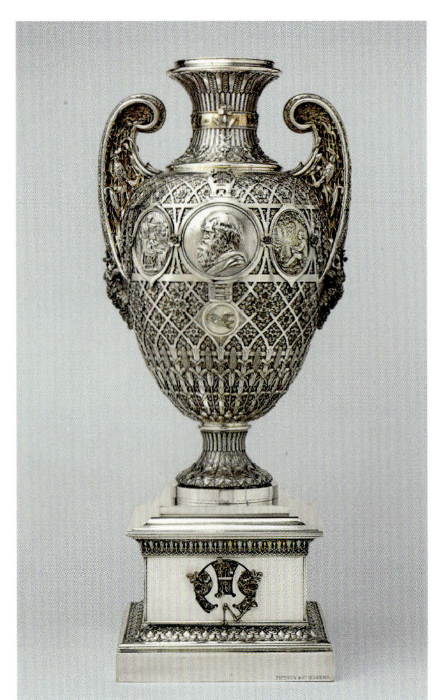

أسفل الصّفحة

جان لافارج

أمريكي، 1831 – 1910م

نبتة النّرمسك يهزّها الرّيح، حوالي. 1880م

زجاج أغبش و رصاص؛ 190.5 × 114.3 سم

هبة من سوزان دوايت بليس، 1930م (30.50)

أحدث كلّ من جان لافارج ولويس كونفور تيفاني ثورة في فنّ الزّجاجيّات الأمريكيّة. وتعدّ زجاجيّة نبتة النّرمسك يهزّها الرّيح من أوّل زجاجيّات لافارج وهي مستلهَمة من لفيفة صينيّة. وخلال الفترة الممتدّة بين سنتَي 1879م و 1909م، أنجز لافارج ما لا يقلّ عن سبع زجاجيّات تتمحور حول الموضوع نفسه. وكانت هذه الزّجاجيّة هي الأولى من بين تلك المجموعة. وتظهَر ملامحُ الابتكار من خلال استخدام أنواع من الزجاج غير المألوف استعمالُه: جواهر وأحجار كريمة غير مصقولة وزجاج مُقَوْلب ومضغوط وزجاج أغبش متموِّج. ويعود ما يميّز هذه التحفة من طابع غريب مستَجلب ووفرة في الزّينة إلى حيويّة الألوان وتنوّع تركيبتها. ولقد أُبدِعَت هذه الزّجاجيّةُ المصنوعة في نيويورك في منزل هنري ج. ماركان الواقع في نيوبور برود أيلند.

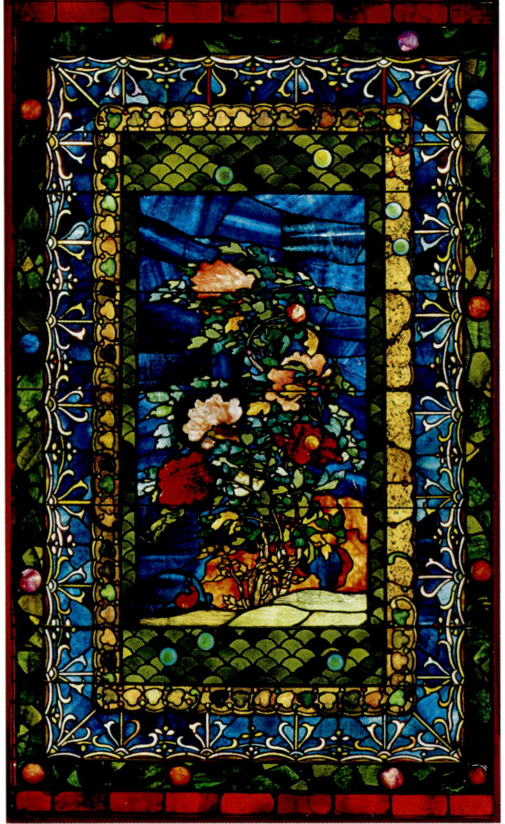

أعلى الصّفحة

تصوّر:

دجايمس هورتن وايتهاوس

أمريكيّ، 1833 – 1902م

صناعة:

تيفاني وشركاؤه

أمريكيّ، 1837م إلى حدّ يومنا هذا.

مزهريّة برايِنت، 1875 – 1876م

فضّة؛ 85.1 × 35.6 × 28.7 سم

هبة من ويليام كولين برايِنت، 1877م (77.9 a،b)

في نطاق الاحتفال بعيد الميلاد الثمانين لويليام كولين برايِنت الذي كان شاعرًا ورئيسَ تحرير عدد من الصّحف، أوصى أصدقاؤُه في هذه المناسبة بصناعة مزهريّة تذكاريّة لإهدائها له تخليدًا لإرثه الأدبيّ والمدنيّ. ولقد أرادوا هذه المزهريّة على درجة فائقة من الطّرافة والجودة الحرفيّة. فكانت النتيجة تحفة فنيّة تمزج بين الحسّ المميّز للنّهضة الجديدة وطابع الحركة الجماليّة، مزهريّة ذات شكل إغريقيّ محلاّة برموز وتزاويق تذكّر بحياة «برايِنت» وآثاره. وفي سنة 1876م انتهى الحرفيّون من صنعها في وِرَشِ تيفاني وشركاؤه بنيويورك، وأُهديت بعد سنة من هذا التاريخ إلى متحف المتروبوليتان، لتغدوَ القطعةَ الفضيّة الأولى في الولايات المتّحدة الأمريكيّة التي تصبح ضمن مجموعات هذا المتحف.

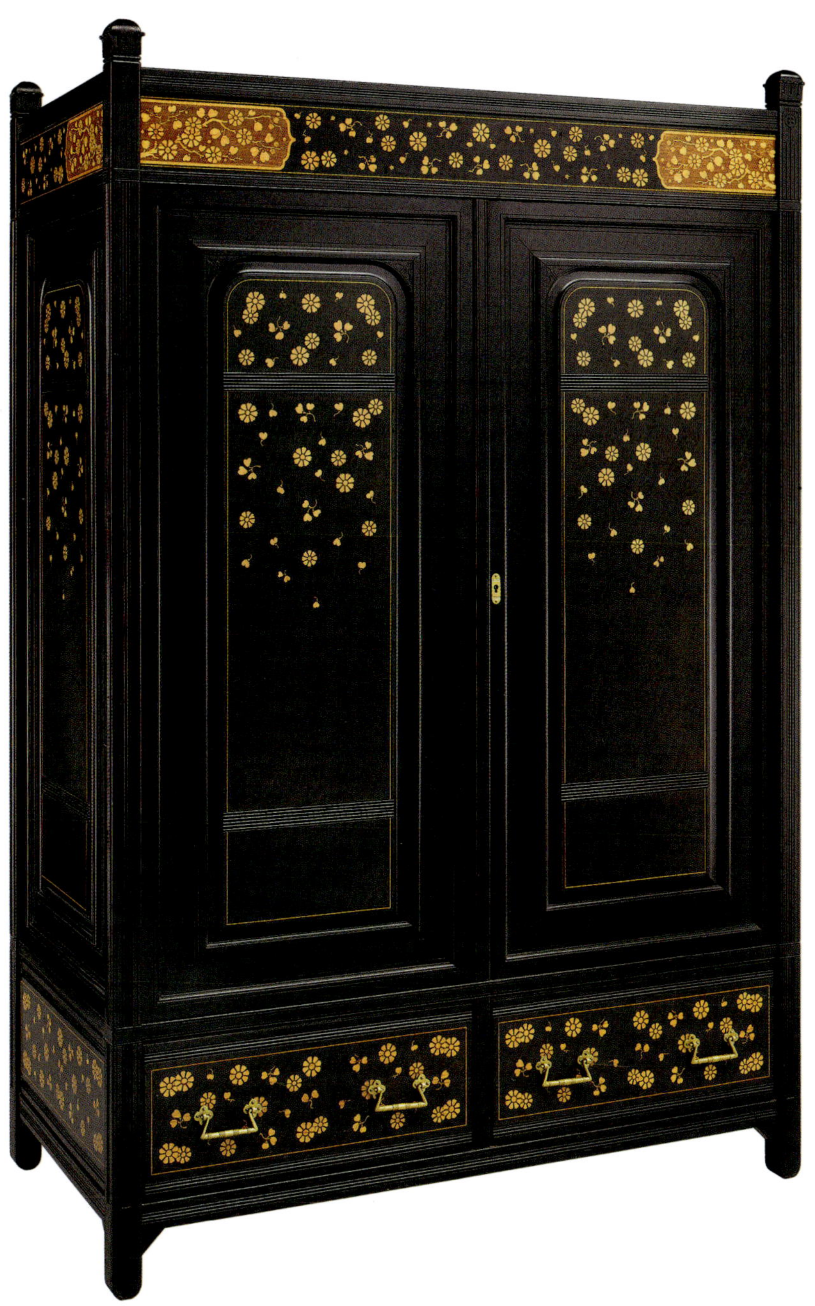

الأخوان هارتر
أمريكي، 1864 - 1906م

خزانة ملابس، 1880 - 1885م
خشب شجر الكرز؛ 199.4× 125.7 × 66 سم
هبة من كنيث أ. سميث، 1969م (69.140)

كانت الشّركة النيويوركيّة للأخوَين المهاجرَين من ألمانيا غوستاف وكريست هارتر تزوّد بالأثاث الفخم وبكلّ مستلزمات التزويق الدّاخلي الزبائنَ الأثرياءَ من حقبة العصر الذّهبي في الولايات المتّحدة الأمريكيّة. ولقد كانت الشّركة تقترح أنواعا من الأثاث مصنوعة طبقا لطرازات مختلفة على غرار المزج بين أسلوب التزويق البريطاني المهذَّب والأسلوب الأنكلو- ياباني الذي أصبح مشهورًا بفضل أعمال المهندس المعماريّ البريطانيّ أ.و. غودوين. ويذكّر السّطحُ المؤبنَس والتلبيسُ المذهّب المتكوّنُ من أزهار الأقحوان وأوراقها المُنمنمة بالبرْنَقة اليابانيّة للأثاث. وقد تعزّز استحضارُ القواعد المعتمَدة في التزويق الآسيويّ بما بقي في الخزانة من حيّز أسود عميق خالٍ من كلّ تزويق تتساقط فيه بعض الأزهار.

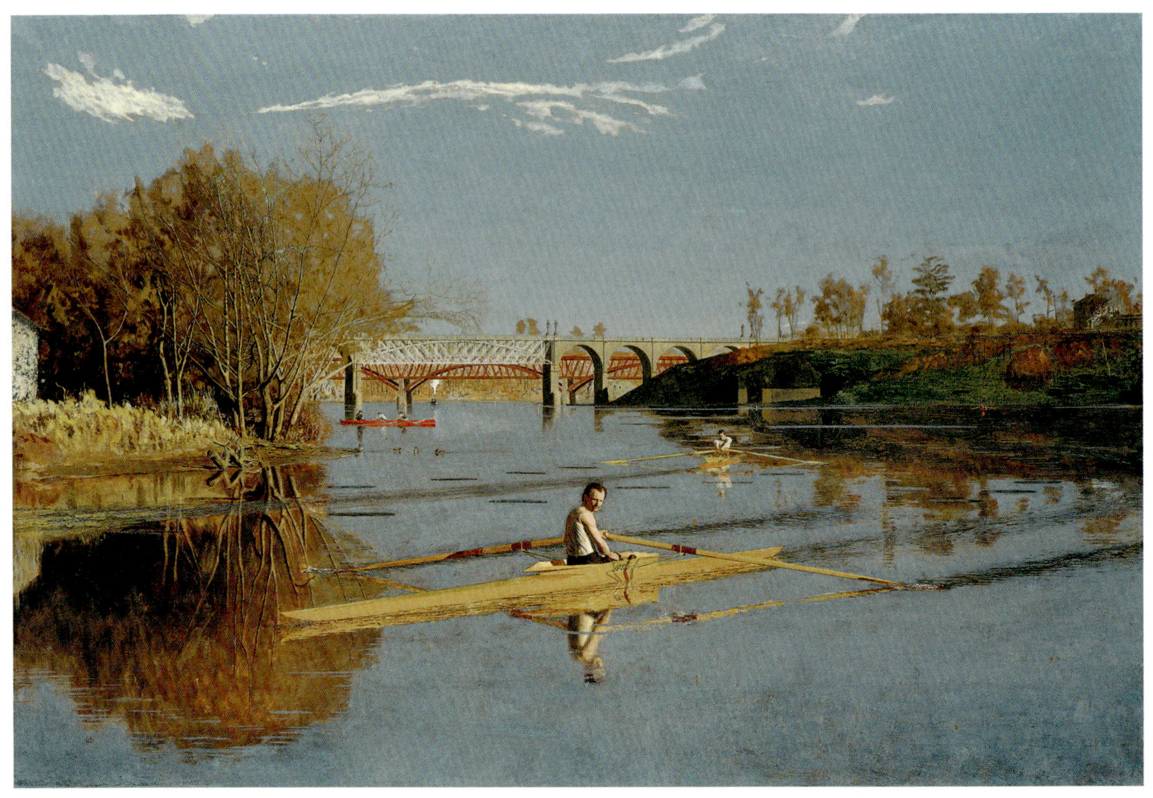

طوماس إيكنس
أمريكيّ، 1844 – 1916م

بطل رياضة التجديف الفرديّ (ماكس شميت فوق زورقه الفرديّ)، 1871م

زيت على القماش: 81.9× 117.5 سم

اقتناء، وقف رصيد ألفريد ن. بونات، وهبة من جورج د. برات، 1934م (34.92)

أبدع طوماس إيكنس مجموعة من اللّوحات مدارها على رياضة التجديف، وكان ذلك مباشرة إثر عودته إلى فيلادلفيا سنة 1870م بعد سنوات من الدّراسة قضّاها في أوروبا. وتمثّل هذه اللّوحة أوّل عمل فنّي هامّ من تلك المجموعة، وهي كذلك اللّوحة التي لقيت الاحتفاء الأكبر إلى يومنا هذا. ولعلّه قد خلّد بها انتصار ماكس شميت الوكيل والرياضيّ الهاوي، عقِب سباق هامّ كان قد أُجريَ في شهر أكتوبر من سنة 1870م على نهر سكويكيل. ولمّا كان طوماس إيكنس جذّافا مولعا بهذه الرّياضة، فقد رسم نفسه وسط الصّورة راكبًا زورقًا. وتستجيب لوحته إلى القواعد الأكاديميّة التي كان يدافع عنها أستاذه الرّئيسيّ في باريس جون ليون جيروم.

جون سنجر سارجان
أمريكي، 1856 – 1925م

السيّدة المجهولة (السّيّدة بيار غوترو)

1883 – 1884م

زيت على القماش؛ 208.6 × 109.9 سم

رصيد آرتور هوبوك هيرن، 1916م (16.53)

كانت فيرجين أميلي أفينيو غوترو التي ولدت في مدينة لويزيان شخصيّة باريسيّة تحبّ حضور الحفلات. وقد عُرفت بمظهرها المسرِف في الأناقة. عرض عليها سرجان أن يرسمها ويعرض صورتها دون أن يَطلب منه أحد هذا العمل. ولقد كان يأمل من وراء ذلك أن يَذيع صيتُه أكثر. واختار أن يركّز على ما تميّزت به السّيّدة من جرأة لا تكلّف فيها. فصوّرها أوّل الأمر بأن أظهرها كاشفة عن الحمالةِ اليمنى لثوبها النّفيس وقد انزلقت من كتفها. وجَلبت اللّوحةُ بمناسبة عرضها في صالون باريس سنة 1884م التعاليق السّاخرة أكثر من الإطراء. فما كان من سرجان إلاّ أن عدّل وضعيّة الحمالة واحتفظ باللّوحة. إثر ذلك باعها إلى متحف المتروبوليتان معلنا أنّها أفضل لوحة ولا ريب، بيد أنّه أوصى بعدم الكشف عن اسم هذه المرأة التي جلست أمامه ليرسمها.

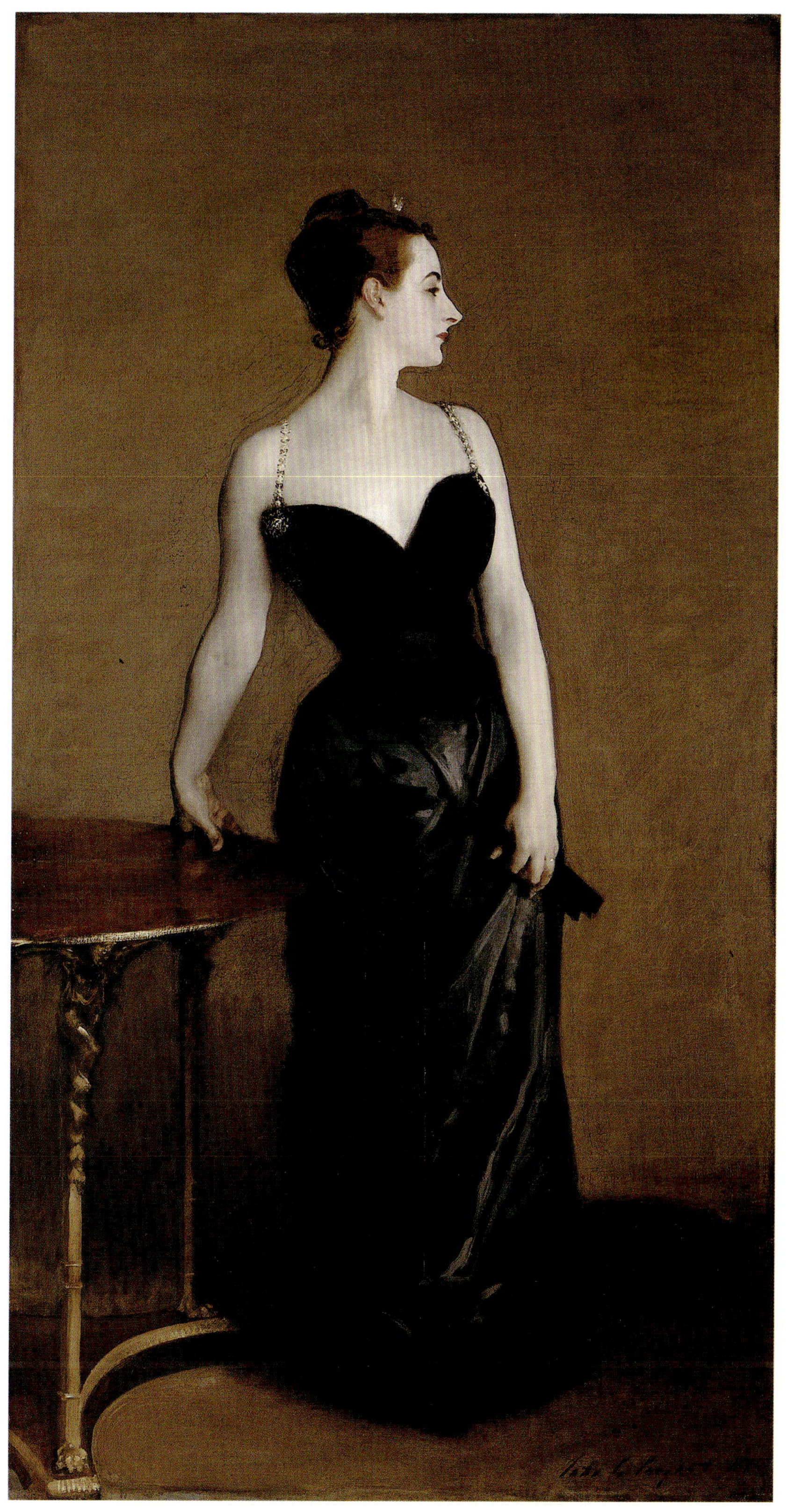

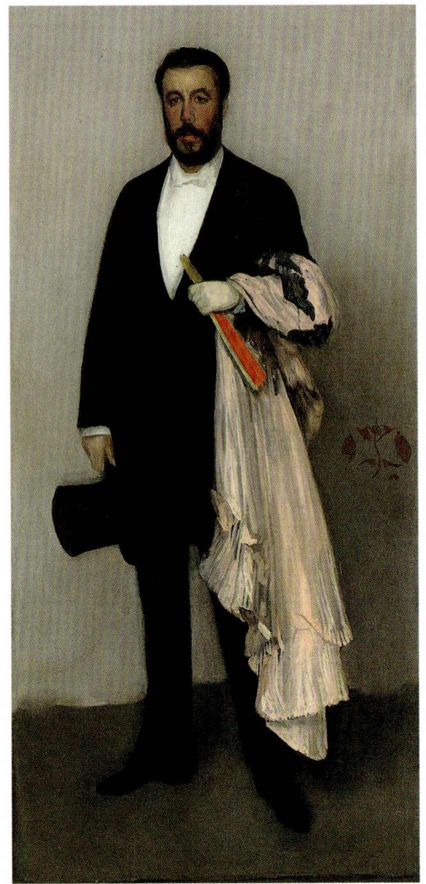

جايمس ماكنيل ويسلر

أمريكيّ، 1834 – 1903م

تنسيق بلون البشرة وباللّون الأسود: صورة لـتيودور دوري، 1883م

زيت على القماش؛ 193.4 × 90.8 سم
مجموعة كاتارين لوريار وولف، رصيد وولف، 1913م (13.20)

يُعدّ تيودور دوري، وهو شخصيّة باريسيّة جمّاعة للآثار الفنيّة وناقدة للفنّ، من أوائل المدافعين عن إبداعات غوستاف كوربيه وإدوار ماني، وعن مجمل الانطباعيين. وقد وقف في مرسم ويسلر بلندن ليضع له صورة شخصيّة. وكان ويسلر قد تولّى رسم دوري وهو يرتدي لباس السهرات استجابة لطلبه. بيد أنّ هذا الرسّامَ اشترط عليه أن يمسك بيده عباءة الدّومينو ذات اللّون الورديّ (وهي لباس الحفلات التنكّريّة الذي يتمثّل في رداء ذي غطاء للرأس). ويبدو أنّ هذه البدلة كانت تحاكي لون بشرته وتخفّف ممّا في اللّونين الرّماديّ والأسود من قتامة. وبدت الصّورة تجلّيا مثاليّا للأسلوب الذي ميّز ويسلر في مرحلة نضجه إذ تجمع في الآن نفسه بين الرّسم البارع للرّأس من جهة وبين زيّ وديكور وقع انتقاؤهما بإحكام حتّى يَخلُقا ضربا من «التنسيق» المتناغم.

شيلد هسّام

أمريكي، 1859 – 1935م

حديقة سيسيليا ثاكستر، جزر شولز، ماين، 1890م

زيت على القماش؛ 45.1 × 54.6 سم
هبة مجهولة المصدر، 1994م (1994.567)

تُعدّ هذه اللّوحة من أجمل مجموعة اللّوحات التي أبدعها الرسّام الانطباعيّ شيلد هسّام في التسعينات من القرن التاسع عشر الميلادي. وتمّ له هذا خلال فصول الصّيف التي كان قد قضّاها في جزيرة آبل دور في أرخبيل شولز وهي تبعد مسافة ستّة عشر كيلومترا تقريبًا عن بورتسموث في نيو هامشاير. وترسم مجموعة اللّوحات هذه الحديقةَ البديعةَ التي هيّأتها صديقتُه الشّاعرةُ سيليا ثاكستير. ويبدو هذا الفضاء متباينًا تباينًا رائعًا مع الأراضي الصخريّة الوعرة التي تُهيمن على الجزيرة. وتحيط شقائقُ النّعمان الحمراءُ الفاقعة المختلطةُ بأوراق

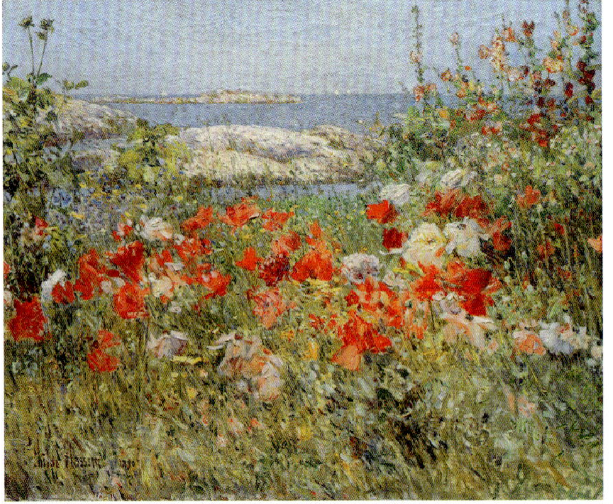

الأشجار الوارفة الخضراء بمنظر صخور بَابْ ذات الشّكل المستدير والمكسوّة بالبياض. لقد كان هاسام هنا في أوج إبداعه.

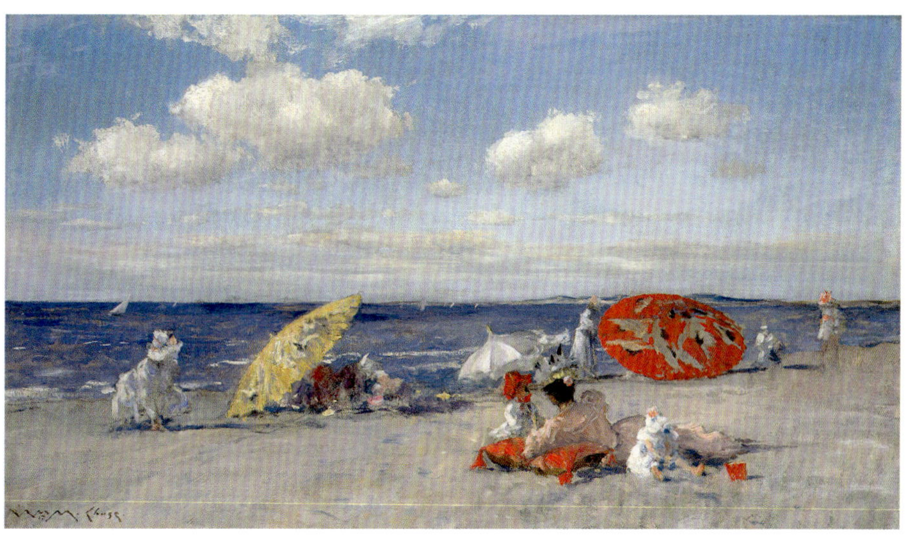

ويليام ميريّت تشايز
أمريكيّ، 1844 – 1926م

على شاطئ البحر، حوالي 1892م
زيت على القماش؛ 50.8 × 86.4 سم
وصيّة الآنسة آديلايد ميلتون دي غروت(1876.1967م)، 1967م (67.187.123)

في الفترة الفاصلة بين سنتي 1891 و 1902م أشرف ويليام ميريّت على المدرسة الصيّفيّة للفنّ شيناّكوك الكائنة بـمدينة ساوثمبتون بولاية نيويورك. وكان يدرّس لمدّة يومين أسبوعيًا، أمّا بقيّة وقته فكان يقضّيه في الرسّم والاستمتاع بحياته العائليّة. وفي هذه اللّوحة ترى نساءً وأطفالاً من الطبقة الرّاقية ينعمون برمال الشّاطئ. ومن المرجّح أن يكون هذا في خليج شيناّكوك ذات يوم مشمس. أمّا النّصف العلويّ من اللّوحة فتستأثر به السّماءُ التي تعبرها سحبٌ تحاكي في بياضها أثوابَ الأطفال.

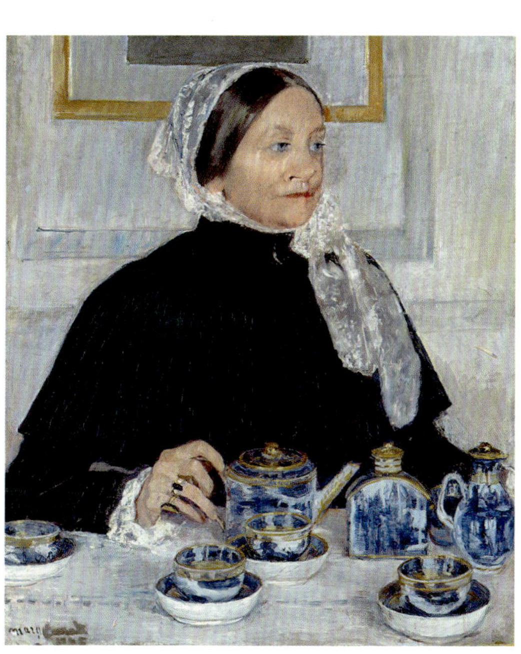

ماري كاسّات
أمريكيّة، 1844 – 1926م

سيّدة جالسة إلى طاولة شاي، 1883 – 1885م
زيت على القماش؛ 73.7 × 61 سم
هبة من الفنّانة، 1923م (23.101)

تُصوِّر هذه اللّوحةُ ماري ديكينسن ريدل ابنةَ عمّ أمّ الفنّانة وهي ترأس جلسة شاي تنتظم يوميًّا وتضمّ نسوة من الطبقة الوسطى المرفهة. وتُبرز الصّورةُ السّيّدةَ ريدل وهي تمسك إبريق شاي يمثّل جزءًا من طاقم أكل مصنوع من الخزف الصّيني «الأبيض والأزرق» مجلوب من مقاطعة كانتون السّويسريّة كانت ابنتها قد أهدته إلى عائلة كاسّات. ويبيّن هذا الرسم الشخصيّ، وقد رُسم عربونَ شكر وعرفان، إلى أيّة درجة كانت الفنّانة تحذق قواعد الرّسم الانطباعيّ على ما يبدو من أدائها الشبيه بالخطاطة ومن المعالجة التقريبيّة لجسم السيّدة ولامبالاتها بمن ينظر إليها. ولم تنل هذه الصّورةُ الشخصيّة إعجابَ ابنة السّيّدة ريدل، فاحتفظت بها الرسّامةُ عندها إلى أن أقنعتها السّيدةُ هـ. أ. هافماير بأن تهبها إلى المتحف.

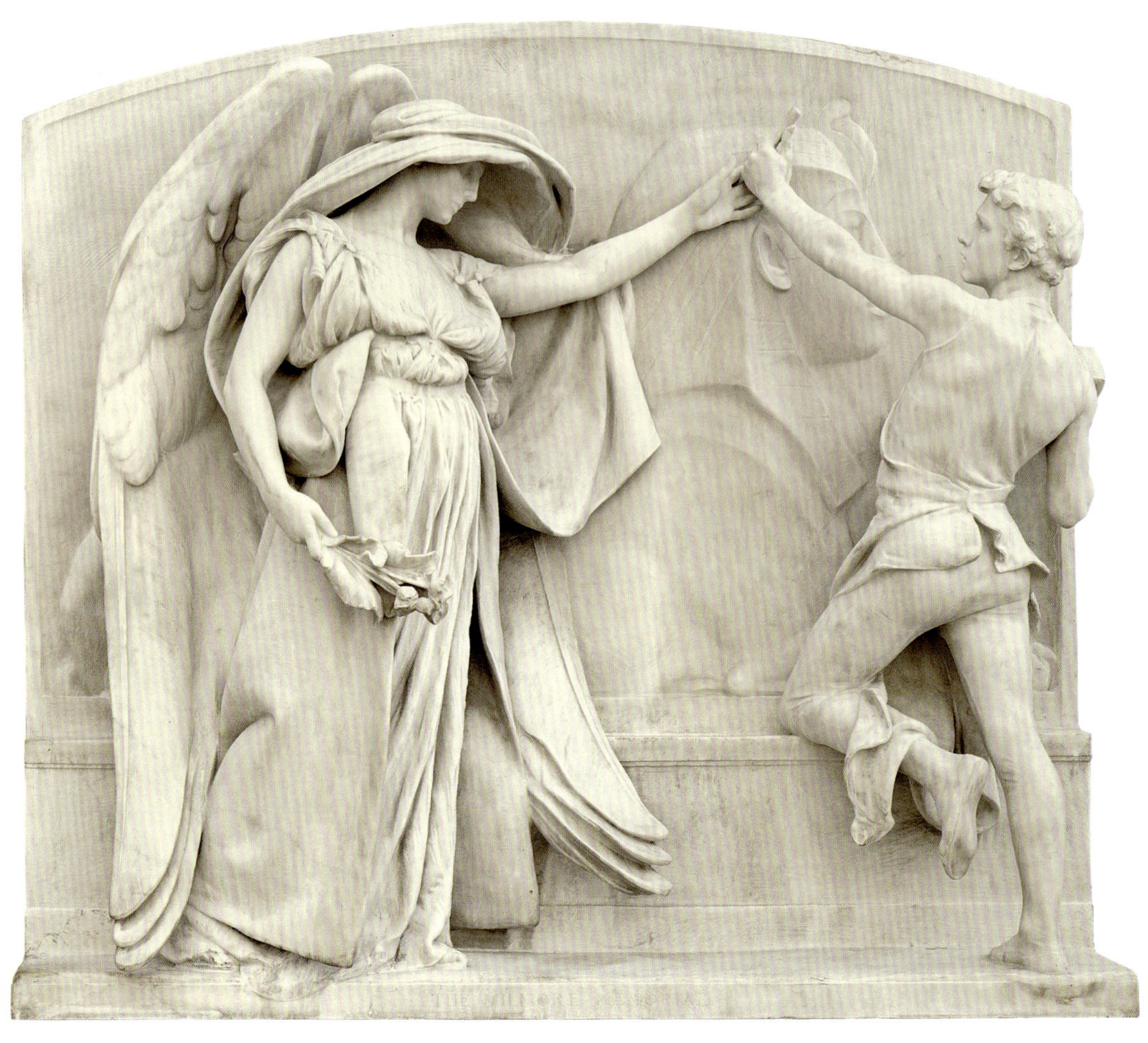

دانيال شيستر فرانش

أمريكيّ، 1850 – 1931م

ملك الموت والنّحّات، حسَبَ نُصب تذكاريّ لميلمور، 1889 ـ 1893م؛

منحوت ما بين 1921 – 1926م

رخام؛ 2.38 × 2.55 × 0.8 م

هبة من مجموعة أمناء متحف المتروبوليتان، 1926م (26.120)

طلبت عائلةُ ميلمور من الفنّان فرانش أن ينحت لها معلمًا تذكاريًا يخلّد به ذكرى مارتين النّحّات الذي عاش في بوسطن، علاوة على تخليد ذكرى أخيه جوزيف. وقد نُصب التمثال البرونزيّ الأصليّ سنة 1893م في مقبرة فوريست هيلز في جامايكا بلاين بماسّاشوتس. أمّا هذه النّسخة الرّخاميّة من التمثال، فهي منحوتة بعد هذا التاريخ بطلب من متحف المتروبوليتان. ويبدو في المنحوتة ملك الموت (ويظهر هنا في صورة امرأة) وقد نَجَم أمام نحّات شابّ، مانعًا إيّاه بيده اليسرى من إنهاء عمله. وترمز باقةُ شقائق النّعمان في يد ملك الموت اليمنى إلى النّوم السّرمديّ. وقد عُرف فرانش بالخصوص، وهو شخصيّة من الشّخصيّات المرموقة في مجال نحت النُّصُب التذكاريّة في بداية القرن العشرين الميلادي، بمنحوتته لنكولن الجالس التي أقيم نصبُها في مدينة واشنطن.

أسفل الصّفحة

فريدريك ريمنغتون
أمريكيّ، 1861 – 1909م

رجل الجبال، 1903م؛
القَـوْلَبَة : قبل شهر مارس من سنة 1907م
برونز؛ 70.5 × 30.5 × 25.4 سم
رصيد رودجرز ، 1907م (07.79)

كان فريدريك رومينغتون المؤرّخ المتميّز للأزمنة الغابرة لغرب أمريكا مثيرًا للإعجاب برسومه وزخرفته للنّصوص وصوره ومنحوتاته وكتاباته. وتجسّم منحوتة رجل الجبال لحظة مدهشة ولكنها بلا شكّ لحظة مألوفة يوميًا في حياة قنّاص الحيوانات ذات الفراء. وتتمثّل هذه اللحظة في الهبوط بسرعة جنونيّة على متن الحصان. ونرى الرّجل صحبة مطيّته، وقد كان مدجّجًا بالمعدّات من قبيل فخاخ الدّببة والفأس ولوازم النّوم والبندقيّة، يتدبّران معًا كيف يسلكان طريقا منحدرة شديدة الوعورة. وعلى غرار التماثيل الصّغيرة الأكثر نجاحا التي نحتها رومينغتون فإنّ هذه المنحوتة البرونزيّة ذات مكوّنات ثريّة أيّما ثراء. ويتجلّى هذا الثّراء بدءًا من سترة جلد الأيل المزركشة بالسَّجَف وصولاً إلى الصّخرة ومرورًا بشعر الحصان.

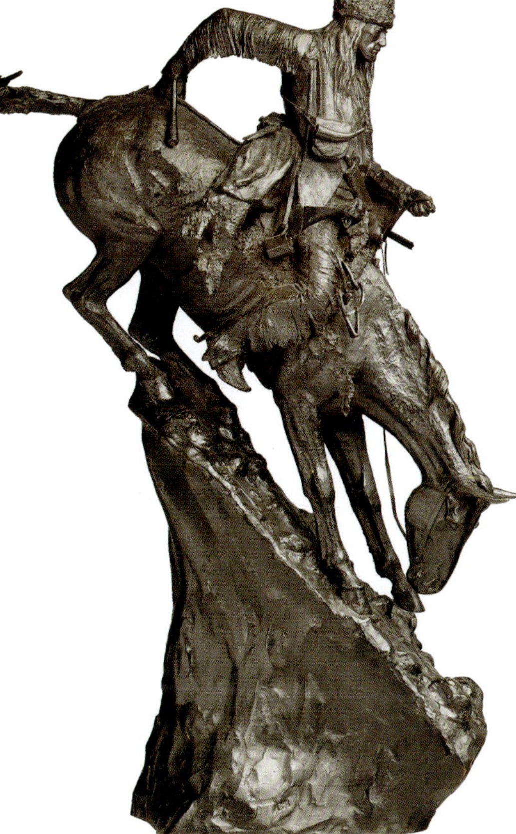

أعلى الصّفحة

أوغيسطوس سان غاودوانز
أمريكيّ، 1848 – 1907م

النّصر، 1892 – 1903م؛ القَوْلبَة: 1914 – 1916م
برونز مذهّب؛ 96.5 × 24.1 × 47 سم
رصيد رودجرز، 1917م (17.90.1)

يعتبر أوغيسطوس سان غاودوانز من أعظم النّحّاتين وأشهرهم في القرن التاسع عشر الميلادي. وقد كان ينتمي إلى الجيل الأوّل من الفنّانين الأمريكيين الذين رحلوا إلى باريس ليتلقّوا تكوينًا فنيًّا. وقد تبنّى في أعماله أسلوبًا طبيعيًّا مفعمًا بالحيويّة. ويُعدّ هذا التمثال الصّغير نسخة مصغّرة من شخصيّة مقاسها من الحجم الطبيعيّ تمثّل جزءًا مندمجًا في تمثالٍ خيّالٍ أُقيم نُصبه إحياءً لذكرى الجنرال ويليام تيكومساه شرمان في الرّكن الجنوبيّ الشّرقيّ من الحديقة المركزيّة بمدينة نيويورك. ونرى هذه الشّخصيّة اللّطيفة المجنّحة التي تحلّيها شعاراتٌ تقليديّة ويكلّل رأسَها تاجُ الغار وفي يسراها سعفة نخل، تشير يمناها الممدودة، بيقين راسخ، إلى الطّريق. ونرى أيضا على صدرها النّسرَ الذي يمثل شعار الولايات المتّحدة الأمريكيّة وقد بسط جناحيه.

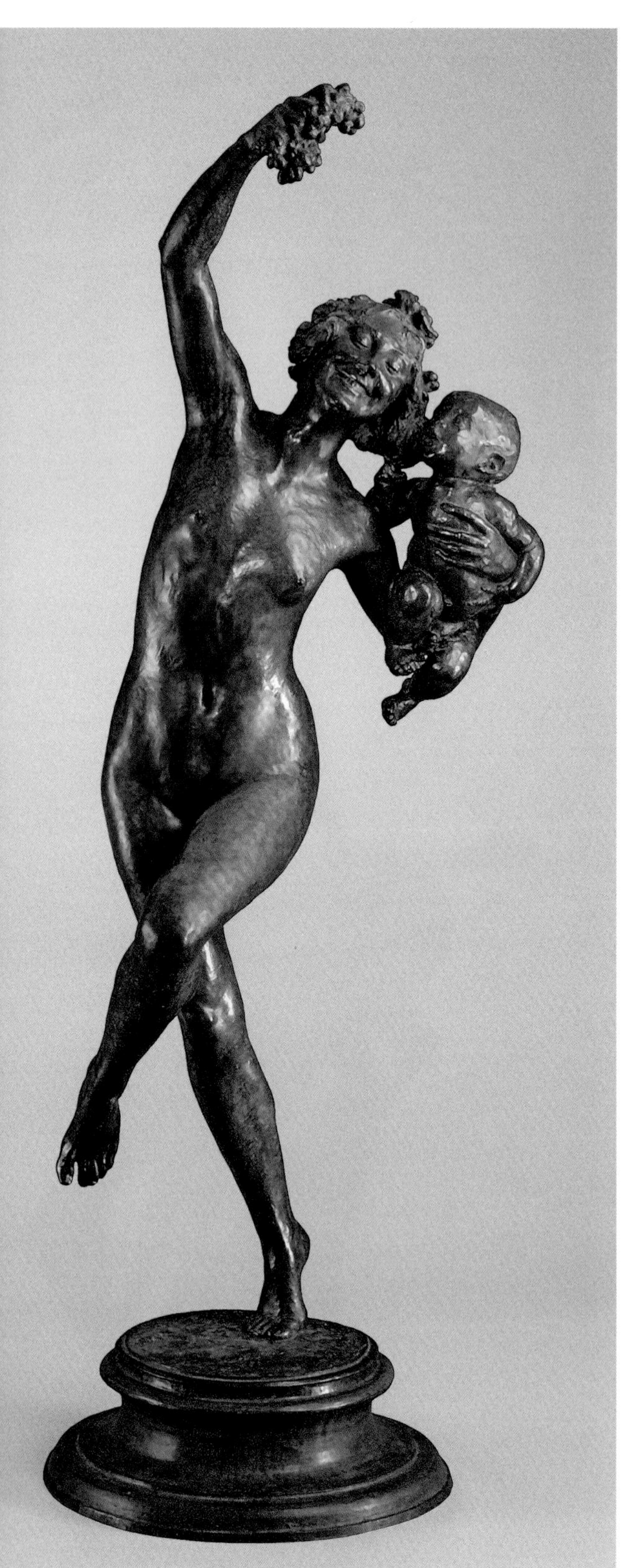

فريدريك ويليام ماكمونيس
أمريكيّ، 1863 – 1937م

كاهنة الإله باخوس صحبة إله الرّيف الصّغير
1893 – 1894م؛ القَوْلَبَة: 1894م

برونز؛ 21.3× 75.6×80 سم

هبة من تشارلز ف. ماكيم، 1897م (97.19)

يلخّص هذا الأثر الفنّيّ ثراء الأسلوب الأكاديميّ الفرنسيّ الذي هيمن على عالم النّحت في موفّى القرن التاسع عشر الميلادي بالولايات المتّحدة الأمريكيّة. وتلوّح كاهنة الإله باخوس (وهي امرأة نَذَرت حياتها بإخلاص في خدمة باخوس إله الخمر) بعنقود عنب تمسك به في يد، أمّا الذّراع اليسرى فتحمل بتوازن رضيعًا. وقد نتج عن طاقة الحركة اللّولبيّة وثراء المظهر الخارجيّ انطباعٌ بالحيويّة والبهجة. وكان ماكمونيس قد أهدى التمثال البرونزيّ إلى المهندس المعماريّ تشارلز ماك كيم الذي أقامه في ساحة المكتبة العموميّة لمدينة بوسطن التي سبق لشركته أن رسمت تصاميمَها الهندسيّةَ. ولمّا تذمّر الجمهور من هذه «العربدة الفاحشة»، سلّم ماك كيم هذا التمثالَ إلى متحف المتروبوليتان.

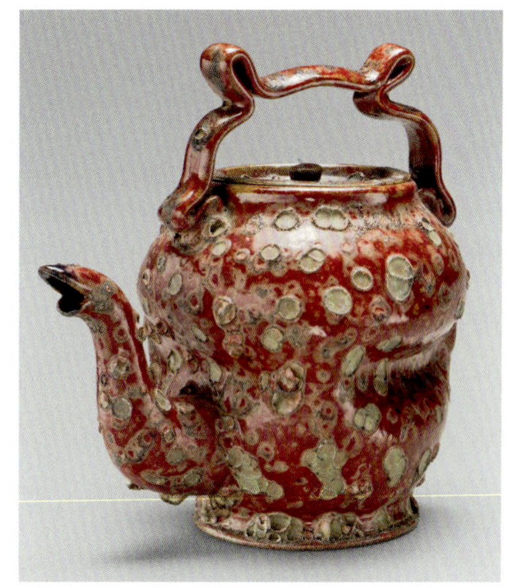

أعلى الصّفحة

جورج أ. أوهر

أمريكيّ، 1857 – 1918م

إبريق شاي، 1897 – 1900م
فخّار أحمر؛ 18.3 × 18.1 سم
وعدٌ بالهبة من روبير أ. أليسون الابن (L.2009.22.279a،b)

تمثّل الآثار الفنيّة لجورج أوهر الذي يقدّم نفسه على أنّه الخزّاف المجنون المنحدر من بيلوكسي (مدينة الميسيسيبي) مقدّمات سبقت بنصف قرن النزعة التعبيريّة التجريديّة في ميدان صناعة الفخّار. وكان أوهر، صانع الفخّار الذي يعدّ أكملَ خلاصة لهذا الفنّ، يحفر بنفسه الأرض ليستخرج الطّين ثمّ كان يُقَوْلب أوانيه ذات الأشكال البديعة معوّلا على دولاب الخزّاف. وإثر ذلك كان يُعِدّ بنفسه الطّلاء الزّجاجيّ ثمّ يشوي ذلك كلّه في فُرْنه. ويجسّم إبريق الشّاي هذا المصنوع من الطّين الأحمر طريقته التجريبيّة الجريئة. ولقد عالج هذا الفنّان، وهو النّزّاعُ إلى الابتكار نزوعًا يبلغ درجة غرابة الأطوار، الشّكلَ التقليديَّ للإناء بأن ضغط على الأطراف وأطْبَق باليد على المقبض بكيفيّة لا تخلو من تحدّ صريح لأشدّ صانعي الخزف محافظة في تلك الفترة. وتتجلّى براعتُه أيضا في طلاء الخزف الأحمر المنقّط، وهذا بدوره يعدّ معالجة لسطح الإناء خارجة بعضَ الشيء عن الأعراف المألوفة.

أسفل الصّفحة

رسم لـ:

لويس كونفور تيفّاني

أمريكيّ، 1848 ـ 1933م

صنع:

شركة تيفّاني لصناعة الزجاج والتزويق

أمريكيّ، 1892 – 1902م

مزهريّة، 1893 – 1896م
زجاج الفارفيل؛ 35.9 × 29.2 سم
هبة من هـ. أ. هافيماير، 1896م (96.17.10)

في بداية تسعينات القرن التاسع عشر الميلادي ابتدع لويس كونفور وحرفيّوه البارعون العاملون في مَرسَمه بكورونا (نيويورك) نوعًا جديدًا من الزّجاج المنفوخ أطلق عليه المعلّمُ اسمَ «الفارفيل». ولقد ألهم كلٌّ من الزجاج القديم والطبيعة هذا الفنّانَ الكثير ممّا يميّز مزهريات تيفانيّ وصفائحه من أشكال وألوان وإتقان. ويوحي شكلُ المروحة الذي اتّخذته هذه المزهريّة الأيقونة بطاووس قد بسط ريش ذيله، في حين يحاكي اللّونُ القزحيُّ للزّجاج الممهور بتوقيع تيفاني محاكاةً مدهشةً بريقَ ريشِ العصفور ورونقه. ولقد كان هذا العمل الفنيّ جزءًا من عدد كبير من التحف التي أهداها لويزين وهنري أوسبورن هافماير، وهما راعيان للفنّ متحمّسان لإبداع تيفاني، إلى متحف المتروبوليتان سنة 1896م أي بعد مرور ثلاث سنوات فقط من شروع الفنّان في إبداع عدد من الأعمال الفنيّة من الزجاج المنفوخ المُعَدّة للتزويق.

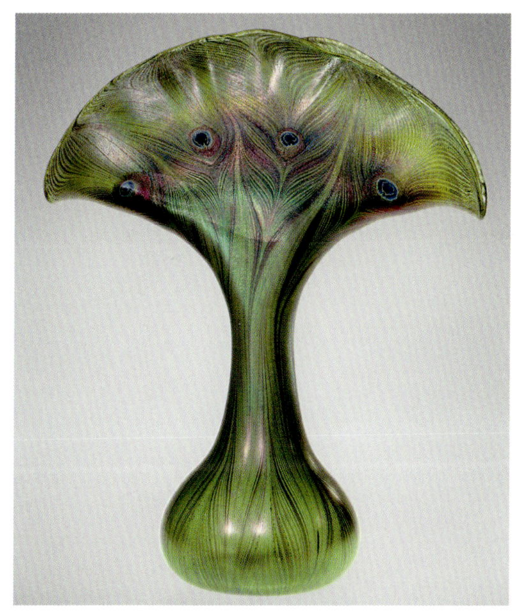

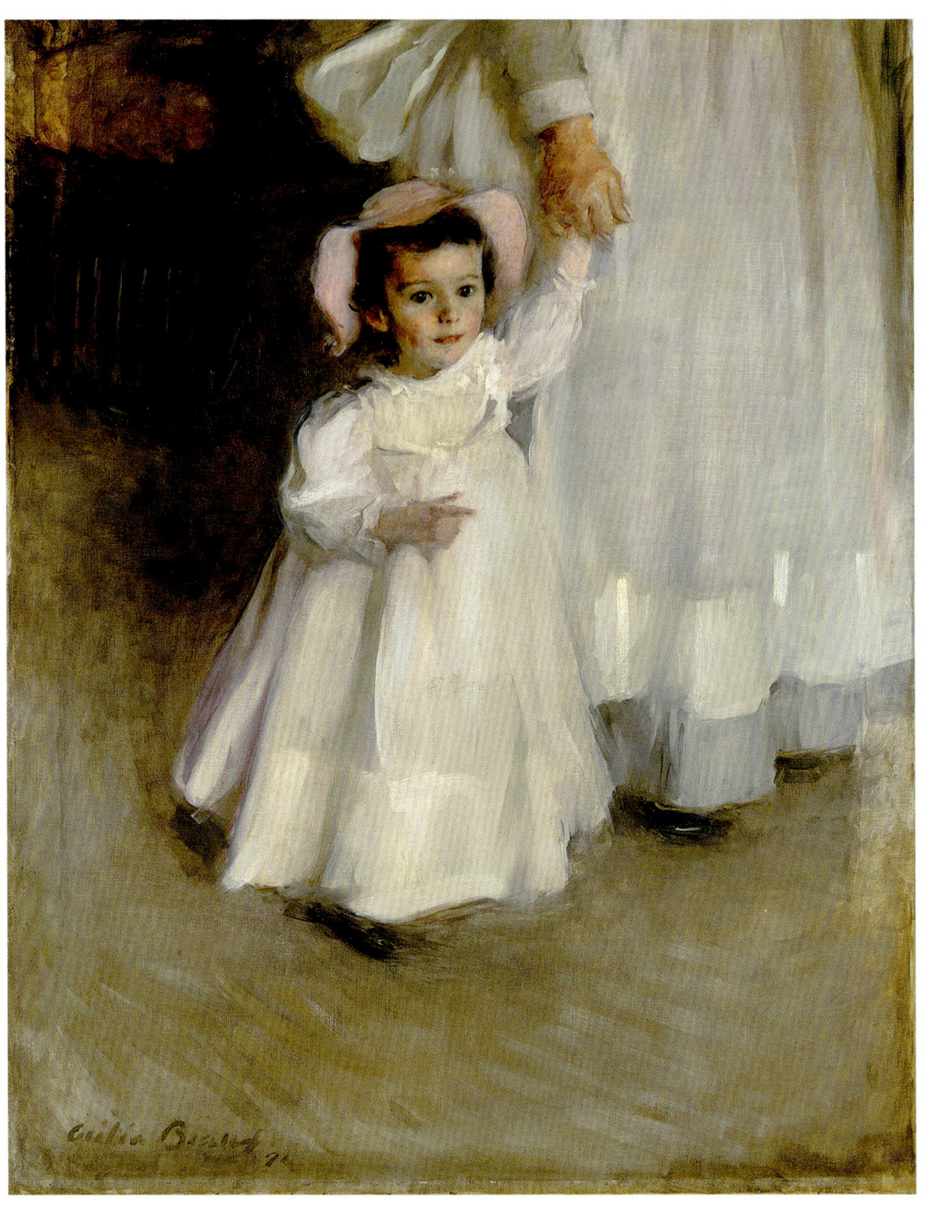

سيسيليا بو

أمريكية، 1855 – 1942م

إرنيستا (الطفلة ومربّيتها)، 1894م

زيت على القماش؛ 128.3 × 96.8 سم

رصيد ماريا دي ويت جان جيسوب، 1965م (65.49)

تمسك إرنيستا درينكر، الطفلةُ البالغة من العمر سنتين وابنة أخت سيسيليا بو والشخص الذي تحبّذ رسمه، بإحكام يدَ مربّيتها ماتّي التي بُتِرت صورتُها بجرأة. وتترجم طريقةُ العمل الموسومة بالجذريّة وحريّةُ الرسّامة في أسلوب استعمال فرشاتها عمّا تبديه سيسيليا بو من تقدير لأعمال الفنّانَين إدوار ماني وإدغار دوغاس. وتذكّر الطفلةُ إرنيستا، وهي تتقدّم بخطوات صغيرة على الأرضيّة المصقولة، بلوحة أطفال الملوك لدياغو فيلاسكيز بما لهذة البُنـيّة من ملامح مهيبة الطلّعة ورقيقة في الآن معًا. أمّا يدُ ماتّي فهي رمز كونيّ للحماية والأمان، في حين نلحظ أنّ الفضاء الذي تشغله ميدعة البُنـيّة واللّباسُ النّظاميّ قد كانا يبرزان قصرَ قامتها.

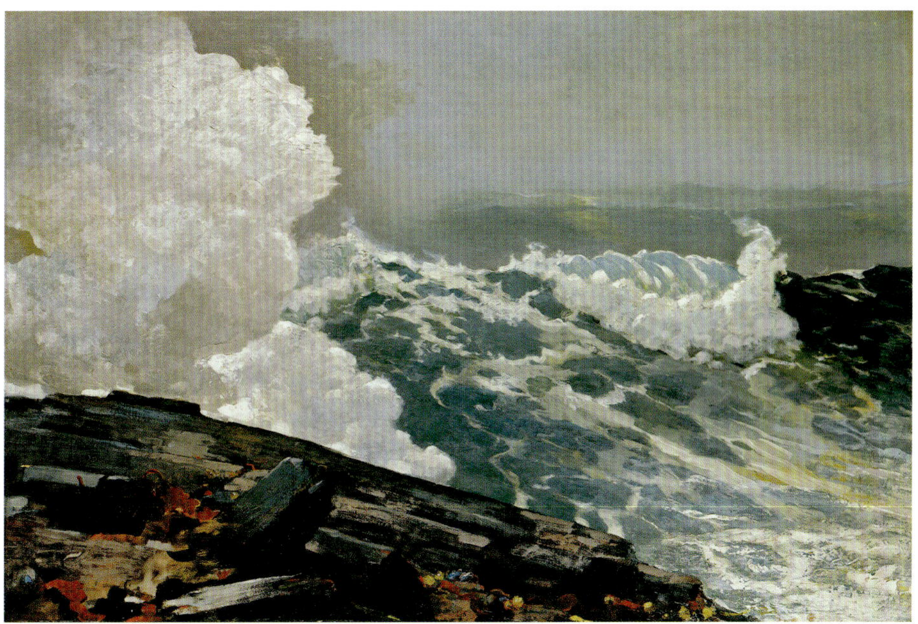

وينسلو هومير
أمريكيّ، 1836 – 1910م

ريح شماليّة شرقيّة، 1895م،
أُعيد الاشتغال عليها في الفترة الفاصلة بين هذا التاريخ وسنة 1901م
زيت على القماش؛ 87.6×127 سم،
هبة من جورج أ. هيرن، 1910م (10.64.5)

تهبّ الرّيح الشماليّة الشّرقيّة أحيانًا على ساحل ماين عاصفةً بقوّة خارقة وطيلة مدّة استثنائيّة. ولمّا عُرضت هذه اللّوحة لأوّل مرّة سنة 1895م، كان بإمكاننا أن نرى رجلَين يرتديان ملابس واقية من المطر مقوّسَي الظّهر تحت زخّات من الرّذاذ لم تكن بالقوّة التي نلحظها اليوم في اللّوحة. وقد لقيت هذه اللّوحةُ القبولَ والترحيب، واقتناها جورج أ. هيرن جمّاع الآثار الفنيّة الخبير ذو الأصول الأمريكيّة. وإثر ذلك أعاد الفنّانُ هيرن الاشتغالَ عليها مضفيًا لمسةً من التأثير كانت أبلغَ. وممّا جاء على لسان أحد نقّاد الفنّ أنّ هذه اللّوحة تمثّل «ثلاثة أبعاد جوهريّة: القوّة الشّديدة للصّخور، وحركة البحر المكثّفة المهيبة، وأجواء الفضاءات الطبيعيّة الكبرى مع استبعاد الحضور الباهت للإنسان».

ويليام غلاكنس
أمريكيّ، 1870 – 1938م

الحديقة المركزيّة في الشّتاء، حوالي 1905م
زيت على القماش؛ 63.5 × 76.2 سم
رصيد جورج أ.هيرن، 1921م (21.164)

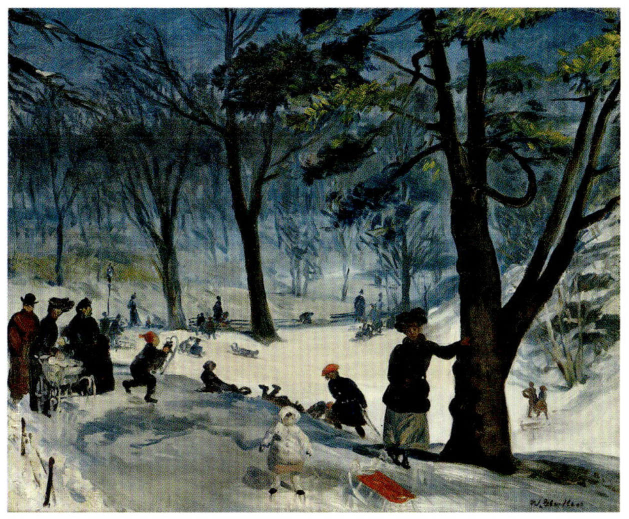

في لوحة غلاكنس ترى أطفالا مهذَّبين جدًّا وهم ينحدرون من تلّ صغير يكسوه الثّلج مستعملين الزلاّقات تحت رقابة يقظة لعدد من الكهول. وتُبرز هذه اللّوحةُ، وهي بمثابة تدوين لأجواء الترفيه التي كان ينعم بها أبناء الطبقة الوسطى، مشهدًا يرتدي فيه الكهول لباسًا يستجيب إلى ذوق العصر، في حين كان الأطفال يتدثّرون في ثياب دافئة. وقد كان غلاكنس من الفنّانين الذين تُطلق عليهم تسميةُ آشكان سكول (مدرسة القُمامة). وبالرّغم من التزامهم المعلن برسم مصاعب الحياة في المدينة رسمًا صريحًا بلا مساحيق، فقد كان هؤلاء الفنانون الشّبّان يرون العالم ورديًّا، بل إنّهم تمكّنوا من تصوير المدينة بأسلوب ملطَّف.

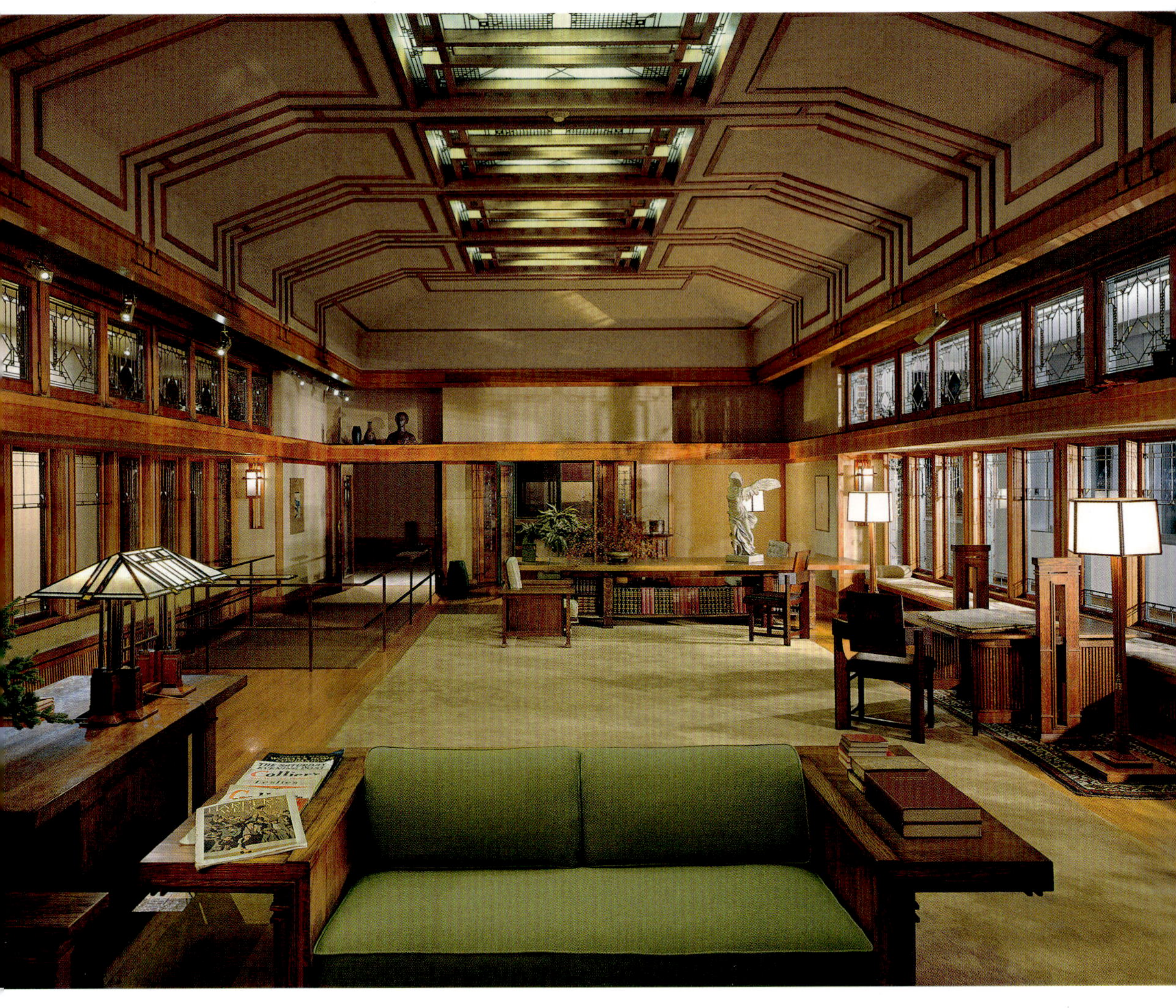

فرانك لويد ورايت
أمريكيّ، 1867 – 1959م

قاعة استقبال لبيت فرانسيس و. ليتل، وايزاتا بـولاية مينيزوتا، 1912 – 1914م
4.17 × 8.53 × 14 م
اقتناء، وصيّة إيميلي كراين شادبورن، 1972م (1972.60.1)

تُعدّ قاعة الاستقبال الموجودة في منزل ليتل أحدث قاعات الاستقبال صنعًا في تلك الحقبة مقارنة بنظيراتها الموجودة في الجناح الأمريكيّ. وقد كان صنعها فرانك لويد ورايت المهندس المعماريّ الأشهر في الولايات المتّحدة الأمريكيّة. وكانت هذه الغرفةُ في الأصل قاعةَ استقبال فخمة منفصلة في أقصى البيت الذي شيّده السيّد والسّيّدة فرانسيس و. ليتل حذو مدينة مينابوليس في ولاية مينّيزوتا. وتجسّم هذه القاعةُ، بسقفها المائل قليلا وطَفاطِف سطحها النّاتئة العريضة، وبنجارة الجدران اعتمادًا على خشب البلّوط الأبيض غير المطليّ، وبصفوف نوافذها ذات الزّجاج الرّصاصيّ الشفّاف، أنموذجًا لأسلوب الهندسة المعماريّة داخل البيوت المسمّى «بريري» (السّهل)، وهو أسلوب كان قد انفرد به ورايت. وقد صمّم بنفسه مجموع الأثاث الذي رُتّب طبقا لتعليماته. أمّا الأثاث ذو الألوان الفاتحة فقد صُنع خصّيصًا لهذه القاعة، في حين جُلب الأثاث ذو الألوان الدّاكنة أكثر من بيت آخر لورايت كان قد شيّده لفائدة عائلة ليتل في مدينة بيُوْريا الواقعة في ولاية إلّينوي الأمريكيّة سنة 1903م.

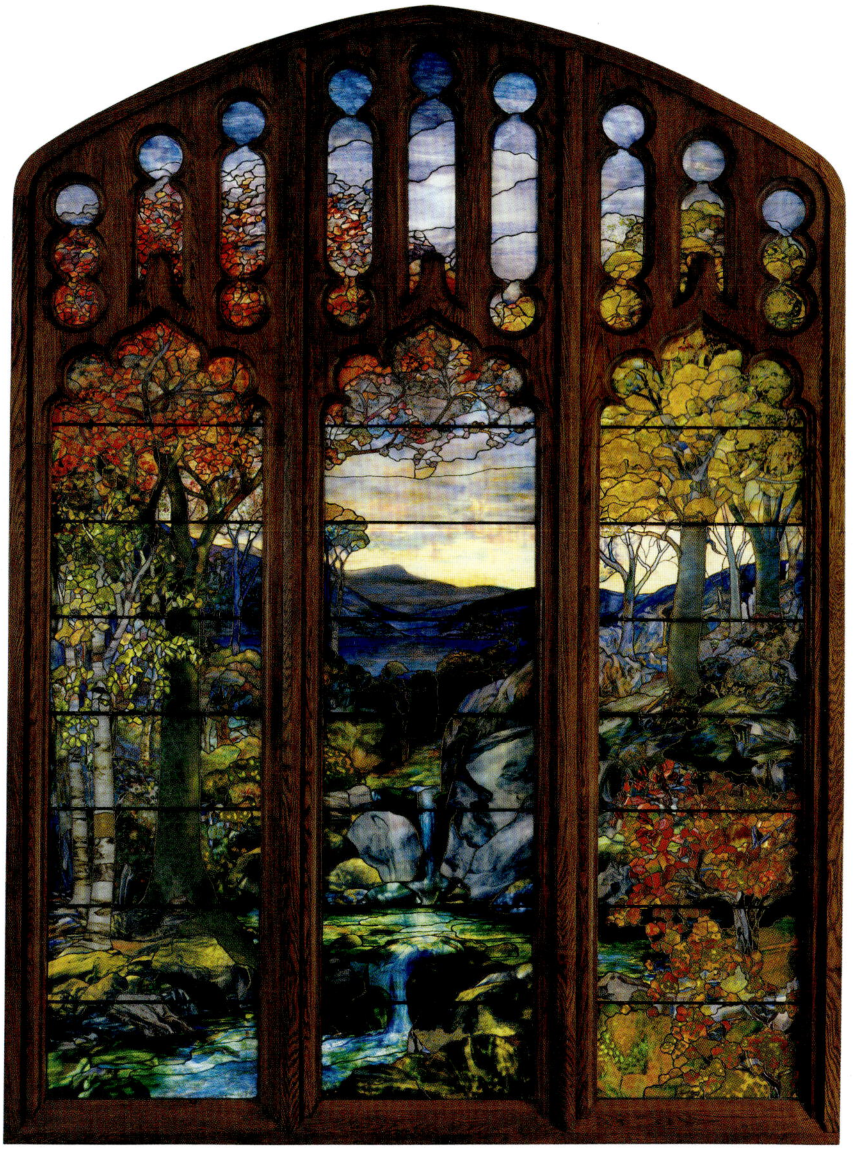

رسم من المرجّح أن يكون لـ
أنياس ف. نورثروب
أمريكيّة، 1857 – 1953م
صنع:
مَرسَم تيفّاني
أمريكيّ، 1902 – 1932م

منظر خريفيّ، 1923 – 1924م
زجاج الفارفيل ورصاص؛ 3.35 × 2.59 م
هبة من روبير و.دي فوريست، 1925م (25.173a–o)

كان لويس كومفور تيفّاني، وهو ابن مؤسّس تيفّاني وشركاؤه، بدوره أحد مشاهير الحياة الفنيّة في الولايات المتّحدة الأمريكيّة. ولئن كان طوال مسيرته الفنيّة النّاجحة يحذق عددا من طرق التزويق، فإنّ إبداعه كان أكبر مع الزّجاج. ويعتبر هذا المنظر الخريفيّ عند مغيب الشّمس أحد الرّوائع في هذا الجنس من الرّسم. ولغاية تكريم الطّبيعة تمّ توظيف جميع المهارات والتقنيات المعتمدة في الزّجاجيّات التي جرى تطويرها في ورش تيفاني بنيويورك. أمّا ما يبدو فوق السّطح من اختلاف في الألوان فقد كان ثمرة لتمويج الزّجاج المعدَن. ويُنتِجُ النّثارُ وقطعُ الزّجاج المنقَّط التأثيراتِ الضوئيّةَ غير المألوفة. وأخيرًا يتأتّى الإحساسُ بالعمق والمنظوريّة من تنضيد طبقات الزّجاج.

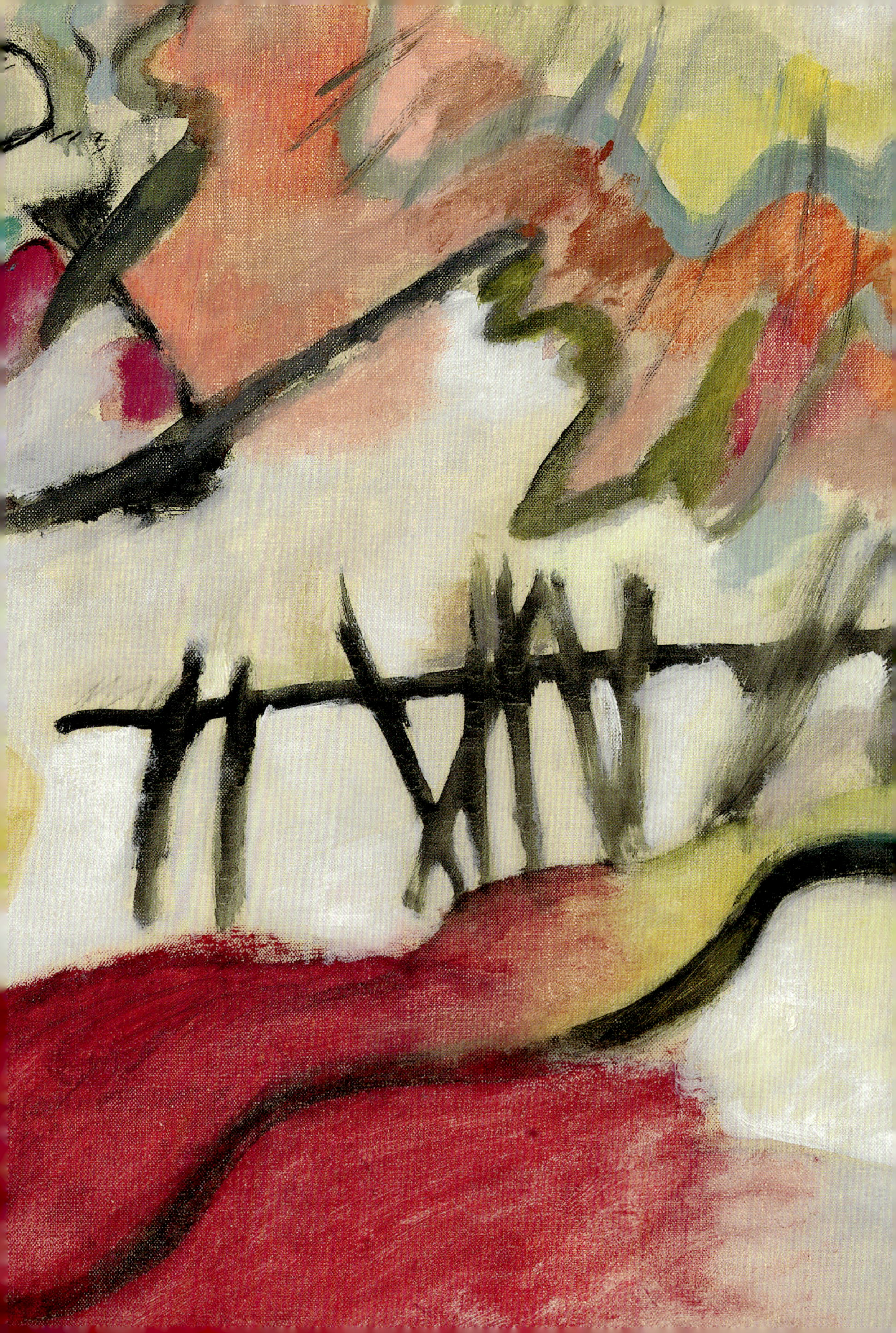

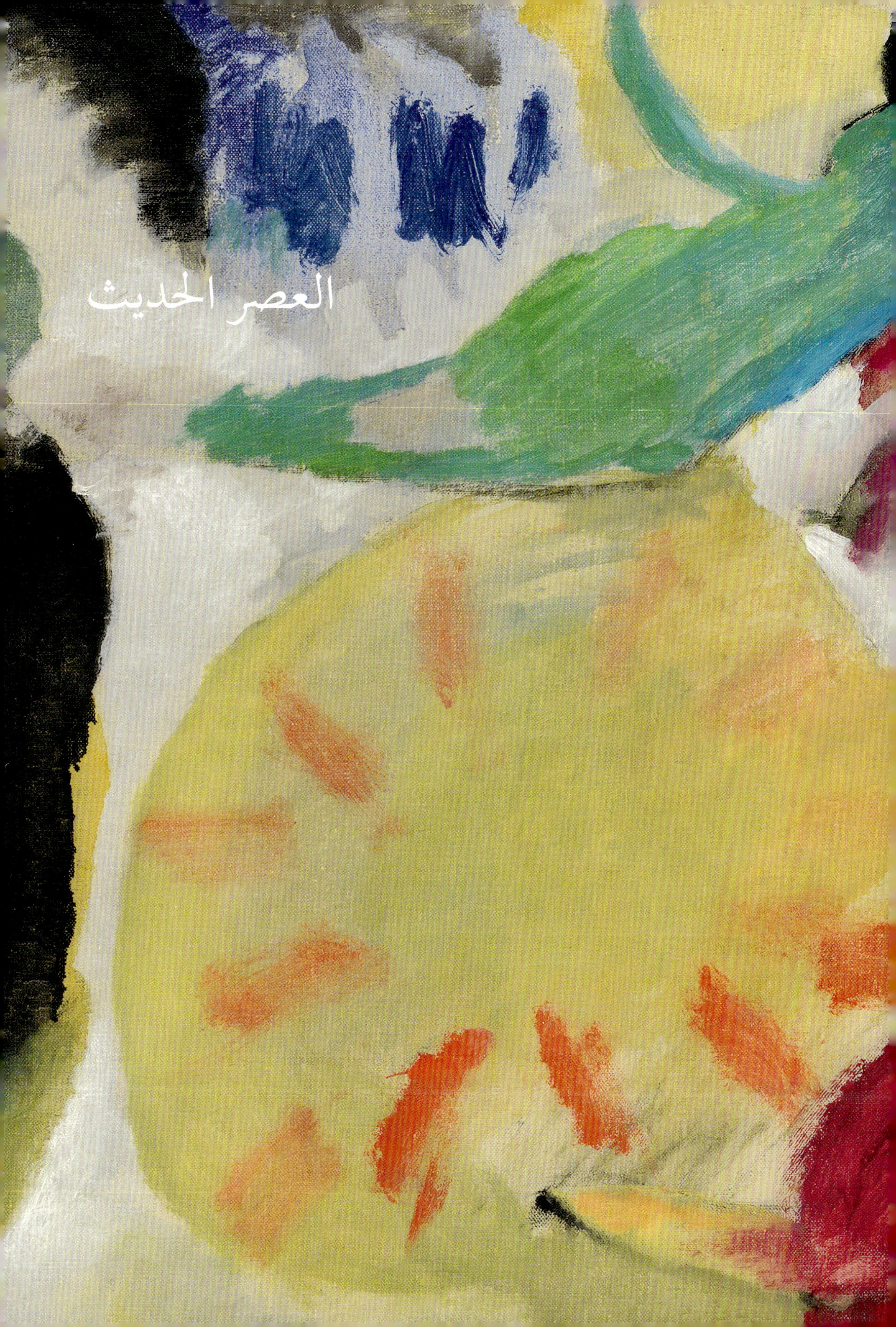
العصر الحديث

معهد الأزياء

تضمّ مجموعة معهد الأزياء تشكيلة متناسقة مشتملة على ملابس من أقاليم مختلفة: آسيا وإفريقيا وأوروبّا وأمريكا ابتداء من نهاية القرن السّادس عشر إلى يومنا الحاضر. ونجد فيه علاوة على ما سبق أكسسوارات وصورا تحكي تاريخ صيحات الموضة عبر الأزمنة. ولقد أُحدث المعهد في سنة 1946 تبعا لإدماج متحف فنون الأزياء الذي أنشأته سنة 1837 مجموعةٌ كانت تشرف عليها إيران لويسون في متحف المتروبوليتان للفنونّ. وتموّل هذا المعهدَ صناعةُ الموضة التي تنظّم بالخصوص عرض أزياء سنويّا لهذا الغرض. وفي سنة 2009 تنازل متحف بروكلين لفائدة متحف المتروبوليتان عن مجموعته ذائعة الصّيت المتكوّنة من قطع نادرة مجلوبة من أوروبا وأمريكيا تعود إلى نهاية القرن التاسع عشر ومنتصف القرن العشرين. ومن بينها نظفر بمجموعة لا نظير لها كان قد أبدعها المصمّم تشارلز دجايمس الخيّاطُ الأمريكيّ. ومنذ ذلك الحين، مافتئ معهد الأزياء يثري رصيده المتميّز مفضّلا الملابس ذات القيمة الرّمزيّة وروائع الماضي والحاضر، وإن ظلّ حريصا على أن يكون مؤرّخا للموضة الغربيّة على ما ستشهد عليه الأزياء التي وصفت في هذه الصفحات.

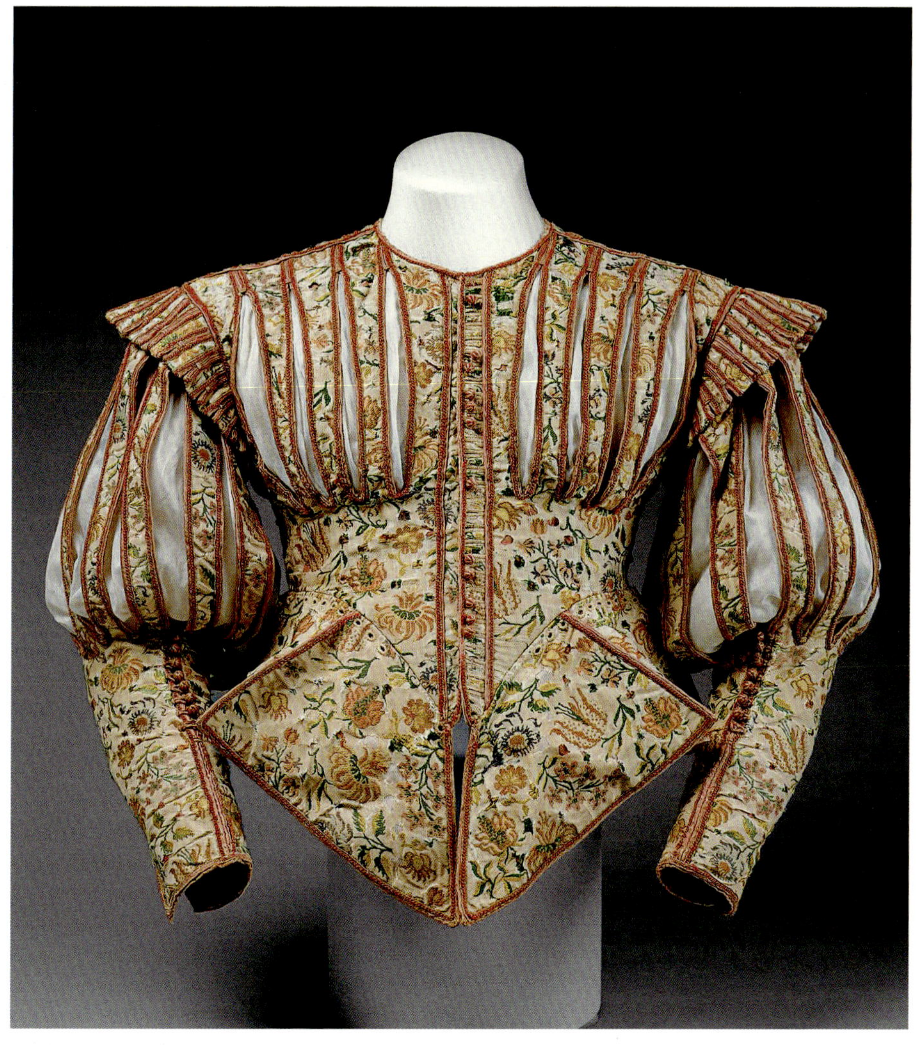

دامِرٌ

فرنسيّ، في بداية السّنوات 1620م
حرير مبرَّد أبيض عاجيّ، مقصّب بزخارف زهريّة ذات ألوان ورديّة وصفراء و بنفسجيّة وخضراء وأرجوانيّة
رصيد معهد الأزياء، تخليدا لذكرى بولار وايزمان، 1989م (1989.196)

هذا الدّامرُ البديع، وهو موروث من أقصر التقليعات استمرارًا في الزمن، أحدُ ثوبين من هذا النّوع يعودان إلى سنوات 1620م. ونجد الثوب الآخر في متحف فيكتوريا وألبيرت بلندن. ومن خصائصه أنّه خِيطَ بالدّيباج الفاخر وله كُمّان بفتحتين، وهي تقنية في الخياطة شائعة تقوم على إحداث شقوقٍ في القماش تكشف عن القميص الملبوس تحت الدّامر أو تُظهر بطانةً ملوّنة. وقد يكون الحرير الذي صُنع منه هذا الثوب قد فُصّل بهذه الكيفيّة حتّى يُخاط به ثوب آخر بما أنّ زخرف الشّقوق لا يتناسب تماما مع طريقة تفصيل الدّامر.

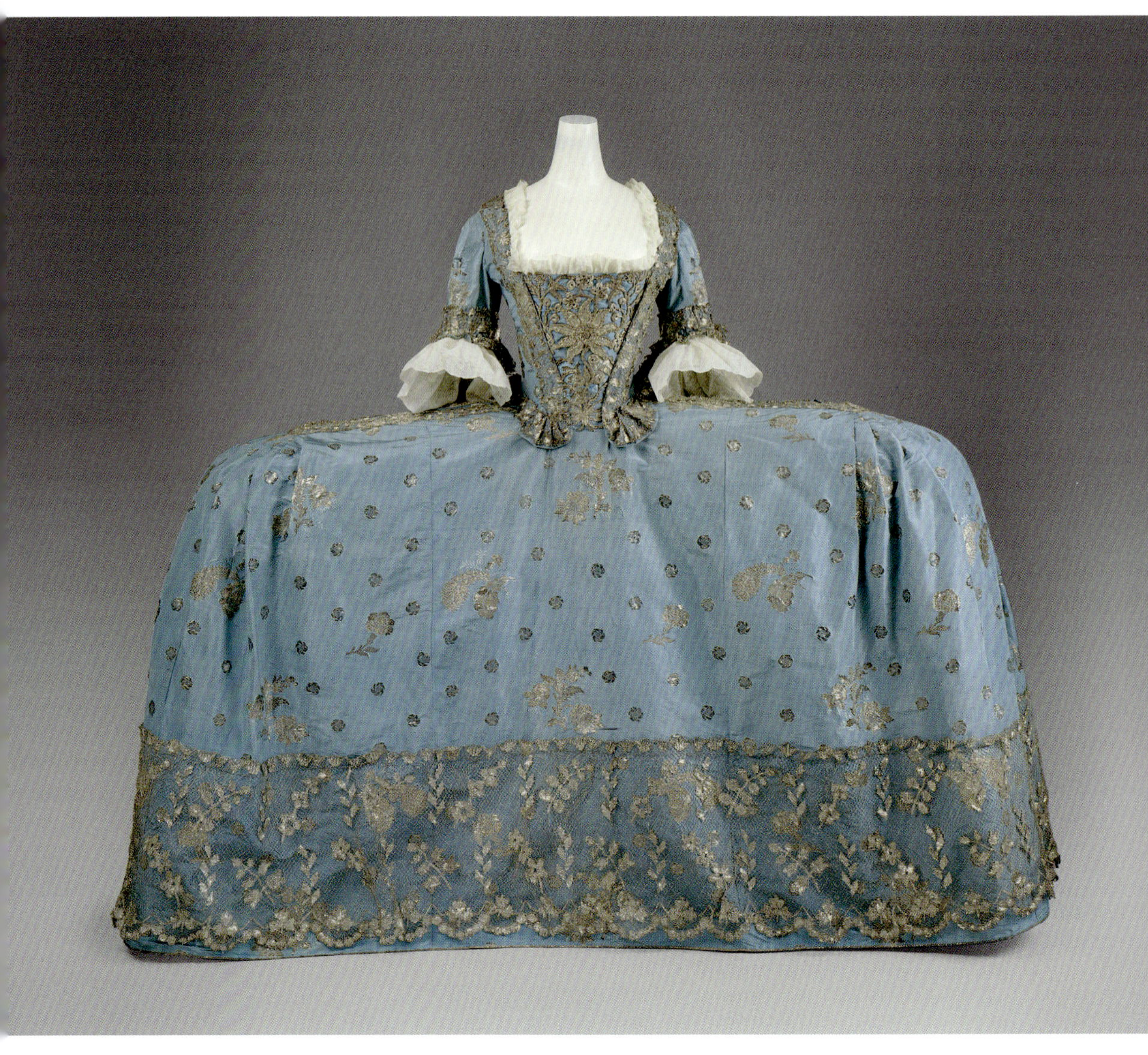

لباس ر سميّ

بريطانيّ، حوالي. 1750م
تَفْتَه زرقاء مقصّبة بزخارف زهريّة بالفضّة المطرّقة، وخيطُ نسيجٍ فضّيّ، زينة فضيّة مزركشة
اقتناء، وصيّة إيرين لويسون، 1965م (C.I.65.13.1a – c)

كانت فساتين البلاط الممتازة (اللّباس الرّسميّ) في القرن الثّامن عشر الميلادي تبلغ أحيانًا أحجامًا غريبة. ولئن كان الفستان يبدو أوسع بقليل من الجسم متى نظرنا إليه من أحد الجانبين، فإنّه في المقابل يُعدّ واسعًا جدًّا سواء أنظرنا إليه من الوجه أم من القفا. ويبلغ عرض تنّورة هذا الفستان الإنكليزيّ حوالي مئة وأربعين سنتمترا. وتَسنُدُ هذا الفستان تنّورةٌ منتفخة وأطواقٌ جانبيّة مصنوعة من فروع الصّفصاف أو عظام فكّ الحوت المقوّسة المغطّاة بنسيج من الكتّان. وهكذا، يتعيّن على امرأة ترتدي فستانا بتنّورة منتفخة أن تَلِج الباب بصفة جانبيّة. وتوجبُ عليها آدابُ السّلوك حينئذ القيامَ بذلك، فتمرّ منزلقة بأناقة. ويتمثّل الفستان أساسا في قطعة عريضة من الدّيباج المزخرف بتوشية من خيط الحرير المغلّف بالفضّة وغيره من الزّينة الفضيّة. ويمثّل هذا الثّوب ضربًا من اللّوحات الإشهاريّة التي تعلن عن ثراء صاحبته ومنزلتها الاجتماعيّة.

كُسوة على الطريقة الفرنسيّة مع دثار مخصَّر وصدريّة

على الأرجح فرنسيّ، حوالي. 1730م
جُوخ أحمر، وخيط مذهّب مع زركشة للتبريقة
رصيد إيزابيل شولتز، 2004م (2004.411a, b)

تُقدّم هذه الكسوة المدروسة مثالاً أنيقًا للخياطة الفاخرة الرّفيعة للبزّة الرّجاليّة خلال النّصف الأوّل من القرن الثّامن عشر الميلادي. فالطّول الذي يميّز الدثار المخصّر وأذيال السّترة المبطّنة بشعر ذنب الحصان من ناحية إضافة إلى زركشة الكُمّين الواسعين من ناحية ثانية هما خاصّيتان تمثلاّن المقاييس التي تمتاز بالمبالغة في الأحجام في ذلك العصر. ويُبرز عدد من اللّوحات المعروضة في المتحف، ومنها بالخصوص الرسم الشّخصيّ لفرانسوا أليوس دي ثايس دي هركولايس الذي كان قد رسمه نيكولا لاجيليار سنة 1727م، إبرازا لا مجالا للشكّ فيه مكوّناتِ اللّباس وخصائصه عصرئذ. فتوشية الجوخ الأحمر بالخيط المذهّب قد بلغت الغاية في رفعة الزّركشة وبذخها في تلك الحقبة. أمّا زخرفة الصّدريّة المتناسقة، فقد كانت على وجه التحديد فاخرة بريشها المتموّج المطروز بالخيط وبتبريقتها المذهّبة.

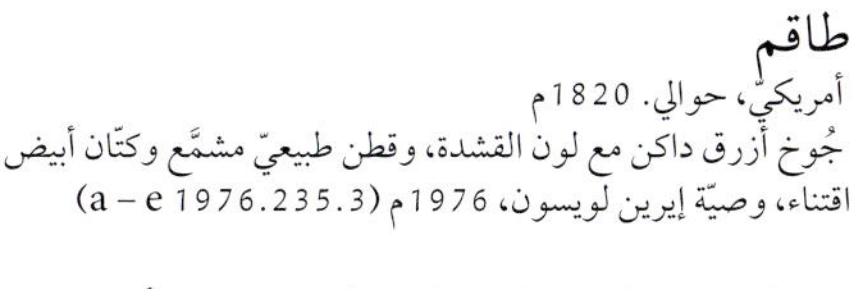

طاقم

أمريكيّ، حوالي. 1820م
جُوخ أزرق داكن مع لون القشدة، وقطن طبيعيّ مشمّع وكتّان أبيض
اقتناء، وصيّة إيرين لويسون، 1976م (1976.235.3 a – e)

نجد لتقليعة الخصر العالي التي ميّزت تفصيل أزياء النّساء في عشرينات القرن التاسع عشر الميلادي نظيرًا لها، في حدود ما، عند الرّجال. فالسترة (لباس رسميّ ضيّق) التي تُعانق قفص الصّدر، والسّروال المرفوع إلى الخصر، كلاهما ثوبان يبرزان طول الأرجل. ولقد قلب أسلوب الخياطة هذا رأسا على عقب المقاييسَ المألوفة. ورغم ما يميّز طريقة الفصالة هذه من رصانة، فإنه لم يمنعها من أن تكون في غالب الأحيان عرضة للتهكّم. وعلى هذا النّحو وجدنا الملابس الرّجاليّة في القرن التّاسع عشر الميلادي تتحرّر من نزوات تقليعات الموضة. واقتصرت وقتئذ العناصر المعبّرة في اللباس الرجالي على ربطة العنق والصُّدرة دون غيرهما من الأثواب، بل نضيف إليهما قماش القمصان فيما يتعلّق بالأزياء اليوميّة التي يرتديها أهلُ المدينة. وفي نظر المتأنّقين،لم تعد التقليعة الرّجاليّة إلاّ مجرّد «حلّة نظاميّة موحّدة كئيبة تقوم شاهدًا على المساواة».

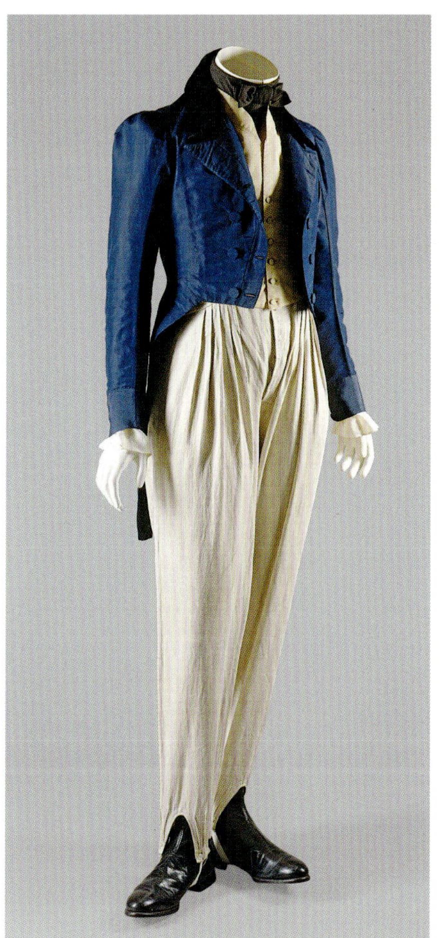

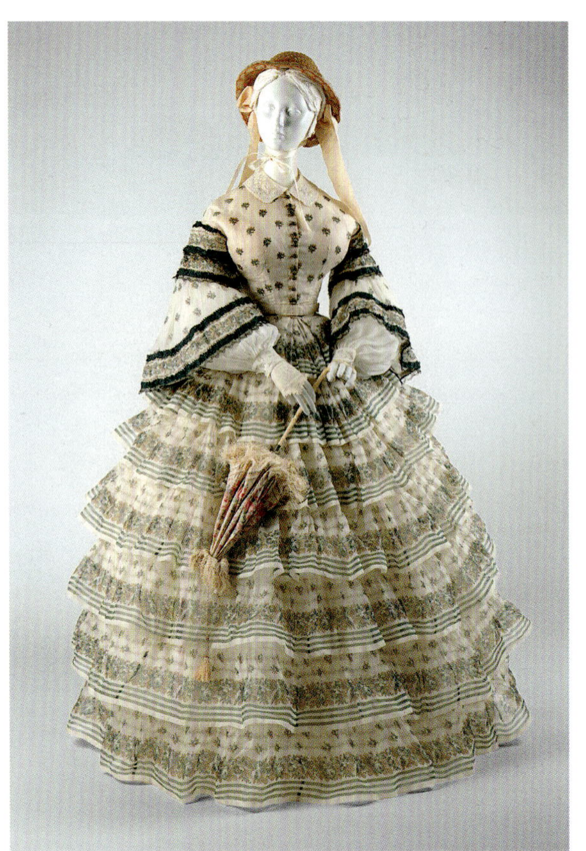

فستان

أمريكيّ أو أوروبيّ، حوالي. 1855م
أوركـنـزا (نسيج رقيق من الحرير المتين) بلون عاجيّ مطبَّع بزخارف زهريّة خضراء وسوداء.
هبة من جايمس ر.كريل الرّابع والسّيّد والسّيّدة لورانس ج.كريل، 1992م (1992.31.2a–c)

يمتاز هذا الطّاقم، بصداريْه القابليْن للاستبدال، بطابعه العمليّ النفعيّ النّادر في عالم الموضة. ورغم ذلك، فإنّ عددا من الطّواقم اللاّفتة للانتباه قد وصلت إلينا هكذا بصدارين يجمعان بين اللّباس اليوميّ واللّباس الذي يُرتدى في الحفلات الرّسميّة، أو لباس حفلات العشاء ولباس السّهرة. فالتنّورة المنفرجة في الأسفل ذات شكل الجرس بقماشها الوفير الدّائريّ، والمنتفخة بعدد من طبقات التنّورات الدّاخليّة الغليظة التي لا تنثني بسهولة، كانت لباسا رائجا خلال خمسينات القرن التاسع عشر الميلادي. ولئن كان تاريخ صنع هذا الفستان معروفا، فإنّه يعسُرُ في المقابل عسرا كبيرا أن نحدّد بدقّة بلد المنشأ. وهذا راجع إلى أنّ ازدهار تقليعة التغشية والنقش تمكّن من إعادة إنتاج الأسلوب الباريسيّ في كلّ مكان حيث يتسنّى توفير القماش المناسب.

فستان

بريطانيّ، حوالي. 1868م
تَـفْتَـه ذات لون أخضر موشّى،
رصيد المؤسّسة الخيريّة كاثرين براير فان بومل، 1980م (1980.409.1a–c)

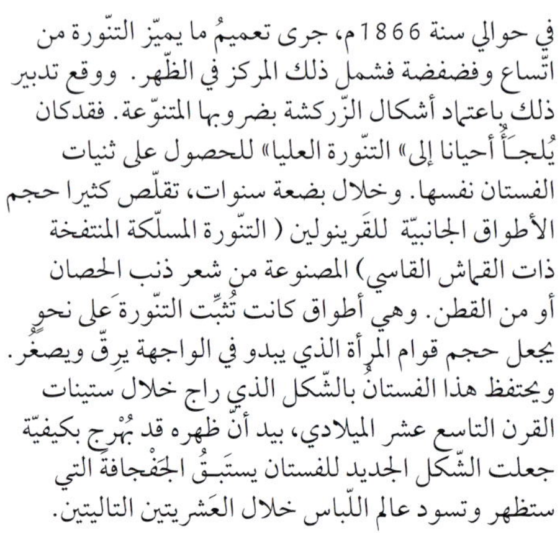

في حوالي سنة 1866م، جرى تعميمُ ما يميّز التنّورة من اتّساع وفضفضة فشمل ذلك المركز في الظّهر. ووقع تدبير ذلك باعتماد أشكال الزّركشة بضروبها المتنوّعة. فقدكان يُلجأُ أحيانا إلى» التنّورة العليا« للحصول على ثنيات الفستان نفسها. وخلال بضعة سنوات، تقلّص كثيرا حجم الأطواق الجانبيّة للقَرينولين (التنّورة المسلّكة المنتفخة ذات القماش القاسي) المصنوعة من شعر ذنب الحصان أو من القطن. وهي أطواق كانت تُثبِّت التنّورة على نحوٍ يجعل حجم قوام المرأة الذي يبدو في الواجهة يرِقّ ويصغُر. ويحتفظ هذا الفستانُ بالشّكل الذي راج خلال ستينات القرن التاسع عشر الميلادي، بيد أنّ ظهره قد بُهرِج بكيفيّة جعلت الشّكل الجديد للفستان يستَبِقُ الجَفْجافة التي ستظهر وتسود عالم اللّباس خلال العَشريتين التاليتين.

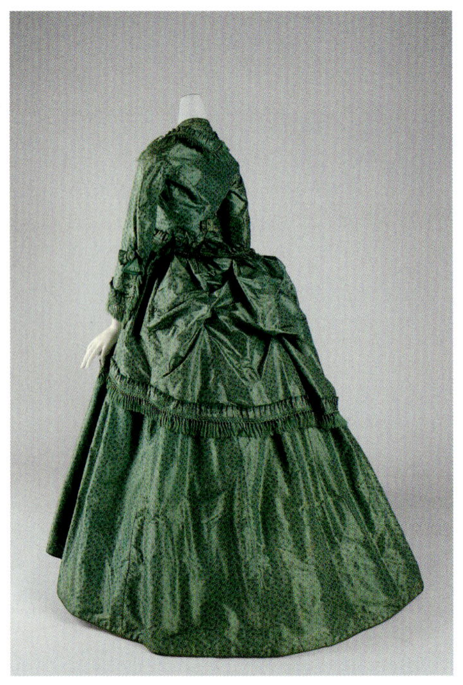

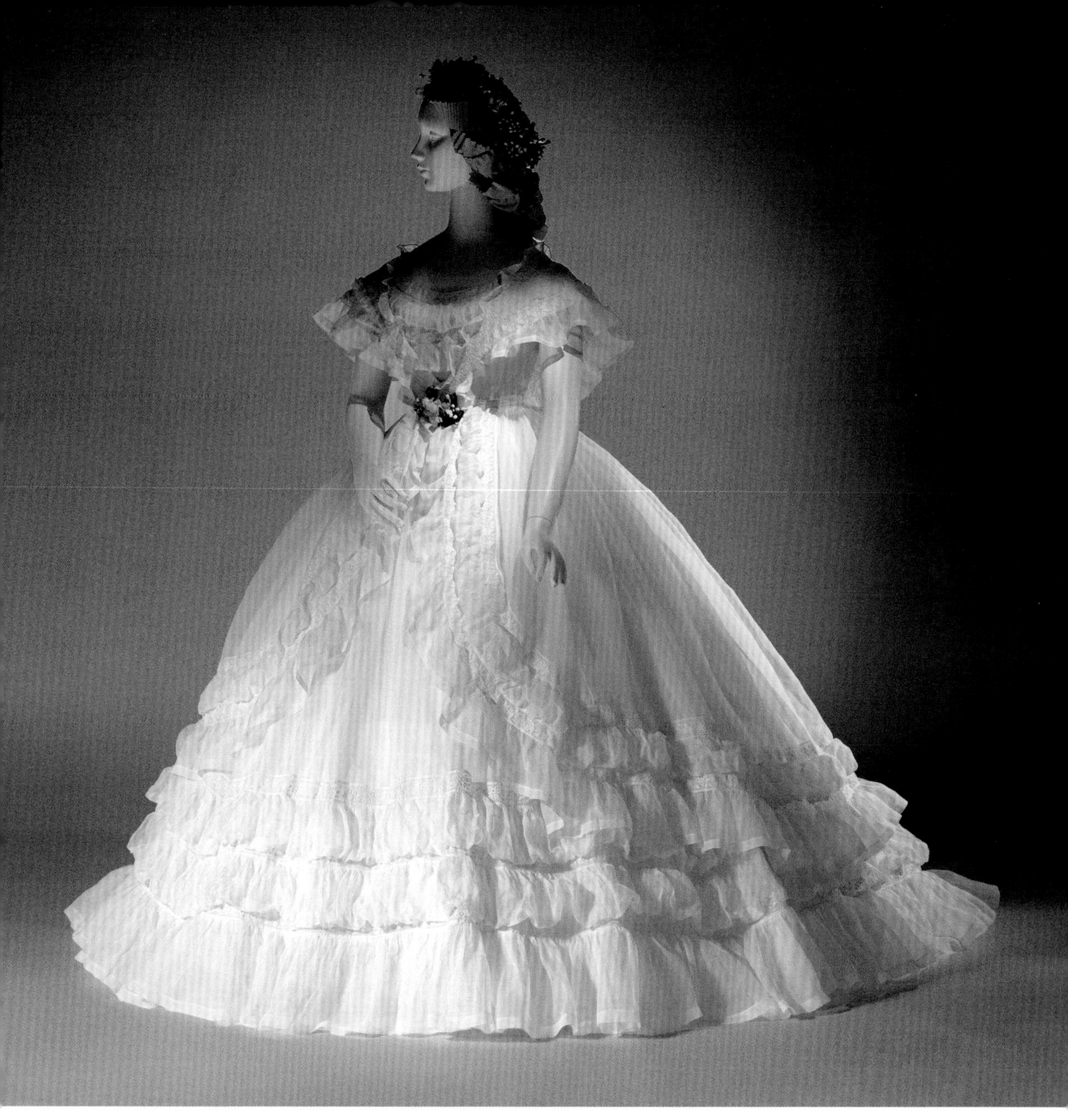

طاقم زواج

فرنسي، 1864م
أوركندي من القطن الأبيض
هبة من السّيّدة دجايمس سوليفان إحياء لذكرى السّيّدة لومان ريد، 1926م (26.250.2a–e)

خلال فترة طويلة من القرن التّاسع عشر الميلادي ساد الصّدارُ النّازل على الكتفين. فهو يرسم بين العُنق والكتفين مثلّثا يجعل الجيد طويلا طبقا لأنموذج للجمال التزمت به بطبيعة الحال فساتينُ السّهرة خلال ستينات القرن التاسع عشر الميلادي. وغالبا ما كان زِيقُ العنق في هذه الفساتين يتّخذ شكلَ سفينة ممّا يحرّر الكتفين. فاستلزم ذلك تنحية حِمالاتِ المخصّر أو على الأقل خفضها في اتجاه الخارج. ومكّن القَريلنيون المُسَلَّك، الذي جرى ابتكاره منذ عشر سنوات قبل هذا التاريخ، من جعل التنّورة الفضفاضة تتّخذ شكل الجرس. وانطلاقا من منتصف العقد السادس للقرن التاسع عشر الميلادي، أصبح بإمكان الأطواق، التي ما فتئ حجمها يكبر، أن تشدّ التنّورات ذات الأحجام الضّخمة جدّا.

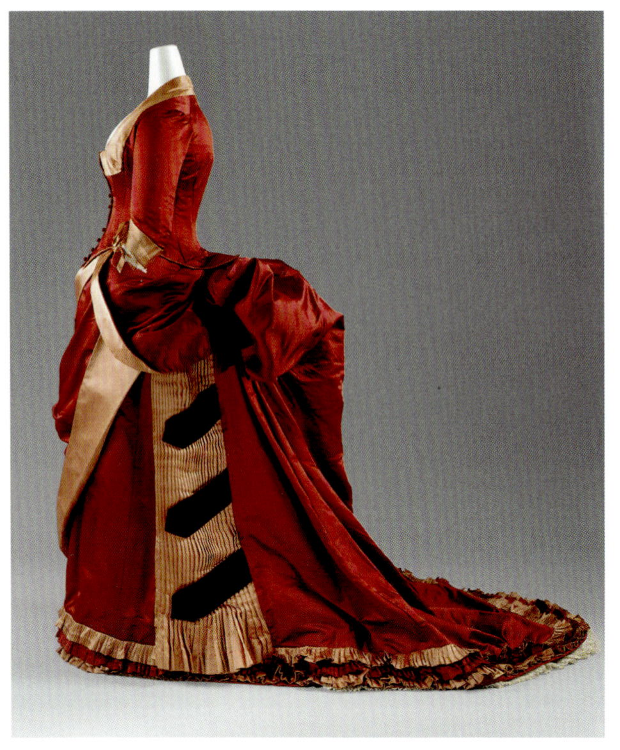

فستان السّهرة

أمريكيّ، أو أوروبيّ، 1884 – 1886م
ساتان بورغندي وخوْخيّ، ومخْمل حريريّ بنّيّ
هبة من السّيّدة ج. راندال كريل الرّابع،
1963م (C.I.63.23.3a, b)

ظهرت الجفجافةُ إلى الوجود خلال سبعينات القرن التاسع عشر الميلادي. وبلغت حجمها الأقصى في حدود سنة 1885م. وكانت في نسختها الأخيرة تمتدّ تقريبا أفقيّا بدءا من تجاويف الصُّلب، وبدت كذلك محشوّة ومُثقَلة بالزّينة إلى حدّ جعلها تحاكي النّمارق التي تزيّن الصّالونات في تلك الحقبة. وكان المغرمون بالمزاح والفذلكة يشبّهونها بمنضدة مزخرفة يمكن أن نضع فوقها طاقم شاي. ولتحمّل ثقل التنّورة، استُخدمت وُسَيْدات لتبطين الأطواق الخفيفة والمرنة المصنوعة بسلك معدنيّ أو بأغصان الأَسَل أو بشاربيْ الحوت. ولتتمكّن المرأة من الجلوس كان يتعيّن زحزحةُ الطّوق أو ثنيُه.

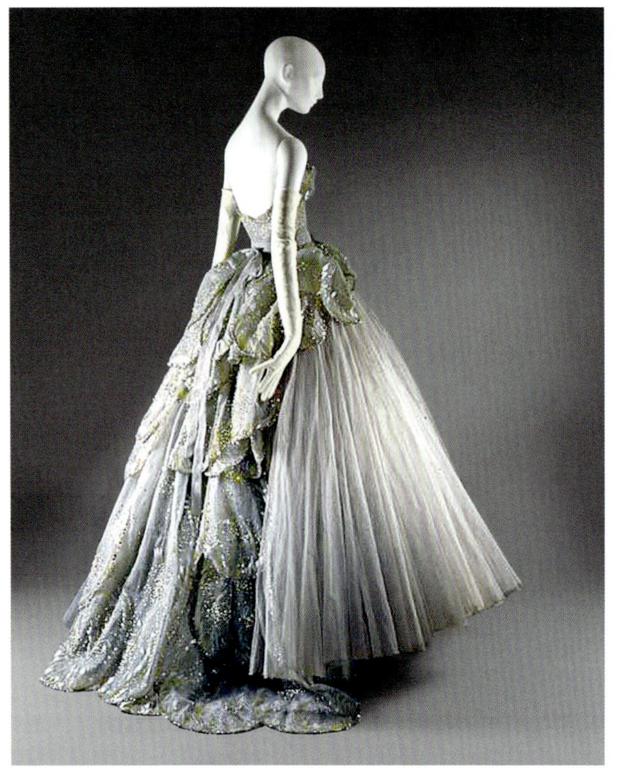

كريستيان ديور

فرنسيّ، 1905 – 1957م

فستان السّهرة « فينوس»

خريف ـ شتاء 1949 – 1950م
تَوْل رماديّ مزركش بتبريقات متلألئة وبأحجار مجلوبة من مدينة ران، ومزركش بمجوهرات مقلّدة وبشذْرات.
هبة من السّيّدة بيرون س. فوي، 1953م (C.I.53.40.7a–e)

يَجْلو فستانُ فينوس هذا اللّونَ الرّماديَّ الأغبرَ السّائدَ في القرن الثامن عشر الميلادي الذي كان كريستيان ديور يميل إليه. ويبدو الصّدار مسلّكا بوفرة وقد زيّنته، هو والتنّورة على شكل الجرس، شذْراتٌ ولآلئ وتبريقاتٌ صدَفيّةٌ تحيل على المحّار والأمواج الموجودان في ولادة فينوس وهي لوحة رسمها بوتيتشلّي سنة 1485م. وإثر الحرب العالميّة الثانية أعاد ديور إدراجَ الخصر النّحيل الذي ميّز مطلع القرن العشرين وهو مظهر يدين في كلّ شيء إلى المخصَّر. وكان يهدف من وراء هذا إلى أن يفتنَ جمهورا يحنّ إلى عهد كان أكثر رشاقة وأناقة. وبالنّسبة إلى ديور، لم يكن يوجد جمال بلا تصنّع. ألم يسبق له أن كتب إنّه يحلم بتحرير النّساء من الطّبيعة؟

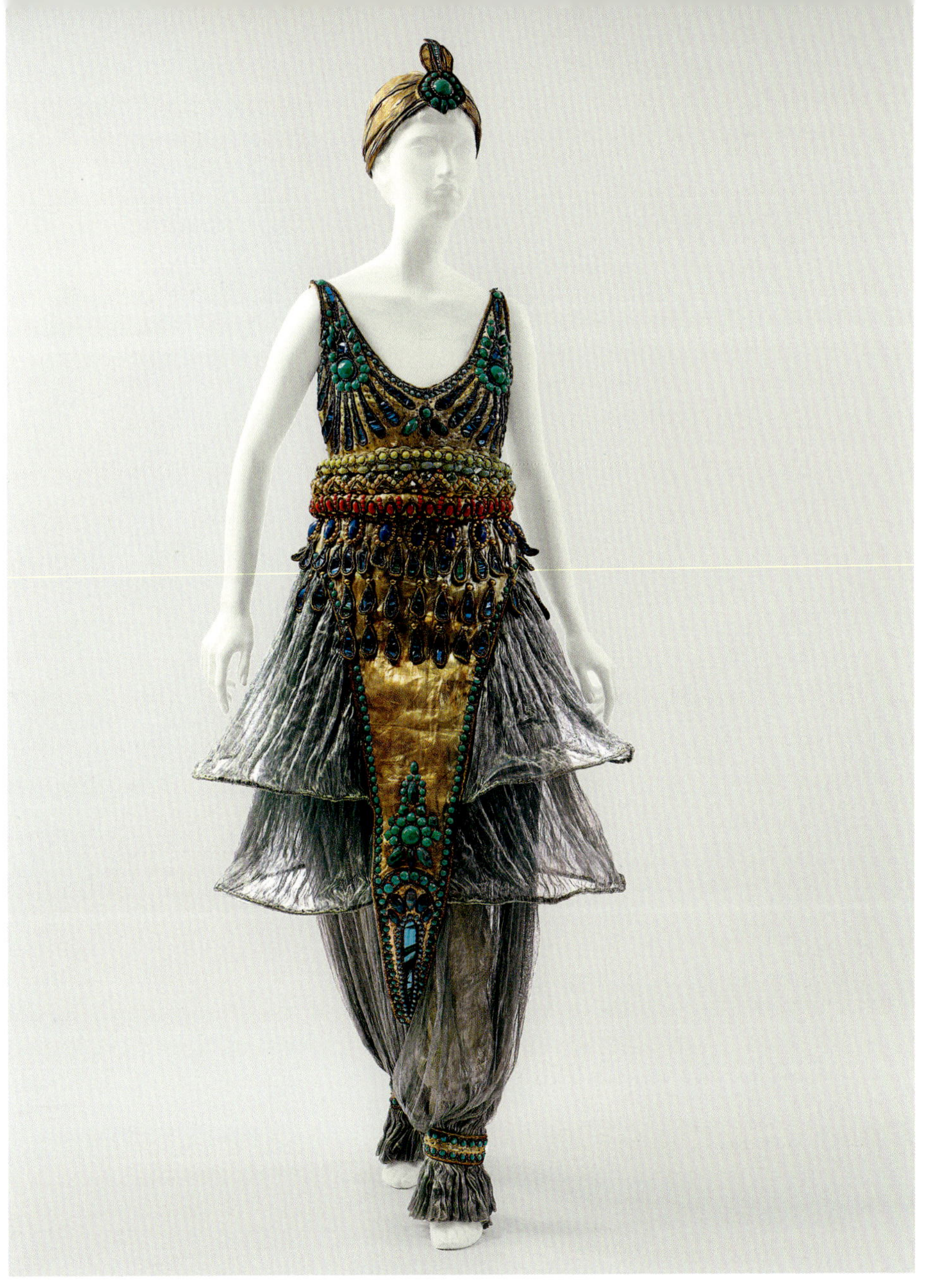

بول بواري
فرنسيّ، 1879 – 1944م

لباس لحفلة تنكّرية، 1911م
ستر شفاف حريريّ أخضر، ونسيج مقصَّب مذهّب، وورق معدنيّ أزرق، وبرّيم من السّلوفان المُلوّلب الأزرق والفضّي، مجوهرات من الخلّيوز زرقاء ووردّية وفضّية ومرجانيّة وفيروزيّة
اقتناء، هبة من رصيد إيرين لويسون، 1983 (1983.8a, b)

في سنة 1910م قدّمت الباليهات الرّوسيّة لسرغي دياغيلاف عرض شهرزداد، وكان ذلك بباريس. ولقد كانت الزخارفُ والملابسُ الغريبة جدًا التي صمّمها ليون باكست في جميع أصقاع أوروبا، وراء الترفيع مرّة أخرى من نسبة الإقبال على اللّون الشّرقيّ. أمّا هذا الزيّ فقد صُمِّم ولُبِسَ بمناسبة تقديم «ألف ليلة وليلتين» تلك الحفلة الأسطوريّة التي نظّمها بواري لعرض إبداعاته الجديدة في جوّ من الأبّهة والبذخ ميّز الحفل الرّاقص الفارسيّ. وسينفي بواري في مذكّراته التي سيكتبها لاحقا كلَّ تأثّر منه في عرضه هذا بإبداعات ليون باكست. بيد أنّ حفله الباذخ الذي جاء بعد سنة من النّجاح المدوّي لعرض شهرزاد لا يمكن أن يكون مجرّد صدفة. فالمبدع أحبّ أن يَغنَم من الشّغف الذي أوقعه الباليه في نفوس الجمهور.

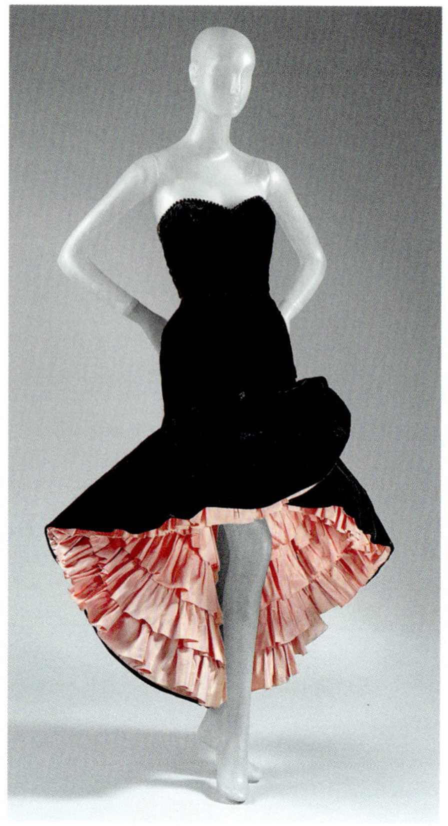

كريستوبال بالنسياغا
إسباني، 1895 – 1972م

فستان للسّهرة، 1951م
مخمل حريريّ أسود وتَفتَة ورديّة
هبة من جينا جيرارديو، 1993م (1993.393.1)

يُعدّ كريستوبال بالنسياغا أحد أهمّ الخيّاطين في القرن العشرين. وكان، وهو البارع على حدّ سواء في خياطة السُّترات والتنانير النّسائيّة وكذلك الفساتين، صاحبَ حسّ مرهف جدًّا بتحديد بنية الجسم وظّفه حتّى في أكثر الفساتين مرونة. وعلى غرار أغلب إبداعاته، فإنّ هذا الفستان يناسب المرأة المفعمة بالإحساس بالثقة قي نفسها. ونجد في الفستان كذلك إيحاء جليّا بأصوله الإسبانيّة. ويظهر هذا الإيحاءُ في الصّدار المضبوط والتنّورة ذات الفوّهة الواسعة الضيّقة من الجهة الأماميّة والطويلة من الخلف. وهذه خصائص كان قد استعارها كريستوبال من فستان الفلامنكو. غير أنّ هذا المبدع نقل موضع دوائر الثوب النّمطيّة المميّزة لذيل الفلامنكو إلى الدّاخل. وبهذا عوّضت هذه الدّوائرُ البطانةَ فكشفت جرأةَ الألوان الورديّة الفاقعة في نفحة من التغنّج.

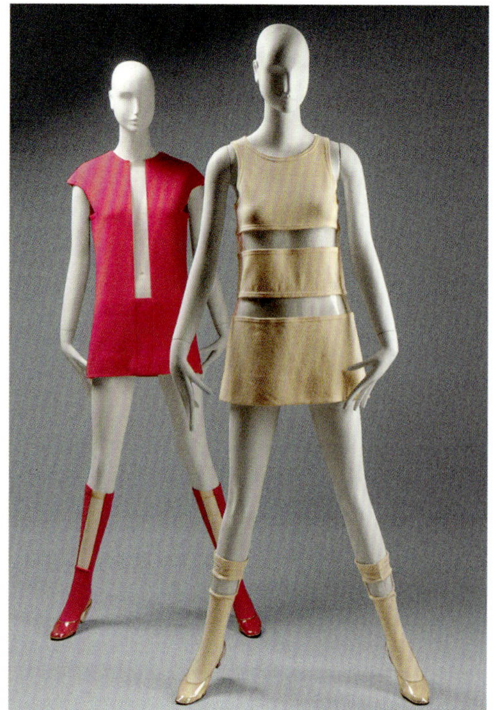

رودي غرنرايخ
أمريكي، ولد بالنمسا، 1922 – 1985م

طواقم، 1967م
جرْسي صوفيّ ورديّ و فينيل شفّاف
جرْسي صوفيّ ذو لون عاجيّ وفينيل شفّاف
هبة من ليون بينغ و أورست ف. بوشيّاني، 1988م (1988.74.2a–e, 1988.74.1a–f)

نأت الموضةُ في ستّينيات القرن العشرين الميلادي عن شكلّيات الأزياء الرّاقية والمحلاّت الباريسيّة الكبرى لتتبنّى اتّجاها شبابيّا. ولقد كان التفصيل الهندسيّ للأزياء عند غرنرايخ الذي كان يستلهم تصاميمه جزئيّا من الطوباويّة التكنولوجيّة، نتيجةً طبيعيّةً للنزعة المستقبليّة الهندسيّة المعماريّة التي يتزعّمها في باريس كلّ من أندريه كورّيج وبيار كاردان وباكو رابان. وتتجلّى الجماليّة التي يقتضيها العصر الفضائيّ في اللّجوء إلى الفينيل الشفّاف والألوان الزّاهية والجزمات.

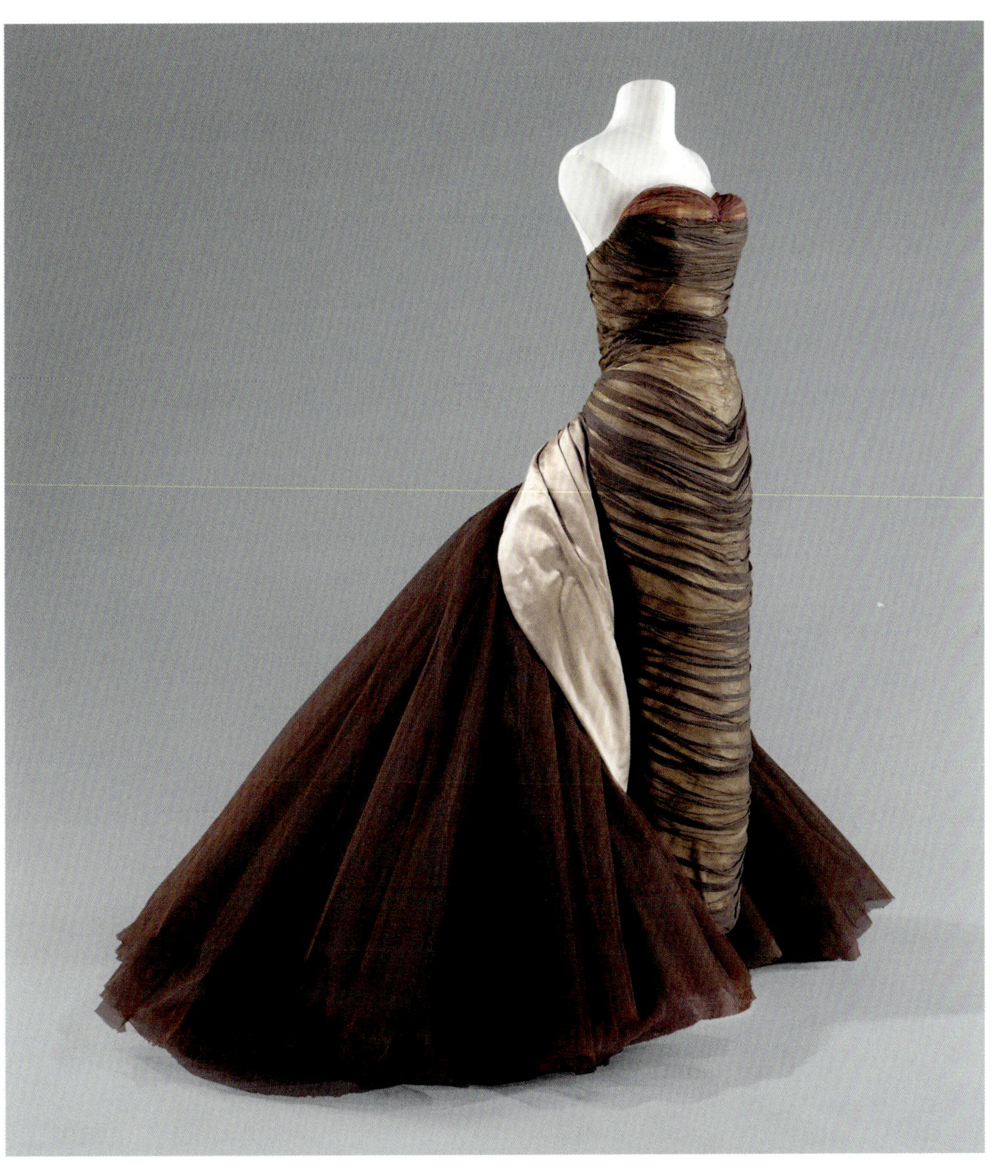

تشارلز جايمز

أمريكي، مولود في بريطانيا العظمى، 1906 – 1978م

فستان سهرة "فراشة"، 1955م

ساتان ونسيج موصليّ حريريّ رماديّ، تول حريريّ بنفسجيّ وبلـون الخزامى والقشدة

مجموعة أهداها متحف بروكلين إلى متحف المتروبوليتان للفنون 2009م؛ هبة من جون دي مينيل، 1957م (2009.300.816)

بدأ تشالز جايمز مسيرته المهنيّة في ثلاثينات القرن العشرين الميلادي. وكان قد عرف خمس عشرة سنة من الإبداع الغزير ابتداء من أواخر الأربعينات. ويُعتبر الأمريكيّ الوحيد الذي احترم التقاليد الحقيقيّة المميّزة للأزياء الرّاقية إذ كان يثني القماش وينجز بيديه كلّ ثوب ابتكره. ويمثّل هذا الفستان رؤيته الخاصّة للجفجافة الضيّقة التي سادت في ثمانينات القرن التاسع عشر الميلادي. ويبرز الثوبُ الضيّقُ الكاشفُ مظاهر الأنوثة في جسد المرأة. وقد حيكت التنّورة ذات الجفجافة باستعمال كميّة كبيرة من التّول الحريريّ، وصُمّمت لتَدورَ بشكل لولبيّ في حركات مغرية. ولخياطة هذا الفستان استعمل اثنين وعشرين مترا من التّول، أمّا وزنه فقد بلغ ثمانية كيلوغرامات.

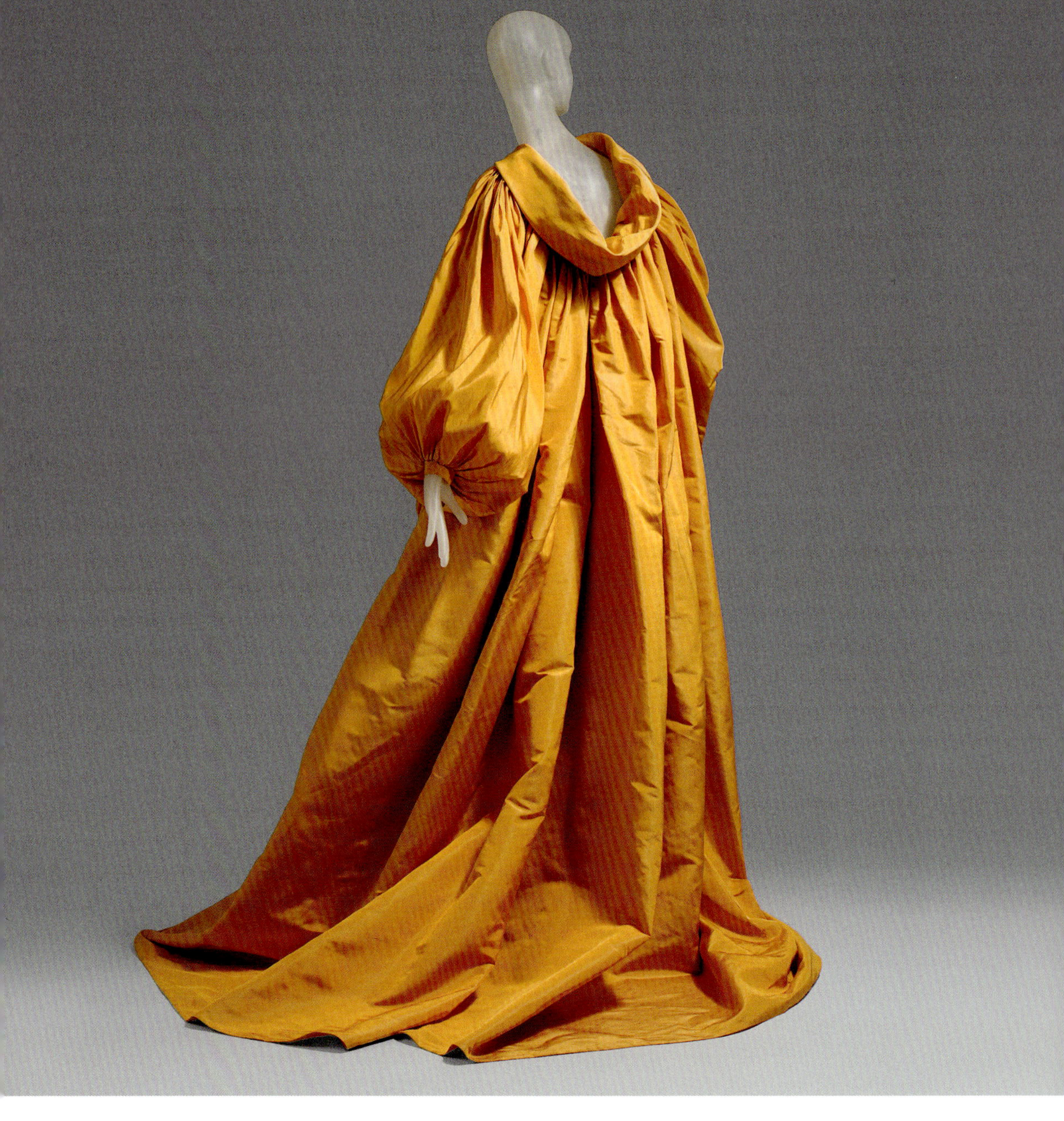

إيف سان لوران

فرنسيّ من مواليد الجزائر، 1936 – 2008م

طاقم المساء، خريف – شتاء 1983 – 1984م

حرير مبرَّد أصفر، و مخمل حريريّ أسود

هبة من توماس ل. كامبنر، 2006م (2006.420.51a, b)

هذا المعطف، وهو يُلبس فوق فستان أسود أنيق أناقة رصينة، هو من الإبداعات المدهشة لمجموعة الخريف – الشّتاء سنتي 1983 – 1984م التي صمّمها إيف سان لوران. ويحيل هذا المعطف إحالة مباشرة واضحة على المعاطف ذات الحجم الكبير التي كانت تُرتدى في المساء زمن العصر الذّهبي للأزياء الرّاقية إثر الحرب العالميّة الثّانية. وقد فصّل إيف سان لوران هذا الطاقم من الحرير المبرّد الثقيل وجمَع فيه بين الرومنسيّة المترفة العزيزة على كريستيان ديور والجمال الجديد بالنّحت الذي صنع شهرة كريستوبال بالنسياغا. وبفضل الرقبة المحرَّدَة التي تنتهي برباطات أماميّة، فإنّه يتسنّى لهذا المعطف أن يحصر الرّقبة أو يحرّر الكتفين وأعلى الظّهر. وهذا ما تُفضّله صاحبة المعطف نان كمبنر التي حصدت العديد من الجوائز العالميّة التي تُسندُ للأنيقات.

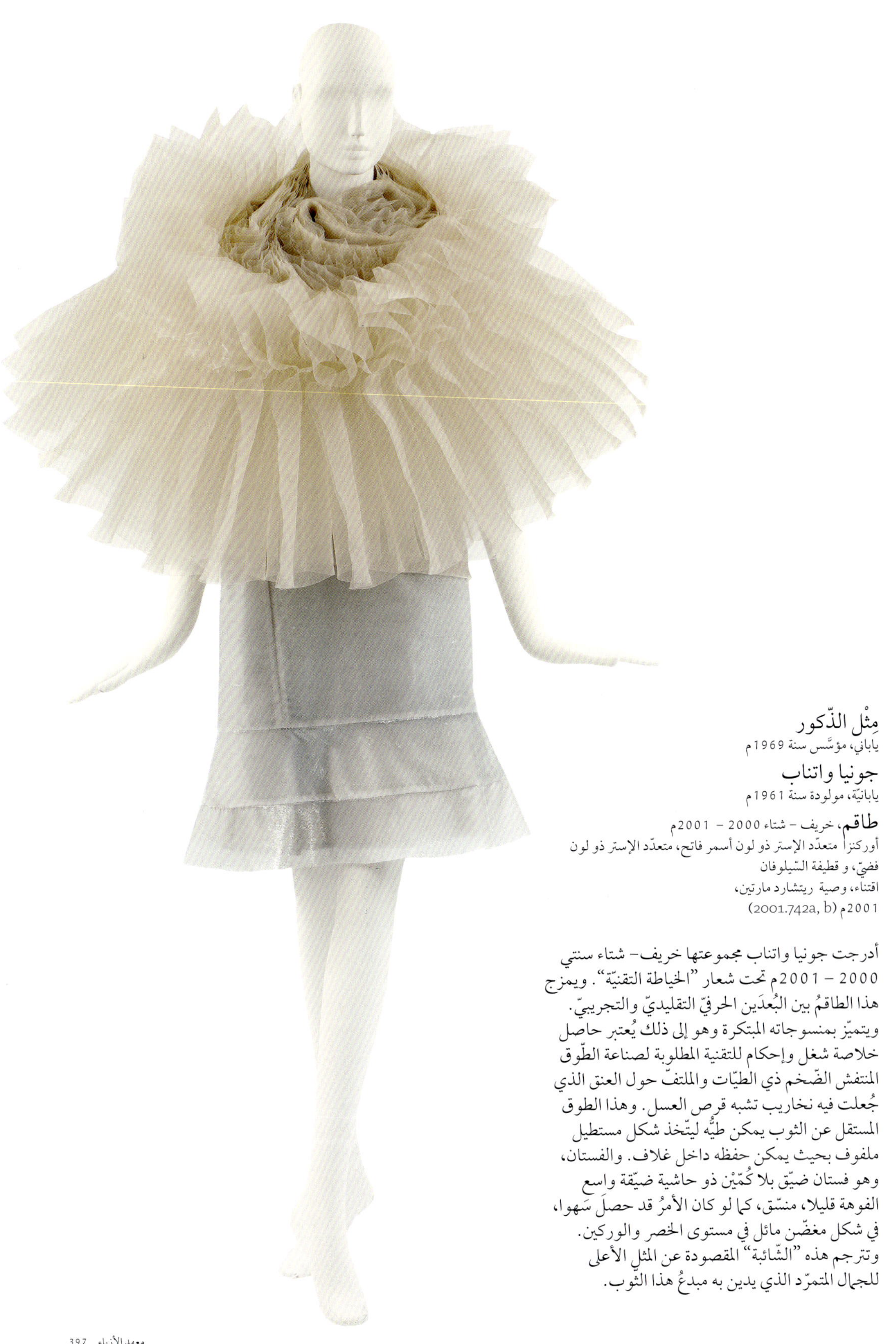

مِثْل الذّكور
ياباني، مؤسَّس سنة 1969م
جونيا واتناب
يابانيّة، مولودة سنة 1961م
طاقم، خريف – شتاء 2000 – 2001م
أوركنزا متعدّد الإستر ذو لون أسمر فاتح، متعدّد الإستر ذو لون فضيّ، و قطيفة السّيلوفان
اقتناء، وصية ريتشارد مارتين، 2001م (2001.742a, b)

أدرجت جونيا واتناب مجموعتها خريف– شتاء سنتي 2000 – 2001م تحت شعار "الخياطة التقنيّة". ويمزج هذا الطاقمُ بين البُعدَين الحرفيّ التقليديّ والتجريبيّ. ويتميّز بمنسوجاته المبتكرة وهو إلى ذلك يُعتبر حاصل خلاصة شغل وإحكام للتقنية المطلوبة لصناعة الطّوق المنتفش الضّخم ذي الطيّات والملتفّ حول العنق الذي جُعلت فيه نخاريب تشبه قرص العسل. وهذا الطوق المستقل عن الثوب يمكن طيُّه ليتّخذ شكل مستطيل ملفوف بحيث يمكن حفظه داخل غلاف. والفستان، وهو فستان ضيّق بلا كُمّيْن ذو حاشية ضيّقة واسع الفوهة قليلا، منسّق، كما لو كان الأمرُ قد حصلَ سَهوا، في شكل مغضّن مائل في مستوى الخصر والوركين. وتترجم هذه "الشّائبة" المقصودة عن المثل الأعلى للجمال المتمرّد الذي يدين به مبدعُ هذا الثّوب.

الفنّ الحديث والمعاصر

منذ إنشائه، قرّر متحف المتروبوليتان أن يقتني أعمال الأحياء من الفنّانين وعرضها. ويعدّ رصيد المتحف اليوم، من الفنّ الحديث والمعاصر أكثر من اثني عشر ألف عمل تمثّل جميع التقنيات، وأضحى بعضُها أعمالا مرجعيّة صنعها فنّانون ذائعو الصيت مثل بلتوس وبراك وماتيس وميرو وموديغلياني وبيكاسو. ويفخر هذا القسم من المتحف، علاوة على ذلك، باشتماله على أعمال حلقة المحدثين الأمريكيّين الأوائل الذين كانوا يدورون في فلك ألفريد ستيغليتز من قبيل دوف وهارتلي أو كيفي ومارتن إضافة إلى اللّوحات كبيرة الحجم التي أنجزها الانطباعيّون التجريديّون مثل كونينغ وبولوك وروثكو. وممّا تضمّه مجموعة التصميم الحديث نجد إبداعات جوزيف هوفمان وأعضاء وينر وركستات كما نجد حليّ الفنّ الجديد لروني لاليك. وقد اقتنى المتحف في السنوات الأخيرة مجموعات مهمّة من بينها مجموعة جاك وناتاشا جلمان التي تضمّ روائع من القرن العشرين الميلادي ومجموعة موريال كاليس شتانبارغ نيومن التي تلفت النظر بما فيها من لوحات تعود إلى فترة ما بعد الحرب. ونجد أيضا لوحات مفردة مشهورة مثل العلم الأبيض ليسبر جونز ولوكاس لشاك كلوز.

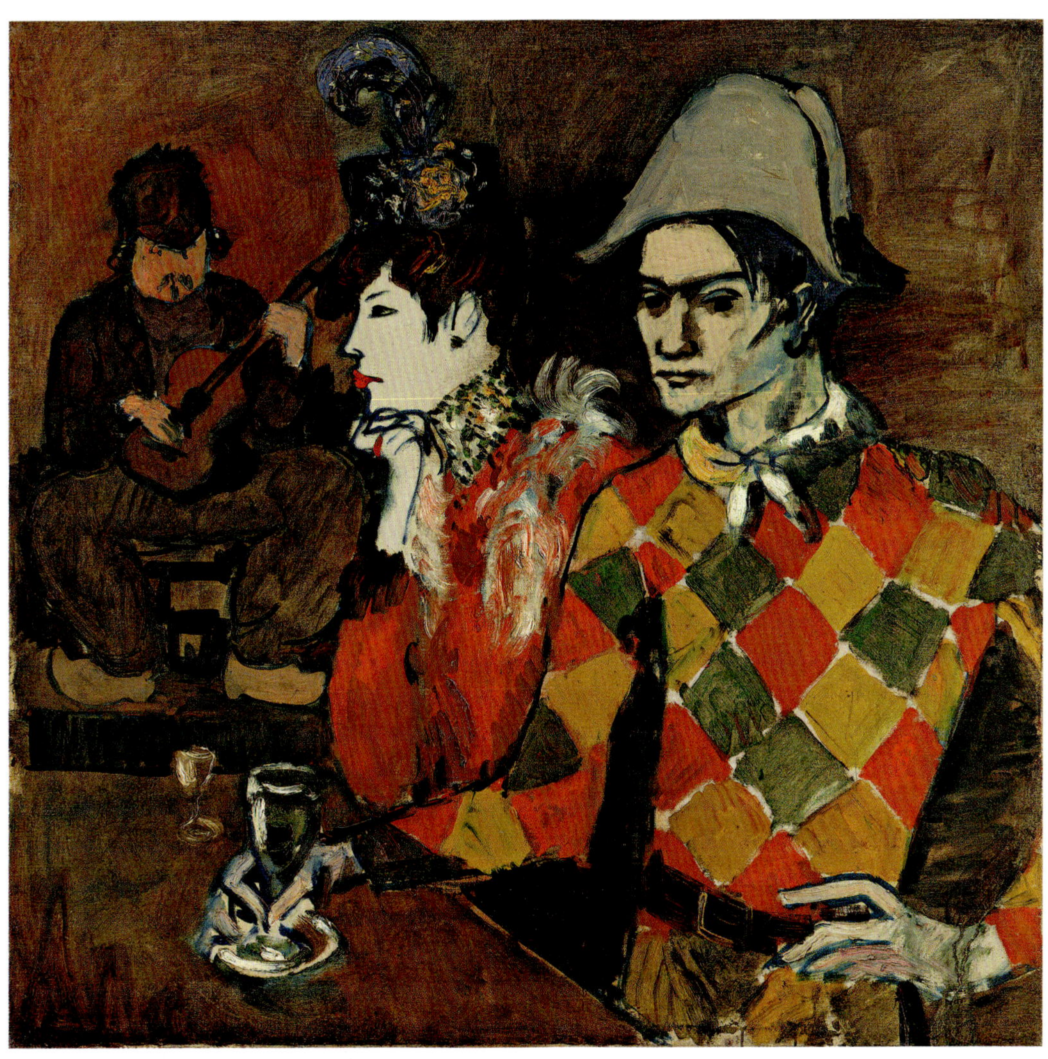

بابلو بيكاسو
إسباني، 1881 – 1973م

في الأرنب الرشيق، 1905م
زيت على قماش؛ 99،1 × 100،3 سم
مجموعة ولتر هـ. وليونور آننبيرغ، هبة ولتر هـ. وليونور آننبيرغ، 1992م، هبة ولتر هـ. آننبيرغ، 2002 (1992.391)

اقتبس بيكاسو في هذا الرسم التزيينيّ الشهير عن الحياة البوهيميّة في باريس من معلّقات هنري دي تولوز – لوتراك المنتشرة. وقد كان معبوده في شبابه. ورسمَ اللّوحةَ لتزيين ملهى مونمارتر الذي تُجسّدُه. وهي العمل الوحيد من أعمال بيكاسو الذي عُرض بصفة مسترسلة من سنة 1905 إلى سنة 1912م. ويظهر فيها متنكّرا في صورة مهرّج. ولعلّ اللّوحة تتضمّن أوّل الشبيهين به الّذين رسمهم في حياته. أمّا المرأة على يمينه فهي جرمين (لور غرغلو) وأمّا الرجل خلفهما فهو فريديريك جيرار المسمّى الأب فريدي مالك ملهى الأرنب الرشيق.

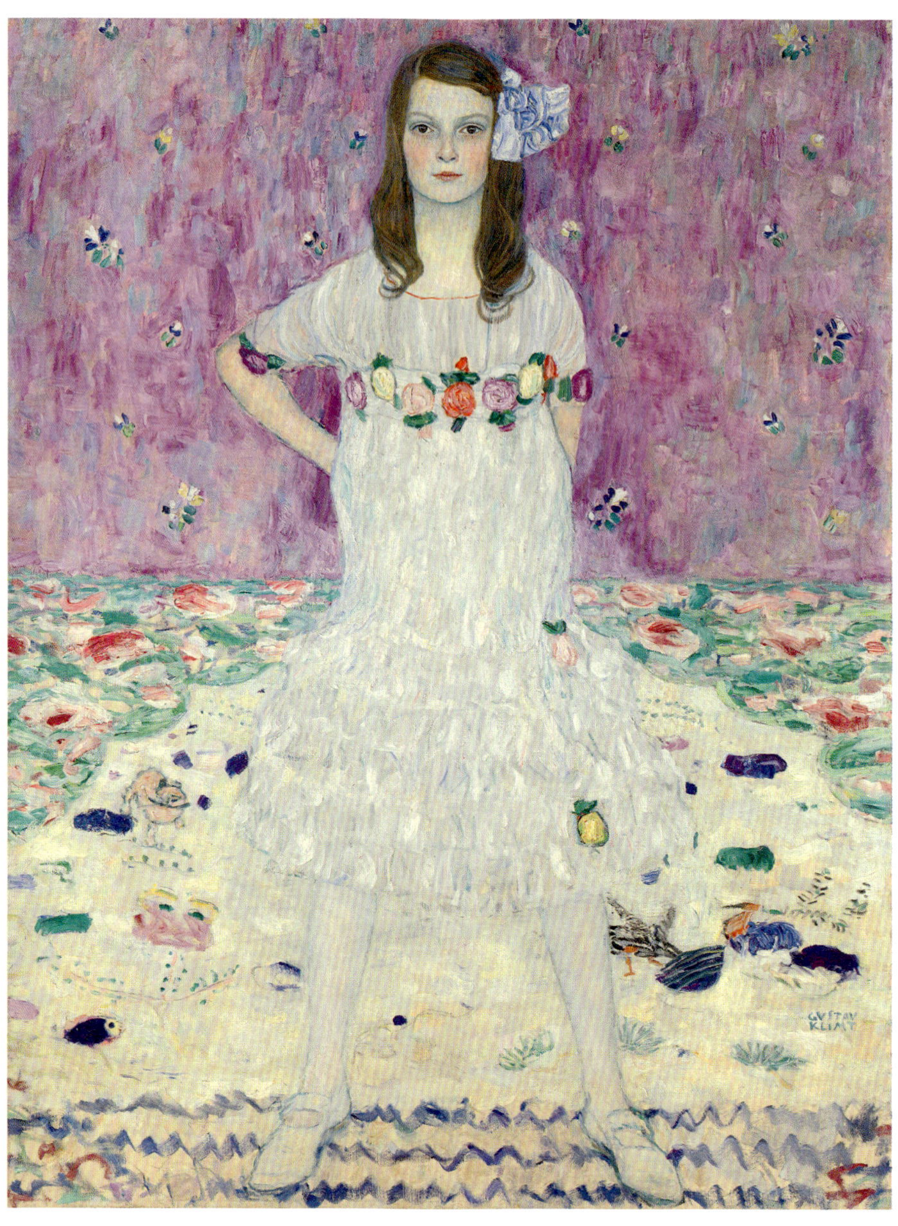

غوستاف كليمت

نمساويّ، 1862 – 1918م

مادا بريمافيسي (1903 – 2000م)، 1912م

زيت على قماش؛ 149.9 × 110.5 سم

هبة من أندري وكلارا مارتنز لذكرى أمّ كلارا: جاني بوليتزر شتاينر، 1964م (64.148)

سنة 1912م، طلب أوتو بريمافيسي، وهو مصرفيّ وصناعيّ وممّول وينر وركستات، هذا الرسم الشخصيّ لابنته مادا. وكان جلسات الرسم تجري في مَرسَم كليمت بفيينا حيث أنجز الفنانُ كذلك، سنة 1914م، رسما شخصيّا لوالدة مادا الممثّلة أوجينيا بريمافيسي (ولدت بوتشاك). وعمد كليمت إلى وضع عدّة تخطيطات بالقلم لدراسة مختلف الوضعيّات قبل أن يختار هذه الوضعيّة، وضعيّة الوقوف والوجه، بما تتميّز به من إبراز لحيويّة الصبيّة التي تبلغ التاسعة من العمر.

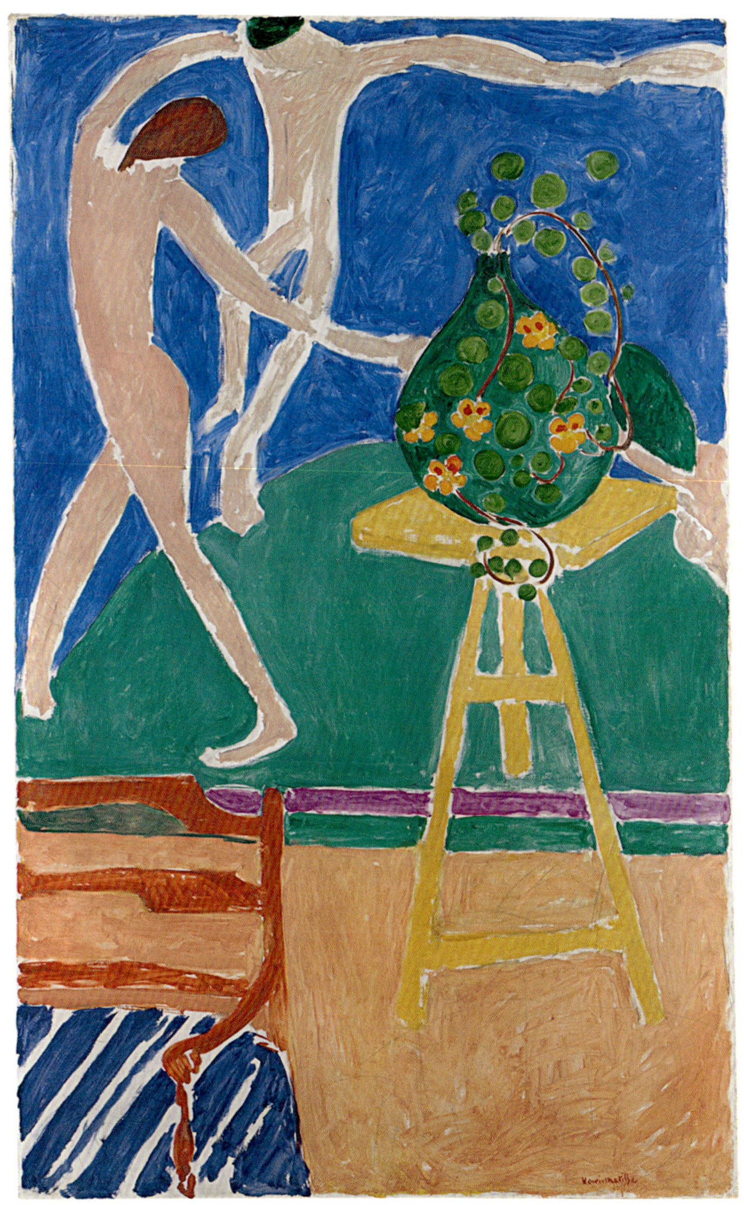

هنري ماتيس

فرنسيّ، 1869 – 1954م

أبو خنجر مع لوحة رقص I، 1912م

زيت على قماش؛ 191.8 × 115.3 سم

وصيّة سكوفيلد ثاير، 1982 (1984.433.16)

رسم ماتيس هذا المنظر من مَرسَمه في إيسي – لي – مولينو جنوب شرقيّ باريس، سنة 1912م، بعد إقامة مطوّلة بالمغرب. ونشاهد على اليسار كرسيًّا خشبيًّا بذراعين مبتورا، وعلى اليمين حاملا ثلاثيّ القوائم فوقه إناء مملوء بنبات أبي خنجر. وتغطّي الخلفيّة كلّها لوحة رقص I وهي استعادة للوحة كبيرة الحجم رسمها ماتيس سنة 1909م، ذكرها في العنوان، توجد اليوم في متحف الفنّ المعاصر بنيويورك. وقد رسم ماتيس صيغتَين من هذا الموضوع بالحجم نفسه: هذه الصيغة التي هي ضرب من التخطيط المضاء وأخرى بتلوين كثيف (توجد حاليًّا في متحف الفنون التشكيليّة بوشكين بموسكو) يستعيد في خلفيّتها لوحة رقص II التي رسمها بين سنتي 1909 – 1910م وهي محفوظة في متحف هيرميتاج بسان بيترسبورغ.

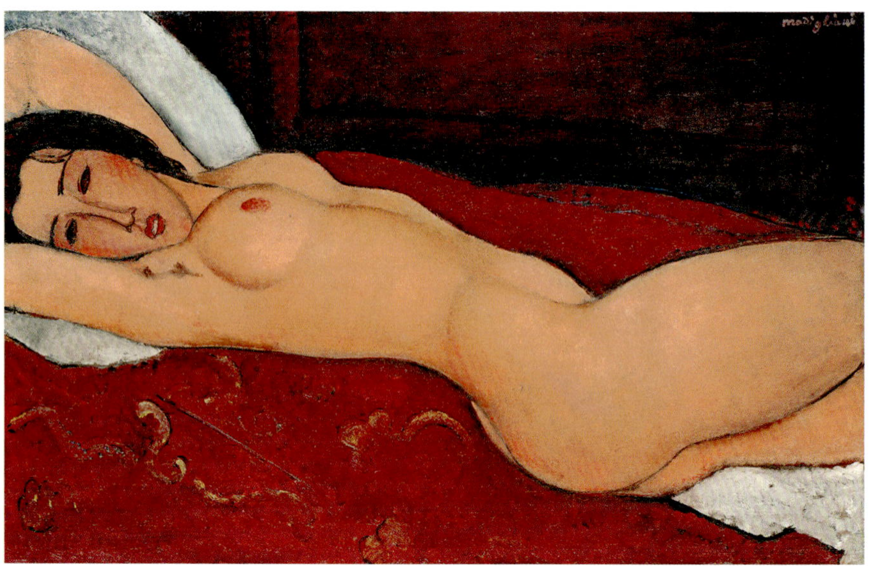

أميديو موديغلياني

إيطالي، 1884 – 1920م

العارية المضطجعة، 1917م

زيت على قماش؛ 60.6 × 92.7 سم

مجموعة السيّد والسيّدة كلوس غ. بورلس، 1997م
(1997.149.9)

لم يشرع موديغلياني في سلسلة رسومه للعاريات إلاّ سنة 1917م. وهؤلاء النساء يُشاهَدن في لقطات عن قرب وعادة من فوق قليلا. وتستغرق أجسادهنّ الرشيقة عرضَ اللّوحة. وتزيد المفروشاتُ ذاتُ الألوان الداكنة بشرتَهنَّ إشراقا. وتوضع أرجلهنّ وأياديهنّ دائما خارج إطار اللّوحة. وبعضهنّ نائمات ولكنّ جلّهنّ، مثل المرأة التي في هذه اللّوحة، ينظرن إلى المُشاهِد. وبمثل هذه الأعمال ينخرط الفنّان في تقليد فينوس العارية، وهو تقليد يعود إلى عصر النهضة وامتدّ طوال القرن التاسع عشر الميلادي.

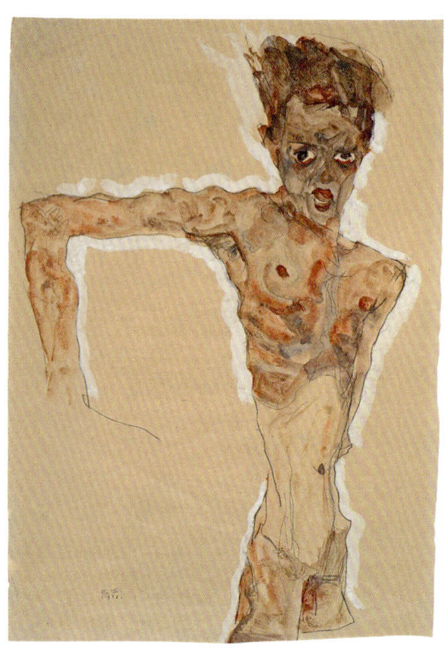

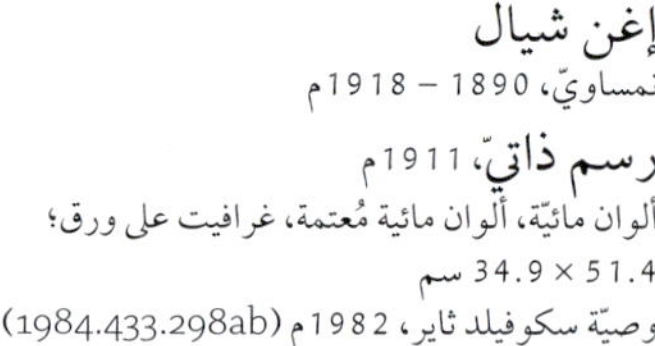

إغن شيال

نمساويّ، 1890 – 1918م

رسم ذاتيّ، 1911م

ألوان مائيّة، ألوان مائية مُعتمة، غرافيت على ورق؛
51.4 × 34.9 سم

وصيّة سكوفيلد ثاير، 1982م (1984.433.298ab)

وافت المنيّة إغن شيال وهو في الثامنة والعشرين إثر نزلة برد قضت على حياةٍ مهنيّةٍ قصيرة لكنّها ثريّة خصبة على نحو خارق للمألوف. فقد أنجز بضعة آلاف من الأعمال على الورق وأكثر من ثلاثمئة لوحة. ومثّل الجسد الإنسانيّ موضوعَه الأساسيّ فصوّره تصويرا بليغا. وجاءت رسومه الذاتيّة العديدة بين سنتي 1910 و1919م ضروبا من الاستكشاف لتدهور حالته النفسيّة. وفي هذا الرسم الذاتيّ الذي يعود إلى سنة 1911م صوّر شيال نفسه بشعره الأشعث ونظرة المجنون في عينيه في هيئة تذكّر بالمسيح المصلوب.

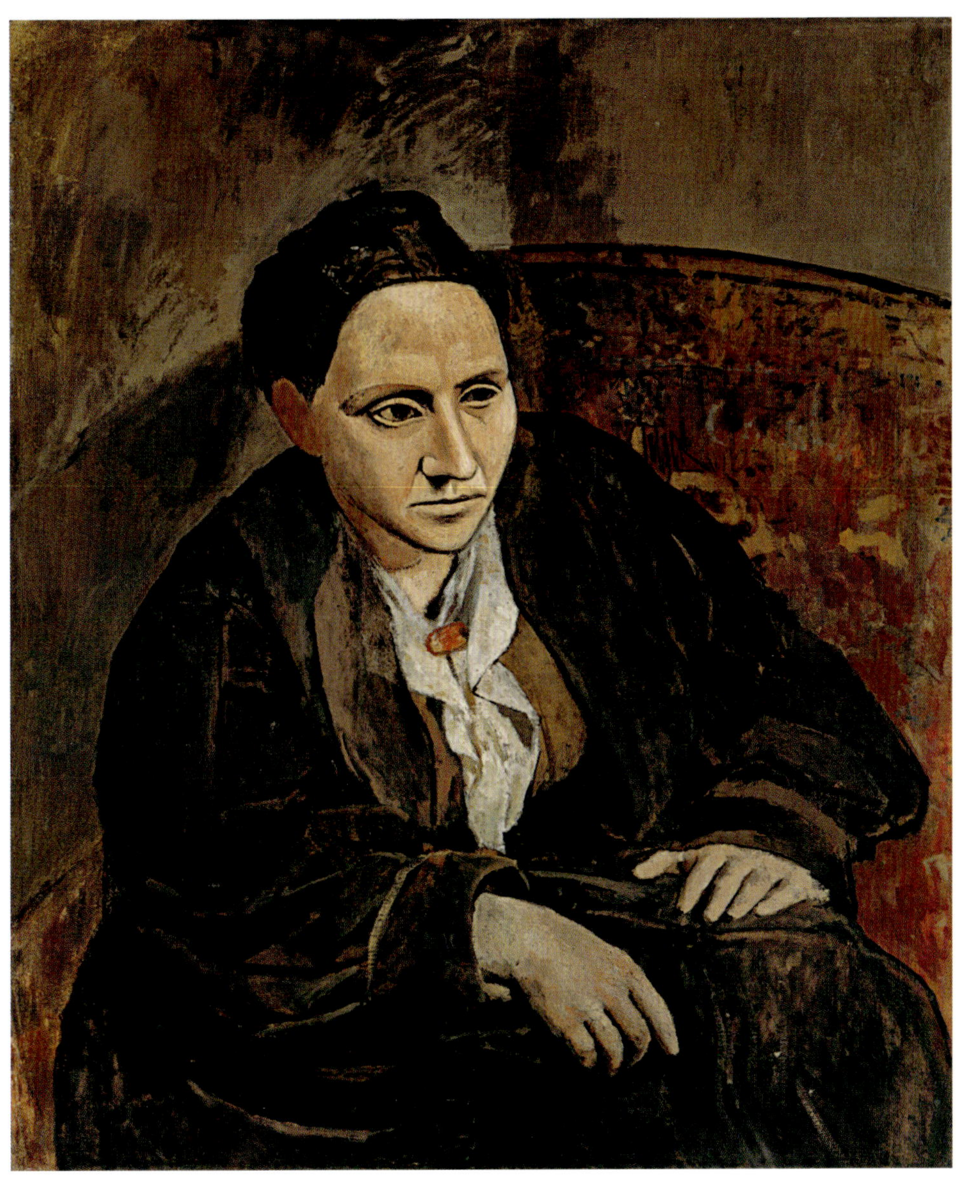

بابلو بيكاسو
إسباني، 1881 – 1973م

غرترود شتاين، 1905 – 1906م
زيت على قماش؛ 100 × 81.3 سم
وصيّة غرترود شتاين، 1946م (47.106)

إعجابا منه بتوقّد فكرها ونزعتها الطلائعيّة، عرض بيكاسو على غرترود شتاين أن يضع لها رسمًا شخصيًّا. وقد غطّى جسد الكاتبة الأمريكيّة الضخم بقطيفة مضلّعة حمراء داكنة. وفي خريف سنة 1905م، بدأت جلسات الرسم العديدة التي بلغت حسب شتاين التسعين جلسة وهو ما يبدو مبالغا فيه نظرا إلى السرعة التي كان يشتغل بها بيكاسو عادة. وفي الربيع الموالي أعاد بيكاسو، تعبيرا منه عن عدم رضاه، طلاء الوجه. وعند عودته إلى باريس في الخريف، ثبّت قسمات الشخصيّة بقناع تجسيدا للأسلوب الجديد الذي تفتّق عليه ذهنه خلال إقامته الصيفيّة في غوزول بإسبانيا. وقد أضاف بجرأة وشجاعة رأسا تكعيبيًّا أوّليًّا على جسد نمطيّ يعود إلى فترته الورديّة مبدعا بذلك هذه الصورة الشهيرة بفرادتها ورمزيّتها.

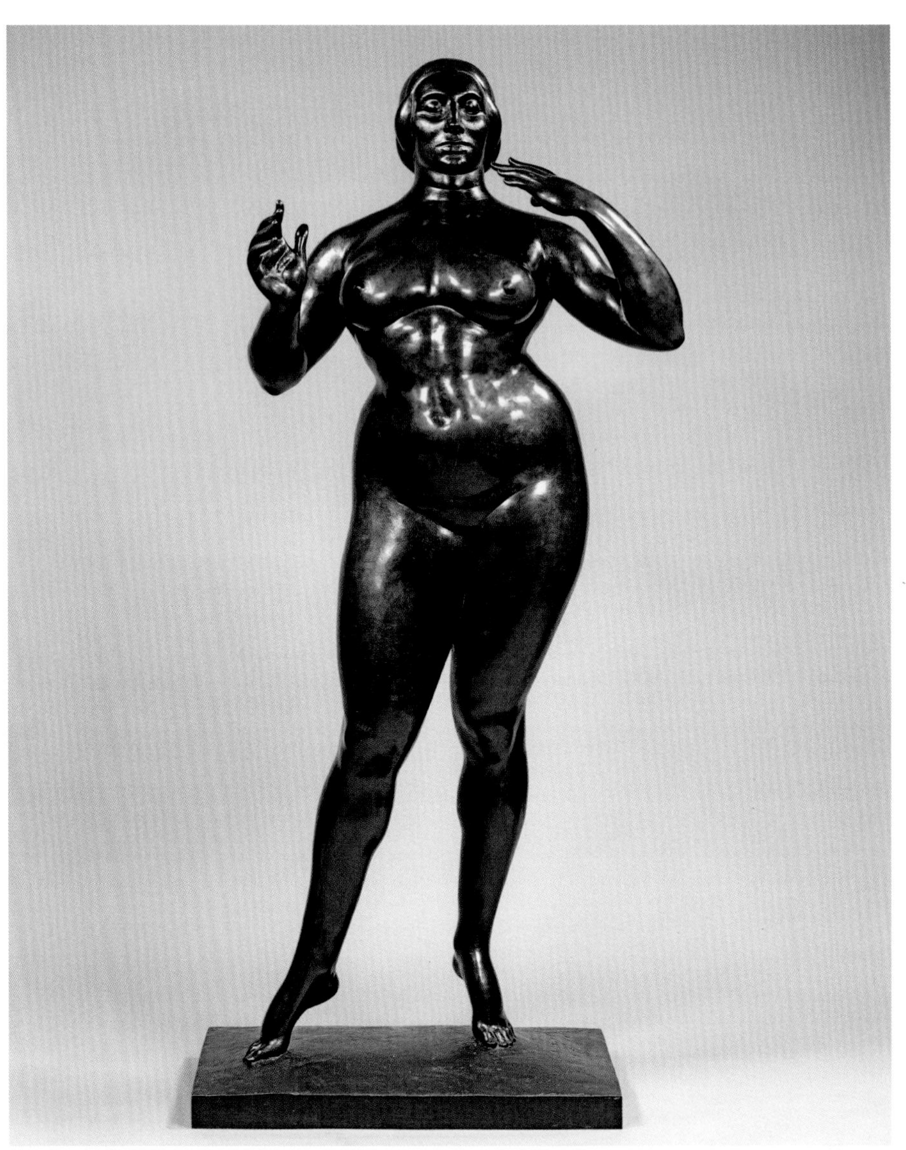

غاستون لاشيز

أمريكيّ، ولد بفرنسا، 1882 – 1935م

امرأة واقفة، 1912 – 1915م؛ صُبّ: 1930م
برونز؛ 187.6× 81.3 × 45.1 سم
وصيّة سكوفيلد ثاير، 1982م (1984.433.34)

لعلّ غاستون لاشيز قد اقتبس جسد هذه المرأة الواقفة من الأمريكيّة إيزابيل دوتو ناغل، ملهمته طيلة حياته التي تزوّجها سنة 1917م. وقد بدأ الفنّان حياته المهنيّة بباريس في أوائل القرن العشرين. وفي سنة 1906م، تبع إيزابيل إلى الولايات المتّحدة للاستقرار فيها إلى أن وافته المنيّة بعد أن أصبح من أشهر نحّاتي جسم الإنسان في البلاد. وقد كانت امرأة واقفة أوّل منحوتة من منحوتاته بحجم طبيعيّ. وإنّ الصدرَ المدوّر والظهرَ الصقيل والعجيزتَين المستويتَين والنّهدَين العريضَين السخيَّين واليدَين الصغيرتَين والساقَين الرشيقتَين والقدمَين اللّطيفَين ليمثّل جميعُها عنده نمط المرأة المثاليّ.

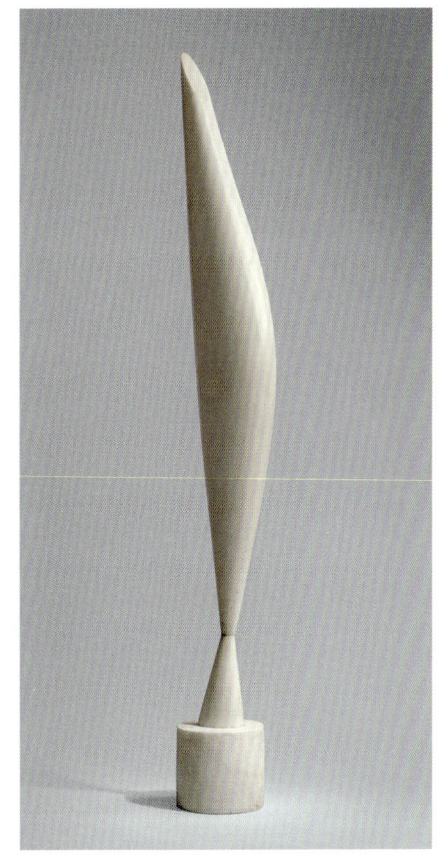

قسطنطين برانكوزي
فرنسيّ، ولد برومانيا، 1876 – 1957م

طائر في الفضاء، 1923م
رخام؛ ارتفاع. 144 سم (مع قاعدة)
وصيّة فلورين م. شونبورن، 1995م (1996.403.7ab)

شغل موضوعُ الطائر عقل برانكوزي طيلة حياته. وهنا، أراد النحّات التركيز على فكرة الطيران أكثر من التركيز على مظهر الطائر. فحذف الجناحين وبقيّة السّمات الأخرى ومدّد الجسم واختزل الرأس والمنقار في مساحة مائلة بيضويّة. وهذا العمل هو أوّل ما أنجز من سلسلة تفرّغ لها برانكوزي طيلة عشرين عاما إلى حدود أربعينات القرن العشرين. وقد نحت على منوالها سبعَ صيغٍ من الرخام وتسعَ صيغٍ من البرونز.

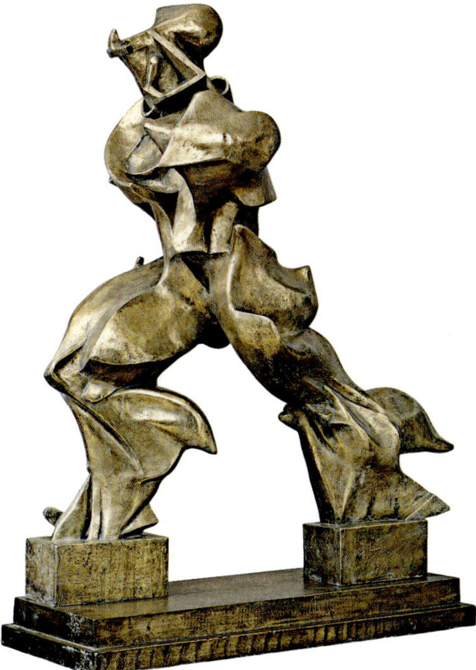

أمبرتو بوكيوني
إيطاليّ، 1882 – 1916م

أشكال فريدة من الاسترسال
في الفضاء، 1913م ؛ صُبّ: 1949م
برونز؛ 121.9 × 91.4 سم
وصيّة ليدي ونستون مالبين، 1989م (1990.38.3)

كان بوكيوني من ممثّلي النزعة المستقبليّة الإيطاليّة. وهي حركة تمجّد التعبير التجريديّ عن السرعة والحركة وديناميكيّة الأشكال. وقد كان متعدّد المواهب اشتغل بالرسم والفنّ التشكيليّ والنحت علاوة على أنّه مؤلّف بيانات عديدة أصدرها المستقبليّون. وفي أوج مساره الفنّيّ اهتمّ في النحت بصور الذكور من ذوي العضلات المفتولة والحيويّين وهم يندفعون في الفضاء بسرعة قصوى فيبرز تلك القوّة الحيويّة من خلال تشوّهات كبيرة بيّنة. ويُعدّ هذا العمل أكثر تجاريبه في النحت توفيقا. وتوجد منها صيغٌ خمس إحداها من الجصّ أنجزها أيضا سنة 1913م. وقد تابع صبّ هذه الصيغة من البرونز المستقبليُّ فيليبو طوماسو مارينيتّي الذي احتفظ بها في مجموعته قبل أن تُباع إلى المانحة.

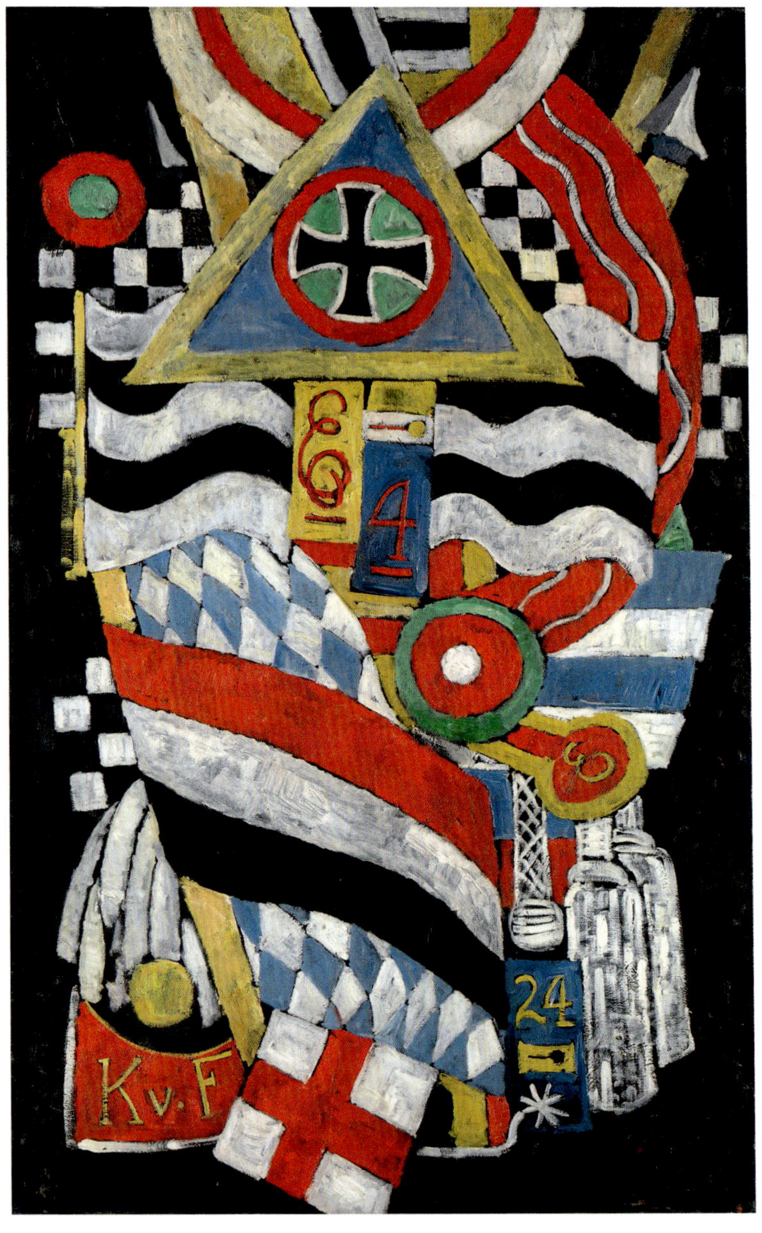

مارسدن هارتلي

أمريكيّ، 1877 – 1943م

رسم شخصيّ لضابط ألمانيّ، 1914م

زيت على قماش؛ 173.4 × 105.1 سم
مجموعة ألفريد ستيغلتز، 1949م (49.70.42)

رسم مارسدن هارتلي في برلين، خلال الحرب العالميّة الأولى، أكثر لوحاته التجريديّة اكتمالا. وهذه اللّوحة، وهي من سلسلة بعنوان مفردات الحرب، تعبّر عمّا يكنّه من إعجاب بمواكب الجيش الألمانيّ وعن الحزن الذي ألمّ به لوفاة صديقه الحميم كارل فون فرايبورغ الضابط الشابّ في جيش الخيّالة. وقد صنع هذا الرسم الشخصيّ من علامات ورموز ومفردات وألوان تحيل على حياة الشخصيّة وخدمتها العسكريّة: إذ نجد الحروف الأولى من الاسم (KvF) والسنّ (24) والفوج («E» لسكة الحديد في بافاريا) والصليب الحديديّ الذي أسند إليه وعلم بافاريا (أزرق وأبيض).

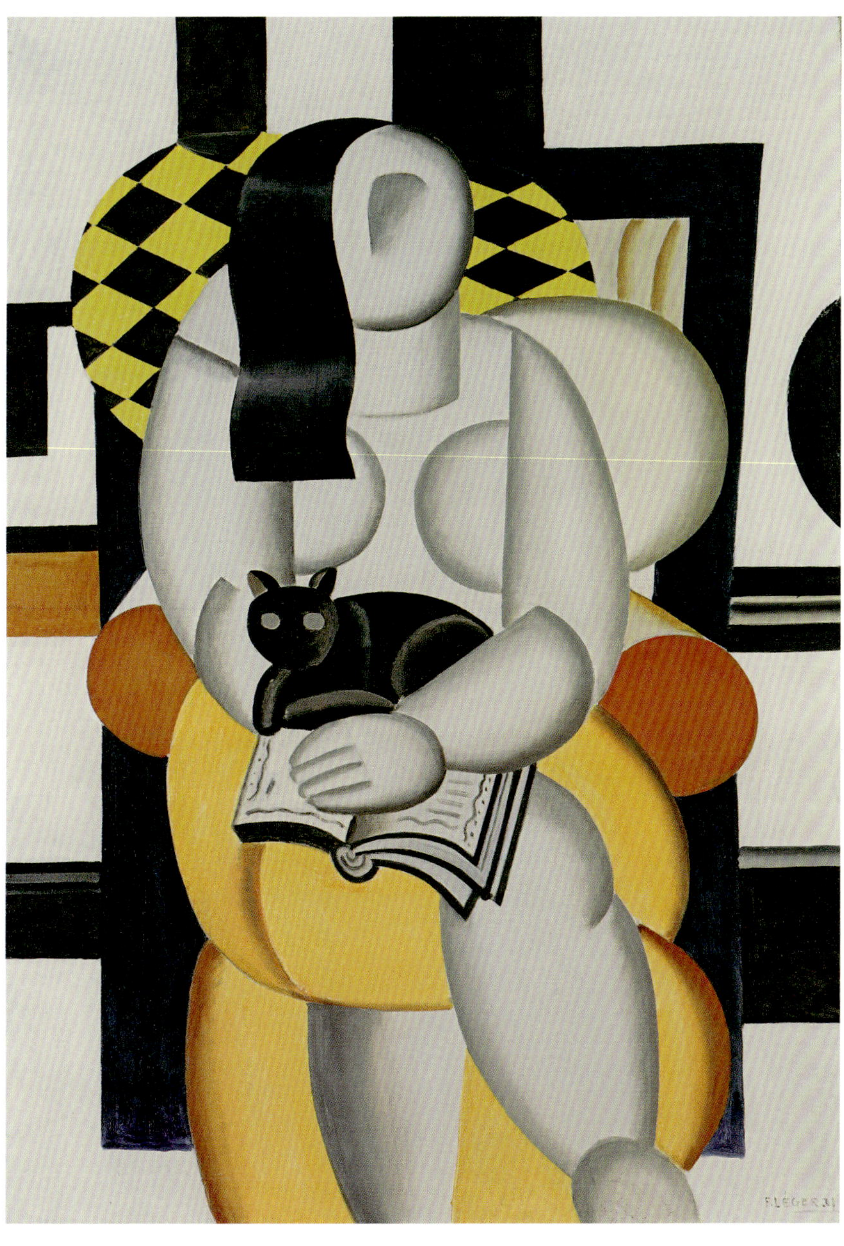

فرنان ليجي
فرنسيّ، 1881 – 1955م
امرأة مع قطّ، 1921م
زيت على قماش؛ 130.5 × 89.5 سم
هبة من فلورين م. شونبورن، 1994م (1994.486)

يتكوّن جسم هذه المرأة البدينة، وقد رسم بشكلٍ زخرفيّ، من كرات ومخاريط وإسطوانات. وتجمع اللّوحة، إلى البساطة الشديدة في التأليف، ألوانًا تقتصر على الأحمر والأصفر والأسود والأبيض. وتنتمي هذه اللّوحة إلى مجموعة من الأعمال صوّر فيها ليجي شخصيّات نسائيّة ضخمة، بعضهنّ يقرأ وبعضهنّ الآخر يشرب الشاي، وهي تكشف على نحو واف أسلوب مرحلة الفنّان الفنيّة التي تسمّى «ميكانيكيّة» بين سنتي 1918 و 1923م والتي تميّزت بهذه الوجوه الكبيرة.

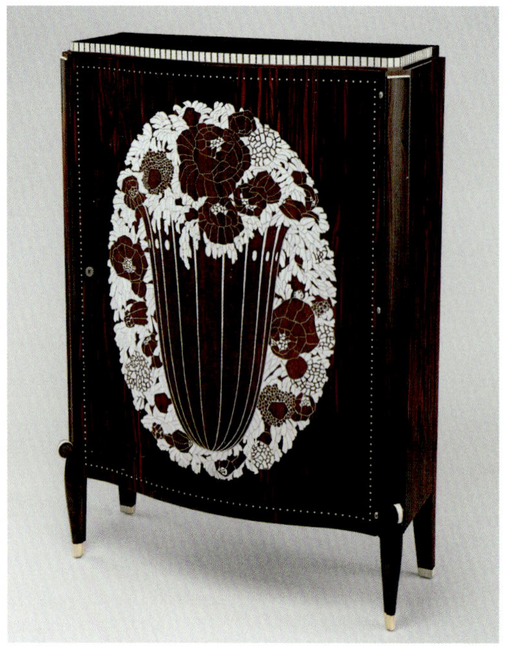

إيميل - جاك رولمان

فرنسيّ، 1879 – 1933م

خزانة نفائس «دولة»، 1926م

أبنوس ماكاسار، قطيفة، عاج؛

127.6 × 35.6 سم

اقتناء، هبة من إدوارد س. مور الابن، 1925م (25.231.1)

كان رولمان في عصره أشهر مبدعي فنّ التزويق بفرنسا. فقد كان أثاثه، بفضل ما يتميّز به من ظرف جماليّ وموادّ رفيعة وتقنيات في التشكيل لا تشوبها شائبة، ينافس في الأناقة والبراعة أكثر أثاث القرن الثامن عشر الميلادي الذي استلهم منه أشكاله وتزويقاته. وفي سنة 1925م، طلب متحف الميتروبولتان منه خزانة النفائس هذه. وهي تنويع على خزانة أولى اقتنتها دولة فرنسا ومن ذلك جاءت تسميتها بـ«دولة». وعرف رولمان باستنساخه أحيانا، بعض ما يصنع من النماذج فيغيّر بعض التفاصيل على حسب ما يرغب فيه الزبون. وتمثّل قشرةُ الزينة المصنوعة من الخشب والعاج رائعةً من الروائع بما فيها من تعقيد يجعلها أشبه باللّغز.

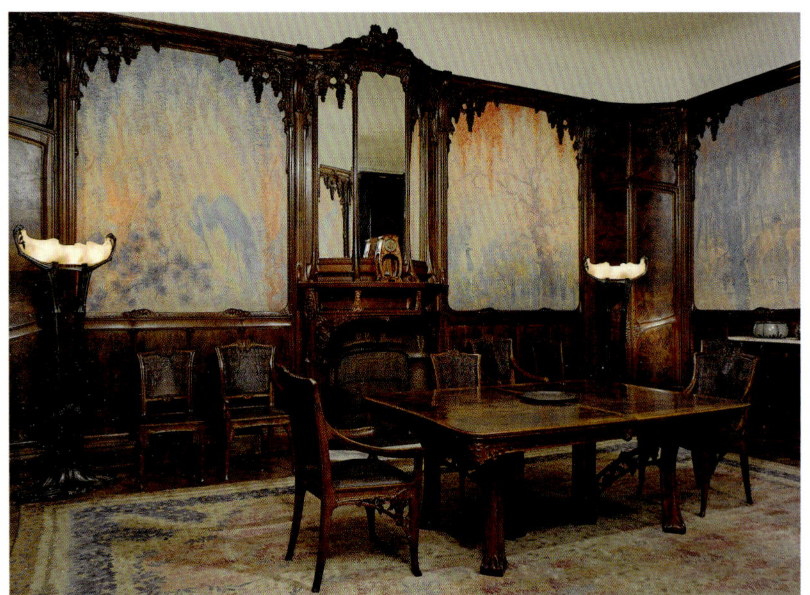

لوسيا ليفي - دورمر

فرنسيّ، ولد بالجزائر، 1865 – 1914م

غرفة طعام «وستاريّة»،

1910 – 1914م

موادّ متعدّدة؛ 3.71 × 5،26 × 8 م

رصيد هاريس بريسباين ديك،

1966 (66.244.125)

تعود غرفة الطعام هذه إلى بيت المهندس الفرنسيّ أوغست راتو بباريس، وهي قطعةُ الأثاث الداخليّ الوحيدة الكاملة في متاحف الولايات المتّحدة المصنوعة على مقتضى أسلوب الفنّ الجديد الفرنسيّ. وقد أشرف ليفي - دورمر، وهو خزّاف أصبح رسّاما ومزوّقا، على المشروع. وكان تصوّر كلّ قطعة قائما على موضوع موحّد، هو نبتة الوستاريّة التي ترمز إلى الترحيب بالضيف. وتصوّرُ لوحاتُ الزينة على الجدار طيورا في مناظر محلاّة بنبات الوستاريّة أمّا قشرة الزينة المصنوعة من خشب الجوز فهي مطعّمة بأزهار ضاربة إلى البنفسجيّ. وقد نُحتت أزهار أيضا على الأثاث وطُبعت على جلد المقاعد. وحتّى الشمعدانات الكبيرة المصنوعة من البرونز والمرمر تُذكّر بعرائش الوستاريّة وتبدو الزربيّة منثورة بالبتلات.

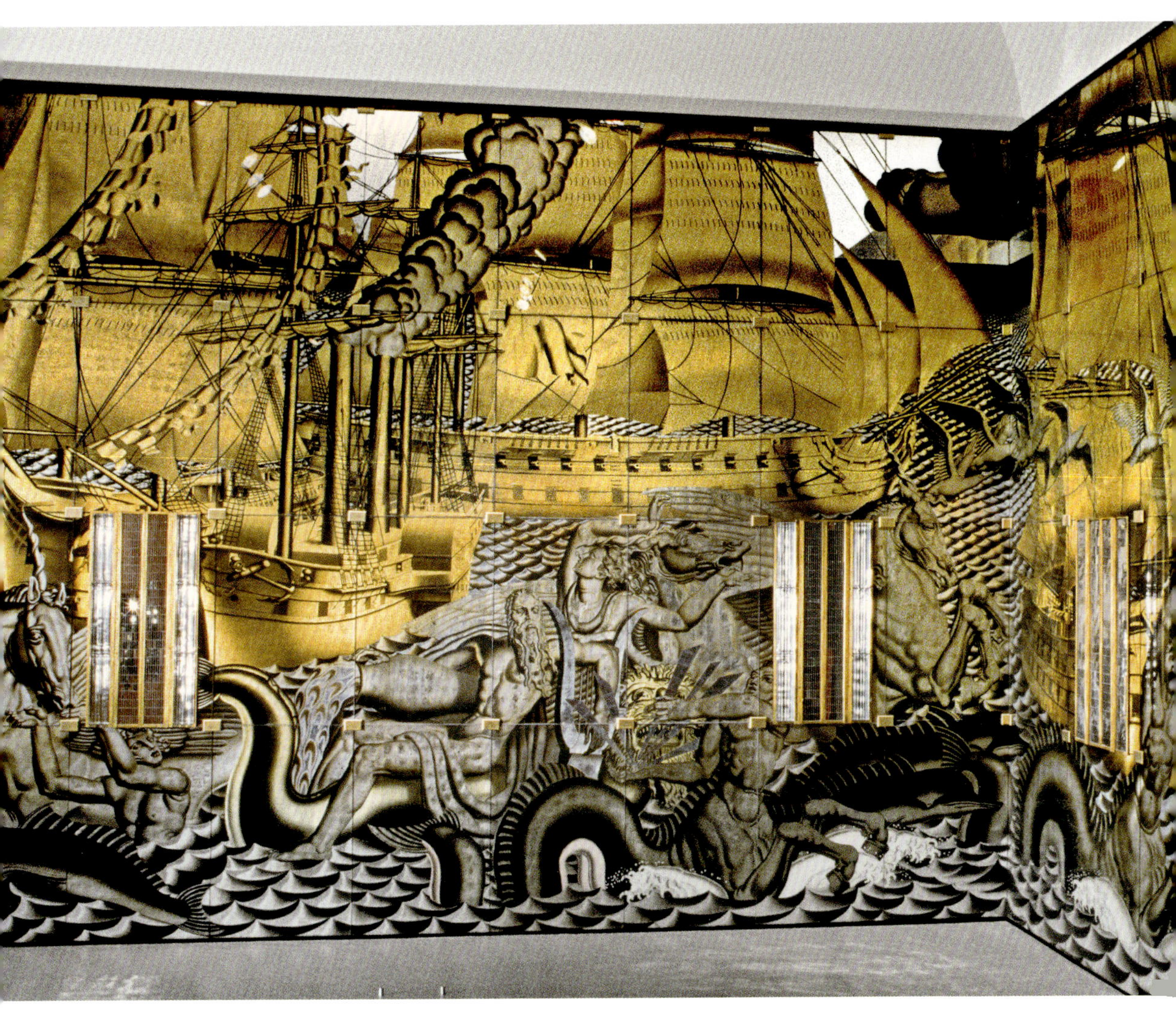

تصميم
جون دوبا
فرنسيّ، 1882 – 1964م
إنجاز
شارل شمبينيول
فرنسيّ، 1907 – 1955م
جداريّة «تاريخ الملاحة»، 1934م
بلّور، طلاء، ذهب، فضّة، رقائق البلاّديوم؛
8.86 × 22.6
هبة من الدكتور والسيّدة إروين ر. برمان، 1976م
(1976.414.3a–ggg)

على متن الباخرة نورمندي عبّر فنّ التزويق الفرنسيّ لآخر مرّة، عن نفسه بمثل هذه القوّة. فهذه الجداريّة واحدة من أربع جداريّات صنعت لقاعة الدرجة الأولى. وموضوعها هو تاريخ الملاحة بيد أنّه من البيّن أنّ وفرة المخلوقات الأسطوريّة والسفن المستوحاة من الماضي إنما هي لمجرّد الزخرف وليس القصد منها رواية قصّة حقيقيّة. ولم يكن الركّاب يدفعون أموالهم للرحلة فحسب بقدر ما كانوا يدفعونها لهذا الجوّ إذ أنّ القاعة معبد للفتنة والسحر. ويتأتّى تلألؤ المرايا من البلّور المعشّق وهي تقنية عمادها وضع الزخرف على قفا ألواح الزجاج المرقّق ثم تقلب بعد ذلك وتثبّت على الجدار.

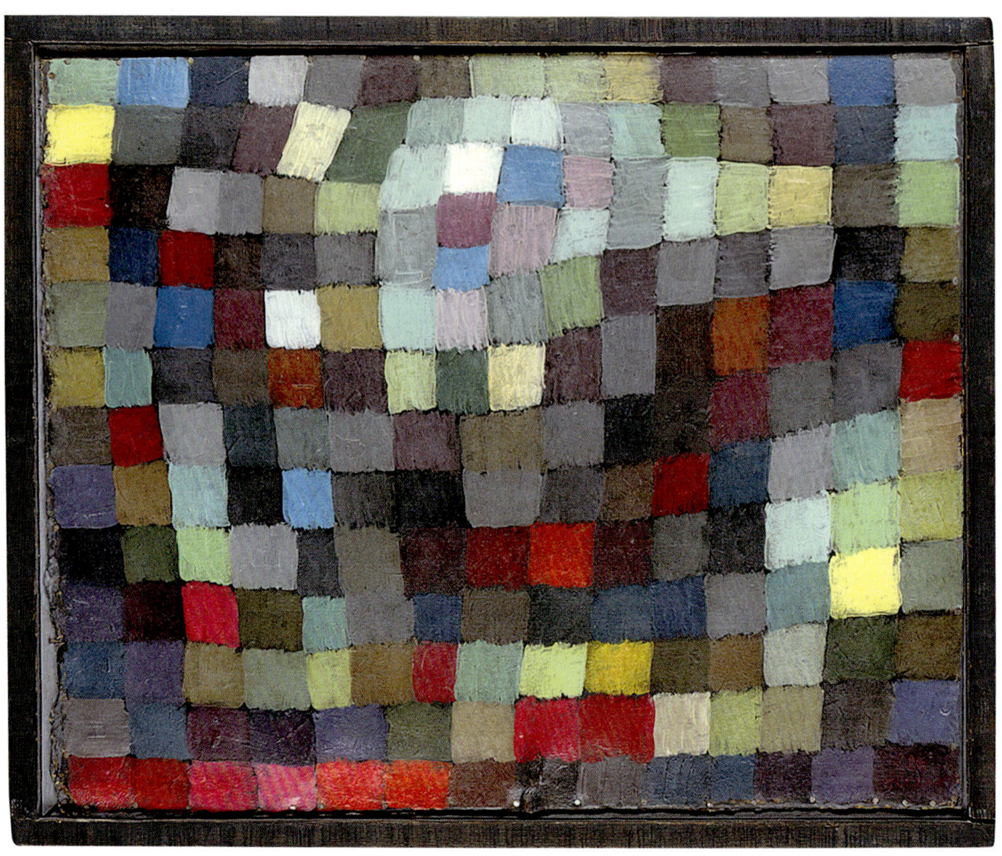

بول كلي

ألمانيّ، ولد في سويسرا، 1879 – 1940م

صورة شهر مايو، 1925م

زيت على قماش؛ 41.6 × 49.5 سم

مجموعة برغروين كلي، 1984م (1984.315.42)

كان بول كلي ناشطا ضمن مدرسة باوهاوس التي أسّسها، سنة 1919م، المهندس المعماري الألماني والتر غروبيوس للجمع بين الهندسة المعماريّة والنحت والرسم في تعبير إبداعيّ موحّد. وقد أغلق غروبيوس، في شهر ديسمبر من سنة 1924، مدرسة باوهاوس في فايمير ليعيد فتحها، في ربيع 1925م، في داسّو. ولعلّ كلي قد وقّع هذا العمل وأرّخه في تلك الفترة بعنوان (صورة شهر مايو). وتنتمي اللّوحة إلى سلسلة عنونها بمربّعات سحريّة متأتّية من ألوان مائيّة رسمها في تونس سنة 1914م تمثّل جميعُها مناظرَ مجزّأة إلى مربّعات. وقد نشأت السلسلة عن اهتمام كلي بنظريّة الألوان قوّاهُ اشتغاله بالتدريس في باوهاوس. وتستدعي الفسيفساء التجريديّة هنا، حجارةً ذات أشكال غريبة من كلّ الألوان من بينها تنويعات من الرماديّ. وأقام كلي، في مونيخ سنة 1911م، قرب فاسيلي كاندنسكي الذي نشاهد في الصفحة المقابلة لوحته ارتجال 27. وإثر ذلك اشترك الاثنان في السكن بداسو في أحد البيوت المزدوجة التي بناها غروبيوس لأساتذة باوهاوس.

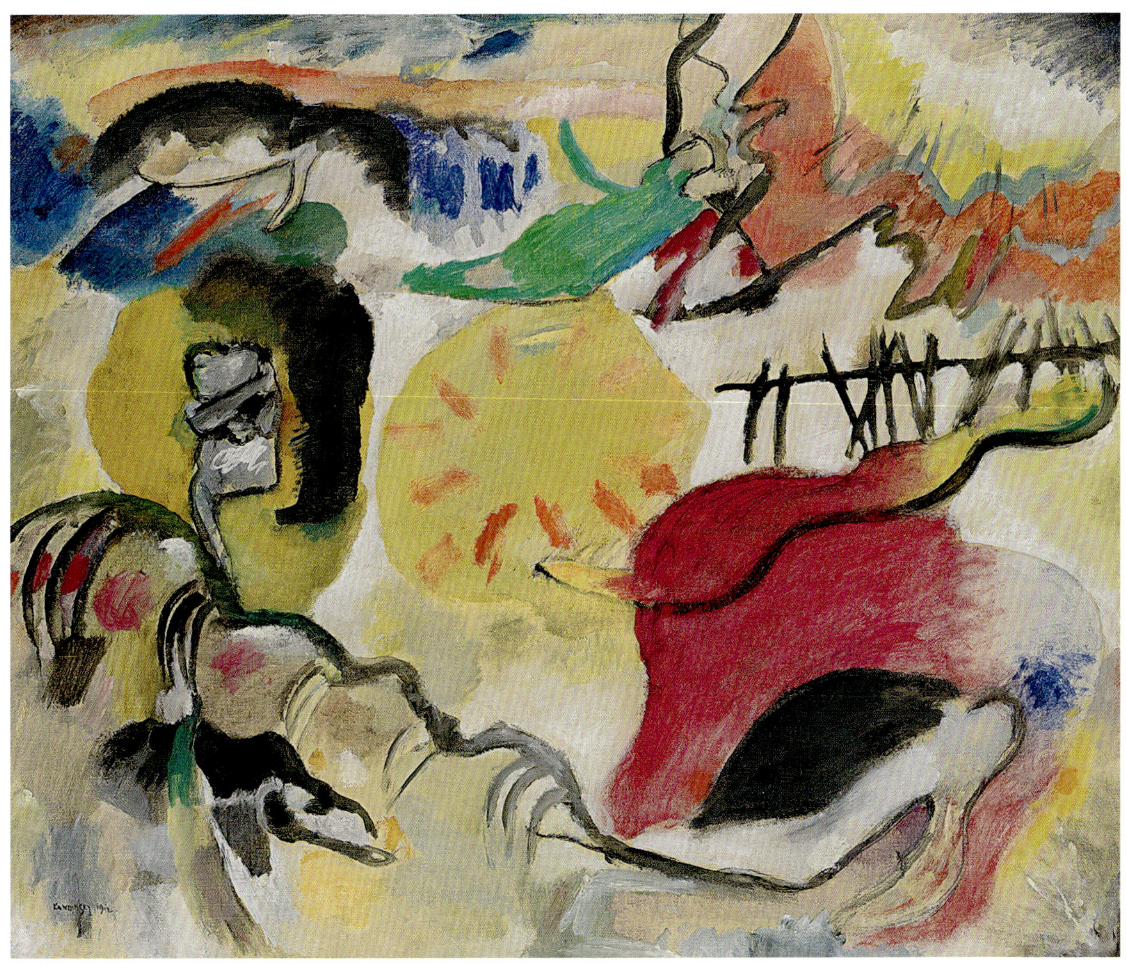

فاسيلي كاندنسكي

فرنسيّ، ولد في روسيا، 1866 – 1944م

ارتجال 27 (حديقة الحبّ II)،

1912م

زيت على قماش؛ 120،3 × 140،3 سم

مجموعة ألفريد ستيغلتز، 1949 (49.70.1)

بدأ فاسيلي كاندنسكي المولود في روسيا حياتَه الفنّيّة في مونيخ سنة 1896م. وفي سنة 1911م طوّر لغة فنّيّة مجدّدة استلهمها من التفكير الروحاني والماورائي والصوفيّ. وتهدف رسومه التجريديّة غير التمثيليّة إلى إثارة ردّ فعل عاطفيّ على مشاهدة لوحاتٍ ثريّة بألوان زاهية وعناصر خطّيّة ذات أشكال غامضة غير مجسّدة. وتنتمي هذه اللّوحة إلى مجموعة متكوّنة من ستّ وثلاثين لوحة بعنوان ارتجالات جاءت فيها الصورةُ المخفيّةُ معبّرة عن موضوعاتٍ توراتيّة عادة. وقد سبر كاندنسكي هنا، قصّة جنّات عدن. فالمنظر الرعويّ الذي نسّقه حول شمس كبيرة صفراء يتضمّن أشكالا سوداء تنذر بالويل والثبور إذ تنبئ بطرد آدم وحوّاء من الجنّة وبالكارثة المتوقّعة في الحرب العالميّة الأولى.

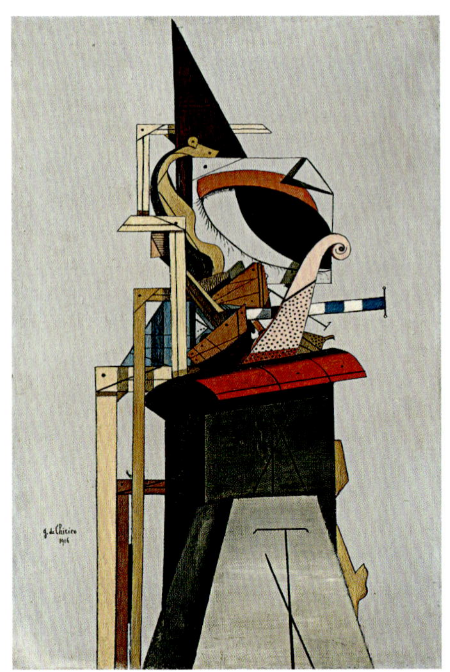

جورجيو دو كيريكو

إيطاليّ، ولد في اليونان، 1888 – 1978م

الملاك اليهوديّ، 1916م

زيت على قماش؛ 67.5 × 44 سم

مجموعة جاك وناتاشا جلمان، 1998م (1999.363.15)

تمثّل هذه الطبيعة الساكنة استثناء في أعمال جورجيو دو كيريكو الذي أثّر غموضُ المناظر الإيطاليّة عنده بين سنتي 1911 و1917م، أيّما تأثير، في الرسّامين السورياليّين بعد عقد من الزمن. ونجد هنا، أخشابا مطليّة، منضحةَ تنقيطٍ ورديّةً وكوسا ومترا أزرق وأبيض، تتكدّس كما جاء واتفق فوق أشياء أخرى يبدو أنّها علامات كيلومتريّة. ويُفاجَأ المشاهد بعين كبيرة الحجم رُسمت بخطوط فَظّةٍ على ورقة مستعملة. وقد ذهب بعضهم إلى تأويل العين والنصب الذي كُدِّست فوقه الأشياء على أنّه رسم شخصيّ تجريديّ لوالد الفنّان الذي اشتغل مهندسا في شركة السكك الحديديّة.

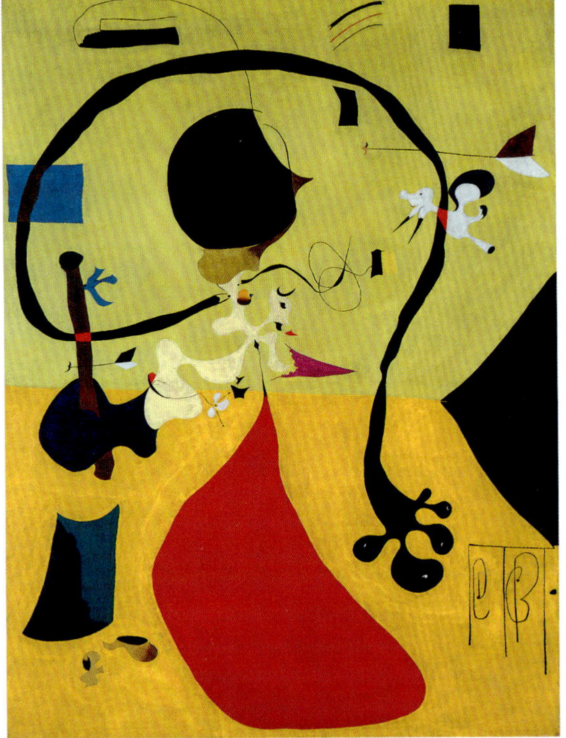

خوان ميرو

إسبانيّ، 1893 – 1983م

منظر داخليّ هولنديّ (III)، 1928م

زيت على قماش؛ 129.9 × 96.8 سم

وصيّة فلورين م. شونبورن، 1995م (1996.403.8)

أصبح ميرو معجبا برسم النوع والطبيعة الساكنة لدى الهولنديّين بمناسبة إقامته في هولندا في ماي 1928م. وقد زار مجموعات موريتسويس ورايكميوسم واحتفظ بنسخ على بطاقات بريديّة لأعمال هندريك سورغ وجان ستين. واستعاد في إسبانيا في السنة نفسها عناصر من هذه الأعمال في سلسلة تتكوّن من ثلاث لوحات عن المناظر الداخليّة الهولنديّة فأعاد تركيبها وفقا لتأويله حيويّ الشكل للسورياليّة. وإذا كان العملان الأوليان من السلسلة مستلهمَين، على نحو جليّ، من لوحتَي سورغ وستين تباعا فإنّ هذا العمل الثالث يقتبس منهما معا في آن واحد.

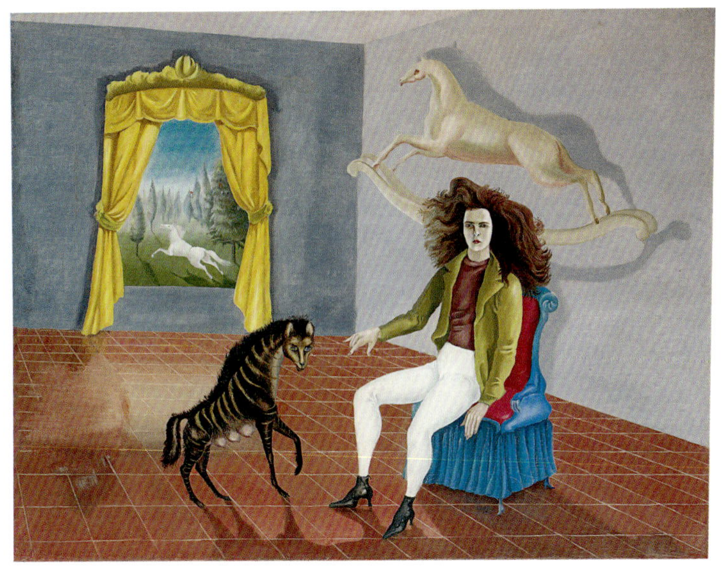

ليونارا كاريغتن
مكسيكيّة، ولدت في أنكلترا، 1917 – 2011م

رسم ذاتيّ، حوالي 1937 – 1938م
زيت على قماش؛ 65 × 81.3 سم
مجموعة بير وآنّا غيتانا ماتيس، 2002م
(2002.456.1)

في هذا الرسم الذاتيّ، تلبس الفنّانة سروالاً لركوب الخيل أبيض وحذاء نصفيّا فكتوريّا وصدرةً خضراء ولها عفرةٌ غزيرةٌ مشعّثةٌ. وترافقها في وحدتها، وهي جالسة على مقعد أزرق كالمنعزلة في غرفة أسرار غير مفهومة، ضبعةٌ متدلّيةٌ ضروعُها الثلاثةُ تنطّ نطّا. ويظهر الحصان الخشبيّ الكبير الهزّاز وظلّه مرسومَين على الجدار. ويقفز حصان آخر أصغر في المشهد الذي يتراءى من خلال النافذة ذات الستائر الصفراء المحلاّة بأشرطة. ويُذكّر هذا التوزيع الغريب للشخوص بما كانت تكتبه الفنّانة في الفترة نفسها، من أقاصيص متهكّمة شاذّة.

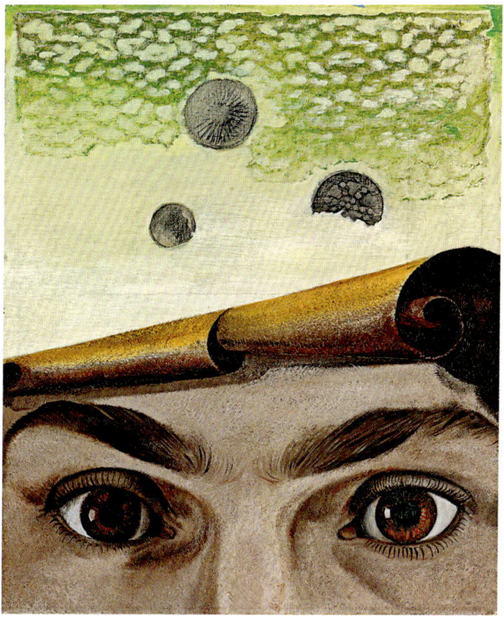

ماكس إرنست
فرنسيّ، ولد في ألمانيا، 1891 – 1976م

غالا إلوار، 1924م
زيت على قماش؛ 81.3 × 65.4 سم
مجموعة موريال كاليس شتاينبارغ نيومن،
هبة موريال كاليس نيومن، 2006م (2006.32.15)

التقى ماكس إرنست، سنة 1921م في كولونيا، الشاعر بول إلوار وزوجته غالا روسيّة الأصل. فنشأت صداقةٌ متينة بين الرجلَين وكان هيامٌ مفاجئٌ بين إرنست وغالا. وفي سنة 1922م استقرّ إرنست في بيت إلوار بباريس حيث عاش حتّى سنة 1924م. وفي الأثناء، أصبح أحد الأعضاء المؤسّسين للسورياليّة. وفي ختام علاقته بغالا رسم عيني الحوريّة الروسيّة مستلهما صورة فوتوغرافيّة التقطها مان راي. ونرى أعلى الرأس يلتفّ متكوّرا إلى الأمام كأنه ملصق منتزع من حائط.

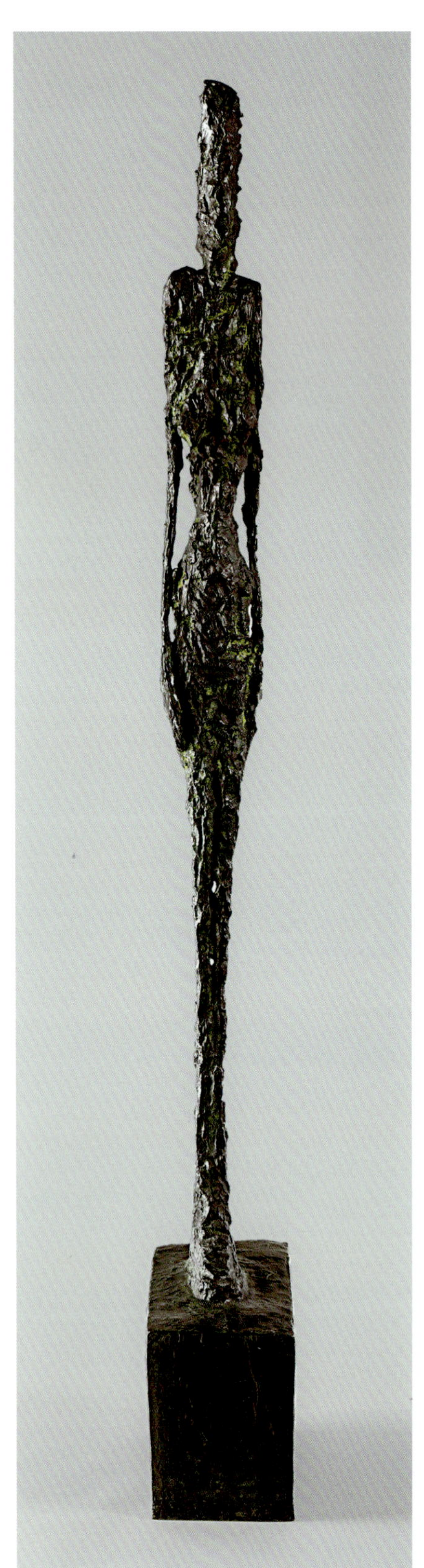

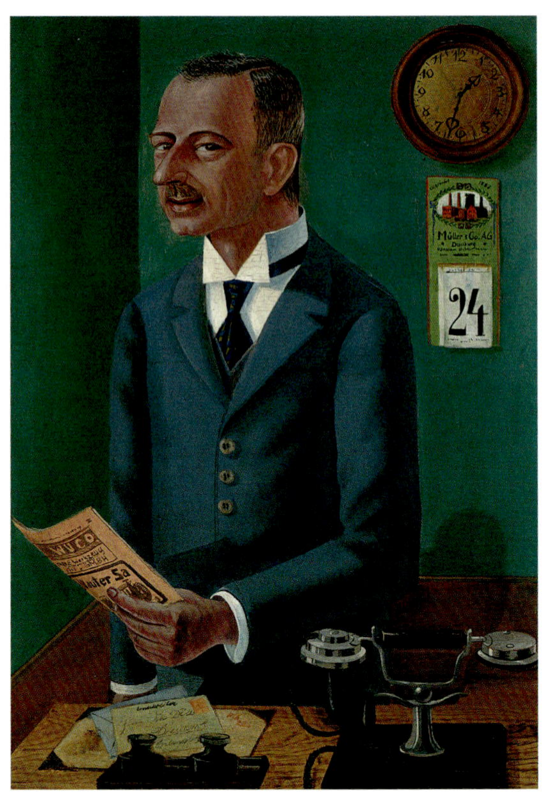

أوتو ديكس
ألمانيّ، 1891 – 1969م

رجل الأعمال ماكس روزبرغ

درسدن، 1922م
زيت على قماش؛ 94 × 63.5 سم
اقتناء، هبة ليلى أشيسون والآس، 1992م (1992.146)

كان أوتو ديكس أشهر الرسّامين المؤسّسين لحركة واقعيّةٍ غُفْلٍ محايدةٍ انطلقت سنة 1920م وعرفت في ألمانيا باسمٍ Neue Sachlichkeit (الموضوعيّة الجديدة). فقد كان يلتقط، بواقعيّة متجرّدة وأحيانا قاسيةٍ مع بعض التفاصيل الدقيقة، أعماق ذوات من يمثُلون أمامه لرسمهم وهم رجال قانون وأطبّاء وتجّار فنّ وكذلك شعراء وعاهرات وراقصات. بيد أنّ هذه النزاهة الماكرة غائبة من هذا الرسم الشخصيّ الذي طلبه منه روزبرغ، وهو منتج أدوات صناعيّة وجامع أعمال فنّانين شبّان من درسدن ومن بينهم أوتو ديكس. وتُظهر تفاصيلُ معبّرةٌ الشخصَ المرسومَ في مكتبه الصغير بالمدينة، وهو مكتب أضفى عليه الرسّام ألوانا هادئة غير زاهية تناسب التجارة والمال.

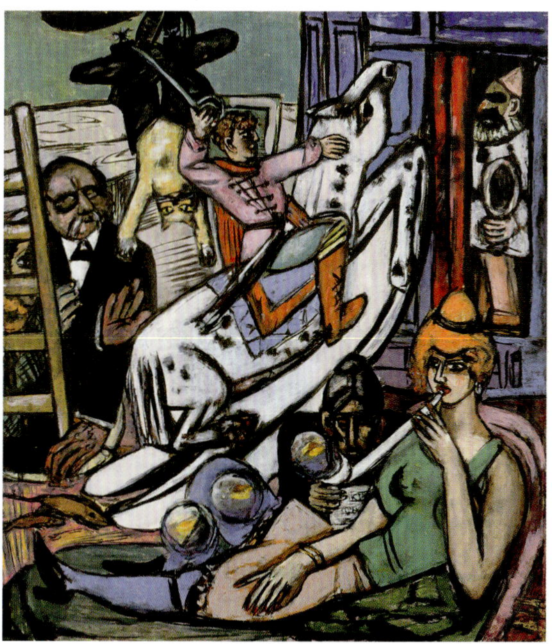

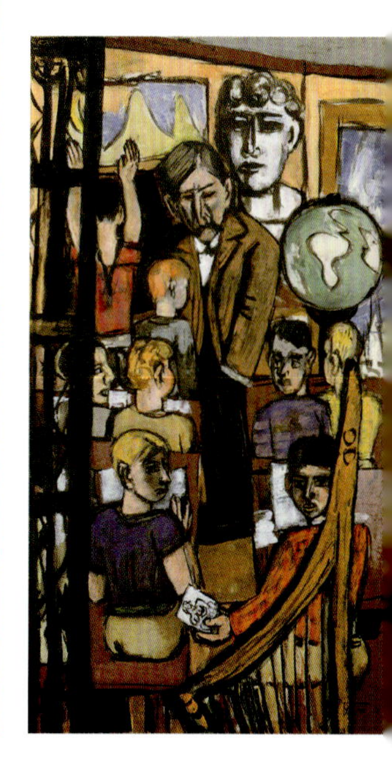

الصفحة المقابلة

ألبرتو جياكوميتّي

سويسريّ، 1901 – 1966م

امرأة واقفة، 1947م
برونز؛ 201.9 × 21.9 × 41.3 سم
مجموعة بير وآنّا غيتانا ماتيس، 2002م (2002.456.111)

بُعيْد سنة 1945م، تخلّى جياكوميتّي عن تجاربه في صنع شخصيّات صغيرة لا يتعدّى طولها السنتيمتر أو السنتمترين واختار الاشتغال بشخصيّات أطول. فظهرت، سنة 1947م مواضيعُ ثلاثة كبرى هي الرجل المترجّل والمرأة الواقفة والتمثال النصفيّ (أو الرأس). وتلوح هذه المرأة الخالية من الكتلة والحجم، وهي أطول ممّا ألِفنا، بعيدة ضئيلة يقوّي طابعَها غيرَ المادّي الطلاءُ البنّيّ الفاتح الباهت الذي ألصقه على البرونز. ويبدو السطح متآكلا متقشّرا بعد قرون من التعرّض لتقلّبات الطقس. وأخيرا، يُذكّرنا وضع الجسد ببعض تماثيل مصر القديمة.

ماكس باكمان

ألمانيّ، 1884 – 1950م

البداية، 1949م
زيت على قماش؛ اللّوح الأوسط: 181.6 × 156.2 سم؛ كل واحد من اللّوحين الجانبيّين 171.5 × 91.4 سم
وصيّة الآنسة أدليد ملتون دي غروت (1876 – 1967م)، 1967م (67.187.53a–c)

شرع ماكس باكمان في رسم لوحة البداية سنة 1946م في أمستردام، وأتمّها سنة 1949م في الولايات المتحدة حيث هاجر قبل سنتين من ذلك. وهذه اللّوحة الثامنة من لوحاته العشر ثلاثيّة الأجزاء وموضوعها الطفولة. فعلى لوح الجهة اليمنى، ينظرُ الأستاذُ في القسم إلى الطلبة نظرة متجهّمة. وعلى لوح الجهة اليسرى، يشاهِدُ طفلٌ يلبس تاجا على رأسه من النافذة عازفًا أعمى على أرغن صغير متجوّل أحضرت موسيقاه جوقةً من الملائكة. وفي الوسط، تُبرز اللّوحةُ تسقيفة بيت مليئة بالألعاب داخلها بنت تنفخُ من أنبوب فقاعاتٍ في حين يمتطي صبيّ يلبس بزّة عسكريّة حصانًا خشبيًّا هزّازًا ونرى هرًّا في جزمة معلّقا رأسا على عقب.

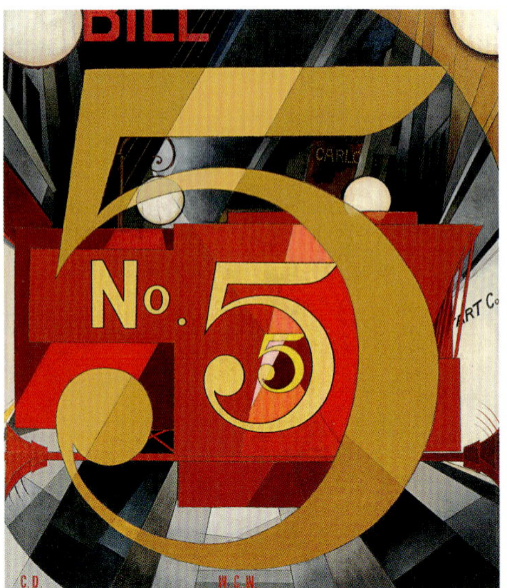

شارلز دوموث

أمريكيّ، 1883 – 1935م

رأيت الرقم 5 الذهبيّ، 1928م

زيت، غرافيت، حبر، رقاقة الذهب على ورق مقوّى (أوبسن)؛ 90.2 × 76.2 سم

مجموعة ألفريد ستيغلتز، 1949م (49.59.1)

أنجز شارلز دوموث، في العشرينات من القرن العشرين، سلسلة من المعلّقات – الرسوم الشخصيّة ذات الطابع الرمزيّ تكريما لفنّانين ومؤلّفين وعازفين أمريكيّين معاصرين له. وهذا العمل مُهدًى إلى وليام كرلوس وليامز ناظم قصيدة الرقم الكبير التي استوحى منها العنوانَ والموضوعَ. ففي القصيدة تعبُر سيّارةُ الإطفاء رقم 5، والصفّارة تدوّي، الشوارعَ المضاءة والمدينةَ المبلّلة بالمطر. وقد اقتبس الأشكال المجزّأة، كلماتٍ وخطوطًا بما توحي به من أصوات وحركة، من التكعيبيّة الفرنسيّة والمستقبليّة الإيطاليّة أمّا الموضوع المتّصل بالمدينة، دلالة السلّم والخطوط الحادّة، فهي لِمَا يميّز النزعة التدقيقيّة الأمريكيّة.

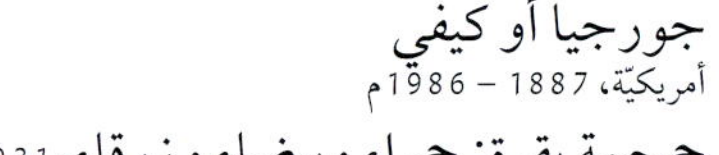

جورجيا أو كيفي

أمريكيّة، 1887 – 1986م

جمجمة بقرة: حمراء وبيضاء وزرقاء، 1931م

زيت على قماش؛ 101.3 × 91.1 سم

مجموعة ألفريد ستيغلتز، 1952م (52.203)

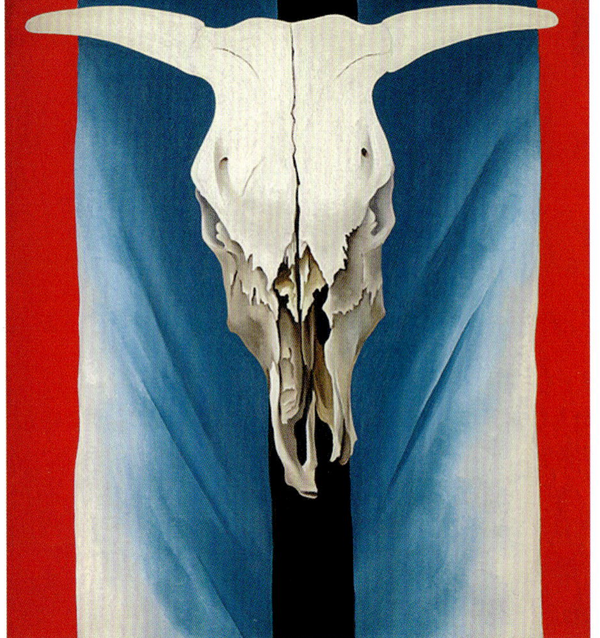

اشتهرت جورجيا أو كيفي في العشرينات من القرن العشرين برسمها للورود كبيرة الحجم ولكنّها، بعد سنة 1929م، استلهمت مناظر المكسيك الجديدة التي كانت تقيم فيها سنويّا بين عامي 1929 و1946م قبل أن تستقرّ بها سنة 1949م. وتُعبّر عظام الحيوانات الميّتة في نظرها، عن جمال الصحراء الأبديّ وطول الأناة المميّز للروح الأمريكيّة. وعلى الرغم من الواقعيّة الظاهرة فإنّ الفنّانة حذفت بعض التفاصيل وزيّنت بعضها الآخر لتركّز على جمالها الخشن. ويمثّل العنوان ولوحة الألوان الثلاثيّة، كلاهما، تعليقا ساخرا موجّها إلى الفنّانين والمؤلّفين والموسيقيّين المهووسين، وقتئذ، بتحديد أسلوب خاصّ نهائيٍّ للفنّ الأمريكيّ.

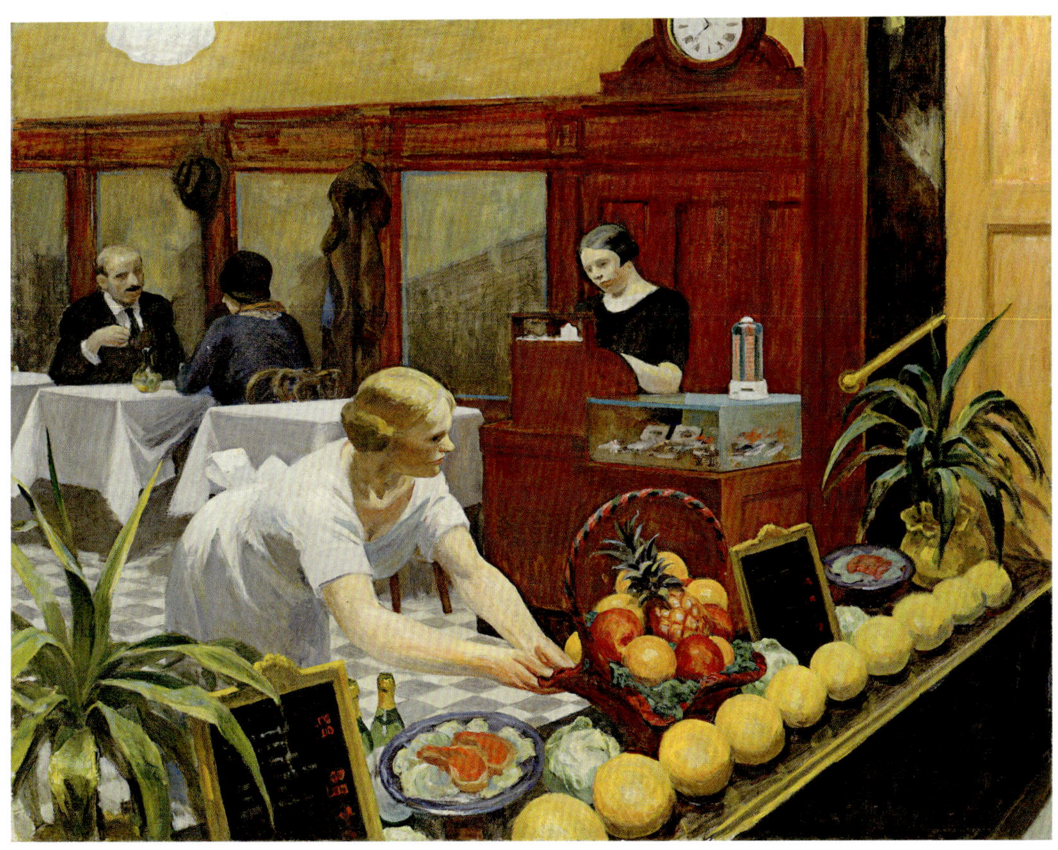

إدوارد هوبر
أمريكيّ، 1882 – 1967م

طاولة السيّدات، 1930م
زيت على قماش؛ 122.6 × 153 سم
رصيد جورج أ. هيرن، 1931م (31.62)

تعكس لوحة هوبر، في سياق أزمة 1929م، تبدّلا في السلوك والعادات. فلم تعد النساء يشتغلن فحسب كما هو شأن أمينة الصندوق القابضة والنادلة بل أصبحن كذلك حريفاتٍ مرحّبا بهنّ. وقد صوّر الرسّام بكلّ دقّة، انطلاقا من تخطيطات مفصّلة عن الإطار، عرضَ المأكولات عرضا متقنا و»الخشبَ المطليّ ببرنيق كرزيّ اللّون» و»تبليطَ الأرضيّة» و»النادلةَ بزيّها الأنيق» و»الألوانَ المألوفة للمطاعم الرخيصة». ورغم الألوان الحارّة، بل قل الصارخة، والإضاءة القويّة فإنّ المشهد ليس مشهدا احتفاليّا. فبينما تتناقش الزبونتان نرى القابضة والنادلة منهمكتَين في التفكير والعمل. توحي واقعيّة هوبر الباردة دائما، في جلّ لوحاته بالعزلة والاغتراب سواء في الحالة الإنسانيّة أو في الظروف المحلّيّة.

بيير بونار
فرنسيّ، 1867 – 1947م

مشرف في فرنوني، 1939م
زيت على قماش؛ 148× 194.9 سم
هبة من فلورانس ج. غولد، 1968م (68.1)

فس سنة 1912م اشترى بيير بونار بيتًا في فرنوني، قرب فرنون، فأضحى موضوعا للوحاته إلى حدود 1939م.

وتمثّل هذه اللّوحة الكبيرة المتأخّرة ذات الألوان الزاهية ركنا مظلّلا من سطح مرتفع ذي شكل شاذّ. والغريب أنّ الفنّان أبعد النسوة الثلاث وراء جذع شجرة ضخم. وتدلّ الدرابزين على موقع الدرج المؤدّي إلى الحديقة الواسعة في الأسفل. ويشبه هذا المشرف ركحا تمثّل فيه الحديقة ستارة خلفيّة.

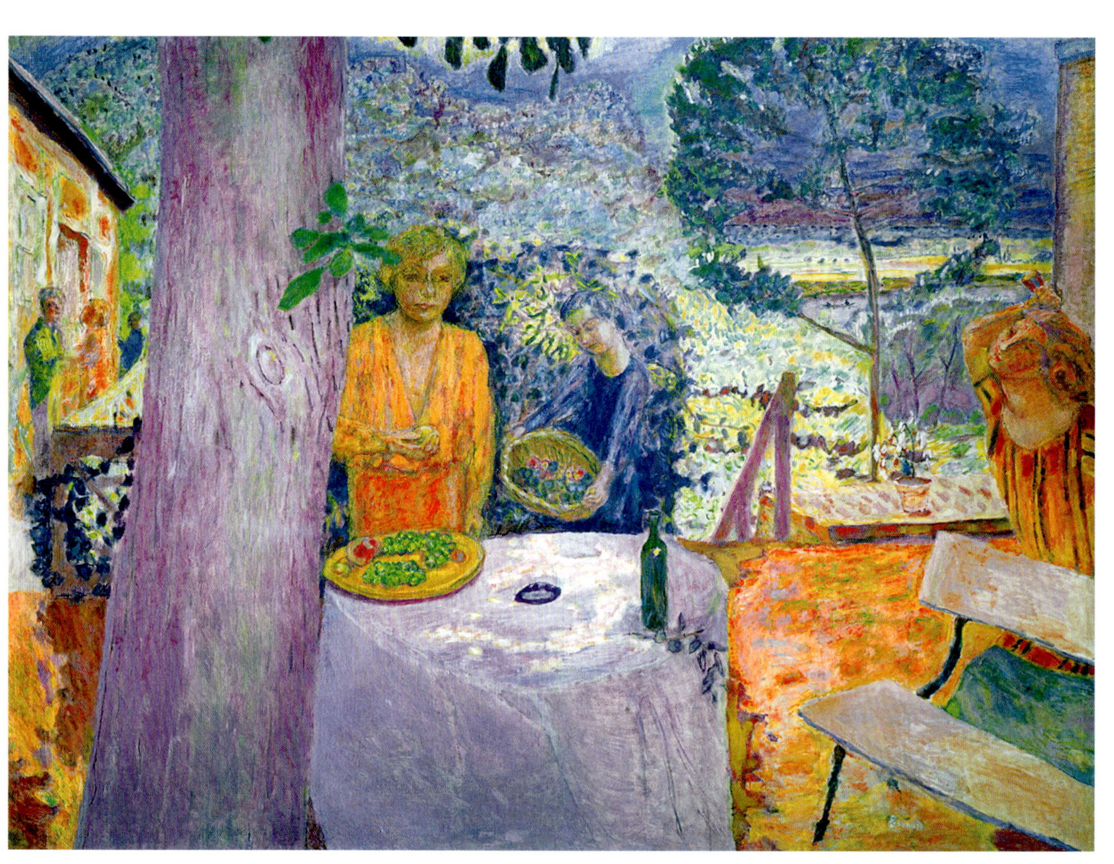

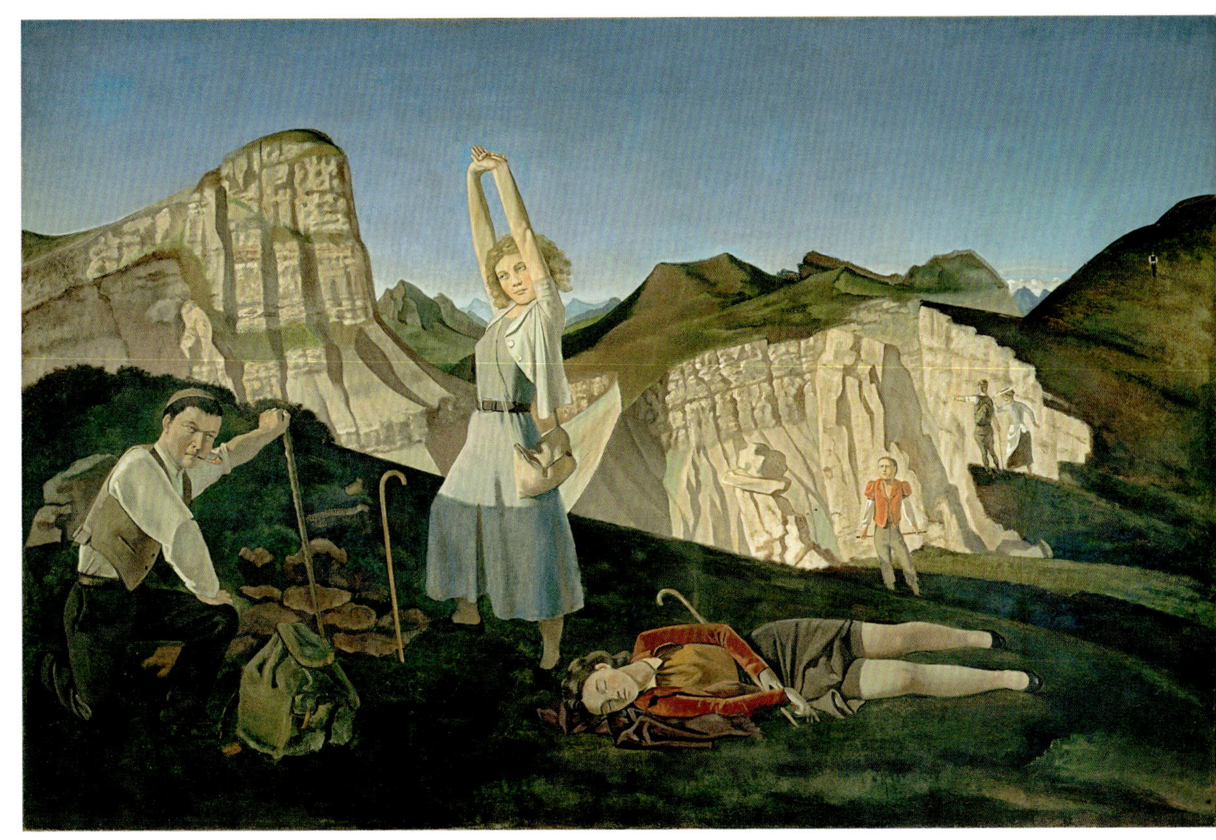

بالتوس (بالتزار كلوسوفسكي)

فرنسيّ، 1908 – 2001م

الجبل، 1936 – 1937م

زيت على قماش؛ 2.49 × 3.66 م

اقتناء، هبة من السيّد والسيّدة نايت ب. سبينغولد ونتهان كامنغز، رصيد رودجرز ورصيد ألفريد ن. بونت أندومنت، تبادل، رصيد هاريس بريسباين ديك، 1982م (1982.530)

تمثّل هذه اللّوحة هضبة متخيّلة في سفح جبل من أوبرلند بمقاطعة بيرن السويسريّة حيث كان بالتوس يقضّي الصيف في شبابه الأوّل. والإحالات هنا ثريّة متعدّدة، بعضها مخفيّ يحيل على الشخصيّات التي التقاها وبعضها أوضح اقتبسه من الفنّانين الذين أُعجب بهم ومن بينهم نيكولا بوسان وغوستاف كوربي. وتتوزّع اللّوحة توزيعا جليّا إلى منطقة مضاءة وأخرى معتمة تلتقيان في نقطة تُمدِّدُ فيها شقراء مسترجلة يديها إلى فوق دون تحفّظ. وفي السنة الموالية عند الفراغ من اللّوحة، تزوّج بلتوس المرأة التي مثلَتْ أمامه للرسم، بعد جهد في المغازلة كبير. وقد عُرضت لوحة الجبل في قاعة عرض بيير ماتيس بنيويورك سنة 1939م. وذَكَرَ عنوانٌ فرعيّ ما يلي: الصيف – اللّوح الأوّل من ألواح أربعة مخصّصة للفصول بيد أنّ بالتوس لم يرسم أبدا الألواح الثلاثة الأخرى.

الصفحة المقابلة

ستيوارت دافيس
أمريكيّ، 1892 – 1964م

تقرير روكبورت، 1940م
زيت على قماش؛ 61 × 76.2 سم
مجموعة إديث وملتن لونثال، وصيّة إديث أبراهمسن لونثال، 1991م (1992.24.1)

جعلت وفرة الألوان والخطوط والأشكال وعناصر التزويق موضوعَ اللّوحة غامضا: فموضوعها هو المحلّ الرفيع لروكبورت من مساتشوستس الحافلة بالنشاط. فاللّوحة مليئة بمضخّات الوقود والأشجار وعلامات المغازات بقدر ما هي مليئة بما يدلّ على ازدهار صناعة صيد السمك في المنطقة من قَبِيل صور الماء والرايات البحريّة وحبال السفن وشباكُ الصيد من نوع سين. وقد ضرب هنا ستيوارت دافيس مثلا عن النظريّة التي صاغها حول العلاقة بين الألوان والفضاء خالقا الإيهام بالعمق من خلال ترصيف الألوان مع تحييدها بأشكال ومساحات ملوّنة لا تضاريس فيها. وهذا التناقض يعبّر من منظوره، عن الانفصال والحيويّة والسرعة في المجتمع الأمريكيّ الحديث أواسط القرن العشرين الميلادي.

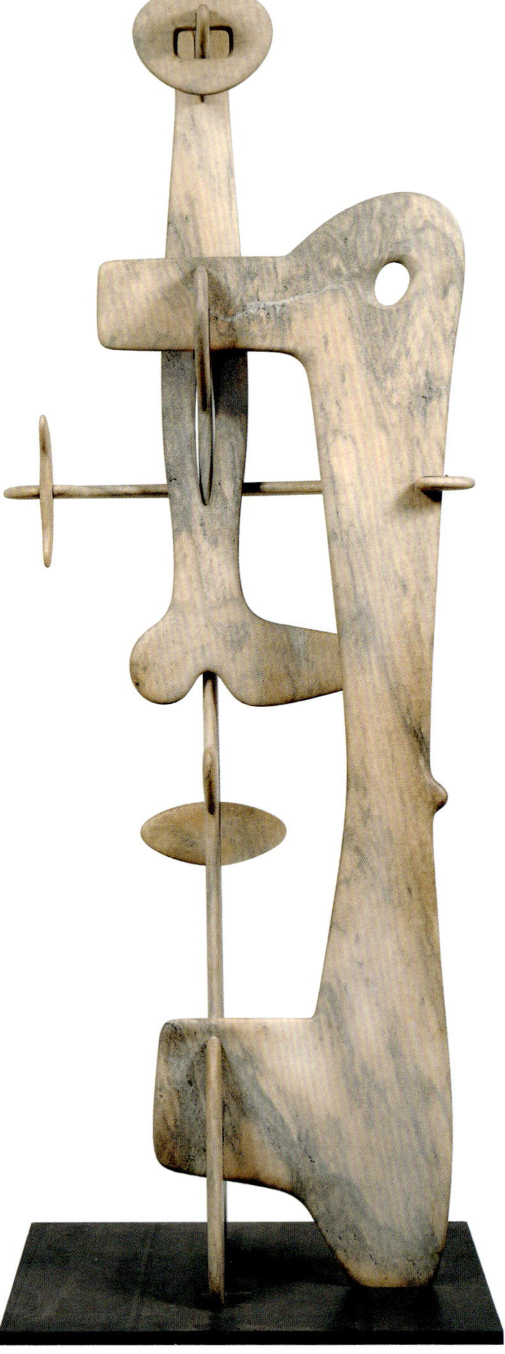

إيسامو نوغوشي
أمريكيّ، 1904 – 1988م

كوروس، 1944 – 1945م
مرمر؛ الارتفاع: 2.97 م ؛ القاعدة: 86.7 × 106.7 سم
رصيد فليتشر، 1953م (53.87 a–i)

أنجز إيسامو نوغوشي، أواسط أربعينات القرن العشرين إثر وضعه في محتشد بالولايات المتحدة الأمريكيّة خلال الحرب العالميّة الثانية، منحوتات حيويّة الشكل صنعها من الحجر وجمّعها دون لصاق أو مسامير. وتوحي هذه القطعة البديعة التي تجمع بين قطع من المرمر الورديّ وأخرى من المرمر الرماديّ، بتوازن لطيف وإن كان غير ثابت. وقد كتب نوغوشي للمتحف، مقارنا عمله بالنحت الإغريقيّ القديم الذي استلهم منه، ما يلي: «تُذكّرني هذه القطعة بالكوروس الورديّ الذي اقتنيتموه [سبق الحديث عنه في هذا الدليل] وشاهدته وأنا طالب. إنّه يتماسك بفضل وزن الحجارة وتوازن القوى فكان، في دقّته وهشاشته، أشبه بالحياة.»

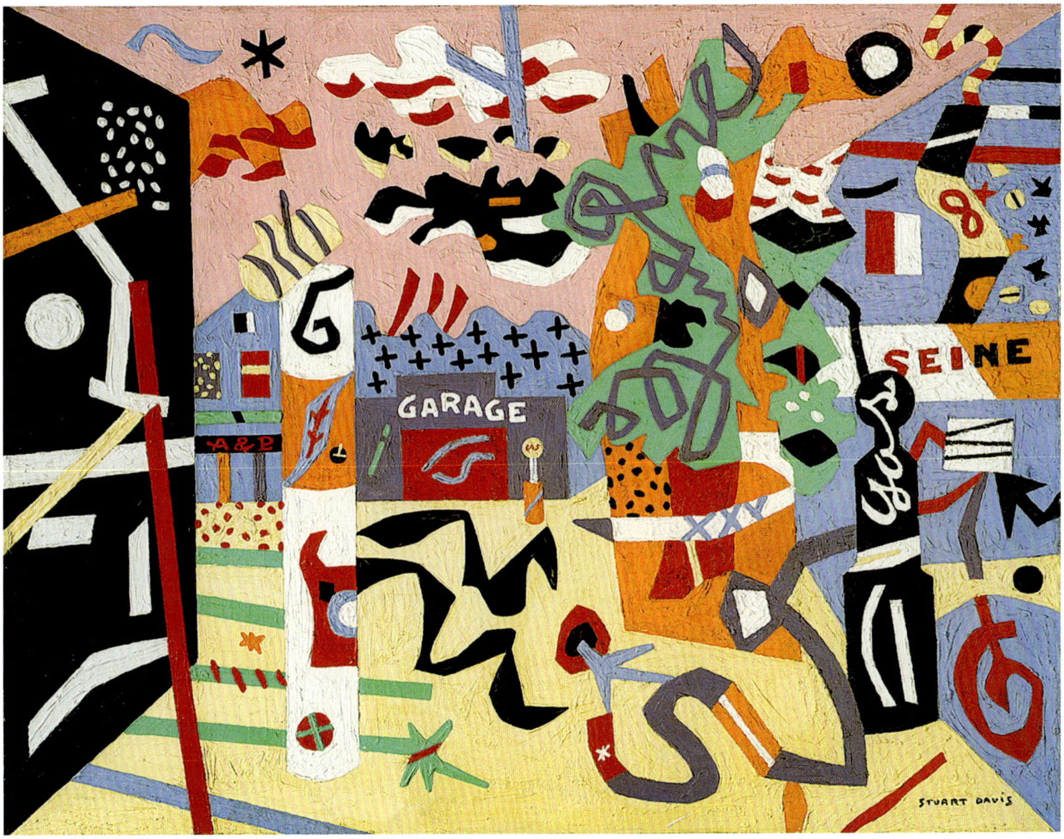

ألكسندر كلدر

أمريكيّ، 1898 – 1976م

عقد، 1940م

نحاس أصفر؛ 54 × 55.9 × 25.4 سم

مجموعة موريال كاليس شتاينبارغ نيومن، هبة موريال كاليس نيومن، 2006م (2006.32.5)

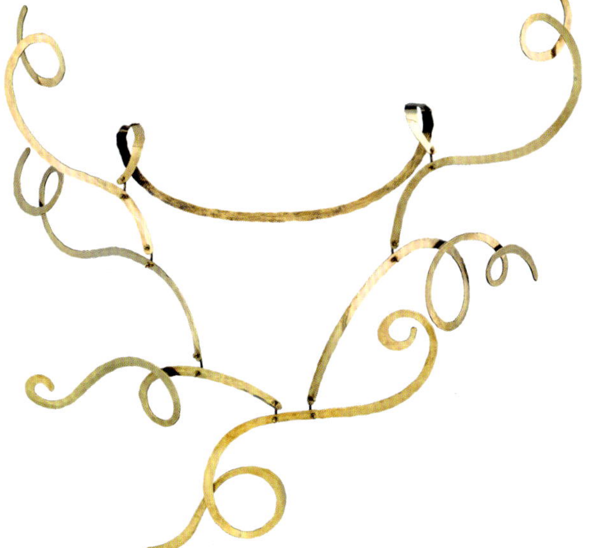

أنتج ألكسندر كلدر أكثر من ألف قطعة حليّ جلّها بين سنتي 1933 و1952م. وقد صنع أغلبها خصّيصا لأفراد من العائلة أو للأصدقاء كي يهديها في مناسبات خاصّة. وكلّ عقد أو سوار أو خاتم أو دبّوس زينة أو قرط هو قطعة فريدة من نوعها يصمّمها حرفيّا مفرغا فيها نظرته الثاقبة ومهارته في معالجة المعادن مثلما هو الحال عندما يبدع المنقولات والمنحوتات من الأسلاك المعدنيّة. ويتكوّن هذا العقد من أسلاك النحاس الأصفر المطروق إلى حدّ الاستواء الذي يُجمّعه على طريقة الأرابيسك. وهي تقنية تذكّرنا لا محالة بمنحوتاته الأولى من أسلاك الحديد.

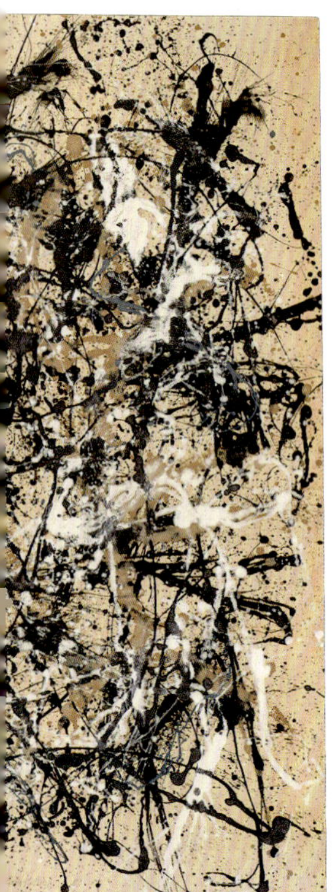

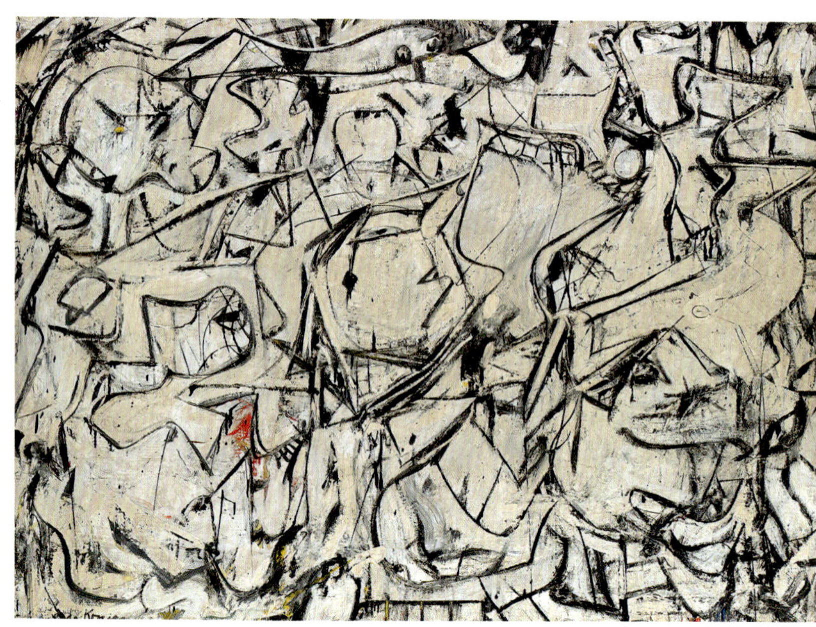

أعلى الصفحة

ويليم دو كونينغ
أمريكيّ، ولد في هولندا، 1904 – 1997م

العِلّيّة، 1940م
زيت، مطليّ بالمينا ونقل ورق الصحف على لوحة؛
157.2 × 205.7 سم
مجموعة موريال كاليس شتاينبارغ نيومن، هبة موريال كاليس نيومن إكراما لابنها، غلين دافيد شتاينبارغ، 1982م (1982.16.3)

على هذه اللّوحة، وهي من روائع وليام دو كونينغ الأولى، لا نجد إلاّ آثارا لطيفة جدّا من الألوان ضمن الأشكال السوداء والبيضاء الآخذ بعضها برقاب بعض. ويعود الطابع الحيويّ للّوحة، في بعض وجوهه، إلى استعمال الفنّان على نحو مجدّد، للصور. فقد عمد هنا، إلى فسخ مكوّنات تصويريّة وإعادة رسمها والتأليف بينها تأليفا يغطّي سطح اللّوحة كلّه. وهذا يذكّرنا بعمل جاكسون بولوك. وقد كاد يسمّى اللّوحة «منظر داخليّ» ولكنّه قرّر بعد أن اعترضت زوجته، أن يعنونها بـ «عِلّيّة» «وهو مكان يوضع فيه كلّ شيء». وقد غطّى اللّوحة عند إنجازها، بورق الصحف حتّى لا يجفّ الطلاء فرضي باندماج كلمات الورقة المطبوعة وصورها في اللّوحة.

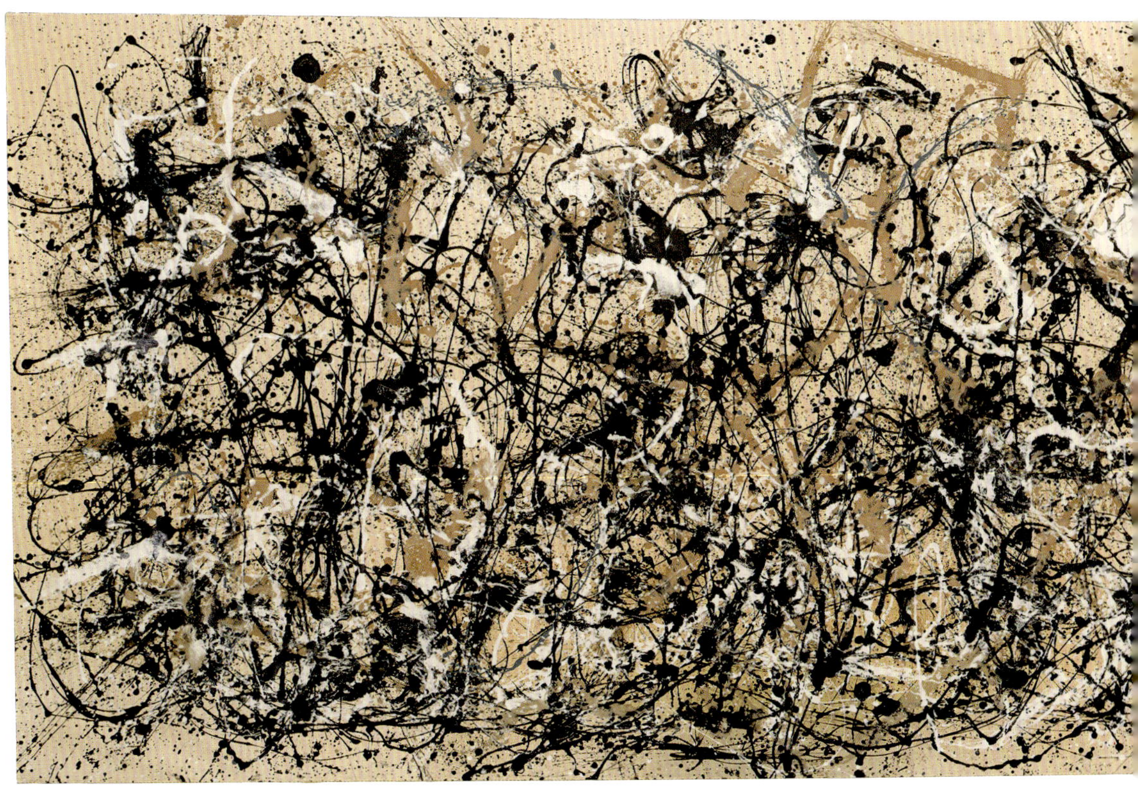

الصفحة المقابلة

كلايفورد ستيل

أمريكيّ، 1904 – 1980م

1947–1948م

زيت على قماش؛ 233 × 179.7 سم
هبة من السيّدة كلايفورد ستيل، 1986م (1986.441.3)

ابتداء من سنة 1945م، أقام كلايفورد ستيل بصفة منتظمة في نيويورك، وإن كان قد قضّى أهم سنواته الأولى في الساحل الغربي. واستقرّ سنة 1961م في ماريلاند. وتتميّز اللّوحات التي رسمها في مرحلة نضجه الفنّيّ بأشكال غير متبلورة ولا منتظمة غالبا ما كان ينفّذها بسكّين. وقد نقّط هنا، المساحات السوداء والبيضاء الواسعة بلُمَعٍ من الأحمر والأصفر والأزرق. ولئن كان ستيل قد نفىً عن أعماله التجريديّة أيّة دلالة إيحائيّة فإنّ البعض رأى فيها إحالات على التضاريس الوعرة للغرب الأمريكيّ وأوّل البعضُ الآخر الطابع العموديّ للأشكال على أنّه تمثيل لعلاقة الكائن الإنسانيّ بمحيطه.

جاكسون بولّوك

أمريكيّ، 1912 – 1956م

إيقاع الخريف (عدد 30)، 1950م

منيا على قماش؛ 2.67 × 5.26 م
رصيد جورج أ. هيرن، 1957م (57.92)

في سنة 1945م، انتقل جاكسون بولّوك وزوجته لي كرسنر، وهي أيضا رسّامة، للإقامة في بيت صغير في حيّ سبرنغ غربيّ هامتن في ولاية نيويورك. وقد اشتغل طيلة السنوات الموالية، منعزلا تقريبا في مستودع البيت وشرع في تطوير تقنية التقطير التي تميّز بها. فكان بولّوك يَمْطُلُ، بواسطة أعواد صغيرة أو آلة خلط الطلاء ومينا دهن المنازل الذي يسكبه أحيانا مباشرة من الوعاء، خطوطَ الألوانِ على اللّوحات المبسوطة أرضا دون إطار ولا تهيئة. وقد اقتنى المتروبوليتان، في السنة الموالية لوفاته، من السيّدة كرسنر إيقاع الخريف وهي واحدة من أعظم أعماله الكلاسيكيّة بتقنية التقطير.

ياسبر جونز

أمريكيّ، ولد سنة 1930م

العلم الأبيض، 1955م

ملمّع شمعيّ، زيت، ورق صحف، فحم على قماش؛ 1.99× 3.07 م
اقتناء،ليلى أشيسون والآس، ريبا وداف ويليامز؛ ستيفان ونان سويد، مؤسّسة روي ر. وماري س. نوبرجر، مؤسّسة لويس وبيسي أدلر، بولا كوسي، ماريا – غايتانا ماتيس، مؤسّسة برنات نيومان، جاين وروبار كارول، إليوت وولسن نولن، السيّد والسيّدة دريلد هـ. روتنبرغ، مؤسّسة روث وسيمور كلاين، أندريو ن. شيف، أتحاد كولز الخيريّ، مؤسّسة ميريل ج. وأيميتا أ هاستينغ، جوهن ج. روش، مولي ووالتر بارايس، لندا ومورتن جانكلاو، أورن إ. فلايشمان؛ هبة من لينفورد لوغيد؛ وهبة من أعضاء أصدقاء المتحف، اقتناء: كاثرين إ هورد، دونيس وأندريو صول، جورج أ. هيرن، أرثر هوبوك هيرن و مؤسّسا جوزيف ه. هازن؛ رصيد سنتيا خازن بولسكي وليون ب. بولسكي؛ رصيد ماير؛ وصيّة فلورين م. شاونبورن؛ هبة الأستاذ زيفي شارفستاين وحرمه وهيمان براون؛ هبات أخرى، وصايا وأرصدة مانحين آخرين عديدين، تبادل، 1998م (1998.329)

العلم الأبيض هو أكبر الأعلام التي رسمها ياسبر جونز والأول الذي قدّم فيها العلم بتلوين واحد. وقد مكّنت سرعةُ التصاق الشمع جونز من أن يجعل كلّ ضربة فرشاة متمايزة عن الأخرى كاشفا عن صورة العلم الأمريكيّ بفضل تنوّع المكوّنات. ويتكوّن العلم البيض من أفضية ثلاثة متمايزة: النجوم والأشرطة السبعة المحاذية للنجوم على اليمين والأشرطة الستّة الأخرى الأطول في الأسفل. وقد صاغ الفنّان النجوم والمساحات الفارغة حولها وكذلك الأشرطة بإلصاق قطع من الورق والقماش المشرّب بشمع العسل المذاب. وقد روى جونز أنّ فكرة العلم، وهو من المواضيع الشائعة في رسومه، قد خطرت له إثر منام رأى فيه نفسه يرسم العلم الأمريكيّ. فأعجبه العلم مثلما أعجبته موضوعات أخرى سابقة كالمرمى والأرقام والحروف الألفبائيّة لأنّ صورته معروفة وليس له أن يبدعها. وابتداء من سنة 1955م، رسم عشرات اللّوحات عن العلم في أحجام مختلفة بألوان ومواد متنوّعة.

في الأسفل

أندي ورهول

أمريكيّ، 1928 – 1987م

تسع صور لجاكي، 1964م

أكريليك، سيريغرافيا على قماش؛
المقاسات: 153.4 × 122.2 × 1.9 سم؛ كلّ لوح من الألواح
التسعة: حوالي 50.8 × 40.6 سم
هبة من هالستون، 1983م (22.– 1983.606.14)

في الأسابيع التي تلت اغتيال الرئيس جون ف. كينيدي بدالاس في 22 نوفمبر 1963م، شرع ورهول في جمع الصور الفوتوغرافيّة التي كانت تنشرها الصحف الشعبيّة عن السيّدة الأولى الأرملة. وفي سنة 1964م بدأ بمَرسَمه الجديد في الشارع السابع والأربعين شرقا (الأوّل من بين «مصانعه» الشهيرة بنيويورك) استنساخها بتقنية السيريغرافيا على أقمشة زرقاء وذهبيّة اللّون صغيرة. وهذه الصورة عن قرب التقطت قبل دقائق من سماع أول طلق ناريّ. ويعبّر الإلحاح على تكرار الصورة، أروع تعبير، عن التغطية المفرطة للحدث المأساويّ والهوس الجماهيري به.

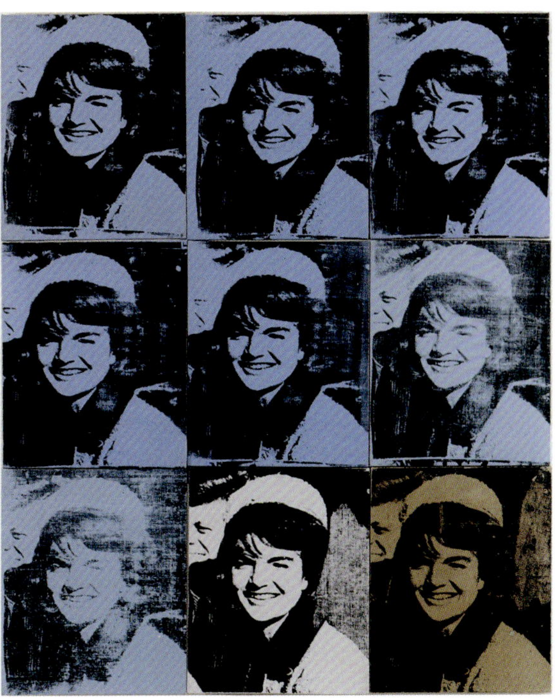

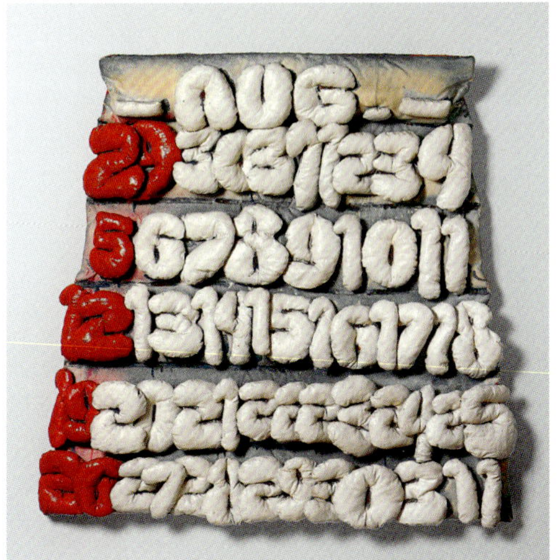

في الأعلى

كلايس أولدنبورغ

أمريكيّ، ولد في السويد سنة 1929م

يوميّة رخوة لشهر أغسطس، 1962م

لوحة محشوّة برغوة المطّاط الممزّق ومطليّة بليكيتاكس ومينا؛
106× 108 × 10.8 سم
مجموعة موريال كاليس نيومن، هبة من موريال كاليس نيومن، 2006م (2006.32.49)

كثيرا ما كان ألدنبورغ يسوّي بين المتناقضات ليحوّل الأشياء اليوميّة المحيطة به ويبعث فيها الحياة. ففي أعماله، يستحيل الصلب رخوا والحقير ضخما والمسطّح، كما هو شأن اليوميّة الرخوة، ثلاثيّ الأبعاد. وقد ظهرت منحوتاته الأولى من القماش المحشوّ سنة 1962م على وجه المصادفات السعيدة ثمّ أصبحت أعمالا فنيّة قائمة الذات. وتشبه الأرقامُ الكبيرة لليوميّة الرخوة الوساداتِ المدوّرةَ على نحو محسوس يزيدُ التنضيدُ حجمَها ضخامة. وبعد أن ضبط ألدنبورغ أشكال اللّوحة، طلى مساحةَ المنحوتة ثمّ دهن أيّامَ الأحد بطلاء أحمر مشرق وبقيّة الأيّام بطلاء أبيض مُلمَّع.

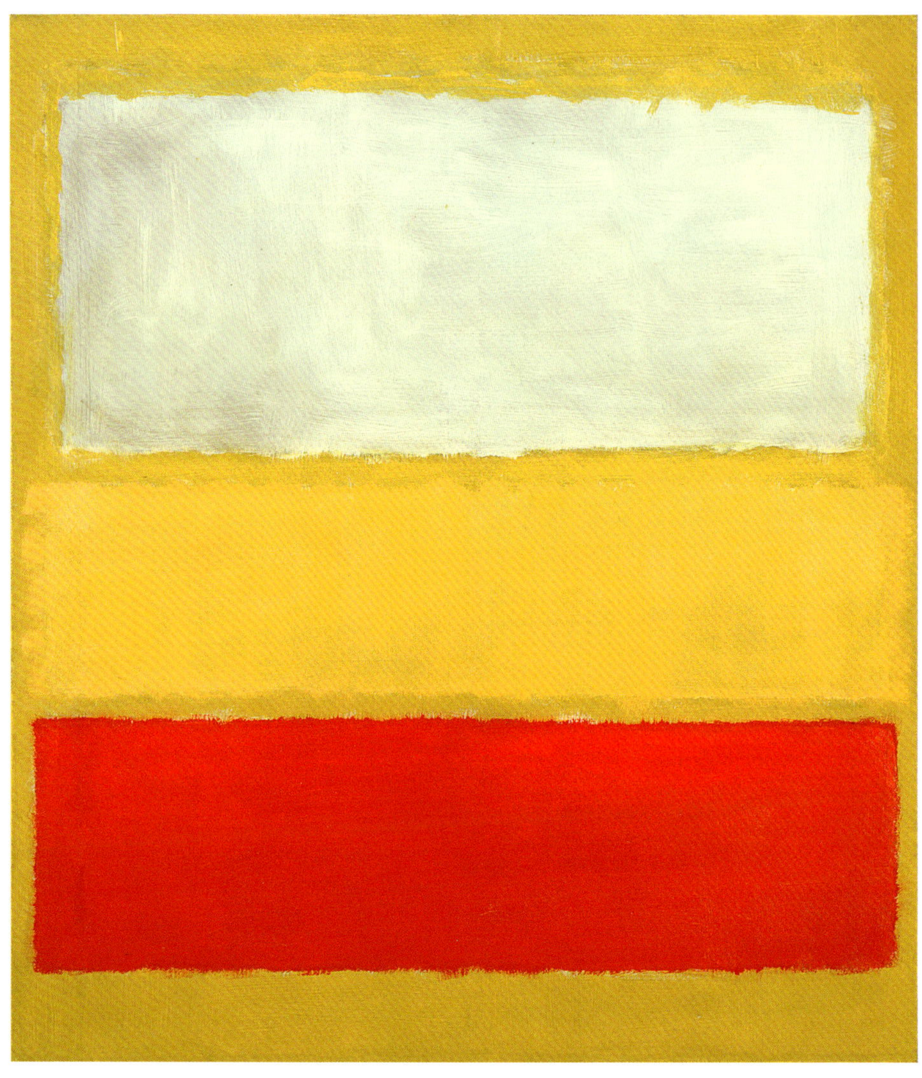

مارك روثكو
أمريكيّ، ولد في روسيا، 1903 – 1970م
عدد 13 (أبيض وأحمر وأصفر)، 1958م
زيت، أكريليك، فأصباغ مجفّفة على قماش؛ 242.3 × 206.7 سم
هبة من مؤسّسة مارك روثكو ، 1985م (1985.63.5)

بدأ مارك روثكو، بعد سنة 1950م إلى وفاته، يقلّص عدد الأشرطة الأفقيّة الملوّنة في لوحاته إلى ثلاثة أو أربعة. وكان إلى ذلك، يستخدم ضروبًا من موادّ الرسم السائلة وينوّع سمك طبقات الطلاء ويغيّر أحيانا وجهة لوحته أثناء إنجازها. وفعلا، ففي هذه اللّوحة يدلّ اتجاه سيلان الطلاء على أنّه اشتغل لفترة في اتجاه معاكس. وقد فسّر روثكو أنّه لم يختر اللّوحات الكبيرة من باب «اصطناع الفخامة والأبهة» بل لرغبته، على العكس من ذلك، في أن يكون «أكثر حميميّة وإنسانيّة» بفضل لوحات مشرقة تغمر من يشاهدها.

إلسوورث كيلّي

أمريكيّ، ولد سنة 1923م

أزرق أخضر أحمر، 1963م

زيت على قماش؛ 231.1 × 208.3 سم

رصيد أرتور هوبوك هيرن، 1963م (63.73)

وصل إلسوورث كيلّي، خلافا لعديد الفنّانين من أبناء جيله، إلى التجريديّة انطلاقا من معاينة ما يحيط به. ويقول في ذلك: «تجيئني الأفكار من مداومة النظر في الأشياء». وتُذكّر لوحة أزرق أخضر أحمر، وهي واحدة من ثماني لوحات كبيرة الحجم رسمها بالألوان نفسها بين سنتي 1963 و1965م، بلوحة قناع التي رسمها سنة 1958م بهذه الألوان الثلاثة اعتمادا على ظلال مسلّطة على كتاب مفتوح. وتُحدث الأشكالُ البسيطة، بألوانها الساطعة الصافية من الأزرق والأخضر والأحمر، أثرا بصريّا قويّا وتنشئ علاقة متموّجة بين الصورة والخلفيّة.

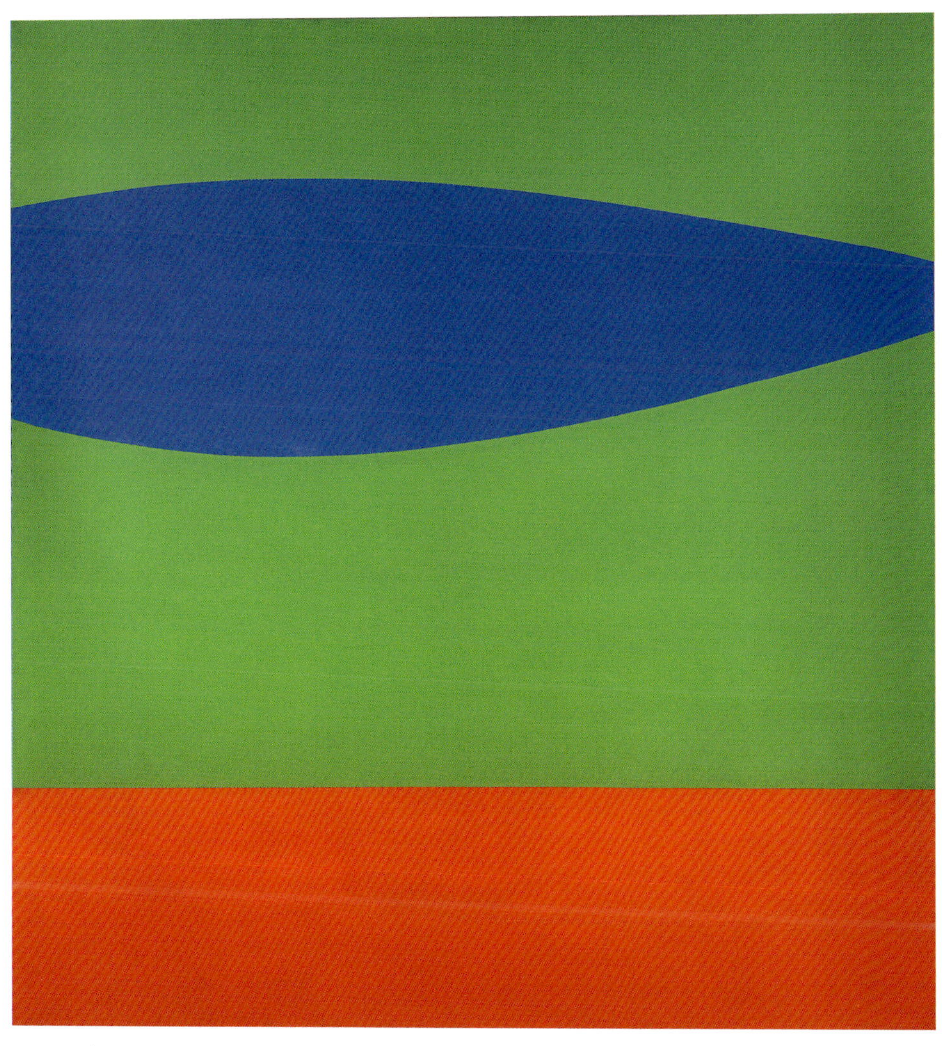

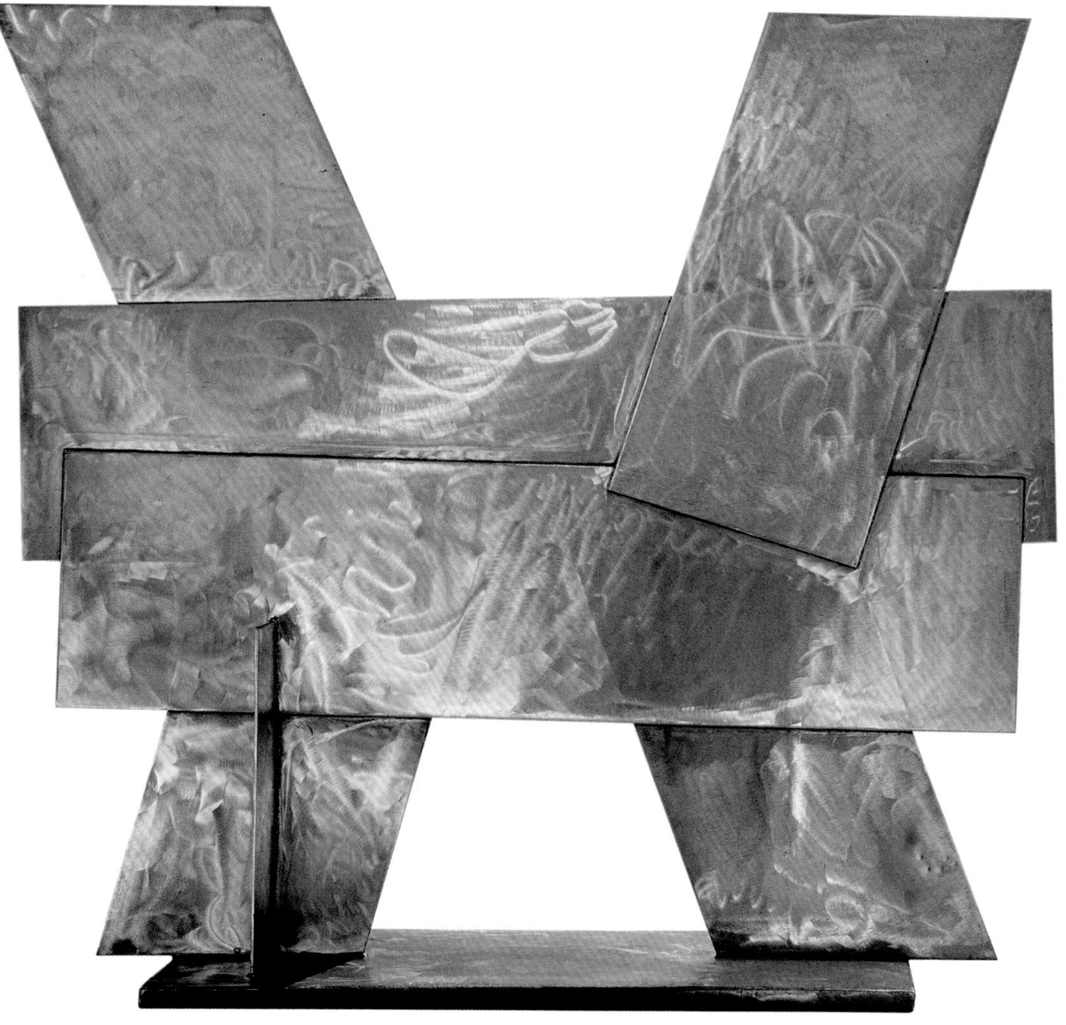

دافيد سميث
أمريكيّ، 1906 – 1965م

بيكّا، 1965م
فولاذ لا يصدأ؛ 2.88 × 3.12 × 0.76 م
اقتناء، وصيّة الآنسة أدوليد ملتن دي غروت (1876 – 1967م)
تبادل، 1972م (1972.127)

بين سنتي 1961 و1965م، صمّم دافيد سميث، وهو من أشدّ النحّاتين تأثيرا في الولايات المتّحدة خلال القرن العشرين، أعمالا ضخمة استخدم فيها فولاذا مصقولا صقلا رفيعا وذلك ضمن سلسلة مكعّبات. وتتكوّن هذه المنحوتات من مكعّبات منضّدة وصفائح مستطيلة الشكل متراكبة. وتشهد منحوتة بيكّا، وقد سمّاها سميث باسم إحدى بنتَيه وصنعها في السنة التي توفّي فيها، شهادة صادقة على الصرامة الهندسيّة التي تميّز سلسلة المنحوتات. وقد استعمل سميث آلة الصقل ليطبع رسوما خطّيّة على المساحات المسطّحة تلتقط الضوء. ولئن كان يمكن وضع أعمال سميث في مكان مغلق أو في الهواء الطلق فإنه كان يحبّذ بالخصوص ما يحدثه تبدّل الطقس من تأثيرات طبيعيّة على المساحات العاكسة.

بربرا هبوورث

بريطانيّة، 1903 – 1975م

شكل بيضويّ مع خيطان وألوان، 1966م

خشب الدردار، خشب الدردار المطليّ وخيطان من القطن؛
85 × 57 × 55 سم
اقتناء، هبة من المحترم والآنسة بيتر أ.ب. لافان، تبادل، 2007م
(2007.95)

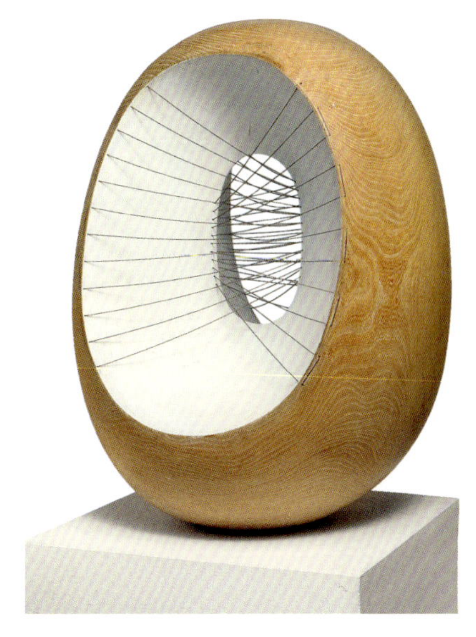

كانت بربارا هبوورث تنافس هنري مور على لقب أعظم نحّات بريطانيّ في القرن العشرين ولكنّها، ولا ريب، إحدى أشهر النحاتين النساء في كل العصور. وقد نحتت شكل بيضويّ مباشرة على قطعة خشب إسطوانيّة من الدردار لمّا كانت في أوجها. وهي من الأعمال الأساسيّة في مرحلة نضجها الفنّيّ. و يعود الشكل البيضويّ إلى لقائها بقسطنطين برنكوزي في مَرسَمه بباريس سنة 1933م وهو لقاء أثّر فيها تأثيرا بالغا. أمّا الخيطان فتذكّرنا بما أنتجه نوم غابو ولازلو موهولي – ناجي، وهما لاجئان وصديقان مقرّبان انتميا إلى حلقة الفنّانين البريطانيّين الدائرين في فلك هبوورث وزوجها بان نيكلسون.

جون تنغولي

سويسريّ، 1925 – 1991م

نارفا، 1961م

قضبان من الفولاذ، عجلات معدنيّة، إسطوانات، حديد مطروق، أسلاك معدنيّة، ألمنيوم، خيطان ومحرّك كهربائي 220 فلت؛
218.4 × 198.1 × 160 سم
اقتناء، وصيّة جيوكوندا كينغ، تبادل، وهبة من لويس س. ومؤسّسة ماري ماير، 2006م (2006.27a–fff)

نشأت الحركة الدادائيّة في زوريخ سنة 1916م. وإذ تتميّز هذه الحركة باستخدام الأشياء المستعملة في أعمال تزيل الحدود بين الفنّ والحياة فإنّها تختفي، أو على الأقلّ تكشف، الفوضى الكامنة في أعطاف بريق الحضارة. وفي خمسينات القرن العشرين الميلادي، عزّز بعض الفنّانين الشبّان، مثل جون تنغولي المتأثّر بمارسيل دوشان، الدادائيّةَ بأعمال فنّيّة مستفزّة ماكرة آسرة. وقد أنتج تنغولي نارفا في فترة مزدهرة من مسيرته الفنّيّة. وإنّ هذا العمل، إذ يجمّع ركاما من أشياء الحياة اليوميّة الحديثة، لعمل مسلٍّ بتعقيداته المستحيلة من قبيل ساعة ضخمة مختلّة.

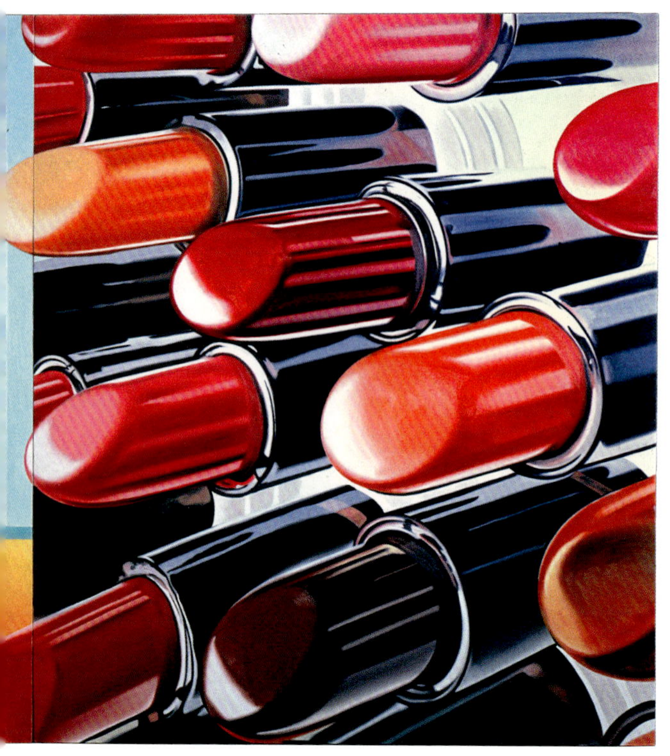

جايمس روزنكويست
أمريكيّ، ولد سنة 1933م

بيت النار، 1963م
زيت على قماش؛ 1.98 × 5.03 م
اقتناء، رصيد أرتور هوبوك هيرن، رصيد جورج أ. هيرن وهبة من ليلي أشيزون والآس، 1982م (a-c1982.90.1)

شرع روزنكويست، وكان في أصل تكوينه رسّامَ لوحاتِ إعلانات، في إنشاء لوحات كبيرة الحجم ثريّة في سياق الفنّ الشعبيّ وذلك في ستّينات القرن العشرين الميلادي. وتكشف بيت النار الحيويّة والحسّيّة الرقيقة اللّتين ميّزتا عمله منذ تلك الفترة. وفي هذه اللّوحة الثلاثيّة الرمزيّة تصبح الأشياء الاعتيادية خادعة خداعا غريبا: كيس بِقالة معلّق في الهواء على نحو غامض وسطل من الفولاذ المصهور محاط بأنوار باهرة خارقة للعادة تتسرّب من النافذة وأدوات أحمر شفاه شديد الحمرة مصفّفة كالمدفعيّات. وتذكّر الإيحاءات بالعنف والجنس والنزعة الاستهلاكيّة ببعض أعمال روزنكويست السابقة خصوصا عمله الضخم ف - 111 سنة 1965م الذي ألّف فيه بين صور طيّار مقاتل من جيش الطيران الأمريكيّ ووجه طفل وكُدْس من السباغيتي محدثا بذلك انطباعا بالإغراء والخطر معا.

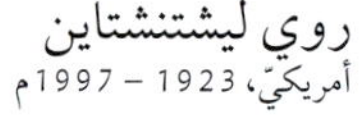

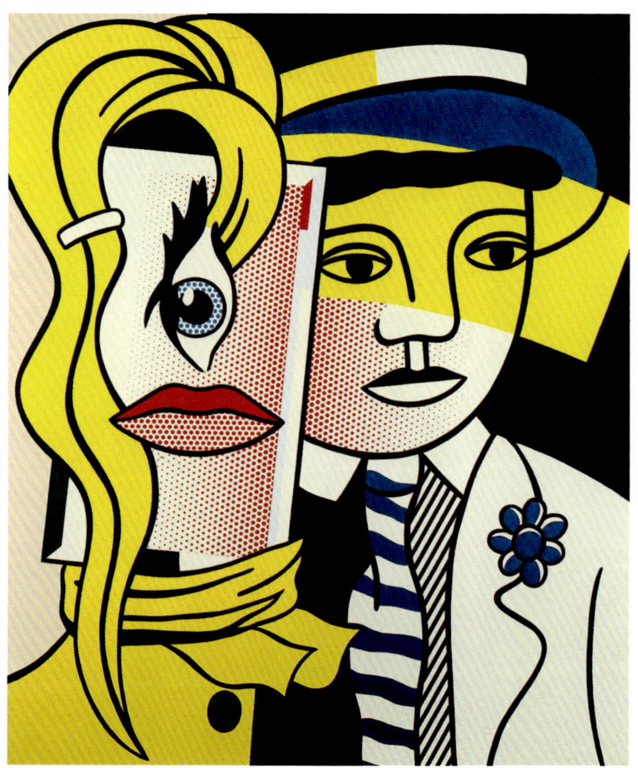

روي ليشتنشتاين
أمريكيّ، 1923 – 1997م

خروج، 1978م
زيت مغنًا على قماش؛ 218.4 × 177.8 سم
اقتناء، هبة من ليلي أشيسون والآس، رصيد أرتور هوبوك هيرن، رصيد أرتور لجوا تكريما لجون أرب، رصيد برنهيل، مؤسّسة جوزيف هـ. هازن، مؤسّسة صمويل أ. نيوهاوس؛ هبة من والتر بارايس، ماري بانن ماك هنري، لويس سميث وستيفان س. سويد، 1980م (1980.420)

لئن صبغ روي ليشتنشتاين أعماله المندرجة في الفنّ الشعبيّ، خلال ستينات القرن العشرين الميلادي، بصور الحياة اليوميّة فقد استلهم خلال العقد الموالي، تاريخ الفنّ الحديث. وإذ حافظ على ما عُرف عنه من استخدام للألوان الأوليّة الساطعة فقد رسم بطريقة تذكّرنا بالرسوم الهزليّة الشعبيّة المطبوعة بطريقة بان – داي التي يعتمد فيها التنقيط لإنشاء الظلال والفويرقات. وفي هذه اللّوحة، اقتبس الفنّانُ الرجلَ ذا الزيّ الأنيق من سلسلة اللّوحات الشهيرة التي رسمها فرنان ليجي وعنوانها نزهة في الريف (1954م). وترافقه امرأة ممسوخة مُنطمسةُ الملامح تذكّر بالشخوص السورياليّة التي رسمها بيكاسو في ثلاثينات القرن العشرين الميلادي.

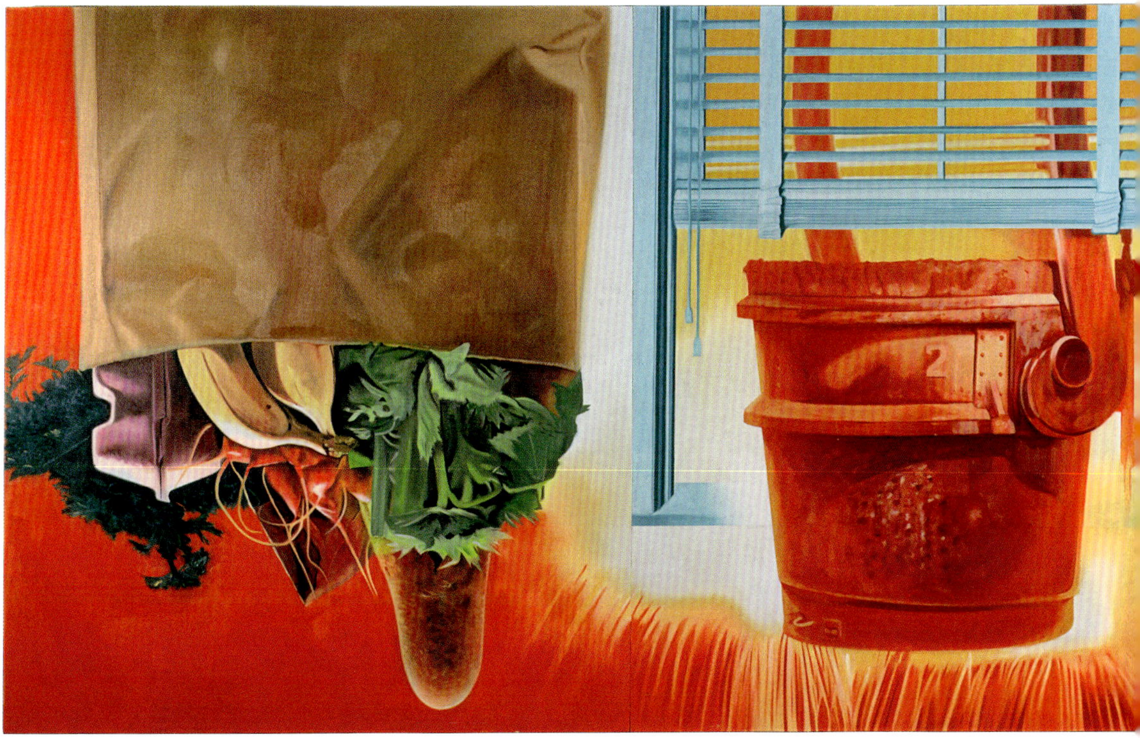

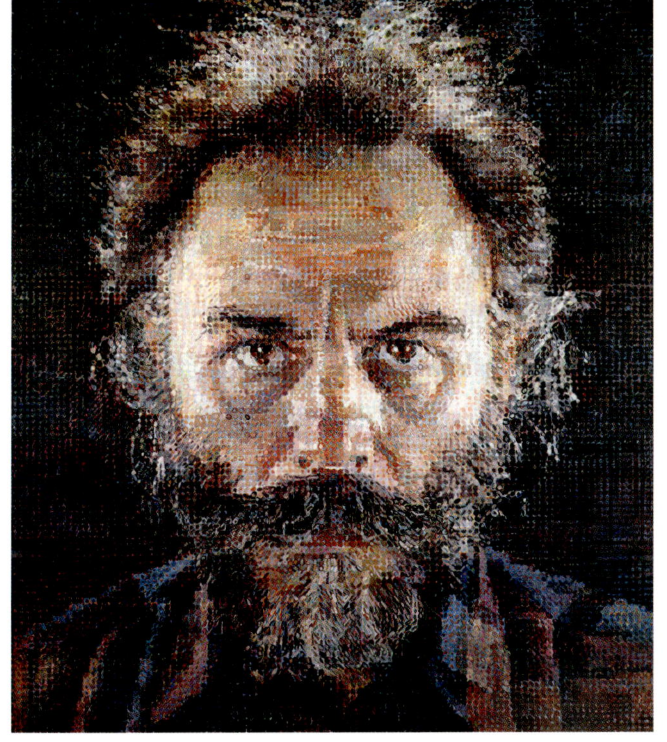

شاك كلوز

أمريكيّ، ولد سنة 1940م

لوكاس، 1986 – 1987م

زيت وغرافيت على قماش؛ 2.54 × 2.13 م

اقتناء، هبة من ليلي أشيسون والآس وهبة من أرنولد وميلّي غلمشر، 1987م (1987.282)

رسم شاك كلوز هذه الرسم الشخصيّ الضخم للفنّان لوكاس ساماراس انطلاقا من صورة شمسيّة مقسّمة إلى مربّعات بِنِيّةِ تكبيرها. وفي موفّى ستّينات القرن العشرين الميلادي، شرع كلوز في صياغة سلسلة من الصور الواقعيّة تتناول رسوما شخصيّة بالأكريليك. ولئن ظلّ وفيّا لضبط صورة الوجه ضبطا ضيّقا فقد اختبر وسائل مدهشة بدءا من تقنية التلصيق وصولا إلى الرسم ببصمات الأصابع للاقتراب قدر الإمكان من الواقع. ويبدو وجه ساماراس عن قرب، مبدّدا في آلاف من الخانات تتضمّن كل خانة منها زخرفا ملوّنا ومتمايزا. أمّا عن بعد، فهذه الأشكال المجرّدة المتكاثرة على نحو ملحوظ تندمج في صورة مؤثّرة تأثيرا بالغا تبرز الكثافة الفاتنة لوجه الشخص المرسوم.

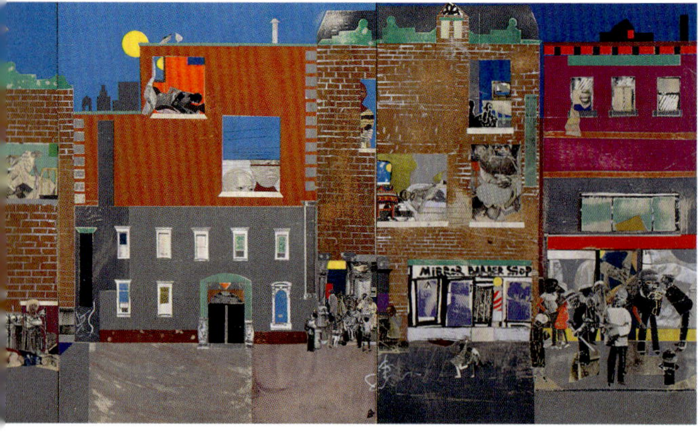

رومار بيردن

أمريكيّ، 1911 – 1988م

مجمّع بيوت، 1971م

ورق مقصوص وملصّق، مطبوع، ملوّن ومعدنيّ، صور بآلة النسخ، غرافيت، قلم حبر لبديّ، ألوان مائية معتَمة، ألوان مائيّة وحبر على ماسونيت؛ المقاسات: 1.22 × 5.49 م؛ كلّ لوح من الألواح الستّة: 121.9 × 91.4 سم

هبة من السيّد والسيّدة صمويل شور، 1978م (1978.61.1–6)

هذه لوحة بحجم جداريّة رسمها بيردن على سبيل الإجلال لحيّ هارلم الذي عاش فيه بنيويورك. وقد صاغ المباني الصغيرة المصطفّة (مساكن وكنائس وحلاّق رجاليّ ومغازة المشروبات الرّوحيّة) استنادا إلى تخطيطاته لجادّة لينوكس بين الشارعين 132 و133. وتُبرز رسومٌ صغيرةٌ أناسًا يعملون أو يستريحون ويلهون في الطريق أو في بيوتهم (نشاهدهم من خلال النوافذ أو بفضل أجزاء من صور). وهي رسوم تعرض معاينات مؤثّرة، ساخرة أحيانا، عن العلاقات الإنسانيّة والعادات الاجتماعيّة.

ويعبّر الاستخدام المبتكر لتقنية التلصيق والاختلافات غير المتوقّعة في الأحجام والمقاسات، أحسن تعبير، عمّا تتميّز به الحياة في المدينة من طاقة وتعقّد. ولئن كانت الصور والموادّ بسيطة فعلا فإنّ بيردن قد شحنها دلالاتٍ بليغة محيلا على فنون وثقافات أخرى من بينها رسم عصر النهضة والرمزيّة الفنيّة المسيحيّة والتكعيبيّة والنحت الإفريقيّ.

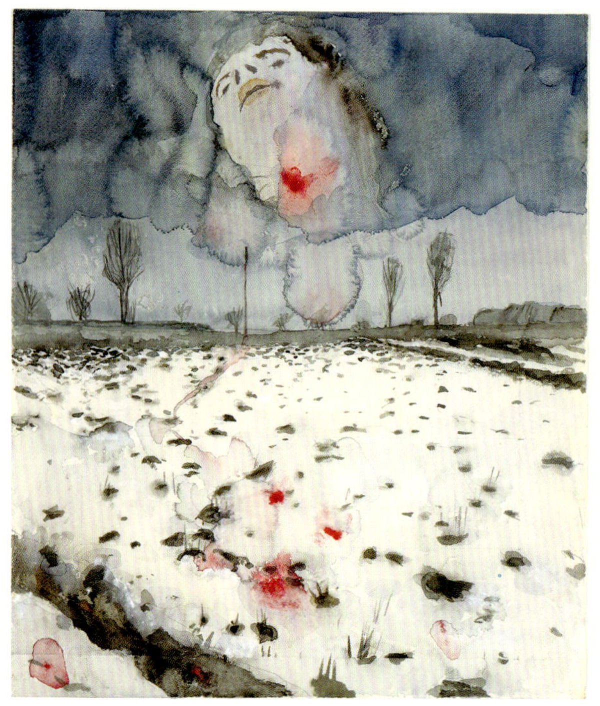

أنسيلام كيافر

ألمانيّ، ولد سنة 1945م

منظر شتويّ، 1970م

ألوان مائيّة، ألوان مائية معتَمة، غرافيت على الورق؛ 42.9 × 35.6 سم

رصيد دونيس وأندريو صول، 1995م (1995.14.5)

إنّ تأمّل المشاهد البرّيّة الموصوفة بالسامية لممّا يميّز المرحلة الرومنسيّة وبالخصوص الرومنسيّة الألمانيّة. ولئن كان منظر شتويّ يحيل فعلا إلى هذه الفترة فإنّ الأرض غير المحروثة حرثا جيّدا والمغطّاة بالثلج تضفي على المشهد مسحة حزينة، إذ يرتفع رأس امرأة مقطوع في أعلى المشهد تقطر منه قطرات من الألوان المائيّة الحمراء حمرة الدم فتلطّخ الأرض. ولعلّ كيافر كان يفكّر في تشخيص الطبيعة الأسطوريّ، من قبيل دافني الذي جعله أبوه إكليلا ليتخلّص من انتباه أبولون. إلاّ أنّه من العسير ألاّ نستحضر جراح الحرب العالميّة الثانية وندوبها ونحن نرى هذا الحقلَ المخرّبَ المضرّجَ بالدماء.

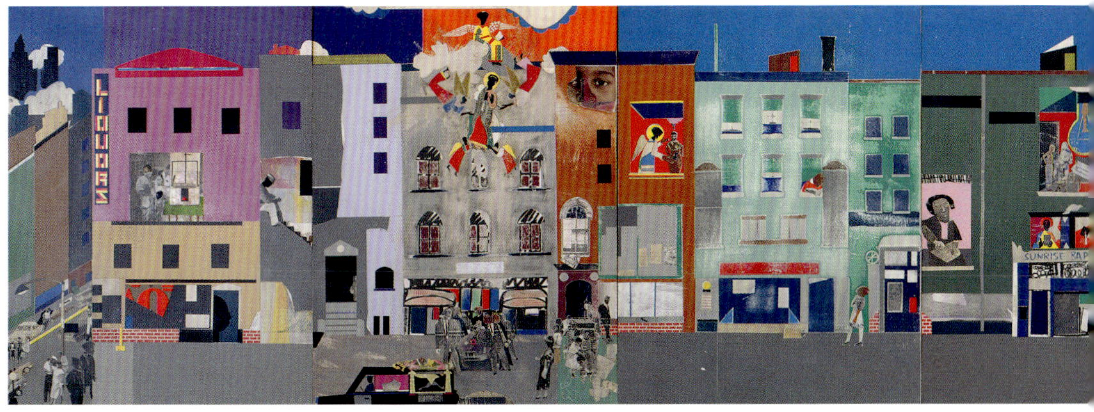

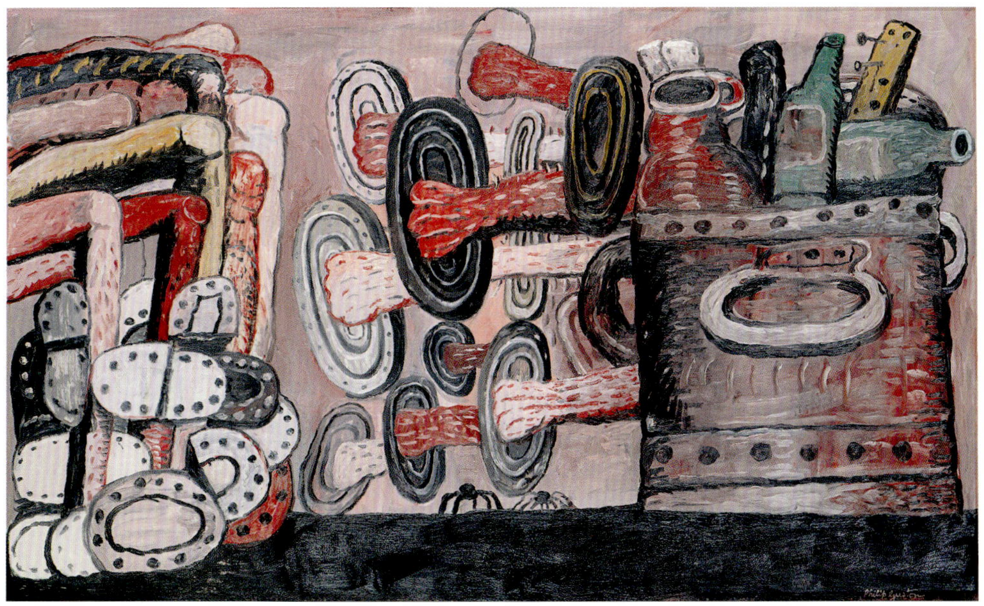

فيليب غستون

أمريكيّ، 1913 – 1980م

الشارع، 1986 – 1987م

زيت على قماش؛ 1.75 × 2.81 م

اقتناء، هبة من ليلى أشيسون والآس والسيّد والسيّدة أندريو صول؛ هبة من جورج أ. هيرن، تبادل، ورصيد أرتور هوبوك هيرن، 1983م (1983.457)

تجمع هذه اللّوحة الضخمة عددا من الموضوعات التي ميّزت عودة فيليب غستون إلى الرسم التصويريّ في نهاية ستينات القرن العشرين الميلادي. وهذا التحوّل فاجأ، مفاجأة كبرى، المعجبين بهذا الرسّام الانطباعيّ التجريديّ سابقا. وقد كتب غستون، سنة 1974م قائلا عن لوحات تلك الفترة ذات الأسلوب البدائيّ إنّها تمثّل «نوعا من دنيا جحيم دانتي». وهذا العمل هو مشهد صراع عنيف يتميّز بالقوّة والسخرية السوداء يَبرز فيه الشارع موطنا للفوضى والصراع والقمامة. إذ نجد فيه ضروب التباين المميّزة للأعمال المتأخّرة التي تعمّر فيها شخصيّاتٌ كاريكاتوريّة المشهدَ الكابوسيّ ويرسمها الفنّان باللّون الرماديّ الحزين وبالأحمر الفاقع والورديّ.

لوسيان فرويد

بريطانيّ، ولد بألمانيا، 1922 – 2011م

رجل عار يشاهد قفاه، 1991 – 1992م

زيت على قماش؛ 183.5 × 173.5 سم

اقتناء، هبة من ليلى أشيسون والآس، 1993م (1993.71)

رسم لوسيان فرويد، وهو من روّاد الرسم الواقعيّ في بريطانيا، لوحات تكشف في الأغلب الأعمّ، البعد الإنسانيّ في موضوعاته وتبرز حضور الجسد. وهذا ما يتجلّى في الرسم الشخصيّ للاي بويري الممثّل الأستراليّ الذي يقدّم عروضه في لندن وقد كان ممّن يحبّذ فرويد مثولهم أمامه للرسم. فنزع، في سخرية، عن بويري ملابسه وزينته الغريبة التي اشتهر بهما ليرسمه في مَرسَمه عاريا جالسا بثقله على مقعد عريض واطئ. ويبدو الظهر، بفضل طبقة الطلاء السميكة، منحوتا كأنّه جبل من لحم. فهو أقرب إلى طبيعة ساكنة قُدّت من بشرة آدميّة منه إلى رسم شخصيّ تقليديّ.

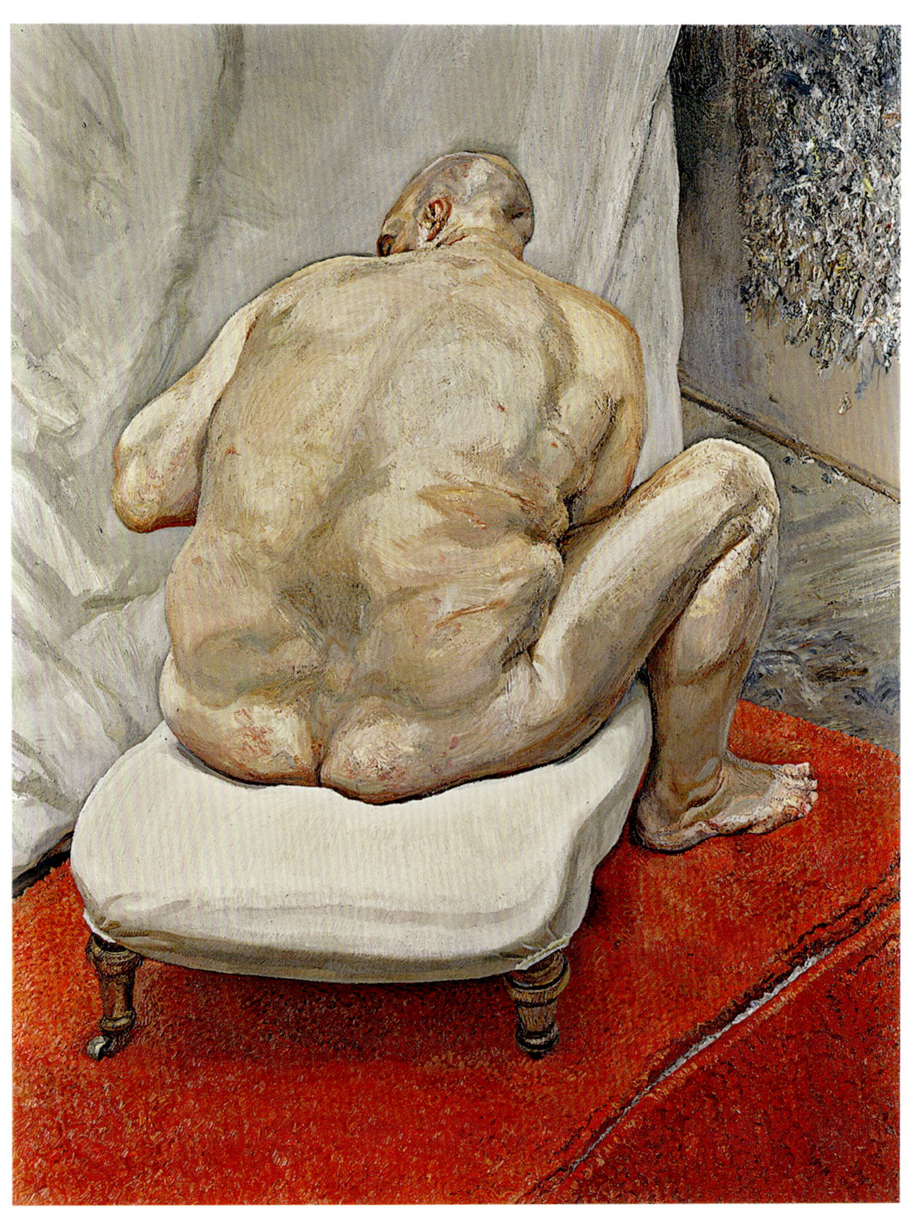

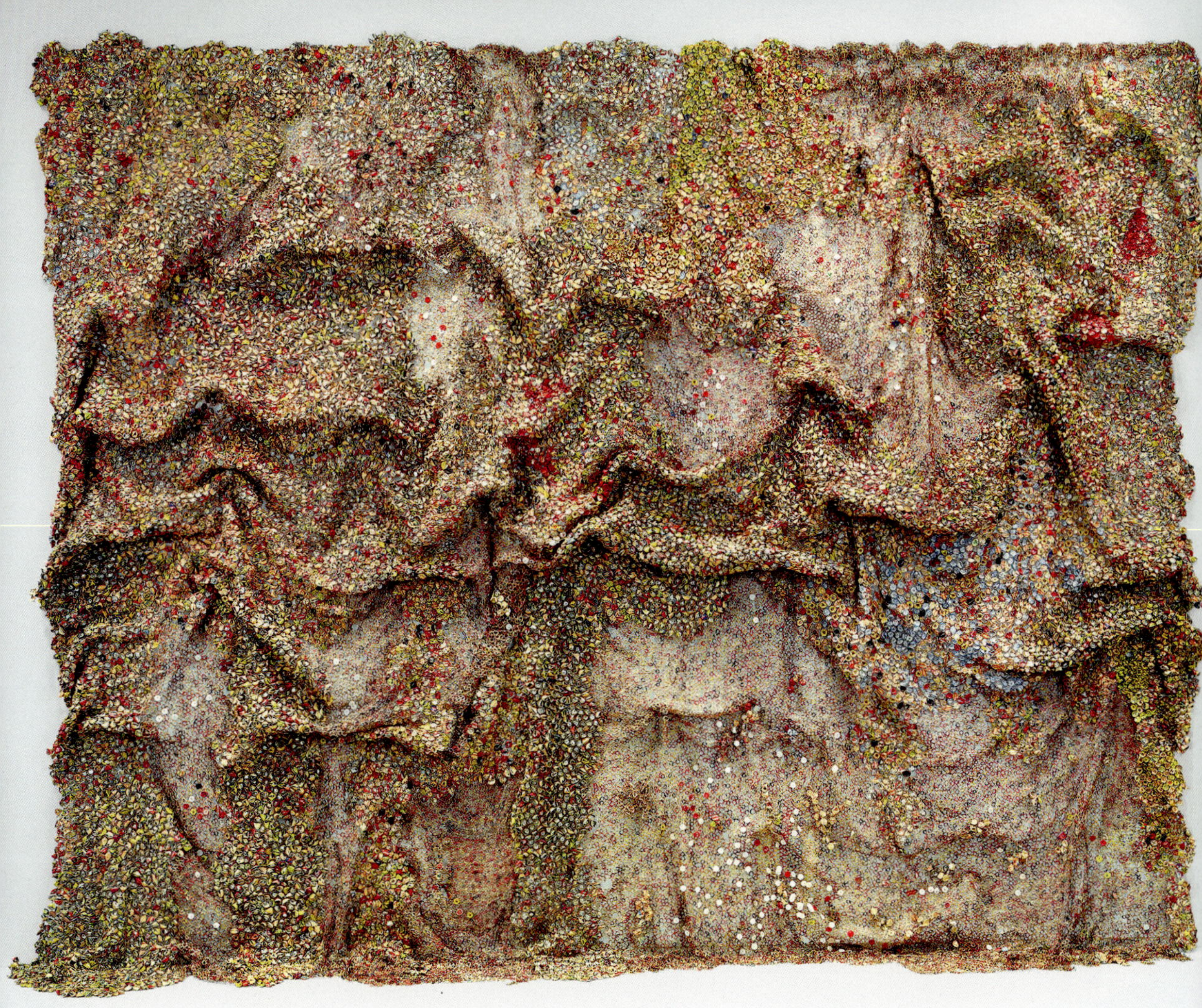

إل أنتسوي
غانيّ، ولد سنة 1944م
دوساسا II، 2007م
قطع من الألمنيوم عُثر عليها، أسلاك من النحاس، أقراص من البلاستيك؛ 5.99 م × 7.32 م × 5.1 سم
اقتناء، رصيد المجموعة الفنيّة الحادية والعشرين لريموند وبافرلي ساكلر؛ هبة من ستيفان ونان سويد ومؤسّسة روي ر. وماري س. بوبرغر؛ رصيد أرتور لوجوا، تكريمًا لجون أرب، 2008م (2008.121)

يُعتبر إل أنتسوي المولود في غانا والمقيم في نيجيريا لدى الكثيرين رأسَ النحتِ الإفريقيّ المعاصر. وتتكوّن جداريّاته من موادّ تُجمع من الطريق غالبا ما تكون سدّادات من الألمنيوم لقوارير المشروبات الروحيّة التي يعجنها ويشكّلها ويثقبها فيجمّعها بعناية بواسطة أسلاك من النحاس. ولئن كان أنتسوي يقدّم نفسه على أنّه نحّات فإنّ تنسيقه الدقيق للموادّ يشبه عمل الرسّام أو النسّاج. وتتنزّل أعماله عميقا في الثقافة الإفريقيّة التقليديّة (نسيج كانتي الغاني) والفنّ الغربيّ (الفسيفساء والنسيج الموشّى ورسم غوستاف كليمت) والحياة المعاصرة (استهلاك الكحول ونفايات المواد الاستهلاكيّة). وتَعْني دوساسا «كشكولا يجمّعه أفراد جماعة ما» على ما شرح الفنّان نفسه. وهذا ما قام به على نحو ما، مع فريق من مساعديه.

التصوير الشمسيّ

يضمّ متحف المتروبوليتان أكثر من أربعين ألف صورة شمسيّة تستغرق تاريخ هذا الفنّ منذ نشأته في ثلاثينات القرن التاسع عشر الميلادي إلى تجلّياته الأخيرة في صور الفيديو والوسائط الجديدة. وقد بدأ تكوين المجموعة سنة 1928م بفضل المصوّر الفوتوغرافي الأمريكيّ ألفريد ستيغلتز الذي وهب في مرحلة أولى اثنتين وعشرين صورة من أعماله الشخصيّة تبعَتها هبات ووصايا بلغت أكثر من ستّمئة صورة. وانضافت إلى هذا الرصيد الذي مثّل حجر الزاوية مجموعةُ شركة فورد موتورز التي تضمّ حوالي خمسمئة عمل طلائعيّ لفنّانين أمريكيّين وأوروبّيّين في فترة ما بين الحربين. وزيادة على ذلك نجد مجموعةَ روبل التي تضمّ أعمالا تعود إلى السنوات الأولى للتصوير الشمسيّ في بريطانيا ومجموعةَ جيلمان وهي جَمْهرةٌ ثريّة من الصور الفرنسيّة والبريطانيّة والأمريكيّة التي تعود إلى القرن التاسع عشر الميلادي ومن روائع منعطف القرن والفترة الحديثة. ونجد أخيرا، أرشيف المصوّرَين الفوتوغرافيَّين الأمريكيَّين والكر إيفانس وديان أربوس. وقد اتّسعت مجموعةُ المتحف اتّساعا جعلها تمثّل مختلف اتجاهات التصوير الشمسيّ منذ 1960م: دوره في الفنّ المفهوميّ وفنّ الطبيعة والفنّ الجسديّ وأكاديميّة دوسلدورف مع بيرند وهيلا بيشر وتلامذتهما وفنّانو «بيكتشرز جينيرايشن» وغيرهم من الفنّانين المعاصرين المهمّين الّذين استخدموا الصورة الشمسيّة في أعمالهم. وما انفكّت المجموعة الأصليّة تثرى بأمثلة مختارة من الصور الصحفيّة وصور الموضة والإشهار والعلوم والإثنوغرافيا وكذلك بنماذج من صور الهواة، وجميعها يشهد على الانتشار الواسع لهذا الفنّ وحضوره الطاغي في المجتمع الحديث.

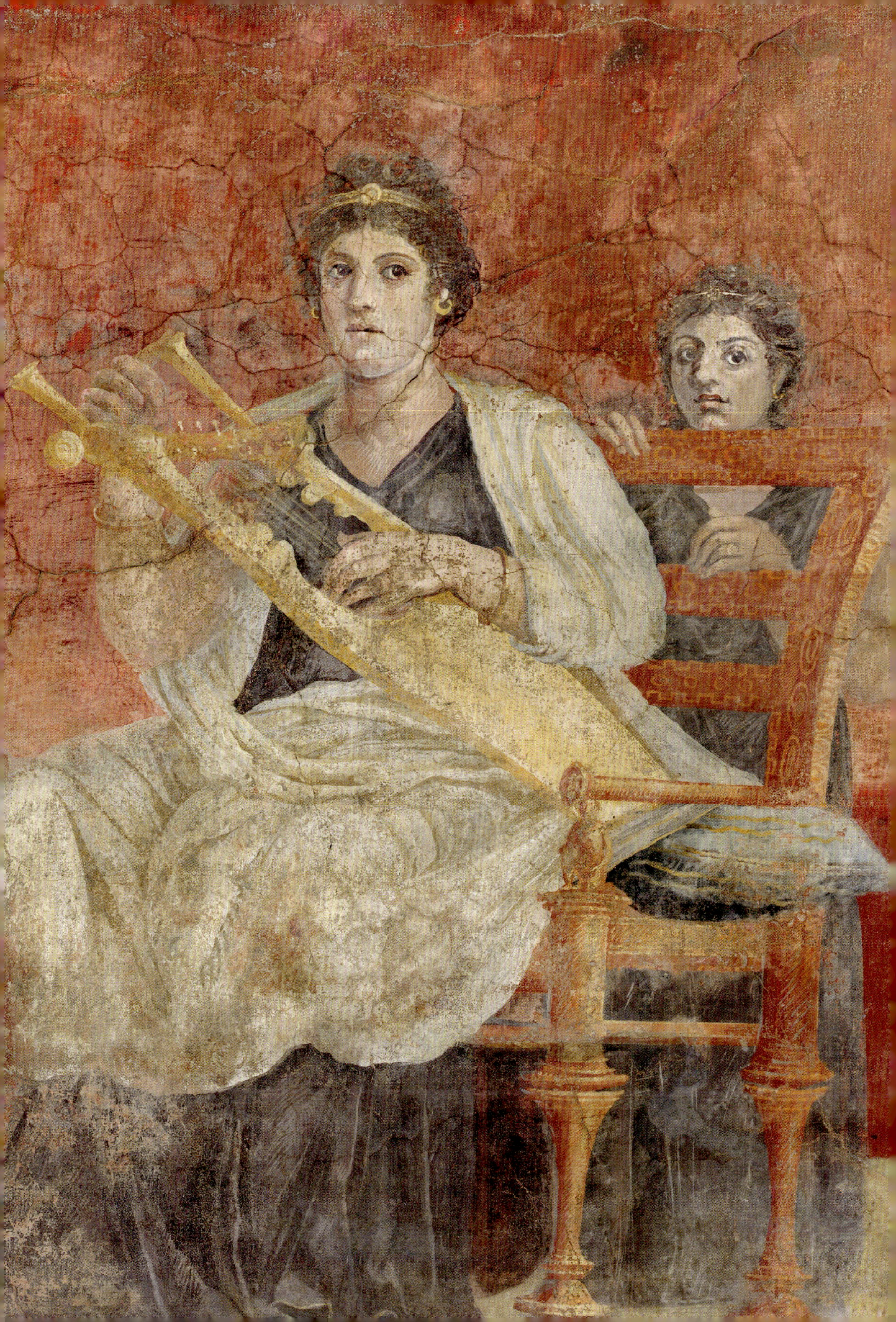

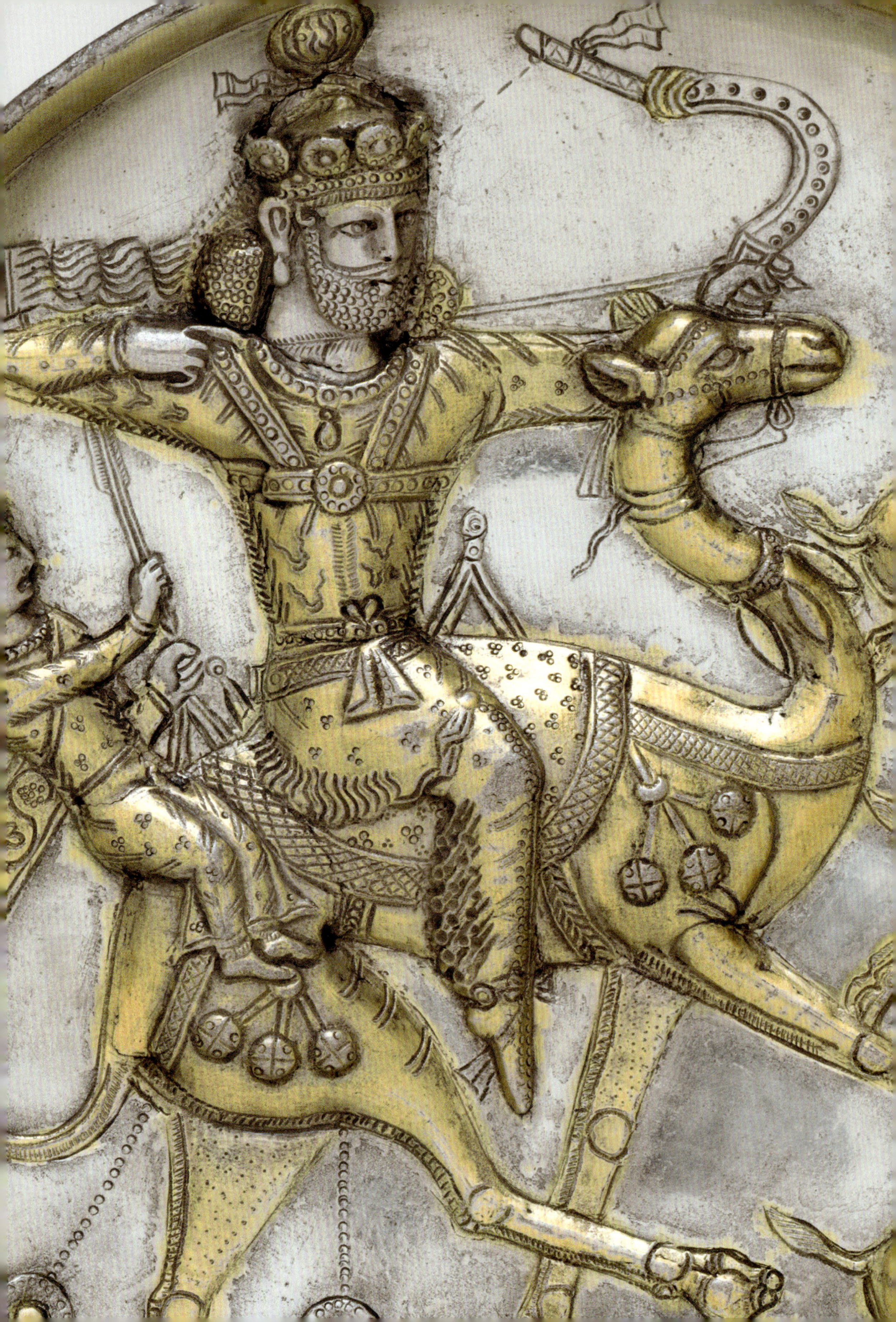

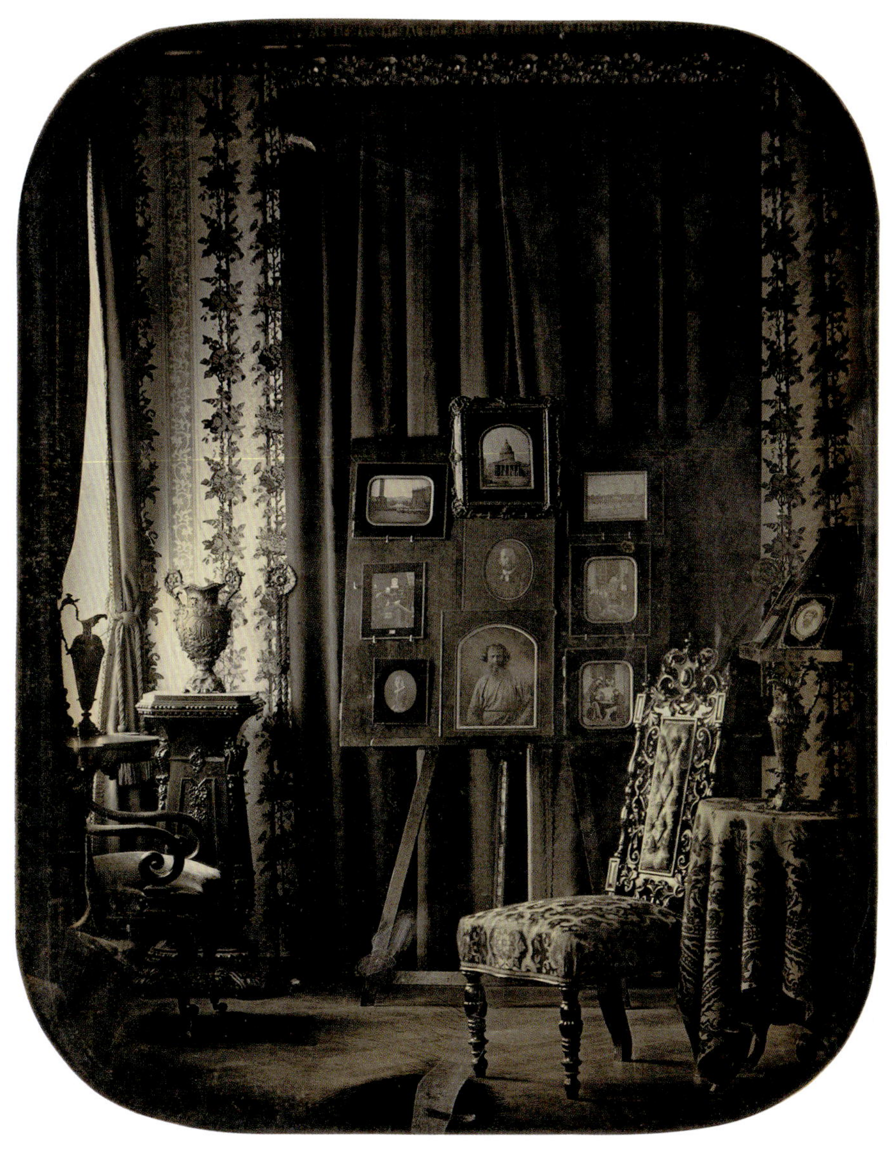

جون – باتيست – لوي غروس

فرنسيّ، 1793 – 1870م

قاعة جلوس البارون غروس، 1850 – 1857م

تصوير شمسيّ على ألواح فضّيّة؛ 22 × 17.1 سم

اقتناء، رصيد فليتشر، هبة من جويس إ. مانشال، رصيد لويس ف. بال، هبة من جمعيّة ألفريد ستيغلتز ومن و. بروس ودولاناي هـ. لندبورغ، 2010م (2010.23)

كان البارون غروس، وهو البارع ولا جدال في التصوير على الألواح الفضّيّة، يتميّز بنظرة مرهفة جدّا. ويبرزُ هذا في التفنّن في الإخراج وجاذبيّة اللعب بالضوء والتلطّف فيه. فكلّ تفصيل بحسبان: الظلّ الذي يرسم بدقّة الإبريق من النافذة والمقعد الفاخر ذو الظهر العالي الذي يدعو إلى الجلوس في نور الشمس والألواح الفضّيّة الموضوعة على الحامل وهي تُرى بوضوح رغم أنّها ملتمعة والستائر المنسدلة خلفها بما يعطي الانطباع بأنّنا في مسرح. وتكشف الصورة، وهي في آن واحد صورةٌ داخليّةٌ وصورةُ طبيعةٍ ساكنةٍ، عن المكانة الاجتماعيّة للبارون وبصيرته الجماليّة ورحلاته وموهبته.

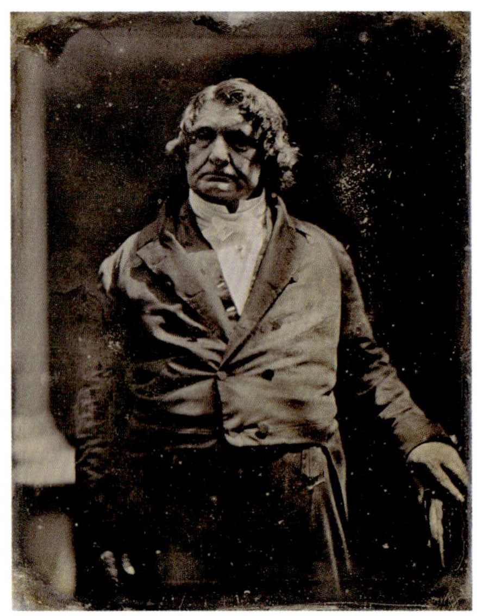

أعلى الصفحة

ألبيرت ساندس ساوثوورث
أمريكيّ، 1811 – 1894م

جوسيا جونسون هاواس
أمريكيّ، 1808 – 1901م

لوموال شاو، رئيس المحكمة العليا بماسوشيتس، سنوات 1850م
تصوير شمسيّ على ألواح فضّيّة؛ 21.6 × 16.5 سم
هبة من إدوارد س. هاواس، أليس ماري هاواس وماريون أوغستا هاواس، 1938م (38.34)

كان أستوديو ساوثوورث وهاواس في بوسطن ينتج في عصره، أجمل الصور الشخصيّة على ألواح فضّيّة لنخبة السياسيّين والمثقّفين والفنّانين بالولايات المتّحدة الأمريكيّة. وقد عَرفتْ هذه الطريقةُ الأولى في التصوير الشمسيّ انتشارا عالميّا سريعا بعد تقديمها للجمهور العريض في باريس سنة 1839م. وتقوم هذه الطريقة على وضع لوح من النحاس المفضّض المصقول بعناية في غرفة التحميض ثمّ يقع تظهيرها ببخار الزئبق فتجيء الصورة بدقائقها ولطائفها البيّنة لتبرز الملامح على نحو مذهل. والحضور الطاغي للوموال شاو، وقد نُحِتَ بشعاع كثيف للشمس وأُضفيت عليه نظرة الفنّان الموهوب، يخرج خروجا جليّا عن القواعد التقليديّة للرسوم الشخصيّة التي كانت تنفّذ إلى تلك الفترة في الأستوديو تحت أضواء غير مباشرة.

أسفل الصفحة

أونيسيب أغادو
فرنسيّ، 1827 – 1894م

امرأة يشاهد قفاها، حوالي 1862م
مستخرج على الورق المملّح عن صورة سلبيّة على الزجاج؛ 30.8 × 25.8 سم
مجموعة جيلمان، اقتناء، هبة من جويس ف. مانشال، 2005م (2005.100.1)

هذه الصورة الشمسيّة التي التقطها هاوٍ ثريٌّ من الذين يرتادون البلاط الملكيّ الفرنسيّ تمثّل، في آن واحد، صورةً شخصيّة وصورةَ موضةٍ ودعابةً. فالعقصة المتقنة التي صنعتها يدان حاذقتان والحليّ الذي لا يلفت إليه النظر والديباج المنعّم لمّا يدلّ على امرأة من الطبقة الراقية هي مثال على ما ينبغي أن تكون عليه النّساء. ولئن كانت هويّة المرأة مدعاة إلى الفضول فإنّها أقلّ أهمّيّة من هالة السرّ التي تشعّ منها. وتوجد صورة شمسيّة جانبيّة مصاحبة تكشف في المرأة نفسها ملامحَ مضطربة وذقنا منحدرة.

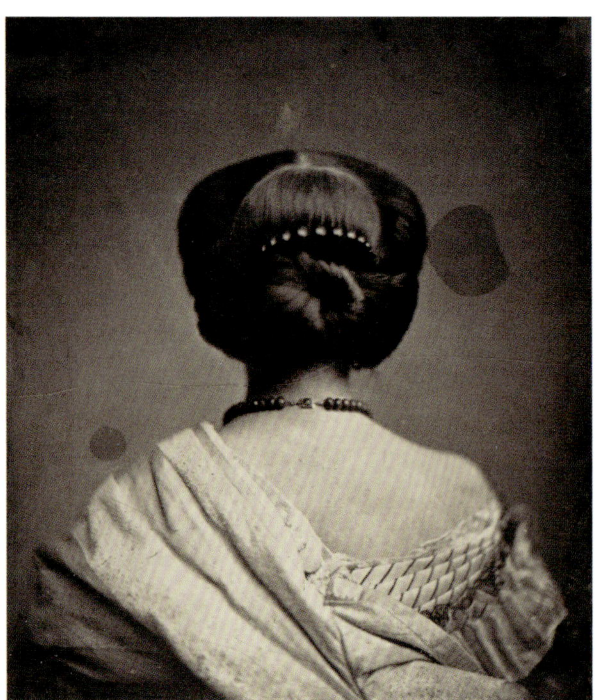

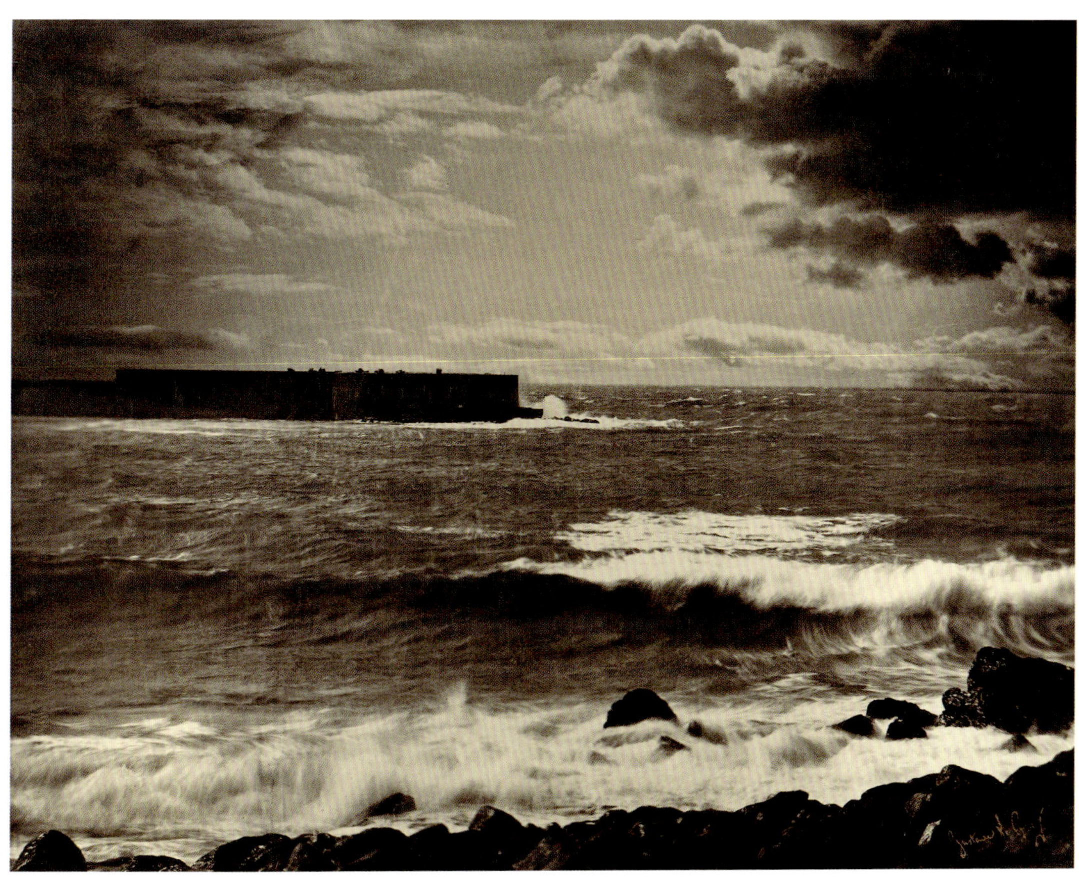

غوستاف لوغري
فرنسيّ، 1820 – 1884م

الموجة الكبيرة، سيت، 1857م
مستخرج بالآح المفضّض عن صورة سلبيّة ؛ 33.7 × 41.4 سم
هبة من جون غولدميث فيليب، 1976م (1976.646)

كان الانطباع الرائع الذي تتركه صورة الشمس والغيوم والماء في مناظر البحر التي التقطها لوغري يفتن معاصريه في فترة لم يكن جلّ المصوّرين الفوتوغرافيّين قادرين خلالها على عرض المشهد والسماء معا على الصورة الشمسيّة نفسها. وقد حلّ الفنّان الإشكال باستخراج صورتين سلبيّتين، إحداهما للبحر والأخرى للسماء، على الورقة نفسها وإن كانت الصورتان قد التقطتا في مناسبتين منفصلتين وفي مكانين مختلفين. ولم تكن صور غراي البحريّة تمثّل حدثا بفضل ما تضمّنته من مآثر تقنيّة فحسب بل كذلك بما لها من سحر شاعريّ لا عهد لفنّ التصوير الشمسيّ به.

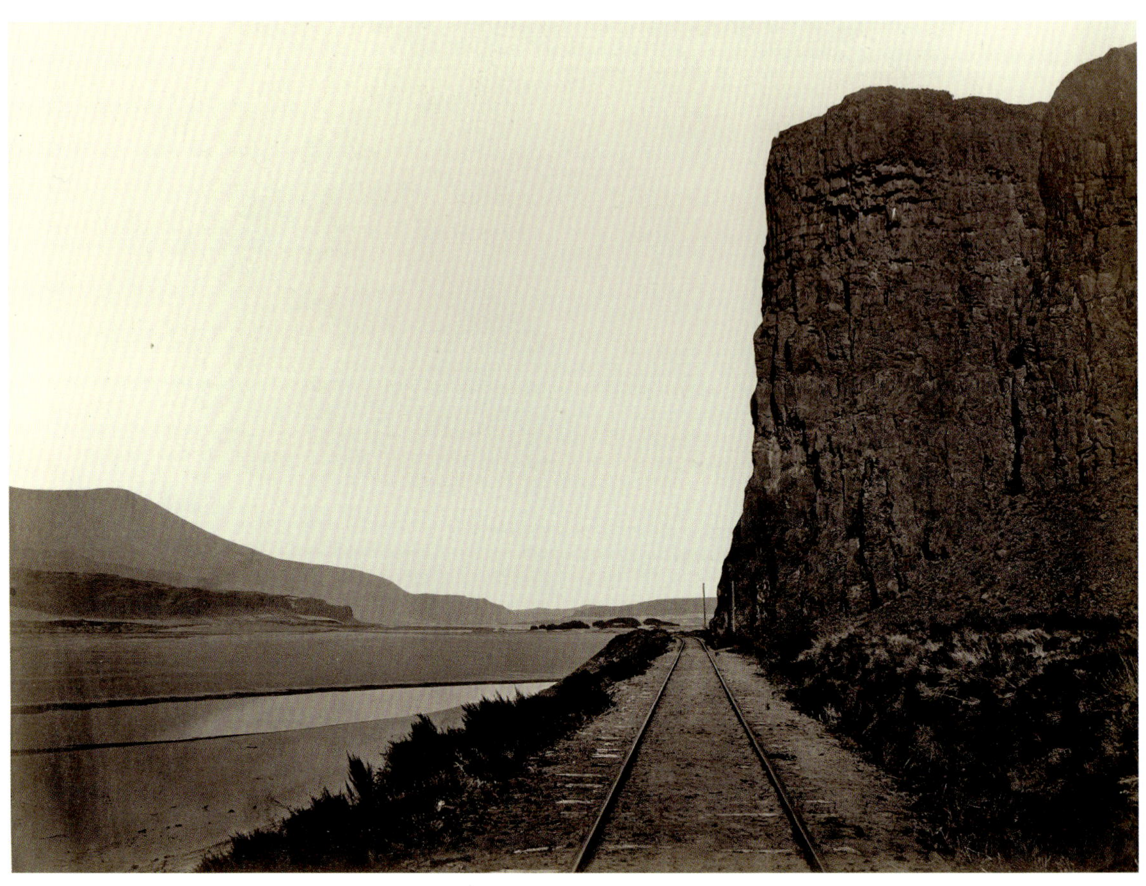

كارلتون واتكينس

أمريكيّ، 1829 – 1916م

رأس هورن قرب سيليلو، حوالي 1862م
مستخرج بالآح المفضّض عن صورة سلبيّة؛ 40 × 52.4 سم
مجموعة جيلمان، اقتناء، هبة من مؤسّسة هوراس و. غولدسميث، بوساطة جويس وروبار مانشال، 2005م (2005.100.109)

استخرج كارلتون واتكينس، وهو أحد كبار فنّاني المناظر باستخدام جميع الوسائط، هذه الصورةَ انطلاقا من صورة سلبيّة على لوح من الزجاج ذي مقاسات كبيرة. وتقع سيليلو على بعد مئة وواحد وستين كيلومترا من بورتلند في ولاية أوريغون على نهر كولومبيا وهي آخر محطّة في رسم المواقع والأماكن التي طلبتها شركة الملاحة البخاريّة. وقد أوجد واتكينس توازنا بارعا بين الطبيعة وفعل الإنسان فيها يُمْكِنُ تأويله على أنّه استعارة بصريّة عن القدر البيّن وهو اعتقاد مفاده أنّ قدر الولايات المتحدة الأمريكيّة هو أن تبسط نفوذها على كامل القارّة.

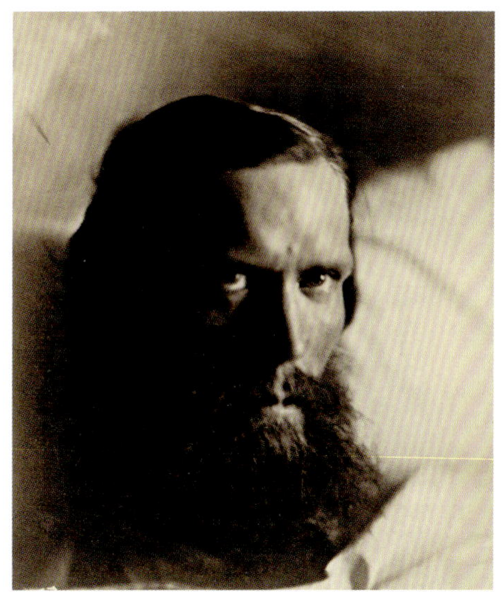

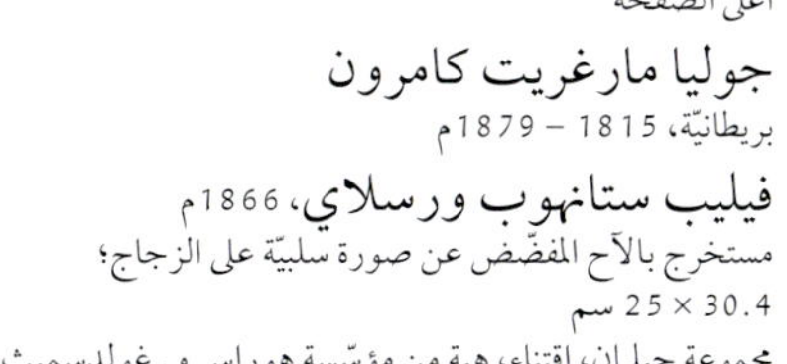

أعلى الصفحة

جوليا مارغريت كامرون

بريطانيّة، 1815 – 1879م

فيليب ستانهوب ورسلاي، 1866م

مستخرج بالآح المفضّض عن صورة سلبيّة على الزجاج؛
30.4 × 25 سم

مجموعة جيلمان، اقتناء، هبة من مؤسّسة هوراس و. غولدسميث، بتوسّط جويس وروبار مانشال، 2005م (2005.100.27)

درس الشاعر فيليب ستانهوب ورسلاي في أكسفورد وترجم الأوديسة وقسما من الإلياذة إلى مقاطع على نمط شعر الشاعر إدموند سبنسر. وقد توفّي في الثلاثين من العمر، وكان مصابا منذ صغره بمرض السلّ، في فراشواتر بجزيرة وايت حيث كانت تقطن كذلك جوليا مارغريت كامرون. وتكشف هذه الصورة الشخصيّة التي التقطت لورسلاي سنة وفاته، أحسنَ كشفٍ، عن عمق حياة الشاعر الفكريّة ومأساته. فقد أطّرت المصوّرةُ الوجهَ على خلفيّة لا خصائص لها بحيث تكون نظرةُ التحديق الحزينةُ المصوّبةُ إلى آلة التصوير في قلب الصورة بالضبط. وإذ حجبت الفنّانةُ الجسد وأحاطت الرأس الجميل، وهو على حجم يكاد يكون طبيعيّا، بعتمة دراميّة فقد أضفت على جاذبيّة ورسلاي الفاتنة هالةً من التضحية والفداء.

أسفل الصفحة

طوماس إيكنس

أمريكيّ، 1844 – 1916م

طالبتان بلباس إغريقيّ، 1883م

مستخرج من البلاتين؛ 36.8 × 26.7 سم

رصيد دافيد هنتر ماك ألبين، 1943م (43.87.17)

كان طوماس إيكنس يستخدم آلة التصوير أسلوبا لإضفاء صبغة طبيعيّة أقوى على لوحاته. وكان يلجأ إلى طلبته في أكاديميّة بانسلفانيا للفنون الجميلة بفيلاديلفيا ليصوّرهم، فجمع عددا كبيرا من الصور الفوتوغرافيّة التي يسّرت له أيّما تيسير، دراسة أشكال جسم الإنسان. وهذه الصورة التي استخرجت على ورق من البلاتين كبير الحجم هي درس للوقفة والحركة اللّتين وقع اختيارهما عن وعي لتكونا رجع صدى لشخوص منحوتة نافرة أنجزها إيكنس بعنوان أركاديا (1883م) نشاهدها موضوعة على طاولة تحت لوحي ألوان خشبيّين.

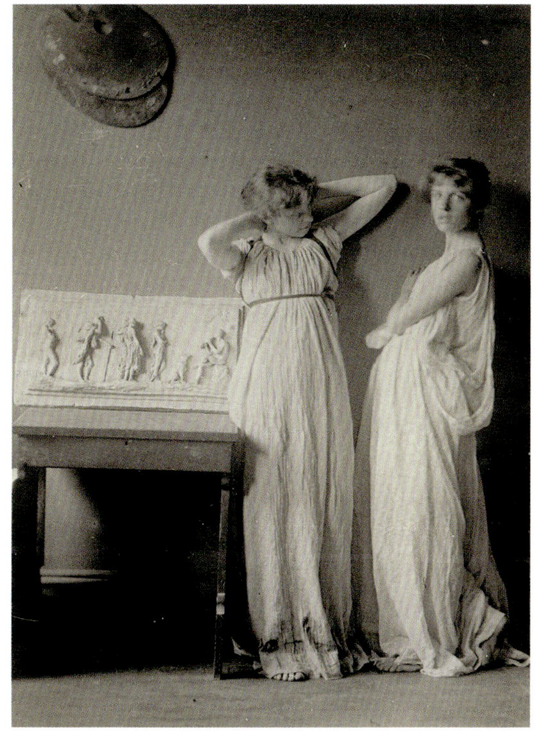

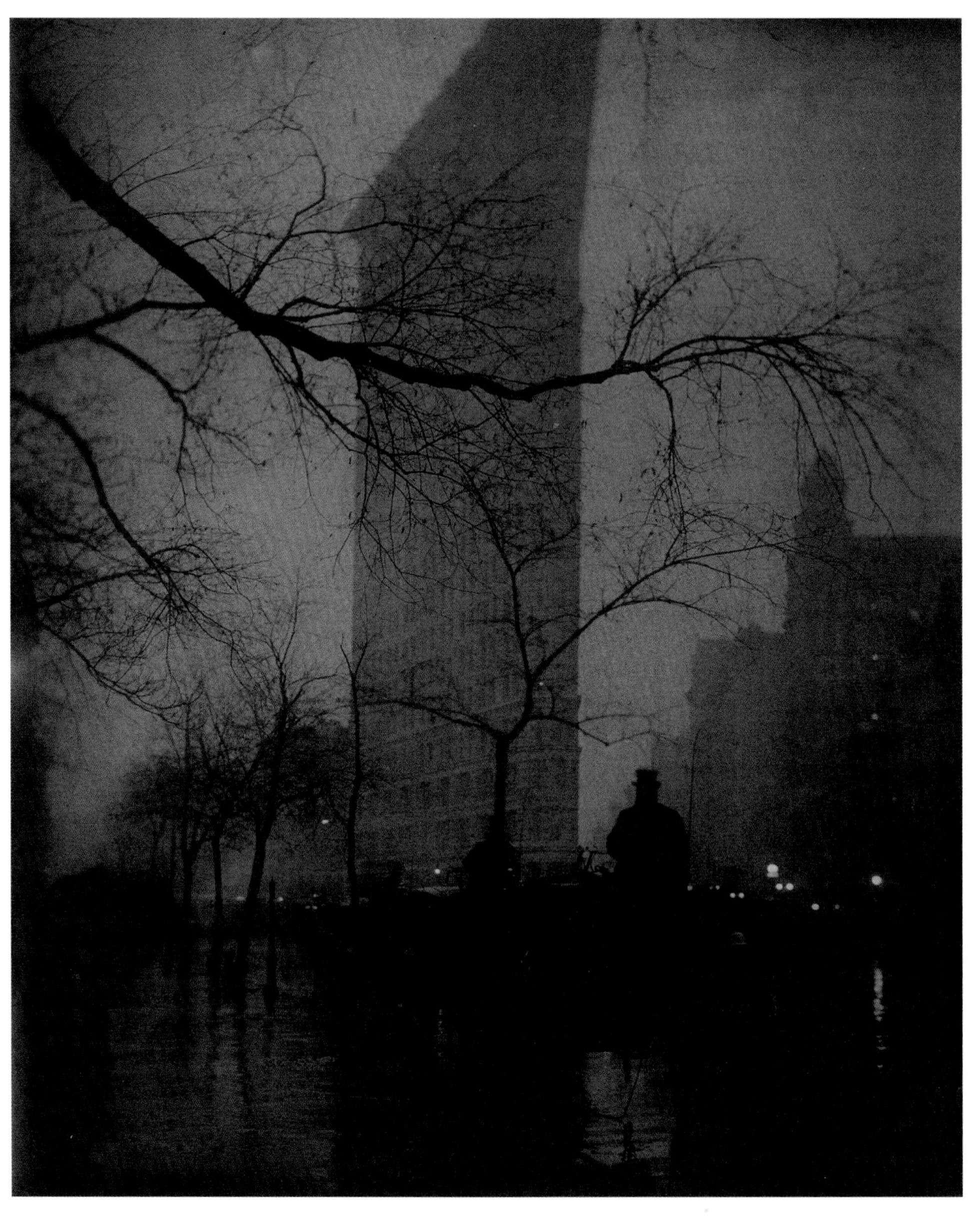

إدوارد ستايشن
أمريكيّ، ولد في اللّوكسمبورغ 1879 – 1973م

فلاتيرون، 1904م
صمغ ثنائيّ التلوين على نسخة من البلاتين؛ 47.8 × 38.4 سم
مجموعة ألفريد ستيغلتز، 1933م (33.43.43)

لئن كانت لوحةُ ألوانِ ستايشن تعيد إلى الأذهان ليليّات ويستلر وكان الغصن في صدر اللّوحة يرجع صدًى من الرشوم اليابانيّة الشائعة في منعطف القرن بباريس فإنّ موضوع الصورة بلا ريب، حديثٌ وأمريكيٌّ.

فالطوابق الاثنان والعشرون لناطحة السحاب التي فُرغ من تشييدها في نيويورك وقتئذ تشرف على ميدان ماديسون من علوّ شاهق بحيث يصعب اندراجها في الإطار. وهذه الصورة، وهي درّة الصور الفوتوغرافيّة في المتحف، واحدة من ثلاث نسخ متنوّعة من فلاتيرون تختلف الواحدة عن الأخرى في النسق اللّونيّ ويبدو أنّها تستدعي تطوّر تلوّن الغروب. وتؤكّد هذه الصور بجلاء أنّ التصوير الشمسيّ يمكنه أن ينافس الرسم في الدرجة واللّون وفي الطابع الشخصيّ والقدرة على التعبير.

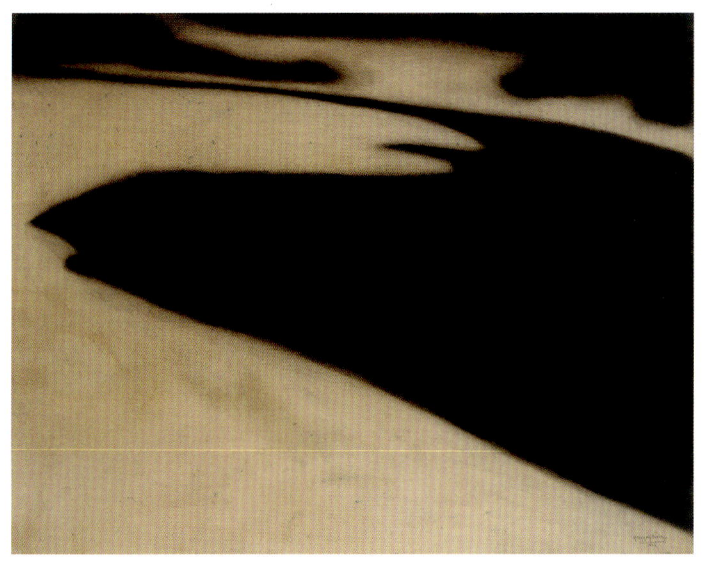

جورج سيلاي
أمريكيّ، 1880 – 1955م

مشهد شتويّ، 1909م
صمغ ثنائيّ التلوين على نسخة من البلاتين؛
43.7 × 53.8 سم
مجموعة جيلمان، اقتناء، هبة من مؤسّسة هوراس و. غولدسميث، بوساطة جويس وروبار مانشال، 2005م (2005.100.116)

بعد أن درس جورج سيلاي الرسم في بوسطن التحق بمجموعة فنيّة غير رسميّة بالمرة اسمها صورة–انشقاق أسّسها ألفريد ستيغلتز سنة 1906م. وقد انتهز مشاركته الثانية في رواق 291 لستيغلتز، سنة 1908م لزيارة نيويورك حيث شاهد لأوّل مرّة صورا مستخرجة لزملائه. ولعلّ هذه التجربة حول الثلج في بركة من الجليد بمثابة الردّ على عملٍ إدوارد ستايشن الذي افتتن به كثيرا. وقد جعل التبسيطُ الذي لا يخلو من شجاعة لدرجات اللّون والضوء مثلما جعلت الالتواءاتُ المرنةُ المتناسبةُ مع الأشكال المتعرّجة في الفنّ الجديد من هذه الصورة أكثر الصور الفوتوغرافيّة في تلك الفترة تجريدا.

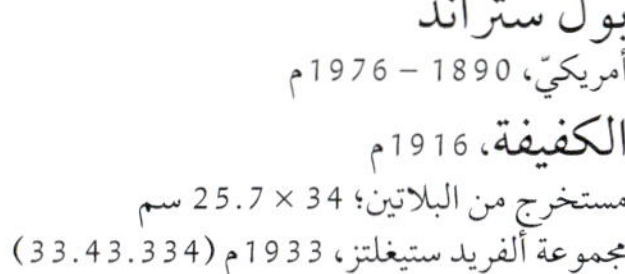

بول ستراند
أمريكيّ، 1890 – 1976م

الكفيفة، 1916م
مستخرج من البلاتين؛ 34 × 25.7 سم
مجموعة ألفريد ستيغلتز، 1933م (33.43.334)

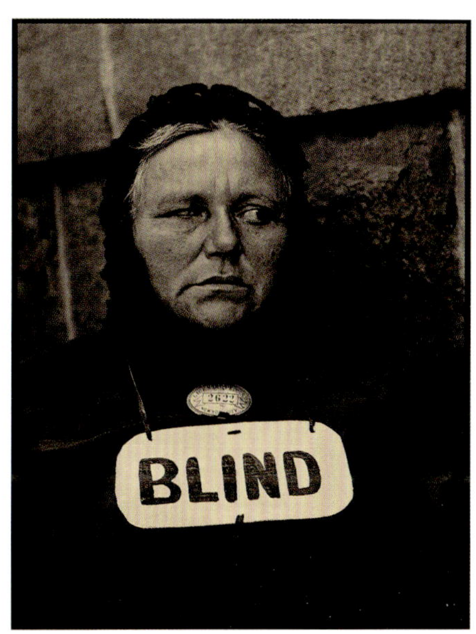

في سنة 1916م، أنجز بول ستراند سلسلة من الصور الشخصيّة الخاطفة في الشارع بآلة تصوير ركّب فيها عدسة خادعة استعملها ليصوّب الآلة في اتجاه ثمّ يلتقط الصورة في اتجاه مغاير. وقد نشرت صورة البائعة المتجوّلة هذه سنة 1917م في مجلّة كاميرا وورك لصاحبها ألفريد ستيغلتز. فأضحت في الحال رمزا للتصوير الشمسيّ الأمريكيّ الجديد الذي يجمع إلى البعد الإنسانيّ في الوثيقة الاجتماعيّة ما يميّز النزعة الحديثة من أشكالٍ مبسّطةٍ تبسيطا لا يخلو من جرأة. وهذه الصورة المستخرجة من البلاتين ذات المقاسات الكبيرة هي التظهير الوحيد الذي أُنجز في تلك الفترة بغرض العرض.

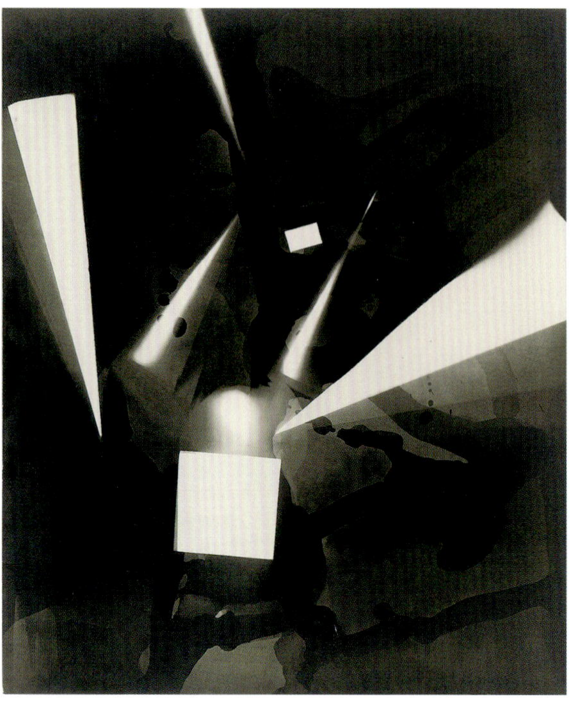

مان راي

أمريكيّ، 1890 – 1976م

تصوير شعاعيّ، 1923 – 1928م

تظهير على ورق من الجيلاتين والفضّة؛ 49 × 39.8 سم

مجموعة جيلمان، اقتناء، هبة من مؤسّسة هوراس و. غولدسميث، بوساطة جويس وروبار مانشال، 2005م (2005.100.140)

لا تقنية تناسب السورياليّة الملتبسة لمان راي أفضل من التصوير المساحيّ الضوئيّ وهي عمليّة تتمّ دون آلة تصوير بوضع أشياء مباشرة على ورق ذي حساسيّة وتسليط الضوء على ذلك كلّه مباشرة. وقد ولّد مصطلح «تصوير شعاعيّ» ترستان زارا صديقُ مان راي. والصور المساحيّة الضوئيّة فريدة لا يمكن تكرارها وغير مضمونة النتائج. لعلّ الأشكالَ البيضاءَ الساطعةَ التي تسبح في خلفيّة معتمة، وقد «رسمت» بواسطة موادّ كيميائيّة سائلة، تمثّل على هذه الصورة الشعاعيّة، وهي واحدة من أكبر ما أنجز مان راي، استعارةً عن الإبداع والخلق.

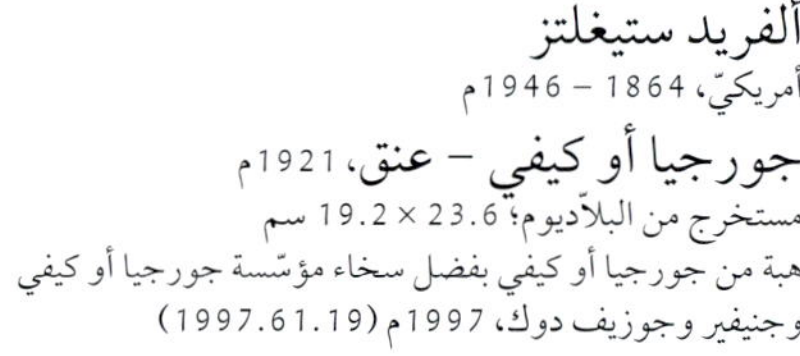

ألفريد ستيغلتز

أمريكيّ، 1864 – 1946م

جورجيا أو كيفي – عنق، 1921م

مستخرج من البلاّديوم؛ 23.6 × 19.2 سم

هبة من جورجيا أو كيفي بفضل سخاء مؤسّسة جورجيا أو كيفي وجنيفير وجوزيف دوك، 1997م (1997.61.19)

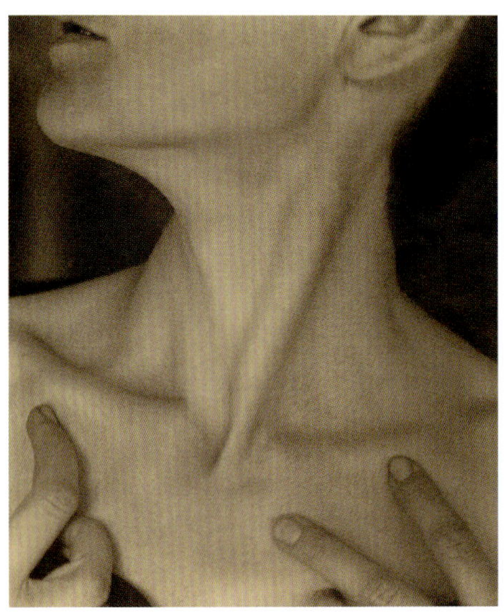

التقط ألفريد ستيغلتز، بين سنتي 1917 و1937م، ثلاثمئة صورة لجورجيا أو كيفي من بينها هذه الصورة التي تمثّل جزءا من صورة شخصيّة مركّبة بديعة. فقد كان ستيغلتز يعتقد أنّ الصورة الشخصيّة ينبغي أن تكشف التجربةَ التي عاشها الشخص وفسيفساءَ الحركاتِ المُعَبِّرة والمشاعرِ والإيماءاتِ التي تتفاعل جميعا لتستحضر الحياة. فقال في هذا الصدد: «أن ننتظر من صورة شخصيّة أن تقدّم لنا شخصا مّا كاملا لهو من العبث كما لو كنا نطلب من صورة في شريط سينمائيّ أن تلخّص لنا الشريط كلّه.»

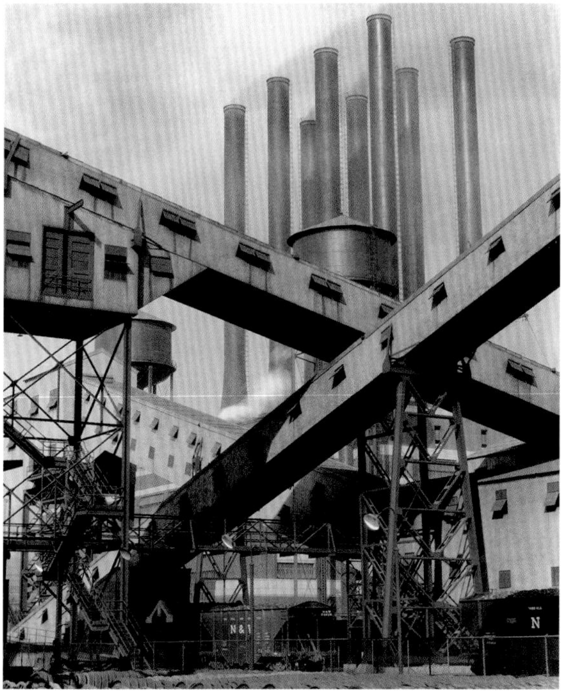

شارلز شيلر
أمريكيّ، 1883 – 1965م

جهازان لنقل السلع متقاطعان، مصنع ريفر روج، شركة فورد موتورز، 1927م

تظهير على ورق من الجيلاتين والفضّة؛ 23.5 × 18.8 سم
مجموعة شركة فورد موتورز، هبة من شركة فورد موتورز وجون و. ودّال، 1987م (1987.1100.1)

كان شارلز شيلر، وهو رسّام ومصوّر فوتوغرافيّ واقعيّ حريص على الدقّة والضبط، يجيد إبراز الأشكال والخطوط المتناسقة المميّزة للعمارة الأمريكيّة. وقد طلبت شركة فورد لصنع السيّارات هذه المجموعة من الصور عن مصانعها في دترويت عبر وكالة إشهار. وأضحت هذه الصورة المذهلة عن الطوباوية التكنولوجيّة مَعْلَمًا دالاًّ على السلطة المتنامية للإنتاج الصناعيّ في بدايات العصر الحديث، وقد استُنسخت على نطاق واسع في أوروبا وأمريكا خلال عشرينات القرن العشرين الميلادي.

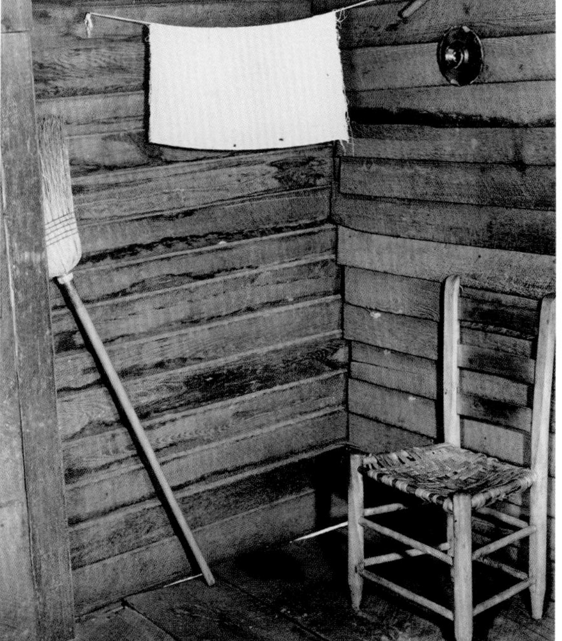

والكر إيفانس
أمريكيّ، 1903 – 1975م

ركن في مطبخ، مسكن مزارع، كونتيه هال، ألاباما، 1936م

تظهير على ورق من الجيلاتين والفضّة؛ 19.5 × 16.1 سم
اقتناء، هبة من مؤسّسة هوراس و. غولدسميث، بوساطة جويس وروبار مانشال، 1988م (1988.1030)

في صائفة 1936م، شارك والكر إيفنس صديقه الكاتب جايمس أجي في تحرير مقال عن المزارعين في مزارع القطن بجنوب الولايات المتحدة الأمريكيّة. ولئن لم يصدر المقال البتّة فإنّه كان سببا في صدور رائعة من روائع فترة الكساد بعنوان لنُثْنِ الآن على الرجال العظام (1941م). فقد حقّق أجي مع ثلاث عائلات من الفلاّحين في حين التقط إيفنس صورا ودرس درسا دقيقا بيوتهم وأثاثهم وملابسهم وأراضيهم. وهذه الصورة الحميميّة التي تحترم خصوصيّات الناس عن مكنسة عاديّة وقطعة قماش بالية ومقعد من خشب وقماش تذكّر بفكرة قالها أجي: «لو لُعِقَ هذا المكان باللّسان لكاد يكون أنظف».

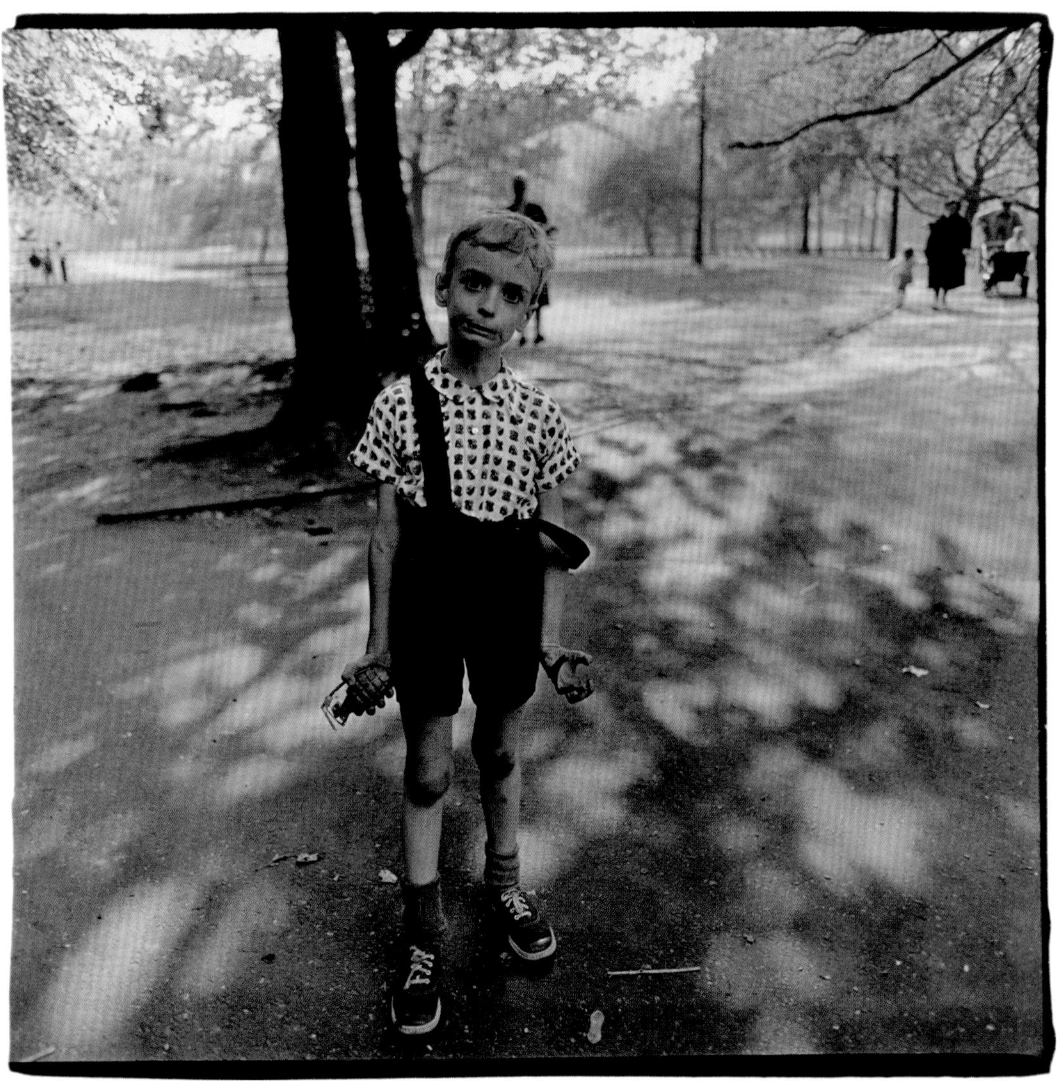

ديان أربوس
أمريكيّة، 1923 – 1971م
طفل يحمل قنبلة من البلاستيك في المنتزه المركزي بنيويورك، 1962م
تظهير على ورق من الجيلاتين والفضّة؛ 39.5 × 38.3 سم
اقتناء، هبة جنيفر وجوزيف دوك، 2001م (2001.474)

غيّرت ديان أربوس، إلى الأبد، ما كان يُنتظر من الرسوم الشخصيّة. وقد كانت من الفنّانين المؤثّرين جدًّا في النصف الأوّل من القرن المنقضي بصورها الجارحة رغم واقعيّتها، عمّا هو عاديّ وهامشيّ في المجتمع الأمريكيّ. وذات يوم جميل من سنة 1962م بالمنتزه المركزي في نيويورك، التقت المصوّرة الفوتوغرافيّة صبيًّا. ولئن كانت أسلحتهما غير مؤذية (لعبة هي قنبلة من البلاستيك وآلة تصوير) فقد تواجها لحينٍ بنظراتهما الثاقبة دون أن ينتصر أحدهما. فالتقطت الفنّانة ببصيرتها العجيبة، العنفَ الكامن وترجمته في صورة لا تمّحي تعبّر عن حماقة الأطفال والحرب وعن دور المصوّر الفوتوغرافيّ في المجتمع.

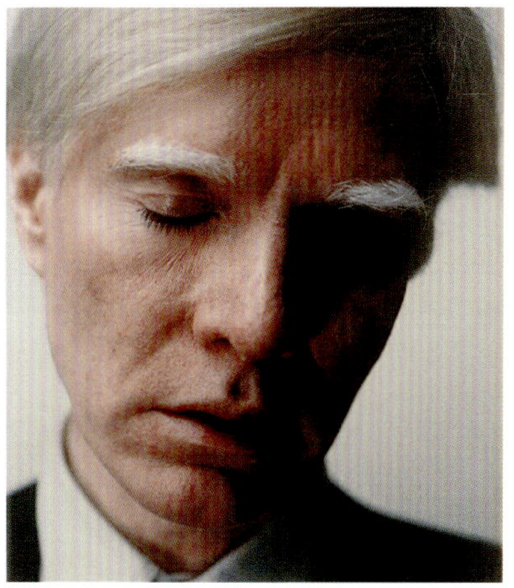

أندي ورهول

أمريكيّ، 1928 – 1987م

رسم شخصيّ، 1979م
مستخرج ألوان جيْنيّة؛ 61 × 50.8 سم
اقتناء، هبة من مؤسّسة أندي ورهول للفنون البصريّة، هبة من جويس وروبار مانشال ورصيد رودجرز، 1995م (1995.251)

في جانب كبير منها، كانت أعمال أندي ورهول تأمّلاً لسمة الزوال في الحياة كما تشهد على ذلك رسومه الشخصيّة الشهيرة لجاكلين كينيدي المتألّمة في صبر وسلسلة الجماجم التي صوّرها ابتداء من أواسط السبعينات. وقد صوّر الفنّانُ نفسَه هنا في صورة قدّيس شهيد بعينيه المغمضتَين والسحنة الشاحبة شحوب الموت على وجهه كأنّه معلّق بين احتضار الجسد وأنوار الآخرة الساطعة المُعمية للأبصار. ولعلّ هذه الصورة المؤثّرة، وقد جاءت خالية من الزخارف المعهودة في رسوم ذاتيّة أخرى للفنّان، تحيل في آن واحد على الاعتداء الذي تعرّض له سنة 1968م وحدسه بموته المبكّر.

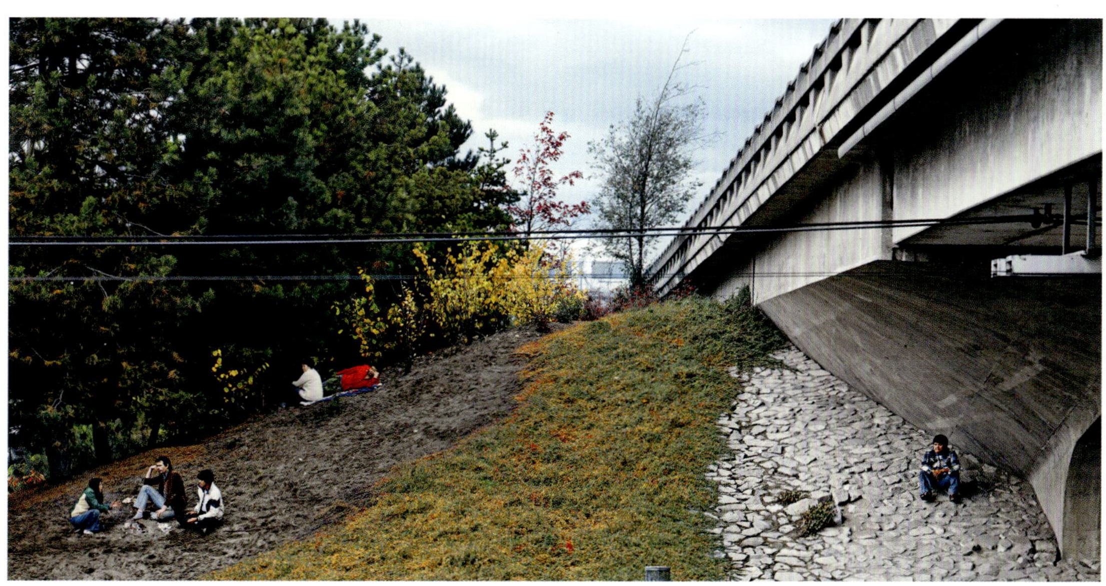

جاف وال

أمريكيّ، ولد سنة 1946م

القصّاص، 1986م
مستخرج من صبغ فضّيّ على شفّاف في صندوق ضوء؛ 2.29 × 4.37 سم
اقتناء، هبة من: شارلين ودافيد هووي، ومؤسّسة هنري نياس، جنيفير صول، وروبير يافا، وجمعيّة هاريت أماس للعمل الخيري، وغاري وسارا ولكوويتز، 2006م (2006.91)

يعيد جاف وال في هذا العمل بناء مشهد من الحياة اليوميّة انتقى له مكانا حقيقيّا ودعا إليه مشاركين في التمثيل غير محترفين. ثمّ عرض الصورة التي تحصّل عليها في شفّاف يُضَاءُ داخل صندوق على ما عهدنا في محطّات الحافلات والمطارات. وسيلاحظ المشاهدُ اليقظُ أنّ هيئة بعض الشخوص هي رجع صدى للوحات مشهورة للفنّانَين الفرنسيّين إدوار ماني وجورج سورات اللّذَين أحالا بدورهما على رسّامين بارعين سابقين.

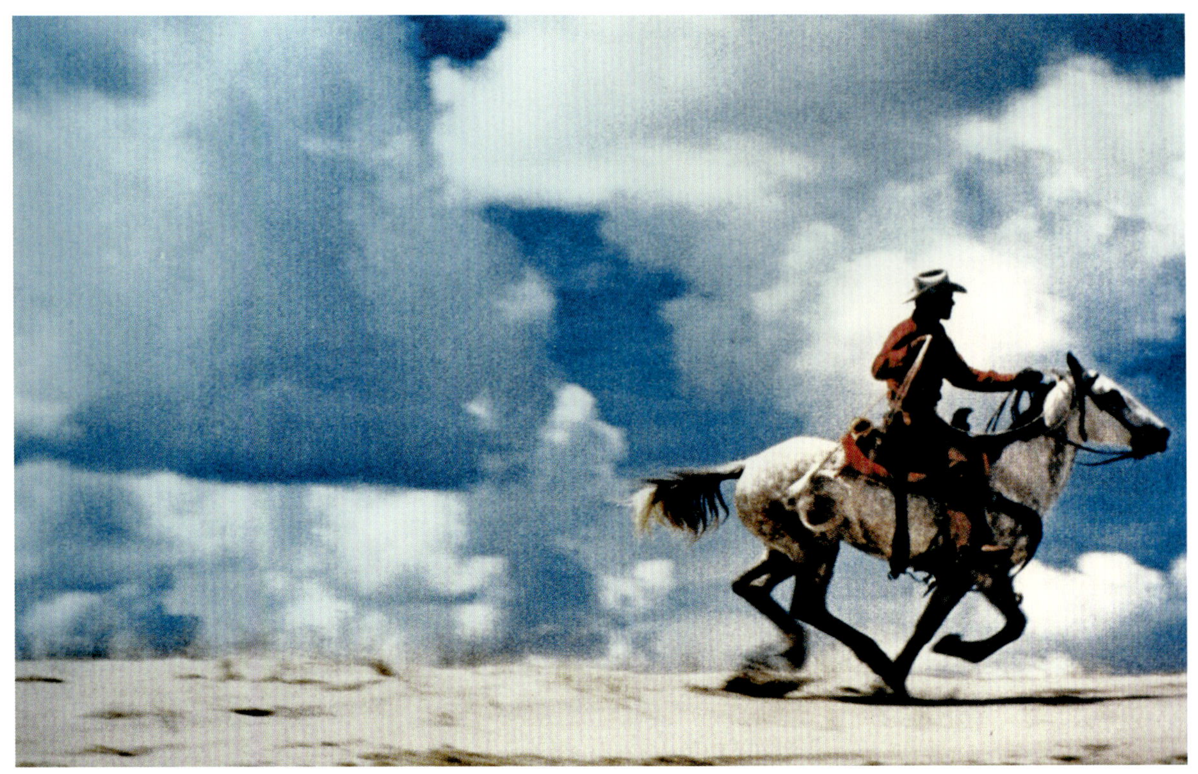

ريشارد برانس
أمريكيّ، ولد سنة 1949م

دون عنوان (راعي البقر)، 1989م
تظهير مولّد اللّون؛ 127 × 177.8 سم
اقتناء، هبة من مؤسّسة هوراس و. غولدسميث، بوساطة جويس وروبار مانشال، وهبة من جنيفر وجوزيف داك، 2000م (2000.272)

تمثّل دون عنوان (راعي البقر) قمّة تطوّر أعمال ريشارد برانس في تفكيكه للأسطورة الأمريكيّة التي امتدّت من روّاد الماضي إلى الرئيس المتخلّي آنذاك رونالد ريغن. وهذه الصورة (صورة شمسيّة) نسخة (صورة إشهاريّة) عن أسطورة (راعي البقر). وهي نقد لاذع لثقافتنا التي ما فتئت تنجذب إلى الصورة أكثر من انجذابها إلى الحياة الواقعيّة فكان هذا البحث الغريب، في نظره، « أقرب الأشياء إلى الواقع».

أسفل الصفحة المقابلة

طوماس ستراث
ألمانيّ، ولد سنة 1954م

مرمّمو الأعمال الفنّيّة في سان لورنزو ماجيوري، نابولي، 1988م
تظهير مولّد اللّون؛ 119.1 × 159.7 سم
اقتناء، هبة من رصيد مؤسّسة فيتال بروجكت، بوساطة جويس وروبار مانشال؛ هبات من جمعيّة ألفريد ستيغلتز، هبة من جنيفر سول، هبة من الدكتور دورتيمر د. سكلر، تيريزا سكلر والعائلة، وهبة من غاري وسارا ولكويتز، 2010م (2010.121)

التقط طوماس ستراث صورة مرمّمو الأعمال الفنّيّة أواخر الثمانينات من القرن العشرين الميلادي إذ شعر بأنّ الفنّ آنذاك، قد ضاع في الثقافة الاستهلاكيّة والزيف الإعلاميّ. وهذه الصورة بيان يكشف عن اتجاه عمله ويعلن عن مجموعة صوره الشهيرة الملوّنة بمقاسات كبيرة التي نرى فيها مشاهدين للأعمال الفنّيّة في المتاحف والكنائس وأماكن أخرى من «معابد الثقافة». إنّها في نهاية المطاف، ضرب من الصورة العائليّة بما أنّ مجموعة الأفراد فيها لا ترتبط برباط الدم بل بوحدة الهدف المتمثّل في المحافظة على الماضي لمتطلّبات الحاضر كما يفعل ستراث نفسه.

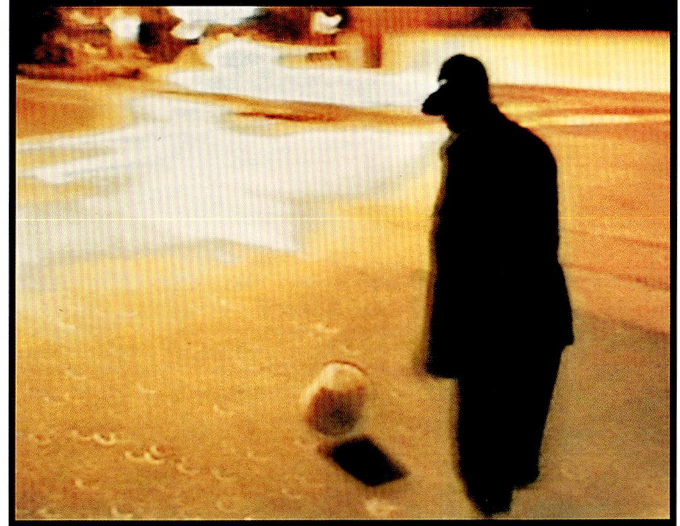

دافيد هامنس
أمريكيّ، ولد سنة 1943م

فات فري، 1995م
فيديو واحد، ألوان، صوت؛ 5 د و14 ث. أبعاد متغيّرة
اقتناء، هبة من جمعيّة ألفريد ستيغلتز،2003م (2003.269)

جمع هامنس بين الساحر صاحب الرؤية والنصاب الماكر عندما باع كرات ثلج على رصيف الأحياء الراقية في نيويورك، وأبدع منحوتة أقلّ عرضة للاندثار صنعها من عظام الدجاج وبقايا شعر جمعها من قاعة حلاقة بهارلم، كما عرض في شارع واشنطن سنة 1989م، معلّقة عملاقة لجيسي جاكسون ببشرة بيضاء. وتبدأ الفيديو اليتيمة للفنّان فات فري بضجيج مُصمّ للآذان مسترسل يشبه طرقا عنيفا على حاويات القمامة. ثمّ يظهر محدثُ الجلبة الغريبُ وهو يركل سطلا ركلات متتابعة كما لو كان يدقّ الناقوس أو ينفخ في البوق بالتناوب ليوقظ النائمين في شارع المتشرّدين ليلا.

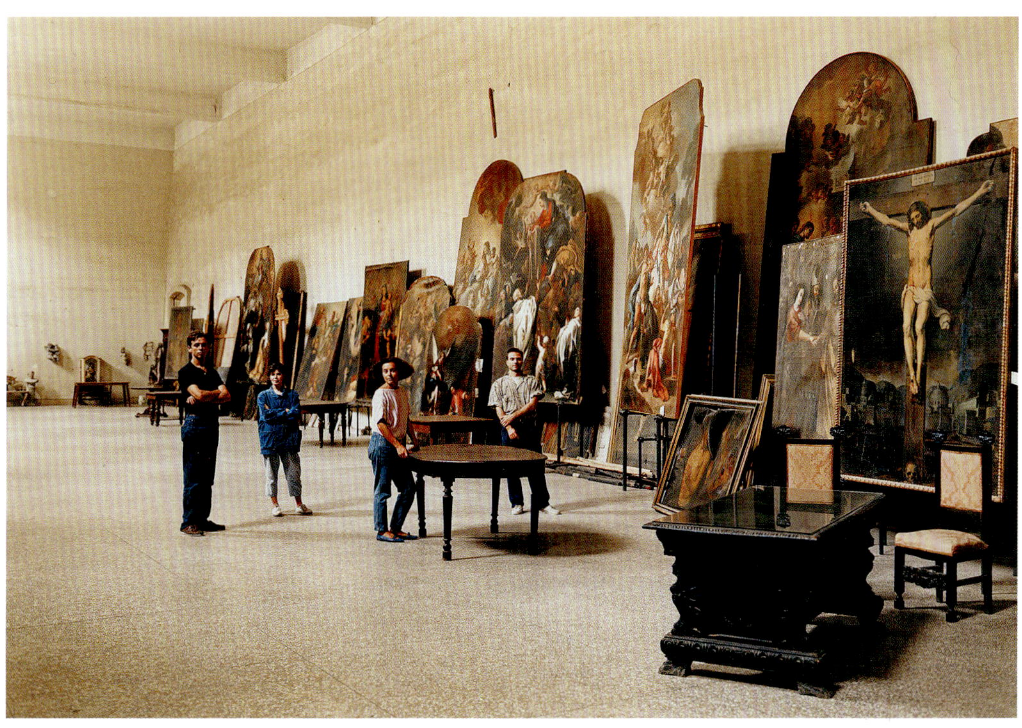

كشّاف الأعمال الفنية

حقوق الصُّوَر

يسعى متحف المتروبوليتان للفنون جاهدًا إلى احترام حقوق الملكية الفكرية بطريقة تتماشى مع رسالته التربوية غير الربحية. وإذا رأى القارئة أو القارئ أن أي مادة نُشرت في هذا الإصدار بطريقة غير مناسبة، يُرجى الاتصال بقسم النشر في متحف المتروبوليتان.

الناشر متحف المتروبوليتان للفنون، نيويورك

مارك بوليتزوتي، الناشر ورئيس التحرير
غوان روجنسكي، الناشر المشارك ومدير عام الإصدارات
بيتر أنطوني، مشرف عام الإنتاج
مايكل سيتنفلد، مدير التحرير
روبرت فايسبرغ، مدير التحرير المساعد
بوني لاسيغ وكريس زيكالو، مديرَي الإنتاج
جاين س. تاي، اقتناء الصور وأخصائي التراخيص

تحرير هاريات والشال ومرغاريت أسبينوال وإليزا أوربانيلي
إدارة المشروع، إليزا أوربانيلي

تصميم ستيفن شونفلدر
تنضيد الحروف: سنطور وشابارال ولوتس
مطبوع على ورق (جي اس ام كارتيري بورغو ر4)
الطباعة والتسفير: كونتي تيبوكولور، شركة مساهمة، فلورنسا، إيطاليا

الترجمة العربية من إنجاز عبدالودود العمراني وشكري المبخوت
رقن وتنضيد النسخة العربية: مكتب مطرة للترجمة (mmattra.com)

الغلاف الأمامي: جون ليون جيروم، *باشي بوزوك* (تفصيل)، 1868 – 1869م (ص 282)؛ الغلاف الخلفي:كانو سانسيتسو *شجرة البرقوق المسنّة* (تفصيل)، فترة إيدو، حوالي 1647م (ص 106)

ص 1: بالتازار برموزير، *تمثال نصفيّ لمارسياس* (تفصيل)، حوالي 1680 – 1685م (ص 310)
ص 2: أونيسيب أغادو، *امرأة يشاهد قفاها* (تفصيل)، حوالي 1862م (ص 438)
ص 3: *رسم جداري لامرأة جالسة تعزف على القيثارة* (تفصيل) العصر الروماني، الحقبة الجمهورية المتأخرة، حوالي 50–40 ق. م. (ص 78)
ص 4: *صحن عليه مشهد صيد*، إيران، العصر الساساني، حوالي 400–500م (ص 37)
ص 5: *قطعة قماش* (تفصيل)، تركيا، على الأرجح إسطنبول، حوالي 1565–1580م (ص 138)
ص 6: *حلية متدلية على شكل قناع للملكة الأم*، نيجيريا، مملكة بينين، شعوب إيدو، القرن السادس عشر م. (ص 145)
ص 7: جون سنجر سارجان، *السيّدة المجهولة* (تفصيل) 1883 – 1884م (ص 373)
ص 8: البهو الرئيسي لمتحف المتروبوليتان للفنون
ص 10: إلسوورث كيلّي، *أزرق أخضر أحمر*، 1963م (تفصيل) (ص 427)
ص 12: *بيشواي يصف الاحتفال بمهرجان الأبقار* (تفصيل)، الهند، هضبة ديكان، أواخر القرن الثامن عشر – بداية التاسع عشر م. (ص 120)

متحف المتروبوليتان للفنون
الشارع الخامس، 1000
نيويورك 10028 الولايات المتحدة الأمريكية

The Metropolitan Museum of Art
1000 Fifth Avenue
New York, New York 10028
metmuseum.org